卢作孚年谱长编

上

The Chronicle of Lu Zuofu

张守广　著

中国社会科学出版社

图书在版编目(CIP)数据

卢作孚年谱长编 / 张守广著 . —北京：中国社会科学出版社，2014.3（2024.3 重印）

ISBN 978-7-5161-3926-4

Ⅰ.①卢… Ⅱ.①张… Ⅲ.①卢作孚（1893—1952）－年谱 Ⅳ.①K825.38

中国版本图书馆 CIP 数据核字(2014)第 025377 号

出 版 人 赵剑英
责任编辑 宫京蕾
责任校对 韩海超
责任印制 王 超

出　　版 中国社会科学出版社
社　　址 北京鼓楼西大街甲 158 号
邮　　编 100720
网　　址 http：//www.csspw.cn
发 行 部 010-84083685
门 市 部 010-84029450
经　　销 新华书店及其他书店

印　　刷 北京君升印刷有限公司
装　　订 廊坊市广阳区广增装订厂
版　　次 2014 年 3 月第 1 版
印　　次 2024 年 3 月第 2 次印刷

开　　本 710×1000　1/16
印　　张 80.75
插　　页 2
字　　数 1447 千字
定　　价 198.00 元（上、下卷）

凡购买中国社会科学出版社图书，如有质量问题请与本社营销中心联系调换
电话：010-84083683

卢作孚像

卢作孚母亲李氏像

卢作孚、卢国维（右）、卢国纪（左）

卢作孚与卢子英

願人人皆為園藝家將世界造成花園一樣

盧作孚 九、十

學校不是培育學生，而是教學生如何去培育社會。

盧作孚

卢作孚题词手迹

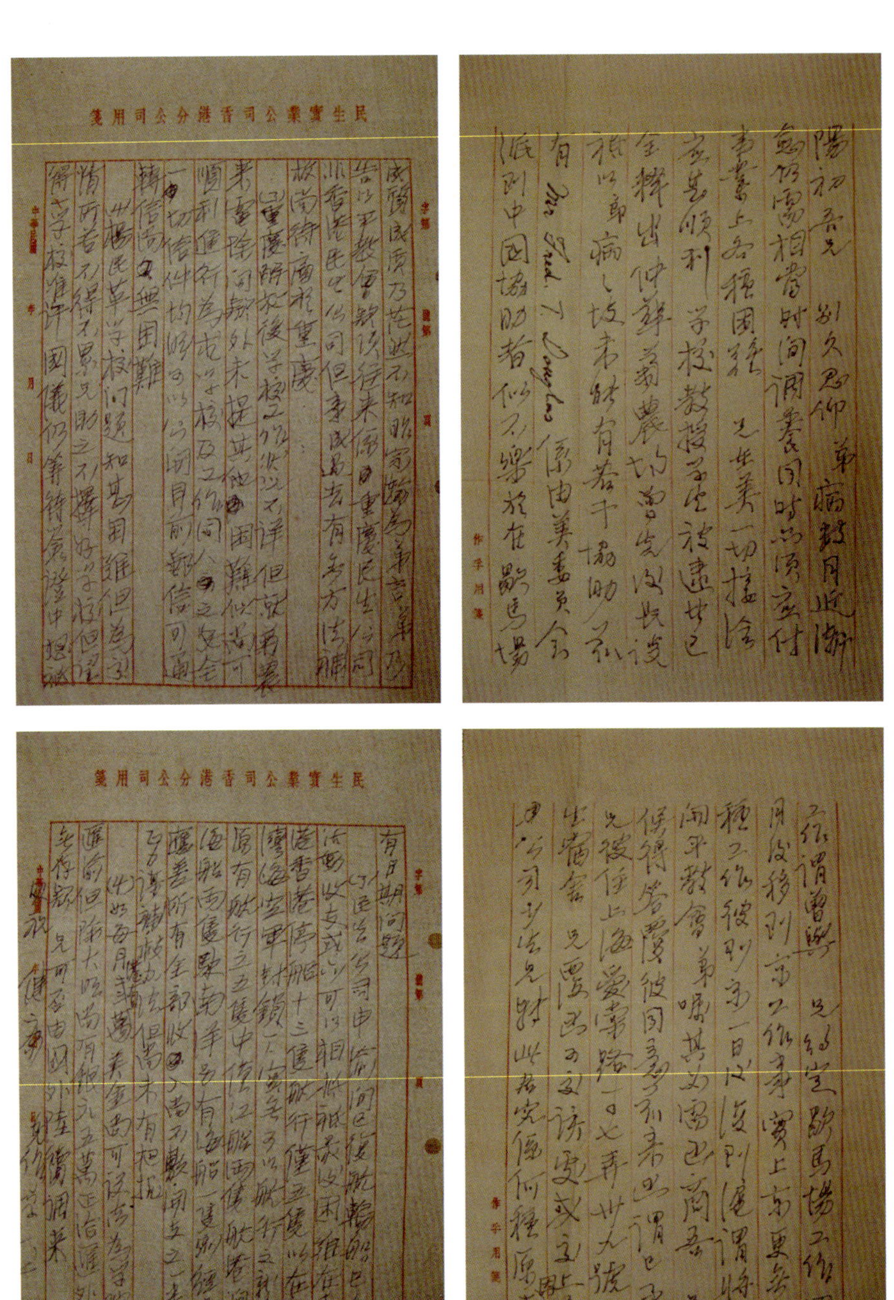

卢作孚书信手迹

国家社科基金后期资助项目

出 版 说 明

后期资助项目是国家社科基金设立的一类重要项目，旨在鼓励广大社科研究者潜心治学，支持基础研究多出优秀成果。它是经过严格评审，从接近完成的科研成果中遴选立项的。为扩大后期资助项目的影响，更好地推动学术发展，促进成果转化，全国哲学社会科学工作办公室按照"统一设计、统一标识、统一版式、形成系列"的总体要求，组织出版国家社科基金后期资助项目成果。

全国哲学社会科学工作办公室

序

在张守广的《卢作孚年谱长编》出版之际，应邀为之作序，十分荣幸。张守广对卢作孚有很深的研究，而我只不过略知一二，就谈一点学习心得吧。

国内外学界对于卢作孚的研究已有不少成果，或论文、或专著、或文集。论文和专著主要是以卢作孚事功为主的专题性研究，文集则可谓是卢作孚的言论汇集。张守广的《卢作孚年谱长编》，则展现了另一种研究成果，将卢作孚的事功和言论，乃至生活和情趣，共融于一体，给我们复制了一个全面的卢作孚。

卢作孚作为近代中国的一位杰出实业家，他既有与其他实业家共同的品格，也有与其他实业家不同的特色，受到过时人和后人的高度评价。早在卢作孚创业有成的20世纪三四十年代，就有著名教育家黄炎培誉之为“建设健将”，“是耐劳耐苦的，是大公无私的，是谦和周到的，是明决爽快的，是虚心求进的，是富于理想而又勇于实行的”；有同乡国民政府高官张群评之为：“一个没有现代个人享受要求的现代实业家，一个没有钱的大亨”；有著名银行家陈光甫赞之为“创业奇才”；有著名教育家陶行知视之为“建设新中国的缩影”。在后世的卢作孚研究者中，有的称之为中国船王，有的称之为航运巨子，本书作者张守广则评之为具有“书生”本色。这些评论各有所指，各有所持，也揭示了卢作孚的某一特色。

在我看来，卢作孚的最大特色在于他的时代意识和实践模式。他的时代意识，集中体现在他的建设思想上，其代表作有1925年发表的《两市村之建设》、1930年发表的《乡村建设》、1934年发表的《四川嘉陵江三峡的乡村运动》、《建设中国的困难及其必循的道路》，以及1935年由上海生活书店出版的《中国的建设问题与人才的训练》一书，还有1936年发表的《我们对于国家的责任》一文。综观他的这些论著，我们可以看出，他的建设思想不是一般的经济建设思想，而是一种相当全面的现代化建设思想，其中包含着四个层面。

第一个层面是指出现代化建设对于当时中国的重要性。他认为，当时的中国虽然面临着严重的外患和内忧，但是中国的最重要问题不是简单的“救亡”而应是现代化“建设”，只有做好现代化“建设”之事，才能真正达到“救亡”，才能保障中国“不亡”。他在《中国的建设问题与人才的训练》一书中明确表示：“中国的根本办法是建设不是救亡，是需要建设成功一个现代的国家，使自有不亡的保障。”他还说：“内忧外患是两个问题，却只需一个方法去解决它，这个方法就是将整个中国现代化。”又在《我们对于国家的责任》一文中说：“我们的责任绝不是救亡，而是将一个国家经营到像一个国家——像一个现代的国家。”

第二个层面是指出乡村的现代化建设在国家现代化建设中的意义。他认为，乡村是国家的基础，是农民集聚的地方，是中国最贫穷落后的地方，也是致使整个中国落后的关键原因所在；而农民则是中国人口的大多数，也是中国救亡图强的最大潜力所在。因此，乡村是最需要现代化建设的地方，只有通过现代化建设解决乡村贫穷落后的问题，才能将农民的潜力发掘出来，也才能使中国实现救亡，实现现代化。他在《乡村建设》一文中说：无论从那个方面看，“一个乡村问题放大起来，便是国家的问题”。要解决中国的问题，必须“赶紧解决乡村问题”，“解决政治问题、经济问题、教育问题，都从一个当前的乡村起”。又在《四川嘉陵江三峡的乡村运动》一文中指出：“中国人——尤其是大多数的农民——的衰落、腐朽、钝滞、麻木和种种的退化现象，更叫中国整个社会的问题严重到不可收拾。”要挽救民族危亡，“在民族没有力量之前，一切的一切都是虚话”，“非在自己身上想办法，非靠自己的力量谋更生不可。这就是所谓自力更生的觉悟”。要实行自力更生，就必须发动农民的力量，这是因为：“中国的大多数人是农民，而他们的生活基础是乡村，民族的基本力量都蕴藏在这大多数人——农民——的身上，所以要谋自力更生，必须在农民身上想办法。而自力更生的途径也必须走乡村建设的一条路。”而乡村建设的目的，除了在乡村进行现代化建设之外，更重要的是为整个中国的现代化营造基础，促成整个中国的现代化，“在这一个乡村里为中华民国做小小的试验，供中华民国小至于乡村大至于国家的经营参考”，“赶快将这一个国家现代化起来”。

第三个层面是指出现代化建设的具体目标。这个目标涉及了现代化的硬件建设和软件建设。在硬件建设方面，他提出了国防、经济、文化、科学的现代化建设目标。他在《建设中国的困难及其必循的道路》一文里，明确提出：这个需要建设的现代化国家是，“要从国防上建设现代化的海陆空军；从交通上建设现代化的铁路、汽车路、轮船、飞机、电报、电话；从产业上建设现代化的矿山、工厂、农场；从文化上建设现代化的科学研究机关、社会教育机关和学校”。

在软件建设方面，他提出了社会秩序和人的现代化建设目标，不仅指出了这两者对于现代化建设的必要性，而且提出这两者建设的具体方式方法。对于秩序的现代化建设，他在《乡村建设》一文中指出：现代化“建设的根本问题在哪里？不在经济，也不在教育……却在秩序。无论何种事业，秩序建设不起来，绝对不会有良好结果的。”“秩序问题，是包含着自治事业的经营问题和组织问题，是乡村建设中不可避免亦不可疏忽的根本问题”。其建设的方法之一，就是“对于任何事业，事前应有精密的计划，事后应有精密的整理”。在《四川嘉陵江三峡的乡村运动》一文中，又强调指出：乡村建设“首先要创造的尤其是安定的秩序”。对于人的现代化建设，他提出要训练人们具有世界的、全国的和组织的现代化眼界，并具有从中选择和开辟适合自己发展的方向和办法的能力。他在《四川嘉陵江三峡的乡村运动》一文中指出：“现代化是由现代的物质建设和社会组织形成的，而现代的物质建设和社会组织又都是由人们协力经营起来的，人都是训练起来的。人的训练有三个要点：第一要他们的头脑有现代整个世界那样大，能够在非常明了的整个世界的状态之下决定他们自己的办法；第二要他们的问题至少有中华民国那样大，在非常明了的国家紧急状态之下决定他们自己的任务；第三是要他们在可能的范围内创造一个现代的物质建设和社会组织起来，无论在交通方面、产业方面、文化方面或者其他公共生活方面。”

第四个层面是指出现代化建设的目的是提高人民的生活生平。这主要体现在他的民生思想和集体生活思想中。所谓民生思想，就是要解决人民的生存问题，改善和提高人民的生活状况；所谓集体生活思想，就是要把与自己相关联的全体民众组织起来，让他们都过上安乐、健康的生活，而且要使人们都树立乐于为公众造福的精神。关于民生思想，他在《四川嘉陵江三峡的乡村运动》一文中提出：“要把三峡经营成为一个灿烂美好的乐土，影响到四周围的地方，逐渐都经营起来，都成为灿烂美好的乐土”，使这里的人民“皆有职业，皆受教育，皆能为公众服务，皆无嗜好，皆无不良的习惯”，使这里的自然生态环境和社会环境“皆清洁，皆美丽，皆有秩序，皆可住居，游览”。关于集体生活思想，他在《建设中国的困难及其必循的道路》一文中说：“我们要进入现代，一向的集团生活不能不有所转变，不能不有现代的集团组织，不能不有现代的比赛标准，不能不有现代的道德条件，不能不有现代的训练，不能不训练个人去创造现代的社会环境，同时又不能不创造现代的社会环境去训练个人。这是当前根本的问题，任何事业不能避免，虽万分困难亦是必须解决的。”“人生的快慰不在享受幸福，而在创造幸福；不在创造个人的幸福，供给个人享受，而在创造公众幸福，与公众一同享受”。

上述卢作孚的现代化建设思想，虽然不如理论界人士说得那么专业、那么全面、那么系统，但在当时的中国实业界人士中却是极其少见而可贵的，其所产生的效力则是理论界人士的现代化思想难以比拟的。与缺少现代化思想的一般实业家相比，卢作孚所关注的不仅仅是自己企业的盈亏和发展，而是整个家乡地区的进步和建设，所用心的不仅仅是自己企业的管理和经营，而是整个家乡地区的规划和开发。与只探讨理论的一般理论家相比，卢作孚作为一个实业家，可以将自己的思想直接转变为实践，可以想到哪里就做到哪里，而不像理论家的思想转变为社会实践那样，不能由自己直接完成这一转变，而是需要依赖于实业家等的现代化建设实践者的接受和实行；而且卢作孚把自己的思想与实践紧密结合，将思想作为实践的蓝图，将实践作为思想的实验，并且通过两者的互动实现相互完善。这也是卢作孚成功之所在。

卢作孚的现代化建设实践模式，可以概括为：以现代化建设为目标，以企业建设为龙头，以乡村（社会）建设为归宿，以科学技术为基础，以政治权力为外援。其现代化建设包括了三大系统，即企业建设系统、乡村建设系统和科学建设系统。就企业建设系统而言，主要是创立了以民生轮船公司为核心的民生企业集团。他于 1925 年开始创建第一家企业——民生轮船公司，从仅有一艘 70 吨的小轮船，发展到 1935 年的 30 余艘船只，7000 多吨；抗战时期的 137 艘、36000 余吨的轮船；1949 年的 150 余艘、72000 吨的轮船，并创办“太平洋轮船公司”，从长江航运扩展到海洋航运，成为集江海航运于一体的大企业。同时，从抗战时期开始，以民生轮船公司所赚利润投资合办 90 余家企业，遍及工、商、交通和文化事业。

就乡村建设系统而言，他于 1925 年在创办民生轮船公司的同时，开始调查规划家乡合川县城及嘉陵江三峡地区的乡村建设之事，发表《两市村之建设》一文，提出开发合川和嘉陵江三峡的设想，拟定了开发煤矿和进行交通、文教等建设的方案，计划把三峡地区建设成一个工业区和游览区。随后便陆续建成了北川铁路、天府煤矿、三峡织布厂等骨干企业；还架设电话线、建立温泉公园、修筑公路、开辟运河、举办农场、建设体育场、设立医院、成立图书馆和博物馆以及各种学校。从而逐渐将家乡地区建成为一个初具现代化气象的新式乡村，成为当时全国乡村建设的一个突出典范。

就科学建设系统而言，卢作孚对科学技术在现代化建设中的重要作用有明确的认识。他指出："中国的弱点只在没有走入现代，没有完成现代的物质建设，没有完成现代的社会组织，没有运用现代的科学方法去完成物质建设和社会组织。"这也就是说，科学方法是中国实现现代化和克服"弱点"的不二法门。于是，与家乡的现代化建设相配合，他先于1928年设立嘉陵江科学馆，内设物理实验室、化学实验室、生物研究室、地质研究室、卫生陈列室；然后在此基础上，于1930年秋创立中国西部科学院，开中国民办科研机构之先河。院内先后设立理化研究所、农林研究所、地质研究所、生物研究所。其宗旨所在，则是："从事于科学之探讨，以开发宝藏，富裕民生。"在实际上，各研究所取得了一定的成果，如理化研究所分析化验了川康地区的矿产原料和水质；农林研究所发明和推广了一些优良品种；生物研究所调查改良了一些鸟禽、鱼类及植物品种；地质研究所经过勘探，写出《宁属七县地质矿产》报告，首次披露了攀枝花地区所蕴藏的矿产资源。

当然，卢作孚的现代化建设思想和实践，不是凭空和孤立产生的，而是时代的产物。他的现代化建设思想和实践起始于1925年前后，成就于南京国民政府时期，发展于抗日战争时期。从创业的时间来说，卢作孚属于中国近代的第二、三代企业家。他所处的时代已不同于创业于晚清的第一代企业家，也不同于创业于民国初年的第二代企业家，1925—1949年的中国，无论是经济状况、社会环境和国际地位都发生了重大的变化。就经济状况而言，当卢作孚开始创业之时，中国现代经济的发生发展，已有了半个多世纪的时间，并刚刚经历1912—1922年的第一个黄金时期，经济水平已达到一定的程度；两年后，又遇上了1927—1936年的第二个黄金时期；1937年抗日战争全面爆发后，被日本侵占的沦陷地区的经济遭受了巨大的损失，而卢作孚所在的西南大后方地区的经济却遇上了空前的发展机遇。就社会环境而言，1927年以继承孙中山遗志为口号的南京国民政府成立，不久统一全国，建设意识日益增强，于1928年设立"建设委员会"，从孙中山的建国方略和建国大纲的基本精神出发，以研究筹备及实行关于全国之建设计划为职责，并负责指导监督各省区建设厅，其具体权限是："凡国营事业如交通、水利、农业、渔牧、矿冶、垦殖、开辟商港商埠及其他生产事业之须设计开创者皆属之"；1938年提出"抗战建国纲领”，其主旨虽在强化自身统治力量，但也在社会上营造了建设气氛。从南京国民政府时期到抗日战争时期，现代化建设的思想和呼吁，逐渐成为理论界的一个主要思想和口号。就国际地位而言，第一次世界大战结束后，中国作为战胜国之一，民族自决意识逐渐增强，利用有利的国际条件，开始了废除不平等条约运动，争取收回已失的国家主权，并力图通过提倡国货，发展经济，增强抵抗列强侵略的力量，将建设与救亡相结合。

在这 20 多年中，卢作孚的政治身份和社会见识也在发生变化。他于 1927 年 2 月出任江（北）巴（县）璧（山）合（川）峡防团务局局长，1929 年出任四川省政府川江航务管理处处长，1935 年出任四川省建设厅厅长。1937 年出任国民政府大本营第二部副部长。1938 年出任国民政府交通部常务次长。这些政治身份，都成为他进行现代化建设实践中利用外部资源的一个重要条件。他还于 1922 年和 1930 年两次前往上海、南通、东北、北平、青岛、南京等地考察，拜访了张謇、黄炎培、蔡元培、翁文灏、丁文江等人。这些对他的思想和实践势必产生一定的影响。

因此，卢作孚的所言所行，既是他个人作用的体现，也是时代变迁的一个反映。

虞和平

2014 年 1 月 16 日

建设健将，书生本色

——卢作孚的志趣与人生（代序）

在20世纪三四十年代，卢作孚以其成效显著的建设业绩为社会所称道，被誉为“建设健将”①、“创业奇才”②。卢作孚的建设思想、建设业绩、建设方法，对于加快社会主义现代化建设和中华民族伟大复兴，具有重要的借鉴价值。

近代中国饱受内忧外患的困扰，甚至大有“亡国灭种”的危险。面对如此危局，从晚清到民国，先后产生出各种各样的救国思想和救国思潮，如“实业救国”、“工程救国”、“科学救国”、“教育救国”，等等，大批仁人志士为此付出了许多努力。受此影响，卢作孚也曾经积极主张过“教育救国”，并著文表示“教育为救国不二之法门”③。但他从切身的感受中，逐渐对许多空疏的救国主张产生怀疑。他曾说：如果总是遇一回灾难救一回亡，恐怕要一直救到亡的时候。由此，卢作孚开始寻找在他看来更加切实的人生道路，并越来越注重各种建设事业的创办和经营，从而形成一套有关建设的思想主张。他明确表示：“中国的根本办法是建国不是救亡，是需要建设成功一个现代的国家，使自有不亡的保障。”④ 又说：“我们的责任绝不是救亡，而是将一个国家经营到像一个国家——像一个现代的国家。”⑤ 他还说：“根本问题，就是建设成功一个现代化的国家。”⑥ 具体到四川，他提出要经过建设，使四川“各个地方布满铁路之网，布满电线之网，一切大规模的工业都次第举办起来，集中生产大批出口，使原来贫穷的人都会变为有钱的富家翁了。这样一来，不单是可以把

---

① 黄炎培：《蜀道·蜀游百日记》，上海开明书店1936年版，第115页。

② 《近代中国工商经济丛书》编委会：《陈光甫与中国银行》，中国文史出版社1991年版，第60页。

③ 凌耀伦、熊甫编：《卢作孚文集》，北京大学出版社2012年版，第1页。

④ 同上书，第272页。

⑤ 卢作孚：《我们对于国家的责任》，《申报》1936年1月1日。

⑥ 凌耀伦、熊甫编：《卢作孚文集》，北京大学出版社2012年版，第430页。

‘魔窟’变为‘桃源’，而且是也要把‘天府’造成‘天国’”①。以上述现代化建设思想为强大动力，卢作孚着手并主持了一系列建设试验，其中最重要的是建设北碚和经营民生实业公司。

一　北碚建设试验

卢作孚倾注大量心血开创的北碚试验，从乡村建设开始，在经济发展、社会进步、生态文明建设等方面均取得成就。

北碚地处嘉陵江江畔。20 世纪 20 年代中期，这里约有 200 户人家，1000 多人口，是一个规模较大但较为偏僻的山村。在四川军阀混战愈演愈烈的岁月里，北碚所在的嘉陵江小三峡地区盗匪横行，民不聊生，被称为“魔窟中的魔窟”。1927 年 2 月，已经创办民生实业公司的卢作孚被任命为四川省江（江北）、巴（巴县）、璧（璧山）、合（合川）四县特组峡防团务局局长，其职责是清剿所辖峡区内的土匪，解决由匪患引起的严重治安问题。北碚成为峡防团务局局址。

到任后，卢作孚迅即采取整饬团务、剿抚并举等强有力措施，在三个月左右时间内，基本肃清峡区的匪患。鉴于峡区范围内山多田少，土地所出仅敷农家三个月生活所需的现实，卢作孚决心打破苟安现状，摸索出一套治理峡区匪患的根本之策。经过细致的调查和缜密的思考，在 5 月初召开的峡防团务大会上，卢作孚提出以“化匪为民，寓兵于工”作为治理匪患的根本方案，发起嘉陵江三峡的乡村运动，初步目标是将“这乡村现代化起来”②，“经营成一个灿烂美妙的乐土”③。建设主要从三方面着手进行：一是生态环境的改善和建设，包括整治环境卫生，拓宽道路，广植花草树木。据不完全统计，仅 1927 年到 1935 年，北碚有统计的植树量即达 7 万余株；二是大力兴办各种经济事业，先后投资和参与兴办北川铁路公司、天府煤矿公司、三峡染织厂、农村银行等；三是创办文化事业和社会公共事业，包括地方医院、图书馆、公共运动场、平民公园、各类民众学校等。1930 年初，卢作孚把自己在北碚试验中的经验和思考写成题为《乡村建设》的长文，在北碚《嘉陵江报》上发表。这是迄今为止我

---

① 凌耀伦、熊甫编：《卢作孚文集》，北京大学出版社 2012 年版，第 207 页。

② 同上书，第 282 页。

③ 《两年来的峡防局》，江巴璧合四县峡防团务局 1929 年刊，第 2 页。

们所能够看到的20世纪20—30年代乡村改造运动中第一次明确使用“乡村建设”提法并对该问题进行系统阐述的文章。

数年间因陋就简草创起来的一系列新兴事业，使当时的北碚呈现出无限蓬勃的生机。1930年12月初，著名学者翁文灏与中国科学社的任鸿隽等人到重庆，并到北碚参观了中国西部科学院以及其他建设。翁文灏对卢作孚及其在北碚的建设事业赞叹不已：“于此水乡山国之中，竟有人焉，能藉练兵防匪之余，修铁路，开煤矿，兴学校，倡科学，良出意计之外。更观之川中军界政界，颇多颓败不振之气，而能布衣粗食，节饷捐薪于建设之事，无论其将来成绩如何，要其不囿于环境，卓然独立之精神，良足尚焉。”①

就北碚试验而言，卢作孚此时的建设计划是以北碚乡为中心，“将嘉陵江三峡布置成为一个生产的区域，文化的区域，游览的区域”。通过建设，使北碚经济发展，文化繁荣，使这里的人民“皆有职业，皆受教育，皆能为公众服务，皆无嗜好，皆无不良的习惯”，使这里的自然生态环境和社会环境“皆清洁，皆美丽，皆有秩序，皆可住居，游览”②。在这种规划和建设目标之下，北碚建设事业目标更加明确，内涵更加丰富，成效更加显著。黄炎培在1936年初实地考察北碚后，不仅盛赞北碚的经济和文化建设事业的突出成就，而且对于“花团锦簇，盛极一时”的北碚生态环境建设给予了高度的赞赏③。

抗战时期，大规模的内迁为北碚的发展注入新的动力，集聚在这里的教育科学文化界人士，曾多达3000人左右，北碚一跃成为大后方著名的教育科学文化重镇。就连当时到重庆考察的著名科学史家李约瑟也注意到北碚的重要性，在《重庆的科学》中他记述道：“无疑，此地最大的科学中心是在一个小镇上——北碚，它位于嘉陵江畔。这里有18所科学和教育机构，他们大多数都有极大的重要性。”④ 抗战时期内迁并在北碚居住的梁漱溟、晏阳初、陶行知等人，在不同的场合高度评价了卢作孚的北碚试验。梁漱溟和晏阳初都曾称赞北碚的建设“很有成绩”⑤；陶行知认为

① 翁文灏：《四川游记》，《地学杂志》第20卷第1期，1932年1月，第2页。

② 卢作孚：《四川嘉陵江三峡的乡村运动》，《中华教育界》第22卷第4期，1934年10月1日，第112页。

③ 黄炎培：《蜀道·蜀游百日记》，开明书店1936年，第119页。

④ 李约瑟：《李约瑟游记》，贵州人民出版社1999年，第96页。

⑤ 梁漱溟：《我的过去与山东工作的概况》，《新世界》第10卷第11期，1937年6月16日；宋恩荣主编：《晏阳初全集》第2卷，湖南教育出版社1992年，第122页。

北碚的建设“可谓将来如何建设新中国的缩影”[①]。到40年代末期，卢作孚仍时刻关注着北碚试验的进展，并时刻加以指导。他提出北碚的城镇化建设中要注意住宅区、文化区、工业区的设计和规划，强调北碚的科学、教育、文化事业，都应该使其处在优美环境之中。

北碚试验不仅以其显著成效赢得许多有识之士的嘉许，而且在抗战胜利后开始成为仿效的对象。著名经济学家孙冶方（原名薛萼果）的胞兄、无锡籍著名实业家薛明剑就是这样的模仿者之一。抗战期间，薛明剑作为江苏旅渝同乡会长经常往来北碚，对于北碚的建设成就印象深刻。抗战胜利返回无锡后，薛明剑即效法“北碚乡村建设之都市化”办法，呈准江苏政府，于1945年10月22日在江苏无锡设立自治实验乡并任乡长，提倡教育、实业、水利[②]。其后有报道称该“自治实验乡成绩斐然”。

可见，在某种意义上，北碚建设试验已超越乡村建设的历史局限而导入城镇化建设的新因素，为乡村建设开辟出城镇化的新局面。

二 民生公司试验

民生实业公司是卢作孚主持的以轮船航运为主体的实业建设和社会改造试验，该试验力图使企业经营摆脱唯利是图的大股东的控制，使民生公司真正成为“大规模的、有系统的、有计划的、有步骤的”的非资本主义现代经济事业。卢作孚在民生公司成立八周年纪念大会上明确表示：民生公司“不是只图资本家发财的，他的经济立场，可以说是站在整个的社会上面的，纯全是一桩社会事业。……（民生公司）不能走入资本主义事业途上去”[③]。

民生公司开办之初，股本只有艰难筹措而来的8000元现款，卢作孚用其中的一部分订造了一艘70吨内河小轮船。由于船小股份少，“大家以为开玩笑”[④]。但在卢作孚的主持和悉心经营之下，民生公司于20世纪初通过企业并购，很快发展成为川江轮船航运业的劲旅，改变了华商轮船

---

① 《陶行知全集》编辑委员会编：《陶行之全集》第4卷，四川教育出版社1991年，第341页。

② 无锡市史志办公室编：《薛明剑文集》，当代中国出版社2005年版，第88、747—748页。

③ 凌耀伦、熊甫编：《卢作孚文集》，北京大学出版社2012年版，第212页。

④ 同上书，第375页。

公司经营分散、缺乏竞争力的不利状况。接着与资本雄厚、横行川江的美商捷江轮船公司展开竞争，并成功收购该公司的大部分轮船和产业。

全面抗战爆发后，民生公司成为沿海沿江厂矿、机关、学校内迁的重要运输力量。尤其是在被称为中国实业界“敦刻尔克”的宜昌大撤退中，民生实业公司作为主要的轮船公司发挥了无可替代的的重要作用，成为长江航运史和中国抗战史上的伟大传奇。卢作孚以国民政府交通部常务次长身份充分发挥了其组织和运筹的长才，有力地保证了宜昌大撤退的有序和成功。截至 1942 年年底，民生公司运输“兵工器材约 17 万吨，壮丁部队约 200 万人，军品辎重约 26 万吨，其它工商物资，尚未计入。”① 公开身份为《大公报》记者，实际身份为中共地下党员的徐盈，于 1944 年在评论卢作孚和民生公司的时候说：“没有卢作孚，没有民生公司；没有民生公司，没有这些牺牲，也没有这些创造，也许不是今天的局面。”② 这是关于卢作孚和民生公司的客观公正的评论。

卢作孚创办了民生公司，并一手将其经营成为以轮船运输业为核心的大型集团性中国早期现代企业，但他始终只是公司的一个小小的股东。直到 1949 年年底，卢作孚及其亲属在民生公司的股本合起来只有 4937 股，在民生公司 80 万总股本中仅仅千分之六而已③。他认定真正的报酬是成绩和贡献。他说：“我们的报酬不是金钱，而是事功，是我们对国家直接、间接的贡献。”④ 他指出：“个人的工作是超报酬的，事业的任务是超利润的。”“个人为事业服务，事业为社会服务。”⑤ 卢作孚不断地努力，试验社会改造的方法，探索建设现代化国家的途径，他用一生的精力致力于“局部改造以规范全局”的努力⑥。他希望通过局部社会改造试验的成果来影响中国社会整体的改造，以局部改造的经验来做大规模社会改造的先导，从而推动和加快建设一个富强、美丽、现代化的新中国。

---

① 龚学遂：《中国战时交通史》，商务印书馆 1947 年版，第 230 页。

② 徐盈：《当代中国实业人物志·卢作孚》，《新中华》复刊号第 2 卷第 6 期，1944 年 6 月，第 133 页。

③ 《民生实业公司股东名册》1949 年 12 月 31 日，广东省档案馆藏。

④ 《公司成立十八周年纪念会志略·卢总经理报告》，《民生公司简讯》第 714 号，1943 年 10 月 18 日。

⑤ 徐盈：《当代中国实业人物志·卢作孚》，《新中华》复刊号第 2 卷第 6 期，1944 年 6 月，第 108 页。

⑥ 黄立人主编：《卢作孚书信集》，四川人民出版社 2003 年版，第 144 页。

三 创造性的源泉

卢作孚在中国早期现代化建设试验中，提出一系列具有重大意义的理论观点，做出了具有创造性的重要贡献，建立了彪炳千秋的战时抢运伟业，令人肃然起敬。何以卢作孚能够取得这样多方面的成就？这与卢作孚高远拔卓的人生理想，淡漠名利的人生态度，大处着眼，小处着手的创业精神，思想活跃、注重试验的科学精神密不可分。

1934 年 8 月，卢作孚在《建设中国的困难及其必循的道路》中，第一次把自己主持的各项主要事业称为创造现代社会生活的试验。在二十世纪二三十年代，定县实验、邹平实验都曾经煊赫一时，但卢作孚有关“试验”的概念和方法却自有渊源。经过仔细考察我们能够发现：这是卢作孚将中国历史文化中注重“践行”的传统与二十世纪初传入中国的杜威试验主义相结合的产物。我们知道，蔡元培和黄炎培是最早向中国学术界、教育界介绍杜威实用主义（蔡称为实利主义）教育理论的先驱。早在 1912 年和 1913 年，蔡元培和黄炎培就先后发表《对于新教育之意见》、《学校教育采用实用主义之商榷》等文章，“鼓吹此实用主义”。前者强调实利主义教育为“当务之急”①，后者强调实用主义教育为“对病良药”②，引起强烈反响和讨论。1914 年，黄炎培又发表《小学校实用主义表解》等文，进一步阐释和宣传实用主义教育。恰在此时，青年卢作孚来到上海盘桓一年多，其间与黄炎培相识。受黄的影响，卢作孚萌发从事教育的想法并回川付诸行动。稍后，受业于杜威的陶行知于 1917 年留美归国，写下《试验主义之教学方法》等文章③，着重介绍和强调杜威学说中的试验方法。杜威本人于 1919 年应邀来华访问、讲学，胡适和陶行知以其授业弟子身份，随行翻译并著文介绍，杜威学说风靡全国，产生巨大社会影响。受此影响，卢作孚在从 1922 年到 1948 年的近二十多年中，多次以杜威的教育学说为依据阐述自己的教育主张。值得注意的是，陶行知在介绍杜威学说时倾向于使用“试验”和“试验主义”，这与胡适倾向于

① 中国蔡元培研究会编：《蔡元培全集》第 2 卷，浙江教育出版社 1997 年版，第 10 页。

② 中华职业教育社编：《黄炎培教育文集》第 1 卷，中国文史出版社 1994 年版，第 30 页。

③ 《陶行知全集》编辑委员会编：《陶行知全集》第 1 卷，四川教育出版社 1991 版，第 243—247 页。

使用“实验”和“实验主义”显然不同。尽管卢作孚与陶行知结识较晚，但显然主要是受到了陶行知的影响。从 1922 年初开始，卢作孚开始在教育问题上使用“试验”、“试验方法”概念，从 1923 年开始在社会改造问题上使用“试验”概念，并提出局部改造以规范全局的设想。1934 年初，卢作孚与陶行知结识，此后联系越来越多。抗战时期，陶行知得卢氏兄弟帮助，迁居北碚并创办育才学校，联系更加紧密。总之，正是通过黄炎培、陶行知，卢作孚吸收了试验主义方法，并由此奠定了其致力于中国社会改造的方法论基础。而这种方法论上的趋同与接近，也成为卢作孚与黄炎培、陶行知毕生友谊的重要思想基础。

科学在近代中国成为一面标识现代性的旗帜始自新文化运动，深受新文化运动影响的卢作孚，自 1923 年起开始在著述中使用科学这一概念。随着各项事业的展开，卢作孚使用科学一词的频率越来越高，对科学的认识也越来越深刻和全面，并逐渐形成一种分析问题、解决问题的科学态度。卢作孚指出：“科学就是整理经验的方法。”[①] 他还说自然科学和社会科学是现代世界的两个宝贝东西，“凡运用科学方法，加之于一种物质上，而使其有更好的结果，以供给人们享用的就是技术。至于把社会科学应用起来使两人以上的人群能够很好的共同工作，则为管理”[②]。卢作孚认定：提倡和发展现代科技是提高人民生活、维护国家尊严的必由之路，必须致力于“以机器替代人力，以科学方法替代迷信与积习。”[③] 在北碚试验中，卢作孚把传播现代科技当成一项重要工作，他明确要求峡防局人员：“凡现代国防的、交通的、产业的、文化的种种活动当中有了新纪录，机器或化学作用有了新发明，科学上有了新发现，必立刻广播到各机关，到各市场或乡间。”[④] 为提倡科学和发展科学，他以民间的力量创办中国西部科学院，不仅促进了四川及西南地区科技的长足进步及经济发展，而且为抗战爆发后内迁到后方的科学工作者提供了难能可贵的基本设施和栖身之所。40 年代初，卢作孚还以其诸兄弟私人捐款为主要资金来源，设立嘉陵文化基金会以提倡科学。卢作孚在《事由书》中写道：“吾国过去忽视科学，以致文化落后……值此国难严重，百物凋敝之秋，对于文化建设，亟应认定目标，先树基础，俾期逐渐发展，获得成效，以裨益

① 凌耀伦、熊甫编：《卢作孚文集》，北京大学出版社 2012 年版，第 76 页。

② 《国父诞辰 卢总经理亲临业训班训话》，《民生公司简讯》第 823 号，1945 年 11 月 19 日。

③ 凌耀伦、熊甫编：《卢作孚文集》，北京大学出版社 2012 年版，第 449 页。

④ 同上书，第 280 页。

国家，福利人民，进而探讨研究，日新月新，求与欧美文化并驾齐驱。”①同时，卢作孚作为一个实业家，高度重视科学管理。他说：“工商管理所采用的方法系科学的方法。……管理亦系技术。”② 他要求公司人员：“报告数目字，尤须力求准确，不可马虎。”③ 他强调事业必须先有精密的计划，而且计划的根据不能是想象的，应该“是根据从调查和研究得来的事实，又是从后来进行所得的结果证明相符的。”④ 在民生公司试验中，他设计并推行了包括举行各种会议在内的一系列办法，以便于随时发现和解决问题，改进工作。他还将这一套卓有成效的管理方法，整理成《工商管理》一书，产生很大的影响，时人把他与王云五一道，誉为“科学管理专家”⑤。

四　本色是书生

在教育、科学上，卢作孚投入了相当多的时间和精力。卢作孚1948年曾经说，自己前半生的时间，几乎都花在办教育上，“现在所办的实业，也等于是在办教育”⑥。卢作孚的兴趣、爱好十分广泛，他在年轻时“爱编演话剧，吟咏诗文”⑦。在主持成都市立通俗教育馆的时候，他在馆中设立新剧部，着意于新剧、川剧、京剧事业的推广。在创办民生公司之后，他还多次临时参加新剧的编排，效果很不错。如1929年8月18日，民生公司在合川开会悼念陈伯遵等逝去的公司同人，其间公司和峡防局职工联合上演新剧，“第十一幕择婿，成绩算此幕最佳，因为是卢局长作孚说的剧情，当演剧时，前门的人只有挤进来，不能挤出去，只好往后面走才行”⑧。再如1931年元旦，峡局职

---

① 卢作孚：《嘉陵文化基金会理由书》，重庆档案馆藏。

② 凌耀伦、熊甫编：《卢作孚文集》，北京大学出版社2012年版，第437页。

③ 同上书，第201页。

④ 卢作孚：《最有希望的国家》，《交易所周刊》第1卷第1期，1935年1月1日。

⑤ 召川：《我所知道的卢作孚和民生公司》，《文史资料选辑》（全国）第74辑，文史资料出版社1981年版，第78页。

⑥ 凌耀伦、熊甫编：《卢作孚文集》，北京大学出版社2012年版，第476页。

⑦ 丁芦：《饥饿与监狱——卢氏点滴》，《民生实业公司简讯》第1038期，1950年8月11日第2版。

⑧ 《合川民生公司开追悼大会》，《嘉陵江》1929年9月23日。

员、少年义勇队学生、北碚实用小学师生等在北碚禹庙坝子上演新剧，共演4出，第4出戏《孝子复仇记》由卢作孚临时编排剧情，由实用小学教师临时准备后登台演出，该剧中“孝女在法庭上的一番悲痛陈述和自戕，使人感动不已”①。

卢作孚还是撰写联语的高手。大约在1914年夏初，一位友人即将从法政专科学校毕业走上社会，卢作孚为其写下联语云：“学到精微惟一，法随时势乃迁”②，这是迄今为止已知卢作孚现存最早的联语之一。该联语不仅显示出卢作孚具有深厚的旧学功底，而且清楚地表达了卢作孚在知行问题上的明确取向，以及对于知识学问和社会改造方法问题的独特思考。资料中最早提及和记载这幅联语的是黄炎培，再一个提及此联语的是上述《民生实业公司简讯》中一篇纪事诗的记载，这首纪事诗把该联语放在卢作孚第一次赴上海之前，由此帮助我们断定该联语大致的写作时间在1914年的春夏之间或夏初。从这两句赠言联语中，我们确实可以体味到青年卢作孚的学人特质。宋代大儒朱熹曾经说：“学者工夫只求一个是。天下之理，不过是与非两端而已。”又说：“学，大抵只是分别个善恶而去就之尔。”③ 在卢作孚看来，学到精微无非就是求得一个“实事求是”或作出一个“择善而从”的选择而已，而为善、行善之法，则可以根据时代的变迁而有或大或小的变化。

卢作孚其实自始至终都首先是个学者。由于出身贫寒，卢作孚只念到小学毕业就中断了正规的学校教育，但他深受王闿运授业弟子、著名学者张森楷的欣赏，曾应邀参加由张森楷主持的《合川县志》的编纂。他酷爱数学，曾著《应用数题新解》一书并由重庆中西书局于1914年出版。在新文化运动期间，卢作孚做过报刊记者和总编，也当过中小学的语文、数学教师，并一度担任川南永宁道教育科长，与恽代英等一起领导川南新文化运动及新川南建设，且由恽代英介绍加入了少年中国学会，成为当时有志于社会改造的青年知识分子精英群体的一员。他自学不辍，读书多，读书快，知识丰富，被人称为“小学博士”④。1931年

---

① 《卢作孚元旦导演新剧》，《嘉陵江》1931年1月3日。

② 丁芦：《饥饿与监狱——卢氏点滴》，《民生实业公司简讯》第1038期，1950年8月11日第2版。

③ 黎靖德编：《朱子语类》，岳麓书社1997年版，第203、204页。

④ 《中大校长罗家伦在总公司讲演》，《新世界》第12卷第5期，1938年5月31日，第45页。

9月25日到30日，他与公司同人乘船去成都，一路上并有访友等许多活动。即便如此，数日之间，他还是在船上阅读了《满蒙外交论》、《战后欧洲十年史》、《世界工业史》等著作（《卢局长游程中寄回峡的两封信》，重庆档案馆藏）。他对罗素的思想，对杜威的学说有深刻的研究和领悟。他说过："我的思想受罗素的影响很大。"（交通部长江航务管理局档案中心藏档案）他不仅从杜威的试验主义教育哲学中广泛吸收当时国际上新兴的进步主义教育思想，而且从杜威的试验主义（一般称为实用主义）哲学中摄取具有现代科学精神的试验方法，为其社会改造的探索活动所用。

卢作孚对中国传统文化有深刻的理解，曾经与陈立夫讨论"礼仪廉耻"，把过去注重应酬的礼仪廉耻，应用到国家建设上来。他说："我们所谓礼者，客气之谓也。好比一桩经济事业赚得的钱，大多数拨归公有，继续作生产的用途，个人则只享受最低限度的生活费，此之谓礼；一桩公众的经营，今天没有钱办了，我们毁家纾难，枵腹从公，此之谓义；凡是公众的财富，我们绝不苟且一点，此之谓廉；同时做一桩公众的事情，假设我所做出来的成绩，不若别人的好，此之谓耻。"同时，卢作孚认为单纯只是发扬传统文化已经不够，必须充分重视西方科学技术的引进，他表示："只发扬中国的固有文化，我认为还不够，那只算是做到了一方面，可以说是消极的方面。我们还须得尽量运用现代世界上的科学技术，才能够完成一个现代国家的物质建设和社会组织"①，卢作孚的意见使一向以推崇中国传统文化自命的陈立夫也甚为赞同。科学的态度和科学的精神尤其是对数学的热爱和数学方面的训练使卢作孚思想缜密，曾经与他同事的周佛海感叹："此人（指卢作孚——引者注）头脑清晰，且肯研究，余远不如也。"② 美国杂志 Asia and America's 1945年6月号刊载中国乡村建设学院社会系主任孙恩三所撰《卢作孚和他的长江船队》，介绍卢作孚是一个现代企业家，同时也是"一个没有受过现代教育的的学者"③。

确实，卢作孚是一个学者，一个头脑中充满了睿智和梦想的学者，一个具有丰富社会阅历并能够从事实际建设以追求国家富强的学者。他提出了一整套改造中国社会的主张，即创造现代集团生活。其核心是要打破旧

① 朱树屏：《庐山印象记》（续），《新世界》第67期，1935年4月1日，第16页。

② 周佛海著、蔡德金编注：《周佛海日记全编》，中国文联出版社2003年版，第89页。

③ 周永林、凌耀伦主编：《卢作孚追思录》，重庆出版社2001年版，第64页。

的集团生活格局，创造出以国家、事业为核心的新的现代集团生活。卢作孚这位中国近现代史上著名的爱国实业家，一生创造了无数的事业，但自己却始终不是资本家，而是一位怀抱改造社会理想的书生。在近代，像卢作孚这样的人，很难找出第二人。

张守广

2013 年 10 月于重庆北碚

叙　例

一、本谱谱主卢作孚先生，以“服务社会，便利人群，开发实业，富强国家”为人生宗旨，以创办、经营民生实业公司和开创嘉陵江三峡地区乡村改造试验等中国早期现代化事业而著称于世，是近代中国历史大变局中杰出的实业家和社会改造试验的主要倡导者和开拓者之一，是中华民族走向复兴之路进程中作出巨大贡献的仁人志士，是中国近代振衰起敝时代要求和个人努力双重因素作用下产生的时代英雄。本书稿即围绕这个主旨，考辨资料、编纂成谱。

二、卢作孚先生出生于 1893 年，逝世于 1952 年。在其不到 59 年的生命历程当中，先后亲身经历了从晚清的洋务运动到中华人民共和国成立之初的土地改革、镇压反革命、抗美援朝、“三反”、“五反”等重大历史事件，这个时期的中国，正处于有史以来历史大变局最为风云激荡的岁月中。这一时期中国社会变革的核心，是在争取民族解放与国家独立的同时，从传统农业社会向工业化和城市化迈进，从封建专制到人民民主的方向转型。与此要求相适应，需要思想意识、文化观念、社会组织的巨大变革。这样的时代，对卢作孚先生的生平事业，发生了莫大的影响。作为一个幅员广大、人口众多、地域差别显著的落后的大国，中国的社会变革复杂而艰难。全局性的变革往往需要从局部性试验中找到方向，积累经验，凝聚力量，而局部性试验又往往始于一二具有创造精神和实际才干者筚路蓝缕地开拓性工作。卢作孚先生生平志业及其贡献也正在于此。

三、本谱在编辑过程中，充分使用谱主论著、往来函电、演说词、谈话记录、公牍、条陈、时人述评等有关卢作孚先生事业、思想的原始资料。收录资料源自档案、报刊、相关资料集、时人记述、口述回忆等。所征引各种资料，皆注明出处。为求全面、系统和完整，或有驳杂之嫌而不稍回避。

四、本谱为使历史背景更加清晰，适当记载相关时事和时人活动等相关内容，惟根据不同情形和行文需要，或于正文直接载入，或于按语注释中加以说明。

五、本谱遵照一般年谱体例，分年按月逐日编排。以每日所发生的事件为纲，并冠以标题，系以序号，以期厘清相关事实发生的先后顺序。详细的事实，分别注明于各目以下，不必详述或难以详述者，从略。记事虽分年按月，但凡必须追述过去，或前后关系数年者，则分别叙述始末，以明究竟。国内外重大事件，也按年分别记入，以反映相关时代背景。谱中所系年月日，前为公历，为明白起见，重要者附注阴历。

六、本谱备“谱前”一节追述谱主家世渊源，列于正文之首，“谱后”一节略记谱主身后之事，备于正文之尾。

七、本谱于引用信函原件中为示尊重别人而有另行、空格等情况，引用时除特殊情况外，一律以不空行、不空格处理。

八、本谱对于所引资料中有讹误、隐秘、难以辨认等问题或须要特别说明者，加按语或以旁注形式标明或澄清。

九、本书对谱主的著述、讲话、书信等言论思想类资料，或全录，或节录，以其重要程度及易见与否为断，重要且不易见者全录，重要但易见及篇幅过长或内容驳杂者节录。

十、“呎”、“吋”为中国近代特有的新造汉字，分别表示英尺、英寸，本书所引材料原文中时常出现，俱不加改动。

十一、本书定名为《卢作孚年谱长编》。

目　　录

上　　卷

下　卷

谱　前

先世渊源

合川县卢姓原籍湖北省麻城，明末清初迁徙到四川当时名为合州的合川县落户，主要在县境西部的肖家场、三庙场一带置地或租地务农[①]。

祖父母及父母

卢作孚祖父名卢仲义，是居住在合川县肖家场的农民，卢作孚的祖母情况不详。卢作孚父亲名卢茂林（又名卢高贤），稍长，经亲友介绍，到合川县城学习裁缝手艺，又得城里亲友介绍，认识一位贩卖麻布的商人，即随其人往返于四川合川、隆昌间做贩卖麻布（或称夏布）的生意。此种麻布以隆昌为主要生产中心，当时合川、隆昌间交通不便，商贩运货都是晓行夜宿，肩挑货担。卢茂林常年经营此种麻布，竟逐渐成为合川颇有名气的“卢麻布”。大约到清朝光绪末年，由于合川、隆昌间沿途治安恶化，合川县市况也大不如前，卢茂林才把麻布生意停了下来[②]。关于卢茂林妻子的资料很少，现只知道其姓李[③]。卢茂林夫妇养育了卢魁铨（志林）、卢魁先（作孚）、卢魁甲（尔勤）、卢魁群（子英）、卢魁杰、卢魁秀6个子女。从卢茂林夫妇起，卢家从肖家场农村搬到几十里外的合川县城外杨柳街定居[④]。

---

① 《卢国维的回忆》（1999年），未刊，卢晓蓉提供，谨此致谢。

② 《卢国维的回忆》（1999年）。

③ 卢晓蓉：《奋飞的起点——卢作孚思想起源初探》，《卢作孚研究文集》，北京大学出版社2000年版，第42页。

④ 卢国纪：《我的父亲卢作孚》，四川人民出版社2003年版，第4页。

合川乡土历史文化

从历史上看，合川具有源远流长的历史文化，《合川县志》载[①]：

> 合川是巴文化发源地之一。境内沙溪乡沙梁子商周遗址，经专家鉴定为先巴文化；据历史文献记载，位于县城南郊铜梁山下的巴子城，是巴国别都。秦灭巴、蜀，于公元前314年置垫江县，此为合川建县之始。南朝宋文帝元嘉年间（424—453年），改垫江县为东宕渠郡，西魏恭帝三年（556年）又改置州，因其地三江汇合，取名合州。民国2年（1913年），废州改县，称合川县，“合川”从此定名。

合川县属各地文化教育发达较早。《合川县志》载[②]：

> 始建于北宋嘉祐年间（1056—1063年）的养心堂，位于城东嘉陵江岸的学士山上。是北宋理学家周敦颐讲学之所，因系三层三檐八角斗拱结构的亭式建筑，故称八角亭，极具工艺价值及历史意义。

合川的历史文化对卢作孚产生了重要的影响。长期与卢作孚共事的邓少琴曾回忆：“吾友卢作孚先生，曾语余合川明代有乡贤邹智字汝愚者，年十二，能文，家贫，读书燃木叶继晷者三年，登成化（1465—1476年）进士，上书亟言时世之艰，以谪废东石程卒。合川张森楷字石亲，著《史记新校注》及《历代五百名人传述》，学问极为渊博，受其称誉指引，为之奋发图强，不落人后，爱物济人，实先后乡贤有以启之。”[③]

从水陆交通上看，卢作孚的出生地合川，位于川西北与下川东水陆交通的要冲，嘉陵江与渠江在合川县北15里的渠河嘴汇合后，流经县城东南与涪江汇流，之后流入嘉陵江小三峡，到重庆而入长江。嘉陵江自广元以下尽管水流湍急，却是自古以来的水上交通要道。据说杜甫《闻官军收河南河北》中“即从巴峡穿巫峡，便下襄阳向洛阳”中的“巴峡”，就

---

① 四川省合川县地方志编纂委员会编纂：《合川县志》，四川人民出版社1996年版，第1页。

② 同上书，第2页。

③ 邓少琴：《邓少琴西南民族史地论集》，巴蜀书社2001年版，第1064页。

是指嘉陵江流经的嘉陵江小三峡[1]。雨生《从合川的交通谈到一些关于木船的故事》载[2]：

> 合川据说是古名赤水，又叫垫江，在逊清叫做合州，隶属于川东道。民国三年，改称合川县。它的面积东西相距约三百里，南北相距一百廿里。嘉渠二江，汇流于县北十五里之渠河嘴，经县城东南，与涪江汇流，经小三峡至重庆而入长江。照河流上看来，三江的形势，非常利于航行，而合川不特是帆樯荟集之区，并且是川西北与下川东交通的冲要，从前也有过商旅辐辏的话。水上交通，既然这样便利，江上浮着的木船，也形形色色，不一而足。

民国《建设月刊》也载[3]：

> 合川县城位于嘉陵江与涪江之汇合口，县城穿约三里，居民五万，商业繁盛，货物辐辏，商店连檐栉比，街道整齐清洁，本地人自誉有"小重庆"之称。在昔成渝公路未通车以前，举凡往成都及小川北一带者，皆由重庆乘船至此，再换肩舆以达潼南或岳池。以交通而言，实为川北门户，由此东下重庆，水路仅180里。

民国初期，行驶嘉陵江、涪江（也叫遂河）、渠江（也叫渠河）的木船种类很多，并形成木船帮。上述三江木船帮按照码头和行经的水道形成行会性质的组织王爷会，涪江有遂帮王爷会，渠江有渠帮王爷会，州河（嘉陵江从合川到重庆的一段）有州帮王爷会。王爷会的首领称为会首，由各木船帮会众推选，每年改选一次。船上从事拉纤、推挠、摇橹的人称为挠夫，俗称挠贩，这些挠贩也组织有自己的行帮，称为挠贩王爷会。出资经营木船者被称为船老板，主要经营三江木船货运业务。由于涪江、渠江、州河航道滩多流急，事故多发，所以当地有"穷不习武，富不驾船"的谚语，船老板实际上以穷人居多。民国初年轮船航运业兴起后，这些船

---

① 华弦：《巴峡考》，《北碚志资料》1983年第1期，第20页。

② 雨生：《从合川的交通谈到一些关于木船的故事》，《新世界》第4期，1932年8月27日，第8—9页。

③ 记者：《合川县农村社会调查》，《建设月刊》第1卷第5期，1937年4月5日，第5页。

老板中不少改业，充任轮船领江①。

从军事地理上看，合川为川北门户②。县属钓鱼城曾经是宋元之际有名的古战场。南宋抗元名将王坚、张钰坚守钓鱼城三十余年。蒙元军主将蒙哥在指挥攻打钓鱼城的战斗中身受重伤，不治而亡，故欧洲人称钓鱼城为“东方麦加城”、“上帝折鞭处”等。

重庆历史与重庆开埠

随着鸦片战争后中国半殖民地半封建程度的日益加深，1876 年 9 月英国迫使腐败的清政府签定《中英烟台条约》，获得派员驻寓重庆的特权。此后，英国派驻重庆的驻寓官巡游四川各地，调查土产和风俗民情，甚至干脆向重庆派驻领事③。1890 年 3 月英国又强迫清政府签定了《新订烟台条约续增专条》，规定将重庆作为通商口岸对英国开放，“英商自宜昌至重庆往来运货，或雇佣华船，或自备华式之船，均听其便”④。1891 年 3 月重庆正式设立海关，成为中国内地被迫对外开放的通商口岸，由此，西方经济、文化力量日益深入中国内地。

川渝历史文化

在 1999 年重庆直辖之前，川渝地区长期以来均在四川省管辖之下。川渝地区是一个十分独特的地方，山川秀丽，物产丰富，有自己独特的历史文化。

时代

从明代嘉靖年间开始到清代的道光时期，西方势力不断以各种方式撞击古老中国的大门。清道光二十年（1840 年），清王朝统治下的中国与西方之间由于鸦片的禁、销问题而爆发战争，结果中国战败。在西方坚船利炮胁迫之下，1842 年清王朝与以殖民扩张为己任而繁荣发达的大英帝国签定了江宁条约（又称南京条约），条约规定清政府赔款、割地、开埠、通商。由此，中国开始进入半殖民地半封建社会。之后，口岸越开越多，

① 雨生：《从合川的交通谈到一些关于木船的故事》，《新世界》第 4 期，1932 年 8 月 27 日，第 9—14 页。

② 记者：《合川县农村社会调查》，《建设周讯》第 1 卷第 5 期，1937 年 4 月 5 日，第 5 页。

③ 周勇主编：《重庆通史》，重庆出版社 2003 年，第 277 页。

④ 王铁崖编：《中外旧约章汇编》第 1 册，生活·读书·新知三联书店 1957 年版，第 553 页。

不平等条约也越来越多，殖民地化的程度日益加深。中国几千年祖传的办法、章程统统失去了灵光和妙用，陷入广泛而深刻的制度危机与文明危机。穷则变，变则通。小变不通则大变，慢变不通则亟变，全变，中国社会由此进入一个“三千年未有之变局”中①。

① 据王尔敏研究，“当时提出变局之言论者不下81人”，见王尔敏《中国近代思想史论》，社会科学文献出版社2003年版，第325页。

1893年（清光绪十九年）出生

4月14日（农历2月28日） 卢作孚出生于四川省合川县（今为重庆市合川区）城北门外杨柳街曾家祠堂，按卢氏字辈排行为“魁”字辈，遂由长辈取名卢魁先，后改名卢思，字作孚，以字行①。

这一年出生的著名历史人物有中华人民共和国开国领袖毛泽东（1893—1976）、中国共产党早期重要领导人萧楚女（1893—1927）及张申府（1893—1986），孙中山先生的夫人宋庆龄（1893—1981），思想家梁漱溟（1893—1988），平民教育家晏阳初（1893—1990），实业家孙越崎（1893—1995），民国时期重要军政人物熊式辉（1893—1974）、白崇禧（1893—1966）、顾祝同（1893—1987）、杨虎城（1893—1949），著名史学家范文澜（1893—1969）、顾颉刚（1893—1980），创作二胡曲《二泉映月》的民间音乐家瞎子阿炳（1893—1950）等，其中晏阳初、梁漱溟、熊式辉为卢作孚的好友。这一年卢作孚的启蒙老师张森楷（1858—1942）35岁，卢作孚在教育、科学界的友人黄炎培（1878—1965）15岁、翁文灏（1889—1971）4岁、陶行知（1891—1946）2岁、任鸿隽（1886—1961）7岁。卢作孚在金融实业界的友人张嘉璈（1889—1979）4岁、钱新之（1885—1958）8岁、范旭东（1883—1945）10岁。卢作孚在军、政界的友人张群（1889—1991）4岁、杨森（1884—1977）9岁、刘湘（1888—1938）5岁、张澜（1872—1955）21岁。对卢作孚一生思想影响很大的英国思想家、文学家伯特兰·罗素（1872—1970）21岁。相关重要人物中，民主革命先行者孙中山（1866—1925）27岁、蒋介石（1887—1975）6岁，实业界先贤张之洞（1837—1909）56岁、张謇（1853—1926）40岁、周孝怀（1875—1958）18岁。

---

① 1922年刊印的《合川县志》中有“卢思作孚合川”的记载。1926年四川成都市立通俗教育馆编写的《成都市市立通俗教育馆报告》中更明确记载该馆创办者为卢思，行号作孚，据此可以断言，卢思为名，作孚为字。

1894 年（清光绪二十年）1 岁

2 月 15 日　朝鲜爆发东学党（自称东学道）起义，中日两国均密切关注朝鲜局势。

5 月 30 日　清光绪皇帝在太和殿举行盛大典礼（传胪），正式宣布科举考试中进士者名次，其中一甲一名（状元）为张謇①。

6 月　孙中山偕陆皓东到天津向李鸿章投书（即《上李傅相书》，又称《上李鸿章书》），条陈改革，未获李鸿章接见。之后《上李傅相书》以“广东香山来稿”署名，刊载于同年《万国公报》第 69、70 册。

7 月 25 日　日本海军联合舰队在牙山湾外黄海水域丰岛附近，袭击清政府北洋舰队派赴朝鲜牙山的运兵船，中日甲午战争爆发。

8 月 1 日　中日正式宣战。

11 月 24 日　孙中山联合进步华侨团体，在太平洋上的美国夏威夷州首府檀香山成立革命小团体——兴中会，以“驱除鞑虏，恢复中华，创立合众政府”为宗旨②。

---

① 《张謇全集》第 6 卷，江苏古籍出版社 1994 年版，第 362 页。

② 茅家琦、徐梁伯、马振犊、严安林等：《中国国民党史》，鹭江出版社 2009 年版，第 11 页。

1895年（清光绪二十一年）2岁

2月17日　日军进驻威海卫军港接受舰船、军械、炮台，北洋舰队全军覆没[①]。

4月15日　清政府全权大臣李鸿章与日本签定《中日讲和条约》（又称《中日马关条约》）。条约规定：中国割让辽东半岛、台湾全岛及所有附属岛屿给日本；中国赔偿军费2亿两给日本；日本臣民得在中国通商口岸从事工艺制造；开放沙市、重庆、苏州、杭州为商埠等。郭廷以先生说：甲午战争之后，中外情势急转直下，外来的压力跟踪而至，“真可谓危机存亡之秋”[②]。

6月2日　台湾割让给日本的交割手续办理完毕。为反对日军的占领和殖民统治，台湾人民掀起了声势浩大、连绵不绝的反抗斗争。

7月21日　署理两江总督张之洞，嘱在籍的状元张謇在江苏南通办理筹设纱厂事宜，张謇一时间颇为踌躇，但最终答应办厂[③]。

11月8日　在俄、德、法等三国干预下，清全权大臣李鸿章与日本驻华公使林董，在北京签定《辽南条约》。条约规定：日本放弃《中日讲和条约》所割让的辽东半岛，清政府需向日本交付3000万元的赎地款。之后，日军退出辽东半岛。

11月上旬　北京强学会秘密成立，并以强学书局名义进行活动。

11月下旬　上海强学会成立，“中国之士大夫之昌言集会自此始”[④]。

---

① 戚其章：《甲午战争史》，上海人民出版社2005年版，第371—377页。

② 郭廷以：《近代中国史纲》，晓园出版社1994年版，第327页。

③ 《张謇全集》第6卷，江苏古籍出版社1994年版，第853页。

④ 同上书，第854页。

1896 年（清光绪二十二年）3 岁

8 月 9 日　黄遵宪、汪康年、梁启超等在上海创办《时务报》，宣传维新变法思想和主张，汪康年为总理，梁启超为主笔。

1897年（清光绪二十三年）4岁

2月11日　商务印书馆在上海创办。

10月26日　严复等在天津创办《国文报》，以通“上下之情”、“中外之情”为目的，以自强相号召，迅速成为北方最重要的维新派报刊。

11月14日　德国以传教士两人被杀为借口，出兵强占胶州湾。

11月29日　湖南长沙事务学堂正式开学，熊希龄为学堂总理（亦称提调，即校长），梁启超为中文总教习。

1898年（清光绪二十四年）5岁

1月29日　康有为在《上清帝第六书》（即《应诏统筹全局折》）中，呼吁光绪皇帝毅然变法："能变则全，不变则亡；全变则强，小变仍亡。"①

1月29日　有资料载：

> 康有为学于廖平，取其"三世"与"先进""后进"之说而张大之，以通经致用为揭橥，号为维新，风靡一时。然此派实力薄弱，而视天下事太易，故其发为议论也，熵煌光怪而有余；其施于政治也，诚实恳挚而不足。②

3月6日　李鸿章、翁同龢与德国驻华公使海靖（Von Heyking）订立中德胶州湾租借条约，租期九十九周年，山东利权，由此拱手让与德国。

3月8日　英国商人立德乐率利川轮试航川江并到达重庆，这是外国轮船第一次到达重庆。

［按］一般把长江上游，即湖北宜昌以上长江水系及各支流称为川江，宜昌到重庆647公里，重庆到宜宾372公里，是川江主要水道。也有把夔巫或巴东以上长江水系及支流称川江，而把宜昌到巴东一段长江称峡江的习惯说法。

3月　俄国强迫清政府签定租借旅顺、大连，修建南满铁路。

6月11日　清光绪皇帝"下诏定国是"，决定变法，命军机大臣、总理衙门王大臣会同首先筹办京师大学堂。戊戌新政，由此开始。

6月19日　康有为向总理衙门递交《请御门誓众开制度局以统大局

---

① 《康有为全集》第4集，中国人民大学出版社2007年版，第17页。

② 戈公振：《中国报学史》，上海古籍出版社2003年版，第206页。

折》（又称《敬谢天恩并统筹全局折》），提出“方今不变固害，小变仍害，非大变、全变、骤变不能立国也”①。

7月1日　中英威海卫租借专条签字，英国强租威海卫。

7月25日　张之洞门生、翰林院侍讲黄绍箕向清光绪帝进呈张之洞著《劝学篇》。光绪披阅后，认为《劝学篇》平正持论通达，大有益于学术和人心，下令由军机处向各省督、抚、学政每人颁发一部，以广刊布。

［按］张之洞在《劝学篇》中，提出了“中学为体、西学为用”的著名主张：“四书、五经、中国史事、政书、地图为旧学，西政、西艺、西史为新学。旧学为体，新学为用，不使偏废。”②

9月21日　慈禧发动政变，软禁清光绪帝于瀛台，戊戌变法迅速失败，史称“百日维新”。

---

① 《康有为全集》第4集，中国人民大学出版社2007年版，第87页。

② 赵德馨主编：《张之洞全集》第12册，武汉出版社1998年版，第176页。

1899年（清光绪二十五年）6岁

5月7日　英国炮舰“务德科”（Woodcock）、“务德拉”（Woodlark）首次驶抵重庆。

5月23日　张謇创办的南通大生纱厂建成开纺①。此后十几年间，张謇创办10多家实业公司，经营领域涉及纺织、面粉、榨油、垦牧、水利、航运、烛皂、蚕桑、渔盐等，集资数千万，养民数万人，并提取盈余，建设南通州高等学堂，以造就人才，成为清末民初开创实业救国、教育救国新风气的著名人物。

6月20日　英国人立德乐所办的扬子江贸易公司商轮——肇通轮驶抵重庆，这是到达重庆的第一只外国商轮②。

11月16日　法国租借广州湾。

---

① 张季直先生事业史编纂处编：《大生纺织公司年鉴》，江苏人民出版社1998年版，第24页。

② 周勇：《重庆通史》，重庆出版社2002年版，第320页。

1900 年（清光绪二十六年）7 岁

春夏之交　义和拳在山东迅速发展，并扩展到北京。

6 月 21 日　清政府下诏对列强宣战。

8 月 14 日　八国联军攻入北京，大肆进行烧杀抢劫。

10 月 6 日　孙中山领导的惠州起义爆发，由于军械接济困难，最后在清政府镇压下于 11 月初失败。

本年　卢作孚与长兄卢志林进入合川县北门外李家私塾读书，进步迅速。兄弟两人都描摹颜真卿、柳公权书法，后来偏重柳体[①]。

① 《卢国维的回忆》（写于 1999 年清明节），未刊。

1901年（清光绪二十七年）8岁

1月29日　清廷正式发布上谕，宣布实施新政，编练新军、开设学校、奖励发展工商业。

8月12日　重庆南岸的王家沱正式被划为日本租界。

9月7日　清政府在北京与列强11国代表签定《辛丑条约》。

9月24日　日本驻重庆领事山崎桂与四川分巡东兵备道监督重庆关兼办通商事宜宝棻，订立《重庆日本商民专界约书》，王家沱租界占地协定面积400多亩，但由于在重庆的日本人极少，所以实际占地少于协定面积。

本年　（一）卢作孚与其长兄卢志林进入合川县瑞山书院读书。据有关记述，卢作孚自幼"喜欢算术和古文，常手不释卷"①。读书期间，卢作孚尝患病失语近两年②，但读书极为努力且已经表现出卓异的禀赋。丁芦白话纪事诗《饥饿与监狱——卢氏点滴》载③：

> 当你（卢作孚——引者注）每天上学去，栅子门打开，第一个走进去的是你，更夫和你做了好朋友。你管理学校的伙食，叫采买口报账，你用心记账，报完算完，他不敢有一丝一毫的舞弊。

卢作孚本人对幼时学习的情形记述很少，仅有的追述说④：

---

① 召川：《我所知道的卢作孚先生》，《文史资料选辑》（全国）第74辑，文史资料出版社1981年版，第73页。

② 关于卢作孚患病失语的时间说法不一。

③ 丁芦：《饥饿与监狱——卢氏点滴》，《民生实业公司简讯》第1038期，1950年8月11日，第2版。

④ 卢作孚：《改良木船的四大意义》，《抗战与交通》第27、28期合刊，1939年10月16日。

记得从前我幼时读书，有一篇解释官的文章说："官者管人者。"

[按] 瑞山书院原为义学，创立于清朝乾隆年间，1897年（光绪二十三年）改为瑞山书院，是合川县仅有的两所书院之一。郑贤书等修、张森楷纂《民国新修合川县志》载[①]：

> 瑞山书院隶州署之左，原系尼僧者青竹庵庙地，清乾隆四十五年知州左修绪迁尼僧于南津街观音阁，改建学舍，名接龙义学。后五年，知州周澄又捐资补修，道光初乃改名瑞山，知州李徽典题有瑞山义学四字匾额。至名以书院，则光绪二十三年知州轧钢熙谷禀立也。然自来延师仍由官聘山长，束修以及斋长薪资、生徒课奖，两院从同。州人王履吉有句云：凌霄阁上月轮高，寻乐亭前草似袍。两地书声相唱和，中间隔断涪江涛。言两院（另一书院为濂溪书院—引者注）之盛也。两院有学田，有学费，另见别篇。今瑞山书院改为兴里高等小学校。

（二）合川县举人张森楷发起集股在合川创办蚕桑公社，自任社长，"意在开拓利源，讲求实业"[②]。

---

① 郑贤书等修，张森楷纂：《民国新修合川县志》卷26《学务》，1922年刊，第5页。

② 同上书，第28页。

1902年（清光绪二十八年）9岁

2月22日　中国近代最早的商会组织——上海商业会议公所在上海成立。

年初　张元济应邀入商务印书馆，并设编译所，主持编订教科书，商务印书馆由新印刷业进而为新出版业①。

本年　梁启超在《新民说》中说道："今日谈救国者，宜莫如养成国民能力之为急矣。虽然，国民者其所养之客体也，而必更有其能养之主体……主体何在？不在强有力之当道，不在大多数之小民，而在既有思想之中等社会。"②

① 王云五：《商务印书馆与新教育年谱》，江西教育出版社2008年版，第4页；宋原放主编：《中国出版史料·近代部分》第3卷，湖北教育出版社2004年版，第44页。

② 梁启超：《新民说》，载《饮冰室合集·专集》（4），中华书局1989年影印本，第156页。

1903年（清光绪二十九年）10岁

6月29日—7月7日　上海《苏报》由于接连刊载“革命排满”，特别是刊文介绍邹容的《革命军》和登载章太炎《驳康有为论革命书》一文，引起清政府不满。结果章太炎等人被捕，邹容于7月1日自投捕房，7月7日清政府查封苏报馆。

［按］次年5月21日章、邹分别被判处三年和两年监禁，此即苏报案。孙中山说：“留东学生提倡于先，内地学生附和于后，各省风潮从此渐作……（苏报案）清廷虽讼胜，而章、邹不过仅得囚禁两年而已。于是民气为之大壮。邹容著有《革命军》一书，为排满最激烈之言论，华侨极为欢迎；其开导华侨风气，为力甚大。此则革命风潮初盛时代也。”①

9月7日　清廷谕令成立商部。

① 中国社会科学院近代史研究所中华民国史研究室等编：《孙中山全集》第6卷，中华书局2006年版，第236页。

1904 年（清光绪三十年）11 岁

1 月　清政府批准张之洞等拟定的《奏定学堂章程》，通常称为“癸卯学制”。清末民初的学校教制度，主要以此为依据。这个学制把普通教育分为初等、中等、高等三段，修业期限为 18 年。

2 月 21 日　卢作孚就读的合川县瑞山书院改为寻常小学堂，旋又改为兴里高等小学堂，简称兴里小学（即瑞山小学）。

［按］瑞山小学与卢作孚一生事业颇有关系。关于该学校，郑贤书等修、张森楷纂《民国新修合川县志》卷 26《学务》载①：

> 兴立高等小学校设旧瑞山书院，光绪卅年改置寻常小学堂。民国二年改高等小学校。有校舍、校具、额设校长，年薪一百四十千，教员三或四人不等，每人薪修钱一百六十千。

《瑞山小学概况一览》也载②：

> 本校的诞生，是在光绪甲辰年的正月初六日，距今快三十年了。起初的名称，叫做寻常小学堂，后改兴里高等小学堂，校舍原系合州瑞山书院。兴里小学开办刚甫七年时，嘉欲女校便迁移此间。因此，兴里小学遂搬家到现在的县高校那里去了。过了两年，嘉欲女校迁往塔耳门学费书局院子，兴里小学才又搬回来。后因划分学区，改称中区高等小学校，继以区名的变迁，复改称第一区区立瑞山小学校。
>
> 至于经费来源，在兴里小学时，又第一届学董吴映光先生奔驰筹划的结果，每年固定的收入，有粮票捐五百钏，斗息捐五百钏，糖捐二百四十钏，烟捐七十钏，合计其他收入，总计在一千四百钏左右，

---

① 郑贤书等修，张森楷纂：《民国新修合川县志》卷 26《学务》，1922 年刊，第 10 页。

② 瑞山小学编：《瑞山小学概况一览》，瑞山小学 1934 年印，第 1 页。

本校可分得七百钏。那时生活程度很低，故经费尚称充足。

瑞山小学老师有陈伯遵等。创办四川第一家蚕桑公社，后来曾经担任川汉铁路公司总理和成都大学教授的合川县晚清举人张森楷[①]，在兼任合川县县立中学国文教师时，也偶尔到瑞山小学讲课，对少年卢作孚有很大影响。关于张森楷，郭沫若曾有如下记述[②]：

> 张先生是我的老师，我在成都中学堂念书的时候，曾经听过他的历史讲义。他是我们四川乃至全中国有数的历史学专家，而且是很有骨鲠之气的一位学者。他的遗稿很多，闻有《二十四史校勘记》尚未刊行，近来也有好些是散佚了。这真是可惜。合川不乏有力的通达之士，为什么不为这位乡梓增光的学者表扬，而为国家保存这一部分可宝贵的遗产呢？

在瑞山书院与卢作孚同学的有黄云龙、彭瑞成等[③]，后来均为卢作孚事业上的得力助手。

2月　四川总督锡良奏请设立的官办川汉铁路公司获准成立，以布政使司冯煦为督办，沈秉堃、蔡乃煌为会办。该铁路的修筑，计划自四川成都经重庆到湖北的宜昌，全程3000余里，资金5000多万两，但是资本无着，有名无实。

---

① 《张石亲先生竟死了》，《嘉陵江》1928年8月29日。

② 《郭沫若全集·历史编》第3卷，人民出版社1984年版，第364页。

③ 召川：《我所知道的卢作孚先生》，《文史资料选辑》（全国）第74辑，文史资料出版社1981年版，第74页。

1905年（清光绪三十一年）12岁

1月　督锡良奏陈《川汉铁路公司集股章程》。章程规定：川汉铁路奏明自办，川省绅民自筹股分，不招外股，不借外债。集股办法：1. 认购：官绅商民均当认购股票。2. 抽租：凡业田之家，收租在十石以上者，均按该年实收数抽谷入股。3. 官本：以官款拨入公司作为股本。4. 公利：本公司开办别项利源，收取余利，作为铁路股本。自此，四川士农工商各阶层都与川汉铁路产生了经济联系。

5月10日　上海总商会会董曾铸以个人名义，致电各省商会，要求拒签美约，抵制美货。

7月　官办川汉铁路公司改为官绅合办，以孙秉堃为官总办，乔树枬为绅总办。不久又改乔树枬为驻京总理，以胡峻为绅总办，实际上官绅合办只是形式。

8月20日　孙中山在日本东京创建具有资产阶级政党性质的革命团体——中国同盟会。

9月1日　袁世凯、张之洞等奏请停止科举以兴学校，获得批准，决定自次年起停止各级科举考试，自此科举制度被废除。

11月26日　同盟会机关报《民报》在日本东京创办，后该报在宣传中，将孙中山的革命理论概括为民族、民权、民生三大主义，即三民主义。

1906年（清光绪三十二年）13岁

1月7日　清商部电告四川总督锡良，将成都开辟为商埠。

4月1日　京汉铁路全线通车。

9月1日　清政府正式宣布仿行宪政，开始预备立宪。

12月16日　预备立宪公会在上海成立，郑孝胥、张謇、汤寿潜为正副会长。

1907年（清光绪三十三年）14岁

3月4日　四川总督锡良迫于各方面压力，奏报将官商合办川汉铁路公司改为商办川省川汉铁路有限公司，以乔树枬为总理，胡峻为副理。

年末　周孝怀等在四川发起创办重庆官商合办川江轮船公司。

本年　卢作孚以优异成绩毕业于瑞山小学，学校校长和老师鼓励他进入中学继续学习，但是因为家境困难等原因，卢作孚结束了短暂的学校学生生活[1]。

---

① 卢国纪：《我的父亲卢作孚》，四川人民出版社2003年版，第9页。

1908 年（清光绪三十四年）15 岁

3 月 11 日　四川省劝业道周孝怀创办的官商合办川江轮船公司正式成立，资本 20 万元，其中官股 8 万元，商股 12 万元，在上海机器局订造蜀通轮[①]。

春　四川陆军速成学堂正式开办，钟颖任总办，徐孝刚任监督，学生有刘湘、杨森、潘文华、王缵绪、唐式遵、乔毅夫、傅常、张斯可等数百人，后来四川军阀中的"速成系"即肇端于此校的开办。

10 月 29 日　川江轮船公司蜀通轮从上海驶抵重庆，这是川江第一艘华资轮船。由于各种因素的制约，这家公司始终没有能够得到很大的发展。

本年　（一）卢作孚得到亲友少量资助，携带在家里准备的干饼[②]，步行到成都，住进西御河沿的合川会馆。他自幼对于数学就有浓厚的兴趣，"以为数学，不仅是数目字的学问，量的学问，同时可以训练我们的思想，使紊乱的思想，变为有条理、有秩序、有系统的思想"[③]。他很快进入一补习学校补习数学，由于该校无法满足他的求知欲，两个月后便毅然退学，开始自学。卢作孚在数月间学完能得到的中文数学书籍，又用了半年多时间学习英语，并学完了当时能得到的少量英文版数学书籍。这些事，表现了少年卢作孚惊人的毅力和能力。（二）四川陆军小学正式开办，该校学生中邓锡侯、田颂尧、刘文辉等后来进入保定军校学习。后来四川军阀中的"保定系"就发源于这两所学校。（三）四川省劝业道周孝

---

① 聂宝璋、朱荫贵编：《中国近代航运史资料》第 2 辑，中国社会科学出版社 2002 年版，第 919—925 页。

② 卢国纪：《我的父亲卢作孚》，四川人民出版社 2003 年版，第 293 页。

③ 罗中福、李萱华、唐文光、罗成献、龙世和编：《卢作孚文选》，西南师范大学出版社 1989 年版，第 337 页。

怀在成都发起创办劝业场电灯部。资料载[1]：

> （清光绪）三十四年清廷提倡实业，各省设劝业道以资督导。一般工商实业家纷然并起，其依股份公司组织者，同时亦有数十家之多，营电业者则有劝业场（即商业场）电灯部。其性质属商股，共集资本二万两，购蒸汽引擎电机发电，供商业场内用户之用。其发起人亦即当日劝业道周孝怀。彼时商业场为一地产公司自建，商场分租取费，自组织发电厂也，不过为点辍文明，免除火患，初无供电全市之志。

---

① 洪开甫编：《启明年鉴》，启明电灯公司 1940 年版，第 1 页。

1909年（清宣统元年）16岁

6月6日　张之洞派人与英、法、德三国银行团代表草签合同25款，借款建造官办两湖境内粤汉铁路干线及鄂境内川汉铁路，以两省百货厘金、盐捐等为担保，不久美国加入变为四国借款。

8月15日　《蜀报》半月刊在成都创刊，蒲殿俊任社长，宣传君主立宪。

［按］蒲殿俊（1875—1934），字伯英，四川广安人。1904年中进士，1905—1909年留学日本。

10月14日　四川省咨议局正式举行成立典礼并选举蒲殿俊、萧湘、罗伦为正副议长。《蜀报》成为四川省咨议局机关报。

［按］萧湘（1871—1940），四川重庆府涪州人，清光绪（1903）年进士，之后留学日本，是四川保路运动的领导人之一。罗纶（1876—1930），字子青，四川西充人，1906年与张澜创办顺庆府中学堂，1907年春赴成都，任绅办法政学堂斋务长兼游学预备学堂国文教习。

11月26日　商办川省川汉铁路有限公司召开第一次股东会，选举产生由立宪派人物所控制的董事局，至此，商办川汉铁路公司在组织上初具形态。

本年冬　卢作孚投考四川陆军测绘学堂插班生，投考者700余人，其中许多是四川高等学堂、四川优级师范学堂或铁道学堂的学生，结果卢作孚成为43名被录取者之一，但未就读。卢作孚曾回忆说①：

> 在宣统元年冬季，当时本人未满十七岁，曾去成都投考四川陆军测绘学堂插班生，与考者共七百余人，以年龄论，本人年纪最幼，以学识论，许多投考者皆为四川高等学堂或优级师范学堂或铁道学堂学生，私自忖度，定是名落孙山。但结果，录取四十三名，而本人已名

① 罗中福、李萱华、唐文光、罗成献、龙世和编：《卢作孚文选》，西南师范大学出版社1989年版，第337—338页。

列其内，许多留学成都的老前辈倒没有名字。因此可知弄清楚之力量，最为可靠。

本年　卢作孚一面继续自学，一面收教补习生，收取少量费用以补贴生活。这一时期，他编写了多种中学数学试题集等[①]。在此前后，卢作孚对古文、历史、地理、化学等学科的知识，也尽力吸收，特别对韩愈的文章有浓厚兴趣。同时写文章，向报馆投稿，以谋生活。卢作孚还接其弟卢尔勤到成都合川会馆同住，并辅导其功课。

---

① 卢尔勤、卢子英：《早年的卢作孚和民生公司》，《文史资料选辑》第 74 辑（合订本），中国文史出版社 2000 年版，第 95 页。

1910年（清宣统二年）17岁

3月10日　华西协和大学在成都华西坝正式开办。

3月　重庆川江轮船公司以蜀通轮及1艘拖轮开始营业。

本年　（一）合川兴里丙等小学堂改为中区高等小学校，后又改为第1区区立瑞山小学校[①]。（二）立宪派连续掀起三次声势浩大的国会请愿运动，蒲殿俊是该运动的重要领导者和组织者，并组织了四川“国会请愿同志会”。（三）卢作孚开始接触到卢梭的《民约论》、达尔文的《进化论》、赫胥黎的《天演论》等近代西方名著，以及孙中山的民主学说[②]。

---

① 瑞山小学编：《瑞山小学概况一览》，瑞山小学1934年印，第1页。

② 卢尔勤、卢子英：《早年的卢作孚和民生公司》，《文史资料选辑》（合订本）第74辑，中国文史出版社2000年版，第95页。

1911年（清宣统三年）18岁

4月27日　在孙中山、黄兴的筹划和领导下，黄花岗起义于本日（农历三月二十九日）在广州爆发，旋即失败。卢作孚后来在谈及黄花岗起义时说[①]：

> 在当年的（农历）三月间，同盟会在广州起事失败，已经是第十八次了。那次参加的人，都是挑选出来的优秀分子，结果死去了七十二人——就是黄花岗七十二烈士——仍是没有成功。这在他人，恐已认为无望了，因为这七十二人之死，是革命党人最后一次的试验，也是最后一次的牺牲。同时又鉴于清廷所设的广州官吏，都是些青年。如广东的总督张鸣岐，年仅三十二岁。水师提督李准，四川人，也是个青年。于是感觉到在珠江流域举义的可能较少，这才决定改向长江流域发展。

5月9日　清朝政府宣布铁路干线国有政策。旋即遭到湘、鄂、粤、川四省强烈反对，四川各界反抗尤烈。

5月18日　清政府任用端方为督办粤汉、川汉铁路大臣，并责令他迅速前往，妥筹办理。

6月17日　成都成立四川保路同志会，蒲殿俊、罗纶任正副会长，颜楷任干事长。此后四川各地也纷纷成立保路同志会。

8月2日　四川保路同志会召开全体会员大会，张澜在会上发表演说表示：“吾辈为爱国而来，今爱吾国，必破约以保路，故能赞吾人破约保路则爱吾国者，虽仇亦亲之；不赞吾破约保路则国之贼也，虽吾亲亦

---

① 卢作孚：《我总是希望大家继续为国家为公司努力》，《新世界》第13卷第2、3、4期合刊，1938年10月31日。

仇之。”[①]

［按］张澜（1872—1955），字表方，四川南充人，清光绪二十年（1894）中秀才，清光绪二十九年（1903）留学日本，入东京弘文书院师范科，次年回国。清宣统二年（1910年）任四川游学预备学堂修身教习兼斋务长。曾领导四川保路运动，担任过成都大学校长，抗战爆发后被聘为国民参政会参政员，1939年11月与黄炎培等人发起成立统一建国同志会。中国民主政团同盟（后改为中国民主同盟）成立后，曾经担任主席。中华人民共和国成立后担任中央人民政府副主席、第一届全国人民代表大会常务委员会副委员长，第二届中国人民政治协商会议副主席等职。

8月3日　新任四川总督赵尔丰在成都接任视事。

8月5日　商办川省川汉铁路有限公司特别股东会在成都召开，赵尔丰在会上训话，对保路风潮多有指责。张澜即席演说，予以驳斥[②]。会上，颜楷、张澜当选为商办川省川汉铁路有限公司特别股东会正、副会长。会后，商办川省川汉铁路有限公司特别股东会呈文赵尔丰，请代奏川路仍归商办。

8月24日　成都开始罢市。

［按］此前商办川省川汉铁路有限公司总公司撤换了不听命令的宜昌分公司经理李稷勋，而端方竟然不准其交卸，甚至具奏请由邮传部派李稷勋为宜昌铁路公司总办。正在开会的商办川省川汉铁路有限公司总公司得此消息，立即决议罢市[③]。

9月1日　商办川省川汉铁路有限公司股东会通过不纳粮、不纳捐决议。

9月7日　赵尔丰诱捕罗纶、张澜、蒲殿俊、颜楷等保路同志会正、副会长及铁路公司董事10多人。总督衙门很快集合数千人，要求释放蒲殿俊、罗纶。赵尔丰下令开枪，造成数十人伤亡的重大血案，川乱由此而起[④]。

9月8日　（一）各路保路同志军揭竿而起涌向成都，保路运动中的围城之战开始，并迅速发展成为武装起义。（二）端方带兵由武昌起程，赴川查办，武昌清军兵力因此空虚。

---

① 四川师范学院《张澜文集》编辑组：《张澜文集》，四川教育出版社1991年版，第1页。

② 同上书，第3页。

③ 周善培：《辛亥四川争路亲历记》，重庆人民出版社1957年版，第23页。

④ 同上书，第3页。

9 月 17 日　各路保路同志军撤离成都，成都围城之战结束。

10 月 10 日　武昌起义爆发。卢作孚后来在纪念武昌起义时说[①]：

> 中国历来都是帝王传统，直到前清宣统三年，这种帝王政治终于被同盟会推翻。由此知道一件事情，只要去干，莫有不会成功的。……孙总理为什么要把国家变为民主政治？简单的说，就是要使政治进步。当时世界上民主国家标榜的三个政策——民有、民治、民享——转用在中国，民有就变为民族，因为中国不应被少数满族来管理，少数满族自不能代表中华民族。其次是民治，国家既为人民所有，管理国家的事情，自然是操之于人民。人民有管理国家的权利，所以叫做民权。再有的是民享。老百姓要吃饭，要求生存，要想法安定他们的生活，所以转用为民生。为了要实现上面三个政策，才决定了革命的方针。中国并不是少数满族所能管理的；况且因为传统的关系，无论贤不肖都不能由人民选择，这岂是法律所能容许？更因当时的法律，完全系出于少数人之手，自不能保全体的利益。因此种种，才决定改为民主。

10 月 13 日　端方率军到达重庆。

10 月 26 日　清廷颁布谕旨，根据端方所奏，对于川事中办理不善地方的官员分别予以惩治，其中王人文、赵尔丰交内阁议处，田征葵、周善培等即行革职。蒲殿俊、罗纶等被捕诸绅即行释放[②]。

11 月 14 日　赵尔丰释放蒲殿俊、罗纶等人。不久，蒲殿俊等发表《哀告全川叔伯兄弟书》，呼吁解散同志军。

11 月 22 日　四川革命党人杨庶堪、张培爵等人在重庆起义，成立蜀军政府，以张培爵、夏之时为正、副都督。

11 月 26 日　革命党人联合地方士绅发动起义，杀奉节知县，光复奉节、夔关。

11 月 27 日　（一）端方在四川资州为哗变的鄂军所杀。（二）四川总督赵尔丰在成都宣布四川自治，交出政权。（三）大汉四川军政府在成都成立，蒲殿俊出任大汉军政府四川都督，朱庆澜为副都督。大汉四川军

---

① 卢作孚：《我总是希望大家继续为国家为公司努力》，《新世界》第 13 卷第 2、3、4 期合刊，1938 年 10 月 31 日。

② 四川省档案馆编：《四川保路运动档案选编》，四川人民出版社 1981 年版，第 407 页。

政府“因为没有一个革命党参加不大好，临时找出一个同盟会的董某来代表孙中山”①。

12月8日　赵尔丰指使巡防军索饷哗变，新军加入兵变，蒲殿俊、朱庆澜等人逃走，大汉四川军政府解体。叛军入城烧杀抢劫，公私财产损失极为严重，史称“成都兵变”。陆军小学堂总办、大汉四川军政府军政部长尹昌衡起而定乱，恢复了秩序。

12月9日　四川军政府于成都重建，尹昌衡、罗纶被推为正副都督。

12月22日　四川军政府都督尹昌衡派兵将赵尔丰抓获并处死。之后尹昌衡将四川军政府掌握的军队编为三个镇，后又以自云南回川的刘存厚所部为第四镇。

本年　卢作孚在四川保路运动和辛亥革命的剧烈社会变动中正式踏上社会，开始了改造社会的艰难探索。后来卢作孚在自述生平时曾说，自己“由十八岁起在社会上奋斗”②。

［按］卢作孚在保路运动和辛亥革命中的活动缺乏确实可靠的史料记载，但从其此后的种种活动看，他推崇的张森楷、周孝怀、张澜等都是属于或是接近立宪派的人物，而不是倾向革命的人物。据卢作孚胞弟卢尔勤、卢子英说，正是在辛亥革命的风云中，卢作孚在成都加入了中国同盟会③。卢作孚之子卢国纪据卢尔勤、卢子英的记述也记述卢作孚在成都加入中国同盟会④。但卢作孚当时加入中国同盟会之说，未见于任何其它资料。卢作孚后来谈及辛亥革命情形的时候，也没有说过他与中国同盟会有过什么关系。因此，卢作孚是否加入过中国同盟会，有待新史料的发现。

---

① 周善培：《辛亥四川争路亲历记》，重庆人民出版社1957年版，第57页。

② 罗中福、李萱华、唐文光、罗成献、龙世和编：《卢作孚文选》，西南师范大学出版社1989年版，第337页。

③ 卢尔勤、卢子英：《早年的卢作孚和民生公司》，《文史资料选辑》（合订本）第74辑，中国文史出版社2000年版，第95页。

④ 卢国纪：《我的父亲卢作孚》，四川人民出版社2003年版，第14页。

1912年（民国元年）19岁

1月1—3日　1日孙中山在南京就任中华民国临时大总统，3日中华民国临时政府在南京成立。临时政府由9个部组成，其中陆军总长为黄兴，内务总长为程德全，教育总长为蔡元培，实业总长为张謇，交通总长为汤寿潜。

［按］中华民国的建立，结束了封建帝制，开创了一个新的历史时代。孙中山后来说："予三十年如一日之恢复中华、创立民国之志，于斯竟成。"①

2月2日　蜀军政府与四川军政府签定合并统一合约11条。

2月22日　清帝宣布退位，在中国延续两千多年的封建帝制随之结束。

2月27日　尹昌衡特任胡景伊为全川陆军军团长兼军事参议院副院长，四川军政府四镇官兵受其节制。

［按］胡景伊（1878—1950），字文澜，四川巴县（今重庆）人。1901年赴日本留学，回国后任四川陆军武备学堂监学兼教习。辛亥革命后投靠袁世凯，1912年7月任护理四川都督，1913年6月任四川都督。8月4日熊克武在重庆兴师讨袁，他调军队镇压并在各地屠杀革命党人及讨袁军骨干300余人。1915年4月为袁世凯所迫交出军政大权。1938年任第一届国民参政会参政员，受孔祥熙委托调查西康宁属矿产资源。中华人民共和国成立后，特邀担任重庆市第一届各界人民代表。

3月12日　成渝两地军政府正式合并，全川统一，成立中华民国四川都督府，尹昌衡被推为都督。尹昌衡将原大汉四川军政府掌握的军队改为一至四师，以蜀军政府所委派的蜀军第一师改为四川陆军第五师（仍以熊克武为师长），川军于是有五个师编制。胡景伊则以全川陆军军团长

---

① 中国社会科学院近代史研究所中华民国史研究室等编：《孙中山全集》第6卷，中华书局2006年版，第246页。

兼重庆镇抚总长坐镇重庆。

［按］卢尔勤、卢子英回忆说："一九一一年辛亥革命推翻帝制，建立了共和，四川都督府论功'行赏'，决定委二哥去奉节任夔关监督，因感无甚意义，故谢绝。"[①] 卢国纪在《我的父亲卢作孚》中也采此说[②]。据有关记载，"夔关为全川门户"，四川保路运动及辛亥革命时期，该关监督为知府成昌，奉节县知县曹彬孙为提调[③]，由此可见夔关在军事上和财政上的重要。革命中，曹彬孙被戕，该处秩序一度非常混乱。卢作孚与此夔关光复并无任何渊源，年纪又轻，何以被任命为夔关监督？此说待考。

7月12日　北京政府正式任命尹昌衡为四川都督，胡景伊为护理都督，张培爵为四川民政长。

8月2日　大清银行改组为中国银行后正式开幕，吴鼎昌为总办。

本年　卢作孚继续留成都，在补习学校教书。

---

① 卢尔勤、卢子英：《早年的卢作孚和民生公司》，《文史资料选辑》（合订本）第74辑，中国文史出版社2000年，第95页。

② 卢国纪：《我的父亲卢作孚》，四川人民出版社2003年版，第15页。

③ 隗瀛涛、赵清主编：《四川辛亥革命史料》，四川人民出版社1982年版，第531页。

1913 年（民国二年）20 岁

3 月 20—22 日　宋教仁在上海被刺，不治身亡，史称“宋教仁案”。

6 月 13 日　临时大总统袁世凯任命胡景伊为四川都督。

7 月 12 日　李烈钧等遵照孙中山命令，发动“二次革命”，旋即失败。

7 月 15 日　胡景伊就任四川都督。

8 月 4 日　川军第五师师长熊克武在重庆宣誓独立讨袁，熊克武任四川讨袁军总司令，杨庶堪任讨袁军总部民政总厅厅长，但懋辛任讨袁军总部参谋长。

9 月 12 日　熊克武、杨庶堪讨袁失败，潜离重庆。

9 月　熊克武讨袁失败后，胡景伊开始大肆捕杀革命党人，成都十分混乱。卢作孚先托人把卢尔勤送回合川，自己留在成都。后来由于成都形势日益险恶，卢作孚决定返回合川。途中，在四川省大足县龙水镇一家客店，卢作孚与同行人一道被捕，并被押到大足县，得到当地一位著名绅士保释，才免遭杀身之祸[①]。被释放后，卢作孚决定不回合川而去重庆。卢作孚此后在重庆，曾以开小店铺，制买合川特产之一的桃片为临时的谋生手段。

［按］1947 年《兼善友讯》曾刊载施白南《北碚解》一文，记卢作孚“开过切桃片的小铺”[②]。窥诸卢作孚的一生，开办“切桃片的小铺”大约当发生在此一时期。

10 月 6 日　刘存厚率兵到重庆，大肆捕杀革命党人[③]。

年底　大约在本年年底，卢作孚经友人介绍到四川江安中学作数学教员。在江安教书时期，是卢作孚一生中最为苦恼和迷茫的阶段，也是卢作

---

① 卢国纪：《我的父亲卢作孚》，四川人民出版社 2003 年版，第 17—18 页。

② 施白南：《北碚解》，《兼善友讯》第 22 期，1947 年 7 月 15 日。

③ 周开庆编著：《民国川事纪要》（1911—1936），台北四川文献研究社 1974 年版，第 91 页。

孚人生中新的起点的开始。丁芦的白话纪事诗《饥饿与监狱——卢氏点滴》载[①]：

> 当你在江安城头教书，长袍马褂，头戴大风帽。有一次病倒在床了，朋友关心你的健康，来劝你说："病后不宜再吃水烟。"你当场放下烟袋，接受忠告，从此一刀割断不良的嗜好。

［按］1931 年 9 月卢作孚曾说自己在十七八年前在江安工作过[②]，上溯十七、十八年，即为 1913 年到 1914 年。卢尔勤、卢子英也回忆说；"一九一三至一九一四年间，大军阀、四川都督胡文澜到处搜捕、杀害革命党人。二哥由成都逃到重庆，由友人推荐到江安县江安中学教了一年数学。"[③] 卢尔勤回忆中还提到，卢作孚江安教书期间，曾生过一次大病[④]。

---

① 丁芦：《饥饿与监狱——卢氏点滴》，《民生实业公司简讯》第 1038 期，1950 年 8 月 11 日，第 2 版。

② 卢作孚：《游程中寄回峡的第一封信》（1931 年 9 月 27 日），重庆档案馆藏。

③ 卢尔勤、卢子英：《早年的卢作孚和民生公司》，《文史资料选辑》（合订本）第 74 辑，中国文史出版社 2000 年版，第 96 页。

④ 《卢尔勤的回忆》，卢国模整理。

1914年（民国三年）21岁

5月30日　川江轮船公司由上海江南江船所建造的蜀亨轮从上海驶抵重庆，这是该公司的第二艘轮船。

6月　卢作孚撰联送法专毕业友人："学到精微惟一，法随时势乃迁。"丁芦的白话纪事诗《饥饿与监狱——卢氏点滴》，谓[①]：

> 当你读书的时代，最喜欢研究数学。中学未毕业，你却教中学，打破了资格的枷锁！你也爱编演话剧，吟咏诗文，曾写对联送法专毕业友人："学到精微惟一，法随时势乃迁。"

［按］《黄炎培日记》1936年4月20日载卢作孚撰写于20年前的联语中有"学到精微惟一法……"[②]，语句不全，且标点有误。但20年前之说有参考价值。再参照丁芦诗中史事，则基本上可以断定该联语应写于此时前后。

9月　卢作孚所著《应用数题新解》由重庆中西书局出版，署名卢思，这是卢作孚正式出版的第一部著作。该书内容分两部分，第一部分为"四法揭要"，包括四则运算的定义、定理、演算规则等；第二部分为118道应用数学题以及解答。该书最后附有"卢思现将出版之著述"目录，计有：《最新中等几何学讲义》上卷（平面部）、中卷（平面部）、下卷（立体部），《最新中等平三角讲义》（全一册），《最新中等代数教科书》（全一册）等[③]。

---

① 丁芦：《饥饿与监狱——卢氏点滴》，《民生实业公司简讯》第1038期，1950年8月11日，第2版。

② 中国社会科学院近代史研究所整理：《黄炎培日记》第5卷，华文出版社2008年版，第156页。

③ 卢思：《应用数题新解》，中西书局1914年版。

秋　卢作孚从友人处借了20元钱，从重庆乘蜀通轮到上海，寻找新的人生之路。由于没有固定的收入，卢作孚在上海的临时住处饿过两三天，出来不能走路。同时，卢作孚在上海认识了黄炎培、黄警顽、赵连成等人。据卢国纪所述：这次上海之行，卢作孚“萌发了从事教育以启迪民智的想法。”① 丁芦的白话纪事诗《饥饿与监狱——卢氏点滴》载②：

当你奔往上海，参加革命运动，雪风打入你的心坎，你却不穿友人赠的寒衣。几天没有粮食，空楼飞来饭香，店主人招呼你吃，你却一粒不尝。等稿费取来了，才吞下第一口得意的饭。

[按] 这是与卢作孚有关的惟一一则与革命有关的资料。综合考虑卢国纪和丁芦的记述，很明显卢作孚在上海并没有加入到孙中山领导的革命党，也没有参加相关的活动，而是以写稿子维持生计。黄警顽、赵连成是商务印书馆业务人员，尤其是1913年入职的黄警顽是商务印书馆中最特别的一个人。胡愈之在回忆商务印书馆的时候曾经说：“我特别要提到一个职工叫黄警顽。当时这个人很年轻，进馆时是学徒，在商务印书馆发行所一直做到老。那时商务印书馆在四马路的门市，随便可以去看书，看书不要钱的。售书时黄警顽就站在旁边。新书出了，黄也在新书旁边。时间长了，什么人来看书，什么人买书，买什么书，黄都晓得，他就有这个本事。……黄警顽在门市几十年，他什么都知道。……黄警顽记性非常好，他联系很多很多读者作者。黄警顽是商务印书馆最特别的一个人，别的书店没有这样的人，黄警顽这样的人起很大的作用。”③ 经常到商务印书馆看书的卢作孚大概正是这样认识了黄警顽，又通过黄警顽，认识了黄炎培。黄炎培（1883—1965），江苏川沙（现上海浦东）人，著名社会活动家、教育家。卢尔勤、卢子英回忆：1914年秋卢作孚“乘蜀通轮去上海。……他结识了教育家黄炎培和商务印书馆业务负责人黄警顽。黄炎培曾介绍他到商务印书馆当编辑，但他想自己远道来此不是为谋一个职业，因而婉谢。但通过黄的介绍，参观了一些学校和民众教育设施，并常到图

---

① 卢国纪：《我的父亲卢作孚》，四川人民出版社2003年版，第26页。

② 丁芦：《饥饿与监狱——卢氏点滴》，《民生实业公司简讯》第1038期，1950年8月11日，第2版。

③ 《胡愈之文集》第6卷，生活·读书·新知三联书店1996年版，第172—173页。

书馆和书店去看书，阅读了不少关于实验教育和哲学社会科学的书籍。”[①] 另据《黄炎培日记》，1914年8月27日下午到9月14日，黄炎培适在上海，其余时间多在外参观游览。各种记述相参照后，大致可以得到结论，就是当时卢作孚到上海，经常到商务印书馆看书，很自然地受到该馆发行所门市职员黄警顽的注意，大概又由于黄警顽的介绍而在1914年8月底到9月上中旬前后认识了黄炎培。黄炎培在民国初年曾任江苏省教育司长，此时已辞职，但担任江苏省教育会常任调查干事，正在大力倡导实用主义教育[②]。

12月10日　重庆聚兴诚商号改组为聚兴诚银行，资本100万元。

年底　卢作孚从上海到北京，目睹了北京政府的腐败，又回到上海。

本年　（一）刘湘升任以川军第1师团长，移驻合川，“一面整饬部队，一面大举清乡，盗匪敛迹，乡里宁谧”[③]。（二）川江水位低落，川江轮船公司曾经组织三段航行，结果失败。资料载[④]：

> 民国三年，重庆水位退至零下三呎余，那时川江航运正是黄金时代，川江轮船公司为盈利起见，乃组织三段航行，但是失败了。那时认为是非人力可以克服的。川江航运因此停顿。直到后来水涨后，始行开航。

① 卢尔勤、卢子英：《早年的卢作孚和民生公司》，《文史资料选辑》（合订本）第74辑，中国文史出版社2000年版，第96页。

② 黄炎培：《八十年来》，文史资料出版社1982年版，第67页。

③ 周开庆：《民国刘甫澄先生湘年谱》，台湾商务印书馆1981年版，第7页。

④ 得仁：《谁的三段航行》，《新世界》第1卷第3、4期合刊《三段航行专号》，1937年9月1日，第5页。

1915年（民国四年）22岁

1月18日　日本驻华公使日置益于向中国提出二十一条侵略要求。

2月22日　袁世凯为加强对四川的控制，任命陈宧担任四川军务会办。

5月1日　袁世凯任命陈宧为署理四川巡按使。

5月7日　日本政府向北京国民政府提出最后通牒，限5月9日午后6时前给出令其满意的答复。日本提出的二十一条侵略要求，引起中国人民的极大愤慨。

5月8—13日　北京政府令署理四川巡按使陈宧监督四川省司法行政和财政事宜。

上半年　卢作孚仍在上海学习和考察，在上海的生活是艰苦，其生活来源除了家中寄来的零星花费外，就是靠写文章得来的少量稿费维持①。

8月25日　袁世凯特任陈宧为成武将军督理四川军务，这样陈宧就控制了四川的军政大权。将胡景伊以毅威将军名义，调北京②。

8月　杨度等人组成筹安会，大肆鼓吹帝制。

9月　《青年杂志》在上海创刊，从1916年9月第2卷第1期改名为《新青年》，新文化运动由此兴起。

秋　经过与四川省合川县县中校长刘极光联系，卢作孚被聘为该校数学教师，于是他决定回川。惜因路费不足，乘船至湖北宜昌后，卢作孚改道经恩施、利川步行回重庆。到达合川时，已经是初冬时节，卢作孚遇到的是全家十几个人正挣扎在缺衣少食的困境之中，而合川县中数学教师职位早已另聘他人。此后一段之间，卢作孚仍给上海和四川的报纸写一些通

---

① 卢尔勤、卢子英：《早年的卢作孚和民生公司》，《文史资料选辑》（合订本）第74辑，中国文史出版社2000年版，第96页；卢国纪：《我的父亲卢作孚》，四川人民出版社2003年版，第24页。

② 周开庆编著：《民国川事纪要》（1911—1936），台北四川文献研究社1974年版，第125页。

讯，以勉强维持生计①。

11 月 19 日　四川国民大会代表在选举监督陈宧的监督下就国体问题举行投票，结果全体一致赞成所谓君主立宪，这是袁世凯复辟帝制活动中伪造民意的表现形式之一。

12 月 12 日　袁记国民大会公然宣布恢复帝制。后来卢作孚在谈及袁世凯帝制自为过程中左右舆论，伪造民意的种种丑恶行为时说："所谓讨论者，自讨自论；赞成者，自赞自成；表决者，自表自决；请愿者，自请自愿"②。

12 月 25 日　蔡锷、唐继尧、李烈钧、戴勘等人在云南组织护国军武装讨袁，护国军第一军以蔡锷为总司令，罗佩金为总参谋长，进攻四川，李烈钧为第二军总司令，进攻广东，戴勘为第三军总司令，经贵州进攻四川，护国战争爆发。

---

① 卢国纪：《我的父亲卢作孚》，四川人民出版社 2003 年版，第 27 页。

② 罗中福、李萱华、唐文光、罗成献、龙世和编：《卢作孚文选》，西南师范大学出版社 1989 年版，第 5 页。

1916年（民国五年）23岁

1月中下旬　蔡锷率护国军第一军攻入四川，川军第二师师长刘存厚在纳溪宣布响应护国军起义，并自任四川护国军总司令。

年初　卢作孚到合川县福音堂小学任教职，教小学算术课程。卢作孚之兄卢志林在该校担任国文教师，并兼任四川成都《四川群报》驻合川的特约通讯员。

［按］《四川群报》前身为樊孔周于1912年创刊的《四川公报》，后因与官办《四川公报》名称冲突，于1915年10月改为《四川群报》，并聘李劼人为主笔。注重征稿是《四川群报》的一个重要特点，1918年4月该报被查封。

3月22—23日　袁世凯被迫宣布取消帝制，废除洪宪年号。

3月　卢志林投稿四川成都《四川群报》，报道了年初发生在合川县的一起命案，内容涉及合川县县长田庆芬贪污受贿包庇罪犯。田庆芬因此大为震怒，反诬卢志林、卢作孚通匪，把卢氏兄弟投入合川县监狱。在被关押期间，卢作孚写了一篇告全县各界人士的信函托人带出，引起县内各界人士同情。经耿布诚、李佐成为首的士绅联名作保，在被关押两个多月后，卢氏兄弟才先后获释。

春　川东道设江巴璧合四县特组峡防营，派北碚黄桷镇（即后来的东阳镇）团总王锡五为营长，以防范嘉陵江三峡匪患①。

［按］嘉陵江三峡又称嘉陵江小三峡，指重庆与合川间的沥鼻峡、温塘峡（又名温泉峡）、观音峡。嘉陵江三峡地区地跨江北、巴县、璧山、合川4县，有39个乡镇。长期以来这一地区盗匪出没，危害商旅，至此有峡防营的设置。

5月　卢作孚出狱后经卢志林朋友宋师度的介绍，到成都《四川群

---

① 佚名：《北碚概况》，1949年10月，第1页，北碚图书馆藏；重庆市北碚区地方志编纂委员会编：《重庆市北碚区志》，科学技术出版社重庆分社1989年版，第535页。

报》任月薪14元的记者兼编辑，开始新闻记者生涯[①]，并逐渐形成了一套新闻工作的思想和方法。后来在谈到新闻记者的任务与新闻采访的方法时，卢作孚说[②]：

> 新闻记者的任务并不是做文章，而是要采访新闻。一般采访的方法有3种：一种是看新闻，就是到壁上去看新闻；一种是听新闻，就是听人家说新闻；还有一种就是问新闻，就是问人家有什么新闻。但是真正新闻记者必须懂得新闻中所有的一切问题，譬如懂得经济，才可以采取（访）经济新闻；懂得政治，才可以采取（访）政治新闻；懂得教育，才可以采取（访）教育新闻。

［按］宋师度曾说："民初卢先生到成都，曾被我们拖累，重重的受苦数年。"[③] 所谓被拖累受苦数年，当指合作办《四川群报》等新闻事业。《四川群报》的主笔李劼人、驻京通讯记者王光祈，分别是后来成立的少年中国学会的早期会员和主要发起人。卢尔勤后来也回忆说[④]：

> 他（卢作孚）在成都任《四川群报》编辑时，我也随军到成都，因病留住他家治疗。病好后的一天，他告诉我说：现在我们国家临危、民不聊生的情景，对我的思想有很深的触动，因而很注意国内外的时局动态。初则认为日本的明治维新与西欧的历史演变值得注意，颇想收集资料来学习他们先进的经验，以为借鉴。由于交通阻塞，在成都此类图书很少流通，故得知无几，竟失所望。后来乃从本国着眼，在古有文化中去着手，深入分析，去找解决时局问题的方法，并意欲温故知新，对症取药。又把康梁等人主张的君主立宪和孙中山先生的三民主义、五权宪法、建国方略等结合蜀地实际，加以认真思考，总想从中寻出一个可走的路，然而仍无所得。

① 卢国纪：《我的父亲卢作孚》，四川人民出版社2003年版，第28页；《卢尔勤回忆卢作孚》，卢国模整理，未刊。

② 罗中福、李萱华、唐文光、罗成献、龙世和编：《卢作孚文选》，西南师范大学出版社1989年版，第340页。

③ 《1950年第二次业务会议报告》，第20—22页，重庆档案馆藏。

④ 《卢尔勤回忆卢作孚》，卢国模整理，未刊，引用时略有删节。

5月

关于清末民初的记者，戈公振在《中国报学史》中记述沿海报馆访员生活情形说[①]：

《最近五十年之中国》云：“……馆中例不供膳，每日三餐，或就食小肆，或令仆人购餐于市肆，携回内房中食之。所谓仆人者，实即馆中司阍而兼充主笔房同人差遣奔走，并非专司其事之馆役。薪水按西历发给，至丰者月不过银币四十元，余则以次递降，最低之数，只有十余元，而饭食茗点茶水洗衣剃发与夫笔墨等等无不取给于中。”……然设备上之简陋，经济上之节省，概可知矣。

5月22日　四川将军陈宧在护国军策动下，宣布四川独立，此举对袁世凯是致命一击。

6月6日　袁世凯在羞愤中死去。

7月6日　北京政府任蔡锷为四川省督军兼省长。刘湘任川军第一师周道刚部第一旅旅长，驻合川。

7月19日　鉴于蔡锷患病不能视事，北京政府特任罗佩金护理四川督军兼省长。

8月9日　蔡锷离成都东下，赴日本就医。北京政府任命贵州省长戴戡会办四川军务。

8月13日　（一）北京政府发表罗佩金暂署四川督军，戴戡暂署四川省长仍兼军务会办。戴戡在重庆就省长职。（二）罗佩金不愿戴戡和他同理军务，与刘存厚勾结，反对戴戡。唐继尧和罗佩金均认为这是黔人分去权力，不愿让戴戡到成都任，戴戡也确有攫取全川军政大权之心。罗佩金以重金收买报纸，操纵舆论，为反戴服务。戴戡迟迟不敢来成都就职[②]。

9月10日　熊克武在重庆就任四川陆军暂编第五师师长兼重庆镇守使职[③]。

9月17—18日　卢作孚在成都《四川群报》上发表《各省教育厅之

① 戈公振：《中国报学史》，上海古籍出版社2003年版，第125页。

② 四川省文史研究馆编：《四川军阀史料》第1辑，四川人民出版社1981年版，第96页；匡珊吉、杨光彦主编：《四川军阀史》，四川人民出版社1991年版，第78—80页。

③ 四川省文史研究馆编：《四川军阀史料》第1辑，四川人民出版社1981年版，第92页。

设立》一文，对于教育总长范静生拟把各省教育厅直辖中央提出质疑，谓[①]：

教育总长范静生，拟于各省设教育厅直辖于中央，藉促教育之进行。据新闻所载，目前已持此意，向各省磋商，能成事实与否，今不可知。惟吾亦留心教育之一人，且始终认教育为救国不二之法门，以谓立国家于法治，而缘实业致富，军备致强，民智民德，顾乃卑下。民意民力，尤复薄弱，不有教育以扶持，长养之徒云，法治犹无物也，富强之效，亦如捕风。故教育厅设立之消息，苟未遽成事实也。吾为兹论，将以证明其必需设立，而冀当局者之深省，使已有成为事实之望也。吾将更进一步论教育经费之宜谋优裕；教育权限之宜谋扩张；教育人才之宜谋独立。要即欲教育有完全独立之精神，不受外界之逼拶，及为其它政潮所牵引，以尽教育之能事，得在亚洲大陆放一异彩，致国富强，毋落人后。呜呼！吾言为拙，吾望实深矣。

文中卢作孚强调“教育必须有独立之精神”。他写道[②]：

盖一国之教育与其政治恒互为因果，一政治之施，必赖教育为之倡导；一政治之良，必得教育为之扶植，则是教育也。实立于政治对峙之地位，而未可忽视也。岂惟政治然哉。即社会上凡百事业，孰非以教育培之根底者，故必有独立之精神，勿复使风雨飘摇，如旧时现状，始足以振起教育，改良政治，发展社会之实力，而富强我国家也。特自实际言之，教育规划整理，持全局之衡者，亦政治中事，一手一足，经营旁午，则社会之自为谋也。离政治而独立，其为辞觉非雅训。然吾谓独立者，不过教育一部离他项政治而独立。如司法之地位然，求免外界逼移，不为其它政潮所波及，以尽教育之能事，如是而已。

① 罗中福、李萱华、唐文光、罗成猷、龙世和编：《卢作孚文选》，西南师范大学出版社1989年版，第1页。

② 同上书，第3页。

卢作孚并指出和强调“教育人才之独立”为教育独立问题的关键所在[①]：

> 教育人才之独立，必期实行。教育中人，无论处于行政之地位，抑处于实施之地位，要须知教育精义，而有其志趣，可于行政及实施间，互换以资调节。断不可以他项人才或志趣游移者，滥竽此数，亦勿听教育专门之人才而营逐他务，紊其心思。诚以教育者，具义最深，措施最难，影响最大，稍有误会，毫厘千里，贻国家以隐忧。故必以恒为经，以专为纬，朝夕勤勤，实心伍事，乃有浓郁之兴味，足树教育稳固之基。且调节人才，而常以教育行政与实施教育者，互为更换，则得双方之平，而愈使接近，除去隔膜，下易施为，上易查考，岂非至善哉！此吾人才独立之说，所以必系于设立教育厅之后者也。

9月25日　由江夔禹发起的四川公民大会在成都少城公园举行，反对戴勘任四川省长及军务会办。大会参加者据称有3万余人，并由江夔禹等以公民代表名义致电北京政府，表达反对戴勘的所谓“民意”[②]。

9月29—30日　卢作孚在成都《四川群报》上发表《告反对戴戡诸君》一文，谓[③]：

> 反对戴戡，究为感情上之好恶，抑有事理上之是非，以不可的指，吾不得而论。惟日前开公民大会，是否得真正之民意，将来用武力解决，能否有良好之结果，就事理上推之，则实为两重疑问。以公民大会，先发布传单，即经以反对戴戡之旨相诏告，到会之人，果以千数，谓为表反对戴戡之同情似也。然仅由发起者二三人登坛演说，述反对之意，数戴戡之恶，所谓表决，不过对付方法，有若干人击掌而已。至戴戡应反对与否，及反对之方法如何，则无讨论之机会，正确之表决。到会虽有千众，谓于反对戴戡，遂人同此心，心同此理，

① 罗中福、李萱华、唐文光、罗成献、龙世和编：《卢作孚文选》，西南师范大学出版社1989年版，第4页。

② 四川省文史研究馆编：《四川军阀史料》第1辑，四川人民出版社1981年版，第297—298页。

③ 罗中福、李萱华、唐文光、罗成献、龙世和编：《卢作孚文选》，西南师范大学出版社1989年版，第5—7页。

何所见而云然哉。夫是日与会之人，谓震于公民大会，反对省长之举，及所倡请复盐公司，关系民命之说，来觇其异则然耳。初不必加入反对之数，亦不尽有所反对于人，此妇孺能辨之，何待吾之断然反对戴戡，或向督军请愿，或主张武力解决，不径以个人意见行之，而必经公民大会之手续，其必有所利用。可知彼以是日与会之人，虽无以证明其表反对戴戡之同情，而亦未尝表示反对发起人之意，既不反对，发起人即反证之，即曰赞成反对戴戡之举，亦未不宜。则发起诸君，对于政府及公民大会以外之人，尽可谓是日付表决者，得公民全体之赞成，而以发起人为代表，亦公民全体之所以。呜呼！袁氏欲皇帝自为，当日，所谓讨论者，自讨自论；赞成者，自赞自成；表决者，自表自决；请愿者，自请自愿；梁任公尝痛摘其奸，彼实有所劫持，使人对于帝制不敢倡言反对，即利用之，以为是皆默认而赞成，岂知人民不表示赞成者，正其所以为反对乎？今诸君与袁氏地位不同，所图异趣，而所以学其步趋者，抑何其剧相似也。顾以筹安会，请愿团，国民大会论，彼其审慎周详，装饰外表，为极可观，而犹恐人之有以议其后。今诸君于此公民大会，既轻用之，又草草出之，尤知者所不取矣。虽然吾之言此，诸君或误会吾为故意诋毁，有所私于戴戡，有所恶于反对，非也。吾之所惧，乃有劫持民意而利用之，后祸之烈有不可言。而诸君一忆开会时情景，而诉诸自己之良心，反对戴戡，自反对戴戡耳，假此手段乎哉。

反对戴戡既以发起人为代表，向罗督军请愿，请将反对之情，电达中央，期于收回成命志若不达，即以武力对付戴戡，此大会之日表决情形也。所电达于中央者，准否之权，固犹操在政府，假使中央以戴戡过犹可恕，则为保存威信，顾及国家体统计，必难俯徇一部份之人，至于此日诸君不用武力解决乎？则今已种恶因，挑恶感，其何能必相安？苟如所拟计划竟用武力解决乎，则所系于川人之利害，大局之安危，吾姑不论，且问诸君究能驱逐戴戡，使出川境否？夫诸君今日虽因戴戡故，而反对中央明令，然以利害切身，请愿之权，固人民所有，至政府认为不当时，诸君更以武力驱迫戴戡，则显以武力抵抗中央矣，中央能坐视乎？相传同盟之十三省能勿乘机思逞乎？龙济光纵毒人民，贻祸地方，粤民欲啖其肉，彼负恃险阻，盘踞广州，滇越义军，环而攻者以万数，卒博得萨巡阅之来，赣闽军之动十，一通电又之指摘孽龙，初无所损义军，亦无所利，虽中央对龙，若不免有所袒，而武力能否解决，此要为一先例。武力不能解决，徒糜烂地方，杀伤人民，或更生他种之变，至所得与所期相反。诸君非蒙昧，胡为出此哉。

诸君反对戴戡，自信为充足之理由，莫如请复盐公司，蹂躏护国军两事。盐公司今已撤销，虽云请复，未得充准。谓戴戡之省长，系出于盐公司之运动，无何种证据，亦不足成为问题。护国军果能自爱，不扰地方，戴戡非神经错乱，何至遽用征剿，遍地有护国军，戴戡兵力非极雄厚，又具何种能力，敢有蹂躏？反对其人，欲挑之衅，何患无机？欲加之罪，何患无辞？独谓蹂躏护国军，如吾友某君所言"戴戡蹂躏护国军乎？护国军蹂躏人民乎？护国军之冤，今有人为之伸吁矣！人民之冤万重，其谁氏为之伸吁首？将为是伸吁者，公平？私乎？利乎？义乎？"言虽激急，意则沉痛。恢复共和护国军之功，有足多者，然共和为国精髓所在，须人民在完全之自由，克享真正之幸福也。今共和云恢复矣，而所谓自由者，一部分人有之，且劫持他人之自由以为自由也，所谓幸福者，亦一部分人有之，且夺取他人之幸福以为幸福也。吾人民自由幸福，被劫夺于独夫与彼劫夺于一群之豪暴，为祸为择焉？权其重轻，后者尤烈矣。回忆曩者，川湘战事正亟之日，即国家几至绝命之时，幸而天殛袁氏，国命得续，不亡者一缕耳。至今大局犹隍杌也，外祸且侵逼矣，盗匪充斥，民生憔悴。自少数军政界人物，踌躇满志，聊得自娱外，人民境地，其为愁苦，一堪想念否耶？于此调护休养，犹恐不给，诸君诚何心者，不顾一切而动欲以武力从事哉！请转而告护国军首领曰：公等起义初志，为国与民，不利于己，尽可婉商，铤而走险，则民不堪命矣。又请敬白督军罗公曰：公前本国务院漾电与省议会争开会，缓急之期，尊重中央，顾全统一，下民曷胜钦佩。此次反对戴戡公，必有以处之，使勿趋于不正之轨，而为扰害地方之为，则为公光明磊落，终始如一，不愧当世英雄。吾民实具有无限之望也。

12月10日　戴勘在重庆宣布就任署理四川省长。

1917 年（民国六年）24 岁

4 月 18—23 日　18 日罗佩金部滇军与川军第二师刘存厚部在成都发生激烈巷战，到 23 日发展成为川滇军之间的战争。

4 月 23 日　李大钊在《甲寅》日刊发表《中心势力创造论》。文中说：国家必有其中心势力，而后能收统一之效，促进化之机。否则，分崩离析，久而久之，必趋于亡。吾国的军权系统、政治系统，甚至国家所有的势力，“皆不能为国家之中心势力，以支撑此风雨飘摇之国家”。他认为，对旧势力的没落无需悲观。他说，“惟当顺世界文明之潮流，别造一种新势力以代之。此之势力，必以中级社会为中枢，而拥有国民的势力，其运命乃能永久”，“以为国本之所托”，政治“庶或有澄清统秩之一日乎？”。[①] 这是李大钊本人，同时也是清末以降国人系统讨论重建社会重心问题的第一篇专文。[②]

5 月 1 日　戴勘在成都代理四川督军。

5 月 6 日　由蔡元培、黄炎培、蒋梦麟、张謇、梁启超等 48 人发起的中华职业教育社，在上海市江苏省学务总会召开成立大会宣告成立。

5 月 15 日　北京政府对德宣战。

5 月 24 日　川滇军在成都再次发生巷战，死伤数千人。

7 月 1 日　张勋拥戴废帝溥仪复辟，史称张勋复辟。

7 月 5—17 日　5 日到 13 日刘存厚部川军与戴戡部滇军在成都又发生巷战，戴戡部滇军战败退出成都。戴戡在退出成都后，遭遇袍哥武装截击而身亡[③]。

夏初　杨鹤皋任合川县立中学校长后，邀请卢作孚到该校任监学并兼

---

① 李大钊：《中心势力创造论》（1917 年 4 月 23 日），中国李大钊研究会编：《李大钊全集》第 2 卷，人民出版社，第 120—122 页。

② 郑师渠：《自由主义知识分子三论》，河南人民出版社 2020 年版，第 118 页。

③ 四川省文史研究馆编：《四川军阀史料》第 1 辑，四川人民出版社 1981 年版，第 98 页；匡珊吉、杨光彦主编：《四川军阀史》，四川人民出版社 1991 年版，第 86 页。

任数学和国文教师。

［按］在教学过程中，卢作孚不仅精读了《古文辞类纂》以充实和提高自己，取得很好的教学效果[①]，而且“常与亲友谈论社会改良之道，认为应推广教育，以开民智；振兴实业，以苏民困，并立志竭尽一己之力为社会人群服务”[②]，颇得社会一般人的推崇。当时担任合川县知县的郑东琴（即郑贤书）及王闿运的合川籍弟子张森楷等均对卢作孚大加称赞。

7 月　孙中山领导的护法运动开始。

秋　经同事刘灼三作媒，卢作孚在合川与蒙秀贞结婚，婚后蒙秀贞改名蒙淑仪。蒙淑仪是一位缠过小脚、不识字的传统女性。

11 月 5 日　张澜接受北京政府任命，护理四川省长。

---

① 周永林、凌耀伦主编：《卢作孚追思录》，重庆出版社 2001 年版，第 31、108 页。

② 同上书，第 172—173 页。

1918年（民国七年）25岁

2月25日　唐继尧以滇、川、黔联军总司令的名义，任命熊克武兼四川督军、省长两职。当天，熊克武通电，以四川靖国军总司令执行军民政务。之后，熊克武迫于压力，下令川军各部和滇军、黔军等客军“就防划饷”，由此逐渐形成了四川的所谓防区制，各个军阀在其防区内委任官吏，横征暴敛，从此四川分崩离析，形成群雄割据的局面，其中最大的军阀首领有刘湘、杨森、邓锡侯、田颂尧等人，群雄割据的局面一直延续到1933年四川善后督办刘湘统一全川。胡先骕曾经评论说：“四川号称魔窟，而魔窟中之群魔，厥为军人”，并说“四川政治之腐败，在全国中殆为罕见，大约惟张宗昌时代之山东可与先后辉映。”[①] 长期的军阀混战，使号称天府之国的四川工商凋敝，民不聊生。

春　川东道尹王陵基任命江北二岩（后为北碚西山坪）绅商周宝箴继已经去世的王锡五主持江巴璧合四县特组峡防营，称江防司令[②]。

8月　以传播新文化、新思想，反对军阀统治为宗旨的《川报》在成都创办，李劼人任社长兼总编辑，王光祈、周太玄、曾琦分别担任驻北京、上海、日本的通讯记者[③]。

夏秋　郑贤书、张森楷主持编写《民国新修合川县志》，在合川县立中学任教的卢作孚被邀参加编撰工作。该县志于1922年编成刊印，是四川地区民国时期编纂的著名地方志之一，其编写人员中有关卢作孚的介绍为：下川南道教育科长，卢思，作孚，合川，县志分纂员[④]。

---

① 胡先骕：《蜀游杂感》，《独立评论》第70号，1933年10月1日，第16、17页。

② 重庆市北碚区地方志编纂委员会编：《重庆市北碚区志》，科学技术出版社重庆分社1989年版，第538页。

③ 四川省新闻出版事业局史志编纂委员会编：《四川新闻出版史料》（1），四川人民出版社1992年版，第253页。

④ 《民国新修合川县志·册数总目》，1922年刊，第1页。

9月24—30日　唐继尧召集的西南五省联军会议在重庆召开，会议没有取得结果，熊克武部川军与驻川滇军矛盾进一步激化①。

11月11日　（一）德国投降，第一次世界大战结束。卢作孚后来说②：

> 民国成立，所有官吏，大多为腐败之徒。做的事情，并不能使人满意，当然不能使国家进步，以致当时中国有一个很好的进步机会，都把他放过了——这个机会，就是第一次世界大战。这就是由于那些官吏都自私，只替自己想办法。另外还有要求其想办法的。有了这种障碍，就成了许许多多的小集团，这种集团就产生了以后若干的内战。最可恨的，就是这些官僚，占据政府机关，使人民无法管理。虽然有若干次的会议，而人民总是没有机会去表达他们的意思。

（二）对于欧战后中国社会心态的变化，戈公振也说③：

> 欧战以后，国人始渐了然人生之意义，求一根本解决之道，而知命运之不足恃。故讨论此种问题之杂志，风起云涌，其着眼在将盘根错节之复杂事汇，皆加以彻底之判断，如国家政治，家族制度，婚姻，迷信等等思想上之问题，举数千百年来积习而推翻之，诚我国思想界之一大变迁也。

本年　据梁漱溟晚年回忆："大约是民国七八年间，我去拜访住在天津的周孝怀（善培）老先生，就首次听他谈起作孚先生。……周老先生在向我谈起作孚先生时，对其人品称赞备至。在六七十年后的今天，周老谈起他时的情景我至今依然记得。周老将拇指一跷说道：'论人品，可以算这个！'由此可见周老对作孚先生卓越不群的品德之称道。"④

［按］梁漱溟晚年的此一回忆，在具体时间上未必确当，但反映出在民国初年复杂纷乱的四川社会中，卢作孚颇能得一般开明之士如周孝怀、张森楷等士绅类型著名人物的注意和赏识。

---

①　匡珊吉、杨光彦主编：《四川军阀史》，四川人民出版社1991年版，第103页。

②　卢作孚：《我总是希望大家继续为国家为公司努力》，《新世界》第13卷第2、3、4期合刊，1938年10月31日。

③　戈公振：《中国报学史》，上海古籍出版社2003年版，第217页。

④　《梁漱溟在北碚》，重庆市北碚区纪念梁漱溟诞辰一百周年筹委会1993年编印，第17页。

1919年（民国八年）26岁

年初　郑东琴担任重庆警察厅厅长，邀卢作孚担任统计员。由于此一职业与自己志趣不合，卢作孚于数月后离职。郑东琴曾回忆说[①]：

> 民国八年（1919），我就任重庆警察厅厅长时，曾找他（卢作孚——引者注）作过科员。因志趣不合，数月后他即离职而去。

5月4日　五四运动爆发。五四前后，是传统的士与近代知识阶级消长的转捩点。[②] 从五四到五卅的六七年间，是现代“知识阶级”作为整体最初自觉的时期。[③] 五四运动后，新文化运动发展成为社会改造运动。[④]

5月　卢作孚应邀到成都任《川报》访事（记者）职，随行者有其妻蒙淑仪和四弟卢子英。在《川报》社，卢作孚每月收入约十几元，勉强够家庭生活。北京爆发五四运动前后，《川报》在推动四川新文化运动方面，起到过重要作用。任职《川报》期间，卢作孚还“经常与张秀蜀（即张秀熟）过往，更熟习时务趋向”[⑤]。

［按］张秀熟（1895—1994），四川省平武县人，五四运动时期，任四川全省学生联合会执行部理事长。1926年加入中国共产党，1928年曾经代理中共四川省委书记。中华人民共和国成立后，曾任四川省副省长、四川省人大常委会副主任等职务。

6月15日　少年中国学会成都分会率先在《川报》社开会成立，会

---

① 郑东琴：《民生公司创业阶段纪略》，见周永林、凌耀伦主编《卢作孚追思录》，重庆出版社2001年版，第173页。

② 郑师渠：《五四前后的中国知识界》，河南人民出版社2020年版，第169页。

③ 同上书，第170页。

④ 同上书，第37页。

⑤ 邓少琴：《邓少琴西南民族史地论集》，巴蜀书社2001年版，第1065页。

员包括李劼人在内共 9 人，以李劼人为分会书记兼书报保管员。

7 月 1 日　少年中国学会在北京正式成立，其宗旨是“本科学的精神，为社会的活动，以创造少年中国。”其信条是“（1）奋斗；（2）实践；（3）坚忍；（4）简朴。”[①]

8 月　李劼人参加勤工俭学赴法国，将《川报》社务交给卢作孚[②]。卢作孚继任《川报》社长兼主笔（总编辑）后，在《川报》上开辟《省议会旁听录》专栏。在四川省议会开会时，卢作孚用记者身份采访。在采访过程中，他“白天只是用耳旁听，晚上方整理成文”[③]，再以卢思为笔名在专栏中刊发，由此卢作孚在四川舆论界逐渐崭露头角。

10 月 10 日　孙中山改组中华革命党为中国国民党。

冬　卢作孚根据一位从拉萨经商返回成都的商人秦君安的口述，撰写了《西藏往事的谈话》，在《川报》上发表，引起了社会各界对西藏边政问题的关注[④]。

11 月 19 日　卢作孚的长子卢国维在成都出生。

本年　刘湘以川军第二师驻防合川、铜梁，并在合川设立川军第二师军官传习所，自任所长[⑤]。

---

① 《少年中国》第 1 卷第 1 期，1919 年 7 月 15 日初版，封底页。

② 四川省新闻出版事业局史志编纂委员会编：《四川新闻出版史料》（1），四川人民出版社 1992 年版，第 253 页。

③ 卢国纪：《我的父亲卢作孚》，四川人民出版社 2003 年版，第 32—33 页。

④ 卢尔勤、卢子英：《早年的卢作孚和民生公司》，《文史资料选辑》（全国）第 74 辑，文史资料出版社 1981 年版，第 115 页。

⑤ 周开庆编著：《民国刘甫澄先生湘年谱》，商务印书馆 1981 年版，第 14 页。

1920年（民国九年）27岁

1月1日　据卢作孚回忆，撰写题为《事业中心论》的文章[①]。后来他曾经多次讲到“事业中心论”主张[②]：

吾人对于一种事业，必须要继续的努力，然后事业始有进步始可成功。所以竭力提倡“事业中心论”，无论是新闻事业，是教育事业，是经济事业，都得集中吾人一身之全副精神与心力，去发展一个事业，则此事业庶对社会国家可得到很大的裨益，很大的力量。

年初　（一）卢作孚将成都《川报》社长兼主笔职交给同人宋师度继任，离开了成都。卢尔勤曾经回忆说[③]：

他欲通过《川报》来启发人民，但在军阀横行当道时，也没有起到什么作用。是时，别无它法，只得决定再多方摸索。

（二）辞《川报》职后，卢作孚再次到川南江安县县立中学担任数学教员，“极为称职”[④]。后来卢作孚回忆说[⑤]：

我曾教过中学的算术，用学生自学的方法，最初教的很慢，整整一学期，才把基本四法教完，而那班学生即可拿他所学的问题，去考

---

① 《卢作孚的检讨》（1952年2月6日），交通部长江航务管理局档案中心藏。

② 卢作孚：《一段错误的经历》，《抗战与交通》第36、37期合刊，1940年4月1日，第705—708页。该文又见《西南公路》第99、100期，1940年7月8、15日。

③ 《卢尔勤回忆卢作孚》，卢国模整理，未刊，引用时略有删节。

④ 邓少琴：《邓少琴西南民族史地论集》，巴蜀书社2001年版，第1065页；卢国纪：《我的父亲卢作孚》，四川人民出版社2003年版，第18—20页。

⑤ 卢作孚：《如何彻底改革教育》，《嘉陵江日报》1948年2月22日，第2版。

那些高班次的同学，而不能解答。至于他们以后学分数，学比例，学百分等①太容易了。因为那都是由四法演变下去的，所以学生完全可以自己很快地学起走了。

他还说②：

（当时）惟一的施教方法，就是教学生如何去思想，并且如何把思想活用到数学上去……要做到这个地步，并不困难，只要告诉学生五个秘诀：(1) 看清楚，(2) 听清楚，(3) 想清楚，(4) 说清楚，(5) 写清楚。这样，使数学上的一字一句，都弄得十分明了，十分透彻，不许有丝毫模糊，将来应用于做事，也能如此，自然是事半功倍。记得那是在一旧制中学担任低年级数学，学生对于四则均极清楚，偶有问之于最高班次之学生，或瞠目不能答，因为他们学数学没有这样的可靠基础。

5月10日　四川境内各派军阀之间的川滇黔大战正式爆发。

6月　杨森由于在川滇黔大战战功卓越，升任刘湘任师长的川军第二师第一混成旅旅长。

7月15日，少年中国学会的余家菊说：“中国的有权者，是无足希望。只希望人民领袖的知识界，要认定制造社会意识是一切事业的根本。”③

7月18日　熊克武退出成都，倒熊各军推吕超为川军总司令，吕超旋即通电就职④。

夏　随军驻扎北碚的川军第一军第六师军法处长吴象痴被该师师长石青阳委任为江巴璧合四县峡防司令，治理小三峡匪患。此人治理匪患，以嗜杀著称⑤。

---

① “等”字原文为省略号。

② 卢作孚：《一段错误的经历——二十九年二月十五日在本部讲习班演讲》，《抗战与交通》第36、37期合刊，1940年4月1日，第705页。

③ 余家菊：《什么是革命的最好方法?》，《少年中国》第2卷第1期，1920年7月15日，第40页。

④ 周开庆编著：《民国川事纪要》（1911—1936），台北四川文献研究社1974年版，第252页。

⑤ 重庆市北碚区地方志编纂委员会编：《重庆市北碚区志》，科学技术出版社重庆分社1989年版，第538—539页；庄泽宣：《陇蜀之游》，中华书局1937年版，第152页。

8 月　刘湘升任川军第二军军长兼前敌总司令，杨森升任川军刘湘部第九师师长。卢作孚三弟卢尔勤在杨森部任职，后曾担任该师补充团团副①。

［按］此后刘湘以速成学堂同学张再、傅常、乔毅夫为核心，形成一个以自己为核心的政治集团。此后川军形成以熊克武、但懋辛为首的一军系和刘湘、杨森为首的二军系（速成系）②。

10 月 5 日　杨森所部川军第二军第九师攻占泸州③。

10 月 12 日　应梁启超等人邀请来华讲学的罗素在上海登岸，开始了在华的讲学之旅。

10 月 18 日　川军前敌总司令刘湘部进驻重庆。

11 月　四川境内的川滇黔大战以滇黔军彻底被逐出而结束④。

12 月 2 日　北京大学社会主义研究会正式成立，该会以"集合信仰和有能力研究社会主义的同志，互助的来研究并传播社会主义思想"为宗旨。社员除李大钊外，川籍社员有北京大学学生何恩枢（北衡）、陈学池（儒康）等⑤。

［按］何北衡（1896—1972），四川省罗江县人，1917 年考入北京大学法律系，其间结识了刘湘驻北京代表张斯可，并参加与刘湘有关系的在北平的川籍学生组织诚学会，未毕业就加入刘湘幕府，历任四川省巴县知事、川东和川南团务总监部处长、国民革命军第二十一军政治部科长、川江航务管理处处长、重庆警察局局长、四川省建设厅厅长、全国粮食管理局副局长等职。何北衡与卢作孚为莫逆之交，卢作孚曾经称其为对民生公司"始终帮助最多的董事。"⑥ 陈学池（1895—1933），四川省犍为县人，1916 年从上海震旦文法学院二年级转入北京大学预科进校读预科，1919 年转入北京大学经济系，1923 年 6 月毕业于经济系。在北京大学读书期间，加入北京大学社会主义研究会，并于 1921 年 3 月发表《基尔特社会

① 《卢尔勤回忆卢作孚》，卢国模整理，未刊，引用时略有删节。

② 吴晋航、邓汉祥：何北衡：《四川军阀的防区制、派系和长期混战纪略》，《文史资料选辑》（全国）第 10 辑，中华书局 1981 年版，第 32 页。

③ 匡珊吉、杨光彦主编：《四川军阀史》，四川人民出版社 1991 年版，第 110 页。

④ 周开庆编著：《民国川事纪要》（1911—1936），台北四川文献研究社 1974 年版，第 259—263 页。

⑤ 张允侯等编：《五四时期的社团》第 2 册，生活·读书·新知三联书店 1979 年版，第 291—292 页。

⑥ 卢作孚：《一桩惨淡经营的事业——民生实业公司》，民生公司 1943 年 9 月印，第 33 页。

主义之批评》长篇论文。[1] 大约自北京大学毕业后，即加入四川刘湘集团，由川康团务委员会委员升任二十一军政务处副处长，并主持二十一军主办的报纸《大中华日报》任主笔。

11月6日 四川省议会在国民党人的影响下发出通电，提出川省自治主张。

12月15日 最后一批即第20批留法勤工俭学的青年从上海乘轮船前往法国。[2] 卢作孚由于无法筹集到足够的费用而放弃了留学。他在稍后说："志本决于留学而遽无由筹得学费之全部。归以与故乡亲友谋，非漠然则摇首。职是之故，不能不延留学之期于日后。适子惠师长嘱舍弟，以书来邀赴泸县。"[3]

12月30日 （一）北京政府发表有关川事命令：特任熊克武为四川省长，任命刘湘为重庆护军使，任命杨森为泸永镇守使、永宁道尹等[4]。杨森以川军第二军第九师师长兼任泸永镇守使、永宁道尹，集军民财权于一身，实际上第九师辖区成为四川防区制中的割据势力之一。（二）在此前后，在与泸州比邻的江安县江安中学任教的卢作孚，曾经以卢思署名上万言书给杨森，谓"一切政治改革，应自教育入手，而以教育统治人心，为根本准则"，并建议应设一专门机构，延揽人才，谓"事得人而举，无人才即不能发生力量"。杨森后来回忆说：卢作孚所上万言书上的"这些说法，深获我心，我一望而知，他的建议很有价值"[5]，从而对卢作孚留下了深刻的印象。

［按］郑东琴也有类似的回忆："他（卢作孚）在川南江安县教书时，曾向驻防川南的杨森提出过关于改革教育的建议，为杨所器重。"[6]

---

① 陈学池：《基尔特社会主义（Guilds sociolism）批评》，《评论之评论》1卷2号，1921年3月20日，第27—34页。

② 侯德础：《四川留法勤工俭学运动初探》，《四川师范学院学报》1989年第5期。

③ 卢思：《自治要人民出来自办 要人民出来须用教育——复渝中某公》（1921年3月23日），成都《国民公报》1921年4月5日第6版。说明：该资料由龙世和先生提供，谨致谢意。

④ 四川省文史研究馆编：《四川军阀史料》第3辑，四川人民出版社1985年版，第230页。

⑤ 周开庆：《卢作孚传记》，台北川康渝文物馆1987年版，第6、22页。

⑥ 周永林、凌耀伦主编：《卢作孚追思录》，重庆出版社2001年版，第173页。

1921年（民国十年）28岁

1月8日　刘湘、但懋辛联名通电，宣布四川自治。

年初　（一）卢作孚应杨森之邀在泸洲会面，“约谈洽欢”，并应杨森之邀到任永宁道尹公署教育科科员，遂辞去江安中学的教员工作。不久杨森以卢作孚“为人谙练有识，劲气内敛”[①]，特聘他担任道尹公署教育科长。杨森后来回忆说[②]：

> 那时正好教育科有一名科员缺，我问他，你可否屈就？他谦逊的说：“愿予一试”。作为施展他生平抱负的起点。这是我和民生公司创办人，日后的中国航业巨子卢作孚关系的开始。

后来卢作孚说[③]：

> 自己在1920年以前，还是一个只说不做的人；如做教师，只能在讲堂上说，而且照着教科书向着学生说；当新闻记者，还是说，而且是只能在报纸上去说。第一次给我做的机会，还是杨军长，是在泸县任教育科长那时候，才用力在教育上学做的实验。

（二）卢作孚此时在教育上尤其注重改革学校教育和建设社会教育，他说[④]：

---

① 杨森：《九十忆往》，台北龙文出版社股份有限公司1990年版，第49页。

② 周开庆：《卢作孚传记》，台北川康渝文物馆1987年版，第22—23页。

③ 卢国纪：《我的父亲卢作孚》，四川人民出版社2003年版，第36页。

④ 罗中福、李萱华、唐文光、罗成献、龙世和编：《卢作孚文选》，西南师范大学出版社1989年版，第341页。

> 对于教育上有两种理想，第一为改革学校教育，第二为建设社会教育。学校教育打算从川南师范着手，为使他人了解或博得他人同情起见，乃召集川南师范各教员，提出自己的教育理想，第一打破教科书，即不用教材，最低限度亦只能选择教本当中一部分适当的教材，作为一部分的教材，其余自学生环境中选出来。第二打开校门，使学生日常能与自然和社会接触。不但要让学生到自然或社会里去，并且要让社会或自然的教材到学校里来。

卢作孚对于教材、教法也提出了自己的一套办法。关于教材，他后来说[①]：

> 我任永宁道尹公署教育科长时，办理了一个教育巡回指导人员训练所。一天，大家都在讨论教材问题，我也在台下尽量翻读共和国教科书初级小学国文课本第四册。他们讨论很久，无切实的结果，我就提出：这本国文教科书，其中只有四课在泸县用得着，而且还得选择相当的时机。例如，有一课《校园中桃花盛开了》。试问“哪几个学校校园有桃花？讲桃花那一课的时候，是否桃花盛开？”没有校园桃花，而这样教学生，不是对学生扯谎？于是乎使学生获得一个印象：“所谓读书，就是听扯谎。”那本书的编者是江南人，依了江南的气候，正是江南桃花盛开的时候，但在泸县是桃花早已凋谢的时候。还有一课是“东门外正修建一座大桥，有五百人在桥上工作。”我说“泸县东门外，有条大河，如果要跨那条大河，修建一座大桥，那是机械化以后的事了，并没有修大桥，哪有五百人做工，岂非活见鬼？”教材务要真实，不可扯谎，要学生生活环境里面实有的事物，乃是真正的教材。

在社会教育方面，卢作孚上任后，在短短的时间内就在泸州创办了泸县图书馆、民众教育馆、通俗图书馆等，并组织通俗教育会成立，开展民众教育，以川南二十五属联合县立师范学校（简称川南师范学堂）为中心，进行新教育试验。通俗教育会成立后，组织了各种文化、卫生、体育活动。文化活动方面，主要有在泸州治平寺（俗称白塔寺）内创办泸州图书馆和通俗讲演所、开辟阅览室、举办展览、送书下乡、定期时事讲座

---

① 卢作孚：《如何彻底改革教育》，《嘉陵江日报》1948年4月22日。

与辩论会等活动；卫生方面，有提倡清洁卫生、疾病预防等活动，并为中小学生普及种牛痘；体育方面，破天荒地在四川举办了学生与军人共同参加的体育运动会。其间还办理了一个教育巡回指导人员训练班①。卢作孚成为泸州提倡新文化运动的支柱之一②。

［按］卢作孚等人在泸州治平寺建立的图书馆俗称“白塔寺图书馆”，实际上是一个书报阅览室，该图书馆馆舍是将寺内的大雄宝殿改建而成，有三层楼房，一层为图书阅览室及报刊阅览室、借书处，二层为讲演厅及书店，第三层是办公室及职工宿舍。至于经费则主要靠收取牛捐（屠宰税）来维持，每年约有1200元为常年经费，该馆通过募捐的办法购置了价值三千元的图书。该图书馆的第一任馆长是泸县人李肇基（1898—1984），曾经专程到上海购置图书，当时该馆藏书约有10万余册。卢作孚还为该图书馆题了词，题词为：“但愿馆之前途，不悲凭吊，而侈崇闳。”李肇基后来加入民生公司，曾经担任民生公司宜昌分公司经理、汉口分公司经理等职。另据李肇基回忆，卢作孚“在泸县担任永宁道尹公署教育科长时，经常翻阅当时用中文译出的各种关于社会主义方面的书籍，其速度之快令人吃惊！”③

2月18日　熊克武与所属第一军军长但懋辛、第二军军长刘湘、第三军军长刘成勋联名通电，宣布刘存厚自居督军、扩充军队、倾心北廷、阻挠川省自治等罪名。三军联合，分路向刘存厚进攻。刘湘以第二军军长兼前敌各军总司令名义，指挥所部由东路向成都进军，三军联合驱刘之战拉开序幕④。

3月3—4日　重庆《国民公报》刊载吴玉章的《全川自治联合会宣言》⑤。

3月21日　刘存厚兵败下野。

4月3日　全川自治联合会在重庆成立，吴玉章被推举为主席。吴玉章在会上就该组织成立经过作了较为简要的说明⑥：

---

① 卢作孚：《如何彻底改革教育》，《嘉陵江日报》1948年2月22日，第3版。

② 胡兰畦：《胡兰畦回忆录》，四川人民出版社1985年版，第111页。

③ 《李肇基回忆录》（未刊稿），原稿由李肇基之子李邦畿保存。

④ 四川省文史研究馆编：《四川军阀史料》第3辑，四川人民出版社1983年版，第19页。

⑤ 中共四川省委党史工作委员会《吴玉章传》编写组编：《吴玉章文集》，重庆出版社1987年版，第40—44页。

⑥ 同上书，第46页。

> 去岁客军出境以后，川人鉴于经历之苦痛与潮流之趋向，知非实行自治不足救济。省议会与各军将领均先后主张自治，一般人士亦热心赞助。是以自治倡议，因多数人心理之趋向，而呼声益高。最初，重庆成立一自治期成会，各县人士加入者颇多。俟后复请各县派代表来渝加入，遂设一全川自治联合会，由全川各县选派代表组成。现各县代表到渝者已属多数，故于本日开成立大会。此本会之经过情形也。本会之主义，乃打破强权，铲除阶级，实行社会民主主义，对于政治经济亟图改革，以期建设平民政治，改造社会经济。因世间一切罪恶悉出于强权阶级，凡讲人道主义、社会主义，皆非打破强权铲除阶级不可也。

［按］吴玉章后来回忆："当时张森楷向我说：'你领导的这个自治会各县均有代表，比省议会完备得多，可以作为全省民意机关。'我说：'我们只作为推动促进省宪之用，不能代替省议会。'因当时省议会国民党占多数，对于刘湘等军阀不满意，故我怕刘湘利用此会来与省议会对立，而取得民选省长的地位。"①

4 月 14 日　应聘担任北京大学国文系教授的吴虞在赴北平途中经过泸州，入城拜访卢作孚，中午卢作孚与吴虞一道在黄元贲处用餐，傍晚卢作孚又送吴虞上船，并赠送吴虞数件礼物②。

［按］吴虞（1874—1939）字又陵，号黎明老人，四川华阳人，是五四新文化运动时期的著名人物，其著名论文有《家族制度为专制主义之根据论》、《说孝》、《道家法家均反对旧道德说》、《吃人与礼教》等。在当时风气闭塞的成都被指为异端，而被新文化运动的领袖陈独秀、胡适、钱玄同等视为同道。1921 年 6 月胡适在《〈吴虞文录〉序》中评价吴虞说："吴先生和我们的朋友陈独秀是近年来攻击孔教最有力的两位健将"，是"四川省只手打孔家店的老英雄"③。吴虞入城拜访卢作孚这件事情表明，卢作孚在四川新文化运动中是一个有代表性的新派人物，并被新文化运动的鼓吹者视为同道。

4 月　卢作孚长女卢国懿在合川出生。

---

① 中共四川省委党史工作委员会《吴玉章传》编写组编：《吴玉章文集》，重庆出版社 1987 年版，第 1285 页。

② 中国革命博物馆整理：《吴虞日记》，四川人民出版社 1984 年版，第 591 页。

③ 胡适：《〈吴虞文录〉序》，见《吴虞文录》，黄山书社 2008 年版，胡序第 4 页。

6月6日　各军混成旅以上将领24人在重庆开会，推举刘湘为四川总司令。

6月24日　川军将领推举刘湘兼任四川省长，并通电此后四川对外接洽事宜，统由刘湘主持，以冀划一①。

7月2日　刘湘在重庆通电就任四川总司令兼省长职。川军第二军军政集团，系以四川陆军"老一师"（1912年周骏所领的一师）为基础，在刘湘任川军第二军第二师师长后，逐步发展而成。刘湘原为"老一师"的军官，其师长一职也是从该师周骏、周道刚、徐孝刚等历任长官延续而来，部队的基本成分也从"老一师"演变而来。从周骏到周道刚、徐孝刚，在护国、护法、靖国诸役中，死心塌地站在袁世凯和段祺瑞为代表的北京政府一边②。

7月　罗素结束在华讲学离开中国返回英国。从一系列的相关资料看，卢作孚深受罗素此次来华讲演的影响。在去世前不久回顾一生事业时，卢作孚说："那时候我的思想受罗素的影响很大。"③

[按] 在华期间，罗素着重向中国知识界介绍了以《哲学问题》、《心的分析》、《物的分析》、《数学逻辑》、《社会结构学》等五大讲演为主体的思想、文化和哲学主张。此外还作了《布尔塞维克与世界政治》、《布尔塞维克底思想》、《中国到自由之路》等讲演。有人后来归纳罗素这些言论的总体特点在于：1. 在哲学方面，开辟了数理逻辑实证主义；2. 在社会政治思想方面，既同情苏俄革命者的社会主义理想，也批评苏维埃政治体制的弊端；3. 强调知识分子的实践精神，指出中国需要"一打好人"，敢于承担责任，并将自己的思想付诸实践。显然罗素所期望的"好人"，不是布尔塞维克式的革命家，而是英国费边社式的知识分子，"有自由主义理念，又能脚踏实地，坚韧前进。"④

夏　为推行新教育试验，在杨森的支持下，卢作孚开始着手整顿川南师范学校。

[按] 卢作孚到重庆找到少年中国学会会员、时任富川银行经理和川

① 周开庆编著：《民国川事纪要》（1911—1936），台北四川文献研究社1974年版，第274页。

② 四川省文史研究馆编：《四川军阀史料》第3辑，四川人民出版社1983年版，第34—34页；匡珊吉、杨光彦主编：《四川军阀史》，四川人民出版社1991年版，第116、121—122页。

③ 欧阳平记录：《卢作孚检讨》，交通部长江航务管理局档案中心藏。

④ 朱学勤：《代序：让人为难的罗素》，见曹元勇编《通往自由之路——罗素在中国》，江西高校出版社2009年版，第11页。

东道尹公署秘书长的陈雨生，请求协助解决川南师范学校管理与师资问题。陈雨生推荐少年中国学会会员、时任川东道尹公署教育科长的王德熙，出任川南师范学堂校长①。

9月16日，《申报》以《川南人士来沪考查职业教育》为题，报道卢作孚等人在上海的活动，谓②：

> 川南职业学校校长石古渊君（名家麟，下川南道合江县人，北京大学理科学士），偕某君由川来沪，考查实业教育，日前至江苏省教育会访问职业教育社社长黄任之君，黄君殷勤招待。石君具道来意，并持川军第九师长兼永宁道尹杨子惠君（森）所致职业教育社公函，面交黄君。函中大意，系述愿助职业教育之进行，特捐银二千元于职社，并绍介永宁道属各县视学与道属教育科长卢作孚君（思）及石君等二十余人入职社，黄君表示谢意。石君并述新近受杨兼道尹委任筹办川南职业学校，由道署拨款五万元作开办费，拟先办木工、竹工、罐头制造、商业科与职业教员养成科。谈次，黄君即将亲覆杨道尹一函，交与石君观览。因前数日杨道尹曾派有黄理澄君来沪，考查普通教育，亦到职校参观一次。黄任之君特将关于职业教育各书报检出一份，寄赠杨道尹参考，并绍介黄理澄君到苏州参观苏军第二师师部所办军事职业学校。二师师长朱琛甫君对于职业教育，热心提倡，所办职校，成绩斐然。石君谓杨师长亦有此意，临行时，曾谈及拟在川南职校开办后，挑选职业教员养成科学生，到各营教授职业。某君谓，川中军队亦多有职业教育者，如第二军第三混成旅旅长李煜森（树勋）曾规定每日每人须工作数小时，现已有成品在重庆各处发售。言毕，黄任之君即乘人力车同石君与某君至陆家浜职业学校。由校长顾荫亭君引导参观职校各部。是时适当工厂休息时间，未得参观全部，遂约次日再到职校，详为考察云。

［按］黄炎培在1952年所作《卢氏作孚先生哀词》中说“我是君卅年之老友”。据此，则卢作孚与黄炎培结交，当以此为起点。

10月30日　应卢作孚之邀到泸州川南师范学堂任教务主任的恽代英，于本月11日离开武汉赴四川，本日到达泸州川南师范学堂，当日晚，

① 胡兰畦：《胡兰畦回忆录》，四川人民出版社1985年版，第34页。

② 《川南人士来沪考查职业教育》，《申报》1921年9月16日，第14版。

学校举行欢迎会，卢作孚出席并讲话①。随后恽代英即出任川南师范学堂教务主任兼国文课教员。

11月2日　四川省议会选举刘成勋为四川省长。

11月　恽代英在给友人的信中谈到泸州川南师范学堂给他的印象是"校内气象颇好"，同事更多可称述，认为："比我在宣（安徽宣城，恽代英此前在该地安徽第四师范学校担任教务主任）同事一部分狂士名士，公然认做教员是为自己的，确有希望点。道教育科长卢思，人更可注意，真可谓济济多贤。"② 在给少年中国学会执行部负责人杨钟健的信中恽代英提到自己在泸州的情况、打算，并提及卢作孚等人以及他们的计划③：

> 在此军长杨森，教育科长卢思，再加校长王德熙都可谓好勇过我。只要他们是不倒翁，此间事本有可望。我现已拟定将此校单纯养成小学教师，同时为社会活动家。以后训育教授，尽可能的范围而改进。再利用军力、官力办第二部，办讲习所，建新校舍，创设各县小学，施行强迫教育，加增小学教师经费，宣布服务成绩好的奖励（杨、卢均有些这一类的计划），则川南以改造教育、改造社会或竟闹得成功。

本年　杨森在泸州的新川南建设中，还曾经派蒋叔良到江苏南通向张謇取经，张謇在复杨森的信函中写道④：

> 蒋君叔良来，奉到手书，辱荷奖借，皇悚无任。走以村落经营垂三十载，自治之事，粗有端绪，亦聊尽国民之责耳。蜀本天府之地，自足有为。蒋君在此，业介绍各处参观，以资比较。兹模范则何敢当也。要之，蜀就固有之产改良而更进之，较易为力。似初步不必拘拘专事仿效，强所难能而效缓也。

［按］这是四川军政当局向张謇学习地方建设经验的重要资料。同时以卢作孚深为杨森倚重的情形以及此后卢作孚两次亲到南通参观等情形

① 胡兰畦：《胡兰畦回忆录》，四川人民出版社1985年版，第40页。

② 《恽代英文集》上卷，人民出版社1984年版，第317页。

③ 同上书，第322—323页。

④ 《张謇全集》第1卷，江苏古籍出版社1994年版，第493页。

看，卢作孚与杨森两人应就与张謇联系一事有所商议，至少在态度上是高度一致的。学术界和实业界通常认为张謇是中国近代著名的状元实业家，其实正如虞和平主编的《张謇——中国早期现代化的前驱》中指出的那样："他（张謇）毕生所倾注的最大精力和所取得的最大成就，莫过于南通的地方自治事业。他执意使自己融于南通，使自己成为'南通张謇'，他晚年的各种公司函札中，最常称道的亦莫过于'经营村落'一事。可以说，南通的地方自治与区域现代化事业是张謇中年以后的最高理想，也是他后半生着力最勤和成就最大的事业。"①

① 虞和平主编：《张謇——中国早期现代化的前驱》，吉林文史出版社 2004 年版，第 486—487 页。

1922 年（民国十一年）29 岁

年初　卢作孚经王德熙、恽代英、穆济波、彭云生等介绍加入少年中国学会，成为该会历史上全部 112 名会员之一。《少年中国》记载①：

> 卢作孚由王德熙、恽代英、穆济波、彭云生等介绍入会，本年仍主持川南教育。现所筹备者：建筑图书馆（已成立一部）、通俗讲演所、陈列室、川南师范新校舍、联合中学新校舍、女子联合学校新校舍、巡回讲演指导员毕业服务事件、各属校长视学第二次会议事件、出省旅行参观团事件、运动会事件、教育月刊事件、印刷事件、公费派遣留学资助已赴欧留学生年费等事件。

［按］按照规定，加入少年中国学会需要 5 位会员介绍。卢作孚的介绍人王德熙、恽代英、穆济波、彭云生等皆当时四川省内外知名人士。王德熙生卒不详，曾任川南师范学校校长，后任四川省富顺县长。恽代英（1895—1931）原籍江苏武进，生于湖北武昌，是中国共产党早期著名领导人。穆济波（1870—?），四川合江县人，是 20 世纪 20 年代中学语文教育界知名学者。彭云生（1887—1966），四川省崇庆县（今四川崇州市）人，曾任云南民族文化书院、（成都）齐鲁大学、四川大学等大学教授。

2 月 1 日　四川泸县永宁道尹公署教育科出版《教育月刊》，卢作孚为主编。在该刊第 1 卷第 1 期卢作孚以“卢思”署名发表《教育月刊发刊词》、《教育经费与教育进行》、《教育方法与暗示》、《教育行政之要义》等文章。其中《教育月刊发刊词》主要阐发《教育月刊》办刊的缘

---

① 《少年中国学会消息：四川会员近况》，《少年中国》第 3 卷第 7 期 1922 年 1 月出版，第 62 页。

起、宗旨、与特色，谓[①]：

本刊之为义二：（一）研究教育应循之途径，与夫应采之方法。教育事业，经世界甚多教育家之研究，讫于今兹，仍不能谓已发明有可以共循之途径，共采之方法，而不可移易，仍方在研究与改进中，其称最良者，即研究之事日精，其改进也亦日增，其可靠之效率而未有已也。吾道教育，则大多循于旧有途径，而局于旧有方法，由其所加之力，与其所获之果，可以证其为病甚深。乃施教育者习焉不自觉其为病，除所循途径外，不信尚有其它途径可循，除所采方法外，不信尚有其它方法可采。一切以旧有者为当然，未尝稍加探索，稍加研究。故步自封，何能进步？不但以今日状况，较于十年以前，无进步可言，缘此以往，虽累百年，仍复如今，亦可预断。本刊即在输入研究之精神，祛尽成见，研究道属教育究应循何途径，采何方法。一面介绍各国教育家之主张，及其实施之状况。然非以直接供吾道教育应用，而只以供解决吾道教育问题之参考。愿全道教育界人士及教育界以外关心于教育事业之人士，以所蓄教育问题提出于本刊并以研究所得解决问题之方法，及试验方法所得之结果，披露于本刊其相与研究，不必藉如何之集会，即以本刊为道属研究教育之中枢，为道属解决教育问题之前锋，此则本刊发行之目的，而有望于吾道热心教育人士共举本刊之精神者也。

（二）叙述道属教育之状况及其改进之经过，非谓改进已有如何之成绩，亟亟以求于人也。就教育之状况言：吾人注意之，宜深知之，而谋改进，尤必以所有状况为所对之症，以决所施之方，虽目前尚无从容之视察，完密之统计，道属教育，究为如何状况，同人亦方茫然；然愿举所已知者，披露于本刊，更藉视察及统计，以求所未知者，随时披露，期有以供稽考焉。至所欲述改进之经过，非改进之成绩，乃经过之困难。困难之象，紧迫四周，与日相随，吾人求所以逐步度越之。其所获得之知识，无论属于成功，属于失败，皆为有裨，而可以供临困难时之参证。且其有裨，不在知识，而在知识如何发现之，非直以成功失败之迹，足为一切趋避之指针。乃望热心教育人士，于解决困难问题时，能就当前状况，自然审所趋避，能以最小之力，获最大之果，不更如吾辈之迂拙，有时挟甚大之力，结果乃所获

① 卢思：《教育月刊发刊词》，《教育月刊》第1卷第1期，1922年2月1日。

甚小，或竟一无所获也。

由上言之，本刊有异于一般之政报，徒载行政上无谓之公牍及消息。乃以所研究，与所经过，贡献之教育界，而吾教育界复以所研究与所经过笔录赐投于本刊，以共求教育途径所应适从。一方面亦以贡献于教育界以外之人士，以求其于教育有甚明之认识，甚深之信仰，因而为协力之扶助。且不止于此也，乃更望有以批评之，指导之，俾于进行之际，即有自鉴之资，愈减所加之力，提前成功之期，则不惟同人之所窃祷，抑亦表同情于教育事业诸君子之所共愿者也。

《教育经费与教育进行》一文从不良教育亟须改良、富民宜先兴教、人民负担问题、合法性问题等方面，论证道属教育经费应该增加，而不应该以种种理由反对增加教育经费。谓[①]：

反对增加教育经费之理由，无可成立，吾人至诚之所希望，在反对者，详加考较，终自觉醒。亦复希望吾教育界，有自举教育之成绩，成绩与经费，互有因果之关系，经费而不增加，固不易表著成绩，成绩而未表著，亦不易增加经费。彼反对增加经费者，由其对于教育未有同情，所以未有同情，由其未有信仰，所以未有信仰，即由其未见教育之成绩也。故教育界希望增加经费之方法，不在责备负担经费者，乃在力谋改进教育之方法，表著教育之成绩，以引起人之同情。断断不宜对于反对经费增加者，有所深恨。即令为之解释，态度之间，亦宜诚恳殷勤，而以变反对为扶助期望之。根本解释，仍在工作之勤，与夫工作结果之美，此予人以共见，人无有不乐于协助者也，惟吾教育界人士亦相与深省之！

《教育方法与暗示》一文，主要阐述暗示方法在教学中的运用，提出在对学龄儿童实施教育的过程中，应该根据儿童已有经验、印象、期待、观察力等，引导儿童观察事物，自由思想，而不是仅仅依靠书本并由教师始终讲授。谓[②]：

吾人行街卫中，偶见一人，若尝相识，此之暗示，起也甚易。顾

---

① 卢思：《教育经费与教育进行》，《教育月刊》第1卷第1期，1922年2月1日。

② 卢思：《教育方法与暗示》，《教育月刊》第1卷第1期，1922年2月1日。

其为谁，则已忘之，再三思索，尝以何事、何时、何地接晤其人，久乃有得，此则暗示之起甚难。吾人于实施教育之际，欲儿童易于领悟，即须儿童对于其所示事物，易起暗示，易起暗示之原因有四：

一、经验已熟。据此原因，教育不但须多予儿童以经验，尤须多予儿童以甚熟而可运用之经验。然则经验而至于可以背诵，可谓熟矣！问时教育之以背诵为方法者，非良好之方法乎？不知经验之熟，不贵温习，而贵运用。即以经验第一事，而仅使常常温习第一事，其结果只能谓经验已死，不能谓经验已熟，如有第一事之经验后，授以第二事，使运用第一事之经验，复授以第三事，使运用第二事及第一事之经验，如是前进不已，其经验之熟，乃真熟于运用，而可宝重也。

二、印象甚深。稚儿玩火，手为火灼，后此再玩，必知戒惧或且历久不能忘之，即由其脑中有火灼之印象甚深。教育者应运用何种方法，以使儿童有甚深印象，历久不忘乎？其一：在使儿童有甚浓之兴味。其二：在使儿童感甚深之痛苦。火灼儿手，即感痛苦之一事。然则鞭笞惩罚，孰非使儿童感甚深之痛苦，孰非教育上应有或且甚良之方法乎？此则须知吾人所要求于儿童易起暗示者为一事，吾人所予儿童以痛苦惩罚者又为一事。例如要求儿童能背书而熟，乃予儿童以无数鞭策，使感剧痛；则暗示所易起，仍只为鞭策，非即所读之书，仍为痛苦惩罚，非即吾人所要求于儿童易起暗示之事也。吾人教育儿童，本不应予儿童以痛苦，又况毫无裨助乎？今后应废除者，不仅鞭笞，即有其它惩罚方法，均应减至最低限度，或竟废除，而于积极方面引起儿童兴味，乃能有功也。

三、期待方切。此有一甚近之例：杨军长子惠月前由渝旋泸，泸中各界，集于江干欢迎，期待久之，忽对岸以外，黑烟萦绕，见之者争呼轮船已至。仅见黑烟，遽知其为轮船，使非期待方切，暗示之起，当不如是之易。然则儿童考列前第，予以奖励，亦足引起其期待之心，岂非教育上良好之法乎？则又须知奖励之品，与教师要求之事，既非同一，又无直接之关系，而其结果或反引起儿童夺利或好虚荣之不良的心习；教育者不应常用之，即偶用之，亦须特别审慎。教育所贵，在以事物本身引起儿童研究之兴味，而使其有期待甚切之心乃为有效之事也。

四、有甚高之或然程度。一事物暗示之意义，或然程度，有高有低者，在事实上十之八九有之，低者在事实上或仅十之一二有之，暗示而有甚高之或然程度。除由事物本身之变化本具有之而外，亦视事物之现象及其意义呈露之显晦。对岸一犬，使距吾人甚远，吾人仅见其影，觉有一物，为木为石，均不可知。犬之暗示，绝不易起。使其稍近，吾能辨其四足，则或料其为犬为羊，暗示之起，已较易易，使更近而略辨其头尾形式，则料其为犬，或然程度，已到十九。此为或然程度高低之实例。吾人授儿童以事物，而期其易起暗示，为法在使所起暗示之或然程度增高，即在对于事物本身有明了之观察，对于事物所含意义有明了之思想。即不宜仅使儿童认识书本，而不让其观察事物，亦不宜仅由教师始终讲授，而不让儿童自由思想也。

《教育行政之要义》系统地阐述了教育行政问题的诸方面，认为当时教育行政问题最重要的两件事，其一是视察与统计，其二是教育经费的补助，并指出：教育事业在数量上的增加，宜由教育行政者直接经营，质量上的改革，则须教育行政方面辅助教育实施者经营。谓[①]：

教育行政有甚重大之责任，然而非即教育事业；经营教育行政，非即经营教育事业也。量的增加，须教育行政者直接经营之。质的改革，则须辅助教育实施者经营之。所循途径，所采方法，均有待于随时随地之研究，尤有待于竭所能至以进行。断断非苟焉视察，苟焉规划，便可相掉，可以利己。则贻害于教育事业滋大，愈非吾所忍言也。

3月10日　卢作孚组织创办《新川南日刊》，该报以“鼓吹民治，传播新文化，提倡教育实业，灌输国民常识，研究种种社会问题”为宗旨。

本年春　在杨森的支持下，卢作孚在泸州组织举办了川南学生运动会。

4月1日　卢作孚在《教育月刊》上发表《教育考察团之组织》一文，文中强调组织团体走出四川考察教育，将成为川省教育大改革的发动机。同时对于考察团组织方法，有详细的论述，并附有永宁道视学、校长组织教育考察团的议决案。卢作孚还亲自参与了永宁道视学考察团的组织。谓[②]：

四川自办学校，讲求所谓教育以来达二十年，未始有倡考察教育

---

① 卢思：《教育行政之要义》，《教育月刊》第1卷第1期，1922年2月1日。

② 卢思：《合组考察团之组织》，《教育月刊》第1卷第2期，1922年4月1日，第1页。

之议者。教育之法，只问成法，不谋更易，教育设施，直可一切照例。学校照例有种种拘束禁止学生之规则，学生照例须受规则之支配——上课、自习、出入、食寝，学监则规则之看守者，照例须干涉违反规则之学生，教员照例须上教室为教科书任文言、白话间之翻译。苟做完此种种照例之能事，即可得一般人之称许。苟并此种种照例事项而怠废，在学校内相习，在一般人见惯，任教师者未始不内安于心，外亦不必见责于人。但相与屈指计岁月之迁流，盼寒暑假期之早到而已。既未尝加思想于自己担任之教育，自未尝萌意念考察他人或异地之教育。

以不佞所闻，由行政机关派遣专员出省考察教育，实始于永宁道尹公署。由教育界组织团体出省考察教育，实始于永宁道各中等学校校长及各县视学。由学校派遣毕业生出省且复出国考察教育，实始于国立成都高等师范学校。不佞窃以此为川省教育大改革之发动机。虽改革之结果为何如，此日不可知，要考察者归来，不能复安于前此教育不良之状况，而竟谋所以改革之，则不佞所敢预决者也！顷闻东川道视学亦有请求政府特许出省考察教育之议，窃愿继今以往，考察教育之团体，近赴南北各省，远赴欧美各邦，相属于长江道上，则吾川教育之改革——由不良以臻于良，虽遏阻有不能，而良果为可期矣！

［按］后来考察团归来，“一派骂川南教育太新，一派又骂川南教育太旧。……故新旧之说纷纭，莫衷一是”①，这使卢作孚深感失望。由此，卢作孚认识到考察固然十分必要，但单纯的考察并不能一蹴而就地解决全部问题。

5月5日　恽代英在泸州马克思主义研究会基础上组织了社会主义青年团。

5月9日　川南各学校举行国耻纪念联合活动，卢作孚发表讲话说②：

我们今天举行这个国耻纪念，每个人都晓得痛骂曹汝霖、陆宗舆、章宗祥的卖国；可是我们要晓得，他们几个人做学生的时候，是最优秀的分子。当时他们只求自己的成功，因此读书之后，只顾自己

---

① 罗中福、李萱华、唐文光、罗成献、龙世和编：《卢作孚文选》，西南师范大学出版社 1989 年版，第 342 页。

② 凌耀伦、熊甫编：《卢作孚文集》，北京大学出版社 1999 年版，第 392—393 页。

的出路，不惜卖国！假如今天各位还不认清楚，而专求自己的成功，那将来的危害，怕比这三个卖国贼更甚！

5月24日　鉴于与熊克武矛盾加剧，刘湘通电辞去川军总司令兼省长职务，声明将军民政务交王陵基、向楚二人代行，所兼川军第二军军长，由泸县第九师师长杨森代理。

上半年　卢作孚认定改良是社会改造的更为有效的方法，他后来回忆说①：

民国十一年在川南努力时，曾邀一个川外人来演讲，他说："请大家认识我，我是一颗炸弹。"我解释说："炸弹力量小，不足以完全毁灭对方，你应当是微生物，微生物的力量才特别大，才使人无法抵抗。"看见的不是力量，看不见的才是力量。

6月　熊克武在成都策动各军召开军事会议，推举刘成勋为川军总司令兼代省长，组成联军，以赖心辉、邓锡侯为正副总指挥进攻重庆②。

7月7日　川军第一军（熊克武部）、第二军（杨森部）之战正式爆发。

7月11—12日　成都各军联合办事处推举第三军军长刘成勋为川军总司令兼代省长，并宣布四川自治，由此形成川军一、三军联合反击第二军杨森的态势。

7月26日　川军第一军占领泸州③。卢作孚被迫辞去泸县永宁道尹公署教育科长一职，离职前，曾确定每县教育局长三年训练计划。后来卢作孚回忆说④：

因为各种方法皆无把握，故曾确定每县教育局长之三年训练，先使学文书、会计、出纳、统计等等，作为处理事务之基础，然后再学

---

① 罗中福、李萱华、唐文光、罗成献、龙世和编：《卢作孚文选》，西南师范大学出版社1989年版，第300页。

② 吴晋航、邓汉祥、何北衡：《四川军阀的防区制、派系和长期混战纪略》，《文史资料选辑》（全国）第10辑，中华书局1981年版，第45页。

③ 周开庆：《民国川事纪要》（1911—1936），台北四川文献研究社1974年版，第283页。

④ 罗中福、李萱华、唐文光、罗成献、龙世和编：《卢作孚文选》，西南师范大学出版社1989年版，第342页。

学校如何设置，设备如何充实，经费如何筹措，教师如何培育，教材如何选择，教育方法如何改善等等，不但研究清楚，并且还要实地考察练习，俟成熟后，分发各县任用，定能胜任愉快。正拟订将此计划付诸实施时，因政局发生变化而中辍。

[按] 离开泸州到重庆后，卢作孚在较场口南端十八梯附近租房住下[①]。在此期间，卢作孚与同恽代英一起来重庆的少年中国学会会员萧楚女相识，不久萧楚女去了万县。

8月6—7日　第二军节节失利，6日杨森率少数部队离重庆东下。7日赖心辉、邓锡侯部进驻重庆城。

8月20日　杨森部战败逃到湖北宜昌，之后收集残部，人数不到5000人[②]。川军第二军在一、二军之战中失败。

9月1日　经刘文辉、刘成勋等向川军各方面疏解并派兵通令保护，刘湘经陈洪范、刘成勋防区返原籍四川大邑[③]。

10月27日到11月8日　刘成勋以川军总司令兼省长名义在成都召开四川军事善后会议，会议提出废除防区制、统一民政财政、制定省宪法，废除军长制等议案[④]。

年底—1923年夏　卢作孚与好友郑璧成转赴江浙考察教育和实业。在上海，黄炎培派人陪同卢作孚参观了中华职业教育社和中华职业学校，黄警顽陪同卢作孚参观了商务印书馆。经上海商会介绍，卢作孚参观了上海南市电力厂、锯木厂、造船厂、纺织厂等。后来他根据考察所见写成《中国军人之新倾向》[⑤]。在这次江浙之行中，卢作孚还与郑璧成一道专门到当时全国有名的模范县南通，参观了状元实业家张謇兴办的一系列近代事业，并拜会了这位大实业家。后来卢作孚曾谈到两人见面时候的情形[⑥]：

数年前与璧成到南通参观张季直先生的建设事业。问他：你老人

---

① 《卢国维的回忆》。

② 匡珊吉、杨光彦主编：《四川军阀史》，四川人民出版社1991年版，第127页。

③ 周开庆：《民国川事纪要》（1911—1936），台北四川文献研究社1974年版，第282页。

④ 匡珊吉、杨光彦主编：《四川军阀史》，四川人民出版社1991年版，第137页。

⑤ 卢国纪：《我的父亲卢作孚》，四川人民出版社2003年版，第45页。

⑥ 卢作孚：《在宋师度先生讲演后的讲话》（1932年12月12日），《新世界》第12期，1932年12月16日，第3页。

家经营的事业好呀？他说：难呵！追问他为什么？他说：人才缺乏，人都没有旧道德，人人都有我见。我的意见则不同：1. 旧道德不适用。因旧道德知识消极的告诉我们怎样去做一个好人。我们要建议一种积极的新道德来指示群体去做好人。2. 中国人都没有我见。

1923年（民国十二年）30岁

1月1日　杨森在宜昌就任吴佩孚部第十六师师长。

2月10日　在吴佩孚的授意下，杨森取得储存在汉口相关银行中的100万路款，并以此款向汉阳兵工厂购买军械，军力迅速恢复①。

3月8日　杨森率部在吴佩孚支持下，率部重占万县。

4月6日　川军第二军杨森部重占重庆等地②。此后不久，卢作孚三弟卢尔勤（即卢诚）被任命为峡防司令。卢尔勤回忆说③：

> 1923年春，（川军）第二军反攻占领重庆后，要向退却的第一军追击，中路由永川、荣昌推进，北路要经过江巴璧合四县连界的小三峡，向合川、遂宁进军。峡区是土匪猖獗的萑符之地，又处于土豪劣绅所掌握的团阀势力范围之内。第二军军长杨森担忧该地区的团阀被第一军利用而扰乱其后方，阻挠其军事进展，特委任我任江巴璧合峡防司令，组织他们合作，联成一气，以保地方安宁。我则因自己未掌握正规军力，担心难以控制那些团阀势力。同时，军部虽然已令四县拨给团务经费每县每月五百元作为司令部开支，但力轻任重，实不济事，自己也不愿意增加捐税而加重民众负担。这问题正在考虑中，他（卢作孚——引者注）知其事，就鼓励我大胆去干，务宜多想办法去克服困难，以善其事。
>
> 我也同意他的看法，随即前往峡区，成立司令部于北碚。就职后就与四县联系，划定了峡防区域，并将四县在峡区的几十个场镇中，编组地方团队，共建了峡防三个大队，共有十二个中队的保安团队，由峡防司令部指挥。接着回重庆向军部请领弹药，返峡清除了夹江南

---

① 匡珊吉、杨光彦主编：《四川军阀史》，四川人民出版社1991年版，第141页。

② 周开庆编著：《民国川事纪要》（1911—1936），台北四川文献研究社1974年版，第293页。

③ 《卢尔勤回忆卢作孚》，卢国模整理，未刊，引用时略有删节。

北两岸山地茨竹沟、太和场、白峡口等地的土匪。在一个月之内，渝合间的水陆交通，遂告平安，商客往来、军运往来，均得顺利通行。

［按］另有资料载：1923年上半年，驻峡的川军第二军秦汉三旅长自任峡防司令，熊明甫为副司令①。

6月4日　成立于广州的军政府大元帅孙中山任命熊克武为四川讨贼军总司令，刘成勋为四川省长兼川军总司令，赖心辉为四川讨贼军总指挥，对杨森部进行反击，开始了四川"讨贼之役"。

7月28日　北京政府任命刘湘为四川清乡督办。

夏　卢作孚由江浙返回重庆，带回三部手摇织袜机，在家中教家人织袜，以济生活。

8月11日　卢作孚次子卢国纪在重庆出生。

［按］从卢国纪上学开始，卢作孚在子女教育方面开始摸索出一套行之有效的方法，后来卢作孚在谈到学校教育的时候说②：

> 其实一个学期所有的功课，只须一个寒假或暑假便可学完了，而且还不要教，只要学生自己学，通通都可学完。自己的第三、第四、第五，几个小孩子，曾经作过这样的实验，每假期预先把那一个学期的课程学完了的，无论是英文、数学、或理化，都没有不可克服的困难。也许最初稍感困难，但一经得着学习道路以后，便可迎刃而解了。

9月　卢作孚以少年中国学会会员关系，任重庆四川省立第二女子师范学校国文教员，与萧楚女、邓少琴为同事，关系密切，并在国文教学方面摸索出了一套别具一格的教学方法。当时任教于该校的邓少琴后来回忆③：

> （卢作孚）应重庆（四川）省立第二女子师范学校教师之聘，在校与我同事。于时萧楚女亦在校任课，恽代英常去校中，时相接近。其时，重庆二女师思想极为开放，在大革命期中，不时参加游行，至

① 庄泽宣：《陇蜀之游》，中华书局1937年版，第152页。
② 卢作孚：《如何彻底改革教育》，《嘉陵江日报》1948年4月22日。
③ 邓少琴：《邓少琴西南民族史地论集》，巴蜀书社2001年版，第1065页。

为活跃。作孚长予五岁，学识宏富。以我在师资班中年龄最少，相处极为亲密。

卢国纪在《我的父亲卢作孚》中也说[①]：

萧楚女去万县工作一段时间后回到了重庆，应聘在重庆（四川）省立第二女子师范学校担任国文教师。我的父亲回到重庆后，也应聘在重庆二女师任国文教师，与萧楚女的交往十分密切。

关于国文的教学，卢作孚后来说[②]：

当时不但教，并且帮另一班改作文。记得有一次作文的命题为“欧化文体，何以不适宜于中国文学?”“欧化”二字根本就欠妥，因为欧洲文体有法国、英国、德国、意大利等等，究指何国文体，一般学生未尝一一学过，自然无法解答，仅有一个学生，做了几句极妙的文章，他说：“我自顾我的能力，绝不能解答这一个问题，但是先生既出这一个题目了，没奈何也要勉强敷衍这一篇文章。”我看了这几句话，认为极好，因此批请学生传观，不但是请学生传观，并且请教师传观，大家引为笑柄。

……我教国文时，不用教科书，大家已引以为奇，作文时又不出题，大家觉得更奇。于是以前的国文教师要求来看我的教法，因为我觉得，文章易写，题目难做。所以作文时只要学生作文章，把文章内容精彩的一点，或一句话作为文题即可，学生对此方法，起初认为困难，但我对他们说：“大家一定有文章可写，并且（是）最好的文章”。

卢作孚教学生作文的方法，是把作文分解为4个时期（阶段）集中教授和练习：第1个时期教学生写描写的文章，第2个时期教学生把繁复的事项整理成有系统的记载，第3个时期教学生分析问题，第4个时期教

① 卢国纪：《我的父亲卢作孚》，四川人民出版社2003年版，第46页。

② 卢作孚：《一段错误的经历》，《抗战与交通》第36、37期合刊，1940年4月1日，第706页。

学生推理，即教学生由原因推出结果。卢作孚还回忆说①：

> 民国十二年的时候，在四川重庆，有一个省立第二师范学校，他们举行讨论会，讨论一个问题；这个问题是："中等学生，应不应该参加社会运动？"请我去当评判。讨论的结果，许多学生发表的意见，都认为学生在读书的时候，应该尽量的读书，绝对不应在读书之外参加社会运动，为的是恐怕妨害读书。后来学校里面的教师评判，更沉痛地认为学生应该读书成功之后，才参加社会运动。最后请到我去评判，我说："对不住得很，假如你要我来批判的话，免不了要把你们的结论完全推翻！现在我先请问：读书是为什么？而读书又到哪个时候，才算是成功？'成功'是什么东西？读书之后，个人得了功名，家庭收入很丰，这是你成功了？除此之外，没有成功可言。中国就是因为每个人都想自己成功，因此国家的事、社会的事，什么都失败！如果长此以往，中国的一切，也就永远失败！故关于中等学生要不要参加社会运动，这是很容易了解的。我们如今在学校做的是什么？就是社会运动。因为当前没有好的环境，如家庭、社会、政治、教育等②都不好，在这不好的环境中，就不能产出好的人。因此要想产生好的人，必须改变环境——家庭、社会及天天接触的政治，乃至学校，都应把它改变，这些种种的改变，是什么呢？就是社会运动。学校所教的课程也就应如此。本来每个人的行动，有两条路：一条是有权力把环境改造；一条是跟着现时的环境走。我们既不幸生在不好的环境中，只有把环境改造，然后给后一辈的青年，跟着环境走。而且我们要认识，环境是活动的，时时改变的；这种改变，就是社会运动。所以学校的课程，脱不了社会运动。"

10月16日　在讨贼军的进攻下，杨森、刘湘等率部弃守重庆，退至万县。

10月25日　在吴佩孚授意下，杨森、刘湘约集刘存厚、邓锡侯、袁祖铭等川军将领在万县会商反攻熊克武计划，并推举刘湘为四川善后督办。

秋末　卢作孚父亲卢茂林去世，卢作孚从重庆赶回合川处理丧事，并

---

① 卢作孚：《社会的动力与青年的出路》（下），《宇宙》第3卷第8期，1935年10月25日。

② "等"字原文为省略号。

写下《显考事略》。

11月28日　杨森、刘湘等举行万县会议，决定反攻重庆。

冬　江巴璧合四县绅民协议改组江巴璧合峡防司令部，成立江巴璧合四县特组峡防团练局，推举四川省民团联合会会长胡南先、北碚绅商熊明甫任正副局长[①]。

［按］从重庆档案馆藏该机构的公文用笺看，当时该局的正式名称为江巴璧合四县特组峡防团练局。一般资料说当时就是江巴璧合四县特组峡防团务局是不准确的。1924年江巴璧合四县特组峡防团练局正式立案，抽收过道路捐为峡防经费。

12月15日　刘湘在重庆成立四川善后督办公署，就职视事[②]。

本年　卢作孚写了《局部改造以模范全局》一文[③]。该文实际上即为《一个根本事业怎样着手经营的一个意见》，文章字数不多，核心内容是强调办事业要“大处着眼，小处入手”，经营规模小的事业作为社会改造的试验，等有了成绩之后，再扩大经营的规模。谓[④]：

> 我们相信，无论什么事业，都应“大处着眼，小处着手”——这有两种解释，横的方面，事业要做到大的范围，却应从小的范围起；纵的方面，事业要做到大的进步，却应从小的步骤起。许多事业进行起来，都是起初艰难，后来便渐渐容易；起初缓慢，后来便渐渐快利。所以起初从小处着手，用力比较经济。在现今的中国——尤其在四川——提倡一种甚什事业，起初更是艰难的。因为以前没有这些积极的事业，就有这些事业，没有怎么积极的经营，现在骤然积极地经营起来，第一便是感觉人才的缺乏。现在所谓人才，大抵工于对人，而忽于做事，他们没有经过做事的训练，对于事业没有志趣，自然因循而不振；就有志趣的，也多浮夸而无实。骤然做起事来，需要的人才还待一个一个地切实的训练。所以着手之初，宜为小规模的经营，以为逐渐训练的基础和准备。人才增加，事业自易发展。第二是

---

① 庄泽宣：《陇蜀之游》，中华书局1937年，第152页；四川省合川县地方志编纂委员会编纂：《合川县志》，四川人民出版社1996年版，第8页；重庆市北碚区地方志编纂委员会编：《重庆市北碚区志》，科学技术出版社重庆分社1989年版，第538页。

② 周开庆编著：《民国川事纪要》（1911—1936），台北四川文献研究社1974年版，第305页。

③ 黄立人主编：《卢作孚书信集》，四川人民出版社2003年版，第144页。

④ 卢作孚：《一个根本事业怎样着手经营的一个意见》，北碚图书馆藏。

感方法的困难。我们经营的事业，如果以前没有的，所用方法，是否经济，有无成效，自然我们不能判断，因为没有经验。就令事业以前有了，而经营的方法须根本改变，我们也是重新试验，结果必难完满，纵不至终于失败，意外挫折也终难免。事业的规模若大，此项挫折的损失也大，所以最初从小规模着手，也是一种最经济的方法。第三是经费的问题。建设事业，在在需要巨额的经费，在在需要取给于民间；而在中国数千年的成训，都是以轻徭减赋为善政，今若骤然建设事业多端，便要大加税捐，大摄民间，民不愿意，便会大起反对。所以最初更宜以少的经费，经营规模小的事业，等到成绩显着，民众赞成以后，逐渐谋扩大的机会，便少许多困难的问题。

我对于这种建设的程序，提出具体的意见，贡于四川有志而且有力改革政治事业的人们。却并不是主张大家对于政治全局从此不问，不过希望大家对于“怎样着手改革政治”一点上特别注意，而且特别加力。积极方面，希望获得一些可靠的结果；消极方面，希望减少许多无谓的纷争。执口说以与人争执，人不相信，也得以另一种口说以与我争执；如果把主张的成绩实现出来了，人便自然相信了，虽然规模很小，影响也是很大的。

我现在并不能完全指出各种应该建设的事业和怎样建设的方法来。就我一时想到的，只能预说一个大概。而在进行中间，有三种必须留意的条件：(一）各种事业必须同时努力，因为社会问题，都是相互影响的，所以各种事业都是可以相互帮助的。(二）各种事业，都要天天想法，天天进步或改良，没有一个可以永停的地位；一种可以永守的方法。(三）在经营事业的途程上，对于一般人重在指导和帮助，期于引起他们的信心和同情，期于他们都有勇气，都有愉快的精神和积极的兴趣走到经营的路上去。我们想用这种方法替代那偏于用强迫手段急遽地改革社会或解决社会某方面的问题。因为社会不是急遽改革得了的，而施强迫的手段，每每弄到弥漫了愁怨或恐怖的空气，纵然能由强迫得着预期的结果，也未必就如预期那样圆满或迅疾，可使一般人深深印了愁怨或恐怖的刺激，而一切引起这种情绪和由这种情绪引起的行为成了积习，更是人类一种痼疾！一时不容易治疗得好的。所以我们应该用指导和帮助人的力量到最高度，而减强迫人的手段到最低度。

我所希望于有志的当局着手的初步，是集中精神在力所能及的区域以内，是更集中精神在力所能及的区域以内的二县或三县以内。指定两县或三县作为特别试验的区域，许多建设的事业和怎样建设的方法，都从这两县或三县的区域以内开始试验。

［按］黄立人主编的《卢作孚书信集》收录 1929 年 5 月 7 日陆涤生致卢作孚函，陆函谓“忆民十二荣昌烧酒房，见兄所著就《局部改造以规范全局》之作，今竟于峡中见兄实施，佩仰曷似”。民国 12 年就是 1923 年，据此则卢作孚至迟在本年撰写出《局部改造以规范全局》一文，该文实即《一个根本事业怎样着手经营的一个意见》。用简略的文字将一篇文章概括作为标题，在卢作孚往来书信中还有《论私》（即《什么叫做自私自利》）。

1924年（民国十三年）31岁

1月　刘湘、杨森督师由重庆西上，攻击熊克武同盟军各部。

2月8日　杨森、刘存厚等部川军逐出川军第一军进驻成都。

2月19日　杨森奉令负责镇守成都，刘湘、袁祖铭率部追击熊克武。

3月中旬　（一）杨森在成都，“思有以涤除吾川之贫弱愚私之旧染污俗”，罗织人才，“厉行新政”①。其新政措施主要有四项，分别是修建马路、开辟公共体育场、成立通俗教育馆、提倡朝会等。修马路方面由成都市政督办王缵绪负责，修成的马路即后来的春熙路。公共体育场在成都少城公园，提倡朝会就是规定各机关、部队每天早晨举行会议，通俗教育馆则由卢作孚负责。（二）杨森电召时在重庆的卢作孚到成都，本意在请其助办教育行政，而卢作孚经过审慎考虑，并与成都市政公所督办王缵绪经过数次磋商，决定负责办理通俗教育馆，并决定以四川省立商品陈列馆为经营地点。卢作孚说②：

> 十三年春，杨军长子惠入成都，兼摄民政，委王旅长治易督办成都市政，即有创办通俗教育馆之议。思自渝奉电召到成都助办市教育事业，自念识力不足以规恢宏远，但愿择一数间房屋以内之事业，以筹备到成立为期。与王督办议商数次，遂决定办通俗教育馆，并决定以商品陈列馆为经营之地，受委为筹备主任，时方在三月中旬也。

对于把四川省立商品陈列馆改建为成都市立通俗教育馆，颇有以各种借口持反对意见者，对此杨森力排众议，决然批准将商品陈列馆所有房

---

① 杨森：《九十忆往》，台北龙文出版社股份有限公司1990年版，第50页。

② 卢作孚：《全馆大事记》，成都市立通俗教育馆编《成都市市立通俗教育馆周年报告》，成都市立通俗教育馆1926年版，《大事记》第1页。

屋、地面及陈列品拨归市有，给予卢作孚创办通俗教育馆以强有力的支持。卢作孚说①：

> 商品陈列馆原系省办事业，今改为市立通俗教育馆，老成持重者虑后来者生枝节，持议以为不可。杨军长方兼民政，毅然批准将商品陈列馆所有房屋地面及陈列品拨归市有。迨由市接收后，复有持审慎说进于省署者，认为可由商品陈列馆改为通俗教育馆，终不可由省有改为市有，如必解决此问题，则权在省议会，不在省署。顾由省划归市办之事业，有先例在，此议省署置之，不久亦寝息矣。

（三）卢尔勤辞江巴璧合四县峡防司令职，并将峡防司令部军衔改为地方性质的峡防团练局，推荐合川人胡南先充任峡防团练局局长。之后，卢尔勤随同卢作孚到成都，在四川督理公署任职②。

3月中下旬　卢作孚被任命为筹备主任，开始在四川省商品陈列馆基址上，改营、筹建成立成都市立通俗教育馆。此时的四川省商品陈列馆内虽然仍有若干陈列室以及员工丁役，但是馆内馆外一片破败、凌乱、混杂景象。卢作孚说③：

> 既决定就商品陈列馆改经营通俗教育馆，遂随王督办往相度馆内外之房屋及地方。是时馆内房屋作陈列室者六向，员司丁役住用者四向，租人设茶肆者三向，废而未用者三向，半皆破败欲圮，动物园敝坏尤甚。室外则私人所租菜圃花圃之外，遍是荒草。馆外广场，在纪念碑以西者，大半租人作菜圃，亦有租人房屋住家设肆者。紧贴于纪念碑之后，乃为说书唱书之场。破败茅棚，纵横夹成巷道，由西而东，直延至万春园外之木桥。纪念碑东及其西南环以私家花圃，枯篱杂树，凌乱满眼，仅余纵使横约二十丈许空旷之地，尚复有凉粉凉面等食物挑担，塞于场之西南隅，馆门之两旁也。

---

① 卢作孚：《全馆大事记》，成都市立通俗教育馆编《成都市市立通俗教育馆周年报告》，成都市立通俗教育馆1926年版，《大事记》第2页。

② 《卢尔勤回忆卢作孚》，卢国模整理（未刊）。

③ 卢作孚：《全馆大事记》，成都市立通俗教育馆编《成都市市立通俗教育馆周年报告》，成都市立通俗教育馆1926年版，《大事记》第2页。

邓少琴回忆说[①]：

> 1924 年，杨森打入成都，担任四川军务督办建摄民政，电邀作孚出任教育厅长。作孚辞厅长而就成都少城公园为通俗教育馆长，以行其志。其“辛亥保路死事纪念碑”广场，久为走江湖、卖打药、摆摊、唱猴戏等杂耍所充塞，其它屋宇，则为茶馆、酒馆各个门市所占领。久为酒食征逐、喧嚣盈庭，不醉无归之哗然闹市。

卢作孚经过实地勘察，迅速擘画出通俗教育馆的筹建和初步布置规划，即全部收回原商品陈列馆租出房屋、地段。退租成为筹建通俗教育馆过程中遇到的第一个严峻考验。卢作孚说[②]：

> 布置全局，须先将租出之房屋地段全行收回，乃能着手。顾佃户类系贫苦之人，租金复较私人所有地面房屋为轻。系租房屋者，别觅房屋，已感困难。系租土地者，已建筑之房屋，难复觅地建筑。已培植之花木难复觅地培植所，仅有之财力，陷于地上。半数收回，押金总额复巨，本馆未尝接收，市款非甚充裕。请于公所，未准如数发给，至于再请，乃准发给八成。限期迁徙，终屡逾期。不明此中情形者，且谤议朋兴，谓为虐民也。

退租之后，卢作孚开始因地布置，把通俗教育馆分为博物、图书、体育、音乐、讲演、出版、游艺、事务等八部进行筹建。与此同时，卢作孚征得有关方面同意，开始聘任职员。先后聘请四川省立第二女子师范学校的庶务郑璧成担任博物部主任，聘请四川省高等师范学校的体育教授陆佩萱为体育部主任，该校音乐教授林伯和为音乐部主任，聘请成都市市政公所教育课科长聂灿霄为出版部主任，教育课副科长刘仲容为讲演部主任，聘请四川省高等师范学校图书馆主任穆耀枢到图书部相助。他说[③]：

> 既已决定通俗教育馆内部之组织，并商准于王督办，乃觅求各项

---

① 邓少琴：《邓少琴西南民族史地论集》，巴蜀书社 2001 年，第 1065 页。

② 卢作孚：《全馆大事记》，成都市立通俗教育馆编《成都市市立通俗教育馆周年报告》，成都市立通俗教育馆 1926 年版，《大事记》第 2—3 页。

③ 同上书，第 2 页。

职员。电邀省二女师庶务郑璧成君任博物部主任。由诸友介绍，得识高师体育教授陆君佩萱，聘为体育部主任，音乐教授叶君伯和聘为音乐部主任。复聘公所教育科聂课长灿宵任出版部主任，刘课长仲容任讲演部主任。图书部初仅有管理一人，其后访得高师图书馆主任穆君耀枢系专门研究图书馆学者，乃请其到馆相助。此外职员由思直接觅求者三数人，余皆请托诸友转相介绍，急遽间，成此复杂之机关也。

［按］卢作孚在20世纪30年代将自己主持下的成都通俗教育馆相关工作，与北碚试验和民生实业公司试验，并称为建设现代集团生活的三个试验，可见该项事业在卢作孚心目中的重要地位。通俗教育馆就其性质而言，属于成都市政府设立的综合性社教文化设施[①]。

3月下旬　在卢作孚主持下，成都市立通俗馆修缮房屋、添置设备、添筑道路、布置风景、增辟运动场等项工程全面展开。

3月　川军陈鼎勋（书农）部入驻合川，控铜梁、大足、璧山、武胜诸县。

5月27日　吴佩孚、曹锟把持的北京政府采取扶植杨森、抑制刘湘、稳定田颂尧和邓锡侯以便控制川局的手法，裁撤四川督军职，特派川军第二军军长杨森督理四川军务善后事宜（简称四川军务督理），特任邓锡侯为四川省长，任命田颂尧帮办四川军务善后事宜，特派刘湘为川滇边防督办。

7月11日　邓锡侯在重庆就任四川省长一职。

7—8月　萧楚女被任命为中共四川特派员，自上海再次入川到重庆，他在重庆以《新蜀报》主笔、重庆四川省立第二女子师范学校国文教员身份公开活动，与杨闇公等共同领导四川和重庆的革命工作。

8月初　经过卢作孚几个月的努力，成都市立通俗教育馆筹建各项工作基本完成，原来一片荒凉之地，一变而为锦绣之场。资料载[②]：

（通俗教育馆筹建期间）凡诸建设事务，无论大小皆由卢君躬亲指导，不畏劳苦，不避嫌怨，卒使一片荒凉之地，乃一变而为锦绣之

① 何一民主编：《变革与发展：中国内陆城市程度现代化研究》，四川大学出版社2002年版，第785页。

② 林昶：《成都市市立通俗教育馆周年报告叙》，《成都市市立通俗教育馆周年报告》（1926年）》，《叙》第11页。

场，谓本馆之成功为卢君一人之力非溢誉也。

8月8日　（一）成都市立通俗教育馆建成开馆，开馆仪式在通俗教育馆馆门外举行，出席仪式的来宾千余人，四川军务督理杨森、成都市政公所督办王缵绪均到场，且发表了演说。仪式结束后，来宾到各部参观。当晚馆内放电影不收费，游人拥挤，到晚上9时才逐渐安静下来。卢作孚说[①]：

> 八月八日举行开馆仪式。会场设于馆门之外，成半圆形，环列千余人之座，来宾皆有券。各出人口派有童子军持赠悬于胸前之小纸国旗，各路派有童子军指引，会场则由各部主任分区担任招待。开会杨督理、王督办、徐子休先生均有演说。会举乃启门，引各来宾到各部参观。是晚电影不取费，游人拥挤，直到九钟后乃渐散归。

（二）成都通俗教育馆建成开馆的同时，卢作孚的第一个社会改造试验也正式开始。这个社会改造试验中，首先要对人进行训练，因此各种形式的职员会先后开始举办，卢作孚说[②]：

> 职员会
>
> 1. 全体职员会议　最后一周开会一次，讨论全馆应兴应革事宜。十三年开会三次，十四年开会三次，中间曾停止数月。
>
> 2. 各部主任联席会议　每星期日开会一次，讨论每周全馆应办及各部应取联络之事务。十三年开七次，十四年开十次。
>
> 3. 各部周会　每星期一事务部开会，星期二图书部开会，星期三博物部开会，星期四音乐部开会，星期五游艺部开会，星期六体育部开会，讨论各本部每周应办事项暨前周议决已办未办各事项。
>
> 4. 俱乐会　每月第一、第三两星期五日开会、馆俱乐会各一次，各部员生均参与。因平时各员生忙于办事，休息及相互接触之机会绝少，惟此为游戏及交际之良好机会也。

---

① 卢作孚：《全馆大事记》，成都市立通俗教育馆编《成都市市立通俗教育馆周年报告》，成都市立通俗教育馆1926年版，《大事记》第7页。

② 同上书，第9页。

（三）开馆后，各部工作有序进行。如博物馆在开馆之初对外开放史地类、美术类、自然类、教育类、实业类等八个方面的陈列室（后改名为史地馆、美术馆、自然馆、教育馆、工业馆、农业馆、模具馆），后逐渐增加金石馆、卫生馆、武器馆等，该馆此后相继举办了古物展览会、古泉展览会、菊花会、照片（摄影）展览会等。图书部在开始的时候受收门票的影响，前来阅览的人有限。旋即成都市政公所有改修少城公园之议，通俗教育馆遂将图书馆移到该公园，前来借书读报者于是迅速增加。之后，又于1925年春季面向成都各小学（初步选定10所）试办儿童巡回图书馆。体育部先后举办各级学校体育表演会、幼稚生联合游艺会、自由（行）车竞驶、越野赛、田径赛，以及武术班、女子体育会（体操班）等。音乐部举办有音乐补习班，并先后举办23次中西音乐演奏会、7次昆曲演奏会、17次京剧演奏会、1次京剧演出、14次川剧演奏会、1次川剧演出。出版部先后印行通俗读物9种（其中小说有《短篇小说集》、《老妇人》、《一个农夫的话》等3种，戏剧有《买妻公司》、《寻尸》、《刺李》等3种，常识有《防疫法》、《辛亥革命史》等2种），由于征求著作相当困难，不久改为编辑《馆报》。《馆报》每周1期，每期印1小张，由各部轮流出专号，记载各部应办及需要提醒游人应知事项以及全馆重要消息等，先后出刊17期（其中属于全馆者2期，博物部专号4期，图书部专号3期，体育部专号4期，新剧部专号3期，音乐部专号1期）。另外出版部还出传单3次（开馆时出成都通俗教育馆陈设及参观注意事项说明传单，双十节出应用国旗及国旗来历说明传单，端午节出夏令病症及预防知识传单）等。讲演部先后举办讲演24次，其中理化常识6次，卫生常识7次，实业常识8次，风俗习惯3次。游艺部训练、表演魔术与杂技。新剧部的创设意在创办新剧事业，最初附属于游艺部，旋由游艺部析出独立，稍后由于所需经费甚大等原因停办。

（四）成都通俗教育馆除自办事业外，还办理有若干租出经营的事业，包括电影场、弹子房、滑冰场、浴塘、饭馆、咖啡馆、茶社、花园等，卢作孚记述道[①]：

租出经营之事业

1. 电影场　租与新明电影院经营，有电影室一，露天电影场一。

---

① 卢作孚：《全馆大事记》，成都市立通俗教育馆编《成都市市立通俗教育馆周年报告》，成都市立通俗教育馆1926年版，《大事记》第14页。

每夜演放一次，每星期日昼间加演一次。夏季在露天演放，冬季在室内演放，天晴在露天演放，天雨在室内演放。

2. 弹子房　租与合记体育球房。十四年春开始经营，在鹤鸣茶园内，自有台球三具，本馆加入一具，共四具。

3. 滑冰场　租与永健滑冰场经营，场南临河，东滨湖，有地三十三方丈，冰鞋十余双。春初开始经营，练习滑冰者颇多，入夏天气渐热较少。

4. 浴塘　租与枕流浴室经营，室有三等，春初落成。开始营业后，复多所修改，近渐完备。浴费廉者，每人只取钱二百文。

5. 便饭店　租与晋龄饭店及聚丰园经营，均在公园内，于清洁事项，受本馆职员之检察及指导。

6. 咖啡馆　租与味道咖啡馆经营，售卖咖啡点心而外，并治西餐，惟地点狭小，仅可容三数席人。

7. 茶社　少城公园减少四家，馆内则只准在环塘一带游人坐憩之处及女宾休憩处卖茶。前此公园茶桌有蔓延遍林阴之下者，今概禁止，以利游观。

8. 花园　以运动场西隙地租与延春及经香花圃，两花圃主人有助本馆搜求及培植花木之义务。

（五）开馆后，各部分未完工程仍在继续进行，直到开馆一周年时仍在进行。卢作孚说①：

工程

1. 本馆　开馆以后，工程偶有减少，仍未停止。在露天电影场添建一座新剧台，并制新剧景六堂。在事务所西添建游艺部人员住室三间。改动物园土墙为花坛，高约三尺，上可植花两行，内外人影都在花间相望。植藤本香花于出入口左右，绕架以为门。移图书馆到馆外，就原有之房屋改为金石馆。移游艺场到新剧场，就原有之房屋改为武器馆及卫生馆。最近复在动物园新建一纵横三丈高两丈之大鸟笼一座，在池塘南新建高三丈余之水塔一座，安设喷水机一具，并拟利用其屋顶为气象台。

① 卢作孚：《全馆大事记》，成都市立通俗教育馆编《成都市市立通俗教育馆周年报告》，成都市立通俗教育馆1926年版，《大事记》第10—11页。

2. 少城公园　折卸园门以内之石花茶社房屋一向，就其地改植菊树。拆卸江边近河茶社及夏宜茶社房屋各一向，就其地改植梅花及柳树。拆去新花桥亭附近之桥亭一座，以便行船。拆去镜桥房屋，准备植树。折去四川图书馆与公园间敝坏之长廊，种竹为篱，以代土墙。半边桥方面原有之门，狭窄敝陋，拆去之。收回门外公地，加于正中间，门左右筑梅花墙，外面留为停舆之场。

新筑馆中游行之路，一绕江边，一穿中部，一到本馆后门。原有纵横二十丈以上之广场，今于其正中建纪念碑一座，绕以星形花坛。花坛之外为圆形之路，路由场之四隅成对角线，以会于此。每两路间筑扇形花坛一，皆各植花成纹。扇形花坛以外，则植楠木四百株，比值横成行。今兹木本尚小，利树下隙地莳菊花万余本，准备秋节开菊花会。

金河贯园中，河北有荷池，隔以土堤，堤宽不过数尺，乃掘去之，但留其有大树成阴者三处，砌石以为岛。其一最高处可围坐以谈，其一穿石洞出入，其一砌倾斜之石层成峰。向之荷池，今乃成湖。湖北筑长堤，其西端及东端复各筑成半岛。造小船数只以供游驶，溯金河而上，可游到新西门。修金河及其支流小桥各一座，金河桥栏采网桥形式。又全淘贯入本馆及公园河流之污泥一次，而以所取之泥，砌高圆内之山，今工尚未及半也。

就浣花茶楼改修为图书馆，下添地板，周围添窗壁，中添图书馆应有之台柜等，以楼下为阅览室，楼上为藏书室。

此外租出由佃户经营者，永健滑冰场就金河北岸隙地筑滑冰场一幅，办事室一间。晋龄饭店就香积厨及其附近之房屋改修为便饭店。枕流浴室就龙圆浴室旧有地面扩充之，改修为规模较大之浴室。鹤鸣茶圆内改修房屋一向为弹子房。鹤鸣、浓阴两茶园外拆去木桥一座，改修木桥一座。

3. 支机石公园　移祠堂街文昌宫之正殿到支机石公园中部，建筑大厅一座，改修支机石原有正殿为敞厅，改修两厢为办事室及休憩之房屋。于南北两端各建厕所一处，租与森深茶社。就园之北端建筑开设茶社之房屋两向。

园内地面，大部分颇洼下。入夏每成泽国，取土填筑，较前约高两尺以上。北端添辟一门。由园登游城垣，添筑两道，添购竹树植于城垣上下。

9月1日　社会主义青年团中央任命萧楚女为驻川特派员。

9月13日　为旧历中秋节，成都通俗教育馆举办古物展览。上午，中华平民教育促进会借成都通俗教育馆运动场为游行出发集合地。下午，四川善后督理杨森到馆视察并招待市民。晚上馆中试演新剧，免费观看。卢作孚说[①]：

> 午前，平民教育促进会借运动场为游行出发集合之地，并有所表演。馆内又方开古物展览会，游人甚众。午后，因杨督理假运动场招待市民，闭馆。入晚，试演新剧，不另售票，观者数千人，剧场为之挤满。

9月　（一）四川军务督理杨森在成都召开全省团务会议，成都市立通俗教育馆送各位代表游览券，请其随时入馆参观，并为代表们举行了欢迎大会。开会时，成都市政公所督办王缵绪、四川军务督理杨森先后发表演说。（二）成都市立通俗教育馆博物部举办古物展览会。卢作孚说[②]：

> 杨督理于十三年九月召集全省团务会议，本馆送各代表游览券，请其随时人馆参观，并为开欢迎大会。开会之日，前后门均派职员招待，服务生轮流引导，先由王督办致欢迎辞，嗣请杨督理演说，各县团务代表亦有答辞。旋到音乐室听中西乐演奏，到电影场观电影，后乃散会。

（三）成都市政公所决定开始改修少城公园，成都市立图书馆决定把图书馆迁到公园内。该项图书馆迁移工程从本年10月开始，1925年2月完成，5月开馆，借阅图书的读者每日从原来的六、七十人增加到百余人，阅读报刊的读者晴天时可达千人左右[③]。

10月10—12日　10日为纪念民国成立的双十节，为此成都市立通俗教育馆举行特别活动进行庆祝，吸引了众多游客参观，11—12日参观的

---

① 卢作孚：《全馆大事记》，成都市立通俗教育馆编《成都市市立通俗教育馆周年报告》，成都市立通俗教育馆1926年版，《大事记》第7页。

② 同上书，第8页。

③ 同上书，第12页。

人依然十分踊跃，3天合计参观者在4万人以上。卢作孚说[①]：

> （双十国庆节）博物馆搜陈辛亥革命战争照片、革命人物照片、历任总统照片、历任四川军民长官照片、保路同志会各种印刷物、讨赵尔丰檄文、都督府布告等，图书馆搜陈与国庆有关之图书，体育部开各级学校体育表演会，音乐部开中西乐各种演奏会，新剧部演新剧，新明电影社夜间放露天电影，讲演部延请学者在新剧场讲演与国庆有关之问题，出版部印售辛亥革命史，并散关于国旗使用法之传单，游艺部表演各种幻术武技。全馆开放，馆门及新剧电影幻术武技等均不售票，游人终日拥挤，夜十钟始散，为数至少达两万以上。国庆之第二第三日仍有新剧幻术武技各种表演，中西乐各种演奏，每日游人照所售门票计算，均达一万（以）上。

10月　成都市立通俗教育馆博物部举办古泉（钱）展览会。

11月　成都市立通俗教育馆博物部举办菊花会。

12月　著名学者舒新诚到成都市立通俗教育馆参观，他在稍后出版的游记中记述道[②]：

> 通俗教育馆设在少城公园，虽然入门者要收门票钱五十文（大洋一分半），有点名不符实，但内容都很不错，有博物室、音乐室、儿童图书室、古物陈列室、讲演厅、会议室等等。就我在各省所见过的通俗教育馆看来，实以此馆为最完善。据说这是现任督办杨森在建设中唯一注重的一件事。搜罗的人、材也不少，自下江货以至“本地产”，自“留洋生”以至“留京生”，无不有之。经费亦比较充足，各级学校薪金常欠至十余月，此处独不欠，故所谓人才也乐为之用。馆长卢君据说很能做事，而且好做事，所以馆中各事都布置得很整齐。倘若你是好清洁的人，你尽可到博物室外的凳子上坐坐，遐想你所要想的事；就是有人不时从你前后或左右经过，扰乱你的思潮，但是他曾费去你五十文买门票，最少都是有点雅兴的所谓上等人，你也不会觉得顶讨厌——实则上等人是最坏的东西，其讨厌还甚于一切

---

① 卢作孚：《全馆大事记》，成都市立通俗教育馆编《成都市市立通俗教育馆周年报告》，成都市立通俗教育馆1926年版，《大事记》第7页。

② 舒新城：《蜀游心影》，中华书局1936年版，第174—176页。

人，我这里只是就表面的事实讲。

这里既是杨督办唯一注重的建设事业，一切职员也都敬慎将事。他们遇有可以宣传的机会，都无不利用之。所以城里各种大集会几全在此地举行，通俗教育馆几字也普遍地深印到一般人民脑海之中，而川中各种可陈列的物品，他们也可以以几行公文不费代价而索得。故此处有不易得之古物，有全川的土产，有各校所不有之模型标本，然而颇不自足，常思将馆中各种情形，用照片附以说明，编印成册，分布省外，以广传播。以僻在边陲的内地省会，而竟有如此成绩的通俗教育馆，实亦值得宣传。他们因我赞成，乃竟向我揩油，要我替他们择景摄影以为制版之张本。好在我的照相是非功利主义的游戏品，并且自己也久想照下，他们既不要我的底片，于我当然无损——在他们却很有益：因为此地摄影奇贵，每张三寸片要费一元以上——于是为之选照三十余张。

本年　在经营通俗教育馆的过程中，卢作孚也遇到了来自各方面的巨大压力，尤其是杨森属下师长王缵绪认为该馆根本是无谓之举，白花了许多金钱，甚至对卢作孚进行诽谤中伤。卢作孚感到难以久处，萌生去意。馆中同事彭瑞成、赵瑞清为卢作孚的同学、同乡，彼此志同道合，愿意与卢共进退[①]，未获杨森批准。深悉内情的郑璧成也说[②]：

（民生）公司经营航业，胚胎于民国十三年，是时卢总经理作孚在成都办通俗教育馆，公余之暇，尝同朋辈讨论此问题，并正式会议进行办法。

① 周永林等主编：《卢作孚追思录》，重庆出版社2001年版，第173页。

② 郑璧成：《本公司的航业》，《民生实业公司十一周年纪念刊》，中华书局1937年版，第84页。

1925 年（民国十四年）32 岁

1 月 1 日　新历元旦，成都通俗教育馆自本日起举行一系列别开生面的活动。卢作孚说[①]：

> （通俗教育馆）敦请曾在各国留学诸友，纪述各国年节风俗，录贴于图书馆，搜集各种贺年片样式陈列之，以供仿照印制者之参考。音乐部开中西乐演奏会，体育部于一号举行足球比赛，二号举行篮球比赛，三号举行自由车比赛。一号游人达万以上，夜间请督署讲演团携所有电影机片在公共运动场演放电影，任入围观。

1 月 24 日　旧历春节，成都通俗教育馆举办有关卫生问题的图片展览、影片播放、新剧演出等活动，吸引参观者数万人。卢作孚说[②]：

> （春节期间）适中华卫生教育会毕德辉医生到省，借其所携有关卫生问题之动画百余幅，陈列一周。并于春节第二日借其所携关于卫生问题之影片演放一晚。又从是日起，连演新剧幻术武技两周，初一、二、三日游人皆达一万以上，以后日亦七八千也。

1 月　（一）四川省署下令举办第五次劝业会，成都通俗教育馆得知后立即发函给各县实业所长表示欢迎，卢作孚说[③]：

> 十四年一月省署发令召集第五次劝业会，本馆即发函欢迎各县实

---

① 卢作孚：《全馆大事记》，成都市立通俗教育馆编《成都市市立通俗教育馆周年报告》，成都市立通俗教育馆 1926 年版，《大事记》第 7—8 页。

② 同上书，第 8 页。

③ 同上书，第 8—9 页。

业所长。声明：(一) 凡各县实业所长或代表到省，本馆当特别派员招待，其于省城情形不熟者，当为之介绍或引导；(二) 对于各所长及代表人各送游览券一张；(三) 对于各所长及代表人各送本馆印刷物全份；(四) 特开欢迎大会，欢迎各所长及代表。此项欢迎函中并印有各所回复之明信片，留有空白，填到省人员之姓字、住址、日期。又附有征集陈列品简章，请托各所人员代为征集陈列品。旋得各所覆函，即派专员招待，并在会场设招待所，附设阅报室供人阅览。凡各所人员有到会报到者，招待员问明住址，即往与接洽，赠以游览券及印刷物，或并借与陈列用具，助其布置一切。定期在馆特开欢迎大会，会场设于新剧场。开会时，先由市政公所提调孙少荆代表王督办致欢迎辞，次请杨督理演说，次请捷克斯拉夫人马德演说，由华西副校长苏道璞翻译，最后由思报告一年来之经过情形，及希望扶助之意。会毕，表演新剧、武技，并在音乐室演奏中西音乐，在电影室演放电影。

[按] 卢作孚追述参与这次劝业会的情形时还说[①]：

以前开劝业会时，当省府决定后，我们即通函到各县，询问准备参加的出品种类，及特产品的制造过程，并可以提供意见，要他们如何陈列，提高他们的兴趣。这样的结果，不特可以得到许多消息，同时也得到了各地的物产知识。

(二) 杨森部、刘湘部形成对立形势[②]。

2月7日　北京执政府下令特任杨森督办四川军务善后事宜，赖心辉为四川省长，刘湘为川康边务督办，刘文辉帮办务善后事宜[③]。

2月　成都市立通俗教育馆博物部增加金石馆。

3月12日　孙中山在北京病逝。

3月　成都市立通俗教育馆体育部举办越野赛跑。

4月23日　杨森在成都发动所谓统一之战，出兵进攻邓锡侯、田颂

---

① 卢作孚：《新闻事业与社会运动》，《新民报》1939年12月2日第2版。

② 周开庆编著：《民国川事纪要》(1911—1936)，台北四川文献研究社1974年版，第317页。

③ 同上书，第318页。

尧、刘存厚、刘文辉等部川军，统一之战正式爆发①，战争第一阶段，杨森的战争计划进展顺利，后双方一度达成和解。

4月　（一）杨森在成都举办了四川全省学校运动会，各县到成都的运动员有数百人。运动会结束后，成都市立通俗教育馆联合四川全省运动会筹备处开会欢迎运动员并慰劳筹备人员，欢迎会后在电影院放映电影。卢作孚说②：

> 十四年四月间，杨督理举办四川全省学校运动会，外县到省运动员约数百人。运动会毕之第二日，本馆会同运动会筹备处开会欢迎，并慰劳担任筹备诸人员。在新剧场开会，在电影室演放电影，其余各处均派有引导参观之人。

（二）大约在此前后，卢作孚还担任了四川公学副董事长。后来卢作孚回忆说③：

> 有一次在四川公学讲演，题为《如何说话》。说话可分个人接谈，与公众讲演。就以开会时来宾演讲来说，开始总有一套客气话，这套客气话，颇不简单。例如“今天承某先生约兄弟到此来讲话，兄弟觉得非常荣幸，但兄弟没有学问，又没有经验，又不擅于讲话，并且又没有预备今天讲话，不过兄弟既然到这里来，某先生又一定要兄弟出来讲话，不得不与诸位讲几句。”这几句话，也许需要费时一刻钟，第二人则又来一套“今天能到此地来与诸位讲话，兄弟感觉非常荣幸，刚才听了某先生所发表的言论，很为佩服，一切好的意思，都被某先生说完了，兄弟再没有什么可以说的，不过某先生一定要我出来说几句，只好出来补充几句”。虽说补充几句，又延长了一刻钟。补充了不可以数目字计算的语句，他却说只有几句。至于第三人所讲的，又是这第一套，使听讲的人，实在感到乏味。
>
> 隔一星期，该校开校友会的成立大会，先是校长报告，后是杨督

---

① 周开庆编著：《民国川事纪要》（1911—1936），台北四川文献研究社1974年版，第321页；四川省文史研究馆编：《四川军阀史料》第3辑，四川人民出版社1985年版，第142页。

② 卢作孚：《全馆大事记》，成都市立通俗教育馆编《成都市市立通俗教育馆周年报告》，成都市立通俗教育馆1926年版，《大事记》第9页。

③ 卢作孚：《一段错误的经历》，《抗战与交通》第36、37期合刊，1940年4月1日。

> 理演讲，再次就是我自己讲——那时我任该校副董事长，接下去的第四位先生开始讲的时候，就不折不扣的来了一套客气话，什么"……荣幸……佩服……补充……"未及终词，登时引起全体同学的哄堂大笑。那位演讲的先生，有点莫名其妙，瞠目半晌。殊不知是受了我上面的话的影响所致，这不过是一个说话说不清楚，敷衍时间的例子。

[按] 卢作孚在此处谈到其担任四川公学副董事长，为其他资料所未见，因此具体时间难以确定，权且放在此处。

5 月 16 日　北京政府特任杨森署理参谋总长，任命刘湘兼署四川军务善后督办，统理四川军务，任命邓锡侯为四川清乡督办[①]。

5 月 30 日　上海爆发五卅运动，并蔓延全国。

6 月 25 日　旧历端午节，成都通俗教育馆举行一系列活动，前来参观游览人数达 2 万以上。卢作孚说[②]：

> （夏节期间，成都通俗教育馆）博物部搜陈与夏节有关之陈列品，如屈原像等。音乐部开演奏会，午后在新剧场表演京剧、川剧，不加售票。河内游船供人乘游。游人入馆者达两万以上，运动场公园皆极拥挤。

6 月　成都市立通俗教育馆博物部举办照片展览会。

7 月 1 日　中华民国国民政府在广州成立，史称"广州国民政府"。

夏　成都高等师范学校、省立第一师范学校、第一女子师范学校、华西协和师范学校、协和女子师范学校，各有学生一班毕业，卢作孚在成都通俗教育馆为其举行了一个欢送会，卢作孚说[③]：

> 十四年夏，成都高等师范学校、省立第一师范学校、第一女子师范学校、华西协合师范学校、协合女子师范学校，各有学生一班毕

---

① 周开庆编著：《民国川事纪要》（1911—1936），台北四川文献研究社 1974 年版，第 321 页；周开庆：《民国刘甫澄先生湘年谱》，台北商务印书馆 1981 年版，第 35 页。

② 卢作孚：《全馆大事记》，成都市立通俗教育馆编《成都市市立通俗教育馆周年报告》，成都市立通俗教育馆 1926 年版，《大事记》第 8 页。

③ 同上书，第 9 页。

业，本馆特为开欢迎会。敦请贝爱理教士讲演学校与社会之关系，方叔轩君讲演教学与游戏，张心如君讲演学校卫生，本馆音乐部叶主任伯和讲演小学校之乐歌，博物部郑主任璧成讲演学校博物馆，图书部穆主任耀枢讲演学校图书馆，而间以中西音乐之演奏。会毕，在电影室观演电影，影片借自华西大学，并由华西大学副校长苏道璞翻译。

卢作孚后来还回忆说①：

那次会，凡成都所有的教育专家，都被邀参加了，有八个讲演，七个娱乐节目，每个讲演之后，都配上一个娱乐节目。各教育专家所讲的都是具体问题，如：1. 教育原理，2. 教学方法，3. 训导方法，4. 学校图书馆，5. 学校博物馆，6. 体育与卫生，7. 音乐，8. 一般管理。对于每一个问题，“都是由每一个问题的专家讲演，娱乐也与所讲的内容性质有相当的配合。如讲音乐，便演奏乐歌；讲体育，便表演有关运动的游戏；最末由华西大学教授苏道朴（璞）氏放映了一部教育影片，当时大家情绪非常热烈，是极其富有意义的。

7月14日　杨森部与反杨森各军和议破裂②，以袁祖铭任川黔联军总司令，邓锡侯任前敌总指挥，刘湘为幕后指挥的倒杨联军，下达向杨森部攻击的总动员令。

7月上中旬　卢作孚、郑璧成、耿布诚等在成都通俗教育馆莲花池畔商议造小轮船航行遂宁、合川、重庆之间，卢作孚好友、民生公司创办人之一耿布诚在1932年6月21日回顾往事时说③：

民生公司之种因，在作孚去成都通俗教育馆时。时在旧历五月，（卢）作孚、（郑）璧成、（耿）布诚们在馆内莲花池畔。当时悬拟之规模很小，只想造小汽船，航行遂宁、合川、重庆之间。

［按］卢作孚和他的一班朋友在主办成都市立教育馆的过程中，尽管办得有声有色，但是也遇到非常大的阻力，这种阻力有来自社会的，也有

① 卢作孚：《如何彻底改革教育》，《嘉陵江日报》1948年2月22日，第2版

② 周开庆：《民国川事纪要》（1911—1936），台北四川文献研究社1974年版，第323页。

③ 《谈话会（三）旧话》，《新世界》第14期，1933年1月16日，第52页。

来自成都地方军政当局的，尤其是主管市政事务的市政督办王缵绪（治易）。王缵绪听信谗言，怀疑卢作孚经济上有问题，专门派人进行稽查，结果“全部账目有物有据，分毫不差”。原来，在成都市立通俗教育馆筹备期间，卢作孚为保证不出差错，“每晚必审核财务收支”[①]，此时竟然发生了作用。无端遭人诽谤怀疑，使卢作孚原来依附军阀创造事业的幻想，彻底破灭，于是提出辞职要求。此时正是川江航业发展风起云涌的时候，卢作孚等人经过调查，考虑在尚无人涉足的渝合一线一试身手。《民生简史》也载：卢作孚在成都办通俗教育馆时，曾“同朋辈讨论举办航业，并曾正式会议进行办法。”[②] 概而言之，卢作孚创办经营航业的想法，在杨森兵败之前已经形成，且具坚定决心。

7 月 31 日　川军各部在重庆组成联军，共同倒杨，并推袁祖铭为总司令，分路反攻。杨森部师长王缵绪通电，叛杨附刘，使杨军全线动摇[③]。

7 月　（一）成都市立通俗教育馆博物部增加卫生馆、武器馆，博物馆原有各陈列室亦皆改称为馆，实业类各陈列室改名为工业馆、农业馆、模型馆[④]。

8 月 4 日　倒杨联军向杨森部发起全线总攻，杨森所部纷纷叛离。

8 月初　在成都市市立通俗教育馆开馆一周年的时候，卢作孚与馆中各部门负责人，对于一年的工作进行了总结，并由当时博物部主任郑璧成负责把一年中所有的成绩汇编为周年报告。不久卢作孚离职，周年报告暂时没有付印，后来到本年 12 月林恕继任馆长后，在原有周年报告的基础上加以增补，编为《成都市市立通俗教育馆周年报告》。

8 月 9 日　（一）杨森下令所部施行总退却，邓锡侯、田颂尧、刘文辉等部进驻成都[⑤]。（二）杨森战败退出成都，卢作孚深刻感受到“纷乱

---

① 卢尔勤、卢子英：《回忆卢作孚片断》，《重庆文史资料》第 10 辑，1981 年 5 月，第 150 页。

② 佚名：《民生简史》（上），《民生实业公司简讯》第 1036 期，1950 年 7 月 21 日，第 3 版。《民生实业公司简讯》前后名称不一，多次变化，而且在页面编排上有时无页码，有时称第几版，本书概以《民生实业公司简讯》为准。

③ 四川省文史研究馆编：《四川军阀史料》第 3 辑，四川人民出版社 1985 年版，第 155 页；《文史资料选辑》（全国）第 10 辑，中华书局 1981 年，第 48 页。

④ 卢作孚：《全馆大事记》，成都市立通俗教育馆编《成都市市立通俗教育馆周年报告》，成都市立通俗教育馆 1926 年版，《大事记》第 11 页。

⑤ 周开庆编著：《民国川事纪要》（1911—1936），台北四川文献研究社 1974 年版，第 326 页。

的政治不可凭依”[①]，婉拒当局的挽留，决心辞去通俗教育馆馆长职。卢作孚后来回忆说[②]：

> 透过杨子惠的关系办通俗教育馆，想在合川办试验市，北碚办试验村。这时候我的思想受罗素的影响很大，又感觉到办教育的人不可靠。你们一班人一下办教育，一下一个电报又去做官了，因此才发起筹办民生公司。

［按］实业家吴晋航也曾回忆说：“在杨森任四川督理时，他（卢作孚）做过成都市通俗教育馆馆长；工作虽有成绩，却因设备费很多，为人中伤，负气辞职，回合川原籍。”[③] 卢作孚后来把办理成都市立通俗教育馆看成他创造现代集团生活的第一个试验。他说[④]：

> 我们在成都创办了一个通俗教育馆。一个通俗教育馆本是一桩很寻常的事业，然而曾经借这试作一种新的集团生活的试验，颇引当时在成都各界朋友的兴趣，无论其为有智识的或无智识的，无论其为头脑很新的，或头脑很旧的，这却是空前未有的活动，而证明是成功的。通俗教育馆的内容是：一个博物馆，中间分为自然陈列馆、历史陈列馆、农业陈列馆、工业陈列馆、教育陈列馆、卫生陈列馆、武器陈列馆、金石陈列馆；一个图书馆中有成人图书馆、儿童图书馆；一个公共运动场中有足球、篮球、排球、网球、田赛、径赛等各种场所和设备；一个音乐演奏室中有中西音乐及京川剧演唱之组织；一个动物园；一个游艺场。所有这些设备都穿插在一些花园当中。花园各依地段异其布置，或为草坪，或为花坛，或为竹树，或为池塘，或为山丘，或为溪流。这些都是寻常的事。我们常这样说：不盼望人看我们做出来摆在地上或摆在屋里的成绩，而盼望人看我们做，看我们如何做。所有全馆的人员常常夜以继日，常常要求工作有变化，要求艺术，要求正确，要求迅速，要求集中成都各界的人们到最多的时候。

---

① 卢作孚：《建设中国的困难及其必循的道路》，载《大公报》1934年8月8日，第3版。

② 欧阳平记录：《卢作孚检讨》，交通部长江航务管理局档案中心藏。

③ 吴晋航：《民生公司概述》，《文史资料选辑》第12辑（合订版），中国文史出版社2000年版，第88页。

④ 卢作孚：《中国的建设问题与人的训练》，生活书店1935年版，第54—57页。

尤其利用机会集中人群至每日以数万计。只要这个月你到过通俗教育馆，下一个月你再到，便觉得有些不同了，乃至于这一周你到过通俗教育馆，下一周你再到便觉得有些不同了，乃至于今晚闭馆的时候你到过通俗教育馆，明晨你再到，便觉得有些不同了。我们以一天改换了新的桥梁，以一夜改换了十个陈列馆的陈列品，以几天堆了一座山，以十几天完成了一座房屋。馆里的职员以至于泥、木、石工人常常这样紧张的工作着，要求工作表现能够吸引而且集中了成都市的人，尤其是在一个节令以前的布置，是要几个白天夜晚不睡觉的。职员之用尽全力于通俗教育馆，忘却了他们自己还不算稀奇。那许多泥、木、石工人继续工作一年有余，直视馆里如家庭，虽然外间待遇比馆里加高了，亦不忍离去，可见他们浓厚的感情。博物馆里常常开古物博览会、中国画展览会、革命史展览会等，运动场常常开运动会、球类比赛、脚踏车比赛、团体操表演，音乐演奏室常常开中西乐演奏会，游艺场常常演新剧、川剧、京剧、幻术，常常为卫生运动、教育运动而公开地放电影，花园里每年必开菊花会。这样一来不仅把成都游览的人集中了，尤其将成都各方面的人才集中了。为了轮船、火车、机器的模型、池中喷水而集中了机器工程师，为了建筑房屋、道路、桥梁、堤岸而集中了建筑和土木工程师，为了运动会及运动指导而集中了体育专家，为了音乐演奏而集中了西乐、中乐专家，为了游艺会而集中了川剧、京剧的票友和新剧的演员，为了展览古物而集中了古物专家，为了展览图书集中了美术专家，为了园艺集中了农业专家、集中了花园的主人和工人，为了卫生运动尤其是普遍种痘集中了中外医生，为了饲养动物集中了兽医，几乎凡在成都的朋友有一技之长的，都被我们集中了。常常在集合他们开会，集合他们工作，集合他们表演。这是一个集团生活的试验，亦是一个集团生活的运动。虽然因为事业是寄托在政治上，不能造起生活的相互倚赖关系。又因为时间短促，只有一年又半，未见得确立了新的道德条件。然而已有了强烈的比赛标准，完全在穿的、吃的、房屋、财产乃至于结婚、上寿、开奠之外，使各种集中的人才在社会上有充分的表现。集中了社会上多数人们的欣赏，取得了多数人们的喝彩。许多认识和一向不认识的、有一技之长的，都兴高采烈地愿趋赴这成都向来没有的比赛。任何时候到过通俗教育馆的人们，都对这一新的公共事业发出了深厚的感情；这新的集团生活的试验证明了是可以成功的，而且三个条件只须有了比赛标准一个条件，时间只须一年又半。

8月下旬　卢作孚与彭瑞青（成）等游青城山。之后，从遂宁乘木船下行，沿河测量水深，作造船的准备。耿布诚后来回顾说[①]：

> 议决，作孚、瑞青（成）于游青城山后，由遂宁坐木船下流，沿河测水深浅，以便酌定汽船容积，此旧历七月间事也。乃结果由遂宁至合，河水过浅，航行艰难，于是遂合航线，作为罢论，专注意于渝合间航（行）之计划。

8月　回合川后，卢作孚广泛联络朋友，进行公司的筹备。卢作孚回忆当时的情况时说[②]：

> 许多长辈和朋辈见着这几位不容易回到乡里的人，都有深厚的情感，必得从‘请吃饭’表现出来。甲当了早饭的主人，乙又当了午饭的主人，丙又当了夜饭的主人。当我们离开甲家便到乙家，离开乙家便到丙家，废时利用，便讨论起事业来了。如果资本积得起来的话，我们应得造一只小船走重庆合川间，或办一个工厂在合川城内外。

在此前后，卢作孚写下《两市村之建设》，提出开发合川和嘉陵江三峡的设想。内容主要有：一、建设合川县城南岸市村，以实业经营为基础发展社会事业，并由市街扩展到附近乡村；二、经营嘉陵江三峡地区林矿业，并从自治、教育、经济、游览等方面经营和建设峡区村落[③]。卢作孚局部改造的思想得到进一步的具体化。

10月11日　本日为旧历八月二十四日，民生公司筹备会在合川通俗教育馆和陈家花园举行，到会者有卢作孚、陈伯遵、刘勃然、陈念孙、周尚琼、黄云龙、彭瑞成、赵瑞清、余文舫、张程远、卢志林、刘润生等人，多为卢作孚同学、好友、地方商贾和当地知名人士，公推卢作孚为筹备主任。会议议定创设民生公司，暂定股本为5万元，每股500元，分4次缴纳，由各发起人分头劝募，张程远为出纳，彭瑞成协助张程远在合川

---

① 《谈话会（三）旧话》，《新世界》第14期，1933年1月16日，第52页。

② 卢作孚：《本公司是怎样筹备起来的》，《新世界》第56期，1934年10月15日，第1页。

③ 卢作孚：《两市村之建设》，人生社1925年版，第34页。说明：该文收录在人生社《人生小丛书》之内，列第四种，原文无刊印时间，据各种资料印证当在1925年。

收款以及筹备公司的成立；卢作孚、黄云龙担任造船。筹备员赴申旅费，由陈伯遵垫付银洋 200 元[①]。一切筹备人员，一概不支月薪，包括第一次到上海购船的旅费也由个人垫支。公司筹备办事处设在合川药王庙旧址[②]。这次筹备会标志着民生公司艰苦创业的正式开始，后来，这一天被定为民生公司成立纪念日。后来卢作孚回忆说[③]：

> （当时）认为造小船比较容易些，于是乎就在那年的今天开了一个筹备会，组织了一个公司，推定了几个筹备人，一个筹备主任，决造一只小船，写了十几位发起人，八千多块钱股本，于是我们就开始筹备去了。陈先生伯遵担任收款，我和黄君云龙、赵君瑞清担任造船。

会后，卢作孚等人第一步的工作是到重庆调查一切轮船，第二步的工作是到上海调查一切机器，订购轮船。此时卢作孚等人的目的，“只在办一航行合渝之小船，与在合川办一电灯厂”。[④] 就公司发起人和股东而言，“以合川为最多，其投资大半为了朋友关系，而非为了事业关系；并非有了认识，而是为了尝试”。[⑤] 如陈伯遵原是卢作孚的老师，此时担任合川县教育局长。不久当过合川知县的郑东琴也弃政从商，加入刚刚筹备成立的民生公司。合川当时是川军二十八军邓锡侯所部师长陈鼎勋（书农）的防区，而卢作孚通过郑东琴等地方势力，争取到了川军第二十八军军长邓锡侯部第 3 师师长陈鼎勋（书农）的支持并投资[⑥]。不过募集的结果，收到的只有 8000 元左右。

10 月 25 日　（一）在“少年中国学会改组委员会调查表”的“对于目前内忧外患交迫的中国究抱何种主义”一栏中，卢作孚所填为：“1、彻底的改造教育，以‘青年的行为’为教育中心；2、以教育方法训练民

---

① 《民生公司大事记》，《新世界》第 65 期，1935 年 3 月 1 日，第 89 页；民生实业公司十一周年纪念刊编辑委员会编：《民生实业公司十一周年纪念刊》，中华书局 1937 年版，第 195 页；佚名：《民生简史》（上），《民生实业公司简讯》第 1036 期，1950 年 7 月 21 日，第 3 版。

② 陈雨生：《电灯自来水厂史略》，《新世界》第 1 期，1932 年 7 月 12 日，第 15 页。

③ 卢作孚：《本公司是怎样筹备起来的》，《新世界》第 56 期，1934 年 10 月 15 日，第 1—3 页。

④ 《民生简史》（上），《民生实业公司简讯》第 1036 期，1950 年 7 月 21 日，第 3 版。

⑤ 卢作孚：《一桩惨淡经营的事业——民生实业公司》，民生公司 1943 年 9 月印，第 3、4 页。

⑥ 周永林等主编：《卢作孚追思录》，重庆出版社 2001 年，第 189 页；《九周年纪念各轮开会纪念汇志》，《新世界》第 56 期，1934 年 10 月 16 日，第 70 页。

众，为种种组织、种种经营，以改革政治，绝不利用已成之一部分势力推倒他一部分势力，但谋所以全融化之或全消灭之；3、以政治手腕逐渐限制资本之赢利及产业之继承，并提高工作之待遇，减少其时间，增加工作之人，直到凡人皆必工作而后已。”在“入会以后的简单经历”一栏的“学业”一目中，卢作孚所填为“研究心理学及社会学”①。（二）大约在此前后，卢作孚阅读和研究了严复翻译的《群学肄言》等社会学著作。卢作孚后来说：“记得十几年前读严复译的《群学肄言》，当中有一版，记述一个外国人到伦敦去住了三天，就认为了解了伦敦，要想写一本伦敦的书。但提笔的时候，觉得还有些问题未弄明了。又住了一星期，觉得不明了的问题还多。再住一个月，觉得问题更多。等到了三个月之后，他说：我这本伦敦的书写不出来了。所以必须有较长久的时间，了解才能越深切。”②（三）杨森乘船东下抵达万县，其所部大部分被刘湘收编。杨森统一全川之战失败的重要原因，是与他两度同学并担任主力第一师师长的王缵绪在关键时刻倒戈。杨森后来总结四川军阀混战频繁的原因说：“盖川中将领，昔日大都为同学或同僚，故官阶虽有高下，而心理上毫无服从隶属之意。在上者不能以纪律制裁其部属，苟军规稍严，则他人竟谋以重利以诱之背叛。”③

10月27日　吴佩孚以十四省讨贼联军总司令名义，任命逃到湖北宜昌的杨森为四川讨贼联军总司令。四川日甚一日的军阀混战对长江上游工商业和川江航业造成极为不利的严重影响，有记载称：“（重庆）内港航业，并无厚利可图，其故半由内地贸易之不振。缘重庆内地贸易，大抵由此种船只担任运输。而当军兴之际，军队纷纷调防，俱由水道进行，商民受惊裹足不前，而客货无从招揽。”④

本年冬　（一）为订造轮船，卢作孚在上海奔波了两个月，以8000元在上海订造小轮1只，并购买了建设电厂所需要的电机电料。卢作孚后来回忆说⑤：

---

① 张允侯：《五四时期的社团》（一），生活·读书·新知三联书店1979年版，第522—523页。

② 《在北碚祖饯席上·卢作孚先生讲词》（1944年10月1日），《嘉陵江日报》1944年10月13日。

③ 胡先骕：《蜀游杂感》，《独立评论》第70号，1933年10月1日，第16页。

④ 聂宝璋、朱荫贵编：《中国近代航运史资料》第2辑，中国社会科学出版社2002年版，第1258页

⑤ 卢作孚：《本公司是怎样筹备起来的》，《新世界》第56期，1934年10月15日，第1页。

我们的第一步工作是到重庆调查一切轮船，第二步工作是到上海调查一切机器，接洽九个船厂，然而愈考虑愈困难，直困难到没有胆子订造了。然而无奈，合川股本已经收得八千多元，而且已经汇到上海，则只好惹祸订约，议妥船价全部二万四千五百两，约合三万五千元。又以合川很有安设电灯的需要，决买一部小小的油引擎和发电机试办试办。电机电料去了五千多元，轮船却仅仅交了二千多元。

[按] 据郑东琴回忆，当时卢作孚以船价3万5千元，而两万元的股款尚难收齐，颇感棘手，但公司筹组工作已经大张旗鼓地展开，已经收到股款8000元汇沪，欲罢不能。在此情况下，卢作孚"依然决定先交付造船厂定金，并办妥签约手续，俟返回合川，再行设法增加股本来解决此事。"[①] 还有记载说："当卢（作孚）君赴申时，有多数股东疑此事之难成，相率观望。卢君称贷，毅然就道。去数月而船未至，益增其疑，甚有已缴股本，极（急）觅转让者。"[②] 就是在这种路费自垫、股款无着、众人迟疑、举债维艰的情况下，卢作孚毅然与上海合兴造船厂订约建造民生公司第1艘轮船，并通过某洋行订购了德国Bentz（奔驰）厂出品的一对重量较轻的90匹柴油引擎。在上海订造轮船期间，恽代英从广州到上海，曾在卢作孚住宿处倾谈3个晚上，旨在争取卢作孚到广东共事。因为经营的事业已经有了一点头绪，不忍半途而废，卢作孚没有到广东，而是让卢子英前往。卢子英到广东后入黄埔军校第四期，他在军校学习期间，得到恽代英许多照顾[③]。

（二）江北唐建章、合川李佐臣等发起组织北川铁路公司，在重庆设立办事处，聘刘静之负责工程测绘，旋聘丹麦人守尔慈、唐瑞五为正副工程师[④]。

12月1日　卢作孚应邀为即将付印的《成都市市立通俗教育馆周年报告》写序，谓[⑤]：

---

① 周永林、凌耀伦主编：《卢作孚追思录》，重庆出版社2001年版，第175页。

② 陈雨生：《电灯自来水厂史略》，《新世界》第1期，1932年7月12日，第16页。

③ 卢国纪：《我的父亲卢作孚》，四川人民出版社1984年版，第65页。

④ 民生实业公司十一周年纪念刊编辑委员会编：《民生实业公司十一周年纪念刊》，中华书局1937年版，第159页。

⑤ 成都市立通俗教育馆编：《成都市市立通俗教育馆周年报告》（1926年）。

吾于吾馆周年报告稿成付梓，窃深有感焉。杨前军务督办子惠，于为政必重教育、实业、交通、市政四端，尤以社会教育为今日当务之急。曩在泸以九师师长兼永宁道尹，则倡办通俗教育会。去年到成都兼慑民政，于议成都市政建设时，复首提出通俗教育馆。思两度皆于役其间，扶植指导，固赖王前市政督办治易及热心社会教育事业诸君子之力，而拨款捐金，无所迟回，晨夕顾复，问其所欲施，告以所宜察，勤勤焉惟恐有未至者，则杨前督办尤可感已。盖既去犹系人思，在军事上反对之者，在建设上则固称许之。于是可知有力者非无坦途可循，最后成功，自有在也。彼徒相追逐于覆甲败乙，以求幸有成者，安见其终有成耶？终自覆败已耳！

抑又思事业贵在倡始，而草创之后尤当有以发扬光大之。曩在泸题图书馆之壁曰："但愿馆之前途，不悲凭吊，而侈崇闳。"今亦将持此以祝吾馆也。

12月6日　四川军务善后督办、川康边务督办刘湘，四川省省长兼四川边防军总司令赖心辉，川黔边务督办袁祖铭，帮办四川军务善后事宜刘文辉，四川清乡督办邓锡侯，四川西北屯垦总司令田颂尧，西康屯垦使刘成勋等，在成都召开由士绅及工商界人士170余人参加的四川善后会议。之后，刘湘军政集团在四川各派军政势力中的优势地位逐渐显现。

1926年（民国十五年）33岁

1月　民生公司在上海订购的柴油引擎电机运抵合川，公司聘请杨月衢、韩祺祥为机器负责人，负责安装机器，建立电厂，厂址附设在药王庙民生公司筹备办事处①，此时全公司有14个人②。卢作孚说③：

开始安设电机，正式成立公司了，才租了小小的药王庙。

［按］资料载："公司事业，始于电气，而增至航运、机器、染织、投资、代办诸业。"④

2月　民生公司合川县药王庙电厂初步建成⑤。

2月25日　为对付袁祖铭部黔军，刘湘与杨森再次联手合作，本日杨森由湖北返川，在万县设立川黔湘鄂讨贼联军四川第1路军总司令部，召集驻扎在上川东的郭汝栋、白驹、吴行光、周晓岚、范绍增、杨汉域等旧部。

3月底　杨森旧部陆续抵达万县，人枪达7万，防区范围有15个县，开办万县讲武堂，军威大震⑥。

3月　（一）民生公司电厂试验发电以及电灯照明⑦。（二）民生实业公司在合川成立事务所，卢作孚任经理。卢作孚回忆事务所初创时公司的

---

① 陈雨生：《电灯自来水厂史略》，《新世界》第1期，1932年7月12日，第15页。

② 民生实业公司十一周年纪念刊编辑委员会编：《民生实业公司十一周年纪念刊》，中华书局1937年版，第171页。

③ 卢作孚：《本公司是怎样筹备起来的》，《新世界》第56期，1934年10月15日，第2页。

④ 民生实业公司十一周年纪念刊编辑委员会编：《民生实业公司十一周年纪念刊》，中华书局1937年版，第189页。

⑤ 卢作孚：《本公司历年营业进展概述》，《新世界》第20期，1933年4月16日，第46页。

⑥ 匡珊吉、杨光彦主编：《四川军阀史》，四川人民出版社1991年版，第175页。

⑦ 陈雨生：《电灯自来水厂史略》，《新世界》第1期，1932年7月12日，第15页。

情形说：当时“租了小小的药王庙，前殿是电厂，后殿是办公室。虽然狭陋，却严定了工作的纪律。自早至晚都要求紧张地工作着，这在合川县城算是造起新纪录了。”①

［按］此时，民生实业公司使用的信封上的标示公司航业部、碾米部、电灯部、自来水部分别经营相关4大业务②，其中除航业部从事航业外，其他3个部分俱为岸上事业，表明初创的民生实业公司十分注重岸上事业。

4月　民生实业公司成立电灯部③，合川电厂同月正式发电并营业。电厂所发电力，可供500盏电灯照明，16支光灯每月租费1元2角。资料载④：

> 民十四年，卢作孚先生由省返县，倡办民生公司，开筹备会于合川通俗教育馆及陈家花园。事成，卢君任经理，偕赵君瑞清于是年赴申，订造民生船于合兴厂，并购电机（柴油引擎）于某某洋行。是时公司设办事处于药王庙旧址，是为总所。次年正月，电机抵合，厂址即附焉。初聘杨月衢、韩祺祥为机器负责人，安装工竣，于是年三月试行，四月正式营业16支光灯，定为每月租费1元2角。

5月21—23日　21日黔军袁祖铭部退出重庆，在川军追击下，返回贵州。23日刘湘、杨森部重占重庆，驱袁战争结束⑤。

5月　（一）负责合川电厂的杨、韩两人因事他去，继任者为华阳刘德经。此时虽然电厂电力可以供应500盏电灯用电，但用户不甚踊跃。资料载⑥：

> 是年（1926年）5月，杨、韩二君因事它去，继其任者为华阳刘德经。营业之初，县人囿于积习，复昧于电灯利益，率不愿租灯，

① 卢作孚：《本公司是怎样筹备起来》，《新世界》第56期，1934年10月15日，第2页。

② 亦闻：《民生公司初期的四大业务——民生掌故之一》，《民生实业公司简讯》第1036期，1950年7月21日，第3版。

③ 佚名：《民生简史》（上），《民生实业公司简讯》第1036期，1950年7月21日，第3版。

④ 陈雨生：《电灯自来水厂史略》，《新世界》第1期，1932年7月12日，第15页。

⑤ 周开庆编著：《民国川事纪要》（1911—1936），台北四川文献研究社1974年版，第334页。

⑥ 陈雨生：《电灯自来水厂史略》，《新世界》第1期，1932年7月12日，第15页。

虽经陶建中、姜石礁诸君之极力劝导，然以十启罗瓦特之机器，仅燃16支光灯百余盏，可谓惨淡经营矣。是时公司收入，仅恃每月灯租百余元。幸于开支，极力撙节，尚无不足之感。

（二）民生公司第一艘轮船在上海建造完成。由于投资者踌躇观望，不愿如数缴纳股金，上海方面甚至延期交船，卢作孚只好先借款解决船款及回川沿途所需费用。卢作孚说①：

（由于原来答应出资的投资人心存观望）要等轮船到了，看看再说，因此只好向外借钱。这时多亏得陈先生伯遵大胆借了七八千元，郑先生礼堂（县中士绅）大胆借了几千元，才得依期交款，直到轮船造成回来。

［按］该船即民生轮，动力选用德国造道奇主机，双机功率达180马力，转速360转/分钟，载重70吨，船长75英尺，宽14英尺，深5英尺，吃水较浅，专任客运。以借款方式凑足船价款项后，卢作孚派彭瑞成、周尚琼赴上海办理付款、接收手续，并与卢子英一道，护送轮船回渝。卢作孚后来还说，在民生公司的初期，陈伯遵先生是“最得力的一位朋友”，他“在民生公司经济的撑持上加了最大的力量”②。

6月初　卢子英、彭瑞成等人率领民生轮离沪。当民生轮驶抵湖北省境时恰遇江水猛涨，且在城陵矶下游东湾小镇附近和沙市下游两次遭遇江湖惯匪，两次都凭借船上早有准备而脱险③。

6月6日　刘湘自成都赴渝，将川康边防督办与四川善后督办两署迁重庆，成都秩序则交帮办刘文辉维持，杨森仍驻万县。

6月10日　民生轮即将驶回，投入营运，人员安排、工资薪给、招揽客源等成为必须解决的问题。在这种情况下，民生公司在重庆举行了一个发起人和投资人的会议。可能在诸多问题上难以达成一致意见，于是，卢作孚自行负起责任，正式担任民生公司总经理，并任命陈伯遵和黄云龙为协理。后来卢作孚回忆④：

---

① 卢作孚：《本公司是怎样筹备起来的》，《新世界》第56期，1934年10月15日，第2页。

② 《民生公司八周年纪念大会记录》，《新世界》第32期，1933年10月16日，第11页。

③ 卢尔勤、卢子英：《回忆卢作孚片断》，《重庆文史资料》第10辑，1981年5月，第152页。

④ 卢作孚：《一桩惨淡经营的事业——民生实业公司》，1943年10月刊单行本，第4—5页。

为了证明发起人的几位同仁的要求，不在利益，而在事业，所以自行负起主持事业的责任，任总经理；一位幼时的老师陈伯遵先生，及一位同学黄云龙君任协理，彭瑞成君、陶建中君分担事业各部分的责任，报酬都定得非常低，低到总经理月薪不过三十元，协理月薪不过15元，待遇较高的到（倒）是船员，而非公司负责的人员。

［按］不少回忆说1926年6月10日民生公司在重庆举行创立会宣告成立，《民生实业公司十一周年纪念刊》中的《本公司大事纪略》中也载1926年6月10日公司在重庆开创立会，并由各股东讨论通过公司章程草案，选举公司董事监察人等，惟当选董事中张嘉璈居然赫然在列，显然不符合事实。因为卢作孚与张嘉璈相识，是1931年“九一八”事变之后杜重远到上海和重庆之后居中联络促成的，1926年6月张嘉璈就成为民生公司董事是完全不可能的。谜底在台湾台北“中央研究院”近代史研究所档案馆藏1934年1月民生公司办理登记注册的文件。在这些文件中，确实有一份《照抄民生实业股份有限公司创立会决议录》，内载创立会于1926年6月10日在重庆举行，列名其中的公司董事有17人，包括张嘉璈、连雅各、郑璧成等人，显然，这不是1926年6月10日开会的记录，而是专门为办理登记而特意准备的材料。就相关记载看，当时不少承诺出资的投资人心存观望，并没有真正出资。尽管如此，合川的电水厂开始营运，船也已经造好即将驶抵重庆，在这种情况下，公司在组织上做一些适当的安排乃在情理之中。总之，在1926年6月上旬公司曾经举行了正式的或非正式的会议，决定了公司的人士组织和分工，也并非完全是毫无根据。尤其是公司开始给职员全员发放工资，1926年6月初应当是一个重要的起点，这在民生公司史上，仍是一个重要的时间点。至于公司章程、宗旨，等等，此时尚没有正式的决定，正所谓“其始也简”。这次不成功的会议，后被认为是民生公司第一届股东大会和成立会①。

6月中旬　卢作孚与卢魁杰到宜昌接船，下旬民生轮才到达宜昌。由于公司所借船价款归还时间紧促，急需民生轮尽快驶回投入运营，以减缓负债压力。但是洪水虽然稍有消退，但对于民生轮这样的小轮船而言，上驶依然十分危险。在宜昌等待民生轮上驶的过程中，卢作孚为民生公司制定了管理办法和发展规划，并为公司轮船运输业设计了以蛾嵋金顶背景、

① 民生实业公司十一周年纪念刊编辑委员会编：《民生实业公司十一周年纪念刊》，中华书局1937年版，第195—196页。

民生轮船航行于长江三峡的宣传画。宣传画向全体职工也向全社会昭示出民生公司轮船客货服务的要求和承诺——“安全、迅速、舒适、清洁”[①]。

6月16日　中华职业教育社与东南大学农科、中华教育改进社、中华平民教育促进会合组江苏昆山徐公桥乡村改进试验区，进行乡村改进实验。该实验成为后来“乡村建设”运动的嚆失。徐公桥乡村改进试验区是黄炎培亲自指导创办并取得相当成效的乡村改造试验区，黄炎培为该试验区制定了“以教育为先导，以经济为主体，以社会改进为目标”的试验方针[②]。

7月中旬　长时间的等待使卢作孚无法继续忍受，他召集船上引水和轮机人员仔细研究上驶的方案，并说明公司当前情形，取得大家的支持，决定冒险入川。同时与海关交涉，获特许开行。卢作孚后来回忆宜昌接船的情形说[③]：

> 在最枯燥的轮船上整整等了一个多月，水才退到三十呎三吋。人都认为危险，我们却以领江的保证，决心生死与俱地开了回来。

民生轮第一任船上经理陶建中后来也回忆[④]：

> 民生船因上海交船延期，追上行到宜昌时，水已大涨，海关以船小水大，不准放行。此时公司方面，因（一）已认股者要船到才缴；（二）船如迟到，水退，则营业吃亏之故，望船眼穿。作孚乃征求领江意见，认为可以开行。如遇水涨，沿途可以停待。遂向海关交涉，特许开行，时宜昌水码，三十呎零三吋也。
>
> 航行至泄滩[⑤]，因船小滩高，领江领船深入洄水，冀其借洄水之力，易于冲上，乃逼近石头五尺矣，舵忽不灵。此时领江无计，顿脚太息，作孚于皇急中，奔至机舱，令开倒车，大有“羞见江东父老”

---

① 卢国纪：《我的父亲卢作孚》，四川人民出版社2003年版，第67页；周永林、凌耀伦主编：《卢作孚追思录》，重庆出版社2001年版，第27页。

② 朱宗震、陈伟忠主编：《黄炎培研究文集》（一），四川人民出版社1997年版，第316页。

③ 卢作孚：《本公司是怎样筹备起来的》，《新世界》第56期，1934年10月15日，第2页。

④ 《谈话会（三）旧话》，《新世界》第14期，1933年1月16日，第53页。

⑤ 长江三峡险滩众多，其中最险者为新滩（又名青滩）、泄滩、崆岭，当地谚语云：“新滩泄滩不算滩，崆岭才是鬼门关。”

之概。在此千钧一发中，突见一个炮花，抬船转入流水，抛过北岸。但因水流太急，船开满车，犹难撑持，水手曾宗应力持钢绳，跳入河心，全船人为之惊异。注视，知准备绞滩矣。当时全船大喜，疑有天助。于是停泊，相与欢庆。民生公司之成败，系此须臾，此时作孚之喜，不言可知矣。

［按］此前杨森在万县邀请卢作孚担任万县市政佐办，被卢作孚婉言谢绝。卢作孚在接船经过万县时，杨森再次邀请卢作孚留下，卢作孚再次婉言谢绝。虽然谢绝了杨森的聘任，但是在轮船泊万县之夜，卢作孚还是为杨森草拟了万县城市建设规划，并在轮船离开万县前寄出。

7月23日　（一）卢作孚率民生轮从重庆起航驶抵合川①，随即任命陶建中为该轮第一任经理，兼办重庆岸上的事②，这一天通常也被视为民生公司轮船正式航行渝合航线的日子。卢作孚后来说③：

民生公司初办的时候，总共只有几十吨的轮船，大家以为开玩笑。

7月26日　中共中央派朱德以中国国民党中央特派员身份到杨森部工作。本日，朱德从上海启程，前往四川万县杨森驻地。④

夏　李大钊应杨森请求，派陈毅到杨森部工作，协助改造部队⑤。

8月1日　重庆商埠督办公署正式办公。

［按］本年6月刘湘决定恢复重庆商埠督办公署，任命二十一军第三十三师师长潘文华任重庆商埠督办公署督办。7月19日潘文华接督办公署督办职，至此正式办公，是重庆市建制上的重要事件。

8月初　民生轮正式开始渝合线航行，隔日一往返。

［按］民生轮虽然只有70吨，但是船身为铁壳，比较安全⑥。特别是

---

① 魏文翰：《民生实业公司在川江》，《中国航业》第2卷第2期，1942年2月，第8页。

② 卢作孚：《本公司是怎样筹备起来的》，《新世界》第56期，1934年10月15日，第2页。

③ 卢作孚：《我总是希望大家继续为国家为公司努力》，《新世界》第13卷第2、3、4期合刊，1938年10月31日。

④ 中共中央文献研究室编：《朱德年谱》（上册），中央文献出版社2006年版，第70页。

⑤ 刘树发主编：《陈毅年谱》（上卷），人民出版社1995年版，第81页；四川省文史研究馆编：《四川军阀史料》第4辑，四川人民出版社1987年版，第33页。

⑥ 周开庆：《卢作孚传记》，台北川康渝文物馆1987年版，第7页。

卢作孚在管理上锐意革新，“船上不用买办（包办）制，而设事务经理”①。在此基础上，后来民生公司在管理上逐步形成了由公司统一任用船上人员、统一船上财务、统一船上油料核发、船长统一管理船上事务的“四统制”，建立了科学的轮船管理制度，所以经营业绩相当好。卢作孚回忆此时公司情形时也说②：

> 当着轮船开行以后，客票收入相当盛旺，股东缴款亦因而相当踊跃，股额五万，二三月内，完全收足，于是决计加募股额五万，加订吃水更浅的小轮一只，以期先健全重庆合川线，使每日有轮船往返。

8月11日　朱德抵达万县，受到杨森款待，被授予行营参谋兼第九师代理师长空衔。③

8月13日　刘湘、赖心辉、刘文辉、刘成勋等，联名通电讨吴佩孚。

8月14日　杨森在万县就任吴佩孚委任的四川省长职。④

8月25日　陈毅抵达万县杨森的司令部，并递上李大钊的介绍信。⑤

8月26日　朱德与陈毅会面，两人决定共同做杨森的工作。⑥

8月29日　英国太古公司商船“万流”轮在长江上游四川云阳境内浪沉杨森所部木船三只，造成该部官兵56人死亡，枪弹、盐款损失若干的海损事件。⑦

8月30日　杨森接受朱德、陈毅建议，派兵扣留当天抵达万县的英国太古公司商轮“万县”轮和“万通”轮。⑧

9月5日　3艘英国军舰炮轰万县沿江两岸街道，造成千余人伤亡，2000余店铺和民居被毁的严重事件，史称万县惨案⑨。

9月23日　杨森在北京政府的压力下下令发还所扣英轮。

---

① 佚名：《民生简史》（上），《民生实业公司简讯》第1036期，1950年7月21日，第3版。

② 卢作孚：《一桩惨淡经营的事业——民生实业公司》，民生公司1943年9月印，第6页。

③ 中共中央文献研究室编：《朱德年谱》（上册），中央文献出版社2006年版，第70页。

④ 同上书，第70页。

⑤ 刘树发主编：《陈毅年谱》（上卷），人民出版社1995年版，第81页。

⑥ 中共中央文献研究室编：《朱德年谱》（上册），中央文献出版社2006年版，第70页。

⑦ 中共中央文献研究室编：《朱德年谱》（上册），中央文献出版社2006年版，第71页；刘树发主编：《陈毅年谱》（上卷），人民出版社1995年版，第82页。

⑧ 中共中央文献研究室编：《朱德年谱》（上册），中央文献出版社2006年版，第71页。

⑨ 匡珊吉、杨光彦主编：《四川军阀史》，四川人民出版社1991年版，第192页。

10月24日 杨森被国民革命军总司令部委任为国民革命军第二十军军长，朱德为党代表[①]。

11月26日 赖心辉、刘成勋分别通电就任国民革命军第二十二、二十三军军长职务[②]。

11月27日 （一）国民党中央政治会议议决设立川康绥抚委员会，任命刘湘为委员兼主席[③]。此后刘湘为大规模调训他的直属部队，首先成立军事政治研究所，调训直属部队中自连长到团长的所有中下级干部。军事政治研究所第1期学员有1000余人，集训时间为期6个星期，所有的教官不支薪水，教6个星期的课，发给“舆马费”银圆50元。刘湘聘请的政治教官有两位，一位是重庆卫戍司令部顾问、川东南团务总监部处长刘航琛，主讲“不平等条约”，另一位是卢作孚。两位政治教官的课都深得学员欢迎[④]。刘湘的二十一军此后长期控制重庆为中心广大地区，而得到刘湘的重视，对于卢作孚经营民生公司和此后嘉陵江三峡乡村建设事业，都是不可或缺的重要客观条件。（二）江巴璧合四县特组峡防团练局局长胡南先、熊明甫任命陈鸿恩为峡防局教练长兼常练大队长[⑤]。

11月 （一）嘉陵江水枯，民生轮改航渝涪线，此时股本额定为5万元，仅收49049元，职员仅四五人[⑥]。

［按］对于开辟渝涪线，卢作孚后来回忆说[⑦]：

> （当时这一段航线）没有其它轮船航行，客人不如重庆合川多，但兼有货运，可以维持过冬季，同时决计加造更浅水的轮船，期于终年能够行通重庆合川一线。

（二）开辟渝涪线后，民生公司在重庆水巷子汇源栈租房一间（前后两进），设立办事处，调陶建中为办事处主任，徐晓江接任民生轮经理，

---

① 中共中央文献研究室编：《朱德年谱》（上册），中央文献出版社2006年版，第74页；周开庆：《民国刘甫澄先生湘年谱》，台北商务印书馆1981年版，第37页。

② 四川省文史研究馆编：《四川军阀史料》第4辑，四川人民出版社1987年版，第298—299页。

③ 周开庆：《民国刘甫澄先生湘年谱》，台北商务印书馆1981年版，第37页。

④ 刘航琛著：《戎幕半生》，沈云龙主编《近代中国史料丛刊》续编（489），台北文海出版社，第12—13页。

⑤ 陈鸿恩：《为呈报成立日期及就职启用图记呈》（1925年12月2日），重庆档案馆藏。

⑥ 佚名：《民生简史》（上），《民生实业公司简讯》第1036期，1950年7月21日，第3版。

⑦ 卢作孚：《本公司是怎样筹备起来的》，《新世界》第56期，1934年10月15日。

兼办涪陵岸上的事。办事处另有茶房一人，合共三人。卢作孚说[①]：

> 第一只小船“民生”的第一任经理是陶君建中，同时兼办重庆岸上的事。因为两三个月后合川水枯，民生不能行驶了，需辟涪陵航线，重庆需要人经理，才在重庆设了办事处。建中调任办事处第一任主任，徐君晓江接任民生船经理，是时兼办涪陵岸上的事。最苦算是这个时期的船上经理了！船到涪陵停在距城几里的荔枝园，经理到岸上赶场揽货，黑夜摸索回船，应付上船的客人。常常拥挤得经理没有睡觉的地方，只好坐在账房打盹。刚刚入梦，则又要检查客票，预备开船了。……
>
> 在这艰难缔造的时候，努力的朋友都有牺牲个人的决心。没有说事苦的，亦没有说钱少的，同时各方面争来拉人做事，待遇地位都远在这桩小小事业之上，却没有一个人离开这桩事业而去。

［按］关于民生轮经理徐晓江，民生公司纪念册中有《徐晓江先生事略》，谓[②]：

> 徐晓江先生，合川籍，治蚕丝业有声，公司诸友，以其和蔼精细，取予不苟，邀任民生轮船经理。民生轮初行渝合，继驶渝涪，航行所及，驻军群聚，官佐士兵，搭轮上下，应付稍不当，辄以冲突闻。先生独得各方同情，凡有维持秩序责任者，皆力助之，客尤莫不同情。先生每泊涪陵，船务整理就绪，即登陆入城，接洽旅客货商，恒深夜始返，摸索冥行，至数里许。及上船，往往客满，安排应付，忙碌通宵，求睡眠不可得，则隐几须臾而已。酷暑严寒悉如此，遂以劳瘁致疾，以（民国）十七年七月殁于合川，年三十有八。同人闻耗，恸悼异于寻常。客之乘此轮者，数年之后，每遇公司诸友，犹称道徐经理絮絮不绝于口也。

---

① 卢作孚：《本公司是怎样筹备起来的》，《新世界》第56期，1934年10月15日。

② 民生实业公司十一周年纪念刊编辑委员会编：《民生实业公司十一周年纪念刊》，中华书局1937年版，第235页。

郑璧成也说[①]：

在此艰难缔造之时，人皆有事业无权利，总经理月薪三十元，协理月薪十五元，办事处主任及船上经理月薪皆十元，董事、监察舆马费皆四元，而又须实际办事。一群事业上良友，绝不畏事苦，亦绝不计待遇，当时各方面，尤其是政治方面，争相物色人材（才），待遇与地位皆较高，却无一人忍离此事业以去者。

12月初　顺泸起义在四川各地爆发，8日刘伯承就任国民革命军川军各路总指挥。

12月中旬　江巴璧合4线特组峡防团练局局长胡南先辞职告休，推荐卢作孚继任峡防团练局局长[②]。

12月17日　刘湘通电就任国民革命军第二十一军军长[③]。

12月24日　杨森逃回万县，通令防区内施行易帜，改挂青天白日满地红旗帜[④]。

12月25日　经人推荐，陈毅前往合川县川军第二十八军第三师（称合三师）工作，被任命为该师政治部秘书。[⑤]

年末　古耕虞的公司有一批羊皮在涪州（今涪陵）要运往重庆，他找到卢作孚，要民生公司派船专程走一趟，“卢慨然应允，及时运回。在其后的交往中涉事更多，愈觉其人办事认真，很乎信用”。[⑥]

本年　卢作孚、黄云龙、周尚琼、彭瑞成等人，鉴于合川瑞山小学经费不敷，于本年决定改组学校。该校改组后，成立校董会主持学校用人筹款事务，经费方面除正常来源和向各方募捐外，不足之数，从民生公司赢余中拨付。后来卢作孚追忆说[⑦]：

---

① 民生实业公司十一周年纪念刊编辑委员会编：《民生实业公司十一周年纪念刊》，中华书局1937年版，第84—85页。

② 重庆市北碚区地方志编纂委员会编：《重庆市北碚区志》，科学技术出版社重庆分社1989年版，第539页。

③ 四川省文史研究馆编：《四川军阀史料》第4辑，四川人民出版社1987年版，第300页。

④ 匡珊吉、杨光彦主编：《四川军阀史》，四川人民出版社1991年版，第205页。

⑤ 刘树发主编：《陈毅年谱》（上卷），人民出版社1995年版，第86页。

⑥ 古耕虞：《缅怀挚友卢作孚》，《人民日报》1988年6月24日。

⑦ 卢作孚：《如何彻底改革教育》，《嘉陵江日报》1948年4月22日。

我们最初办瑞山小学时，决定要教学生自己学，费了一些时间和教师们共同拟订了一个教育计划，以凭进行。后因事到重庆去，耽搁了两礼拜回来，看着先生和学生都好像放了两周假一样，完全没有动。我惊问何故，答说是因为未排课表。我说："走时订了一个计划，那不就是课表了？"一个新的计划，教师就无法着手，因为他们从前就根本未这样实际的学习过，所以任何新的实际的工作，都不易做，不但是教育。

本年改组后，张从吾被聘为瑞山小学校长。从此，该校成为民生公司初级人才的一个重要来源。张从吾在担任瑞山小学校长时办教育很有办法，给卢作孚留下深刻印象。卢作孚曾经追忆说[①]：

每一个人都有天才，只需要教育去发展他。但是过去的教育，往往反把天才淹没了，受教育愈深，即淹没的愈深，只有小学生是活泼的。从瑞山小学一次的参观会中，发现十岁、八岁的小学生，有惊人的天才表现。那时是……张从吾先生当校长，旅行到温泉，还打算到重庆参观。由小朋友开会讨论：到重庆住甚么地方？一个民生公司协理的儿子发言了："当然住民生公司！"另一位小朋友反问他一句："你那'当然'从哪来的？我们这次旅行的目的是参观，我们是学生，首先便应参观学校，最好住在学校里。"主张住民生公司的立刻解释说："我们如住民生公司，总经理就在这里，马上便可决定。如住学校，便不是我们自己可以决定的。"另一位学生说："民生公司的总经理，也可以替我们介绍学校。"另一位建议："我们先生中间，许多是省二女师出来的学生，不如我们自己直接写信，交民生公司的轮船带了去。"一位提醒道："省二女师不应允呢？"另一位答："还可以写信给巴女中，不妨多去函洽两个学校。"于是有一个学生问："万一两个学校都谢绝，怎么办？"又一位小朋友问："万一两个学校都欢迎，又怎么办呢？"这一场很厉害的辩论，也许在我们成人的会议中，还不容易找到！

［按］后来，卢作孚又支持新任校长丁秀君为该校制定了包括教育原

---

① 卢作孚：《如何彻底改革教育》，《嘉陵江日报》1948年4月22日。

则、教育目标、师生信条、行政组织原则等一系列办学规划[①]。从此，该校成为民生公司初级人才的一个重要来源。《瑞山小学概况一览》载[②]：

> 自民十改以银为单位后，学校的经费，便一天困难一天了。民十五，卢作孚、黄云龙、周尚琼、彭瑞成诸先生，鉴于本校经费不敷，乃将学校改组，组织校董会，对于学校用人筹款，悉由校董会主持，并呈请地方政府，及省教育所，将肉税附加及出口猪捐划归学校，然以其他各项收入，仍以钱为单位的关系，皆每年收入至高额，亦不过四千元。但本校历年支出，皆在六千元以上，这不是仍旧入不敷出吗？故复由卢先生手创之民生公司就赢余中，补助文化事业项下，拨数百乃至千余元，并向各方募捐，始得将本校生命，延续至今，是以使本校生命之花，能愈开愈盛的，实在是诸校董维持的力量。

---

① 瑞山小学编：《瑞山小学概况一览》，瑞山小学1934年印，第1—2页。

② 同上书，第1页。

1927 年（民国十六年）34 岁

1 月 1 日　刘文辉通电就任国民革命军第二十四军军长职。

本年初　（一）国民革命和北伐战争正处于高潮，而卢作孚在革命和改良之间依然认定社会改良是正确的道路，后来他说[①]：

> 在民国十六年，个人在二十一军的一个研究班里上课，曾提过这问题：在革命高潮中，人人讲革命，请观察我，我是不讲的。

（二）重庆四川善后督办公署军事政治研究所第 1 期学员结业，刘湘在重庆川东粤菜馆宴请教官。入席的时候，一长列西餐桌，刘湘坐在主位，一左一右两个位置最高的客席分别是卢作孚和刘航琛。卢作孚有事回北碚没有赴宴，因此刘湘左首的位子便空着[②]。

1 月中下旬　朱德离开杨森部，返武汉。[③]

2 月 15—16 日　15 日卢作孚接受嘉陵江三峡地区江巴璧合四县特组峡防团练局局长任命，抵达北碚[④]。16 日嘉陵江三峡地区江巴璧合四县特组峡防团练局前任局长交卸，卢作孚到任[⑤]，副局长熊明甫留任。后来卢作孚说[⑥]：

> （北碚是从怎样环境变起来的?）从民国十六年二月十五日起，

---

① 杜重远：《由小问题讲到大问题》，《新世界》第 12 卷第 4 期，1938 年 4 月 30 日，第 5—6 页；卢作孚：《这才是伟大的力量》，《新世界》第 12 卷第 4 期，1938 年 4 月 30 日，第 7—8 页。

② 刘航琛：《戎幕半生》，沈云龙主编《近代中国史料丛刊》续编（489），台北文海出版社，第 13 页。

③ 中共中央文献研究室编：《朱德年谱》（上册），中央文献出版社 2006 年版，第 79 页。

④ 周开庆：《卢作孚传记》，台北川康渝文物馆 1987 年版，第 7 页。

⑤ 《峡防局局务日记》，《峡声通讯社》第 22 期，1927 年 5 月 10 日。

⑥ 卢作孚：《我们要“变”，要“不断地变”》，《嘉陵江日报》1943 年 10 月 4 日，第 4 版。

那时候的北碚尚不太令人感觉兴趣。第一治安就不可靠，不像现在这样的宁静。第二市容也很难看，如那时北碚街道很小，小的街道中间，还有一条阴沟，每边只容许两个人侧身而过。记得自己曾骑匹马，想到街上一游无法通过，而退了回来。街顶黑暗，不见天日，因下雨的关系，同时也就遮去了阳光。街上非常之脏，阴沟里塞着垃圾和腐水。现在顶好一条南京路，就是当日有名的九口缸——九口大缸摆在街旁，任何人都得掩鼻而过。第三无工作人员，除了赵秘书及今天在座青年中间有极少几位是在当时工作的朋友外，几无多少工作人员。地方人士对公共建设事业，亦无多少兴趣，不像现在有一群人，有互相很了解，可信赖，并懂得要做些甚么事，及如何做法的一大群人，尤其是从这一大群人受伤，创造出一个自己相当喜欢而同时令人也相当喜欢的一个环境。

［按］不少著作或回忆说卢作孚担任的是“江巴璧合四县特组峡防团务局局长”，但是查重庆档案馆相关档案，准确的说法应为“江巴璧合四县特组峡防团练局局长”。关于卢作孚被任命为江巴璧合四县特组峡防团练局局长的缘由，起自国民革命军第二十一军军长刘湘进驻重庆后，为统率辖区各县的团防武装，特组织川东南团务总监部，任命刘部师长王陵基为总监。曾经担任当时二十一军财政处长并在川东南团务总监部兼任职务的刘航琛后来回忆说，委任状是由他亲自送给了卢作孚①。峡防局所在地北碚，当时有人家200户左右，人口约1000多人②，是重庆合川水上航运必经之地，由于介在川军刘湘二十一军、川军邓锡侯二十八军两军防区交界处，土匪出没，航道经常被阻。卢作孚与北京大学毕业的何北衡（曾任巴县县长）、刘航琛（任二十一军财政处长）等为好友，同为北京大学毕业的陈学池（曾任二十一军政务处长等职）因此对卢作孚的了解也日渐加深，并向刘湘推荐卢作孚③，合川县士绅耿布诚、江北县士绅王序九等人也奔走呼吁。这样，两军达成在北碚地区的谅解，由卢作孚出任峡防

---

① 刘航琛：《戎幕半生》，沈云龙主编《近代中国史料丛刊》续编（489），台北文海出版社，第13页。

② 黄子裳、刘选青：《嘉陵江三峡乡村十年来之经济建设》，《北碚月刊》第1卷第5期，1937年1月1日，第2页。

③ 童少生：《回忆民生轮船公司》，见周永林、凌耀伦主编《卢作孚追思录》，重庆出版社2001年，第189页。

局局长，驻北碚。峡防团练局直属第二十一军军部[①]。

2月18日　卢作孚以江巴璧合四县特组峡防团练局局长身份命令江巴璧合四县特组峡防团练局常练大队大队长陈鸿恩：大队部人员一律留任。命令说[②]：

照得本局长接任伊始，一切事务俱待整理，所有该部人员一律留供原任，藉资熟手。合函令饬。为此，令仰该大队长即便遵照，转知所属，一体知照为要，此令。

这是卢作孚接任江巴璧合四县特组峡防团练局局长后发布的第一道命令。

2月26日　卢作孚命令委任卢子英为江巴璧合四县特组峡防团练局常练队大队附，协助留任的常练大队大队长陈鸿恩改编常联大队及相关工作。命令如下[③]：

案查本局常练大队附何绍清，前已调充第二中队长，所有遗缺虚悬已久，应即遴员补充以资助理。查有该员堪以充任，合亟令委。为此，令仰该员即便遵照，克日到差，认真将事，勿负委任，并将到差日期报查为要，此令。

当日，大队长陈鸿恩向卢作孚、熊明甫具文报告卢子英已经到队宣布就职等事，文载[④]：

案奉钧令开为令知事，照得常练大队附一职，分理队伍，关系重要。自何绍卿调充二中队长后，即未委人接充，未便久悬。兹已委任卢子英为本局常练大队附，除令委该员克日到差供职外，合亟令饬，为此，令仰大队长即便遵照，将大队附责任内应办事宜，饬交办理，藉资臂助。并仰通报中、分各队知照为要，此令。等因奉此。旋据卢

① 贺国光编：《国民政府军事委员会委员长行营参谋团大事记》，军事科学院图书馆1986年影印本，第725页。

② 卢作孚：《训令大队部人员一律留任令》（1927年2月18日），重庆档案馆藏。

③ 卢作孚：《委任卢子英为大队附委任令》（1927年2月26日），重庆档案馆藏。

④ 陈鸿恩：《呈为呈报到差日期事》（1927年2月26日），重庆档案馆藏。

队附子英于二月廿六日到队宣布就职，所有责任内应办事宜，遵即照交办理。除转令中、分各队长及所属一体知照外，理合将大队附到差日期具文报请鉴核示遵。

2月27日　卢作孚到江北土沱悦来场接洽团务人员，晚间回局商定常练队整理适宜，决定：1. 准备实施新兵教育；2. 交涉租借关庙正殿为教室；3. 添设杠架平台；4. 试办背囊；5. 规定教程表①。

2月28日　一中队长易茂萱以大队长陈鸿恩名义呈文峡防局正副局长卢作孚、熊明甫，报告峡防局常练队改编完毕并造册呈报。呈文载②：

窃查职队士兵于此次改编时，即将不良之兵认真淘汰，除先开革不计外，理合将现有人数造册呈请鉴核，谨呈峡防局长卢熊　计呈官佐士兵姓名清册壹本。

3月1日　（一）邓锡侯、田颂尧通电就任国民革命军第二十八、二十九军军长职务③。（二）经交涉，江巴璧合四县特组峡防团练局成功租借到关庙正殿作为办公地点④。

3月2日　峡防局正副局长卢作孚、熊明甫到温泉寺查看，决定在此修建温泉公园⑤。

［按］川军刘湘二十一军和川军二十八军邓锡侯部第三师长陈鼎勋（书农）之间的北碚草街子有一座名为温泉寺的破庙，当时“寺产久经兵匪剥削，仅能维持两僧食住逐日礼佛焚香换水，其它甚为幽静。但时局小有风波，则成为刀兵战火交集之处，其严重情势过于北碚。”⑥ 卢作孚倡言将此地建为嘉陵江温泉公园，使之成为公有的风景名胜区，以免为某一军独占引起无穷战祸，其意见获得各方赞成。

3月3日　卢作孚草拟《建修温泉公园募捐启》⑦。

---

① 《峡防局局务日记》，《峡声通讯社》第22期，1927年5月10日。该资料由民生公司研究室提供，下同。谨此致谢！

② 陈鸿恩（易茂萱代）：《常练大队改编就绪造册呈报》（1927年2月28日），重庆档案馆藏。

③ 四川省文史研究馆编：《四川军阀史料》第4辑，四川人民出版社1987年版，第310页。

④ 《峡防局局务日记》，《峡声通讯社》第22期，1927年5月10日。

⑤ 同上。

⑥ 邓少琴：《邓少琴西南民族史地论集》，巴蜀书社2001年版，第1068页。

⑦ 《峡防局局务日记》，《峡声通讯社》第22期，1927年5月10日。

3月6日　卢作孚、熊明甫联合发出命令，责令常练大队长陈鸿恩有关常练大队三事，命令如下①：

> 照得本局常练大队，刻已经著手严厉训练，而内务亦须整理以期起色。兹将应行整理事项规定如下：一、以后凡有开革及补入者，需先呈报，□令施行。二、凡逃亡及请假在一日以上者，需汇案报查。三、现有队丁若干，迅速具报。右列各项，着从本日起照办，以便稽考，合亟令饬，为此，令仰该大队长即便遵照，并通报各中、分队长一体知照为要，此令。

3月9日　卢作孚函请四川各地军政当局及名流，列名温泉公园募捐启②。

3月10日　峡防局常练大队完成改编。

3月12日　本日为民国第二个植树节。在此前后，峡防局就局前废地，"命士兵除去瓦砾，辟成熟土，就地采集森林种子，从事育苗工作，以为每年造林之准备"。③

3月16日　卢作孚呈文川东团务总监部总监王陵基，转呈督署饬令电政部，准予峡防局在渝合间电杆上附搭电线，安装乡村电话④。

3月23日　（一）江巴璧合四县特组峡防局常练大队大队部和两个中队的士兵履历一一登记造册完毕，大队长陈鸿恩向卢作孚、熊明甫呈交并附呈《江巴璧合四县特组峡防团练局常练大队士兵履历册》。呈文如下⑤：

> 案奉钧座面令着将士兵履历逐一造具册籍，以凭查考等谕奉此，遵即转令各中队长按明调查，造送前来，理合转请钧座查核示遵，谨呈局长卢熊　计呈士兵履历册一份　大队长陈鸿恩　中华民国十六年三月二十三日

---

① 《江巴璧合四县特组峡防团练局训令》（1927年3月6日），重庆档案馆藏。

② 《峡防局局务日记》，《峡声通讯社》第22期，1927年5月10日。

③ 黄子裳、刘选青：《嘉陵江三峡乡村十年来之经济建设》，《北碚月刊》第1卷第5期，1937年1月1日，第23页。

④ 《峡防局局务日记》，《峡声通讯社》第22期，1927年5月10日。

⑤ 陈鸿恩：《造送士兵履历报请查核事呈文》（1927年3月26日），重庆档案馆藏。

《江巴璧合四县特组峡防团练局常练大队士兵履历册》（略）

（二）峡防局召开第一次职员会议，决定峡防局经费管理和文件整理办法。

3月29日　峡防局人事更换交接完毕，呈报总监部交接情形。

3月31日　据蒋介石的密电，刘湘所部在重庆制造了“三三一”惨案。

4月2日　鉴于局势严峻，陈毅悄然离开合川，脱离了川军第二十八军第三师。[①] 后陈毅经重庆前往武汉。

4月3日　峡防局举行第二次职员会议，改善峡局收费办法。

4月6日　峡防局召开常练队队长会议，决定整顿常练队办法，并开始在峡防局各场点种牛痘。

4月16日　峡防局召集北碚团务人员和士绅举行会议，商讨团务问题。

4月18日　蒋介石南京国民政府正式建立。

4月26日　卢作孚托人邀请邓少琴为温泉公园筹备主任，峡防局召开职员会议[②]。

［按］公园筹备主任邓少琴（1897—1990），字立生，四川江津县人，自幼与吴芳吉为挚友，善书法。1918—1919年在重庆四川靖国军总司令部任机要秘书，此后相继任重庆《新蜀报》编辑及重庆联合县立中学、四川省立第二女子师范学校、江津中学等校国文教员。受邀参与北碚的建设后，邓少琴协助卢作孚、卢子英兄弟在北碚十余年，对于北温泉公园建设、少年义勇队的组织和训练，着力尤多，从壁画、募捐、施工，无役不从。北泉门墙上的“浣尘”以及数帆楼、农庄、柏林、花好楼、竹楼等楼名，均为邓少琴所题写。同时，邓少琴自1929年起，兼任川江航务管理处秘书职务，主编该处《星槎》周刊，着力搜集和整理川江航运史资料[③]。

4月27日　峡防局严令温泉寺僧不得在寺庙附近砍伐树木，搭建房屋。

4月29日　刘湘通电拥护南京国民政府。

---

① 刘树发主编：《陈毅年谱》（上卷），人民出版社1995年版，第89页。

② 《峡防局局务日记》，《峡声通讯社》第22期，1927年5月10日。

③ 古基祥：《邓少琴先生传略》，《川康渝文物馆年刊》1991年，第177—181页。

4月　（一）民生公司召开第二届股东大会，推举耿心开为董事长，郑东琴为监察。甘南引编写的《民生公司大事纪略》载[①]：

第二届股东大会开会，公推耿心开为董事长，陈念荪、梁朗清、郑璧成、刘润生、周惠生、李佐臣为董事。李熙宇、王显名、胡南先、余文舫、郑东琴为监察。

（二）为举办兵工织布事业，派兵到北碚附近各小布厂见习，又派人到重庆各布厂考察、学习[②]，由此试行兵工织布、缝衣、打草鞋[③]。

5月1日　（一）卢作孚以刘湘、杨森等24名四川军政首脑名义，发布《建修嘉陵江温泉峡温泉公园募捐启》，吁请各界捐款赞助，谓[④]：

嘉陵山水，自昔称美。江入三峡，乃极变幻之奇。群山奔赴，各拥形势，中多古刹，若禅岩、若缙云、若温泉，风景均幽。而温泉前瞰大江，机负苍岩，左右旷宇天开，林木丛茂，尤备登临游钓之美。无如年久失修，殿宇倾圮，荆棘蔓生，坐令天然胜景，绝少游踪。闻者徒增向往之忱，过者弥切引领之憾。乡人久欲从事修葺，徒以费巨力不能举。湘等或游屐偶经，或谈念偶及，每以为宜有汤池供人沐浴，宜作公园供人憩息，胡君南先、卢君作孚，先后长峡局，倡议醵金兴工，窃深赞许，决为募助，期成盛举，爰将概要述列如下：

（一）风景　寺居温泉峡中，登岸拾级而上，数百步造寺门，寺侧有温泉涌出，气蓬勃如沸汤，隆冬尤温，寺与峡因以名。

寺后峻岩围抱，高可百仞，竹树杈丫，乱石崚嶒，禽鸟栖息，其中鸣声相应。峰头岩下，可矗高阁，可曲回廊，以供凭眺。有曲折崎岖之路迤逦而上，纵观禅岩拱其前，江流环其麓，殿宇林园，历历足下。船舶出没，小者如蝇，大者列桨如栉，咿哑人声若为歌，欸乃桨

① 民生实业公司十一周年纪念刊编辑委员会编：《民生实业公司十一周年纪念刊》，中华书局1937年版，第196页。

② 黄子裳、刘选青：《嘉陵江三峡乡村十年来之经济建设》，《北碚月刊》第1卷第5期，1937年1月1日，第28—29页。

③ 《江巴璧合特组峡防团务事业进程一览》，峡防局1934年刊，北碚图书馆藏。

④ 重庆市北碚区地方志编纂委员会编：《重庆市北碚区志》，科学技术出版社重庆分社1989年版，第584—585页。

声若为节。时或有停桨踞坐者，扬帆呼风，呜呜应岩壑，益尤有悠扬之致，愉快之情。而岩泉激响，自成清韵，坐憩其间，直令人有遗世出尘之想，不复知身在人间。寺右宽可数亩，或铺浅草，或培平林，或造花坛，或建草亭，茅榭纵横错置，景物愈新，本为名胜之区，益以艺术之美，更使人流连不忍归去矣。

寺左有深邃之洞（俗名五花洞）颇可游，洞石多为岩泉所积，撑者如柱，卧者如桥，梁覆者如钟，悬者如乳，展者如翼，蓄势欲飞，拳者如莲，含苞欲吐。或空如宫，或合如隙，或高不可攀，或深不可测，或路已绝矣，及蛇行而入，则又豁然开旷。或暗不见人，摸索不可得，路偶一转折，则又复漏天光，可以恣行，愈入愈奇，乃愈使人必欲穷探其奇而后已。及临绝壑，闻流泉，往往有竦然而却步者，但缒而入，则仍可越而前也。

由寺后窬峻岩，约四里许，到绍隆寺，景亦清幽，有古松数株，大可两围，高十数丈，百年前物也。更六里许，登缙云，凡九峰，峰各异态。有寺，在狮子峰前，藏深密古树中，入示所在，终于茫然，惟见青葱一片，入林路愈曲，几经回转，闻木鱼声，乃瞥然呈露，则既达寺门矣。更由寺穿林，樾登狮子峰，有古寨门掩荆棘中，僻路而进，危立石颠，令人股栗。游目四瞩，可达数百里外，向之岗峦起俯者，皆成平原，远近市村数点，江流如带，显有更上一重，小视天下之慨。

（二）古迹　温泉寺中，明清两代名人题刊之迹，未漫灭者尚多，时有游人拓玩。

（三）出产　山产甜茶，色青味甘，香沁心脾，较之峨茶尤美，前代曾作贡品。面则产于寺侧，用水力磨成，细润适口，远近多来采购，快游归去，携赠亲友，尤饶风味。

（四）交通　于江滨新辟码头，并与各汽船公司交涉，特在温泉寺停车，接客送客，凡由渝合往来及附近人士，均可过此游憩信宿而去，极感便利。渝埠南岸温泉，山深路远，游浴尚不乏人，此则兼有其胜，而无跋涉之苦，当更为各地人士所乐集也。

（五）设备　就寺内左侧已圮房廊，添构精舍若干间，住宿游客（可携眷属）。其下辟球场二所，以供运动。食品则寺内有甜茶、清泉以供饮，有精美之腌菜、香菌、嫩笋、细面以佐食。并筑温泉浴室，男女异处，以供沐浴。

（六）经费　寺内精舍，寺外浴室、浴池，岩间游息之所，及其它亭榭、房廊，培修建造，凡十余幢，更筑球场两所，约共需洋八千元。培平林数区，地景数幅，筑路六七百丈，及购备草木、花本，约需洋三千元。全数约需万元左右，乃能初具规模。

卢君作孚，已就建设当先，而需款较小者，先行开工。将来经营有绪，学生可到此旅行；病人可到此调摄；文学家可到此涵养性灵；美术家可到此即景写生；园艺家可到此讲求林圃；实业家可到此经营工厂，开拓矿产；生物学者可到此采集标本；地质学者可到此考查岩石；硕士宿儒，可到此勒石题名；军政绅商，都市生活之余，可到此消除烦虑，人但莅止，咸有裨益，事在必举，端赖众擎，敬乞。

各界人士慷慨捐输，玉成此役，谨当刊碑题纪，其有独修一亭一台者，即请其题名，并恳当代名流题赠翰墨，以资矜式，倘得集腋成裘，告厥成功，不仅足供公共游乐，而于一般人士培养优美情感，增加自然之认识，提高经营地方事业尽志愿，尤助莫大焉。临颍拳切，尚祈鉴诸：

刘　湘　王陵基　李家钰　陈光藻　杨　森　向传义　罗泽洲　孙贤颂　邓锡俊　陈鼎勋　蓝文彬　杨国祯　赖心辉　唐式遵　王正均　陈撷华　刘文辉　王缵绪　朱宗悫　郭　勋　田颂尧　潘文华　向成杰　王士俊　同启

中华民国十六年五月一号温泉公园事务所印发。

驻扎合川的川军陈鼎勋（书农）率先允诺捐助3000元，作为公园开办之资。

[按] 关于修建嘉陵江温泉公园及《建修嘉陵江温泉峡温泉公园募捐启》的来龙去脉，有史料载①：

该公园（即温泉公园）之前身为温泉寺，与缙云并属古刹。缙云开创于南宋景平元年，有清初出土造像可作参证。温泉为寺当与缙云同时。迄于赵宋，缙云敕赐崇教，温泉则赐额崇胜。元佑间道州周濂溪赴合州州判，过温泉有宿崇胜禅院诗。明清之交，达官贵人题咏石刻亦多，至今懈、尚存有接引殿者。山水之胜，自古着称。温泉公

① 李涛：《四川北碚的乡村建设事业》，《教育与民众》第7卷第6期，1936年（无月日）。第1184页。

园之经营肇于民国十六年。最初发愿者为前峡防局长胡南先。十六年二月卢作孚继胡任局长，怵寺宇之颓败，慨温泉之不应久废，征得川中各将领同意，由各将领列名募捐，并邀邓少琴坐办其事。五月一日兴工，自是公园部署渐次实现。

（二）在发布募捐启事的同时，峡防局垫款40元，先行开工。资料载[①]：

民16年，峡防局长卢作孚先生，利有其温泉，乃创议设公园。征得川中各将领同意列名发起募捐，并由峡防局垫支40元先行开工。开工时卢氏亲率峡局职员、官兵，筑地修路凡三阅月，继派峡局常备兵一中队驻守，为营建堂宇，修路浚池，栽花种树，全体官兵辛勤劳作，时达两年，乃粗具规模。其后得该园董事何北衡、郑璧成、康心如、文化成等及筹备主任邓少琴之扶助经营，且趋于繁荣之境。

5月初　（一）刘湘原在二十一军防区设有川东、川东南团务委员会。本月遵国民革命军总司令蒋介石命令，四川全省改组团务，设川康团务委员会自兼委员长，王陵基、向传义为副委员长，陈学池、何北衡等为委员。诚学会负责人陈学池以团务委员主持开办川康团务干部学校，培养团务干部，实际上为军官学校。两年毕业。何北衡以团务委员兼任巴县县长[②]。（二）“江巴璧合四县特组峡防团练局”改称“江巴璧合四县特组峡防团务局”。由于事务上的联系越来越多，卢作孚与陈学池、何北衡等人关系更加密切。

5月5日　第二十军军长杨森通电拥护南京国民政府[③]。

5月6—7日　6日峡防局召开峡防团务大会，140余人出席，卢作孚主持会议，何北衡代表四川团务委员会副委员长王陵基参加并讲话，卢作孚向大会报告了峡防局的相关进行计划，7日出席会议的代表参观北碚常

---

① 佚名：《北碚概况》，1949年10月，第49页。

② 四川省文史研究馆编：《四川军阀史料》第4辑，四川人民出版社1987年版，第190—191、472页。

③ 周开庆编著：《民国川事纪要》（1911—1936），台北四川文献研究社1974年版，第352页。

备队的演练[①]。卢作孚在会上提出了建设嘉陵江三峡的三项方针，其中有“保障三峡”、“经营三峡”等，力图“打破苟安的现局，建设理想的社会”，得到与会人士的嘉许[②]。自此，峡防局在剿匪的同时，开始在“乡村运动”、“乡村建设”名义下大张旗鼓地从事各项建设事业。

［按］此后，卢作孚领导的峡防局以“化匪为民，寓兵于工、建设三峡”为宗旨，开始有步骤地治理和建设峡区，首先是肃清匪患，同时开始了以北碚为中心的嘉陵江三峡地区的乡村建设运动，希望把嘉陵江三峡“经营成一个灿烂美妙的乐土，影响到四周的地方，逐渐都经营起来，都成为灿烂美妙的乐土。”[③] 同时，卢作孚还改进峡局管理，各股各机关每天有事务会议，星期二有民众教育会议，星期六有军事会议、局务会议，每月逢五有财务会议，星期五与科学院、三峡厂、农村银行各主任人员开联合会议，星期日自开周会，报告工作，每月开联合周会一次[④]。卢作孚后来说[⑤]：

（当时自己的）责任只是在维持地方的安宁，而又当那地方还偶然有匪在周围为患的时候。于是我们决定以地方安宁为第一步。……那时各地方都讲究办团，军队都讲究清匪；我们则只须联络他们、协助他们。很短时间之后，周围也就都清静了，于是我们积极的乡村运动开始了。

所谓乡村运动就是后来卢作孚所说的创造现代集团生活的第二个试验，按照卢作孚自己的说法[⑥]：

因为纷乱的政治不可凭依，我们从社会上作第二个试验了，以嘉陵江三峡为范围，以巴县的北碚乡为中心。始则造起一个理想，是要想将嘉陵江三峡布置成功一个生产的区域，文化的区域，游览的区域。因为这里有丰富的煤产，可以由土法开采进化而为机器开采；为

---

① 《峡防团务会议详志》，《峡声通讯社》第24期，1927年5月16日。

② 《北碚开拓者卢作孚》，重庆市北碚区政协文史资料委员会1988年编印，第62—63页。

③ 《两年来的峡防局》，江巴璧合四县峡防团务局1929年刊，第2页。

④ 峡防团务局编：《峡区事业纪要》，峡防团务局1933年印，第7页。

⑤ 卢作孚：《中国的建设问题与人的训练》，上海生活书店1935年版，第184页。

⑥ 同上书，第60—62页。

了运煤可以建筑铁路；为了煤的用途可以产生炼焦厂；用低温蒸馏可以产生普通用焦，电厂用的瓦斯，各种油类及其它副产品；两个山脉的石灰岩石，山上山下的黄泥，加以低廉的煤炭，可以设立水泥厂；为了一个山脉产竹长亘百余里，可以设立造纸厂；为了许多矿业、工业、交通事业的需要，可以成立电厂；如果在那山间、水间有这许多生产事业，可以形成一个生产区域。以职业的技能，新知识和群的兴趣的培育为中心，作民众教育的试验；以教生产方法和创造新的社会环境为中心，作新的学校教育的试验；以调查生物——地上的出产、调查地质——地下的出产，又从而分析试验，作科学应用的研究；并设博物馆、图书馆、植物园、动物园以供参考或游览。如果在那山间、水间有这许多文化事业，可以形成一个文化区域。凡有市场必有公园，凡有山水雄胜的地方必有公园，凡有茂林修竹的地方必有公园，凡有温泉或飞瀑的地方必有公园，在那山间、水间有这许多自然的美，如果加以人为的布置，可以形成一个游览区域，这便是我们最初悬着的理想——一个社会的理想。

卢作孚还把这一个运动分为两个主要方面，第一是吸引新的经济事业。相继投资和参与兴办北川铁路公司、天府煤矿公司、三峡染织厂，促成洪济造冰厂利用水力；第二是创造文化事业和社会公共事业。创办地方医院、图书馆、公共运动场、平民公园、嘉陵江日报馆、中国西部科学院、兼善中学及其附属小学校、各类民众学校等。其中教育材料又分为有关现代生活的材料、有关识字的材料、有关职业的材料和有关社会工作的材料。所有这一切的目的在于将嘉陵江三峡这一个乡村区域现代化起来[①]，把北碚“布置经营成一现代乡镇的模型”[②]。建设经费来源主要依靠“从来养团抽收之过道捐”[③]。1935 年 3 月 13 日该项捐税奉令停止征收，令由四川省政府每月拨款 5000 元以供开支[④]。资料载[⑤]：

---

① 卢作孚：《中国的建设问题与人的训练》，上海生活书店 1935 年版，第 199 页。

② 卢作孚：《一桩惨淡经营的事业——民生实业公司》，民生公司 1943 年版，第 31—32 页。

③ 邓少琴：《邓少琴西南民族史地论集》，巴蜀书社 2001 年版，第 1067 页。

④ 黄子裳、刘选青：《嘉陵江三峡乡村十年来之经济建设》，《北碚月刊》第 1 卷第 5 期，1937 年 1 月 1 日，第 19 页；李涛：《四川北碚的乡村建设事业》，《教育与民众》第 7 卷第 6 期，第 1185 页。

⑤ 黄子裳、刘选青：《嘉陵江三峡乡村十年来之经济建设》，《北碚月刊》第 1 卷第 5 期，1937 年 1 月 1 日，第 19 页。

峡防团务局为江巴璧合四县特组之局，负有峡区治安全责，其赖以维持常练队之薪饷及一部份地方事业之经常费用，皆恃船捐补助费为之。在民国十三年时，即已呈准省团务机关，奉令抽收。最早依船只等级，装载量可至几十万斤重者为一等，收费一元，次等者六角，再次者四角，揽载船只免收，继后乃改为收货捐。民国十六年以后名为过道船捐补助费，税率上货照重庆所收之渝北护商费额收十分之三，下货照合川所收护商费额收十分之四，药材、牛羊山货十分之五，盐巴每载收洋只二十元，居草街子收税额六百分之一，丝则粗丝每箱二元，细丝三元，厂丝四元。从二十二年起打八折收，二十三年起免收。每年收入最少之月份二千八百元，最多时，可达万元，十、冬、腊、三月为旺月，正、二、三、四为淡月，余为平月，收入各有等差，历年平均收入每月六七千元之谱。至廿四年三月十三日奉令停止征收后，峡防局的补助费，致由四川省政府按月拨款五千元以供开支。兹列出自民国十六年至民国廿四年止，历年收入统计一览表如后。

前峡防团务局历年补助费收入统计表

年份	数量
1927（2月16日起）	43463.131
1928	93864.923
1929	89471.028
1930	90331.649
1931	87515.864
1932	78682.028
1933	73834.674
1934	73596.394
1935（3月13日停）	11982.394
合计	642842.093

此时，卢作孚将自己主要的精力放在了峡防局相关事务上，资料载[①]：

本公司（民生公司）开办时是借用合川城内的药王庙，当时信

① 亦闻：《民生公司初期的四大业务——民生掌故之一》，《民生实业公司简讯》第1036期，1950年7月21日，第3版。

封上标榜民生公司四大业务是：航业部、碾米部、电灯部、自水部。船业就只有民生轮，专走渝合线，一天上，一天下，药王庙内安的发电机及马达，晚上用来开电灯，白天用来打水碾米。当时重庆方面，只是在千厮水巷子汇源店租了一间房权作办公处。此时公司业务简单，卢作孚先生兼任峡防局长，常驻北碚剿匪，训练建设干部，工作繁忙，每月只有几次到重庆或合川料理公司事务。他的时间利用及交通方法是：下午由北碚步行或骑马到合川，第二天早晨搭汽船回北碚。到重庆也是下午由北碚乘船到悦来场摸夜路到重庆，利用晚上处理公司重庆事务。第二（天）晨早搭上水汽船回北碚。有时晚上乘木船放重庆，就在船上睡觉，第二天上午办完了事，步行回北碚。他的时间利用得非常经济。

5 月 14 日　嘉陵江三峡温泉公园在原有破庙以及先期整理的基础上正式动工兴建。

［按］建设中首先兴筑农庄招待所和餐厅，备游人食宿。民生公司垫款修筑江边码头，以便轮船停靠招揽游客。开辟从江边上山以及园内人行道、培植园中花木、行道树、创修温泉浴室和游泳池等均由垫款。本年秋峡防局派常备队官兵 30 名，1928 年春加派一个中队的士兵帮助开辟。1929 年，更派两中队及峡防局全体职员官兵，由卢作孚亲自指导筑路等事务，又经过近三年建设，温泉公园初具规模①。建成后的温泉公园，有绿草如茵的草坪和乳花洞可供游玩、观赏，有温泉设施可供沐浴温泉，有可供餐饮住宿的设施。其中餐饮住宿设施中的花好楼和益寿楼，位于原来的大雄殿、观音殿后，主要用以接待团体游客；磬室（民生公司捐建）和琴庐（郑东琴捐数百元修建的竹楼），位于乳花洞顶路边，供喜欢静谧的游客居住；川军师长陈书农捐建的农庄，位于在天王店到公园草坪之间；潘文华、范绍增、石荣廷以及重庆商家等捐建的数帆楼（由于全用石块修成，又称石屋），位于农庄之下。其中数帆楼是全园最好的馆舍，接待过许多著名的人物。担任过北泉公园筹备主任的邓少琴后来说②：

---

① 邓少琴：《九年来之嘉陵江温泉公园》，《工作月刊》第 1 卷第 4 期，1936 年 12 月 1 日，第 35 页。

② 邓少琴：《邓少琴西南民族史地论集》，巴蜀书社 2001 年版，第 1070 页。

盛称北泉公园者，花木畅茂，流水清幽之外，在宋世有崇胜之称，抗元为宪宗败殁之地。以言历史，则莫要于民族之振兴，不受外侮之欺凌，置国家于既富且强之域，斯为得矣。

5 月 31 日　为训练培养乡村建设人才，卢作孚经呈文刘湘等获准后，裁减峡防局常练大队第一中队，其武器移交第二中队，在北碚创办第一期特务学生队①，又称学生第一队②。

6 月 8 日　（一）奉蒋介石命令自万县东下的杨森部 4 万余人，被武汉国民政府唐生智部围歼，几乎全军覆没。（二）江巴璧合四县特组峡防团务局大队长陈鸿恩就改编常练队一中队为学生队呈文卢作孚、熊明甫。呈文载③：

五月二十九日案奉钧部训令内开调（易）茂萱为学生队筹备员，（何）绍卿仍充中队长，即应合并为一中队，所有新旧交替，统限于月底遵办就绪，并将情形具报备案。等因奉此。职等于十六年五月三十一日，第一中队长即将本队所有武器、图记、文卷等项如数移交第二中队接收，并无亏挪公款及武器不清情事。并会同造具第一中队武器、公物清册赍呈备查等情。据此，职复查无异，理合汇转第一中队移交、接收武器、公物清册，具文转请钧座俯赐查核，指令祗遵。

夏　民生实业公司举行第二次股东大会，分配上一年股息和红利，股东获得 2.5 分利益④，在其他轮船公司多为亏损的情况下，这样的业绩使股东们喜出望外。卢作孚于是提出增加股本到 10 万元，当即获得通过。此后不到两个月即基本收齐。

7 月 1 日　卢作孚就北碚天上宫庙宇租设、创办北碚地方医院，以全用周为院长，所需经费每月 600 元由峡局支给⑤。

7 月 5 日　刘湘、王陵基以川康团务委员会政府委员长名义发布《川

---

① 《陈鸿恩呈局长文》（1927 年 6 月 8 日），重庆档案馆藏。

② 《江巴璧合特组峡防团务事业进程一览》，峡防局 1934 年刊，北碚图书馆藏。

③ 《陈鸿恩呈局长文》（1927 年 6 月 8 日），重庆档案馆藏。

④ 郑东琴：《民生公司创业阶段纪略》，周永林、凌耀伦主编《卢作孚追思录》，重庆出版社 2001 年版，第 180 页。

⑤ 峡防团务局编：《峡区事业纪要》，峡防团务局 1933 年版，第 8 页；黄子裳、刘选青：《嘉陵江三峡乡村十年来之经济建设》，《北碚月刊》第 1 卷第 5 期，1937 年 1 月 1 日，第 6 页。

康团务委员会指令》，同意江巴璧合四县特组峡防团务局裁撤常练一中队并开办学生队。《川康团务委员会指令》谓[①]：

> 令江巴璧合特组峡防团务局长卢作孚：呈一件为裁撤常练一中队，移款作为开办学生队经费请予备案一案由，呈悉。所请以裁兵常练一中队，即以该项经费移作开办学生队之用，以培育团练专才，自属法良意美。既经实地进行，仰即认真办理，以宏后效，是为至要。此令。

8月27日　刘湘电呈南京国民政府，响应裁军计划，声称将所部裁军一万人，缩编为三个师。之后刘湘部进行了改编，全军六万人左右，成为一支可靠且具有一定战斗力的地方军队[②]。

8月　卢作孚创办北碚《学生队周刊》，后出版到30期停刊，旋改组为《峡声》[③]。

9月11日　卢作孚次女卢国仪出生于四川合川。

9月　张森楷到北碚与卢作孚长谈。《嘉陵江》载[④]：

> 他（张森楷）今年（1928年）恰满七十岁，原来精神很强健，一天到晚不断地做事，还要同青年人一路爬坡，一样吃饭。去年（1927年）峡局学生队的学生到华蓥山旅行，他特别跑到华蓥山来同一队青年殷殷谈话，盼望在极乱的中国中间，经营一幅干净的美丽的地图来。九月（1927年）间出省的时候，又到峡局玩了两天，同局长日夜长谈，勉以从地方经营，并商许多经营方法，殷殷相嘱，千万不要因小有困难，或小有挫折，便弃而远去，可见张先生是怎样有心的人。

秋　峡防局试办的兵工织布事业有了新的进展，“买机头数架，令常

---

① 《川康团务委员会指令总自第35号》，重庆档案馆藏。

② 匡珊吉、杨光彦主编：《四川军阀史》，四川人民出版社1991年版，第267页。

③ 黄子裳、刘选青：《嘉陵江三峡乡村十年来之经济建设》，《北碚月刊》第1卷第5期，1937年1月1日，第9页。

④ 《四川的史学家、四川蚕桑事业的创办人张石亲先生竟死了》，《嘉陵江》1928年8月28日。

队、练队士兵练习织布”[①]，并设立工艺部加以管理。后来的三峡染织厂及大明染织厂由此发端，资料载[②]：

这（大明染织厂）和卢作孚氏的创业史又有密不可分的关系。当那嘉陵江三峡匪患平靖以后，金刚碑不再成为大哥们的分赃场所，峡防团务局为求根绝匪患，使收编的兄弟们有一技之长，不至再落草，便开始提倡兵工政策，乃在（民国）十七年（应为十六年即1927年）秋天，成立了工艺部，在重庆买了铁轮机7部，木织机8部，使各队的士兵轮流来学，以便每个人都有一织布的手艺，试办了几个月，成绩很好。

10月30日　此前，北碚温泉公园筹备主任邓少琴以代表峡防局出席在成都举行的四川省秋季团务会议之便，在成都从事公园建设费劝募活动。邓少琴本日致函卢作孚报告劝募情况。谓[③]：

青城桂湖之游往返十日，回省专事捐款之进行。现得确实结果者，惟晋康军长一处，子干军长及江防龚旅长均在进行中。邓允捐四百元建筑一亭，惟云于需要时可兑到公园，最好即用兄名义迳函催促，俾建设之物早日实现。琴待捐款、题字、运花之事一一有着，便即回峡。以现势揆之，约在冬月中旬矣。

［按］该函在《卢作孚书信集》中标记为1928年10月30日，误。晋康即川军第二十八军军长邓锡侯，子干即川军第二十四军军长刘文辉。

11月　（一）民生公司用增加的股金在上海加订“民用”小轮一艘，以期渝合洪水时每日有船，枯水航行不断[④]。（二）峡防局组织手枪队，作为峡局剿匪和维持治安的精锐。

冬　（一）峡防局兵工织布事业开始逐渐扩充。史料载[⑤]：

---

① 《峡局周年来经营的事业》，《嘉陵江》1928年6月30日。

② 《大明染织厂——现代合营企业的一个试验》，《新世界》1944年6月号，1944年6月15日，第23页。

③ 黄立人主编：《卢作孚书信集》，四川人民出版社2003年版，第108页。

④ 卢作孚：《本公司历年营业进展概况》，《新世界》第20期，1933年4月16日，第46页。

⑤ 黄子裳、刘选青：《嘉陵江三峡乡村十年来之经济建设》，《北碚月刊》第1卷第5期，1937年1月1日，第29页。

(1927年)冬季开始试验木机，由数架渐次扩充到十数架，由一个中队渐次扩充到三个中队，由丢梭办到扯梭，由本地木机进化到湖北铁机到天津铁机，到东洋铁机。

(二)峡防局就北碚关庙的一角加以修整，作为馆舍，同时购置图书数百册，提供给公众阅览[①]，北碚峡区图书馆即由此发端。

12月1日　卢作孚为北碚公园建设募捐事致函邓锡侯。谓[②]：

本年夏间提议募款修建温泉公园，曾蒙我公署名捐册，劝募迄今颇称顺利，私衷感激，曷可言宣。前月职局代表邓少琴君，以赴秋季团务会议之便，晋省从事各方劝募，谓蒙我公允准捐助四百元，建修一亭，点缀景物，嘉惠游人，钦佩无极。惟目前建筑正在积极进行，亭阁台榭，因地设造，概拟一鼓成功，伏望我公俯赐垂察，将捐助之款迅予兑下(直寄重庆千厮门水巷子民生轮船公司收转温泉公园事务所)，俾建设得早日落成，不胜感祷。

年底　峡防局常队、练队士兵能织布者已达全队十之七八[③]。

本年　(一)《民生实业公司简讯》载本年公司进展情形如下[④]：

民十六年(1927年)因业务甚佳，股本增加为10万元，仅收足99225元，并新造民用轮，电灯部并新订80千瓦电机1部，锅炉1部。职工增加为75人。

卢作孚后来把民生公司从创办到本年这一段时期，称作“公司事业经营之第一期”。[⑤]　(二)在中国科学社北平静生生物研究所任教授的胡先骕发动川籍会员方文培与几个外省籍会员组织川康植物标本采集团，当方文培抵达重庆时，决定扩大科学活动范围，组织了三个植物标本采集团，

---

① 黄子裳、刘选青：《嘉陵江三峡乡村十年来之经济建设》，《北碚月刊》第1卷第5期，1937年1月1日，第2页。

② 黄立人主编：《卢作孚书信集》，四川人民出版社2003年版，第117页。

③ 《峡局周年来经营的事业》，《嘉陵江》1928年6月30日。

④ 佚名：《民生简史》(上)，《民生实业公司简讯》第1036期，1950年7月21日，第3版。

⑤ 卢作孚：《本公司历年营业进展概况》，《新世界》第20期，1933年4月16日，第46页。

人员不够，从北碚学生队调派 8 个学生为学习助理员。这次科学活动，是民国以来我国第一次有组织有计划的在西部进行的科学活动，[①] 也是北碚峡防局第一次参与真正意义上的科学活动。

① 黄伯易：《旧中国西部惨淡艰危的科学活动》，《文史资料选辑》第 101 辑（合订本第 35 卷），中国文史出版社 2000 年版，第 109—110 页。

1928年（民国十七年）35岁

1月14日　卢作孚出席峡局队长会议，议决此后每周星期六、星期日两天召开队务会议，局长亲自参加，峡局各方联席会议改为每周举行一次[①]。

1月　（一）卢作孚在上海聘请丹麦籍工程师守尔慈到四川北碚主持北川铁路工程[②]。关于筹建和投资北川铁路，耿布诚回忆说[③]：

> 北川铁路公司初行测勘路线时（已用二千余元），征求同意于公司。当时作孚以获利虽厚，究怀不测之险，计如投资陆上事业，即使水上有事，尚可借此撑持，徐图补救。但当开股东会时，少数股东则以公司股款，仅得五万，而乃欲投八万元于北川铁路公司，过于突如。于是会议结果，仅投资五千元。而二三股东，则因不同意此举而出卖股份，退出公司。其后，公司复行投资四万五千元于北川。

（二）峡防局成立特务学生队第二队（即学生队第二队）[④]。

春　民生公司第二艘轮船民用轮在上海造成，开回重庆，加入渝合线航行。这样，"重庆合川间每日有船往来了；机器厂同时开工，修理无复困难。"[⑤] 航业在民生公司业务中的比重因此大为增加。

2月17日　本日为农历正月二十六日，卢作孚创办的峡区实用小学举行隆重的开学典礼，该校创办之初就明确要将小孩子教得能干而诚实，

---

① 《峡局队长会议录》（1928年1月14日），重庆档案馆藏。

② 黄子裳、刘选青：《嘉陵江三峡乡村十年来之经济建设》，《北碚月刊》第1卷第5期，1937年1月1日，第35页。

③ 《谈话会（三）旧话》，《新世界》第14期，1933年1月16日，第53页。

④ 《江巴璧合特组峡防团务事业进程一览》，峡防局1934年刊，北碚图书馆藏。

⑤ 卢作孚：《一桩惨淡经营的事业——民生实业公司》，民生公司1943年印，第6页。

要通过正规教育培养实用建设人才。

［按］北碚场地方不算小，但没有高级小学，当地人民咸感不便。地方人士多次筹划创办，均未成功。1927年年底到本年年初（1927年农历腊月）地方人士又提议创办小学校事项，并请峡防局协助经费。此时峡防局经费也非常困难，但是兴办教育与地方发展关系重大，不能不予以考虑。于是卢作孚、熊明甫召集峡防局会议，决定以峡局学生一队毕业留下的房舍、用品为基础，添加小孩用桌子、凳子等必备的用品，图书教材由峡局图书馆提供，教师由峡局各部分职员担任，整个教职员中由两位常驻的职员稍有津贴，其余均属于义务性质，就这样，在没有花费多少钱的情况下，创办了实用小学。该小学创办之初，教材教法就非常特别，目标是要把小孩子教得能干而且诚实。例如开学典礼之前，就先教了学生开会的礼节。开学典礼结束后，将来宾、学生、学生家长汇集一堂吃饭。每桌两位老师，通过提问等方法，教会学生辨别席位的上下方，何人当坐上方，结果学生通过一餐饭，学会了许多社会的知识[①]。稍后有关报道说："这个学校，是应北碚及北碚各场的需要，又是想从根本上改良现在一般小学的教法和管理，使学校一切都完全化为实用，这个学校名称，就叫实用小学。"[②] 实用小学含初级小学、高级小学两部分，是一完全小学。卢作孚创办该校有两个目的：1. "改革一般读死书的陈法，训练儿童有应用知识的能力，可靠的行为"；2. "预备以此校实验新的教学方法，并养成新的小学人材，进而改良其它的学校。"该校教学方法也比较特别："每科都从实际生活中提出问题，作为教材，不限于讲堂上，不限于教科书，随时随地用各种方法训练儿童运思、谈话、作事、作文。"[③] 实用小学后来成为北碚兼善学校的小学部。

2月　民生公司举行第三届公司股东大会，推举耿布成为董事长，郑东琴等为监察。《民生公司大事纪略》载[④]：

> 第三届股东大会开会，公推耿布诚为董事长，陈念荪、梁朗清、郑壁成、刘润生、周惠生、李佐成为董事。郑东琴、周纯钦、余文

---

① 《别开生面的实用小学》，《嘉陵江》创刊号，1928年3月4日。

② 《峡防局新办的各种事业》，《嘉陵江》1928年3月10日。

③ 《两年来的峡防局》，江巴璧合四县峡防团务局1929年刊，第15页。

④ 民生实业公司十一周年纪念刊编辑委员会编：《民生实业公司十一周年纪念刊》，中华书局1937年版，第196—197页。

舫、胡伯雄为监察。

3月4日　卢作孚改组《峡声》，创办三日刊《嘉陵江》报，并兼任社长①。在《嘉陵江》报创刊号上，卢作孚以“努力的同人”的名义，发表《介绍〈嘉陵江〉》一文，谓②：

嘉陵江是经过我们这一块地方的一条大河，我介绍的却是一个小朋友，两天出版一次的一个小报。我们盼望这个小报传播出去，同嘉陵江那条河流一样广大，至少流到太平洋。并且嘉陵江的命有好长，这个报的生命也有好长。所以竟叫这个小报也为《嘉陵江》。

这个小《嘉陵江》，身体虽小，肚皮却大，大到可以把五洲吞了。各位朋友，不要见笑，不信试看一看，简直可以从这个小《嘉陵江》里，看穿四川，中国乃至五大洲——全世界。面积之大，诚然不能去比河下面那条嘉陵大江，内容之大却又不是河下面那条嘉陵大江够得上同他一天说话的呵！

三峡有许多地方，我们要在三峡做许多事业，各位不晓得，可以在《嘉陵江》上去看它。我们做些甚么事业，做到甚么程度，怎样做，各位朋友，都可以从《嘉陵江》上看出来呵！

我们是专门帮助三峡的——不止三峡的——各位朋友的，我们很关心各位朋友：家庭好吗？职业好吗？居住的地方好吗？身体上健康吗？精神上快乐吗？却苦不能一个一个地来与各位朋友闲谈闲谈，谈些好的生活方法，只好请这位小《嘉陵江》当代表登门拜访。

［按］《嘉陵江》三日刊由《峡声》改组而来，见1944年10月10日《嘉陵江日报》刊载的《复刊词》。该报每期出版500份，主要刊载省内外消息，以及嘉陵江三峡各种事业的消息，报纸印好后派人专送峡区各场以及江巴璧合四县，不久改为两日刊。

3月5日　卢作孚率领峡防局训练处职员在嘉陵江江心进行划船比赛，并亲自参加划行，约定划上白石斗滩者为胜，不料在一滩险处，卢作孚被手中的梢逼到江水里，幸赶紧抓住梢把，才爬回船上。报载③：

---

① 峡防团务局编：《峡区事业纪要》，峡防团务局1933年印，第22页。

② 卢作孚：《介绍嘉陵江》、《请看嘉陵江六大特色》，《嘉陵江》创刊号，1928年3月4日。

③ 《峡防局长卢作孚沉没江心》，《嘉陵江》1928年3月6日。

峡防局本来制得有巡察江南的伶俐巡船十数只，峡局常联、学生、模范各队官佐、学生、士兵和训练处职员，常常在空时或游戏时间，到江边练习巡船，一则可以锻炼身体，二则使大家都能驾船，若遇有警，免得依赖船夫。所以这几个月来，峡局很多人都会驾驶了。就是局长对于二三峡的水经，（也）已经认熟，能单独放船。不过在练习期内，好几次遇着危险。第一次训练处职员彭彰礼落水，第二次学生队书记雷子壮，第三次训练处职员杨世科，第四次模范队见习杨绍西，第五次训练处职员刘文敏，都曾落水，但都救起来了。昨日晨早卢作孚局长又领训练处职员在江心划船、竞赛，约定划上白石斗滩者为胜，大众拼命直往上划。卢局长一手划挠，一手撑梢，殊不知刚要到滩的地方，水流太急，梢向侧边一偏，便把局长逼到水里。幸局长赶紧将梢把抓住，才爬上船来，但是周身已经打湿完了。闻峡防局已经托人在上海购买水衣，若是带回，那便要安全了。

3 月 7 日　卢作孚到重庆为修建温泉公园募款①。

3 月 8 日（一）《嘉陵江》报报道峡防局兵工并进的进展情况说：峡防局内有个工艺部，兵弁每天除下操外，还要做工②：

峡防局因为要使局内的兵，都能够学一种手艺，将来退伍，就成为有职业的，不至变成游民，在局内设了个工艺部，每天除下操而外，还要做工。现在工艺部只分织布、编草鞋、织布鞋几起，还计划添设装订、织袜等，候器具带来，这两种也要开工。所做的鞋和织的布，已经在市面发卖了。士兵除了月饷外，还要读书，把全队的士兵依识字的程度高低，分为低级高级两组，每组又分成两班，初级不识字的，教平民识字课，高级略识字的，就依成人教育的标准，自编国语常识，是要使他们几个月后，能看书报，能写信记账，有相当的常识。

［按］卢作孚之所以要推行兵工并进措施，是因为他“感觉兵无工作来充满时间是会胡思乱为的，又觉兵无职业工作训练，解除武装时，亦不会有谋生的特别技能，是以找许多兵能作（做）的工作，如打草鞋、织

---

①《简短消息》，《嘉陵江》1928 年 3 月 8 日。

②《峡防局的兵工并进》，《嘉陵江》1928 年 3 月 8 日。

布、洗浆、缝纫、石印等，让一二三中队全体士兵去作。因工作需要特设各队工艺部。”后来为加强指导，改设工务股，成为峡局五股之一①。

（二）作为推进兵工并进措施的具体准备，本日《嘉陵江》报还开始刊载《三峡可以经营的地方产业》，次期（10 日）刊载完毕。在该文中，列举了北碚可以经营煤业、水电、水泥、造纸、森林、织造、水陆交通等②。

3 月 10 日 《嘉陵江》报刊载《峡防局的新计划——大规模的经营工业》，计划中列举的正在进行或准备进行的项目有织布、养蚕、缫丝、修枪等，以士兵为工人③。

3 月 18 日 卢作孚出席峡防局在土沱场召开的周会，并作《改造社会的第一步》的讲话，谓④：

> 今天到土沱开会，是有意义的。因为下期规范队要开到这里来驻，学生队和常练队，好像是欢迎他们及参观他们的驻所，模范队好像是在看自己的驻处，究竟怎样。
>
> 土沱场算是三峡里面顶繁盛的地方，我们要经营三峡所以不可不在这里开会，以后才知道这个地方也是我们应当注意的，现在的人都说要改造社会，要把坏的社会，改成好的社会。人们的心坏，要想改成好，但是改造却很不容易。例如峡局的办公室，我们嫌他不好，曾经用很多人去计划，很多力量去布置，现在虽然比较以前稍好，却也不见十分精密。
>
> 我们创造的温泉公园已费了一年的功夫，在一年之中，我们也曾费了许多人的计划，许多人的经营和许多人的力量，但是却未达到我们的目的，虽然也改好了一些地方，但是未改成的却不少。
>
> 照这两种事情看来，改造一个地方，我们认为容易的，做起来竟如此费力。我们要想改造社会和人心，却是很不容易的了。
>
> 我们知道改造社会这件事，办起来很难，所以我们要不畏难的从实际办起去。改造社会的办法，我们是要从实际着手，我们先要改造本身，然后一步一步的去改造社会。若果只是空谈空想，不下手去

---

① 《三峡染织工厂业务概况》，《嘉陵江日报》1931 年 1 月 22 日。

② 《北碚可以经营的地方产业》，《嘉陵江》1928 年 3 月 8、10 日。

③ 《峡防局的新计划——大规模的经营工业》，《嘉陵江》1928 年 3 月 10 日。

④ 卢作孚：《社会改造的第一步》，《嘉陵江》1928 年 3 月 19 日。

做，那吗，我断定是决不会达到目的的。若果要想办好，非用精密和十分的力量去干不可。

模范队将来到这里来驻，也应当想法把这里经营得很好，然后渐次改造旁的地方。照这样做去，我相信社会定可以改造好。

3月 （一）为提倡农村副业，峡防局植桑苗5000株，养蚕一次，饲养大批蚕种，免费送给远近农民①。（二）峡防局成立缙云石印社②。

4月8日 卢作孚出席峡局各队与训练处职员联席会议。

4月 卢作孚开始在北碚改造市政，史料载③：

民国十七年四月，先试修正街下半段，撤去过街凉亭，到下年九月，始议全部改修，撤去全市过街凉亭，新建禅岩路一条，开筑嘉陵码头一个，全市街道皆连阶詹最宽约两丈，稍窄的一丈六尺。

5月3日 日本军队在济南制造惨案，图谋阻挠北伐和中国统一进程。

5月22日 “倒杨四部”与杨森部之间爆发第一次下川东之战④。

［按］从2月底开始，刘湘即秘密联络赖心辉、郭汝栋、范绍增、吴行光等策动举兵倒杨（森），至此双方爆发战争。

5月27日 卢作孚在北碚关庙创办的峡区图书馆正式开馆⑤。卢作孚强调图书馆的重点在于供读者阅览⑥：

峡区图书馆的图书是经过选择的，布置设备是经过研究的，不专是收藏图书，重在供人阅览，不专是供人阅览，重在指导人阅览。

6月3日 《嘉陵江》报报道：北碚实用小学鉴于此时正是昆虫繁盛

① 《两年来的峡防局》，江巴璧合四县峡防团务局1929年9月印发，第18页；《江巴璧合特组峡防团务事业进程一览》，峡防局1934年刊，北碚图书馆藏。

② 《江巴璧合特组峡防团务事业进程一览》，峡防局1934年刊，北碚图书馆藏。

③ 黄子裳、刘选青：《嘉陵江三峡乡村十年来之经济建设》，《北碚月刊》第1卷第5期，1937年1月1日，第7页。

④ 周开庆编著：《民国川事纪要》（1911—1936），台北四川文献研究社1974年版，第381页。

⑤ 《峡区图书馆昨日开幕》，《嘉陵江》1928年5月31日，无版页。

⑥ 《峡局周年来经营的事业》，《嘉陵江》1928年6月30日。

的时候，决定从本周起，由在学校住宿的教师带领部分学生，每天在附近采集一次标本，每周进山采集两次，采集对象包括动物、植物、矿物三类。卢作孚说①：

> 将来若在国内外名胜地游历，以现在采集的各种标本，作为馈送某地的礼物，倒是很能受人欢迎的。

6月4日　张作霖于3日乘回奉专车返奉天，本日晨5时半在沈阳皇姑屯被炸，后被证明为驻华日本关东军所为。

6月25日　卢作孚主持峡防局团务会议，对主持峡防局一年来的工作作了简单的总结，他说②：

> 此次会议，有三件事向大家报告：
>
> 1. 自去春接办局务，不觉一年有余。在这一年多以来，峡局的人本着预定的进行计划，对于各项事业，都很努力。但因经费掣肘，随时不继，尚有许多事业未办。除训练第一队学生及现在第二队学生暨模范队学生毕业外，所颁各场集中训练、各保自行训练诸计划，虽草定各场征丁自行训练办法，颁布甚少，实行至一队，学生留局服务者俱有职务。如（1）嘉陵江报有任编辑或发行者；（2）实用小学有任训育或教师者；（3）地方医院有学习药剂师或治疗者；（3）图书馆有任管理者……但此项图书馆在北碚成立以后，将来拟次第分设于各场，以总馆一部分图书，分出巡回各场。而地方医院亦拟俟训练有医学人才后，再设分院于各场。但各个服务的青年，每月津贴不过数元。回顾一年以来所办的成绩甚少，本着预定的计划做去，有时发生障碍，颇有做不走的地方。极为惭愧。……
>
> 2. 现在战事是免不了的，平时应准备一种力量，以备有事时应用。昨日巴县南岸、合川皂角树等处也发生劫案。如战事一起，牵动峡区，匪徒必乘机风起，应该特别留意防范……
>
> 3. 这次会议因筹备的时间促，通知未早又以大雨泥泞，四县团务人员到的不很齐。去年大会议定监察员本一年改选，日前任期已满，办法如何请大家商量。

---

① 《实用小学采集标本》，《嘉陵江》1928年6月3日。

② 《团务会议录》（1928年6月25日），重庆档案馆藏。

［按］卢作孚在北碚这一年的工作也遇到许多阻力，高孟先曾记述道[①]：

举办这些事业不是一帆风顺的，不但遇到过困难和阻挠，而且还遭到地方封建势力的反对。如把火焰山的东岳庙改设博物馆，有的人就大骂："峡防局的人是天上放下来的，竟敢打菩萨！"并扬言："卢局长的官，不过同城隍一样大，你敢打东岳庙城隍，总不敢打天上官的玉皇。"后来，关庙、天上官、禹王宫等等菩萨都一一让位，腾出来的屋宇给一些公共事业利用了。尽管人言啧啧，但天神并没有"显圣降灾"，久之市民们也就相安无事了。又如北碚旧市的整顿，要扩修街道，要拆去两旁突出街心的屋檐，遭到不少人的反对，大骂说："自有北碚场，便是这样的街道，至少也有几百十年，大家走得好好的，你偏偏一来就见不得，走不得了。"又如，免费送种牛痘，也有人劝别人不要把小孩抱来点种，说："哪有做这样好事的。他今天不问你要钱，等害得你的小孩要死了他才问你要！"这说明人们对不曾见过的事情，不是大惊小怪，也是怀疑莫解的。面临这些问题，卢教育同人采取以事实来教育群众的办法。对改建街道，进行动员说服，先从容易的阻碍小的着手，逐步进行，把最困难的几户留着。待周围的环境改变了，这些人有的自行拆去自己的屋檐，有的请求峡防局帮他拆去，以归划一。种痘的问题，经过事实证明对自己确有好处，反对者也就变成欢迎者了。

6月30日　《嘉陵江》报报道：峡防局去年秋天即"买机头数架，令常队、练队士兵练习织布，至年底能织布者已达全队十之七八，现在机头已增到二十余架，预备年中即就常练队办一大规模之织布厂。"[②]

6月　（一）峡防局成立泥木石三行兵工，帮助修建道路，安设电话。（二）峡防局成立送船队，护送民生公司往来嘉陵江上的轮船，以保障安全。运送队成立后，护送航线渐次由嘉陵江扩展到长江上游，又由上游扩展到中下游。

7月　（一）峡防局试行养猪，种植蔬菜。（二）峡防局成立模范队

---

① 高孟先：《卢作孚与北碚建设》，《文史资料选辑》（合订本）第74辑，中国文史出版社2000年版，第84—85页。

② 《峡局周年来经营的事业》，《嘉陵江》1928年6月30日。

(即后来的警察学生队或公安队)[①]。(三) 卢作孚开始"仿效英国少年义勇队办法，办少年义勇队，定期两年毕业",[②] 训练峡防局少年义勇队第一队[③]。

[按] 峡防局少年义勇队第一队，队员24人，两年毕业，进行军事、政治、旅行生活等三个阶段的训练[④]。卢作孚勉励他们要"忠实地做事，诚恳地对人"，后来还请周孝怀先生为少年义勇队写下了气势非凡的队歌歌词，请人谱曲，由队员演唱。歌词谓[⑤]:

> 争先复争先，争上山之颠。上有金碧之云天，下有锦绣之田园，中有五千余年，神明华胄直少年。嗟我少年不发愤，何以慰此美丽之山川？嗟我少年不发愤，何以慰此锦绣之田园，嗟我少年不发奋，何以慰我创业之先贤？

夏　本年4月顺庆商人谭谦禄（又名谭谦六）在上海新造的顺庆轮于开回重庆的途中被川军范绍增所部扣押，并由该部派员直接控制了该轮船。郑少琴曾经在顺庆县作过知县，与谭谦禄相识，受托为其转圜，事情得以解决，于是成立了以郑少琴为董事长的长江轮船公司，投资人王伯安、谭谦禄、郑璧成等，将顺庆轮改为长江轮[⑥]。谭谦六不谙经营，民生公司抓住机会进行投资，取得该公司的经营权，加入渝叙线[⑦]，由此民生公司从本年夏开始有轮船航行重庆叙府嘉定间[⑧]。

8月　(一) 嘉陵江三峡匪患平靖之后，峡防局进一步大力提倡兵工政策，以期根绝匪患，因此扩大工艺部的经营规模，成立浆洗房[⑨]，同时

---

① 《江巴璧合特组峡防团务事业进程一览》，峡防局1934年刊，北碚图书馆藏。

② 《两年来的峡防局》，江巴璧合四县峡防团务局1929年9月印发，第20页。

③ 《江巴璧合特组峡防团务事业进程一览》，峡防局1934年刊，北碚图书馆藏。

④ 李涛:《四川北碚的乡村建设事业》,《教育与民众》第7卷第6期，1936年（无月日）。第1186页。

⑤ 周永林、凌耀伦主编:《卢作孚追思录》，重庆出版社2001年版，第130页。

⑥ 佚名:《民生简史》(上),《民生实业公司简讯》第1036期，1950年7月21日，第3版。

⑦ 民生实业公司十一周年纪念刊编辑委员会编:《民生实业公司十一周年纪念刊》，中华书局1937年，第85页；卢作孚:《本公司历年营业进展概况》,《新世界》第20期，1933年4月16日，第46页。

⑧ 佚名:《民生简史》(上),《民生实业公司简讯》第1036期，1950年7月21日，第3版。

⑨ 《江巴璧合特组峡防团务事业进程一览》，峡防局1934年刊，北碚图书馆藏。

在重庆买了铁轮机 7 部，木织机 8 部，让各队士兵轮流来学，以便每一个人都有一织布的手艺，试办了几个月，成绩很好[①]。（二）峡防局开始发行《新生命》画报（到 1930 年夏停刊）[②]，资料载[③]：

（峡防局）办新生命画报，对于不识字的乡民在图画上施以教育，并在图画上宣传地方事业，引起人经营地方事业的兴味。

（三）卢作孚约集合川、江北煤矿业有关人士，发起筹组北川铁路公司，资本额预定 30 万元，其中民生公司投资约 8 万元，约期一年建成[④]。

北川民业铁路股份有限公司招股简章[⑤]

本铁路迭经聘请中外工程师一再测量，路线既经勘定，计算亦极精详，已由发起人一致赞同，由筹备时期趋入建筑时期，招募股款自不能不积极进行。惟人情难与虑始，征之川江汽轮，其初莫不视为畏途，一自蜀通入川行驶，办航业者遂接踵而起，水上交通于焉便利。蜀为山国，陆地运输关系尤巨，同人等有鉴于此，乃有北川公司之发起，其路线自黄桷树达土地垭为第一段，其目的在运输煤矿出嘉陵江岸，上以济蓬射之灶煎，下以供巴渝之燃料。从前各厂运煤，全恃人力挑负，每年运费数在三十万元以上。兹据守工程师守而慈（德国人即前胶济铁路总工程师）报告，最多三十万元即可完成铁路。就令减半收费，约计两年余已可收回路本，微特附股人可获厚利，将使一般人民烧廉价之煤，以减轻社会生活，并使水岚垭以上之煤矿曩因不能搬运等于废弃地无用者，以后亦可逐渐开辟。且有此一段铁路，开吾川路政之先声，利之所在，人共争之，何难使各地思起，一如川

① 民生实业公司十一周年纪念刊编辑委员会编：《民生实业公司十一周年纪念刊》，中华书局 1937 年版，第 141 页；《大明染织厂——现代合营企业的一个试验》，《新世界》1944 年 6 月号，1944 年 6 月 15 日，第 22—23 页。

② 黄子裳、刘选青：《嘉陵江三峡乡村十年来之经济建设》，《北碚月刊》第 1 卷第 5 期，1937 年 1 月 1 日，第 9 页。

③ 《两年来的峡防局》，江巴璧合四县峡防团务局 1929 年 9 月印发，第 14—15 页。

④ 高孟先：《卢作孚与北碚建设》，《文史资料选辑》（全国）第 74 辑，文史资料出版社 1981 年，第 109 页。

⑤ 《北川民业铁路股份有限公司招股简章》，北碚图书馆藏。

江航业之发达，实业前途宁不甚幸。众擎易举，有志竟成，凡我同志，希赐垂察。谨将招股简章附录于后。

一、本公司系遵照民业铁路法暨有限公司章程办理；

一、本公司股本总额定为三十万元，以一百元为一股，共计三千股；

一、股息以每周一分计算，从缴款之次日起息；

一、股本分三期缴足，以戊辰年阴历五月底为第一期，收十分之四，以九月底为第二期，收十分之二，以己已年三月底为第三期，收十分之四；

一、各股东认定股款，如愿在第一期一次缴足者，以九十八元作一百元以示优异；

一、保款责任，由发起人选择妥实钱庄或商号，将收入股款汇齐存储，书立存折月息仍照官息计算，注明某记经手，北川公司股款，其折由发起人连同股东姓名数目交各公司，由公司分别给予临时收据，交由发起人转各股东存执，俟公司成立，再行换给正式股票，其款任凭公司随时持折取用，在公司未取用以前，保存责任由发起人完全负担；

一、发起人或股东愿将股款直接缴存公司者，其责任由公司担任；

一、本公司由发起人推选保款员二人，负保款责任，在保款员未经选定以前，暂由筹备处常务委员连带负责；

一、本公司为招股便利起见，由重庆、合川两处发起人各别负责每处招足十五万元；

一、本简章在招股期间适用之；

一、本简章未经规定事项，悉照公司条例办理。

发起人：民生公司　黄锡之　李少林　赵贵生　唐凤采　黄云龙　文化成　李奎安　唐建章　卢作孚　何鹿蒿　李云根　罗希孔　贺容臣　张艺耘　石荣廷　刘文章　尹焕廷　李佐臣　郑东琴　刘石麟　周乐君　王复光　刘润生　胡中竹　李执中　彭瑞臣　刘敬之　耿布臣　王序九　刘楚白　唐五桂　唐少瞻　益太公司

筹备处常务委员：卢作孚　唐建章　何鹿蒿　贺容臣　李云根　罗希孔　黄云龙

9月4日　峡防局开始在北碚街区内各机关、文教、事业单位架设电话线，卢作孚亲自设计路线，率员施工。

9 月 11 日　峡区农民银行经过一个月的筹备后，在本日成立，资本 1 万元，股东与办事员皆峡局职员，业务偏重于贸易即附设的消费合作社[①]。《嘉陵江》载[②]：

> 峡区农民银行，筹备将近一月，现已就绪。昨日（11 号）召集全体股东，开会宣布成立。票选熊明甫、赵仲舒、袁伯坚为董事，王明德为监察。次日（12 号）又开董事会议，商决一切，定于日内开始营业。闻该银行宗旨，在于调剂农村金融，扶助农民生活，除办银行各种营业外，并附设消费合作社，凡生活需要的，如米炭布等和日用品，都是消费合作社必办的事，地址设在巴县北碚场，将来渐设分行，或代办处于各场。

9 月 12 日　北碚街区内各机关、文教、事业单位电话线架设完毕，全部通话[③]。资料载[④]：

> 四川有乡村电话，当以本区为首创，其时在民国十七年秋季，由前峡防局购买机器及杆线材料，从事架设，先于局内安设三十门之交换机，次第安设小学校、图书馆、银行、医院、常备队、三峡厂、消费社、温泉公园各处，九月十二日全部通话。当时无工程师，由前局长卢作孚自行设计并指挥士兵担任安杆架线等工作。稍后温泉公园（距峡局十里）常备二队、科学院农场，亦皆通话。次年即着手于江巴璧合四县各乡镇之电话与北碚重庆间、北碚合川间之安设，一月动工，五月全部完成。下年江巴两县全境相继安设乡村电话，未几而全四川亦有普遍设置之势矣。

9 月 20 日　北碚民众体育场（后改称公共体育场）建成。关于该体

---

① 峡防团务局编：《峡区事业纪要》，峡防团务局印 1933 年 8 月，第 5 页。

② 《峡区农村银行昨日成立》，《嘉陵江》报 1928 年 9 月 12 日。

③ 《江巴璧合特组峡防团务事业进程一览》，峡防局 1934 年刊，北碚图书馆藏。

④ 黄子裳、刘选青：《嘉陵江三峡乡村十年来之经济建设》，《北碚月刊》第 1 卷第 5 期（1937 年 1 月 1 日），第 33 页。

育场，稍后有人记述道[①]：

> 公共体育场——在北碚镇的西南方，民十六年开始租地一幅，约五十米长宽，廿一年扩充至一百二十米长，八十米宽，场为沙土，运动最宜。曾于民十七年秋及十八年春先后开运动会两次，重庆、合川及附近各场学校均参加，约数千人。组织：隶属于峡防局体育部，设主任一人，场址全年租金二百四十元。设备：足球场一幅，篮球场二幅，网球场一幅，排球场一幅。径赛有各种长短距离跑道，田赛有铁球、铁饼、标枪、跳远、跳高等设备；其它如秋千、浪桥、单杠、双杠等设备。

9月23—29日　刘湘、刘文辉、邓锡侯、田颂尧在四川资中举行四军长会议，会议商定：刘湘任裁军委员会委员长，刘文辉任四川省主席，邓锡侯（或其部属黄隐）任省政府委员兼财政厅长，田颂尧任省政府委员兼民政厅长[②]。

9月25日　各将领在资州举行会议，并达成暂时和解，第一次下川东之战结束，杨森部与倒杨联军在涪陵、万县之间形成对峙局面[③]。

9月　（一）北碚成立自治会，选举市代表及执行委员，办理市场公安、教育、建设、卫生、评判诸事务[④]。（二）卢作孚派赵瑞清在重庆江北县金山门外水月庵创办民生机械厂，旋迁到三洞桥地藏庵，最后再到青草坝[⑤]。

10月10—11日　在卢作孚倡议下，北碚于双十节首次举办秋季运动会，卢作孚、熊明甫为大会正副会长。运动会设22个比赛和表演项目，邀请峡区团学人员参加，聘请渝合各学校体育教师相助。运动会结束后，

---

① 李涛：《四川北碚的乡村建设事业》，《教育与民众》第7卷第6期，1936年（无月日），第1183页；黄子裳、刘选青：《嘉陵江三峡乡村十年来之经济建设》，《北碚月刊》第1卷第5期，1937年1月1日，第3页。

② 匡珊吉、杨光彦主编：《四川军阀史》，四川人民出版社1991年版，第267页。

③ 周开庆：《民国川事纪要》（1911—1936），台北四川文献研究社1974年版，第382、387页。

④ 黄子裳、刘选青：《嘉陵江三峡乡村十年来之经济建设》，《北碚月刊》第1卷第5期，1937年1月1日，第7页。

⑤ 民生实业公司十一周年纪念刊编辑委员会编：《民生实业公司十一周年纪念刊》，中华书局1937年版，第111页。

峡局特编辑运动会报告书，卢作孚还为之写序，序言谓[①]：

> 吾国人民太瘠弱，识者深耻病夫国之讥。然终一任病之流行，不求所以致病之由，不谋所以治病之方，悬问题而不解决有如是，可慨也！窃以为治病当及其根。吾民劳者几无休息，逸者几无动作，既不知卫生，更不知有所谓体育，瘠弱之因在此，疾病之乘亦于此。作孚来峡治团务，与百余青年处，计年余，十常病二三，深惊叹，以为青年且如此，中年以上病之侵夺当复何如！又常见乡人无事则惟相聚赌博，无肯谋正当生活者。虽与诸青年提倡运动，求有以振拔之，究不足以动一般观听而开风气也。爰邀峡区团学人员，在北碚场举行秋季运动会，聘请渝合各学校体育教师相助，并约学生参加。事虽草创，然各项运动，规模初具，颇足以开乡人士之眼光，励后来之进取，谈者皆望继此更扩大经营之。果能继此而不断地扩大经营，影响当不仅及于四乡已。因列始末为报告书，并定明年春季运动会之计划，以告各运动团体。亦以见吾辈办事之方法，事前有计划，事后尤应有整理，报告书乃整理之一端也。

10月23日　《嘉陵江》刊载《峡区各部分的新标语——地方医院的新标语》，颇能反映该医院的服务宗旨[②]：

> 有人群的地方便应该有医院。我们的责任不只在医病，更重在防病。医生是为一切病人服役的，不问阶级只问疾病。战争只以杀人为目的，医生却是以生人为目的。院里医病，有钱人取药费，无钱人并药费亦不取。团练是保障人们的治安的，医院是保障人们的康健的。我们盼望有病的都来医病，更盼望人不害病，没有人来医院。

10月25日　卢作孚在峡局周会上宣布，派峡局常备第3中队担任嘉陵江淘滩任务，预计需时2个月。《嘉陵江》报载[③]：

---

① 罗中福、李萱华、唐文光、罗成献、龙世和编：《卢作孚文选》，西南师范大学出版社，1989年8月，第32页。

② 《峡区各部分的新标语——地方医院的新标语》，《嘉陵江日报》1928年10月23日。

③ 《峡防局准备淘滩》，《嘉陵江》1928年10月30日。

峡防局卢局长在周会中演说：现在派常备第三中队担任淘滩，把渝合间嘉陵江中所有的滩，一律淘深，便于往来船只。因为这条河的滩，是自有天地以来，就没有人淘过的，所以每到枯水的时候，滩多险峻，稍大的船和汽船统统停滞，对于船商有许多的障碍。目前已派人到渝购买淘滩器具，限定九月内开工，十月内完成。其中最紧的滩，只有五条，要这五条滩淘了，其他就容易了。五条滩就是：1. 张公滩，2. 蔡家滩，3. 虬门滩，4. 黑羊石，5. 黄沙碛。这五条滩淘了后，就算完工。

10月31日　国民党中央政治会议决议：组织四川省政府，指定刘文辉为主席；设立川康裁编军队委员会委员，指定刘湘为委员长，刘存厚为副委员长①。

10月　（一）卢作孚开始整理北碚市政，先后进行了开辟码头、整齐街道、修筑道路、建设市场、设立路牌和揭示牌、取缔土地祠、清除随地安设的尿缸、成立市民自治会等项工作②。经过两个月的整理，到12月时北碚的面貌已经有了大的改观，“一变而为地阔天宽的新北碚”③。（二）北川铁路开始修建，张艺耘被聘为北川铁路公司经理④。关于北川铁路修建始末，资料载⑤：

北川铁路为北川民营铁路公司所经营。民国十七年一月，在沪聘请丹麦工程师守儿持（又作守尔慈）氏来川主持工程。守君乃一六旬老人，精神健旺，初来无办公地点，假储煤之炭坪子，作为守君办公寝息之所。测勘路线凡九阅月，竟日跋涉山谷间，毫无饥疲之感，偕与工作之青年，反有不胜其苦者。测绘完毕，列具预算书，即于是年十月动工。建筑水岚垭至土地垭一段，计十七华里，十八年十月通车。十九年添修由水岚垭至白庙子一段，计程五里。又接修土地垭到戴家沟一段，计程三里，均于二十年五月通车。二十二年接修由戴家

① 匡珊吉、杨光彦主编：《四川军阀史》，四川人民出版社1991年版，第268页。

② 《两年来的峡防局》，江巴璧合四县峡防团务局1929年刊，第21—22页。

③ 《新北碚快完成了》，《嘉陵江》1928年12月19日。

④ 《民生实业公司十一周年纪念刊》，中华书局1937年版，第159页。

⑤ 黄子裳、刘选青：《嘉陵江三峡乡村十年来之经济建设》，《北碚月刊》第1卷第5期，1937年1月1日，第35页。

沟至大田坎一段，计程八里。全线计三十三里，同时于白庙子建筑下河绞车第一段，于二十三年四月一日同时完成。第二段绞车二十四年三月完成，主要运输煤炭，平均每日四百吨，拟募足股本六十万。铁路起点在嘉陵江边，依山岭断岩而筑，乘船经过，闻汽笛呜呜呜，在江中仰望，火车一列，盘旋天际，如在车中俯瞰，则又下临无地，使人心惴。车站地名白庙子，初仅有房屋一所，铁路修成后，新建街房百余间，俨若一新市场焉。铁路之设备有车站十一处，一百一十匹马力车头一部，五吨车厢自卸煤车六十部，卸煤桥四座，绞车二部，各种修理机械及机械全套。二十三年营业约十四万元，盈利甚微。

（三）北碚筹组、试办峡区农村银行，资本号称1000元，股东及办事人均为峡局职员，管理权属于执监委员会，业务偏重于贸易，放款很少①。另有资料载②：

发起银行，在民国十七年十月，是江巴璧合四县特组峡防团务局建设峡区事业中的一件。在那时的发起人，股东和办事人，都是峡局的职员。其资本总额，查得十月二十一日资本账的记载，计每股四十五元，有股东六人，共得四十五元。……银行股东，可以自由加入，自由退出，其组织适与信用合作社的组织相近似！……又经理人：第一任是洪雨村，第二任是熊建勋，行址在缙云路，初与北碚消费合作社为邻，既而消费合社址让与民众俱乐部，于是银行与合作社同住在一起焉。

11月6日　北川铁路第一段即白庙子到戴家沟段开工③，1930年6月竣工④。

11月7日　卢作孚率领峡防局服务人员11人，由黄葛村跑步翻山到文星场北川铁路参观马路（北川铁路）开工，晚上由摩溪山回局⑤。途中

① 峡防团务局编：《峡区事业纪要》，峡防团务局印1933年8月，第1页；黄子裳、刘选青：《嘉陵江三峡乡村十年来之经济建设》，《北碚月刊》第1卷第5期，1937年1月1日，第17页。

② 《北碚农村银行报告书》（北碚农村银行丛刊第4种），北碚农村银行1932年刊。

③ 《峡区新闻》，《嘉陵江》1928年11月8日。

④ 天府矿业公司编：《天府煤矿概况》，大东书局1944年版，第5页。

⑤ 《峡防局消息》，《嘉陵江》1928年11月11日。

经过黄葛场，见有乡人搓麻将打纸牌，当时就命将麻将纸牌一齐抓来，立即焚烧[①]。

冬　民生机器厂初步建成。该厂虽然此时屋仅一椽，人仅10余[②]。机器也不过数部，只能修理小型轮船，但后来不断扩充，对民生公司的发展具有重大意义，特别是抗日战争爆发以后，上海武汉沦陷，民生机器厂不仅承担民生公司所有轮船的修理工作，还能适应需要，承制新船，成为后方技术力量十分雄厚的著名机器厂[③]。

11月21日　民生公司召开特别股东大会，议决增加100股，总额5万元，使公司资本总额达到15万元[④]。大会公推耿布诚为董事长，陈念苏、梁明清、郑璧成、刘润生、周惠生、李佐臣为董事。余文舫、陈若愚、刘放皆、郑东琴为监察[⑤]。在这次股东会上，讨论并通过了现存最早的《民生实业股份有限公司简章》，章程中载明“本公司以促进交通，开发产业为宗旨”。关于公司股本、投资、员工变动情况，资料又载[⑥]：

> 民17年（1928年），股本增加为123000元，与顺庆轮船公司共同投资自制长江公司，收购顺庆轮船改名长江，由本公司代办，自此始有轮船航行重庆、叙府、嘉定间。同年并投资北川铁路公司。同年7月增设机器厂于江北，是时股本定为15万元，实收123000元，职工人数增为116人。

［按］“促进交通，开发产业”作为民生公司宗旨，为此后民生公司各章程所沿用，未曾变更。

11月24—25日　卢作孚由于此前到黄云庙开周会淋雨，导致感冒，加上他不相信中医，尤其不喜服药，以致经过多日，病情加剧。24日友人何北衡在重庆特约两位西医到峡防局为卢作孚诊病。服药后病情好转，

---

① 《抓赌场麻匠（将）烧灰（毁）》，《嘉陵江》1928年11月11日。

② 疏狂：《谈谈民生机器厂》，《新世界》第3期，1932年8月12日，第15页。

③ 周茂柏：《抗战第六年之民生机器厂》，民生公司1942年8月1日印，第1页；疏狂：《谈谈民生机器厂》，《新世界》第3期，1932年8月2日，第5页；《民生实业公司大事记》，《新世界》第65期，1935年3月1日，第90页。

④ 《建设新消息》，《嘉陵江》1928年12月5日。

⑤ 民生实业公司十一周年纪念刊编辑委员会编：《民生实业公司十一周年纪念刊》，中华书局1937年版，第197页。

⑥ 佚名：《民生简史》（上），《民生实业公司简讯》第1036期，1950年7月21日，第3版。

遵医嘱 25 日卢作孚到重庆仁爱里的医院静养①。

11 月 29 日　卢作孚病愈，于本日乘汽船回到北碚，当晚召集局内官长职员开会，筹商局务②。

11 月　峡防局开始整理、改善辖区内各场市街。

12 月 5 日　民生公司在北川铁路公司投资 5 千元，成为该公司发起人③。

12 月 11 日　第一期少年义勇队队员高梦先《种豆日记》载："予专记本日之最奇谈论。午前有一种痘之老妪在旁私语曰：此等种痘多是洋人，谨防小孩放死，并且过后才要钱，你想哪有不要钱的这桩好事呢？我听着急忙申明不是。"④

12 月 12 日　四川倒刘湘各军将军订立四川同盟各军公约，共同遵守⑤。

12 月 17 日　四川倒刘湘各军联合进攻刘湘防区，第二次下川东之战爆发。

12 月 19 日　经过两个月的市政建设，北碚面貌有了显著的改善。《嘉陵江》报载⑥：

> 北碚场自从峡防局在两月以前首先派兵，就横街通禹庙地方修筑民生路以来，市民即自动的把新码头修筑完工。继后一天一天的就拆房子扩张街面，从王爷庙街起，到正街，又过关庙街。两旁住户，各自锯短簷口，让宽街面，宽逾两丈。街的两边，接近铺面每边复有人行道六尺。连日各街拆修通了，此外各小街亦尚陆续拆修。以前窄狭不堪的北碚场，至今忽然一变而为地阔天宽的新北碚。

12 月　民生公司办事处迁入合川总神庙，称民生实业股份有限公司

① 《地方新闻 · 局长下渝就医》，《嘉陵江》1928 年 11 月 25 日。

② 《峡区新闻 · 局长回局》，《嘉陵江》1928 年 12 月 1 日。

③ 《民生实业公司大事记》，《新世界》第 65 期，1935 年 3 月 1 日，第 90 页。

④ 高代华编注，重庆市璧山县档案馆整理：《乡建事业践行者高梦先文存》，西南大学出版社 2023 年版，第 17 页。

⑤ 周开庆编著：《民国川事纪要》（1911—1936），台北四川文献研究社 1974 年版，第 392 页。

⑥ 《新北碚开完成了》，《嘉陵江》1928 年 12 月 19 日。

总事务所，内分航业、电灯两部[①]。资料载[②]：

> 民十七（1928年），（合川）市民渐知电灯之功效，租用者益多。电厂机器，本可供五百盏之电流，租出灯额，竟达五百三十余盏之多。为限制计，乃增灯租为十六支光，每月每盏一元五角。是年，陶建中赴渝，设办事处于汇源店，是为分所之始。民生船亦于是年开始渝涪航线，现用之蒸汽电机，亦于是年由沪运川，建厂址于合川总神庙。装安竣工于是年十月，开灯于是年之冬月。公司全部，亦于是年冬月由药王庙迁入总神庙。新机较原机约大十倍，可燃灯五千盏，苦于推销不足，乃减灯租为每月一元，仅租出灯额二千余盏。旧有机器，即搁置不用。碾米部亦同时停办。电厂新址为县城最高处，地势雄峻，眼界辽阔。公司事业亦蒸蒸日上。

本年底　北碚初步完成市街改造工作[③]。

---

① 陈雨生：《电灯自来水厂史略》，《新世界》第1期，1932年7月12日，第16页；民生实业公司十一周年纪念刊编辑委员会编：《民生实业公司十一周年纪念刊》，中华书局1937年版，第197页。

② 陈雨生：《电灯自来水厂史略》，《新世界》第1期，1932年7月12日，第16页。

③《江巴璧合特组峡防团务事业进程一览》，峡防局1934年刊，北碚图书馆藏。

1929年（民国十八年）36岁

1月6日　峡局在北碚关庙举行周会，卢作孚从教育、交通、卫生、治安、调查户口等5个方面总结了过去一年峡局的工作成绩，谓[①]：

今天是十八年的第六天，也算是十八年第一次周会。我们回转去把我们在十七年中所做的事算一算账，究竟做了些什么事业，在我们初到峡的时候，就拟定了许多计划，我相信凡认识字的兵士，都知道我们信封上面印的那些条件，那些条件就是我们的计划。

第一，教育方面。我们要使蠢人变成聪明的人，一件事不懂得的人，要变成什么事都懂得。所以我们就拟定峡区各场办设图书馆，办设小学校。于是在去年二月间，在北碚就把图书馆办起，实用小学办起。后来又办一次秋季运动会，提倡一般人的体育。

第二，交通方面。沿嘉陵江一带划水表，使船商知道水的深浅。其次沿河掏滩，使船行便利。后来河道上匪多了，汽船行驶不便，须在渝请驻军检查，其中不免有手续未尽的地方。航务处商量峡局派一分队到渝担任检查，并且沿河护送往来汽船。复后又安设乡村电话以防匪警，继续又改修北碚市政。至于风纪方面，从前这个地方的娼妓和赌博很多，差不多遍街都是，一年来我们把他革除净尽，不但北碚如此，就是峡区各场也差不多革尽了。

第三，卫生方面。开办地方医院，帮助北碚水土沱、八塘场扫除街道，又在北碚实施杀蛆运动，减蝇运动，在各处宣传剪指甲，洗牙齿，以及天天不断地检查街面清洁。我们帮助各场的小孩子放牛痘，大家还不知道合川有一件新闻，就是一个人被匪拉去了，后来把那个人救回来，算是救了一个人。我们今年点种了一万多个小孩的牛痘，把他们从死里救了出来，岂不是救了一万个人吗？

---

① 《卢作孚演说过去一年中所做的事》，《嘉陵江》1929年1月9日。

第四，治安方面。从前征调民丁训练，在一年内办三期，一期办五百名，一年办一千五百名，三年就可办到四千五百名。后来因为乡民生活，对于征调训练，有些妨碍，才改更计划，办常备队。但是我们办的常备队，不是把一批人办成兵，是要办成一般良好的百姓。于是就在各中队里面办工业，使当兵的人人都有职业。除薪饷而外，人人都有红息分。如果有匪来了，我们拿起枪背起弹就是兵。把匪打了，放下枪就是良好的老百姓，并且工业办好之后，队兵的家属还可以搬到这里来住家，帮我们些事。如织布的倒筒倒遇（原文如此——引者），打草鞋的撮麻线，另外的如洗衣服等事。

第五，调查户口。在年底我们又做了一桩很大的事，就是调查户口。从来中国的户口，是没有人调查过的。我们在到年底的两天，全局的职员出发去把北碚场乡下的户口调查得清清楚楚的。这件事是士兵没有去干的，全是峡局的职员和各队的官长去干的。今天说的，就是在十七年以前没有的，在十七年中间我们才把它办起来了的。没有办的，在今年起，继续努力的把它办下去。

1月10日　以倒刘为目的的下川东之战以李家钰、罗泽洲、杨森等的失败而结束，[①] 杨森部郭汝栋、范绍增部叛杨附刘，刘湘占有了杨森在下川东的全部地盘以及长江上游航线，其势力进一步膨胀[②]。杨森退往广安、渠县一带。

1月　（一）峡防局第一次对辖区人口进行普查和统计，结果显示：北碚市区户口475户，1595人。峡区全境3348户，17007人[③]。（二）峡防局在北碚设立民众俱乐部，购置有中西乐器，供人娱乐；成立工艺售货处，销售峡局制造的产品；创办峡局消费合作社（或称北碚消费合作社）和嘉陵照相馆等。（三）峡防局团务局成立工务股，各队工艺部划归工务股管理[④]。有记载说[⑤]：

---

① 周开庆编著：《民国川事纪要》（1911—1936），台北四川文献研究社1974年版，第393页。

② 吴晋航、邓汉祥、何北衡：《四川军阀的防区制、派系和长期混战纪略》，《文史资料选辑》（全国）第10辑，中华书局1981年版，第49页；匡珊吉、杨光彦主编：《四川军阀史》，四川人民出版社1991年版，第271页。

③ 《江巴璧合特组峡防团务事业进程一览》，峡防局1934年刊，北碚图书馆藏。

④ 《大明染织厂——现代合营事业的一个试验》，《新世界》1944年6月号，1944年6月15日，第23页。

⑤ 杨秉钺：《三峡染织厂之成本会计》，《新世界》第48期，1934年6月16日，第1页。

（卢作孚）有感于军人与职业之关系问题，爰就峡防局经费中拨款筹设是厂，并设工务股以统其事。

［按］此前在峡局内已经逐渐形成一个小小的庙咀工场。工务股成立后，接办庙咀工场，添置设备，扩大士兵学习织布、织袜的规模。此后峡防局工务股以及所辖庙咀工场不断发展，成为后来三峡染织厂的前身。

2月10日　本日为农历正月初一，卢作孚派出巡查队，在街面巡查，劝人不赌钱，一旦发现赌博，则没收赌具。

2月15日　重庆设市，管辖江、巴两城区及南岸弹子石等，潘文华任市长。当时重庆主城区分上下两半城，傍嘉陵江部分为上半城，傍扬子江部分为下半城，全市繁华区域集中在陕西街、都邮街、第一模范市场、新街口等处，全市人口约20余万[①]。

2月17日　本日为农历正月初八，峡防局职员、官兵、学生，在公共活动场举行周会，卢作孚专门讲了春节期间的禁赌问题，谓[②]：

我们到峡来一两年了，所作的事，都是维持地方治安，帮助人民的，不过还有不彻底的地方，就如赌钱这一件事。我们初到峡的时候，曾经调查过，在各个场的赌博，差不多每天有几百块钱，乃至千多块钱的输赢，当时我们想，一个乡场，每天商业还做不到几百块几千块的生意，而赌竟有如是的骇人，不知道曾经输穿许多人，所以才同各场的团务人员商量禁赌，在我们能够监视的地方，就直接禁止起来。远的地方，就借团务上的人帮助禁赌。这时就惹起一股聚赌抽头的流氓，和爱赌钱消遣的朋友们的怨恨。同时就有人商量和缓的办法，然而在这个时候，我们不能分别谁是聚赌抽头的，谁靠赌吃饭，谁又是赌钱消遣的，所以通通禁止了。但是我们禁赌并没有处罚过人，总劝人不赌，没收了赌具，以期达到没人赌钱就算了。直到去年腊下，又同团务人员商量禁赌，各场张贴布告，恐在新年时候，人们做工的停工，经商的停商，务农的亦停止做活路，在百业停止人民休息的时期，不免有丛生赌博的情形。我是在正月初一日就组织巡查，在街面巡查。总是劝人不赌钱，没收赌具，并没有粗暴的行为。不过其中有官长处理不适当，和士兵言语不对的，冒犯了赌钱的朋友。我

① 郑璧成：《游川必携》（之二），《新世界》第51期，1934年8月1日，第59页。

② 《卢局长演说禁赌》，《嘉陵江》1929年2月21日。

们知道后，已曾几次责备自己的人，不应该有如此轻易得罪于人，但是赌仍是要禁的，我们总不愿意人穷。其实赌对于我们毫没关系，我们的官长职员学生士兵，一个也不准赌的，不过对于人民利害关系很大。前已有位朋友，由重庆来，那夜宿悦来场，在店里睡觉的时候，听着后面有一家赌场，已经花了几百块钱的输赢。我们想这几百块钱的经过，你输了，我赢了。你赢了，我输了。往来许多周折，一往一来，汇合到几千块钱的输赢，结果输了许多人，没办法的就流为盗贼，并且场上还要头钱，十块钱抽一，百块钱抽十。磨来磨去，结果安赌的人，还要得多些。看起来这些赌钱的人，值得不值得呢？我们认为禁赌这件事，对于人民有利，精神是要贯彻到底的，纵然有少数的人民怨我们恨我们，我们还是要做。以至于要杀我们，亦还是要做的。至于下星期起，每中队在开周会的时候，都要有游艺表演，使看的人欢一欢心。运动的时候劝他们来参加运动，切莫要去赌钱。赌钱是静坐费思想，费眼睛，毫没有利益的。

春　卢作孚任命陶建中为民生机器厂经理，赵瑞清为工务主任，“当时工作机，亦只十六匹马力黑油引擎一部，大小车床四部，刨床、钻床各一部”。①

3月6日　峡防局接受重庆航务管理处函邀，本日派出常备队两个班士兵，分乘长宁、平福两艘汽船赴重庆，担任重庆港汽船检查任务。《嘉陵江》载②：

峡防局接受重庆航务管理处函请，派队到渝帮助检查汽船。昨经刘军长发给护照及武器通过证，该局即于本日派兵两班分乘长宁、平福两汽船下渝，担任检查职务。

3月8日　峡防局派兵三个班赴重庆检查汽船，卢作孚对前往官兵讲话。他希望官兵在重庆切实维持交通、保持峡局时的精神：忠实地做事，诚恳地对人。《嘉陵江》报载③：

---

① 疏狂：《谈谈民生机器厂》，《新世界》第3期，1932年8月2日，第15页。

② 《峡局派队到重庆帮助检查小河汽船》，《嘉陵江》1929年3月6日。

③ 《峡防局欢送兵士检查船》，《嘉陵江》1929年3月9日。

峡局应重庆航务管理处之请，派队下去检查汽船。昨天派第三中队邓队长桂庭率兵三班，先到河边等候平福、天新汽船，全局职员及各队官长士兵齐来送行。卢局长对于担任检查官长、士兵有恳切的训话，大意是：此次下去担任检查往来汽船，责任是很重大的。希望第一是维持交通，扶助交通事业的发展，要从没有汽船达［做］到有小的汽船，有小汽船的地方能够达到走大的汽船；第二是希望保持峡局的精神，每天工作、读书、运动，早晨洗冷水澡，不要染起各种嗜好；第三希望你们忠实地做事，诚恳地对人。不要人一文钱，不受人一袋纸烟。最后大家欢呼：我们希望保障交通，扶助交通事业的发展，保持峡局的精神。邓队长及所率兵士齐声回答说：希望我们的话，我们谨记在心了。到十点半钟，天新、平福已到，下渝的兵分乘三个小划子递上汽船。岸上送行的官长、士兵欢呼如前，船上的兵也齐声答应：希望我们的话，我们谨记在心了。两个汽船一霎时就过了黄葛树。

3月9日　《嘉陵江》载峡防局倡导职员开展运动、读书活动情形[①]：

一、星期六运动会

峡防局自去年秋季运动会以来，所有机关的职员，各队的官长士兵，每早晨统统要到公共体育场运动。最近因四月间的大规模峡区春季运动会将要到了，卢局长更要各官长职员士兵积极锻炼，规定每人都要有一种专门的运动。现由全体职员官长士兵组织一体育委员会议，议决每日早晨分组运动，每星期六开运动会一次，各种运动比赛结果，得优胜的第一二三给以相当的奖励。

二、每天晚会

峡局职员的读书会，现因下午有事务的人太多，不能说把事情丢了来读书。卢局长特定每晚开一晚会，地点假民众俱乐部内，钟点由局上晚饭后放炮大家就去，并在人未到齐的时候，各人把各机关的乐器带去练习。人齐了，就开会，会中至少要讨论一二个科学或常识的问题。如果有外面的来宾，也欢迎他来讲演。因为这样一来，比读书所得的益处，还要切实清楚些。

---

① 《峡局两种要紧的会》，《嘉陵江》1929年3月9日。

3月11日　峡防局所属各机关职员、各队官长，在民众俱乐部开第一次晚会，卢作孚作《一个团体的理想》的讲演，谓[①]：

理想是安慰人的。假若人没有理想，那就痛苦极了，但是理想有一个人的同团体的。一个人的理想，就如一个没有结婚的青年，他理想将来要与哪个女子结婚，人才是怎么样的好，谈话是怎么样的漂亮，学问又是怎么样的高明，总是理想样，都是生得很完全的，样样都是如我的心意的。又如一万块钱拿六十块来买田地，一千块来请客，两千块来修筑房屋，再拿一千块买家具，这都是一个人的理想。假如我们个个都只从一个人的理想，那社会就不知道闹成个甚么样子了。因为个个都只从自己的福利，那公共的福利又拿来怎么样办呢？所以我们现在要有团体的理想，如像峡局一二三中队，各队的教官都理想把这一队的士兵，身体要锻炼到怎样的强健，信心要锻炼到怎样的坚固，做事要锻炼到怎样的热心。心理要锻炼到怎样的娱乐，这都是对于一个团体的理想。又如像邓少琴先生经理温泉公园，未去温泉公园之先，他就理想一个公园，房屋建筑得很美丽，花木培植得很好看，鱼鸟蓄养得很多，游戏场又如何的宽阔，总是理想来成一个很完美的公园。大而言之，还要理想把峡区、四川、中国，以至世界变成怎么样的好，我们就照着这个理想去做，一直到死就完了。假如还生存一天，那我们还是要协同继续的努力，照着理想做下去。

3月12日　峡防局在局署前面河岸及后面的马鞍山上，造出一片保安林，除瑞香、笔柏及灌木树不计外，种植杷豆、松柏、摇钱、洋槐、青杨等树共3005株，面积在百亩左右[②]。

3月13日　《嘉陵江》载民生公司日前召开第四届股东会的情形[③]：

合川民生公司日前开股东会，已选出两李佐臣（一住城，一住乡）及周尚琼、胡绶若、耿布诚、郑璧成七人为董事，耿布诚被选为董事长。又选出余文舫、陈君愚、华巨卿、郑东琴为监察员。去年

① 卢作孚：《一个团体的理想》，《嘉陵江》1929年3月13日。

② 黄子裳、刘选青：《嘉陵江三峡乡村十年来之经济建设》，《北碚月刊》第1卷第5期，1937年1月1日，第23页。

③《民生公司选出董事》，《嘉陵江》1929年3月13日。

公司红利一万二千元，现有资本十五万元，但公司资产已可值二十八万元。

3月中旬　李云根为北川铁路路基修筑遇阻事致函卢作孚，谓[①]：

北川路线经过文星场王家嘴地方，路基内有石突出，非凿去不可。不意今日实际施工，乃有地主刘耀庭等认为妨害风水，当将石工李占云毒打，几致生命危险，后经地方团总刘楚佰出而弹压无效，声势汹汹，恐地方团局无如之何。该刘耀庭等无理逞凶，实已构成刑事处分，刻已向该地团局请其将受伤人犯一并拘押，送县办理。如楚伯（佰）碍于情面，无相当处置，则请吾兄派队震摄，并将凶犯逮捕予以惩治，事业前途幸甚。

3月21日　李云根为北川铁路路基修筑遇阻事回卢作孚函示，谓[②]：

刘姓所谓风水石系在沙沟附近已成土工路基之内，高仅一尺，大不过柱。出头之刘耀庭、刘佰珍等均非地主，实有借诈之意。同人本抱融洽主义，无如除毒打工人外，并百般侮辱，殊属不近情理。地方之息事宁人者，邀到茶社谈判，以为只要耀庭等能对受伤工人酌赔医药，对同人略表歉意，即便寝事。殊耀庭等恃众横野，一味漫〔谩〕骂无已，请求贵局意在自（有）以处置。乃闻吾兄已到合川，始驰至江北县署呈据。而工人因侮辱，惹致一部向公司提出停工。耀庭等人有如要打石，即要打战。因恐复酿重件，始再缄派队弹压，子英来出手，凶犯刘耀庭、[刘]佰珍等见势匿去，到局之刘楚伯〔佰〕系保存风水代表人，非凶犯。青年刘佰生系耀庭之子，曾任该场小学校长，耀庭所以恃而不恐者，此也。团总刘楚伯〔佰〕系晚辈，无如之何。至兄主事息之意至善，盼拨冗贲临，一为解决。再复佰安以县法警于今晚到公司，此次所以不迁就者，一则事实不可能，一则上段尤须迁坟数处，如过示弱，将来无法进行也。临颖不胜待命之至。

[按] 据高孟先记述：修北川铁路时，文星、黄桷不少人认为破坏了

---

① 黄立人主编：《卢作孚书信集》，四川人民出版社2003年版，第137页。

② 同上。

风水，地方势力太大，最后只得改变路线而出白庙子[①]。

3月27日　峡防局举行临时会议，卢作孚参加。会议讨论了运动会组织和分工安排以及读书时间调整和科目担当人员安排。经过调整，读书由下午改为上午，各科目由各机关主任等人员担当，其中赵仲舒任公牍，孙献陶任珠算、簿记，卢作孚任政治经济，军事主任及各中队长任典范令三科，骆敬赡任运动规则，姜大璧任音乐，卢璧光任数学、历史、地理，黄子裳任自然科学，周茂荣任医药常识，袁伯坚任读书常识[②]。

4月1日　（一）此前璧山、铜梁交界处有小股土匪窜入峡区，峡局派兵进剿，本日卢作孚亲率峡防局精锐武装——手枪队前往剿匪，并迅速将该匪包围。[③] 关于手枪队，资料载[④]：

> 手枪队，设中队长一人，队附四人，书记一人，士兵八十名，传令夫役九名，谍调六名。共一百零二人。经费年一万二千四百二十元。其主要工作在保护峡区治安，每日例有严格军事训练，暇则帮助民众干社会工作。

（二）张群就任上海特别市市长。

4月中下旬　杨森联络李家钰等进攻刘文辉的上川东之战爆发，此役以杨森失败告终。

4月20日　北碚峡防局团务部发行卢作孚的格言体小册子《怎么样做事——为社会做事》，内容如下[⑤]：

> 做事不怕慢只怕断！事贵做得好莫嫌小！做事有两要着：大处着眼，小处着手。我们应一致反对的是空谈，应一致努力的是实践。天下事都很难，我们如能战胜困难，天下便无难事。事求妥当，第一要从容考虑，第二要从容与人榷商。无论做什么事，事前贵有精密的计划，事后尤贵有清晰的整理。今天整理出来的事项，不但是今天的成

---

① 高孟先：《卢作孚与北碚建设》，《文史资料选辑》（合订本）第74辑，中国文史出版社2000年版，第85页。

② 《峡防局三月二十七日临时会议纪要》，《嘉陵江》1929年4月2日。

③ 《卢作孚率队打匪》，《嘉陵江》1929年4月2日。

④ 李涛：《四川北碚的乡村建设事业》，《教育与民众》第7卷第6期，第1187页。

⑤ 卢作孚：《怎么样做事——为社会做事》，北碚峡防团务局1929年4月20日刊，第1—10页。

绩，又是明天计划的根据。做事要免忙乱，总须事前准备完善。可靠功夫须从实地练习乃能得着，学骑马须在马上学，学泅水须在水上学。人不贵徒有抽象的知识，贵能随时随地解决具体的问题。书只能介绍知识，却不是知识，读书只能作为求知识的帮助，不能只从书上求知识。我们应从野外去获得自然知识，到社会上去获得社会的知识。人每每有透彻的知识，深厚的感情，但不能影响自己行为；所以贵从行为上增长知识，培养感情。我们天天从办事上增加经验，从读书上整理经验，从游戏上增进我们身体的健康。做事应在进行上求兴趣，成绩上求快慰，不应以得报酬为鹄的，争地位为能事。人生真味在困难中，不在安泰中。最有味的是一种困难问题的解决，困难工作的完成。做事不应怕人反对，但应设法引起人的信心同情，减少人的反对。我们对人有两美德：一是拯救人人的危难，二是扶助人的事业。对人诚实，人自长久相信；好逞欺饰，人纵相信，只有一次。从行为上表现自己，自得人佩服；从口头上表现自己，徒讨人久厌恶。人有不可容的事，世没有不可容的人。消灭社会上的罪恶，不是消灭在罪恶里面的人，是要拯救出他们。给人饭吃，是教人吃饭靠人，不如给人一种自找饭吃的能力。但愿人人都为园艺家，把社会上布置成花园一样美丽；都为建筑家，把社会上一切事业都建筑完成。好人只知自爱，不顾公众的利益，结果便是让坏人坏。我们为社会努力，莫因事坏而不管，效缓而不为；事惟其坏更应设法弄好，效惟其缓，更应设法提前。我们第一步要训练的是组织——怎样分工？怎样合作？怎样合议？目前的中国，是一切人不能解决问题，不是一切问题没法解决。要在社会上享幸福，便要为社会造幸福，社会不安宁，绝没有安宁的个人或家庭。苟安是成功的大敌，应该做的事情，每因苟安终于不做，应该除的嗜好，每因苟安终于不除。我们要随时随地转移社会，不为社会所转移。我们要改造社会环境，应从我们一身的周围改造起。今天以前的社会兴趣，在以个人的所有表现于社会上；今天以后的社会兴趣，应以个人的所为表现于社会上。我们应以建设的力量作破坏的前锋，建设到何处便破坏到何处。人要在饿的时候才知道饭的味，在乏的时候才知道睡的味，所以人生的快乐不贵有太丰的享用，贵在极感需要的时候才享用。事业的失败不为病，只病不求失败的原因，不受失败的教训。事应着手做的，便应立刻着手，不可今天推到明天，今年推到明年。我们的时间，便是我们的生命，时间过去一天，便是生命少一天，我们爱惜生命，更应爱惜时间。我们工作与休息应调匀，用心与用力的时间须常相交换。人应当爱惜时间，所以应当不辍的做事，尤应当爱惜经验，所以应当不辍的做一桩事。人贵有不拘于习惯的习惯，贵能立刻养良习惯，去掉不良习惯。侥幸是误事的大原因，人因为有侥幸的心，便常做莫有把握的事，常坐待祸免，或坐待事成。我们做事应取得利益，但应得自帮助他人，不应得自他人损失。人对人的行为，宜找出好处，对自己的行为，宜找出错处。办事须尽力揽人才，更须尽力训练人才。望人做好一桩事业，自己应在前面指导，不应在后面鞭策。搜寻人的坏处，不但无由望人好，倒把自己的思想引向坏处了。对人说话须先想想，使人了解，并须使感动才有力量。我们最可惜的精神是不做事而对人，专门防人图己，或更专门图人。我们应努力于公共福利的创造，不应留心于个人福利的享受。

［按］该小册子没有署名卢作孚，但《北碚月刊》第3卷第6号上重刊该内容时，曾特意注明为“卢作孚先生长峡防团务局时代之旧作”，则可确定该小册子为卢作孚所作。

4月22日　有22个团体，共计1161人参加的嘉陵江运动会在北碚举行，卢作孚亲自组织了这次运动会并在开幕式上致辞，谓①：

今天是嘉陵江运动会开会的一天，在这里开运动会是第二次，开嘉陵江运动会是第一次。各处学校团体来宾莅临参加，复承各方军政长官、地方人士珍赐奖品，本会很荣誉的。以后希望每年都能办一次，并且希望二次来参加的还不止这一些人，最好多有人来，互相观摩，这就是个人希望的。

［按］关于这次运动会筹办和举行的始末，参加相关组织工作的卢璧光在《嘉陵江运动会报告书》序中谓②：

民国十七年秋，峡防局为提倡国人注重体育，约集峡区及其附近各学校各团体，开一度运动会。事属草创，粗具规模，各方咸冀更继续而扩大之。因此卢局长作孚乃进而定十八年春季嘉陵江运动会之计

① 《嘉陵江运动会专号》，《嘉陵江》1929年4月29日。

② 《嘉陵江运动会报告书》，北碚图书馆藏。

划。半载以还，举凡运动场所、运动器具，均次第敷设完备。会期前一月，更托黄子裳君赴渝，与渝中各体育教师商洽，由峡局担任筹备事务，延请评判人员。转瞬期届，各学校各团体运动员，遂相与连翩而来参与此盛大之乡村运动会矣。当夫运动开始，中原战事未平，川省烽烟又起，警耗频闻，运动仍自进行到底，不因以停顿，而国人或每不知战乱无已之中华民国领域内，尚有数千青年在此静僻之三峡乡村中，轰轰烈烈举行运动大会也。会场设备、交通供应、引导游览及选择驻地诸端，虽与原计划书或有出入，然大体略备。壁光职司编配，会务既竣，谨整理所记录作报告书，并略序其经过及所感如此。

4月26日　嘉陵江运动会结束。之后峡局特编《嘉陵江运动会报告书》记其始末，卢作孚为该报告书写了序言，谓[1]：

峡局为提倡运动而开运动会，而邀四县之运动团体，运动人数以千计。事体甚大，筹备未周，以致中间不无小小争执，幸而终了，未成纠纷，究有遗憾。因念运动会之意义，在促起一般人运动之兴趣，绝非在促起人与人间之争执与纠纷。运动员及其有关系之人，于表现运动之成绩外，尤当表现谦让之美德，尤当尊重公共之秩序。以积弱不堪之中华民族，提倡运动会，诚为当务之急，以一时国人好意气，好争权利，成为风气，尤当提倡一种新精神也。人群之集会，正所以增加相互之谅解及情感，不宜隔以墙壁。佩服成功者，致歉疚于失败者，两皆为人群集会时，尤其为运动会开会时，必须具有之美德。甚望训练青年者，特注意于此，奖励其运动，却勿奖励其争也。报告成，感而志于其端。

本年春　卢作孚任命陶建中为民生机器厂经理，赵瑞清为工务主任。此时由于民生公司的事业尚在草创时期，航业仅有民生、长江（即后来的民望轮）、民用三只轮船，岸上事业仅有合川的电灯部，所以机器厂“营业尚须外求。”[2]

5月1日　刘湘任命卢作孚为川江航务处处长，卢作孚未就[3]。刘航

---

① 《嘉陵江运动会报告书》，北碚图书馆藏。

② 疏狂：《谈谈民生机器厂》，《新世界》第3期，1932年8月2日，第5页。

③ 黄立人主编：《卢作孚书信集》，四川人民出版社2003年版，第147页。

琛后来回忆刘湘设置川江航务处并任命卢作孚为处长的缘由说[①]：

民国十八年秋天，刘督办跟我说："你看今日之四川内河航运，几乎都是外国人的天下，行驶川江的轮只，英国有太古、怡和公司，美国有捷江公司，日本有日清公司，连法国人也有什么庆华公司。而我国人所组设的都是些只有一条船、两条船的小公司，跟外国人不能竞争，甚至都无法生存。"

因此，他请我在重庆总商会，邀集所有的轮船业者，举行一次会议，希望航业界能够成立一个联合的组织，设一个管理处来管理大家的船，用以对抗英、美、日、法的外国轮船公司。

开会的结果，很不理想，因为航业界人士各怀私见，难于采取一致的步骤。我把这种情形报告了甫澄先生，于是，由他自己想出了一个办法，他说："既然这些小公司不愿意联合，那么，就该扶植一个公司使其壮大，然后将这些小公司拿来逐一归并。"

按照当时的情形，扶植这样的一个公司，倒不在乎规模之大小，资金的多少，重要的是其主持人有没有头脑。于是，我们都想到卢作孚。卢作孚的民生公司，只有几万两银子的资本，和几丈长的一条船，我想，如果找到卢作孚，讲甫澄先生要对民生公司加以扶持，使负起归并川江中国轮船合为一体的责任，他当然会奋起壮志雄心，悉心以赴。但是，紧接着我又想起他的公司实在太小，名不见经传，而中外航业界人士，对于卢作孚其人其船其公司，一概不甚了然。在此名不彰的情况，要把民生公司培植为川江第一，川江独一无二的航业巨子，必将费力多、历时久，而事为功缓。

甫澄先生为使卢作孚的名字为航业界人所知，能力为航业界人士所赏识，为图事半功倍，他煞费苦心，决定发表卢作孚为川江航务管理处处长。早在民国十六年，我任职川东南团务总监部的时候，卢作孚曾受王陵基的委任，当过江、巴、璧、合峡防团练局局长，他的委任状便是由我亲自送去的。

……作孚和我因为业务上的关系，平时接触不多，所以，当刘甫澄先生派我去跟卢作孚商谈这个问题的时候，使我觉得相当的为难，以"东南团务总监部"的情形来说，在那一段的时期，团务总监部

---

① 刘航琛：《戎幕半生》，沈云龙主编《近代中国史料丛刊》续编（489），台北文海出版社，第175—176页。

就只有我这一个处长，经常到部办公，因此无论商讨什么问题，我都责无旁贷。但是那日所谈之事与我毫无关联，它不属于我的职权范围以内，如果卢作孚提出其它办法，我便无法参加意见，于是我请甫公还是另派人去为宜。

刘甫澄先生派他的机要秘书王伯安先生，跟卢作孚商议。伯安与作孚恳谈过后，他转达作孚的意见：

一、统一川江航务的工作，如果刘甫澄先生认为他是适当人选，他愿意尽力而为之。二、要他先做川江航务管理处长，培养他的声望，以便进行统一川江航业，这一点，他原则上表示赞成。

不过他也提出几点意见，要请甫公核定以后，他才可以决定是否担任这个工作。第一点，甫公既然是要他通过川江航务管理处，达成统一川江航业的目标，那么一旦有成，他便无法兼顾航管处的工作。因此他推荐何北衡为航管处的副处长，以便当他必须离职的时候，接替航管处的业务。第二，他提出了统一川江航业的办法。这个办法计分三项，那便是：(一) 合作：请民生轮船公司以外的航业机构，把他们的轮船，交给民生公司经营，而折价换取民生公司的股票。(二) 购买：由民生公司收买其它航业机构的轮船，所需款项由督办公署财政处垫付，再由民生公司以出售股票或贷款的方式，设法归垫。(三) 代理：即其它航业机构尚未决定将轮船折价投资或售与民生公司之前，可以先将轮船交由民生公司代理业务。

卢作孚所提第三项意见，乃是他就职以后，对于川江轮船及客货运，均须加以管理，无分中外轮船，固可由其自行设法解决，不过，旅客检查尤为当务之所急。他认为旅客如需检查，就该官民一律，不可厚此而薄彼，川军贻人不公不实之讥。但是如由甫公所部官兵，担任这项工作，他们碍于官长的尊严，和同胞的情面，检查绝不可能彻底，因此他建议调用江巴璧合团练（务）局的那六连团练，到川江航务管理处执行检查任务。由于团练上的官兵对官民概无渊源，可予平等待遇，至于峡防局方面，则由督办署拨发六连人的装备和薪饷，他们重新招募兵员。甫澄先生听王伯安说完了卢作孚的意见办法，当时便请他去写个简明扼要的签呈，上去以后，由他亲笔批了“照办”二字，于是，民国十九年春（应为1929年夏），卢作孚便就了川江航务处处长。

［按］在民生公司及北碚两项事业初创时期，刘湘的机要秘书王伯安

确曾给予大力支持，1930 年王伯安病逝。民生公司纪念册《王伯安先生事略》载[①]：

王伯安先生，籍隶南充，佐二十一军任秘书职。笃实精明，于政治事业、社会事业，皆饶创作兴趣，为诸友所称许，尤为长官所倚信。民国十八年，公司仅有民生、民用两轮，先生关注备至。其同乡某君新造顺庆轮，以绌于资，商于先生，遂由先生促成与公司合组一长江公司。为此往复商讨，累数十次。每有考虑，必兼顾双方利益，力求其平当而后已。诸友以是益佩先生。民生、长江两公司借坚请先生投资，旋经举任董事。当先生出长江北时，公司偶有要务，往往不惮深宵渡江，立为处理。其于江北县政，整理建树，备及（极）贤劳，巡视四乡，绝少休息，竟以咯血不起，于民国十九年某月卒于官，年仅逾三十。此不仅足为公司惜，尤足为四川人才惜。公司遇有困难问题，诸友相互集议，每到苦索不得良法时，益思念先生，皆深感事业中，绝不应少此人也。

5 月 12 日　峡防局各机关职员、各队官佐等六、七百人在温泉公园开周会，卢作孚在会上作了讲话，谓[②]：

我们这次运动会的成绩，比较去年的好。大家要晓得，不是临时预备得来的。如像吴中队长竞赛的二百米、八百米第一，不是在峡防局才是第一，他在学校每次开运动会就是第一。又如像左明德掷铁球的第一，平时特别预备过的。去年运动会我们没有得着第一，是因为这几个人没有去的原故。再如张荣去年在运动会一千五百米已经是跑到第二，今年练习以后，二千五百米、三千米还是第二。去年运动会我们没有一点成绩，今年我们在运动会当中，团体和个人都是第一名。总算有成绩了，但是这个成绩并算不得甚么。我们运动好的只有少数几个人，这是没有用的。譬如我们去打大球，只得几个人跑在前面，其余的人不能上前，还是终归失败的。所以以后我们每人都要练习运动，练习各种运动，并能参与各种运动，不论省内省外，只要我

① 民生实业公司十一周年纪念刊编辑委员会编：《民生实业公司十一周年纪念刊》，中华书局 1937 年版，第 236 页。

② 尚荣：《温泉公园周会记》，《嘉陵江》1929 年 5 月 15 日。

们能够加入的都要派人去加入。至于有机会，远东运动会都要派人去加入。这远东运动会是中国、日本、菲律宾三国组成的，还有这次运动会，为了分配奖品，有一二处扯，扯到现在还没有伸展。尤其是在运动场里有扯的学校，扯的学生，但是我们并没有扯，连我们运动的奖品也没有要。对于参加的运动员，我们还是准备为他们稍留纪念，使他们在努力上有一种安慰，现在正去做去了，转来方分发他们有成绩的人。

你们知道峡局近几个月的收支，每月不过收三千多元，最近这一月，收了十天，还不到一千元钱。我们的开支，每月要六千元才够。就是今天来开会这些人，吃饭和薪饷就是六千多元，还不说要办的各种事业，你们看相差好远呢。不但现在的账还拉起你们的薪饷，拉起外面各场的还多得很。这些困难，是你们不知道的了。现在峡局的事业根本困难问题，就是我们这些人，如像一部机器样，有些有动力还能走，有些原动力不能走的，反生了阻碍。这动那不动，你看困难不困难呢？我希望大家每人都能守自己的职务，交一桩事业给你，硬把这一桩事情办好，才昭人信用。再有一种不好的情形，就是每人不能明白自己的责任，时常会发生零零碎碎的问题，在我们面前来，这也希望大家要多想法子自己做自己解决。

5月31日　北川铁路公司在江北县文星场召开成立大会，推选尹锡之为董事长，张秩九为总经理，卢作孚当选监察。《嘉陵江》载①：

江北文星场北川铁路公司，昨开创立会，通过章程，会议三日，组织董事九人，系文化成、张秩九、唐瑞五、季叔平、黄锡兹、李云根、张守权、尹焕廷，推定尹锡之为董事长，张秩九为总经理，何鹿篙、卢作孚二人为监察。

5月　从一月份开始，峡防局开始于北碚各场镇以及与重庆、合川间，架设电话线，到本月，全部完成并通话②。

---

① 《北川铁路公司开创立会》，《嘉陵江》1929年6月1日。

② 黄子裳、刘选青：《嘉陵江三峡乡村十年来之经济建设》，《北碚月刊》第1卷第5期（1937年），第5页。

6月30日 峡防局在温泉公园召开周会，卢作孚出席并讲话，谓[①]：

刚才邓先生（公园筹备主任邓少琴——引者注）代公园要奖励大家的东西，还奖励大家的话。说到工作，大家在峡局，还是有工作的，晨早操场，上午办事，下午下操。到温泉来倒是减少了工作，并未增加工作。其次大家到温泉来，一方面在做工，一方面也在享受。我们看许多人要到温泉来耍一回，房间要一元钱一天，往来的路费起码也用几块。花钱也只能耍上三天两天，要耍一月两月的是万不可能的事。大家来做工，大太阳不做，下雨不做，一天也够大家耍的了，而且耍了两个月，池子洗澡不要钱，以后来客都是要钱才能洗澡的。和大家算一算，不知道大家要付多少出来呢！今天公园奖励大家的钱，我觉得这种不算是你们的奖励，我们做一件事做成了功，成功那便是奖励，还要别样奖励做甚呢？大家来温泉久了，辛苦了，不免伙食也要多吃些。这些奖励，也就算是津贴大家的伙食一样，奖励的意思确实如此。

邓先生在温泉来两年了，私人没有用一文钱，没有开一个钱铺，到处有奖励来。有的三百元五百元，一千元两千元多的三千元也有，但不是奖励邓先生个人，是奖励邓先生做事。邓先生把温泉公园做成功了，便是邓先生的奖励。

一般人的眼光，是在几文钱，只是给他自己一个人有好处。要是永远得着安宁也好，但是等到钱多了，不到三年五年，匪徒者来抢他，遇着儿子不好，一脚踢得精光，有什么好处呢？所以我们是想法专门为众人好，使众人有一个舒服的地方，使得友人来见了温泉公园，一下觉得，哎，还有这样地方，这样地方还是人能造出来的吗？我们也去做起出来，那时他们自然学了你们了。他们做你们后学，你们做了他们老师了。你们看这是对你们何等的奖励呢，这才真正是大家的奖励！

[按] 修建温泉公园还产生了水力磨面及温泉挂面等副产品，资料载[②]：

---

① 《温泉公园周会记》，《嘉陵江》1929年6月30日、7月5日。

② 黄子裳、刘选青：《嘉陵江三峡乡村十年来之经济建设》，《北碚月刊》第1卷第5期，1937年1月1日，《序》第20—21页。

温泉寺自建公园时，即开凿三角池及方池沐浴间等储蓄水量以供游人沐浴，溢出之水，复经该地居民开沟集聚于急流处，设置水磨，利用水力冲动磨盘，制造面粉，再加工制成细面，每年成品在四万斤以上，渝合各地争相购买，称道不置。

7月1日　重庆大学正式创办，刘湘兼任校长①。

7月6日　川江航务管理处在重庆成立②，卢作孚就任处长，何北衡担任副处长，邓少琴任秘书并负责主编《星槎》周刊。由此，卢作孚开始着手整理川江航务，特别是致力于川江上轮船公司的合并，他还力谋通过川江航务管理处对进入川江的外轮进行检查以健全航政管理制度。对此，刘航琛回忆说③：

民国十八年秋（应为1929年春夏之交）某日，甫澄先生因鉴于川江内河航运，几乎都操纵在外国的航商手中，中国人所组设的大都是只有一两艘船的小公司，不仅谈不上与外国人竞争，甚至有无法生存之虑。因此嘱我召集一次华商轮船业者的会议，希望航业界能够成立一个联合组织，以与英、日、美、法的外国轮船公司对抗竞争。开会的结果不很理想，因为航商各怀私见，虽然在原则上大家都赞成，但一提到具体办法，就有人反对，始终难以达成共同一致的合作步骤。最后甫澄先生决定扶植一家中国航业公司使其壮大，逐渐发生力量，合并川江的小公司。结果是决定扶植民生公司。当时民生公司的规模虽小，但其主持人卢作孚有头脑，有能力，而且为人方正，操守极佳。扶植民生公司的办法，除了督办署与四川金融界的财力协助支持外，对卢作孚个人，甫澄先生及余等友好集资五千元助其入股民生公司，其目的在使作孚成为享有董事会表决权利的董事兼总经理，而非只能列席董事会只有报告义务的聘任总经理。民生公司经过增资改组后，一面定购适合航行渝宜、渝叙间定期航线的新船，一面则以相当价格的股票接收其它同业的船只，结果在短期内不但使民生实业股份有限公司成为川江最有力量的华商航业公司，统一了川江的航运工

---

① 周开庆：《民国刘甫澄先生湘年谱》，台北商务印书馆1981年版，第52页。

② 《航务处周年纪念盛况》，《星槎》第7期，1930年7月12日，第8页。

③ 刘航琛：《序》，周开庆：《民国刘甫澄先生湘年谱》，台北商务印书馆1981年版，第4—5页。

作，而且更由于卢作孚出任川江航务管理处处长职务后，配合运用政府的力量，与民间的爱国心，在不动声色、不着痕迹的情形下，将外国籍的航业公司置于川江航务管理处的管理之下。

［按］任职之先，卢作孚曾与有关当局“约期半年，半年期满，即办移交。”① 担任川江航务管理处处长后，卢作孚首先采取果断举措调整川江航务管理处的内部人事，接着进行了川江航业调查。通过调查，卢作孚进一步认清了川江中国籍轮船公司无不岌岌可危的现状，“知道重庆上游也要整顿，于是才想两个办法，第一是要求政府保护中国船，无论军人坐船或打差，都要出钱。第二是要把上下游轮船各设一个有力量的轮船公司来统制，谁知单靠政治的力量，并不能把他办到。嗣后我向刘澄甫先生说，我要想从经济上去想办法。”②

7月12日 《嘉陵江》报载北碚峡防局因常备队开展大规模染织事业，拟征请工务主任③：

峡防局因常备各队士兵，大规模的染织布匹，拟征请学识宏富及素有染织经验专门技能者，充当工务主任一职，月薪在卅四十元左右，不日即将在重庆各报刊登启事，正式征请云。

7月18日 蔡元培致函刘文辉和刘湘，谓④：

中央研究院博物馆派动物馆采集员唐开品，偕中国科学社植物研究员方文培赴贵省南部与云贵交界处，采集动植物，务请转饬所属，于该两员过境时，酌派军警沿途保护，并予以各种便利为祷。

7月30日 《嘉陵江》报道，此前峡防局通过巴县建设局，请南京中国科学社派人来川帮助标本采集工作，现已由中央研究院派员乘轮

① 卢作孚：《一桩惨淡经营的事业——民生实业公司》，民生公司1943年印，第6页。

② 卢作孚：《我总是希望大家为国家为公司努力》，《新世界》第12卷第2、3、4期合刊，1938年10月31日，第11—12页。

③ 《峡防局征请工务主任》，《嘉陵江》1929年7月12日。

④ 高平书等编注：《蔡元培书信集》（上），浙江教育出版社2000年版，第985页。

前来[①]：

峡局少年义勇队学生，准备在四川及川边作大规模的标本采集。前次曾托巴县建设局长黄伯易，打电到京中国科学社，请派人来川指导帮助。现闻此事已由中央研究院特派方直夫及唐某来川襄助一切。方唐两人已由京搭轮西来，预计一周内外可到。现时义勇队关于采集方面各项人员、用具，已预备妥帖，只候方唐二人来时，即行率队到重庆搭轮船赴嘉定到峨嵋，随到川边大相岭，采集时间，预定三个月为期云。

7月31日　峡局义勇队起程赴峨嵋、川边采集。《嘉陵江》报载[②]：

（1929年）七月卅一日，峡局少年义勇队起程赴峨嵋，并到川边调查土产风物，事前诸事已准备完善。这天早晨便全部开到河边，待赶长江汽船东下。峡局职员官佐、士兵结队到达正码头河边送行，实用小学学生亦到，冒雨酷立沙岸上，与义勇队行送别礼，唱欢送之歌，……我们希望的是：本义勇的精神，作勤勉的采集，调查川边，树立科学基础，建设三峡自然科学院，完成新四川的使命。欢呼完毕，片时以后，长江（轮）由合川开来，义勇队上船，送行的人亦自岸上而返。……

欢送歌（歌词）

欢送义勇队列位同志，除外采集各种标本。志气千里，不辞崎岖，忍苦耐劳，跋涉有名大山，真可羡，真可羡，真可羡，真可羡。祝各位，路平安，早归还。Good bye，Good bye，Good bye，Good bye。归来时，再相见，好同志。

7月底8月初　卢作孚开始进行川江华轮公司合并和管理川江外国轮船工作。轮船公司的合并工作遇到的阻力很大，成效有限。检查外轮以健全航政制度一事更遭到外商极力反对，尤其是日商日清轮船公司声称决不买帐受管。由于日商船拒绝接受检查，卢作孚遂动员码头工人，拒绝装卸不接受检查、管理的外轮的货物，外轮业务遭到致命打击，只得屈服，接

① 《中央研究院派员来川指导少年义勇队从事采集》，《嘉陵江》1929年7月30日。

② 《义勇队川边调查》，《嘉陵江》1929年8月2日。

受航管处的管理和检查。不动声色地迫使骄横的外国船商接受中国地方当局的检查和管理这件事，极大地提高了卢作孚的社会声望。刘航琛多年后也回忆说[①]：

> 用新人行新政，卢作孚就职以后，当然会遭到许多阻力。其中最大的首推外籍轮船，尤其是日本人开的日清轮船公司，当然声称决不买账，决不受管。他们一面请日本领事代向督署声称反对，一面派该公司的华轮经理，亦即所谓之买办邹侠丹先生（革命先烈邹容之介弟），去向作孚理论。经作孚详细说明他的做法和理由，侠丹颇以为然，日清公司却坚对如故，侠丹竟因之愤而辞职。
>
> 这时候，多亏卢作孚用了些脑筋，利用各码头起卸工人的爱国心，由码头工人自己出面，严正表示：他们拒绝装卸不受管船只的货物。
>
> 从此，卢作孚在川江航业界，有了超越别人的声望，其能力尤为京沪各方人士所并知，他努力从事以民生公司统一川江航业的工作。外国轮船不受川江航管处的管，码头工人就不给他们起卸货物，这一着棋来得很凶，使外轮业务遭受无法抗拒的致命打击。他们企图设法转圜，但是劳工大众所表现的，是一种自发自动，群情激昂的爱国精神，外国轮船公司无可奈何，唯有宣告屈服，开始接受川江航管处的管理。

8月1日　对于少年义勇队的训练，峡局不仅注意进行品质、人格方面潜移默化的熏陶，而且注意通过艰苦工作的磨炼训练意志品质。本日峡防局派卢子英率峡区少年义勇队随同中国科学社生物调查队到峨嵋、峨边、大小凉山等处采集自然标本及调查少数民族（彝族）生活，并就北碚火焰山东岳庙改建博物馆，陈列上述标本及少数民族风物，中国西部科学院由此发轫[②]。邓少琴曾经说[③]：

---

① 刘航琛：《戎幕半生》，沈云龙主编《近代中国史料丛刊》续编（489），台北文海出版社，第177页。

② 峡防团务局编：《峡区事业纪要》，峡防团务局印1933年8月，第1页；庄泽宣：《陇蜀之游》，中华书局1937年版，第152页；《义勇队川边调查》，《嘉陵江》1929年8月2日。

③ 邓少琴：《邓少琴西南民族史地论集》，巴蜀书社2001年版，第1071页。

（少年义勇队队员）大家齐唱（义勇队队歌）于欢乐声中，增强以天下为己任之责任感而先肩负之。在志趣方面为潜移默化，尚须于艰苦中给以证明。以此由峡局卢子英领导前往凉山彝族采集科学标本以丰富陈列，培养意志以争先敢为。北碚新生事业全由此辈担当。

［按］后来有关机构的调查报告说：500学生中，“多半是峡区和附近的人，学历大致相当于初中毕业，他们受过卢作孚氏严格的精神训练。在当时的确是一批具有苦干兴趣的青年，他们在峡区政治和事业中建了许多功绩”。①

8月3日　峡防局在温泉公园召开周会，卢作孚从合川赶来出席并主持了会议，他详细地报告了峡防局士兵在川江航务管理处帮助工作的情况。谓②：

此次下去的兵，计成四分队。一分队驻航务处。一分队驻盐码头，检查小河往来汽船。一驻纸码头，检查大河下游由重庆到宜昌的轮船；一驻下游朝天门趸船，检查大河上游重庆到叙府、嘉定一带往来的船。在小河，汽船检查每天两次。晨早船要开时一次，十二点钟船到了时一次。检查的任务，一防匪，二违禁物品，三私货（系受人请托的），四帮助检查票。检查的步骤，一行李（查违禁物品或枪支子弹），二身上，在朝天门驻的兵检查下游开来开去的轮船。当船来时，一切小划子在一个地方停着，客人通通经过那个地方，如有形迹可疑的人，即打开行李检查。若说向来的划子，没有规定，船一开拢便上船去抢行李，船夫抢，力夫也抢闹得不亦乐乎，常时打架角力。现在通通规定，力夫不准先上小划子，小划子的船夫不准上轮船。行李由船上的茶房水手递下来，小划子拢岸，力夫才敢去问，不会吵架，也不会打棰。船拢了，各机关好像禁烟、护商、统捐都要检查，以前是各查各的。这个去了那个又来，闹得客人刚刚收好行李，又要打开，很感不便。现在各机关派来检查的人，同航务处同时一路检查，使客人减少麻烦，人多了，又免生发生弊端，不好私下要钱。检查毕了，各机关的人通通走的，航务处的人不走，住在船上。船开以前，再检查一次。每一客上船检查行李，其次就是检查行人。到了

① 佚名：《北碚社会概况调查》，《社会调查与统计》第2号，1943年7月，第29页。

② 《峡局周会中卢局长演说航务管理处士兵稽查工作》，《嘉陵江》1929年8月4日。

要开船的时候，各机关的人来齐了，又同道检查一次。这种方法，以前先后不一，也很使客人麻烦。现在只一次检查，各机关有后到的，也不再检查了。各机关的人检查毕了，有一张公共的单子，检查员通签名盖章在上头，每天报到军部。

8月7日　四川和重庆各重要报纸都连续报道了卢作孚检查重庆港外国轮船的相关情形。本日《新蜀报》就报道了日清公司云阳轮不服检查，卢作孚与日本领事大谈法理的情形[①]：

日清公司云阳轮船，不服航务处武装检查，日领事前日正与卢作孚谈判各节，已志前讯。闻是日日领事在航务处与卢作孚处长谈共四小时之久，其所持理由，谓轮上已有日海军保护，可无须武装上船，且万国检查均为无武装之例。卢即谓武装上船，系检查中国人民有无挟带违禁物品，与日海军保护商船用意完全不同。在渝之英、法、美各国商轮，均系武装检查，何言无先例。日领事又谓各轮无海军，故可武装（上船），日轮有海军，若武装上船，恐滋误会。卢则答英商太古、怡和公司各轮，均有海军，现尚有船停渝，尽可上轮调查。航务处武装保安队，亦驻在船上，与英轮海军异常亲善。即前次日清公司富阳轮，亦系武装上船，且与守船日海军互相敬礼，并未发生误会，此层诚未免过虑。日领事复谓海军驻在船上，即系警戒区域，中国武装兵，当然不能上船。卢作孚则笑答：中日两国，并未断绝国交，有何警戒之可言。且英商各轮均驻有海军，均未将海军驻船，即认船为警戒区域，日商想不能独异。日领事至此语塞，惟称若武装兵上船恐与海军舰长面子有关，容再商议。最后复谓如航务处认有武装上船之必要时，亦未尝不可，但不能时时驻在船上。卢处长又笑谓在航务处实认为时时均有必要。此场谈话，遂无若何结果，日领事旋既辞去。昨日航务处之兵，已完全撤回。该处囤船仅留步哨三人，在嘉陵码头监视有无违禁卸载。而日兵及船上洋奴，反向码头卫兵掷果皮、泼秽水，意存挑动。卫兵均忍受不理，直立如故。惟码头上之提装工人、搬运力夫，及囤船工人、驳船工人等，睹此情形，佥大愤激，遂在附近茶社由各代表等联合协商，佥以该轮蔑视我国官厅，目无政府，在未接受检查前，议决一致不与合作，并定明日约集炭帮米

① 《卢作孚与日领事大谈法理》，《新蜀报》1929年8月7日，第6版。

帮等实行断绝交通（易）云。

8月15日　卢作孚命令峡防局三个常备队，各派一分队士兵赴重庆替换在渝人员。《嘉陵江》报载[1]：

卢局长昨（8月15日）令此间一二三中队，各派一分队下渝替换检查，三中队所派系第三分队，由刘分队长学理十四日率领下渝。二中队所派系第二分队，由罗中队长代荣率领下渝。一中队须更迭数目，驻重庆的兵昨已搭长江、定远两汽船回来一分队，以事休息云。

9月3日　《嘉陵江》报报道卢子英率少年义勇队赴川边采集情况，谓[2]：

此次峡防局少年义勇队学生，徒步到蓉赴峨嵋采集，并附带考察边地汉夷社会状况。闻其到成都时因办护照及通过证书等事，曾由二十四军边务处长胡子昂君，偕同义勇队队长卢子英晋谒刘主席。卢君陈说该队除作大规模的采集标本外，附带调查川边汉夷民族社会情况。计：一、经济状况，内分组织、种类、工农业及商业、物产等等；二、民族，内分历史、分配、种类、语言文字、风俗习惯、嗜好并古物；三、政治，内分战争、治安现状（有无匪乱情形）、教育、交通、法制、外交；四、家庭，内分生活、起居、婚丧；五、宗教（派别及力量），艺术并征集其成品。刘主席甚为嘉勉，并饬员司立将护照通过证办妥，一面派边务处矿务技师留学比国生李山甫偕行，次日即搭汽船赴嘉定云。

秋　刘湘经过缜密思考，决定支持卢作孚及民生公司整理川江航业。刘航琛后来回忆说[3]：

民国十八年秋某日，甫澄先生因鉴于川江内河航运，几乎都操纵

---

① 《峡局士兵替换检查》，《嘉陵江》1929年8月16日。

② 《卢子英陈说社会考察注意点》，《嘉陵江》1933年9月3日，第1版。

③ 刘航琛：《序》，周开庆编著、刘航琛审订《民国刘甫澄先生湘年谱》，台北商务印书馆1981年版，第4—5页。

在外国的航商手中，中国人所组设的大都是只有一两艘船的小公司，不仅谈不上与外国人竞争，甚至有无法生存之虑。因此嘱我召集一次华商轮船业者的会议，希望航业界能够成立一个联合组织，以与英、日、美、法的外国轮船公司对抗竞争。开会的结果不很理想，因为航商各怀私见，虽然在原则上大家都赞成，但一提到具体办法，就有人反对，始终难于达成共同一致的合作步骤。最后甫澄先生决定扶植一家中国航业公司使其壮大，逐渐发生力量，合并川江的小公司。结果是决定扶植民生公司。当时民生公司的规模虽小，但其主持人卢作孚有头脑，有能力，而且为人方正，操守极佳。扶植民生公司的办法，除了督办署与四川银行金融界的财力协助支持外，对卢作孚个人甫澄先生及余等友好集资五千元助其入股民生公司，其目的在使作孚成为享有董事会表决权利的董事兼总经理，而非只能列席董事会只有报告义务的聘任总经理。民生公司经过增资改组后，一面定购适合航行渝宜、渝叙间定期航线的新船，一面则以相当价格的股票接收其它同业的船只，结果在短期内不但使民生实业股份有限公司成为川江最有力量的华商航业公司，统一了川江的航运工作，而且更由于卢作孚出任川江航务管理处处长职务后，配合运用政府的力量，与民间的爱国心，在不动声色、不着痕迹的情形下，将外国籍的航业公司置于川江航务管理处的管理之下。

9月18日　民生公司在合川开追悼会，追悼在创办民生公司过程中作出显著贡献的陈伯遵、徐晓江、萧尚志、刘业觉、华桀卿、刘茂清等六位公司同人，期间曾上演新剧，第十一幕《择婿》，剧情由卢作孚临时编排。《嘉陵江》载①：

九月十八日，合川民生公司开追悼会，追悼陈伯遵、徐晓江、萧尚志、刘业觉、华桀卿、刘茂清六位先生……公司同峡防局的人在演新剧，第一幕雅乐，第二幕双簧，第三幕为什么要死，第四幕欢迎瑞山校双人跳舞，第五幕忌会，第六幕瑞山校手巾操，第七幕双簧，第八幕瑞山校单人跳舞，第九幕滑稽跳舞，第十幕软耳朵，第十一幕择婿，成绩算此幕最佳，因为是卢局长作孚说的剧情，当演剧时，前门的人只有挤进来，不能挤出去，只好往后面走才行。

---

① 《合川民生公司开追悼大会》，《嘉陵江》1929年9月23日。

[按] 卢作孚对戏剧情有独钟，尤其喜爱川剧，不仅喜欢观看，陪人观看，而且编排剧情。在资料记载中，这是他第一次编排川剧。关于陈伯遵，民生公司纪念册有《陈伯遵先生事略》，谓[①]：

陈伯遵先生，合川耆宿也。当公司创始于合川，先生适任县教育局局长，倡议最先，为力最宏，慨然以筹备之责自任。举凡接洽股东，收集股款，为订轮船与沪渝汇款通函，皆先生任之。迄于股额不敷，一般观望，至感困难之日，尤赖先生独立撑持，筹垫现金，为额甚巨。公司成立，董事会选为协理，不幸体弱多病，以民国十七年二月病逝。公司同人惋悼至深，及今追述公司创立史，必首举先生伟绩，咸共致敬慕之思云。

9月26日　《嘉陵江》载《峡防局布告整理北碚市政》[②]。

9月30日　卢作孚与峡防局各股主任在峡区图书馆开会，筹办10月10日运动会。《嘉陵江》载[③]：

峡局卢局长及各股主任，昨日午后三钟在峡区图书馆开会，筹办双十节小运动会，已将会场布置及评判、奖品各事商定，分头办理。届期并邀集北碚场小朋友比赛浪桥秋千。

10月1日　重庆江北县自治研究所编刊卢作孚的《乡村建设》长文。文中指出：乡村建设第一重要的建设事业是教育，而教育的主要目的在训练学生在家庭、政治、经济、交往、娱乐等方面的行为。乡村的经济建设、交通建设、治安建设、卫生建设、自治建设等也相当重要。卢作孚同时强调，乡村建设的根本说到底是秩序建设和人的训练问题[④]：

现在我们应该知道，建设的根本问题在哪里？不在经济，也不在教育，也不在……，却在秩序。无论何种事业，秩序建设不起来，绝

---

① 民生实业公司十一周年纪念刊编辑委员会编：《民生实业公司十一周年纪念刊》，中华书局1937年版，第234页。

② 《峡防局布告整理北碚市政》，《嘉陵江》1929年9月26日。

③ 《峡防局筹办双十节小运动会》，《嘉陵江》1929年10月1日。

④ 卢作孚：《乡村建设》，江北自治研究所1929年10月1日版，第28页。

对不会有良好结果的。我们对于任何事业，事前应有精密的计划，事后应有精密的整理，其性质都是建设秩序。秩序问题，是包含着自治事业的经营问题和组织问题，是乡村建设中不可避免亦不可疏忽的根本问题。

最后还应有朋友难着我说，你尽管说得天花乱坠，要为乡村谋这样建设，那样建设，不知道于你提出来的问题之外，还有一个根本困难的问题，就是钱从何处来？这却怎样解决呢？我们认为真不成问题，江北有一个场为修一个庙子，唱几十本戏，花了一万多块钱，要是把这一万多块钱移来办地方建设事业，应该什么事业都建设起来了。我们所虑的还是人的问题，人没有训练的问题，人没有建设秩序的训练问题。这倒是研究自治问题的朋友须得十分当意的。

［按］该文是卢作孚有关乡村建设的第一篇长篇论文，也是中国20世纪20—30年代影响相当大的的乡村建设运动中，最早明确提出“乡村建设”概念并进行比较系统的理论探讨的文章。自认为首先使用“乡村建设”概念的梁漱溟直到1930年11月才开始逐渐用同一用语取代村治、乡治概念，1931年在山东邹平设立山东乡村建设研究院，而其1934年出版的《乡村建设论文集》之中收录的相关文章也是比较晚的1932年到1933年的论文。长期从事平民教育的晏阳初在1934年7月也采用了乡村建设的范畴，写出《定县的乡村建设实验》。

10月10日　峡防局职员官兵在公共体育场开小运动会，卢作孚出席并作了简短的讲话，勉励大家努力工作。《嘉陵江》载[①]：

此间国庆日峡防局职员、官兵集合在公共体育场行庆祝礼以后，卢局长简单演说：十八年以前的今天，是少数的人把几千年的皇帝推翻的事，在他们肯使力。现在中国并没有整得好像欧美一般文明的国家。还是希望有多数的人努力，齐心把它整好起来，不辜负庆祝的意思。随即开始举行运动比赛。

10月12日　峡防局开始筹建北碚火焰山（平民）公园[②]。

---

① 《国庆日北碚小运动会》，《嘉陵江》1929年10月10日。

② 《江巴璧合特组峡防团务事业进程一览》，峡防局1934年刊，北碚图书馆藏。

10月18日 民生公司接收长江轮，改名为民望轮[①]。新造民用轮船，扩充合川电厂，增设民生机械厂，合办长江轮船公司，投资北川铁路，民生公司由此奠定了较为坚实的发展基础，“是为公司事业经营之第二期”[②]。在各方面比较顺利的情况下，为开阔眼界，扩大视野，卢作孚“准备联合几桩事业中间努力的朋友，作中原的游历，或竟想及于南洋和日本”[③]。由于各种原因，未能成行。卢作孚说[④]：

(此时) 为兼应渝涪、渝合二线的需要，又购得一只比民生稍大的已造成的浅水轮船。曾以三只轮船全体船员之努力，办得两线每日都有船开。由涪到渝，由渝到合，系上水，船行各需整日；由合至渝，由渝至涪系下水，船行各需半日；可以一整日由合经渝一直到涪，各以三日往来二线，三只轮船轮流往来，遂办到每埠每日都有船开。在江水枯落渝合不易航行时，亦曾以一只轮船试航重庆宜宾间，所得不是利益，而是一种认识，从此认识航业整理之愈感迫切需要了。

资料又载[⑤]：

民18年(1929)，长江轮船公司与本公司合并，长江轮更名民望，股本增加到153500元，职工133人。在此初创时期，困难虽多，但人尽其能，物尽其用。且因在当时川江一般航业，极端腐败情况下，改用新方法经营，故年年盈余多，事业精神之初期基础遂告稳定。

[按] 民望轮结构坚固、机械良好、行驶速度快，航行渝叙航线，“所获营业利润和包税余额为数之大，竟超过民生、民用两轮的利润之和，对公司的资金积累贡献最大，故有民生公司‘发家船’之称”。[⑥] 合

① 卢作孚：《本公司历年营业进展概述》，《新世界》第20期，1933年4月16日，第47页。

② 同上书，第46—47页。

③ 卢作孚：《东北游记》，川江航务管理处1931年版，第119页。

④ 卢作孚：《一桩惨淡经营的事业——民生实业公司》，民生公司1943年版，第6页。

⑤ 佚名：《民生简史》(上)，《民生实业公司简讯》第1036期，1950年7月21日，第3版。

⑥ 郑东琴：《民生公司创业阶段纪略》，周永林、凌耀伦主编《卢作孚追思录》，重庆出版社2001年版，第182页。

川电灯部经营上也有较大起色，该地驻军师长陈书农开办军事训练学校及新建营房，需用电灯颇多，民生公司电厂灯额由此增加为3300余盏，电灯月租费由于煤价增高而增加为每月1元2角[①]。

11月10日　邓锡侯鉴于卢作孚经营成都通俗教育馆和峡防局的成绩，通过属下刘猛致函卢作孚，特邀卢作孚到成都“详细筹商边务”、“经营边事”或担任成都市政方面重要职务。函件谓[②]：

> 别久晤稀，不得常亲教益，私衷怀想，楮墨难宣。近阅报，得悉兄台整顿峡防，不遗余力，故一切设施蔚然可观。弟虽僻处西陲，闻之亦不胜鼓舞之至。而弟迩来经营拓殖之事，兹亦姑为吾兄言之，或亦所愿闻也。弟因见年来国事之日非，而内地社会又极坏恶，不堪改造，乃有殖边之议，冀于边徼清新之地，力谋根本救国之举，吾华前途庶或有望。故民十四年特约集专门学者八人，跣脚芒鞋，遍游五属，意将其地产物详为调查，俾便集资开发。殊后因战事关系，遂未能谋及进行。不图昨岁邓晋康军长鉴于筹边之重要，遂又约弟等入内切实调查一切实业，因实有经营之价值，故今年始设屯署，从事拓殖。拟此后建极边不拔之勋业，为吾华复兴之前躯，乃因共事者多官僚分子，以致气味迥不相投。故一切设施，诸多掣碍。若遂因循隐忍姑息做去，不惟无以对晋公，且无以对五属之父老。是以宁愿洁身速退，庶免为其傀儡。殊抵省后与晋公谈及，彼亦深为喟然。初弟谈至吾兄经营峡防之精神及以前掌通俗教育馆之成绩，因遂言于晋公曰，若以作孚经营边事，必能事半功倍，卓著勋绩。晋公首肯者，再即言蓄此意者久矣。当遂托弟作函，商请足下来此，襄此伟业。弟意峡防事务如有成规可寻〔循〕，暂时莅蓉一游，俾得详细筹商边务之进行。此系根本救国事业，如能办理成功，其关系于吾国前途自非浅鲜。不识尊意如何？便希赐教为祷。

该函末又云[③]：

> 再晋公意，如兄以边地迢远，不易兼顾峡防，则成都市政方面亦

① 陈雨生：《电灯自来水厂史略》，《新世界》第1期，1932年7月12日，第16页。

② 黄立人主编：《卢作孚书信集》，四川人民出版社2003年版，第161—162页。

③ 黄立人主编：《卢作孚书信集》，四川人民出版社2003年版，第162页。

有重要职务相委托。特再附言。

［按］对于邓锡侯托属下刘猛邀卢作孚一事，后来卢作孚回信云[①]：

奉示。因忘尊号，又适在病中，未能即复，顷始闻乃越两月矣，怅憾何如！兄考察边务、经营边务之精神，极所钦佩，亟愿附骥，无如此间民生公司及峡局琐务太累人，离开不得，不能即趋命。愿闻边务计划，并当贡己见，及请转致晋公。

本年　民生公司实收股本增加到153500元[②]。

---

① 黄立人主编：《卢作孚书信集》，四川人民出版社2003年版，第162页。

② 民生实业公司编：《民生实业公司概况》，1937年刊，第3页。

1930年（民国十九年）37岁

1月1日　（一）《建设月刊》第9期发表卢作孚《四川人的大梦其醒》长文，该文分析了四川军阀混战的原因，阐释了破坏和建设的关系，告诫四川军人应共同努力建设秩序，训练人才。关于主义和理想、破坏和建设、革命问题，文中论述道①：

> 孙中山先生提出三民主义，五权宪法，建国方略，建国大纲，是为全中国人建设一种公共理想，以促成全中国人的团结；一省一县一市一乡都应一样，各建设其一省一县一市一乡的公共理想，以促成其一省一县一市一乡的团结，确是必需的方法。虽然公共理想的内容，人或各有不同之点，然可以用讨论、修正的方法，促成其相同，促成其一致行动，不致为团结的障碍。而且愈专门的，愈具体的计划，不同之点愈小，愈成其为全体的——至少亦大多数的——公共理想。
>
> 又就革命问题说：人都以为革命问题是先破坏后建设；亦就把它截成两个时期：一个是破坏期，一个是建设期。在破坏期中，只努力破坏，只训练人怎样去破坏。因为破坏有了若干回训练之后，这一段工程亦或许终于成功了，便绝不是革命成功了。革命还有一段重要的工程是建设，到这时才开始，而且每每没有法开始——因为向来只在破坏，没有经过建设的训练，于是失败紧跟于成功之后。革命人物循此错路，每不觉悟。
>
> 如果认为革命是一桩完整的事业，便不能把破坏与建设截成两段，必需且建设且破坏；而且必需以建设的力量作破坏的前锋，建设到何处，才破坏到何处。再进一步说：先要有好的建设，然后有快的破坏，河下有一只好的轮船，坏的木船便揽不着客货；乡下有一个好的学校，坏的私塾便招不起学生，这便是显然的例。大家应该知道：

① 卢作孚：《四川人的大梦其醒》，第18—19页，北碚图书馆藏。

破坏的实力是建设，绝不是枪炮，亦不是军队。不要搪塞着说：预备枪炮，扩充军队，目的是为了破坏。就令目的为了破坏，手段亦当采自建设方面。建设应从心理起，从建设公共理想起。

文章提出了对于四川军人的希望①：

第一是大家应该认清楚力量。力量的大小绝不能从官兵数目上去计算，亦绝不能从枪枝子弹的数目上去计算。从另一方面看，也不是枪枝子弹比人好，或官兵比人更有军事训练，便算强的力量。如果两种军队的性质和要解决的问题都是一样，这些条件也可以作为两方力量的比较。

终须知道：真正的力量大小，还不在军队本身，而在政治影响。军队力量只能及于疆场，政治影响却可以弥漫及于全国。掉过来说：猛烈的枪炮可以抵御敌军，却不能抵御自己军队随着政治影响而起变化。所以袁世凯拥有几十万雄兵，不能对付那云南、贵州、广西几省的独立，退而依然求当一个总统，亦终没有办法。

甚［什］么是政治影响？就是在不良的政治状况下面做一个好榜样。给以人学，给予人享，譬如无希望的国家，闹得无宁日，那里要是有一幅干净土，而且把那一幅干净土经营得十分美好，便会引起全国人集中的希望，便会影响及于全国了，成绩愈好，影响愈大，范围愈小，成绩愈好。

今天以前，从川省里也就看得出许多好的影响是从一隅及于全局的。只要一桩事业有人发起，不久便会影响及于全川，成为风气。如修马路，从成灌一线起；改街道，从成都一市起；都是显明的例。不过，其影响不定都是好的，不一定能够彻底影响全川，使它变到好的方面去。

在桂系军队尚存在时，川省有代表到了中原回来，劝告各将领不要随着中原的乱子转移，说是：中原割据的趋势，还正在学川省，而且是学几年以前的川省，川省人又何必回转去学他们呢？这样见解，好多明白人都很以为是。我们且不必据此断定川省应否步武中原，而如据此以证明川省人历年经营的影响，不仅及于川省，乃更及于省外，及于中原了。大家便不应自夸而应自惭。今天以前如果曾经予中

① 卢作孚：《四川人的大梦其醒》，第 34—40 页，北碚图书馆藏。

原以影响，乃是予以不好的影响。今天正应忏悔，彻底改变自己的生活方法，进而改变川省的政治状况，期予中原以极好的影响——使一切不好的势力亦都一样学好。这才是我们所期望的政治影响。

不过现在各方有力量的人所可经营的范围，已嫌其太大了。如要就那范围全部有所经营，已绝对的难有好的成绩，何必更进一步，图扩大其范围！图扩大其范围，徒惹起争夺，妨碍经营；纵然侥幸成功，所得结果亦只有经营不好而已，安有政治影响，安有伟大力量。所以今天以后，断断用不着争夺，只用得着经营，只用得着各方联合起来一点一滴经营，以求其成绩最好，影响最大。

第二是大家要认清楚幸福。人生的快慰不在享受幸福，而在创造幸福；不在创造个人的幸福，供给个人享受，而在创造公众幸福，与公众一同享受。最快慰的是且创造，且欣赏，且看公众欣赏。这种滋味，不去经验，不能尝到。平常人都以为替自己培植一个花园或建筑一间房子，自己享受，是快乐；不知道替公众培植一个公园或建筑一间房子，看看公众很快乐地去享受，或自己亦在其中，更快乐。一个朋友说："人们建筑一间美丽的房子在一个极大的公共猪圈里面，何如建筑一间小小的草房在一个极大的公共花园里面！"这便是一个顶好的盘算，最大的快乐，最大的幸福，都在公共的经营里面。

我们如果不汲汲于个人幸福的享受，便不求有所取得，便用不着互相争夺了。如果掉一方面而努力于公共幸福的创造，就四川人说，努力于四川人公共幸福的创造，那便全四川人应该联合起来了，联合起来创造极大的无穷的幸福，享受极大的无穷快乐，不再创造痛苦，不在从争夺方面创造痛苦了。

第三是大家要扩充爱的对象，变更爱的方法。今天以前，爱的对象只能及于自己的妻子，自己的家庭，自己的亲戚朋友，不管他们好坏，都要为他装饰，为他安排。尤其是当首领的对于部属要替他们找事，替他们找钱。一生辛苦为人忙，试想一个究竟有什么意义？那许多人半是无聊，半是原来有用，也被诸公爱得他们无聊了。

我们爱一个人，便须得望一个人好，便须得把一个人训练好。现在社会上需要的好人，不但是消极地不妨害社会而已，还须积极地为社会作事——为社会作一桩有益的事体。我们便要训练我们所爱的人，由妻子兄弟以至于亲戚朋友，以至于一切部属，个个都成好人，都能够为社会作一桩有益的事体的。

大家应该觉得，无论对人、对物施其爱的感情，都是精神上非常感觉快乐的。我们爱自己的儿子或是爱一幅古画，可以用尽我们的力量去替他或它想办法。如果我们真要寻得这样的快乐，却遍地皆是。只要我们扩充爱的范围到社会上去，到处都需得我们用尽力量去想办法。我们可以爱一个公共的图书馆，把它装饰得非常美丽，安排得非常完善，使一切社会上的人都羡慕它，都要来亲近它，都感激它的亲切的帮助。我们如果拿十万、二十万来加在这一桩爱的事业上，我们无穷的快乐，至少也应该超过我们抢十万、二十万的财产，来交在一个不成器的儿子手上。

第四是大家应该认清楚目前大好的时机。人都知道如果政治上、社会上的状况非常良好，我们在中间做起事来，可以得许多帮助，无一点障碍。可是，不幸而生在这时的中国，尤其是这时的四川，环境上只有障碍满眼，何能帮助一点？因此，万事经营起来都非常困难、非常危险。其实，有力量的人如果彻底地明了除自身外，别无所谓障碍。如果肯改，便可马上改到帮助方面。正惟其环境不好，是予我们以弄好的时机，要是大家很聪明，便不要放过这时机，赶快努力，把现在不好的政治环境——这正是今天以前大家创造起来的——乃至于不好的社会环境设法改好。绝不可误认为环境太坏是予我们以坏的时机——我们违背一切法律，无人可以干涉，攫取一切款项，无人可以清理，高兴可以施仁，发怒可以宣战，平时有无数人可以供奔走，战时有无数人可以供牺牲。这样误用时机，而且把这时机继续创造起来，交与后来人。须知后来人弄好的一天，便是诸公最后难看的一天。即令自己苟延到生命终了，亦永远留一个历史上的污痕，千万世人都叹息着，这一个篇页是被诸公染污了的。

（二）民生公司内部各部分往来文书、营业帐目等，全部改用公历[①]。

1月3日　北川铁路举行试车典礼，卢作孚出席了典礼。《嘉陵江》载[②]：

（1月）三日午前十钟行礼开会，该路公司主席、董事及经理报

① 民生实业公司十一周年纪念刊编辑委员会编：《民生实业公司十一周年纪念刊》，中华书局1937年版，第197页；陈雨生：《电灯自来水厂史略》，《新世界》第1期，1932年7月12日，第16页。

② 《北川铁路举行试车典礼》，《嘉陵江》1930年1月4日。

告经过情形，各来宾俱有演说，到十二钟照相后转到该路第四分站试车，届三钟开车。四钟直到水南垭，仍由原载各来宾回公司午餐。

1月　缙云石印社并入峡防局工务股[1]。

2月中下旬　卢作孚在重庆决定派峡局学生作进一步的川边标本采集，预定采集时间为4个月，以便会同中央研究院和特聘德国专家，在北碚成立一个规模较大的科学院。成立科学院，是卢作孚就任峡防局局长以来，“最费苦心”的事情之一[2]。

2月23日　北碚农村银行由峡区农民银行改组成立，卢作孚任执行委员，并负责总务。《嘉陵江》载[3]：

> 北碚农村银行，现由冯书舫、卢作孚、冯智舒、熊明甫……发起组织成立，已于十九年二月廿三日开筹备会，列席人为冯书舫、冯智舒、卢作孚、赵仲舒、熊明甫、甘勋臣、高致中、缪成之、孙羡陶、卢子英，筹备议决事项：(1) …… (2) 股本暂定为一万元，峡局方面三千元，商股七千元。(3) 营业范围，除经营银行业务外，并兼营他种商业（米、盐、糖、洋纱）。(4) 名称：定名为北碚农村银行。(5) 地址：暂定北新路前农村银行地点。(6) 分股办事，执行委员会，……总务股卢作孚。(7) 总行设北碚，合川、重庆设代办处，派人住民生公司，……设一人办理。…… (10) 公举卢作孚为执行委员长。

［按］北碚农村银行还制订了章程，规定资本额为1万元，分2000股，每股5元。股本中峡局原有800元，新加2000元。资料载[4]：

> 始产生章程二十六条，并正名为北碚农村银行。资本额定为国币一万元，计二千股，每股仍为五元，并明定官息周年六厘。股本除峡局职员原有八百元外，峡防局又拨来二千元，同时更向外募集。又以股额小而人众，限制不及二十股者，可以举一代表，有一议决权。其

① 《江巴璧合特组峡防团务事业进程一览》，峡防局1934年刊，北碚图书馆藏。

② 《峡局大举采集标本》，《嘉陵江》1930年3月9日。

③ 《北碚组织农村银行》，《嘉陵江》1930年2月27日。

④ 《北碚农村银行报告书》（北碚农村银行丛刊第4种），北碚农村银行1932年刊。

在二十股以上，每人仍只一议决权。这与普通银行一股一议决权的规定不同。并改经理制为委员制。由执行委员掌管本行营业，会计、出纳及对外。

2月　民生公司召开第五届股东大会，此次股东大会决定将公司资本增加为30万元（当年实收25万元）①，公推郑东琴为董事长，何北衡、郑璧成、王伯安、耿布诚、李佐臣、周尚琼为董事。杨鹤皋、殷子符、刘放皆、余文舫为监察②。自此开始，郑东琴长期担任该职，在民生公司的发展中，给予卢作孚极大的支持。卢作孚曾经称赞郑东琴"老成持重、支持公司主张"③。

［按］郑东琴曾在回忆说，从1926年民生公司正式成立第一届董事会起，他就担任民生公司董事长④，误。

3月1日　卢作孚回北碚峡防局召集局务会议，讨论出川考察及离川后峡局重要问题。

［按］此次出川考察是卢作孚完成川江航务管理处预定任期和工作后寻求事业新突破的一个重要活动。卢作孚后来说⑤：

> 经半年的努力，盼望军事机关帮助轮船公司的，完全办到了；盼望外轮帮助华轮的，亦相当办到了；华轮本身究太散漫，各公司各有其特殊的困难，盼望其联合帮助自己，却不容易办到。半年期满，辞职未得，遂请假到各省考察去了。

3月2日　晨7时，峡防局全体职员、少年义勇队、实用小学师生，在北碚江边码头举行欢送会，卢作孚面对欢送的人群致答词，谓⑥：

> （2日）上午七时，该局全体职员、熊明甫、少年义勇队，及实

① 民生实业公司编：《民生实业公司概况》，1937年刊，第3页。

② 民生实业公司十一周年纪念刊编辑委员会编：《民生实业公司十一周年纪念刊》，中华书局1937年版，第197页；《民生公司在长江》，《新世界》1945年11月号，1945年5月15日，第8页。

③ 卢作孚：《一桩惨淡经营的事业——民生实业公司》，民生公司1943年印，第33页。

④ 周永林、凌耀伦主编：《卢作孚追思录》，重庆出版社2001年版，第176页。

⑤ 卢作孚：《一桩惨淡经营的事业——民生实业公司》，民生公司1943年9月印，第7页。

⑥ 《峡局官兵欢送卢局长作孚到上海》，《嘉陵江》1930年3月5日。

用小学教职员、学生等，举行欢送会，全体分数行整列于北岸，卢至时，士兵齐举枪致敬，职员、学生等亦举手致敬，并唱国民革命歌。随由该局政治股主任黄子裳致欢送词……（卢答词）略云：今天承诸位厚意，不敢当。在这欢送的行列中，有几位是要同我出去的，也是被欢送者。刚才黄主任说我也许劳疲了，正是说到反面。我们决不劳苦，决不疲乏。事业是无穷尽的，没有止境的。人类有好长，事业就有好久。个人的努力不过在无限长的中间，占一小部分，算不得什么。人们的天性，是要找事情做的，人不是好逸恶劳，乃是好劳恶逸。没有事的便无聊，那才是苦痛。我们得找事做，犹如那吃酒的找酒吃，打牌的找牌打一样。人要在苦中寻乐，那才是真乐。前回我骑马到合川，途中口渴极了，在一小店中找得一碗红苕稀饭来吃了，其甘美倍于寻常。普通不渴不饿的人，他哪里尝得出来那种滋味！关于我此行所负的使命，和对于峡区将来的计划，在昨日所开的全体职员讨论会中，已经大略说过了。我们到外边去，每日都有报告回来，我们的生活，和我们所做的事，你们都可以知道。在这几个月中间，峡区如有困难，要大家想法来解决它。我们不可畏难，我们遇困难要想办法。世间没有不困难的事，一遇困难就停止，则什么事都不能成功。事不成功还不说，最糟糕的是人不成功。峡区的青年，我希望要到任何坏社会去，不但不受它的坏影响，反能以好影响给予它。能如是，乃算成功。真正成功的青年，可以独当一面。我们有三百余人，可以分散开来，到一百多地方去，以从事于社会的建设事业。现在不能够，则我们的成功，为期尚远。诸位要知道，我们所努力的事业，举例来说，如少年义勇队所采集的动植矿物标本，预备和欧美交换，乃是全省全国乃至全世界的事业。……最后摄影散会，时已经九钟，适民用轮由合川驶至，卢局长登舟，熊副局长、卢子英队长、工务股主任、政治股主任及其他重要职员，均亲送至船上，大有依依不舍之意。

3月2—7日　卢作孚在重庆期间，为在北碚成立科学院积极筹款，获得川军将领王缵绪（治易）、蓝文彬两位师长数千元的捐助。《嘉陵江》载[①]：

① 《王蓝两师长各捐巨款》，《嘉陵江》1930年3月9日。

北碚峡防局长卢作孚，早已计划就峡区成立最大科学院。近来卢局长积极筹款，在重庆得王（治易）、蓝（文彬）两师长各捐巨款，大致数千余元。登时电告峡局，各机关欢喜异常，联名分头致函鸣谢。

3 月 3 日　根据卢作孚的安排，峡防局举办高等军事训练班，从本日起对峡局中 30 多位未受过军事训练的职员进行为期六个星期的军事训练[①]。《嘉陵江》载[②]：

峡防局长卢作孚，对于峡局各股职员官佐，决定实行军事化，已于峡局成立一高等军事训练班，训练未曾受过军事训练的职员。现在这种职员有二十余名，以六个星期（一个半月）为限，每日午后四钟至五钟半，实行下操，由督练长王绍业负责训练，已于本星期开始实行了。

3 月 6 日　川江航务管理处、民生公司、北川铁路联合在重庆江北公园，举行卢作孚出川考察欢送会。《嘉陵江》载[③]：

北碚峡防局长卢作孚，兼任川江航务管理处处长，民生实业股份公司总理，离峡到渝数日，已将各事分别托人代理，便自出川考察一切。其离渝前一日（六日），航务处、民生公司、北川铁路、合宴卢氏暨同行诸人于江北公园。于七日由新民汽船专送到涪，再行转轮下驶。其同行者有峡局的，公司的，航务处的，铁路的，合川的，并有其他机关的，闻共有百余人云。

3 月 8 日　卢作孚携民生公司、北碚峡防局、北川铁路公司人员组成的考察团（一路上人数有变化），出川参观考察。后来卢作孚一行到达上海后，看望了蔡元培、黄炎培、秉农三等人。[④]

---

① 《江巴璧合特组峡防团务事业进程一览》，峡防局 1934 年刊，北碚图书馆藏。

② 《峡局开设高等军事训练班》，《嘉陵江》1930 年 3 月 5 日。

③ 《卢作孚离渝出川》，《嘉陵江》1930 年 3 月 9 日。

④ 卢作孚：《东北游记》，川江航务管理处 1931 年版，第 43 页。

3月9日　（一）《嘉陵江》载峡局为成立科学院正准备大规模采集标本①：

北碚峡防局，自卢作孚局长接办以来，对于各种理想计划，日日力求实现。其于成立科学院一事，为其最费苦心之一。最近卢氏在渝，得王（治易）、蓝（文彬）两师长臂助，各已捐出巨款，襄助成立科学院。峡局现已准备大举采集动植矿各物标本，定分四路出发。其第一路到松潘，第二路宁远，第三路大凉山，第四路打箭炉以西。每路各随峡局义勇队学生五名。闻第一二三路，系由南京中国科学社暨中央研究院派员分头领导，第四路由德国博物学专家傅德利氏领导。其以此次采集规模较大，特由中国科学社方文培君及峡局少年义勇队队长办理后方策应及整理事宜。至于傅德利氏，来华已达九年，已吃惯中国饭。彼于去年入川，为其祖国在南川金佛山采集博物标本三个月，采有蝶类数百种（或言数千种），均系个人晚上外出采集。半月前，卢局长在渝已商决本年领导学生作川边各项标本之采集。傅氏定日内来峡，住新营房数日，即首途赴蓉，转赴打箭炉一带。……预定采集计划四个月。俟德国人采集归来，即长住峡局，并会同中央研究院来员，襄助成立最大科学院云。

（二）《嘉陵江》峡局派士兵打碎北碚火焰山庙中菩萨，作为建立科学院博物馆的馆址。关于在北碚建博物馆事②：

北碚火焰山庙子，地方宽大，风景也好。峡防局打算辟为北碚公园，曾经圈定界址，挖筑道路，近来更计划要创设一个完好博物馆。因此把庙中一切偶像打破，由一中队只并担任工作。所有一切偶像，碎为细泥，不日将挑出庙外。对于庙子，重新培修布置。

3月12日　峡防局召集当地绅耆团保，在公共体育场举行植树典礼，选择在该场四周，栽植法国梧桐，美国白杨柳等500余株，又在缙云路两

① 《峡局大举采集标本》，《嘉陵江》1930年3月9日。

② 《打毁菩萨要建博物馆》，《嘉陵江》1930年3月9日。

旁植树 400 多株[①]。

3 月 13 日　民生公司新民轮改名为民用轮[②]。

3 月 15 日　中原大战爆发。刘湘通电拥护蒋介石的南京国民政府。

3 月 18 日　卢作孚致函峡防局赵仲舒、黄子裳、熊宴清、卢子英等人，谈了考察团最近的考察行程，谓[③]：

> 自涪陵出发即大忙，直至昨晚抵汉口，求一从容作书之时间不可得。计在万县停船一日，即在万县跑一日。在宜昌停两日，即在宜昌跑两日。最痛快是在沙市宿一晚，我们拼命跑到荆州，凭吊一座古名城。至于在船时间，读书、开会、整理日记便是一天，大约到上海后拟将沿途所得择要寄回，藉资神游，并介绍于局中诸少年也。
>
> 此来最有感想者，第一是万县，不复认识，第二是汉口，与前迥异，皆各有经营之精神，值得介绍于峡局。接洽最美满者为科学院，自渝至万已得可靠之捐款 4000 元以上。窃想峡局未来大有办法，皆在诸兄诸弟身上。只须能继续冒艰苦，时时顾到全局，则一年两年以后基础大立更无问题矣。顾念峡局经费已陷于无法之境，孚且绝未尝以此灰心，此外问题总当无更难于此者矣。
>
> 此时孚等已移到申汉船上，准备到南京，分水陆空并进以往上海，此亦有味之生活也。不知局中近来亦时时增加生活之味否？已有多少望外的变迁否？至念，望时示知。

3 月 19 日　德国博物学专家傅德利为采集标本事到北碚，住新营房[④]。

3 月 25 日　中国科学社生物研究所派采集员方文培、徐锡藩、郑万钧等，预定于春季出发赴四川西康一带采集植物标本，为期约一年。教育部本日给予护照，并咨行川康军政机关给予特别保护[⑤]。

---

① 黄子裳、刘选青：《嘉陵江三峡乡村十年来之经济建设》，《北碚月刊》第 1 卷第 5 期，1937 年 1 月 1 日，第 23 页。

② 民生实业公司十一周年纪念刊编辑委员会编：《民生实业公司十一周年纪念刊》，中华书局 1937 年版，第 198 页。

③ 黄立人主编：《卢作孚书信集》，四川人民出版社 2003 年版，第 168 页。

④ 《傅德利已来峡局》，《嘉陵江》1930 年 3 月 22 日。

⑤ 周开庆编著：《民国川事纪要》（1911—1936），台北四川文献研究社 1974 年版，第 417 页。

3月27日 卢作孚一行10人在上海参观黄炎培等人所创办的人文社[①]。

［按］据黄炎培的日记及其回忆，人文社原名“甲子社”，成立于1924年7月，成员有张一麟、史量才、沈恩孚、马士杰等。1925年3月，甲子社租借上海南京西路一处房屋设立人文类编辑部，1929年3月1日改称人文社并开始编辑报刊要目索引，1930年开始编辑发行《人文月刊》及丛书[②]。

3月28日 （一）中国科学社生物研究所和静生生物调查所合组的四川生物调查团抵达北碚，《嘉陵江》载[③]：

> 北平静生生物调查所和南京中国科学社生物研究所合组之四川生物调查团，已于廿三日抵渝，住新新宾馆。……廿六日晚，于渝由何北衡、郑璧成就新新宾馆宴会技师。该技师等已于廿八日到北碚峡局。

（二）郑璧成致函卢作孚，告知中国科学社生物研究所和静生生物调查所合组的四川生物调查团已经有四名成员到川采集标本，并告知卢作孚关于补助款项问题、采集问题、标本问题等具体办法，以及民生公司相关事务等。函云[④]：

> 中国科学社生物研究所同静生生物调查所合组四川生物调查团来川采集，已到郑万钧、汪发缵、方植夫、唐英如四君。弟约子英来渝商定办法，随于昨日同北衡兄宴请各君。在席间商定：（甲）补助款项问题：1. 全数为一千元，先交五百元。2. 刘自乾来电，允捐旅费数目未定，到边各组经过成都时往取。如不足五百元时，再由科学院补足。3. 每组另帮运费一百元。（乙）采集问题：1. 专采植物者四组，动物者一组（尚未到），每组率领义勇队学生二人至三人，动物组或尚须增加。2. 学生由各技师管理指挥。3. 到西康、松潘两组明日出发，先到

① 中国社会科学院近代史研究所整理：《黄炎培日记》第3卷，华文出版社2008年版，第220页。

② 中国社会科学院近代史研究所整理：《黄炎培日记》第3卷，华文出版社2008年版，第138页；黄炎培：《八十年来》，文史资料出版社1982年版，第84页。

③ 《峡局又要派人采集》，《嘉陵江》1930年3月29日。

④ 黄立人主编：《卢作孚书信集》，四川人民出版社2003年版，第169—170页。

温泉住一日。郑、汪两君一组溯嘉陵江而上，一组到西昌，尚须勾留数日。(丙) 标本问题：1. 以一份最全者与（予）科学院，另酌提数份，备科学院将来交换之用。2. 从前所采者赠一份与（予）科学院，现已先送来一束，凡六十余张，结果尚好。一切系商请北衡提出，弟偶补充之。末后，请各君促成此伟大事业，以与各君留伟大之纪念。随于汤壶峤处由北衡借来一千元，以芳舟（王陵基）师长千元捐款作抵，除送五百元外，成都兑两百元，火焰山拨二百余元。今日又收到王治易师长三百元，实际尚存三百余元也。但义勇队学生之费尚未拨，此时尚不需要也。沿途接洽地方均一一介绍，将来各君采集后到渝，商其多留数份亦易办到。川江公司问题尚未解决，罗子仪等拟出面承买，但看其情形必无现款，正请北衡商赵资生设法中。九江各船拟交出合组，已谈数次，如有可能性时，即以公司三船与之合。公司方面如常，不过无人督促，精神稍懈。东翁对润生颇为不满。夏仲熙已住公司。考核物价及支款，迩来弟已积极进行。例如从前船票每百价二角，现为九仙。从前广告每千（字）四元，现为二元六角，用木印尚须减少三角。其他洋碱、纸烟、纸张一切琐细事，均系弟亲到各处调查者。五金方面，从前的确有如兄虑，最近弟与各家接洽，改用王定九买物，另行又用考核账一种，以物为纲。例如纸烟，各部纸烟皆过入互相比较存记，已在实行矣。溥泉到涪主持派驻所，四月一日起领江罢工，尚未解决。渝合水码已画毕，渝嘉一切工作正进行中。合遂水码亦已规画，日内派人往办。上游领江拟即着手登记，并拟及于下游。半亭子石梁拟设法炸，已托税务司电请测崆岭之金技师来渝，但尚不知能办到否也。上海售炸药及打滩工具者，为那卜公司。关于公司重要事件，昨已约瑞成下渝，其与同东翁商之也。

3 月 31 日　卢作孚就在上海考察、峡局事务等致函峡防局副局长熊明甫等，谓[①]：

日来未接信，至念。到沪之次日得函报两封，事业较孚在时乃尤猛进，至喜！此精神望继续，想亦在继续前进中。

初以为到沪后有时间，可整理日记以闻。殊到沪后，忙乃甚于途中，此项工作又拟推诸离沪后矣，奈何！奈何！

---

① 《卢作孚致熊明甫函》（1930 年 3 月 31 日），重庆档案馆藏。

汉口、南京，各重要机关皆有要闻简报，此办法峡局颇可采。其法系以极大白纸（即如圆边纸一整张）印好头尾，其头在右，系某月某日要闻简报，其尾在左，系某某机关发，中间则用缮写。本可油印，但峡局青年类不能书，有此亦为习字之一法。须楷写，须匀整，亦作为成绩考核之一，以为可行否？样式另列于后。

染纱设备简单，染布较难。德有博士到渝教染色，可派孙止戈于局中无染色工作时，往渝学。专学阴丹士林各种颜色，毛巾大红各种颜色。染锅形式，当另函报闻。

峡中照片，关于峡局事业及峡区事业者，请嘱陈道湘多照多印，速寄来沪。诸友争来索取，无以应之。温泉公园之照片，冷伯符处印有明信片，亦望寄十余份来。

在该函附言中，卢作孚还记下了此后两天的活动安排："今日赴杭，五号归来，六号偕黄任之、蔡孑民先生赴安亭参观中华职业学校经营的新村。"

春　川军李家钰、罗泽洲等部联合进攻刘文辉防区的资中、内江一带，被刘文辉击败。自此以后，刘文辉除占据西康十余县外，占据四川上下川南、上川东以及成都周遍地区，所属六十余县皆为四川富庶区域。所属军队达10万以上，将领多干练有为。刘文辉且罗织吴晋航、胡子昂等各方面有社会声誉的人物，并招降纳叛，雄心勃勃，企图统一四川①。

3月　（一）峡防局各场乡村电话全部开通②。（二）峡防局开始筹建北碚火焰山东岳庙峡区博物馆③。

4月1—5日，卢作孚一行到浙江考察，在杭州参观了浙江昆虫局，并到浙江杭州圣音寺文澜阁参观四库全书，这是卢作孚此行中参观的第一部四库全书④。

4月2日　《嘉陵江》报刊载卢作孚《科学院计划大纲》⑤。

---

① 冷寅东：《刘湘、刘文辉争霸四川的几次战争》，《文史资料选辑》（全国）第10辑，中华书局1981年版，第54—55页。

② 《江巴璧合特组峡防团务事业进程一览》，峡防局1934年刊，北碚图书馆藏。

③ 同上。

④ 卢作孚：《东北游记》，川江航务管理处1931年版，第43页。

⑤ 卢作孚：《科学院计划大纲》，《嘉陵江》1930年4月2日。

《科学院计划大纲》

一、设备

甲、品物设备

Ⅰ、自然方面

第一院　植物

第二院　动物

第三院　地质

第四院　理化用具与药品

Ⅱ、社会方面

第一院　衣食住与用具——农工商业与交通

第二院　政治与战争

第三院　教育与宗教

第四院　风俗习惯与人口统计

乙、研究设备

1. 图书馆

2. 实验室

3. 教室

丙、旅行设备

1. 寄宿舍　饮料食物均期便利

2. 增加重庆到三峡之小轮，建筑由渝简马路到北碚之支路

二、采集

第一集团——约十余人，由川江航务管理处、江巴璧合峡防团务局、民生实业公司、北川铁道公司人员合组之。

第一区　国内

第二区　日本

第三区　南洋

第二集团——约二十余人

第一组　松潘

第二组　打箭炉

第三组　宁远

以上三组商请中国科学社采集人员领导之。

第四组　打箭炉附近，由德国人傅德利领导之。

三、交换

1. 与中国科学社南京、北平两研究院交换。

2. 与日本交换。

3. 由德国人傅德利帮助与德国交换。

4. 商请华西协和大学校长毕启帮助与英美交换。

四、研究

1. 附近各县学校每当春和景明、秋高气爽，教师带领学生到此，可资研究。

2. 省外、国外学者游历或采集过此可资研究，或可得其辅助。

3. 凡到峡游浴或参观各种事业者均可便中到此参观或有所研究。

五、建筑

1. 地点　嘉陵江三峡中东阳坝上坝。

2. 时期　从十九年秋季起每年完成一院。

3. 经费　向省内外及国内外募集。

［按］高孟先记述：卢作孚率领的合组考察团携带了大量植物以及部分昆虫、矿物标本和川边彝族风物与南京中央研究院、中国科学社、中央大学、浙江省和江苏省相关部门等进行交换，蔡元培等人对考察团的这些东西很有兴趣，对卢作孚的做法深表赞赏。后来，中央研究院还将这些标本整理出来，以国立中央研究院社会科学研究所集刊第三号《猡猓标本图说》书名于1931年出版[①]。受此鼓励，卢作孚乃在上海设立“中国西部科学院筹备处”[②]，《科学院计划大纲》当与该筹备处的设立有相当关系。另据《卢作孚书信集》，当时筹备中的科学院，又称为四川科学院、自然科学院，高孟先关于科学院筹备处设立的说法有可取处，但名称则未必确切。

4月6日　上午，卢作孚一行与黄炎培、蔡元培、李石曾、江恒源等合计14人，到中华职业社在上海徐公桥经营的新村参观考察乡村改造实验[③]。

---

① 卢作孚采集，林蕙祥编述：《猡猓标本图说》，国立中央研究院社会科学研究所集刊第3号，1931年版。

② 高孟先：《卢作孚与北碚建设》，《文史资料选辑》（全国）第74辑，文史资料出版社1981年版，第105页。

③ 黄炎培著，中国社会科学院近代史研究所整理：《黄炎培日记》第3卷，华文出版社2008年版，第223页；卢作孚：《东北游记》，川江航务管理处1931年版，第43页。

4月8日　蒋介石密令停办陶行知在南京创办的晓庄师范学校。

4月10日　（一）卢作孚致信峡防局副局长熊明甫、赵仲舒、黄子裳、熊宴清、卢子英等人，谓[①]：

在沪逐日接到政治股报告及《嘉陵江》刊，狂喜！一致努力的精神跃在纸上，此间青年及诸好友读过，无不惊异愤（奋）起，不但可证成就之伟，亦可见影响之深矣！孚等在沪穷日奔驰，乃欲作一详悉之报告不可得。忆在涪陵一日，恨时间太长，到沪以后，又□恨时间之太短，远出前此预期之外。恐考察计划因此变更，缩短时间与距离，以便作几桩事体，同来诸青年亦各学一种专门技能而归，不然，徒飞跑几个月，恐一无所得也。峡局青年能力太低，无法为社会作事业，出川以后，愈有许多证明。认为此后只可增加专门人才，万不可增加青年。如少专门人才，则诸青年亦绝少进步可言，且误自以为即是人才矣。详情容另函痛论之。吾辈千万只可就现有青年设法，不可再增加无法之青年人，以增加事业之累。并望痛告现有诸青年，到沪者入校或入厂求有所学习，均苦为能力所限，以现有的能力，求学且无法，何能办事？读书千万不可随便，且须各有统系。拟约友人二三到峡，下年成立一中学校，专准备青年投考交通、同济诸大学，一方面准备应用。此后事业至少需用高中毕业以上之青年，今日诸青年亦须逐渐提高到高中以上之程度乃有办法也。《嘉陵江》刊最近两三期宣传稍稍溢于事实，尤常常及于孚个人。程耕如，航务处之办事员，乃误为名流。峡防局果然注重规律之消息，中间只有批评乃未列具。如系宴清编辑，请千万变更态度！峡局之事业乃正以质实取得人相信，不可烘染！中央研究院有友欲征求药物标本，列举办法数端，请派义队学生采集，并通知川边各组，将办法详细说明。一面函商蒙华章兄向药商征求药材，调查产地产量，有所得汇集在峡局，运交上海霞飞路八九九号中央研究院化学研究所。原稿附上，请存底子。峡局事业之照片不成整，此间友人盼于纪载册中多列照片，望嘱陈道湘多多摄制，并望加速寄来。稍不明了，即复另照，每种事业能得多种，以便选择最好。各种事业中间宜常显出普通人，尤以地方医院及图书馆两处为宜注意。前此照片，大概都偏重本局中人，殊失事业之本意。读书会，天候加热，多在野外举行，照片亦取野外者。运动场

① 《卢作孚致熊明甫函》（1930年4月1日），重庆档案馆藏。

须如开运动会时，在山上摄一章〔张〕全景，并将运动会照片选寄若干来，盼甚！此刻黄任之约谈话，已过时间，须即往。信姑止此，余容续陈。

（二）上午，卢作孚等十二人到上海职教社访黄炎培。下午，黄炎培带卢作孚等参观相关职业学校①。

（三）天津《大公报》刊载《魔窟桃源：四川小三峡之建设》一文，介绍北碚的建设及成绩，谓②：

嘉陵江畔之三峡，自民国十五年以还，匪类即已肃清，该地所办之团队，亦无所用其武。值合川人卢作孚氏接办团务，以团队无用武之地，因导之以谋建设。于是以峡防团务局为中心，从事建设。首将该局所在地（北碚，乃一小乡场）加以改造，如修道路、清户口，并随时作清洁运动，继则抽调民丁，练为精选团队，与原有之常练队共同工作，除照例保护行旅外，并将峡上下（由合川至重庆）之河渠一一测量，俾来往合渝间之小汽船畅行无虞。自是之后，附近峡局之各乡镇，如悦来场、黄葛树、磁器口等地，皆仿效北碚。卢氏除本身尽量帮助外，并饬所属团队，代作修道路及安置乡村电话等工作。峡防一带之村镇，其表面固已今非昔比，其实际于各适宜地段，已创有工厂数处，如造水厂、煤厂、石灰厂、养蜂场等，可容纳当地贫民。同时，更就嘉陵江畔，距北碚十余里地，修建公园一所，并以该地之温泉作浴池，定名为温泉公园。其泉水颇清澈，含石灰质，温度中等，据医家言，颇适于患肺病者之洗涤。距温泉半里许，筑有旅舍一座，设备颇清雅，仆役亦诚挚和蔼。旅舍之四周，皆遍植花木，并有网球场两个，供游人运动。园内除亭台楼阁外，有一五花洞，长约数里，其间迂回曲折，非常幽深，较之北平颐和园之山洞，约胜百倍也。每届例假，联袂莅止。该处有菊圃，种菊千万株，花种皆购自成都私家花园，或分自专嗜种菊之名士者。每岁秋季盛开，游人更为踊跃。渝埠及江北、合川等公园，及各机关或私人，皆向该园分购菊花，以写秋意。此种经营，皆由卢（作孚）氏提纲，邓少琴氏主办。

---

① 中国社会科学院近代史研究所整理：《黄炎培日记》第3卷，华文出版社2008年版，第223页。

② 《魔窟桃源：四川小三峡之建设》，《大公报》1930年4月10日，第4版

卢于此等经营之外，更联络合川人士，加入江北富绅志士等所组织之北川铁道公司，促其速展（江北合川）两县之煤矿。其名虽为（江）北（合）川，实则由江北人士主办，股款之大部，亦多募自江北富绅。先是合川人士组有一民生公司，置有汽船五六艘，因卢作孚氏之经营，来往渝合（川）及渝涪（陵），颇称便利。该公司之其他执事，虽不欲与江北人士合作，幸卢斡旋其间，双方始暂携手。惟股款仅有江北人士所醵之十余万元而已。合川方面至今虽未投入巨资，加入卢（作孚）氏一人，亦可胜过十万股款也。盖自卢加入北川公司后，催促之力更大。于是始由该公司将经修胶济铁路之德技师寿尔慈延聘来川，赓续从事测勘，并筹全路计划。同时卢作孚氏与江北之士绅唐建章、张艺原、李云耕、李佐臣等，又分工经理，由卢、张等提纲，李、唐等监修。去年十一月底，已筑成铁路十八九里，并已开车运输。现该公司又增加股款，拟限本年内，决由江（北）、巴（县）接壤之嘉陵江畔，斜修至江（北）合（川）接壤之渠河（有渠县西来与嘉陵江在合川东南汇流者）畔，共长约八九十里。自北川铁路通车后，自流井及川西北产煤之区，现亦闻风筹建铁道矣。卢氏自办理峡局，经营温泉，促进北川铁道之成功后，颇为川中当道敬佩，驻渝之二十一军长刘湘，于去年夏特委卢作孚办理川江航务。卢常往来于峡局、合川及渝埠一带，对峡区各种事业，更加注意计划。现在除积极联络各种专门人才，开发峡区之实业外，并拟在峡区筹建科学馆一所，内分五院，计约需款十万。现该院地址，已测定为温泉公园对岸之平原，款资仍用集股办法，闻已募得万余元。去年夏间，卢曾派遣峡局之少年义勇队，赴川边雷波、马边屏山一带，采回各种标本。月前卢氏又率领少年八名，赴汉、沪、粤及北平、天津等地考察，并附带募集科学馆之股款，搜集陈列品。川江航务管理处，由副处长何必（北）衡照常办理，北川公司由唐建章等照常经营，峡局则由副局长熊某代办，温泉公园则仍由邓少琴氏经理。值兹春光明媚、日暖风和之际，渝合（川）间人士，多联袂赴峡区踏青，或在温泉小作勾留，沂（忻）咏而归，或参观北川铁路，试坐火车，无不以该地为世外桃源也。（三月二十日发）

4月11日　卢作孚致函民生公司郑东琴、郑璧成等，谓[1]：

---

① 黄立人主编：《卢作孚书信集》，四川人民出版社2003年版，第174页。

到沪后除接到璧兄一函外，未知公司近状如何？为汇款问题曾发两电。此后应斟酌汇水，预买申票到四万两以上，假定相当时间不需款则卖去，免临时需款急觅汇吃亏。三星期前汇水低落，出人意料以外，到九百七十几即宜多买申票。民生不交款，北川亦感需要。目前一千两乃涨到八十两以上，汇一万两乃吃八两之亏，可谓巨矣。今年曾经议决开始经营钱业，钱业主要问题即在申票，万望云兄留意。再者去年购买电料后，久不付款，亦不回信，元恢曾来函相责。自此以后公司信用大减，沪聚行不敢以巨款与公司来往。故对四底应交之北川款万元，公司购买油及五金电料等款银约四千元，再电催公司汇款，想必按时汇来，并望此后留意上海信用，不然事业前途之困难恐更有加于今日矣。

4月12日　蒋介石下令通缉陶行知。到1932年5月，虽然发还晓庄师范的校舍和设备，但是仍不许招生。

4月13日　卢作孚谈道德问题。高梦先日记载：

早上四川人唐睿奎先生来晤局长，他在瑞士达纳洋行专办出口山货的接头，他说四川的出产物很多，数量亦很大。①

接着又是曹俶宾先生来晤局长，此人曾在吕超部当旅长，同局长谈了许多问题。②

又略谈了些蚕桑问题，中国现在之一般情况，谈得非常有味而确是的。例如，卢局长说："革命以来，直到了今天，匪徒的利用是过去了，凭今天以后，是决不会有的。利用军队，今天也是显然不可靠的，形成了军人遍国中……这样一来，中国现在要利用什么才好呢？"接着曹先生又说："还是要人才集中，正己正人，先要有个人道德的基础，然后才会有公共的道德。"局长说，你把这句话掉转过来说就对了，"先要有公共道德，才有个人道德"。③

4月16日　（一）卢作孚致函峡防局副局长熊明甫谓：已派员在上海

① 高代华编注，重庆市璧山县档案馆整理：《乡建事业践行者高梦先文存》，西南大学出版社2023年版，第80页。

② 同上书，第81页。

③ 同上。

分别学习织袜、织布、制标本、染织等技术①。（二）卢作孚就北川铁路购置材料等致函民生公司郑东琴、郑璧成等，谓②：

关于北川购买材料问题，谨陈现在已办及代办之与本公司有关者如下：一、购买材料总金额为八万五千余元，第一期交三分之一，计银二万八千余元，本公司担任七千两，已由聚行出下旬期票，由月底渝汇款归还，请嘱分所照七千两加上汇水拨账，并通知北川公司。二、第二期货到交三分之一，第三期货到后两个月交三分之一，洋行因此非普通货，必要求觅一银行担保按期交款。计按期交款的情形，七月半到货一批，须交二期银三千余元，九月半交三期银三千余元；九月初到货一批，交二期银二万四千余元；十一月初交三期银二万四千余元。觅银行即担保按照此期此数付款。三、已商聚兴诚，请其担保，彼第一步要求存现款于渝行，我们认为困难；彼第二步欲以材料作抵，又问知非普通货件，有点危险；第三步则商在重庆由两公司分觅信用保证，或出期票，或另用其它商业上习惯证据。但云根、瑞五初虑重庆办此为难。弟以为民生担任三万元之信用，北川担任其余信用，当无大困难，请裁酌。与茂芹商一办法，或由本公司出三万证据，或由本公司及汤老三等号（乃至于新新宾馆亦拉进来）分出证据，以作担保，然后由茂芹函知申行为北川担保，弟等当在此间将此事办理清楚。四、假如此项办法仍有困难，则此间目前须改交款到总额之一半，即须补交银一万四千余元。已请由聚行借款一万两，两个月期，如此则交款期提前，本公司活动能力当减少，不过只在中间担任一半数，余应由北川设法，请并商之北川。凡此种种办法，今日往商粲三，仍由彼函知渝分行以便办理。

4月21日　（一）蔡元培为介绍卢作孚一行参观事致函中国科学社生物研究所及中国科学院博物院，谓③：

倾接卢君作孚函称："四川研究科学诸友，近来发起在重庆上游嘉陵江滨，设一科学馆。今年分六组往川边，采集生物、地质标本及

① 《卢作孚致熊明甫函》（1930年4月16日），重庆档案馆藏。

② 黄立人主编：《卢作孚书信集》，四川人民出版社2003年版，第175—176页。

③ 高平书等编注：《蔡元培书信集》（下），浙江教育出版社2000年版，第1114页。

蛮夷用品；其中一组，由德国人傅德利领导，五组由中国科学社社员领导。作孚等为考察文化暨经济事业，游历各省，负有使命，与各文化机关商议征求或交换，拟请赐函介绍，俾使参观磋商。”云云。卢君等考察各节，关系学术，甚为重大。谨为绍介，还望招待接洽，不胜感荷。

（二）蔡元培为介绍卢作孚一行参观事致函上海商人团体整理委员会，谓[①]：

倾接卢君作孚函称：“四川研究科学诸友，发起在重庆上游嘉陵江边，设一科学馆，分组入川边采集标本，及与各文化机关商议征求或交换。沪上工厂林立，各类制造皆备，拟各征求标本一全份，由原料以迄成品，每一阶段，征一极小数量，加以说明，以供陈列，备人参稽。请赐函介绍，俾使参观磋商。”云云。卢君等征求各节，关系学术及商业经济，至为重要。谨为绍介，务希招待接洽，不胜感荷。

（三）蔡元培应卢作孚的请求给江苏省昆虫局、浙江省昆虫局的负责人写了介绍信，卢作孚也同时向这些研究机关写信介绍了相关情况。

4月24日　郑璧成就科学院等事务致函卢作孚，谓[②]：

1. 中瑞新甘考查团瑞、德、华各人士到渝后，弟即向其宣传，并于昨日同北衡兄宴请之。此团体费颇丰，决非小小金钱可以相动者。初瑞典人郝沸尔表示不便加人后工作，德人白君、华人郝君力言峡局学生耐苦可靠，在途可照料行李，采集时可供指挥，始允派两人同行。乃约子英下渝，今日已将其行李一部运合，运费公司捐船票，科学院住，一切琐事皆代为办妥。该团中西人皆乐助科学院成立，允将来新甘两省采集之标本全赠科学院一份。弟希望将来如份数多时，多赠一二份，于席间提出，彼方当无不赞成之表示。昨日又约同子英往会中西人，并交两百元与郝君，请其按月交学生用，不足时垫后回渝还，或兑到甘省。考［查］团采集预定九个月，仍由渝出川。又

① 高平书等编注：《蔡元培书信集》（下），浙江教育出版社2000年版，第1115页。

② 黄立人主编：《卢作孚书信集》，四川人民出版社2003年版，第178—181页。

明日中西人到温泉，已早函峡局诸友及北川公司妥为招待，并力予帮助，希望其回渝时对科学院帮助更大也。2. 中国科学社采集动物之徐锡蕃君昨亦到渝，弟亦先表地主之谊，并请子英拨学生两人同行采集。徐君要求四人，昨商结果，拨为三人，半个月内在渝附近采集鱼类。3. 唐英君在华莹［蓥］采集后，因病已回宁，现植物只三组矣。4. 丁文江博士到渝，此次在川黔采化石百余箱，已运下。可惜事前未与之有充分之接洽，致不免失一机会。请兄在宁设法，将来请其分一部。丁一星期内东下，现正约其入峡，但能否去尚不可知。5. 仁寿人黄汲清君系同丁博士采集地质者，日内由黔到渝。闻一时不出川，到后当设法与之接洽。如须在川采集，则商子英派人随之。6. 用款已在峤济借千元，本底可望收蓝款，王芳舟款尚未到手，已商北衡分期收，免数大困难也，7. 此间有一绝业五六万元，市府方面已口得一部。本日衡兄前往工作，请蓝帮助或可得数千款。8. 同傅德利去学生系十人，款预算者无不足，已同衡兄函龙邦俊打兑回渝。9. 火焰山博物馆款已照子裳预算拨交。弟因到峡复试护航队学生，曾两度上□，代为斟酌培修方法。此处弟意可将人生社物品陈入。10. 温泉公园似宜有一博物馆，专陈列嘉陵江之一切，或者即名嘉陵江博物馆，请兄酌之。

4月29日　卢作孚一行到上海浦东川沙考察。《合组考察团的两天日报》载①：

今天的计划，是参观上川铁路，到川沙海边游玩。全体七点半起身，由黄浦滩坐市公用局小轮到庆宁市。这个小轮很漂亮，看他图样表上写着船高七尺，马力一六〇，载客四百，船长一〇五尺，宽二〇尺，吃水五尺，而价值才五万四千元。

船到庆宁起岸，上川铁道车站的人，引我们到公司，会着陆任民先生。陆君前年曾在峡里北川铁路住了一会，所以今天见面都觉得很亲热。在公司里略坐一下，便乘火车往川沙。这条与峡里的北川铁路情形大概相同，仍是一条轻便铁路。隔三四里有一个简单的小车站。据陆君说：这条路已经修成了三十几里；每年营业十一万几；而开支则只有六万几；车头柴油蒸汽洋油三种都有。川沙城市，街道窄得如

① 佚名：《合组考察团的两天日报》，《嘉陵江》1930年5月24日。

小巷子一样。看见一条街里，很有几家扯梭织布厂，大家都惊奇，机器工业势力最发达的上海，附近这种手工业的小厂，仍然存在。一转湾，出人意料，发一所三友实业社的工场。这个工场，是专织毛巾的；七十几架机头，都是人工扯梭，牵梳是一部简单木机。线筒一架一架的成行列着，由牵到梳，只须一道手续就可以上机织成。除了齿轮之外，其余都是木制的。一部机同时导筒四十八个，只须两个人管理，一个人便要当旧法的二十四个人，峡局织布厂，很可以仿制。参观这个厂以后，告诉我们两个方法：一、工场不一定要集中在一个地方，可因地宜设小厂；二、在乡里设厂，城里销售，也是一种办法。后面这个，便可与峡局现在情形相同，能以提倡兵工的关系，及合川方面已经免税的先例，邀得北碚、重庆间的免税，那便更有希望了！

陆君引我们到一所公立学校参观：这个校里学生组织，有县政府及县各局，依全校教室划为若干区，每区有区长。寝室划为若干村，每村有村长。从他的记载看来，也常常在开会举办。他这借设县里的一切事情，校里每天的时事报告，气候报告，校事报告，及各科室的揭示，也很有意义。学生扫地的动作，很有方法，似亦经过训练。他们上课，仍如普通学校一班，用教科书。不过时间以一点钟为单位，而以十分钟为单位，视教科的性质决定。大约高级生每周上课一千四百分钟，不依年编级，很注重所谓中、英、算。英、算编级最多，学生可以随时升降。

陆君招待我们吃了午膳，天色不早，不能再到海边，绕道看十分美丽的农村，到达车站坐车转来。

当晚，黄炎培在上川招待卢作孚、李云根等夜餐①。

［按］川沙县为黄炎培的家乡，川沙县的毛巾工业开创于黄炎培的姑丈沈肖韵，此人又是黄炎培父亲黄叔才的学生。黄炎培曾经记述沈肖韵开创川沙毛巾工业始末云②：

甲午之役，沈肖韵从军出关抗日，深感民生痛苦，议和后归上海，亲见虹口日本人建毛巾工厂。时国内无毛巾，肖韵为挽救民生热

① 中国社会科学院近代史研究所整理：《黄炎培日记》第 3 卷，华文出版社 2008 年版，第 228 页。

② 黄炎培：《八十年来》，文史资料出版社 1982 年版，第 26 页。

情所驱使，购机二架、毛巾几打，聘一工人归来，全家和亲邻妇女习织。能习者多，制机越多。由近而远，招许多女工学习。学成，正式纺织，附设漂染工场。业务大发展以后，所有织机都赠给招来的女工，不取机价，让他们每一村庄自己联合经营，漂染工场作为公有。这样一来，川沙毛巾工业，大大发展，贫民都变富有了。

4月30日　卢作孚一行在上海接洽事务并参观商品陈列馆、商务印书馆。《合组考察团的两天日报》载①：

晨早一度会议以后，便分头出发。卢作孚先生同邓愚山到商人整理委员会接洽，该会愿介绍我们到工场征集标本，后参观商品陈列馆，很可为我们征求的参考；可惜时间太促，莫有完就关馆了，只好改在以后再来。胡绶若、刘华屏到聚兴诚划款，到大川通接洽装箱民生公司所购之材料配件及峡局买的农具。

袁伯坚到中华卫生教育会选买卫生小丛书及卫生图画各数十套，到华强公司问电影及幻灯机片，到慎昌问钢板设备，问三友实业社里面两位四川人的姓名。今天卢作孚先生又请求黄任之先生写了一封介绍信，总要想法多方运动，能够派人进去实习织造。

午后五钟，卢作孚、邓愚山、高孟先，同往商务印书馆，约黄警顽先生明日到吴淞。我们最感动的，就是黄警顽先生见了我们，非常欢喜，决计牺牲一天，同我们到吴淞去。一面谈，一面取出一张公园长期票交与高孟先，而且安慰道："你们太辛苦了，暇时也游游公园！"又取许多图画交与我们，说道："送给你们欣赏。"又很忙的搜求书籍，交与我们。一面递，又一面搜，忙得不得了！直到书馆关门，才送我们出馆。我们很诧异这位交际员。

晚上十一点钟开会，除共同整理今天的事情而外，并商量明天同黄警顽先生约着到吴淞参观水产学校、同济大学、立达学园、中央大学医学院，到海边游玩。如果黄先生不能来，我们便分头办事。

4月　峡防局派士兵清理火焰山东岳庙偶像，筹款修造博物馆馆舍②。

---

① 高孟先：《合组考察团的两天日报》，《嘉陵江》1930年5月24日。

② 《江巴璧合特组峡防团务事业进程一览》，峡防局1934年刊，北碚图书馆藏。

5月1日 卢作孚致函熊明甫，谓[①]：

示敬悉。各种照片，关于事业设置及人之活动者，前此尚嫌拍照太少，或不甚好，请嘱陈道湘多拍照，以便编成册子一本也。并望从速寄下，以须往各地游历，此后留沪时间甚少也。峡局经费得甫公补助，仍系仗北衡之力。当时声明系峡局为航处训练护航队，军部则补助峡局经费，本系交换之意。而今划分为两部分，确定补助峡局者为两千元，此两千元内，只要不别负义务即妥当矣。建筑房屋感困难，即二队让开或另租房屋亦无不可，拟请裁酌暂缓建筑。至于委用人员，最好由两方会委，只可惜此函到峡此项争执不知已如何解决矣。两方会委，则于两方皆可保存统系，亦免因此发生争执，致伤感情。峡局事业终不应仰赖于人，弟到此竭力留意生产事业以为根本自立之计，决派梁仑织袜，陈德织布。织袜已开始，织布亦颇有新式方法，只须加资本一万两即可完成，一年以后，当年有万元以上之赢利。决计于回川时将机械购齐，具体办法另函报闻。生产资本，弟意即联职员投资，所有全体职员，除发不可少之生活费外，月薪不发，皆以移作资本。此为救济峡局计，各职员应有此种决心。为扩充各职员未来经济能力计，亦应有此种决心。另函告全体职员，请公布最好。航处之补助费，峡局不拨，全汇上海购置机械，乃为计之得也。峡局经费到万难时，太弱之职员及士兵仍宜裁减，如何？敬乞裁示。

5月4日 黄炎培送卢作孚联云：君子创业垂统，为可继也，有朋自远方来，不亦乐乎！[②]

5月6日 卢作孚一行到上海大中华造船厂办理有关事务，参观上海永固造漆厂、一心牙刷厂等工厂。《合组考察团又有日报》载[③]：

卢作孚先生同胡绶若到大中华造船厂。

大略把事办完，已经午后两点钟的光景，在分任各厂接洽表里选了永固造漆厂，一心牙刷厂，仁昌永农具公司三处比较近的前去参

① 黄立人主编：《卢作孚书信集》，四川人民出版社2003年版，第181—182页。

② 中国社会科学院近代史研究所整理：《黄炎培日记》第3卷，华文出版社2008年版，第229页。

③ 佚名：《合组考察团又有日报》，《嘉陵江》1930年6月14日。

观。张合生先生也很高兴地参观。我们坐电车到斜桥，到达中国界的丽园路，问着永固厂里的工程师，引我们参观一遍。设备并不怎样繁复，只有磨机碾机各二部，熬油缸几口，离心力滤油机一部；原料如锌粉、白铅粉、桐油、麻油、X油、松香、松节油，都产自本国各地，只琥珀胶X质松香油水系舶来品。出品有瓷漆，质极光亮，讲究之器具用之。房屋漆无光泽，用来漆房屋。凡立水用以涂用具等。于四川之明油厚漆来打底子，与四川漆灰用途同。白漆火车轮船多用之，嵌漆器具及地板多用之。燥油是和在一切漆中促成干燥的。该厂闻已经办五年，现有资本十万，工人四十几人，每天出总量三吨，赶夜工可加至五吨。销场除本国外，还运往南洋。据工程师谈：上海这类漆公司只有振华、克伦、永华和永固四家。中间振华资本二十多万，比较最大，克伦则专做火漆。我们参观完毕后，把随身带来的玻瓶取出来，从原料到成品，征集了一全份。

四钟到一心牙刷厂参观，工程师田君，系四川同乡。工作如打磨、钻眼，都用机器，骨料由美国运来，出品种类很多，还有一部份销往新嘉［加］坡一带。田君愿意制一全份标本送给科学院，制起即着人送来。晚会决定明天十二点钟出发，到华德路参观三友实业社三星棉铁厂。上午分头办事。

5月7日　卢作孚一行在办事并参观了上海著名企业三友实业社总厂。《合组考察团又有日报》载[①]：

上午卢作孚先生同胡绥若往大中华造船厂，高孟先买回装标本玻璃瓶子一百五十个，陈德先到三友三星交涉参观的问题，袁伯坚到商务印书馆交涉买书的问题。

十二点三十分全体雇汽车两部，到华德路三友社参观。该社工厂，计分三处：杭州最大，川沙最小，此处比杭州厂稍次，但是在此地棉织厂中，要算是很大的了。织机有好几种，一种是电力发动，据说有七十多部；一种是人工扯梭木机，也有三十多部的光景。这两种织机所出的布，宽到八尺，在扯梭机织起，看那样子很费力的，其次便是四五尺多宽的。一种是织线毯的，两尺多宽的，一种是织浴衣的，也有人力扯梭，电力发动两种。一种是用丝光纱织锦葛的。第二

---

① 佚名：《合组考察团又有日报》，《嘉陵江》1930年6月14日。

向房子里，只是做烛心的，只有两种机器，漂场的工作程序，是先用担打水煮，然后再清，经两次后才漂了，以后清洗，最后用肥皂煮过，然后再有一次清洗，再用机器荡过，绞干。染场工作，也是一样：先精练，次染色，最后清洗，并用肥皂水洗煮，再清一次即成。不过在染缸里面，每染一次以后，必加一定之数量颜料，使出品颜色不致参差。印花所设备，只有几个长台，印台布花时，几角以铁方压住，用雕花扳覆上，涂以颜色，再用药水浸过，须显出所需要的颜色后，即不脱色，不知是什么颜料，外有许多木刻图章，是用来印小东西的。该社还有染花纱的部份，不能让人参观。我们出工场，向该社提出征求陈品问题，答以要在发行部接洽。又为了想运动派人到厂实习，又会了前次川沙问得的姓欧阳的四川人。他又介绍了发行部的四川人，名巩仲宏的。从三友厂出来，便到三星棉铁厂。规模比较三友小些，染织情形也大致与三友同。铁厂与织厂取起联络，专造织布织袜厂需要之机器。该厂有种特点：就是一方面卖机器给人家，扶助别人；一方面收别人的成品推销，所以厂虽不大，而出口却多，这种办法，峡局很可在北碚试行。我们向他说："缓两日计划好了要来买机器，并且要派人来学。"

晚会决定明天全日分两组出发。民生公司、北川公司的人，到亚浦耳、天章、盛大尼绒厂；峡局的到三友发行部，陈家［嘉］庚公司、中美眼镜公司。

5月8日　卢作孚一行分两组分别参观了上海盛大呢绒厂、龙章造纸厂、亚浦耳电器厂、三友实业社发行部、中美眼镜公司制造厂、陈家［嘉］庚公司等著名企业，并采买了相关样品。《合组考察团又有日报》载①：

今天一组到盛达尼（呢）绒厂、龙章造纸厂、亚浦耳电泡（器）厂参观，总共征集尼（呢）绒成品、造纸颜料、造电灯泡程序标本，各十数件。

一组先到三友发行部，商量收集标本事，答复推延，看那样子似乎要费些周折。继到中美眼镜公司，会着经理杨君，杨君问明来意之后，很表赞同，愿意照送西湖博览会标本，再做一份送科学馆。杨君是位肯

① 佚名：《合组考察团又有日报》，《嘉陵江》1930年6月14日。

用脑筋的人，他说："眼镜完全是光学的研究；若是研究好了，照像镜头、显微镜、望远镜、聚光灯等通通可由自己经营起来，我很想有朋友研究，我愿意负募款和推销的责任。中央研究院有位朋友，他对于折光、屈光很有研究，但如何应用，他却不知道。"杨君说："中国人做生意，只晓得装璜，大吹大闹，不肯从出品上改良；有技术的人，也不肯从技术上研究，所以技术一代不如一代。"到陈家庚公司，没有把经理会着，会着该公司广告主任汪家培君。汪君在南洋住得很久，他对于南洋情形很熟悉。他说："南洋有日本人做标本卖，爪哇有世界著名的植物园，很值得去一看。不过进去很难；荷政府想压迫着那地方的人民，始终为他们做工，抱封锁主义，不轻易放人进去；对于智识阶级，完全拒绝。因为怕去煽动了那里的人民。有位侯鸿鉴去游历，荷政府不要他入境。他声明是做买卖的，检查的人说：你头脑这样大，一定是智识阶级。仍然挡着，不准进去。江亢虎有一次走去，也被挡着。江亢虎运动由国际联会打电，问荷兰女王，女王回电说：'这个是殖民总督的事，不便干涉。'可想见那个地方封锁之严了。"

华侨从前在那里做生意，很获利。继后中国政府既不用力维持，又受外人的抵制，现在已渐次低落。日本商人卖货，常常开展览会，中国货和日本货比较起来，公然批评中国货比日本货价钱又贵，又不好，这是多可恶的事！那里的华侨，对于祖国十分留心，凡是国内创办什么事业，莫不以巨款相助，前年济南惨案，单是新嘉［加］坡一处，捐款至六十几万，交政府分配，而政府至今还未报账。拿许多事情来看，南洋华侨对得起中国政府；中国政府对不起南洋华侨。

午后四钟，参观中美眼镜公司制造厂，夹子和片，通通由外国来，所谓制造，不过磨几道，配度数而已。顺便看了一个电刻厂，方法与烂铜板一样，普通所为度银，即是用药水使其颜色变白，听说不久便成黑色了。

5 月 11 日　晨，黄炎培访在上海参观考察的卢作孚①。

5 月 17 日　（一）卢作孚一行大体上完成了在上海的参观、考察。《考察团报告》载②：

---

① 中国社会科学院近代史研究所整理：《黄炎培日记》第 3 卷，华文出版社 2008 年版，第 230 页。

② 高孟先：《考察团报告》，《嘉陵江》1930 年 7 月 8 日。

我们曾在上海，辗转请求商品陈列所写了许多介绍信，特往各个不同种类的工厂参观，同时亦为科学院征集些工艺制造品，每天分组的跑了一个星期，共看了五十余个工厂，今把参观所得的成绩，简单的写几点在下面：

A. 先说失望的：1. 拒绝参观。每到一厂接洽参观，往往不生效力，或许推经理不在，或许工厂推至事务所允许，事务所又推工厂允许，这样一来冤枉路就走的不少。2. 没有诚恳的领导者。虽然进去走了一遍，而却得不到切实的参观，只是跟着他后面很快的跑一趟完事。3. 没有印刷品说明内容的组织和制造的程序，使人易于得着头绪，他们好像工厂中间的制造方法和一切设备，被人一眼见着，就完全偷窃了去似的，工业之必须秘密，竟到这步田地。4. 领导人不明该厂内部一切情形，参观的人没有不明了的地方请问领导者，答“不懂”这两个字的要占多数。

B. 上海的工业就像下面说的：1. 华商罕有规模资本大的工厂。2. 华商小工业虽多，然除铁工业外，其余的均被日本抵制或打倒，如钮扣厂、眼镜厂皆是。3. 上海的工厂固多，然极少制造的工厂，不但许多原料从外国来，而且制成各种要件来，只于上海安装配合，如造电机，造电泡，造眼镜，造象牙……

C. 再来说一点上海工商业的情形：上海人只研究怎样卖，绝不研究怎样做，卖是常常想出新的花样，做却不容易有新的花样发现，举两个例：1. 卖的商人：就是卖的新花样，几乎每家都扯起大廉价的招牌，在那几条马路一带，常常有铺面打锣打鼓的表示其在做纪念，又雇请人穿着特别奇怪的衣服，亦或许吹吹打打地，在许多马路上穿来穿去，甚至于有些大一点铺面的，拿好的绸子，而以两块大的竹板子，放在脚下一扯一跳，踩着竹板子，响着大的声音，证明绸子扯得那样响都不断似的。营业竞争之残酷，竟迫得他们想出这许多奇怪的法子，拼命在那里求得几个买主，而且仅仅求得几个买主注意而已。2. 做的工人：因为工人只有一点技术，所以常守秘密，师傅有特别的长处，不一定传之徒弟，徒弟有特别长处，不一定都传之徒孙，所以上海的工业，不但不容易进步，而且容易退步。

（二）熊明甫复卢作孚函，谓[①]：

---

① 黄立人主编：《卢作孚书信集》，四川人民出版社2003年版，第182—183页。

奉五月一日手示及新闻摘要式样，谨悉。兹布陈如下：一、峡局事业照片日前虽补照一二，但未照完，拟今晚开讨论会，提出分门拍照，派陈道湘尽一两天之力来办。二、军部补助之两千元，只于饷糈，万难接济时用以发饷。本半千元已通知北衡交华章兄汇申，未审前兑之千元已收入否？三、峡局得此两千元并未别负义务。四、二中队已由新营房移至火焰山，并未另建房屋。火焰山修葺费系就博物馆之款用，但闻已用数百元，较原来之三百元预算要超一倍有余，局中近以此事亦垫有百十元。五、护航队官长职员原在峡局供职者，概给有委任，但航处亦曾加委。此事初颇惹起两方猜嫌，后经尔勤兄前去晤洽，旋北衡又来局向主任解释，双方均已释然矣。惟静源对于我方人员终不惬意，不知有何戒心。六、职员投资一节，弟极端赞成，俟议就具体办法再为进行。七、新闻摘要，俟商宴清行之。以上各节，鉴察为荷。

5 月 18—21 日　卢作孚一行在江苏南通考察，《考察团报告》载[①]：

五月十七日的晚上，我们突然终止了纷忙的事务，收拾了案上床上需要的东西，装于藤包，打成捆子，叫了一部搬场汽车，连人带物输送到大通码头，上了镇大轮船。翌日午前七时抵南通，留了三日。参观的事业，统统把题目列下：1. 公共及教育事业：南通大学——农、医、纺织三科，县立及私立中学各一，图书馆，民众教育馆，蚕桑学校，盲哑学校，绣花学校，养老院，公园，昆虫局，扎花厂。2. 工业：大生纺织厂、复生榨油公司、灰面厂、铁广、电灯厂。游览的地方：东奥山庄，西山村庐，狼、军、剑山，我马楼，梅垞，马鞍山，观音禅寺，林溪精舍。以上的一切事业，除昆虫局扎花厂外，余皆为南通张謇所做，游览地除几匹山外，亦是他私人的建筑物。

张謇原是一个穷人，他得清代状元过后，就回乡来办了许多事业，尤其是生产事业，还办了一个规模极大的垦牧公司。在南通百里外的东海滨，因路上有匪，惜未得参观。南通县城的房子，都是断断续续的，半似城市，半含农村。在外树木苍郁，颇为幽静，全县共有十三万人，八千方里地，所辖有八镇，全县十分之七皆产棉麦。棉适鸡脚棉种。县中人民颇殷富，对人尤和善，鲜少无业游民，他们每日都是吃两顿，以麦为主要食品，米仰无锡、暹罗供给。

---

① 高孟先：《考察团报告》，《嘉陵江》1930 年 7 月 8 日。

南通的一切事业，不是为需要而创造的，乃是人把它无形的造出需要来。因为张先生开始仅仅办得一个大生纱厂，厂地就在距县十五里的唐家关。这地原是一个村落，并不是一个繁盛的工业区域，后来大生纺纱厂因利用棉子乃产出榨油厂，为需要而生出铁厂、灰面厂及电灯等厂。大生纱厂尤其在欧战时，因每年赚达三百万，所以一切事业都在那时扩大或兴起。既有了上面的事业，在交通方面，又生出马路同运河。金融调济方面又生出上海、交通、江苏、中国四个银行。

这次到南通来看了这些事业以后，有两点我们要说：第一是羡慕：羡慕张先生的精神，羡慕他创造事业的精神，尤羡慕他在无形中造出伟大事业的精神。第二是可惜：可惜张先生死了，可惜他的事业无人继续，尤可惜他成功的事业无人维持。

5月22—23日　卢作孚一行到镇江、扬州考察、参观。《考察团报告》载[①]：

五月二十一日午后于南通搭阳丸轮，次日七时到镇江，这地东南西三面皆负山，北临长江，又当沪宁的通衢，交通水陆颇便利，商况殷盛，稍逊汉口，人口达二十余万之多。

镇江留二日：第一日游金山寺及公园，参观农民银行及蚕桑学校，第二日在镇江对岸的扬州玩了大半天，也还有味。我们在书上读过的扬州，在戏上看的过扬州，尤其在一般人口头唱着的扬州，都把它形容得非常好，所以我们都是很高兴的跑了去，先由镇扬码头过河，次坐一段汽车，再还要过一条运河，才是扬州。这运河就是隋炀帝时开垦的，直贯山东、江苏，至直隶之天津，纵贯长江、黄河，至天津之介白河，长约百余里，古时为我国内陆主要之水道，南北运输之命脉。近来铁路海运发达，形势变更，用途价值，从而减少。然各地货客之运输，所赖仍多，尤在建筑工程上，还留着伟大的纪念。

扬州城内房屋零落，街狭且秽，损砖黑柱，破瓦成墟，遍地皆见毁折之痕。人说此地曾遭清朝屠杀数次，房被焚毁，人被戳逐，一切精华，失不可拾。兼近数十年，后起各地，物质文明，远胜于此，欲恢复隋唐之旧观，绝难矣。我们在街上游了一阵，无趣已极，特访教育局参观，临局时无人接待，内有一人说：教育局长在乡下筹款去

① 高孟先：《考察团报告》，《嘉陵江》1930年7月8、12日。

了，科长有事未来，连职员小工也不在。次到商品陈列所，所内壁地灰尘寸厚，罕人来迹。陈列品有十数种，中以贴着之扬州古女算有价值。扬州公园之大，刚空得下我们十余人。里有一茶社，有一大荷池，另有两株杏树，几磴石头。扬州自称之大马路，宽有四尺，能通黄包车。以徐园小金山、法海寺，更含有一部份的古风，其他别致处，时迫难形容。

游至午后三钟乃返镇江，七时于此搭火车，九时已达首都——南京。

5 月 24 日　卢作孚一行开始在南京考察、参观，《考察团报告》载[①]：

午前：1. 参观中国科学社，该社因房子小了，正在扩大建筑，经费由文化基金会供给，以前每月只有二百五十元的经费，现增至四千元一月了，他们的经费，大部份用在采集、仪器、图书上，其余为研究员的薄薪。他们除研究、实验外，读书的时间很多，社分动植物两部，现在注意分科，研究虽只有十余人，而与很多文化事业取有联络。在参观后又以四川科学院需要事商该社。2. 参观中央研究院历史自然陈列所，该所为今年成立，动物陈列所物品，多系四川、广西采得。而历史一部尚系刍形，只广西采得瑶人的风物及照片，现该社已派人往川、贵采集，将不止此。

午后：1. 游清凉山。此山无石，有一清凉寺，掩映于绿草黄丛荫间，颇绕评中画意。相传该寺为南唐避暑宫之暑风亭，光复时毁于兵，今仅遗迹可寻。又有一云乐庵在清凉寺北，地势踞于岗岭，四顾城烟，历历在目，相传该庵为地藏王肉身坐禅处，中又有一井上刻“六朝古井”四字。清凉寺南有一庆善寺，寺之外殿祀有张瞧阳塑像，殿左为僧房，殿右为扫叶楼，楼上悬有扫叶僧像，及一联曰“扫叶何人在，登楼思悄然”。楼中布置清雅，僧供茶点，以飨游客。是楼为清初龚半千托名扫叶僧隐居之所。2. 莫愁湖：在水西门外，因传六朝刘乐时卢莫愁居此故名。湖周约十余里，中遍植红白莲花。碧波见底，鱼虾可数，深处寻大，可航扁舟，湖畔围以柳芦，湖外皆高原平畴，零落草屋鱼村。有一草屋亦即郁金堂旧址，又有一胜棋楼

---

① 高孟先：《考察团报告》（续），《嘉陵江》1930 年 7 月 12、21 日。

在湖畔，相传明太祖曾于此地与徐天德围棋。徐胜，太祖即以此湖封徐名中山王之私园，故今管理湖产者尚为徐姓。此地诗对极多，壁刻昔有梁武帝歌云："湖中之水向东流，洛阳女儿名莫愁，十五嫁为卢家妇，十六生儿字阿侯。"其旁又有一曾公阁，为曾文正公平洪杨乱驻节于此。其东有一轩豁然，北面临水，全湖在望，来此纳凉品茗者一座为之满。在此徘徊眺望，清凉山适其北，湖光山上，相映成趣，加以微风徐来，有绕胸怀。侧有一园为粤诸烈士墓，有"以德成仁"四字在纪念碑上。3. 最后游雨花台，在聚宝门外的聚宝山上，登高眺望，城市风光，一目了然，相传梁武帝时有一云光法师请经于此，感天雨花而名。雨台岗有明忠臣方孝儒墓，又有一石子岗，产五色宝石，灿烂悦目，来游者莫不购之携归，以为纪念。但有时卖石之男妇，乱敲竹杠，虚价甚大。雨花台北有一天下第二泉。泉眼平于院内，水味甘柔，侧有一第二泉茶社。

［按］秉志（1886—1965），满族，河南开封人，清末举人，1913 年获得美国康乃尔大学哲学博士，1920 年回国后在南京创办中国科学社生物研究所，1928 年与同仁创办北京静生生物调查所，是我国现代生物学的奠基人，1948 年当选为中央研究院院士。1949 年后成为中国科学院学部委员。

5 月 25 日　卢作孚一行在南京游北极阁、鸡鸣寺、台城、玄武湖、明孝陵、建设中的中山陵等。《考察团报告》载①：

先游北极阁。阁即为元时之观象台也。在鸡笼山岭，阁凡三层，登临四瞩，则大江、钟山，近在眼矣，其旁有亭，清康熙南巡时，曾在此书有"旷观"二字，此下尚有无线电台一所，旱炮一台。

鸡鸣寺在北极阁之东，地稍低，昔齐武帝晨游钟山，到此闻鸡鸣故名。寺殿北，即为蒙豁楼，登楼远眺，则北傍紫荆山，俯视玄武湖，风景遐旷，足以怡情。此楼之侧有一景阳楼，楼下即胭脂井，乃陈时宫井也。因昔陈后主偕张凤华、孔贵妃，曾避隋兵逃入此井，因而被辱，故又名辱井。

台城在鸡笼山之北，本为吴后宛城，晋时修之，亦称宫城，宋齐梁陈，皆因为宫，昔梁武帝萧衍，为侯景反攻，在此被饿而亡。

---

① 高孟先：《考察团报告》（续），《嘉陵江》1930 年 7 月 21、26 日。

自台城游到玄武门出，即玄武湖，今名五洲公园。自东晋以来，此已为胜地。湖周四十余里，芦苇丛丛，难见水面，三三两两的花船，划入芦苇中，颇饶风味。

十二钟进膳于湖侧之中山餐馆，膳后经湖横堤至朝门，再到明孝陵游。陵前有石兽翁仲对立路旁丛草间，陵四周红墙，半碑当前，北为飨殿，中洪明太祖之神位遗像，殿后有祭坛高数丈，下有隧道，作桥卷形，由此可登坛顶，后有岗隆然，松柏错杂，即明太祖用马皇后埋骨之所也。陵中有茶社相馆，游人如织。

中山墓并齐于孝陵之东，陵寝之华丽伟大，远过明孝陵矣。其墓地形如大钟，陵门环三孔，门内有广草坪，可容人五六万，中有石道直达祭堂。祭堂在平台的中央，下有石级三层，共九十级，拾级而上是为平台，高约数丈，庄严过圣庙。陵有大兵守，进去参观时先脱帽，次填名，凡物皆不准携入室。门为铜铸，地为大理石所铺，内陈列之葬品孝花，赠者有几种为日本帝国政府、美国政府、南洋烟草公司等赠。其余为蒋主席、宋美龄、宋子文、孙科等，要占十分之七八，民众等人之赠品一点没有见。

墓在门内，围以石栏，遇有特别之纪念日始开。现在中山陵，尚在继续建筑，男女工共有数千。蒋主席专修了两条马路到中山陵，已完一条名迎榇大道，另一条马路已经修上了紫荆半山。紫荆山麓培植一幅大森林，名中山陵园，已办了一个革命遗族学校在陵园中，而将来之中山陵岂不更大矣哉。游毕适七时，入中山门，遂晚餐于豆花村。

5月26日　卢作孚一行在南京游南京第一公园，参观金陵大学。《考察团报告》载①：

午前游第一公园，园广四十余亩，内分两部，一为英威阁，阁南有喷水池，池东有历史博物馆，西南为通俗图书馆，馆南有池一方，水极清漪。一为消遣游，为公园内之一花园。园内花木参差，假山玲珑，入园游览者每人须约铜元二十枚。

午后参观金陵大学农科。该校经费为外人助，校长现为中国人任。学生中外皆有，农科里面分若干系，如园艺、农艺、森林、农

---

① 高孟先:《考察团报告》(续),《嘉陵江》1930年7月26日。

业、经济、生物营养系，另还设有一个养蚕学位。在每一系中又分若干组或若干室，而各系各设有之图书，或标本乐器等，而每组多必为研究与实验两部。研究为教员用，实验为学生用。里面一切设备，均称完善。

5月27日　卢作孚一行在南京参观中央大学农学院，游秦淮河、夫子庙。《考察团报告》载[①]：

午前参观中央大学农学院：该院除农业垦殖及畜牧两科而外，余皆无异于金陵农科，农业垦殖分三步工作：1. 作物。2. 造农具（制造麦棉稻具）。3. 垦殖（即改良种子也）。畜牧科畜有猪、牛、马、羊、鸡等，猪以英之盘克县种最好，牛以南洋，鸡以意大利种，余为中国种好。

午后到中央党部，游秦淮河，夫子庙。中央党部，并未参观，只得与党中职员把谈而已，走时要了一些印刷物。秦淮河旋绕于城南一带，相传为秦始皇因导淮入江，以泄王气而凿，又闻此河在昔已为风流艳迹之渊薮，今虽中央严令禁游，然河中之花船仍满，游人亦多。夫子庙在秦淮河北岸，同河下之孔庙，庙前左右一带游妓群集，百戏杂陈，茶房酒市鳞次栉比，夕阳西下，游人尤众，为南京极热闹之区也。

5月28日　（一）卢作孚一行在南京游燕子矶，参观晓庄师范、小学、幼儿园等。《考察团报告》载[②]：

雇汽车出和平门到燕子矶及晓庄。燕子矶兀立江面，三面悬壁，形如飞燕，故得其名。矶顶有一御诗亭，传系清代乾隆南巡到此所建。登临俯瞰，江流浩荡，势极凶险，侧有一碑，上书着“喂！想一想”几字，因尝有人在此自杀，矶麓即有名之燕子矶小学，与旁的小学不同处只有几点。1. 学生教材绝少在书本上，多在校外获得适用的教材也，让学生自己去求得常识。2. 校内有一个图书馆和一个小商店，以学生的储蓄组成，并让学生自己管理，经营。3. 学生

① 高孟先：《考察团报告》（续），《嘉陵江》1930年7月26日。
② 同上。

> 自组成一救火队。4. 学生自设一医院，自施诊断，校外人亦可来诊。5. 学生自办一时事新闻报社，编辑亦由学生充任。6. 校内教员至少也在该校住过四年以上。7. 教员凡有家者，概搬入校内居住，意在造成新村。
>
> 晓庄分三部，即师范，中学，幼稚园，可说是燕子矶小学放大的，又有不同的几点：1. 校舍零落，筑在山上悉草房，每部各住一村。2. 饭为学生轮流自煮，食不须坐。3. 学生所学的，多在田土里面学做。4. 学生教师着的都是布衣服，十之八都是穿草鞋或打赤足。5. 师生相互情感颇浓，俨如一个大的家庭。6. 教学生的方法，就是给一些好的环境同好的机会，或坏的环境、坏的机会与学。让学生自由活动，绝少教师领导，我们认为这一点很不妥当！

（二）以刘湘任委员长的川东南工商业整理委员会在总商会召集重庆上下游华轮船商开会，筹商统一华轮办法，刘湘、潘文华、何北衡、刘航琛、甘典夔、陈学池、赵资生、温少鹤等军政要人，以及华轮公司代表数十人到会，会议讨论了何北衡此前的提议，决定统一川江华轮，把行驶川江华轮除轮船招商局和三北公司外，所有轮船和公司合组为一个大公司①。经过许多努力，甚至成立了华轮评价委员会，这种力图运用军政力量来达到统一川江华轮的举措，最终没有能够达到预期的结果。

5月29日　卢作孚一行在南京游明故宫，晚上9时乘火车赴无锡。《考察团报告》载②：

> 午前到明故宫，位于中山门之西，为明太祖改填燕雀湖所筑，自经杨洪及光复后，遗迹荡然，仅足凭吊。内分三门一桥。一、西华门，为明故宫之进口道，仅高壁一方，石门一向，是即西华门。二、西长安门，有方形之门基，两旁砖石参差，土埂断续，即故禁城遗迹也。三、午朝门，门洞凡五，仅剩门基而已。四、桥为五龙桥，即五桥并列而名也。古物保存所，在五龙桥侧，外绕竹篱，中有亭楼，为二层洋房，楼下陈列墓砖宫碑，多为千百年前之古物。其中有一纪念品，名血荫石，该石为明忠臣方孝儒不从燕王，被杀沥血所溅，至今石上尤有红痕隐然。楼上陈列有书画金石及古代兵器等物，足堪考古

---

① 《川江华轮统一之福音》，《星槎》创刊号，1930年6月1日，第4—15页。

② 高孟先：《考察团报告》（续），《嘉陵江》1930年7月26日、8月8日。

之资。

午后是离京（的时间）了，还来零碎说点：1. 听说南京的人口，在民国一二年时，只有二十几万，现在已是五十余万了，为什么加得这样快呢？因为南京是中华民国的首都，所以国中革命的人和想去革命的的人，或做官人同想做官的人，都跑在这里来革命、做官，待革命成功，得官做后，这时他们都把各人的家搬在这里来，于是这一大批的人增加，这一大批的消费人增加，自然生产供给这一批人也跟着增了来，所以南京现在的人口，是继续不断增加的时候。2. 南京的人，除湖南而外，要算四川的人多了，而川人在那里经营得最有势力而又特色的是：民生餐室、中山饭店、蜀峡餐馆、豆花馆。这些机关因为他们在中餐里面烹调的东西惹得各省人都喜食，现在南京的中西餐馆，都不能同他们竞争，假设他们一齐罢工，许多人的饭碗要成问题。3. 南京街道之好，竟到这样程度——人在街上去走一趟，眼耳鼻鞋都装满了沙回来。4. 我们这回到南京去主要的目的，是在看看国民政府到底办些什么国家大事，立法院、中央党部、建设委员会，都曾去看过，结果看出他们办事的方法，有两种表现：第一、各机关每月都出有几本书，每年出几十、几百本书。第二、一月要开几次会，一年要开几十、百次会，每次会中有讲演，每讲演的事，就是他们办的事，更进一步，或许如建设委员会，将别人已办成功的事，没收起来就是自己办的，而且就是建设委员会办的。

以前我以为办一个国家内事情的机关，每日不知要如何忙才办得了。又不知要若干人才办得了。

5月30—31日　卢作孚一行在无锡参观榨油厂、染织厂、造铁厂、造丝厂、造纸厂、工业传习所，游览了梅园、鼋头渚、太湖等。《考察团报告》载①：

我们五月廿九午后九时乘火车到无锡，留了两天。一、参观的事业：榨油厂、染织厂、造铁厂、造线厂、造纸厂、工业传习所。二、游览的名胜：钟山、井鸭园、第二泉、梅园、蠡园、龟头渚、太湖、黄埔磴。

工业传习所的工程师陈子宽说：无锡之所以成功一个工业区域，

① 高孟先：《考察团报告》（续），《嘉陵江》1930年8月6日。

咸赖上海、交通、江苏、农民、中央、中国几个银行和十几个钱庄，而银行钱庄又全靠苏州、常熟两地供给存款。因为常熟做官的人很多，发财不少，而苏州的人都是爱清闲的，不爱劳动，所以他们的钱都喜存放在各银行钱庄，不劳而利，这些银行钱庄，遂尽量的吸收两地巨款，出息不过九厘，比放在无锡各工厂，得利为一分半，是以一面促进工业发展，一面取其厚利，所以无锡之富源，实取其苏、常之富源也。

五月三十一日晚到的苏州。

5月　峡防局在江北县东阳镇上坝购地，预备作为筹建中的中国西部科学院院址①。

［按］后来中国西部科学院院址另觅它处。

6月1—2日　卢作孚一行在苏州参观考察。《考察团报告》载②：

第一日参观长途电话、苏州中学、游沧浪亭、公园，参观图书馆，游狮子林、人字塔、虎丘等地。第二日参观成烈体专、农具制造所、民众教育馆，骑驴游留园、西园、天平山。

苏州地颇清静，茶社旅馆特多，午后则衣绸帛者满街，名胜处尤拥挤。该地之特产为扇及笛子。以前苏州，日人颇重视，今因租界与车站不连络，而每每又被中国当局消极抵制，以致现在租界洋房，空无人佃，势力日减，事业日衰，现仅存有三家丝厂，两家钮扣厂而已。我们这一番的快游，直到六月二日的晚上方达上海。

6月5日　卢作孚得知峡局职员已经减月薪储作资本后，致函熊明甫，谓③：

奉到两示。一、扩充实用校舍于安子坝，极为适宜，并冒万难为之，尤足敬佩。二、照片接到数十张，封皮已解，大约途中有遗失也。数十张皆前此已有者。三、火焰山建筑超过预算尚是小问题，最紧要是超过预算一点以后，每一事业都需要叮咛经手人事前预算妥

---

① 《江巴璧合特组峡防团务事业进程一览》，峡防局1934年刊，北碚图书馆藏。

② 高孟先：《考察团报告》（续），《嘉陵江》1930年8月6日。

③ 《卢作孚致熊明甫函》（1930年6月5日），重庆档案馆藏。

当，事后谨守预算，其成就乃有把握也。四、接子裳函，峡局职员减支月薪储作资本，极佩服。此间已购造绳机五部，织袜机二十部，又正接洽摇纱机、纬纱机、宽木机、提花机等，一周以内即可完全解决，大约需款总额在七千元以上也。此后北碚电灯事业亦可开始办理矣。五、已派陈德学养鸡、养猪，两个月后带鸡种回川，明年春季买猪种回川。梁仑则专学织，舒承谟学染，已小有成，并此报闻。温泉收入特好，至喜。

［按］后来这笔款项很快汇上海用于购买上述机器设备。由此开始，北碚三峡染织工厂的筹备工作正式开始①。《嘉陵江日报》也曾载：卢作孚出川考察时，“深感峡局之事业要图巩固，只有自造生产事业，要造生产事业，先一步就由工务股扩大着手，是以到沪后，即订购大批染织机器回来”。②

6月6日　（一）卢作孚从上海致函峡局缪成之，谓③：

函敬悉。办法有困难之点，在孚未离峡时已感觉到，此后决变更常备兵担任警察之役者，只须一中队。工人另招，仍施以简单军事教育，两个月完成以后每星期日演习一次，余六日全做工，每日十小时，服装由峡局津贴，伙食比较普通工场多津贴一点。万一有警，常备兵须全部开拔，时此一队工人暨职员任戍守，工人拟定名为预备队，以后常备队退伍者即归入预备队。毛巾招女工织，即以士兵之眷属担任。预备兵即由工务股改组常备队，除一中队在北碚任警察外，并以之巡回各场。另一分队驻温泉，一分队驻北川东阳镇。新村开始经营时，以一分队驻东阳镇，如此则缓急有备，工务亦不致有妨矣。目前袜机已购妥二十部，绳机已购五部，布机拟在此添铁机之铁件十部，供布机一百廿部用者配齐。一周内可签字，两月内可起运，三月半可到峡，五个月可开工，大约开工之期在阳历十一月中。经纱、纬纱机等系用原动力，拟藉此将北碚电灯安齐，本局亦可相当节省开支。吾弟目前尽管放手为之，能得良好士兵训练，其工作最好。不然，则即开始招工人一部，除去士兵一部，已另函代荣矣。此行愈增

① 《江巴璧合特组峡防团务事业进程一览》，峡防局1934年刊，北碚图书馆藏。

② 《三峡染织工厂业务概况》，《嘉陵江日报》1931年1月22日。

③ 《卢作孚致函峡局事业》，《嘉陵江》1930年6月25日，重庆市档案馆藏北碚管理局档案。

吾辈之壮志，全中国皆黑暗，惟吾峡中光明。全中国人皆爱苟过生活而已，惟吾峡中诸友非常努力。全中国人皆苦无办法，惟吾峡中诸友无时无刻不在想办法，且无一办法不实行。接子裳函告，职员节省薪储作资本之法已通过，并已决汇重庆补助费全数到沪购机器，令人狂喜。此系何等快举，于中国何处可以见之，安得不令人爱峡中事业及峡中诸友？此番买机器大约须银六千元，运到重庆或在八千元，安好或到万元之外，达流动资本至少在两万元以上矣。吾弟富于感情，敏于条理，实为事业上之一人才，大难在前，相期正远，事业不成问题，只苦人来不及。此后愈当从集中与训练两点着眼，乃克有济，归当畅谈。

（二）卢作孚致函黄子裳，谓[①]：

连接数函，敬悉种种。此番作南通、南京、无锡、苏州之重游，所得实多，苦无暇时写告峡中诸友。竭全日之力奔驰各处，夜间则访诸友，至睡眠减至五小时、四小时、三小时，欲得时间从容作书，乃徒悬在内心，丛其疚苦。今乃以半日复各处书，游事报告，仍在推延之中。方展吾兄五月廿二日手书时，令人狂喜欢跃，亟告同游诸人，请其看峡局诸友之精神，只要事业上有办法，人莫不牺牲其自己。（中略——原文如此，引者）此间已觅得织袜技师一人，尚拟觅织布技师一人，决将染织事业做成功。办法大要已另函成之。玻璃瓶决买，至少亦买得各种样子，到渝订制。铜笛、喇叭价廉即全买，不然则仍只买铜笛，过苏州时曾买有苏笛两打，将来带回。科学院除作学理研究外，尤准备应用，决以制春秋两季蚕种，提倡养秋蚕，指导农作，提倡种棉，指导养猪，化验各种原料成品为主要事业，决买五百元以上之动植物种（如猪、鸡、蚕等），二千元以上化验用品携带回川，并聘请专员担任研究，将来即任中学教授。决以瑞山小学及实用小学一部分学生准备应用，一部分学生准备升入峡中办理之中学。中学亦以一部分学生准备应用，一部分学生准备升入国内有数之优良大学，此种办法救济青年不浅，只吾辈事业如得愈多，愈须加多良友，共同努力而又各负专责，乃有办法矣！

---

① 《卢作孚致函峡局事业》，《嘉陵江》1930年6月25日，重庆市档案馆藏北碚管理局档案。

6月7日　时任南京中国科学社生物研究所所长和北平静生生物调查所所长的秉志，在北平就与拟议成立的中国西部科学院进行科学研究合作的问题致函卢作孚，谓[①]：

远钦高风，心仪已久。乃者辱临车驾，又以身羁北国，未得畅叙，歉愧兼并，莫能言宣。入川采集队素荷照拂，感受殊深。顷复醵兴学馆，为乡国学术增光，热忱、毅力两俱惊人。行见贵省富藏，自先生而启发。天府繁锦，芒灿世界，何胜感叹。志虽愚拙，敢不勉效驰驱，以共与其盛乎！惠教诵悉。川省标本此后采集所得甚望陆续赐寄，俾得先睹藏珍，以资快览。学术名词自当早为鉴定，呈奉尊鉴。川省据吾国西南，万山丛攒，天产饶庶，必有奇丽特产，倘得亲与新种以共传，何胜欣幸！学名之鉴定，以志鄙见，实宜先与本国人以机会，盖学术之林能有国人之著述灿照简册，此为荣光逾于华衮，且使外人侧目，莫谓秦无人耳。此间同人自当格外努力，以副先生之期望。后此拟常时遣人入川与尊处合作，若常驻专员亦可办到。候该员选定当即奉闻，以便前往。敝所标本即拟检集一份寄呈左右，请勿为念。剥制标本之技师当与钱天鹤先生共为访聘，即尊处拟派人前来学习，亦可设法襄助。国内学术界寂寞少生气，得先生相与提倡，志深愿尽力为助，能竭绵薄，有俾益于阁下者，盖无不忻然执鞭焉！

6月9日　卢作孚致函熊明甫，信中说已经聘请到体育教师、织袜技师等专业人员到峡担任指导，并购买了农具、造绳机、织袜机等运渝[②]。

6月10日　（一）卢作孚致函熊明甫，信中说已以银5000两订购染织机以及引擎电机，待回川时拟再以银600两购买4部动力织机，并表示“此番下决心冒此危险，惟赖全体努力乃能渡过危险，乃能解决峡局之根本问题。”[③]

［按］卢作孚后来追述，在此前后还参观了上海外国洋行的一些新产品，并留下深刻印象[④]：

---

① 黄立人主编：《卢作孚书信集》，四川人民出版社2003年版，第189—190页。

② 《卢作孚致熊明甫函》（1930年6月9日），重庆档案馆藏。

③ 《卢作孚致熊明甫函》（1930年6月10日），重庆档案馆藏。

④ 卢作孚：《改良木船的四大意义》，《抗战与交通》第27、28期合刊，1939年10月16日。

十九年我在上海参观德国某洋行最新式柴油机器，买一对来试用。过数个月后，某洋行邀我再到该行样子间去看看，我说："前次已经买了。"他说："不是从前那个机器样子，他的小弟已经出来了，是另一副新式的样子。"数月后，又邀我去看再经改良的式样，可见他们对于技术方面，时时刻刻想法改良进步。

（二）四川省建设厅科员张昌圻为科学院事致函卢作孚，谓[①]：

关于四川科学院事及先生之为人，弟已两度与任叔永（名鸿隽，中华教育文化基金董事会干事长）先生言之。最近且赠以自尊处携来之《两年来的峡防局》一小册，《四川人之大梦其醒》，彼已在报章上见过，故彼对于先生及科学院事已有相当了解。关于请美国罗氏基金会（ROCKFELLER'S DOUNDATION）拨款补助事，清华生物馆十五万，彼确曾补助七万五千，刻正在建筑，下年可完成。惟该会所欲补助者为医学有关之教育文化事业（任先生言其意为提倡"Pre-medeial education"）且□有显著成绩后，不易允诺。清华为美国退还庚款所办，历有年所，彼邦所熟知，故交涉容易成功，其它则甚难。任先生之意，希望先生照原定计划努力做去，俟有相当成绩，将来在彼所主持之教育文化基金董事会或其它机关当有办法可设。任先生乃一提倡科学教育者，若干年前在美国留学时，即创办《科学》杂志，发起中国科学社，故先生正在进行中之四川科学院，彼闻之甚喜。且彼为江北香国寺人，距北碚不远，家中尚有寡嫂，去年曾有意归视，将来如彼返川，先生及渝中诸友不妨导之一游于温泉、北山等处也，了解当可大进。顷知中华教育文化基金董事会大约于六月下旬将在南京开会，地点在成贤街中央研究院。任先生定于下礼拜日（十五日）自平动身，在天津坐船南下，在上海或有三五日之勾留（自南京开完会后在沪亦将小住），其寓所或为沧州旅馆，未定。惟在亚尔培路309号中国科学社或205号中央研究院总院蔡先生处，均可问知其行止。兹附上介绍片一张，请先生于任先生到沪时，便往一见，谈谈建设四川科学院之计划及现状。在组织内容与介绍人才方面，任先生当可贡献意见也。盖虚怀一询，且为将来谋补助发展之地步。谨以奉闻，即祈注意。又峡区中学之事，弟意郑君献征可助先生

① 黄立人主编：《卢作孚书信集》，四川人民出版社2003年版，第192—193页。

一臂。彼于教育事业尚感兴趣，且有理想，可约其同归并教其继南开张伯苓先生之后，请酌之。如蒙赐示，请交北平景山东街北大西斋黄希镰君转。

6月11日　中央研究院自然历史博物馆主任钱天鹤，就接待筹备中的中国西部科学院人员到馆学习等事宜致函卢作孚，谓①：

六月五日手示敬悉，野外纪录亦已收到，费心！至感！敝馆广西植物标本现正将复本提出整理，加之誊抄野外纪录，颇费时日，一俟手续完竣，即行寄奉。届时先生如已回里，当直寄四川可也。敝馆贵州自然科学调查团，因曾在贵州训练，有当地中学毕业生多人帮同采集，人数已嫌略多，管理至为不易，方命之处无任抱歉。剥制动物标本人员现在非常缺乏，一时无相当人才可以介绍。为贵院永久计，似最好酌派贵省中学毕业生数人，莅南京中国科学社或敝馆学习。如蒙派员至敝馆，当竭诚欢迎，惟时期最好在明年春期，因届时贵州自然科学调查团可以返京，实习材料至为丰富也。

6月13日　蔡元培就介绍参观及中国西部科学院等事复函卢作孚，谓②：

昨奉教并承赐夷文夷经，感谢之至。现西湖博物馆及昆虫局之介绍函奉上。承示尊处所组织之化验所拟请中央研究院委一研究员常川驻所主持一切，弟与院中同人商量，佥以此种办法窒碍颇多，未能赞同。弟等意见，尊处可聘一资格稍浅之化学家驻所主持（月薪不至很多，此种人亦可由本院化学研究所介绍），如有疑难，可随时送本院代为分析，于必不得已时，并可转送外国专家鉴定。如此则事权统一，责任分明，尊处较易办理也。

6月15日　卢作孚致函熊明甫，就峡局事务、科学院聘用人员、设立中学以及此后行程等情况作了通报，表示已经聘请到“最热心事业之良友”郑献征到峡区开办中学，并商得中央研究院、中国科学社、中央

---

① 黄立人主编：《卢作孚书信集》，四川人民出版社2003年版，第194页。

② 同上书，第195页。

大学农学院各介绍人员到科学院从事研究工作，并兼任中学教员，“中学办法迥与普通中学不同，归来详谈”。同时要熊明甫派员到合川东里、来里招募工人，因为这里的人“比较能吃苦并易待遇故也”。[①]

6月17日　（一）卢作孚致函郑东琴和熊明甫等人。致郑东琴等函谓[②]：

> 奉电本当即回四川，但北游极于事业有关，不可少此一行，只有缩短时间。公司何所经营，归来即可大定。航业统一如何积极解决，但请诸公商于北衡。留意人的问题。募股等事，容弟归来解决。兹有数事报告：第一峡局染织机已买，须银五千两以上，请商熊局长，除本月半底已交之款外，于七月半底须汇完。弟已另有函去陈师长，电影机明日可解决，亦盼催其交款。运动会报告书馆亦应补一千，此等纠纷均在重庆结算，总望民生代办。本月底须再汇银三千两，下月半汇银四千两，乃能解决一切事件。合川吸水机，尚有瑞五在沪，容弟回公司后将一切问题考察明白再办。合川大电机最大限度只能发灯四千盏，过量仍极危险。柴油引擎带动之电机如不能修理还原，准备另觅十启罗瓦特电机一部，准备合川加灯。但此非目前解决，只要安灯近四千盏时解决即得矣。公司必须根本整理，愚山当可面谈。今日以前情况决非不败之事业气象也。

（二）卢作孚致熊明甫函指出职业教育有两要点：“第一在成品可靠，织袜织布须无坏烂之点，第二在节省原料，一点一滴不可抛撒，事业之信用与利益，全系于此两点。”[③]

6月18日　（一）卢作孚致函熊明甫等人，谓[④]：

> 染织机所有经纱、纬纱各机皆系准备一百二十部，机头用者必须扩充到一百二十个，机头乃算经济。计引擎去银七百余两，电机去银五百余两，染织机去银四千余两，袜机去银四百余两，共约去银五千八百两以上。冒此危险，下此决心，实为峡局根本问题应有妥当解

① 《卢作孚致熊明甫函》（1930年6月15日），重庆档案馆藏。

② 黄立人主编：《卢作孚书信集》，四川人民出版社2003年版，第197—198页。

③ 《卢作孚致熊明甫函》（1930年6月17日），重庆档案馆藏。

④ 黄立人主编：《卢作孚书信集》，四川人民出版社2003年版，第200—201页。

决，应建其基础于生产事业。前此报闻之函，数额尚未达如此之巨，以尚有数事未能完全解决。前则袜机已运，染织机已签字，电机已讲好价银，引擎今日亦可签字故全部可以算明，大约运到四川连关税、水脚须银七千余两。资本不细矣！流动于棉纱布匹者又须万元以上正赖吾人艰苦支持。凡吾人事业皆系自置于坚苦卓绝之地，然后解决此艰苦问题，锻炼能力。尤其在此纷乱莫解之中国锻炼吾辈青年之能力必须有此精神。所望共下决心，共持毅力，此一关头度过峡局即无经费问题矣。

［按］在该信中，卢作孚还为确定厂址起见，初步对于未来北碚城市发展科学院、米市、学校、图书馆的布局作了初步的设想。

（二）江苏省昆虫局、浙江省昆虫局局长张巨伯、吴福桢等就交换标本等事宜致函卢作孚①：

此次贵院分派员生赴川边及新甘等省从事采集，计划周详，规模宏远，甚盛事也。并稔四川江巴璧合峡防团务局此次向川边采集标本，即系由贵院发起，敝局前次函请分赠蛾类标本，已蒙团务局函知川边各组学生采集等情，快慰之余，钦感无既。承嘱敝局将标本等赠与一节，属在同志，亟愿有所贡献。兹拟先奉赠标本数十种，刊物五种（关于标本，敝局现有三千余种），以后当再整理寄奉，惟希望贵院亦将所有标本、刊物等准予交换以资借镜，至深盼祷。

6月20日　在上海江浙地区的考察结束，卢作孚分别致函刘湘、熊明甫等人，（一）致刘湘函谓②：

轮船订造问题已介绍崇实于洋行及船厂，孚以访问周孝怀先生于大连，藉便往奉天一行，观日本人在南满之所经营，转到北平为科学院接洽标本问题，亦藉便观北平气象。约须二十余日乃能转到上海，再在上海住留一周即复回川矣。在沪大半时间系为航业，为科学院，为渝万以及峡局各事业选购物品。江浙略经一度考察，讫无暇整理报告，拟于北行舟车中为之，可见生活苦也。兹有恳者，峡中文化事业

---

① 黄立人主编：《卢作孚书信集》，四川人民出版社2003年版，第199—200页。

② 《卢作孚致刘湘函》（1930年6月20日），重庆档案馆藏。

日益进展，峡中经费日益不敷，万不得已乃仰赖钧部补助。然军费方拙何可久累，万不得已乃力谋生产事业之扩充，以染织为主。此番在沪，冒险买得染织机约值银万余元。峡局负债积一年以上，安所得资本以营此事业？又万不得已，函全体职员停支月薪，然月不过千余元而已，尚须领得钧部补助之费乃能有之。最后万不得已，乃函北衡陈请钧部预发补助费叁个月，汇申救济，以释一身重累。此事全仗钧座扶持，以有今日，亦全望钧座扶持以辟将来无穷生机也。感激图报，岂惟孚个人而已！

（二）卢作孚致熊明甫函谓①：

买机器已完全签字，只有配零件还须银数百两，另开单，请查照。计属于生产方面者五千八百八十八两二钱，属于医院者约银七百六十两，属于图书馆者约银二百七十两，属于科学院者约银一千五百四十八两。除科学院募捐归还外，计峡局买物共支银六千九百一十八两二钱，大约近一万元矣，须经数月间节约填补。本日已致甫公一函，交由北衡转呈请其预支补助费三月。请明甫局长致甫公一函，各主任联名致甫公一函，陈述峡局事业艰苦支持之状，及孚冒险临时在沪借款为峡局树立基础之苦心，及峡局职员停支月薪之决议，请其核准。万不得已，或竟劳明甫先生乃至于主任数人前往面陈，终不可得，则请航琛设法通融，要免峡局举债太巨也。

［按］熊明甫接函后于7月9日回函说："预备补助款问题，昨派子裳兄赴渝与北衡、航琛两处长商洽，决定由北衡借汇六千元，于三日内交汇（以后由财务处在八、九、十三个月款项内按月拨还二千元），子金由峡局负担。此事一经请求即有此效果，实出始料之外，盖非仰赖吾兄平昔信仰及诚恳足以动人弗克臻此。"函中还表示，"招工问题明后日即派人出发"等②。

6月21日　晨，卢作孚一行到上海杨树浦码头登上大连轮，踏上了去华北、东北参观的旅途，并决定"以事业为中心，看看抚顺的煤，本

---

① 黄立人主编：《卢作孚书信集》，四川人民出版社2003年版，第202页。

② 同上书，第205页。

溪湖的铁和煤，并到哈尔滨一看中东铁路和松花江流后，即转向关内”。[①]

6月21日　《嘉陵江》刊载卢作孚致熊明甫函，要求峡局汇银50元到四川仪陇，敦请张从吾到峡担任教育指导员，指导峡区教育事业[②]。

6月22日　近午时分，轮船抵达青岛，卢作孚一行投宿青岛第一旅社。下午游览青岛德国所建炮台遗迹、旭山、第一公园、跑马厅、海滨浴场。

6月23日　晨起，卢作孚一行游崂山，卢作孚写道[③]：

> 经过街道很长，风景都很佳，心很惊异，三十年前一个荒岛，而今竟经营得这样好，发展到这样大，何尝不是出于人力呢？中国人一向做甚么去了？过市场最后一段，房屋矮小，大有北方城市的风味，才觉得这里还是中国的地方，真令我们有无穷的感想！

出了青岛市区，经过一个在河道中间形成的市集时，卢作孚一行感到十分有趣，遂下车在市集中参观了一周，买了一个柳藤篮子，准备带回博物馆陈列。随后继续乘车前进，进入山谷后，雇了两乘轿子，一抬衣物，一作备用，不顾轿夫的再三劝阻，开始登山。上山途中在一个道观吃了一顿白水干溜面。又用四元钱，买了四只山鸡，后来将其带回四川。越往上爬越困难，不仅无路，而且脚下的石头和草都是滑的，由于跌倒，卢作孚手脚都负了伤，仍坚持前进，最后登上崂山之巅，卢作孚写道：“踞危石而四望，只见云山云海。……四围都是乱石，非常好看。”下山后卢作孚与王鳌溪谈道：“万事都要肯亲自去试验，不可轻信而畏难，一生这样作事成功的例不少，今天又添了一件。”[④]

6月24日　（一）上午因为下雨，卢作孚一行未外出。午后到日本人办的水泥厂、窑业工厂参观。（二）熊明甫为峡局事务复函卢作孚，谓[⑤]：

> 接奉六月五日手示及皓电敬悉。为峡局谋进展之苦心令人感奋，常以在局同人无寸进为愧。张从吾先生昨已来局，委托书业已办送。

---

① 卢作孚：《东北游记》，川江航务管理处1931年版，第3、4—5页。

② 《峡区要闻》，《嘉陵江》1930年6月21日。

③ 卢作孚：《东北游记》，川江航务管理处1931年版，第10页。

④ 同上书，第16页。

⑤ 黄立人主编：《卢作孚书信集》，四川人民出版社2003年版，第188—189页。

闻渠有接眷来此之说。其月薪致送若干，不知前有成议否。补助费作为购置机器之用，早经联席会议决，不能挪作别用。惟苦不能按月领取，以致无法早汇。近与北衡商筹，预借六、七、八三个月之款，尚未得结果，俟决定再为报闻。嘱测绘关庙各室之图，业已令缪主任成之照绘，并令将关庙全图一并绘入，俾便计划。目前各部工作过多，二队兵不敷分配，又以久雨不晴，马路倾圮甚多，非大加修理不可，以致此处工程未完，而他处又有急须办理者，不得不移办他处，因此不能完结一宗，再办一宗。乃又时间过去甚迅，觉一日办不了什么事就过一日，深以进度迟缓为忧。实用校下期拟大事扩充，添高级女生一班，初级女生则与男生合班。昨唐主任来商添聘教师，决将在仪陇之四女教师聘来，将来除高级用一二男教师外，初级拟全用女教师。昨有成都某大学艺术系毕业学生（男子）唐君世勋来此，系唐主任之友，据云其美术颇好，实用校缺乏图画教师，拟暂令在校担任图画，视其技能如何再定津贴。唐主任拟定月送八元，因伊有病不能多任课也。闻渠暑假后须往他处另谋生活，如实有本能，即将来成立中学亦需此项人材也。巴县电话前经召集巴县五场开会，议定安设办法，因北碚电杆迟滞不办，无从着手。顷已催促迅事购杆矣。余不罄。

6月25日　上午卢作孚一行到青岛市政府拜会地方官员，了解青岛人口、教育、交通等方面的情况。下午卢作孚一行乘艘日本轮船离开青岛赴大连。4天的青岛游览，使卢作孚很有感触①：

很惊异德国人之经营这个地方，不过十几年，便由荒岛而变为美丽的市场。很惊异日本人之发展工商业，占据不过几年，便有几万人，几个大工厂，许多大商店，而又回想到中国人呢，如何不奋发起来？

6月26日　下午轮船抵达大连，安排好旅社后，卢作孚一行去拜会寓居此处的周孝怀。这次会见给卢作孚留下良好印象，他写道②：

---

① 卢作孚：《东北游记》，川江航务管理处1931年版，第21页。

② 同上书，第27页。

周先生是在四川建设上唯一有办法且有成绩的人。他办警察，警察有起色，办实业，实业有起色。他每办一桩事业，必先训练一批学生。凡他的学生或曾经从他办过事的人都很佩服他而且很思念他。我们倾慕很久，想象他必有可敬可爱之点。在这一次会面中间，我们发现有两点，是我们青年朋友特别值得留意的：第一是关心事业，第二是爱重人才。

6月27日　卢作孚一行参观大连埠头事务所、满蒙资源馆、工业博物馆、中央实验所等，并留下深刻印象。卢作孚记述道①：

先到埠头事务所，登屋顶，一眼望尽了全埠。李君找一位日本职员来说明埠头情形。他说：现在有四个码头，同时能容三十九只五千吨的轮船，还不够，还在扩充。进出这个港口的，日本有七路航线，到安东的，到青岛、上海的，到天津的，到香港的，到汉口的，到南洋的，到欧洲的，到南北美洲的，都有。去年进口有五千多只轮船，日本占了两千多只。港深三十九英尺，可容三万吨以下的大轮。另有危险码头一处，距离较远。凡危险物品如炸药、洋油之类，都在那里起运。又有民船码头一处，每天有千只以上的民船进出。全年民船进出的货五十五万吨，轮船进出的货，九百二十万吨。每年约可增加一百万吨。轮船进口一百五十万吨，出口七百七十万吨。中有煤三百六十万吨，大豆一百五十万吨，豆饼九十五万吨，杂粮六十九万吨，豆油九万吨。码头上有铁路七十英里，马路八英里，仓库七十四处，每处有五十万吨的容量。有待船室，可容五千余人。这种完整的布置，就是日本本国也没有的。码头的全部资产约一万万元。甘井子在港湾的对岸，新辟一个出煤码头，费约一千万元，苦力最忙时是冬天，每天一万多人，平常每天七八千人。北方港口，冬天大半结冰，所以这里运输更忙些。事务所的职员三千余名，中有华员六百余名。这都是满铁会社经营的。

我们听了他这一段谈话，不禁有三个深切的感想。第一是日本人的经营，以满铁会社为中心，取得东三省的无限利益，其规模是何等伟大，前进是何等锋锐！第二是满洲的出产，矿与粮食是最大的富源，而且一年比一年进展！第三是中国机关的职员，只知道自己的职

---

① 卢作孚：《东北游记》，川江航务管理处1931年版，第27—31页。

务，或连职务亦不知道，绝不知道事业上当前的问题，问题中各种的情况。而这一位日本人能够把码头上的一切事项，详举无遗，是何等留心问题、留心事实！中国人何以一切都不留心？

由埠头雇汽车到满蒙资源馆，更使我们动魄惊心。凡满蒙所产之动植物、矿物，通通被他们搜集起来陈列起了；凡满蒙各种出产之数量，通通被他们调查清楚，列表统计，画图说明，陈列起了；凡满蒙之交通、矿产区域、形势，都被他们测勘清楚，做成模型，陈列起了。我们要细细地看，李君却迫切地催。我们边走、边看、边想：东三省的宝藏，竟已被日本人尽量搜括到这几间屋子里，视为他之所有了。饶日本人都知道，都起经营之意，中国人怎样办？

转到工业博物馆，先参观里面的工业馆，凡属机械工业的机器零件、模型、说明，都有陈列。必须使人看清楚机器之转动和使用的，更用电力发动。日本之大工厂、大学，或专门学校，都送得有陈列品来。次参观交通馆，凡属轮船、火车、电车、汽车、飞机、电报、电话都有，很完备。可发动或可使用的模型，发动或使用以供人参观。于此，我们见着日本是如何以实际的事务刺激日本的人民！其学校，其实业团体，又是如何联络，帮助此等社会教育的机关！中国情形又怎样呢？我们愈看愈惭愧了！

再乘汽车到星浦，由花园中，穿树阴，到海边，看海水浴场，坐憩于一个亭中。李君告诉我们：刚才花园中有隐约的房屋，那都是有钱人的别墅。我们不禁叹息起来。许多布置都是为有钱人享受！

转到中央试验所，由日本一位化验师领导我们参观。有许多化学分析室。看了几种化验的东西。有一种是豆饼，以前只用以喂猪，而今用作顶好的食品，可作面包，可作面条，可作点心了。凡属满洲之所产，都要交到这里来化验。中国人何尝知道这是国家的重要事业呢，偶有一二机关，都是穷得可怜；偶然化验了出产品几件，何尝大规模搜求，大规模举办，以指导人们着手或改良经营呢？

下午 6 时，卢作孚一行到周孝怀家晚餐，谈了满铁的规模和大连的经营，晚上 10 时后才回旅馆休息。

[按] 在大连参观，给予卢作孚印象最深是日本的严重威胁，他特别让同行的胡绶若录下满蒙资源馆的东北物产调查表，他认为由此表可使人“知道他们（日本人）是怎样关心中国人的家务，中国人留心到那

（哪）里去了？”[①] 许多年以后，卢作孚对于这次在大连埠头参观得到的印象依然非常清晰，他追述道[②]：

> 本人在民国十九年的时候，到东三省去调查，经过大连，一个管理埠头的日本人谈起，民国十八年份东北方面在大连的出口货是七百七十万吨，进口货是一百五十万吨，出口货中煤占三百六十万吨，大豆约占一百五十万吨，豆油十二万吨，豆饼九十余万吨，高粱约五十多万吨，以粮食燃料为大宗，从东北到大连，全靠南满铁路来输送，由此可知南满铁路平均每天至少有二万吨的运输力量。试想这一类情形，敌人方面在事务机关里一个事务人员，尚且知道得很详细。

6月28日　卢作孚一行乘汽车到旅顺参观并访问罗振玉。上午向罗振玉了解张森楷在北平的情形。下午到日本人在旅顺办的博物馆参观，并登上白玉山。卢作孚写道[③]：

> 山上有日俄战争的纪念塔，许多战利品，大的、小的炮和炮弹。塔顶有东乡大将、乃木大将记述战争经过之文，纯是中国古文体。俄国当时以旅顺为军事的中心，结果赢得今日的遗迹；日本人方以战胜而骄人，继俄之后为同样的经营，后来的结果当如何呢？实值得深长思之，尤其是日本人！

回大连途中参观了水族馆，回旅馆后参观了电气游园中动物园、儿童游戏运动设施等。经过大连旅顺的参观，卢作孚得出结论[④]：

> 日本人之经营东三省以满铁会社为经济事业的中心，以大连为经济市场的中心，以旅顺为军事政治的中心，用尽全力，继续前进，实在是全中国人应该注意的问题。最要紧的办法是自己起来经营，才能灭杀日本人的野心。

---

① 卢作孚：《东北游记》，川江航务管理处1931年版，第36页。

② 卢作孚：《人人应明了交通设施之实况》，《抗战与交通》第39期，1940年5月1日，第742—743页。

③ 卢作孚：《东北游记》，川江航务管理处1931年版，第35页。

④ 同上书，第36页。

［按］卢作孚后来的追述，在大连还了解了当地的农产情况①：

> 有一年我往东北到大连考察，问及当地粮食输出，每天有一万吨输出量，以重庆普通轮船每只载二百吨计，也非五十只不可。

6月29日　卢作孚一行乘火车离开大连去沈阳。卢作孚记述当时感想道：沿途“景物一一从我们眼中经过，都是日本人的势力，深惊其侵略之锐，几乎尽驱其原有之我国人而去之！而尤疑自己一身不知到底到了什么地方了！”② 下午4时，车到沈阳，离开了日本人的势力范围。

6月30日　午前，卢作孚一行到沈阳清皇宫参观博物馆，到了教育厅了解东三省和热河的有关情况，到满铁公所接洽进入日人经营的抚顺煤矿参观的介绍信。午餐后，参观第一工科高级中学校，到清皇宫侧文溯阁参观图书集成和四库全书（这是卢作孚此行中参观的第2部四库全书）。之后到东北文化社，得到允许参观本溪湖的介绍信。

7月1日　卢作孚一行6时半乘火车去抚顺，车行约1时半到达。在抚顺，卢作孚一行参观了日本人经营的制油工厂、煤矿、发电所等。下午乘车返回沈阳。

7月2日　（一）卢作孚一行上午9时乘车，行车约两个半小时到达本溪湖，利用中午时光游览了本溪县城。午后1点半到煤矿事务所，参观了两个煤井、炼焦厂、熔铁厂、火电厂、修理厂等。参观完毕到车站搭夜车返回沈阳。（二）《嘉陵江》报道卢作孚致函峡局，信中说已经与中央研究院院长蔡元培商妥，由蔡元培负责选派人才到川考察指导，帮助四川和峡局制定计划，从事开发，路费由四川负担，月薪由原机关负担③。

7月3日　本日下雨，卢作孚把从上海开始记下的满满40张日记，报告峡防局。

7月4日　晨起写信完毕，卢作孚一行7人到沈阳东北交通委员会去调查铁道建筑的情形，结果失望而归。下午3点半卢作孚一行上了火车，离开沈阳，途中阅读有关东北问题的各种书籍。到达长春后利用候车的时间，参观了市街。回到车站，买好车票，登上开往哈尔滨的火车。

7月5日　到达哈尔滨后，住北京饭店。当天，卢作孚一行参观了哈

---

① 卢作孚：《改良木船的四大意义》，《抗战与交通》第27、28期合刊，1939年10月16日。

② 卢作孚：《东北游记》，川江航务管理处1931年版，第37页。

③ 《陈书农提倡农业》，《嘉陵江》1930年7月2日。

尔滨中国人的商场、江北，访问了哈尔滨市政筹备处，参观了哈尔滨最大的裕庆德毛织厂、大乐兴商店、“蛛网式市场”，游览了俄国租界内的道里公园。卢作孚记述道[①]：

> 我们感觉着东北，尤其是哈尔滨的人，就社会方面看确比别地人兴奋，大半原因，是在他们由内地来，开辟这一块新大陆，都是兴家的。四川有形容人家兴败的三个比譬，说：第一代是牛，第二代是猪，第三代是鸡。东北的人便正是牛的时代。此就社会方面说，政治则同中原一样腐败。

7月6日　卢作孚一行继续在哈尔滨参观，先后参观了屠宰场、博物馆、商品陈列馆、阜合昶商场、太阳岛等。当晚，卢作孚一行人乘火车继续其旅程。

7月7日　晨，卢作孚一行乘火车抵达长春、吉林市、敦化。当晚抵敦化，宿敦化菊生旅馆。卢作孚在车上读完《东北问题》一书。

7月8日　晨5时左右起床，参观敦化市容，然后乘火车回吉林市。下午2时返抵吉林市，参观吉林市农事试验场，并在松花江游泳半小时，然后搭车返长春。在车上看完《东三省旅行指南》，晚上9点钟返抵长春。稍事休息即转车赴沈阳。

7月9日　卢作孚一行乘火车于晨6时到沈阳，当晚9时半抵达山海关。当晚住山海关日升旅馆。火车途经连山车站时，卢作孚见到上书葫芦岛开工纪念的纪念坊，颇有感触[②]：

> 想张学良举行开工典礼后，尚滞留在葫芦岛的。南方人于国内战争都很重视张学良的态度，其实东三省重受日本人的压迫，感觉得的问题，正在本身，不在中原，于铁路和港湾之建筑足以见之，恐不见得他自卷入于中原问题之内致贻东三省以根本的危机。

7月10日　卢作孚一行晨5时即起，游山海关长城。午后游海滨浴场。当晚10时乘车继续西行，卢作孚、唐瑞五、王鳌溪等人前往开滦，另外4人前往天津。深夜2时卢作孚一行三人到达古冶车站。

---

① 卢作孚：《东北游记》，川江航务管理处1931年版，第60—61页。

② 同上书，第82页。

7 月 11 日　晨卢作孚一行到达开滦林西一厂，在一同行者的朋友家中，睡到中午 12 时。午后卢作孚一行 3 人在开滦先看洗煤机，后又参观了发电厂。晚饭后参观开滦煤窑，并下到煤窑 1400 英尺的深处，考察掘煤情况，当晚宿马家沟煤矿招待所。

［按］卢作孚一行人从到哈尔滨起，七天之间有四个夜晚在火车上度过，其余两夜因为赶路，只休息 5 个钟头，所以极感疲惫。

7 月 12 日　晨起，考察开滦煤矿地面设施。上午卢作孚一行参观唐山启新洋灰厂、瓷厂。中午 12 时半，三人离开唐山，下午 4 时到达天津东站，下车后先到聚兴诚访喻元恢，之后一行人在泰安栈再次汇齐并商定去北平的办法。在这里收到由上海转来的何北衡来信，得知实业考察团体入川事，卢作孚“遂致中央研究院蔡孑民（蔡元培）一函，请其留意人才”。接着在聚兴诚银行晚宴，9 时罢席，同喻元恢往访大公报社的胡政之。晚 10 时半，卢作孚、胡政之同往参观大公报社的印刷厂。之后又游览了天津劝业场。卢作孚记述道①：

> 九点钟罢席，同（喻）元恢往访大公报胡政之先生。谈到时局问题，他非常叹息，认为袁世凯统一中国时，是第一个弄好的机会，不幸而错过，乱十余年以至于今日；国民政府统一中国是第二个好机会，何以再错下去！他非常反对国内战争，认为要国内战争消灭，有两个方法：一个方法是不让战争起来，一个方法是战争到底，不堪再有第二次牺牲。

［按］胡政之（1889—1949），名霖，字政之，笔名冷观，以字行，四川成都人。早年于 1905 年留学日本东京帝国大学学习法律，1916 年任天津《大公报》经理兼总编辑，1922 年创办上海国闻通讯社和《国闻周报》，1926 年他与张季鸾、吴鼎昌一起接办天津《大公报》，改组为新记《大公报》，任总经理兼副总编辑，是新记《大公报》三个核心人物之一，被认为是一个新闻事业的全才。

7 月 13 日　上午 9 时卢作孚由喻元恢陪同乘车到达北平，午饭后往访张弘伯，并同游中央公园。

7 月 14 日　晨起，约 7 点钟乘包车与喻元恢、张弘伯参观燕京大学、清华大学。午饭后游览颐和园和已经改为博物苑的万牲园旧址。

---

① 卢作孚：《东北游记》，川江航务管理处 1931 年版，第 95 页。

7月15日　乘汽车同张弘伯到香山，参观熊希龄先生创办的香山慈幼院，及其居住的双清别墅和碧云寺。计划去汤山温泉浴池，但因为雨天道路泥泞，汽车无法行驶，只得返回。由此，卢作孚“知道汽车不可以走牛路，而为四川的前途踊跃踌躇”。回到城中，到地质调查所访著名地质学家丁文江，与其约时间长谈，并参观了地质调查所的陈列馆。又到天坛参观皇极殿和园丘，参观先农坛。晚上到戏院看了程砚秋主演的京戏《赚文绢》①。

［按］熊希龄（字秉三，1870—1937），湖南凤凰厅人，清光绪甲午（1895）年进士，1897年筹办湖南时务学堂并任总理，参加维新变法运动。熊希龄于1912年2月任上海中国公学校长，4月任唐绍仪内阁财政总长，12月任热河督统，1913年任国务总理兼财政总长，1918年任香山慈幼院院长，是我国著名慈善家。丁文江（字在君，1887—1936）江苏泰兴人，1902年到日本留学，1904年到英国留学，是一个有多方面成就的科学家。对于1920—1921年罗素来华讲演，丁文江给予了高度的评价。丁文江主张国中自命为好人的人民出来批评政治、干预政治、改革政治。

7月16日　卢作孚在北平首先往访邓木鲁先生，向其询问张森楷病中、殁后情形，以及移柩回里的有关问题。随后同张弘伯游览古物陈列所和故宫博物院，卢作孚记述道②：

> 进东路后，首先到文渊阁，看四库全书。阁的建筑和书的庋藏同文溯阁仿佛，有目录和一二摆开的写本供人观览。我们到这里算看第三部四库全书了！只有这一部是全书，没有遗失一种。
>
> 东路各宫中间的陈列品最有意义的是宫中遗留下来的文件，有历朝大臣的奏折，皇帝的批答，可以看出国中几桩内政、外交、内乱、外战的大事，中间是如何紧急，如何措置。有历朝会试、殿试的各种试卷，可以看出当时之考试制度和读书人的考试生涯。最有趣的是，如何失眠，几天遗精，列举为表，又宣统两个夫人的来往信件里半通的词句，偶含的醋味。可惜我们来的时间太晚了，次第摇铃关门的人紧跟着我们，迫着出去，不能细细将里面宝贵而有趣味的东西看完，以资玩味。

---

① 卢作孚：《东北游记》，川江航务管理处1931年版，第101—103页。

② 同上书，第105—106页。

［按］黄汲清（1904—1995），四川省仁寿县人，1921年考入天津北洋大学预科，1928年毕业于北京大学地质系，1935年获瑞士浓霞台大学理学博士学位。回国后曾任职。新中国成立后，曾任中国科学院构造地质专业委员会副主任，科学院院士等。

7月17日　上午卢作孚游览南海瀛台，中海居仁堂、图书馆（此处有不全的永乐大典，还有从热河移来的文津阁四库全书。这部四库全书也是卢作孚此行中看到的第4部四库全书）、怀仁堂。出中海后，卢作孚往访任鸿隽，“彼极愿帮助。最后商量觅专门学者到川省考察几大生产事业，彼极愿约人，并愿亲自回川一行。”此后卢作孚到北海游览，游览故宫博物院中路。参观后访丁文江，“谈起川中事业，彼力劝缩短战线，集中精力、人力、财力于一种事业以求其有大成，并为介绍张伯苓先生”，卢作孚决定到天津时与张晤谈。当晚赴张弘伯的晚宴，张弘伯并约来10余位川中良友和平民教育社中诸人，卢作孚由此得晤陈筑山、汤懋如等人，“问定县的平教经营很详”。卢作孚也介绍了川局、经营的相关事业、考察所得等方面情况①。

［按］卢作孚当时深信罗素的主张，加上丁文江建议集中力量以求一种事业有大成的建议，于是有后来卢作孚所说的《一个事一个村》小册子②：

> 本人所办的民生公司，就是一种经济事业，当时曾刊印一种小册子，即为《一个事一个村》。事即以创办民生公司为试验，村即以建设北碚为试验。建设北碚就是一种社会事业，是继续不断的一种社会事业。

7月18日　上午卢作孚到协和大学参观周口店猿人头盖骨、恐龙模型、医院洗浆房、孙中山解剖处、梁任公病殁处和制石膏模型处等。午后参观静生生物研究所，之后与同行诸人乘火车回天津。当晚12时到天津，住交通旅馆。

［按］这次北平之行，卢作孚原计划为一周时间，因为接到上海来信，有许多问题急需到上海解决，因此实际在北平只有5天，原订参观居

---

① 卢作孚：《东北游记》，川江航务管理处1931年版，第107、108、109页。

② 卢作孚：《一段错误的经历》，《抗战与交通》第36、37期合刊，1940年4月1日，第705—708页。该文又见《西南公路》第99、100期，1940年7月8、15日。

庸关、张家口、定县平教设施的计划一概取消。

7月19日　上午9时卢作孚等人往南开中学和女中参观，又到南开大学，拜会张伯苓校长，并在张伯苓处用午饭。下午参观南开大学图书馆、丽生园、思源堂。当晚，喻元恢来访，谈聚兴诚银行杨粲三总理“有毅力、有见地。此后将用全力提倡抵押借款，改对人信用的习惯为对物信用的习惯，决以川滇黔为经营的中心。”①

［按］张伯苓（1876—1950），原寿春，字伯苓，以字行，著名教育家。杨粲三（1887—1962），名培英，原籍江西，生于四川省江北县，重庆近代银行家，曾经担任重庆聚兴诚银行总经理、重庆证券交易所理事长。

7月20日　卢作孚一行晨起起程乘顺天轮回上海。

7月22日　下午5时轮船抵达青岛。

7月24日　晚8时轮船抵达吴淞口，因为天色已晚当天轮船不能进港而泊于吴淞口外，直到天明。

7月25日　晨，轮船进港，卢作孚一行回到上海。

［按］这次华北、东北之行，对卢作孚刺激很大，后来他写道：“我们一度游历东北，见日本人在东北之所为，才憬然于日本人之处心积虑，才于处心积虑一句话有了深刻的解释，才知所谓东北问题者十分紧迫，国人还懵懵然未知，未谋所以应付之。一旦东北各地，没于日军，然后举国震惊，起谋救济，已太迟矣；而况狂呼之外，仍无如何应付之计。这岂只是东北的问题？实是国家根本问题。”②

7月27日　卢作孚为卢魁杰事致函缪成之，谓③：

> 魁杰不成器，孚万分痛心，欲遂弃绝之，又以骨肉关系如留则又为职务所不应许。途回在心，欲深切与言，又苦到峡即忙，偶与晤谈，亦告不能详，吾弟尚可设法为孚助者，万望助之。

8月8日　卢作孚在上海访问黄炎培，辞别回四川。④

---

① 卢作孚：《东北游记》，川江航务管理处1931年版，第117页。

② 卢作孚：《东北游记》，川江航务管理处1931年版，第118页；“序”第1页。

③ 《卢作孚致缪成之函》（1930年7月27日），重庆档案馆藏。

④ 中国社会科学院近代史研究所整理：《黄炎培日记》第3卷，华文出版社2008年版，第251页。

8月21日　卢作孚乘万流轮自上海返回到重庆，结束了为期5个月又13天的考察参观游览。

［按］游览结束后，卢作孚按江浙、东北、上海各不同地域，总结了游览中看到的几个问题。就江浙而言，卢作孚认为与八年前游览时相比，交通和都市情况变化很少，教育的改进日渐消沉，四乡治安不如从前，“有钱的大抵都往上海逃跑，弄得人向都市集中，钱也向都市集中，上海地价与房租，因此愈益提高”。办理得较好的是治理昆虫、制造蚕种、农田机械灌溉、改良棉种、银行提携生产事业等5个方面；就东北（含山东）而言，卢作孚认为德国人把山东青岛由一个荒岛，“竟造成了一个大的市场，而且竟造成了一个森林围绕着的美丽的市场，则更值得人惊异了”。卢作孚对于日本人经营中国东北，清楚地看到它是以南满铁道为中心，“其铁路所到的地方，即其国家军警所到的地方；即其工厂、商场所到的地方；即其金票银行所到的地方；即其学校教育所到的地方；可见其各方面侵略的武器，都随铁路以深入了”。[①] 卢作孚认为日本人侵略满蒙的两个更厉害的武器是满蒙资源馆和中央试验所。经过参观，卢作孚除了对于日本的侵略实质有了更深切的认识以外，也认识到“日本人不仅有其事业，实有其精神，值得我们特别注意”：其一是秩序，其二是指引和介绍的方法极其明了。对于俄国人在哈尔滨的经营，卢作孚也进行了认真的考察和思考。对比3个侵略国家，卢作孚认为：“德国已成过去，俄国尚有所未知，日本则方进取未已，为东北最可顾虑的问题，十分紧迫，尤其是我们应得觉悟的。”[②] 回川后，卢作孚正式开始以私人企业整理川江的工作，资料载[③]：

> 民十九年民生公司第五届股东会后，公推郑东琴氏为董事长……卢氏旋出船考察考察，回后决心以民生为核心，逐渐收并各小公司。二十年春，为办事便利计，将公司办事处迁至重庆，股本扩充为五十万元。先与渝叙线各公司商洽，劝其加入民生共同经营，将所有轮船估值移转，除由民生代筹现金偿清债务外，余值即作为参加民生之股本。此种航业合理化运动推进不到一年，民生在重庆上游即合并了九江、通江、协同、锦江、定远、川东、利通七个轮船公司，接收了十

① 卢作孚：《东北游记》，川江航务管理处1931年版，第119—120、124、125页。

② 同上书，第126、131页。

③ 《民生公司在长江》，《新世界》1945年11月号，1945年5月15第，第7页。

只轮船……民生公司此时共有轮船十三只，其中十二只为油轮，九只总吨位在一百吨以上三百吨以下，全体总吨数二千吨……民生公司航线乃第一次伸展到川省以下矣。

8月24日　（一）卢作孚自重庆回到北碚峡局。（二）郑献征、刘雨若随卢作孚到北碚筹建兼善中学及农场，平地基建筑养鸡场①。筹备中的中国西部科学院自上海等地购买的大批机械、仪器、药品运回，设理化研究室、博物苑、养鸡场、动物园等②。（三）峡防局在上海购买的三星棉铁厂动力机及各项机器，运回北碚，工程师也同时到厂安置一切③。

8月26日　（一）卢作孚乘民用轮返合川，民生公司职工、瑞山学校师生在合川举行欢迎会。在欢迎会上卢作孚演说了华北、东北之行的观感，谓④：

说到德国，各位一定以为是欧战以前的德国，以陆军称雄于世界的，其实世界上的民族，不单是德国人最强，中国人也是最强的；中国人的特长，我们在书上去找着有两种：就是“勤”与“俭”。有几个明显的例子。

中国人侨居在海外最多的地方，要数南洋与美国。南洋在最初是一些荒岛，后来漂流到岛上的中国人，许多都成了大富翁，人数总有好几百万。美国凡是一个繁华都市，总有好几万人，或者几十条街，是华人区域，现在南洋荷属、英属都禁止华人入境，美国也一样，尚且不断的前去，可见华人向外发展的力量，是何等的伟大！他们能够空拳赤掌，造出自己的前途来，是靠的什么呢？就是“耐劳”和“节俭”，华人向来就有勤劳的特性，如以前的读书人，“三更灯火，十载寒窗”，做农人的“日出而作，日入而息”，以及工人夜半纺织和行人每日步行百余里等，都是很好的例子。

反转来调查外国人在中国的数目就很少。以上海这个最繁华的中国第一商埠来说：侨居的外人，不过几万；天津也不过几万；东三省

① 《中国西部科学院十九年度进行概况》，《嘉陵江日报》1931年1月4日。

② 《江巴璧合特组峡防团务事业进程一览》，峡防局1934年刊，北碚图书馆藏。

③ 黄子裳、刘选青：《嘉陵江三峡乡村十年来之经济建设》，《北碚月刊》第1卷第5期，1937年1月1日，第29页。

④ 《卢作孚之演说词》，《嘉陵江》1930年9月4、7日。

侨居的日俄人，共计不过三十万；重庆更少了。我曾问驻渝日本领事，有多少日人居留在重庆？据他答复说：只有九家，合计不到三十人。可见外国人侨居在中国的，的确很少。我国东三省——原是满洲地，现在的人数共二千万，满人不到十分之一，华人占大多数，日人最占经济势力——的时候，以为俄人在奉天的，一定是大找其钱了，殊知不然；俄国人一天能找两元钱，便要用去两元，一天能积一元钱，到了星期日亦要完全消耗去。譬如我们要请一个外国技师，不但钱要得很多，并且要座洋房子，要用很精美的器具，要吃很好的饮食，如何请得起？上海有个美国花旗轮船公司，经营的是沪美航线的航业，其中办事的，大多数是华人。因为华人消耗不大，要钱不多，随便都干。后来美国政府下令禁止任何经济事业雇用华人，该公司用算盘一算，假使一律改用美国人，只好关门，不如早点关了为妙，就因此歇业。可见“勤”与“俭”，是华人两种特长，外人是不能同我们竞争的。

刚才我不是说要介绍德日两国人吗？并不是德日两国人不及中国人，只是欧战后的德国，打得破碎无余，如青岛用了大力量来经营，都抛弃了。可是到现在，不满十年，德国的情形是怎样呢？拿商业来说，从前在上海的德国颜料厂，有几十家，到现在呢？只一家了。并不是其它的都停歇，是把其它的都联合成一家独营了。其次如钢铁、化学药品、乃至于电灯泡子，全国都联合成一家了。他们在中国的市场，已完全恢复。就是本公司除民望船外，民生、民用两轮船，及电灯厂全部修理厂一部分的机械，完全用的德国的。至于德国的科学，进步也快得很，在前我们买民用船的机器，是新发明的样式，这回我们到上海的时候，比较民用新式的机器出来了。我们深悔民用的机器买早了。殊不知不到许久，又有比较适用便利的新式机器出来了。还有更奇的，汽船的机器舱里不用司机人，一切开关，都在领江台上，进退快慢，机器自会动作起来。德国受了那样大创之后，进步这样之速，中华民国有了十九年，还是一塌糊涂，两相比较，真有天渊之别哩！中国的机器厂，却是不想改造的；因为改造一次，要花一项资本，所以现在还用民国七年至十一年的样式，怎样说得上进展呢？

我们再说日本人吧，日本谁也知道是东亚一个小而强的国家，别的用不着我们来介绍，单说大连工厂的烟囱，到处皆是，并且尽是某某会社的字样，还有日人经营的大连汽船会社，其初只有一支奉天丸，大约五千吨，专走沪奉航线，轮费比其它的船要贵一倍以上，顾客却非常拥挤，什么缘故呢？因为他的招待特别周到，就是统舱也比别的房舱还漂亮，并装设冷热自来水管，班期准，行驶快，所以营业很为发达。在我们中国人做了这样好生意，就不会图改进。但日人并不自满，不久便添了一支木神丸，比奉天丸更好，生意也一天一天更发达了。不久又添一支大连丸，比前两支更大、更快、更漂亮，生意不消说也更好。可见外人是何等向上！大连有个日人经营的埠头事务所，有码头五个，华日职员三千余人，我们去参观之时，该所职员领导我们，说得很详尽。去年一年，进出口的轮船有五千余支，日商占二千余支；南满铁路一年赚的钱到两万万。重庆一家轮船公司，至多不过两三支船，一家公司一支轮船的最普遍，至大的船，载重不到五百吨，资本自然也就有限。至于营业方面，只图赚得到钱，毫未替顾客着想。譬如以空拳与枪炮搏战，决无胜利之可言，要想营业发达，自然很难。

我们在东三省时，问了几个东三省人，东三省出产些什么？可以作什么用途？一句也答不出来。但是我们在日人几间屋子里，却把满蒙的家财，看出来了，这是个什么地方呢？就是日人所设的满蒙资源馆，蒙古与满洲所产的动物，植物，矿物，都采集有标本，依次陈列，加以说明，叫什么名字，出在什么地方，作什么用途，可以制造什么东西，一年可产若干，什么时候播种，什么时候收获，都注明得很详细。这还不算，还有一个中央化验所，把东三省所产的矿植物，都一一分析化验，看它可以作什么用途。最可惊人的，就是把一种岩石来提取柴油，大豆榨油，余剩的豆饼来作饼干与面包，以备他日军食。日本人的野心，是何等可畏。

中国人不能做二人以上的合资生意，即或能做，就要扯皮下场；说到扩大，更不容易；虽则原因极为复杂，总之没有组织能力，是最大的毛病。

随时有人说中国要亡，怎么又未见亡呢？是亡起来不觉得。中国原料，一天天输出，外货一天天输入，既把原料括去，又把金钱括去，将来一旦亡国，不但不得做官，连工也不能做，衣食也难解决，这是多么的危险！中国人还没觉得，可悲孰甚呢？

我们要是不想当亡国奴，或是要为个人前途谋光明，那么就要有组织的能力，与进展的精神和勤俭两种美德，最好是从在会诸君身上想办法起，是我唯一的希望！

（二）返川之时，“携自来水管及机器归，是为创办自来水厂之始”①。

9月初　卢作孚“已就川康银行总理职”②。

［按］川康银行即川康殖业银行，由卢作孚、汤壶峤等人发起创办，资本100万元，卢作孚任总经理。卢国维曾回忆说：川康殖业银行是二十一军军长刘湘和二十四军军长刘文辉领衔集资开办的，“在川康殖业银行所发行的钞票上印着‘总经理卢作孚’几个字，还加印了他的姓名私章，这种情况是当时所有银行都没有的”。③ 也有资料称川康殖业银行为刘湘直接投资设立的银行，总经理是刘航琛④，盖卢作孚任该行总经理时间很短。川康殖业银行于1937年与重庆平民银行、四川商业银行合并改组为川康平民商业银行。资料还载⑤：

> （重庆聚兴城银行兴起后）闻风兴起者更大有人在，如温友松、赵资生等组设中和银行，康心如等组设美丰银行，张子黎、刘翌叔等组设平民银行，卢作孚、汤壶峤等组设川康殖业银行（此两行后合并为川康平民银行），皆系手聚兴诚之影响而建立。

9月6日　卢作孚由重庆返回北碚，解决峡局事业有关问题⑥。

9月7日　（一）卢作孚出川考察归来后，对于峡区事业极力扩充，经费上极力节俭，并把峡局事业分为治安、文化、经济三个方面分别办理，于是出现了峡防局事业“大分家”的情形。《嘉陵江》载⑦：

> 北碚峡防局去年（1930年）卢作孚出川考察归来，便极力于经费上节俭开支，于事业上进行扩充。因之分峡局事业为“治安的”、“文化的”、“经济的”三方面。其于经济相关的工务股便以向所购回之织袜机、电机、经纱机、纬纱机、电力织布机等分部，合组成一大规模的工厂，定名为三峡染织工厂，于去年（1930年）冬已与峡防

---

① 陈雨生：《电灯自来水厂史略》，《新世界》第1期，1932年7月12日，第16页。

② 《峡局要闻》，《嘉陵江》1930年9月7日。

③ 《卢国维的回忆》（2000年1月25日），未刊。

④ 匡珊吉、杨光彦主编：《四川军阀史》，四川人民出版社1991年版，第371页。

⑤ 《聚兴诚银行素描》，《新世界》1944年10月号，1944年10月15日，第16页。

⑥ 《峡局要闻》，《嘉陵江》1930年9月7日。

⑦ 《峡防局已大分家》，《嘉陵江》1931年1月7日。

局分家独立。

［按］《嘉陵江》报载：这决不是分家，而是为了更好的分工合作而采取的必要措施。

（二）《嘉陵江》报道峡局工务股染织部，初步独立成三峡染织工厂①，资本5万元②，以卢作孚、熊明甫担任正副厂长③。同时，缙云石印社由峡防局工务股并入三峡染织工厂，成立该厂石印部④。关于三峡染织工厂的缘起，《嘉陵江日报》载《三峡染织工厂业务概要》一文曾有简要的追记⑤：

> 本厂是十九年九月成立的。……在未成立以前的情形，经过三个演进时期。第一期是在民十七年的时候，感觉兵无工作来充满时间是会胡思乱为的。又觉兵无职业工作训练，解除武装时，亦不会有谋生的特别技能，是以设法找许多兵能做的工作，如打草鞋、织鸡肠带、织布、洗浆、缝纫、石印等，让一二三中队全体士兵去作。因工作需要特设各队工艺部，因指导关系，又设工务股，成为峡局组织五股之一，是为第一期。
>
> 第二期是在民十八年末十九年初。感觉工作之分散，不易指导及训练……是以特将工作组织单纯，只留织布、缝纫、石印三种，各队工作兵集中于一中队，各队工作器具集中于一队，直辖于工务股。同时仍是一队的组织，以便有统一的指导及计划，是为第二期。
>
> 第三期是在民十九年下半年。……又因卢局长出川考察，深感峡局之事业，要图巩固，只有自造生产事业。要造生产事业，先一步就由工务股扩大着手。是以到沪后，即订买大批染织机器回来，即将工务股改为三峡染织工厂，此十九年九月之事也，是为第三期。

（三）《嘉陵江》载："川江航务管理处捐中国西部科学院洋一

---

① 《峡局要闻》，《嘉陵江》1930年9月7日。

② 《江巴璧合特组峡防团务事业进程一览》，峡防局1934年刊，北碚图书馆藏。

③ 《峡区要闻》，《嘉陵江》1930年9月7日。

④ 《江巴璧合特组峡防团务事业进程一览》，峡防局1934年刊，北碚图书馆藏。

⑤ 《三峡染织工厂业务概要》，《嘉陵江日报》1931年1月22日。

万元。”①

9 月 15 日　（一）兼善中学正式开学，招收学生 23 名，聘郑献征为校长，校舍在北碚火焰山山麓东岳庙下殿。《中国西部科学院廿年度报告书》载②：

> 兼善学校
>
> A. 沿革：本校发起人等鉴于现在教育需要之一切，一贯随科学之后同时建设，以应环境，乃聘郑献征为校长，从事规划。经一月之筹备，始于民国 19 年 9 月 15 日正式成立，以巴县北碚场附近火焰山上之东岳庙为临时校地。自 8 月 26 日至 9 月 10 日 3 度招收学生于渝、合、北碚之间，录取学生 23 名，于 9 月 15 日行开学礼。
>
> ……
>
> D. 编制：现有初中 2 年级 1 班，专从事于生计教育及公民教育之实验，公民教育课为必修课，生计教育课为选修课。
>
> E. 本校临时校地东岳庙下殿，原为川江航务管理处护航队学生读书住宿故址，本校短期草创，床铺一切咸赖峡区各机关之供给，如以北碚之公共体育场为体育场，以地方医院为医院，以峡区图书馆为图书馆，以科学院之理化室为理化室，以科学院之职员为教师，故本校自身之设备虽极简单，但因环境之优良，而各项所需赖以足用，学生因利用环境，其应用社会生活之习惯，亦因而增进。

[按] 后在 1931 年峡区实验小学改组并入兼善学校为兼善小学，校舍也在北碚火焰山山麓③。

（二）川江航务管理处全部职员利用中秋节到北碚温泉公园游览。

9 月 16 日　川江航务管理处全部职员到北碚峡防局及各事业参观，峡防局副局长熊明甫举办并主持欢迎会和航务处与峡防局的联欢会。《嘉陵江》报对于此次活动进行了报道，从报道中颇能见当时航务管理处及峡防局的精神面貌与工作状态。如峡防局主任黄子裳的报告谓④：

---

① 《峡局要闻》，《嘉陵江》1930 年 9 月 7 日。

② 《中国西部科学院廿年度报告书》，重庆档案馆藏。

③ 郑璧成：《游川必携》（之三），《新世界》第 52 期，1934 年 8 月 16 日，第 41—42 页。

④ 《峡区的两盛会》，《嘉陵江》1929 年 9 月 19 日。

黄主任报告峡局的事业，略说：峡局穿衣自己织布，自己开染房染布，自己设缝衣店缝衣，士兵是机匠，官长是工头，自织以来，共出布四千余疋，除了全局的官兵打军服而外，设有售货处，在街上卖，本局士兵穿的草鞋，是各队自己打的。我们还有一队人租地做庄稼，能够供一季小菜之用。在社会事业上亦有几事，峡区图书馆内藏图书二千余册，及水土沱峡区第一图书分馆、澄江镇峡区第二图书分馆、静观场峡区第三图书分馆，各有图书报纸以供一般人士阅览。实用小学有学生四五十人，地方医院每天平均看病人数六十以上，公共运动场去年双十节举行运动会一次，用钱一千一百数十元，本年开嘉陵江运动会，用钱八百几十余元。我们为民众娱乐起见，设有民众俱乐部一处，有中国雅乐器五十余件，提琴一张。为便利消耗起见，组织消费合作社，一律现场交易。我们有《嘉陵江》报纸，每三天出一版，一星期出两回，《新生命画报》一星期出一次。去年安设电话，自合川到重庆，牵线四百里以上，电杆树子是士兵亲自用手砍的，肩头亲自抬的，电杆桩是士兵亲自摆设的，安插的，而且线也是士兵亲自爬在杆子上面去扯的，完全是士兵的工作。去年又曾两次帮温泉公园抬石搬沙运土，悉由士兵白干。最近辟北碚公园，路道初具，沿途未安置石梯。在去年冬十月间，我们曾派兵淘小河一路的滩，今年又准备再淘一次。峡区各场我们前后种痘五次，施种人数约两万多人，我们又调查北碚市户口，在北碚场上只一千九百余人，四百几十家，四乡一万五千九百余人，合川县城四万三千三百七十五人。此外也零星做过几回卫生运动，清洁运动，剪指甲，捕苍蝇，种种运动，究因限于地方，收效很少。至于辅助地方市政建设，在北碚场修街时起，沿江和场沙溪庙、水土沱、静观场、歇马场、兴隆场、黄角树等场，次第改修，尤以静观场修得来一律洋式街面，为各场之冠。另有北川铁路、造冰厂、养蜂场，均渐见成功。我们还准备把温泉公园修更多的路，布置成更好的花园，把天然疗养院，自然科学院，修在公园里，我们义勇队特别为此事到川边采集标本。附近高坑岩、高滩岩两处各有四百马力的水力。电厂工厂设起来，还打算建成大规模的水门汀厂，期在两年之内实现。我们说这些，有的是峡局直接办的，有的是间接辅助办的，我们峡局五六百人工作太有限了，限于地方，限于财力，有许多不完善的地方，今天又零零碎碎告诉航务处的朋友，还望亲切地指教一切云云。

9月27日　民望轮正式由重庆航行叙府，成为民生公司轮船开辟重庆上游航线的开始①。

9月　（一）火焰山北碚峡区博物馆馆舍落成②。（二）中国西部科学院正式成立，地址在北碚火焰山东岳庙（1934年迁到北碚文星湾惠宇）。《中国西部科学院之缘起经过及未来计划》载③：

一、缘起及经历

民国16年以后，嘉陵江渝合间之三峡，因有温泉公园、北碚市场、大利蜂场、宏济冰厂、北川铁路公司等事业之经营，附近各县学校，春秋旅行，整队学生游三峡者，络绎道上。然不过游历旬日，匆匆来去，尚少意义。于此美的自然及新的事业之环境中，如更创造一研究科学之环境，生物、地质之标本，理化实验之仪器药品，社会调查之统计，搜集陈列，期在各校学生，到此从容留住半月、匝月，在较学校为充实的科学环境中，作科学之研究，于学校为助必多。因此，去年（1929年）有江巴璧合峡局学生一队旅行峨边，采集一次，并请中国科学社派人领导之。此科学院准备创设之第一期。

中国科学社准备今年为更大规模之采集，分为五路，前往松潘、宁远、西康各地，有函磋商，决为帮助，并派学生与之同行。适有德人傅得义（又译傅德利）君决往川边采集昆虫标本，又派学生十人助之。中瑞新甘考察团合中国、瑞典学者，前往新疆、甘肃采集标本，必派学生四人助之，遂先后磋商扩充经营，尽采中国西部各省之所有陈列于一地。复以其所余，持于国内、国外各学术机关交换之，以宏大其积聚，而更延请学者分类整理，外以供国内外考察中国西部各省生物、地质学者之参稽，内以便附近各地学校之讲习，此科学院准备创设之第二期。

江巴璧合峡防局，川江航务管理处、民生实业公司、北川铁路公司，今年合组考察团体凡十余人，出省考察。于江浙之间，深觉制秋蚕种，除昆虫害，改良棉种，灌溉农田等事业，影响社会甚巨，皆根于科学之研究。于东北各省深觉日人之侵略，有两急先锋：一为满蒙

① 民生实业公司十一周年纪念刊编辑委员会编：《民生实业公司十一周年纪念刊》，中华书局1937年版，第92页。

② 《江巴璧合特组峡防团务事业进程一览》，峡防局1934年刊，北碚图书馆藏。

③ 《中国西部科学院之缘起经过及未来计划》，重庆档案馆藏。

资源馆，尽搜满蒙出产于几间房屋之内；一为中央试验所，尽将所有出产化验得其结果，然后谋所以经营之法，助其国人经营之。窃以辅助生产，无论为农矿工商之开发或制造，化验皆急切需要。于是决设化验一部，搜集四川所有之出产，化验其所含成分，调查其数量，考究其效用，计划经营之方法，说明所需要之资本、设备及人才，以便有心人经营，并助生产事业化验所产之成品及所需之原料。四川号称天府，出品无穷。有此帮助，可经营之事业何可限量？因此商请中央研究院介绍化验人才，一面购买化验药品器械，陆续运四川。此科学院准备创造之第三期。

科学院何以设立于嘉陵江三峡中？第一原因系在避都市之烦扰，第二原因则求便于都市之往来。目前有汽船，将来有汽车，可由重庆直达峡中，交通甚便。第三原因，峡中将来经济事业日盛，文化事业亦当随之进展，故院址就三峡中选择地点。

二、未来的计划

甲、就事业言

1. 将于中国西部各省继续为生物、地质标本之采集；2. 将继续辅助来川考察生物、地质之国内外学者，并派人同行；3. 将逐渐扩充化验仪器药品之设备，尽搜求四川之出产而化验之，或应农矿工商各事业之请托而化验其出品；4. 研究机关将设于江北黄葛里之上坝中，附设图书馆以供参考，并设讲室以供整队对学生之讲习，陈列馆则建于重庆之附近。5. 附设学校，培育专门研究科学之人才；6. 于院附近建设村落并经营村落中一切应有之公共事业，以为一般村落之模范。

乙、就经费言

决募基金10万元，购置农场而经营之，以其所产作院中一部分之经常费。拟商规模较大之经济事业予以一部分之补助，此为第一步，已在进行中。拟向中华［教育］文化基金董事会及罗氏基金会提商，请其助以建筑费及经常费之一部分，余则自筹之，此为第二步。

丙、就人才言

1. 与中央研究院联络请其助以理化工程研究之人才；2. 与中国科学社联络请其助以生物研究之人才；3. 与北平地质调查所联络请其助以地质研究之人才；4. 院中自行训练。

［按］从各种资料的比照中可知，中国西部科学院并无一个正式的设立时间，所谓本年 9 月设立实际上是峡局各种资料中的一个习惯说法而已。

（二）宋子文任南京国民政府行政院长。

10 月 4 日　本日出版的《星槎》报道，卢作孚在出川考察前，曾经托在上海的任鸿隽约请实业家、科学家来川考察，“兹闻卢氏已得任君回信，约定中央研究院工程所主任周子竟、黄海化学工业研究所主任孙学悟、北平地质调查所长翁文灏，准月内来川。昨刘甫澄军长特去电欢迎”①。

10 月 10 日　（一）峡区博物馆建成开馆，王以章为负责人，该博物馆在组织上分陈列室、动物园两部分，发行博物馆专刊，并附设剥制部分及合川科学馆②。峡区博物馆后并入中国西部科学院，陈列品有风物、卫生、工业、煤炭等方面的物品。③ 资料载④：

> 民十九年秋季，成立峡区博物馆于北碚，系就市场附近之火焰山东岳庙改辟而成。初时毁去神像，募款修葺。有人生社送赠大部陈列品，及由东北考察团搜集得来之大批陈列品，乃由逐年购制捐募之陈列品，分室陈列馆内，现有风物、盐井、煤层、农业、园艺、工业等各种陈列室，有各种标本三千四百九十余件，各地照片二千余张，除大部珍贵物品不便估价外，约值银二万元，每日观众百人上下，于此间认识自然界之奇观，人工创造之精巧，对于社会教育意义，贡献极大。
>
> 本馆经营初由峡防局主持，十九年后，即并入中国西部科学院。

［按］峡区博物馆又称博物苑，《中国西部科学院廿年度报告书》载⑤：

---

①《省内纪事》，《星槎》第 19 期，1930 年 10 月 4 日，第 19 页。

②《中国西部科学院十九年度进行概况》，《嘉陵江》1931 年 1 月 4 日；峡防团务局编：《峡区事业纪要》，峡防团务局印，1933 年 8 月，第 16 页。

③ 峡防团务局编：《峡区事业纪要》，峡防团务局印，1933 年 8 月，第 16 页。

④ 黄子裳、刘选青：《嘉陵江三峡乡村十年来之经济建设》，《北碚月刊》第 1 卷第 5 期，1937 年 1 月 1 日，第 3 页。

⑤《中国西部科学院廿年度报告书》，重庆档案馆藏。

本苑设于北碚火焰山，旧为东岳庙地，19年3月开始打毁偶像，动工培修，上殿作为峡区博物馆，由峡局补助400元，本院捐拨230余元，前后工作6个月，开支达800元外，9月完成，10月陈列各方征集物品，于双十节开馆，旋以扩大范围，充实内容，并入科学院内，定名为博物苑。

（二）峡防局工务股正式改组成为三峡织染工厂，“化兵为工，使其独立”①。三峡染织厂由卢作孚任董事长，缪成之为厂长，下设事务、工务、营业、会计4处，并附设门市、服装两部。该厂也是川渝地区第一家机器织布工厂。史料载②：

十九年春，卢前局长作孚出川考察，在上海购置十二匹马力之柴油引擎二部，三星棉铁厂之铁轮机三十部，电力机六部，捻纱机二部，导筒机二部，导线机二部，整经机一部，滤水机一部，印花机一部，织袜机二十部，运川从事安装。并派人赴上海学习染织事业，归来之后，始于双十节扩大组织，改名三峡工厂，设门市、服装两部经营之。当时因鉴于峡区地瘠民贫，谋生不易，乃招收峡区贫民，入厂习艺，使有恒业。

［按］此时的三峡染织工厂规模很小，但是“在四川以动力机织布，此为创举”③。后来三峡染织工厂在合川、广安、重庆、北碚设立四个售货处，在成都、顺庆、岳池、自流井、泸州有五个代销处，在水土沱、静观场也办有一个巡回售货处④。

（三）驻重庆日本领事松元，被迫同意取消重庆王家沱日租界⑤。

10月15日　连雅各任经理的福川轮船公司将该公司所属福全轮并入

---

① 杨秉铖：《三峡染织厂之成本会计》，《新世界》第48期，1934年6月16日，第1页。

② 民生实业公司十一周年纪念刊编辑委员会编：《民生实业公司十一周年纪念刊》，中华书局1937年版，第141页。

③ 黄子裳、刘选青：《嘉陵江三峡乡村十年来之经济建设》，《北碚月刊》第1卷第5期，1937年1月1日，第29页。

④ 峡防团务局编：《峡区事业纪要》，峡防团务局印，1933年8月，第4页。

⑤ 周开庆编著：《民国川事纪要》（1911—1936），台北四川文献研究社1974年版，第427页。

民生公司，改名为民福轮[1]。由此卢作孚带领民生公司揭开了大规模合并川江轮船公司的序幕，并开始了创造现代集团生活的第三个试验，即民生公司的现代企业建设试验。

［按］这是卢作孚倡言人力财力集中、化零为整后第一个并入的公司和轮船。卢作孚与民生公司“迫于渝叙航线之益坏，轮船过剩，编列次第，或两阅月而一开行。一暴十寒，亏累日巨，乃提议合并为整个的经营”[2]。对于卢作孚集中人力财力化零为整、合并经营的倡议，重庆上游由连雅各任经理的福川轮船公司首先赞成，本日与民生公司合并，把该公司的福全轮更名为民福[3]，民福轮成为民生公司“化零为整”统一川江航运进程中合并的第一艘华商轮船，同时成为民生公司的第四艘轮船，吨位273吨，超过民生公司其他三艘轮船的总吨位。资料载[4]：

> 川江航业初供不应求，故利润甚丰，因而招致盲目竞争。（民国）15年以后，船舶过多，供过于求，演成极为严重衰败现象，尤以川江上游为最。当时上游轮船公司成立协定，依次开班，按吨位分摊水脚，常有一两个月始能航行一次者。一方面经营上不力求改进，它方面损失奇重，乃至不可支持者。民生创始时，即以新式经营为主，而已获有成绩者。目睹川江国人组织之失败，乃倡人力、财力集中、化零为整、合并经营之议。
>
> 民19年（1930）10月，福川公司首先赞成将福全更名民福。同年公布文书及人事规定。股本定为30万元，实收25万元，职工164人。

10月16日　卢作孚为提高峡局服务员能力而倡导读书一事，致函熊明甫等人，谓[5]：

> 昨为读书问题不得圆满讨论，虑终无法进行，途中思索，到渝犹

---

① 民生实业公司十一周年纪念刊编辑委员会编：《民生实业公司十一周年纪念刊》，中华书局1937年版，第198页。

② 卢作孚：《本公司历练营业进展概述》，《新世界》第20期，1933年4月16日，第47页。

③ 佚名：《民生简史》（上），《民生实业公司简讯》第1036期，1950年7月21日，第3版。

④ 同上。

⑤ 黄立人主编：《卢作孚书信集》，四川人民出版社2003年版，第218—219页。

不能释，脑筋紧张至于胀痛，深夜未寝，复欲为书磋商，不能自已。此心之切，可想见矣。深知服务员智力太低，不但无选书能力，亦无读书能力。欲以如何读书之方法，取决于其自身，更何可得！而必提出讨论，亦欲其稍自留心此项问题，解决之方，则固靠主任人员也。各机关及全局读书亦有若作事，须定计划，须由主任人员领导之。窃甚愿主任人员领导及此。惟有读书，乃可以提高做事能力，且可以提高做事意义，不然则非怠惰即堕落，凡今种种，皆冤枉为之，何如一切停止！作事意义，近来不但不见其明了，且日见其消沉。一事推行之始皆有其圆满之理想，皆有其细密之办法，不幸日久灵魂渐亡，躯壳仅存。愈事追逐，愈无声影，所得惟有纸片上之墨迹，所求亦只于此。纸片既集，便已完事；实际问题，毫不相干。此而竟成习惯，又成一中华民国——或竟是老大帝国矣！安得不令人焦灼失望万分？惟望各主任人员与职员相期必及于事之意义，主任有相与商谈之机会，必寻得事之意义。所谓事之意义，事之未来计画，未来效果，社会之问题，解决问题所需方法及人之能力，及吾人在今日之中国所负之责任也。如此诸点，非人所知，则办事读书相与诡随而已矣，安有意义？此数笺纸，有类空谈，移诸实际，则皆目前□切之问题。但以今晨周会而论，报告无虑数十，意义则殊寥寥，勉强发言，都感无聊。不外两因：一则生活都无意义，一则偶有意义，不知寻求。为病相同，不可不谋救济。惟吾主任人员有救济之责，亦惟吾主任人员有救济之力，只问是否尽量用之？孚每次到峡，必与诸主任人员反复讨论此类问题，不忍别去。亦望诸君子相互反复，则峡局事业可以立矣！碚卡问题，令人寒心。主任人员不及察觉，为只求纸片，渐忘实际，亦一重要原因。抑尤有进者：峡局事业，因太匆忙之故，诸友皆有相似之病（即孚亦在其中）。思维讨论工作，皆不及从容。职员入办公室，一个问题尚未理料清楚，又下办公室矣。所以许多问题，不是粗疏解决，便是搁延久之，执行无人。此病甚深，不可不省。孚之为书，亦如晤对，不尽欲言，惟诸君子深长思之。孚苦匆匆来去，诸君子则因长在北碚，较易理起头绪也。

10月　（一）中国西部科学院理化研究所成立。《中国西部科学院廿年度报告书》载①：

① 《中国西部科学院廿年度报告书》，重庆档案馆藏。

> 19年10月主任王以章到院，即着手于化验室之筹设……以火焰山东南角兼善中学学生寝室改修作为本所（理化研究所）暂时之用。自11月18日开工至12月16日完毕，继造一蓄水缸并装配水管……于21年1月5日竣工……6月16日开始分析石炭。

［按］《中国西部科学院概况》载："本所（理化研究所）于民国19年10月成立，初聘王以章氏担任研究员兼任主任。21年冬、22年春增聘李乐元氏担任研究员。22年春增聘徐崇林氏担任研究员。"①

（二）北碚设立趸船，售卖船票，以便行旅②。

11月中旬—12月　太虚法师在渝，其间某日，刘湘在杨柳街招待所设宴欢迎太虚，并向太虚说明川省拟派汉僧入藏留学，以作沟通汉藏的桥梁。太虚也向刘湘介绍了自己正在筹组世界佛学苑的进展情况，并向刘湘建议在四川办一所藏文学院，培养汉僧学藏文，沟通汉藏文化。刘湘采纳了太虚的建议，当场商定学院名称为"世界佛学苑汉藏教理院"，任命何北衡为建院筹备主任。至于建院地点，则根据何北衡建议选定在当时破败不堪的缙云寺。于是太虚法师溯嘉陵江而上，受到卢作孚热情接待而畅游北碚，参观了江巴璧合峡防局，并在峡防局作了《创造人间净土》的讲演。③ 他说："今观贵处种种建设，颇有革故鼎新转秽为净的趋势。"④ 世界佛学苑汉藏教理院经过紧张的筹备，到1932年3月20日开始招生，对象一般为初中文化程度，僧俗兼收。关于缙云寺改建为汉藏教理院，资料载⑤：

> （缙云）寺位温泉公园后山，森林参天，古木极多，旧有庙宇，曾于民二十一年由二十一军拨款改修，成为汉藏教理院，招收学僧研究佛学。此地甚高，夏可纳凉，冬可赏雪。为游览极佳之地。

［按］太虚（1889—1947），民国时期著名高僧。本年5月28日，四

① 《中国西部科学院概况》（1937年），重庆档案馆藏。

② 《江巴璧合特组峡防团务事业进程一览》，峡防局1934年刊，北碚图书馆藏。

③ 释印顺编：《太虚法师年谱》，宗教文化出版社1995年版，第171页。

④ 太虚法师：《创造人间净土》，《太虚法师西来讲演集》，四川简阳刘氏1930年印送本，第109页。

⑤ 黄子裳、刘选青：《嘉陵江三峡乡村十年来之经济建设》，《北碚月刊》第1卷第5期，1937年1月1日，第8页。

川省佛教会致电邀请太虚法师入川弘法。9 月 13 日太虚法师乘福顺轮从上海直航重庆，24 日到达。10 月 4 日离开重庆赴成都，到 11 月 18 日离成都返重庆，12 月离渝。

11 月 28 日　应四川当局的邀请，四川文化考察团（又称“三学者入川”）翁文灏、任鸿隽、孙学悟等人由南京经武汉，本日到达重庆①。

11 月　（一）蒋介石派曾扩情到四川重庆，刘湘派其秘书陈学池专职接待，蒋有意邀请刘湘到武汉晤谈。期间应川北各军杨森、邓锡侯及邓部李家钰、陈鼎勋（书农）邀请，曾扩情到合川与其晤谈②。由于刘湘临时生病，刘蒋会晤未能实现。（二）北碚峡防局在火焰山划出南山一区域辟为动物园③。

12 月 1 日　卢作孚正式辞去川江航务管理处处长一职，何北衡继任并于本日宣布就职④。（二）北碚城区开始使用电灯照明，全市街灯，送电四个月⑤。

12 月 3 日　翁文灏等人到重庆江北龙王洞煤矿考察⑥。

12 月 4 日　翁文灏等人到重庆江北西山北川公司矿地考察，晚宿北碚温泉公园⑦。

12 月 5 日　翁文灏等人到北碚，参观峡防局及附属各项事业⑧。

12 月 6—7 日　翁文灏等人考察嘉陵江小三峡及合川，之后在《四川游记》中记下了对北碚考察的印象⑨：

> 北碚在江之西岸，东与人口颇繁之黄葛场隔江相对，北距温泉峡之温泉公园约十里。设有峡防局，局为巴县、璧山、合川、江北四县间防匪而设。盖嘉陵江为川北乃至陕西南部、甘肃南部各货物南下向重庆输出之孔道。从前地方不靖，交通维艰，兹乃设局于此，练团防

---

① 翁文灏：《四川游记》，《地学杂志》第 19 卷第 3 期，1931 年 9 月，第 349 页。

② 曾扩情：《蒋介石两次派我入川及刘湘任“四川剿匪总司令”的内幕》，《文史资料选辑》（全国）第 33 辑，文史资料出版社 1980 年版，第 107 页。

③ 《中国西部科学院十九年度进行概况》，《嘉陵江》1931 年 1 月 4 日。

④ 《航处纪事》，《星槎》第 29 期，1930 年 12 月 13 日，第 23 页。

⑤ 《江巴璧合特组峡防团务事业进程一览》，峡防局 1934 年刊，北碚图书馆藏。

⑥ 翁文灏：《四川游记》，《地学杂志》第 19 卷第 3 期，1931 年 9 月，第 350—351 页。

⑦ 同上书，第 351 页。

⑧ 翁文灏：《四川游记》，《地学杂志》第 20 卷第 1 期，1932 年 1 月，第 1 页。

⑨ 同上书，第 2 页。

卫，即以往来货物税为经费，于地方交通颇有利益。闻昔有团兵数百名，自卢作孚君为局长，裁兵节饷，以兴办生产及文化事业，进行颇力。现已设有中小学校及织布厂等，虽尚开办未久，规模未宏，然颇有一种新气象焉。卢君等近更有创立中国西部科学院之计划，先以高小及初中毕业生组织少年义勇队，于在校读书之外兼作远征调查，已曾有人西至康定，北抵青海，采集标本，编著游记，精神颇佳。于此水乡山国之中，竟有人焉，能藉练兵防匪之余，修铁路，开煤矿，兴学校，倡科学。良出意计之外。更观之川中军界政界，颇多颓败不振之气，而能布衣粗实，节饷捐薪于建设之事，无论其将来成绩如何，要其不囿于环境，卓然独立之精神，良足尚焉。

［按］翁文灏等人参观完北碚、合川后前往成都、嘉定（乐山）、自流井等地考察丝业、纸业、盐业。

12月29日　卢作孚致赵仲舒函，谓：①

关于公安队成立，请分别致函于巴县政府及北碚乡公所，并呈报团委会即日办理为盼，以便此后执行职务故也。

本年冬　（一）民生机器厂添购设备，包括车床六部，刨床、铣床各一部，钻床二部，员工增加到60—70人②。（二）江浙财团的代表人物之一、上海商业储蓄银行创办人陈光甫欲向四川发展，派该行的资耀华到四川进行调查。资耀华到重庆后，持介绍信到民生公司重庆办事处找卢作孚未遇，赶到北碚找到卢作孚。在卢作孚的热情陪同下，资耀华参观了北碚的学校、医院、纺织工厂、北温泉公园。卢作孚对上海商业储蓄银行来四川开设分行深表欢迎，并表示：四川是天府之国，有做不完的事业和生意，不是一个或几个银行所能包办的，银行事业大有前途。后来陈光甫根据资耀华的调查结果，在重庆、成都、自贡等地设立上海商业储蓄银行的分行，为抗战期间上海商业储蓄银行的内迁奠定了业务基础。卢作孚与陈光甫的交往由此开始，后来陈光甫更把卢作孚与张謇、范旭东、刘国钧一道视为平生最钦佩的实业家之一③。

---

① 黄立人主编：《卢作孚书信集》，四川人民出版社2003年版，第227—228页。

② 疏狂：《谈谈民生机器厂》，《新世界》第3期，1932年8月2日，第15页。

③ 孙晓村主编：《陈光甫与上海银行》，中国文史出版社1991年版，第59—61页。

1931年（民国二十年）38岁

1月1日　（一）鉴于“事业逐渐扩充，总公司在合川遥制，有鞭长不及之虞”，于是民生公司总事务所从合川迁到重庆行街培厚里分所原址内，称事务所，事务所内并专门辟一间为书报阅览室。这时航业已经成为民生公司的主要业务，同时“公司事业渐以重庆为中心”。合川电水厂附于民生公司总所的历史，也由此结束，称民生公司电灯部，兼办渝合航业、提装货件以及渝合汇兑等业务①。（二）民生公司总事务所迁重庆后，加快了以自身力量整理扬子江上游航业的步骤，具体办法是②：

> 以民生公司为中心，增加资本，接收必须售卖的轮船，或合并可以合并于民生的公司。民二十年（1931年）先与重庆宜宾间各公司商量，加入民生共同经营，将所有轮船估价移转，为偿清其债务，需要若干现金即交付若干现金，其余作为加入民生的股本。

（三）郑华益任经理的重庆九江轮船公司以估值银16万元正式并入民生公司，该公司原有九江、合江轮及铁囤船1艘，两轮相应改为民治轮、民安轮。郑璧成说③：

> 斯三船者，上游之优秀，洪水航行渝叙嘉线，枯水航行渝万宜线，自是本公司始参加重庆下游之航运矣。

---

① 陈雨生：《电灯自来水厂史略》，《新世界》第1期，1932年7月12日，第16—17页。

② 卢作孚：《一桩惨淡经营的事业——民生实业公司》，民生公司1943年9月印，第7—8页。

③ 民生实业公司十一周年纪念刊编辑委员会编：《民生实业公司十一周年纪念刊》，中华书局1937年版，第86页。

［按］收买重庆九江轮船公司的时间一说在 1 月 4 日。[①] 邓华益（1887—1966），祖籍湖北，生于重庆。1904 年毕业于重庆广益书院，1909 年起任重庆中西德育社干事、总干事职，1913 年任英商重庆白理洋行买办，1926 年与川军将领李家钰等集资买下白理洋行的川东轮、川西轮两艘轮船，更名为九江轮、合江轮，创办九江轮船公司于重庆，任总经理。九江轮船公司并入民生公司后，邓华益成为民生公司主要业务骨干之一，历任民生公司业务委员会主任、保险委员会主任、业务部经理等重要职务[②]。1928—1952 年，邓华益还长期担任重庆轮船同业公会理事长。民生公司用这两艘轮船参加渝宜航行，由此卢作孚"始深知渝宜航业竞争之酷，其无整理之望，乃远在叙渝航线之上，因集全力于叙渝航线之整理"[③]。两公司合并后，邓华益成为民生公司大股东和民生公司高级管理人员之一。

（四）上午峡防局职员在公共体育场举行庆祝大会，下午峡防局职员、少年义勇队学生、实用校师生等在北碚禹庙坝子上演新剧，共演 4 出，第 4 出戏《孝子复仇记》由卢作孚临时编排剧情，由实用校教师临时准备后登台演出。《嘉陵江》载[④]：

> 元旦日北碚峡防局全体职员士兵于午前八时在公共体育场开庆祝大会……午后峡局职员和少年义勇队学生及实用校师生等都在禹庙坝子新搭设的剧台上表演新剧。因时间限制，只演四出……
>
> 第四出《孝子复仇记》（实用校教师表演）。此剧完全为卢先生于事前一小时内向实用校教师告诉剧情和事实，临时准备登台表演的，……第四幕孝女在法庭上的一番悲痛陈述和自戕，使人感动不已。

［按］这是有关记载中卢作孚第二次参与编排川剧。

1 月 2 日　中国西部科学院第一次筹备会议于午后 5 时在北碚兼善中

---

① 民生实业公司十一周年纪念刊编辑委员会编：《民生实业公司十一周年纪念刊》，中华书局 1937 年版，第 198 页。

② 邓安澜：《回忆我的父亲——重庆轮船同业公会理事长邓华益》，《重庆文史资料》第 10 辑，西南师范大学出版社 2008 年版，第 220—225 页。

③ 卢作孚：《本公司历年营业进展概述》，《新世界》第 20 期，1933 年 4 月 16 日，第 47 页。

④ 《卢作孚元旦导演新剧》，《嘉陵江》1931 年 1 月 3 日。

学召开，卢作孚出席并主持了会议，被推举为筹备主任①。

1月初 四川文化考察团翁文灏、任鸿隽、孙学悟等人即将结束在四川的考察离川，翁文灏致函卢作孚，告知取消了原定的石油沟之行②。

1月8日 《嘉陵江》报改为《嘉陵江日报》，从峡防局分出独立办理。

1月10日 民生公司在宜昌设立代办处，委托扬子江公司经理缪先谱代办③。

1月13日 峡防局为训练和提高职员，要求职员读书。为加快提高职员文化水准，从本周起改读书为每周二、四上课，本日为星期二，由卢作孚讲授《世界交通问题》，听讲者有峡防局职员、峡防局所属士兵警察、实用小学教师，兼善中学学生等。《嘉陵江日报》载④：

> 峡局职员读书，已改为实行上课。每星期二、四晚间，都要举行一回。本星期二晚为卢作孚先生讲授《世界交通问题》，峡局全体职员和一中队士兵、警察及实用小学教师、兼善中学学生等，都前往静听。这晚所讲内容大概说：世界水路交通分三大航线：（一）由欧洲到美洲，（二）由欧洲到亚洲，（三）由亚洲到美洲。陆路交通方面，分两大铁路干线：（一）由海参崴经黑龙江、西伯里亚至莫斯科以达欧洲各国。（二）由美国西部旧金山到东部纽约。航空已由国府与德国订约，不久开始航行。其它如邮政、电报等等问题，亦讲得十分详尽。各种交通发达以后，所有一切经济的、文化的事业，都随着变成世界的了。

1月28日 民生公司假座重庆陕西街青年会举行第六届股东大会，出席代表106人，讨论并通过增加股本案、追认九江合江轮船合并案、修改公司简章案、选举董监案等。决定公司股本增加到100万元，本年实收股本506000元⑤。资产达到1110318元。票选结果，郑东琴、何北衡、黄

---

① 《中国西部科学院第一次筹备会议第一天情形》，《嘉陵江》1931年1月4日。

② 《翁博士留函卢作孚》，《嘉陵江》1931年1月4日。

③ 民生实业公司十一周年纪念刊编辑委员会编：《民生实业公司十一周年纪念刊》，中华书局1937年版，第198页。

④ 《卢作孚讲世界交通问题》，《嘉陵江日报》1931年1月16日。

⑤ 民生实业公司编：《民生实业公司概况》，1937年刊，第3页。

云龙、魏寿宣、耿布诚、李佐成、连雅各等 7 人当选为董事。黄幼甫、王辅廷、周尚琼、周纯钦等 4 四人当选为监察①。

1 月　（一）民生公司根据公司章程，提上一年赢余中的 5% 为文化基金补助费，补助中国西部科学院及瑞山小学②。（二）重庆聚兴诚银行总经理杨粲三到峡区及北碚参观，卢作孚就北碚农村银行事与之有所商酌。资料载③：

> 二十年一月，因聚兴诚银行杨总理粲三来峡中参观，过农村银行，于进行上有所咨询，言下颇示提倡的意思。卢委员长作孚对之，亦有所商酌。结果，本身再谋资本的扩充，聚行即派员赞襄进行。

2 月 17 日　民生公司民福轮首航宜昌并取得成功④，随之在宜昌设立了代办处，由此民生公司加入重庆宜昌间航行。

2 月 21 日　卢作孚为三峡染织厂事致函缪成之，谓⑤：

> 一、上海三星棉铁厂函已发。负债愈大，厂中整理诸事千万速设法，棉纱大涨不能，跌以后愈困难也，尤其是各部职员须负责，吾弟千万不可迁就，不可以为人难靠便一切靠自己，此是最危险之办法，恐陷厂于不可维系之地位也。厂外人言当然有之，尽所有钱维持工厂，而工厂状况不甚良，人安得不有言？所望吾弟以此激励全厂人员，奈何竟呕气不干，此是弱点，决不是办法。二、另二收条请速印交郑校长。

2 月 27 日　南京政府特派命刘湘为四川善后督办，刘文辉为四川省政府主席。

2 月底至 5 月　刘航琛作为刘湘的代表，携带刘湘给蒋介石的三份呈文到达南京，面见蒋介石，向蒋介石陈述统一四川的计划，得到蒋介石的

---

① 民生实业公司十一周年纪念刊编辑委员会编：《民生实业公司十一周年纪念刊》，中华书局 1937 年版，第 198 页。

② 同上书，第 200 页。

③ 《北碚农村银行报告书》（北碚农村银行丛刊第 4 种），北碚农村银行 1932 年刊。

④ 民生实业公司十一周年纪念刊编辑委员会编：《民生实业公司十一周年纪念刊》，中华书局 1937 年版，第 92 页。

⑤ 《卢作孚致缪成之函》（1931 年 2 月 21 日），重庆档案馆藏。

赞同。蒋介石基本上满足了刘湘对军火和军费的要求，答应给予英制轻机关枪 1200 挺，机枪子弹 3000 万发，批准订制兵船二艘，小艇十艘。蒋介石还核准由四川省自行负担基金，南京国民政府发行统一四川公债 2000 万元[①]。

2 月　峡防局训练特务队，派往文星场、北川铁路执行警察任务[②]。

3 月 14 日　卢作孚开始将北碚火焰山建为火焰山公园。

4 月 3 日　重庆民生公司总事务所举行第一次周会[③]。

4 月 11 日　卢作孚就峡防局事务致函赵仲舒、黄子裳，谓[④]：

> 奉示敬悉。郭正辉近来较好，至慰！但应叮咛其努力职务，读书，勿藉外番常在外面周旋。职员中聚赌竟有七八人之多，且闻为时已久，为数当不止此，真堪惊叹。窃以此项问题在职员中决不能久秘密，在主任人员中或仅有干涉职员之任务者无法知之，果尔，则峡局之病乃在上下及各机关间之隔膜。万望此后各主任人员多留意职员之活动，尤须提高其志趣，俾不致时时刻刻谋为轨外之活动，乃有办法，仅经一番惩创仍无效果也。峡局精神散漫，无真切一致之信仰，此实望各主任人员有以提起之。但弟感觉主任联席会议之精神，即深知提起之困难矣。如何相与策励，实望两兄留意。

4 月 12 日　民生公司合并通江公司的通江轮、青江轮、岷江轮，改名为民有轮、民享轮、民江轮[⑤]。民江轮停航，旋拆毁。

4 月 21—22 日　北川铁路公司在重庆召开股东大会，卢作孚当选为公司董事。《嘉陵江日报》载[⑥]：

> 北川铁路公司这回在渝开股东大会……廿一日修改简章，廿二日

---

① 刘航琛：《戎幕半生》，沈云龙主编《近代中国史料丛刊》续编（489），台北文海出版社，第 58—61 页。

② 《江巴璧合特组峡防团务事业进程一览》，峡防局 1934 年刊，北碚图书馆藏。

③ 《民生实业公司大事记》，《新世界》第 65 期，1935 年 3 月 1 日，第 91 页。

④ 黄立人主编：《卢作孚书信集》，四川人民出版社 2003 年版，第 244 页。

⑤ 佚名：《民生简史》（上），《民生实业公司简讯》第 1036 期，1950 年 7 月 21 日，第 3 版；民生实业公司十一周年纪念刊编辑委员会编：《民生实业公司十一周年纪念刊》，中华书局 1937 年版，第 198 页。

⑥ 《北川铁路改选董事监察人》，《嘉陵江日报》1931 年 4 月 27 日。

闭会。选举董事九人，监察四人。董事为张艺耘、唐建章、季叔平、文化成、李云根、罗希孔、郑东琴、张守权、卢作孚。监察为张绍初、李熙宇、张茂芹、雷义荣，聘唐瑞五为经理。

4月26日　峡防局职员士兵在温泉公园举行周会，卢作孚出席并主持。《嘉陵江日报》载①：

峡局全体职员、士兵于廿六日在温泉网球场开周会，最后卢局长作孚到场批评。卢对于二中队士兵报告帮助派定一中队所做的工作，与二中队士兵野外演戏时踏坏了一中队士兵所做的农业工作而当场道歉两事，非常赞赏云。

4月27日　刘湘、刘文辉分别就任四川善后督办、四川省政府主席。

4月　（一）峡防局成立北碚特务队，执行警察任务②。（二）中国西部科学院成立农林研究所。《中国西部科学院概况》载③：

本所（农林研究所）于民国20年4月成立，初聘刘雨君担任主任，设农场二：一在江北县东阳镇，面积116亩，场长由刘君兼任。一在江北、合川两县间之西山坪荒地，面积2190亩有奇。于民国21年秋成立，初聘孟舍予君任场长……（1936年春）主任由张博和兼代。

5月1日　民生公司电厂自1931年合川驻军陈鼎勋（书农）部移防他处后灯额大减，亏折严重，决定从本日起，租费由3角6分增加到4角6分，遭到合川县城使用电表者群起反对，联名函请减价或缓增。民生公司以加减价值，关系电厂营业，拒绝了上述要求④：

民二十年，以公司事业渐以重庆为中心，于是一月一日，移总所于渝之行街培厚里分所原址。是年合川驻军陈师移防，灯额大减，电

---

① 《卢作孚在周会上赞赏士兵》，《嘉陵江日报》1931年4月28日。

② 《江巴璧合特组峡防团务事业进程一览》，峡防局1934年刊，北碚图书馆藏。

③ 《中国西部科学院概况》（1937年），重庆档案馆藏。

④ 陈雨生：《电灯自来水厂史略》，《新世界》第1期，1932年7月12日，第17—18页。

厂损折亦甚，新驻合川王治易师长部驻稍久，渐用电灯，然久未恢复原状也。本年春夏之交，土制火柴，川西北销路顿旺，县区火柴工厂竟夜开工，先后添安电灯厂，灯额约增数百盏，无如电灯厂连年亏耗不资，乃从五月一号起，增电表字价三角六仙［分］为四角六仙［分］，聊资挹注。县城安用电表之机关、学校、工厂、旅馆、娱乐场所及私人住宅，约共20余处，起而反对。中有宏康、又新、和和等三旅馆，民济、吉昌、合裕三火柴厂，合阳、怡大、颐福三戏院，合中、女中、县高三学校，联名函请减价或缓增。公司以加减价值，关系电厂营业。虽当顾及城市之光明，而尤应顾及电厂之血本。对顾主之请求，碍于承认。乃竟有某戏院恳某军官出面而张目，幸卒未得逞。电厂附设于总所者，计五年，民廿年总所移渝，电水厂之名以独立，兼办渝合航业，提装货件及渝合汇兑事。

5月7日　民生公司合并协同公司的蓉江轮，改名为民选轮①。

5月12日　民生公司合并定远公司的定远轮改名为民约轮；合并锦江公司的乘风轮，改名为民殷轮②。

［按］一说5月9日收买定远轮，改名民约③。

6月2日　卢作孚联合重庆各界人士，促使刘湘、杨森、刘文辉在重庆举行了一个三军长联合会议，旨在结束四川内战，实现川政统一。卢作孚为会议准备了《四川的问题》的小册子④。

［按］《四川的问题》内容全面涉及四川的政治、军事、教育、经济、财政、交通、边务、地方自治等八个方面的问题。卢作孚提出解决四川政治问题的最好办法是会议而不是战争，今后的中国要依靠法制而不是人治⑤：

现代世界上最显着的特征是组织科学的方法。应用在物质上的成绩，是轮船、是火车、是飞机，我们已经知道享用了，只还不知道创

---

① 佚名：《民生简史》（上），《民生实业公司简讯》第1036期，1950年7月21日，第3版。

② 同上。

③ 民生实业公司十一周年纪念刊编辑委员会编：《民生实业公司十一周年纪念刊》，中华书局1937年版，第198页。

④ 卢国纪：《我的父亲卢作孚》，四川人民出版社2003年版，第186页。

⑤ 卢作孚：《四川的问题》，重庆都邮街德新铅石印刷公司1931年代印，第5页。

造科学的方法。在社会上的成绩，便是组织，我们连享用亦还不知道。组织最要紧的精神，是分工与合作，是从个别的活动，完成整个的事业，而且时时刻刻尊重公共的规律。一个严整的组织下面，无论其为首长，或为从属每个人，都有权，而权都有限，不容人在权限以外做坏事，亦不容人在权限以外做好事，全局乃不致紊乱。即在各个权限内的，亦并不是让人自由活动，而是处处要顾到全局的，要遵守公共规律的，这是组织的精神，亦即是法治的精神。

今天以后的中国，应靠法治不能靠人治。所需于人的，亦重在造法的训练和守法的训练。如果四川政治上的领导者，能领导人们上此轨道来，我们相信很容易地打破防区制度，而为分工制度；很容易变冲突为合作，很容易统一四川，并助中国统一。只需要勇气与毅力，从自己训练起，没有旁的困难的问题。

6月4日　北碚农村银行举行股东大会，通过章程28条，决定资本增加为10万元，成立董事会，资料载[①]：

六月四日开股东大会，通过章程二十八条，以服务农村社会；发展农村经济；提倡农村合作为宗旨。定资本为国币一十万元。每股仍五元，计二万股。股息改为周八厘。股权减为十股以上（有）一议决权。以下联合十股，代表一议决权。次选举卢作孚、熊明甫、赵仲舒、蔡绍昆、吕绍滨为董事，成立董事会。李成之、黄子裳为监察。又聘任伍玉璋为经理，冯书舫为营业主任，冯子久为会计主任（以同情此间事业，允任义务职），并决定于七一日开幕。

6月6日　翁文灏就地质调查所与中国西部科学院标本采集等方面合作应有所改进等事宜致函卢作孚，谓[②]：

敝所前以学术上合作之谊，商定由贵院派学生二人随同敝所谭锡畴、李春昱二君出发调查，闻已实行，为慰。按照弟前此在川观察，尊处学生精神甚佳，而工作能力尚待训练，故曾函告谭、李二君，对于测制简图及观察地质方法切实指导，俾可实地体验。增益知识，庶

① 《北碚农村银行报告书》（北碚农村银行丛刊第4种），北碚农村银行1932年刊。

② 黄立人主编：《卢作孚书信集》，四川人民出版社2003年版，第248—249页。

以后单独调查时不至徒劳跋涉，是敝所于调查之外兼思协助贵院稍尽训练之力，亦所以奉酬先生对于科学考察之热忱也。历次外国学者来川考察，贵院派生随行，或寓监视之意，兼以分配标本为事。但与敝所之合作，当不至有此意义。远道长征，最重精神上之谅解与旅行上之便利，而敝所经费无多，向极从省，尤不能与外国人特费巨资以攫取中国材料、吾国人因而稍为利用者所可同日而语。近接谭君等来函，似贵院所派学生于此意旨或有未明，致反减少工作之效力。拟恳先生向该生等剀切说明，以免误会。敝所为学术上之发展计，凡力所及，无不乐与贵院合作，该生等明了此意，则彼此互助自可相得益彰矣。再谭、李二君返经川东时，拟稍为停留，关于川东调查，地方照料乃拜恳鼎力相助为感。

6月7日　峡防局职员官兵在北碚公共体育场举行周会，卢作孚主持并讲话，强调接洽是成功之母、从敬字上用工夫则繁难的事可以办好。史料载①：

星期日（六月七日）早上五六钟时，峡局职员官兵等在公共体育场开周会。这天卢作孚局长在会，并作主席。勤恳训话一番，分两要点（一）勇于接洽，（二）敬事。关于（一）点，卢局长认为是成功之母，如温泉公园之修成，科学院之设立，都是由接洽收来的效。关于（二）点，凡事只要肯从“敬”字上用功夫，顶繁难的事可以办好。就如筑马路，如砌坎子，不敬可以完成于一时，但不久就变坏，这种不算真成功，更说不上艺术。

6月13日　川江航务处《星槎》周刊刊载徐修平《过去一年间川江航业之回顾》的文章，其中对川江航业整理中民生公司的崛起有所论述②：

这一年中，因为华轮大联合的议案，被少数不明大义分子，暗中破坏，未成事实。于是各公司自动的分合兼并，事实上已有大联合的趋势，现在把已成事实的谈谈。

---

① 《卢作孚训话两要点》，《嘉陵江日报》1931年6月10日。

② 徐修平：《过去一年间川江航业之回顾》，《星槎》第53期，1931年6月13日，第2—3页。

蜀平公司，是具有这样雄心的一个新的组合，他（它）用廉价收买了广庆公司和蜀兴公司的船只，在宜渝段间，作一日不休的航行，打破了懒买办的恶习，是值得我们称道的。现在又以罗梓仪个人名义，租了川江公司的蜀亨轮船，加入行驶了。

民生实业公司经营方法最善，遂感动了同业的福川、九江两公司，于是把他们两公司所有的船只，也就是川江上游最漂亮的船只通通开过来。不久又收买了通江公司的全部船舶，最近重庆公司和江兴公司，也把所有船只抛售，就是那行走小河的定远汽华，也来归附了。一个小小的汽船事业，在这一年中，竟变成十几只轮船的大公司，真令人钦佩到莫可名状了。

6月14日　中国西部科学院举行第一次院务会议，卢志林主持①。

6月30日　卢作孚就经营缙云山及保护林木等事致函熊明甫，谓②：

一、到渝之米已完，尚待新运米到。昨运之二十石（尚未运完）系李泽敷为多方觅得。米尚熟，每斗似可卖银四元五，乞裁酌之。二、雷四合砍杉木园之木料，闻至杉七八百根，实属骇人听闻！请速派人传雷四合到局，并将已砍之木料运北碚作证据，待处理。一面将详细情形函报璧山县府，声明雷四合必逐出杉木园。三、缙云寺甚大之树木，据李旅长、王师长言，均有被砍卖者，请派员往调查确实，以便处理。四、庹青云在温泉公园情形太不好，田俊杰尽知之。此人亦必限令搬迁，万不得已，酌商少琴略给予搬迁费。窃以经营缙云山必去障碍，不然纠纷日多，山林毁损日甚，百年不能恢复也。

夏　中国西部科学院生物研究所成立。《中国西部科学院概况》载③：

生物研究所：本所于民国20年夏间成立，分设植物、昆虫两部。（民）18、19两年曾派学生随同中外学术、调查采集团体，分赴四川西北各地采集标本。于20年夏，乃聘俞季川氏担任植物研究员兼植物部主任，德人傅德利氏担任昆虫研究员。

---

① 《第一次科学院院务会议录》（1931年6月14日），重庆档案馆藏。

② 黄立人主编：《卢作孚书信集》，四川人民出版社2003年版，第249—250页。

③ 《中国西部科学院概况》（1937年），重庆档案馆藏。

7月7日　北碚农村银行再次改组，资本16000元，改组后的农村银行采用董事制和经理制，成立董事会，由卢作孚任董事长，以“服务农村社会，发展农村经济，提倡农村合作”为宗旨，业务上“五角可存，五元可放，十元可汇”，附设贸易部，经营商业，由银行投资但会计独立①，由冯书舫兼任该部经理。峡防局一切收入按日缴存银行，支款也由银行拨付②。

7月10日　北碚农民银行改组后举行典礼隆重开幕，采用董事制和经理制③。资料载④：

> 二十年七月十日，下午二钟，北碚农村银行在文华路本行举行开幕典礼。各机关及来宾等出席者计二百四十余人。卢董事长作孚主席，报告成立经过，扩充资本办法，今后营运方针。伍经理玉璋报告为什么要成立这个银行，并及这个银行的意义、宗旨和业务，以至同各方面的关系。继由北川民业铁路有限公司唐经理瑞五致词，谓：峡区地面，纵横百余里，各场星罗棋布，北碚适居其中。四周既属农村，又有许多经济事业、治安机关、文化团体。上合下渝，交通称便，往来贩运亦多。于这样情况之下，在在都须得有一个银行来做我们的金库。例如敝公司所收运费，可以往银行送，要用钱又可以向银行取。这样，自家省了收藏的麻烦，更免了水火盗贼的危险，是多么稳妥的事呢？况且银行利用各方存款，更可接济各方面需钱用的借款人。这样辗转流通，又多么利便呢？要收藏稳妥和流通利便，就贵在有集中放散的银行。而经济的集中、放散，要皆以银行为出发点，乃能接济各方面。所以说：银行是我们的金库。兼之新来两位朋友，既称熟手，于发展农村经济，又深表同情，将来峡区的经济繁荣，就从今天的北碚做起。次由熊乡长明甫致词，略谓：农村银行的经营，并不与普通银行的经营一样。它是为乡下农人谋利益的金融机关。乡下的农人要存款，五角就可以存；要借款，五元就可以借；要汇款，十元就可以汇。如果农人能够组织合作团体来借钱更好，因为利息比谷

---

① 黄子裳、刘选青：《嘉陵江三峡乡村十年来之经济建设》，《北碚月刊》第1卷第5期，1937年1月1日，第17页。

② 峡防团务局编：《峡区事业纪要》，峡防团务局印1933年8月，第5、7页。

③ 同上书，第5页。

④ 《北碚农村银行报告书》（北碚农村银行丛刊第4种），北碚农村银行1932年刊。

利轻。借钱比请会强。这样，在乡间的帮助就大，我们是希望银行一天一天的发展起来。将来的农村，当获益不浅了！再次，由来宾继续演说。复次由董事长致答词。最后摄影，礼成散会。

7月12日　为峡防局职员某赌钱事，卢作孚致函熊明甫、赵仲舒，其中致赵仲舒函中谓：①

部属人有过失，无论实在与否，但闻人言，即宜虚心接受，乃不致塞明闭聪。此点实望吾兄省察。林芳赌钱问题经孚查问，似非事实，但究竟立足嫌疑之地，仍应严加责备。峡局应养成爱护好的、痛恨不好的风气，尤望局中几位主任人员倡之，故复以为言也。天下事业之成，必有一批人披肝沥胆、推心置腹，以相纠其短、相携于义，此种精神亦正待吾辈倡之。

7月25日　卢作孚主持召开中国西部科学院院务会议，议决聘何北衡为科学院主席董事，康心如、汤壶桥、郑东琴、温少鹤、刘航琛等为常务董事，甘典夔、温少鹤、康心如、何北衡、任望南、汤壶桥、郑东琴、刘航琛、郑璧成等为董事②。

7月28日　卢作孚主持召开中国西部科学院院务会议，解决18个具体问题③。

7月31日　卢作孚峡防局被匿名攻讦事致函赵仲舒，谓④：

请速照改正者饬人缮就寄渝，交由孚转。明日下水汽船即须带来。查原呈有“雀房熊屋”之语，则其人似与本局内部人员多少有关，抑或《嘉陵江》曾有此项名称之宣传。要之，凡攻讦皆教训吾辈，乃愈值得反省，努力多作有俾于人之事，少闹闲气，乃足以泯反对之人。请以此转告各主任。

---

① 黄立人主编：《卢作孚书信集》，四川人民出版社2003年版，第252页。

② 《第五次科学院院务会议录》（1931年7月25日），重庆档案馆藏。

③ 《第六次科学院院务会议录》（1931年7月28日），重庆档案馆藏。

④ 黄立人主编：《卢作孚书信集》，四川人民出版社2003年版，第254页。

7月　峡防局在火焰山创设平民露天娱乐场，设置幻灯，实行识字教育[①]。

8月3日　卢作孚为峡防局被匿名攻讦事再次致函赵仲舒，谓[②]：

> 人言不必是，然实为激励吾人之资。弟所憾者，乃在发言之人非发于诚恳爱厚之精神，乃发于不满之意。然得此总当自省。领导青年，不分畛域，间有訾议，不责议者而求事实，此为各部主任人员所当留意，主任之间尤当一切亲厚。世俗应酬出自青年者，尤当一切谢去。求事业之成就，必须先有牺牲一切之决心，此最所仰望于吾兄者也。峡中青年歧路彷徨、不明意义，实失领导。

8月8日　卢作孚三子卢国纶生于四川合川。

8月11日　卢作孚在科学院农场主持召开中国西部科学院院务会议，解决8个具体问题[③]。

8月25日　为提高北碚平民教育效率，此前开办了平民俱乐部，晚上放映有关近代知识的幻灯片，卢作孚感到仅仅放映还不够，要善于解释，效果会更好，于是本日晚他来到平民俱乐部临场施教，手持话筒，就幻灯屏幕上放映的各时代的汽车和船进行讲解。《嘉陵江日报》载[④]：

> 此间平民俱乐部开办后，市民们男女大小每晚来此乘凉，不识字及不明字义的人能够得着许多教益，其他的人也感兴趣，因之引起合川科学馆模仿起来，曾来大批职员参观了去。就以此间市民而言，定获实惠很多。有一夜将睡觉时，记者在地方医院听着两个夫役谈世界人种，说有五种。他们把这五种人说得出来，而且能加以相当解释，因前两晚平民俱乐部曾连映放此项幻灯片，这两位夫役曾去听过，所以说得出来。但卢局长认为未足，觉得要此项教育效率越大，越要善于解释。故于昨日廿五晚临场施教，手持传声筒，上于场之右下边角上，脚登一条长凳，两目望着档布，口中不断的解释幻灯片中各时代的车和船等，中间的口吻不少传神处，故很能引人入胜，洗耳静听。

---

① 《江巴璧合特组峡防团务事业进程一览》，峡防局1934年刊，北碚图书馆藏。

② 黄立人主编：《卢作孚书信集》，四川人民出版社2003年版，第254—255页。

③ 《第七次科学院院务会议录》（1931年8月11日），重庆档案馆藏。

④ 《卢局长实施平民教育》，《嘉陵江日报》1931年8月27日。

8 月 30 日　刘湘在杜少棠、何北衡等人陪同下到北温泉考察。

8 月 31 日　刘湘、杜少棠、何北衡等人自北温泉到北碚考察。在卢作孚陪同下，刘湘一行人考察了北碚的三峡染织厂、图书馆、中国西部科学院、地方医院、民众俱乐部、平民公园、兼善中学等各项事业，并到峡防局作了讲演。

刘湘在演讲书中说[①]：

我在这里即就初度看来，大概很好，足见大家之努力。综合拢来所满意者，全国所犯的两种大毛病：一个是西洋式徒供消耗奢侈的洋八股，一个是癫狂式只作口号标语的怪东西，这边相信犯的绝少，这是第一点。又这边所定的教育方针，所做的建设事业，都是我的教育，我的建设。其组织和办法与人不同，不像人家动辄忘掉了我，这是第二点。又这边能尊重社会上诸种现象，提倡使用打谷机、托力机等，都是应该做的。化验所从化验所得去逐渐扩大，大家重新立起信仰，很稳重地干着，确是极要紧的。如此不说是社会上破天荒的事业，却也是有数的了。这不仅为大家庆，于今后社会的改进确是很有关系的。

杜少裳在演讲中说[②]：

这次刘督办要到温塘来，大家约定同来，借以参观峡局所办的新事业究竟是怎样的。去年有一位朋友参观了峡区，回到成都谈起峡区的各项事业。当时我听着，心中发生了很多的问题。我想北碚本是个乡场，何以所办的事业如银行、工厂、学校、医院、科学院、图书馆……差不多应有尽有，究竟是怎样的呢？哪有这样大的财力？地方已经安静了，团务人员所办的团拿来做什么？一时引起了我不少的怀疑，久想来参观参观。今天参观了大半天，才晓得所谓图书馆，不过用一两间旧房，费了苦心使些竹子做窗门来装制成的；三峡厂仅是一个古庙培修成的；其余的无一处不见着一种苦心经营的表现。虽说是走马观花，却处处都是好现象，使我发两点感想：（一）想到四川的

① 《刘甫澄军长在峡局讲演》（1931 年 8 月 3 1 日），项锦熙编：《民国时期嘉陵江三峡地区演讲集》，人民日报出版社 2017 年版，第 49 页。

② 《杜少裳、何北衡之演说》，《嘉陵江日报》1931 年 9 月 3 日，无版页序号。

团务、团务人员，对于地方的力量很大的，成了地方自治的中心。地方有匪当然来捍卫桑梓，肃清闾里，地方肃清了，好像无所用了，办团的人就把力量和经费移来办地方各种新事业，设使四川的团务局都像北碚峡防局，那么四川是很好的了。（二）中国原来办各事业的人，，都是先从事修房子、派调查，不顾实际，故事铺张，待房子未修成功，调查未得结果，而原筹定的款子快用尽了，也就算办了一回事业，设使现在四川各县办地方事业的人，都能照北碚这样从简单而有意义的地方着手，那么四川已经不是这样的了。

张季直办南通的事业，把南通造成中国模范县。北碚我认为是四川的模范村。南通中间经了不少的困难，几乎中断；北碚的事业，我望大家努力努力，继续不断的努力。

何北衡的讲演中提到了卢作孚在北碚遇到的困难，是重要的资料。他说[①]：

峡防局的事业，初办的时候，外面的人，亦怀疑反对和非议，不亚于怀疑科伦布（即哥伦布——引者注）的人说科伦布不对一样。所幸几年来的刻苦，几年来的奋斗，有了相当的成绩，引起了各方面的人同情。如此一步一步的做起去，将来定会有出于意料之外的成绩的。几年来我都在一旁替你们鼓劲，替你们宣传，有时过当了，反阻碍大家的气力不少。这几年来刘督办对于峡中事业，比较峡局的朋友们还知道的清楚些。你们只对你们的事业活动，是独面的观察；他对于各方面活动，是多面的观察；所以他比你们还清楚些。譬如前年有人反对卢作孚，数他的罪状；最近又有告卢作孚，说他在民穷财尽的时候，还征求奇花异草，珍禽怪兽，供他的娱乐。这些刘督办都是听着的，你们怎能知道呢？说到这里，记起一桩事，不能不佩服刘督办如西班牙王有坚卓的认识。前年卢先生因为有人反对他，愤欲辞职，托我转向刘督办说。当时刘督办答复我道：你所说的社会人士反对他是哪些？今天因少数短见者反对，而遂灰心，社会上哪些事还可以做呢？我对卢先生谈，他亦很佩服刘督办的坚卓的认识。现在我亦不宣传了，有人问着我峡局的事业怎样？我只好答他们，你们自己去看看好了。个人希望大家还是继续不断的努力，新大陆不久会发现了。

---

① 《杜少裳、何北衡之演说》，《嘉陵江日报》1931 年 9 月 3 日，无版页序号。

9 月 1 日　刘湘在卢作孚陪同下参观了北川铁路等。

9 月 2 日　刘湘游北碚缙云山和温泉公园，当晚在温泉公园商讨二十一军戍区教育计划，在场的有卢作孚、何北衡以及峡防局主管人员，与会者除刘湘外，卢作孚发表意见最多。《嘉陵江日报》载①：

> 是晚刘军长在三角池沐浴后，即假农庄商教育计划。在场者有杜少棠代表、何北衡处长及卢作孚局长与峡防局各主管人。
>
> 是晚商量时间，直到十一点多钟，还共嫌时间太短，只讨论得一种大纲。发表意见最多者，除刘军长外，为卢作孚、杜少棠、何北衡。

9 月 3 日　刘湘返回重庆。在此前后卢作孚还邀请杨森、陈鼎勋、王陵基、蓝文彬等川军将领到北碚参观，争取他们对北碚事业的支持和资助②。

9 月 5 日　民生公司收购日商川东轮船公司的长天丸，改名为民强轮③。

9 月 18 日　（一）“九一八”事变爆发。（二）卢作孚主持召开中国西部科学院院务会议，解决博物馆、动物园、公园、农林研究所等方面的具体问题④。

9 月 20 日　民生公司拟发 50 万元公司债，具体办法本日函送董事会⑤。

9 月 23 日　卢作孚在北碚发起成立东北问题研究会。

9 月 25 日　为考察重庆上游航业等，本日晨卢作孚一行人从重庆乘民治轮赴成都，在船上曾经阅读论述满铁与日本外交两者关系的《满铁外交论》，他写道⑥：

---

① 《二十一军戍区今后之教育方针》，《嘉陵江日报》1931 年 9 月 4 日。

② 卢国纪：《我的父亲卢作孚》，四川人民出版社 2003 年版，第 190 页。

③ 民生实业公司十一周年纪念刊编辑委员会编：《民生实业公司十一周年纪念刊》，中华书局 1937 年版，第 199 页。

④ 《第八次科学院院务会议录》（1931 年 9 月 18 日），重庆档案馆藏。

⑤ 民生实业公司十一周年纪念刊编辑委员会编：《民生实业公司十一周年纪念刊》，中华书局 1937 年版，第 199 页。

⑥ 《卢局长游程中寄回峡的第一封信》（1931 年 9 月 27 日），重庆档案馆藏。

船上无事，偷闲读书。书为《满铁外交论》，是说明日本外交以满铁为中心，是认为日本之于满铁交通不仅有满铁富源的问题，更有世界经济、世界政策的意义。因其路线是经过西比利亚（即西伯利亚——引者注），一直交通到欧洲的，其交通的关系是在全世界上的。

［按］船到江津时，卢作孚受人之托登岸考察了江津某公园，费时一个小时，当晚投宿长江边隶属江津的白沙镇。

9月26日　晨，卢作孚一行乘船从白沙继续上驶，在船上卢作孚曾经阅读《战后欧洲十年史》，他写道①：

今天读《战后欧洲十年史》，惊叹几个新兴国家的领导人有办法，能领导着其全国人，在现代的世界中找到办法，使其国家及国家的地位在几年中全变。

［按］当晚，卢作孚投宿川南名城泸州，并重游了十多年前曾经任职其中，现在已经改为县政府的原道尹公署和曾经在其中创办了图书馆的白塔寺，以及寺中自己创办的阅览室等，然后访曾经担任图书馆馆长的友人李肇基，未遇。回到船上后，李肇基闻讯来访，卢作孚问了泸县的情况，并与其畅谈了东北问题和嘉陵江三峡经营的问题等，一直谈到电灯熄灭。

9月27日　（一）卢作孚一行船过江安，这里是卢作孚十七八年前曾经工作过的地方，当晚到达叙府，住宿轮运办事处。（二）卢作孚致函峡局中的朋友，告知一路情形，谓②：

大家喜欢看我们的游程吗？我们在二十五日晨早匆匆起床，携带着简单的行李，跑上民生轮轮（船）。那时正围着一大棹检查的人员，拿着了不知好多张的税票在分散，在查对，在盖图章。令我们从旁无事闲着的人都看得眼睛花了，还算那棹检查人员能够分明出来，没有错路乱。他们检查票之后，检查客人，检查船舱，都已完毕，船员才招呼：这下没有事了，准备开船吧。于是我们暂时同重庆告别了。船上无事，偷闲读书。书为《满铁外交论》，是说明日本外交以

① 《卢局长游程中寄回峡的第一封信》（1931年9月27日），重庆档案馆藏。

② 同上。

满铁为中心，是认为日本之于满铁交通不仅有满铁富源的问题，更有世界经济、世界政策的意义。因其路线是经过西比利亚（即西伯利亚——引者）一直交通到欧洲的，其交通的关系是在全世界上的。过小南海望江上屹立的青葱葱岛，有石径环绕而上，庙宇掩映在丛树间，人立峰头，正同我们相望。猫儿峡北岸风景极佳，山势起伏，崖壁曲折，极多变化，过此则山间迤俪，上下都有橘树点缀，令人贪赏。船到江津，停一小时，以张致和副师长曾托着为他找一个公园管理，特别跑去看公园。园临江，帆樯即在足下，据地很好，而布置却差。也有几处亭阁和休憩的房屋，也有楹联题于门墙，也有乱花栽在路旁，抑或长有乱草。可惜张副师长此刻不在这里，而且我们也忙，不然，倒可同他商量办法。中国人做事，每每有那一回事罢了，绝不求意义之充分表现的。这是我每见一事便有的感想。峡中努力的朋友，亦应得于自己所作的事时时反省一下。宜充分的求意义之实现，不可徒有那一回事便罢了。骤在大河游历，觉得河面顿然宽广，而且愈上江岸愈低，竹树田园，村落房屋，愈亲近人。这是我们最喜欢倚栏贪看的。晚宿白沙，船停江北，只见着点点灯光，或疏或密，远在江的南岸一带。廿六晨经松溉，船特由南岸驶上，看看还困在江水中间的“民安”只露出烟囱一段，船尾一段。轮船掉回北岸，傍着人家门前门后上驶，许多人都出来看看。我们也喜欢看这许多人跑出来。中间都各含着奇异的感觉，浓厚的兴趣。每亲近一个市场，都有这样的风味。过合江后，又有一种点缀风景之物，是团团的桂圆树，或成平林，或铺山上。所过时有人立竹树之下，或锄于土间，或行于道上，竚而观望，亦或有儿童牵牛饮水于河边。有时则又野渡舟横，不见人影。沙洲几里，风吹草低。此都是我们十分留恋的风味，可惜不得同峡里的朋友共赏。今天读《战后欧洲十年史》，惊叹几个新兴国家的领导人有办法，能领导着其全国人，在现代的世界中找到办法，使其国家及国家的地位在几年中全变。晚宿泸县，上岸小河街大河街，还能认识还是十年前那个样，进东门，街道便改了，约莫二丈多宽的马路，两边有假洋楼，亦有还没长成的行道树。跑到十年前曾经在中间过了一年半生活的旧道尹公署，现在改为县政府，去访问万县崇修不遇。又跑到白塔寺中十年前建筑的图书馆去看。除进口和后面的殿宇墙面□（该字无法辨认）改而外，图书馆还在，馆外荒芜依然。用电棒从窗外照了照里面阅览室，藏书室的陈设，还是十年前的未变，当馆舍建筑完成之日，曾有碑志嵌在壁间，很想进去覆读，而找不着馆员，只好出来。访友人李肇基于其家，“不在”，一个六七岁的小孩子，活活泼泼地这样答应我，并接着我的名片。我们走了，他又追来，问住在什么地方。告诉他了，他便欢喜地答应去找他的父亲来。回到船上，不久，肇基来了。问泸县近来的事情，又谈到东北问题、三峡经营的问题，直到电灯熄了，肇基才去。今天过江安，又是十七、八年前旧游之地，认识何处是我们随时进出的北门，认识何处是我们曾经住居的庙宇，何处是中学，何处是河街，半在观望，半在想像，至饶趣味。过南溪，城在江边，又系平地，船从南岸经过，望去直如长江下游、中原的城市。三个整天了，觉得经过所见，大概都是可爱的。这大地上的人们，如何才对得住这可爱的大地？东北问题，总是时时刻刻萦绕在心里，不知这两三天的消息又是怎样的？正在草一篇文章没有完，或须两天之后，乃能寄回峡来。快到叙府了，忙着准备上岸，完结。敬祝健康！

9月28日　晨起，卢作孚访问江安城中友人，早饭后乘船继续上驶并阅读《世界工业史》。

9月29日　卢作孚一行乘船继续上驶，并游乌尤寺。

9月30日　卢作孚一行转乘汽车到达成都。

10月1日　卢作孚致函峡防局朋友，谓[①]：

前一封信写完，船到叙府了，出看江面渐狭，渐入两山之间。到两江口，水显然两色，金沙江黄，岷江灰，各随其所洗泥沙以变，可以想见两江经过的土壤乃至于岩石各异了。叙府即在两江交流处，城位于山前，船停于城下，我们到轮运办事处晤得办事处人员和护商处人员，谈上游航运甚久。晚访刘星廷处长于其公馆，商未来办法。归宿轮运处，又与民治颜经理民福宓经理，谈至深夜乃就寝。廿八晨起，往访城内诸友，觉市街已改建，却很萧条。问诸友叙府生意，以前靠金沙江上游，靠云南，山货是出口大宗，布匹是进口大宗，而今因为捐税太重，货已绝迹了。这是川省商业上一个大的变化，可惜没有统计表把它算列出来！在护商处早饭后，适民殷亦由嘉定到，遂与民殷张经理约分头开船，我们上嘉定，他们回重庆，商定便分头商船。船开后取读《世界工业状况》，亦看看风景。南岸多山，层峦叠

① 《卢局长游程中寄回峡的第二封信》（1931年10月1日），重庆档案馆藏。

嶂，由近而远，引领无尽。北岸则丘陵起伏，甚秀丽。江面常有沙洲，两岸常有烟缕，问船员，说是烧草作肥料用。船宿于柏树之下游，傍于沙洲。廿九晨起，行近月波，岸愈低，船佛市场而过，场上人物，瞥见甚明，愈觉亲切有味。沿途山都细小，亦常有平原衬在山麓，江流乱以沙洲，轮船傍岸行驶，常常引得妇孺出门相望，行人驻足，小孩相与追逐，欲同船比胜负。此后经过市场，船常行于人家门前窗下，我们凭栏游目颇有应接不暇之劳。最好看的，是天气晴朗，晨起船主即指示峨眉山影，显露于一带青山之外，问路程却有数百里。山脉绵亘甚远，而峨眉特高起。愈看，愈近，愈明，船主更为指点何处是舍身岩，何处是金顶，何处是去来路径。半在观察，半在想象，至饶趣味。船到嘉定了，船员招呼眺望，为言隐约浮在江上的便是嘉定城，右岸有山临水突起，林木丰满，名马鞍山。马鞍山外，林更深厚，是乌尤寺，更前是大佛寺。皆屹然江边。左岸平原之外，接以丘陵，亦为竹树所蒙，远则更有峨眉峰头衬在云外。江流为洲渚所分，左右逢源，水陆相间，景愈分明。嘉陵山水，自昔称美，或许应让嘉定了！我们因为明天要赶到成都，决趁天未黑尽，游乌尤寺。遂商船员在乌尤寺下解船上小划子，载我们上岸。跑步登山，路在林间，河流原野，仅有乱影在树枝叶之外。入山门，和尚殷勤相迎，请到客堂，饷以茶点，并赠以赵尧先生之碑刻拓片。相伴游览寺内外，再三留宿不得，复送出门外，派人到山下觅取渡船。因为乌尤寺山，周围都低，一当水涨，便为河所围绕，水愈大，则岸愈小，最后紧紧围到山麓，山便成为孤岛了。我们到时，山犹在围绕中，我们游大佛寺，便要渡过河流。没有渡船，只有渔船借渡。刚才这位和尚，便是乌尤寺的方丈。在这一方鼎鼎有名的传度和尚，据同人言，这位和尚很能用全力经营这座寺宇，由找钱以至于监工都一身担负，其招待人不分贵贱贫富，以之比我们缙云寺前此的和尚，有钱吃烟吃肉，绝不经营寺宇，其不招待人，亦不分贵贱贫富，智愚贤不肖之相去，真不知几千万里啊！我们渡过河后，时时回顾乌尤，想念和尚，不忍别去，复寻路绕山而登绝顶，得大佛寺。天已黑得难辨人影，遇一和尚合掌念佛，烧香寺外。入寺凭电棒横扫而观四围，以不得登东波读书楼四瞰而且怀古为恨，和尚殷勤招待休息，再三谢之而去。渡江，到轮运处商船之行期后，往城内访友人杨鲁玉君，谈甚久，仍归宿于船上。三十日午前四钟即起，开窗，夜月甚明，准备行事，杜大华同行。颜经理和几位船员，送船队长和几位士兵必须送到车站，却之未得，结队上岸。在市街行进时，我却想起今人的两句话“这时只有很清明的月光，射在冷清的街上”，古人的一句话“履声满街”，是这时景物最好不过的描写了。只恐怕大家不知道这典故，回来再讲罢！过河街，将轮运办事处的朋友闹了起来，同到车站。经了好几里长的市街才走出郊外。时时接近河边，有人说，到站了。一望门还关得很严。隔壁一家站房的人倒起来了，对门一家卖汤圆醪糟的摊子倒起来了。天犹未明，只对岸山头隐约有白云，知道那是东方了。等了好久，好容易天才大亮，又等了好久，好容易车站门才大打开，而且有汽车在叫了。争着准备上车，车出门竟驶向城那边去，说是被人包了。问站上人：没有包的车呢？他说还在夹江，等一阵会来。许多乘客，纷纷到站，有的问无着落，便坐人力车走了，有的亦同我们一样，恭而且敬（地）等着。等得太久了，又去问消息，站中人说：车由夹江开来，已一点多钟了，马上就到。又等了一点多钟又去问，站中人又摇电话问夹江，仍说是由夹江开来一点多钟了。看站上的挂钟没有响动，乃知道他们之所说时间！又等好久，果然有车两部到来，乘客纷纷抢上车去，挤得人都要扁，好在开车了，吃苦的时间有限。车出站，便穿林树中而驶，远山近水，左右桑田，历历过去恰像由浙江杭州出来的景物，煞是好看。所经多是平原，亦或绕着山转，皆青葱曲折可爱，回望峨眉，还在天际，诸峰愈延愈远，不知所届。马路间有泥淖之坑，车过则跳跃起来，抑或东驶西突，直欲爬山下崖，驾驶人还不坏，还能随时入险，随时出险。好容易跑到新津河边了，渡河换车，而车站寂然。有守卫的兵，无买票的人。问车开时间，人说以客能满车为准。望挂钟，亦是没有动作的陈列品。杜大华去再三请求，再三声明客已超过一车了，乃有人进售票房，门一开，售票的饿子外边，客便围得铁桶似的，只见无数手杆，伸向里面。争买票后又争上车，人只有一二十个，却闹得来天花地乱。乱定，车开了，所经是无尽的平地，无尽的田园村落，竹树影子重重飞过，恍若游于中原，经过双流和几个市场，而发见汉昭烈祠方知道成都到了。十月一日之夜，写这一段，到此已经是十二钟，电灯熄了。

10月4日　为搜求研究东北问题的资料，卢作孚致函天津南开大学校长张伯苓，谓①：

① 黄立人主编：《卢作孚书信集》，四川人民出版社2003年版，第262—263页。

去夏过津参观，得悉贵校有东北研究会之组织，研究中日满蒙问题。迩者东北失陷，深佩吾兄远识。而国人犹纷争离析，曷胜慨叹！敝局同人顷亦谨效步趋，作东北各种问题之研究，深苦材料难觅，拟请先将研究所得检赐一份，俾作参考，并祈介绍研究资料，以便购买。此后研究如有疑问，更盼指导。再贵校所出南开校刊，亦盼惠赠全份，借观勖业。上列各件如蒙俞允，统请赐交四川巴县北碚乡峡区图书馆查收。烦渎之处，不胜感祷。

［按］《卢作孚书信集》中该函标示的时间中无月份，根据史实判断，该函应在10月。

10月17日　卢作孚在兼善中学听取中国西部科学院总务处、博物馆、农事试验场、理化研究所、平民公园、兼善学校的报告，解决具体问题[①]。

10月20日　卢作孚为再版的《东北游记》撰写了序言，谓[②]：

我们一度游历东北，见日本人在东北之所作为，才憬然于日本人之处心积虑。才于处心积虑一句话有了深刻的解释。才知所谓东北问题者十分紧迫，国人还懵懵然未知，未谋所以应付之。一旦东北各地，没于日军，然后举国震惊，起谋救济，已太迟矣；而又况狂呼之外，仍无如何应付之计。这岂止是东北问题？实是国家根本问题。而且东北问题正由于这根本问题而起的。

有人说：日军突占东北，诚然是国家不幸的事情；然亦或许是一个好机会，足以刺激起中国人。不错，足以刺激起中国人！然而感情上的刺激，旋起旋灭，历史上因已有了不少的证明，何尝有与于国家的根本！根本有为是需要办法的，是需要整个国家的办法的，是需要深谋远虑，长时间不断的办法的。中国人的行动则往往由周围的情况所偶然刺激而起，故亦往往随情况而变迁。一切缺乏意识，更无论国家的意识，更无论深谋远虑。此则值得看一看日本人之所作为，看一看日本人在东北之所作为。

游东北时，曾从船车旅店中匆匆记其见闻所及，尤着眼于日本人，于其所谓东部内蒙古南满之经营，报告三峡中共同努力的青年，

①《第十二次科学院院务会议录》（1931年10月17日），重庆档案馆藏。

②卢作孚：《东北游记》，川江航务管理处1931年版。

盼望由此而更加努力。第一次邮寄一部分，峡局乃印成册子，以赠友人。后理其余，再印一册，亦作赠品。各地友人先后索取，或仅得前一册，或仅得后一册，每以不全为憾。然而公私交困，无钱再印，终于置之。

日军占据东北之消息传来，人皆欲知东北情形，从游记中亦或可偶得其一二；人皆欲奋起而有所作为，从游记中亦或可偶将办法之所宜择取。故商至友何北衡君再交印刷，半作赠品。所介绍者外人在中国之所经营，尤在其如何经营。此则盼望有心人浏览之余，绕室从容，反省及于自身的。

10月24日　卢作孚在兼善中学主持召开中国西部科学院院务会议，解决具体问题，包括写信给南京的朋友代买棉种[①]。

10月28日　重庆王家沱日租界正式收回，该处治安由刘湘派军警加以维持。

10月30日　民生公司购买九江轮船公司重庆太平门外码头三处。

10月31日　民生公司合并利通轮船公司的利通轮，改名为民觉轮[②]。

10月　（一）北碚街道指引牌安设完毕，同时峡防局创办民众夜课学校，由峡防局职员任教。（二）重庆上游航业整理暂告一段落，郑璧成说[③]：

本年十个月间，收并轮船至十只之多，大有将上游航业整理就序之望矣。旋上游局面变易，计划因以停顿。

（三）《东北游记》再版，卢作孚根据朋友的建议，开列了一系列有关东北问题的图书目录附于文末，在这些图书目录之前，他写道[④]：

中国人向来有两个精神：第一是遇着问题不研究，第二是遇着问题不解决。这一次东北问题予我们以很深刻的刺激，应该激起我们稍

① 《第十五次科学院院务会议录》（1931年11月7日），重庆档案馆藏。

② 佚名：《民生简史》（上），《民生实业公司简讯》第1036期，1950年7月21日，第3版。

③ 民生实业公司十一周年纪念刊编辑委员会编：《民生实业公司十一周年纪念刊》，中华书局1937年版，第86页。

④ 卢作孚：《东北游记》，川江航务管理处1931年版，目录部分第1页。

稍加以研究了。或许因加以研究而促起我们开始对着问题设法解决，这是我们非常希望的。所以这一本册子付印之后，更想对于东北问题的研究有小小的帮助，依郑君璧成的提议，袁君伯坚的搜求，将有关东北问题的书目录列在后边，供研究者的参考。研究东北问题而仅仅读书，已觉得太可怜了；最好于读书的时候，看看日本人的研究方法，然后明白东北问题之所以成为东北问题了。

［按］这一版的《东北游记》，由蒲殿俊题写书签。

11 月 7 日　卢作孚在兼善中学主持召开中国西部科学院院务会议，解决一系列具体问题[①]。

11 月 9 日　公立四川大学、成都大学、成都师范大学正式合并，成立国立四川大学，王兆荣任首任校长。

11 月 20 日　中国西部科学院召开第一次常务董事会议，李公度、任望南、杨粲三、温少鹤、刘航琛、何北衡、郑东琴、周季诲、张富安、郑璧成、汤壶峤等十一人出席，会议决定以二十一军司令部政务委员长李公度为董事长，由郑璧成起草简章[②]。之后由院务会议通过的《中国西部科学院简章》共计十五条，规定该本院以研究实用科学，辅助中国西部经济文化事业之发展为宗旨。该院总务处办理全院事务，总务处之下设生物、理化、农林、地质研究所，并附设博物馆、图书馆、兼善学校[③]。

［按］李公度（1877—1934），名大钧，资阳大佛乡人。清宣统时署理奉天公主岭外交司，进入民国，曾任热河省政务厅长、川康善后督办公署秘书长、四川省长公署政务处等职，1926 年 12 月任国民革命军第二十一军军部政务处长。

11 月 28 日　黄炎培在上海为辽宁窑磁公司总经理杜重远及辽宁本溪湖煤铁公司科长杨治平到重庆等地考察送行[④]，杜重远先到重庆也由黄炎培为之介绍。

［按］杜重远（1898—1944），吉林省怀德县人，1917 年到日本留学，1923 年归国，创办东北肇新窑业公司，1927 年担任奉天省总商会副

① 《第十二次科学院院务会议录》（1931 年 10 月 17 日），重庆档案馆藏。

② 《第十九次科学院院务会议录》（1931 年 12 月 5 日），重庆档案馆藏。

③ 《中国西部科学院简章》，重庆档案馆藏。

④ 中国社会科学院近代史研究所整理：《黄炎培日记》第 4 卷，华文出版社 2008 年版，第 41 页。

会长，1944年在新疆被盛世才杀害。

11月29日　民生公司制定并发布轮船上各部人员服务须知[1]。

11月　（一）峡防局在北碚缙云路成立峡区民众教育办事处，该办事处以办理民众教育，推行社会运动为宗旨。办事处成立后，先后兴办了民众学校、民众俱乐部、民众会场、民众问事处、民众职业介绍所等机构，举办了露天教育、挨户教育、识字运动等活动，有力地推动了峡区的乡村建设运动。曾到北碚考察的李涛有如下记述[2]：

> 峡区民众教育办事处——在北碚市缙云路东，民国二十年一月（原文如此）正式成立。组织：设主任一人，服务员二人，所有民众教师由各事业人员分别担任。经常费全年六百元。所做事业：1. 民众问事处，代人写信、念信、赠信笺信封，帮助解答一切疑难，并写新闻简报及接洽参观旅客。2. 各种学校，先后办有民众夜课学校十余所，分设于北碚、东阳镇、白庙子及夏溪口等地。此外办有妇女职业班、三峡厂工人学校、女子音乐班、船夫学校及力夫学校等。3. 职业介绍所。4. 民众会场，将旧时禹庙改修，有剧台、座次、围墙，暑天移设露天娱乐场。备有旧式幻灯一部，新式德国幻灯机一部，无线电收音机一部，能收南京、广州、天津、北平、哈尔滨、日本、海参崴各地新闻、音乐。每星期日会场开放，有新剧、川剧、幻灯、电影各项表演。并联络各机关人员讲演常识，报告时事，介绍智识。此外有民众俱乐部，设有中西各种乐器及挂图照片。5. 书报阅览室，假北碚河边趸船上设立书报阅览室，由西部科学院供给图书。6. 挨户教育，将北碚全市划分三区，以四个月完成一区，使全市民众皆能识字、写信、记账。第一区有学园路、公园路、东山路，毕业生七十人；第二区为西山路、歇马路、毕业生五十四人，尚有第三、四区限今年底完成。7. 扩大教育，联络各特务队、博物馆、图书馆、地方医院、学校、银行、工厂、趸船等处，随时在与民众发生关系之机会，施行一种教育。每年几个季节，北碚各事业机关开放，欢迎民众参观时，尤注意施行教育。除此之外，该处又作了几个运动：1. 是现代生活的运动，有三种重要的材料：（1）是新知识的广播；

---

① 民生实业公司十一周年纪念刊编辑委员会编：《民生实业公司十一周年纪念刊》，中华书局1937年版，第199页。

② 李涛：《四川北碚的乡村建设事业》，《教育与民众》第7卷第6期。

（2）新闻的广播；（3）生活常识的介绍。2. 是识字的运动，布置一个识字的环境，促起民众感觉识字的需要和兴趣。3. 是职业的运动，办到普通民众都有职业，从他们的实际（需要）上增加各种副业。4. 是社会工作的运动，利用人们工余的时间，做社会的工作。以上各种工作，据说民众们已由反对变为同情，进尔协助，更要求扩大建设矣。

（二）刘湘进攻盘踞成都的刘文辉，川军李家罗泽洲、田颂尧等部也乘机进攻刘文辉，大大压缩了刘文辉的防区①。

12 月 5 日　卢作孚在兼善中学主持召开中国西部科学院院务第十九次院务会议，首先报告科学院经费诸问题，如民生公司停止向科学院借款，科学院借款办法及一切手续照银行办法和手续；最近将筹到一笔捐助款项，每月 2000 元，拟以其中八个月所得清偿民生公司一万元积债，以八千元作理化研究所及生物研究所设备费。其次是报告科学院董事会正式成立②。董事会由何北衡、郑东琴、周季诲、张富安、任望南、张茂芹、康心如、汤壶峤、郑璧成、杨粲三、温少鹤、刘航琛等十二人为常务董事，以二十一军司令部政务委员长李公度为董事长③。至此，中国西部科学院组织逐渐健全④。

12 月 5 日　黄炎培从上海人文社“讯卢作孚”⑤。

12 月 6 日　黄炎培从上海一报馆“讯卢作孚”⑥。

12 月 11 日　杜重远及杨治平于晚上抵达重庆，杜重远由于感冒，此后休息了几天。

12 月 15 日　下午杜重远在巴县教育局，为巴县公立各校校长及教职员 100 多人作了讲演。这是杜重远此行到重庆的第一次讲演，杜重远此次考察中，先后在四川、湖北、湖南、江西、安徽等五省十个城市作了六十场讲演，直到次年 3 月 7 日考察才结束。

---

① 吴晋航、邓汉祥、何北衡：《四川军阀的防区制、派系和长期混战纪略》，《文史资料选辑》（全国）第 10 辑，中华书局 1981 年版，第 50—51 页。

② 《第十九次科学院院务会议录》（1931 年 12 月 5 日），重庆档案馆藏。

③ 《西部科学院成立董事会》，《商务日报》1931 年 12 月 16 日，第 6 版。

④ 《江巴璧合特组峡防团务事业进程一览》，峡防局 1934 年刊，北碚图书馆藏。

⑤ 中国社会科学院近代史研究所整理：《黄炎培日记》第 4 卷，华文出版社 2008 年版，第 43 页。

⑥ 同上。

12月22日　卢作孚就峡防局事致函黄子裳等，谓[①]：

峡中事业所以训练人才者，最缺乏在志趣，自领导人起即不注意提起远大抱负，不注意提起青年之远大抱负，故事业意义在事业中之人员亦不明了，极易陷于无聊与随便之景象，一切活动缺乏锻炼之精神，尤其缺乏作未来事业预备之意味。此不得不望孚注意设法者也，尤不得不望两兄两弟助熊局长设法者也。三峡染织厂必须扶助，促其有利。其有人与事皆冲突之家庭合作社，应以劝该社人员彻底与工厂合作。缪成之诚固执，但究非为己，如商不得结果，则宁劝各人牺牲小己以利大群。盖最成问题者即为刘志成与孙止戈也。不商得工厂同意而用工厂中人，此为上海同业所禁，他国人更重视此道德。今峡中同人行动如彼，不得不令孚叹息志趣之太差也！黄读周或须让与三峡厂调到重庆任会计，总务股即减少一人。此日重庆售货处需要之会计无法从重庆觅人，故必须商峡局也。如办不到，希速电话上告知。峡渝间电话因千厮门烧房子，线断，杆子亦倒数根，盼望速派人来修复，免误事务。杨粲三、康心如携全家游温泉，可派员往欢迎其到北碚一游。如到北碚，可以纯豆花饭招待之。峡局各机关经过之材料，盼望搜集，拟从事编辑，当为有价值之出版物也。

12月24日　杜重远写信给上海《生活》周刊主编邹韬奋，谈到卢作孚并大加称赞，谓[②]：

弟此次到重庆，获晤卢作孚先生。卢公实川中之人杰也。六年前即见到重庆之商业空虚，经济可危，乃号召同志，组织一民生公司，造有轮船十四只，为挽回长江的航权；附设机器厂一处，为修理轮船之用；并为便利重埠商民计，设电灯及自来水厂。公司成立之始，资金不足五十万元，今加以公积金及历年摊提，几近原额之二倍。经营之善，川中共称。复于民国十七年组办北川公司，铺设轻便铁路，为采煤之用，今亦成绩斐然。重庆之西一百廿里处，有北碚镇者，该处背山面水，地势险恶，居民蛮野，时出掠夺。民十六［年］卢公兼任该地峡防局长，悉心治理，化险为夷，首练军队二百人，除剿匪外，

---

① 黄立人主编：《卢作孚书信集》，四川人民出版社2003年版，第261—262页。

② 杜重远：《从上海到重庆》，《狱中杂感》，生活书店1937年版，第184—187页。

兼任警察职务，近因匪患已除，以军队修道路，兼作竣河工作。设实用小学一处，以兴教育；设民众学校三处，以奖励平民识字；设民众俱乐部一处，每日有演讲，并附以电影，提倡民众正当娱乐；设图书馆，引起民众读书兴趣；设地方医院，每年施布种痘约两万余人；设公共体育场，劝导民众注意体育；设乡村电话局，以利交通。此外更以五万资金倡办染织工厂一处，每月可织布一千二百匹，袜子二百打，并附设缝纫工厂与石印厂在内。以上种种设施，虽粗具规模，均卓有成效，而经费一项，每年不过八万元，由过往船捐项下扣用。以有限的经费，办许多的事业，卢公之精神毅力，有足称焉。此外又向各方捐款，以四万元建设温泉公园，及中国西部科学院，研究生物及地质两科。该院复设有农场、博物馆及动物园，并设兼善中学一处，组织义勇队二十名，每岁到川康各地游行，为采集科学标本之助。复另集资金二万元，办农村银行，内设消费合作社，专为以上种种机关服务。此外有嘉陵江小报，为传达各种信息。最令人惊异者，以上种种机关皆为卢公训练出来之二十岁左右青年所经理，弟皆亲自访览，不胜敬佩。北碚面积纵横一百二十里，昔称野蛮之地，今变文化之乡，以一人之力，不数年间而经营如此，孰谓中国事业之难办？党国诸公对此作何感想？卢公年四十许，思想缜密，眼光敏锐，处事勤勉，持身简约，虽时至今日，仍短服布衣，出门向不用车辆，至彼在北碚二十年内之计划（今已四年），即充实内容，深入社会，以全力建设经济基础。弟之来川，以得晤卢公为平生第一快事。由卢公介绍何北衡及汤壶峤诸君，皆孜孜于事业，与卢公共策进行。皆是重庆之中坚人物。其它青年同志，由卢公介绍者亦复不少，兹以人多，不及备载。

［按］卢作孚陪同杜重远参观并在北碚发表了抗日演讲，还向他介绍了何北衡、汤壶峤等重庆工商界人物。对于“九一八”后全国上下的激愤情绪，卢作孚也向杜重远讲了自己的看法，即国人对于国难问题因未想出应付办法，故尽量激愤，若想定个人应行途径，即循序进行，埋头工作，绝不如现在之徒事喧嚣也。杜重远对卢作孚的看法深表赞成，经过接触、交谈和在北碚的参观，杜重远发现卢作孚“思想缜密，眼光敏锐，处事勤勉，持身俭约”，两人从此引为知己。邹韬奋（1895—1944），原名邹恩润，江西省余江县人，生于福建永安。1919 年由南洋公学上院机电工程科转入上海圣约翰大学文科，著名政论家、出版家。邹韬奋从 1927 年 10 月接替王志莘任中华职业教育社机关刊物《生活》周刊主编。

12 月 25 日 民生公司事务所旬会议决：各轮西崽，全部取消，另派小工充任①。

冬 （一）从 1929 年秋到本年冬，民生公司先后合并长江、福川、九江、通江、青江、岷江等川江轮船公司，增设合川自来水厂，扩充民生机械厂，对北川铁路公司的投资扩大为五万元，“此为公司事业经营之第三期”②。（二）民生公司开始筹划重庆下游川江航业的整理。资料载③：

> 自民国二十年冬季枯水季节起，民生公司即将民治、民福、民安三轮调至重庆下游，参加渝宜航行。时重庆下游航业，亦因盲目竞争关系，衰落不减上游，民生公司乃进一步作整理渝宜航线之准备。自二十一年四月起，首先接收长宁公司之长宁小轮（后改民宁），次接收涪丰公司之涪丰（即老民康），收买蜀平公司之涪顺（即民主），接收永生公司之永年（后改民俗）、川江公司之蜀亨（即民贵），九月收购英船皮拖谦号，以其机器托上海江南厂建造渝申大轮民族，又接收万安（即民宪）。以后六轮皆渝宜段五百吨以上轮船，民族、民贵、民俗并大至九百余吨，枯水可航宜申，亦有直航渝申者。连同租用之南通、昭通二轮，是时民生公司共有大小轮船二十二只，且有经常航行长江中下游之大轮，其总吨数亦增至七千二百吨，大于去年（1930 年）三倍余，大于创设时百倍有几矣。

12 月 29 日 民生公司事务所通报：从明年一月起，每次旬会，各轮船主脑人及民生机器厂经理，均须按时到事务所开会。每一部问题解决后，该部职工即行离去④。由此确定了民生高层的旬会制度。

本年 （一）对民生公司而言，本年是一个极为重要的年头。用高价合并的方法，民生公司经过不到一年时间，合并了重庆上游的九江、通江、协江、锦江、定远、川东、利通等七个轮船公司，接收了十一只轮

---

① 《民生实业公司大事记》，《新世界》第 65 期，1935 年 3 月 1 日，第 92 页；民生实业公司十一周年纪念刊编辑委员会编：《民生实业公司十一周年纪念刊》，中华书局 1937 年版，第 199 页。

② 卢作孚：《本公司历练营业进展概述》，《新世界》第 20 期，1933 年 4 月 16 日，第 47 页。

③ 《民生公司在长江》，《新世界》1945 年 11 月号，1945 年 5 月 15 日，第 7 页。

④ 《民生实业公司大事记》，《新世界》第 65 期，1935 年 3 月 1 日，第 92 页；民生实业公司十一周年纪念刊编辑委员会编：《民生实业公司十一周年纪念刊》，中华书局 1937 年版，第 199 页。

船，使民生公司的轮船增加到十四只，航线延展到重庆以下四川省外的宜昌①。伴随巨大成功而来的，是当时社会上认为民生公司是靠二十一军的力量发展起来的，尤其是重庆上游航线所在的刘文辉防区，发生比较严重的问题，长期困扰公司发展②。1938 年 10 月卢作孚说③：

> 民生公司在十九年仅有轮船三只，到二十年就增至十四只了。当时发生一些误会，说民生公司是藉二十一军的力量发展起来的，因此上游航线发生了一些障碍，这种误会直至二三月前始告解决。

重庆上游航业得到初步整理后，卢作孚还力图整理重庆下游航业，但是遇到公司内部的强大阻力而未果。卢作孚后来忆及此事时说④：

> 当时想对下游轮船加以处理，谁意本公司同事就迟疑起来，因为要接收下游轮船，需要的钱，至少也得超过民生公司资本的五倍。更以当时要收买的船，无论如何，我总是主张不要惜钱，他要多少，我就给他多少，我的意思是在轮船收买以后的利益，至少比没有收买的为多。可是因为迟疑的关系，本来两三个月可以解决的，也拖至数年始解决下去。还有其它公司的川江船只，也曾愿意出售。后来因为看见川省各方面都在进步，他们此种拟议，遂也未能实现。否则现在川江航运，恐怕更不止如现在的情况。因为建筑成渝铁路，有十万吨材料，我也有新造船只的计划，预算把十万吨材料三年运完。大家以为太危险，仍是迟疑，致新船只未能成功。

（二）民生公司发起北碚富源水电厂，拟利用巴县歇马乡高坑岩瀑布发电，送北碚及北川铁路使用，但由于川北局势动荡，工程长时间难以开工⑤。

---

① 《民生公司在长江》，《新世界》1945 年 11 月号，1945 年 11 月 15 日，第 8 页。

② 卢作孚：《我总是希望大家继续为国家为公司努力》，《新世界》第 13 卷第 2、3、4 期合刊，1938 年 10 月 31 日。

③ 卢作孚：《我总是希望大家为国家为公司努力》，《新世界》第 13 卷第 2、3、4 期合刊，1938 年 10 月 31 日，第 12 页。

④ 同上书，第 12 页。

⑤ 黄子裳、刘选青：《嘉陵江三峡乡村十年来之经济建设》，《北碚月刊》第 1 卷第 5 期，1937 年 1 月 1 日，第 31 页。

1932年（民国二十一年）39岁

1月2日　卢作孚出席中国西部科学院召开的院务会议，会议由刘雨若主持[①]。

1月8日　为请免长江沿河工程捐税，本日卢作孚呈文重庆市政府[②]：

> 窃本公司，所有轮船航行泸叙、渝涪、渝合各航线，按月行驶，俱应遵钧府规定，向财政局纳缴沿河工程捐在案。惟因冬季河水枯涸，营业不旺，兼之每年冬季，应行修理。现在本公司民享轮船，已于十一月内停驶，又值赶修理时间，未可营业。民强轮船，受载过重，大约行驶，又极迟滞。每月停止多而行驶少，大都别轮发生病状，修理时偶以暂填一轮水，以致各航线营业情形，均属萧条。此两轮一系修理期中，一系偶而填班。特呈请钧府自去年十二月起，恳免缴纳沿河工程捐。

1月10日　重庆民生公司事务所召开本年第一次旬会，到渝各轮船员、民生厂经理与事务所各级职员到会[③]。

1月16日　民生公司事务所制定旬会细则，规定：事务所及各部分每十日须开会一次，航行渝宜航线的轮船每轮水须开会一次。轮船抵渝若未遇会期，须补开会议[④]。

1月28日　淞沪抗战爆发，国民党政府的对日政策由不抵抗转变为

---

① 《第二十三次科学院院务会议录》（1932年1月2日），重庆档案馆藏。

② 《民生公司请免捐税》，《星槎》第82期，1932年1月9日，第11页。

③ 《民生实业公司大事记》，《新世界》第65期，1935年3月1日，第92页；民生实业公司十一周年纪念刊编辑委员会编：《民生实业公司十一周年纪念刊》，中华书局1937年版，第200页。

④ 《民生实业公司大事记》，《新世界》第65期，1935年3月1日，第92页。

“一面积极抵抗，一面准备交涉”。

1月30日　卢作孚在兼善中学主持召开科学院第二十七次院务会议，指出科学院经费困难原因主要有二：一是由于临时费多以至经常费支拙；二是“因东北事件，重庆各金融机关吃紧，以至对本院经费亦少供给。”①

1月　（一）卢作孚聘张博和为中国西部科学院总务主任兼兼善中学校长。（二）实用小学并入兼善学校，为小学部②。

2月9日　上午10时，航行渝合线的平福汽船在合川草街子虬门滩尾沉没，近百人遇难，其中有峡防局送船队长刘蜀鹃和手枪队兵士周自钧、谢云武、马胜清等四人③。

2月10日　1930年冬开工建筑的民生公司合川自来水厂，经一年多的建设，正式建成。资料载④：

> （民生公司）总理卢作孚君，偕合组考察团诸君历东北而平，而沪，溯长江返川，携自来水管及机器归，是为创办自来水厂之始。是年冬，就新堤外河岸凿沟，是年购公司附近夏姓地皮，建筑水池，鸠工者为工程师刘德经，曾参观重庆自来水池建筑工程，复得建筑工程师税西恒之助，越年而池成，计沉淀池二，滤水池三，澄清池一，设售水处于县城梓桥街。开幕时为民二十一年二月十一日，每挑定价铜元五十文。初仅日售水数百挑，渐至千余挑。视天气之和燥，而定销数之多寡。五月十日，改定每挑铜元一百文。继设售水处于黑龙池。至今两处，日售水二千余挑。此自来水史略也。

2月12日　卢作孚主持召开科学院院务会议。

2月16日　卢作孚在峡防局演说任局长五年来的经过，报道说⑤：

> 二月十六日是江巴壁合特组峡防团务局成立后改革开始的纪念日，该局从民国十五年起始改革的，计算到今届满五年了。该局初成

① 《第二十七次科学院院务会议录》（1932年1月2日），重庆档案馆藏。

② 《江巴璧合特组峡防团务事业进程一览》，峡防局1934年刊，北碚图书馆藏。

③ 《平福汽船在虬门滩沉没》，《嘉陵江日报》1932年2月21日。

④ 陈雨生：《电灯自来水厂史略》，《新世界》第1期，1932年7月12日，第16页。

⑤ 《峡防局革新以来满五年了——二月十六日卢作孚在峡局演说五年来的经过》，《嘉陵江日报》1932年2月17日。

立时，一切幼稚得十分可怜，革新以后一切的进行，战胜困难多多。如在庙嘴的峡局局址，原来是一座烂庙（文昌宫），近来作会议厅办公室的地方，原来都是菩萨的地盘，里面堆了些瓦片碎渣，污秽肮脏的情况，与普通破庙一般无二。在成立峡局后，卢作孚未长峡局以前，那时峡局并无办公室，如今在峡局总务股当主任的赵仲舒和在该股服务的熊春浓，当时只在碉楼上办公。峡局那时工作上活动范围之不大，可以想见。

至于那时峡局的兵，操练犹且说不上，因操场根本就没有，及卢作孚接长峡局，初仅仅在离峡局很远的河边地方池谷凼去平了个操场来操练操练，继后才费了不少的力气，多方接洽、会商，由借用地土而渐至办到长租，在于今的北碚市东端辟出了公共体育场，由小而扩充，渐辟渐大，既便训练士兵，后又训练学生一队及二队，直延到今，除兵仍在体育场操练外，峡局各机关职员及兼善校学生，与新并入兼校原叫实用小学的学生，都朝朝日日在该体育场运动了。以此体育场的范围在乡场地方，每年尚由峡局共出租金百余元，土地价格不可谓不高了，而峡局为了事业的前途，不欲任工作人员有堕落的机会，故该局自觉不得不出此。

至说改修街道，碚市原有一个地方名叫九口缸，因为有九口屎尿缸子，故而得名。这东西就只一口，也已臭得不了，何况九口！该局首先设法解决，算除去了市政卫生上消极方面的一重障碍。接着为全市打算，开头不便公布计划，恐怕有如石器时代的人，忽然见着一人发明了铁器，大家抢住他的铁器，把他杀死，才设法先于已租定的房子，即现在的消费合作社发起，改修起来，把房檐退进去，把街心让宽来，然后劝左邻右舍向我看齐，由这条街渐及别条街。最滑稽的是：一条街里有坚决不肯改修房子的，初向他劝说了不生效，便暂时不管了，后来等别家都改修完了，独独剩他一家人的房子还长伸伸地露出在街心，这时他才自觉一家人不改修房子是不美观的，自愿照样改修。这时有人向他开玩笑说，你这房何必改修呢，他才面红耳热地说，你也太开玩笑了，你们的房都改修完了，怎么却叫我不改修呢，这样情形等于他不吃敬酒愿吃罚酒一般，岂不滑稽可笑吗！

至于温泉公园，原只一座烂庙，毫无布置。那时温泉水可洗澡处，一处就是现在的三角池地方，一处就是大佛殿外的一个浅池，那时澡堂既没有房子的建筑，也没有坐落，更没有挂衣服的地方，池子外边是土坎，脱下的衣服，只放在石头上就入池，池里使人泥手泥脚，当然比现在相差天渊。

又如温泉马路，谁不说还相当的艺术呢！其实此项建筑费还是王方舟捐的六百块钱。又如农庄那座洋楼的地基，原来是纸厂凼凼，起名叫农庄的农字，是有意义的，因这座洋楼是陈书农捐的款修的。据云劝陈书农捐款时，初只说大概只用得到千把块钱，先请拨来了五百块，再请拨。已拨足了一千块不够，请添又拨来五百块，又不够，又请拨，结果陈捐助了三千块建筑费。又如民生公司捐款修磬室，及去年鲜特生等捐款修数帆楼，郑东琴捐款修“琴楼”，廿年尾汉藏教理院出资修该园山腰马路工程，都是逐渐点缀上去的，当初毫无一点基础，说干就找人，找着邓少琴先生负责干去。——一当初为这公园曾出了一种募捐册，册上著有游记式的募捐启事，四川各军、师、旅长出有名义代为募捐，实际上军、师、旅长捐款的也多，故有今日相当的建筑成绩。

2月20日　《嘉陵江日报》刊载《卢作孚吊刘蜀鹃等哀辞》，悼念9月10日海损中遇难的四名官兵。哀辞谓[①]：

吾笔欲下吾泪与俱，事变之来殆入梦幻。方吾在渝伏案草对日之文，赵仲舒忽以电话告长宁覆于草街子，刘蜀鹃及手枪兵三名殉，吾惊愕不知所为。置听筒，并从另一电话机告航务处，则谓长宁固在渝。吾信船沉没当非虚，再以电话问仲舒，谓系平福，死达百人。呜呼！死达百人，背恸此间，损失之巨，乃在国家前途，岂可以数目计。亟嘱峡局加派人往。人不可救，必得蜀鹃及手枪兵三人者之躯体，将相与抚之而痛哭也！

世人为急而嫉人，乃至为己而蠹社会。独兹北碚，集有青年，专为人群。盖曾岁为城市乡村调查户口，岁为中外学术机关采集生物，岁为救护小孩种痘上万，乃至为地方除匪，为一切事业宣力，为一切人服役，为国家问题而读书，凡有为社会努力之机会必努力，有助人之机会必助人。蜀鹃于役其间，沉着勇迈，以当前锋。吃尽人间一切痛苦，冒尽人间一切陷巇，历尽□□，曷堪回溯！

北碚士兵不满三百，足迹穷于峡境。以言治安，江上巡逻，山中搜索，为求人宁，乃无宁日。以言交通，敷设电话，□□□□，植杆

① 《卢作孚吊刘蜀鹃等哀辞》，《嘉陵江日报》1932年2月20日。

挂线，迄于完成；江流湍疾，岁为浚除，船为匪觊，慨任护运。温泉北碚，两有公园，锄土砌石、筑路莳花，游人所赏，泰半士兵为之，手枪兵者，其间精英，曷堪耗损！

民国积廿一年之混乱，吾辈乃暂作探险之尖兵，为觅国家一线之生机，乃有此青年，有此士兵。溯其所以为人群竭力者，端在皆有可歌可哭之行动，而况竟为人群而死！安得不令吾人悲恸！安得不令吾人为中华民国前途悲恸！

愿吾人勇气，绝不因此而阻，前仆后继，乃为吾辈精神。中华民国生路未得，吾辈前进，惟有加疾。为对死者英灵，乃愈提高吾辈勇气。人皆怕死，惟吾一群忘其死，庶几中华民国生机在此，特此志事，以悼吾少年义勇队员刘蜀鹃，手枪兵周子君、谢云五、马胜清。

2月28日　民生公司假座重庆陕西街青年会举行第七届股东大会，出席股东170人，通过发行50万元公司债案、修改公司章程、增加董事两人监察一人案。选举结果，郑东琴、赵百福、何北衡、黄云龙、李佐成、石荣廷、杨伯皋、连雅各、耿布诚等九人当选为董事。赵资生、王渭若、王辅廷、周纯青、周尚琼等五人当选为监察，并推郑东琴为董事长①。

3月1日　伪满洲国正式成立，以长春为新京。南京国民政府不承认伪满洲国，并向日本提出强烈抗议。

3月中旬　卢作孚开始筹划将火焰山一带开辟公园，为此首先在此地种树。史料载②：

体育场之左侧山坡，原系东岳庙旧地，因住持乏人，庙宇失修，竟成荒废，峡防局以该地地势高敞，风景绝佳，于此培植森林，不但可以点缀风景，尤可布置公园，特于是处相度地势，审查土质，开辟道路，筑坛作室，以为园庭之准备，选造风景林，植有落叶松一千五百株及三角枫一千株，次于沿路及隙地，植法国梧桐、白杨、青杨、洋槐、合欢、铁树、西湖柳、棕竹、龙爪柳、冬青、杨柳、四季柑、

① 民生实业公司十一周年纪念刊编辑委员会编：《民生实业公司十一周年纪念刊》，中华书局1937年版，第201页。

② 黄子裳、刘选青：《嘉陵江三峡乡村十年来之经济建设》，《北碚月刊》第1卷第5期，1937年1月1日，第23—24页。

桃、李、梅、杏、石榴、桂花、夹竹桃、紫薇、紫荆、海棠、玉兰、木笔、芙蓉等，各就所宜，栽植各树，共计二万四千株。观叶、观花、观果，无不曲尽其妙。或红或紫或绿，举皆表现特别风趣，以成为今日之博物馆及平民公园之大观。

3月18日　卢作孚收到定县中华平民教育促进会汤茂如公发函一份，谓[①]：

敝会全部工作未移定县以前，先有社会调查、农业科学、农民教育三项工作，除社会调查、农业科学将来另有专刊报告外，特先编印《定县农民教育》一书报告民国十五年十月至十九年六月之教育工作，用备敝会今后努力教育工作之参考。兹奉上一册，尚望不吝指教、赐予批评，至为感纫。

3月下旬　刘湘派范绍增东下抗日，因不久签定淞沪停战协议，范部抵达宜昌后参加了对红军的“围剿”。

3月29日　卢作孚为峡防局暂停加薪事致函熊明甫等人，谓[②]：

查峡局收入日减，而支出日多，殊非所以持久之计，应即力谋紧缩。所以有前此审定之加薪办法应暂缓执行，希召集全体会议宣布之。吾辈一切应以事业之存在为前提。科学院与三峡厂负债已深，偿还无计，如峡局再负债，则真可使全部事业坍台矣。吾辈生活艰难亟应设法，但当事业更艰难时，吾辈应当有生活上之忍耐，且尤当积极前进，求得事业上特异之成绩，以解决经费上困难之问题。

4月3日　民生公司合并长宁轮船公司的长宁小轮，改名为民宁轮[③]。民生公司整顿宜渝间航业的序幕由此拉开。

4月22日　民生公司合并涪丰公司的涪丰轮，改名为民康轮[④]。

---

① 《汤茂如致卢作孚函》（1932年3月18日），重庆档案馆藏。

② 《卢作孚致熊明甫等函》（1932年3月29日），见黄立人主编《卢作孚书信集》，四川人民出版社2003年11月，第264页。

③ 佚名：《民生简史》（上），《民生实业公司简讯》第1036期，1950年7月21日，第3版。

④ 同上。

4月24日　民生公司收购接收蜀平公司的福明轮、囤船各一只，驳船八只，其中福明轮改名为民主轮[①]。

4月26日　民生公司接收蜀平公司罗代办所租用川江公司的蜀亨轮及其附件，从川江公司继续转租[②]。

4月30日　卢作孚、熊明甫为治安事致北碚缙云山中国佛学苑汉藏教理院超一法师和舜田等，谓[③]：

> 派队护卫缙云一事，顷一中队驻扎八角池运树，约可在山上住十余日，日前治安，似可无虞。惟来日方长，须筹一妥善方法。拟调白云寺练队十名，夜间开住寺内，防范匪徒。白日则各回原处，各理各事。此外更由局随时调队上山巡查，以期周密。但白云练队可否由缙云稍予津贴。每人给一角，月约卅元。作灯油、草鞋、夜餐等之补助。如何？即希赐复。以便决定为盼。此颂时祉！

5月1日　（一）宜昌分公司成立，代办处取消[④]，李肇基为分公司经理。（二）汉藏教理院为治安事复函卢作孚、熊明甫，谓[⑤]：

> 顷奉大札，敬悉一事。关于敝院治安办法，筹划周详，无任铭感。以后自五月份起，即由敝院按月贴白云练队洋三十元。其它详细办法，仍希详示来人为荷。专此肃复，即颂崇安！

5月6日　民生公司成立汉口办事处[⑥]，李龙章任该办事处经理。

5月7日　卢作孚为中国西部科学院征求标本一事致函蔡元培，请其

---

① 民生实业公司十一周年纪念刊编辑委员会编：《民生实业公司十一周年纪念刊》，中华书局1937年版，第201页。

② 同上书，第202页。

③ 世界佛学苑汉藏教理院编：《世界佛学苑汉藏教理院开学纪念特刊》，世界佛学苑汉藏教理院1932年12月刊，第70页。

④ 民生实业公司十一周年纪念刊编辑委员会编：《民生实业公司十一周年纪念刊》，中华书局1937年版，第200页。

⑤ 世界佛学苑汉藏教理院编：《世界佛学苑汉藏教理院开学纪念特刊》，世界佛学苑汉藏教理院1932年12月刊，第70页。

⑥ 民生实业公司十一周年纪念刊编辑委员会编：《民生实业公司十一周年纪念刊》，中华书局1937年版，第200页。

帮助介绍，以便与江苏省立吴淞水产学校、南京中央大学医学院、江苏昆虫局、浙江昆虫局、浙江博物院等单位的负责人联系。同月蔡元培接信后给中央大学医学院等处发函作了介绍和联系[①]。

5月8日　卢作孚到上海订购沪渝直航船，投资者甚为踊跃。《嘉陵江日报》载[②]：

> 民生公司于航业之推进计划，由上海至嘉定一千又八百海里之航线，均在经营计划中，投资家因鉴于该公司经营成绩之佳，故极踊跃投资。卢作孚现为订购沪渝直航船到上海，银行界也多愿意借款云。

5月9日　王佐才在上海功德林宴请黄炎培和卢作孚等人，黄炎培与卢作孚畅谈[③]。

5月12日　与范旭东、陈调甫等人参观完上海康元印刷制罐厂后，卢作孚与范旭东等人共同为上海康元印刷制罐厂题词[④]：

> 草草参观，深感觉厂中布满科学的精神。于计划、于整理、于材料、于工作、于工人生活之各方面，皆有完密的布置、充实的训练。寓教育于工作，令人向往之至。

［按］范旭东（1883—1945），湖南湘阴县人，著名实业家，中国化学工业的开拓者。

5月13日　上海地方维持会举行大会，黄炎培请卢作孚演讲并通过救国捐用途案[⑤]。

5月14日　夜，上海华社功德林聚餐，黄炎培请卢作孚讲四川状况[⑥]。

5月26日　民生公司董事会通过民生公司事务所组织大纲，事务所

---

① 高平书等编注：《蔡元培书信集》（下），浙江教育出版社2000年版，第1409页。

② 《踊跃投资于民生公司》，《嘉陵江日报》1932年5月8日。

③ 中国社会科学院近代史研究所整理：《黄炎培日记》第4卷，华文出版社2008年版，第80页。

④ 康元印刷制罐厂编：《康元印刷制罐厂十周纪念刊》康元印刷制罐厂1933年印，第91页。

⑤ 中国社会科学院近代史研究所整理：《黄炎培日记》第4卷，华文出版社2008年版，第81页。

⑥ 同上。

分总务、船务、会计、运输四处，事务所改称总公司，从 1933 年 1 月 10 日开始实行[①]。

5 月　（一）合川民生公司电灯部正式改名为合川电水厂[②]。（二）民生公司在汉口设立办事处。（三）峡区图书馆、三峡染织工厂并入中国西部科学院[③]。

6 月 1 日　（一）民生公司事务所举行第一次主干会议，议定以后每星期三开会一次[④]。民生公司的主干会对于公司总经理和董事会决定重大问题和指挥全局具有重要的作用。（二）民生机器厂经理改称厂长，合川电灯部改称合川电灯自来水厂，经理名称也改为厂长[⑤]。

6 月 2 日　民生公司民主轮直航上海并取得成功，公司航线延伸到长江中下游的汉口、南京、上海[⑥]。

6 月 10 日　卢作孚主持民生公司旬会。本次旬会有两个内容，一是由民安轮经理蒙华章和民生机器厂厂长陶建中等报告 10 日内有价值的事件，二是讨论公司各轮船燃料问题[⑦]。

6 月 19 日　卢作孚在上海为即将创刊的《新世界》半月刊撰写了发刊词《我们为什么创办这小小的半月刊?》，谓[⑧]：

> 我们盼望中国人，尤其是我们事业中间的朋友，认清楚我们今天所处的世界，不是向来的世界，是变化得非常之厉害的世界。向来我们是以华夏为天下，我们所感觉的世界之大，不过是我们中国加上四围多少有关系的蛮荒。这世界里的人们非常幸福，只须要天下无事，便可以各自乐业安居。要在市集中才找得着热闹的人群，要在年节庆

---

① 民生实业公司十一周年纪念刊编辑委员会编：《民生实业公司十一周年纪念刊》，中华书局 1937 年版，第 200 页。

② 陈雨生：《电灯自来水厂史略》，《新世界》第 1 期，1932 年 7 月 12 日，第 18 页。

③《江巴璧合特组峡防团务事业进程一览》，峡防局 1934 年刊，北碚图书馆藏。

④《民生实业公司大事记》，《新世界》第 65 期，1935 年 3 月 1 日，第 93 页。

⑤ 民生实业公司十一周年纪念刊编辑委员会编：《民生实业公司十一周年纪念刊》，中华书局 1937 年版，第 200 页。

⑥ 民生实业公司十一周年纪念刊编辑委员会编：《民生实业公司十一周年纪念刊》，中华书局 1937 年版，第 92 页。佚名：《民生简史》（上），《民生实业公司简讯》第 1036 期，1950 年 7 月 21 日，第 3 版。

⑦ 华：《本公司六月十日旬会记录》，《新世界》第 6 期，1932 年 9 月 16 日，第 24—29 页。

⑧ 卢作孚：《为什么发行这小小的半月刊》，《新世界》第 1 期，1932 年 7 月 12 日，第 1—4 页。

吊中才找得着亲戚和朋友的关系。大家最希望的是相安，最恐怕的是相扰。集中希望于消极，消极到只有家庭，只有个人，消极到化大事为小事，化小事为无事——此种倾向，尤其是涉及公众，更为明了。除了为个人要求，偶感忙碌，便可以从容悠闲，咀嚼人生。有识的朋友的胸襟，常怀着诗情；无识的朋友的脑里，常堆着故事，常常赏着了花好月明，常常想着了骑竹马、放风筝。如果不发生意外的变化，这样的世界倒也是安详的、清净的，最足以使人留恋的，我们亦愿永远居留在这世界当中，不愿离去。

不幸世界发明了一种方法，一种科学的方法，是专门用来整理人们的经验的。任何事物，一经接触了它，横的方面，便被它理出一个系统，纵的方面，便被它找出一个因果必然的变化。人们使用这个方法在物质上，便产生了两种伟大的事业，机械的和化学的。在社会上便产生了一种伟大的组织。从经济方面说：这伟大的组织，几已成为整个的世界，而这世界是同地球一样大的。

自从人间有了这个方法，便把整个的世界改变了。向来我们的世界，各管各是最经济的事情；而今这一个世界，要集中最大的人群于最大的工厂，最大的农场，最大的矿坑和最长的交通机关才最经济。向来的世界，只须人各为其自己；而今必须要整个社会的人相为，而且是要在整个的组织、整个的系统之下活动的，必须每一位朋友努力于社会，亦倚赖着社会，不能再仅仅努力于个人或倚赖着家庭。而这样的社会，在今天的世界上，许多人正在努力创造。我们中国却正待创造。我们正从小小的几桩事业中间努力做这样的创造。

更就经济的状况说明罢。向来中国人的经济生活以家庭为中心。没有两打伙的农业，亦没有长期几打伙的工业或商业。一般朋友颇能尽心竭力于其家庭的经济生活，因为只有家庭是他们的经济集团，是他们的生活所倚赖着的；向来是没有社会经济集团的，所以无从尽心竭力于社会。而今经济组织随着科学发明扩大了，经济集团已经变成了社会的，须合社会的人力和财力乃能够经营起一桩经济事业来——这社会之大是一个国家或一个地方或一个公司，而一个公司之大往往是铺设到了许多国家或许多地方的。如果我们仍只信赖家庭，不肯信赖社会，仍只尽心竭力于家庭的经济生活，尽心竭力于家庭财富之如何造成，不肯造成社会公共的；乃至尽取社会公共的利益，以造成自己家庭的财富，则所有公共事业都会失败到底的。永远不会创造成功国家，创造成功地方，或创造成功一个公司。我们牺牲了社会公共的事业，苟得了个人一时的便宜，这在社会身上是得是失，很容易打算清楚。直接是损失了这一桩事业，间接更损失了一切事业的信用，这是何等令人惊异的，究在个人身上是得是失，亦需要打算清楚罢。我们自己在人群中直接损失了一度成功，间接更损失一切信用，这又不足以令我们自己惊异吗？

我们牺牲了群的生活的一个新的世界，以苟得了个人一点便宜，绝不是一个得计。须知这新的世界是一个趋势，正向着整个的社会乃至整个地球的推进。它不能停顿，你也不能抵御，你可以打倒帝国主义，但是你不能抵御这新的世界。这新的世界不久便会临到你的面前。岂止你不能抵御，也没有地方逃避——虽然你拿着了苟得的便宜。

这新的世界已经在地球上有各种花样的实现，已经在我们周围有各种的方式压迫，我们已经抵御不得，逃避不得。然而也须知道这并不是痛苦的世界，乃是快乐的世界，痛苦是抵御它或逃避它产生出来的。只有下大决心，挟大勇气，尽我们的花样，定我们的理想，从我们手上去创造它，创造出一种社会的关系，创造出一种有组织的社会的关系，创造出一种互相信赖的社会的关系，创造出一种社会帮助我们，我们帮助社会，社会离不了我们，我们离不了社会的关系。无穷的快乐便会从这世界产生出来。这是我们今天以前不相信社会有，却在眼前，就是我们今天正拼命努力经营的许多事业。或许更说直截了当些，就是许多事业中间的一桩事业，就是民生公司。

民生公司是一个世界，是许多朋友创造出来的一个世界，是有社会的相互信赖的关系的一个世界。这不是个人所有的事业，不是各人只求自利或只求自了的事业，所以不是向来我们所处的无情的世界。这是社会的事业，一方面是集合了社会许多的财力，一方面是集合了社会许多的人力，其最要紧的意义乃在所共同努力的不仅仅在共同的利益，而更在帮助一般的社会。这范围是超乎事业本身的，不过事业也在这范围中间的。我们努力于交通事业，是要以交通事业帮助一般社会的；我们努力于机械工业，是要以机械工业帮助一般社会的；我们努力于什么，便是要以什么帮助一般社会的。纵然我们事业的本身有了利益，利益的大部分亦是处理在事业上的，事业上的终极意义仍是归宿在社会上的，纵然我们为了工作的朋友谋利益，亦是共同的利益，而非个人的利益，而是共同的范围，亦往往不仅及于工作的朋友，而及于一般社会的。我们希望这世界中有美满的住宅，而是努力的朋友所共同拥有的；我们希望这世界当中有美满的学校，而是努力的朋友所共同拥有的；我们希望这世界当中有娱乐的设备，而是为努力的朋友所共同享有的。而这所有一切的帮助都不仅仅及于事业中间的朋友，都要及于事业周围——及于社会的。帮助社会，是我们的中心意义。我们在任何时间，任何地方都不要忘掉这中心意义，永远帮助这桩事业，去帮助社会——乃至于全般社会。你个人的问题让这事业去帮助你解决，你则去解决这事业的问题。你时时刻刻耽虑着你的事业，不要时时刻刻耽虑着你自己。如此贯彻下去，事业便会成功的，你便会在事业中间成功的；换句话说：新的世界便会成功的，你便会在新的世界当中成功的。

只要我们希望这新的世界到来，新的世界便会到来；只要从我们手上创造这新世界，便会完成这新的世界。我们亟应决定事业的一个理想，作为我们理想的一个世界。不要以为社会不可信赖，正要我们造成社会的信赖。不要怀疑事业会失败，只要我们决心不让它失败，他便不会失败；绝不要怀疑我们的理想不会实现，只要我们要它实现，它便会实现。

6月22日　民生公司事务所由行街培厚里全部迁到重庆第一模范市场新屋，事务所阅览室扩大为图书室①。

6月　卢作孚就申请中华教育文化基金会资助中国西部科学院等事致函秉志，谓②：

示敬悉。此间幼稚之科学事业乃荷关垂，殷切提携，将获得不遗余力，感荷曷胜，一切当照示办理。第十日内赴申，施君旅费到申时即汇到南京，谢君月薪请先生决定，本年已请中华文化基金会予以补助，并已专函孑民、咏霓、叔永诸先生扶助，并将请伍梯云先生致电北平，或有几希之望。拟请先生更函托熟识诸同事，则一言九鼎，必更有谐矣。所请皆设备费用，望文化基金会补助五万元，此间可另筹五万元。经常费则逐年筹措，或可应未来进展之希望也。

---

① 民生实业公司十一周年纪念刊编辑委员会编：《民生实业公司十一周年纪念刊》，中华书局1937年版，第202—223页。

② 黄立人主编：《卢作孚书信集》，四川人民出版社2003年版，第190—191页。

［按］该函原件落款无时间，黄立人主编《卢作孚书信集》中该函时间标注为1930年6月，显然有误。因为函中提到申请中华教育文化基金董事会补助款，并请秉志帮助。而中华教育文化基金董事会自1932年开始在经费上每年补助中国西部科学院二三千元[①]。参以1930年6月上中旬均在上海附近，下旬赴东北考察等史实，可断定卢作孚和中国西部科学院向中华文化基金会申请资助的时间当在1932年，而此函的时间当在1932年6月。

7月1日　经过卢作孚相当长时间的精心筹备，民生公司上海分公司正式成立。1936年9月份出版的《新世界》刊载《上海分公司四年来发展概况》一文，对于上海分公司筹备、成立及对待航业的基本态度有相当清楚的记述[②]：

(在上海办事处设立之前）民生公司的船，只偶然到上海试航。其时事务简单，所有开船到船、揽货载客等例行事务，概托聚兴诚银行代办。遇有新订船只，购买大批机器材料等大事，或由总经理卢作孚先生随时亲来主持，或由重庆总公司主干人前来办理，事毕即归四川，盖始终以重庆为公司之大本营也。

四年前的今日（即1932年7月）公司始深切感觉有在上海设立办事处之必要，盖宜昌上货百分之九十五来自上海，公司宜渝一段轮船逐渐增加，为使客运货运有把握，不受他人操纵起见，非更进一步在此全国商业中心立下坚固基础不可故也。上海分公司于四年前七月一日初开办时，除经理张澍霖君外，仅工程师徐兆瑞、赵瑞清二人。所有会计、出纳、文书职务，即由川康殖业银行职员李子君、巫家驹兼办，以张君兼任川康银行经理，故有此权益办法也。该办事处未成立以前，卢作孚在申任筹备事宜，已有相当时间。卢先生虽系教育界出身，而兼具工程师缜密计算的头脑、实业家高瞻远瞩的眼光，对于在申营业应采取奉行之政策，有详妥之规划，执行者虽在初办期间，亦未遇着不能克服之大困难，其原因盖在于此。

民生公司对营业上的政策，在维持水脚之合理安定，不愿其过高，亦不愿其过低。过高则社会生计受其影响，过低则己身不能维持，政策安能持久？不安定，则正当营业不以投机为目的之商人，无

① 杨翠华：《中基会对科学的赞助》，台北“中研院”近代史研究所1991年刊，第203页。

② 《上海分公司四年来发展概况》，《新世界》第101期，1936年9月16日，第20—21页。

以做其预算。十余年前宜渝段棉纱水脚有到四十两一件之时，两年前申渝棉纱水脚跌至三元半三九五扣，皆非正规办法。但欲达到真正安全合理之理想，殊非易事。盖川江虽为内河，因不平等条约关系，已成为五强与我共同航行之国际航线。经营此条航线之商家，中外合计，仍有十余公司之多。每次航商会议，几成为国际联盟之缩影。各航商有一奇妙不可解之心理：不合作则拼命放价到几于不能维持之地步，一言合作，则非尽量提高水脚不肯干。在以维持安定为职志之公司，遂不能不多方迁就同业之意志，以求逐渐进化到水脚合理的目标。

夏　为解决民生公司永年、民宪、民康等以煤为燃料各轮的燃料问题，民生公司与重庆著名煤商林竹筠、云阳戴甫卿合资五千元，在川东云阳固陵沱地方开设固陵煤号。关于该煤号的缘起及经过，《谈谈固陵采办处》载[①]：

(民生)在民国二十一年，接收烧煤轮船民康、民主及民贵等。感觉轮煤之需要，乃于渝州著名煤商林竹筠君，及云阳戴甫卿君，合资五千元，开设固陵煤号，专购云阳固陵沱轮煤，供轮船使用。总号设于民生公司内，由船务处燃料股行使职权，转运处设于固陵沱，由公司派蒋伯衡君主其事。该地原有煤号六、七家，因公司设立煤号收买，恐于他们不利，群起反对，固号为了应付环境起见，乃与彼等订约购买，故成本与直接同丁户往来为高……在数月内，即由间接变为直接购买，成本亦因之减低……年底结算，盈余六千余元……继后公司烧煤之轮船渐增，该号营业亦随之扩充。乃变更资本为一万元，仍与林、戴二股东分担，公司加派杨君兴业与蒋君共同主持……蒋、杨二君在该号任职数年，调回渝公司。该号事务由李炯明接办。李君秉承过去原则，加以自办涪陵煤号的经验，两年以来，成绩卓著。

7月12日　民生公司发行的公开出版物《新世界》半月刊正式出版，由曾任瑞山小学校长的张从吾任主编[②]。张从吾在担任瑞山小学校长时办

---

① 邓智源：《谈谈固陵采办处》，《新世界》第10卷第11期，1937年6月16日，第23页。

② 召川：《我所知道的卢作孚先生》，《文史资料选辑》（全国）第74辑，文史资料出版社1981年版，第84页。

教育很有办法，给卢作孚留下深刻印象。卢作孚曾经追忆说[①]：

> 每一个人都有天才，只需要教育去发展他。但是过去的教育，往往反把天才淹没了，受教育愈深，即淹没的愈深，只有小学生是活泼的。从瑞山小学一次的参观会中，发现十岁、八岁的小学生，有惊人的天才表现。那时是……张从吾先生当校长，旅行到温泉，还打算到重庆参观。由小朋友开会讨论：到重庆住甚么地方？一个民生公司协理的儿子发言了："当然住民生公司！"另一位小朋友反问他一句："你那'当然'从哪来的？我们这次旅行的目的是参观，我们是学生，首先便应参观学校，最好住在学校里。"主张住民生公司的立刻解释说："我们如住民生公司，总经理就在这里，马上便可决定。如住学校，便不是我们自己可以决定的。"另一位学生说："民生公司的总经理，也可以替我们介绍学校。"另一位建议："我们先生中间，许多是省二女师出来的学生，不如我们自己直接写信，交民生公司的轮船带了去。"一位提醒道："省二女师不应允呢？"另一位答："还可以写信给巴女中，不妨多去函洽两个学校。"于是有一个学生问："万一两个学校都谢绝，怎么办？"又一位小朋友问："万一两个学校都欢迎，又怎么办呢？"这一场很厉害的辩论，也许在我们成人的会议中，还不容易找到！

7月16日　（一）民生公司在上海收购永年公司悬挂意大利旗的永年轮，改名为民俗轮。

［按］永年公司负责人为田习之，实际上出资人为杨森。

7月28日　卢作孚在上海拜会黄炎培并长谈[②]。

7月29日　中午，卢作孚应黄炎培之邀餐叙，到场者还有梁漱溟、江恒源等人[③]。

［按］这次餐叙，应当是卢作孚与梁漱溟的第一次直接接触，但是在两人的记忆中似乎没有留下什么痕迹。自五四新文化运动以来，在社会一般人看来，梁漱溟是知识分子中思想保守者的典型代表之一。尽管梁漱溟

---

① 卢作孚：《如何彻底改革教育》，《嘉陵江日报》1948年4月22日。

② 中国社会科学院近代史研究所整理：《黄炎培日记》第4卷，华文出版社2008年版，第101页。

③ 同上。

此时也在从事乡村建设，但是对北碚的建设试验似乎并没有什么影响。有人在回忆中记述：卢作孚在担任峡防局长后，“尚有另一较大抱负。他企图把北碚变成中国第二个‘邹平’”。[①] 该记述是不可靠的，因为当卢作孚明确提出乡村建设概念并撰写和发表了《乡村建设》长文之时，梁漱溟尚没有到邹平，邹平实验尚无从谈起。

8月1日　在上海，黄炎培与梁漱溟、江恒源、卢作孚等畅谈[②]。

8月6日　民生公司签约合并川渝地区最早的轮船公司——川江轮船公司的全部产业[③]。

8月10日　卢作孚为广安第一初小学校向北碚三峡厂广安售货处募捐事致函杨森，谓[④]：

> 顷得广安三峡售货处书，藉悉钧座近来创建事业，日有增进，整顿教育，不遗余力，仰佩之情无以言语；又谓广邑此次城区第一初小学校，以建筑需款派捐，售货处捐洋十元，此类善举，本应协助，无容置喙，惟以三峡工厂，纯为谋峡区一切社会事业经费独立而设，所有资金除由峡局年前竭力省俭拨济一部分外，余皆系各方捐助，并蒙钧座等慨免关税予以维护。开办以来，不料仍不免于折本，尚幸今年营业状况渐佳，将来前途或有希望。但此刻负债累累，无力偿还，峡局今年税收陡减，自虞开支不足，无力以助于厂，故对厂中一切开支只有力求撙节，以谋自立而已。窃念此厂关系不独以抵制外货挽回利权，实峡区一切社会事业，将来赖该厂生存者也。素仰钧座热心社会建设，关于峡区事业爱护更盛，故敢将厂详情渎陈钧座，尚望鼎力扶持，对于此次该处派款，万恳俯予批准豁免，则感激当无涯也。

8月17日　卢作孚主持召开民生公司第一次周会，议决每星期六午后4到6时开一次，每次先讨论川康问题，次讨论民生问题[⑤]。

---

① 召川：《我所知道的卢作孚先生》，《文史资料选辑》（全国）第74辑，文史资料出版社1981年版，第76页。

② 中国社会科学院近代史研究所整理：《黄炎培日记》第4卷，华文出版社2008年9月，第102页。

③ 民生实业公司十一周年纪念刊编辑委员会编：《民生实业公司十一周年纪念刊》，中华书局1937年版，第202页。

④ 《卢作孚致杨森函》（1932年8月10日），重庆档案馆藏。

⑤ 《第一次常会纪录》，重庆档案馆藏。

8月19日　民生公司正式接收川江轮船公司产业，其中蜀亨轮改名为民贵轮[①]，新蜀通拆毁[②]。郑璧成说[③]：

> 川江公司，川江航业之鼻祖也，前清光绪末年官商合组而成，时本公司周董事孝怀任四川劝业道，力排众议，历尽艰辛，始克成就。开航以后，营业亦佳。惜民国以来，不谋进取，将独霸川江之好机会空以度过，致使中外航商纷起角逐，仅图保守者终不能自保，惜哉！

8月20日　（一）卢作孚主持召开民生公司第二次周会。（二）太虚法师为院长的世界佛学苑汉藏教理院在重庆北碚缙云山举行开学典礼，参加典礼的有汉藏教理学院筹备主任何北衡、二十一军财务处处长唐棣之以及峡防局职员、峡区团绅和地方人士，加上教师和学僧等，人数达数百人。汉藏教理院成立后，以董事会为最高权力机构，公推刘湘为名誉院长，刘文辉为名誉董事长，以潘文华、李公度、张富安为常务董事，以潘昌猷、王晓西、张斯可、甘典夔、卢作孚等二十四人为董事[④]。（三）杨森为广安番城区第一初小学校借款筑校事致函卢作孚，谓[⑤]：

> 此番城区第一小学校借款筑校，因念栽成后进，人有同情，爰本集腋成裘、众擎易举之义，请各界尽力分担，庶几教育前途日有进展，此款至微，并不苦人所难，且为借垫性质，将来必须设法筹还，想吾兄对于社会各种事业素来乐于赞助、锐意提倡，此种事业谅不至推却，尚希慨诺是幸。运款蒙代装，极感。专复，即颂公安。

8月24日　黄炎培偕诸子黄方刚、黄敬武、黄万里访问在上海的卢

---

① 民生实业公司十一周年纪念刊编辑委员会编：《民生实业公司十一周年纪念刊》，中华书局1937年版，第202页。

② 佚名：《民生简史》（上），《民生实业公司简讯》第1036期，1950年7月21日，第3版。

③ 民生实业公司十一周年纪念刊编辑委员会编：《民生实业公司十一周年纪念刊》，中华书局1937年版，第86页。

④ 世界佛学苑汉藏教理院编：《世界佛学苑汉藏教理院开学纪念特刊》，世界佛学苑汉藏教理院1932年12月刊，第76页。

⑤ 《杨森致卢作孚函》（1932年8月20日），重庆档案馆藏。

作孚[①]。

8 月 26 日　卢作孚决定以个人捐款方式解决杨森在广安为第一初等小学校募捐问题，并通知广安三峡售货处经理照付，批语谓[②]：

复，建筑校舍，造福学子，极为赞成。仰前次派定三峡厂售货处负担之十元垫款，孚意该厂现在折本期中，为数虽小，仍不欲由该厂担任，拟由孚如数捐助，不需将来筹还，以省周折。业已通知该售货处经理照付矣。

8 月 29 日　（一）卢作孚主持召开民生公司第三次周会。（二）中国征信所《民生实业公司》征信报告中关于卢作及其创办的民生公司有以下记述[③]：

总经理　卢作孚　年四十岁，四川合川县人，精明诚朴，勤苦干练，且具有百折不挠之精神。从前致力于教育事业，曾任川南道教育科长，及成都通俗教育馆馆长。关于社会上一切公益事业，提倡号召，不遗余力，后鉴于川省军阀内乱不已，彼倒此扶，知非埋头发愤苦干，不足以福利民生，于是乃集合同志，创办民生实业公司，大处着眼，小处下手，其初资本仅五万元，只有行驶重庆到合川小汽船一只，后以成绩优胜，逐渐发展。五年之间，大小轮船，增至二十只，航线由重庆达上海，资产增至一百四十余万元，长江游，言航业者，推巨擘焉。川中操航业者，向无机器厂修理船舶，一旦船有损坏，则驶沪修理，即多耗费，又浪掷时间，营业亏损，莫此为甚。卢君因早见及此，遂于重庆对岸江北青草坝，自办民生机器厂，自行修理船舶，凡十二丈以下之船，皆能就地修理，其于航业便利多矣。他如北川铁路公司矿中之运煤轻便铁道，也投巨资竭力扶持，至如地方治安及建设文化等事业，无论政府或民众经营者，卢亦当为之尽力擘画焉。

① 中国社会科学院近代史研究所整理：《黄炎培日记》第 4 卷，华文出版社 2008 年 9 月，第 109 页。

② 重庆档案馆藏。

③ 《民生实业公司》，中国征信所 1932 年 8 月 29 日。

8月 （一）翁文灏应邀赴庐山会晤蒋介石，为其讲学。其间，就延揽人才问题，翁文灏向蒋提出胡适、张伯苓、丁文江、顾振、徐新六、吴鼎昌、张嘉璈、蒋廷黻、周炳麟、蒋梦麟、周鲠生、卢作孚、范旭东等人。蒋介石表示均愿随时延见，以谋借重[①]。（二）川康团务委员会训练科刊印卢作孚讲稿《乡村建设概要》，内容与1930年《嘉陵江》报所载基本相同，只是最后添了如下一段[②]：

不过在今日国难正急的时候，我们的建设的意义更加严重，而且为抵抗军事侵略，应付二次世界大战计，我们的建设，不特是消极的把地方弄好就完事，例如辽宁省许多地方的建设事业都很好，但是日军一到仍然是归异族享受，或是仍旧被日军毁坏。因此我们还要积极的从事国民军事化的乡村建设，例如在平时为人民生产的工厂、学校、机关，到了战时还可以马上就改成兵工厂、武器制造厂、军用品补充厂、毒瓦斯的防护研究所等等，那就是各强国所实行的国家总动员的准备，这都是我们不可不知的重要建设工作。

[按] 这一段话到1933年5月《乡村建设》印第三版的时候，又删去了。

9月3日 杨森为广安第一初小学校捐款事致函卢作孚，谓[③]：

台函诵悉。三峡厂垫款，承慨为捐助，嘱不须归还，公私分明，曷胜钦佩。惟借垫不仅贵部一处，将来仍须全体归还，以顾信用。足下在峡合努力事务，不但尽瘁梓桑，且于川局前途影响至大。森每念大著记周孝怀先生之语，所谓“各个积极发展地方事业，以由分割而联合，由联合而统一”，窥诸现状，异常吻合。安得如兄才具热心者多出几人，彼此提携互助，则璀璨天府，又何难于再现耶？草复之余，无任景仰。顺祝工作努力。

9月16日 民生公司收购英商皮托谦公司的皮托谦轮，以其机器委

① 李学通：《翁文灏年谱》，山东教育出版社2005年版，第80页。

② 卢作孚：《乡村建设概要》，川康团务委员会训练科刊1932年刊，第26页。

③ 《杨森致卢作孚函》（1932年9月3日），重庆档案馆藏。

托上海江南造船厂建造航行上海宜昌间的长江大轮民族轮①。接收后该轮即开往上海拆毁改造。郑璧成说②：

> 英籍有皮托谦轮船者，为旅宜英人皮托谦君所有，以负债之故，是年（二十一年）九月将船售与本公司。因船壳太旧，乃拆出其机器建造宜申船民族号，船壳则改作驳子。

9 月 18 日　民生公司举行“九一八”事变周年大会，通过爱国公约。

9 月 27 日　从上海回重庆不久的卢作孚出席民生公司总公司旬会并讲话，内容涉及公司轮船、资产、职工福利等问题。谓③：

> 我想在这几个月间，公司的情状，每人都是想尽情知道的。公司今年自开始经营下游航业起，直至今天，算来已有二十只船了。但是民江已死，民选不生不死，不知何日始复活。民强久病，现正在上海从事医治。已经把它船身接长了壹丈，等待机器装好，即可祝其长命富贵也。还有常在行程中，自动停摆的民享，现在决意将它拍卖出川，或整卖或零割，均在所必行。另行买机器造船壳，不久即又航行。今年新买的民康，前到上海彻底改造，比以前接长了一丈，速率比以前要快一些，每一点钟可以多走一海里半。又新买一只皮托谦，拟再走两轮水，然后开到上海改装。已另订好船壳，将来把它改装成十九丈五尺长，十五丈〇九尺深每点钟可走十一海里的航船。计算到今天，我们二十只船中，死者、病者、坏者都有。死者盼其复生，弱者盼其复强，不好者将其舍去，这是公司目前重大的问题。我们全体同事，都该晓得，并望大家努力做去，方能圆满解决这个问题，以达到最后的希望。
>
> 此外尚有一只川江公司的新蜀通，在黄浦沉没，现将捞起，待看机器有无损坏，将来再决定收买。计算民康在十月初间可望来渝，民强十二月底可往来渝。还有假定名称为民族的一只，大致在廿二年的一月十七日以前，可望来渝。其它民江、民有、民选，尚停在修理

---

① 佚名：《民生简史》（上），《民生实业公司简讯》第 1036 期，1950 年 7 月 21 日，第 3 版。

② 民生实业公司十一周年纪念刊编辑委员会编：《民生实业公司十一周年纪念刊》，中华书局 1937 年版，第 86 页。

③ 《九月二十七日旬会纪录》，《新世界》第 7 期，1932 年 10 月 1 日，第 29—32 页。

厂，何时复活，尚无确期。这样看来我们二十只船，目前就有七只船在歇空。若是把二十只一齐摆出，同时活动起来，大家生产，公司的困难亦就可望渐少了。这个局面，还是要请各部分的同事的努力，才不至于失败。

其次关于我们资产的情形，也得详细地向大家说说。我们现在的资产额，是一百八十万。这几年来，我们提出来的保险费、公积金、销磨费，共计已有四十万。公司股本原定一百万，现已募得八十万，于最近期中，加紧募股，可得二十万。三项共有一百四十万，与资产额相较，不过只差四十万了。在这个问题当中，就要希望船上各经理、副经理，注意茶房的训练，妥为招待客人，注意保护客货，以广招徕。岸上的人，注意尽力的揽货。似此船上岸上合力经营，总使轮船往复不歇，预计今年内，可以期得赢余二十万元，核与资产额相差即只有二十万了。此二十万元，从二十二年一月起，至二十三年八月止，每月在赢余中提一万，即满可以抵偿了。这就是本公司资产额和抵偿的情形。

我们对于各个同事的居住、子女教育、医药、娱乐等等许多问题，并没有忘记。不特没有忘记，还是时时都在想法，以谋能决。如关于住的问题，早已有一种提议的。我从现在的账上看来，已经可以办到提出五万元办理这住的事情了。在我的意思，我们只是抱定宗旨，为民生公司做事。我们的一切衣食住的问题，将来都应该让公司来为我们解决。既是这样的打算，那吗［么］，我们此刻就要把公司当成自己的家庭。公司的二十只船，就好比是自己的儿子。现该都在幼稚的时期，还要靠大家协力把他们培养成人。自然这二十个儿子，会对我们来尽他们抚养的义务。所以我们在此刻，还是吃苦的时期。只要度过了这个时期，就对了。

至于说到工作分配的问题，我觉得各部的问题，应该由各部负责的人去解决。我们公司的负责人，应该多留点时间，把各部（船厂、囤船）整个的计划，整个的监督，不必去代各部分解决细致的事情。这样做，倒还扼要一点。我想，我们要使各部事业振兴，就要先使各部分的各个人，都要能工作紧张起来才行。但是要如何才能使人们这样的活跃呢？我在此间提出一个原则，就要想一种办法来提起各部各职工本身的兴趣，以养成他们有秩序、有方法，而且努力工作的习惯。这种兴趣，如何才能提起？我觉得非有竞赛（即是比较）的兴趣不可。比较，可以拿自己前后的工作来比，可以拿多数人的工作来比。比较的结果，即在新世界半月刊上发表。像这样的活动越多，比较的越是有趣。我盼望各部分的经理，大家应在这些地方多多注意。

10月1日　（一）重庆中国国货介绍所有限公司正式成立，资本银元十万元，陈叔敬为经理，童少生任董事长，杨受百、陈叔敬等人为董事，张嘉铸为监察。当重庆中国国货介绍所成立时，卢作孚向陈叔敬、童少生表示："现在外货充斥，理应提倡国货，你们这个事业，我表示欣赏和支持。"卢作孚还指示民生公司业务部门，凡重庆中国国货介绍所在上海装运的国货，在运费一律给予九五折优惠。该公司营业不久，还请卢作孚前往讲演。在讲演中，卢作孚详细阐述了国货与国家民族至关重要的关系，并指出经营国货的前途是光明的①。（二）刘湘所部罗泽洲向驻南充的刘文辉所部林云根展开进攻，第一次二刘之战爆发②。

10月4日　中央研究院自然博物馆为从中国西部科学院标本中发现新种致函卢作孚③：

贵社一九二九年在四川分组采集之标本，经敝馆鉴定，内有新种发现，故特函达，请将贵社第一至第五组采集员姓名示知，以便发表为荷。

10月7日　民生公司旬会议定，民生公司与聚兴诚银行组织联络委员会④。

10月8日　重庆民生公司事务所举行第一次朝会，规定以后除星期日以外，每晨8时举行一次朝会⑤。本日第一次朝会出席人数35人，卢作孚亲自担任朝会主席并讲话，谓⑥：

照着今天这个会，以后每天都有一次。此会的意义，在使各部相互了解每日进行状况，并促其进步，在使了解各部每一个人办事的方

① 陈叔敬：《忆卢作孚先生》，《风范长存》，政协重庆市北碚区委员会1993年编印，第90—91页。

② 周开庆：《民国川事纪要》（1911—1936），台北四川文献研究社1974年版，第475页。

③ 黄立人主编：《卢作孚书信集》，四川人民出版社2003年版，第265页。

④ 《民生实业公司大事记》，《新世界》第65期，1935年3月1日，第95页。

⑤ 同上。

⑥ 《民生公司朝会纪录》，《新世界》第8、9期合刊，1932年11月1日，第21页。

法和其结果，有无善状。每部分的人，都应相当准备次日的报告。例如潘少毕最近所制的油表，张华贵所制的轮船航行停泊修理表，逐日配派航线表，都可提出向大家说明，以供参考。此后各营业、会计、出纳、运输、保管各股，都应照此把所作的事，在朝会中报告出来。此外即本公司全体职工的生活方面，亦须注意。尤其是公司内一般青年，其能力见解，有无进步，也应该就此机会，去想办法，总期使每日都有进步。至于住所、毛厕、食堂及一切地方的清洁问题，亦在讨论的范围。以上所说，都是这个会的内容。今后盼每人必到，按时开会，并请文书主任陈觉生负督促摇铃开会的责任，潘少毕负责设备会场的责任。今天就请潘少毕说明所造之油表，张华贵说明所造之航行各表。

[按] 民生公司的朝会制度从此开始，以后逐渐发展、完善，该制度对于民生公司中高级管理人员层办事能力的提高和一般职工对公司凝聚力的提高起到过重要作用。

10月10日　北碚农村银行举行董事会，卢作孚作为董事长出席。《嘉陵江日报》载①：

北碚农村银行于双十节召开董事会，董事熊明甫、赵仲舒、蔡少坤、冯书舫，监察黄子裳及董事长卢作孚等均出席。由银行经理伍玉璋报告一年来之营业情况，并决定于十一月六日召开股东大会，讨论扩充及一切进行事宜。闻该行本年获利二千余元，职工红酬可得四百余元，悉行加入股本云。

10月13日　卢作孚出席民生公司第四次朝会并讲话，他说前一日看到一位练习生写给《新世界》编辑张从吾的信，信中说民生公司只知赚钱，不顾及练习生的钱够不够用，自怨父母不该送他读书，反不及一个当茶房的等语。对此，卢作孚特别指出②：

昨天看一练习生致张从吾的信，说民生公司只知赚钱，不顾及练习生的钱够不够用，自怨父母不该送他读书，反转不及一个当茶房的

① 《北碚要闻·股东大会》，《嘉陵江日报》1932年10月14日。

② 《民生公司朝会纪录》，《新世界》第8、9期合刊，1932年11月1日，第22页。

等语。这种思想，毋乃太过错误。（原略）我们应该把社会放在前面，把个人放在后面。个人练习能力，是为社会。社会有办法，我们自然有办法。

10月14日　卢作孚出席民生公司第五次朝会并讲话，谓①：

朝会的意义，在盼望各部分报告他对于职务进行的概况，和所得的方法。再者，我主张民生公司的人，应该明了各部办事的手续和其内容。最好各部轮流报告，或每部每个人轮流报告。

每周的六次朝会中，须有一次有意义的讲演。讨论结果，每周星期一举行讲演。讲演人由星期六朝会时推举的星期一的主席延请。

［按］后来民生公司总公司星期一晚上举办讲演会成为惯例，许多知名人物在民生公司讲演，就源于卢作孚在这次朝会上的提议。民生公司骨干人员甘南引曾经说："总公司每礼拜一晚间有讲演会，敦请名人讲演，增进职工智识。"② 这一举措，对于潜移默化地提高民生公司高级经管人员的多方面能力，产生了深远的影响。

10月17日　晚上六时卢作孚出席民生公司旬会并就公司制服、职工履行职务、募集股份等问题讲话，谓③：

一、服装问题　今天解决这个问题，我觉得只该决定几个原则就够了。1. 高级职员服装，公司津贴三分之一，低级职员服装，津贴三分之一再加一点。2. 样式，依照中外船员一定之服式。3. 制服，在职时必须穿，不在职时可不穿。4. 小工应同其它一般低级职员，照样，取保。服装津贴，亦同低级职员。5. 服式及颜色，不在此讨论，由公司决定。总体来说，我对服装的最大盼望有二：1. 提倡短服，以整顿精神，便于操作。2. 提倡布服，经穿，耐久，合乎俭德。

二、职务清理问题　职务清理，是随职务分配而来的。分配了职务而不清理，那么，执行未执行，完成未完成，都不知了。所以在分

---

① 《民生公司朝会纪录》，《新世界》第8、9期合刊，1932年11月1日，第22页。

② 甘南引：《人事报告》，《新世界》第41期，1934年3月1日，第48页。

③ 《民生公司旬会记录》、《本公司募股之我见》，《新世界》第8、9期合刊，1932年11月1日，第30—33、41页。

配之后，加以清理乃是当然之事。不过清理也要有方法。每天各部分分配今天的工作，回头就要清查昨天的工作做完没有，做好没有。比如船到了重庆，事务所就把经理的职务清理清理。船在行程中，经理要清理各部的工作。各部每一个人，也须自己清理自己的工作。在事务所方面各股，如会计、出纳、保管、采买，也须各部分自己清理起来。乃至如工务、工料各部，亦莫不如是。总要有秩序的清理。

三、最近募股的情形　我将最近募股的情形谈谈：截止今日止，已募足八十七万，未及十天，差不多增至廿万，较原定一百万，只差十三万之谱。这些股，是从军、商、政、学、绅以及本公司的职工募来的。更希望全部职工，都能加入。由职工而同时为股东。对于职工入股，已定有特别优待的办法，跟着就要宣布。至于红酬的标准：1. 月薪多者，红酬少。月薪少者，红酬较多。2. 能力高者，红酬多。能力低者，红酬少。3. 对于职务尽责者，红酬多。反之，红酬少。4. 对于公司没有不妥当的行为者，红酬多。

四、关于公司的问题　我主张每日午前八点半钟到九点钟，开一朝会，报告或讨论各部的问题，请潘少毕负责设备，陈觉生负责召集开会。就从明日起。

五、最近与聚兴诚银行商量组织一个会，联络感情。

10月20日　民生公司致函聚兴诚银行，委托该行代为调查湖南长沙、湘潭、常德等三处航运情况①。

10月29日　卢作孚出席民生实业公司第十八次朝会并讲话，谓："船上用的各种物品，公司应该有个陈列的地方。至于各物品使用的情况，也应该有一种统计表。"②

10月31日　卢作孚出席民生公司第十九次朝会并讲话，对民生公司职员提出了一个希望，就是每一个职员都要能够准确地掌握包括轮船数等在内的公司的基本数据。他说③：

---

① 《委托聚兴诚银行调查湘南航业》，《新世界》第15、16期合刊，1933年2月16日，第76页。

② 《新世界》第8、9期合刊，1932年11月1日。

③ 卢作孚：《我们对于一件事情》，《新世界》第8、9期合刊，1932年11月1日，第48—49页。

今天不是要报告一桩事情，乃是要提出一桩事情。我们对于一切事情，都需要有一个明了的观念。对于民生公司的观念，我们更应该要明了。记得一年前到东三省游历时，参观日本人经营的每一个事业，它的职员都能够清清楚楚的答复出它的全部内容。反观我们公司，今天还有许多职工常常在问我："公司现在有好多船呀?"须知对于民生公司内容的明了，是与我们做事的兴趣和事业很有关系的。比如像民生公司现在究竟有好多船，我们必须明白。民生公司现在各轮船的吨位、马力，总共有好多，我们也要有个统计。又比如像我们的资产负债总额好多，欠职员好多，欠别人好多，该收进的如水脚等好多，我们都要把它一一的弄清楚。再好比各船烧的燃料，这一次是好多，上一次是好多，应该有个统计，而且还要根据统计，造出比较表来。比方说民安这一次比上一次多烧或者少烧几吨煤，那末，我们就要研究为什么少烧或多烧？其次，又如在各处上的煤，消费量是不相同的。比如像在重庆上的煤，就要比在汉口上的煤少烧些，但是一直到今天，因为还没比较，所以本来可以省许多煤的，结果我们并不曾省到一点。今天以后，我盼望每个人都要把这些数目弄清楚，并由新世界介绍到各船去。永年轮的煤，因为我每次问到大车要闹清楚，结果由四百零吨减到三百几十吨。因此，我觉得把数量弄清楚，是一个很重要的问题。

我们做事的兴趣，可从两方面鼓动起来。第一是人与人的比赛。这种比赛，要能够摆出来使各个人都晓得，以激起其竞争心。第二是不断地前进。比如像民主昨天烧四百六十吨煤，今天烧四百五十吨，明天烧四百四十吨。那末，他以后更有兴趣，一定要努力再减少。所以这些事情，我们都要弄明白。因为要明白过去的数目，才能定未来的计划。所以我们为了鼓起做事的兴趣，为了作未来计划的根据，为了对答外人的询问，都应当把这一切一切的数目弄明白。盼望大家集中精神，努力这件事。

民生公司今天有个缺点：事情当前时，吃紧一下，事情过去了，就松下来了。我们要打破这种现象，把经常的工作弄得非常紧张。

回转来举个例。去年参观大连埠头，一位中国话说得很好的日本职员说："我很愿意告诉你们一切：本埠现在有四个码头，同时能容卅九只五千吨的轮船。日本有七条航线，去年出口有五千多只船，日本占了二千多只。另外有一个较远的码头，专启运危险物品。轮船进出口的货九百廿万吨，每年约可增加一百万吨。轮船进口一百五十万吨，出口七百七十万吨。中有煤三百六十万吨，大豆一百五十万吨，豆饼九十五万吨，杂粮六十九万吨，豆油九万吨……”这样多的数目字，整得我们写都写不赢。

再比如像苏联的五年计划，它的每一种事业，都有一个具体的数目，绝非笼统的空谈。请看今天人家，居然一件一件的实现了。

总之，对于民生公司的内容，我们要有一个明了的观念，这个观念是基于数目字上的。要想把这一切数字弄清楚，却有一种困难，就是我们的技能太差了。所以我们要努力研究，增进技能。以后每天的朝会，就须有关于这种技能之增进的材料。

10月　（一）中国西部科学院成立地质研究所，聘常兆宁担任研究员兼主任。《中国西部科学院概况》载①：

民国20年，曾派学生2人，随同北平地质调查所谭锡畴、李春昱二君在四川西部、西康东部调查地质一次。21年本所正式成立，即派员在重庆、南川一带调查。

（二）民生公司电水厂，开始向县城居民售供自来水②。

11月1日　（一）应民生公司之邀，本年5月份到四川开展业务的中国银行襄理张禹九（嘉铸）在卢作孚陪同下到民生公司作了《入川以来之工作》的演讲③。（二）《新世界》刊载李敬之《提倡国货》一文，其中提及他自己初进公司时，各船员要求购买的油漆，几乎都是外国货，利权外溢。后来卢作孚与公司协理郑璧成商定，在尽可能的范围内使用国货。这种办法，一方面是提倡国货，一方面也减少了公司的开支④。

11月2日　民生公司于本日假座重庆青年会举行临时股东大会，到会股东118人，董事长郑东琴报告本年营业概况⑤：

---

① 《中国西部科学院概况》（1937年），重庆档案馆藏。

② 四川省合川县地方志编纂委员会编纂：《合川县志》，四川人民出版社1996年版，第10页。

③ 张禹九：《入川以来之工作》，《新世界》第10、11期合刊，1932年12月1日，第29—32页。

④ 李敬之：《提倡国货》，《新世界》第8、9期合刊，1932年11月1日，第44页。

⑤ 《二十一年临时股东大会记事录》，《新世界》第10、11期合刊，1932年12月1日，第2页。

今年来已经过了九个月。在这九个月间，除了一月份略有亏损外，其余几个月都是有盈无亏。其中最好的，要算八九两月。八月份的纯益，有五万余元。九月份有三万余元。计几月来，除开子金销磨保险各费外，总共纯益有十八万几。从九月以后的三个月，照往年宜渝线的旺月，因为战事的影响，将来结果与我们的预期，恐怕不能全符。我们的航线，上游渝泸叙嘉，现在已经停了一月多了。上游的收入，以前每月在贰万几，战事发生后已完全没有收入。渝合线及渝涪各短航，情形尚与平常差不多。下游长航，亦因军事关系，略受影响，上下货发生欠缺的情事。此后三月，有无盈余，则不可知。这就是本年来营业的大概情形。至于今天召集大会的原因有二：第一，因为公司现在还未注册。公司本为有限责任，若不注册，仍旧等于无限责任。若是注册，而公司简章又与新颁的公司法不无抵触之处，故提出修改章程案。第二，现在实收股额已到八十几万，只差十万多便达百。公司事业，日渐发展，注册不久，又要变更股额，不如预为之计，提出增加股额案。这两案，请大家推出大会主席后，再请讨论。

接着，卢作孚被推举为大会主席，并代表董事会说明提出增加股份、修改公司简章的理由①：

一、本公司股本额之变更，很大而且很快。从十五年看，初为五万元，十六年则为十万元，十七年十五万元，十九年三十万元，廿年为一百万。迄至今天止，资本额已达八十四万三千元，只欠十余万元，便到百万了。但是，现在我们的资产额有一百八十几万，除掉我们的公积销磨约四十余万，比较看来，所负之债，稍嫌大点。本有债辄偿的原则，此为应该增加股本的第一原因。再我们接川江新蜀通，应在上海另订船壳，修添机器约需二十多万两，也是应该增加股本的。

二、我们本着简章第二条促进交通、开发产业的宗旨，那吗，对于交通产业有关的事业，我们应设法帮助。如北川铁路公司，我们投入五万余元资本，但北川现尚有很多困难，对于资本的需要正多，我们应当多方想法，予以帮助。

三、民生厂翻沙，需用焦煤极多，但各地的焦煤，均经试用不

① 《二十一年临时股东大会记事录》，《新世界》第10、11期合刊，1932年12月1日，第3页。

好，由于各处无有炼焦煤的方法，所以准备在峡中设一炼焦厂，将来成货可以运出省外，因外面需用量极大，而又无好焦煤，每一吨焦煤运出，可卖二十几元或三十元之价。同时北川需用电力，我们就炼焦厂可以借瓦斯发电，供给北川就不小。同时，马路需用柏油，而焦煤厂可以提出柏油，其帮助于道路之敷设者亦不小。现在计划尚未确定，关于此事，已交中国西部科学院从事化验，大致一二月后，必得至明确的报告。

四、民生厂对于本公司之轮船修理，都日不暇给，供不应求，每天都在加夜工，实有扩充之必要，所以准备定造一个浮筒船坞，其价在十万乃至十几万，即可办到。此坞不独利便修船，且能救船。在十五丈三以下船，可以从水中抬起。

五、下游各轮，烧煤甚多，买煤总觉不合算。业与江合公司，共同组织一煤运处，办理此事，亦需一笔巨款。

六、与航务本身直接相关的事业，此外还多，我们都应该择要的进行。以上各端处处皆为必需增加股额之原因。所以董事会提出这个增股额案，请大家讨论。

经过讨论，一致通过民生公司增加股额到200万元的提案，当年实收908000元①。卢作孚作为大会主席，逐条宣读章程修改草案，逐条通过后，复将全案交付表决，获得通过。

11月3日　卢作孚出席民生公司朝会并讲话，就轮船装载客货、保护客货、在政治不安定情况下运费收现等问题提出明确的要求。讲话说②：

关于装货，可定出两个方法来，通知船上：1. 一切货的重量要弄清楚；2. 货的体积——即所估空间的大小——要弄清。这两点明了之后，该装好多重，好多容量，便有一个标准。装不了标准重量与容量时，应由装货人员负责。货的保护：要注意装货与卸货的联络，要与囤船联络，要与行船联络。要使他们都知道保护。运输处今天就要以这个工作作中心办起来。今天运输处的事情，是应付的多，整理的少，以后须谋全部的整理。在政治上不安定的现局下，那［哪］

① 民生实业公司编：《民生实业公司概况》1937年刊，第3页。

② 《本公司朝会记录》，《新世界》第10、11期合刊，1932年12月1日，第53页。

天要倒几家商号，那［哪］天报关行要扯拐，我们实在没有把握，所以水脚收现的运动，是很切要的，虽然很困难。水脚太低，只要肯想办法，是会慢慢提高的。而且今天我们还可以找到几个帮助：第一找航业公会帮助，第二找航务处帮助，第三自己直接去找帮助。

11月5日　卢作孚出席民生公司朝会，就公司图书室工作及轮船上提供图书给客人阅读问题提出要求，讲话说①：

图书室最要注意的有两点：1. 要使人与图书发生联系。单是买些书来放起而无人看，那简直是藏书室。2. 各船的图书馆，要设法办起来。搭客在船上无事，须要看书，比我们急切得多，不过搭客们要的是些甚么种类的书，务必设法知道。单是书还不够，图画、照片，更需要。

11月6日　北碚农村银行举行第一届常年股东大会，熊明甫主持大会，卢作孚报告银行开办以来经营情况，提出应努力的三项工作：1. 帮助商人。2. 帮助经营煤业。3. 促成新兴事业。会上卢作孚再次当选为该行董事长。《嘉陵江日报》载②：

北碚农村银行，于本月六日午后三钟假民众俱乐部开第一届常年股东大会，到会股东计有张绍初、熊明甫、李成之、黄子裳、周员浦等三十余人，由熊明甫主席，宣布开会。次由董事长卢作孚报告该行开幕以来之经过情形，及希望农行今后本身工作人员应当努力的几点：（一）帮助商人。峡区这个农村与一般的农村有一点特殊的情形就是不以农业为主，大多数的人都去努力商业的经营。因为这种关系，设若完全从农人身上想办法，是会失败的。所以我们对于农人以外的商人更应该急切想办法帮助，如像水土沱的酒生意，北碚的棉纱生意和糖生意。我们可以在重庆帮助他们代买棉纱，一方面帮助乡村很大，再一方面本身也可以得一点少许利益。（二）帮助经营煤业。峡里最伟大而又最困难的事业，莫如煤业，但多数都缺乏资本。所以我们应该设法帮助他们经营，自己造坪子，自己管理自己租，放款给

① 《本公司朝会记录》，《新世界》第10、11期合刊，1932年12月1日，第56页。

② 《北碚农村银行开股东大会》，《嘉陵江日报》1932年11月8日。

人，尤其是当峡里子金高的时候，正是重庆方面子金低落的时候。所以更应该运用这个机会借款供给农村需要。（三）促成新兴事业。峡里这个农村，常不断地有经济事业产生而每桩经济事业产生的当初，都是感觉资本缺乏的问题。所以我们应该设法帮助，或是借款，或是投资，或是透支。同时他们也把每天经营的收入，拿来存放在银行里。这样一来，彼此都得帮助。

11月14日　刘鸿生接收南京国民政府任命，正式接任招商局总经理①。

11月15日　（一）南京国民政府正式颁布将招商局收归国有训令②，招商局再次成为国有企业。（二）曾经加入少年中国学会，此时为国防设计委员会成员的著名电力电工专家恽震与担任山东省建设厅技正的水力工程师曹瑞芝、担任交通部长江水道整治委员会技术处长的宋希尚、担任交通部长江水道整治委员会水道测量总工程师的美国专家史笃培（Col. C. C. Stoebe）等人组成的三峡水利勘测队，在测量了宜昌附近的葛洲坝等处地质数据后，乘船到达重庆和北碚，在这里会晤了卢作孚③。关于这次会晤的经过与细节，恽震曾留下《参观四川小三峡社会事业日记》，日记载④：

二十一年十一月十五日　星期二　微雨

晨六时出重庆千厮门（北门），由盐码头上民生公司之民宁轮，与卢作孚先生同赴北碚一带，参观其所经营之事业。卢先生为一坚苦卓绝有多方面兴趣之事业家，奉己简约，待人诚恳，不畏险阻，不辞劳瘁，合川县人，所受教育甚少，而读书终身不倦。初在本乡教育界服务，嗣助杨森办教育行政，又在成都任通俗教育馆馆长，皆有声于时。民国十四年，始创办民生实业公司于合川。是时，电灯厂方面，仅十五匹马力之油机；航业方面，仅驶行渝合间之小轮一二艘。先生

① 上海社会科学院经济研究所编《刘鸿生企业史料》（上册），上海人民出版社1981年版，第310页。

② 张后铨主编：《招商局史：近代部分》，中国社会科学出版社2007年版，第360页。

③ 恽震：《电力电工专家恽震自述》，《中国科技史料》第21卷第3期，2000年9月，第195页。

④ 恽震：《参观四川小三峡社会事业日记》，《旅行杂志》第7卷第3号，1933年3月，第17—20页。

惨淡经营，孜孜不倦。嘉陵江自合川至重庆间，有小三峡，曰沥鼻峡、温泉峡、观音峡，地当江北、巴县、璧山、合川四县交界，山岭重复，为土匪啸聚出没之区。十三年冬，四县绅民竭诚组织峡防团务局，抽收过道船捐，作为经常费。当局知卢先生能，于十六年春，乃委为第二任局长，迄今五载，成绩斐然。辖区范围，南迄北，东徂西，各二百二十里，盗匪绝迹，人民安堵。先生于安定秩序之余，亟亟从事乡村建设。峡防局内，分税务、政治、军事、稽核四股，常备兵士，共约四百人。每日工作，皆甚紧张。训练学生队及少年义勇队，俾为中下层工作干部。北碚镇内，已成立之社会事业机关，有（一）地方医院一所。（二）图书馆一所。（三）民众学校九所。民众俱乐部、民众问事处各一所。（四）公共体育场一处。（五）乡村电话，可直通重庆、合川。（六）平民公园一处，系就火焰山东岳庙改筑。（七）嘉陵江日报社。此外又由卢君募捐设立（一）中国西部科学院，内有博物馆、化验室、动物园、农场、兼善中学校、实用小学校各一。（二）于温泉峡就天然景物，设温泉公园，本身收入，足以维持。（三）北碚农村银行，资本十万元，办理各种农业放款、棉纱油盐贸易及消费合作社。（三）三峡染织工厂，资本二万元，职工共二百余人，每月产布一千七百匹，其它棉织物多种，其盈余全部补助本区文化事业。北碚镇二十年十月调查有六百八十七家，三千零九十三人。识字人数占六百零五人，入学儿童一百四十七人，吸食鸦片者一百七十九人（此在四川已为不可多得之数），有职业能生利者，一千一百七十三人，苦力劳动者居多数，有肺病者一百二十人。卢先生治峡区既见大效，十八年刘军长甫澄又委兼川江航务管理局［处］局［处］长，成绩亦著。同时民生公司，业务蒸蒸日上。其合川电厂，已加购一百二十马力新机。轮船逐渐增至十四艘。卢乃辞去航务处职，专心致力于民生公司，任总经理。下分四部，曰总务处、航务处、运输处及厂务处，资本一百万元（民国十五年五万元，十六年十万元，十七年十五万元，十九年三十万元）。公积金四十余万元，未分红息十余万元。营业种类凡四，分谈如下：

（甲）轮船二十只，最长一百九十英尺，航线分（一）渝合潼，（二）渝涪万，（三）渝叙嘉，（四）渝宜汉沪四线，资产一百五十万元。

（乙）机器工业，设机器修理厂于江北县青草坝，资产十万元。

（丙）公用事业，合川电灯自来水厂，资产为十三万元。

（丁）投资北川铁路公司。该公司在江北合川之间，观音峡西山煤矿区域，建造二英尺轨铁道三十里，专供该处各煤矿公司运煤之用。资本三十五万元，资产五十万元。民生公司已投资五万五千元。

民生公司股息定为一分，此外每年红利亦在一分以上，各部财产，平均折旧率为十分之一。未经保险之轮船，亦为提保险费十分之一。

是日，余视察嘉陵江下游，见江水平稳，险滩甚少，帆樯往来不绝，似不宜筑坝以取水力。惟知附近各县，小瀑布甚多。江北之东山产煤，且宜于工厂锅炉，尤以龙王洞为最着。西山煤量较富，不下一百兆吨，质亦良佳，宜于炼焦或取油。余于观音峡口白庙子（距重庆一百三十里）上岸，由北川公司经理唐瑞五君导往参观。铁路在半山上，距水面一百二十公尺。公司开办于十七年，现在有机车四辆，一百十马力者一，七十五马力者一，三十五马力者二，皆德国制。煤车五吨者三十八辆，一吨半者（旧货）三十辆，小客车四辆。铁轨分二十八磅及二十磅者两种，坡度最高者为百分之五。公司有职员三十余人，工匠二百人，经理之下分工程、机务、总务、营业、会计、出纳六组。每月收入约一万二千元，开支仅五千元。沿路煤产，既美且富。煤层厚者，达到五公尺，皆土法开采。其通风打水，皆急需电力之设备。闻对岸有高坑岩瀑布，高十丈，可利用发电。其计划大概，余已为卢先生言之。铁路将来可逐步延长至一百二十里。川汉路至今未见尺寸之成，不图于此深山荒谷中，得见此整齐完美之铁路，其令人兴奋愉快何如耶！附近有一洪济水力造冰厂，资本八万元，计土木工程三万元，机器三万元。冰窖设于重庆，开工于四年前，完工于二年前。引煤矿溪水筑渠至岩边，水头在百尺以，机量八十马力。另有一小柴油机为辅助。惜设计未尽适当，水力未用以发电，冰价成本太高，每百磅售洋一元五角，目下亏折甚巨。厂长骆君，招待颇殷勤。此厂与民生公司无关系。下午四时下山，由峡防局引导员黄尚荣君导乘小巡船，再溯江十里，至北碚场。上岸，见街道平整，规划俨然，耳目为之一新。游览公园及科学院，乃至峡防局晚饭。卢先生衣履朴素，绝无嗜好。不置私产，所入各方面薪水，除以二百元养家外，余悉用以捐助各事业。至今彼在民生公司之投资，仅一千元，绝对非资本家。以是其属下，均受其熏陶感化，无人不以俭约自持，薄薪自足。饭后，峡局开会欢迎，请余及宋君演说，余乃以成功无止境，每日努力即为成功之说进。宋君则规以事业当建筑在人肩上，不可令有人亡政息之遗憾。卢先生向吾二人致谢，继乃引申吾说，谓努力事业者，当时时选新标准为鹄的，勿以小就而自满，天天可得成功，亦可谓难，至老死仍无最后之成功。办事之秘诀在紧张，聪明出于紧张，健康出于紧张。其言隽永，至可玩味。是晚宿于峡局。

11月16日　恽震《参观四川小三峡社会事业日记》载其在峡区参观情形[①]：

十一月十六日　星期三　阴转晴

天未明，为吹号声所醒。起身，加入直立式之吃早饭。卢君伴往三峡染织工厂参观。竹篱矮房，乃一关帝庙也。庙貌巍然，依旧保存。其下男女工人，忙忙碌碌，各事所事，摇纱、织布、织袜、制衣、浆染、印刷，秩序井然。动力仅十四匹马力油机一架，日夜发电，晚间供给市区电灯五百盏。惟一过量，灯光不甚明。闻此厂之资本，不属于峡局，不属于私人。其性质近于市民职工公有。次参观小学校、图书馆及对岸农场、养鸡场。附近有某军人，集资办一淳利水泥制造厂，利用本山石灰，本甚妥当，惜办理不当，拟造之水坝被冲毁，现尚无正式出品。重庆水泥，现价每桶十六元零。故时下如能速设一水泥厂，并广植棉花，设一纱厂，实为最应需要者也。又来巡船，上溯五里，至温泉峡。登岩，但见热汤四溢，左右逢源。虽飞瀑亦为温泉。余等入浴，宋罗诸君入盆汤，余及黄君则喜大池，仰浮仰泳，温暖适体，目送青山，身随流水，至足乐也。浴毕，上温泉公园，系一古庙改造，中有花好楼、数帆楼、农庄及磬室，皆可住宿，上有绍龙寺、缙云寺、石华寺、大隐寺、白云寺、福兴寺、转龙寺、禅岩寺诸丛林及五花洞、飞雪湫，飞来阁诸名胜。宋君已决定今晚高卧农庄，坚留余同住。余因为责任心所驱，今日必须赴合川视察，而明日又需赶船东下，不能两全其美，只得舍此绝妙风景而去。宋君谓余，草草劳人，其愚不可及也。由此往合川约百里，轮船约需四小时至五小时。沿途风景，皆甚可爱。过钓鱼城，抵合川已暮。厂长李育才招待视察街市、公园及电厂、自来水厂。厂在瑞山顶，俯视全城，取以运煤，皆不便。瑞山小学校，亦卢先生所创办，至今仍兼校长。

① 恽震：《参观四川小三峡社会事业日记》，《旅行杂志》第7卷第3号，1933年3月，第20页。

是晚宿厂内，宋君复告余，渠在北碚及温泉，问村民对于卢先生之感想如何？则对曰：无好感。盖小有过失，即遭峡防局谴罚或拘役。宋君谓卢君为村民谋福利，奈何勿感其恩？则支吾无以对。

在重庆获晤华西大学农科教员李明良君，已调查四川各县农村逾半数。又晤中国银行副经理张禹九君，发行四川月刊，皆有心人也。

11月17日　恽震《参观四川小三峡社会事业日记》载其在峡区与卢作孚晤谈情形①：

十一月十七日　星期四　阴

晨发自合川，午一时抵重庆。由罗瑞芬君伴往购物。再访卢作孚先生，谈合川电厂注册事，又问答如次。

恽问：贵公司人员，薪水甚低，厂长月薪闻仅四十元。每年加薪一元至十元，平均为二成。除以至好朋友团结外，先生如何维系此十余人之心，使能安于工作，而不外骛？

卢答：本公司不能出大薪水，且不能多加薪，但愿负责使各同事之生活，由公司代为解决。例如住宅问题，已由公司从盈余中提一巨款，购地建房，以后养生送死、疾病生育、儿童教育、恤孤抚婴等责任，均可由公司负担。而同人只消安心努力，为社会服务，其它不必愁。上自总经理，下至工人，皆同此待遇。

恽问：对于不能合作或有恶习嫌疑之人，先生主张酌量通融抑或主张一刀两断？

卢答：绝对的一刀两断，不妥协。余屡次任事，必先向主管上司声明，绝对不许用条子派荐人员。接任航务管理处时，旧人习气太深，其中虽有好人，亦清浊难辨，只得全部换过。民生公司董事会，任会计一职，必须董事会委派。余为总经理，坚持必须余自用，否则宁可不办民生公司。

恽问：若自用人员，亦有恶习嫌疑，人言籍籍，查又无据，则奈何？

卢答：此事应尽量彻查，如有其事，立即撤换。否则当彻查经过公布，俾释群疑。

---

① 恽震：《参观四川小三峡社会事业日记》，《旅行杂志》第7卷第3号，1933年3月，第20—21页。

恽问：先生是否将最［用］简单之言语，说明四川现状。

卢答：四川人并不排斥外省人，学校经费尚能保持独立，军阀防区内地方建设，亦有相当进展。任何城市，皆有马路数条，公园一所。民国已经过萌芽时代及与军阀抗争时代，现在组织尚好，与人民及军阀皆相安。土匪及共产党，均无法滋蔓。余深信武力不能统一，惟建设可以统一。目下最可痛者，惟鸦片之流毒，将来总要中央及地方各方面，下决心始能铲除。

余等告退，时已下午七时，民生公司各职员尚皆分头办公未退。余问贵公司办公钟点如何？卢笑答曰：明天为航空发信期，今晚大家终须闹到十一点也。

11月19日　卢作孚出席民生公司朝会并就轮船修理、备件等问题提出要求，谓①：

今天我们的船，常常发生毛病的原因很多：第一是船买得不好。第二是船应修理时不觉得。第三是船应当修理时，却估捣拖。至于引水人才的问题，现在已逐渐解决了。

常有船停在厂方，很久都修理不起，这是厂方备件不齐，迁延时日的关系。今天以后，盼望厂方事前就把备件准备好了，一个船停了，很快的修好。还有一桩事情，就是备件来源的问题。今天以后，我们先要打算一下，哪些东西应当买外国的，哪些可以自已造。否则做些来放起不中用，实在太不经济。其实这些事情，都是船上同岸上可以取联络的。民生公司只有两个问题：一是联络。二是人才。所以今天民生公司只要找到人来把一切秩序建立起来，使各部都能联络好，那末问题就很少了。

11月23日　中央研究院历史自然博物馆为中国西部科学院寄增蕨类植物标本学名鉴定完毕事致函卢作孚②：

前承寄增敝馆之植物标本，现已将蕨类全部之学名鉴定完竣，附寄名单一份，希即检收为荷。

---

① 《本公司朝会记录》，《新世界》第10、11期合刊，1932年12月1日，第60—61页。

② 黄立人主编：《卢作孚书信集》，四川人民出版社2003年版，第265—266页。

12月6日 民生公司合并中兴公司的万安轮，改名为民宪轮[①]。民宪、民康、民主、民俗、民贵、民族等6轮，都是渝宜段500吨以上轮船，其中，民族、民贵、民俗各轮均在900吨以上，枯水可航行于重庆上海间。加上租用的南通、昭通2轮，此时，民生公司共有大小轮船22只，航行长江中下游的大轮总吨数增加到了7200吨[②]。郑璧成说："自是本公司之航运，插足长江中下段矣。"[③]

12月9日 卢作孚出席民生公司朝会并就帮助同业、缩短轮船不必要的停靠时间等问题提出要求，讲话说[④]：

> 1. 通知各轮船，凡中外轮船需要我们帮助的，就要马上帮助。我们要把这种帮助人的风气提倡起来。
>
> 2. 通知各轮船，各办事处，以及各分公司，要注意时间问题，船多待一天的损失，实在大得很。
>
> 3. 通知各轮船，行动一定要有决断——很快的决断。无论怎样，都要缩短停泊时间，增加航行时间。

12月12日 卢作孚的好友宋师度在民生公司讲演《人才的造成》，卢作孚作陪。宋师度讲演结束后，卢作孚致词，对宋师度"做大事，成大才；做小事，成小才；不做事，便不成才"的说法大加赞赏，并谈了自己的人才观，谓[⑤]：

> 我们应细细玩味宋先生演词中最精彩的一段：做大事，成大才；做小事，成小才；不做事，不成才。人才，要用得得当。我们曾看见的人才，例如梁启超，会作文章，我们可以说他们是文章人才。但是他们要当官，那就不是人才了。因为他们不是当官的人才。学校不是训练人的地方，更不是训练领袖的地方，只是训练学习做事的地方。

---

① 民生实业公司十一周年纪念刊编辑委员会编：《民生实业公司十一周年纪念刊》，中华书局1937年版，第202页。

② 《民生公司在长江》，《新世界》1945年11月号，1945年11月15日，第8页。

③ 民生实业公司十一周年纪念刊编辑委员会编：《民生实业公司十一周年纪念刊》，中华书局1937年版，第87页。

④ 《本公司朝会记录》，《新世界》第12期，1932年12月16日，第25页。

⑤ 宋师度：《人才的造成》、卢作孚的答谢辞，《新世界》第12期，1932年12月16日，第3页。

因此，做大事是不很容易的。以前曾找一位下江朋友，请他介绍人才到四川来。他说：人才有三种：1. 原来没有钱，没有事，没有人才的，要办成有钱、有事、有人才，这是第一流人才。你说，中国有几个这种人才？我回答不倒他。所以他又说：2. 原来有钱，有事，有人才的要把事办好，这是第二流人才，你用不着这种人才。3. 在人领导之下把事办好，这是第三流人才。请问你们四川有没有领导的人？有的，在麻雀桌上，在烟酒场中，领导的人多着哩！所以我不敢介绍这流人才到四川来。由此，可见人才不容易找，特别是四川。古人办事有用违其长，今人都往往用过其长。“例如某甲最好当个县长，其实已经过大咯，最好是当个乡约。”这绝不是瞧不起某甲的话。又如某乙最好当个旅长，其实也大了，最好当个连长。然而他们要当大的，所以把他们已有的才能都显不出来了。因为他们只是当乡约、当连长的人才。

［按］这次讲演后不久，宋师度应卢作孚之邀进入民生公司管理层。

12月13日　卢作孚出席民生公司朝会，提出公司应有一个救火的组织。经推举公司组织了有郑璧成等七人组成的救火队筹备组①。

12月16日　（一）民生公司租川军第二十一军南通轮②。（二）《新世界》刊载卢作孚《我们应该学习北方人那种和蔼的态度》的谈话，谈话中卢作孚特别提请民生公司坐柜台的人，要和蔼地回答客人的问题，尽快为客人办理有关的事宜③。

12月20日　民生公司董事会通过决议，从1933年1月1日起公司事务所改称总公司④。

12月22日　（一）卢作孚出席民生公司朝会并讲话，谓⑤：

训练，在民生公司很困难。第一是事务上的问题多，大家都集中精神去应付当前的问题去了。第二是各部在事务上都不愿互相过问，以致各搞各的去了。不错，民生公司今天，应当一切都不成问题，应

① 《本公司朝会记录》，《新世界》第12期，1932年12月16日，第28页。

② 佚名：《民生简史》（上），《民生实业公司简讯》第1036期，1950年7月21日，第3版。

③ 卢作孚：《我们应学习北方人那种和蔼的态度》，《新世界》第12期，1932年12月16日，第47页。

④ 《民生实业公司大事记》，《新世界》第65期，1935年3月1日，第95页。

⑤ 《本公司十二月下半月朝会摘录》，《新世界》第13期，1933年1月1日，第29页。

当只集中精力来训练人。人训练好了，一切也都不成问题了。这件事情，要请大家切实留意，并且要有一个时间来讨论和实行起来。朝会仅仅卅分钟，事实上不能讨论问题。今天大家感觉无意义，是报告的人没有训练，没有准备，以致于缺乏意义。今天以后，朝会应当仍然是报告的。报告的材料是：一、各部的问题；二、解决问题的方法。轮船到了重庆。公司职工最好有组织的去参观一下，使得对于船上的问题明了些。今天我们应提倡：一、以最能守法为荣，二、竭力把晚间办公的时间缩短。朝会不到，用通知的方法，很有意义。以后朝会的主席，要先料理一下未到的人，迟到的也要报告出来。

（二）民生公司事务所召开第一次消防会议①。

12月23日 （一）民生公司租川军第二十一军昭通、元通两轮②。至此民生公司在本年收买大小轮船八只，囤船三只，驳船十一只，改造轮船、驳船各一只，承租轮船二只③。（二）民生公司委托聚兴诚银行沙市分行为沙市代办处④。

12月29日 中国民权保障同盟在上海正式成立，宋庆龄、蔡元培任正、副主席，杨杏佛任秘书长，鲁迅、胡愈之、邹韬奋等为执行委员。发起和参加者还有黎照寰、林语堂、王云五、沈钧儒、郭蔚然、周建人、张志让、茅盾、郁达夫、王造时、叶绍钧（即叶圣陶）等以及伊罗生、史沫特莱等国际友人⑤。

本年 （一）何北衡、卢作孚集资接收总行在重庆，并在上海、汉口、宜昌、万县等地皆有分支机构和相当影响的大川通报关行，何北衡担任董事长，卢作孚为董事，使原来为日商日清公司等招揽货运业务的大川通，从此为民生公司招揽货运业务，有力地帮助了民生公司在长江下游业务的开展。后来该报关行改组为华懋公司⑥。从此之

---

① 民生实业公司十一周年纪念刊编辑委员会编：《民生实业公司十一周年纪念刊》，中华书局1937年版，第201页。

② 佚名：《民生简史》（上），《民生实业公司简讯》第1036期，1950年7月21日，第3版。

③ 民生实业公司十一周年纪念刊编辑委员会编：《民生实业公司十一周年纪念刊》，中华书局1937年版，第202页。

④ 同上书，第200页。

⑤ 生活书店史稿编辑委员会编：《生活书店史稿》，生活·读书·新知三联书店2007年版，第38页。

⑥ 《华懋公司组织成立略历》，重庆市档案馆藏。

后，重庆以下的下游货运成为民生公司的主要收入来源①。本年民生公司还确立了有总公司各处室负责人参加的联席会议制度，该项会议由总经理或总务处经理主持，上午 9 时到 10 时召开，主要是根据总经理室汇总的公司情况，发现问题，及时研究、协调并加以解决，后来又叫调船会议②。

（二）民生公司进一步整理重庆宜昌间的航业，接收了七只轮船，合并了四个中国轮船公司，接收了一个英国轮船公司，年底航线延伸到了上海③。资料又载④：

> 民 21 年（1932 年）4 月，收买长宁公司之长宁轮改为民宁，又收买涪丰公司之涪丰改名民康、蜀平公司之福明改为民主。7 月收买永年公司之永年（意籍）改为民俗。8 月收买川江公司蜀亨、新蜀通，蜀亨改名民贵。9 月收买皮托谦改为民族。12 月收买中兴公司万安改名民宪，又租二十一军之昭通、南通二轮。经本年购下游轮船之努力，并于 6 月以民主轮直航上海，公司始参加长江中下段航行矣。同年正式将公司内部，组织总务、船务、会计、运输四处，正式改称总公司，并移入第一模范市场，规定举行船岸旬会。总公司除星期日外，每晨 8 钟举行朝会，每周星期三主任以上举行主干会，发刊新世界半月刊，设图书馆等。是年额定股本为 200 万元，实收 908000 元，职工倍增为 1071 人。

---

① 《民生公司在长江》，《新世界》1945 年 11 月号，1945 年 11 月 15 日，第 11 页。

② 童少生：《回忆民生轮船公司》，见周永林、凌耀伦主编《卢作孚追思录》，重庆出版社 2001 年版，第 195 页。

③ 卢作孚：《一桩惨淡经营的事业——民生实业公司》，民生公司 1943 年，第 8 页。

④ 佚名：《民生简史》（上），《民生实业公司简讯》第 1036 期，1950 年 7 月 21 日，第 3 版。

1933年（民国二十二年）40岁

1月1日　（一）重庆民生公司事务所正式改组为总公司。总公司管理机构设总务、船务、会计、运输四处；规定举行船岸旬会；除星期日以外，总公司每晨8时举行朝会；每周星期三举行公司股主任以上主干会。

（二）民生公司在川南叙府成立分公司，在万县成立办事处①，陈国光任万县办事处主任。

1月12日　由于第四方面军入川并不断扩大战果，第一次二刘之战于本日结束。

1月15日　《新世界》刊载卢作孚《航业为什么要联成整个的》一文，针对社会上有关民生公司企图操纵甚至垄断川江航业的误解作出了回答，并进一步分析了川江航业联合的必要性和意义。谓②：

> 民生公司为了要把川江华商经营的航业联成整个的，引起了外间不少的误会。认为民生公司抱的是帝国主义，压迫弱小公司，要操纵航业，要垄断独占，乃至于对着民生公司切齿痛恨。这在我们是感觉得非常沉痛的事，值得沉痛地解释的：民生公司之盼望航业联成整个的，不但对航业界是好意，是帮助的意义，对社会尤其是好意，是帮助的意义。民生公司之合并任何轮船公司，在事实上都曾经证明是帮助了他们，同时亦是自己吃亏，以为在今天以前，独立的公司曾经折本、负债，至少亦没可靠的赢余；自与民生公司合作起，直至今日止，是事实上证明有赢余的。在民生公司开始与福川公司合作时，福全轮船是只估得银七万元，民生资本十七万，当时岸上事业便达资产十七万，尚有民生、民望、民用三只船，都没有算上一个钱。后来合

---

① 民生实业公司十一周年纪念刊编辑委员会编：《民生实业公司十一周年纪念刊》，中华书局1937年版，第204页。

② 卢作孚：《中国的建设问题与人的训练》，上海生活书店1935年版，第173—179页。

九江两只轮船加上一只囤船，亦只估得十六万。再后合通江、嘉福、岷江三只船估价九万一千三百元，仅得一只可用的通江船。嘉福改为民享，虽然先后行驶了几个月，收入还不够它的修理费，而今机器船壳都废掉了。岷江则至今尚停在修理厂外。合并重庆轮船去银三万元，而今改为民选，为了修理，乃加上银五万余元，共值八万余元，走得与否，尚是一只未可知的轮船。合并乘风，改为民殷，去银三万余元，可值钱者，只有机器，船壳至今悬为问题，尚待更换。长天丸去银六万元买来，改为民强，行驶不过几次，每次必有问题，而今只用船壳，去了机器。须知六万元可以造成同样大的新船壳了，而这一只旧的船壳便去了六万。利通改为民觉，去银四万六千元，须知它是新船时，只比民生多费一千余元，只去三万六千余元。这都是上游的轮船，很可以证明吃亏都在民生公司，次则先合并的福川、九江公司，而不在其它合并的轮船原有的公司。他们以历年亏折，掉得现金，或掉得赢余，其为额又都超过他们的轮船所应值得的。如果另有公司能以这种精神合并民生，亦应是我们所十分愿意承认的。

到了今年合并下游的轮船，民生的船价应是二十五万元，因在福顺时候有两只修理船价，乃加了十万。民康的船价是十二万元，因在涪丰时候有一度修理，船价乃加了五万。永年共费去二十八万元，若加上汇水，应到三十万元以上，以今天造船的价廉，直可以此船价造成同样大的新船。皮托谦去银七万七千两，仅仅买了它的一对机器及附属机件，另造了一支船壳，命名民族，如照同样大的新机器计算亦至多不过去银六万。最近合并万安，它在四年前的卖价是十六万两，今天仍是十六万两，整整走了四年以上，并未要它消磨一点。

我们这样吃亏去与他公司合作，似乎不是帝国主义所肯采纳的手段，其意义亦绝不在操纵航业或谋垄断。第一就航业本身言，联成整个的，若干轮船只有一个公司，开支应较经济。何条航线需有几只轮船，或某线需要大船，某线需要小船，或有时需要大船，有时需要小船，应着需要分配，更较经济。可以设备比较完备的工厂，担任修理。由重庆、宜昌以至于上海，大小问题发生，自己皆能修理，亦较经济，更较便利。这些利益，不是从社会上去取得的，是从航业一经联成整个的时候产生的。

航业联成整个的以后，公司利益更是“安全”。一只轮船发生问题，尚有他轮可以替代；一条航线发生问题，尚有他线可以行驶。可以增加救船的设备，或安设在各个船上的，或准备在工厂的。例如橡皮的气囊，是有浮船的功用的。一个公司有了若干轮船之后，尤其是行驶川江，更应设备。轮船公司太多的时候，大家尔虞我诈，竞争营业，水脚时涨时落，轮船的营业太不安定，商人亦太不安定。一经联成整个的以后，则轮船公司间易于协定水脚，与商人间亦易于协定水脚，大家都入了安全的境地。

1月16日　国民革命军第21军司令部向峡防局发出训令，委任卢尔勤为峡防局团务指导员，"辅助该局长处理团务纠纷，指导防匪事宜及峡区民丁之编练等事"。[①] 当月27日，卢尔勤收到训令，28日到职。[②] 卢尔勤后来回忆说[③]：

那时我还在成都，他（卢作孚）因重庆川东南团务总监部邀他接任江巴璧合峡防局长，来信要我回去从旁协助。因为那时四县相争夺的人，多是我以前峡防司令部旧有的大队长。估量有旧的关系，他去任局长各方不会发生异议，所以嘱我速回。我东下时，峡区的人都知道他与我是弟兄，早就欢迎他接任峡防局长了。我到重庆后，川东南团务总监部便加委我任峡区团务指导员，从旁协助其事。

1月19日　在外地指导公司业务的卢作孚为将峡防局公安队改名为特务队以及峡防局的其他有关事宜，致函峡防局中主干人员赵仲舒等人，指出峡防局存在与对地方感情紧张和自身松弛两大问题需要解决。信中写道[④]：

公安队改名称为特务队，办法已与川康团委会商好，明日即可由弟拟具简章寄回峡局呈报。兹有不能已于言者，前日曾略为子裳言之。峡局有两大病，为一般友人所常常提示而至今仍有遗憾者：第一，对地方感情太恶，各方面事业均不能与社会联络，人员均不能与社会接洽，常感觉一问题发生，得一解释弥缝之人亦大感困难，此在今后必须留意者。第二，弟在峡时一切情况较为紧张，离开后即间有

---

① 《国民革命军第二十一军司令部训令》（1933年1月16日），重庆档案馆馆藏档案。

② 《卢尔勤呈国民革命军第二十一军军长刘湘》（1933年1月28日），重庆档案馆馆藏档案。

③ 《卢尔勤回忆卢作孚》，卢国模整理，未刊。

④ 黄立人主编：《卢作孚书信集》，四川人民出版社2003年版，第1—2页。

较为松弛之象。人之生活诚不可过为紧张，然以峡局有运动、娱乐各种生活相间之故，则紧张亦无妨。如果一张一弛，颇足令服务青年及旁观者看出破绽，觉有对人勉强之象。此固属少数人为，然顾究有不良影响。所望吾兄注全力于联络各方，贯彻上述两点。弟虽常常离峡，然常常萦扰［绕］北碚、重庆两头者，非常紧张，几欲以生命殉之矣，但令事有办法，人有办法，万事牺牲非所欲顾。个人所过生活之窘及其问题之多，绝非峡局人员所可尽知者，实望两兄常有以警惕同人。抑尤有进者，一个乡村，年耗十万左右之款，以为经营之费，实为太侈之举。苟无特殊成绩足供一般参考，则真有令人自惭无地者矣，更何堪为久远计。弟欲长住峡助诸兄，而终不得闲，一周一行，实无济于事。实望诸兄提起全局人兴趣，相互联络策励，且深谋远虑，及于事业前途则幸甚矣。

［按］《卢作孚书信集》中注明该信时间为1927年1月19日，误。从内容上判断，应为1933年1月19日。

1月23日　民生公司在第一模范市场设民生消费合作社①。

1月　特务学生队成立。

2月1日　中午，黄炎培在上海邀请杜重远、卢作孚等餐叙②。

2月2日　下午，黄炎培往访在上海的卢作孚③。

2月4日　卢作孚派峡防局官兵在峡区西山坪举行屯垦开工典礼，并为之题词云④：

举锄将大地开拓，提兵向自然进攻。

［按］经努力，峡防局官兵将西山坪的荒坡地建设成为中国西部科学院西山坪农场及试验园地。关于开辟西山坪垦殖事业，资料载⑤：

---

① 民生实业公司十一周年纪念刊编辑委员会编：《民生实业公司十一周年纪念刊》，中华书局1937年版，第204页。

② 中国社会科学院近代史研究所整理：《黄炎培日记》第4卷，华文出版社2008年版，第152页。

③ 同上。

④ 《北碚解》，《兼善友讯》第22期，1947年7月15日。

⑤ 黄子裳、刘选青：《嘉陵江三峡乡村十年来之经济建设》，《北碚月刊》第1卷第5期，1937年1月1日，第22页。

民国二十二年，前峡防局团务指导员卢尔勤，因公赴禅岩寺，发现西山坪遍地森林，被火焚烧，一片焦土，荒废可惜，乃商之中国西部科学院，租得该地，从事垦殖，一方面由峡局派兵协助工作，现已垦地四百亩；于初垦之年，即大批种植西瓜，所产之瓜质量良好，风味俱佳，销行渝合两地。二十三年开始试种，二十四年产量达万个，售洋五千元，二十五年产量两万个，售洋七千余元。最近该院以此为生利之大事业，并作各项果园之经营。

2月7日　川陕第一次工农兵代表大会在四川省通江县城举行，选举产生了川陕省苏维埃政府，川陕革命根据地正式建立。

2月8—25日　卢作孚在辗转各地指导公司业务的过程中，多次主持召开民生公司有关会议，解决一系列问题。如21日会议，卢作孚提出召开公司会议方法以及会议的种类。22日会议，卢作孚提出无论办事处或是各轮船，均“亟宜组织会议以资改进”①。卢作孚到民生公司永年轮，并在该轮发起首脑会议，即联络各同事感情及各部首脑会商解决问题办法的一种会议②。

2月15日　卢作孚为接种痘苗、特务队等事致函熊明甫，指示此后特务队分为三队，北碚为第一队，北川为第二队，下（夏）溪口为第三队③。

2月22日　卢作孚到永年轮查看情况，并发起首脑会议，所谓首脑会议，“便是联络各同事感情及各部头脑会商解决问题的办法的一种会议”④。

2月23日　重庆聚兴诚银行复函民生公司，告知代为调查湘南航业状况一事完竣⑤。

2月27日　黄炎培在上海访卢作孚，未遇⑥。

［按］卢作孚此时正上海、南京等地指导公司业务。

2月　峡防局成立特务第三队，驻夏溪口⑦。

---

① 《会议纪录》，重庆档案馆藏。

② 《两个船上的会议》，《新世界》第18期，1933年3月16日，第46页。

③ 黄立人主编：《卢作孚书信集》，四川人民出版社2003年版，第271页。

④ 《两个船上的会议》，《新世界》第18期，1933年3月16日，第46页。

⑤ 《委托聚兴诚银行调查湘南航业状况》，《新世界》第15、16期合刊，1933年2月16日，第76页。

⑥ 中国社会科学院近代史研究所整理：《黄炎培日记》第4卷，华文出版社2008年版，第158页。

⑦ 《江巴璧合特组峡防团务事业进程一览》，峡防局1934年刊，北碚图书馆藏。

3月2日　（一）自上海回川后，卢作孚本日出席公司朝会并讲话，内容主要涉及上海分公司以及民生公司发展中遇到的一些问题，如船的修理、上海买东西困难、上海揽货难等问题，兵差费问题，要修最阔绰的房子给职工住等打算，他说①：

几桩有意义的事："字典上没有难字"——世间并没有困难的问题。只要问题来了，我们迎着去解决，就终会解决的。不信让我举两个例证吧：去年我们的兵差费，不是许多人都以为收不到了么？但是，经我们一次二次三次的"扭倒闹"之后，现在已收到大半了，这是一个例子。其次，下面的兵差，起初我们的船开起下去就被扣，当我接到这个电之后，即刻去招商、三北，"你们的兵差怎么打法?"他们说："中央要打差的时候，先打电来通知我们公司，由经理酌派一只或两只船去。"我听见之后，唉，好奇怪呀！为什么我们不能援这个例呢？因此便打电给军政部，给蒋委员长，要求不要扣我们的船，结果目的也达到了。上海办事处——上海办事处的组织与职务，我已用会议的方法替他们解决了。并且，今天以后，在每晚上（除航空班期比期轮开的日子而外）都要开一个会议，应各人提出自己的职务来讨论或报告。上海办事处有一个缺点，对于公司情况不甚明了。我替他们想了一个办法，即公司的《新世界》到了之后，要有一个人负专责来报告，看公司有些什么新的办法，有些什么消息公布，可惜，今天以前的《新世界》这种材料不多。今天以后，我们要努力把它充实起来。三个改进的方法——轮船上（永年、民贵、民康）最近采取三个整理的方法，现在已实行了。(一）会议的方法：除了消防委员会、卫生清洁委员会、船员考绩会而外，各部还各自有部别会议。此外更有联席办公会。这是民康的办法。他如永年、民贵也都实行了会议的方法。无非会议的种类小有出入罢了。(二）教育的方法：自民康实行上课教育船员以来，永年亦打算仿行起来。我更希望各部都注重这个教育的方法。（三）相互参观相互批评：不久之前，永年实行了一次，由民贵、民康去参观。参观之后，批评了永年许多不是处。好了，不几天之后，永年下至茶房、水手都拼命，想把自己船弄好。总之，一件事业要想成功，非弄成全体的整体的不可。单是少数人

① 《朝会摘录》,《新世界》第18期，1933年3月16日，第36—39页。

努力，即使成功，也算不得全体的成功。

“要把重庆都没有那样阔的房子给职工住”：民生公司的事业，要想弄好，责任全在职工身上。所以民生公司的问题，要由职工来解决；同时职工的问题，也要由民生公司来为他们解决。因此，我想在今天职工大会提出，将去年收得的几万兵差费，拿出来建筑职工宿舍之用，现在已经请朋友在计划了。今年下半年不动工，明年上半年一定要动工，我们要建筑一座重庆都没有那样阔绰的房子来给职工住。职工宿舍修起了，赓续着就要在附近设立学校，教育职工们的子女。

（二）卢作孚、熊明甫以峡防局正副局长名义，备文呈复第21军军长刘湘，报告峡防局军事股主任卢子英已于2月27日收到21军司令部训令，任峡防局督练长。①

卢子英回忆②：

（川康团务委员会委员陈学池）主动将我原任峡局军事股主任改为督练长。陈事后曾对我说：“你这样就不需同常备队长再商量办事，而可以训练他，提调他了。”

［按］卢子英还回忆说，1933年卢作孚在离峡时让他以督练长代行峡防局长职务，卢作孚自己则把主要精力转向民生公司③。这一说法值得引起重视。大约从这时候开始，到1935年年底，卢作孚在通常情况下是星期六下午从重庆乘船到北碚，了解、督促和处理北碚各种事务，星期一一早乘船赶回重庆，处理民生公司的事务④。

3月3日　此前卢作孚曾经致函中国科学社邀请该社在重庆召开年会，本日该社社长王琎为决定在重庆召开年会事致函卢作孚，谓⑤：

前奉大缄，祇悉一是。承贵院邀往四川举行年会，曷胜庆幸。兹

---

① 《卢作孚、熊明甫呈复刘湘》（1933年3月2日），重庆档案馆馆藏档案。

② 卢子英：《我与二十一军的关系》（1969年8月8日），未刊资料。

③ 周永林、凌耀伦主编：《卢作孚追思录》，重庆出版社2001年版，第36页。

④ 周永林、凌耀伦主编：《卢作孚追思录》，重庆出版社2001年版，第97页。

⑤ 黄立人主编：《卢作孚书信集》，四川人民出版社2003年版，第271—272页。

经本社理事会议决定，今年年会于八月十六日起，在重庆一带开会，以副盛意。敬谂贵院热心科学，倡导群伦，颇与敝社主旨吻合，更期共策进行，以达传播科学之使命。届日同人恭指贵院，藉亲教益，尚希示我周行，俾匡不逮。谨先申谢，无任翘企。

3月6日　民生公司第一次通过考试招收茶房36人，送北碚托请峡防局代为培训。

3月8日　（一）民生公司与英商太古公司签约，用5000元的低价买下太古公司1932年5月沉没在四川长寿县属柴盘子一带江底值银60万两的“万流”轮。随即民生公司派工程师张干霆前往指导打捞[①]。

（二）卢作孚给一朋友回信谈关于身心修养的问题，谓[②]：

离沪之前一星期日，兄莅青年会问所以修养身心之道，因事忙，未及答复。怀怅至今，窃欲有言：此日中国，好友所需，不在个人修养，而在社会生活之修养。在工作方面，为社会的；在学问方面，为社会的；在暇余娱乐方面，为社会的；此盖社会生活之三个方面而非离异的三个社会也。譬如吾兄，今所与工作者，民生公司之良友；所与学问者，民生公司之良友；所暇余娱乐者，最好亦为民生公司之良友。又使此三种生活相互有关相互有助乃系身心修养之极，则其所成就，不仅个人，乃一整个的社会也。兄谓如何？示及，当更推论之。

（三）卢作孚给民生公司上海分公司经理张澍霖的复函中谈到会议的作用、人的训练、领导方法等问题，谓[③]：

上海会议记录，亟盼寄交总公司摘要介绍于《新世界》，并盼会议精神及方法日异而月不同，常有新的贡献于公司。各部会议，乃训练人员最重要之一种方法，不但盼吾兄不断地用之于公司，尤盼吾兄促成在申及到申各船不断地用之于各部船员，公司所以表现于社会

① 民生实业公司十一周年纪念刊编辑委员会编：《民生实业公司十一周年纪念刊》，中华书局1937年版，第204页。

② 卢作孚：《关于身心修养的两封信》，《新世界》第18期，1933年3月16日，第32页。

③ 卢作孚：《关于身心修养的两封信》，《新世界》第18期，1933年3月16日，第33页。

者，不在船多，而在船好，而在船员工作之好。能保护船，能保护货，能招待旅客。此三种成绩，均须超中外一切公司之上，乃贵乎有此一新公司也。求有此三种成绩，惟一方法，在人之训练。担任训练者，以船主经理为中心，而更由重庆总公司宜昌上海两分公司帮助之。重庆已着手，宜昌已商肇基，上海则端望吾兄矣，吾兄工作甚苦，工作，亦诚吾辈最紧要之生活。工作之训练，尤为吾辈最重要之生活。训练之中心问题，乃在分工与合作，乃在每人确定之任务，又相互有密切之联络。望兄力分自己之工作于公司之人员，而分精神于公司人员工作之分配与检点。领导人做事，须将自己做事之时间减少，训练人做事之时间加多也。三峡照片太多，未能交航邮，已交民福带宜托肇基觅便轮带申，请致意麦克米林，如来不及交彼带去，当由邮寄英伦。请兄代表科学院请托麦氏千万到英后为科学院征求机械陈列品，为学校商订半作捐赠之机器也。敬祝健康！

[按] 卢作孚重视会议的论述，已见于以上许多论述中。此处论及人的训练问题以及领导方法问题，反映了卢作孚在人的训练问题上的思考以及在领导方法上的见解和特点。

3月9日 秉志为介绍动物研究人员到中国西部科学院事致函卢作孚，谓①：

日来未晤，至以为念。科学社今年年会决定在川举行，届时同人来贵省当甚多，望能于贵省之科学教育有所裨助也。兹启者。弟前为西部科学院物色一动物专员，以便与余德俊君相辅进行生物学之工作。兹已寻得一人，此人姓顾，曾在静生从事研究，弟与之相习已久，早有介绍往贵处之意，当时因审慎未定。现弟已于其性质、工作完全了悉，知其与余君相若，故特为兄推荐，望先生斟酌情形，聘用此人，其一切办法与余君相同，将来在科学院专从事于动物之工作，每年夏间令其到静生生物调查所一行，藉以利用参考书籍而审定标本，并得师友切磋之益。于四川生物方面，既有余、顾二君，日后此间同人及静生方面之人，皆与贵省生物之调查研究关系更形密切也。先生日来在沪耶？抑回川也？弟此次在沪欲奉晤而未得，将来先生过宁望得一谈。先生得此信后望赐一函，弟可转知顾君，俾其作一切准

① 黄立人主编：《卢作孚书信集》，四川人民出版社2003年版，第272页。

备，以便来尊处与余君工作矣。天日犹寒，诸希珍摄，专此。

3 月 10 日　（一）卢作孚出席民生公司朝会并针对朝会的一些问题作了讲话。他指出：今后在朝会上报告的材料要事前进行选择，事后进行整理。报告人在报告之先应明确报告什么好，什么材料能够引起大家的兴趣，什么材料是大家所需要的。不要把朝会看得不紧要，须知朝会是我们报告自己做事的结果和介绍自己解决问题的方法的。他说[①]：

朝会的形式是好的，钟点一到大家就来齐了。精神可就不好了，报告的材料引不起大家的兴趣。我觉得一个人在要向公众说话之先，应有充分的准备。公司各部都是有组织的，那末，你在要报告之先，就应该自己同自己商量一下，并同你那一部的人商量一下：看报告甚么好，甚么材料才引得大家的兴趣，甚么材料才是大家所需要的。

在运输方面，有许多统计我们都需要知道，盼望把它弄出来，并且要做得正确。数目字的比较是很重要的，我们要从中找出问题来报告给大家听。所以我盼望今后的报告材料，要事前加以选择，加以整理。报告之后，并盼望听的人加以批评。你报告的某一些材料是好的，请以后多拿这种材料出来。某一些材料是要不得的，请以后改一下。

大家不要把朝会看得不紧要，须知朝会是我们报告自己做事的结果和介绍自己解决问题的方法的。所以，如果我们的朝会弄到没有意义，就表示了民生公司各部没有办法。如果我们的朝会有结果，民生公司将来也就不愁无归宿了。从明晨早起，要报告的应事前求助于人，切实把材料选择和整理一下。

（二）卢作孚在民生公司演讲《为己？为人!》，演讲最后他强调说[②]：

归纳起来，我今天同大家讨论的总结论是：“人不是为己的，人是为社会的。如果社会要求的是对的，我们就要遵从它；如果社会要求的是不对的，我们就要努力把它改造过。”

---

① 《朝会与民生公司》，《新世界》第 18 期，1933 年 3 月 16 日，第 42 页。

② 卢作孚：《为己？为人!》，《新世界》第 18 期，1933 年 3 月 16 日，第 1—3 页。

今天以前，人是以“我”所有的（例如讲究的食品、漂亮的衣服、高大的洋房）来为社会。今天以后，我们要拿做出来的、说出来的为众人做出来，为众人说出来。这样一来，才能创造一种新的生活的依赖，新的生活的保障。只有这种新的生活依赖，新的生活保障，才能创造出新的中华民国来。

3 月 19 日　卢作孚主持召开中国西部科学院第一次行政会议。

3 月 21 日　卢作孚在北碚峡防局周会上讲话，其一强调建设北碚医院在募捐中必须讲方法，其二是强调眼前工作与长远目标要兼顾①。本次周会上，峡防局督练部督练长卢子英、政治股主任黄子裳、审计股魏策方、图书馆主任袁白坚以及医院蒙炳光、动物园郭焯甫、第一特务队队长吴定域、第二特务队队长刘祺良、第三特务队队长刘学理、第三特务队戴大椿、特务学生队队长罗代荣等 11 个单位的负责人和代表也分别作了报告。卢作孚对诸人的报告逐个作了点评②：

听了今天的周会报告，想着一桩事业，是应该举办的，是应该从这一周起举办的，是应从今天的周会报告起举办的，就是我们每周有工作，每次周会有报告，应该以这种材料发行一种工作周刊，而就今天周会的报告作为第一期周刊的材料。

今天周会的内容很丰富，尤其是意义很丰富，是应该一点一点地提出来介绍与大家的：

第一是督练部卢督练长子英的报告。每一项用动员的方法描写种痘的预备和出发，是很有意义的。我们叙述一件事情，往往不引起人的兴趣，但另用一个方法描写得很灵动，则听的人兴趣盎然了，只可惜后来事项理论稍多，事实嫌少。

第二是政治股黄主任子裳的报告。当中最值得注意的是工人教育，是工人教育中间的一个标语和一些教材，一个标语是识字的工人要帮助不识字的工人，促起人帮助人，是我们今天最紧要的工作，一些教材是像教工人储蓄，教工人造成一个伟大的三峡染织工厂。我们教人的要点就是在教人生活的方法，并教人造成一个社会的理想而去

① 《三月廿一日周会主席报告》，《工作周刊》第 1 期，1933 年 3 月 23 日，第 1—2 页。

② 卢作孚：《三月廿一日周会主席报告中之工作报告》，《工作周刊》第 1 期，1933 年 3 月 23 日，第 1 页。

努力实现它。

第三是审计股魏策方的经费收入和支出的数目字上的报告。中国人最怕数目字，做事不求正确，只问大概，我们必须改正过来，要求数目必须正确，必须养成—个习惯。

第四是图书馆袁主任白坚的报告。最小的事情像贴一张小小的书上的标签亦有很多的麻烦，很大的困难，我们便不要把天下事看得太容易，认为自己能办。他于民众学校，一方面实施，一方面考察，一方面研究办法，而且几个实施的朋友，遇着机会便相互研究。这样不忘自己的中心问题，而且集中力量去解决它，这是我们急切需要的精神，大家都需要集中力量于自己的中心问题，少做不相干的事，少会不相干的人，少说不相干的话。

第五是医院蒙炳光的报告。完全是数目字，极其的简单明了，我们留意数目字是要从数目字当中找出问题来，医院报告的治疗人数，普通病人不如各机关各学校各队多，而各机关各学校各队总共不过几百人，普通人不知要多若干倍，而到医院看病的倒反转比较少，这究竟是因为各机关各学校各队的病人特别多，而普通人病的特别少，抑或是因为普通病人虽多，而相信医院的特别少呢？这倒是一个值得注意的问题，望大家研究研究它。

第六是动物园郭倬甫的报告。到重庆取鸟兽，看见民生公司和民康船上的人都非常忙碌，非常紧张，希望我们为了社会活动亦紧张起来，做事说话走路都要忙碌，要莫太从容。

第七是第一特务队吴队长定域的报告。士兵也是平民，我们施平民教育应该首先施到士兵身上，他们对于北碚清洁运动不重街前，而重街后，并且决求深入市民的家里，每桩事情都应该办得这样彻底。

第八是第二特务队刘队长骐良的报告。以前只知维持铁路上秩序，好像没有事做，而今担任白庙子市场的整理，才觉得早晚忙碌，才觉得时间太短，我们工作起来会感觉时间太短，总算是一种进步了。

第九是第三特务队刘队长学理的报告。因为峡防局奉命派特务队去驻下溪口，很使一部分人感觉不安，想激起意气，闹成纠纷，而特务队却事事谨慎，决不与争意气，与闹纠纷，这是我们作事最要紧的方法。我们的精神必须集中于我们正面的事业，所以必须消灭意气，避免纠纷，而且战胜人的方法，用意气去加强人的意气决不如不用意气，而用帮助人的精神去消灭人的意气，而且进一步取得人的同情，这才算是获得全胜。

第十是第三特务队戴大椿的报告。以士兵帮助人民清洁街面和街沟，并先教士兵去向人民宣传，每一个人都需要有宣传的能力，每对社会做一桩事，都需要有宣传的工作，这种程序是非常重要的。他的报告当中每一桩事都注意到社会的考察，而且注意到数目字的考察，例如见着烟馆就注意烟馆的数目，并与住户的数目比较；想到实施民众教育，便调查现有学校和学生的数目，这都是我们解决社会问题必须先有的工作。尤其有意义的是禁止赌博之后，提倡正当娱乐，设体育场和俱乐部。

第十一是特务学生队罗队长代荣的报告。黄葛镇清洁运动以学生队去担任，是非常有意义的工作，不但于黄葛镇有帮助，于学生队亦有帮助。尤其值得注意的是他们的内容，第一是在事前有确定的计划，我们得养成习惯，每做一件事都事前有计划；第二是他们宣传时想到一种对馆子挂牌的方法，如果一个馆子不清洁，在门前替他挂一块牌，写明这馆子不清洁，人就会怕去吃它，这种方法颇有效，如果从正面做一个馆子最清洁，在他的门前挂一块牌，写明这馆最清洁，岂不更有意义吗？第三是他们运动镇长，请他去看一周，而又送登载这桩事的报纸去请他看，用这种包围的方法，是社会运动最有效的方法，尤其是我们作一次清洁运动之后应该鼓起当地人继续工作起来。

综合今天的报告，内容和意义都丰富，都是关于一周以来我们有丰富的社会活动，今天算是从我参与周会以来报告内容最优美的一回。所以主张《工作周刊》从本周，今天的报告列入第一号，而盼望从今天起我们的周会报告更进步，我们的社会活动更进步。

［按］从上述点评中，可见卢作孚在训练人的问题上苦口婆心，耳提面命的具体做法。

3月23日　中国西部科学院与峡防局联合创办北碚《工作周刊》，卢作孚在发刊词中说①：

我们的工作，工作的方法和工作所得的成绩，是我们自己应得知道的，是在我们一个集团当中共同工作的朋友应得共同知道的，是在

① 卢作孚：《〈工作周刊〉所贡献的和所贡献于〈工作周刊〉的》，《工作周刊》第1期，1933年3月23日，第1页。

凡社会上工作的朋友都应得知道的。

有两个推进工作的原动力：第一个是时间的，随时需要知道我们的进程；第二个是空间的，随时需要比赛有人。报告我们的工作，兼有这两个意义。

有两个指示工作的罗针：第一，明日工作的计划，须根据今日工作的成绩；第二，自己工作的错误，须借鉴于他人的指陈。报告我们的工作，兼有这两个利益。

所以我们自有工作便有周会，自有周会便有报告，所报告的都是工作——工作的方法和工作所得的成绩。有时因工作丰富而使报告丰富，亦有时因报告有意义而使工作有意义。我们曾经研究它、欣赏它、抓住它，然而只有批评，没有记载；只有影子，没有痕迹。

三月十九日，峡局门外的周会，尤其是内容丰富而有意义，尤其是值得我们纪念的。遂决定从这周起将报告内容记载起来，发行一种《工作周刊》，由科学院与峡防局联合举办。

我们的工作是继续不断的，我们的《工作周刊》也是继续不断的。我们将从《工作周刊》看出各位的前进，不断地而且加速率地前进，即以此祝各位。

3月27日　民生公司练习生训练班第一班开始上课[①]。

3月30日　北碚《工作周刊》发表卢作孚在峡防局特务学生队种痘归来欢迎会上对会上有关报告作的讲评，谓[②]：

这个种痘活动当中，他们应该得着几点意义。第一，进社会才知道社会。第二，用了力量帮助社会。第三，在集团当中练习了一个生活。如何帮助社会？第一要先调查，第二要用集体的力量。更要知道，我们认识了社会，才能为社会打主意，其次才能帮助社会。今天同伍玉璋先生谈及救济农村问题，我就问农村怎样救济法，他说第一须得调查，才知道我们应帮助的是什么，第二才是想办法，第三才是怎样用集团的力量去帮助。所以更觉得此次特务学生队的集团活动，是我们十分值得宝贵的。

---

① 民生实业公司十一周年纪念刊编辑委员会编：《民生实业公司十一周年纪念刊》，中华书局1937年版，第208页。

② 《卢局长讲评》，《工作周刊》第2期，1933年3月30日，第20、23页。

集团生活的意义是共同发现问题解决问题——今后兼善学校亟应设法认识社会、帮助社会，过集团的生活。所谓集团，并不止于共同吃饭、睡觉、游戏而已，最需要的是共同发现问题、解决问题。

3月　（一）卢作孚在《本公司历年业务进展概况》中，对公司创办以来的历史进行了初步概括，谓[①]：

本公司自发起迄今，屈指七年，资本及事业，股东及工作人员，皆以加速率迈进，因是，本公司创造及前进之经过，遂为多数人所不知，亦遂为多数人所欲知。向来忙于工作，而忽于整理，求一具体之报告不可得。于二十一年年终完成之后，谨述梗概于其端。本公司之发起，其地点始于合川，其时间则始于民国十四年。初募资本拟以两万元为度，实收则不过八千元，以订行驶合川重庆间之小轮“民生”一只，此为本公司经营航业之发端。另购十五马力之引擎，十启罗之电机，五百盏十六支光之电料，为合川城安设电灯，以为电厂之小小试验，于十五年二月完成。小轮则于八月入川，定期航行于渝合航线间，日一班。十月后，江水枯落，乃新辟渝涪航线，营业有利，人喜投资，遂于十六年收足资本五万，而改募足标准为十万，是为本公司事业经营之第一期。十六年冬，加订“民用”小轮一只，预备渝合洪水每日有船，枯水亦航行不断。合川电灯，不敷安设，预备扩充为四千盏。为应修理轮船及电厂机械之需要，预备设一机械工厂。航行，电厂及机械厂则于其冬完成。是年有“顺庆”轮船者，为债务所迫，商本公司合组一长江轮船公司，改顺庆为“长江”，开始加入渝叙航线，始深知航业之困苦颠连，急待救援。又北川铁路公司之发起人，虑募资本为难，就商本公司投资，允之，顾因股东主张之不一，及公司事业增加太骤，资本太苦不敷，乃仅投资五千元，而同时决定公司资本，增加为十五万元，是为公司事业经营之第二期。

十八年秋，合并“长江”于公司，改为“民望”，他无进展。十九年迫于叙渝航业之益坏，轮船过剩，编列次第，或两阅月而一开行。一曝十寒，亏累日巨，乃提议合并为整个的经营。是年十月，福川公司首先赞成，并入“福全”，改为“民福”。二十年一月，九江公司决议继之，并入“合江”、“九江”，改为“民安”、“民治”，于

① 《第七届本公司决算报告书》（1933年3月），《新世界》第20期，1933年4月16日。

是开始加入渝宜航线，始深知渝宜航业竞争之酷，其无整理之望，乃远在叙渝航线之上，因集全力于叙渝航线之整理，进一步促成“通江”、“青江”、“岷江”并入公司，改为“民有”、“民享”，而停搁“岷江”。促成“重庆”、“乘风”、“长天”并入公司，改为“民选”、“民殷”、“民强”。促成“定远”小轮并入公司，改为“民约”。最后并入“利通”，改为“民觉”。又因此而促起叙府有新华公司之组织，并有“昭通”、“南通”、“蜀通”、“元通”四轮。化零为整，遂成趋势。航业以外，应北川公司延长路线之需要，加投资本为五万元。应合川城防卫生之需要，加设自来水。应轮船修理之需要，复扩充机器厂。此为公司事业经营之第三期。

二十一年春，除更并入渝合间小轮“长宁”，改为“民宁”外，开始经营下游航业，接收“福顺”改为“民主”。接收“涪丰”，改为“民康”。接收“永年”所得义商之抵押权利。接收川江公司所遗产业，救起新蜀通之机器及锅炉，改“蜀享”为“民贵”。接收“皮托谦”，以其船壳改为囤船，以其机器改造一“民族”轮船，准备行驶宜申间。“民强”换去机器，“民享”换去船壳，“民康”则改造船壳并接长十英尺，加上油舱，最后接收“万安”，改为“民宪”。以此数轮，分驶重庆宜昌间，重庆上海间。本公司之航业，遂由重庆下游，直达上海。重要各埠，皆有分公司或办事处设立焉。此为公司事业经营之第四期。综合本公司经过之四个时期，其间侧重航业，并非起于本公司利益之要求。由历年盈余之分配，亦可证明本公司未尝因航业之扩充而有利益之增进，或竟证明其有低落。所以不得已而为化零为整之运动，实为救航业之急促使安定。顾事业愈大，则困难愈深。资本人才，两未充实。国内军事及同业竞争，重重险阻，皆为本公司当前之问题，且皆紧急。其成败系于同人之努力。用是竞争，尤有望于本届股东会之督责与扶持。未来计划，另有提议，兹不述及。惟鉴察之！

（二）峡防局开始发行《工作周刊》，每期千份①。

春　（一）民生公司开始与国营招商局就货载联运事宜开始接洽，一

①　黄子裳、刘选青：《嘉陵江三峡乡村十年来之经济建设》，《北碚月刊》第1卷第5期，1937年1月1日，第9页。

时未能达成协议[①]。（二）宝源煤矿公司完成梁家嘴水坝工程，形成澄江堰河（运河）。

4月1日　（一）《新世界》刊载卢作孚《答刘同仁半日读书之请求》、《民生公司的三个运动》等短文。在《答刘同仁半日读书之请求》中，卢作孚以自身经历勉励民生公司新职员刘某，谓[②]：

> 作孚亦穷光蛋，读书之兴趣尤浓。顾为事业所迫，晨起工作，直至深夜；于是学问不能在读书中，而只在做事中。当此全部事业万分紧张以求前进之日，吾辈何忍以最少半日以上读书？最好办法，工作时间仍自工作，需要参考图书则尽量参考图书；工作以外，苟有时间，不拘多少，皆以读书；静极则稍杂以运动。相信吾兄读书虽少，以工作紧张故，所得必多。工作系经验，读书所以整理经验。即就个人立场说，亦不可重视整理，轻视经验，而况社会问题比个人问题更为迫切；事业要求比家庭要求更为迫切；吾辈更不可重视个人与家庭之成功，而忽略社会与事业之成功。惟兄更深察之！

在《民生公司的三个运动》中，卢作孚提出民生公司的意义在于它所从事的生产经营、集团生活、帮助社会等三个运动，谓[③]：

> 民生公司的意义是在三个运动上：
>
> 第一是整个的生产运动。生产是适应需要的，但是在自由竞争的商业状况之下，其结果是非常惨（残）酷。如果生产不足，则竭力压迫需要者；如果生产过剩，则又为需要者所竭力压迫，永远没有供求相应的时候。如果要办到供求相应，必须作整个的生产运动。其一是将同类的生产事业统一为一个，或为全部的联合。其意义在消极方面避免同类事业的残酷竞争，积极方面，促成社会的供求适应。譬如重庆三个面粉厂一经联合营业以后便不复竞买麦子。竞卖麦面，社会需要若干麦面时，即制造若干，所以节省人力、节省物力、节省财力，促成经济上生产与消费两方面的安定，实是社会总体的利益，而非为事业本身谋利益。自然事业本身的利益亦在当中，然而绝非如一般人

① 张后铨主编：《招商局史：近代部分》，中国社会科学出版社2007年版，第373—374页。

② 卢作孚：《答刘同仁半日读书之请求》，《新世界》第19期，1933年4月1日，第20页。

③ 卢作孚：《中国的建设问题与人的训练》，生活书店1935年版，第165—171页。

之所误会认为垄断、操纵、其利益只在本身的。其二连带的生产事业统一为一个或谋全部的联络，例如公司有许多轮船即须有适应修理需要的修理厂，燃烧需要的煤厂。此亦所以谋供求适应之直接联络，自己供给自己需求，使双方都不至感有恐慌，尤其为调整社会经济最重要的方法。其由航业而联络修理厂或联络煤厂，其利益不仅在航业，亦同样的在修理厂，或煤厂。其联络愈广，其帮助亦愈广。这是我们的事业所含意义之一，不但要十分明了它，而且要努力实现它。

第二是集团生活的运动。现代文明因为有了科学方法，适用在社会上，便有了科学的组织方法。社会愈进化，便是组织愈扩大。一个组织形成一个集团。凡在现代文明当中成功的人群，都是有了组织的训练的，亦都是有了集团生活的习惯的。中国人亦未尝不习惯于集团的生活，但只限于一个家庭当中，一出家庭便只有个人的活动。从修养身心到学问事业都以个人为中心。在若干年以前中国自成一个天下的时候，这未尝不是一种生活的方法。可是在现代文明的前进当中则不容许这种生活的存在。谁无集团的训练谁就失败，成功绝非个人只有集团。民生公司便是一个集团，我们在这个集团当中应该抛弃个人的理想，造成集团的理想，应该抛弃个人的希望，集中希望于集团。不但我们的工作是集团的，天天进我们的办公室或工场去；我们的学问亦是集团的，天天进我们的图书室或讲演会场去；我们的游戏亦是集团的，加入我们的音乐会和球队去。但是我们的生产是集团的，有事务所、有工厂、有轮船；我们的消费亦是集团的，最短期间将要有我们的住宅、我们的医院、我们子女的学校、我们乃至于家属的娱乐场或运动场。个人都去解决集团的问题，个人的问题都让集团去解决。这是一个集团运动不是两个，不是两个冲突的，如像一般流行话，一是资方，一是劳方，是由两方相互帮助以成一个集团——最后都不至于失败的集团。不但一桩事业成一个集团，若干事业又是联成集团的，他们都相互帮助、共同工作、共同讲学、共同娱乐或运动——有如聚兴诚与民生近来提倡的生活。这亦是我们的事业所含意义之一，不但要十分明了它，而且要努力实现它。

第三是帮助社会的运动。民生公司最后的意义决不是帮助本身，而是帮助社会。

我们不要忘却我们的航业是帮助客人的旅行和货物的运输的，不要忘却我们的机械业是要进一步帮助一般机械的修理乃至于制造的。不要忘却我们的电灯和自来水厂是帮助合川城市的光明安全和卫生的，不要忘却我们要对外投资是帮助其它生产事业的。我们现在的事业帮助的范围是太狭小，然而就我们的力量而论，现在帮助的范围亦就太嫌伟大。我们有甚么方法可以增加我们的力量去帮助社会——尽我们现在所幸得的机会。帮助社会寻求现代文明的方法，走入现代文明生活当中去或竟超越它们前面去。我们决心帮助社会决不是等待机会的，是要寻求机会。不是要人请求我们帮助，是要运动人接受我们帮助。我们决不像一般旧习，帮助亲戚邻里朋友为他们找碗饭吃，谋个差使。

我们只帮助社会，帮助个人亦只是因为他要帮助社会。这是我们的事业最后所含的意义，不但要十分明了它，而更要努力实现它。

（二）《新世界》还刊载瞿士煊在民生公司永年轮上的讲演《战胜日本茶房》。在讲演中瞿士煊介绍了日本轮船上茶房的服务情况及日本对我国东三省的侵略，并说："希望各位应具抵抗的决心，希望各位认清本身职务，埋头工作，不要自满，则我们做茶房的就战胜了日本。推之其他各业，人人皆照永年茶房去做，则各业皆战胜了日本；不须在战场上过杀，我们已打了胜仗，东北三省及热河亦不难收回。"卢作孚在瞿士煊讲演文后记中写道①：

瞿先生讲演词中有几句最精辟的话，就是"请永年茶房战胜日本茶房！"推广起来，应该是："永年全部船员战胜日本船员"，乃至"民生公司全部船员战胜日本船员"。如果全中国这样总动员，真能够把日本战胜了，何愁东北不能恢复呢？快起来参加这新式战争呵！

4月2日　卢作孚出席北碚峡防局周会并讲话，提出当时峡防局的两个工作中心分别是把特务队训练成为警察，各机关承担民众教育责任。谓②：

今天要提出的是盼望我们一群事业，在目前以两个工作为中心。一个是训练特务队执行警察的任务，一个是各机关联合总动员实施民众教育。这两个工作是一个问题，总是向民众身上做——做民众

① 卢作孚：《〈战胜日本茶房〉后记》，《新世界》第19期，1933年4月1日，第16页。

② 《四月二日周会中工作报告》，《工作周刊》第3期，1933年4月6日，第17页。

运动。

警察亦是民众的教师，是帮助民众的——不问他们是偶从外边来或常在北碚住。他们是要帮助民众防范匪徒，防范小偷，防范火灾，防范疾病。这都是显然的事情。他们从调查户口中发现了没有职业的，而促其有职业，发现了不能识字的而促其受教育。他们天天巡逻天天搜求，凡民众有须他们帮助的事情，他们便立刻帮助。这便是我们理应［想］中的警察，是盼望训练一个特务学生队，三个特务队去实现他。

民众教育不仅仅是民众学校，是可以从多方面举行的。如像医院天天有病人，博物馆动物园天天有游人，图书馆天天有读书、看报的人。再则，如像上下木船的船夫子，当场天的赶场人，都是我们应施教育的民众。各街茶房、酒馆都是我们值得布置教育环境的地方。各机关的职员都是担任教育的朋友。平时的夜晚，有时的白天，都是我们担任教育的时间。凡教育所需要的事项都有了，只等我们举行。我们应得马上举行。

卢作孚还对本次周会上各位职员的发言一一进行了点评，谓[①]：

这次周会整整开了三点一刻钟，各机关的内容很丰富。只盼望此后报告减少议论，集中工作——集中于工作的方法，给予我们参考。集中于工作的结果，给予我们安慰。

化验所黄冶平的报告说：化验煤的药品有几种缺乏了，煤有三种化验不能举行。但绝不愿这三种化验停顿，现在就其它的药品另谋调制。这就是我们成功必要的精神。工作的历程中所必须经过的是困难，遇困难而停顿是一切事业失败的原因。

动物园郭倬甫的报告当中给予我们以两个机会：第一是参观人不认识动物，第二是参观人不爱护动物。这正是我们实施民众教育的机会，而且天天给予我们以机会。

农场漆联金报告花卉科的活动，曾经帮助地方医院布置花坛。我们认为这一类的工作十分紧要，花卉园艺不仅可以帮助地方医院，农场可以帮助人的事业不仅花卉园艺。我们可以帮助人的机关不仅农场，凡我们所有的一切活动，最后意义都是集中于帮助人一点。又为

① 《四月二日周会主席报告·周会批评》，《工作周刊》第3期，1933年4月6日。

垦殖而定计划，为定计划而与化验所联络，亦是最有意义的活动。每件工作我们都应得与我们有关的机关取得联络，第一可以少许多隔膜，第二可以得许多帮助。

三峡工厂缪主任成之的报告值得我们注意的是工人教育。教育比工作还要紧，因为工作的效率是要教育去推进的。其次是休假日工人旅行团的组织。处理空闲的时间，而去领导他们，使之发生意义，这亦是于工作有帮助的。不然，工人由空闲时间所得不良的影响，是要影响及于工作时间的。

农村银行伍经理玉璋曾经报告了银行很有价值的统计，今天以后盼望农行给予我们报告一些很有价值的活动。

兼善学校王定一先生报告中学教育，课内加入应用文、珠算、簿记、习写，以备学生毕业后之应用。课外举行社会考察，促成学生多与社会接触。小学教育作农场的经营、校景的布置，都是极有意义的活动。在他的报告中最有统系的是今天所作宝源煤矿的调查。盼望今天以后学生在每次调查之后都有这样可宝贵的报告。

卢督练长子英的报告，有意义的是三点：第一是注意于各队的教育。但不应只限于六星期，而只应以六星期为无限教育长途中之一小小段落。第二是种痘整理。我们平常最大的缺点，就是忙于工作忽略整理，所以我们工作无由进步。我们今天的工作有了整理，便可据此整理确定明天工作的计划，增进明天工作的效率。第三是明定各中分队长的职责，而让各中分队长自行寻求，自行认识，时时刻刻都能记忆，时时刻刻都能执行。

黄主任子裳报告从医院中发现了候诊室一群病人，发现了民众教育最好机会。就其发现问题一点说是颇有价值的。但因为无人担任，而须等待，等待则绝不是解决问题的方法。应急切从医院中或医院以外寻求担任教育的人。

图书馆唐明镜报告为了垦殖计划供给若干图书，这是图书馆必须有的活动。图书馆应时时刻刻寻求各种事业的问题，而供给参考必需的图书。

特务第一队秦沛南报告的有价值的工作是在下周。第一是调查户口。北碚已经有了两次户口调查，而且有了两次统计的比较。很盼望三次调查以后，有更精细的统计比较供我们参考。第二是检查市民屋内清洁，这是最有价值的运动，却亦是最须审慎的事情。不是考虑做与不做，是要考虑方法，考虑宣传与检查的方法，办到市民乐于接受。

特务第二队的报告中有一桩最有价值。为了维持文星湾的剧场，文星镇的镇长准备招待酒食，刘队长却婉谢。婉谢不了，则请其化无用为有用，改捐一个篮球场。这篮球场不仅帮助了特务队，亦帮助了文星湾的人们。

特务第三队的报告当中，最有价值的活动是在大雨中为澄江镇洗街。最可玩味的是他从经验中得着了几句精粹的话："苦与乐是联着的"，"困难与成功是联着的"，"我们要维持继续，增加新的经验，推进未来内工作。"

4月9日　民生公司首次召开股东欢迎大会，卢作孚为大会主席，他在演说中分析了民生公司之所以能在大多数公司亏折的情况下保持赚钱，是因为民生公司的目的不止于赚钱，它更主要的目的在于帮助社会。说到动情处，他竟"大哭起来"①。

［按］卢作孚大哭的一个主要原因，在于他十分希望股东能够同意增加对公司的投资，特别是希望股东能够同意把部分赢余用来修建职工宿舍，以增加公司的凝聚力，但这在当时股东中阻力非常大。

4月10日　民生公司假座重庆青年会举行第八届股东大会（也是第二十二次股东大会），出席股东429人，决定董事增加到17人，监察增加到8人，补选张澜、周孝怀、康棣之、张嘉璈、康心如等人为董事，选举甘典夔、刘航琛等为监察。大会还通过提拨公司赢余作建筑职工住宅费等案，卢作孚的心愿得偿。这次大会改定的股东名簿内记载卢作孚有股份9股，计4500元②。此后不久民生实业股份公司登记股份为100万元，分为2000股③。公司股本本年实收1063000元④。

4月15日　（一）卢作孚出席民生公司朝会并就买东西问题发表讲话，谓⑤：

买东西这个问题，关系民生公司极大。买东西的问题很多，特别

---

① 直云：《这一次的股东大会》，《新世界》第21期，1933年5月1日，第56页。

② 《改正民生实业股份有限公司股东名簿》（1933年），台北"中研院"近代史研究所档案。

③ 《民生实业股份有限公司呈请登记事项》（1934年1月13日），台北"中研院"近代史研究所档案。

④ 民生实业公司编：《民生实业公司概况》，1937年刊，第3页。

⑤ 《朝会记录》，《新世界》第21期，1933年5月1日，第39页。

是在重庆买五金。甲、五金店常常乱开价钱。乙、牌子太复杂。丙、买某种东西才是最经济的，很难决定。

解决办法：一、某种东西应该在甚么地方买，须要绝对的确定价钱，也不宜瞎猜；应该确确实实地调查清楚价钱，以免吃亏，以免多说话。二、牌子要认清。三、买某种东西是最经济的，应当绝对弄清楚。

要想上述方法能够实行，须有统计做根据。

买物与收物，都须一人经手。因为穆学文说各部自已要的物品，只有不合用的时候才有退转来的，没有因为牌子的问题而退转来的。

（二）民生公司上海办事处改为分公司①。

4月16日　卢作孚以“一个小小的股东”的名义在《新世界》上发表《公司的灵魂》一文，谓②：

我这一位小小的股东不是自谦，是事实，因为我的股本小至于全公司的二千分之一。股东会快开了！我呢，是有言要发，然而又恐怕有股太微，言亦不足动听，听亦无关重轻。于是我想行使我的发言权，不应在股东会，而应辟新世界了。可也无须啦！公司工作的朋友早已为了公司事业辟出一个《新世界》，是备他们为了公司问题发言的，是屡次供给我们进去“目游”的。于是我就乐得借花献佛——借地发言，而且乐得先一般股东而发言。以股东资格进《新世界》发言，我乃开宗明义第一回，是应对许多股东道歉：“我太不客气了！”

我们有几个相同的经验：中国人是自私自利的，是不会有三人以上的团体的，好的建设是会被内乱摧毁的，近年做生意赚钱是偶然的，折本却是常有的，公司组织是不会长久的，是人不会相信的，是人不愿投资的。可是，我们由这些经验却发现了民生公司一连串的问题：何以民生公司的资本会由五万至于一百万？股东会由几十至于六百几十？职工会由几十至于一千五百几十？合川的电灯会由五百盏至于五千盏？投资于北川会由五千至于超过了七万？全部资产会由几万

① 民生实业公司十一周年纪念刊编辑委员会编：《民生实业公司十一周年纪念刊》，中华书局1937年版，第204页。

② 卢作孚：《公司的灵魂》，《新世界》第20期，1933年4月16日，第3页。

至于二百八十几万？何以民生公司会有这七年的历史？会有这七年的赢余？会有这七年的前途？

好像解决这一连串的问题，是有几个法宝或几个灵魂：第一是努力，工作的朋友努力工作，投资的朋友努力投资。第二是和气，从公司各部中看出职工的和气，从股东大会中看出股东的和气。第三是以公司利益为前提，职工绝不舞弊营私，股东绝不多分赢余。第四是联合同业，公司愿多利于同业，同业愿并入于公司。第五是无数朋友的帮助。何北衡先生说：非民生实业公司，是民生朋友公司。

民生公司是终不安全的，只要灵魂发生变化，公司便会发生变化。可是，民生公司是最有希望的，因为她竟有这几个灵魂是别的公司没有的——不常有的或不全有的，而且竟有这七年的历史，尤其是七年的前进，可以证明这灵魂不但不会变化，还在长养，就请一位八字先生来，也可推定她的未来的。不过她的命运是操在她的手里的，不是决于八字的。

要使民生公司有：无尽长的历史，无尽长的盈余，无尽长的前进，必须继续长养她的灵魂。

[按] 民生公司的灵魂，又可以称为民生公司的精神，这是卢作孚先生在1933年通过《公司的灵魂》正式归纳出来的民生精神。同时，为了使“民生精神”深入人心，卢作孚还提出了与“民生精神”相关口号的一系列口号：“公司问题，职工来解决；职工问题，公司来解决”；“捏紧拳头，裹紧肚皮，渡过难关”；“梦寐不忘国家大难，作息均有人群至乐”[①]，以及“服务社会，便利人群，开发实业，富强国家”、“事业中心论”等。

4月21日　卢作孚出席民生公司朝会并提出约法三章以使朝会能够继续维持，谓[②]：

盼望朝会能够继续维持。

甲、盼望各朋友互相劝勉每天都按时到会。

乙、到会一定要在会场来坐着，不要逗留在总务处办公室。

---

① 召川：《我所知道的卢作孚先生》，《文史资料选辑》（全国）第74辑，文史资料出版社1981年版，第79页。

② 《朝会记录》，《新世界》第21期，1933年5月1日，第40页。

丙、收集材料要注意两点：一、批评本来是需要的，但是在互相批评的习惯未养成之前，往往容易被人误会。所以今天以后如果有涉及别人的短处的事，最好个别的去同他商量，不要在朝会上来揭发别人的短处以显自己的长处。二、有许多很宝贵的材料，如有意义的数字统计，个人职务上的进展和困难等等，万不要轻轻地把它放过了。

4月　北碚建成民众会场①。

5月6日　卢作孚赴北碚、合川视察并规划各项事业②。

5月9日　（一）秉志为介绍动物研究人员到中国西部科学院等事再次致函卢作孚，谓③：

前奉尊函。对于顾君之事，蒙惠允并嘱其可即往尊处。弟适以事忙，未即奉复，并因顾君在此补充其所学，弟亦愿来此间，再与渠详细计划到尊处一切工作，然后再行奉酌，定其入川之日。弟上月来此间，与顾君详谈，渠有不愿往之意，弟再三劝之，仍有为难之处，弟不愿强之。弟遂与施君怀仁相商，施君甚愿听从弟所主张（此君所学与顾相若，为人亦最忠诚），弟因此特向先生言之，望可以施君前往。总之，此事即弟亲身担任者，弟甚盼望尊处于二三年内即可成一生物调查所，与此间及南京敝所相若。其经费想不成问题，如一二年后倘有成绩，叔永必肯相助。渠对其桑梓之情甚厚，又有弟在此屡次进言，渠必设法由基金会补助。故尊处即有余君，夏间施君又来，秋初弟因开会必来，可以指示余施二人之工作。弟之学生谢君淝成留德将归，成绩甚佳，为人尤诚实勤奋，弟已去函询其将来是否愿到川省，弟甚盼其能来尊处。谢君专门［研究］动物学，倘其能来，甚望尊处能先行设法聘之，则即可成立一生物调查所，有一教授，二助教，明年设法向基金会请补助，必可得之。推此一年中，不得不先由尊处设法筹款维持之。谢君今秋可归，山东大学已约之，弟可说该校友人将谢让出，俾其入川，请先生斟酌之。倘尊处无款可聘，谢君暂作罢论，俟诸异日再看情形可也。此间及南京既有生物研究之事业，弟极思在尊处成立一第三机关，贵省天产既富，将来川省之生物工作

---

① 《江巴璧合特组峡防团务事业进程一览》，峡防局1934年刊，北碚图书馆藏。

② 《民生实业公司简讯》第1号，1933年5月10日，无页码。

③ 黄立人主编：《卢作孚书信集》，四川人民出版社2003年版，第273页。

可尽量从事于经济方面矣。弟此刻同叔永往广东一行，匆此奉询，不尽一一。

（二）张澜、鲜特生等人在出川考察期间，在上海由民生公司上海分公司经理张澍霖陪同下与黄炎培会晤并餐叙①。据有关研究，张澜、鲜特生此次出川考察，实受刘湘委托，与宁、沪、粤、桂等地各种政治和社会力量取得联络②：

1933年春，鲜英受刘湘委托，同张澜出川考察。名为“四川教育、实业、地方自治考察团”，实则联系宁、沪、粤、桂等地的抗日反蒋势力，主要的着眼点还是在政治和军事方面。刘湘在四川军阀中是依靠蒋介石援助起家的，但他对蒋排斥异己、吞并地方势力的企图十分警惕。自1932年红四方面军入川，建立川陕苏区后，蒋多次借口川军“剿共”不力，要派中央军入川，更引起刘的疑虑，唯恐蒋对其吞并。同时，在全国一片反蒋声浪中，刘对蒋的政治前途也开始怀疑，十分希望与各地方实力派加强联系，互通声气。由于两广反蒋声势最大，刘更希望打通与他们的联系渠道。

……

刘湘除指派鲜英为代表协助张澜外，代表团的3名随员都由张澜指定。3名随员中杨达璋负责料理张澜生活，兼负责考察工业建设方面；任乃强管对外报道，兼负责考察教育、农业方面；杜象谷为秘书，负责政治方面的考察。3名随员皆是张澜的学生，彼此了解，各有所长。故整个考察团亲密无间，凡各有活动互相通报。

为避免蒋介石的猜疑，刘湘还要鲜英带上他的密码本，规定了他们在考察中与刘湘的联络方法。他们考察的主要目的地是两广，两广中的重点是广西。

5月11日　民生公司内部刊物《简讯》创刊，发表公司规章、人事、

① 中国社会科学院近代史研究所整理：《黄炎培日记》第4卷，华文出版社2008年版，第177页。

② 赵东阜：《鲜英与民主之家》，中国社会出版社2003年版，第10—11页。

升迁、调动、轮船动态、各地水尺等消息①。

5月15日　（一）卢作孚自合川返回重庆②。（二）黄炎培托民生公司董事胡筠庄带致卢作孚函③。

5月16日　《新世界》刊载卢作孚《我们要与他们步法一致》和《前瞻后顾的两段论》两篇文章。（一）在《我们要与他们步法一致》一文中，卢作孚提出北碚峡防局有两点值得民生公司的职工学习，谓④：

> 谈到民生公司之不能与峡防局的步法一致，就是峡局方面的人员能忍苦耐劳，以自身为众人干事，为社会干事。卢子英这人是值得介绍的。他最近将他的财产——一千几百册书，捐与图书馆。同时他给了我一封信说：今后不管理自己的事，[专] 为众人干事。还有一个人，也是值得介绍的，就是峡局的赵主任。他从前一月得薪一百余元，尚且不敷，但是现在却够用了。这是什么原因？还不是能够吃苦呵！举个例来说：有次，他的夫人看见有人担一担青菜皮去倾[倒]，他便要了来做成一种咸菜。这咸菜的味真美——并不是咸菜味真美，是她的意义真美！于是此事在北碚便传为美谈。我们且看看，北碚峡局的人，上自官长，下至兵士，无不皆作布服。从这两点看来，我们民生公司的人员，能不能如此呢？所以民生公司的人员，不能同他们峡局步法一致。若是我们要想与他们步法一致，也不难，便是照着他们所持的意义干去，就行了。

（二）《前瞻后顾的两段论》一文是卢作孚在四川叙府宝元通商号的讲话，谓⑤：

> 我们作任何一件事情必须首先提出的问题。在今天提出的，可以分为两段：我们之到宝元通或民生公司为了甚么？这是第一段；如果

---

① 民生实业公司十一周年纪念刊编辑委员会编：《民生实业公司十一周年纪念刊》，中华书局1937年版，第207页。

② 《民生实业公司简讯》第3号，1933年5月17日，无页码。

③ 中国社会科学院近代史研究所整理：《黄炎培日记》第4卷，华文出版社2008年版，第179页。

④ 卢作孚：《我们要与他们步法（伐）一致》，《新世界》第22期，1933年5月16日，第51—52页。

⑤ 卢作孚：《中国的建设问题与人的训练》，上海生活书店1935年版，第158—163页。

要找出答案，必须更进一步问：宝元通或民生公司之到社会上为了甚么？这是第二段。我们不可误以为宝元通或民生公司是为我造成的，社会是为宝元通或民生公司造成的，如像我们以前的天下一样。而要将它颠倒过来说：我们是为了宝元通或民生公司工作的，宝元通或民生公司是为了社会工作的。换句话说：我是去解决宝元通或民生公司的问题的，宝元通或民生公司是去解决社会问题的，这是前瞻的两段论。

这个解释还要解释：宝元通或民生公司的问题不是我个人可以解决的，同社会问题不是宝元通或民生公司可以解决的一样。没有一个人有绝大的能力可以解决一个社会问题，虽然那个社会十分地小，比宝元通或民生公司小。只有一个社会中间的人的全体才可以解决一个社会的问题，只有宝元通一百几十个朋友联合起来，才可以解决宝元通的问题，民生公司一千几百个朋友联合起来，才可以解决民生公司的问题。同样，只有整个社会中间所含有的事业的全体联合起来，才可以解决整个社会的问题。所以我们有一个口号：不但是一桩事业的朋友是要成群的，事业也要成群的！这是前瞻的两段论。

不可把我们看得太大，认为我便可以解决宝元通或民生公司的问题；却亦不可把我们看得太小，认为我无能力解决宝元通或民生公司的问题。我是可以解决宝元通或民生公司中间的一个问题或问题中间之一部或一段的，例如我可以解决民生公司的会计问题或叙府分公司的会计问题。同时宝元通或民生公司是可以解决社会中间的一个问题，或问题中间的一部或一段的，例如宝元通可以解决社会中间的经济问题，经济中间的交易问题。所以我是值得在宝元通或民生公司中间努力的，凭着个人的努力可以解决事业的一部分问题，同时亦可以促起他人努力。宝元通或民生公司是值得在社会中间努力的，凭着一个事业的努力，可以解决社会的一部分问题，同时亦可以促起他事业努力，这是后顾的两段论。

中国人最可怕的弱点就是怕，做事深怕失败，所以万事都做不成功。三年以前，一个青年朋友刚刚到了事业工作，忽又觉得恐慌，要求读书。问他为了甚么？他说：怕不安全。我便再问：你是怕你在事业上不安全呢？或是事业在社会上不安全呢？你怕你在事业上不安全，有一个非常简单的方法，就是你做，做得事业上离不了你，你在事业上就安全了；你怕你的事业在社会上不安全，你更要做，做得社会上离不了你的事业，你的事业在社会上就安全了，这是后顾的两段论。

5月17日 （一）胡先骕为中国科学社入川开年会及介绍植物研究人员到中国西部科学院事致函卢作孚，谓①：

骕拟于七月初旬或中旬入川，俞季川君想已奉到，届期贵公司直航船有何艘，约在何日在南京与汉口起碇，望示知。并将半价证寄下为要（内人、小儿拟偕行）。所谈恽君以妻病，不能来川，骕又询问前东大植物系毕业李君鸣冈，不知彼肯担任此事否。李君本在金大林科肄业有年，后转东大，从骕习植物分类学，曾任江西庐山林场职，现任沈阳某中学校长，人极精干，学问卓有根底。彼有不愿留沈之意，如彼肯入川，必能为西部科学院一重要人物也。详情俟得渠复书再告，专此。

（二）民生公司正式购买江北青草坝辰州会所地，以为建筑民生机器厂用地②。

5月19日 （一）卢作孚出席民生公司总公司朝会并讲话，资料载③：

十九日朝会，卢总理将赴叙府与广安先后两次观察所得之最有意义者提出加以评论，并劝勉公司同人办事要勤奋，随时要整理秩序，逐处要建设秩序，私人用费，尤要节省，能俭用，必不妄取云云。

（二）民生公司从江中将沉没的万流轮打捞出水，并在本日用民康轮拖抵重庆民生机器厂改造④。

5月28日 （一）卢作孚在北碚欢迎中国前驻美国公使伍朝枢，并陪同观赏北碚端阳节龙舟竞赛表演。（二）北京静生生物调查所就转交中华

① 黄立人主编：《卢作孚书信集》，四川人民出版社2003年版，第274页。

② 民生实业公司十一周年纪念刊编辑委员会编：《民生实业公司十一周年纪念刊》，中华书局1937年版，第205页。

③ 《民生实业公司简讯》第4号，1933年5月20日，无页码。

④ 民生实业公司十一周年纪念刊编辑委员会编：《民生实业公司十一周年纪念刊》，中华书局1937年版，第204—205页。

教育文化基金董事会款项致函卢作孚，谓[①]：

> 昨日敝所接到基金会交来洋二千元，嘱转交贵院。因前日接卢先生飞机快信一件，邮局戳记系汉口，以为卢先生必在汉，故信由汉口发。前日议定此次之款寄汉口甚便利，不料汇汉口二千元须七元汇水，汇重庆则无汇水，故今日将此款迁汇重庆矣。祈查收见复，并祈将前收据签字再盖贵院之章寄还，以清手续为荷。

5 月 24 日　民生公司合并涪江公司的涪江轮改名为民法轮[②]。

5 月 26 日　民生公司合并华阳公司的蜀安轮改名为民意轮[③]。

5 月 30 日　伍朝枢应卢作孚的邀请到北碚参观，卢子英率峡防局 500 余人在峡局会议厅举行欢迎会，伍朝枢应邀进行讲演，他说[④]：

> 这一次到了重庆，蒙先生（作孚）邀约到这边来，风景自然是很优美，然而有这个机会给我来看看三峡的社会事业，觉得是一件很满意的事情，很想不到偏僻之地，能有这好的事业替民众造幸福，更有这一般苦心孤诣的同志来担任这许多事业的工作，这是我绝对想不到的事情。

5 月　（一）卢作孚决定把能够赚钱的三峡染织厂拨给中国西部科学院办理，力图用这一生产企业来帮助发展学术机构[⑤]。（二）民生公司报刊图书室经过扩充改为图书馆[⑥]。（三）峡防局开始训练护士班，并募捐扩建地方医院为新医院[⑦]。（四）北碚峡区图书馆并入中国西部科学院，

---

① 黄立人主编：《卢作孚书信集》，四川人民出版社 2003 年版，第 275 页。

② 佚名：《民生简史》（上），《民生实业公司简讯》第 1036 期，1950 年 7 月 21 日，第 3 版；民生实业公司十一周年纪念刊编辑委员会编：《民生实业公司十一周年纪念刊》，中华书局 1937 年版，第 205 页。

③ 佚名：《民生简史》（上），《民生实业公司简讯》第 1036 期，1950 年 7 月 21 日，第 3 版。

④ 《欢迎伍博士讲演纪略》，《嘉陵江日报》1933 年 6 月 2 日。

⑤ 民生实业公司十一周年纪念刊编辑委员会编：《民生实业公司十一周年纪念刊》，中华书局 1937 年版，第 141 页。

⑥ 同上书，第 207 页。

⑦ 《江巴璧合特组峡防团务事业进程一览》，峡防局 1934 年刊，北碚图书馆藏。

又称为公共图书馆。稍后有人记述该图书馆的情形说①：

（公共）图书馆……初名峡区图书馆，属峡防团务局，民国十七年五月成立，创始仅有书四百余册，乡民不知何用，多以为书肆，每日常到馆阅览者仅三数人而已。以后不断的宣传，一般人始渐知利用该图书馆。迄今除借出者外，每日到馆阅览（者）达百余人。十八年渐次扩充，乃于附近土沱、澄江等镇设立分馆。廿二年五月并入中国西部科举院。全馆设主任一人，助理二人，练习生二人。常年经费二千四百元。图书凡一万七千余册，常到杂志一百四十余种，省内外日报二十余种。工作：1. 编制目录，有分类目录卡片、书名目录卡、著者目录片三种。2. 指导阅览，供给该院各所科学上之研究书报，供给峡区各种事业之工作参考资料，供给各种学生课外读物，供给各事业人员之公余读物，供给市乡人民读物，并知道阅读方法。3. 巡回图书，供给峡局各队士兵读物，特务队设巡回文库，供给夏溪口书报室，白庙子书报室，北碚囤船书报室，民众教育办事处书报室，平民公园书报室，作每周巡回一次。4. 成立研究室，视现社会需要成立各种研究室。东北问题发生，则设东北问题研究室；北碚举行民众教育运动，则设民众教育研究室；现在使民众认识剿匪问题，则设剿匪问题研究室；并同时组织各种研究会。5. 阅览人数据廿三年统计，全年到馆阅览人总数为三万六千六百十六人，借出馆外书籍七千七百零八册。市乡人民在馆领得借书证，常来馆借书回家阅读者五百零七人；其它特殊参考巡回文库，阅览者在统计之外。

6月1日　《新世界》刊载卢作孚《介绍两件好的事情》一文，文中写道②：

我到叙府，看见一件最使我钦佩使我惊异的事，就是宝元通。那里面大概有六十几个青年，却仅仅一个小工。我们总事务所比他多不到几个人，可是茶房已用到十几个。宝元通的青年，不但是认真服务，小工的事都一脚代替了，这可见他们做事的精神。

我觉得他们与本公司特别不同的有几点：1. 闹。我们只要一进

① 李涛：《四川北碚的乡村建设事业》，《教育与民众》第7卷第6期，第1182—1183页。

② 卢作孚：《介绍两件好的事情》，《新世界》第23期，1933年6月1日，第69—71页。

公司，就听到闹得不得了，从进门起，直到三楼，都是这样，有说话声气大的，有隔一层楼喊人的，有隔两层楼喊人的，真是热闹极了。2. 乱。我们公司的秩序太不好了，进公司一看，这里也有人在跑，那里也有人在走。有的把脚放在椅子上或者写字台上头，简直怪象多端，无所不有。这些情形，是我们公司特有的，宝元通却是找不出来。他们的秩序，真是好极了！3. 东西不乱。货品分类放置，极有条理，一看清楚，与普通的大不相同。当时我就这样想，从上海到叙府，可说没有像这样的商店。从前在哈尔滨看见三个，使我至今难忘。现在看见宝元通，可算是第四个了。他们那边的青年程度，比我们公司要低些。我就考查他们听话的能力和精神。他们请我去讲演，从九点到十一点多，在这样的长时间，他们并没有一点不好的现象如瞌睡、谈话，可见他们能听，而且比我们公司的青年们的精神好多了。他们的工作时间，比较我们的时间长得多，从早晨七点钟起，一直到九点多钟，有时候到十点钟、十一点钟，以至十二点钟都还没有睡。他们的工作真是骇人，但是他们的报酬却非常的少，简直太少了。从练习（生）到经理，都少得来使我很惊异。他们在上海有一个经理，每月才几块钱的报酬。有一次那位经理从上海转来，找我们介绍他搭船。我就问他“是房舱吗?”他说“统舱才是我们坐的”。这里足见他们的节省。

宝元通实行的三三三一制，以百分之三十为股东红息，以百分之三十为职工红酬，以百分之一十为公积金，奇怪，却竟以百分之三十来帮助社会公益事项。

我这回在宝元通所看见的，都像是第一次才见着的。恐怕有人要说宝元通是世界上的一个癫子，拿这许多钱来助社会公益，但像他这样的癫子，现在还找不出一两个来。在以前我说有两弟兄：民生公司、宝元通。可是现在，兄弟倒前进了，这老哥子还落在后面哪！以前宝元通总想把民生公司的精神，输送过去；现在我们倒要把宝元通的精神运输过来了。

第二，就是到广安。在那里有一种现象最使我惊异的，就是街上找不到一个坐轿子的来。在头两天，还不觉怎样，后来才听说从军长以下，都没有坐轿子的。还有一件，就是没有哪一个带勤务兵。像这样的办法，岂不是又像一些癫子吗？我敢说，中国现在的社会，正需要这样的癫子，越多越好。听说，他们的待遇低到极点，最多的不过五十元。因为这样，收入既少，支出也就少了。这点精神，我们公司也是应该采取，应该效法的。

6月7日　（一）民生公司委托上海正则会计事务所为本公司向国民政府实业部登记领照代理人[①]。（二）上海德华银行经理胡筠庄（民生公司董事）、川军副师长罗君彤、二十一军航空队司令蒋云逵到北碚参观，峡防局召集各机关举行欢迎会，卢作孚主持并在各位讲演后致辞，谓[②]：

我们也应当创造一种风气起来，这是几位先生所讲而介绍于我们的第一点，就是每一事要使它深入社会影响社会，造成社会风气。第二国防问题，在去年我曾经与胡先生同访宋子文部长，谈过国防的问题，觉得国防应当分为三道防线：一道是海、陆、空军，二道是农业、工业、矿业、农场、工厂、矿山、工场，三道是实验室。现在我们可以说是站在第二和第三道线中间的，罗副师长同蒋司令是站在第一道防线上的，我们要救中国，就是要这三道防线都充实坚固起来，中国才有希望，才有办法，不要以为是一道防线有了充分的力量，国家就会强固起来的，如像日本他侵略我们中国，是有几十年的计划，是全国人都总动员的。虽然到前线的仅仅有几万人乃至几十万人，然而后方所有的老幼男女也是一致的在防线上工作，这种工作是站在第二和第三道防线上的，前方作战是站在第一道防线上的，这样看来，要想救国就应当三道防线都要充实，是不成问题了。那末回头看我们己身的工作是站在第一和第三道防线上，对于国家的责任，前途关系也就非同小可，我们应当要怎样的努力才是啊！不要说我们作的不是救国工作，要到前线去作战，才是救国的工作。前年四川岂不是就有这样一批敢死队出去吗！经过这里的时候，他们还劝我们都要跟着一同到前线去，说“国家这样危险快要亡国了，你们还在乡间工作，有什么用呢?”但是他们到了上海之后，前线不许他们加入，因为都是无训练的乌合之众，后来才找着我们设法找船，一个一个地把他们送回川来，同时又同他们讲，救国应当就各自的工作范围以内努力去做，你原来是教学的，现在回去仍然去教学，原来是务农的，现在回

---

① 民生实业公司十一周年纪念刊编辑委员会编：《民生实业公司十一周年纪念刊》，中华书局1937年版，第206页。

② 《胡筠庄先生、罗君彤副师长、蒋云逵司令在峡防局讲演》，《嘉陵江日报》1933年6月12日。

去仍然去务农，原来是经商的，现在回去仍然去经商，总之以各自的范围去努力工作，那就是救国的工作，这是几位先生所介绍于我们的第二点。还有觉得三位先生都对我们太客气了，希望各个青年自从今天认识以后，碰着了这三位先生的时候，应当去亲切地领教，因为这样在能力上智识上无形当中就会大大地予我们以不少的帮助，尤其在谈话当中更能找出有许多问题出来，有许多有意义的问题出来，因为我就曾经从谈话当中得到几位先生的益处不少。

（三）胡先骕为介绍植物研究人员到中国西部科学院等事再次致函卢作孚，谓[①]：

前得航空函，知荐李鸣冈君办植物园事已蒙允可。兹接李君来函，亦允西上，惟彼须在七月一日以后方能离辽，彼或将携眷同行（妻、子二人），请速汇旅费至弟处（准俞季川例），并与其眷属以半价船票之便利，彼或能在七月下旬与弟一同西上也。彼之薪金暂与季川相同，每月百元，惟彼有家室，与季川之单人者不同，万不可有拖欠，庶能安心作事也。

6 月 10 日　民生公司具呈国民政府实业部声请登记。

6 月 19 日　合川电灯厂承情登记注册后，本日奉到国民政府建设委员会批准注册执照[②]。

6 月 20 日　黄炎培自上海致函卢作孚[③]。

6 月 24 日　（一）嘉陵江小三峡六家煤矿与民生公司、北川铁路合作，成立天府煤矿股份有限公司，资本额 24 万元，其中民生公司先后投资 10 万余元，该公司选举卢作孚为董事长，刘宗涛为总工程师兼经理。资料载[④]：

---

① 黄立人主编：《卢作孚书信集》，四川人民出版社 2003 年版，第 276 页。

② 民生实业公司十一周年纪念刊编辑委员会编：《民生实业公司十一周年纪念刊》，中华书局 1937 年版，第 207 页。

③ 中国社会科学院近代史研究所整理：《黄炎培日记》第 4 卷，华文出版社 2008 年版，第 189 页。

④ 天府矿业公司编：《天府煤矿概况》，大东书局 1944 年版，第 4—5 页。

（北川）铁路完成后，更进一步促成各矿同业之组合，进行较大规模之开采，以求产运之相济。民国22年枧槽沟之同兴厂、老龙洞之福利厂，石笋沟之又新厂，卢梯沟之天泰厂、后峰岩之和泰厂、麻柳湾之公和厂，均相约各就矿厂资产作为股份，并邀集民生公司及北川铁路公司投资，于是6月24日，组织天府煤矿股份有限公司，举卢作孚为董事长，聘刘宗涛、邓少琴、黄云龙等相继为经理。

（二）民生公司朝会办法有所变更，本日《简讯》载①：

总公司每日朝会，向例系职员轮流报告自己工作，现因职员增多，轮流报告为时甚长，决自本月廿七日起，改为各处分股报告。计四处十七股，每股于报告之先，材料切实整理，以求内容充实，不虚耗时间。

（三）秉志为介绍植物研究人员到中国西部科学院及合作等事再次致函卢作孚②：

惠函敬悉，施君数月来在此受训练，预备来尊处工作，现已完竣。关于渠入川问题，最好能在汉口坐贵公司之船，以渠初次来贵省，长江旅行诸多生疏也（如此办法有不便，俟弟秋间来川开会，渠可同来）。渠之待遇及入川路费，请先生照余德俊君前例办理可矣。谢君淝成处，弟已去函，渠今秋或尚未能归，何时归国，即令其来尊处。至谢之待遇，照大学教授之资格办理。缘渠留学多年，学问甚佳，到尊处后，关于研究工作，可以独当一面，及训练人才发展事业也。不知先生以为何如？好在渠一时未归，吾辈可以徐为设法。弟意于此数年内使西部科学院产生一健全之生物研究所，与南京敝所及此间相似。余君既在尊处，施君复来，此二人可充研究助理；将来谢君到尊处，可以为主任兼动物研究教授；日后方君植夫（文培）或相等之人留学而归，可来任植物教授。如此，则尊处有两教授、两助理，弟可为规划。研究所工作全从实用入手，与此间南北两所提携并进，其进步之速当超乎此间与宁所矣。至于经费先由先生设法，俟该

① 《民生实业公司简讯》第14号，1933年6月24日。

② 黄立人主编：《卢作孚书信集》，四川人民出版社2003年版，第277—278页。

所雏型稍具，成绩渐出，可向文化基金会请款，叔永必肯帮忙。故希望先生暂用余、施二人，稍迟则谢来，再迟则当有一植物专家亦来矣。弟此意盘于心中，时时不忘，故谨为奉告，想先生可采纳也。弟俟八月科学社开会必来，可以畅谈一切。

6月　（一）应卢作孚之约，李劼人任民生机器厂厂长，到1935年5月由于在办厂方针上与资方意见不合辞职[①]。（二）北碚民众俱乐部设置无线电收音机，每晚收播南京、南昌、北平、天津、重庆、南洋、日本等地新闻及音乐[②]。（三）北川铁路自戴家沟向大田坎延伸工程开工，到1934年3月工程完工。资料载[③]：

观音峡煤田，于太平天国时业已开采，历史颇久，但因通风排水，纯恃人力，故矿洞未能深掘。而肩挑背负，远赴江岸，运输尤为困难。民国16年，江北合川等县士绅卢作孚、张艺耘、唐建章等创议组设北川民业铁公司，聘丹麦人寿尔慈为筑路工程师，自嘉陵江岸之白庙子，经水岚垭、麻柳湾、万家湾、文星场、后峰岩、郑家湾、土地垭、戴家沟、大岩湾，以迄大田坎。先筑白庙子到戴家沟一段，于民国17年11月6日开工，19年6月告竣。嗣于民国22年6月再将路延展至大田坎，23年3月底完成。同时白庙子码头及斜坡道，亦分别布置竣事。

［按］民生公司是该铁路公司最大的股东，实际控制了该铁路。北川铁路的修建，对此后嘉陵江三峡地区煤矿业的发展，有重要的意义。抗战时期，“该铁路共运煤220万吨，为陪都重庆在抗日战争中发挥作用做出了重要贡献”[④]。

7月1日　《新世界》刊载卢作孚《盼望补习班继续不断地前进》一文，谓[⑤]：

---

① 严晓琴主编：《李劼人与菱窠》，四川文艺出版社1999年版，第94—96页。

② 《江巴璧合特组峡防团务事业进程一览》，峡防局1934年刊，北碚图书馆藏。

③ 天府矿业公司编：《天府煤矿概况》，大东书局1944年版，第5页。

④ 《重庆晚报》1996年6月13日第6版。

⑤ 卢作孚：《盼望补习班继续不断地前进》，《新世界》第25期，1933年7月1日，第67页。

今天公司帮助练习同事的，不是生计，不是加薪，而是帮助提高各种能力——因为社会上许多许多好的待遇都由能力产生。现在公司愿意在这方面帮助你们。又有许多比你们更忙的人，百忙中抽暇来教。但是你们不接受，不感兴趣，这本来是为你们自己好，何必要公司加以强迫？

如果读起来感困难，宁可走慢些，总要继续不断地走。例如举五百斤的铁锤与只费二两力气的纺棉花，究竟哪个力量大？纺棉花力量当然大，因为他是继续不断的。往往一桩小事情，可以看出一个人一生的成就。如戒鸦片烟，口头尽管说不吃了，但他手头丢不下烟枪。如因教快了读不走，可同教的人商量教慢点，总要读一样理解一样。好像读英文，记得生字不算，还要懂文法，能会话。

7月4日　(一) 民生公司召开主干会议，决定设立筹备处，于重庆模范市场总公司后面建筑新屋①。(二) 晚上6点钟，卢作孚偕同民生公司总公司各处经理、襄理邀请重庆航业界人士在民生公司永年轮宴聚，宴聚后一同到“民宪轮”视察，11时返城，即搭乘永年轮准备赴上海②。(三) 四川爆发第二次二刘之战。

7月5日　晨，卢作孚乘永年轮赴上海，随行者有秘书杨成质、中国西部科学院朱树屏等人，计划一月左右返川。

7月6日　卢作孚乘轮抵宜昌，同杨成质、朱树屏一同上岸与宜昌分公司经理李肇基商谈数小时，晚上12时返回永年轮继续下驶③。

7月7日　(一) 南京国民政府正式特派刘湘为四川“剿匪”总司令④。(二) 民生公司合并衡山轮船公司的衡山轮，改名为民信轮⑤。

［按］一说10月接收⑥。

---

① 民生实业公司十一周年纪念刊编辑委员会编：《民生实业公司十一周年纪念刊》，中华书局1937年版，第205页。

② 《民生实业公司简讯》第17号，1933年7月5日，无页码。

③ 《民生实业公司简讯》第19号，1933年7月12日，无页码。

④ 四川省文史研究馆编：《四川军阀史料》第5辑，四川人民出版社1988年版，第242页。

⑤ 民生实业公司十一周年纪念刊编辑委员会编：《民生实业公司十一周年纪念刊》，中华书局1937年版，第205页；佚名：《民生简史》(上)，《民生实业公司简讯》第1036期，1950年7月21日第3版。

⑥ 民生实业公司十一周年纪念刊编辑委员会编：《民生实业公司十一周年纪念刊》，中华书局1937年版，第87页。

7月13—14日　《嘉陵江日报》载《北碚兼善学校设立的意义》一文，谓[①]：

本校对于青年在校之训练，务使其有充分之科学知识，有良好之劳动习惯，有相当之职业技能，有确实之组织能力，有高尚之健全体魄。而于其出校之希望，务期其于家庭为优良之子弟，于事业为诚实之职工，于社会为健全之公民，而能具此希望者，良以本校教师之能示学生以式范，实际领导使学生于不知不觉中养成一种光明、智慧、强健、活泼之青年，吾人远避繁华都市而设教于此山明水秀之乡，实为鉴于都市生活恶化青年素有之良知良能，而造成其奢靡、虚伪、怠惰之恶习。今日之为父兄者，大都痛恨于教育之不良，子弟无托付之所，创造中国西部科学院诸君子，鉴于此项需要之切，乃于建设科学院之际，用意之深，为社会认识所洞察，世之有子弟，而望其受完全之教育者，盍兴乎来！

7月17日　此前卢作孚曾经致函蔡元培，邀其赴四川游览，本日蔡元培复函表示感谢，并表示由于身体欠佳，加上路途遥远，一时无法成行。函云[②]：

手书奉悉。承邀赴川中游览，无任心感。惟弟近以身体屡有小恙，道途绵邈，深恐不能成行；有负盛情，殊以为歉。谨先函复道谢，诸候察照。

7月19日　张嘉铸（禹九）邀黄炎培、张澜、张君劢、卢作孚、胡筠庄、徐新六在上海一枝香餐叙[③]。

7月22日　卢作孚在上海与黄炎培、张澜、鲜特生、杨成质等同赴莫干山游览，同车魏文翰、朱吟江等，途次卢作孚与黄炎培长谈甚欢[④]。

7月23日　上午，卢作孚与黄炎培等人游砚池观瀑布，下午参观莫

---

① 《北碚兼善学校设立的意义》，《嘉陵江日报》1933年7月13日。

② 高平书等编注：《蔡元培书信集》（下），浙江教育出版社2000年版，第1575页。

③ 中国社会科学院近代史研究所整理：《黄炎培日记》第4卷，华文出版社2008年版，第198页。

④ 同上书，第199页。

干山小学，当晚返回上海[①]。

7月24日　民生公司具呈四川省建设厅，补呈申请登记相关文件[②]。

7月26日　卢作孚为接洽杨森两万元捐款，熊明甫北碚柏树林山堡建筑中国西部科学院理化研究所一事致函巴县政府，谓[③]：

> 敝院顷承国民革命军第廿军军长杨捐款二万元，建筑理化研究所，以无适当地基可资兴修，查北碚乡长熊明甫业内柏树林山堡，交通便利，风景优美，尚称合用，当由敝院派员接洽，得荷熊乡长慨然乐捐，成兹盛举。所占地基计长十四余丈，深六丈余，周围留余地二丈，培植花木。又建筑工役住室、厨房、厕所，需地六方丈，亦同照捐。经于七月廿二日，请凭熊姓族人及北碚各机关公务人员亲临该地踏看，指明界畔，书立捐送合约，各执一纸存查。但此段地基熊乡长每年纳有粮税，议定在原上条粮项下拨出三钱归敝院担负，以资永远管业，而昭平允。尚希贵府转知巴县征收局，于敝院前来拨粮时，予以照拨注册，俾清手续，其余附带问题业在约内订明，议定世守勿逾。除将捐送合约随函抄送外，相应函达贵府，请烦查照备案存查，实为公便。

［按］后来两万元不敷使用，杨森追加捐款一万元。到1934年7月，中国西部科学院主体建筑——惠宇在北碚柏树林山堡中国西部科学院新院址建成。

7月28日　下午6时，中国科学社在上海举行年会预备会，卢作孚等20余人参加，会议主要讨论了民生公司派专轮到上海接运会员，以及沿途参观等问题。《嘉陵江日报》载[④]：

> 中国科学社第十八次年会，定于8月18日起在四川重庆北碚温泉举行7天，并于8月5日由民生实业公司特派专轮来沪接送社员。

---

① 中国社会科学院近代史研究所整理：《黄炎培日记》第4卷，华文出版社2008年版，第200页。

② 民生实业公司十一周年纪念刊编辑委员会编：《民生实业公司十一周年纪念刊》，中华书局1937年版，第206—207页。

③ 黄立人主编：《卢作孚书信集》，四川人民出版社2003年版，第278页。

④ 《中国科学社年会会员》，《嘉陵江日报》1933年8月12日。

前月28日下午6时，该社特举行年会预备会，计到卢作孚、胡刚复、丁选甫、何德奎、唐璧、葛成彗、杨允中、李振翮、周榕仙等20余人，主席杨允中。讨论事项：（一）舱位不敷支配，决将统舱加以布置，以容社员。（二）专轮为民贵号……（三）抵汉后参观武汉大学。

8月1日　在上海办妥一切事宜，而中国科学社第十八次年会定于8月17—22日在重庆和北碚举行，为筹备会议，卢作孚决定回川，本日先由上海乘车到南京①。

8月初　曾扩情、何成浚（武汉行营主任）与陈光甫（何成浚的总参议）及刘湘驻武汉代表邱甲到重庆、成都，向刘湘转交“四川剿匪总司令”关防②。

8月4日　（一）上午卢作孚由南京乘太古公司吴淞轮赴九江③。《民生实业公司简讯》载④：

> 卢总经理4日已由南京搭太古公司之吴淞轮赴九江，5日可达。6日拟往庐山一游。7日由赣搭轮上，8日可抵汉。9日即乘飞机航渝。

（二）下午1时半，专门到上海迎接中国科学社第十八次年会参会人员的民生公司民贵轮从上海启航⑤。

［按］《嘉陵江日报》载为8月5日凌晨2时从上海启航⑥。

8月5日　卢作孚乘太古公司吴淞轮抵达九江⑦。后来卢作孚深有感触地记述了乘坐该轮的印象⑧：

---

① 《民生实业公司简讯》第25号，1933年8月2日，无页码。

② 曾扩情：《蒋介石两次派我入川及刘湘任“四川剿匪总司令”的内幕》，《文史资料选辑》（全国）第33辑，文史资料出版社1980年版，第114页。

③ 《民生实业公司简讯》第26号，1933年8月5日，无页码。

④ 同上。

⑤ 珣：《中国科学社第十八次年会纪事》，《科学》第18卷第1期，1934年1月，第126页。

⑥ 《中国科学社乘民贵轮抵渝》，《嘉陵江日报》1933年8月17日。

⑦ 《民生实业公司简讯》第26号，1933年8月5日，无页码。

⑧ 卢作孚：《告茶房》，《新世界》第29期，1933年9月1日，第55—56页。

他们真是办得好呵！记得那天，起初一个西人率领几个中国人，到船上各处查看，就是柜子的缝缝，窗子边边，门扇背后，都要用手摸一摸，检查干不干净。过了一刻，一个中国人（是个头脑）引几个茶房来，指点着教他们哪些地方该怎样擦洗，怎样安置。再过一刻，几个茶房很有秩序的分头把房间整理得规规矩矩的。你们看，人家办事，是怎样的有方法有秩序呵！像这些事，难道一定要高鼻子才做得到吗！

8月6日　（一）卢作孚游庐山。（二）民贵轮到达南京[①]。（三）耿布诚为合川瑞山小学事致函卢作孚，信中说“瑞校改为私立已经决定，所有立案手续照章分三次办理”[②]，此后该校就逐渐成为为民生公司和相关事业培养初级人才的重要机构。

8月7日　卢作孚从九江乘船赴汉口。

8月8日　（一）卢作孚抵达武汉。（二）民贵轮到达九江[③]。

8月9日　（一）搭载参加中国科学社第十八届年会会员的民贵轮清晨到达汉口[④]。（二）上午，为中国科学社年会事，卢作孚亲到抵达汉口的民贵轮与科学社负责人商议[⑤]。午后2时卢作孚由武汉乘机返回重庆，其间数次欲呕吐。下飞机后径直到公司，直到晚上12点以后才回家[⑥]。

8月10日　晨，卢作孚出席民生公司的朝会，中午12时又因事乘包车赴成都，同行者有民生公司总务处经理宋师度等人[⑦]。他后来追述说[⑧]：

八月九号由汉口坐飞机回重庆，在飞机上几次欲呕，下［到］了机场，愈觉得厉害。进城经过自家里的门口，很想趁此回去休养一会，再到公司，但是忽然一下想起了，走了一个多月之后，公司还有

① 珣：《中国科学社第十八次年会纪事》，《科学》第18卷第1期，1934年1月，第126页。

② 黄立人主编：《卢作孚书信集》，四川人民出版社2003年版，第324页。

③ 珣：《中国科学社第十八次年会纪事》，《科学》第18卷第1期，1934年1月，第126页。

④ 同上。

⑤ 同上。

⑥ 《九月廿四日周会中之工作报告》，《工作月刊》第13、14期合刊，1933年10月12日，第8页。

⑦ 《民生实业公司简讯》第28号，1933年8月11日，无页码。

⑧ 《九月廿四日周会中之工作报告》，《工作月刊》第13、14期合刊，1933年10月12日，第8页。

很多堆起待解决的问题，于是乎并不停留地一直跑到公司。走进了办公室，求神问卦的就开始继续不断地来了，一直坐到晚上十二点多钟以后才回到家里去。第二天又包车跑上成都，白日赶不拢，继之以通夜，中间发呕数次。呕时叫车稍停，呕毕仍叫开车，并不因此而稍有所停留，为什么要这样拼命的忙，为的是向成都各军当局作了一个运动，第一是盼望四川今天以后永不打仗，多用新的方法整理四川，第二是盼望赶快出兵剿赤，彻底肃清匪患，把四川整个的、永远的安定下来，从事于生产的开发，政治的建设和教育的普及与提高，以把四川变成一个租界。

这次赴成都途中，卢作孚呕吐的原因是肠胃病发了，他说[①]：

行至途中，肠胃病发了，而且呕吐得十分厉害，虽则如此，但是亦不愿停顿，最凶时下车休息片刻而已。到了成都之后，一位名叫何成俊的朋友劝我进医院，至少也要就医治疗，我感谢他道："是的，但是那里能有这样的空时间呢？"因此亦只随便找了一个医生看看，吃了一次药便算了事。

8 月 11—14 日　卢作孚在成都与军政有关当局广泛交换意见，他说："以两天半的工夫与各方面接洽下来所得的感想，觉得川局的前途很有希望。"[②]

8 月 15 日　（一）晨，卢作孚从成都返回重庆[③]，由于雨大，在途中的一家烧酒坊休息了三个小时。由于得不到适当的休息，结果回重庆后痔疮发了。他追忆说[④]：

这样（在成都）抱病工作到次一天，便又搭车离开省垣，中间在烧酒房休息了三个半钟头，但是不是我们要休息，是因为雨下得太大了，扎雨班。第二天九钟许到重庆，仍然不休息地继续工作，结果

① 《卢作孚作的主席报告》，《工作周刊》第 10 期，1933 年 9 日 7 日，第 1 页。

② 《九月廿四日周会中之工作报告》，《工作月刊》第 13、14 期合刊，1933 年 10 月 12 日，第 9 页。

③ 《民生实业公司简讯》第 29 号，1933 年 8 月 16 日，无页码。

④ 《卢作孚作的主席报告》，《工作周刊》第 10 期，1933 年 9 日 7 日，第 1 页。

痔疮又发了，要走路的工作虽然做不得，但是不动步的工作仍然要做。

（二）当晚7时，民贵轮载中国科学社年会会员60余人抵达重庆。卢作孚以及川江航务管理处处长何北衡、重庆商会代表温少鹤、重庆市府代表等数十人在码头迎接①。

8月16日　中国科学社年会参会人员报到注册，共计报到会员118人②。

8月17日　上午，中国科学社年会在重庆公立师范学校举行开幕典礼，下午代表分青年会、总商会、川东师范学校三处开会，每处听讲者都在五六百人。在重庆市总商会的学术演讲会上，胡先骕作了《四川农村经济复兴问题之讨论》的演讲，在演讲最后胡先骕说："四川人太能干，太聪明了。贵省卢作孚先生，他做事负责任，有勇敢，多经验，我真佩服。……希望列位也取法他的精神和毅力，四川才有办法。"③

8月18日　晨9时，卢作孚陪同中国科学社社员自重庆乘民福轮赴北碚温泉公园开会，午后2时抵达温泉公园。安排住宿并稍事休息后，下午4时在温泉公园浅草坪上用篾席搭建的临时大礼堂举行年会第一次社务会议，出席会员96人。根据社员动议，大会特增加起立静默三分钟为6月份遇害的杨杏佛志哀一项议程。最后选举了新一届理事，结果翁文灏、赵元任、任鸿隽、竺可桢、秉志、胡刚复、李四光七人当选。

8月19日　上午，全体参会社员分20组分乘120架肩舆，游览缙云山。在游山过程中，中国西部科学院农场负责人与生物专家胡先骕谈起高山植物园经营情形。胡先骕经过考虑提出了一个关于在缙云山绍隆寺附近初步划地1000亩建立高山植物园的较为详细的计划。中午在缙云寺用膳，下午2时在缙云寺大讲堂开第二次社务会，决定卢作孚、任鸿隽、胡先骕等七人为中国科学社社刊编辑，最后还通过中国科学社向中国西部科学院赠送永久纪念物的决定④。纪念物包括中国科学社所属上海科学仪器馆制

---

① 《中国科学社乘民贵轮抵渝》，《嘉陵江日报》1933年8月17日。

② 珣：《中国科学社第十八次年会纪事》，《科学》第18卷第1期，1934年1月，第128页。

③ 胡先骕：《四川农村经济复兴问题之讨论》，《科学》第18卷第4期，1934年4月，第461页。

④ 珣：《中国科学社第十八次年会纪事》，《科学》第18卷第1期，1934年1月，第129—130页；葛绥成：《四川之行》，《新中华》第1卷第22期，1933年11月25日，第73页。

造的物理、化学等先进国产仪器 40 余种。《嘉陵江日报载》[1]：

> 中国科学社社友在上海组织之科学仪器馆，专造各物理、化学仪器，为国货仪器业之翘楚。此次来川举行十八届年会，该社亦将科学仪器馆最近所制最新式理化仪器四十具带川陈列。现该会决将该项仪器捐赠中国西部科学院理化研究所。

8 月 20 日　（一）上午，中国科学社年会在温泉公园临时大礼堂宣读论文，本次年会会员包括华罗庚、秉志和杨仲健等人在内提交论文 42 篇。12 时，中国科学社会员到北碚参观了地方医院、民众教育馆、嘉陵江日报社、农民银行等事业，然后在新营房用午膳。午膳后会员们继续参观中国西部科学院、动物园、博物馆、图书馆、各研究所、公共运动场、三峡工厂等，并在露天会场做公开讲演。通过参观，参加年会的代表发现："北碚本为一小村落，自卢氏经营后，文化发展，市政毕举，实国内一模范村也[2]。参会学者中葛绥成在《四川之行》中对于开会和参观北碚有很详细的记述，其中《北碚及其附近的新气象》一节谓[3]：

> 二十日上午宣读论文，只读十余篇而时已达十二点钟，不得已将其余二十余篇予以保留，亟行上轮启碇下驶至北碚。到时北碚囤船上先有峡防局长卢作孚、熊明甫二君，率领机关人员迎候。登岸赴民众俱乐部茶点休息，沿途扎有欢迎彩坊四座，不特精美，而且标语新颖。旋分组出发参观民众教育办事处、嘉陵江日报社及地方医院，各处办事人员都很认真，气象蓬勃。我们经过的街道，非常整洁。继穿人和路到新营房，墙壁上有"忠实地做事，诚恳地对人"字样。北碚各机关即在新营房第一进，欢宴社员。屋顶饰以各色皱纸条花，屋的三面贴欢迎标语，一面竹篱，虽粗柱茅屋，结构不精，然以布置得宜，也殊错落有致，别具风格。餐桌铺有白纸，以花瓣树叶联缀成"愈艰难愈奋斗"、"愈穷困愈努力"、"愈失败愈决心"等语。我们看了这些标语，就可明了他们的精神。南瓜烘饭，佐以蔬肴一碟，各

---

① 《中国科学社昨午来峡》，《嘉陵江日报》1933 年 8 月 19 日；《胡先骕谈高山植物园的计划》，《嘉陵江日报》1934 年 8 月 27 日。

② 珣：《中国科学社第十八次年会纪事》，《科学》第 18 卷第 1 期，1934 年 1 月，第 132 页。

③ 葛绥成：《四川之行》（续），《新中华》第 1 卷第 23 期，1933 年 12 月 10 日，第 67 页。

人分食，略带乡村风味，颇合于卫生。此种宴客办法，在全中国可谓别开生面。饭后分组出发参观平民公园、三峡工厂及农民银行等。平民公园山顶为中国西部科学院，院分生物、理化、农林、地质四研究所，又附设博物馆、图书馆及兼善学校。就中生物研究所的动植物标本及动物园、地质研究所的煤矿陈列室、博物馆的历史古器及各标本，尤为精美。在这样的环境中而来研究实用科学，当然比较容易进步了。下午三时，一部分社友返温泉公园。我等三十余人又乘民约轮赴干洞子，参观用水电的洪济冰厂。旋至白庙子，参观用蒸汽动力机的嘉陵煤球厂。又乘滑竿至北川铁路。此路系民国十七年开工，十九年完成三十里，资本五十万。我等到达时，由北川铁路公司特备专车，供给我们游览沿途风景，并参观煤坑。煤多系由断层而生，七时天已昏黑，而身体也很疲倦，遂联袂下山，乘船折返温泉公园。

（二）任鸿隽为中国西部科学院介绍职员和募捐等事致函卢作孚，谓[①]：

八月八、十三、卅各示均经奉到，敬悉一一。化验员近正各方物色，颇难得相当人选，地质调查所现亦缺乏此项人材，因初毕业者无经验，恐不能独当一面，稍有经验者复不易得。中国各处人浮于事，真正有事，求一胜任愉快之人亦至难得，可慨也。俟有所得，再行奉闻。为西部科学馆募捐事，弟及翁先生皆极赞成（丁先生在病中未能晤谈），如有需用贱名之处，弟等愿附骥尾，匆匆不尽。

8 月 21—27 日　中国科学社会员乘民约、民望轮返回重庆。部分会员应四川善后督办刘湘之邀于 22 日乘汽车赴成都，受到刘湘、杨森、田颂尧、邓锡侯、刘存厚等热情接待，参观了四川大学以及各处名胜，并对四川的建设提出了许多意见。

8 月 25 日　北碚缙云山发生森林大火，造成严重损失。

8 月 27 日　《嘉陵江日报》刊载中国科学社总干事杨允中关于北碚印象的谈话[②]：

---

① 黄立人主编：《卢作孚书信集》，四川人民出版社 2003 年版，第 280 页。

② 杨允中：《北碚富于精神建设》，《嘉陵江日报》1933 年 8 月 27 日。

> 峡区各项事业，经作孚先生之苦心经营，迄今可谓成功。江苏有南通，四川有北碚。南通之建设固是完备，如同北碚之精神上之建设，视之南通更为完备，且精神之建设较之物质之建设尤为长久。

8月下旬　在中国科学社年会和卢作孚的极力主张下，刘湘在本月下旬中国工程师学会于武汉举行年会期间，正式来函邀约明年到四川开年会。中国工程师学会年会作出决议：不必开年会，而是由董事会慎选人才组织考察团，于明年4、5月间前往四川，分组视察设计。后来中国工程师学会董事会又决议由该会会员、电业专家恽震筹备组织考察团事宜①。

8月底　二刘之战以刘文辉率残部2万余人败退西康而告结束，刘湘大获全胜，占领成都，四川大规模的军阀混战由此基本结束。

8月28—31日　中国科学社会员离开成都，乘白木船到嘉定。30日到峨眉，31日游峨眉山。

8月　（一）峡防局进行第二次人口普查统计，结果显示：北碚城区人口739户，4178人②。（二）三峡染织工厂耗费5万元建成第2厂，安装机器设备有120匹马力蒸汽机一部、25基罗瓦特电机一部、自来水塔一座。自来水塔除供应本厂及中国西部科学院用水外，并向北碚整个城区供水③。（三）峡防团务局编印《峡区事业纪要》载峡防局组织、收支等情况④：

> （峡防局）设正副两局长，以总务、政治、审计三股，分办各事，辖六队，全局职员、官佐计56人，附设峡区地方医院、民众教育办事处、公共体育场，曾帮助峡区各场改良市政，开辟运动场所及其他公益事业，本年摄制峡区各事业及风景影片约三千尺，由西南影片公司印放。……各股各机关每天有事务会议，星期二有民众教育委员会议，星期六有军事会议及局务会议，逢五有财务会议，星期五与科学院、三峡工厂、农村银行各主任人员开联合会议，星期日自开周会，报告工作，每月开联合周会一次。收入：每年平均七万几千元，

---

① 恽震：《中国工程师学会四川考察团筹备经过及考察行程》，《四川考察团报告》，中国工程师学会1936年编印，第1—5页。

② 《江巴璧合特组峡防团务事业进程一览》，峡防局1934年刊，北碚图书馆藏。

③ 同上。

④ 峡防团务局编：《峡区事业纪要》，峡防团务局印1933年8月，第7页。

年年减少。支出：每年平均八万几千元，年年增多。负债：目前八千余元。一切收入按日缴存银行，支款即由银行拨付。

（四）卢作孚与何北衡等集资五万元，创办重庆市公共汽车股份有限公司，何北衡为董事长，严铸九为经理。陆大钺曾记其初期概况说[①]：

重庆市公共汽车事业，创办于1933年8月，由何北衡、卢作孚、周晓岚等九人筹资集股，成立了重庆市公共汽车股份公司，何北衡任董事长，严铸九任经理。该公司成立之初，资金仅5万元，购置了一辆朋驰柴油客车，在重庆市区曾家岩至七星岗间开行了全市第一条公共汽车线路。1934年，复购车四辆，营运路线照旧。1935年底，该公司因亏损甚巨而一度停办。1936年，市政府加入官股40万元，增购8部车辆，该公司遂恢复营业，但其性质已由民营转化为官商合营。此乃抗战前重庆公共汽车事业之大况。

9月1日　《新世界》刊载卢作孚《告茶房》三则，谓[②]：

一、我此次下去时是赶的吴淞船，他们真是办得好呵！记得那天，起初一个西人率领几个中国人，到船上各处查看，就是柜子的缝缝，窗子边边，门扇背后，都要用手摸一摸，检查干不干净。这样过了一刻，一个中国人（是个头脑）引几个茶房来，指点着教他们哪些地方该怎样擦洗，怎样安置。再过一刻，几个茶房，很有秩序的分头把房间整理得规规矩矩的。你们看，人家办事，是怎样的有方法有秩序呵！像这些事，难道一定要高鼻子才做得到吗！我们公司也曾经改良过好些事情，但切不可松懈、落后。我们要永远地跑在前头。

二、南通旅社的茶房很好。我们到时，所有茶房完全出来，引我们到房间去酌量房间之好歹。每到一个房间，茶房必告诉价目。房间一经决定之后，茶房立刻问明哪几件行李属于哪位先生的，一一安置妥当，而且所安置的地位颇适当、颇美观。茶房又问能在此地住几天，要会些什么人。若客人要出外游览，便帮助喊汽车、马车或人力

① 中国人民政治协商会议西南地区文史资料协作会议编：《抗战时期西南的交通》，云南人民出版社1992年版，第228页。

② 卢作孚：《告茶房》（三则），《新世界》第29期，1933年9月1日。

车，并告诉各种价目。所游览的地方若安有电话，茶房则先用电话告知各游览地点，嘱咐妥当招待，客人所住的房间外面，不断有人，一按电铃，茶房立即到来。客人走时，茶房立刻帮助喊汽车、马车或人力车，并将行李细细的照件数搬上车，那态度来得极其亲切、恭敬。

三、大连船上的茶房，不断地来问候客人，地板上稍有残渣，立刻打扫。壶中无水，立刻装满开水。桌上有龌龊东西，立刻拭去。厕所不洁净，立刻抽水冲洗。设使房间风大，立刻将窗门关闭。房间觉热，立刻将窗门启开。并且告诉客人厕所在何处，船上有什么食物，有什么设备。我们民生公司的茶房，应当学大连船上茶房那样的服侍客人。

9月1—2日　中国科学社会员返回嘉定。

9月3—4日　由于轮船无法航行，3日中国科学社会员乘大盐船到叙府（宜宾），在这里换乘民生公司的民福轮于4日东下。

9月5日　（一）《嘉陵江日报》刊载卢作孚在峡局周会上的演讲《工作与休息》，谓[①]：

昨天在重庆遇着黄子裳主任，问他："你到重庆来做什么？"他说："一则因为私人有点事情要办，二则因为这一向来过于劳累了，藉此前来休息休息。"人在劳累了之后是不是就应该把事情搁下来等休息了之后再做，这是很成问题的。所以我就藉此和黄主任作了如下的一段谈话。我认为这一段谈话很值得介绍，因此打算在此提出来同大家谈谈。

自家这一次从上海回来，在路途中就头痛作呕，十分难过，船抵重庆河岸时，曾一度想回家去休息两个钟头，及到轿子抬到民生公司的时候，心里突然转了念头，想慢着且走进公司去看看有无问题。一跨进公司，啊呀！求神问卦、前来环着解决问题的人多得很，奇怪得很，虽然工作到晚间十点钟以后才回家，但是难过却通通都忘却了。第二天一早到公司开朝会的时候，宋师度经理玩了一套把戏，叫我出去作报告，会散后仍继续工作，虽然感觉得有些不好受，但是在一瞬间这一点不好受，也就被一种紧张和兴奋的情绪战胜了。

---

① 卢作孚：《工作与休息》，《嘉陵江日报》1933年9月5日；《卢作孚作的主席报告》，《工作周刊》第10期，1933年9月7日，第2页。

> 十二钟到了，赶着又要坐车到成都去，这时疲倦又袭上来了，但是仍然要继续，而且还要彻夜的继续，行至途中，肠胃病发了，而且呕吐得十分厉害，虽则如此，但是亦不愿停顿，最凶时下车休息片刻而已，到了成都之后，一位名叫何成俊的朋友劝我进医院，至少也要就医疗治，我感谢他道："是的，哪里能有这样的空时间呢？"因此亦只随便找了一个医生看看，吃了一次药便算了事，这样抱病工作到次一天，便又搭车离开省垣，中间在烧酒房休息了三个半钟头，但是不是我们要休息，是因为雨下得太大了，扎雨班。第二天九钟许到重庆，仍然不休息的继续工作，结果痔疮又发了，要走路的工作虽然做不得，但是不动步的工作仍然要做。
>
> 总之，精神越用越有，越不用越没有。好比如像前几天自己的肚子屙，我不理采它，屙了又办公，而且约定次日一早到民生厂去解决问题，第二天按时前往。咳，怪！连屙也不屙了，这就足以证明精神上的鼓舞，能使你忘了累，甚至把病也驱开！近来民生公司的朝会设在午前七点半钟举行，自己从早跨进公司，一直要做到晚上十一或十二点钟才能回家睡觉，计算起来一天整整要工作十四个钟头以上，大家要知道，世界上打起精神，熬更受夜，为人类工作的老头子多得很，何况我们还是青年，我虽然不要求大家和我一样每天做十二或十四点钟以上的工作，但是规定时间内的办公和晚上的那一点民众教育的事情总要请大家努力维持，不要使它有一分钟的松懈。

（二）下午，中国科学社会员回到重庆。

9月8日　晨，中国科学社会员会员乘民生公司民宪轮回上海，14日轮船抵达上海浦东的码头。

［按］中国科学社这次四川之行，参观了四川许多地方，看到了四川山川秀丽、名胜众多、物产丰富、城市繁盛，也看到民国以来四川军阀混战、田粮预征、捐税繁重状况下，社会失序、土匪横行、农村经济破产、鸦片盛行、哀鸿遍野、民气消沉的社会惨状。在四川社会的惨状中，社员们又透过北碚，看到了四川的希望，并希望"像卢作孚这样的人多产几个"①。其间，卢作孚还曾经与部分代表在重庆召开会议，一致主张代表们回到上海后，组织一个委员会，帮助四川做四项工作：1. 帮助派人调查地上和地下的各种物产；2. 帮助计划一切；3. 帮助介绍事业上需要的

① 葛绥成：《四川之行》（续），《新中华》第1卷第24期，1933年12月25日，第65页。

专门人才；4. 帮助对外接头。本次年会之后，卢作孚和四川实业界又开始积极运动工程学会、经济学会来四川开会、考察，以便解决四川发展中的各种问题①。

9月10日　任鸿隽为给中国西部科学院举荐化验员李乐元一事致函卢作孚，谓②：

> 昨得复电，知化验员李乐元君已决聘用，当将尊意转知李君，闻渠定于一二日内来沪，面承教诲，想彼时尊驾当在沪也。李君定十二日起身，如尊驾已离沪，望托人接洽。李君系北大毕业生，由其主任教授曾君昭抡介绍。弟知曾君诚笃学者，其赏识之人，想不至于太差。除另缄由李君带呈外，特先奉达。

［按］李乐元（1908—1969）为湖南人，北京大学化学系毕业，后来李乐元在中国西部科学院担任研究员、理化研究所主任、中国西部科学院博物馆馆长、中国西部科学院代理院长等，发挥了极为重要的作用。

9月16日　《新世界》刊载卢作孚《促进工作的研究》和《在朝会》两篇文章。《促进工作的研究》一文中，卢作孚提出推动工作的有效方法包括检查、提起兴趣、接近工作人员、暇时商讨等。谓③：

> （一）检查　工作约可分为两类：1. 日常的，2. 偶然的。各人每天经常应作的事，如茶房之照料客人起居饮食，水手之扫除、涤洗舱面等④，称为日常的工作。船上的消防火险、水险及泅水练习等⑤，称为偶然的工作。日常的工作，自然我们每天都在实习；偶然的工作，我们也要择时候去练习。实习的结果怎么样？这是管理人应该随时去检查的。严格的说，管理人主要的责任就是在检查工作人员的工作，不然啦，就无从知道各个工作人员的成绩怎样？其结果就会赏罚不平，于是勤劳分子无所激励，怠惰分子无所惩戒，遂不免相率而为

① 《九月廿四日周会中之工作报告》，《工作月刊》第13、14期合刊，1933年10月12日，第3、4页。

② 黄立人主编：《卢作孚书信集》，四川人民出版社2003年版，第280—281页。

③ 卢作孚：《促进工作的研究》，《新世界》第30期，1933年9月16日。

④ “等”字原文为省略号。

⑤ 同上。

萎靡，百事不振，哪能促进？检查的方法，是由各部分主干人分头负起责任，逐一去考查各个人的工作状况。例如茶房头脑，他就须在某一个时间，到某一个地方，视察某一个茶房在做什么？做得如何？有时假如某一件事，是派某一个人做的，在他做的时候，并不须去看他，等他做完之后，可再去看他的结果。例如厕所的扫除是“拖把子”应有的工作，水手头脑就可选一个时候去检查它洁不洁净？各部检查工作，均可照此类推。至于经理啦，只须检查各部管理人负责检查没有？检查的方法如何？检查着不合理的曾照实报告前来没有？换句话说，各部管理人的工作就是检查，经理的工作就是检查各部管理人的检查工作。检查的结果要分判出优劣，分别登记汇报总公司。在消极方面，工作有不合方式的，就要告诫他、纠正他，必使之合方式而后已。在积极方面，工作有合方式的，就要奖励他，并要替他宣扬。这一来，成绩好的，必力求再好；成绩坏的，也就可以鼓励为好，纠正为好。

（二）提起兴趣　兴趣是成功之母，有兴趣做事才积极；若是不感兴趣，则做事必消极，消极就不会求进步。所以提起工作人员对工作的兴趣，是非常必要。人类心理，在比赛中最易感到兴趣。例如，有许多喝酒的，静悄悄的喝，他们是不感觉兴趣，也就不大肯喝，必定要在［猜］拳竞赛下才喝个不休。又如运动，若是不含有比较的意义，运动的人必很少感到兴趣，也不会有人去精益求精。所以对任何工作，都必须要提出几个比较标准。比较是两方面的：1. 个人的比较，2. 与人的比较。以泅水作例：例如某个水手前一星期只能浮水一丈远，这个星期却能浮两丈，那就是他个人的比较有进步了。假如甲在前个月浮水的能力较乙远五尺，在这一个月却比乙远两尺，那就是甲与乙的比较退步了。推行这比较的标准，不仅工作的人感觉兴趣，就是管理的人定奖惩也有所依据，其结果自会使工作在比较标准之下逐日地进步了。

（三）接近工作人员　人是社会的组合分子，所以他的活动都喜站在社会面前，就是站在人的面前。换句话说，就是怕使了力别人没有看见。理会了这些心理，管理人就应找寻常常接近工作人员的机会。照此，就要时刻照料着他们，使他们的一切活动都常常在你眼面前，那么大家就不得不起劲了。

（四）暇时的商讨　与工作人员的商讨，也是促进工作的一个有效方法。在某一部的工作不紧张的时候，你就找着某一部的人询问和讨论他那一部的工作情况及改良方法。这一来他见着主干人都在注意他们的事，于是他也就不敢懈怠了。前次我在永年船上同二车刚谈了一度煤的节省问题，他接着就造了一个关于煤的最有意义的比较表，这就是一个实例。所以主干人应该不断地同个别的工作人员商讨，他们也就会不断地想新办法，不断地提供意见，工作哪有不进步呢？

在《在朝会》一文中，卢作孚强调公司朝会报告的内容主要是各人在办事经验中得到的方法，报告本身要条理清楚、数字准确，并要求公司行政部门不要扰民，办公室人员应多与船上人员接触。谓[①]：

在朝会，每人报告中，理由的叙述要极求减少，或竟至不要。所要求的是方法的交换，是每人在办事经验中所得的方法的交换！

报告的办法，要能条分清楚，切忌拉杂，使人能于最短时间里可得一详确观念。

报告数目字，尤须力求准确，不可马虎。并且这个数目是怎样得来的，报告出来有什么用，要说明它的原因，才能提起大家的兴趣，不至干燥无味。往往这个数目报告出来与另一问题有关，于是引起别部的探索了：例如去年全年修理费十六万几，我们嫌他多了，今年半年就达二十余万，似这样推算下去，全年至少要增加到三十余万！今天公司所有的船，如保护得好，民贵等六只大船，每年十二万块钱修理费够了；民意等七只二级船，每年七万块钱够了；民殷等几只三级船，每年不过三万块钱可解决；民用等几只小船，每年不上一万块钱可解决；总共不过廿三万块钱。现在才半年工夫就达到这个程度了！并且它不似省煤运动那样，减省十万，仅止十万而已，它的节省是两头打算盘，拿出去的修理费损失是很小的一部分，延误营业时间的损失大得多，所以去年的修理费，我们计算如果节省六万几，就要多赚廿八万几。

今天民生公司的问题，要绝对看到大处，不要在小地方抠鼻屎吃。我们要集中精神来一件一件的办，如夹夹杂杂一把挽着，结果一样都没办好，毋宁不办！

还有，个个办事，都要使他有兴味，要少做，不望多做，最忌天天都在“扰民”而不得结果。如果一桩事情预料办起来感困难，要

① 卢作孚：《在朝会》，《新世界》第30期，1933年9月16日，第7—9、56页。

搁浅，我们就要注意到底——如船员缝制服，仅仅在缝时、扣钱时注了意，过后穿不穿就不问了。如果注意他到底，使他养成习惯便好了。

公司每天下办公室后，有任务的应该首先是经、襄理及主任人员。当公司“小家屋”时，大家很亲切，船一抵岸，船上经理们必到公司接谈。现在呢，“侯门深似海”，即使船上人来了，而公司各人因为事忙，往往不照他们的闲。今天以后，盼望公司的人们多与船员亲切的接触！

9月18日　下午6时，民生公司在重庆陕西街青年会举行职工“九一八”两周年纪念大会，出席大会的有民生公司各部分代表200余人。大会讨论并通过民生公司公约、信条等议案①。

9月22日　中国科学社理事会会长王琎、总干事杨孝述为在北碚成功举办年会联名致函卢作孚，表示感谢，谓②：

敝社本届年会在温泉举行，辱承贵院代为布置一切，招待优握，设备周致，使本会得以进行顺利，同人等咸有宾至如归之乐，斯会之盛，实拜贵院之赐也。贵院事业方兴未艾，诸凡设施在在足资全国楷模，同人参观所及，获益尤多，瞻仰宏猷，倍深钦佩。会期中复承导游名胜，宠赐华筵，指导殷勤，爱护备至，追怀高谊，铭感无极。用特肃函，敬伸谢悃。同人拜惠之余，曾悃薄资，聊答盛意，一俟纪念物品计画就绪，再行奉达。敬先附及，诸希垂察。

9月24日　卢作孚出席峡防局周会并讲话，就邀请中国科学社到重庆和北碚来开会的目的和意义等加以说明，并提出了今后努力的目标是要将四川建设得与上海等地的租界一样繁荣，把被人目为“魔窟”的四川改造成“桃源”，把“天府”造成“天国”③：

---

① 《关于九一八纪念大会函件纪录和决议案》，《新世界》第31期，1933年10月1日，第11—13页。

② 黄立人主编：《卢作孚书信集》，四川人民出版社2003年版，第281页。

③ 《九月廿四日周会中之工作报告》，《工作月刊》第13、14期合刊，1933年10月12日，第7—9页。

只要把四川一经变为租界之后，世界上的钱和世界上的人，都可以吸收到四川来。上海租界里面有一个见方不过十里的地方，曾经集中过三百万以上的人，和十万万以上的现金，所以只要四川一经安定之后，就会马上有办法的。要知道现在世界上有许多的钱都找不到安稳的地方存放，世界上有许多人尤其是中国人都找不到一块乐土来住家。假使四川永远安定后，各方面都集中精力来创造、来建设，把四川的各个地方布满铁路之网，布满电线之网，一切大规模的工业都次第举办起来，集中生产大批出口，使原来贫穷的人都会变为有钱的富家翁了。这样一来，不单是可以把“魔窟”转变为“桃源”，而且是也要把“天府”造成一个“天国”。

9 月　（一）民生公司正式成立代办处，以便利工商，开发实业，马熏南任代办处经理。代办处内设进口部、出口部、煤业部、保险部。后煤业部从代办处分离另设，代办处主要代理以下 3 方面业务[①]：

1. 本公司为德国西门子洋行全川经理处，并代客购买马达、电话、钢铁、无线电收音机、电热用具、科学仪器及各种电料、大小五金等。

2. 本公司特聘工程师，代客设计大小电气工程，并有高艺工人代客装修电气设备。

3. 本公司代理华商太平洋保险公司，及英商保泰保险公司，呈保水火险、汽车险、人寿险、意外险等。该公司等资本雄厚，信用昭著，赔款迅速，手续方便。

（二）天府公司改聘邓少琴为经理[②]。

［按］邓少琴以不适宜此项工作为由，未接任。

10 月 1 日　（一）著名植物学家胡先骕在《独立评论》发表《蜀游杂感》，其中有《四川杰出人物卢作孚及其所经营之事业》一节，对卢作孚及其经营的事业赞赏有加。谓[③]：

---

① 民生实业公司编：《民生实业公司概况》，1937 年刊，第 9 页。

② 民生实业公司十一周年纪念刊编辑委员会编：《民生实业公司十一周年纪念刊》，中华书局 1937 年版，第 163 页。

③ 胡先骕：《蜀游杂感》，见《独立评论》第 70 号，1933 年 10 月 1 日，第 14—16 页。

此次入川，科学社社员皆乘民生实业公司所派之民贵专轮。作者年来为西部科学院组织采集队，聘任植物部职员等事，已数数（次）与其创办人卢作孚通函；至与卢君晤面，则初次尚在汉口民生实业公司办公室中。卢君为一貌若五旬，须鬓苍白，短小瘦弱之人，其目光冥然而远，其声音清而尖锐，一望而知其有（为）理想家，而非现实主义者。盖其办事之热忱，舍己耘人之精神，有大类宗教改革者，故其事业进步之速，亦出人意表也。

卢君昔日并未受何等专门教育，然其才智过人，久为杨军长森所识拔，在其部下任职有年；终鉴于在政府任职，受政潮之牵率，每每劳而无功，遂毅然从事社会事业。卢君有两大事业，一为民生实业公司，一为峡防局。先是嘉陵江小三峡一带，以其地位于数县交界之处，为盗匪之逋逃薮。卢君出任峡防局长后，乃办团防，首将盗匪肃清。继乃经营北碚镇市政，禁赌博，禁鸦片，办中小学，立医院，设民众俱乐部、图书馆等。近数年国内外学术机关入川省采集动植物标本研究地质学者踵相接，卢君皆派练习生从之采集。后乃创办西部科学院，筹设农事试验场。计西部科学院中已成立者，有动物、植物、地质、化学数部，虽凡百草创，然已渐有规模。其经费概出于捐募，捐募不足则不惜出于借贷。今科学院之二万金巨厦，即借款建筑者。其植物与昆虫采集队，已深入西昌、会理、川边、青海各处，成绩灿然可观。似此身非科学家，处竭蹶之经费状态之下，而提倡科学不遗余力者，吾国殆只卢君一人焉。其自治成绩之卓越，固不仅其辖制之区域内，无盗匪烟赌之踪迹，其所办之学校与通俗教育尤有朝气。其所创办之温泉公园，竟使盗匪庋藏肉票之魔窟，一变而为重庆附近最美丽之避暑区域。近且议在温泉附近之缙云山上创设植物园。作者有意在北平创一植物园，数载于兹，尚无眉目，而远于数千里外在作者指导之下之植物园在最短期内，即可实现，可见在适当领袖人物领导之下，百事皆易于成就也。

至其经营民生实业公司之成绩，尤为可惊。先是川江自通航轮以来，行驶川江之轮船，多为招商、太古、怡和、日清诸公司。川人自组航业公司者固亦有人，然以经营不善，亏累日巨，几于全体崩溃。卢君首创民生公司，始于合川，初于民国十四年募集资本以两万元为度而实收不过八千元，用购行驶合川重庆间小轮“民生”，复在合川设立电灯厂。“民生”轮营业有利，乃于十六年增收资本至五万元。嗣后又增购小轮，设立机械工厂。后乃与各轮船公司合并，至二十一年遂有轮船二十一艘，行驶渝涪、渝合、渝叙、渝宜、渝申五线。以管理之合理化，故虽在四川紊乱之政局、崩溃之经济状况之下，其它轮船公司经营日有亏累，民生公司航业尚日有欣欣向荣之状。通常各轮船之管理皆委托于商人阶级之买办，故上自买办下至茶役皆营私舞弊，无所不至；民生公司各轮之经理，乃多以中小学校长教员之类人物任之，故弊绝风清，气象迥异。某轮在昔日由宜昌航行至重庆，每次须煤一百六十吨，自归民生公司经营后，则耗煤之量减至每次六十吨。昔日茶役每月收入以千百金计，狎妓豪赌，有如富绅，今则此风绝迹。又该公司自创办以来，从无一轮遇险，而他公司之船，则时以触礁闻。凡此种切，皆可证明卢君一人之人格，与其苦心之擘画，有以使黑暗沉沉之四川社会中，逐渐发展方兴之曙光也。

卢君之办社会事业，并不忘情于四川政局之改革。二十一军刘军长（湘）曾屡邀其任航务处长，固辞不已，乃任斯职，而以何君北衡为之副。迨何已得刘之信任，则辞职而荐何为继。现在何实为彼政界中之替身，而亦刘部下最有新头脑之人。此次“安川”军事告一段落之后，卢君即游说诸军阀巨头劝之息内争，以共趋建设之途；以彼在社会上地位，其言论殊为军人所重视。此次科学社在重庆开年会，即彼所主张；彼且说刘湘电邀中国工程学会于明年暑假、中国经济学会于后年暑假入蜀开会，冀有以一洗四川各界陈腐昏瞀之空气，而稍收脚踏实地之建设功效。吾尝谓川省执政者有若卢君者五人而四川治，中央执政者有若卢君十人而中国治。惟可虑者，四川之恶势力，是否为有心人如卢君者所能克服；而卢君食少事繁，各种事业均未稳固，是否能永不崩坠。王陵基师长曾与卢君戏言：汝之事业，余以一排兵可破坏之无余。四川政局之可危，尽在此一语之中也。

（二）中华平民教育教育促进会在四川江津县城第二公园举行四川平民教育促进会成立典礼，该会计划先在江津设立平教实验区，在四川推广定县实验的经验①。

10月4—6日　4日，刘湘在成都正式就任四川“剿匪”总司令，6日在成都设立总司令部，川中各军编为六路，对川陕根据地发动六路围攻。

---

① 周开庆编著：《民国川事纪要》（1911—1936），台北四川文献研究社1974年版，第522页。

10月7日　卢作孚出席公司朝会作《在成都二十天的工作》的报告，谓[①]：

我看《科学画报》有一期，找了一段小小的问题，值得研究它：假如从太平洋西岸投一块石头到海洋里，波动可以达到太平洋东岸。大洋的范围内，一块石头，竟能从大洋的此岸达到彼岸，物理学证明确系事实。这种影响之大，不能计算。因一克重量在手里不感觉得到有力量，但科学上已用到千分之一克。普通时间到百分之一秒，便不能想象，可是科学上已经用到了千分之一秒。所以两三丈以外，非无波动，不过人力不能考察罢了。

今天所盼望的，是今天以后没战争，用建设的方法来整理一个崭新的局面。即这一种盼望，但得当局想一想，也就是一种波动，对于庞大的四川仍然会发生影响。这又有历史可以证明。民国十年以前，四川没有一个人到省外去考察，尤其是政府未派人到省外去。当我们在永宁道署时，曾派许多视学、校长出川考察教育。因此，四川行政上或事业上，或是毕业生，皆结群成队的出去考察。这种考察，简直成风了。做这一点，便影响到周围了。

此次到成都，也是为民生公司进行募股。费了廿天的工夫，不过才得三万块钱。民生公司每月收支是廿几万，八月份收入廿六万几。只要民生公司朋友努力一点，增加三万，是意中事。我们要拼命加力，只要有做生意的机会，如像轮船要怎样吸收客人，及吸收货件，电灯厂增加电灯，机器厂增加修理。用这种精神和方法，每月增加三万，很是容易，何必募股！因为募股所得亦不过三数万也。此点，本公司的朋友应当留意。再，公司应当做的，都是值得寻求的。如像商业场被焚，“保险”的生意应到成都。“进口”的生意，也应到成都。许多人，询及成都存款容易，何不在成都设一分号？民生公司确有设一机关于成都之必要，一面吸收存款，一面吸收股本。但最严重的问题是要找人来经营。凡我认识往来的朋友，我都很留意，然而没有合格的。因为要具备下列几种资格：1. 熟悉商场情况，2. 能与学界、政界周旋，3. 能用新的方法整理内部，4. 很为可靠。前面两条，是此一种职务特须有的。后面两条，是人人应该有的。可是我在成都提了出来，大家伸出舌头，认为困难。还有号称知识阶级的人，是不愿

① 卢作孚：《在成都二十天的工作》，《新世界》第32期，1933年10月16日，第94页。

意整理事务的。他们以为整理事务，是降低了身份，埋没了天才和学问。结果没有办法，只得回到重庆设法。俟人选定后，再作相当的准备。

第三是成都的经济事业。我在成都是住在光明电灯公司里，总公司发起人为郑璧成先生。电灯有两三千盏，是经营在成都最繁华的区域（春熙路）一带的。过后，郑经理集中精神于民生公司，忘却了光明之前进。光明事业，开始经营以后，老大的启明电灯公司，便生恐慌，乃买了一千基罗瓦特的电机，包围了光明。郑经理曾写信叫他们赶紧设法应付。第一步联合小的电气业，现已着手了。第二步仍与启明联合，能否办到，尚是疑问。但是电气业，终应化零为整。在川西平原之电气，并应以水电为根据。从近到远，几十几百匹马力，扩充到几千几万马力。期于川西平原马路改为电车路。这样，因电车低廉，二百铜子可坐几条街，四百铜子可坐通成都。与黄包车价钱比较起来当然是便宜多了。成都现在的包车，一天拥挤不通。如公共电车成功时，当然营业异常旺盛。市场以外，南门可发展到新金津雅安一带，西门可发展到郫县灌县一带，北门可发展到新都广汉一带，东门可发展到龙泉驿简阳一带，都是容易办到的。再，水利灌溉，亦须用吸水机，即亦须电力。水利为主，交通为辅。

还有，在成都同人看果园，路上看了几个，听到说的有几十个。而且华西坝有一位坎［加］拿大人丁克仁，说成都苹果已有几万株。种苹果这种风尚，也好象北平之养蜂。见到别人在养蜂，自己亦就买蜂种。养蜂极盛之后，便是极衰。成都提倡果园，也是要趋于同一现象。光明经营的果园，如不放弃，即应该联合各果园成一家，或委托一事业经营。如何培植，如何保护，如何推销，如何制造，均须有整个计划，乃成为现代经济事业。这便是二十天在成都的生活的经过。

10 月 11 日　民生公司第一次举行纪念公司成立的活动，卢作孚为纪念大会主席并致开会词，谓①：

为了制造动力机，促成四川的工业机械化这个关系，仿佛我们对帮助社会的责任愈渐加大起来了，但我们并不因此而把这桩事业看得

---

①《民生实业公司八周年纪念大会记录》，《新世界》第 32 期，1933 年 10 月 16 日，第 13—19 页。

很大。虽然民生公司在今天有了一千多名职工和一百多万资本，在四川省当中看来，似乎觉得还是相当的大，然而要拿在现代的当中去比，实在是差得来太远了，小得来太可怜了，简直说没有容许你生存的余地。所以，我们如要想把民生公司跻入现代的里面去，必须从我们本身继续不断地努力前进起。现在有一桩最要紧的事情，就是请大家绝对不要误解，就是说恐怕民生公司将来不免沦为资本主义事业一途。大家绝对要晓得，今天不赞成共产主义的就是资本主义，但是，各有意义不同。在民生公司不是只图资本家发财的，他的经济立场，可以说是站在整个的社会上面的，纯粹是一桩社会事业。现在本公司投资最多的股东，也不过五万元。像这五万元的数目，在四川，在中国，又岂少也哉！尤其是在现代的资本主义事业当中去比较起来，简直是微乎其微了。然则民生公司之不能走入资本主义事业途上去，已昭然若揭矣。这是盼望大家对于民生公司绝对应该有的一点认识。

非大规模经营不得生存于世界。

今天以后绝对要想法去帮助周围的事业。即：投资一半，用力一半，把同在一个意义上经营的各个事业，都尽量的联合起来，成功一个大的系统。要晓得今天非大规模经营前进，世界上不容许你生存起来。三年以前，有一位德国人曾经告诉我说，假使今天以后，中国人再不努力，即使你们中国有资本，世界上也不许可你们有生产的机会了。而且继续着连劳作的机会，也不让给你们中国的人有了。大家想想，这是何等的严重！如像我们今天经营这些小小的事业，假设再不想法去前进，实在是再没有世界上生存的可能了。要知道现代世界上的许多经济事业的资本，动辄就是几千万或几万万。如像日本满铁会社的经营，就是四万万四千万的资本。因此我们欲要以小小的资本力量去和他们竞争，实在是不容易的一桩事情。所以你就是有资本，到了那个时候，世界上也不容许你有生产的机会了。同时，在外国的许多农场、工场和矿场，到了那个时候也都不到中国来吸取原料了。他们可以取自较近的南洋和印度。这一来，连劳作的机会，也不让给我们今天中国人有了。因此我们假设不单是要想在四川能够生存，也要想在中国当中而且在现代的世界经济状况当中也得生存，就非大规模的、有系统的、有计划的、有步骤的努力经营不可了。这是我们今天经营经济事业的每一个人应该具备有的认识。

［按］在这次纪念会上，来宾刘泗英在讲话中说，“今天以前常有反

对他们这个组织的朋友，来向我这样的说：‘对于卢先生的私人道德，我是十分相信，但对于卢先生经营的事业，我总是有点怀疑……’这就是说民生公司的经营有点近乎资本主义事业的模样。但是，我曾从他们的出发点去看，是站在整个的社会利益上的，不是在为那一个人或那一群人谋利益。又从他们今天的数目字报告中听来，更足以证明民生公司决不是资本主义事业。”[①] 他并提出：“卢先生这种组织，仿佛有点近乎外国的托拉斯组织，但是相信它决不是想用大的资本力量，去压迫一切小的资本。”[②]

10 月 11—13 日　《嘉陵江日报》刊载卢作孚的长文《纪念双十节》，论及国内问题及国际问题，其中国际问题主要分析了日本向中国扩张的原因，谓[③]：

> 日本何以要侵略我国，咄咄逼人的夺占了东三省、热河，还要进占华北呢？此中原因，绝不是单纯的。除了它自身的几种要求之外，国际关系的威胁，也是日本向大陆发展的推进器。第一，日本土地狭小，人口平均每年要增加一百万，衣食住等问题，感觉着非常的恐慌，所以他不得不向外发展，寻求殖民地。但是我们知道，南洋群岛是欧洲各帝国主义分领着的，日本不能染指。美洲大陆更休想插足其间，于是遂惟有向亚洲大陆发展，向幅员广阔的中国要地方住，这是日本一个迫切的要求。第二，日本生产膨胀，货物过剩，向外推销实属当务之急。然而印度是英属的宝藏，日本不能作为自己的销场。世界各强如英、美、意、法等，不特各自竞事生产，货物洗向外推销，而且关税森严，日货绝不能在其国内畅销。惟有中国人口多，需要大，是日本过剩生产品的绝好销场。所以它想方设法来占领，企图成为它的生命线。第三，因生产膨胀，同时就需要大量的原材料。旁的地方的原材料，日本是不能找的，只有找我蕴藏极富的中国要工业原料品。再，欧战的时候，中国虽然已经是民主国了，但实际上还没有变好。我们知道欧战是一个好机会，世界上有许多弱小的民族，都利用这个机会独立了，有许多弱小的国家，都利用这个机会变富强了。美国在战前是个债务国，战后变成债权国了，在战前是不甚惊人的，战后一跃而变成第一等的强国了。又如日本，也知道利用机会，结果军备雄厚了，原来原料、销场都是极严重的问题，后来都得着相当的

① 《民生实业公司八周年纪念大会记录》，《新世界》第 32 期，1933 年 10 月 16 日，第 48 页。

② 同上书，第 49 页。

③ 卢作孚：《纪念双十节》，《嘉陵江日报》1933 年 10 月 11、13、14 日。

解决了。国土窄小，后来殖民地扩大了。国民患穷，后来平均有千元的财富了，国家资本增加膨胀了。因为这个缘故，于是不得不向外投资。但是向其它国家投资，是要受限制的，所以只得仍然转来向中国投资，作有保障的投资。最有保障的投资，是自己经营，所以日本要拼命占领中国领土，实行其所谓统制经济。以上四个要求，有些人认为是日本军阀的要求，其实乃是日本全体人民的要求。

日本之所以要向中国伸张的原因，除了上述四种本身的原因而外，还有两种外在的威胁，一个是美国的威胁，一个是苏维埃俄罗斯的威胁。美国的威胁，日本的海军设备，是常常比着美国的。虽然它的财力不及美国，但也拼命在竞争着。因为美国新海军计划完成之后，是会使日本惴惴不安的。而且一九三六年国际严重的局面，也得充分准备应付。我们知道一九三六年是世界最大的危机，因为不但日、美海军计划皆完成于是时，而且世界各国军备条约又都要在一九三五年终了施行效用。但是这种危机是不很大的，因为美、日一时还没有发生陆战的可能性。至于说到海战，在数年内也是不会发生的。就美国方面说，一则因为他的新海军计划没有完成，再则在太平洋西岸没有良好的海军根据地，所以是不能开起兵舰来打日本的。就日本方面说，眼前海军虽与美国比较稍占优势，但在三二十年内却不敢对美出诸一战。因为美国的财力十分雄厚，可以尽量扩充军备，时时刻刻威胁着日本。

苏维埃俄罗斯的威胁。苏俄历年以来，除分别与各强订立互不侵犯条约，集中精神努力于五年计划的建设以外，一方更竭力从事于陆军的扩张，以备与白色帝国主义的联合战线相抗，他特别见长于世界的空军，尤其给予各国一种威胁——特别威胁着日本。不但这样，它还想向外伸张，可是它不会向着欧洲伸张的，因为那么干起来，必然要激起反俄战线加速形成。在欧洲方面，法、意间是存在很大的冲突的。德自战败之后，紧紧地被凡尔赛条约约束着，经济不能复苏，也是横挣顺扎的想废除和约，这两个白色帝国者间的矛盾、冲突，是苏俄的开心剧。可是今年英、法、德、意已经成立了四强协定，一方藉以减少各国间的冲突，稳定欧洲局面，他方更为联合对付苏俄的第一声，苏俄是聪明的，它岂肯去点燃这不利于己的火线？所以苏俄是不会朝欧洲伸张的。但是伸张到远东来却是可能的。一则陆军、空军是其长处，再则联合反俄不致立刻就实现。日本受到这种重大的威胁，于是不惜冒大不韪而向亚洲大陆伸张，以与苏俄抗衡。

10月12日　卢作孚为获赠科学仪器事致函中国科学社所属上海科学仪器馆，谓①：

> 前蒙贵馆同仁辱临敝地，随携贵馆最新自制之理化仪器四十一件，于中国科学社来川举行十八次年会中展览，使敝院群众一新眼界，莫不众口交誉。旋荷将展览之全部仪器捐赠敝院，敝院承兹巨大补助，感激弗胜，当即分别将化学仪器交由理化研究所，物理仪器交由兼善中学应用。该项仪器试用结果较贵馆以前出品构造更精，品质更良，堪与舶来品并驾齐驱，实为贵馆年来努力改进、一日千里之表现。敝院同人敬领之余，深用钦佩，除登报声扬并感谢外，特鸣谢悃，尚希垂察为幸。

10月14日　卢作孚率领峡防局特务学生队开赴合川，协助从事救济、调查等工作②。

10月15日　合川团务委员会副委员长李佐臣、督练长陈道纯、团务委员耿布诚、峡防局长卢作孚等，率领峡防合川模范精选队第七中队及峡防局手枪队等，于早上7时从合川县城出发，向该县尖山镇进发。下午1时抵达尖山镇。2时，各乡镇团练先后抵达，全体约四、五百人集合在仁山小学前操场检阅，卢作孚登台发表演讲，表示整顿团练为民众自卫的惟一政策③。

10月16日　《新世界》刊载卢作孚《为甚么举行公司纪念会?》一文，谓④：

> 本公司所以决定于公司诞生之日举行纪念，无论在总公司或分公司，无论在厂上或船上，一到纪念日，必庄严地整齐地各就所在地方开一纪念大会。这并不是像一般流行的纪念日，徒放一天假，由各个人无聊的休息，事业则无聊的停搁。亦不像商店之利用纪念日，招揽生意，张灯结彩之外，特减货价，或特附赠品。本公司举行纪念日，是为深厚的意义，在事业上，尤其是在事业中间每个人身上。
>
> 第一，盼望每个人都着眼事业的全局，所以每次纪念日，必将事业全局的状况，介绍于每个人，使有明了的认识，因而有深厚的感

---

① 黄立人主编：《卢作孚书信集》，四川人民出版社2003年版，第284页。

② 《调查难民及赈济办法》，《嘉陵江日报》1933年10月26日。

③ 《检阅尖山镇民团》，《嘉陵江日报》1933年10月21日。

④ 卢作孚：《为甚么举行公司纪念会?》，《新世界》第32期，1933年10月16日，第1—2页。

情，关心全局的成败，努力于全局的经营。

第二，是盼望每个人都注意事业生长的历史。所以每次纪念，必将公司过去是如何生长的历程，未来有如何生长的希望，介绍于每个人，使知事业的生命，全在不断的生长中，促起个人的努力，集中于事业，集中于事业的生长。不但不许它失败，亦并不许它苟安于现在的状态。

第三，是盼望每个人都明了这桩事业在社会上的意义，它是帮助社会的。纵然它在社会上有所取得，与值得社会的帮助。所以每次纪念，必将公司所以帮助社会者检讨一度。如其为力太微，为量太小，或竟无所有，绝不是事业不能帮助社会，而是由于努力的人们，还未对于社业十分努力，还未对于事业之所以帮助社会这一点意义上十分努力。由此相与警省，相与策励，从事业与社会接触的机会上去帮助社会，而且去寻找机会。

10月17日　四川“剿匪”总司令部安抚委员会在成都正式成立，资料载[①]：

本会委员长张澜，副委员长邵从恩，由刘湘聘任，其余各委员，均由张、邵负责添聘，先后征集名单约五十余人。内分总务、团务、宣传、慰劳、赈济、调查六组。总务组长奚致和，团务组长张六师，宣传组长彭云生，慰劳组长何北衡，赈济组长卢作争，调查组长杨达璋。

［按］此后，卢作孚作为赈济组组长，任命邓少琴为赈济组赈济总队队长，设立队部于南充，开展救济工作。北碚峡防局特务学生队在四川省安抚委员会领导下到川北一带参加救济难民工作[②]。资料载[③]：

特务学生队，民廿二年一月成立，预定六个月毕业，军事训练三个月，政治训练分警察、民众教育、社会调查。已作事项：救济难民约百万人，救济区域凡十余县，毕业人数九十五名，分别派在各事业机关服务。

① 周开庆编著：《民国川事纪要》（1911—1936），台北四川文献研究社1974年版，第526页。

② 黄子裳、刘选青：《嘉陵江三峡乡村十年来之经济建设》，《北碚月刊》第1卷第5期，1937年1月1日，第13页。

③ 李涛：《四川北碚的乡村建设事业》，《教育与民众》第7卷第6期，1936年（无月日），第1186页。

10月19日　《工作周刊》刊载卢作孚的短文，讲到调查、宣传、慰劳、救济等，并强调峡防局全体人员都要做到有担当、帮助人。谓①：

> 第一，作事要有担当的精神。这是任何时间，任何地方，都要具备这种精神的。如遇着社会、国家到眼前有急难的时候，我们就应担当起来，决不要推委，决不要退缩，决不怕艰难。这次工作，连我也去，恐怕还是要比大家先去，或者是站在大家前面!!
>
> 第二，帮助人即是帮助自己。我们对这种工作，并不是专门为人，同样也是为自己。

10月22日　率手枪队、特务学生队到合川帮助调查和赈济工作的卢作孚，在合川民生公司先后主持召开赈济难民临时会议、难民赈济会议，参加会议的有合川县县长、合川县商会主席、峡防局特务学生队等②。

10月　（一）卢作孚邀集嘉陵江三峡内文星场、刘家槽地区五个比较大的煤矿天泰、和泰、同兴、复和、又新等，就组成一个天府煤业公司，达成初步的一致。五家煤厂以旧有各厂资产估价值作为资本，民生公司和北川铁路加入投资，总计资本24万元，拟采用新式机器开采煤矿，改良煤业开采，增加销路。（二）卢作孚领衔呈文巴县政府设立北碚兼善初级中学及附属小学校董会，呈文谓③：

> 窃巴县所属北碚，数年以来地方安静，附近沿嘉陵江三峡一带实业繁兴，交通便利，而西南唯一文化机关中国西部科学院适建于此，既无通都大邑之浮嚣，又非穷乡僻壤之鄙陋，环境之佳无与比伦，诚一培植子弟之良好地方也。且渝市为吾川商务中枢，近在咫尺，而三峡一带新兴工业正在萌芽，其间需才之亟匪可言喻，若能于此大好环境之中，训练适合于工商事业之人才，其补益吾川固非浅鲜。□□□等再三筹议，佥以为创立学校以适应环境，不容稍缓，爰集合同志，于中华民国十九年七月下旬开设立者大会于北碚，公推卢作孚为临时主席，决议创设初级中学，附设两级小学一所于北碚，定名为北碚私

---

① 《工作周刊》第5期，1933年10月19日。

② 《难民赈济会议录、赈济难民临时会议录》，重庆档案馆藏；《调查难民及赈济办法》，《嘉陵江日报》1933年10月26日。

③ 《呈请巴县政府准予成立兼善初级中学及附属小学校董会函》，重庆档案馆藏。

立兼善初级中学校，同时公推□□□等为校董，更由各校董公推卢作孚为主席，成立北碚兼善初级中学校校董会，更由各校董设会所于北碚东岳庙，自是积极筹备，以期稳固。至设备费及经常费由中国西部科学院担任，除设备费不计外，每年拨助银6000元，如临时需款或扩充班次时增加经费，则由校董会负责筹集。所有筹备及组织校董会经过情形，理合连同校董会章程，备文呈请钧府转请四川省教育厅准予成立，并恳颁发钤记一颗，以昭信守，实为公便。

谨呈巴县县政府县长冯

计呈校董会简章二份（略）

设立者：卢作孚　谢明霄　黄子裳　郑献征　王伯安　郑东琴　唐瑞五　骆敬瞻　郑璧成　唐建章　唐贤轶　李云根　何北衡　罗广业　熊明甫　杨次臻　邓少琴　何静源　文德扬　张澍霖

［按］此一资料中有部分内容未尽确实，如1930年中7月下旬卢作孚尚未回川，不可能出席此次大会，更不可能担任会议的临时主席。

11月2日　（一）民生公司总公司朝会决定，从本日起，朝会改为每周星期一、三、五晨各举行一次[①]。（二）民生公司第二次通过考试招收茶房44人，送北碚托请峡防局代为培训[②]。

11月12日　卢作孚在北碚主持召开峡区团务会议，议决编练民丁大纲等。《嘉陵江日报》载[③]：

江巴璧合特组峡防团务局召集之峡区团务会议于昨日（12日）午后4时40分起，在北碚兼善中学校新落成之大礼堂正式开会，由峡防局长卢作孚氏主席。到二十一军部特派员周伦超、江巴璧合四县团务委员长、督练长及各镇场长40余人……直至9钟始毕会，议决编练民丁大纲12条。

11月18日　卢作孚出席民生公司朝会并作《团体生活的整理》的报告，要求各处股办事人员每天要把办些什么事、怎么办开列报表，交给主

① 《民生实业公司大事记》，《新世界》第65期，1935年3月1日，第95页。

② 民生实业公司十一周年纪念刊编辑委员会编：《民生实业公司十一周年纪念刊》，中华书局1937年版，第208页。

③ 《峡防团务局昨日正式开会》，《嘉陵江日报》1933年11月13日。

干人员转总经理，同时对练习生和读书会也提出具体要求。谓[①]：

今晨对大家把团体训练问题报告一下。昨晚曾有一度会议商议团体生活加以整理的问题，因此决定了很多办法，准定下星期实行。先说工作。工作的意义，是常常提起的，今天只来讲方法。整理工作，在前礼拜曾由主干会议决定，各处股办事人员，每日工作情况，列表说明（一）办些甚么事？用什么方法办理？写出来交给主干人员转商经理总理。这样征集起来，可以作为分配工作的参考。至于主干人，要留意给予各人员的工作，是否能办，而且对于每一个工作，都要先决定方法，才教他下手去做。还有，每一个人都要学习应付问题。问题来了，不单是经理襄理主干人的事，是公司中人都有责任的，不是叫主干人负了责就完事。要练习各个人都能应付问题，各人始得益处。次谈训练饮食起居问题。现在决定将练习生等另行编制移住。从今天起，永远下去的是：每晨六钟半起床。在半钟以内将寝室整理完竣。七钟赴运动场。除工作时间外，晚间，或读书，或娱乐，都可自由，但是出外须得请假。早晨的时间，较前亦稍有变化，每周的一、三、五有朝会，时间是八钟半至九钟半。报告方式，每股每人至大限十分钟，全体只需要一点钟。余三天上课，星期一的讲演会，星期五的读书会，都移到晚间。午后六时，到八时，是娱乐时间，方式不一定。除办航空班而外的人员，分组的读书、游戏、下棋、唱戏，不加限制。读书会，全体加入。

［按］此次朝会后，民生公司的训练方法，发生了比较大的变化，而且“变更后情形很好。”[②]

11月22日　为提高船员训练的针对性，改善训练的方式，卢作孚在深入训练现场参与训练活动之后，本日出席民生公司朝会并讲话，谓[③]：

自己昨夜参加了一次共同生活之后，感觉情况很好。就寝铃摇了之后，都睡得很整齐。据茶房已往的报告，以前到时睡的人不多。同时，很晚了，门还关不着。昨夜只有二三人到时未睡，今晨也只有一个人到时未起。上课也很整齐。不过还要留意的，在午后八钟半后自

---

① 《朝会摘录》，《新世界》第35期，1933年12月1日，第29—30页。

② 卢作孚：《训练要方式与精神并进》，《新世界》第36期，1933年12月16日，第31页。

③ 《朝会摘录》，《新世界》第35期，1933年12月1日，第32—33页。

由的时候，顶好即或自己有事，也应得请假。晨铃以后，上课以前，听见预备铃声，通通都要到教室。教师是摇上课铃时扫教室，以免教师来了，还有许多学员尚未到齐。有事不得到，一定要请假。对于缺席学员，由教师告知张主任从吾，转知宋经理处理。公司的电灯、电力不敷用。在未到就寝以前，寝室的电灯，通通一律关闭。八点半以后，办公完结，办公室的灯，也通通关闭。尤其是希望每一个人养成他不需要开灯的时候，便将电灯关闭的习惯。洋烛，以后应不再用。公共的通路等地，有庶务股另备路灯。还希望的，不仅仅是按时起床就寝。对于事务，还要有相当的整理。就是一件小小的对象，也要位置井然。顶好是养成惯性。每一宿舍，推一值星，轮流充任。清晨晚间都要检查人数，要负责清理工作。

训练股办理的是各股互相参观、讲演、清洁检查、私货检查，但感觉事实上稍为空洞一点。各船不一定同时可泊在一处，而到码头上，各船员又很忙。点名后，各人因事去了的，当又不在少数。清洁的检查，各轮到码头后，成绩还不错。但开头过后，恐怕又有些不然了。现在拟从实际上做一点工作。即应由船上主干人员随时考察。

训练的目的：1. 补充各船员常识。2. 增加各船员技能。如像水手应该知道些什么，茶房应该知道些什么，都预备供给材料告诉给他们。尤其重要的，船上生活不同，对于卫生常识一项，尤须注意。其它还有水、火险及救护病人等等，都拟供给材料，使得增加常识，练成各种技能。查理货人员中，有宜昌人，有重庆人。当船到宜昌时，住宜昌的人员，每有去办自己的事，而将职务托之于重庆朋友的。船到重庆，住重庆的人员亦如此。因此，中间难免不发生错误。自实行理货人员画到办法以来，此种弊端，已剔除了。至于宜昌包装货的装单，只有总件数。其货物之花单，此后盼望副经理复写数份交给理货人员查装。这一来，可免错误发生了。

由此开始，民生公司的船员训练方式开始发生重大变化。

11月23日　《嘉陵江日报》刊载卢作孚致上海市商会会长林康侯、水灾委员会主席张佩严、中国银行张嘉璈、上海银行陈光甫以及虞洽卿等人的信，吁请其在上海代为劝募川省难民赈款①。

---

① 《卢作孚为难民呼吁》，《嘉陵江日报》1933年11月23日。

11月　（一）卢作孚撰成《我们的要求和训练》一文，其中强调[①]：

任何时间都需要：（一）检查自己是不是在活动？是不是在围绕着我们的整个理想，围绕着整个理想中自己所负的使命，围绕着自己所负使命中的问题而活动？（二）检查自己的活动对事业是不是正确？是不是辨认问题十分正确，寻求方法十分正确，依据方法做得十分正确？（三）检查自己的活动对人是不是亲切？是不是在人群当中，关心人群的问题；帮助人群，促成人群去共同解决问题？

我们有这三种训练——第一是活动、第二是正确、第三是亲切——之后，必须进一步训练士兵，训练士兵到这样的程度——他都能够在他的使命上活动，做事都能正确，对人都能亲切，才算尽了我们训练人的能事。

（二）民权轮在民生机器厂的修造工程完工[②]，之后拖往上海进一步整修。至此民生公司在整理川江航业中"共收四船，改造一船，拆毁一船"[③]。（三）合川瑞山小学举办运动会，卢作孚等捐款为之提倡[④]。

12月2日　民生公司第三次通过考试招收茶房36人，送北碚托请峡防局代为培训[⑤]。

12月6日　卢作孚出席民生公司朝会并做了《训练要方式与精神并进》的报告，其中强调[⑥]：

社会上并无"难"事，只有遇事不去做，就"难"。做，而怕得罪人，也"难"。我们如果决心努力去做，努力合作去做，那么什么都不"难"了。昨晚视察京剧组时，一部分的人，已到民主轮去了，但结果，一个催一个，还是召集了不少的人。由此可以看出，凡遇一个很大的问题，或很困难的问题，只要一个催一个的努力去做，努力

① 卢作孚：《中国的建设问题与人的训练》，上海生活书店1935年版，第134—135页。

② 民生实业公司十一周年纪念刊编辑委员会编：《民生实业公司十一周年纪念刊》，中华书局1937年版，第112页。

③ 《民生公司在长江》，《新世界》1945年11月号，1945年11月15日，第7页。

④ 瑞山小学：《瑞山小学概况一览》，1934年1月版，封二《启事》。

⑤ 民生实业公司十一周年纪念刊编辑委员会编：《民生实业公司十一周年纪念刊》，中华书局1937年版，第208页。

⑥ 卢作孚：《训练要方式与精神并进》，《新世界》第36期，1933年12月16日，第31—32页。

抓着重要点所在去做，便无所谓“难”，亦无所谓“不成功”了。

12月16日 《新世界》刊载卢作孚《关于训练班的几个问题》的讲话，指出“提高大家能力，即是提高大家地位”，谓①：

公司要求上课认真，众人也就认真起来。但尚有一部分的人，在授课时间以内，故意用种种方式，表示不满。这，究竟是觉得不生兴趣吗？或是故意为难？试盼望每个学员，试回转去想想，公司为什么定要上课？如果平心静气去想，总会想到公司有公司的苦心。盼望切不要把以往在学校里的坏习气，拿来对付公司和对付教师。须知，学校是因学生和教师而举办，教师是教师自己的职务。公司则不然。公司的教师，通通另有职务。平日各教师工作繁忙，劳心之深刻，当然比较学员为多。现在要请他们抽时间担任上课，我们应该如何感激呵！在此种情感上，我们是决定应当恭敬客气的。即使不得已而发问，也应当在一定范围以内。若故意要那些事情来为难，那么，一个小孩子也未始不可以难着饱学之士。切莫以为我们都可以难着教师，以为教师还能教我吗？这种情形，始足以表现青年以往未受相当的教育。自今以后，应当痛悔以往的过失。公司不是学校。学校因为会考，办理不能不认真，不能不严格。公司不会考，但希望提高各人的技能，也不能不相当认真办理。我觉得每每有人这样感觉：我们待遇这样的低，我们的能力又未见如何的弱。主干人做得了的事，我们也未始不能做。但，实际上，这真是谈何容易！我以为，大家只要今后能够把大家的事做得正确，也就了不得！提高大家能力，即是提高大家地位。若是十年以后，你的能力还是如此，毫不增加，那么，十年以后你也只好还是一个练习生。又，不要以为以前曾经住过学校，能力就了不得。据我看，还是十分幼稚的罢。公司因为要提高大家的地位，才先想办法提高大家的能力。举办训练班的目的，即在乎此。不然，拿上课的时间来作工，岂不是可以替公司多做一点事情吗？现在，我们为认真训练起见，很诚恳的定下几个方法，催促大家前进。若是违背的，那便只有取缔之一法了。有在教室里故意为难的，由教师当时予以教训。不遵教训，即转告人事股告诫，以至于记大过。不上课，或不到读书会的，也要处分。即或请假，也须说明理由，得许可后，方成事实。

① 卢作孚：《关于训练班的几个问题》，《新世界》第36期，1933年12月16日，第69页。

若仅仅是一张好像“仰即知照”的条子，不问下文，不能算是请假的。尤其重要的是不请假，又不出席。上课缺席，即等于办公缺席。旷职的处分，是记大过以至于开除，旷课也是一样的。

［按］北碚公共体育场中被称为新营房的一进三大间草屋，就是当时民生公司在北碚培训人员的基地，在这里先后开设有护航队训练班、理货生训练班、水手训练班、茶房训练班等。训练以“忠实地做事，诚恳地对人”为学生必须遵守的信条。在训练内容上，军事训练、政治常识、思想行为、工作方法、生活作风等方面是相同的。如首先是各方面的基础知识和民生公司的有关规章制度，同时注重青年事业心的培养。卢作孚特别强调“服务社会，便利人群，开发产业，富强国家”为民生公司追求的目标①。业务方面则各具特点。军事训练重点是锻炼身体，早上运动，冬天到嘉陵江江边进行冷水浴，卢作孚还曾亲自带头；思想行为上强调个人为事业，事业为社会，不贪图享受，不争地位等；工作方法上强调用科学的方法处理问题；生活作风上强调艰苦朴素，吃苦耐劳，短衣布服等。在训练方法上，卢作孚强调实践，重视游览、参观等生动活泼的训练方式。先后受训练的人员有上千人，约有半数中层人员接受过北碚的培训②。

12 月 25 日　著名彝族学者曲木藏尧应邀在民生公司做了《西南国防与猓夷民族》的讲演③。

［按］曲木藏尧（1905—1940），又名王治国，彝族，四川越西人，是民国时期四川凉山彝族杰出人物之一。

本年　（一）民生公司在湖北沙市设立代办处，其主要业务是办理总公司物产部的实业业务，即在沙市采购棉花运往四川，把四川的盐、糖、榨菜等土产运到沙市销售，财务则由沙市的聚兴诚银行代办④。（二）民生公

---

① 童少生：《回忆民生轮船公司》，见周永林、凌耀伦主编《卢作孚追思录》，重庆出版社 2001 年版，第 195 页。

② 周永林、凌耀伦主编：《卢作孚追思录》，重庆出版社 2001 年版，第 36 页；高孟先：《卢作孚与北碚建设》，《文史资料选辑》（全国）第 74 辑，文史资料出版社 1981 年版，第 97 页；召川：《我所知道的卢作孚先生》，《文史资料选辑》（全国）第 74 辑，文史资料出版社 1981 年版，第 76—78 页。

③ 曲木藏尧：《西南国防与猓夷民族》，《新世界》第 37 期，1934 年 1 月 1 日，第 16—19 页。

④ 蒋百衡：《民生公司沙市办事处的回顾》，《湖北文史资料》（总第 20 辑），1987 年 9 月，第 123—124 页。

司在航业方面总计本年并入轮船四只，改造一只，拆毁一只[1]。资料载[2]：

> 民22年（1933年）廉价购得太古公司（英商）在柴盘子失吉沉没之万流轮，经过打捞救起由民生机器厂建造，将船身接长为219呎1吋，后命为民权。5月收买涪江公司之涪江改名为民法，收买华阳公司之蜀安改名为民意。7月收买衡山公司之衡山改名为民信。同年投资重庆公共汽车公司、天府煤矿公司、高坑岩水电厂，并扩充机器厂厂房于江北青草坝，规定职工一律着短服，指定公司财务自行保险办法，发行公司简讯，举办各种训练班，提职工住宅准备。是年股本实收1063000元，职工增为1911人。

① 《民生公司在长江》，《新世界》1945年11月号，1945年11月15日，第8页。

② 佚名：《民生简史》（上），《民生实业公司简讯》第1036期，1950年7月21日第3版。

1934年（民国二十三年）41岁

1月1日　（一）卢作孚主持中国西部科学院行政会议，解决科学院发展中的一系列问题，其中重要者有建筑费、会计、接待费等问题①：

> 一、理化研究所附属小房舍暂用捆扎式修建，待将来改筑。
>
> 二、理化研究所不敷之数，计算精确，列表设法仍请杨军长担负，须声明以前预算未列入道路。
>
> 四、以后应将临时、经常开支分列清楚，以建筑、采集、设备、子金等列入临时门；以俸给工资、办公费等列入经常门。
>
> 五、科学院、峡防局以后决不招待客人，如在万不得已时，只可力求简约，在招待上表现意义，能将此费列出预算，每年缩减到50元更佳。
>
> 六、来客参观除北碚外，如到温泉、北川铁路等处，则派普通招待员引导前往。
>
> 七、本院经费须力求撙节，俾期支收适合。
>
> 八、重庆各经济事业机关所有补助费，悉作采集、设备等费之用。
>
> 九、本院所有负债期于本年内募捐偿还清楚，明年募得捐款则作为基金。
>
> 十、本院经费以后确定每月四千元，采集设备除文化基金补助外，全年确定一万二千元，即依此造列预算，遵守开支，建筑费用即时停止。

（二）《新世界》刊载刘航琛在民生公司所作《我们干——干甚么?》的演讲。刘航琛在演讲中提出在日本侵略危机日益严重的情况下，建设事

---

①　《科学院行政会议录》（1934年1月1日），重庆档案馆藏。

业应当放在中国的西部，西部首宜建造之地在四川。在刘航琛讲演后，卢作孚作了简短的总结并谈到民生公司的若干计划，最后指出“能把事业做好，也就是救国”，谓①：

刘航琛先生的讲演，是为我们指出必要的地方，必要的事业，我们应该努力去经营的。今天以前，我们做的和希望的，都很合于刘先生今晚的谈话。公司的航业，当然是说不上。张华贵曾经报告过，公司所有的船的总吨数，还比不上外人的一只海船。刘先生说，现在是百废待举的时候，航业当然不是例外。经过了七八年努力奋斗之后，才有这一点属于整理范围以内的可怜的船舶。说到创造，而又只许三年，那么，我们不知要如何努力的增加力量，拼命去干。

今天以前，民生厂只限于整理公司船舶的范围。今天以后，决定要它担负起创造工作来。第一步开始创造四川动力机。现在已经代三峡厂制造瓦斯机。同时又请张华先生去调查高坑岩的水力，计划将来能发二千匹以上之动力，供给我们创造之用。不仅仅如此，还用心于交通上面，想有一种较轻便而又省燃料的瓦斯机，应用于船舶上。汽车上也是一样的。这都是民生厂未来的使命。但是，现在物质如此，人力不够，整理的工作，已如此其难，还说创造的工作吗？民生厂都如此，推而至于四川，这是何等的困难呵！而时间又只有三年，我们应该加好大的力量去做呵！还有，不仅仅是动力机的计划，还要计划动力机的供给。刘先生早已有经济的筹备，短期内当可实现的。同时，公司想在三峡里，做各种轻重工业，如煤及水泥等等。现在已经测量水力，并已投了一笔资本。水泥厂的组织，已同何北衡先生、刘航琛先生研究很久了。傅德辉先生专门在调查计划进行中。现在尤其注意的，是煤的问题。重庆南北两岸都产煤，北岸较南岸丰富些。平时的煤矿，矿层不过一二尺厚，据调查，西山的煤，竟厚至十四尺。北川铁道因此联络五个小厂，组成一个天府煤业公司。现在用的是旧法开采，预备一年以后，改用新法。炼焦问题，也很重要。科学院已将煤质化验完竣，将来看煤里哪一种原料含得多，就炼取哪一种原料。其次还要推至炼钢等等事业。

四川主要工业是丝，但现在渐渐衰落得不成样子了，这也是一件

① 刘航琛：《我们干——干甚么?》，《新世界》第37期，1934年1月1日，第6—12页；卢作孚：《〈我们干——干甚么?〉附言》，《新世界》第37期，1934年1月1日，第12—15页。

急待整理的重要事业。刘先生有见于此，已经联合各小厂，组成大华丝厂。马利博士来川考察，认为用此种办法，还可以去整理江浙一带衰落的丝业。航业也是一样的，四川已着手整理，招商局也想用我们的方法去整理。第一步整理工作，第二步创造工作，都是我们急切应做的。盼望各人立刻集中精力，向同一目标去做。每一个人能做一点，联合若干做好之点，即可成一件伟大的事业。尤其盼望互相帮助，互励进行。

刘先生今天既已指出了选择的地方和事业，如果我们努力的拼命做去，终究总会弄好。事业做好，个人当然不成问题。即大而至于全国，也许不成问题了。大多数的国人，只说国不好。他不知道，国之所以不好，都由于各个人不去做的关系。欧洲的意大利，以前并不是强国，自从出了墨索里尼，统率全国民众努力向前，现在各国都为之侧目。又波兰亡而复兴，苏俄也由异常的混乱一变而为能创造能建设的国家。这原因都不外乎有努力前进的精神。今天以后，我们果能努力不断，向着一定目标奋勇前进，能把事业做好，也就是救国了。

（三）卢作孚倡议设立的北碚东阳镇石子山气象观测所建成并投入使用。

1月4日　因与德国西门子公司商谈由民生公司代理四川区域业务以及与美商捷江公司接洽有关事宜，卢作孚乘飞机赴上海。

1月10日　北碚《工作月刊》刊载卢作孚在北碚中国西部科学院、峡防局、三峡厂、农村银行联合周会的报告，卢作孚讲了当时的几件大事：1. 捕匪；2. 训练；3. 支持眼前困难①。

1月11日　卢作孚发表《敬告共同支持公司事业之好友》一文，提出民生公司的成功与未来系于精诚，谓②：

吾人皆知公司在社会地位上所负责任之重，皆知公司为最后维持集股事业之信誉者，皆知公司为四川生产事业之大胆的尝试与提倡者，故万万不可失败。一失败，则不仅牺牲此艰苦缔造之一事业，其影响乃及于未来无穷之集股事业与生产事业，使皆无法再举，尤有以斩绝川江航业最后一线之生机。此可见事业所负责任之重，亦即吾人

---

① 《卢局长作孚报告》，《工作周刊》第19期，1934年1月10日，第1—4页。

② 卢作孚：《敬告共同支持公司事业之好友》，《新世界》第65期，1934年1月11日。

所负责任之重，尤当于万分困穷之日，见吾辈负责之能力，故于此不能不为同人言。

公司之主要事业，在此时期为航业，而航业在此时期竞争最酷，营业最坏，收入最微。吾人无法促成同业之诚意整理，即只好退而望我公司同人共同努力。特悬几个目标，请共同赴之。

第一，总公司、分公司、办事处，皆注全力于揽客、揽货，船上则注全力于招待客，保护货，并各决定办法，悬出标准。

第二，竭力减少修理费、燃料费、购置费，及各种可以节省之消费。由总公司、分公司、办事处及两厂各轮共同促成此运动，并公布所决定之办法，及所悬出之标准。

第三，加紧工作，减少冗员。各部分均作整理工作之运动，均做增加效率之运动。领导人多分时间训练人，期于练习生在短时间内亦能胜任一种工作，且能独立任职，不须人照料关注。

此所提者，只及于问题。盼各部分提出办法，悬出标准。例如修理费要求节省，即须注意于驾驶之和气及谨慎，水道上有变化，互相通知，或并报告公司；引水员不时作时辍，不随时变更，而按月公布各船驾驶之成绩，按月检查船壳及船面，使皆能妥当保护，则船壳之修理自减少矣。又须注意于机舱人员之保护机器，注意于开车以前之准备，停车以后之整理，中间之细心照料，如有小问题，即立即解决，或纠正。随时考察机舱人员之能力，公布各轮机舱管理之成绩，使知损坏及修理较多者为奇耻，则机器之修理自减少矣。机器厂尤应妥与船上取联络，此医生也，不但船有病能医，尤贵在使船不生病。又例如购置，既集中核准之权于总公司，则于此艰困之日，必须权衡其是否必不可少，少则事不能办。如但求其较好而止，则绝对缓购。此须请总务处、船务处决不稍瞻顾者。如虑人或不满，则仅可为之说明。此外，消费社之货物，机器上之材料，几个煤号之煤，凡可以积压资金者，皆不宜多堆积，现在堆积者速处理。此外随时增加，皆宜万分审慎，只供短时间之需要而止。凡此，皆望各部分自提明了之办法与标准，尤望总公司有以促成之。

事业不成功于顺易之日，实成功于艰难困苦之境。吾人不自馁，惟有十分紧张以求战胜艰难困苦。不惟公司未来无穷之成功，系于此一点精诚，即未来无穷之集股事业生产事业，皆当系于此一点精诚也。敬乞有以教示！作孚并为事业祷祝健康地前进！

1月12日　晨，卢作孚与黄炎培、杜重远等在上海市地方协会长谈[①]。

1月13日　上午，黄炎培与杜重远、魏文翰、卢作孚、江恒源等人就青年会问题进行商谈[②]。

1月15日　黄炎培与杜重远、魏文翰、卢作孚、江恒源等人就青年会问题在上海继续进行商谈，相约用通讯方式相互联络[③]。

1月21日　民生公司合并吉庆公司的吉庆轮[④]。

1月24日　卢作孚到上海市地方协会与黄炎培就有关问题进行长谈[⑤]。

1月29日　《大公报》刊载卢作孚《从四个运动做到中国统一》一文。文中指出：解决中国内忧外患的根本方法是通过产业、交通、文化、国防的建设，把中国从物质方面到社会组织方面现代化。他认为通过四个现代化的运动，完成了现代的物质建设和社会组织，“不但不至再来人欺，而且还可以找人算账了。”他写道[⑥]：

> 我们最盼望国人能提出当前的问题，而且能提出问题的根本；不仅注意问题之已经发生，尤须注意问题之正在酝酿。东北诚然是尚未解决的问题，而不是仅对东北可以解决的；过去的内乱诚然是已经解决的问题，而不是仅对反抗者可以解决的。义勇军抗日不是收复东北可靠的力量，武力对内不是消灭反抗可靠的方法。
>
> 内忧外患是两个问题，却只须一个方法去解决它。这一个方法就是将整个中国现代化。换句话说：就是促使中国完成现代的物质建设和现代的社会组织。此在国中应成一种极其鲜明的运动。分析起来，第一是产业运动，第二是交通运动，第三是文化运动，第四是国防运动——皆各有其物质建设方面和社会组织方面。凡感觉到中国根本问题的人们，都应负起责任做这四个运动。中央政府，尤其是最高领

---

① 中国社会科学院近代史研究所整理：《黄炎培日记》第4卷，华文出版社2008年版，第245页。

② 同上书，第246页。

③ 同上。

④ 佚名：《民生简史》（上），《民生实业公司简讯》第1036期，1950年7月21日第3版。

⑤ 中国社会科学院近代史研究所整理：《黄炎培日记》第4卷，华文出版社2008年版，第249页。

⑥ 卢作孚：《从四个运动做到中国统一》，《大公报》1934年1月29日第3版。

袖，应以这四个运动为活动的中心。集中全国乃至于延揽国外的专门人才，担任下列的几个工作：

无论英美自由主义的国家、德意法西斯蒂的国家、苏联社会主义的国家，所有的产业运动、交通运动、文化运动、国防运动，其方法、其历程、其所到达的最高纪录，通通搜集起来、整理起来，摆在全国人面前，摆在关心全国问题的人的面前，使明白什么样是现代的国家，如何才能够立国于现代。这是第一个工作。

以中外的专门人才总动员将全国的产业状况、交通状况、文化事业状况、国防状况和所感觉的需要，通通调查起来、统计起来，摆在全国人民面前，摆在关心全国问题的人的面前，使明白自己国家是如何空虚，如何贫乏，如何恐慌。这是第二个工作。

根据世界的最高纪录作为目标，根据国内的目前状况作为出发点，适应整个国家的需要，定出整个国家的生产计划、交通计划、文化设施的计划、国防布置的计划，定出最后的要求，而又依进行的便利定出若干步骤。如此，既有明了的可以到达的境域，又有明了的可以率循的路径，使全国人尤其关心全国问题的人终于明白了现代的英美、现代的德意、现代的苏联、现代的日本之外，更彻底明白了一个现代的中华民国，非常之爱好她、希望她、急切的要求实现她。这样确定一个具体的理想，必定可以促成实际的行动，必定可以吸收忠实的信徒，而成功为全国人的真切的公共信仰。这是第三个工作。

一部分专门人才，集中在中央，以中央政府为全国政治机关组织的模范，为政治人才训练的中心，为四个运动的发动机；另一部分的专门人才，则帮助各省。无论其在今日之东南或西南或华北，无论其在中央直辖之省份或非直辖之省份，都一样予以帮助。不断地赴各省视察，赴各省宣传，赴各省指导，促起各省政治方面或社会方面的人做四个运动，在国家整个计划之下做四个运动。但有动机即予帮助，无论其规模之大小，要为整个计划中所需要。对于事业：需要调查即为调查，需要人才即为介绍人才，需要办法即为提供办法，需要对外接洽即代为对外接洽。对于人才：需要赴各省或各国考察，需要赴某地或某国研究，即予人事上种种的帮助；需要在中央或某事业上练习，即调派或介绍其前往练习，如此帮助扩大到甚么地方，即是中央的权威扩大到甚么地方；深入到何种程度，即是中央的权威深入到何种程度。今天中央的兵力还有不可到达的地方，中央的帮助却在任何地方都可以到达。谁受中央的帮助，谁就变为中央的信徒。这时，不但建设成功了全国人的公共信仰，而且建设成功了整个国家；不但成功了整个统一的国家，而且成功了整个现代的国家。这是第四个工作。

集中了国内外的专门人才总动员而且十分紧张地以第一、第二两个工作为预备工作，并以促起全国人的觉悟，以第三个工作建设成功一个理想，而以第四个工作促使这理想成为全国人的公共信仰，促使全国统一于一个公共信仰四个现代化的运动之下，这是最可靠的统一全国的方法。由这种方法不但有了对内的力量，亦且有了对外的力量。因为以一千万方公里、四万万人口的一个大的国家，完成了现代的物质建设和社会组织，至少也可以比拟现代的任何一个强的国家，并要求有超过了他们的完整和良好，不但不至再来人欺，而且还可以找人算账了。

今天以前用军事的方法求得全国统一，直到今天没有统一，则这种方法已可证明无效了，至少应作一度新的试验，求一种新的方法。这新的方法是从四个运动使中国现代化，建设成功一个公共理想，使全国人去要求实现它，政治领袖要如此乃可以言政治领袖，党要如此乃可以言党。更须知道：用军事方法解决军事问题，只能得一个适得其反的结果，因为适足以促起天下聪明才智之士，集中其聪明才智于军事，于是军事问题乃弥漫天下不可解决了，如果迁移天下聪明才智之士的聪明才智于军事以外，则军事问题自然消灭不待解决。徒欲排除反对的势力，适足引起一切势力的反对；纵能排除反对者，然不能取得信仰者。必须用鲜明的政治理想作鲜明的政治运动，号召全国人、领导全国人、帮助全国人，从此促使全国人信仰中央，乃至于促使全国人倚赖中央，然后可以统一中国，而且必定统一中国。因为今天以前的统一，只是中央的要求；今天以后却变成全国的要求，而且是全国对中央的要求。合全国的力量要求统一，统一自不成为问题了。

1月　民生公司聘请著名的上海正则会计师事务所会计师谢霖为公司顾问。谢霖按照公司登记要求为民生公司准备了相关材料，在南京国民政府进行公司登记。同时还为民生公司建立了一套新式会计账册①。

---

① 召川：《我所知道的卢作孚和民生公司》，《文史资料选辑》（全国）第74辑，文史资料出版社1981年版，第81页。

［按］谢霖（1885—1969），字霖甫，江苏省武进县人，1905—1909年就读日本明治大学攻读商科。1910年成为清政府商科举人，曾任四川省劝业道署商业科长。谢霖是中国第一位注册会计师，其创办的正则会计师事务所是中国近代最早的会计师事务所，该所后来也是上海四大会计师事务所之一①。

2月2日　（一）中午，卢作孚到上海市地方协会访黄炎培②。

（二）本日起到4日，上海记者川康考察团到北碚、温泉公园考察。稍后该团发自重庆的报道谓③：

> 二月二日、乘小轮沿嘉陵江北上，经观音峡而至北碚，碧波翠峦，直似江南春景。北碚地处沥鼻、温泉、观音三峡之间，为卢作孚、黄子裳等经营之新村。十年之前，原为盗匪出没之所，卢等先组团防维持治安，后与居民合作，创办种种新事业，如中国西部科学院与理化研究所，从事西部自然界之科学探讨。此外有兼善中学校、平民学校、图书馆（藏书一万三千册）、儿童图书馆、平民医院、公共体育场、博物馆、动物园、民众茶园等。各种设备，虽属简陋，而能尽量发挥其作用。更有极大之平民公园，供民众游乐。于生产事业，则有染织工厂，制造日用布匹。在对江有北川铁路，长仅三十余里，以之运煤。自矿山至码头，实于国计民生，贡献甚大也。温泉峡上有嘉陵饭店，建于温泉公园之内，环境极佳。该饭店的茶房，是十五六岁的高小毕业生，叫做服务生。白天为旅客整理一切，晚间荷枪实弹，轮流守夜。因地处幽谷，常有盗匪，居民必须自卫也。四日由北碚登船返重庆，定明晨将向成都出发。

2月初　（一）民生公司与中外航商美国捷江公司、英国太古公司等达成宜渝间航线水脚共摊之约④。（二）卢作孚在上海与德国西门子洋行大班风西克签约，全权代理该洋行电机材料在四川地区的经销业务。

---

① 杜恂诚：《近代中国鉴证类中介企业研究——上海的注册会计师》，上海财经大学出版社2008年版，第235—236页。

② 中国社会科学院近代史研究所整理：《黄炎培日记》第4卷，华文出版社2008年版，第251页。

③ 力行：《川康考察团视察北碚建设》，《申报》1934年2月10日，第12版。

④ 《二十三年本公司之营业概述》，《新世界》第65期，1935年3月1日，第4页。

（三）民生机器厂将万流轮从江底捞起，拖回民生机器厂修造，将船身接长为219. 1呎，后命名为民权轮[①]。

2月8日　晚黄炎培特来向即将回重庆的卢作孚送别[②]。

2月10日　（一）卢作孚于下午2时从上海乘飞机返重庆[③]。（二）杜重远创办的《新生周报》创刊号上刊载卢作孚《比武力还厉害的占据》一文，谓[④]：

> 日本用武力占据了东北四省，使全国人惊心动魄，倒还不是可怕的事情，最可怕的是它的棉纱，已经占据了华北，而且已经占据了扬子江的下游直到湖北为止，棉织物则已占据到长江上游，进了四川，驱逐了一切本国的棉织物了。当着重庆抗日会因内部组织不良，停止工作的时候，日本棉织物便趁机袭取了重庆，一切匹头商店都举行大拍卖，六折、七折拍卖国货。他们并不是用此以抵御日货，乃用此欢迎日货用拍卖的方法将国货驱逐完了，好整个的畅销日货。毕竟商人爱国不如爱利益，消费的人则又爱国不如爱便宜，两者相乘，可以断送一个国家的生命了。何至于等到日本的兵力，日本也正不必用兵力，听说他们的商业舰队，不久又将直抵重庆占据着长江的内部，进而占据着全川了。全国每年需铁四万吨，本国只有一个六河沟厂可以供给三万吨，然而日本的生铁来了，比什么驱逐舰或驱逐机还要厉害，六河沟铁会被驱逐于一切的市场以外，日本的生铁，会将全国占据。这比武力还有权威，征服了中国，而且制着了中国人的死命。这是何等可怕的事情，应如何促起全国人的注意，促起全国人一致起来作积极的抵抗！

2月12日　卢作孚出席民生公司朝会并作《赴申之经过》的报告，报告讲了与西门子公司接洽代理四川业务、与保泰保险公司合办水险业

---

① 民生实业公司十一周年纪念刊编辑委员会编：《民生实业公司十一周年纪念刊》，中华书局1937年版，第123页；佚名：《民生简史》（上），《民生实业公司简讯》第1036期，1950年7月21日第3版。

② 中国社会科学院近代史研究所整理：《黄炎培日记》第4卷，华文出版社2008年版，第253页。

③ 《民生实业公司简讯》第78号，1934年2月10日。

④ 卢作孚：《比武力还要厉害的占据》，《新生周报》第1卷第1期，1934年2月10日，第8页。

务、与捷江等公司洽商稳定川江轮船运费等问题，均有令人满意的结果。卢作孚说①：

此次到上海，各报曾载公司去年营业折本，谋接收捷江公司消息，并据云为本公司中人所传出。如真为公司人所说，为什么事实又如此相反？原来这次到上海，为了两桩最关紧要的事情：第一，因西门子洋行要求公司为之在川的经理，而该洋行德国大班行将离沪，不乘飞机，恐不及相晤。第二，因水脚低落，无法维持，捷江公司建议，商之同业，设法联合。报纸所传消息，却与事实相反。盼望以后公司每个朋友，都要深知公司的情形，以便正确解释。否则于人于己，都感不便。

一、经理的业务

到上海的第一天，即与西门子洋行大班风西克筹商。该行曾有一人在川，代为经理较小电机材料。此次决定以后在四川酆都、垫江、渠山以下和以南的区域，无论机件大小，全由公司经理。但公司及公司连带事业所用之电机，并不因公司代为经理而受限制，即，有选择价值和不一定限用西门子电机之自由。又因四川每每有较大的事业，而苦无专门人才为之设计，此次与西门子洋行交涉，他可以无条件的帮忙设计。设计之后，购买与否，不生问题。但须由公司斟酌其经营相当可靠，即请西门子派遣。所有工程师往来路费及月薪，均由西门子自行担任。人们买取较大的电机贸易，往往都到上海解决，因上海厂家竞卖之故而价格较廉，此事与本公司之经理上颇有妨碍。因之商定，凡以后四川客商到申订购该行电机，应由本公司电分公司代为交涉。这一点，我们并不是希望要获利，是要立起帮助四川人们的信用，证明无欺。附带的小问题，公司取货可在五万元以内，只须银行担保。我们如此担任代销，得了较便利的价格，可以帮助四川电机事业之发展。而且还有国外工程师来帮忙计划，使事业不致发生困难，更不致因困难而失败。同时，不单是帮助了四川，也可以使公司事业在国际上使人注意。四川需要开发，而开发需要资本，现在四川商家，都是运用别人的资本。人民都知道绅粮有钱，但今天的绅粮，已大半负重大之苛税，几于不能自谋其生活。今天欲在四川聚集多金以经营事业，困难实多。本公司处此环境，八年以来，无一毫之挫折，

① 卢作孚：《赴申之经过》，《新世界》第40期，1934年2月16日，第38—40页。

年年获利，此种侥幸，已为省外人士所惊异。今天以后，为事业的继续和发展计，不特要与省外经济事业发生经济关系，还要同国外经济事业发生经济关系。同西门子洋行的交涉，一方便利发展事业，一方可以与国外生起经济关系，所以目的并不要获得浩大的利益。代为经理的事务，不只西门子一件，还有代办水险的事情。对于开办水险一事，已有保泰公司筹商颇久，原拟希望与美亚合组而事实不许可。最后决定仍同保泰公司订约，保费八折之外，打九折，三节收费，从渝万汉宜四埠开办起。

二、货运问题

第一个急切盼望维持水脚的，就是捷江公司，第二个是太古公司。决定依太古建议，重庆宜昌间大打官。从二月起，试办至三月底止，由申到渝的水脚，要求由二十元到二十八元为止。这种水脚，仿佛很高，但是一查往年枯水的水脚，就不算什么了。总之以客家能买，而轮船公司不致吃亏为原则。报关行因揽不到货而放价，也是事实。我们要求报关行也联络起来，与中外各轮船一致进行。民生公司上游船多，下游船少。怡和、三北，下游船多，而上游船少。盼望联络一气，转运货物便利。太古公司在一年以前，就有此种条约，今皆有相当接洽。

2 月 16 日　（一）卢作孚主持峡防局主任联席会议，解决北碚各事业发展中的各项问题计二十一项。

［按］会议决定通过民生公司上海分公司购买材料、购买国内外图书杂志；各机关活动需依据计划进行；农场作物须选择社会需要大、问题多者首先研究解决；花卉也要从经济和社会需要着眼，从菊花改良做起；整理生物研究所昆虫部；筹备展览会；解决三峡染织厂发展中的各项问题。关于农场作物，会议提出：“农场作物须择在社会上需要大，问题多者研究解决之，譬如萝卜、莲花白等，如何研究其不生虫，如何使白菜能收种以作改良本地蔬菜之实验及推广。”关于花卉种植。会议提出：“花卉务择经济方面，培养几种。先从菊花改良起，一面搜集名种，一面繁殖，以供社会需要。”关于兼善中学办学方针，会议提出：“兼善校学生将来应侧重于职业方面之训练，常常将成绩通知各事业团体，以应各事业团体之需要。”①

---

① 《主任联席会议》（1934 年 2 月 16 日），重庆档案馆藏。

（二）《新世界》第40期刊载卢作孚《整个四川的五个要求》一文。他提出的五个要求是，第一在最短期内肃清匪患，第二裁兵，第三安定，第四开发，第五统一。最后他指出[①]：

最要紧是在扩大生活集团的运动。世界上任何国家都以国家为一个生活集团了，只有中华民国尤其是四川最明了的生活集团才发展达到一个系统的军队。这个生活集团的要求迫在眼前，于是大之忘掉了国家，小之忘掉了四川。牺牲四川于若干集团的竞争者整整经过二十二年，虽然民穷财尽了，还自幸有四川存在。最可恐怖的是国家没有可以存在的恃赖，日本已作一度进取的试验，并未感有障碍。如果我们不断地内乱，日本——不止日本——必至于不断地进取。岂特没有了外蒙，没有了西藏，没有了东北，必且没有了新疆，没有了内蒙，没有了华北，没有了……[②]以至于没有了四川而后已。我们绝不要有西南后亡，乃至于四川后亡的妄想。如果四围的边疆以至于中原全不存在了，西南绝不能凭恃天险。只有叫整个国家不亡，不能先自侥幸希冀于一隅后亡，所以应待赶快促成四川的统一，并以促成四川统一的方法促成全国的统一，乃能积极地完成国防。

统一四川的工作是：在积极方面集中一切人的兴趣于地方的开发，秩序的建设；在消极方面裁减了军队，消灭了战争；这应是今天最高领袖所提倡，各方将领所赞成的。尤其要至少求人才于中国，求办法于世界，不太狭隘，乃能于现在的局势以外辟出一条生路来。这是切望局中人觉察，局外人帮助的。

2月17日　《大公报》刊发卢作孚《什么叫做自私自利》一文。文中举出许多事例以“证明人们的行动绝不是为了自己，而是为了社会。”谓[③]：

人们每每从中国目前的病象，感觉着“中国人太自私自利”，认为是中国人的病根。诚然不错，做官人做到一国之大了，每每不顾到国计，亲民如一县之长，每每不顾到民生。他们忙着刮钱，忙

① 卢作孚：《整个四川的五个要求》，《新世界》第40期，1934年2月16日，第8—9页。

② 原文即为省略号。

③ 卢作孚：《什么叫自私自利》，《大公报》1934年2月17日第3版。

着位置私人，忙着扩充势力，只知道而且只努力于“自私自利”。这都是被人们常常责骂的。不过自私自利岂是被责骂的做官人特有的精神？做官以外的人——做公众的事以外的人——更谁肯问公众的事，更谁不是做自己的事，更谁不是自私自利？茶馆里贴着条儿“休谈国事”，口头里念着要诀“各人自扫门前雪”，正都是自私自利的标语。坏人固然是自私自利，好人亦以自爱为美德。所谓自爱者，只爱自己，不爱他人之谓也。然则严格规定范围，中国人全部都将划在自私自利的范围以内。由全部只做自己的事的人们自私自利，遂让那全部做公众的事的人们去利用公众自私自利，不会做好公众的事。

但是，从另一方面解释，自私自利而缩小到个人的范围，则范围太小，只有肚子饿了要吃饱，身上冷得厉害了要穿衣服，风雨来了要找遮蔽的房屋，才是纯个人的需要。性欲亦基于个人的要求，然而已有对方的关系。无论程度或范围超乎此，则皆非自私自利，至少非个人的自私自利，而为适应社会环境，给予社会的要求了。当他们为社会的环境所压迫，为社会的要求所征服，无法抵抗的时候，其行动几乎全部是社会的，是徇社会的，或竟是殉社会的，而非个人的行动，非自私自利的行动。

人要吃饱是为了个人的要求，然而要吃好的，无论其为中席或西菜，则是为了宴请亲朋，应着社会的要求了。要穿得温暖是为了个人的要求，然而要穿好的，无论其穿丝织的长袍或毛织的洋服，则是为了出入交际场中应着社会的要求了。人要房屋遮蔽风雨是为了个人的要求，然而要修一进几重的中国大厦或是一升几层的西式洋楼，则是为了都市比美，应着社会的要求了。乃至于屋外要有很美丽的花园，由旧式的曲折幽深以至于西式的整齐开朗，屋内要有很美丽的陈列，由中国古董以至于现代艺术，都不是个人的而是社会的要求。你所接近的社会要求什么，你便供给什么，而且要求什么样式，你便供给什么样式。一个乡间有钱的人，切于要求钱的增加，然而自己吃的同穷人一样，穿的同穷人一样，自己不肯用钱，也不许儿孙用钱；然则积起钱来何用？这决不是个人的要求，而是社会的要求。因为那一乡最尊敬、最羡慕的是最有钱的；他们可用银元作单位，也可用田亩作单位，来随时替他计数，从这计数的工作当中表现出他们的羡慕。替姑娘办陪奁，替她缝制一辈子也穿不完的衣服，虽然知道明年就会变更样式，有穿不得的苦，然而陪奁是必需办理的，不是为了他的姑娘的要求，而是为了社会的要求。当着许多陪奁摆在抬盒里边抬着经过街上的时候，立着瞻仰的许多人们，必一一点数，必记着数目，必街谈巷议，议到他家陪嫁姑娘的抬盒架数。

这许多例子——还不止这许多——都可以证明人们的行动绝不是为了自己，而是为了社会。社会要求甚么，你便给予甚么。为了给予社会的要求，你可以牺牲了自己的自由，你可以牺牲了你所认为应该有的行动，以至于由行动积累而形成的人格，你可以忍着精神上终身的痛苦。这样牺牲了自己为了社会的行动，绝不是自私自利的。

中国人是与世界上任何人种一样没有自私自利的行动，病根不在人们的自私自利，乃在社会要求的错误。人是社会的动物，是由社会刺激而起反应的动物，正面有社会的引诱，使你不能拒绝；反面有社会的压迫，使你不能反抗。你惟有屈服——屈服于社会的要求。社会要求人们以甚么表现在社会面前，人们便以全力趋赴，不但不为自己，任何时间皆可牺牲自己——乃至于牺牲了自己的生命。今天以前社会的要求，有一个根本的错误，是要求人以所有的表现在社会面前，要求人有好的吃、好的穿、好的房屋、好的陈设、好的财产、好的地位——以这一切所有的表现在社会面前。于是人都努力而且拼命追求或积聚其所有，以表现在社会面前，以此形成一种自私自利的局面。今天以后则应变更社会的要求，不要求人以所有的而要求人以所为的在社会上表现。要求你有很好的讲演或有很好的著作，要求你在科学上有新的发现，或在机器上有新的发明，要求你为公众担当大难或为公众创造幸福，你便会努力而且拼命地趋赴于这些方面，以你所为的在社会上表现。整个社会都迫切地要求你为他们工作，你便不得不为他们工作。你为什么在战场上冒着弹雨地冲锋，为什么在运动场上不顾命地跑第一，都是被逼迫于社会的要求。社会的要求，可以叫你使尽力气，可以叫你吃尽痛苦，甚至于可以叫你死。如果你个人的要求与社会的要求冲突的时候，你只有压抑着或躲藏着你个人的要求，除非是两个社会不同的要求绝不冲突。

所以我们要医中国人的病，并不需要去医人的自私自利，中国人之不自私自利，终是与世界上任何人种一样的。人们之努力追求并集聚其所有，非为了自私自利，乃为了社会的要求，所以医病要从社会的要求医起。如何变更社会的要求？是需要凡关心中国问题的人努力，而不需要等待政府或仅仅责备当局，尤其是需要以新的社会要求，促起政治中间的人们有新的行动。如果你有一段好的演说，全体听众便都鼓掌，如果你有一篇好的文章，传观、转载遍于各处，如果你有新的科学的发现，便为举国所争先研究，如果你有新的机器的发明，便为举国所争先采用，如果你为社会担当了大难，便万众欢迎，如果你为社会创造了幸福，便万众庆祝。你看着万众是如何欢迎保障国家的凯旋部队，是如何庆祝铁路建筑的完成典礼，你的生路会沉溺在这强烈的社会要求当中，如醉如痴，如火如荼。比较沉溺在漂亮的衣服，高大的房屋，名贵的陈设，富有的财产，出人头地的地位，其要求人的力气和生命，更深刻而浓厚。只要社会变更了要求，人就会变更了行动。好友何北衡说："要创造新的社会，只有赶快的创造新社会的引诱"，其解释是何等精透。人绝不是自私自利的动物，有认定自私自利竟是人的天性的，那只是为社会要求造起保护。可惜人只敢给予社会的要求，而不敢变更或创造新的要求。虽在最聪明的领袖能将一切权利集中，然而亦只集中了给予人们要求的权力，而绝未尝变更或提倡了新要求。今天急切需要的便在提起新的要求，以整个的世界作为刺激，以现代的解救国家困难的运动作为新的社会要求，乃可以起中国人的沉疴，使脱离于自私自利的病榻中。

［按］1934年4月14日荣梁从上海致函卢作孚，谓"李公仆先生述先生二月五日在《大公报》发表《论私》一文，议论痛快。"[①] 所言《论私》实即《什么叫做自私自利》一文，只是时间不准确而已。

2月17—19日　17日，蒋介石在南昌作《新生活运动发凡》的演说[②]。19日，蒋介石又在南昌行营扩大纪念周作《新生活运动之要义》的演讲[③]。由此，蒋介石正式发起了新生活运动。

2月21日　卢作孚出席民生公司朝会并作了《朝会报告之整理》的讲话，谓[④]：

---

① 黄立人主编：《卢作孚书信集》，四川人民出版社2003年版，第291页。

② 秦孝仪主编：《中华民国重要史料初编——对日抗战时期》绪编（3），台北中国国民党中央委员会党史委员会1981年版，第72—73页。

③ 同上书，第81页。

④ 卢作孚：《朝会报告之整理》，《新世界》第41期，1934年3月1日，第69页；佚名：《民生简史》（上），《民生实业公司简讯》第1036期，1950年7月21日第3版。

在朝会报告的方式和意义，要盼望合于以下的四个要求：1. 整理意义，应将工作意义提出来。在朝会上无论报告哪一件工作，都要给我们以意义，即，这工作是否对于事业上有帮助？事业是否对于社会上有帮助？2. 抓着中心问题，要抓着工作前进状况，变化状况。如像去年船的吨数、只数、运输的数量，比较逐年是如何的不同，如何的进展。一个问题，不断的提出向大家报告，务使大家要明了此问题如何的活跃，如何不停止的前进，或是退化。3. 要有统系条理。凡报告一件事，要有统系在问题上，还要在各个问题的内容上。凡于问题无关的，都无须说出。4. 要提出兴趣。在报告每个问题时，要留意报告方法，求有以引起兴趣。如峡防局有一次报告收入支出的数目字，这是何等的枯燥？但变更方式，便不同了，即：一个人说：一月份我找了好多钱；而另一个人说：一月份我用了好多钱。方式不同，便兴趣横生了。只要先事预备，决不离提起听众的精神，而使明了各种问题的内容。

2月22日　民生公司合并绍兴公司的蜀都轮，改名为民裕轮[①]。

2月26日　竺可桢为中国西部科学院商购无线电机事复函卢作孚，谓[②]：

惠书诵悉。承允商购无线电机，将来发展可以预卜，欣幸何如。前介赵君已于一月杪到所实习矣。知注附闻。

[按] 此函在《竺可桢全集》第2卷中也有收录，注明系胡宗刚根据重庆档案馆原件手抄，惟函件时间有较大出入，系为1936年[③]。竺可桢习惯在日记中记录收信、寄信情况，但是查《竺可桢全集》第6卷该日记录，无寄函卢作孚文字，可知该函时间，以《卢作孚书信集》标注者较为可靠。

2月28日　卢作孚主持召开峡防局临时主干会议，要求“凡拟计划，须有限度，注明本年年度能做哪几件事，做到什么程度，不可徒只列举，

---

① 民生实业公司十一周年纪念刊编辑委员会编：《民生实业公司十一周年纪念刊》，中华书局1937年版，第87、210页。

② 黄立人主编：《卢作孚书信集》，四川人民出版社2003年版，第288页。

③ 竺可桢：《竺可桢全集》第2卷，上海科技教育出版社2004年版，第164页。

一年难办完结"；"本年工作定出标准，如有人能达到或打破纪录者，得出外考察，如河北定县、陶行知工学团等处参观"；关于峡防局本年经费问题，会议提出从开源、节流两方面解决，谓[①]：

> 峡局本年经费问题：
>
> （一）开源　1. 请求军部帮助；2. 请各事业帮助，期达300元；3. 用戏剧到渝、合募捐。
>
> （二）节流　1.《嘉陵江日报》、民众教育办事处经营独立；2. 科学院补助费设法取消；3. 平时将士兵调到事业机关，有事时调回。

2月29日　民生公司正式成为上海西门子电机厂四川省总代理[②]。

［按］由于商妥了代理西门子业务，卢作孚对民生公司代办处加以改组，"将代办处之保险部移并业务处，煤业部移船务部，进出口部交民生消费社，会计部并入会计处，而以西门子进口货件另于业务处下设代办股办理之。"[③]

2月　卢作孚邀邓少琴兼任天府煤矿公司经理，后邓少琴以志趣不在企业经营方面等为由婉拒担任该职务。

3月1日　（一）《新世界》第41期刊载卢作孚《如何抉出问题，负起责任?》一文。文中指出当时民生公司的两大问题是必须增加资本和提高工作效率，同时强调取得社会各方面同情乃至于帮助的重要，戒慎恐惧之情溢于言表。他写道[④]：

> 公司产生于四川经济状况凋落之后，航业一蹶不振之秋，困难问题乃环周围皆是，工作诸友日在忙乱应付问题之中，虽有工作，缺乏时间，缺乏整理。吾人深知一切工作之进步，产生于逐日之整理，实为明日工作之根据，顾公司诸友乃往往以无时间而有遗憾。欲于每年

---

① 《临时主干会议》（1934年2月28日），重庆档案馆藏。

② 民生实业公司十一周年纪念刊编辑委员会编：《民生实业公司十一周年纪念刊》，中华书局1937年版，第210页。

③ 民生实业公司十一周年纪念刊编辑委员会编：《民生实业公司十一周年纪念刊》，中华书局1937年版，第150页。

④ 卢作孚：《如何抉出问题，负起责任?》，《新世界》第41期，1934年3月1日，封2。

度抉大要以白于爱护公司诸股东，并以自供工作诸友之回顾，借以确定次年工作之进程；而材料之收集爬梳，每在一年既结之后，益以工作技术有待训练，事后整理乃愈感困难。此间于年结报告，及《新世界》专刊既经付梓而十分怅然，切望补救将对来者也。

公司前途之安全，端赖社会之扶持，尤以股东及工作诸友为中心。目前两大问题：一为财力——必须增加资本；一为人力——必须提高工作效率。工作上又悬两大问题：一为如何增加收入，一为如何节省支出。此皆于两种刊物之粗率材料，尤其于表列数字中可以抉出梗概者也。

其应如何帮助社会，解释各方之误会，取得同情，乃至取得各方之帮助？则过去八年之问题非数字所能列，未来无穷之希望，尤系在股东及工作诸友之共同努力。须知公司事业前进至于今日，关系之巨，不仅百余万资本及三百余万资产而已；尤为四川省生产事业最初之基础，川江航业最后一息之生命，集资事业最后一度之信用所系，其任全在吾辈身上，思之悚然，何可忽视也！

（二）蒋介石批准川江航务管理处所请，通令中央军官佐人等搭乘川江各轮，无论公差私事，均应一律照价买票。①

3月2日　民生公司并入镇江轮②，由于该船老旧而拆毁，机器分配各处使用，船壳改为囤船③。

3月3日　上海《新生周刊》刊载卢作孚《工作的报酬》一文，提出工作的最好报酬不是月薪、地位、红利，而是求仁得仁。谓④：

在商品交易的市场当中，凡百商品都以价银决定它的高低。工作亦是商品，待遇就是这种商品的价钱。不问工作是有意义，无意义，而问的只是月薪、地位、红利等，以为这乃是工作的报酬，其实是错误的。工作的意义是应在社会上的，工作的报酬亦应是在社会上的。它有直接的报酬，是你做甚么就成功甚么。比如你要办一个学校就成

① 李幼渔：《蒋委员长维护航业》，《新世界》1935年3月第65期，第126页。

② 佚名：《民生简史》（上），《民生实业公司简讯》第1036期，1950年7月21日第3版。

③ 民生实业公司十一周年纪念刊编辑委员会编：《民生实业公司十一周年纪念刊》，中华书局1937年版，第210页。

④ 卢作孚：《中国的建设问题与人的训练》，上海生活书店1935年版，第208—209页。

功一个学校，要修一条铁路就成功一条铁路，这便是直接的报酬。它有间接的报酬，是你的成功的事业上，帮助却在社会上。你成功了一个学校，帮助了社会上无数读书的小孩子，或培植了未来社会上无数需要的人才；你成功了一条铁路，帮助了无数的客和货，帮助了生产建设和文化传播，这便是间接的报酬。最好的报酬是求仁得仁——建筑一个美好的公园，便报酬你一个美好的公园，建设一个完整的国家，便报酬你一个完整的国家。这是何等伟大而且可靠的报酬！它可以安慰你的灵魂，它可以沉溺你的终身，它可以感动无数人心，它可以变更一个社会——乃至于社会的风气。这是何等伟大而且可爱的报酬！一点儿月薪、地位算得了甚么！月薪、地位决不是你的工作的报酬，只是你的工作的帮助。帮助只需要到最小限度，工作乃需要到最大限度。最大的工作可以得最大的报酬——直接的在事业上有最大的成功，间接的在社会上有最大的帮助。这是从来不辜负人的，然而亦不让人侥幸。

3月10日　《新生周刊》刊载卢作孚《中国人的生活是这样的》一文，谓[①]：

人们的生活都知道“衣”、“食”、“住”是必要的，近来又知道“行”是必要的，现在还须知道“用”是必要的。我们从起床到睡觉，需要用的物品是与生活程度的全部比高的。中国人大多数在农村，他们的生活程度却是低到衣、食、住、行、用都不成问题，以我们敝县合川而论，人口总数六十万以上，在市场上的人口却在十万以下。农村中，佃农占绝对多数，而且穷人占绝对多数。

他们的用品，除了简单而廉价的铁器和木器是买一次可用若干年外，很多更简单的竹制、草制用品都是自己制造，“用”是不成问题（的）。他们每间几天到附近的市场赶集一次，距离不过几里或十数里，耕地就在房屋的周围，早出暮归，凭着两腿，便可解决，“行”是不成问题（的）。他们的房屋一向住几户人家，一户人家的客堂、寝室、饭厅、厨房，又每每都在一间屋子里，“住”是不成问题（的）。他们的衣服，（是）结婚时缝制的，每每穿到老死。哥哥穿过的，弟弟还要

① 卢作孚：《中国人的生活是这样的》，《新生周刊》第1卷第5期，1934年3月10日，第89页。

穿，前一辈穿过的，后一辈还要穿。四川七千万人，每年棉花进口最多不过十四万包，值银四千余万圆，平均每年每人穿的棉纱，不过值银六七角，“衣”是不成问题（的）。过年、过节、生期、喜期，才有肉吃，肉类不成问题。早午晚餐都是咸菜，以其咸也，为量甚少，菜蔬不成问题。夏天出了玉米，冬天出了甘薯，便是他们主要的粮食，米亦不成问题；总而言之，“食”是不成问题（的）。

这都是我们中国人！这都是我们最可敬重的中国人！这都是我们最大多数的中国人！请穿洋服，吃大菜，住大洋房子，乘1934年式的汽车，由剃胡刀到抽水马桶都要非常漂亮的朋友，看一看而且比一比！

3月14日　卢作孚出席民生公司朝会并作了《最近提起注意的三件事》的讲话，谓[①]：

一、营业问题

我们如果要求个人不失败，首先须要求个人所在的社会不失败。现在我们所在的社会是民生公司，而公司最重要的事项上营业的收入。所以要求公司不失败，就应当注意公司的收入情形，这实在是严重而应十分注意的，尤其盼每个人都要注意此问题，不仅仅是负营业责任的几个人。今天要求上下游短航各线，有客货预算最低最高的标准，要如何想法，达到最低标准之上，才可以不失败。每一个人都要很明了的记得此标准的数字，尤其在负那一件事责任的人，记得此数字，然后有希望达到此标准。据今天的货运情形看来，已经有了几个问题，恐怕达不到去年营业的情形了。上游近来缺货，涪陵航线下货没有，宜渝、汉渝、申渝间均无上货，下货也少，而日清公司又有恢复的消息。这样严重的时间，应该如何想法应付呢？这不是一二人的问题，是全部都有关系的，应该大家留意。否则，今年的公司非折本不可。盼望运输处的朋友，先确定全部航线的预算，要如何才达得到不折本的程度。票费，也很重要，而况还有两条航线以票费为主，因此，在运费不景气之下，更应注意票费的收入。例如永年、民贵直申，假如每次客满，一律以统舱计，也可收入三千余元，来回约七千元。二十天一次，两只轮船一

① 卢作孚：《最近提起注意的三件事》，《新世界》第42期，1934年3月16日，第27—30页。

月共计三次，票费的收入即在二万一千元以上。每年行驶七个月，可收入十几万。如汉口直航船也如此，每年也可多收入十几万。这只看我们有莫办法促起客人的增加罢了。我们为了客票的增加，应该促起四川的人往外走，促起外省的人到四川来，所以要提倡联运，联合旅行社，及组织旅行考察各种团体，同时还要把四川的风景介绍出去，所以要拍照片，映电影。继续不断的来往客人都是中国人，当然喜欢坐中国人经营的船。我们的船如再加以整理，使客人满意，即使货运差一点，也不致遭受损失。这是一件很有意义、值得努力的事情，盼望每一个人不要忘却了。为营业发展想办法，不管是哪一处，哪一人，都有严重的责任。每个人都应该担负起这个责任来，抓着营业中心问题，全体总动员去干。

二、训练问题

现在中国的人，如果只是用说的方法，即可以完成事业，中国早不是这样了，所以有根本想法之必要。北碚训练茶房，受的是军事训练，对于服务能力还不充分，所以也应想法实际训练。最近决定十种训练的活动，如敬茶、添饭、叠衣服、捆被盖，以至于洗练、擦鞋种种事务，都要实际亲身的服侍。现在分组学习，能尽茶房之职责。近来感觉公司每一个都埋头做他一个人的事，整个的公司里，不免冷酷。所以每每来的生朋友，我们不单是莫有热烈的帮助他，有他不知道的，还有些人在暗地里非笑他。现在亦应由个人只管自己的工作，增加社会的训练，即，来了一位新朋友，衣、食、住的地方和方式，我们都得详细的介绍知道，并介绍每一个朋友同席桌吃饭的，同寝室睡觉的，同办公室办公的，与他认识。有这种诚挚的意义，他就可以安定在这个环境里了。

三、帮助职工

每一个人都应当想方法帮助全体，并应该从小的事情入手。如像现在米贵了，加价钱，是帮助伙食的方法之一，更需要运来比较价钱贱的米。所以现在商同宋经理、刘襄理，在宜昌运了十石米来试验。首先分派在总公司伙食上，再以一部分分配给民生厂，还要帮助每一个职工的家庭，从米办起。其次运炭以及其它的零零碎碎的对象。这种种由庶务科送到各职工的家庭，将来由会计处扣账，使各个职工减少私人的麻烦，而努力整个的事业。再将此意扩而大之，能促起消费社将此责任担负起来，尽量作帮助的事情，用来便利各个职工，这也是一种社会的意义。办理如能成功，再供给于社会，则不特职工得了相当的帮助，社会也得到相当的帮助了。

3月16日　（一）《新世界》刊载卢作孚《社会生活与集团生活》一文，谓[①]：

自有人类以至于现在，无论为何种国家，何种民族，乃至于任何时代，人都不能离开社会生活，更不能离开集团生活。人都受社会生活的支配，更受集团生活强有力的支配。

集团生活，可从两方面来解释：第一，集团生活是有生活的相互依赖关系。每一个人要依赖那个集团，而那个集团也要依赖每一个人。第二，集团生活是有两个以上彼此由比赛而斗争。中国人几千年到现在，是与其它任何民族一样没有离开集团生活的，惟集团之方式不同耳。中国人的集团生活，第一个就是家庭，家庭生活是永远相互依赖的。要不是你依赖着家庭，即是家庭要依赖着你，绝对不容许脱离或解散的。有重重叠叠的道德条件，严格的限制着，以致人们不能不忠实努力于家庭。

中国人这种道德观念，完全集中于家庭。所以此外无论何种集团，都要借家庭的意义去维持，如"君，父也"，"臣，子也"，"官吏，民之父母"，"四海之内皆兄弟"，各种不同的关系，都要借家庭名义去解释，可以证明家庭的道德条件，是强有力的道德条件，深入人心地，维持着家庭的关系，乃至于家庭以外的社会关系。

不特此也，每一个家庭，还要与其它的家庭比赛斗争。提高门阀，正是家庭与家庭斗争的方式，因而促进了很多人的发奋。分子的地位提高了，他的家庭集团亦随之而高。社会是赞许成功者的，这愈足以促进集团间的比赛。

家庭集团既是在强有力的道德条件之下支配着，于是每一个分子，不得不努力拼命以求比赛的胜利。故披星戴月的，胼手胝足的，十年寒窗的，都是为了家庭。至于营营求官，孜孜为利，乃至于为匪为盗，也莫不是为家庭而不顾一切。一个集团到了强有力时，集团以内的分子如何对外，是每每不须选择手段，无所用其顾忌的。

---

① 卢作孚：《社会生活与集团生活》，《新世界》第42期，1934年3月16日，第28页。

除了家庭而外，因亲戚朋友、邻里的关系，也成了集团生活，人们也依赖此集团而生活。有了这个集团，即使无职业、无能力，也可以赖此集团而生存。由父族、母族的关系，而造成亲戚的关系。由同学、同事的关系，而造成朋友的关系。由邻里的关系，而造成直系、皖系。这各种方式的集团，可以由做寿、吊丧的人数，而看出他们的比赛情形，由这一群人和那一群人，相互的争权夺利，而看出他们的斗争情形。

由此证明了中国人是有集团生活的，不过集团的方式有区别而已。要是社会永远不变更，保持在此种方式之下，安眠于此种情况之中，未尝不是中国人的幸福。然而现代不许可你了。帝国主义不断的向你进攻，由“九一八”而“一·二八”，而热河，而①我们又应该怎样办呢？日本派起军队占了东三省，是看得见的，但，他派的生铁、棉纱占据了华北以及长江下游，我们看见没有？奉天失守，热河失守，我们看得见的，海关每年损失的数万万，我们又看见没有？要是终于安眠在旧有集团生活之下，终必迄于灭亡而后已的。

情况如此，新意义的集团生活，明显地重要起来了。集团生活中包括着“工作”、“学问”、“娱乐”三个要素。今天以前，是属于家庭的。今天以后，超过了家庭而成为社会的了。本于“有集团就该互相依赖”的条件，所以每一个集团的分子，都要为此集团努力拼命，以求生存。

世界既成了现代的世界，任何人都逃不出现代的集团生活，而且还需要忠实努力拼命以求胜利。尤其显明的，需要形成最大的集团，才有最大的力量去比赛斗争。这种集团，最低限度也应扩大到以一国为单位而后止。世界上各个集团在比赛斗争，因而每个集团都有它的强有力的道德条件支配着，而每个集团的分子，无不努力拼命以为此集团。

先前说过，中国人不能再安眠于以往的情况当中了。除立马起来反对现代之外，只有跟着人家向前飞跑之一法。最低限度，也要跑去赶着先进的国家，才可以说上生存。再进一步，以占有全世界人口四分之一的中华民国，只要集团生活能够扩大，努力向前，将来改造世界，未始不是我们的责任，这是我们最急切而应认识的一个问题。

---

① 原文此处有省略号。

（二）《新世界》刊载卢作孚《二十三年应该抓着的几个问题》一文。文中提出民生公司上海分公司在1934年应解决的主要问题是：1. 业务问题。强调轮船在上海停留的时间要缩到最短，开出的船要每船满载，要维持相当的运费，运费至少以足够开支为度。2. 购买问题。要降低机器厂材料存量，还要降低日常存量，增加代办处的进口业务①：

> 二十二年以前，每部或每一个人工作都很忙。然而，对于一切问题，常常悬在眼前未能时时刻刻注意解决，二十三年应该集中精神于此。因此在二十二年与二十三年之交，特别在总公司的主干会议里切实讨论。到了上海，又提起上海分公司连次开会讨论，并于到申的船也开会讨论。已经提出了二十三年上海和各船应该解决的几个问题，如下：
>
> （一）业务上的问题：业务上数目字，上海分公司占全部的第二位，占下游的第一位，足见上海分公司在公司业务上占地位的重要，影响于公司至大。去年营业达五十八万，占全部动费将近十分之三。因此之故，上海的营业好不好，可以影响到全公司。当时在上海商量应注意的事件及方法如下：1. 要求每船满载。船由上海开出，要求每一只船每一次，都要装满载。2. 要求时间缩短。不但要求满载，还盼望进出口的时间缩到最短。以前第一天进口，第二天、第三天都在上海，要第四天才能出口。但是，“永年”现在已经打破了纪录，有二次都只在上海停泊一天。3. 要求维持相当运费。确定应该维持到最低限度，以每次票运的收入，足够开支为度。以上三事，均要求上海一齐做到。至于维持运费，应用什么方法，第一应联合同业，时时刻刻商量方法。运费，本公司不愿提高，也不愿低落到连本身都不能维持的时候。这完全要靠平时与同业联合，并不管有船无船开，都要随时注意。第二是时时刻刻调查行情，如此，就不会发生由互相猜疑而放价的事实了。其次，与同业同样的水脚而我们的货运要占优势。其方法：第一，凡转口货毫无停留，能于最短时间转到。第二，直航船要求缩短时间，于预定期间以内到渝。能如此，客商对于公司，自会发生信仰。再促起驾驶人员，不发生一点问题，船壳机器，都极安全。如此客商既愿意，保险行也愿意，报关行也愿意，成了一

① 卢作孚：《二十三年应该抓着的问题》，《新世界》第42期，1934年3月16日，第40—43页。

种空气，使人更加倍的相信了。经理以至于管舱，应极力保护货件，则本公司装货，一定占优势而无疑了。除了促起上海分公司注意业务上的问题而外，还要促起代办处注意，增加自己的货运。去岁我们自运的钢料，以及代北川铁道运的铁轨，同时购办自用的水泥，算起来自己的运输占了全部运输百分之十几，我们自己的货件增加，我们的运输量也就增加了。这要求要有确切的联络。

（二）购买问题：每年在上海购买五金材料及日用品，数目十余万，也是上海一件很重要的问题。盼望注意到的：1. 机器厂的材料，决定要求降低。去年截止到年底，厂存材料值十万以上，本年拟降低至多不过存三万。以后购买，要求能在二周以内运到，并要求厂中材料只预备以三个月为限。2. 本公司日常需要的，也要求降低。用以前的根据，来定今后的预算，并需在预算内降低。3. 要求在生意上提高。盼望代办处的进口增加，消费合作社的营业增加。每每感觉中国人的习惯是“事不关己不劳心”。今天以后，要公司每一个人都注意及公司的每一件事，上海的人要注意到重庆的事，重庆的人也要注意到上海的事。

（三）船务处的修理问题：修理费，在上海的支出，也占在第一位。据去年年终报告，全年修理费共四十三万元。重庆只十余万，其余二十几万，均在上海。要求二十三年降低，今后的办法：第一，非万不得已不修。第二，不要等到最烂才修。修理费既如此之巨，应临时注意叮咛。小有一点该修的，即由船上自修。为了只是较好而无关行驶的，也就不修。并要求每一只船，很快的制一个预算，以限制修理费。假使经常修理，降在十二万元以内，再加八万意外修理，今年的修理费当可降至二十万以内。除此而外，上海还应该注意的：第一是分工严密。第二是工作以外，仍须有团体生活，因此组织一俱乐会，引起大家的集团兴趣。

以上所说的，都是公司全部问题。盼望每一个人都明白问题，并且要努力达到各种要求。

凡是一件事情，有人提起，即成为了一时之风气，而可收相当的效果。以去年的省煤和清洁运动来看，便是一个好比喻。只要注意到的问题，即要求抓着此问题而达到解决的时候。则今天以后，不但事业前途较易，每个人作事兴趣亦当较浓了。

3 月 17 日　卢作孚《大胆生产，小心享用》一文于上海《新生周刊》第1卷第6期刊发，谓[①]：

中国人有两种美德，是可以战胜世界任何民族的。一个是勤，一个是俭。一般劳作的人日出而作，日入而息，常常是整天的工作，常常是十二小时或十四小时的工作。裁缝店子夜半还未停工，豆腐店子夜半便起来磨豆腐，这是勤的证明。许多富有财产的乡下佬，穿的是同穷人一样，吃的是同穷人一样，自己不用钱，说是留给子孙，但亦不许子孙用钱，与其说他的财产是由增加收入积聚起来的，不如说他的财产是由节省支出积聚起来的，这是俭的证明。华侨之在欧美和南洋，并不需要本国政府的帮助，有他个人的成功，正是因为他有超过于人的工作，同时又有不须选择物质条件的生活，这尤其是勤俭兼有的证明。

勤与俭是中国人的两美德，是两个有力的拳头，也许是两把锋利的刀，只是它能助成个人的成功，不能助成社会的成功，两把锋利的刀终究敌不了现代的大炮，现代威力最大的大炮是社会组织，它可以远射，复可以深入，它可以摧毁敌人到无复存在的余地，如果能够以勤俭的分子组织成功一个现代的社会，必定更可攻可守，超越其它国家的战斗力。如果既不能造成现代的大炮——现代的社会组织，又丢了两把刀，四体不勤，享用则极现代的能事，则在四面敌人大炮围攻之下，会全军覆没，个人亦身首莫保矣，其结果真令人战栗。

所以我们创造两句新的口号是："大胆生产，小心享用"，大胆生产之谓勤，小心享用之谓俭，我们应大胆应用现代的方法生产，现代有甚么，我们便要生产甚么。但须小心用闭关自守以前的方法，节省物质上的享用，任何东西我们不能生产便不要享用。反转来说，我们能够生产甚么，才享用甚么。将就以前两把刀，铸成现代的大炮，不但要求与现代比齐，还要超越了她。这是中国成功失败唯一的岔道。

3月19日　民生公司在重庆市公园路青年会影戏场召开公司第九届

① 卢作孚：《大胆生产，小心享用》，《新生周刊》第1卷第6期，1934年3月17日，第109页。

股东常年大会欢迎会，卢作孚任大会主席并致欢迎词，他说[①]：

今天代表公司全体二千左右的职工致欢迎词。记得去年股东大会的前夕，曾举行了一度热烈的欢迎会，因此，今天到会的股东人数，大有增加。本此意义，经过今天这一度欢迎会之后，盼望明年六百多位股东，一齐惠临。

还有几个欢迎的意义：第一，各股东与此事业阔别一年了。这一年当中，事业的情况如何，是要报告出来，请各股东检讨的。第二，职工一年来工作是否努力，是要请股东考核的。第三，由各种图表，可以看出二十二年的收入、资产，盈余，都增加得很多，独于资本，增加得很少。要盼望马儿跑得好，必须马儿吃点草，所以今天盼望各位股东，踊跃投资，增加股本。要想事业长久的安定，须得坚固的基础，所以更盼望资本的增加。第四，本公司事业的大部分是航业，船的需要是客是货，因此除了盼望股东加股之外，还盼望股东及股东的亲友，旅行都坐本公司的船，货物都托本公司运输。公司现成立有代办处，购买机器货品，都能尽力地帮助各股东。代办处内有保险部，水火险都可投保。我们有若干的股东，而股东又有若干亲友，则凡属于公司能帮助的事情，通通盼望交给公司去办。这样，既便利了各位股东，同时又帮助了公司营业。如能这样，今年的情况，便不难超出去年了。至于一年来公司情形，即有各处的经理，出席报告。

3月19—20日　《大公报》刊发卢作孚《中国的根本问题是人的训练》一文。文章指出[②]：

一部机器是旁的国家制造好了的，我们要使用还须得要长时间的训练，要照式样仿造，也非常感困难。社会乃是一部极其复杂活动而不容易制驭的机器，又不能完全照着人家样式仿造的，今天要急遽完成一部社会机器，其比较困难的距离，更不可以道里计算。

人之训练虽感困难，但问题究竟须从这里解决起。如这根本问

① 《民生实业公司第九届常年大会欢迎会纪录》，《新世界》第43期，1934年4月1日，第22页。

② 卢作孚：《中国的根本问题是人的训练问题》，《大公报》1934年3月19日第4版、1934年3月20日第4版。

题——人之训练的问题——不解决，则所有社会的一切问题，都不能解决，因为没有人去解决。

如何训练人使能创造中国的新社会使成现代的？这方法第一是要将现在负起责任，要解决社会上某种问题或训练社会上某种人的人，随时送到现代的旁的国家去，先受过训练。第二是要多多请旁的国家有专门技术而又有训练人的技术的人，多多到中国来帮助训练，乃能训练成功许多新的社会里边需要的人才，训练成功许多训练人的人才，使他们能够从旧社会当中创造出新的社会来。

只要训练人成功，不要怕所创造的社会失败，即是不要怕所经营的事业失败。不管他是一个公司或是一个医院，只要人成功，一个公司偶然失败了，会有若干公司成功，一个医院失败了，会有若干医院成功。今天中国甚么都不缺乏，只缺乏人——只缺乏有训练的人，所以根本在先解决人的问题——解决人的训练问题。

3月20日　民生公司假座重庆青年会召开第九届股东大会，到会股东374人，通过分红案、改选董监案等。选举结果，张澜、田习之、周孝怀、耿布诚、唐棣之、左德范、郑东琴、黄云龙、钟孟武、何北衡、连雅各、石荣廷、康心如、任望南、赵百福、张公权、李佐承等17人当选为董事。赵资生、蒋祥麟、周纯青、甘典夔、王辅廷、周尚琼、刘航琛、王渭若等8人当选为监察①。公司决算报告书载："本公司的宗旨：服务社会、便利交通，开发产业。"② 公司股本达到1063000元，资料载③：

22年预定之计划，实欲收足资本150万元。顾以战争匪患，扰攘不已，都市萧条，乡村穷困，省外人士亦多观望，遂不易聚集资金，股本总额仅由908000元增加到1063000元，而实际积累之固定资金，则已近3百万元。

① 民生实业公司十一周年纪念刊编辑委员会编：《民生实业公司十一周年纪念刊》，中华书局1937年版，第209页。

② 民生实业公司编：《民生实业股份有限公司第22年决算报告书》，北碚图书馆藏，无页码。

③ 同上。

［按］股本于年底达到1174000元[①]。

3月22日　在南京国民政府参军处任职的吕超致函卢作孚，谓[②]：

久疏笺候，驰念弥殷。弟连任枢府，建树未遑，惟微驱尚健，堪以告慰绮念。近稔起居安适，深以为慰。查民生公司之红息，自上年以至今，两年未得，尚望吾兄彻查兑京为荷。宋子文、戴季陶两兄有考察西北之行，并拟赴四川一游。弟与宋、戴二兄在京面谈，曾述及吾兄对于实业之进展，甚得两氏之褒奖，诚为吾兄遥贺也。特为先容，如文、陶二兄到渝时，必能诚恳之接洽，并希吾兄注意及之。

3月31日　卢作孚出席民生公司读书会，并做了《到北碚旅行之预备及意义》的报告。报告说[③]：

此次到北碚，试验以下三个活动：一、球类的比赛，分足球、篮球、网球、排球四组。二、演讲的比赛，民生公司担任演讲航业问题。其它的铁路问题有北川公司预备。国防问题有峡防局预备，产业问题科学院预备。演讲的问题，虽然一部分的人不能听得，将来可由去过的人，或记纪录的记载可以知道的。三、预备游艺，不仅包涵着京剧川剧，凡可以促起人群快乐的活动，都盼望预备加入。

时间大概是下周或再下周。遇雨顺延。如何组织，如何预备，各部联络开会解决。去的人分两组，分两次去。除了参加运动讲演游艺几个活动的分子而外，其余的人，也可去旅行。预计上午五点半开船，十一时到白庙子，参观新完成的绞车。午膳后到北碚，即开始比赛一种球类，于晚间举行演讲会。讲演之后，参加游艺。第二晨，再作一种运动的比赛，再到温泉沐浴，再赴夏溪口参观运河工程。午返渝，最迟不过午后五时即返。预定情况，不过如此。

为什么旅行的活动，一定要到北碚去呢？我们盼望各事业团体互相影响，用一方面的长处来补另一方面的短处。就服务社会说，公司

---

① 民生实业公司编：《民生实业公司概况》，1937年刊，第3页。

② 黄立人主编：《卢作孚书信集》，四川人民出版社2003年版，第289—290页。

③ 卢作孚：《到北碚旅行之预备及意义》《新世界》第43期，1934年4月1日，第61页。

不如峡局。盼望去旅行的朋友，能于短时间内，找出材料，看哪些是为社会做的事。我们旅行北碚意义即在于此。

春　（一）峡防局三峡染织工厂新屋落成，包括织造机80余架以及摇纱机、漂染机若干架移至新屋，上述各项资本合计7万元全部划作科学院资产。该厂产品以制服布为主，棉纱为上海永安纱厂产品。为扩大规模，提高产品质量，加强管理，卢作孚还在上海聘请瞿济僧到川担任该厂工务长，并请杨秉铖为该厂制订成本会计实施办法①。（二）北碚三峡染织工厂移设新屋后，移让关庙全部房屋，由峡区图书馆移驻。于是图书馆扩大规模，增辟可容80人的阅览室，陈列120多种报纸杂志供读者阅览，并辟有乡村建设、东北问题等各种专门问题研究的图书室②，到此阅览人数开始很少，后来逐渐增加。

3月　（一）北碚少年义勇队第二队成立，该队毕业后“全数分配民生公司及峡防局服务”③。资料载④：

> 少年义勇队第二队，民国二十三年三月成立，旨在训练青年，以科学的方法讲学，以科学的方法作事，以科学的方法应付自然，并适应新兴事业的需要，培育实务人才。计分三个时期完成其训练，第一期为军事学术科及童子军，兼授文书簿记统计等，对于服务必需之知识。第二期训练警察知识、社会调查及社会教育，第三期旅行边地，调查蛮夷生活，采集自然标本。
>
> 组织：设队长一人，队附二人，助教五人，书记一人，司务长一人，学生九十六名，于今年（1936年）三月毕业，曾去边地调查峦蛮夷人的生活，采集自然标本，目前正训练少年勇队第三队，有七十余人，常年经费九千六百万元。

（二）卢作孚鉴于温泉公园已经粗具规模，但尚缺各种树木植被，于

① 杨秉铖：《三峡染织厂之成本会计》，《新世界》第48期，1934年6月16日，第1—2页。

② 黄子裳、刘选青：《嘉陵江三峡乡村十年来之经济建设》，《北碚月刊》第1卷第5期，1937年1月1日，第2页。

③ 李涛：《四川北碚的乡村建设事业》，《教育与民众》第7卷第6期，1936年（无月日），第1187页。

④ 黄子裳、刘选青：《嘉陵江三峡乡村十年来之经济建设》，《北碚月刊》第1卷第5期，1937年1月1日，第13页。

是在公园中广种树木、花草。史料称①：

温泉寺植树。该寺与缙云同属古刹，中有温泉涌出，宋元明清均有达官贵人名士骚客题咏，石刻颇多，又见山水之胜，自古著称，民国十六年卢作孚氏长峡防局，往游该地，忧寺庙之颓败，童山之濯濯，乃毅然募捐培修，以造成游览区域，其时规模具备，尚缺地衣荫被，在此两年（1934、1935 年）大批造林，以成完璧，兹将其所植树量列表如下：

类别	树名	数量
行道树	法国梧桐	5000 株
	美国白杨	5000 株
	洋槐	6000 株
风景树	杨柳	1000 株
	铁树	50 株
	竹类	5000 株
	松树	8000 株
	柏树	1500 株
	杉树	1000 株
	西湖柳	200 株
	龙爪柳	50 株
花树	夹竹桃	400 株
	芙蓉	500 株
	紫薇	300 株
	紫荆	200 株
果树	四季柑	15000 株
	江安李	1500 株
	梁山柚子	1200 株
合计	18	65400 株

［按］到 1936 年时，已经“郁郁葱葱，红紫相映，而成为温泉公园

① 同上书，第 24—25 页。

之盛景，四季游客不绝，风景宜人”。

（三）卢作孚聘刘宗涛为天府煤矿公司总工程师兼经理。刘宗涛曾于1904年留学欧洲，回国后曾任职各大学、京汉、京绥、津浦等铁路以及各煤矿，任教授、工务段长、所长、课长、工程师、总工程师等[①]。

4月1日　（一）上海出版的《长城》（半月刊）第1卷第7期刊载俞洽成撰写的《卢作孚先生访问记》，文章如下[②]：

> 现在一般人悲叹环境的不良，以为只有理想的乌托邦才有发展的机会；有的以为非做官便没有做一番事业的可能。但是在这一篇访问记中，卢先生告诉我们他所走的却是另外一条路。他在环境榛棘，以蕞尔之地作基础，而获得事业的成功。
>
> 卢作孚先生有人称他是四川的张謇，有人称他是四川甘地，究竟这是什么原因？
>
> 沙漠中的绿洲——提起了四川，便会令人想象到那二十三年内战不已的省份。可是，这沙漠中却有一块绿洲，并不是“锦城虽云乐”的成都，也不是交通便利的重庆，却是背山面水，地势险恶的北碚镇。民国十六年以前，那里仍旧是蛮貊之邦。土匪劫掠，民不安居；现在，北碚一百二十里纵横范围之内，没有一个乞丐，没有一个游手好闲的人，而鸦片烟竟绝迹。这几年来北碚增添的，却是中国西部科学院、兼善中学、实验小学，以及图书馆、公园，和乡村电话局、染织、印刷工厂等，道路坦平，河渠竣深，居然成为一个文化之乡。
>
> 主持这项建设的人，并不是三头六臂的超人。他是小学教员出身，以自修方获得高深的学问，因为勇于服务而受到一般人的信仰的卢作孚先生；在北碚团务局长任内，他悉心为地方服务，终使理想的建设实现在被人视为乱源的四川。
>
> 有这样的成绩，我们是极想和这位卢作孚先生谈谈。
>
> 初晤布衣总理——我到民生公司的时候，三五位穿着西装的职员包围着一个穿布学生装的人，瘦瘦的面庞，上唇留着短须，打着四川乡谈，讨论公司内部的事情。正和每一个四川人一样，是一个健谈

① 刘宗涛：《四川之动力》，《新世界》第43期，1934年4月1日，第7页。

② 俞洽成：《卢作孚先生访问记》，《长城》（半月刊）第1卷7期，1934年4月1日，第127—129页。

者。然而，当我们开始谈话的时候，我对于这一位被访问者又感到十分困难了，他避去我所提出的问题，关于自己奋斗的经过，只说："承你向社会介绍我们事业的发展，我是很感谢的，我要避免个人的宣传！"

打倒倚赖心理——话匣子打开以后，我们便逐渐的谈论到他在服务的事业和关于青年的问题。他说："我们现在的事业有三方面，文化方面是以中国西部科学院为中心，经济方面以民生实业公司为中心，治安方面以峡防团务局为中心，在这里面服务的都是青年。我觉得青年服务应有两种意义：第一，希望每一个青年帮助事业；第二，盼望每一种事业帮助社会！""我们觉得以前的中国人，所倚赖的，第一是家庭，第二是亲戚朋友乡党。现在，我希望他们打破这两种依赖他人的心理，而改为倚赖他所服务的职业，进一步倚赖职业所在的社会。我们以为一切都不应为个人打主意，而应为事业打主意，这是我们现在努力的一个中心意义。"

提倡集团生活——谈话没有终止，他仍用低低的声调，转到生活方面："在每一种事业中，我们要训练人工作，一方面在整个组织中工作，一方面在整个计划中工作。因为我们要提高工作效率，必须先促成每一个人的工作是以工作为中心；就是所读的书也要在职业问题上，是想对整个社会是有贡献的，能帮助社会上大多数发展的，而不是无聊的消遣。我们不是为着个人生活，而认定是一种社会生活。""对于暇余时间的娱乐生活，也应是集团的，诸如运动游戏也要不以个人作单位；促成他们认识比赛的意义，推广他们工作的社会有较大的范围，以这个社会去联络那个社会。"

需要社会修养——"现在，好多青年忙着为自己找出路，我却盼望一群青年能为社会找出路，因为他们的生活整个都是社会的。有一个在民生公司服务的青年曾问我关于他个人的修养，我答复他只有社会的修养。因为你的工作是和民生公司的朋友共同工作，你的读书是和民生公司的朋友共同读书，你运动游戏也是和民生公司的朋友在一起的，这许多都是你的修养，也都是社会的修养。中国人并不缺乏个人的修养，只缺乏全社会的修养，所以这是我们对于青年唯一的要求，尽（管）有不同的事业，但只有一样的态度。"

民生实业公司——民生实业公司是卢先生全部事业中的一部分，但是，因为民生的轮船航驶到上海，成为中国民办轮船航驶整个长江的公司，更为一般人所注意。民国十四年开创之初，不过是只有资金八千元的小公司，只有“民生”小轮一只，航行重庆、合川之间；时至十年以后的今日，资产总额达三百四十余万元，拥有大小轮船二十四只，航线达五千一百多里。最值得我们注意的却是民生公司发展的过程，最初，川江航轮在内忧外患的压迫之下，一方面受外轮的影响，一方面自己又多是财力单薄的小公司在相互竞争。四川各轮船上仍能大部分保存着完全中国国旗的招展，大部分力量是由于卢先生的合并政策，减去重叠的耗费，集中人才和财力，更进一步的推广轮船的航线。

卢作孚先生依然在埋头苦干着，我们深信不久更有显著的成绩做出来，我们希望他能不谦虚地示国人以他自己过去的经历和经验，因为中国正需要肯埋头苦干的人。

（二）北川铁路部分路段建成通车。

4 月初　宜渝航业同业共同维持轮船运费的“水脚共摊之约”于 3 月底到期作废，川江上轮船公司之间的竞争迅速白热化。“废约之后，水脚骤落，向以维持水脚号召之公司，至此亦争放水脚，竞争加剧。甚至棉纱一件，由申运渝放到二元五角。直至枯水时期之水脚，尚不如往年洪水时期。与二十二年（1933 年）比较，公司轮船有加，货运有加，而水脚收入反锐减，直为有轮船公司以来最坏之一年，亦为川江有轮船以来最坏之一年。”① 此时川江外轮公司较大的有十七家，实力最强的为日商日清、英商太古、怡和、美商捷江、法商聚福等公司。宋师度后来曾回忆说②：

记曾有英帝国主义下的太古、怡和两公司当年宣称“我们要在长江区立即打倒几家轮船公司”，自然初生之犊不畏虎之民生，便是他心目中第一敌人。他们要使民生毫无货运，安心大折本来威胁，申渝货运费每包海带贬至两毛钱，试问惨斗之酷烈，到了何等程度！结果，乃成了鬼打鬼，美帝国主义下之捷江公司被打倒了，民生不惟安然无恙，且更有进展。童副总经理当时还是 30 内外的英年，捷江解体后，替我们收编了一大队客货船过来，真是意外收获。……当中英航商惨斗正烈时，某驾驶领导人很沉重很壮烈的语卢先生云：“总理，你放心，我们大家会替公司争口气，只要有饭吃，我们不问能够

① 《二十三年本公司之营业概述》，《新世界》第 65 期，1935 年 3 月 1 日，第 4 页。

② 《1950 年第二次业务会议报告》，重庆档案馆藏，第 20—22 页。

发薪多和少，高鼻子是把民生莫奈何的！”

4月3日　卢作孚致函驻节武汉负责军事的张学良，谓[①]：

月来琐冗如猬，致疏启候，怅惘万分。敝公司为应中央兵差，宜渝轮船八只以上全被租用，营业断绝，损失滋巨，益以沉没轮船一只，损坏轮船先后四只。新兴事业基本极为脆弱，蒙兹损失，早已不能支持。益以燃料垫款日积月累达十余万，差费尤有过之，至今未予核发。虽经先后领款十一万元，究竟所差甚远。目前迫切之望，乃在核定租金。川江轮船，万万不能以江海轮船为例：江海轮船马力小而吨位大，川江轮船马力大而吨位小。船员人数、薪金、保险费、修理费，停航期间皆远比江海轮船为多。故租金标准须依据开支实数，不能依据江海轮船拟定；并须十足发款，不能以江海轮船八折为例。交通司所拟标准太低，远在开支额以下。敝申公司屡次恳求，未有结果，迁延迄于三个整月未有确定，实使公司生命陷于绝境。窃念此案最后当由行营解决，伏望吾公查明情实，予以扶维，留此一线生机，亦足供国家他日之用。苟非情势迫切，绝不至屡渎左右。此情此苦，万望垂察。感激之深，不仅少数私人已也。

4月7日　上海《新生》周刊刊载卢作孚《现代的领袖与中国的领袖》一文，谓[②]：

现代的领袖是为社会寻求出路，是领导着一大群人努力，乃至于拼命以为社会寻求出路，是以整个社会为前提，造起一种社会运动，是应着世界的环境和环境的变迁及环境变迁的趋势以造起社会运动，所以那一大群人都有坚强的信仰，深厚的感情，热烈的行动，足以使纷乱的社会立刻有秩序，无组织的社会立刻有组织，落后的社会立刻前进，追逐或且超越那早已或正在前进的社会。他们因为有了鲜明的领袖，竟能使整个社会至于国家之大，立刻变更了气象，千万乃至万万以上的人，一致变更了行动。

① 黄立人主编：《卢作孚书信集》，四川人民出版社2003年版，第290—291页。

② 卢作孚：《现代的领袖与中国的领袖》，《新生周刊》第1卷第9期，1934年4月7日，第167页。

中国的许多领袖，则根本不同，每每不是要一大群人为社会寻求出路，他正是为一大群人寻求出路；一大群人亦无兴趣于为社会寻求出路，只汲汲皇皇于各自为自己寻求出路。

因此现代的领袖，每每有显著的成功于所在的社会，乃至于所在的国家；中国的领袖，则止于成功了一大群人，而此一大群人所在的社会，则每每不蒙利益，只蒙痛苦。又因人各为己，易于分裂，若干群人相互斗争，失败每每即在成功之后，其病害则辗转由社会接受。

故盼望中国的领袖，终能变成现代的领袖，不沉陷在现局中，而将现局推动，以至于彻底改变过。由为了一大群人努力，变成促起一大群人为了社会乃至于整个国家努力，然后国家有最后的成功，领袖亦有最后的成功。

4月初　《民生实业股份有限公司第二十二年决算报告书》中关于民生公司宗旨的表述再次与公司章程中的表述出现差异，其表述是，“本公司的宗旨：服务社会，便利交通，开发产业”[①]。

4月15日—5月1日　4月15日民生公司派专轮民贵轮到上海迎接中国工程师学会考察团成员，4月18日到汉口，4月21日船到宜昌，22日到夔府，23日到万县。由于川江水浅，27日改乘民主轮，28日到达重庆。此后考察团在重庆乘汽车于5月1日到达成都[②]。

［按］经过半年筹备，中国工程师学会四川考察团筹备完成。考察团分九个组（原计划十一个组），共有团员二十五人（其中两人为国防设计委员会委员），以湖南大学校长、冶金专家胡庶华为团长，考察经费三万元由四川善后督办刘湘负责解决。团员中有一人已在四川，其余二十四名团员先后从上海和汉口乘船出发。

4月21日　《新生周刊》刊载卢作孚《打擂与世界运动会》一文，谓[③]：

中国的政局，依据二十三年来的经验，应该叫做擂台。上台的是

---

① 民生公司编印：《民生实业股份有限公司第二十二年决算报告书》（第八届），民生公司1934年刊。

② 恽震：《中国工程师学会四川考察团筹备经过及考察行程》，《四川考察团报告》，中国工程师学会1936年编印，第1—5页。

③ 卢作孚：《打擂与世界运动会》，《新生周刊》第1卷第11期，1934年4月21日，第207页。

台主，是国术的选手，是专门在台上预备着打擂，等待另外一个台下的选手上台把他打了下去，便接着当台主；或是被他打了下去，他仍然当台主，等待着另外打他的选手，一直等待到把他打下去的时候。观众有四万万人，所以那许多选手都非常起劲，努力，拼命，不是在打擂便是在预备着打擂，成了一时而且普遍于一国的风气，这是中国政治上的国术。

如果诸君回头一看那边呢，场子更大，几乎遍了五洲；观众更多，恐怕不下十万万罢。他们却正在那里轰轰烈烈地开世界运动会。以一个国家为一个运动团体，以产业运动、交通运动、文化运动、国防运动为运动节目。他们简直在那边运动场中作长距离的赛跑。在一种节目上，今天打破了昨天的纪录，明天又要求打破今天的纪录；今天甲打破了世界纪录，明天乙又要求打破世界的纪录。任何一个运动团体都不仅仅是选手，而且是总动员。这个运动会场逐渐扩大，几乎一个地球没有多少隙地了。虽然像是剩了中国，然而已经挤得我们气都不能出，早已从沿海，从西，从北挤了进来，尤其是最近更将东北挤掉一大块地方去了。

我们还是提倡国术，天天打擂或预备打擂吗？恐怕几年之后，会并擂台一齐挤掉了。但是，如何可以停止打擂？纵我不打人，人要打我，其将奈何呢？这却有一个简单办法，只须将那四万万看众，和那预备着打擂的选手一齐送到世界运动场去，使他们参加那更大的运动会，看一看那许多惊人的纪录，就会自己惶急起来，赶快努力，拼命，作那许多世界的运动节目的预备了。愿我们的国术专家都参加到世界运动会去。

4月26日　著名科学家竺可桢为中国西部科学院商借仪器致函卢作孚，谓[①]：

顷辱手教，嘱借前存叙洲之峨眉仪器，自当遵办。惟存器中有水银气压表，非测候有经验者贸然携运，至易损坏，似［当］仍俟赵锡鹏君回川时，便道往取为妥。至自记风速、风向计，敝所现无存器，未能奉借，祇惟亮察。

---

① 黄立人主编：《卢作孚书信集》，四川人民出版社2003年版，第294页。

［按］此函在《竺可桢全集》第2卷中也有收录，注明系胡宗刚根据重庆档案馆原件手抄，惟文字略有出入，文字为[①]："顷辱手教，嘱借前存叙洲之峨眉仪器，自当遵办。惟存器中有水银气压表，非测候有经验者，贸然携至易损坏，似当仍以赵锡鹏君回川时，便道往取为妥。至自记风速风向计，敝所现无存器，只惟亮察。"其中，有明显的漏字、错讹情形。

4月28日　鉴于渝中人士多有到北碚游览者，从本日开始，民生公司每星期日、一、六三天，派专轮航行重庆—温泉间。直到入秋天气转凉，往来游客渐稀后，才于9月3日停班[②]。

4月底到6月上旬　中国银行总经理张嘉璈携该行总管理处分区稽核徐维明、经济研究室代理主任格雷、副主任张肖梅、上海分行副经理史久鳌[③]，到四川实地考察内地实业，并视察该行四川分行业务状况。张嘉璈一行先到重庆，然后到内江、自流井、成都、嘉定、叙府、泸州等地考察，最后返回重庆，到北碚考察游览，前后45天。

5月3日　全川生产建设会议在成都开幕，参加者除四川省建设科长外，还有中国工程师学会四川考察团全部团员[④]。

5月6日　卢作孚主持峡防局临时主任联席会议，会议决定了峡防局一系列具体问题的解决方法。如峡防局新知识广播内容可在《嘉陵江日报》刊出，以增加效力；工人义勇队要训练到能够到船上宣传新知识；识字教材由峡防局政治股负责编辑，以500生字为限；各队夫役一律改着短服，不得穿长衫。关于新知识广播，会议还决定[⑤]：

> 新知识之广播，由政治股选教材，联合督练部迅速发出，随时用电话考察接受办法、广播方法，要办到无孔不入，人人乐于接受。

5月7日　中国工程师学会四川考察团各组分别从成都出发，到四川各地进行考察。

---

① 竺可桢：《竺可桢全集》第2卷，上海科技教育出版社2004年版，第164页。

② 民生实业公司十一周年纪念刊编辑委员会编：《民生实业公司十一周年纪念刊》，中华书局1937年版，第211页。

③ 姚崧龄：《张公权先生年谱初稿》上册，台北传记文学出版社1982年版，第134页。

④ 周开庆编著：《民国川事纪要》（1911—1936），台北四川文献研究社1974年版，第539页。

⑤《临时主任联系会议》（1934年5月6日），重庆档案馆藏。

5月15日　民生公司与太古等公司达成协议，本日起利益均沾，维持运价，为期六个月①。

5月16日　（一）《新世界》第46期刊载卢作孚题为《为社会找出路的几种训练活动》的演讲记录。文章指出②：

> 现在我们也想从眼前变起，所以要介绍峡区的几队特务队为社会找出路的训练。此种训练有四个活动：一、军事的活动，二、警察的活动，三、民众教育的活动，四、地方经营的活动。
>
> ……
>
> 以上四种活动，通通为的是替社会找出路。为一个地方安宁、清洁，为一些民众的知识，为培植一个地方的风景，有的整理好，没有的经营好。把一个很糟的地方变成了美丽安宁的乐园，把无知的民众训练得都知道世界上的事，这完全为的是社会，完全不是为个人。
>
> 至于训练的方法又如何呢？每天峡局必要用电话问：第一特务队的活动如何？军事方面是怎样的？警察方面是怎样的？民众教育是些什么？地方经营是些什么？要你把昨天的四种活动告诉出来，记录清楚。第二队，第三队，也是一样。峡局把各队搜集的材料比较一下，又重新输送到各方面，使各队有一个比赛。整理昨天的活动，同时还要计划今天的某种活动，应该达到某个程度。例如民众教育传布今天的新消息，日本如何向列强宣言，如何图扰察东，中央军如何进剿赣闽……川军如何进剿通江……由总机关输出消息给各队长，队长即将此消息转到各派出所的队附，队附立刻转给士兵，并派在市街写出今天的"新闻简报"。又如新到图画、照片，先交给队长，转交学生或士兵，看了过后，立马又交给民众。不必一定要在讲堂上或会场上，只要有时间，就要尽量的应用。航空公司的飞机，到成都要过北碚，我们先与航空公司约定，如果天晴到北碚时，低飞一匝。头一天，就普遍的告诉民众："明天请到运动场看飞机，看过后，还有人给你讲飞机。"如此一来，不难促成大

① 王世均、黄绍洲：《民生公司与外商的竞争》，《文史资料选辑》第136辑（合订本第46卷），中国文史出版社2000年版，第34页。

② 卢作孚：《为社会找出路的几种训练活动》，《新世界》第46期，1934年5月16日，第1—6页。

家一个热烈的活动了。又如北碚地方，只有一条路通高地，其余地方很低，每值涨水，很感危险。民众提议填沟，很多人都赞成。开会商议，如何筹款，如何分工，这些办法，都是民众教育的教师在做前锋。议定之后，每家每日都要担任填筑工作，每几家人都有一个挨户民众教师，几家人集中在一起，有民众教师促起他们活动，现在正积极进行此种训练。每一天峡局在电话上公布这些，第二天各工作人员即要缴卷。这都是训练人去帮助社会的各种活动，训练人去帮助社会找出路的各种活动。

为什么要如此办呢？因为我们要看中国人究竟学不学得会。要是能学会为社会找出路，中国的前途就有希望了。记得一次北碚负责管理动物园的一位小朋友向逵，在周会上报告工作，他说他在训练豹子散步，猴子打滚，鸡生蛋。向逵有这样大的本事，令人羡慕！我们相信，动物尚且能训练，训练人虽难，只要努力，终会成功。

（二）民生公司上海分公司的张澍霖、杨成质招餐觉林，邀请黄炎培、虞洽卿等[①]。

5月19日　上海《新生》周刊第15期刊载卢作孚《数目字与中国人》一文，谓[②]：

一般人没有认识数目字的训练，须用数目字的时候，只须用了大约、差不多便可以替代。在学校学数学，或在事业上办事与数目字接触，每觉得与自己个性不合，误以为这个性是由先天带来的，而不是由生活的习惯上带来的。在社会环境里没有受过数目字的训练，其困难乃至于接触数目字便头痛起来。

我们须要认识现代文明是在数目字上比赛。我们惊讶着的苏俄五年计划便是满纸的数目字。那满纸的数目字不是由想象得来的，而是根据着新经济政策实施以后的结果得来的。由新经济政策实施的结果，证明了经济建设可能的效率，乃根据此效率确定一个五年计划。这自然是有实现的可能。虽然世界上的人当时都怀疑，而苏俄的人颇

---

① 中国社会科学院近代史研究所整理：《黄炎培日记》第4卷，华文出版社2008年版，第277页。

② 卢作孚：《数目字与中国人》，《新生周刊》第1卷第15期，1934年5月19日，第291页。

自信。

现代的国防问题亦是数字上的问题。兵舰是在比只数，吨数，比速率，比大炮的口径和射程；飞机是比架数，比速率，比升空的高度，比继续航行的时间，比炸弹的重量；陆战是在比动员人数，比每分钟发射的炮弹数，比大炮的口径，射程和尊数。列强都是在数目字上看清楚了国防的需要，都是从数目字上去巩固自己的国防，要求自己国防上一切的纪录，能与列强抵抗。

中国人不认识数目字，所以不认识国防问题，所以有国无防，却泰然无事，似若有恃。日本人一举手而夺去东北四省，不仅证明了数十年来东北四省之危机，实证明了整个中国之危机。任何时间，任何地方，皆可为东北之续，事乃凭人决定，而非我可避免的。

一个国家的问题需要从数目字上认识清楚的，不止是国防。凡是问题都需要用数目字证明。而亲近数目字，使用数目字，更需要养成一个新风气，使成为中国人的新要求和新活动。

5月20日　卢作孚主持峡防局临时联席会议，熊明甫等参加，商讨解决端午节峡防局、科学院各部分对外游客开放参观等问题①。

5月　峡防局进行第三次人口普查统计，结果显示北碚户口8118户，4321人②。

6月1日　（一）民生公司收购美商美孚油行的美川轮，改名为民众轮③，后更换机器，改为民联轮，专航申宜线④。（二）《新世界》刊载卢作孚《世界水上交通概况》一文，谓⑤：

我们人类早就有交通——陆上用车马，水用帆船。因交通工具的不进步，以后文化停滞，无从发展。到十九世纪的初期，才有轮船、火车的发明，文化亦就随之突飞猛进。凡交通发达的区域，其文化便高。反之，则其文化低落。而且地方的繁荣与贫乏，都以交通为转

---

① 《临时联席会议录》（1934年5月20日），重庆档案馆藏。

② 《江巴璧合特组峡防团务事业进程一览》，峡防局1934年刊，北碚图书馆藏。

③ 佚名：《民生简史》（上），《民生实业公司简讯》第1036期，1950年7月21日第3版。

④ 民生实业公司十一周年纪念刊编辑委员会编：《民生实业公司十一周年纪念刊》，中华书局1937年版，第87页。

⑤ 卢作孚：《世界水上交通概况》，《新世界》第47期，1934年6月1日，第43页。

移。证之近世，宁不信然。

交通既已发达，凡浩瀚的重洋，险峻的山谷，都可交通，不至如前之望洋兴叹，或以为中国之外，便是洪荒。现代交通发达，尤其是海上交通的迈进，乃知世界之大，远非古人所能梦想。从前我国也有不少杰出人才，对于交通方面有相当贡献。如，西汉的张骞，曾经到过西北的葱岭以西。明代的郑和，由长江出海，从南洋群岛，经印度半岛，到波斯湾，沿阿拉伯半岛走红海，又沿非洲东岸一直向南，几乎达到了非洲的南端。世界的领域，是因交通的发达而扩大了，但因此而无重洋峻岭之阻，也就把它缩小了。吾人试一观世界交通状况，及其影响到经济政治文化各方的关系，便可知道交通力量的伟大，在现代社会的组织上，是占着何等重要的位置。

十五世纪的时候，发生了许多新的事情。中国的郑和，由台湾而至非洲东岸。葡萄牙的地亚士，他沿非洲的西岸，向南进行，到了极南的好望角。达加马继之进行，经红海而到印度。意大利的哥伦布深信地球是圆的，能由东方走到印度，西方也就可以走到。于是航行两月而至美洲东部，发现了新大陆，这就是所谓西印度群岛了。一五一九年，西班牙人麦哲伦继续哥伦布的路线，绕南美洲南端航太平洋，无意中发现了菲列（律）宾群岛，再向西航，终达印度，其后绕好望角回国。欧亚交通的经过，大致如此。

至若开凿运河，促航路缩短，在近代交通史上最为出色的，要算苏彝（伊）士同巴拿马两条运河了。苏彝（伊）士运河成功以后，红海与地中海的交通，遂取得联络。由欧洲到亚洲的印度等处，就不再绕非洲南端的好望角。从此，自伦敦到孟买的一二五〇〇英里的航程，可以缩短五五〇〇英里。自纽约到孟买的一一五二〇英里的航程，可以缩短三六〇〇英里。巴拿马海峡，为美洲大陆最狭的地方，斜开着一条河，便是巴拿马运河啊，河开以后太平洋同大西洋的距离便接近了，由纽约到旧金山，可以缩短八〇〇英里的航程。由中国上海经巴拿马运河到纽约，比较经苏彝（伊）士运河去，要缩短三五〇〇英里以上。

世界上的名都，滨于海洋的，约计四分之三，如伦敦、纽约、马赛、上海、横滨、孟买、汉堡等处皆是。因为海上交通发达，故各国名都，大半皆为滨海之良港。

海运业发达较早的国家，是葡萄牙、西班牙、荷兰诸国，其后，因英国交通事业特别飞跃，遂逐渐突过葡、西诸国，而造成世界唯一的海王国了。此为水上交通近百余年经过的大概情形也。

6月4日　（一）民生公司奉四川省建设厅令，公司呈请登记获得国民政府批准并转发实业部671号执照①。（二）喻量为募捐等事致函卢作孚，谓②：

> 科学院捐款事，前曾信口漫谈，后即与可捐者数处洽商，虽一时荷其谅许，究是口惠而实不至。近再催其践约付款，而川省赤焰引起慌乱，不惟收款不得，且蒙许多讥笑。初未计及事变之难，一至于此。此事稍缓，俟有法可设，再为报命。川局后究意如何预测，盼兄有以示我。余后再谈。

6月8日　（一）卢作孚主持峡防局主任联席会议，熊明甫、徐崇林、卢子英、卢尔勤等参加，安排北碚端午节的各种活动以及招待活动③。（二）民生公司通过考试录用茶房40人，送北碚请峡防局代为训练三个月④。

6月9日　卢作孚携朱树屏、徐世铨、秦鸿勋三人，乘永年轮从重庆前往南京、上海，并计划到华北进行考察，这次考察的真正目的在于与金城银行接洽第一次民生公司公司债的发行。

6月11日　卢作孚一行乘永年轮到达宜昌。当晚9时，卢作孚召集宜昌分公司及停泊宜昌的民主、民强、永年轮职工在民强轮谈话，讲了加薪和红酬等问题⑤：

> 今天得有充分时间与大家聚首谈话，个人非常高兴。今天要向大家报告的，有两个问题：
>
> 一、加薪问题　本公司今年的营业，就过去几个月观察，实较过去任何年度为差。各埠货运之减少，水脚之低落，为向来所无之现

---

① 民生实业公司十一周年纪念刊编辑委员会编：《民生实业公司十一周年纪念刊》，中华书局1937年版，第212页。

② 黄立人主编：《卢作孚书信集》，四川人民出版社2003年版，第295页。

③ 《主任联席会议》（1934年6月8日），重庆档案馆藏。

④ 民生实业公司十一周年纪念刊编辑委员会编：《民生实业公司十一周年纪念刊》，中华书局1937年版，第213页。

⑤ 《卢总经理过宜谈话志略》，《新世界》第49期，1934年7月1日，第49—51页。

象。记得前年由上海到重庆的棉纱，曾装过二十一两银子一件，约合洋三十余元。今年呢，由上海到重庆的棉纱，已跌到四元钱一件的水脚，除了回扣，实际不过三元余，仅仅及前年十分之一。这影响自然不是一方面的，但本公司今年的营业情形就可想见了。在这种情形之下，别家公司已在裁员减薪，然而本公司则不然。职工方面不但未减少，反而由一千九百几，增加到二千人以上。薪水方面不但未减，还增加了，虽然增加得太少，甚至一元二元也有，但处在这种情形之下，办到加薪已是颇不容易了。虽然不能令各个人都满意，但同时要体恤公司的营业不佳！公司的事业，是在二千多职工手上。要大家努力使公司的事业能够由困苦艰难中奋斗出来，使公司有了办法，大家才有办法。即使这次加薪加少了，个人只要成绩好，下次也是不辜负大家的。现在最盼望的是大家要替公司想办法。在一桩经济事业，最要紧的是在开源节流。现在开源方面是没有好多办法，只有从节流方面努力。公司同事中，从个人起，一直到水手茶房止，都感觉薪水不够用。实际说来，只要肯用，任便许多钱都感觉不够用。无已，只好节用。个人的薪水，比公司各位经理都多，但是舍下及个人还是过的最低限度的生活，敝内还是要操作做事。个人的钱，自己并未用到许多，因为要得周围的帮助，便随时要帮助周围。不过周围所帮助的不是个人，而是帮助这一桩事业。所以盼望大家对于个人开始要切实节省，不要浪费。同时对于公司的一钱一物，都要爱惜，凡是节省得下的，尽可节省，不要以为数目细小，漫不经意，须知公司有三十几部分，每天每部能够节省一块钱，每月总计就是千把元，每年就是一万元以上。反之，每年无形中就要损失一万元以上了。一桩事业，不怕收入不好，只要能够维持前进，我们能在开支方面处处想法节省，即使营业再不好，也不怕了。这点意义，希望岸上船上的同事，大家明了，大家遵守。

二、红酬问题　红酬早已在说发给，为什么此时还未发呢？这点是要望大家于体恤公司之后，再体恤公司办事的人。公司办事人，因为加薪，上走至叙府，下走至上海。此时叙府方面的加薪问题都还未解决。因为公司的办事人，实在忙不过来，一时走不到叙府去，所以红酬的分配，虽然在办，但还不及办理完竣。虽然很慢，实缘很忙，只好等二十一年的加薪办好之后，就发二十一年的红酬。二十二年的办好之后，就发二十二年的红酬。此事大家自然很盼望，但公司的盼望早点办好更急切，这一点，要希望大家的原谅。

6月13日　到四川考察后，张嘉璈在本日对上海各报记者，发表游川感想谈话。他说：各省固有的通病，如政治不良、租税负担过重、农民生活困苦、购买力低减、输出输入不能相抵、金融枯竭等，四川当然均兼而有之。四川特有的病症又有四点：第一为防区制度，第二是田赋重征，第三是苛捐杂税，第四是货币不统一。同时也讲到，四川人口众多且勤于工作，天产丰富，土地肥沃。他特别强调说①：

> 有一点可注意者，四川人思想好新，善于追逐潮流，如现在重庆有公库，有证券交易所，大致上海之事事物物，输入极易，此亦将来四川革新的一大便利，社会不乏有志之士，如卢作孚君等苦心从事社会工作，努力精神建设，均可注意而忻快者也。

关于张嘉璈到北碚参观后所得关于卢作孚工作和事业的直观、全面的认识，杜重远后来记述说②：

> 有一次，公权先生来重庆，看到作孚先生的实地工作之后，才彻底钦佩，他说：在中国平日看一般人的劣习，以为中国人无希望，但看当日欢迎的民众，男男女女没有一个有恶习的，竟感动得至于流泪。这是他接触作孚先生之后，才有此钦佩。

回到南京后，张嘉璈捐款2000元给中国西部科学院。张嘉璈笔记中关于此次四川之行也有比较详细的记述，谓③：

> 此行所得：（1）与四川境内分行及各支行经理交换意见；决定鼓励上海资金移入四川，从事开发之业务方针。（2）参观卢作孚之北碚事业，及所经营之民生轮船公司；认为颇有辅助之价值（查民生公司拥有近五百万元之财产，而短期负债甚多，利息则在二分以上。因为筹划发行一笔公司债，清还短期债务。返沪后，即与各

---

① 《张公权畅论游历四川感想》，《商务日报》1934年6月19日第6版。

② 杜重远：《由小问题讲到大问题》，《新世界》第12卷第4期，1938年4月30日，第7页。

③ 姚崧龄：《张公权先生年谱初稿》上册，台北传记文学出版社1982年版，第134页。

银行商洽。决定发行公司债一百万元，于翌年七月一日发行。民生得此协助，逐步发展。抗战时期，对于公运、民运，贡献甚大。造因殆始于此）。（3）与刘湘军长认识，建议从速与中央合作，整理四川财政及币值，颇承采纳（渠嗣任四川省府主席，翌年赴庐山谒见蒋委员长后，中央协助其整理四川财政金融，次第步入轨道。抗战前夕，一切建设，已粗具后方根据地之规模）。（4）参观成都华西大学，与美籍校务长皮邱 Joseph Beech（一般译为毕启——引者注）结识，深佩其斩棘披荆、筚路蓝缕之精神。允任该校董事长，以迄民国三十八年。

6月15日　（一）卢作孚、朱树屏、徐世铨、秦鸿勋一行乘民生公司永年轮[①]，于本日下午1时抵上海。随后，卢作孚在民生公司上海分公司接受上海新声社记者采访。卢作孚发表谈话说[②]：

建设开始　刘湘督办最近在成都举行生产建设会议，各行营长官，及地方绅商，均参与会议，决定建设办法甚多，今已开始分别进行，至于川省公路，如重庆、成都、潼川、广安、顺庆等，均已接联行驶长途汽车，交通甚为便利，俟“剿匪”完成后，即从事善后，整理军队，以全力进行建设工作。

整理币税　川省各项税则，今已开始整理，以一税制为原则，至于详细办法，正在讨论中，惟煤油及纸烟税则已实行一税制。总而言之，须俟“剿匪”完成后，则一切建设及整理税则，方能成功。关于货币之不统一，今亦已进行整理，四川造币厂均已停止制造川洋，□□□军在成都、重庆二处，均与孙总理币，同样使用。惟川省之外，均不通用，因银色略低。

社会事业　（一）中国西部科学院，设在嘉陵江边，分生物、农林、地质、理化四部，每年经费为五万元，均由各方补助，如川省银行、民生公司、中华［教育］文化基金会、北平地质调查所、中央研究院及刘督办等。（二）峡防团务局，训练团丁五百名，为矿山农村防范之用。该局并设地方医院、民众教育馆，内包括民众夜校、船夫学校、职业介绍所等。（三）公共运动场内，设公园、图书馆、动

---

① 《民生实业公司简讯》第128号，1934年6月18日，无页码。

② 《四川民生公司总经理卢作孚昨抵沪》，《申报》1934年6月16日第10版。

物园、博物院等。

此来任务　最后，卢氏复云：渠此次由重庆来沪，最重要任务，为视察民生实业公司在沪上海分公司，在沪约一个月，再返川云云。

谈话中，卢作孚还表示将顺便考察上海实业，并将与中国银行总经理张嘉璈晤谈。（二）中国工程师学会四川考察团各组团员调查事毕，陆续从重庆出川[①]。卢作孚对于考察团到四川考察不仅派出专轮迎接，对于考察团的考察工作也同样给予了极大的支持和帮助，考察团员罗冕说，“此次赴各地考察，极承政务处（指刘湘二十一军政务处）及民生公司卢作孚君，派人领导，多所指示，获益良多”[②]。考察团还应卢作孚之邀到北碚参观考察[③]。

［按］中国工程师学会组织这次四川考察的成果之一，是当年写出了《四川考察团报告》，并在 1936 年刊印。该报告从各个方面详细地介绍了四川的物产和产业发展状况，并提出了许多意见和建议。考察团团长胡庶华在 1934 年 10 月为该书写的总论写到：“第二次世界大战迟早无可避免，长江下游物产虽丰，而无险可守，西北可以自固，而残破不堪，苏俄各项重要工业及国防工业多设于距海甚远万山丛集之险要地方，虽运道艰难亦所不计。若以此例吾国，则将来重工业所在，以四川为最适宜之地点，且以天时地利两擅优胜之故，可为将来复兴整个中华民族之根据地。愿吾国人勿忘四川，更愿四川不失其为民族生命线之四川也。”[④] 这种主张把四川作为“复兴整个中华民族之根据地”来建设的主张与当时把四川看作魔窟的一般舆论迥乎不同，对于沿海社会各阶层特别是企业界重新认识、深入了解四川经济、社会发展的状况起到了非常重要的作用，而这次考察的成果也成为后来抗战爆发后国民政府决定把沿海厂矿迁往四川为中心的后方地区提供了重要的科学依据。抗战初期负责厂矿内迁具体事务的林继庸说：“关于四川的实业情形，中国工程师学会四

① 恽震：《中国工程师学会四川考察团筹备经过及考察行程》，《四川考察团报告》，中国工程师学会 1936 年编印，第 1—5 页。

② 罗冕：《中国工程师学会四川考察团报告之十五：钢铁》，《四川考察团报告》，中国工程师学会 1936 年编印，第 9 页。

③ 顾毓琇：《百龄自述》，江苏文艺出版社 2000 年版，第 36 页。

④ 胡庶华：《中国工程师学会四川考察团报告总论》，《四川考察团报告》，中国工程师学会 1936 年编印，第 3 页。

川实业考察团于二十三年所撰的调查报告，曾供给我们以许多宝贵的参考资料。”①

6月16日 （一）本日为农历端午节，北碚举行各种宣传、娱乐活动，方圆数十里之内的农民纷纷前来参观、游览②。（二）中国西部科学院理化研究所即杨森捐款三万元修建的惠宇（工字大楼）举行落成典礼，甘典夔为主席③，“与会之众约数千人”④。（三）大约在此前后，卢作孚在主持成都通俗教育馆时结识的华西协和大学创办人毕启到北碚参观，参观后称赞北碚是一个平地涌现出来的现代化市镇⑤。

6月20日 黄炎培在上海邀集卢作孚、朱树屏、谢无量、罗又玄、杜重远、潘怀素等午餐，讨论开发四川问题⑥。

6月24日 晚，《新闻报》采访部陆诒、《大公报》驻沪记者唐惠平、《新闻报》印刷部主任章先梅招餐上海大西洋饭店，卢作孚、黄炎培应邀赴会。卢作孚演说人的训练：越难训练的人，训练越有效。训练在先，造成风气⑦。

6月 经过反复磋商，卢作孚与招商局总经理刘鸿生在上海拟定了双方合作原则十八条，主要内容为⑧：

1. 互助：民生公司宜、万、渝三埠以最低报酬代理招商局各种业务，为招商局提供廉价煤炭并“以极低租金”租给趸船；招商局在宜昌以下各埠以最低报酬为民生公司代理各项业务并以廉价出租趸船与码头。

2. 联运口岸：包括重庆至上海等沿江十三个口岸和宁波、温州、福州、汕头、香港、广州、青岛、天津等八个沿海口岸。

3. 营业范围：规定民生公司不在申汉线与湘江线开展营业活动，该公司在渝、万、宜、沙各埠的转口货物交招商局轮船转运；招商局

① 林继庸：《民营厂矿内迁纪略》，新新出版社1942年版，第24页。

② 甘南引：《端午节朝贺北碚》，《新世界》第49期，1934年7月1日，第14—28页。

③ 同上书，第22—23页。

④ 黄立人主编：《卢作孚书信集》，四川人民出版社2003年版，第319页。

⑤ 周永林、凌耀伦主编：《卢作孚追思录》，重庆出版社2001年版，第60页。

⑥ 中国社会科学院近代史研究所整理：《黄炎培日记》第4卷，华文出版社2008年版，第286页。

⑦ 同上书，第288页。

⑧ 张后铨主编：《招商局史：近代部分》，中国社会科学出版社2007年版，第373页。

除现有轮只外，不再扩充在宜汉、宜渝线的营运业务，该局在申、汉、沙、宜各埠的转口货物除由自有船只转运外，得交民生公司轮船转运。联运的上下水接运点定为宜昌或汉口。

此外，联运合同对船只分配、运费价格、各自的经济责任以及结账办法等等也作了非常具体的规定。

7月1日　《新世界》第49期刊载卢作孚《快乐与痛苦》一文，谓[①]：

个人身上是决不会产生快乐的。快乐只有在社会中间寻求。只有将个人的活动全部安放在社会中间，给予社会的仰望，取得社会的赞同，取得社会的欣赏。个人的活动，全为社会的感情所紧紧包围，沉酣在社会的强烈刺激当中，乃是人生无穷的快乐。在今天不但这样快乐须我们去寻求，这样社会还待我们去创造。我们要创造一个社会，这社会当中任何个人，都为了社会而工作而学问而运动或游戏。假设这一个社会竟是民生公司，则里边的朋友必须努力工作，从工作上增加收入节省支出，扩大帮助社会的实力，而且随时随地地寻求机会以帮助社会。必须努力学问，参加一切授课读书讲演的机会；必须努力运动或游戏，参加运动，参加音乐演奏，参加戏剧，尤其是在一切快乐的会集机会。从这些社会的活动当中去创造社会的要求，社会的欣赏，社会的快乐感情，自己的活动则全部鼓舞于此社会的快乐感情笼罩的当中，则浑身都是快乐，尤其是与人接触的都是快乐的活动，所谓痛苦便完全被祛除了。

7月2日　民生公司民法轮由嘉定（乐山）首航成都，不久由于江水太浅而停航，改航眉山。

7月5日　夜，上海高乃依路17号徐凤石招餐，受邀到场的有卢作孚、范崇实（刘湘代表）、黄炎培、陈调甫（范旭东副手）、穆藕初、吴蕴初等[②]。

---

① 卢作孚：《痛苦与快乐》，《新世界》第49期，1934年7月1日，第2页。

② 中国社会科学院近代史研究所整理：《黄炎培日记》第4卷，华文出版社2008年版，第290页。

7月16日　《新世界》第50期刊载卢作孚《麻雀牌的哲理》一文，谓[①]：

几块麻雀牌儿，何以会使乡村以至都市的人，下层社会以至上层社会的人，无论男女老幼皆喜欢它，亲近它？这有一个很简单的答复，便是搓麻雀已经形成功了一个坚强的社会组织，在这个社会的组织当中，有它的中心兴趣，足以吸引人群，足以维持久远而不至于崩溃。

搓麻雀是在一个社会组织当中作四个运动：用编制和选择的方法，合于秩序的录用，不合于秩序的淘汰。把一手七零八落漫无头绪的麻雀局面，建设成功一种秩序，是第一个运动。全社会的人总动员加入比赛，看谁先建设成功，看谁建设得最好，是第二个运动。到一个人先将秩序建设成功时，失败者全体奖励成功者，是第三个运动。去年偶同黄任之先生谈到此段哲理，他还补充了一点，就是：失败了不灰心，重整旗鼓再来，这是第四个运动。这样的哲理，实值得介绍与国人，移用到建设社会、建设国家的秩序上去，也许一样可以吸引整个社会、整个国家的人的兴趣于社会秩序和国家秩序的建设上去。

7月17日　（一）招商局理事会会议审议通过该局与民生公司货载联运合同草案[②]。（二）民生公司并购飞鹰轮，改名为民约轮[③]。

7月18日　民生公司彭瑞成致函卢作孚，谓[④]：

一、下游公票处见前约失败，现改为半票。以上仍照规定收坐扣。并从今年改组公票处之日起，各公司补缴，并派开办费。共计公司应缴洋二千一百四十二元七角。（邓）华益出席代表公司，因各公司客票及派开办费低，未表示反对，华益亦不便反对。昨向（何）北衡兄言之，谓不知此事。复据东翁言，伊故作此态度。可否

① 卢作孚：《麻雀牌的哲理》，《新世界》第50期，1934年7月16日，第2页。

② 张后铨主编：《招商局史：近代部分》，中国社会科学出版社2007年版，第373页。

③ 民生实业公司十一周年纪念刊编辑委员会编：《民生实业公司十一周年纪念刊》，中华书局1937年版，第87页。

④ 黄立人主编：《卢作孚书信集》，四川人民出版社2003年版，第312—313页。

照支？请示知。

二、东翁因接兄函，有从某月日起“公司火〔伙〕食让与公司接办，火〔伙〕食有关公司健康”一语，忧气，函辞董事及董事长一职。请兄函为解说。（卢作孚批：东翁此举实不得体。送舆马乃堂堂正正之事，不收而必包伙食，包伙食以来又不许人说话，常以董事长地位干涉说话者。今要求收回，而遂辞董事长职，此尤望在渝诸友有以婉劝之。弟等另函为这说明也。）

三、公司船上游班期可否改定为单双日上下，盼速酌示，以便嘱广告社改沿途广告，为有力宣传。

四、上游棉纱到嘉水脚已跌到六元。

五、上游除本公司船外，只有沈执中经理四轮船及老蜀通。弟查其货不弱。客运我公司占优越地位。因彼轮船除老蜀通外，载货后载客舱位不良，且伊马力不佳，行驶渝嘉线刻较公司多二日。若我定为七日，则差三日，于我客运收入大有帮助。（卢作孚批：请商璧成。已另函为言之。）

六、沪〔泸〕代办聚行经手货运不佳，见我公司设置囤船，不得公司同意，派人到囤船售票，以图每日可抽扣十余元，全年增收四千元左右。又加上囤船开支为数甚巨，弟到沪〔泸〕婉言谢绝，渠不接受。回渝晤任望南，说明苦衷，此刻尚未允撤销。请速函望南解说。

七、蓉嘉航线刻由“法”、“信”二轮行驶。第一次“法”轮上蓉，到达九眼桥，因水枯，停泊七日；到嘉，因擦漏，修理二日，复上蓉。“信”轮弟在嘉即上蓉，截至此刻尚未奉到吉蓉。若本月内发生行驶困难问题，则此线无望矣！

八、“飞鹰”已于昨日接收，去洋八千元。

九、顷接申公司来函，推至本底止欠洋十万元，嘱总公司调款汇申。此刻申汇涨至一千二百元，且无款接济。盼就近设法度过。

7月19日　招商局监事会核准该局与民生公司货载联运合同草案，联运合同正式生效。该项合同的生效，在近代以来的中国航运史上具有重要的意义。《招商局史》载[①]：

---

① 张后铨主编：《招商局史：近代部分》，中国社会科学出版社2007年版，第373页。

招商局与民生公司货载联运合同草案，经招商局理事会7月17日会议审议并经监事会7月19日会议核准，正式签订生效。这是中国国营航运企业与民营航运企业签订的一次较为重要的经济合同。这一合同的签订，对加强中国航运企业之间的相互协作，增强各自的运输能力，合理调配轮只与货流，特别是对进一步发展川江运输，发挥了一定的积极作用。

7月28日 卢作孚致函重庆中华基督教青年会总干事黄次咸，谓[1]：

昨日到合川，同县长及团委会商定，决于目前在合川公园内开设一露天电影场，以其盈余补助瑞山小学。前承吾兄慨允，将贵会原用电影机两部借与合川映放，无任感激。惟望早日商妥租借办法，能于一周内将电影机器运寄合川，则深感祷也。特函吾兄。如今夜九钟左右吾兄有暇，尚乞届驾莅临敝公司一度商谈。

8月1日 民生公司奉川江航务处令，以后渝涪、渝万两线，由民生公司派船专航[2]。

8月2—11日 《大公报》刊载卢作孚在上海期间撰写的《建设中国的困难及其必循的道路》一文。卢作孚在该文中指出，中国建设现代国家的主要困难在于延续已久的“家庭和亲戚邻里朋友的相互倚赖、相互比赛”为基础和道德条件的集团生活方式，因此中国要建设现代国家，根本要途在于改变整个现有的社会组织即改变现有的集团生活，建设现代的集团生活：“我们要进入现代，一向的集团生活既不能不有所转变，也不能不有现代的集团组织。分析起来，不能不有现代的相互倚赖关系，不能不有现代的比赛标准，不能不有现代的道德条件，不能不有现代的训练，不能不训练个人去创造现代的社会环境；同时又不能不创造现代的社会环境去训练个人。这是当前根本的问题，任何事业不能避免，虽万分困难亦是必须解决的。”他强调：

我们觉得复兴中华民族只有这一条道路，只有运用中国人比世界

① 黄立人主编：《卢作孚书信集》，四川人民出版社2003年版，第321页。

② 民生实业公司十一周年纪念刊编辑委员会编：《民生实业公司十一周年纪念刊》，中华书局1937年版，第211页。

上任何文明民族更能抑制自己、牺牲自己，以为集团的精神，建设现代的集团生活，以完成现代的物质文明和社会组织的一个国家，才可以屹立在世界上。

8月4日　卢作孚一行在南京办完相关事宜，并于当晚离开南京开始华北之行。当晚乘上晚11时15分的火车赴华北，开始华北之行。这次华北之行的目的在于主要是到天津请周孝怀南下帮助料理民生公司上海分公司的事务，其次是参观一些相关的企事业。三是与金城银行商洽发行公司债。资料载①：

总经理卢作孚先生这次到华北的主要地方是天津，到天津的主要意义是商促周孝怀先生南下，长住上海或其附近的苏州或杭州，帮助照料上海分公司。周先生在过去于四川有不可磨灭的贡献，如当时成都警察的创办，实业行政的创办，司法的改良，关于这许多方面人员的训练。这些都是周先生在四川不可磨灭的“丰功伟绩”，至今犹为一般人所景仰的。在华南和华北的许多地方，尤有不少贤者知道周先生，推重周先生。周先生现在是公司的董事，曾经远在万里以外，关怀公司的事业，用力帮助公司的经营。今后周先生南下，给予公司的帮助和希望，那更是没有限量的呵！

8月5日　火车在泰安停车，卢作孚一行下车远眺泰山。资料载②：

泰安站到了，范先生（范崇实——引者注）和总经理都一齐下车来作目标，寻求那一个是日观峰、观日浴的最高峰，但仿佛每峰都有嫌疑，毕竟找不出来。闷葫芦无法解决，只好转身买了十个肥城桃回到车上，去解决吃的问题。

记得吴又陵先生前此由中原跑了一趟，转回重庆之后，会着总经理和他的一些朋友，对川外和川内的风景，曾经下这样一段评语：“中原风景名而不胜，四川风景胜而不名。”

8月6日　卢作孚一行到天津，访周孝怀，参观永利碱厂、南开大学

---

① 朱树屏：《华北回忆录》，《新世界》第59期，1934年12月1日，第62页。

② 朱树屏：《华北回忆录》，《新世界》第59期，1934年12月1日，第69页。

等。资料载[①]：

早上七点三十分，火车到天津了。我们几件很简单的行李，早已收拾得好好的。出车站便雇一部汽车到日租界，憩游别墅。把房间看定了，打电话通知周孝怀先生，同时又打电话到永利制碱厂天津营业部去问他们厂上，今天并不休息，于是我们决定午前去看了周先生之后，便到塘沽参观制碱厂去。南开张子舟先生也由周先生的家里得到我们的消息跑来了，问我们什么时间到南开去看。总经理说："我们塘沽看了永利碱厂转来之后，再到贵校参观好吗?"张先生说："这样很好。到塘沽我愿意伴着前去。"总经理说："我们什么时间去好呢?"张先生说："午前九钟有一班车，是日本车。十一点钟有一班车，是中国车。我们坐十一点钟的车去好了。"总经理说："好的，我们一会再在周孝怀先生的家里聚齐。"说完，张先生便辞去了。

我们盥洗换衣之后，到须磨街义德里一号谒周先生。周先生、总经理是曾经会过一次的。入室之后，随即开始寒暄。周季悔先生(孝怀之侄)，也不约而同地在这里碰面。周孝怀先生是一位快要六旬的老人，但是他有着健旺的精神，精明的气宇，看不出一种老相。又看看周先生的服装，布衣、布鞋、布袜，找不出一点舶来品。这一种古朴之风，严整之态，令人肃然起敬，望而生畏。

张子舟一会由外而进来了。总经理说："我们今晚再来看周先生，同周先生谈好了。"接着便乘了张先生坐来的汽车到新站，在火车上坐了一个多钟头，才到了塘沽。先由张子舟先生引导［到］黄海化学工业社参观，董事长范旭东先生，因事已到北平，由院里一位工程师引导我们参观。各个化验室，正在作平阳攀石的化验、博山铝矿的化验和汾酒、高粱酒及山西醋的酿造与作酒精的蒸馏。酒精蒸馏器是一部最新研究成功的装置，用原酒蒸馏成一种酒精，质色极好，燃料复不甚费。因此总经理决为中国西部科学院设备一部，托张子舟先生帮忙代买，大概四五百块钱就可以在天津买得。看完各部，吃过之后，又到永利制碱厂参观。此厂规模之宏大，工程之艰巨，在中国可称绝无仅有。以制碱工厂而论，在亚洲也算首屈一指。看毕碱厂，又到久大精盐厂参观。这两个工厂和一个化学

① 同上书，第40—48页。

工业院社，都是一个组织，范旭东先生对这群事业用的力量实在是不小。总经理常常向着人讲："中国的真正人才，范旭东先生要算一个。"

回到天津已是午后四点多钟了，范崇实先生因要赶到北平去会朋友，转来便先搭车到北平去了，并预约在中央饭店里会。我们同张子舟先生就一直坐车到南开大学。先到了张先生的宿舍休息，然后出发参观校中各部。在思源堂的化验室里，看到有用植物油加石灰变成汽油的成功试验。总经理对这桩事很发生兴趣，因为川产桐油、菜油特多，如果这个实验，要是能够用四川桐油、菜油加石灰变成汽油，那么，四川使用机械，无须再仰给外来的燃料了。为此特请张子舟先生帮助化验川产桐油，已得张先生之同意，材料由中国西部科学院供给。其次去看了两间尚未完成的实验室。总经理对张先生说："一桩事业，只要它年年在变，年年在艰难困苦当中进步，也就是一件很难得的事情了!"其余看的各地方，都是南开原有的设备。最后到会客室休息，由张先生去约了几位校中的教授来聚谈。几位教授都是曾经到过四川参加中国科学社第十八次年会的，所以都很面熟，都感到非常亲切、高兴。

……

谈到午后六点多钟，才离开南开，由张子舟先生的车子把我们送到东兴楼——是一个北方人做的馆子，周季悔先生在事前约到这里晚膳。总经理说："请你先打电话给胡政之先生，告诉他我们吃了晚饭就去访他。"在电话上，同胡先生约定了八点钟在报馆里会。膳毕，雇包车直趋大公报社。胡先生坐在一间写字间里，态度沉默而从容。总经理首先问的便是日俄问题。胡先生说："他们是终于要打起来的的，不过现时间俄国的力量尚不足，正在借中东路问题，秘密充实作战能力。"谈着许萱伯（该报编辑部主编）先生和张季鸾先生都先后来加入聚谈了。张先生清臞而有神采，谈话深刻。总经理嗣后出来说："此人极能深思远虑。"最后谈到人的训练问题，因为总经理为此问题，曾有专文交与《大公报》发表。胡先生说："我们报馆里也一样感到人的训练问题之艰苦。许多新闻记者（外勤居多数）都是在借用这个机会去向各方面活动他一个人的位子，并不是在为报馆做事。因此很难训练成功一个好的新闻记者。"时钟快鸣九下，胡先生说："我们再到各部去看一看罢。"先到编辑部，许萱伯先生在那里主编。看了一个剪报的工作，很有意义。他们逐日地分门别类把一个问题从报纸上记载的剪下来存储在一个柜盒里，例如关于平沈通车问题，江北旱灾问题，黄河水灾问题，江西……中东铁路问题，远东太平洋问题……以备后来参考或刊出专书，贡诸国人。最后到印刷部参观一部新式滚筒机，每种可印报纸八千余份，规模可谓宏大。看完即回到周孝怀先生的家里。谈到《大公报》与南京一般报纸的不同之点，是在他们南方报则多赖广告费收入以维持报馆的开支。其次，《大公报》的社论，尤为全国各报所不及。第一评事深刻，第二态度客观，第三主张公正——这几点就不容易办到了。

总经理同周先生从午后九点钟起，一直谈到两点钟以后，愈谈兴趣愈浓，且愈谈到深处，大至一个世界、国家的局势，小至一桩事业的经营，乃至总经理的饮食起居，都在周先生的关怀之下。问了现状之后，又谈以后办法。其盼望一个局势之好，一桩事业之好，一个人之好，是十分恳切的。要是周先生不知道我们明天清晨要到北平，直可谈个通宵而不休止，也并不感觉得一点疲劳。

8月7日　早晨5点20分，卢作孚一行乘火车赴北平看望科学界的朋友翁文灏、任鸿隽、丁文江、胡先骕，商量中国西部科学院有关事宜。资料载[①]：

总经理因为要到北平去看几个朋友——翁咏霓先生、任叔永先生、丁在君先生、胡步曾先生，附带商量一些关于中国西部科学院的事情。便于早上五点二十分搭乘平浦通车北上。……午前八点十九分，车子到北平车站停住了，我们把行李交给中央饭店接客的茶房，便同他一到走出车站……

我们坐在中央饭店代雇的车子，就一直到旅馆里去……房间看定之后，打电话到静生生物调查所，去问翁、任、丁、胡诸先生的消息，才知道翁先生到威海卫去了，任先生到西北去了，丁先生到南京去了，只胡先生还在北平。接着便商量今天的生活方法。最后共同商定了一个程序：看朋友、游皇宫、听平剧。说完，总经理便到（中华教育）文化基金董事会去。会得里面一位秘书，谈了许多感谢文化基金董事会帮助中国西部科学院介绍研究人才、补助采集费用的话，而后辞去。……

① 朱树屏：《华北回忆录》（续），《新世界》第61期，1935年1月1日，第23—26页。

跨进旅馆门首，不期而碰着汉口金城银行的经理王毅灵先生，他也是寓中央饭店。王先生对公司和北碚事业，都曾有很大的帮助。这次上海中国银行捐助中国西部科学院银六千元之后，又蒙王先生商得北平金城总行总经理周作民先生的同意，由金城捐助中国西部科学院银两千元……总经理同王先生谈了半点多钟，然后去到东兴楼用午膳，我们尝试一餐之后，除很惊服东兴楼的调味之好而外，更有一桩事情值得介绍：餐堂里没有一个苍蝇，窗户都是用了窗纱密闭着的。食罢，曾扩情先生约到他的公馆里去玩……休息约略一个钟头，乃乘汽车去游故宫。先到武英殿，而后太和殿、文华殿，但结果只看了两殿……

总经理因为要会胡步曾先生，看到太和殿，便先离开到静生生物调查所，约在中央公园来雨轩再会……没有好久，总经理也由静生生物调查所转到公园来了，曾先生早在吉祥戏院去把座位订好。最后一剧名白蟒台，由马连良主演。我们茶话到五点多钟，曾先生因尚另有聚会，把戏票送给我们，便各自东西分散。……聚谈以后，涂先生千万要约去吃晚膳——东兴楼。餐后先回旅馆入浴，次趋吉祥观剧。

我们从华北的各方面，看出了华北一个顶大的危机。一般人都认为华北无问题了，换句话说，也就是先在心理上承认华北已经不是我们的东西了，所以随便在那里看到的，都是不紧张而仿佛很安详的样子，实际上也就是民气消沉的表现。总经理说："日本不可怕，中国人的心先就死了，这才可怕。"

8月8日　卢作孚一行回到天津，并会见范旭东、张伯苓等。资料载①：

唐山启新洋灰厂，本来是要准备去参观的，因为时间周转不及，便把它割爱了。搭早上八点四十五分钟的平沈通车回到天津，先到息游别墅把行李放下。范旭东先生由北平回来得到总经理的消息，特别跑到旅馆来谈了一度而后去。南开校长张伯苓先生，因已由南京回到天津，特预约在今天午膳，借此长谈一度。我们准备好后，便同张子舟先生坐车到南开。席间张伯苓先生曾请总经理把创办公司的经过情

① 朱树屏：《华北回忆录》（续），《新世界》第61期，1935年1月1日，第26—27页。

形，作一度非正式的简单报告。他们听了这种艰难困苦中生长出来的事业，都很表示同情和感到兴奋。

由南开出来，又到周孝怀先生的家里，周先生也是预约在今晚餐食，在座邀有张坚白先生（清时曾任广东总督）及王采老（王文人）……总经理在膳后同周先生一直谈到我们快要上车到济南的时候，才告一个结束。周先生并亲送我们去到火车站上，《大公报》的许萱伯先生，亦来到站上送别。

当天晚上10时20分，卢作孚一行人所乘坐的赴济南的火车从天津开出。

8月9日　卢作孚一行人到济南，访协助梁漱溟邹平村治运动的唐现之，并到趵突泉、广智院、大明湖观光和游览。资料载[1]：

晨十时十六分火车钟到达济南……把行李搬到车站附近一个胶济饭店，开一个房间，略进早食，便找一个茶房来问……

上午游览了广智院。下午拜访了协助梁漱溟在山东邹平进行村治运动的唐现之，参观了民众教育馆，乘游舫游览了大明湖。晚上乘火车赴青岛。

8月10日　在青岛第一旅社放置好行李，随后卢作孚与范崇实驱车到福山路访晤宋子文，游第一公园，参观运动场、德人炮台遗迹，并在青岛的海水浴场游了泳。资料载[2]：

（住第一旅社）……总经理在一只归途的木船上，指着岸上草原里的牧牛，有这样一段谈话："中国花园经营的浅草坪，远不如农家的牛儿在野外经营的浅草坪。"……

［按］宋子文于本年7月1日抵达青岛。

8月11日　上午游崂山。宋子文先生邀宴于本日午后一钟，故崂山之游，必须赶在午后一钟以前回来。下午在金城银行青岛分行经理孙某的

---

① 朱树屏：《华北回忆录》（续），《新世界》第61期，1935年1月1日，第27—31页。

② 同上书，第32—34页。

陪同下，卢作孚一行参观了国货商场，游览了四方公园：①

午后往金城银行访孙先生，孙先生是蜀人，现任该行经理，汉口金城银行经理王毅灵先生曾在北京特为总经理介绍过的。……孙先生愿意伴着我们游览几个地方。先到国货商场参观，次乘汽车而之“四方”游“四方公园”。园中有兔名安姑拉，范旭东先生赠送的，产自土耳其安姑拉地方，毛蓬松而柔长，极美丽。现在北碚中国西部科学院动物园，已由北方带来八只，是总经理商请天津范旭东先生分赐的。

8月12日　（一）上午十一点钟，卢作孚一行乘日本海船返上海②。（二）南洋新加坡《星洲日报》刊载卢作孚在上海期间撰写的《南洋华侨的两个工作》一文，文章写道③：

我们想念到东北四省大感亡国痛苦的二千几百万同胞的时候，愈是想念到海外尤其是南洋的华侨，一样代表了中国人携带着勤俭的精神、刻苦兴家的精神、开辟草莱的精神，而且一样赤手空拳到海外去，一点没有仰仗着国家的力量——奖励和帮助，乃能在世界上任何地方立足，而且大大地帮助了世界，令世界上许多文明民族惊惶起来。大部分同胞之刻苦是不问甚么东西都可以吃、可以穿，不问甚么地方都可以住，工作的时间可以比任何民族加长，待遇只要够他的最低限度的生存，绝不同任何民族比较多少。嫉妒他们的人们讨厌他们，但如从整个人类着眼客观的观察和批评起来，则这正是值得令人钦佩的民族，对世界上只问工作不问待遇，乃正是非常沉痛的行动。以视运用了物质文明和社会组织、奴使其它民族以自享丰厚，不肯以之作世界上的帮助的文明民族，则孰可尊重，实值得后代的人批评。此刻无是非，是非乃以一时的文明方式为转移，只可叹息，无可争诉。

……

① 朱树屏：《华北回忆录》（续），《新世界》第61期，1935年1月1日，第35—36页。

② 同上书，第37—38页。

③ 卢作孚：《中国的建设问题与人的训练》，上海生活书店1935年版，第142—143、155—156页。

以南洋华侨的地位，一方面沟通世界，一方面沟通祖国，自己在中国作一个桥梁，以极快的时间而将祖国渡入现代，这尤其是我们非常恳切的盼望。今天以前华侨有了关切祖国的情感，今天以后华侨更有了推动祖国的方法。须知道大难未已的祖国，亦正大有人在那里刻苦想以国人一向兴家的精神兴一个国家，同志正复不少。只要一旦上了轨道，便会一日千里以完成祖国的物质建设和社会组织。我们随时提出了两个口号：白种人办得到的事情，黄种人亦办得到，日本人办得到的事情，中国人亦办得到！请即以此祝南洋同胞的健康。

［按］该文是应《星洲日报》陈彬和先生之约而写的，所得稿费40元，后由卢作孚捐给了中国西部科学院。《星洲日报》是著名南洋侨商胡文虎、胡文豹兄弟于1929年在新加坡创办的一家报纸，之后很快发展成为星系报业集团①。

8月13日　卢作孚等人于下午2时回到上海，结束了华北之行②。

8月17日　卢作孚、范崇实偕朱树屏、徐世铨访黄炎培并长谈③。当晚，前往庐山参加中国科学社第十九届年会的卢作孚，与前往江西景德镇帮助整理瓷业的杜重远等人一道，坐火车到南京④。

8月18日　卢作孚与杜重远等换乘怡和公司的联和轮西上⑤。

8月20日　上午，卢作孚与杜重远等到达江西九江。中午到达庐山牯岭，住胡金芳旅社。下午，卢作孚参加了庐山森林植物园的成立纪念会，该植物园由北平静生生物调查所与江西省政府农业院合办，参加纪念会的有植物学家胡先骕等40多人。资料载⑥：

二十日上午到达九江，同行有总经理（民生实业公司卢作孚先生）的好友杜重远先生。杜先生曾在东北创办过大规模的瓷业，九一八以后，可惜不容许他们在那里继续努力了。于是跑入关内，奔赴各省作救国运动，宣传东北事件。曾一度来到四川。现在上海主办

① 彭伟步：《〈星洲日报〉研究》，复旦大学出版社2008年版，第6—7页。

② 朱树屏：《华北回忆录》（续），《新世界》第61期，1935年1月1日，第38页。

③ 中国社会科学院近代史研究所整理：《黄炎培日记》第4卷，华文出版社2008年版，第301页。

④ 朱树屏：《庐山印象记》，《新世界》第66期，1935年3月16日，第33页。

⑤ 同上。

⑥ 同上书，第33—35页。

《新生》周刊，发行未到半年，销量已达五万，在国内算是很能吸引青年的读物。最近因应江西当局之邀，往助景德镇整个瓷业，并训练工人。闻杜先生将另行创办一个新的瓷厂……。总经理这次到庐参加中国科学社第十九届年会，事前特别约定，相伴赴赣。

上岸，到中国旅行社坐汽车至莲花洞（上山马路终点）。我们在游客登记处报明来历和入山事件后，每人发给入山证一张。游客自此登山，则多以轿代步，四人一抬，颇有官味。小天池地方设有专司缴销入山证的职员。游客到此，如无入山证，不得继续前进。再上攀好汉坡，山势陡峻，路与鼻摩。……到牯岭后，杜先生寄住在马占山将军的别墅。同为抗日英雄的苏炳文先生，闻亦避暑山中。我们则在一家胡金芳旅社住下。

在牯岭饭店午食后，赴含鄱口参加庐山森林公园植物园成立纪念……

庐山森林植物园，是由北平静生生物调查所与江西省府农业院合办的。在静生生物调查所作木材的研究工夫，第一要求认识本国所有的木材，第二要求明了各种木材的用途。此间植物园，则作各种经济木材的培植。现在含鄱口附近购地万亩，作为经营范围，经费由生物调查所与农业院各负担一半，其余拟向国内贤者名流募集……各方前往参加成立大会的，有胡步曾先生、董时进先生等四十余人，颇极一时之盛。

会毕是五点多钟，胡先生送给我们一包饼干，我们伴着夕阳去谒五老峰……

8月21日　卢作孚到中国科学社第十九届年会会场所在地莲谷寺报到，在庐山各处参观①。

8月22日　参加中国科学社第十九届年会，会后访马寅初，并与陈立夫等晤谈。资料载②：

上午九钟，到莲谷寺参加中国科学社第十九届年会，到会会员从各省赶来的有一百余人，有一百多篇论文，远比往年在温泉、北碚赴会的为多。参加的学术团体，有今年成立的地理学会，去年成立的植

① 朱树屏：《庐山印象记》，《新世界》第66期，1935年3月16日，第36页。

② 同上书，第36—37页。

物学会，尚在筹备的动物学会。参加的来宾有蒋委员长的代表陈布雷、江西省政府主席熊式辉、中委陈立夫、教育部长王士杰、江西教育厅长程伯禄等。由江西经委会办事处主任萧叔均主席，报告今年在江西开会理由。次由社长报告社的历史……再次由竺可桢先生代表地理学会致辞，钱雨农先生代表植物学会致辞，秉农三先生代表动物学会致辞。陈布雷先生代表蒋委员长致辞，提出两个希望，第一在学术上的牺牲精神，第二应用在中华民国的建设上去……

会毕返牯岭，总经理同世铨趋访马寅初先生。午后……陈立夫先生来谈，与总经理讨论新生活运动问题（另文专叙）。陈先生现任中央党部组织部长，思想细致深刻，高谈至晚，聚食于清凉饭店，席间有不少有意义之谈话，可惜已不能全部记忆了。

［按］关于与马寅初的晤谈，后马寅初记述道："四川大实业家卢作孚先生因公上山，乘便访余，嘱余代邀中国经济学社同人在成都举行一次年会，并询余意见，余极端赞成，即以此意转告学社理事部，经理事部一致通过，原定二十六年九月在成都举行第十届年会，嗣以成渝铁路尚未完成，而经沪杭等地距离成都太远，公务员、银行与公司职员，以及大学教授，均有不便向机关学校请假之感，遂改在福州举行。"① 至于与陈立夫讨论新生活运动等问题，资料载②：

中委陈立夫先生，为此曾同总经理在牯岭胡金芳饭店，有一度讨论，解释异常新颖，特为简要记述如下：

陈立夫先生对于"礼义廉耻"的解释，打了一个比喻来说："有了两杯茶，多的一杯让给你吃，我吃少的一杯，此之谓礼；只有一杯茶，不够两人分配，但是你口渴了，我不吃，请你吃，此之谓义；有两杯茶，每人一杯，你吃你的，我吃我的，此之谓廉；我假设多吃了你那一杯，便算是耻。"总经理说："陈先生这个解释很实际而又具体，在原则上我是极端赞同的。要是本这个意义，更进一步，把只注意对人的方面改变到对事的方面，把只运用在过去应酬上的礼义廉耻，也运用到现代的国家建设上来，岂不是更有意义而更好吗！此话怎么解释？也可以假设几个例子来说。我们所谓礼者，客气之谓也。

---

① 孙大权、马大成编注：《马寅初全集补编》，上海三联书店2007年版，第299页。

② 朱树屏：《庐山印象记》（续），《新世界》第67期，1935年4月1日，第15—16页。

好比一桩经济事业赚得的钱，大多数拨归公有，继续作生产的用途，个人则只享受最低限度的生活费，此之谓礼；一桩公众的经营，今天没有钱办了，我们毁家纾难，枵腹从公，此之谓义；凡是公众的财富，我们绝不苟且一点，此之谓廉；同时做一桩公众的事情，假设我所做出来的成绩，不若别人的好，此之谓耻。但是只发扬中国的固有文化，我认为还不够，那只算是做到了一方面，可以说是消极的方面。我们还须得尽量运用现代世界上的科学技术，才能够完成一个现代国家的物质建设和社会组织。"相谈至此，陈先生颇为首肯，并表示将向中央党部辞去部长职务，而集中精力作文化救国运动，易言之，即作如何使中国现代化之运动，并拟集合国内贤者，共为中华民国商一明白出路，使全国人知所趋附。

陈立夫对于卢作孚的观点表示赞成，两人高谈到晚，并一起在庐山清凉饭店用了晚餐。在这次庐山之行中，卢作孚还与著名学者、后来担任四川大学校长的任鸿隽第一次会面①。

8月23日　清晨，卢作孚下山到九江，搭乘联和轮赴南京②。

8月24日　卢作孚返回南京。到南京后即赴川军二十一军驻京办事处访晤二十一军驻京代表傅真吾，决定放弃日本之行回四川。资料载③：

二十四日午前抵南京，船泊下关。我们把行李交给中国旅行社，赴二十一军驻京办事处访傅真吾先生。傅先生首先是很沉默地取示一封密电，总经理接过仔细看后，知道四川的问题严重起来了。是日搭车回到上海。以后，即行准备提前返川，同时计划中的日本之行，亦因此而打消了。

8月25日　到上海后，为四川刘湘失踪事，卢作孚本日与黄炎培一道同访杜月笙④。

---

① 《任鸿隽致卢作孚函》（1934年9月12日），见黄立人主编《卢作孚书信集》，四川人民出版社2003年版，第333页。

② 朱树屏：《庐山印象记》，《新世界》第67期，1935年4月1日，第16页。

③ 同上书，第38页。

④ 中国社会科学院近代史研究所整理：《黄炎培日记》第4卷，华文出版社2008年版，第302页。

8月26日　卢作孚访黄炎培并长谈①。

8月27日　中午，杜月笙邀黄炎培、卢作孚、李仙根等在上海华懋饭店用餐，并商致蒋介石电②。

［按］李仙根（1893—1943），名蟠，广东中山人。早年加入中国同盟会，1914年到日本留学，1917年回国后任孙中山机要秘书，曾任广东香山县县长，1943年逝世于重庆。

8月下旬　刘湘由于六路围剿川北红军惨败而被迫通电辞去四川"剿匪"总司令职。

8月29日　卢作孚访黄炎培，交所草《建国运动》③。

8月31日　（一）黄炎培把寄长子黄方刚的信，附灌音片，托卢作孚带川④。（二）周孝怀乘火车到了上海。当晚，卢作孚召集民生公司上海分公司及永年轮上的职员，在航运俱乐部开欢迎会并宴请周孝怀。此后周孝怀开始参与民生公司上海分公司的事务。

8月底　川军地、川陕根据地的六路围攻以失败告终。

8月　北碚中国西部科学院直接经营管理的三峡染织工厂在经营上发生困难，让渡给民生实业公司⑤。

9月5日　卢作孚乘飞机返回重庆⑥。

9月9日　卢作孚主持峡防局主任会议，熊明甫、卢尔勤等出席解决相关具体事务，决定峡防局官长和士兵减薪、减员办法，以及峡防局经费商江、巴、璧合四县帮助等办法⑦。

9月12日　任鸿隽致函卢作孚，谓⑧：

> 日前庐山集会之便得亲丰采，备承教益，无任忻快。在浔宁舟中，曾为述及白敦庸兄所遗房产出售事，承概〔慨〕允从中帮忙，

① 中国社会科学院近代史研究所整理：《黄炎培日记》第4卷，华文出版社2008年版，第303页。

② 同上。

③ 同上书，第304页。

④ 同上书，第304页。

⑤ 黄子裳、刘选青：《嘉陵江三峡乡村十年来之经济建设》，《北碚月刊》第1卷第5期，1937年1月1日，第29页。

⑥ 《民生实业公司简讯》第162号，1934年9月5日，无页码。

⑦ 《主任会议录》（1934年9月9日），重庆档案馆藏。

⑧ 黄立人主编：《卢作孚书信集》，四川人民出版社2003年版，第333页。

至深景佩。顷据白夫人函称，当地已有人向其接洽购买，唯对方出价低微，仅约原值之半。渠以损失过巨，未与成约。白夫人处境艰难，早在洞察之中。此次台旆返川，尚祈就近帮忙，俾得以善价出售（闻此房原值约四千元），以维孤寡生计，则白氏存殁均感盛德于无既矣。

9月13日　杨永泰电复卢作孚，谓[①]：

俟邓、傅邱抵牯，当详谈一切，川情仍盼随时电示。

［按］此前卢作孚为川政事致电杨永泰，谓[②]：

微抵渝，甫澄极感委员长关垂之切，只委屈说明经过，辞职实有无限之困难，尤以财政为困难之中心，千里裹粮，士兵日难一粥。鸣阶、真吾、秉己真日东下，报告蒋委员长有望扶持之点，万望九鼎一言，俾有办法。日来匪益猖獗，五六两路虽稍稳守，三四两路正退却中，倘再挫则决无办法矣。此间正促甫澄早日复职，并促各军协力“剿匪”。顾最大困难，则惟望中央扶持也。

9月20日　民生公司上海分公司张澍霖访黄炎培，谈四川政治军事形势[③]。

9月25日　民生公司召开临时股东会，决定将原计划发行的50万元公司债增加到100万元[④]。

9月28日　卢作孚主持峡防局主任会议，安排双十节庆祝活动[⑤]。

9月　民生公司开始在重庆上游各轮船上废除小工制度，以茶房代小

---

① 《杨永泰复电卢作孚》（1934年9月13日），台北“国史馆”藏。

② 《卢作孚致杨永泰电》（1934年9月13日），台北“国史馆”藏。

③ 中国社会科学院近代史研究所整理：《黄炎培日记》第4卷，华文出版社2008年版，第310页。

④ 民生实业公司十一周年纪念刊编辑委员会编：《民生实业公司十一周年纪念刊》，中华书局1937年版，第209页。

⑤ 《主任联席会议》（1934年9月28日），重庆档案馆藏。

工工作①。

秋　宋子文控制的中国建设银公司放弃造船入川计划，贷给民生公司160万元巨款建造新船和码头。

10月1日　（一）《中华教育界》刊载卢作孚在上海期间撰写的《四川嘉陵江三峡的乡村运动》一文。卢作孚在文中系统地介绍了嘉陵江三峡的乡村运动，指出这一运动的目的在于将这一个地方的乡村现代化起来。他写道②：

> 我们如何将这一个乡村——嘉陵江三峡——现代化呢？请看：
>
> 将来的三峡：
>
> 一、经济方面：
>
> 1. 矿业　有煤厂，有铁厂，有矿厂。
>
> 2. 农业　有大农场、大果园、大森林、大牧场。
>
> 3. 工业　有发电厂、炼焦厂、水门汀厂、造纸厂、制碱厂、制酸厂、大规模的织造厂。
>
> 4. 交通事业　山上山下都有轻便铁道、汽车路，任何村落都可以通电话，可通邮政，较重要的地方可通电报。
>
> 二、文化方面：
>
> 1. 研究事业　注意应用的方面，有生物的研究，地质的研究，理化的研究，农林的研究，医药的研究，社会科学的研究。
>
> 2. 教育事业　学校有试验的小学校，职业的中学校，完全的大学校；社会有伟大而且普及的图书馆，博物馆，运动场和民众教育的运动。
>
> 三、人民　皆有职业，皆受教育，皆能为公众服务，皆无嗜好，皆无不良的习惯。
>
> 四、地位　皆清洁，皆美丽，皆有秩序，皆可住居，皆可游览。

（二）卢作孚与刘鸿生在上海订立民生公司与招商局江海货物联运合

① 民生实业公司十一周年纪念刊编辑委员会编：《民生实业公司十一周年纪念刊》，中华书局1937年版，第211页。

② 卢作孚：《四川嘉陵江三峡的乡村运动》，《中华教育界》第22卷第4期，1934年10月1日，第112页。

同，从本日开始实行，先行试办6个月。[①]

10月2日　此前三峡染织工厂厂长何玉璋因事请假，副厂长缪成之另调民生公司，于是该厂厂长乃仍由卢作孚兼任。本日卢作孚布告工人，对厂务进行改革[②]。

10月上旬　卢作孚主持召开峡防局临时主任会议及市政会议，解决诸多具体问题，并拟定了双十节宣传口号[③]：

> 努力建设，建设可爱的北碚，建设可爱的三峡，建设可爱的四川，建设可爱的中华民族；帮助民众，消灭土匪，防止旱灾，救济水灾；创造一个美满的世界，人人都有事做，人人都有饭吃，人人都有衣穿，人人都有钱用，人人都有书读，人人都快乐。

10月10日　晚，中央红军从瑞金等不同地点出发，开始实施战略转移，北上抗日，史称“长征”。

10月中旬　蒋介石电邀刘湘到南京面商相关事宜，并派张群、杨永泰等请邓汉祥出面电催刘湘早日东下。

10月11日　民生公司召开九周年纪念会，卢作孚在会上作了《本公司是怎样筹备起来的》的讲话。谓[④]：

> 公司从开始筹备到今天，不觉得整整地经过九年了！整个公司四十几部分，包括各分公司，各办事处，各厂，各船，由叙府一直到上海，都在今天同时举行集会，纪念这整整的九年，尤其是这开始筹备的一天，都应得知道这公司是怎样筹备起来的。
>
> 我们——我和彭君瑞成、赵君瑞清——从成都放下了通俗教育馆回到合川县城，许多长辈和朋辈见着这几位不容易回到乡里的人，都有深厚的情感，必得从“请吃饭”表现出来。甲当了早饭的主人，乙又当午饭的主人，丙又当夜饭的主人。当我们离开甲家便到乙家，离开乙家便到丙家，废时利用，便讨论起事业问题来了。如果资本集

---

① 《招商局与民生公司江海联运十月一日实行》，《海事（天津）》1934年10月第8卷第4期，第93—94页。

② 《卢作孚仍任厂长后厂务积极整顿改革》，《嘉陵江日报》1934年10月3日第2版。

③ 《临时主任会议及市政会议》（1934年10月上旬），重庆档案馆藏。

④ 卢作孚：《本公司是怎样筹备起来的》，《新世界》第56期，1934年10月15日，第1—3页。

得起来的话，我们应得造一只小船走重庆合川间，或办一个工厂在合川城内外。大家认为造小船比较容易些，于是乎就在那年的今天开了一个筹备会，组织了一个公司，推定了几个筹备人，一个筹备主任，决造一只小船，写了十几位发起人，八千多块钱股本，于是乎我们就开始筹备去了。陈先生伯遵担任收款，我和黄君云龙、赵君瑞清担任造船。

我们的第一步工作是到重庆调查一切轮船，第二步工作是到上海调查一切机器，接洽九个船厂，然而愈考虑愈困难，直困难到没有胆子订造了。然而无奈，合川股本已经收得八千多元，而且已经汇到上海，则只好惹祸订约，议妥船价全部二万四千五百两，约合三万五千元。又以合川很有安设电灯的需要，决买一部小小的油引擎和发电机试办。电机电料去了五千多元，轮船却仅仅交了二千多元。回到合川才开始加募股本，但许多人却要等到轮船到了，看看再说，因此只好向外借钱。这时多亏得陈先生伯遵大胆借了七八千元，郑先生礼堂大胆借了几千元，才得按期交款，直到轮船造成回来。

轮船造成了，彭君瑞成、周君尚琼到上海去接，我同陶君建中到宜昌去接，因为水大，在最枯燥的轮船上整整等了一个多月，水才退到三十呎三吋。人都认为危险，我们却以领江的保证，决心生死与俱地开了回来。

当开始收股以后，是有筹备人，无筹备处。开始安设电机，正式成立公司了，才租了小小的药王庙。前殿是电厂，后殿是办公室。虽然狭陋，却严定了工作的纪律。自早至晚都要求紧张地工作着，这在合川县城算是造起新纪录了。

第一只小船“民生”的第一任经理是陶君建中，同时兼办重庆岸上的事。因为两三个月后合川水枯，民生不能行驶了，需辟涪陵航线，重庆需要人经理，才在重庆设了办事处。建中调任办事处第一任主任，徐君晓江接任民生船经理，是时兼办涪陵岸上的事。最苦算是这个时期的船上经理了！船到涪陵停在距城几里的荔枝园，经理到岸上赶场揽货，黑夜摸索回船，应付上船的客人。常常拥挤得经理没有睡觉的地方，只好坐在账房打盹。刚刚入梦，则又要检查客票，预备开船了。

第一届董事监察的舆马每月仅仅银四元，总经理月薪三十元，两位协理陈先生伯遵和黄君云龙，月薪是十五元，总务主任彭君瑞成月薪是十元，船上经理和重庆办事主任月薪都是十元，另外津贴这两位一点交际费。在没有成立公司以前，一切筹备人员，不管是否专门办事的，一样不支月薪。第一次到上海的旅费，亦是各人自行垫了出来。郑君璧成是没有当董事就帮起忙来的，郑东翁是从没有当股东就帮起忙来的。

在这艰难缔造的时候，努力的朋友都有牺牲个人的决心。没有说事苦的，亦没有说钱少的，同时各方面尤其政治方面争来拉人做事，待遇地位都远在这桩小小事业之上，却没有一个人离开这桩事业而去的。

我们要知道这桩事业是这样下决心而且以不断的强力支持着产生的，前进的。这样精神是要长时间继续的。尤其是在纪念筹备开始这一天，不要忘掉事业开始那个时候的精神。

10月16日　本日出版的《国讯》刊载署名蜀客的《嘉陵江巡礼记》，介绍了解三峡建设情况①：

北碚可以算为模范乡镇，不论那一条街道，大都很整洁，闻不到一些秽气，和中华职业教育社办的徐公桥新村差不多，只是徐公桥的事业，还没有北碚的伟大，有峡防局、中国西部科学院图书馆、中国西部科学院博物馆、中国西部科学院理化研究所、中国西部科学院生物研究所、地质研究所、地方医院、农村银行、消费合作社、民众俱乐部、嘉陵江日报社、民众教育办事处、平民公园等。

工业方面，有三峡染织工厂，出品三峡布，颇为蜀中人士所欢迎。这些事业，大半是卢作孚氏所主持的。……顺路参观科学院之博物馆，陈列品有民国十八年以前采集征求之各种历史、生物、地质、标本，及十九年从江浙征集之农矿工业标本，以及各地的风景照片、事业照片。风物陈列中，计有南洋风物三十一件，西康风物三百四十二件，凉山风物二十二件，汉代风物十六件，唐代风物七十五件，宋代风物八件，明代风物十九件，清代风物七十五件，现代风物十一件，合计五百三十六件。

附设动物园，饲养各种鸟兽，即分别布置于平民公园内，有北碚附近的竹鸡、兔、家兔、仓鸮、野兔、金钱豹、黄老哇、果粒猫、猪獾、老鹰。新加坡产的长尾猴、巴西产的豚鼠、西康产的马。鸡，南

① 蜀客：《嘉陵江巡礼记》，《国讯》第79期，1934年10月16日，第335页。

洋产的狒狒，宝兴产的熊猫，云南、印度产的孔雀，贵州产的刺猪，西康产的马熊，共计有兽十五种五六十只，禽三十一种一百五十八只。平民公园的布置，本甚简单，因为有了这些动物陈列着，便也足以招致游人。

10月17日　下午2时，卢作孚由成都返回重庆[①]。

（三）民权轮在重庆民生机器厂码头试车[②]。

（四）民生公司着手在重庆下游各轮船推行废除小工办法[③]。

10月18日　陶行知为主编《中华教育界》向卢作孚致函约稿，谓[④]：

久未晤教，不胜系念。《中华教育界》定于明年一月出普及教育专号，嘱行主编。前闻先生演讲北碚普及新知识之办法，深为钦佩。尚希将其计划及进行方法，写作一文，以光篇幅，并为全国取法。小先生之办法，亦希不吝批评，此法在北碚是否可行，行时有无特殊困难，亦请指示。现订于本月底集稿，如蒙于本月底寄至上海静安寺路1550号托转行收，最为感盼。专此奉约。

10月19—20日　刘湘自重庆到成都召开“剿匪”会议，参加会议的有川军各部将领以及民众代表10多人[⑤]。

10月20日　刘湘宣布短期内将“东下谒蒋”。

10月21日　（一）卢作孚为刘湘谒见蒋介石事宜致电杨永泰，电文摘要如下[⑥]：

甫澄督办决出川谒蒋委员长，请电示委员长何日返汉。

（二）杨永泰复卢作孚电称：

① 《民生实业公司简讯》第181号，1934年10月12日，无页码。

② 民生实业公司十一周年纪念刊编辑委员会编：《民生实业公司十一周年纪念刊》，中华书局1937年版，第124页。

③ 同上书，第211页。

④ 戴自俺主编：《陶行知全集》第8卷，四川教育出版社1991年版，第385页。

⑤ 周开庆编：《民国川事纪要》（1911—1936），台北：四川文献研究社1974年版，第551页。

⑥ 《卢作孚致杨永泰电》（1934年10月21日），台北“国史馆”藏。

委座以检查身体，在平尚须稍作勾留，俟返南昌再电甫澄约会。

10 月 22 日　刘湘通电复职。为准备东下谒蒋，刘湘先派何北衡、邓汉祥等人到汉口和南京，与南京方面的政要张群、宋子文、杨永泰、陈立夫、张嘉璈、陈光甫、张学良、王世杰、朱家骅、张道藩、黄郛等人商谈。

10 月 23 日　何北衡致函卢作孚，谓[①]：

弟到汉晤雪竹、岳军、丙乙，均赞成甫出川晤蒋，由雪竹电蒋，商时间与地点；由丙乙电甫，力主出川。因汉卿、畅卿随蒋北上，闻尚需时，弟即先赴沪过京，晤真吾、鸣阶，告以详情，由伊二人电甫，赞成出川，陈说有百利而无一害。邱、傅、邓对弟均极融洽，无疑忌，因弟一切均开诚相见也。过京晤傅、邓谈后，即晚赴沪，连日晤公权、光甫、子文、筠庄，并参观各厂。关于公债问题，弟非正式向公权略谈，公权表示两点困难：一、中央自身尚欲发一批公债，已向金融界用去款项，因虑影响市面，尚未将公债卖出，只搁量待时。二、银出口及加税问题，金融界已感痛苦。弟力主万难中亦须设法，公权谓必须以中央名义发债，万不可作为省债，沪金融界或只认一部份，而渝金融界亦认一部份，但沪金融界亦须中央行担任巨额，此正与吾兄在渝时预料相同，但仍须用较大力量使沪金融界明了川省财政情况方可，且须蒋刘晤面后，蒋肯切实责成庸之乃能有效也。弟昨来京，今日已约定立夫晚间详谈。此间与诸友晤后，即赴汉待甫，并与汉卿晤谈。重远在沪，一切均赖其帮助，此间闻甫决定数项有效办法，并与神脱离，皆大兴奋，渐趋乐观。刘树梅如来，弟决切商并帮助一切，树梅亦热心朋友也。子文盼甫到南京一行，伊即由沪到京晤面，因汉口、南昌子文均不便往。惟甫是否肯来京，又感问题耳。弟在沪已晤傅友周，伊允发函，曾少为科准公共汽车在城内多开停车处，即作为民众请求以资便利。请兄切留铸九，勿辞职为要。弟当另函铸九也。

［按］雪竹即何成濬，时任武汉行营主任。岳军即张群（1889—1990）。丙乙，即邱丙乙，刘湘派驻南京代表。

---

① 黄立人主编：《卢作孚书信集》，四川人民出版社 2003 年版，第 337 页。

10月27日　何北衡致函卢作孚，表示希望其与刘湘能“出川一游”。谓[①]：

电、函均谅达览。连日在京晤王雪艇、朱骝先、张道藩、陈立夫等，谈论甚洽。甫如到汉或赣晤蒋，立夫、道藩，可分一人到汉、赣与甫一晤，并赞助一切。关于建设中国方案，即前谈旧的如何、新的如何及由旧到新之航程如何？立夫甚盼兄草拟一篇，此可见中原仍少有人能任此项工作，及立夫等尚肯殷切关心此类问题已属难得也。蒋在平检查并调理身体，究须住几日，此间亦无确息。据一般推测，必系由平直返汉、赣，不来京矣。但亦不敢预定。因由汴飞平而过济南停数小时，乃系将动身前数小时电告韩复榘者。此人行动敏捷神速，亦可佩也。关于“四通”问题，道藩允再商航政司长或者分两步办理：先由廿一军部没收，向交通部登记领证；候此段手续完毕，再由军部卖与民生公司。则公司根据此两步办理较为清楚，俟道藩商得航政司长同意后，弟回川再商军部备文照办也。道藩、立夫均极清楚，亲切可爱。弟在沪被新中国建设学会邀往讲演一次，据赵厚生言，兄曾到该会讲演并加入该会，确否？因该会为黄膺白所提倡，但似有与CC派对垒之形势，多邀会员或壮声威耳。弟明晨即搭德和轮往汉晤汉卿、雪竹、岳军，探询雪竹与蒋电约晤刘之地点、时间如何，再为奉闻。盼兄能从甫出川一游。

［按］王雪艇即王世杰（字雪艇）、朱骝先即朱家骅。

10月31日　民权轮在下水试航，速力达到13浬，所余舱面工程尚未完成[②]。

［按］在抗战爆发以前，民生公司轮船大船岁修、特修，主要依靠上海各造船厂，民生机器厂的业务只是紧急修理和小船修理，改造“万流”为“民权”轮，是这一时期民生厂仅有的巨大工程[③]。郑璧成说[④]：

---

① 黄立人主编：《卢作孚书信集》，四川人民出版社2003年版，第339页。

② 民生实业公司十一周年纪念刊编辑委员会编：《民生实业公司十一周年纪念刊》，中华书局1937年版，第124页。

③ 《民生公司在长江》，《新世界》1945年11月号，1945年11月15日，第11页。

④ 民生实业公司十一周年纪念刊编辑委员会编：《民生实业公司十一周年纪念刊》，中华书局1937年版，第87页。

本年（1934 年）本公司有更值得记述之一事，英籍万流轮船在长寿县之柴盘子沉后，本公司就其现状，廉价买得，捞救脱险，就民生厂自行改建，将船身接长为二百一十九尺十一寸，命名民权，本公司捞救大船，此为第一次，在川省建造一千吨以上之轮船，又开一新纪元也。

11 月 1 日　（一）何北衡致函卢作孚，谓①：

弟前晚到汉，昨函告张汉卿，今日约至武昌私邸面谈甚久，至为畅快。伊亦盼望甫出川晤蒋，必能商得剿匪有效办法，并藉中央之助，而使四川政治入轨。据伊谈及数年与蒋相处，深觉其近年进步之速，盖蒋对曾、胡、左之学说及行动肯深刻研究，并身体力行。只要甫能将川事做好，蒋必乐于为助也。张对人甚亲切诚恳，人皆称为与从前判若两人。弟已另函告甫，以子文、孝老、立夫、汉卿皆盼其出川晤蒋，以坚其行。惟蒋行踪仍难预知，汉卿到洛阳后，临时蒋约往西安。到西安又说往兰州，又说往宁夏。及到开封，英公使忽电问其何日赴平，以便欢迎。蒋接电疑系畅卿漏其消息，大为不快，又严戒畅卿，勿再走漏。故必离平时始肯电约甫之会面时间，但想亦不过一二日矣。因……朱毛等部主力六七万人弃赣而逃，已入湘境，粤军余汉谋部不支，只守通粤之路，而让开通湘之路。闻何键已赴衡阳布置防堵，但众料湘军必无力阻挡，终必窜至黔川两省，重演太平天国石达开故事。故南岸湘黔川边区一带，恐非赖中央军抽调大部负责围剿不可。现江西共匪只留小部牵制中央军，以免追击，故赣匪可望一二月肃清矣。

关于永年运弹费一万八千六百元，真吾不愿负责确定运价，仍由渝公司呈报军部请领。因（周）晓岚从前曾说过运价要由军部核定，如代表决定之价格不合，军部亦须核驳。故真吾不再主张只付给申洋一层，伊允肯定证明。兹由真吾及弟联名致晓岚一函，请于呈文中将此函附上。准关于洪水每箱三元、枯水每箱五元，及关外上煤多花小费、多花时间、沿途无客等情，再向晓岚说明，则以后照此请领，免每次皆麻烦矣。信已交龙章另寄。弟在汉稍待，再定何时赴赣。兄如出川，汉卿、岳军、立夫、道藩等均极盼望也。

---

① 黄立人主编：《卢作孚书信集》，四川人民出版社 2003 年版，第 342—343 页。

（二）《新世界》刊载张澜应卢作孚之邀在民生公司所作讲演的记录《广西的建设》一文。文中张澜提出，四川“要取法于广西”[①]。

［按］1933年张澜走出四川，参观、游览了浙江、广东、广西等地。

11月6日　何北衡致函卢作孚，希望其“早日出川，商定种种问题”，谓[②]：

来函及尊著八本皆收到，决定照示分送。惟盼兄早日出川，商定种种问题。陈立夫、张道藩似应各赠一本。又孝老在沪对公司帮助颇多，弟意可否商东翁以董事长推孝老，而东翁则由吾人推为副董事长？因为此则孝老在沪便于对各方负责，以坚留其长住。想东翁爱护公司最深，苟有利于公司必勇于处理也。又已另致函（周）晓岚（证明系照商定办法，洪水三元，枯水五元），请兄再一往晤，想即可解决矣。蒋或者今日飞太原晤阎，据汉卿言，蒋近来极猛进，志在圣贤，此次赴陕甘等处，绝未与各将领作过一次私人谈话，一切皆光明公开，对各方尤力改前非，开诚拉拢。

11月10日　川籍实业家范崇实致函卢作孚，谓[③]：

在汉口到南京的船上，把你的大作读了一遍。你的论断非常精当。我这两年亦常常这样想着：的确，中国的问题，不是临时国家的存亡问题，而是根本上新的社会建设问题。如果新的社会不起，那末无论去学德模克拉西，法西士蒂，以及布尔雪维克，都不会成功的。欧美的一切良法美意，典章制度，一搬到中国来，就失其效力，而反为敝［弊］擞，是因为没有预先改良社会的缘故。犹如密［蜜］甜的果种，移植到别的地方，常常变味，是由于没有预先改良土壤的缘故一样。第一，必须将家庭范围缩小，应该提倡父子兄弟分财、分居和废除遗产制度。父子兄弟不相依赖，各人自然要向社会谋立足。而专为家庭努力的人，亦可有余力为社会国家作事了。人即从家庭中解放出来，自然便多与社会发生关系，新的集团生活便会如此产生。因为家庭组织愈小，设备愈单间，命令依赖愈

---

① 张澜：《广西的建设》，《新世界》第57期，1934年11月1日，第24—25页。

② 黄立人主编：《卢作孚书信集》，四川人民出版社2003年版，第344—345页。

③ 同上书，第346—348页。

薄弱，则人自不能以囿于其中为满足了。第二，要有新的行为标准与道德信条。新的社会生活产生，则人与人相对关系之外，增加若干而重要的人与群之关系。此中的行为标准与道德信条，必须重新规定，断然奉行，以确立新社会之基础。在此新的社会中，是非善恶，荣辱奖惩，另有准则，则人的行为即随之而变。譬如旧社会重视所有，故人们拼命的并不择方法的去弄钱；新社会改来重视有为，则人们当无意于堆积财富，而力谋有所建树了。又如旧社会重视为家庭干，故人们拼命的去改换门楣；新社会改来重视为社会努力，则人们当无意于为家，而很起劲的向社会服务了。又如旧社会只重视人与人的相对关系，故世上演出许多忠臣孝子义夫节妇；新社会改来重视人与群的共同关系，世上当然会有许多为国忘身的人了。第三，有一群人或多群人的积极行动来发生影响，这是你历来主张而实行的。人影响社会，消极的行动绝不成功——不嫖不赌不吃烟，乃至于不为诸恶，只是应该的而已。同时，一二人的苦行奋斗，亦只是供人欣赏而已。这其中，必要有积极的动浪［行动］，相互的交响，和一般的共鸣，夫然后能自成一格，树之风声，而感动大众。譬如民生公司和北碚的同人，到处可以使人觉得诧异，这是值得佩慰的。即以小事而论，就是公司的吃饭方法和翻领短裤，我都很赞成。假如这种吃法，一直吃到长江流域，这翻领短裤一律摆起在汉口上海，而不夹杂西装马褂，那么，社会上更要诧异得多，而影响也更得大了。我们希望民生公司和北碚这一群人，行动还要积极，规矩还要谨严，服装还要整齐。我还希望此外还有一群人，还有多群人，照这样积极行动。我还要各方面的朋友，多方赞助这些群人的积极行动，多方提倡，多方响应，以收共鸣交响之效果。我呢，准备要来加入你们这一群人。所以看了你的书，就拉杂地写了这一堆。假如你以为不太乱的话，请你给公司同人看看，这是我响应他们的表示。或者从旁增加一点兴趣，亦未可知。在船上遇见胡筠庄的两位老兄，我将你的书给他们看，他们都很以为然。可惜只有一本。假如上海方面没有分送朋友，请你寄些前去，以广布你的福音。

［按］文中“德模克拉西”今译“民主”，“法西士蒂”今译“法西斯”，“布尔雪维克”今译“布尔什维克”。

11月11日　(一) 卢作孚为民生公司募集公司债事电函周作民，谓[①]：

> 敝公司募集公司债办法，承慨允由贵行主募，至感！兹将敝公司所欲提商之事项列单附呈，其有未完备处，敬乞指示。又附呈公司资产负债表一份，所有其它各表正由谢霖甫会计师准备中，完成当更寄请查阅。倘于资产负债或损益情形有垂询处，请与谢霖甫先生接洽，并闻。

(二) 民权轮由重庆开上海继续修理[②]。

11月13日　刘湘乘巴渝舰从重庆动身赴南京，当晚宿万县[③]。

11月15日　(一) 刘湘乘巴渝舰离万县。(二) 卢作孚乘飞机于本日抵武汉[④]，一度返渝、碚后，又到上海、南京等地。

11月16日　(一) 上午，刘湘抵达沙市，旋即于11时改乘邮航机飞汉口。(二) 上海《长城》(半月刊) 第1卷22期刊载程石泉撰写的《卢作孚先生再访记》，记载访问卢作孚谈话内容颇详细[⑤]：

> 卢先生所创办的事业，是多方面的，并且散布在各地方，那么训练人才究竟是在一处呢，还是随时随地都可以训练呢？我便如此为问。卢先生便历历地说明他创办事业的经过和集中训练的道理。卢先生事业的发祥地，可以说是四川巴县的北碚乡。卢先生深切地明了中国社会的改造，纯靠这纷乱的政治是确无效果的。因为中国几千年所形成的封建势力和宗法社会太强大了！太坚固了！这种社会里的人，一向只知道有个人的和家庭的利益，不知道有所谓社会和国家。全国人民终日栖栖遑遑，无非为着自己、妻子、儿女、亲戚、朋友、乡党、邻里的荣华富贵，弄到社会国家空有其名。所以要想把中国建成一个现代的国家，须要重行建立起新的集团生活。扫除一切旧有的自

---

① 《诚孚企业股份有限公司档案》，上海市档案馆藏。

② 民生实业公司十一周年纪念刊编辑委员会编：《民生实业公司十一周年纪念刊》，中华书局1937年版，第210页。

③ 周开庆编著：《民国川事纪要》(1911—1936)，台北四川文献研究社1974年版，第553页。

④ 《民生实业公司简讯》第193号，1934年11月16日，无页码。

⑤ 程石泉：《卢作孚先生再访记》，《长城》(半月刊) 第1卷22期，1934年11月16日，第425—428页。

私自利的生活，把整个民族从宗法的牢笼中援救出来，要他来参加新的社会活动，由动物的生活走上人的生活。卢先生认清了这一点，便想把北碚乡做为中心，建立起这种新生活的理想。

北碚乡是位于嘉陵江三峡的中流，以三峡的风景，地下的蕴藏，和地面的出产而言，实可以建设成一个生产的、文化的和游览的区域。因为那里有丰富的煤产，卢先生便计划建筑铁路；有了煤，卢先生便计划创设炼焦厂，以低温蒸馏法出产普通用焦及电厂用的瓦斯，和各种油类及其它附属品。因为那巴山山脉的石灰岩石，山上山下的黄泥，和低廉的煤炭，卢先生便计划创立水泥厂。又因为那山上产竹横亘数百里，卢先生便计划创立造纸厂。更因为许多生产机关的需要，便计划建发电厂，如此而成了一个生产区域。同时因为职业技能，生产方法的探讨，生物矿物的调查研究，及人群对于新知识的要求，便成立了一个文化的区域，包含民众教育、学校教育的机关，附设有博物馆、图书馆、植物园、动物园等等文化事业机关，并依山水园林之胜，而建立许多公园，造成了赏心悦目的游览区域。因为事业范围如是之广，所需要的人才也便是多方面的。譬如担任公园布置的，担任警察训练的，担任民众教育的，担任金融事业的，担任工厂管理的，担任科学研究的，在在需人。而一班笃旧的人，往往囿于旧的积习，不能在事业上牺牲自己，努力于实现这种理想。于是卢先生便开始训练青年，作为创造新社会的柱石。计先后训练学生第一队第二队分配在各团体各队和各事业服务；训练少年义勇队一队分配在学术机关和各事业服务；训练特务学生队一队，分配在特务各队和各事业服务。于是三峡各地都布满了这班生力队伍，同甘共苦，努力于这种理想的实现。一直到了现在，凡是事业中需要人的时候，都要托了北碚乡的大本营代为训练，因为只有集中在一个地方来训练，方能用同样的方法和环境，产生出思想行动一致的人。

卢先生是健谈的，一遇到有谈论到他事业理想的时候，他总是抱诲人不倦的态度，娓娓不断的详为指示。由我发问，我们的论题又转到事业计划这方面。不意卢先生竟给我一个很惊异的答复：

“凡是我所从事的事业，先只有一个略具雏形的理想，一有了机会，便着手去做。一有了困难和阻碍，即刻便设法去克服它。在某种事业开创后，遇有新的需要，或者可以产生其它新的事业，我们便一并去谋其实现，务使那理想一一完成。所以我们的事业，不能在事先有精密的计划。但是我们各项事业的负责人，每周都有详细的工作报告。每有困难，即刻便有会议，即刻便着手去克服。这也可以说是我们暂时的计划。总之，我们是先着手去做，不是先讲计划的。”

这种言论，在我这个过惯政府机关生活的人，便颇为新奇。因为政府机关里事无大小，无不详为计划，并且无事敷衍的时候，便从事于制作计划，为邀功于上司的手段。弄到机关里终日只有计划的起草和计划的审查，终于一事无成。我听了卢先生的话，便深切的觉到政府机关里事事失败真正原因的所在。

卢先生是不吸烟的，并且也不大吃茶。讲话到紧张的时候，只见他眉飞色舞。可是一谈到国难的事情，似乎万千隐忧，深锁眉际。愤慨之情，从那炯炯目光中吐露出来。卢先生说：

“我们的救国工作是从此时此地做起的，因为凡从事我们事业的人，心中都抱有一种观念，就是我们要想胜过敌人，要看我们此时此地的工作，是否能胜过敌人。譬如我们是民生公司轮船上一个水手，我便去时时反省，我所做的事情是否敏捷、经济、适当，而一一能胜过敌人的水手。”

这种救国的论调，我想或许有人要怀疑，说未免迂阔。但事实上，那弯曲回旋的道路，往往是达到某种目的的指南捷径。以救国问题而论，当然以武力为最重要的元素，可是在没有保民族存亡的运命以前，一分一秒都是我们可宝贵的准备的时间。若是我们在各种事业上不能立下千秋之志，时时以胜过敌人为念，而徒从事于奔走呼号，则一旦敌人侵入，不待较量，我们已经居于竞争失败的地位了。

卢先生每一句话，都耐人深省。对于任何问题，都久经熟虑，故一经发问，便有一个恰当的解答。我们的谈锋，由国难问题由转入了中国农村经济问题。卢先生说：

“目前国人对于中国经济问题，似乎犯一种色盲的病状，对于问题的轻重缓急往往失其分寸。譬如中国农村经济问题，如永久而适当的解决，非先解决土地分配和农业生产方法的工业化这两个问题不可。要想在中国把农业作为立国之本，并且可以在世界经济的氛围中存在，必须采取大农制和采取科学的生产方法。其它一切政策和方案，都不外枝节而已。以目前政府对于农村经济所取的政策而论，只能设法如何帮助农民增加副产收入，及输入现金，加增乡村经济的活动。这种办法乃是消极的，用它来维持旧有的状态的，绝对讲不到复兴的话，因为过去中国农村够不上称做兴盛。至于农业生产方法的科学化，必有待于基本工业的建立，并且以目前国势论，农村救济固然要紧，而基本工业之能否建立，正是民族存亡的关键。”

卢先生这篇精警的言论，加之他那热切的态度，使我再在精神上受了很大的振奋，便大胆的提出了以下的问题：“以先生所提的集团生活，是否可以作为政治上的运动，把整个的社会加以彻底的改造？”卢先生并不以我提出了这样的问题为唐突，给我一个坚决的答复：“可以的！不过要从小规模做起，慢慢的推广，要我们能在实业、文化、教育各方面都有确实的成绩，作为这种运动的保障。”

似乎我参透了什么妙理玄机，我心中充满了平生所未曾有过的喜悦，似觉在这茫茫人海中，我今日方接触到一个伟大的人格，似乎觉民族国家的前途有无限的光明，正待我们努力追求。约了后会之期，便欣然告辞了。

拜访了卢先生以后，那种景仰的情绪，逼得我对于卢先生有更深切了解的要求。几经熟思，我对于卢先生有以下的认识：

卢先生是宗教家，因为他具有感化人的人格，和深湛的智慧，使千百青年献身于他，以从事纯正无私的事业。

卢先生是忧国的实业家，因为他有高尚的理想和精确的经济计划，以实业奠国家的基础，谋人民的福利。

11月18日　刘湘携邓汉祥等一同改乘瑞和轮赴南京。

11月20日　刘湘等抵达南京[①]。之后，刘湘与蒋介石和南京政要杨永泰、张群、吴鼎昌等会晤。蒋介石要求刘湘组织四川省政府并担任主席，主张派中央军10个师从川北、川东入川，协助作战，并委派以贺国光为主任的国民政府军事委员长南昌行营参谋团入川。

11月22日　卢作孚、何北衡、周孝怀在上海访黄炎培，聚餐长谈[②]。卢作孚这次到上海，一个重要的工作是希望留住周孝怀继续担任上海分公司经理。由于周孝怀执意辞职，卢作孚只好同意。返渝后卢作孚在民生公司说[③]：

---

① 周开庆编著：《民国川事纪要》（1911—1936），台北四川文献研究社1974年版，第553—554页。

② 中国社会科学院近代史研究所整理：《黄炎培日记》第4卷，华文出版社2008年版，第327页。

③ 《卢总经理回渝谈话纪录》，《新世界》第62期，1935年1月16日。

我到上海，在周孝怀先生家里会谈，知他到申三月，对于申公司的事，只是“看”。看后的批评，是“努力”两字。本来上海分公司的人，除一二人稍弱外，其余都能负起责任的作事，无须要经理去管，这是周先生观察后的介绍。总公司也应当照样作起来，后来周先生要走，申公司的人留他不住，都说：“请总经理留吧！”当然，周先生要去，我还是一样的留不住。周先生走，申公司同人办欢送会，我看会里，并无一人欢喜，反转伤心。周先生很有眼力，平时含蓄甚深，爱培植人，所以受人爱戴。我想申公司的人不努力，不想好，是不会有这样表现的。民生公司的根本精神，就在这一点上。

再说民生公司的困难，不在重庆就在上海。重庆是民生公司的发源地，各方面熟人甚多，遇有困难的事，还易于解决。上海则不然，实不如重庆之易于解决。但如能忍耐，含蓄情感，自然就不难了。

11月23日　民权轮抵达上海，交江南造船厂承修[①]。

11月30日　刘湘抵达上海并接见新闻界，发表谈话。

11月　（一）《交通职工月报》第2卷第9期刊载蔚然《航业界后起之秀—卢作孚先生与其事业》一文，将卢作孚与美国的世界船王大来·罗伯特（Robert dollor，1842—1932）和中国的航业大王虞洽卿相比，指出[②]：

（卢作孚在军阀混战不断的四川于1925年创办民生实业公司）未及八载，资本由八千增至二百余万，汽船由一艘增至二十余艘，航线由川江而展至上海，创立崭新事业，而为航业界后起之秀。以他的环境而论，至少他在航界的地位并不弱于虞氏和大来。

（二）《四川善后督办公署土产改良委员会月刊》第1卷第4期刊载高沛郇、刘航琛、卢作孚、黄勉旃合拟的《四川蚕丝业改良初步经过报

---

① 民生实业公司十一周年纪念刊编辑委员会编：《民生实业公司十一周年纪念刊》，中华书局1937年版，第210页。

② 蔚然：《航业界后起之秀—卢作孚先生与其事业》，《交通职工月报》第2卷第9期，1934年11月，第36页。

告》，回顾了四川蚕丝业的历史，并提出了新的计划①。

12月1日　杜重远致函卢作孚，谓②：

顷接由沪寄来快示及政治大纲，甚感！甚感！陶业管理局事虽经发表，而经费尚无着落，刻正奔忙此事（经常费及开办费无多大问题，事业费无着）。弟拟招六十名或八十名学生在景德镇训练，半天上课半天在镇里实习，兼作调查工作。这班学生卒业之后，即留镇中或九江瓷厂服务。惟关于住宿及种种设备尚未着手，学生亦未考试，几时成立尚不可知。九江瓷厂事，赣方虽允加入廿万元，而章程未印（因章程甫经赣省府通过），商股未收，尚须忙乱些日。此次史公量才之死，弟受若大影响。沪方很难找一相当中心人物。甫澄督办曾否回渝？关于九江瓷厂，川中友人可否招募几许？请兄顺便代为注意。训练学生事，到开办时致函于兄，请将人员早为预妥，电函即请来赣。弟拟月中返沪，兄如于弟返沪之前回川，可否到九江一停？事前示知，弟到九江相候。《政治大纲》弟略看一遍，甚好。惟须何人来教，且教时须自行发挥一些题外文章方好。

12月9日　（一）张禹九、张肖梅邀请黄炎培、卢作孚、徐志摩前夫人张幼仪等在上海范园晚餐③。（二）杜重远致函卢作孚，谓④：

航示敬悉。《政治大纲》如得吾兄来讲解，实深荣幸！弟亦愿作一名小学生。关于训练之人，蒙归去代为选定，尤为感激。弟今日去景德镇，三日后归来。因建、教两厅长及省委数人、行营处长两人，均要到景镇参观，弟不能不陪去一次，足证伊等均重视景镇之情形。弟昨因饮食不慎，腹泻甚剧，今日稍好。然为事业前途计，不得不忍痛偕行也。十一、二日定可归来。兄如能到浔，可先期电示。

---

① 高沛郇、刘航琛、卢作孚、黄勉旃合拟：《四川蚕丝业改良初步经过报告》《四川善后督办公署土产改良委员会月刊》第1卷第4期，1934年11月，第67—75页。

② 黄立人主编：《卢作孚书信集》，四川人民出版社2003年版，第353—354页。

③ 中国社会科学院近代史研究所整理：《黄炎培日记》第5卷，华文出版社2008年版，第3页。

④ 黄立人主编：《卢作孚书信集》，四川人民出版社2003年版，第354页。

12月10日　刘湘结束京、沪江浙之行启程回川。刘湘这次京、沪江浙之行，游览了南京、上海、杭州、苏州，最重要的是与蒋介石、汪精卫、孔祥熙以及南京国民政府相关部门，就四川省军政事宜达成一致意见，如协助四川当局财政、改组四川省政府、在四川设立军事委员会委员长行营等①。

12月12日　民生公司在上海收购扬子江公司航行于宜申间悬挂意大利旗的光耀轮，改名为民泰轮②。至此，民生公司在整理川江航业中，“收买六船，售出一船，拆毁一船，改造一船”③。

12月19日　刘湘返回四川重庆④。

12月21日　南京国民政府明令改组四川省政府，任命刘湘为四川省政府主席兼川康绥靖主任⑤。

12月22日　上午，在黄炎培陪同下，刘峙、何克之、卢作孚等参观了中华职业教育社、职校、沪西园场、赵家塘等处，中午，卢作孚到上海市地方协会与黄炎培共餐⑥。

12月27日　由南昌行营及南京国民政府各部会人员组成的军事委员会委员长行营参谋团一行78人，在主任贺国光率领下从南昌出发，前往四川重庆。参谋团被派进驻四川，代表南京国民政府处理四川、贵州两省军事和政治事宜⑦。

12月28日　卢作孚偕任望南访黄炎培⑧。

12月29日　卢作孚由上海乘民贵轮赴武汉。

12月31日　卢作孚乘民贵轮抵武汉。回重庆后卢作孚曾经讲了他在

---

① 周开庆编著：《民国川事纪要》（1911—1936），台北四川文献研究社1974年版，第556页。

② 民生实业公司十一周年纪念刊编辑委员会编：《民生实业公司十一周年纪念刊》，中华书局1937年版，第210页。佚名：《民生简史》（上），《民生实业公司简讯》第1036期，1950年7月21日第3版。

③ 《民生公司在长江》，《新世界》1945年11月号，1945年11月15日，第8页。

④ 周开庆：《民国刘甫澄先生湘年谱》，台北商务印书馆1981年版，第105页。

⑤ 周开庆编著：《民国川事纪要》（1911—1936），台北四川文献研究社1974年版，第558页。

⑥ 中国社会科学院近代史研究所整理：《黄炎培日记》第5卷，华文出版社2008年版，第6页。

⑦ 贺国光编：《国民政府军事委员会委员长行营参谋团大事记》，军事科学院图书馆1986年影印本，第269页。

⑧ 中国社会科学院近代史研究所整理：《黄炎培日记》第5卷，华文出版社2008年版，第8页。

民贵轮三天的情况，他说[①]：

我在民贵三日，一部分的问题，是当学生去问船上各人工作情况。民贵船上有四位水手，都是船员养成所毕业的。在他们未毕业的时候，读书是在河边，出来总是着起呢制服，那时候我以为他们都是准备当船主的。但自我向郑科长说过以后，那呢制服就莫有看见穿了。中国许多青年，都认天下为机会，而况员与官是相联系的。现在官有水手大，而且是学习的。记得船员养成所共毕业四十五人，到公司的有四十三人。分派在别船的，我不知道。民贵四人确好，最好的是瞿成富。我问遍船上的人，都说他好，并且莫有一个不服。中国人是不容许有好人的。有，就要想法陷害。民贵能服好人，使我非常安慰。张遂亦不错，其余二位较差。这些学生水手，都很亲切，每作一事，无不先问，把水手头脑当作先生。例如地板怎样擦，都是要去问过的。他们——学生水手——一系读过书的，一系未读过书的（老水手尚有三人不识字），我们以为两派相处，必如四川学系一样，定要冲突。殊知不然，他们是互相敬重、合作。现在中华民国，恰应有此需要。要这种需要影响出去，才可以解决中国的问题。永年的，我也问过，还是不错。

刚才介绍的学生水手，做劳苦工作，总公司的青年朋友应当注意！峡防局少年义勇队，也当注意！

民贵的茶房，一期二期的都有。船上原有的，脸上已起皱纹。新旧两派极合作，并且肯学，这些都是可爱的地方。虽然外面的人，说民生公司的茶房，还有“乡坝佬”味。

上面说的水手茶房，在民生公司的这样好，但若在别处，恐怕未必了。我想，这都是训练人的责任。

本年 （一）民生公司固定资产达到3328804元，资本为1174500元[②]。资料载[③]：

民23年（1934年）1月，收买吉庆公司之吉庆，2月收买绍兴

---

① 《卢总经理回渝谈话纪录》，《新世界》第62期，1935年1月16日。

② 《二十三年本公司之营业概述》，《新世界》第65期，1935年3月1日，第5页。

③ 佚名：《民生简史》（上），《民生实业公司简讯》第1036期，1950年7月21日第3版。

公司之蜀都改名为民裕，3月收买镇江轮，6月收买美孚油行（美商）美川改名民众，7月收买飞鹰改名民约，12月收买扬子公司（意籍）光耀改名民泰。同年规定统一轮船机件名称，废除小工制。是年实收股本1174000元，职工增为1845人。

（二）在岸上事业方面，本年民生公司在天府煤矿公司投入巨资并开始直接经营该公司[①]：

（民生公司与天府煤矿公司的关系）发轫在二十二年（1933年），而接收经营并处理一切纠纷，则集中于二十三年（1934年）。为使无办法之事业有办法，又不得不投资金予天府以协助。此外事业之与公司投资有关，须助其完成者，亦于此日助其完成，使各为有利之事业，愈增加社会之信用。但非事业全部有办法后，绝不增加任何新事业，以增加现有事业之重累，盖不仅资金有不敷分配之感，尤有人才不敷分配之感也。

（三）卢作孚计划在重庆北碚创办水泥厂，他聘请了一位专家在北碚专门调查和进行有关规划，并召集了发起人会议，军政金融界不少著名人士认了股本，但是久不交纳现款。后在1935年卢作孚得知胡光麃与南京政府驻重庆参谋团合办四川水泥厂，卢作孚说："这件事我计划已久，应该由我办的，而胡叔潜竟从天上伸下一只手来就拿去办了！"[②] 四川水泥厂在创办过程中，民生公司还是用民本轮帮助该公司从上海把包括重达十几吨的机器运到重庆，保证了四川第一家水泥厂的正常开办。

（四）为交涉民生公司在长江下游被南京国民政府强征轮船应差费用事，卢作孚在了解了上海三北轮埠公司等应差及相关差费支付情况后，电覆军政部交通司庄应时司长陈明民生公司困难并请予决定各轮租费，谓[③]：

俭电悉。速秘。（一）二十二年民康、民宪、民贵应租，因用船

① 《二十三年本公司之营业概述》，《新世界》第65期，1935年3月1日，第5页。

② 胡光麃：《波逐六十年》，台北文海出版社1974年版，第302—305页。

③ 卢作孚：《电覆军政部交通司庄应时司长陈明公司困难及请决定各轮租费文》，《新世界》第65期，1935年3月1日。

不多，时间甚暂，虽受损失，亦未计较。今兹用船至十只之多，公司几全绝营业，不能与二十二年比。兼以现在有领江费及绞滩费，不能与下游比。（二）申航会代请所列数目，并未事先商得公司同意。民康大于民主，而租金反在民主之下，足知申航会并未详细考察情形。（三）三北、招商皆只租一二只船，不能作比。如敝公司亦只租一二只船，绝对不同政府争多寡也。（四）政府困难，敝公司所深知。惟租费，政府且不能担负，损失则责诸公司担负，万万不可。全部轮船，皆被租用，若不在租金上稍予救济，转瞬即绝生机。虽欲为国宣勤，而不可得。环顾今日国中如敝公司之主要轮船全部应租者，尚无第二，自问已尽最大之力矣。救国救川，固属亟图，但救公司之存在，俾能长久努力，当亦政府所乐为。区区顾至成本之请，实沧海之一粟。（五）敝公司各船之租费，务恳至少，族、主、康、宪每日为六百元，强、享、意每日为五百元，福、治、安每日为四百元，皆系申款支付。凡此皆系最低成本之要求，苟并此而不蒙允，则公司力实难胜，无法维持生命矣。伫候电覆。

［按］设法解决长江下游航线公司轮船被南京国民政府强征应差及应差费用问题是1934年民生公司的大事之一。

（五）撰《四川的新生命》，以提纲形式，提出了改造四川的整套方案[①]。

---

① 重庆档案馆藏。

1935年（民国二十四年）42岁

1月1日　《交易所周刊》刊载卢作孚《最有希望的国家》一文，文章指出[①]：

> 中华民国是一个最有希望的国家，因为中华民国是一个最后起的国家，最后起的国家最得便宜。凡物质的建设都是逐渐进步，愈到后来愈美满的。一个先进的国家有各个时期的铁路，各个时期的蒸汽机，各个时期的发电机，各个时期的建筑物，由最初的以至最后的，由比较地不好的以至最好的。一个后期的国家，则直接采用了最后发明的最好的东西，倒超越了一切先进国家了。一位美国工程师对苏联的人说：苏联是最幸福的，因为一切物质建设都是采自世界各国最后的发明，所以是比较地美满些。
>
> 中华民国的建设时期虽然落后，建设方法则倒应超前。一切机器，一切工程，均得采用最新的发明，求其最完备，最经济，最便利，最正确，不再在工具上、方法上落人之后，采取他人所抛弃的。假如一部机器最新的也许需要较大的价银，最旧的虽然价银省却一些，可是不久仍须换用新的，则倒反多需要一套资金。而且机器是落后的，出品亦是落后的，不能同人最新的竞争，其损失更不可以数目计。
>
> 不但一切机器，一切工程应得采取世界最新发明的，即是一桩事业的组织和管理方法，亦须采取世界最新的发明。如何训练人，尤其是有新发明的方法，我们须得采用。不然，纵有了新机器，我们不能制造它，乃至于不能享用它，好的机器不出好的成品，而且倒成了坏的机器，这是每一桩事业都值得注意的。

---

① 卢作孚：《最有希望的国家》，《交易所周刊》第1卷第1期，1935年1月1日。

1月2日　卢作孚就中央军入川分别致函驻节武汉的豫鄂皖三省“剿总”副总司令张学良和驻鄂绥靖主任何成浚，两函内容相同，谓[①]：

> 中央运兵入川，已与此间川江航务管理处何处长北衡兄及二十一军参谋处，将川河实情详细考察之后，拟定一份说明，特为寄呈左右指正。窃以为川江轮小，复值水枯，运输大兵欲求迅速，似宜水陆并进，乃可济急，未知先生以为然否？谨候裁示。

1月3日　（一）国民政府军事委员会委员长行营参谋团由贺国光率领，本日离开汉口启程入川，负责指挥监督川省“剿共”事宜[②]。（二）午后1时，卢作孚由汉口偕民生公司监察刘航琛、董事任望南乘飞机飞抵重庆[③]。

（三）当日晚6时，民生公司以及峡防局开欢迎会，卢作孚即席讲话，谓[④]：

> 中国的读书人，都希望自己成功［为］一个学者，做做文章，一点不切实际，当然不能解决目前的问题。他们认为游戏是无聊的。正当的游戏，都是苦差事。民生公司和峡防局，对于平时的活动，这样的提倡，是要促起人群活动的情感，互相影响，从戏剧音乐的活动上，围绕着当前的问题，影响到社会上去。我们提倡“活动”的精神，是与提倡民生公司一样的。我们要救国，不能以为有了东北的义勇军和上海的十九路军，就够了。我们要从各方面去提倡，才能是使这种意义更为深刻。
>
> 这次与任望南先生坐在飞机上，谈到海船中设备的游戏，几乎无一样莫有，并且不拘什么都有比赛与决赛。甲与乙比，乙与丙比，丙又与甲比，大家都是很庄严的。天天所有的音乐、电影等游戏，也是想尽办法，多方面加力量，总使其一天比一天好起来，正如摆在眼前的问题，非设法解决不可一样。回到公司，听说这几出异常好玩，观

---

① 黄立人主编：《卢作孚书信集》，四川人民出版社2003年版，第357—358页。

② 朱汇森主编：《中华民国史事纪要（初稿）》（1935年1—6月），台北“国史馆”1987年版，第14页。

③ 《民生实业公司简讯》第214号，1935年1月4日，无页码。

④ 赵晋侯：《卢总经理回渝谈话纪录》，《新世界》第62期，1935年1月16日，第15—16页。

剧的人，还有掉下泪来的，为甚么要掉泪？正因为当时有掉泪的问题在。

现在中国的问题，愈趋愈严重了。自然我们看看中国的历史上，各个时候都有困难，但总不如现在之甚。国内与国际的利害程度，一天高过一天。举眼一看，遍地无宁土。……我们应该促起中国民族的注意，要用种种的方法，就是不拘做事也好，讲学也好，其他游戏也好，都应该有方法，集中全副精神去做。这都是我们回来时的感想。

（三）四川善后督办刘湘与督办署财政处处长兼重庆银钱业联合公库主席刘航琛召集重庆绅商在联合公库开会。会上，刘湘宣布所谓“剿匪”办法，抽调28个旅兵出贵州。刘航琛就发行1.2亿元公债问题作说明，并由28家银行钱庄解决28个旅的军需现金问题[①]。

1月4日　胡景伊等代表四川、重庆绅民电请南京国民政府派兵入川[②]。

1月7日　参谋团一行人抵达宜昌，贺国光发表书面谈话[③]。

1月8日　（一）中共中央召开遵义会议。（二）卢作孚在重庆主持召开民生公司主干人会议。

1月11日　上海《国讯》旬刊刊载卢作孚《学生应如何提倡国货》一文。文中指出中国人不需要仇视外货，但需要提倡国货，提倡国货可以做两件事，一是提倡购用国货，二是提倡制造国货，制造国货就免不了要进口外国的生产资料。谓[④]：

一位朋友跑到伪满洲国去考察归来，谈起：车过山海关时，见着一群日本学生，争举着自己宝贵的书籍、扇子或图画，请驻在该地的日本长官盖印。据说是留作出国境时的纪念的。盖印之后，相互间都有演说，并高唱国歌。最后则叫车上茶房取啤酒来痛喝。几瓶日本啤酒之外，再取出来的便是中国啤酒了，日本学生拿着瓶子看了一看是

① 沈云龙、张朋园、刘凤翰等整理：《刘航琛先生访问纪录》，台北“中央研究院”近代史研究所1990年版，第55—57页。

② 朱汇森主编：《中华民国史事纪要（初稿）》（1935年1—7月），台北“国史馆”1987年版，第14页。

③ 贺国光编：《国民政府军事委员会委员长行营参谋团大事记》，军事科学院图书馆1986年影印本，第269页。

④ 卢作孚：《学生应如何提倡国货》，《国讯》第84期，1935年1月11日，第438—439页。

中国货，都抛掷在车外打坏。在这故事当中有两点最令中国人痛心的：第一是日本人已经把山海关当做自己的国境了！第二是日本学生是那样提倡国货，仇视中国货！

中国人不须有仇视外国货的态度，如像打坏中国啤酒瓶子那一群日本学生，却必须提倡国货。尤其是中国学生，不问哪一年，如果今年以前于此有所忽略，至少应从今年起有所觉悟；不但自己提倡国货，而且要做提倡国货的运动。

提倡国货有两件事：一件是提倡购用国货。在积极方面，凡本国有那（哪）种货便要购用本国货；在消极方面，要使本国没有那（哪）种货，便宁肯不用那种货，其必需的，亦必需尽力减少用的数量或程度。假如我们自己不能造钟表，我们每人手上不须有表，每家壁上便不须有钟，但在公共的地方设置公共钟供公共用。

另外一件是提倡制造国货。一方面自己需要的货要自己供给，一方面还得供给别国需要的货，去交换我们必得需要的别国货。我们必得需要的别国货是甚么呢？在这一个生产落后的国家，需要的是生产，有了生产的时候，才需要消费。我们消费既以提倡国货为范围，则需要别国的货不应是供给我们消费的，而应是供给我们生产的，应是生产需要的原料和工具，尤其是机器——在自己还不能生产的时候。

1月12日　军事委员会委员长行营参谋团一行200余人抵达重庆，以贺国光为主任，杨吉晖为副主任，分设第一、第二、总务、政训等四处。第一处处长王又庸，第二处处长刘倚仁，政训处长康泽，总务处长伯良。此后参谋团组织不断扩大，如增设运输处，以林湘为处长。同时，康泽率领军事委员会别动队2000余人随同到达[①]。

1月15日　国民政府中央军陆续自湖北入川“剿共”。国民党上官云湘第四十四、四十七、五十四师经水路从川东入川，胡宗南部第一师由陆路从川北入川。

1月16日　《新世界》刊载卢作孚《如何把握住时间呵！》一文，文章指出[②]：

---

① 邓汉祥：《四川省政府及重庆行营成立的经过》，《文史资料选辑》（全国）第33辑，文史资料出版社1980年版，第123页。

② 卢作孚：《如何把握住时间呵！》，《新世界》第62期，1935年1月16日，第2页。

中华民国尽管一切不前进，或前进甚缓慢，然而时间则前进二十三个整年了。平常不觉得，回顾乃知道有惊人之快。如果这样宝贝是只让我们玩味的，我们纵在一个社会状态里留连几千年，再留连几千年，也不成为严重的问题，然而一到现世界，许多民族活动都在时间上比赛，只要时间进一步，他们便进一步，他们尽量运用时间，时间亦不辜负他们。你看：美国独立才好多年！德国崛起才好多年！日本维新才好多年！就欧战以后说：苏俄才几年！意大利才几年！土耳其才几年！他们在很短时间里，都由乱到治，由破坏到建设，由削弱到健全。尤其是五年计划，四年完成，不单是口号，而且成为事实。这是如何的决心战胜了时间！九一八后，在日本倒认为是他们的国难期间，认为是非常时间，举国注目在1936年。为了世界大战的准备，早已全国总动员。他们是如何决心应付而且把握住时间！

我们不但坐看着时间流得那样快，而且坐看着许多没有办法的国家，在这时间有办法了；自己问题却一天比一天严重，比历史上任何一天严重呵！到底该怎样办？

应该急起直追，把握住时间，把一点一滴的时间都用在所在的社会，乃至于所在的国家，尽可能的程度有计划地将所在的社会乃至于所在的国家弄好起来，这是整个国家的人们应追求的目的地。因为时间不能等待你，别的民族是在那里紧张着与时间共前进，亦不能等待你，你便不能等待任何人。无论你站在什么地位，你都得努力。无论是你的工作、学问乃至于暇余时间的活动，都得是为了改善你所在的周围，不是为了你自己，然后才会有好的社会，乃至于好的国家产生的。

1月18日　南京国民政府四川财政特派员公署在重庆成立。第一任特派员为陈绍妫，第二任是谢霖，第三任是关吉玉。

1月23日　（一）卢作孚致函邹汝白、康心之，谓[①]：

兹有恳予扶救者。中国西部科学院荷蒙军部按月补助六百元，自去年八月份起至十二月份止，皆未蒙拨给，至院中薪工伙食无法维系。深知军部感受财政之困难，顾此仗赖军部之力而产生之事业，实望扶携到底。用是特纾情苦，万望俯赐体察，商诸航琛处长特为设

① 黄立人主编：《卢作孚书信集》，四川人民出版社2003年版，第369页。

法，将去年八至十二月五个月之补助费，计银三千元正，迅予一次拨付。年关迫在眉睫，望款如望云霓！

重累吾兄，心实万分不安，然亦不得已也。感祷交并。

（二）新中国建设学会秘书处为赠送同人讲演集致函卢作孚，谓①：

作孚先生大鉴：敬启者，本会理事长黄膺白先生在北平政务整理委员会公余之暇，亦时与会中人员互相讲学，规定每周讲演一次。兹此项讲演稿第一集已经刊出，寄来会中若干部。兹特奉赠一册，即希查收，顺颂台绥。新中国建设学会秘书处敬启。

［按］新中国建设学会成立于 1933 年 5 月 3 日，以黄郛为会长②。

1 月 25 日　（一）卢作孚致函周晓岚，谓③：

兹有请予扶持者。公司助军部运输各县义勇队到前方，计先后运费积累两万以上，已另呈报军部。所垫油费系付申钞，所垫煤费系预付款。在此航业太坏之下，实苦无法支持。义勇队运输来日正多，所有运费，万望吾兄分批处理，以维航运。由敝公司陆续结算陈报军部，请军部陆续分批付给，万不能待运输毕后再行结算。即照所报运费，公司已吃亏非细矣。并乞回示。

（二）卢作孚致函张梯云，谓④：

中国西部科学院应领军部补助费计每月六百元，自去年八月份起至十二月份止，已有五个月未领得军部支票，固亦未换得现金，致院中穷窘万分。比以旧历年关在即，院中工作人员数月欠薪急待偿清，需款迫切。特派专员趋谒左右，万望即日发给支票，以便径办领款手续。已另商诸航琛处长暨汝白经理，只待尊处支票发下即得矣。

---

① “新中国建设学会致卢作孚函”（1935 年 1 月 3 日），重庆档案馆馆藏。

② 沈亦云著，唐德刚协助整理：《亦云回忆》下册，岳麓书社 2017 年版，第 422 页。

③ 黄立人主编：《卢作孚书信集》，四川人民出版社 2003 年版，第 370 页。

④ 同上。

1月27日 卢作孚为中国西部科学院赠广安或南充金钱豹以及承运杨森部枪械等事致函杨森，谓[①]：

兹有三事，谨陈于后。一、此间科学院动物园原豢有豹一只，新近又买两只，皆为金钱花色，皆活跃有生气，顷经院中同人商定，奉赠广安或南充陈列一只，藉供尊处人民观赏。伏望即派专员莅峡运领，亦藉练习饲养方法。二、前此钧部由京领运德造枪弹入川，运输护照三张交民生公司代办一切手续，兹已事毕，特为奉请察收□□请销。三、前蒙钧座慨许拨没收李仕清财产之一部于科学院，其在岳池地方之田之全部及田间之土拨与岳池，山间之土及山之全部拨与科学院，请于钧部令行之日告知科学院派人前往划领。

1月28—30日 长征途中的中央红军与川军郭勋祺部在土城遭遇[②]，红军遭遇重大牺牲。

2月1日 卢作孚为中央军入川大量借用民生公司轮船事，具函呈军事委员会委员长行营驻川参谋团主任贺国光，谓[③]：

此次中央军入川剿赤，十之八九皆系由公司轮船运输，应差轮船由七只增至十只，向所恃以维持生存之渝宜主要航线及主要轮船全部应差，客货运费几于全绝收入，而公司一切开支则日需万元以上，皆需现款，且大部皆在申支付。恃以苟延生命之租金，至少盼望维持最低限度之开支。顾军政部交通司以差轮经费预算未算入此次川江运输，至今未肯核下。窃念政府财政支绌，亦公司所深知。顾川江航业惟冬季水枯货运较佳，赖以补救洪水之损失，兹乃在枯水期间以全部轮船供应兵差，牺牲营业之收益为额已巨，如再在开支上有所垫累，则事业万难支持。三北、招商航线众多，租用二三轮尚不感觉痛苦，公司则全部应租，别无可以救济之路。救国救川皆为亟图，而救公司使其存在，庶有长久效力之机会，亦万望政府扶助。除另急电呈交通司外，拟请钧团更为去电请其查照。中央杨秘书长畅卿代将以上情形

① 黄立人主编：《卢作孚书信集》，四川人民出版社2003年版，第372页。

② 朱汇森主编：《中华民国史事纪要（初稿）》（1935年1—6月），台北“国史馆”1987年版，第100页。

③ 黄立人主编：《卢作孚书信集》，四川人民出版社2003年版，第373—374页。

转陈蒋委员长，并径电蒋委员长，恳予转知军政部转令交通司核准敝公司所请转下租金全额，以维本国航业最后一线之生机。不胜迫切，感祷之至。

2月5日　民生公司收购意商永庆公司的永丰轮，改名为民风轮[①]。

［按］永庆公司负责人为潘文华之弟潘昌猷，实际投资人为刘湘、潘文华、唐式遵、甘绩镛。

2月7日　卢作孚致函张梯云，谓[②]：

公司有应领三万余元差费之支票，及中国西部科学院有应领五个月补助费，计三千元之支票，皆未蒙核下，系念万分。比以需款急如星火，已商航琛处长许予盖章发给。万望吾兄特予扶持，迅为查出提交航琛处长盖章发下，至感！至祷！

2月9日　国民政府任命刘湘兼任四川省保安司令[③]。

2月10日　（一）四川省政府在重庆成立，刘湘就任省主席[④]。（二）杨森复函卢作孚，谓[⑤]：

顷奉大札，备悉一是。所嘱之件，已令岳池县府照办，惟详细办法请兄函商该县可也。至于赠送金钱豹，缓后再派员领取。

2月14日　何成浚为民生公司差轮民康轮触礁请予救济事致函卢作孚，谓[⑥]：

展诵手翰，藉悉近日我军剿匪胜况，至慰。此次国军入川，关于轮运诸荷毅力协助，得以畅达，尤为佩仰。至民康轮触礁请予救济一节，当经转呈，现奉总部侵参三代电：此案已电军政部核办，等因。

① 佚名：《民生简史》（上），《民生实业公司简讯》第1036期，1950年7月21日第3版。

② 黄立人主编：《卢作孚书信集》，四川人民出版社2003年版，第380页。

③ 朱汇森主编：《中华民国史事纪要（初稿）》（1935年1—6月），台北“国史馆”1987年版，第155页。

④ 周开庆：《民国刘甫澄先生湘年谱》，台北商务印书馆1981年版，第113页。

⑤ 黄立人主编：《卢作孚书信集》，四川人民出版社2003年版，第272—273页。

⑥ 同上书，第385—386页。

特以附闻释念。

2月16日　《新世界》刊载卢作孚《做事要正确地做到》一文，对于民生公司职员和练习生中有人以抛掷方式递送钥匙，结果将钥匙投入江中提出批评，谓[①]：

公司职员和练习生大约二十余人在民宁船上，有以钥匙递给第二人的，因有数尺的距离，随手抛掷，竟掷到江心去了。由这一件事情连带引起了我许多感想。做事不求正确地做到，正是我们感觉着一般人的大病。递东西不到人的手上，倾水不入水漕，吐痰不到痰盂里边，开门、关门只用力一撇，听话不听清楚，说话不说清楚，想事不想清楚，托人办事不一定要回信，只将事交与人，自己不负责照料，有不胜枚举的例。总之，凡事不一定做到，不一定正确地做到，乃是我们的大病，急切需要治疗的。

2月18日　卢作孚就川局事函电杨永泰，谓[②]：

川省生机已启，所望在继续加力促成残匪完全肃清，川局完全统一。因此自甫澄督办以及各界领袖，皆盼委座莅临之后有所主持，尤盼先生同时飞渝，多所讨论。

2月19日　军事委员会委员长行营参谋团从本日起分三批到北碚参观。本日第一处处长刘倚仁率领参谋团高级职员和宪兵共三十余人，早晨8点钟在重庆千厮门盐码头乘民生公司的民信专轮到北碚参观[③]，卢作孚作为民生公司总经理、峡防局局长与川江航务处处长何北衡在北碚迎接。当日参观了北碚各事业、北川铁路，晚宿温泉公园。

2月20日　参谋团参观了三峡工厂、农村银行、北碚公园。卢作孚还在民众会场举行了欢迎会。

2月21日　参谋团第二批到北碚参观。

2月23日　（一）参谋团第三批到北碚参观。（二）卢作孚就民生公

① 卢作孚：《做事要正确地做到》，《新世界》第64期，1935年7月16日，第1页。

② 《卢作孚致杨永泰函电》（1935年2月18日），台北“国史馆”藏。

③ 《参谋团畅游北碚》，《商务日报》1934年2月22日第7版。

司轮船上两句标语缮写事致函邓少琴，谓[①]：

兹特派公司茶房送上标语两句，曰“作息均有人群至乐，梦寐毋忘国家大难”暨白纸两条，乞兄以双钩书法，尽纸条大小，各钩一句于白纸上，交茶房速予携转为感。

2月24日　驻节武汉的豫鄂皖三省“剿总”副总司令张学良和驻鄂绥靖主任何成浚就中央军入川运输问题分别复函卢作孚，谓[②]：

牯岭归来，获读台缄，备悉一是。贵公司民康轮触礁，损失极巨，殊用惋惜。由部派员会同航政局详查具报，以凭核办矣。水陆两运办法，际兹江水枯落，颇为切要。至承示川局详况，感慰尤深也。专复。

何成浚函谓[③]：

惠函诵悉。查租用外轮一案，业经过呈奉总部艳参三代电：以条件过苛，可暂从缓。经函致邱代表丙乙，谅已转达台览。至近期水涸，拟请水陆并运一节，好在入川部队无多，倘轮舟方难行驶，关于军运总部当另有办法也。专此布复。

2月25日　卢作孚就中央军入川轮运租费问题致函民生公司武汉分公司经理李龙章，嘱其亲自转交卢作孚亲笔信写给张群和杨永泰，谓[④]：

致岳军、畅卿函请兄亲交。但虑面晤不得，岳军处请先访省府秘书冯若飞，不得已即请转交于岳军。畅卿处请先访王处长又庸（王系参谋团第二处长，前周由渝飞汉，想系住在太平洋、扬子江等处），如寻觅不得，可电话问杨畅卿先生，或问岳军先生，必知之。如晤畅卿先生未得，畅卿函即可由又庸转交，目的在请岳军、畅卿白

① 黄立人主编：《卢作孚书信集》，四川人民出版社2003年版，第387—388页。

② 同上书，第357—358页。

③ 同上书，第359页。

④ 同上书，第389页。

于蒋委员长，即日致电军政部，催其月底拨款十万，并速定租金。请兄面陈苦况，至感！至感！

2月27日　卢作孚为差运租金问题函电蒋介石请予解决，谓[①]：

公司主要航线，全部轮船专应兵差者多到十只以上，沉没一只，损失达十余万，应差二月，差费亦达十万以上，迄未核发。油、煤垫款亦累积六万以上。公司乃一基础未固之新兴事业，摧折攫易，支持实难，伏望钧座电军需署，速予核定租金十足发款。川江最险，他航线不能援以为例。公司全部轮船应差，他公司不能援以为例。本月底并盼先发十万以救眉急，情实迫切，伏恳扶持。

2月28日　卢作孚为民生公司增加股本请予提倡事致函康心如，谓[②]：

去年匪患紧迫，货运萧条，轮船公司无有不亏折者。公司独尚有一分二厘之股红息，资产由3835945元增加到4974720元，固定资产由2722900元增加到3328804元。只最感痛苦者，资本仅由1063000元增加到1174500元，与固定资产相差到二百万元以上。虽有历年提存之销磨、保险公债等可以填去一半，然仍感不敷，时时捉襟见肘，向外告贷。窃以公司年来不但于社会多所帮助，于四川集资事业之信用及四川对外之信誉裨益亦多。事业必须健全，布置必须完整，乃能自立于不败之地，长久保持稳固之赢利。因此，本年必须扩充资本至少达150万元，比原有者增加30万元以上。原有股东中，颇多热心维持事业之良友，尤以吾兄登高一呼，众山皆应，拟请提倡巨额加股。今年以后，匪患消灭，川局开展，公司经营不但可长足前进，尤当有较多之赢利，以答吾兄扶持之雅也。加股期间幸在三月七日股东开会以前，更所感盼。

3月1日　（一）军事委员会委员长武昌行营成立，张学良为主任，钱大钧为参谋长，杨永泰为秘书长。（二）改组后的四川省政府在重庆成

---

① 《卢作孚致蒋介石函电》（1935年2月27日），台北“国史馆”藏。

② 黄立人主编：《卢作孚书信集》，四川人民出版社2003年版，第392—393页。

立，刘湘就任四川省政府主席兼川康绥靖公署主任，邓汉祥为省府秘书长，刘航琛为财政厅长，郭昌明为建设厅长，宣布废除防区制，实行省政统一。就职典礼结束后，刘湘即赴成都成立省政府及各厅处。此后川中各军先后宣言交还军权，省政府将全川划分为 18 个行政督察专员区①。从 3 月起，各军军费，由四川善后督办公署统筹核发，四川防区制从此打破，川局归于统一②。（三）蒋介石为民生实业公司租金事函电军政部次长曹浩森、兵工署署长周骏彦，谓③：

秘。接贺主任国光宥电称民生公司经理卢作孚函称主要航轮十只均以供应军运，总计两月，垫出租金及燃料各费已达十余万元，仅于前月领得三万元，相差尚在十万以上。现民康沉没，民强、民宪各轮均因水枯损坏，损失又达十余万元，务恳转电军部于本月底先发十万元以救眉急等情，除已电复准先发五万元外，希即照发为要。

（四）《新世界》刊载卢作孚撰写的《二十三年本公司之营业概述》，该文不仅回顾了 1934 年公司营业情况，而且对于公司原本目的以及整理川江航业等，均有涉及：

二十三年一年中之计划，本在完成二十二年未完成之整理，甚愿航业有粗安之局面，故曾赞成同业宜渝水脚公摊之提议。徒以立法未周，议水脚复未当，仅试验一度而止。立约于二月初，废约于三月杪。废约以后，水脚骤落，向以维持水脚号召之公司，至此亦争放水脚。甚至棉纱一件，由申运渝放到银二元五角。直至枯水时期之水脚，尚不如往年洪水时期。以与二十二年较，公司轮船有加，货运有加，而水脚收入反锐减，直为公司有轮船以来最坏之一年，亦为川江有轮船以来最坏之一年。兢兢业业，深以亏折为忧。竭全公司职工之力，在收入上谋涓滴增加，在开支上谋涓滴节省，乃得勉强支持，且幸小有盈余。以较往年，则相差太远。但在此太坏之年，尚小有盈余，亦不幸中之大幸，差足以慰吾踊跃投资之股

---

① 邓汉祥：《四川省政府及重庆行营成立的经过》，《文史资料选辑》（全国）第 33 辑，文史资料出版社 1980 年版，第 121 页。

② 周开庆：《民国刘甫澄先生湘年谱》，台北商务印书馆 1981 年版，第 109 页。

③ 《蒋介石致曹、周电》（1935 年 3 月 1 日），台北“国史馆”藏。

东矣。

本公司计划经营之主要事业，原为生产，而非航运。不幸而航运危急，乃舍己救人，以重金接收甚感困难之若干华轮，加以整理，冀得与中外成整之公司彻底合作。稍稍安定，转移全力于原定目的，从事生产。故开始经营下游航运，即开始与中外航商商洽合作之办法，此应为同业所谅解者。合作要求，只在营业安定，水脚只盼望足敷成本，绝不主张提高如曩昔，以难商人，以碍商运，以侥幸取得一时之盈利，此应为商人谅解者。顾各方有所未谅，事势有所未许，合作之局无成，营业之争愈烈，使公司同人不得不延长努力航业之时间直至今日，或且直至今日以后，其间盖有非常沉痛之感情，非苟为利益，乃求此最后兴起之公司信用不致坠落，一息仅存之华轮生机不致斩绝，则全为社会，非为公司本身，尤非为个人。深信一切结果，可以吾人全体努力苦干获得之，以此相互策励。亦期望社会各方人士，予此一群苦干朋友以深厚之同情，而加扶持之力。食赐亦绝非个人，乃为事业，其后乃为更大之社会信用，与社会要求也。

其次为协助公司曾投巨资之北川铁路公司，不得不进一步投资整理铁路沿线之煤业，而新组织一天府煤矿公司。其发轫在二十二年，而接收经营并处理一切纠纷，则集中于二十三年。为使无办法之事业有办法，又不得不投资金予天府以协助。此外事业之与公司投资有关，须助其完成者，亦于此日助其完成，使各为有利之事业，愈增加社会之信用。但非事业全部有办法后，绝不增加任何新事业，以增加现有事业之重累，盖不仅有资金不敷分配之感，尤有人才不敷分配之感也。

公司固定资产达三百三十二万八千八百零四元余，而资本仅一百一十七万四千五百元。历年提存之折旧保险公积金等，亦仅一百四十八万三千三百七十七元余。资金所差甚巨。因此去年金融界好友特提出募集公司债之主张，经临时股东大会之议决，募集公司债一百万元，八年还完，请托申渝两地银行认募，正协议办法中，最近即可完成。今后每年分还之债既少，则整理已办各事业使皆健全，当有余力矣。此亦差可告慰于吾股东，乃至社会各方人士者也。

（五）民生公司在总公司内设立狮坪煤号总号，在江北土沱狮子口设转运处，负责采购东山龙王洞的煤焦，供公司使用[①]。

（六）蒋介石准准川江航务管理处所请，通令中央军官佐人等搭乘川江各轮，无论公差私事，均应一律照价买票。[②]

3月2日　上午蒋介石从武汉乘福特机由武汉飞抵重庆，整理川政，指挥“剿共”军事[③]。侍从室第一处主任晏道刚等随行。

3月3日　蒋介石电令川黔各军由其统一指挥。由于蒋介石初次到重庆，重庆军政各方准备召开迎蒋大会，并指派北碚人员布置会场，加上民生公司股东会召开在即，所以卢作孚极为繁忙[④]。

3月4日　（一）蒋介石在重庆出席四川省党务特派员办事处扩大纪念周，发表题为《四川应作复兴民族之根据地》的演讲，表示：“就四川地位而言，不仅是我们革命的一个重要地方，尤其是我们中华民族立国之根据地。”并表示自己来四川的重要目的之一，是“要以全力协助省政府刘（湘）主席建设四川，解除四川同胞的痛苦”[⑤]。

（二）参谋团主任贺国光为军运运费致函卢作孚，谓[⑥]：

> 敬启者：奉主任贺（贺国光——引者注）转委员长蒋冬未密电，开所请拨民生公司军运运费一节，已电军政部即先拨五万元，希即转知为要等因奉此，用特函达，查照为荷，此致民生公司卢总经理启。

3月初　卢作孚《中国的建设问题与人的训练》由上海生活书店出版。

3月6日　民生公司在重庆举行第十届股东大会，到会300余人，报告1934年公司收入380余万元，支出360余万元，赢余16万余元，公司资产达到490余万元，并议决发行公司债100万元。本次股东大会推举张澜、田锡之、周孝怀、耿布诚、唐棣之、左德范、石荣廷、郑东琴、张嘉

---

① 民生实业公司十一周年纪念刊编辑委员会编：《民生实业公司十一周年纪念刊》，中华书局1937年版，第214页。

② 李幼渔：《蒋委员长维护航业》，《新世界》1935年3月第65期，第126页。

③ 朱汇森主编：《中华民国史事纪要（初稿）》（1935年1—6月），台北“国史馆”1987年版，第223页。

④ 黄立人主编：《卢作孚书信集》，四川人民出版社2003年版，第398—399页。

⑤ 蒋介石：《四川应作复兴民族之根据地》，见贺国光编《国民政府军事委员会委员长行营参谋团大事记》，军事科学院图书馆1986年影印本，第866、889页。

⑥ 《军事委员会委员长行营参谋团致卢作孚函》（1935年3月4日），重庆档案馆馆藏档案。

璈、何北衡、任望南、连雅各、黄云龙、钟孟武、赵百福、李佐成等17人为董事，赵资生、蒋祥麟、周纯钦、甘典夔、王辅廷、刘航琛、周尚琼、王渭若8人为监察。这次选举董事中，黄云龙因事忙辞职，未再入选。公司股本本年达到124万元[①]。

3月13日　杨森就民生公司增加股本事复函卢作孚，谓[②]：

顷奉大礼，备悉一是。吾兄扩充公司资本，提倡事业，本应遵添股份，以副雅命。惟现值剿匪期间，款项奇绌，一俟稍缓，即当照办。

3月14日　川军将领李家钰就民生公司增加股本事复函卢作孚，谓[③]：

来示奉悉。吾兄以坚苦卓绝之精神，努力于社会事业，勤劳卓著，佩慰至殷，自当力为赞助，以副雅意也。

3月19日　卢作孚在重庆晋见蒋介石。后来卢作孚说[④]：

蒋介石先生于抗日战争开始前两年第一次乘飞机到四川旅行时，曾经对我说："一个人只要进入四川的上空，立即就看到了地球外貌的彻底改变。这个广阔的绿色省份最后一定会成为我国抗战的基地。"

3月20日　（一）卢作孚为介绍友人情况致函电蒋介石，谓[⑤]：

呈上拙著《中国的建设问题与人的训练》一册，所怅为文时，尚在认识钧座之前。再昨日晋见时，未能忆起之两友，一任建业银行协理现在上海者，为范英士；一任教育厅科长管理全省教育经费者，

① 民生实业公司编：《民生实业公司概况》，1937年刊，第3页。

② 黄立人主编：《卢作孚书信集》，四川人民出版社2003年版，第401页。

③ 同上书，第401页。

④ 卢作孚：《中国中心的伟大基地》，《美国与亚洲》第44卷，1945年4月号，卢晓蓉提供。

⑤ 《卢作孚致蒋介石电》（1935年3月20日），台北"国史馆"藏。

为郑献征。并闻。

（二）卢作孚为民生公司股份事复函李家钰，谓[①]：

奉示敬悉。公司事业荷蒙扶持，感激曷胜。甚盼吾兄先将廿三年股红息加投股本，此外可再加若干，并乞示及。至感。

3月21日　（一）卢作孚为差运费问题致电杨永泰，文电摘要如下[②]：

宜渝航线全部轮船应差，已逾两月，租金尚未确定，无法领取。兹近三月底，上海需款迫切，不得已乃请委员长核定，谨将请核要点另纸录呈，乞便陈委员长。请核要点：（1）上海航会所定川江轮船租金标准，系比照江海各轮计算，查江海轮吨位大而马力小，川江轮吨位甚小而马力特大，根本不能相比。（2）川江轮船开支，如照江海轮船标准，实不敷甚远。例如民生轮船日需六百六十一元，而上海航会所拟标准仅为四百元。（3）照上海航会所拟标准，损失已大。如再照江海轮八折例支给，如民主轮船只能领三百廿元，与开支成本六百六十一元相交，亏折太大。（4）要求十足开支，在公司已系退一步之请求，以日需六百六十一元开支之民生轮船计算，即准照上海航会所拟标准十足发给租金，所领不过四百元，尚不敷二百六十一元。

对此，杨永泰所拟如下意见：

川轮马力大而吨位小，不能与江海轮相交，自属实情。现沪航会与交通司拟定川轮亦依海轮之标准给价（例如民主轮每日开始六百六十一元，依其吨位只发四百元），该民生公司已允接受，但需要不再照江海轮八折给领之例，以示体恤，所请于事实情理，尚无不合，拟转由军部妥为核办，迅予解决。当否请核示。

---

① 黄立人主编：《卢作孚书信集》，四川人民出版社2003年版，第402页。

② 《卢作孚致杨永泰文电》（1935年3月21日），台北“国史馆”藏。

蒋对上述意见批示“如拟”。

（二）民生公司员工按规定一律穿着公司制服，这种制服是用三峡厂所织芝麻色棉布缝制的中山服。

3月22日　张澜为增持民生公司股份事致函卢作孚，谓[①]：

前函所云友人顶股手续，于月底办清将股票交来。究系一股或两股，请即示知，以便届时交款为荷。

3月23日　（一）卢作孚为民生公司股份事复函张澜，谓[②]：

奉示敬悉。查公司已为先生办理两股手续矣。知关注念，谨闻。

（二）全川新运促进会在重庆青年会举行成立大会宣告成立，蒋介石亲临训话谓：来渝两周，观察所及，市面香烟广告，较他省为少。惟救命金丹及花柳病类广告触目皆是，并随处张贴，漫无秩序，亟应改善[③]。

3月24日　蒋介石由重庆到贵阳，主持一切“剿共”军事。

3月25日　张澜为增持民生公司股份事复函卢作孚，谓[④]：

三月十五日曾接尊函，谓查澜账尚存银六百零六元，加三百九十四元，可拨两股，已嘱会计处移转友人股，月底送达股票云云。据此，则移转友人之股当系两股，二十三日已由公司送到股票二张。惟查二十三年三月，澜曾将股红息舆马等移作股本，记得此次增加之一股尚有欠数未经补足。旋接南充舍下来信，谓收到民生公司五百元股票一张（请会计处查）。尊函所云三百九十四元或即去年三月将股红息舆马等移作股本之数，因澜另外未有存款也。若然，则此三百九十元之数去年已发股票一张，今年存银六百零六元，除以一百零六元补足去年欠数，只有五百元。如移转友人之股系两股，送来股票又系二张，则尚须补交五百元。请即嘱会计处查明赐复为荷。

---

① 黄立人主编：《卢作孚书信集》，四川人民出版社2003年版，第405页。

② 同上书，第405页。

③ 周开庆编著：《民国川事纪要》（1911—1936），台北四川文献研究社1974年版，第576页。

④ 黄立人主编：《卢作孚书信集》，四川人民出版社2003年版，第406页。

卢作孚在该函上批："因每月有舆马二十元，曾寄上有账单，故去年加股之欠款业经填清，且有剩余也。"

3 月 27 日　（一）刘湘致函卢作孚，谓①：

> 拟约杨秘书长畅卿及少数友人，于本星期六（即三十日）同游北碚温塘，并请台端参加领导。特先函达。

（二）卢作孚接刘湘后后回复，谓②：

> 奉钧示，敬悉钧驾将偕畅卿先生莅游三峡，谨当侍行。拟于星期四或星期五趋谒，商承游程及备船办法，谨并陈闻。

3 月 28 日　国民政府任命张嘉璈为中央银行副总裁。

3 月 29 日　（一）张嘉璈向中国银行辞去总经理职务。辞职请求后于 4 月 1 日获得中国银行批准，中央银行副总裁职则于 7 月 1 日就任。（二）卢作孚为轮船上新生活运动办法事致电蒋介石行营，文电摘要如下③：

> 录陈民生公司轮船上新生活运动办法，敬请鉴查。

3 月 30 日　刘湘、杨永泰、李璜、《大公报》张季鸾乘民生公司轮船与到北碚参观。一行人参观天府煤矿公司后，宿温泉公园。④

3 月 31 日　刘湘、杨永泰、李璜、张季鸾一行人继续北碚参观各项事业。对于两天参观中所见，稍后张季鸾说⑤：

> 天福（府）煤矿区，印象殊劣。人民尪瘠污秽，矿工尤甚。询知工价甚低，工人一日所入，不过一角余。妇婴老弱，负煤下山，所得尤微。观矿工之苦，尤过于陕北之土法煤窑，因深感矿区管理之有

---

① 黄立人主编：《卢作孚书信集》，四川人民出版社 2003 年版，第 408 页。

② 同上。

③ 《卢作孚致蒋介石电》（1935 年 3 月 29 日），台北"国史馆"藏。

④ 张季鸾：《入蜀记》，《国闻周报》1935 年第 12 卷第 19 期，第 5 页。

⑤ 同上书，第 5—6 页。

待改良也。及至北碚镇，则气象大不同。民居虽陋，而整洁异常。是日居民及各校学生，都至江干欢迎，并为演川剧。西部科学院，在发达初期，成绩斐然，而限于财力。有中学一所，余见其揭示牌上之国文成绩品甚佳。又知特重训育，有良好之学风。织布厂，男女工皆衣制服，清洁而整齐。所织三峡布，代表重庆时尚，盖有望之事业也。北碚全镇，有组织，有训练。十年前之匪窟，今成一模范社会，民智大进，风俗日新，盖不止为四川之桃源也。余既佩卢君作孚之人格志趣，亦一位足证天下事之易为。人民皆向上，只须亲切之指导耳。温泉与北碚公园，以风景论，亦为殊胜。嘉陵山水，游川者不可错过也。

4月1日　《新世界》第67期刊载卢作孚《为什么要穿公司的制服》一文，就穿公司制服的目的和意义进行了阐述，谓[①]：

> 我们为什么要穿布质短衣——公司的制服？
>
> 第一是要造起节约的风气。当前的社会，正在淫靡奢侈中迈进，比赛着谁的衣服漂亮，谁的衣服华贵。我们当要纠正它，另外造起节约的风气，造成功一个朴质而有意义的新社会，即从穿衣服起，去影响一切的一切。
>
> 第二是要表现事业精神。事业是我们这一群人的力量创造出来的，而这一群人有一样的形式，一样颜色的制服，每一个人穿起，不论他是什么职务，都可代表整个事业的精神。这是何等的光荣！决不是耻辱。

4月2日　蒋介石在贵州电发手令，以弃地而退，撤职查办川军将领田颂尧[②]。

4月3日　杨永泰就卢作孚前述有关轮船上新生活运动办法，向蒋介石提出拟办意见，谓[③]：

---

① 卢作孚：《为什么要穿公司的制服》，《新世界》第67期，1935年4月1日，第1页。

② 朱汇森主编：《中华民国史事纪要（初稿）》（1935年1—6月），台北“国史馆”1987年版，第318页。

③ 《卢作孚致蒋介石电》（1935年3月29日），台北“国史馆”藏。

（卢作孚民生公司轮船上新生活运动）所行办法，井井有条，确深得新生活运动之精神。拟酌复嘉勉，并将办法抄达交通部，转饬招商局及其它商轮公司切实仿行。

对此意见，蒋介石批示“如拟”。

4月初　著名纺织工业家苏汰余到重庆和北碚，首先参观了民生公司三峡染织厂重庆办事处，4—6日到北碚参观了三峡染织厂。此时该厂已颇为有名，有资本10万元，工人300多人。苏汰余记述道[①]：

民生实业公司所办三峡染织工厂，为川中有数之制造工业，厂址在北碚镇，设营业处于重庆小梁子街。营业处陈列各色布匹、毛巾、大毯等，琳琅满目，极惹人注意。

……厂外墙上，书有极大标语曰：“大胆生产，小心享用。”统观全厂，规模极小，出品亦不甚精良，特在川中，能如此已属可贵也。

4月9日　卢作孚在重庆某研究会上作了《中国人并不自私自利，只看社会的影响如何》的讲演，谓[②]：

中国人确实富有牺牲个人的精神，何尝自私自利？不过方法和地方未加选择而已！新方向终竟要产生出来的。现在的交通、生产、经济等[③]各方面都压迫起来了，压迫到使我们不能把以前做寿、送丧、娶妻、嫁女而牺牲的精神，转移到另一个新的方向，造成一个新的社会。

刘鸿生先生向我谈过，他的公子，初在上海，穿必洋服，出必乘头等车。其后到日本留学时，即不能不降格相从了。何以呢？因为日本学生皆着制服，他就不能不着制服了，日本学生皆坐三等车，他也不能不坐三等车了。这可证明某种社会的兴趣一经建立，人们便随之而来。即是说，如果我们也建立起一种新的正当的社会兴趣，那什么

---

① 苏汰余：《北碚三峡染织厂参观记》，《朝气》第11期（1935年），第9—10页。

② 卢作孚：《中国人并不自私自利，只看社会的影响如何》，《新世界》第68期，1935年4月16日，第5页。

③ “等”字原为省略号。

事也都会照着我们所建立的而兴起来了。

现在日本兴起的一桩事，是日本的青年训练所。日本何以成功一个现在的日本？因为她一切都是受过训练的青年在活动。他们所授的课程，并不是如何为个人，乃是如何为家、町、县、府乃至国家。又由交通、产业、陆军、海军等①，直讲到日本与世界的关系，才算完毕。因此，日本成功［为］了现在的日本。人是社会训练成功的。可惜，直到今天，中国还未创造出此种社会来。

日本青年训练所，除了在知识方面注重，还用力于技能方面，有军事的技能，职业的技能，现在的日本人几无一个不是由此训练出来的。

马君弼先生曾经谈过，德国也正积极从事于训练青年。世界不许可德国征兵，他就变更方法征工，凡十八岁到二十五岁的青年，必被征工两年，来作筑路、建桥、垦荒等最苦的粗工，实际即施以最严格的军事训练。德国青年凡未经过此种训练的，欲谋升学，全国学校皆不收。

苏联的青年，也训练成功两个完整的战线，文化战线和经济战线。文化工作的先锋队，莫有资金做文化运动，乃约集多数青年，先事垦荒一百万公顷，以作文化基金。莫斯科有次遇到国家大庆典，工厂放工，全市人皆沉醉于庆祝，却有几万青年，不去参加，不去休假，而仍努力工作，把那一天的工资捐作文化运动。这是何等感动人的行动！

青年，不是日本、德国、苏联才有，中国一样的也有。然而，中国的青年在做什么？都在浪漫的地方放任着个人的生活，萦绕着个人的问题。这是什么原因？为什么不牺牲了自己热烈地为着社会？实是中国还未创造成功一种新的社会。

假如我们要想产生出如日本、德国一样的社会，只要有个人或一部分人造起兴趣，不难影响全国。全国青年都变化了，中国的前途，绝不至于无办法，不过现代的社会要如何才创造得出来？这绝不是可以坐着等待的，急切需要从我们本身做起。

4月13日　刘湘为澄清吏治特在四川省政府设立公务员资格审查委

---

① “等”字原为省略号。

员会并筹备省府县政人员训练所致函卢作孚，谓[①]：

省府为澄清吏治慎选贤能起见，特设公务员资格审查委员会，组织条例曾经军事委员长行营核定。并敦请先生担任委员，聘书昨已送上，当荷察及。

现因筹办县政人员训练所，其甄审办法，依章程规定由审委会负责主持。先生指导川政，夙具热忱；藻鉴人才，素主培育。训练所开办在即，特定于十五日午后一时在省府会商一切，届时务祈惠临为盼。

[按] 后来该训练所以刘湘为所长，蒋介石派来的王又庸任副所长负责日常事务，5月19日第一期训练班在重庆开学，后移成都，前后共举办三期，训练学员1000多人。

4月19日　蒋介石为轮船新生活运动等事致函卢作孚，谓[②]：

两接手书，并承惠赠大著《中国的建设问题与人的训练》及民生公司《轮船上新生活运动办法》两种。浏览之余，弥觉执事思虑周洽，所行办法皆井井有条，至为佩慰。其《轮船上新生活运动办法》一种，尤得新运精神，并已饬抄达交通部，转饬招商局及其它商轮公司，一体切实仿办，以利推行矣。专此奉复。

4月22日　何北衡与杨永泰就改进中央军入川军队运输中的川江运输效率问题交换了意见。

4月23日　为使杨永泰对于川江差运有更多了解，何北衡致函杨永泰并附呈川江差运惯常做法以备采择，谓[③]：

昨谈关于增进兵队运输效率之意见，兹遵命谨就鄙见所及，并历年实施者分项胪呈备供采择，尚祈衡横核为荷。

何北衡在函件的附件中，向杨永泰呈《关于军队轮运切实有效意见

① 黄立人主编：《卢作孚书信集》，四川人民出版社2003年版，第417页。

② 同上书，第417—418页。

③ 《何北衡致杨永泰电》（1935年4月23日），台北“国史馆”藏。

六项》，陈述川江差运情况颇详。六项意见反映了川江差运的一般情况和办法，主要内容为：一、军队。枪弹、行李、辎重等一律装入舱内，官兵上船，需要对面挨紧而坐。二、军队应在搭轮当日早晨四时在岸上早餐，6时前上船坐定。每人随带冷饭或干饼一份备作午餐，因为船上只能供应开水。下午6时停船，军队上岸造饭。三、由于轮船重心在下，大多数官兵需要坐在第一层船舱，少部分坐在第二层船舱。四、军队必须严格遵守上船时间，以免延误行程。到达目的地时必须立刻上岸，并迅速将枪弹、辎重、行李起提上岸。五、轮船载运官兵人数标准，民贵、永丰、富阳等轮，每船可载官兵1600名。民主、民宪、富华、永游、永康、江泳等轮，每船可载官兵1200名。民强、民意等轮每船可载700名。六、严禁带私货、私人。对此意见和办法，后经杨永泰呈蒋介石。

4月25日　张嘉璈就应允担任中央银行副总裁一职等事致函卢作孚，谓①：

> 奉示敬悉，以事见及进止未定，延未作复为歉。弟负重累廿余年，今得稍事休息，可谓天假之缘，胸中快慰，莫可言宣。中央银行事，因环境关系，已允暂时担任，就职之后，以久未休息，拟作北游，换换空气，再行开始工作。今后如何为国尽力，拟于闲时细细思量，再与吾公研讨。闻公□五六月间来沪，届时再可细谈。

4月27日　（一）国民政府交通部发出第2210号训令，内称：四川民生公司总经理卢作孚呈递的航轮新生活运动办法井井有条，深得新生活运动的精神，希望各地商轮公司遵照办理云云。训令后附有卢作孚的“船上新生活运动办法”②：

> 船上新生活运动办法
>
> 一、用人
>
> 甲、取消包办制度
>
> 1. 取消买办包办制度。2. 取消机舱包办制度。
>
> 3. 取消驾驶包办制度。4. 取消厨房包办制度。
>
> 乙、采取考试制度（除驾驶、轮机两部高级船员已有考试制度

---

① 黄立人主编：《卢作孚书信集》，四川人民出版社2003年版，第420页。

② 《交通部汉口航政局训令》，《新世界》第79期，1935年10月1日，第42—48页。

者外）

1. 理货人员全部采用考试制度。2. 账房人员全部采用考试制度。

3. 茶房全部采用考试制度。4. 水手全部采用考试制度。

丙、按年考绩

1. 采取薪资升级制度——确定薪级年功加俸办法地位尽可不变而月薪逐年提高。

2. 采用职务升级制度——茶房可以希望升到经理水手可以希望升到船长。

丁、加紧训练

Ⅰ. 训练内容

1. 提高工作技能。2. 提高与工作有关之专门知识。

3. 使认识现代的国防问题现代的经济事业现代的交通事业，尤其是使认识现代的航业在中国的或在别国的。

Ⅱ. 训练方面

1. 在工作时间训练。2. 在工作时间外授课。

3. 轮流调到指定的地方或指定的轮船训练。

4. 送往专门学校深造或其它事业实习。

二、设备

甲、消防设备

1. 附于主力机上或蓄水柜中之出水管。2. 动力加水机。

3. 人力加水机。4. 灭火药水。5. 灭火砂。

6. 太平桶。

乙、救生设备

1. 救生舢板。2. 救命圈。

3. 水带。4. 救生排。

丙、卫生设备

1. 救急药品及卫生材料。2. 消毒药水及肥皂。

3. 厕所中之自来水冲洗。4. 蒸汽消毒具。

丁、教育及娱乐设备

1. 足供客人消遣之图书、照片、报纸、杂志、小册子。

2. 无线电收音机接受中西音乐、名人讲演及新闻报告。

3. 公布新闻简讯。

4. 设备桌上娱乐用品（如棋类）

5. 简单乐器。

三、要求

甲、保护船

Ⅰ. 尽量使客人明了者

A. 船上一切设备

1. 何处是厕所及入厕应留意之事项。

2. 何处是浴室及入浴应留意之事项。

3. 船上有图书及其取阅手续。

4. 船上有娱乐用具及其取用之手续。

5. 船上有危险地段应请客人如何当心。

6. 窗门电灯如何开关。

7. 船上有救生带及其使用之方法。

8. 船上有客人应明白规定之事项。

B. 客人一切活动

1. 何时开饭。2. 夜间宜于何时睡觉晨早宜于何时起床。

3. 如何分配客人入浴时间。4. 如何分配客人图书及游戏的时间。

5. 如有收音机何时开放。6. 过码头停船时客人应如何当心行李或关闭门窗。

7. 客人到达起岸之码头时宜于何时收拾行李。8. 上岸雇划子、力夫之价目、方法及船上可以帮助之事项。

C. 沿途一切事项

1. 风景。2. 重要出产。3. 特殊风俗。4. 特殊事业及人物。5. 码头上一切明白之事业如较好之旅客餐馆及车马费等。

Ⅱ. 尽量服务客人

1. 上船时为客人妥当觅得地位安顿行李并为张开铺位。

2. 为备茶水及其它需要之事务。

3. 入晚为开电灯。

4. 入眠为准备铺被及衣服。

5. 晨起为准备洗面漱口水及其它事物并为准备铺被拭擦皮鞋等。

6. 入浴为准备水、浴巾及肥皂。

7. 入厕为准备纸、洗手水及肥皂。

8. 就食为指定地位递奉菜饭，食尽为准备牙签及漱口用水。

9. 为介绍并取阅图书。

10. 为介绍并为取用娱乐用品。

11. 考察客人之需求并立刻为之帮助。

Ⅲ. 整理及清洁

1. 凡船上物品、客人行李及用品须随时整理清楚，无使凌乱。

2. 凡客人餐间、房间及器物须随时清洁，无使稍有灰尘，无使有一点渣滓或一滴水。

3. 凡过道地板、壁间及栏杆，须随时保持清洁，无使稍有灰尘，无使有一点渣滓或一滴水。

4. 凡厕所、浴室，须要随时清洁，无使有臭气、有秽物。

5. 厨房必须清洁，勿使鼠及苍蝇入内。

6. 茶房、厨房身体衣服，尤其是两手必须清洁，勿使有污秽。

Ⅳ. 必须规定事项

1. 吃饭时间。

2. 开放收音机时间。

3. 取阅图书时间。

4. 开灯及关灯时间。

5. 取用娱乐用品时间。

6. 查票时间及收票时间。

7. 入浴人多时分配入浴时间。

8. 夜深客人静肃时间。

9. 晨间催请客人起床时间。

10. 乘客活动之地段及范围。

11. 船开、船到之日期乃至时间。

四、生活

甲、工作

1. 必有确定之计划。2. 必有确定之分配。

3. 必有确定之起讫。4. 必有确定之时间。

5. 必有确定之考察。6. 必有确定之记录。

7. 必有确定之比较及批评。8. 必有确定之奖励。

乙、知识（并寻求比赛之机会）

1. 必有课程（中文或英文）。2. 必有读书方法并作读书报告。

3. 必作新知识广播运动。4. 必作新闻广播运动。

5. 必报告事业之设施状况伙计一切公布之办法。

丙、技能

1. 必提高职务上特殊需要之技能。

2. 必提高其普通需要之技能如泅水及急救实施等。

3. 必提高其运动技能如足球、篮球等。

4. 必提高其游艺技能如唱歌、演剧等。

丁、联络

1. 举行首脑会议由船长召集各部首脑讨论各部分之分配及相互有关之问题。

2. 举行全体船员大会工作及读书报告并联络两船以上之在同地者举行。

戊、旅行

1. 欣赏风景。2. 考察地方风土人情。

3. 参观其它轮船。4. 参观其它事业。

（二）4月27日，何北衡所呈《关于军队轮运切实有效意见六项》得到蒋介石批准。

4月29日　民生公司代表杨成质就收购捷江公司一事，致函卢作孚报告与交通部次长张道藩交涉经过，谓①：

廿四、廿六日两示敬悉。附来致张道落次长函，已于今晨持往面交，并向其陈明如次：

"公司得悉招商拟买捷江消息，非常惊恐。盖因过去川江航业外商竞争虽甚剧烈，然以上有政府之扶持保护，下有招商之合作提挈，公司自信勉可立于不败地位，故去岁为川江民生、捷江两大公司争最后生存之斗争时期，竞争之烈，为有史以来所仅见。结果捷江失败，公司牺牲亦甚大，只冀今后对川江航业担当一番整理责任，为国家收回内河航权作一初步贡献。今若归招商收买，则事实上不啻化相互间已往之协作精神为竞争，殊非本国航业之所宜。倘未陷入大量之资金，自可静让招商进行；且以双方之故有力量及环境而言，亦以让公司担当经营川江责任为易收速效。"

张次长答复如次：

"公司何以未早日通知交部，声明要买捷江，要求招商勿作进行购买计划。若早有文备案，则招商文到请核时，即可斟酌情形，不予照准。今交部业已许可，理事会亦已通过，实绝对碍难令饬招商局停止进行。且捷江乃系自动与招商以优先购买权，美公使及领事与交部

① 黄立人主编：《卢作孚书信集》，四川人民出版社2003年版，第573—575页。

亦有洽商，表示愿让与招商局。在交部方面并非图买彼之船，不过欲借此造一收回航权之伏案。盖双方政府当局须有一谅解，美国自捷江出卖后，永不作内河航业之经营。今民生所谓替国家收回航权，不过是一句空话，事实上何能制止其它美国人或捷江数年后之另行经营？

"卢先生信上所提各点，实有难说的地方。假如川江无民生公司，未必招商局或其它公司就眼见放弃不来整理了。至于招商局收实捷江后，亦不必来与民生竞争。政府此时统制之计划未成，倘一但要实行统制，所有航业公司亦须全收归国有，岂仅止于竞争而已哉。且川江势亦不容民生公司长期霸据。至于美外交当局之愿与我签订放弃内河航行权者，实由鉴于中日复交声浪甚高，故特示好感耳。"

兹将双方询答再择要志于次：

问："我之进行亦系捷江就商，并未闻及招商亦在谈判。公司欲收买捷江之意，早曾向刘鸿生先生表示过，成质一星期前并曾向航政司高司长提及。"

答：（彼默而不答。）

问："交部是否以美外交当局之签订放弃内河航行权为收买捷江之先决条件？"

答："捷江一商人不够资格与交部讨论此问题，交部若与彼讨论此问题亦失掉身份。如说因买捷江即可与美当局签订放弃约亦系欺人的话，将来或可成立一半官式的谅解。"

问："倘由民生公司收买，政府似亦可与美外交当局作此种谈判。"

答："民生是商办，商人与商人之交往系一种私人间物权之移转，政府不便干涉。"

问："可否请次长函复卢先生？"

答："事关公事，不便函复，请转致卢先生原谅。"

最后请商结果，彼云现时制止招商局购买绝不可能。不过招商此时与捷江谈判亦尚无眉目，民生亦不妨同时进行，最后谁属，捷江自有主权，一面彼亦允将此意转达朱部长。

张次长言外之意不难想见交通部对航业之政策，此事我如不顾交部之意，尽可埋头向捷江接洽，与招商竞购，否则，似应劳钧驾一行来京疏通。

[按]《卢作孚书信集》中所注该信的年份为1937年，误。

4月30日　卢作孚致函杨永泰，恳请蒋介石速予解决军政部积欠民生实业公司4月份差运租金问题，谓[①]：

此次中央军入川，公司各轮竭全力供应差运，损失滋巨，垫累难胜。凡四阅月而租金未能核定。未能发给，交通司最后所定标准，实在公司各轮开支金额以下，但就廿三年公司年结报告书开支科目及其金额即可证明。年结报告书盖所以报告股东者，绝非虚造。曩昔开呈交通司之各轮开支表即系据此，非无证明。全公司每日开支达九千余元，（去年开支三百三十万零八千余元），最大之轮分配达一千一百元左右。民主、民宪如并燃料实达八百余元。除开燃料亦达六百余元。今租金仅定为四百六十五元，八折实支乃仅为三百七十二元，损失可知。顾为迁延太久，仰体国家财政之困难，不得已承认。不谓运输处关科长偶在川江航务处查得川江兵差六年前所定之旧案。该案有按人计算、按日计算两种办法，而实际上执行者十九以上皆按人计算，且差役期间甚短，从未在同时间使用多数轮船，故尚有勉力支持之余地。其它轮船公司且常有不能支持而倒闭者。公司则一切开支万分节省，乃得幸免未至于失败。顾以今年四个月结算论则亏折相寻，同人实万分惶惧，为租金之屡生波折，不得解决，讨论之倾，有沉痛至于泣下者。迭向运输处林处长、邓副处长、关科长陈明，乃蒙致电交通司为之解释。顷得驻京领款人员来电称，运处电不负责。军政处已电渝，请委员长决定。窃念公司困难之状，前曾蒙先生为陈于委员长，使此非公司安危所系，绝不应以此琐冗屡渎先生。如军政部有电到渝，万望先生查明情实，为请委员长速予决定。供差四月，未领租金经济情况，实陷绝境。伏维维持，感祷交深，敬祝健康。

4月　（一）由万流轮改建而成的民权轮开到上海整修完工，本月正式投入运营[②]。（二）民生公司收购意商永游轮，不久沉没（后打捞后拆

① 《卢作孚致杨永泰函电》（1935年4月30日），台北“国史馆”藏。

② 民生实业公司十一周年纪念刊编辑委员会编：《民生实业公司十一周年纪念刊》，中华书局1937年版，第124页。

出机器，装入民政轮）；收购彝江轮，改名为民和轮[①]。

5月1日　（一）蒋介石致电军政部次长曹浩森转饬主管人员，以后运兵入川即依照何北衡所拟六项办法切实规定、认真执行。电文如下[②]：

> 顷据川江航务处何北衡条陈，以川江水浅河狭云云，反行减少等语。查此次中央军运兵入川，因办理人员太缺经验，致原可容载一千余人之轮船，仅载五百名而止，而每次运输亦往往太迟，甚至到达目的地之后，部队留驻船上坐候十余日之久，如郝师不过六团，几经两个月乃克运毕。该船管理人员调度无方，费时耗财，莫此为甚。兹据何北衡所拟意见六项，以后运兵入川，即依此六项办法切实规定，认真执行，并于运兵时在宜渝中途应行停泊之各要站预派专人先往布置，必更周恰迅速，以后即其它各处运兵往来，亦应参酌此项办法以期节省时间，多载人数，不可听其紊乱、耗费为要。中正。冬福渝。

（二）《新世界》刊载卢作孚《本公司之职工教育运动》一文，对民生公司职工教育提出新要求和新办法，谓[③]：

> 本公司自总公司以至各部分，对于职工教育运动，提倡好几年了。有的非常热烈，有的却沉寂一些；有时非常热烈，有时却沉寂一些；究没有普遍的运动，亦不见得有继续不断的活动。其间努力撑持着的，亦多少觉得有些强勉，教学两方皆然。
>
> 在民约船上曾听着管理朱钧权的职工教育报告，并见着茶房习字的成绩，觉得这小小的船只，倒有造起一种运动的希望。在民法船上与总公司派到各船考察教育状况的娄元亮君，船上管理曹康候君，账房黎明诚君，讨论职工教育的办法，认为今天以前方法太不够。一种运动是从各方面总包围成功的，遂提出以下的意见：
>
> 第一，由公司发起一职工教育联合会，凡任教师的都为会员。易于集会的几部分应随时联合开会，或在重庆，或在宜昌，或在……要

① 佚名：《民生简史》（上），《民生实业公司简讯》第1036期，1950年7月21日第3版；民生实业公司十一周年纪念刊编辑委员会编：《民生实业公司十一周年纪念刊》，中华书局1937年版，第88页。

② 《蒋介石致曹浩森电》（1935年5月1日），台北“国史馆”藏。

③ 卢作孚：《本公司之职工教育运动》，《新世界》第69期，1935年5月1日，第3页。

使会员聚在一个地方较多的时候，即是开会最好的时候。各部分会员应各报告其学生人数的增减，学生成绩的进退，教材如何，教法如何，又所解决的困难问题如何。每年应开大会一次，每部分须有代表列席，比较各部分职工教育的总成绩并讨论如何继续推进。

第二，以每一个机关为一个学校，依程度高下划分班次。教授项目为读书、写字、音乐、拳术、球类运动、游泳及各种工作技能。教授时间不须一致，在各部分工作暇余，分别地方，分别航线，分别工作人员规定。

第三，新世界应特辟职工教育运动专栏，专载各部分职工教育运动的消息，所提出的问题及方案。会员都有通讯的义务。随时可从其间看出学校的增加，会员的增加，学校的增加，学生的成绩和各种超越从前的纪录，并搜载学生特优的作品。

第四，每季应由会派人赴各部分考试，有数部分在一地方者，则联合考试。每年指定某种班次的学生每部分一人或二人，举行一次竞赛。竞赛的科目是：读书、写字、拳术、游泳等。其成绩优越者特给奖品，并给其所在团体以奖证。

第五，举行成绩展览会，并不仅在一地方展览，重庆展览之后，移到宜昌，移到上海，除请与公司事业有关之来宾外，凡在当地的公司职工必须有组织的前往参观，并有专人引导解释，藉资激励。

第六，提倡参观。凡岸上工作人员在星期日，或偶在工作绝少之时间，船上工作人员偶在停船之时间，必整队到有意义的地方参观。如电厂、自来水厂、机械工厂或其它机械工业、化学工业之工厂、农场，他公司之轮船、兵舰、飞机、办理优良之学校等。参观人员必须有组织，有整齐之服装及行动，必须对于参观人员有明了之解释。尤其在各部实施教育时间，需要相互参观。

以上各种办法，非偶择其一二施行，要须全部施行，又互相有联络，才有效力。担任造起这种运动的人员还须在推进时间，随时更亲切的共同研究推进方法，不仅今天偶然提出了这一些。甚盼望造成全公司非常浓厚的空气，以使每个［人］都有非常浓厚的兴趣，务产生显着成绩，尤其要表现在生活上、工作上。不仅表现在死的书本上。

5月2日　杨永泰电卢作孚：供差各轮租金事，如军部有电到渝，请转陈委员长速予决定[①]。

5月4日　杜重远主编的《新生》周刊第2卷第15期发表易水（艾寒松的笔名）所写的题为《闲话皇帝》的短文，大意说日本天皇是生物学家，按照日本宪法，天皇并无实权，所以以搜集植物标本为日常工作云云[②]。

5月5日　晚，卢作孚为公司收购美商捷江轮船公司事抵达南京。

5月6日　（一）下午，卢作孚往访交通部次长张道藩，商谈获得满意结果。为发行公司债等事，卢作孚于当晚乘车赴天津，丁文江等同行。在致郑东琴、何北衡函中，卢作孚谓[③]：

> 昨晚抵京，今日午后往访张道藩次长，谈甚好，招商只出现金七十万，交通部未肯增加，只盼招商、民生在合作原则下经营，认为目前民生颇有买之机会，只要出价比招商高，交部亦决不愿以国营招商之强力压倒民营事业。不过，鸿生站在招商立场，欲求自身之发展，则有之，非交部之意也。
>
> 上海正议合同中，想二、三日内可以处理。弟今晚搭车赴天津，礼拜日可到；礼拜一即由天津回上海，大约礼拜三可到上海。天津商洽后有电到申渝两地，因此本日午前由上海发出之电，请北衡兄商真吾、鸣阶、又庸诸兄，向畅卿商请由委员长电交部。责成民生经营川江一节应暂缓进行，容此问题完全解决并再进一步改善若干经营方法之后乃提出，当更有力。
>
> “华光”西上，在芜湖又坏湾地轴，停在南京修理，因此联想到上游问题，沈执中方面应请璧成斟酌程度进行，如东翁、北衡有法提出，则更妥。上车在即，匆此陈闻。

（二）交通部汉口航政局发出第2371号训令，要求所辖区域内各轮船公司遵照卢作孚所陈办法施行轮船上的新生活运动[④]。

5月15日　卢作孚自天津返上海。

---

① 《杨永泰致卢作孚电》（1935年5月2日），台北“国史馆”藏。

② 生活书店史稿编辑委员会编：《生活书店史稿》，生活·读书·新知三联书店2007年版，第41—42页。

③ 黄立人主编：《卢作孚书信集》，四川人民出版社2003年版，第424—425页。

④ 《交通部汉口航政局训令》，《新世界》第79期，1935年10月1日，第42页。

［按］由于外商航业公司竞争与排挤，民生公司负债累累，卢作孚决心发行100万元公司债以应对困境。由于提议民生公司发行公司债的张公权被孔祥熙、宋子文排挤出中国银行，卢作孚遂又通过金城银行王毅灵就商于周作民，周答应帮助，并说："你能筹划多少就多少，其余缺额，可全部由金城银行承受。"[①]

5月18日　卢作孚为募集公司债致函交通银行上海分行经理唐寿民，谓[②]：

> 可亭日前电话商请贵行于敝公司募集公司债有所扶持，荷蒙慨允，万分感激。承嘱将募集公司债办法先行寄呈左右斟酌。因公司债发行章程及银行经理合同正由蔡汝栋律师修改中，拟俟修改完善之后奉呈。兹先呈上（谢）霖甫去年所拟查账报告书及去年决算书，请赐查阅，至感！

5月22日　蒋为便利指挥"剿共"，由贵阳飞抵重庆[③]。

5月24日　（一）蒋介石召集四川各区行政专员训话[④]。（二）上午9时，卢作孚到上海市地方协会访黄炎培并与之长谈。之后，卢作孚邀黄炎培往"民权"船参观，对全体船员演说：从远处看，从近处做。黄炎培与作孚谈：（1）生活不足有两种，其一是生活实质的不足；其二是生活欲望的不足。世界扰乱，是后者利用了前者，领导着他捣乱。而所谓后者，包括小己欲望的不足，与大群——国族——欲望的不足。（2）有法使全球五十余国，齐站在共同利害的线上，世界便无事[⑤]。（三）民生公司在总公司总务处下增设摄影部，专司摄影以便向省外介绍四川风景及向社会介绍民生公司各轮船、各部分职工活动[⑥]。

---

① 中国人民银行上海市分行金融研究所编：《金城银行史料》，上海人民出版社1983年版，第434页。

② 上海市档案馆藏。

③ 朱汇森主编：《中华民国史事纪要（初稿）》（1935年1—6月），台北"国史馆"1987年版，第469页。

④ 同上书，第474页。

⑤ 中国社会科学院近代史研究所整理：《黄炎培日记》第5卷，华文出版社2008年版，第55页。

⑥ 民生实业公司十一周年纪念刊编辑委员会编：《民生实业公司十一周年纪念刊》，中华书局1937年版，第213页。

5月25日　中午，卢作孚应黄炎培之邀餐叙，应邀的还有招商局总经理刘鸿生、海事专家及招商局法律顾问魏文翰等，商谈长江航业中国营轮船招商局与民生公司合作事[①]。

5月26日　蒋介石自重庆飞抵成都，军事委员会委员长行营参谋团主任贺国光随行[②]。

5月28日　巴县政府发出保护中国西部科学院采集标本人员训令，在此前后四川省政府、巴县团务委员会等也相继发布类似训令。

［按］此前卢作孚曾经呈文四川省政府请求保护中国西部科学院采集标本人员，谓[③]：

> 为派员前往南川金佛山采集标本，恳予通令保护，并发给护照，以利耑行事，窃职院生物研究所植物部主任曲桂龄、动物部主任施白南，率领采集人员及工人，与南京总理陵园采集员贺商贤、张晓白，于五月二十七日由北碚出发前往南川县属金佛山采集，以备研究之需，随带机制猎枪二支，鸟枪一支，子弹多发，采集用器及行李多件。诚恐沿途军团盘查，不明真相，发生误会，伏恳钧府垂察，发给护照一张下院，并请通令该县县长，及沿途驻军，予以保护，俾利进行，弗胜感祷。

5月29日　卢作孚乘飞机由汉飞渝[④]。

5月31日　卢作孚致函傅常、邓汉祥，谓[⑤]

> 天津《大公报》旅行记者范希天君将作全川之游，盼得甚丰之材料。此次莅蓉，特趋访吾兄，乞赐畅谈，并为函介于蓉中诸友好为感。

---

① 中国社会科学院近代史研究所整理：《黄炎培日记》第5卷，华文出版社2008年版，第55页。

② 朱汇森主编：《中华民国史事纪要（初稿）》（1935年1—6月），台北“国史馆”1987年版，第482页。

③ 《令保护中国西部科学院采集标本人员》，《巴县政刊》第324期，1935年6月12日，第1页。

④ 《民生实业公司简讯》第276号，1935年5月29日，无页码。

⑤ 黄立人主编：《卢作孚书信集》，四川人民出版社2003年版，第433页。

［按］范希天即范长江（1909—1970年），四川内江人。他于此前的5月18日自上海乘民生公司民主轮入川，经卢作孚介绍给四川省政府秘书长邓汉祥等人，自此采访更加顺利。7月14日，范长江离开成都开始西北考察旅行[①]。之后由于最早报道西安事变真相而名声大噪。

6月1日　“剿共”前敌总指挥薛岳在四川西昌召集“剿共”将领会议。

6月2日　蒋介石发表告四川绅耆书，并电财政部长孔祥熙请公布发行四川公债7000万元，以定川局。下午又在成都行辕邀请绅耆茶会，并发表训词。

6月3日　（一）四川省政府扩大纪念周及欢迎军事委员会委员长蒋介石大会在成都举行，刘湘致欢迎词。（二）民生公司在上海与捷江公司立约签字，以65万元收买该公司7轮及其附属产业[②]。

6月5日　蒋介石在成都行辕召集川军将领讲《剿匪与整军之要道》，指出裁兵、整军为救川、救国与自救的第一要图，希望川军各个将领扩大胸襟，把握时势，以天下国家为己任[③]。

6月8日　卢作孚因事自重庆乘飞机飞成都[④]。

6月12日　（一）中央红军与红四方面在四川达维会师[⑤]。（二）卢作孚由成都乘飞机回重庆[⑥]。（三）卢作孚为缙云寺汉藏教理院与缙云山绍隆寺争执致函熊明甫，谓[⑦]：

> 缙云寺汉藏教理院僧无端与绍隆寻衅，人到绍隆寺移花，并在绍隆寺大呼收回绍隆寺口号，此实不成办法。请先生约寺僧婉劝之，皆是事业，不可有隙。该院需要吾辈助之处，吾辈无有不竭力帮助者。绍隆寺系已解决之问题，纵以隆树气味有所不同，亦何必强之一律，

---

① 黄剑庆：《杰出的新闻记者范长江》，《四川文史资料集粹》第4卷，四川人民出版社1996年版，第323—324页。

② 民生实业公司十一周年纪念刊编辑委员会编：《民生实业公司十一周年纪念刊》，中华书局1937年版，第215页。

③ 朱汇森主编：《中华民国史事纪要（初稿）》（1935年1—6月），台北“国史馆”1987年版，第522页。

④《民生实业公司简讯》第280号，1935年6月10日，无页码。

⑤ 匡珊吉、杨光彦主编：《四川军阀史》，四川人民出版社1991年版，第323页。

⑥《民生实业公司简讯》第281号，1935年6月12日，无页码。

⑦《卢作孚致熊明甫函》（1935年6月12日），重庆档案馆藏。

各行其是。只要不相妨，即得矣。即偶有旁人闲话，亦应请其告诉少琴或先生，设法解释，万不可动起事端，自惹纠纷。结果请函告少琴。弟明日离渝东矣。或须月余，乃可归来。谨并报闻。敬祝健康！

（四）民生公司接收美商捷江公司轮船宜安、宜昌、其太、宜兴、宜江、泄滩等七艘轮船、驳船，捷江公司大班私人拥有的其春也同时解决，各轮分别改名为民政、民彝、民泰、民苏、民聚、民勤、民铎。不久又拆毁其中两船，另造民运、民立。卢作孚说①：

这一重难关渡过以后，因为四川内战结束，政局统一，轻重工业逐渐发达，客货运也逐渐加多了，民生应了需要，亦即增造新的轮船，在扬子江上游控制了百分之七十以上的运输力，结束了航业上惨（残）酷的竞争，停止扬子江上游航业作战，稳定运费，不使过高也不使过低。顾到航业，同时也顾到商人，本来是民生公司的口号。停止作战的方法却不是谈话，不是开会，而是以绝对优势的运输力支持其实施。后来太古、怡和等公司也都承认事实，相当尊重民生公司的意见了。

[按] 此前虽然重庆上游只剩下民生公司一家公司，但重庆下游仍竞争激烈，一向主张维持运费的太古、怡和等公司，从1934年3月起也争先放低运费，致使一件棉纱从上海到重庆仅收两元运费，一担海带仅收两毛半运费。如此低廉的运费还不够船上的燃料及转口费用。因此有人认定这一年川江上必倒两个公司：一个为美国籍的捷江公司，另一即为民生公司。捷江公司是美商1922年在上海筹办，1923年正式成立的一家公司②，其资本大过民生数十万元，其营业性质，所走航线，恰与民生针锋相对，为事实上的最大劲敌。收购美商捷江公司轮船表明，民生公司在统一川江的进程中取得了决定性的成功。卢作孚统一川江之所以能够成功，根本的原因有两条：一条是客观原因，即民族主义的持续高涨，这是民生公司在川江上与外商竞争极为有利的外在条件，正是有这样的条件，民生公司能够获得民众的支持，并获得银行的金融支持。第二条是卢作孚统一川江方法得当。统一川江，卢作孚的方法主要是两个：合作和并购。具体而言，

① 卢作孚：《一桩惨淡经营的事业——民生实业公司》，民生公司1943年印，第11页。

② 张澍霖：《捷江公司始末记》，《新世界》第106期，1936年12月1日，第25—28页。

凡是华籍的轮船采用合作的方法，即经议定合理价格后，由民生公司支付部分现款给原公司，使其清偿债务，并对急需现款的原公司股东退还股本，期于大部分相关价款，入股民生公司，换取股票。同时，凡外国公司，采用收购的方式，即对于外国公司的轮船一概付予现金或分期付予现金，不能按价入股民生公司[①]。公司接收捷江之后，“在收回航权上，在减少营业竞争上，均有极重大之意义”[②]。捷江公司华经理（买办）童少生同时进入民生公司担任业务处经理。

6月13日　唐寿民为经募民生公司债致函卢作孚，谓[③]：

贵公司发行公司债，事关维护实业，极愿协力效绵，承办经募十万元，已提出敝行常董会通过，俟正式发行时，再行洽订手续，先此奉答。

6月14日　蒋介石在成都发表劝告川、康、陕、甘、宁、青民众协助“剿匪”书[④]。

6月14日　川康“剿匪”军总指挥刘文辉在成都谒蒋。

6月18日　蒋介石召刘文辉询问西康情形[⑤]。

6月15日　参谋团开始着手川军第一期整编。

6月17日　（一）蒋介石在成都扩大纪念周训话，讲述今后教育方针应竭力提倡武艺[⑥]。（二）民生实业股份有限公司第一次公司债持券人代表委员会在上海召开成立会。资料载[⑦]：

公司债办法变更，经第十届股东大会通过，积极进行。六月十七日，民生实业股份有限公司第一次公司债持券人代表委员会，在上海

---

① 吴晋航：《民生公司概述》，《文史资料选辑》第12辑（合订本），中国文史出版社2000年版，第90—91页。

② 《上海分公司十年来发展概况》，《新世界》第101期，1936年9月16日，第21—22页。

③ 上海市档案馆藏。

④ 朱汇森主编：《中华民国史事纪要（初稿）》（1935年1—6月），台北“国史馆”1987年版，第569页。

⑤ 同上书，第589页。

⑥ 同上书，第585页。

⑦ 民生实业公司十一周年纪念刊编辑委员会编：《民生实业公司十一周年纪念刊》，中华书局1937年版，第216页。

开成立会，金城银行认募四十万，中国银行认募二十万，中南银行认募十万，上海商业储蓄银行认募五万，川康、美丰、聚兴诚三行，最后各改认募五万，因交通银行最新加入，认募十万元，系由川康、美丰、聚兴诚三行在原认募数内让足。共成一百万元。会议结果，关于发行章程，经理契约条文，微有增删，由上海分公司张经理澍霖在各修改处盖章作证，事后并由郑董事长东琴、卢总经理作孚，会函各经理银行声明，张经理在修改处所盖各章，完全有效。

民生公司第一次公司债章程内容如下：

民生实业股份有限公司发行第一次公司债章程①

第一条　本公司为扩充并整理业务，发行公司债，定名曰民生实业股份有限公司第一次公司债。

第二条　债券总额，定为上海通用银币一百万元。

第三条　本公司债按票面额十足发行。

第四条　本公司债得用记名式，或无记名式。其无记名式者，只可凭本债券还本付息，如有灭失概不补给。

第五条　本债券分为壹万元者五十张，壹千元者五百张，每张均编列号数，并附本息票，盖有本公司章，并由董事长及常务董事四人及总经理会署盖章。

第六条　本债券之还本，以八年为期。自发行日起，一年内只付利息。自第二年起至第七年止，每届六个月付息之日，随还本金票面额百分之七。第八年内两届付息之日，各还本金百分之八，但本公司亦得提前还本。

第七条　本债券利率定为年息一分。自发行日起，于每年六月三十日及十二月三十一日各付息一次，每届还本后，利随本减。

第八条　依前二条之规定，本公司逐届应还本息，特编还本付息数额表附裁于后，遇提前还本时，表载利息应随之递减。还本付息如有愆期，应按原利率加计复利，

第九条　债务之募集及还本付息事宜，委托上海金城银行、中国银行、交通银行、上海商业储蓄银行、重庆聚兴诚银行、川康殖业银行、四川美丰银行经理。

① 《民生实业股份有限公司发行第一次公司债章程》，上海市档案馆藏。

第十条　本公司债本息以本公司现有全部船舶及其运费，并关于船舶之一切收益为担保，由本公司抵押与各经理银行所组织之民生实业公司第一次公司债持券人代表委员会。关于保全债权行、使抵押权方法，及抵押品目录，均详本公司与经理银行所订之经理契约。上述持券人代表委员会为永久机关，不论债券移转与何人，代表委员会之组织不得变更，俟本债券本息还清后撤销之。

第十一条　本债券得代以缴纳本公司各种保证金，其已到期之本息并得视同现金缴付本公司之运费。

第十二条　本债券每届到期，本息应凭原券连同附带未到期本息票，持向经理银行支取本息。其附带本息票如有缺少，应按额扣除到期本息。逾期三年不向经理银行支取者，其过期部分均应视为失效，不得再请付款。

第十三条　本公司债，依照公司法之规定，呈请实业部登记。

《民生实业股份有限公司第一次公司债经理契约》内容如下。

《民生实业股份有限公司第一次公司债经理契约》①

立经理契约：民生实业股份有限公司，本店设在四川重庆，在上海设有支店（下称甲方）为一方，与上海金城银行、中国银行、交通银行、上海商业储蓄银行、中南银行、重庆聚兴诚银行、川康殖业银行、四川美丰银行（下称乙方）为他方。

缘甲方为扩充并整理业务，经股东会之决议，按照发行第一次公司债章程发行第一次公司债上海通用银币壹百万元，委托乙方募集并经理还本付息，指定担保品，设定抵押权及质权，以乙方所组织之持券人代表委员会代表全体持券人为抵押权人及质权人。经乙方同意，双方缔结经理契约并订定条款如左：

第一条　甲方依据第一次公司债发行章程发行公司债上海通用银币壹百万元，统归乙方经募，已由乙方各银行分别认募，计上海金城认募四十万元，中国银行认募二十万元，交通银行认募十万元，中南银行认募十万元，上海商业储蓄银行认募五万元，重庆聚兴诚银行认募五万元，川康殖业银行认募五万元，四川美丰银行认募五万元。

前项债券应由乙方于民国二十四年七月一日以前招募足额，其未

① 《民生实业股份有限公司第一次公司债经理契约》，上海市档案馆藏。

经募足者届期由各认募之银行分别自行承购之。

第二条　购买此项债券，概用上海通用银币交款，届期还本付息，亦用同币在上海支付。其在他埠购券交款者，应按交款日该埠对沪电汇行市合算。

第三条　甲方发行债券统交乙方各银行依认募额分别保管，随销随发，债券未印成以前，得发行预约券，俟债券印成后换发。

第四条　乙方募销债券所得现金均分存乙方各银行，由甲方随时提用，其提用款额，应经本契约所规定总稽核之审核。

第五条　甲方发行债券依发行章程，还本付息事宜亦委托乙方经理。

第六条　此次发行债券，由甲方按照票面额给付乙方百分之五之经理费，于募得后由乙方扣除之，每届还本付息期甲方应给付乙方所经付本息额千分之二五手续费。

第七条　乙方代甲方经付本息，以甲方经由持券人代表委员会提存于乙方各银行之现款为限，乙方不付代垫之责。

第八条　甲方为担保本债券本息之清偿，指定其现有全部船舶为抵押，另编抵押品目录附后，并就甲方现有全部船舶或其它代替物所生之一切收益设定质权，以持券人代表委员会为代表全体持券人之抵押权人及质权人。

第九条　为执管供债券担保之财产并保全债权行使抵押权起见，乙方在上海设置一委员会，定名曰民生实业股份有限公司第一次公司债持券人代表委员会或简称代表委员会。

第十条　前条代表委员会之委员由乙方各银行派其在沪之重要职员充之，设主席一人，由经募债券额最多数银行所派之委员任之。

第十一条　代表委员会每月至少集议一次，由主席召集之。代表委员会之决议以权数表决，每经募债券壹千元有一表决权，代表委员会为便利处理事务计，亦得将应议事项用通知单转递表决，经多数可决时，即生效力。主席得随时召集临时会议。

主席为对外代表并执行代表委员会之决议。

第十二条　代表委员会得在重庆设置分会，其分会之委员及主席由代表委员会就与债券有关系之当地银行重要职员中选任之，分会与甲方处理各事应随时报告代表委员会。

第十三条　代表委员会之职权如下：甲、径自或委托各经理银行接管占有供担保之船舶及附属物，接管后再行出租与甲方；乙、依本契约第十六条之规定，分配经办甲方收支往来存款机关应存数额；丙、依本契约第十六条之规定，收受并保管甲方按月解沪之债券本息；丁、遇必要时对于指存各地之款项行使质权；戊、依发行章程及本契约行使一切处分权，并执行其它一切有关之事务。代表委员会应选任总稽核一人常川驻在甲方本店。

第十四条　前条总稽核处理事务如左：一、办理第十三条第一项甲款由代表委员会接管占有后再出租与甲方全部抵压船舶事项，并代表代表委员会与甲方签订租约。二、代表委员会委托各船船长及经理以本人资格为本会保管船舶，取得各船船长及经理之承诺书，书内除担任负责保管外，并订明各船之航程及其次数，应逐月汇报代表委员会。如遇本契约第十八条事项发生有须处分各该船舶之必要时，各船长经理等必须听命于代表委员会。遇有船长经理调换等，该项承诺书亦应更换之。三、调阅甲方一切收支之账目，参加审核甲方本店之预算，并注意：（甲）非航业本身之投资如未得代表委员会书面之同意，一概停止进行，以期集中发展本业；（乙）重庆本店一切付款单据应由总稽核根据预算复核副署之；（丙）除各支店按照预算支付之款项应就地留用外，如有临时设计及购置之支出，于其陈请本店核定时，并须经总稽核之审核，此项审核应以甲款所定原则为准。

第十五条　本契约第八条抵押品中之船舶应有全额吨数百分之六十以上，以上海及汉口为该船舶之船籍港，并应将全部船舶及其一应设备在各该船籍港声请该管航政官署，以代表委员会为登记权利人设定船舶抵押权之登记。

前项全部抵押船舶应由乙方验收承受移转占有后，仍出租与甲方使用，其危险责任由甲方自负。

租金定为全部船舶每年一元。

第十六条　甲方本店及支店（办事处代办处等在内）就现有全部船舶或其代替物所生之一切收支，除零星现款外，悉应经由乙方在各地之各行办理，其存息按当地往来存款利率计算之。此项存款之分配，甲方应斟酌以乙方各经理银行分募债券额为比例，就每满一整年之通盘计算前后分地分存之。除每届月终应由甲方公司章程所定之债券还本付息额按月摊提解沪交代表委员会外，其它支取概听甲方自由。至各存款机关应由甲方委托其于每一个月缮具收支总报告一次，送代表委员会。甲方按月摊提解交代表委员会之款应由代表委员会用自己名义开立基金户，视乙方各行分募额随时比例分存各行，各行就该项存款应照上海市拆给息。届期由代表委员会支出付还甲方代表委员会实存各行之基金。每月月底积存之总数，得由代表委员会公告之。

前项乙方各行经办甲方收支存款，甲方已向乙方设定质权，并由甲方授权代表委员会如遇甲方应逐月解沪之还本付息基金有不解或短少等情，甲方受催告后仍未照解时，代表委员会得就其有质权之款项径电各地存款机关电解，或由乙方任何经理银行对于其它甲方之存款行使抵销权。

第十七条　抵押之船舶应保船壳险，其保额至少为实欠债额再加银币三十万元。抵押品之全部或一部，经乙方认为必要时，并应加保其它兵盗等各险，保险公司以代表委员会认可者为限；保险单及保费收据均归代表委员会执管，并应由甲方请求保险公司在保险单上为出抵与代表委员会之批注。如有赔款，应归代表委员会收存，作为现金担保品。担保品之中如有发生损失而未经保险，或虽已保险未受赔偿者，甲方应按其价额另以他项财产补充之。如遇出险，代表委员会不负与保险公司交涉赔款之责；如保险公司拒绝赔款或赔款不足，一切损失概归甲方自负。

第十八条　遇付息、还本愆期或其它违约，经代表委员会催告逾一个月而仍未履行时，代表委员会得径处分一部分供担保之财产。如遇本息愆期满六个月时，代表委员会得协商甲方，径由代表委员会自己或委托第三者管理营业，或协议增进保障持券人债权之办法。如协商或协议不谐，即由代表委员会视所有未到期之债额一律到期，由代表委员会对于供担保之财产行使全部处分权，求一次之清偿。

第十九条　甲方对于供担保之财产如得代表委员会之同意时，亦得将担保物整理处分之，但须保持原有价值或以同等价值之担保物代替之。甲方对于担保物设定第二物权时，必须商得代表委员会之书面同意后方得为之，并应订明本次债券之本息及其他款项有优先受偿权。

第二十条　代表委员会得酌设办事员，其薪水与办公费每月以二百元为限及总稽核之薪给、食宿、川资等均由甲方支付，又乙方关于本契约及契约内所发生事项之费用，连同律师公费在内，均归甲方负担之。

第廿一条　凡因本契约一切事项所发生之任何争议而致涉讼者，双方合意以上海公共租界内之本国法院为管辖第一审法院及其上级法院为上诉法院。

第廿二条　本经理契约一式九份，甲方及乙方各行各执一份，契约内条款得由甲乙双方协议变更或增加之，但应作成书面粘贴本契约为凭。

［按］这是民生公司第一次发行公司债，尽管此次公司债条件严苛[①]，但在民生公司发展史上意义重大。多年以后卢作孚记述这件事时说[②]：

因为年年扩充，不免年年增加股本，而且年年增加债务……在那时候重庆的事业，民生公司算是负债额最大的一桩事业，到将接收捷江公司的轮船的时候，负债已经七十多万元。接收捷江公司的轮船又需要七十多万元，而股本才一百多万元。由于中国银行总经理张公权先生的主张，金城银行总经理周作民先生及金城天津分行经理王毅灵先生的赞助，向上海募集了公司债一百万元，这是四川的经济事业在上海第一次募债，而且第一次募公司债。财务是民生公司在不断的发展的途程当中一个大大的困难，总算始终得环境上的帮助，没有陷于挫败。

此次公司债中金城银行以认购40万元居第一，金城银行遂派张佑贤为民生公司总稽核。金城银行最初的目的，在通过扶植民生公司入手，以求深入西南发展业务。[③] 自此以后，民生公司与金城银行建立了长期紧密的合作关系。

6月18日　民生公司总公司、重庆各银行、重庆长江航务局联合在民生公司总公司会议厅举行欢迎会，欢迎地质调查所所长翁文灏和上海盐业银行总经理吴鼎昌，欢迎会由民生公司董事何北衡主持[④]。

6月19日　金城银行王毅灵为卢作孚函商在手续未完之前预支公司债事致函吴蕴斋，谓[⑤]：

---

① 中国人民银行上海市分行金融研究所编：《金城银行史料》，上海人民出版社1983年版，第435页。

② 卢作孚：《一桩惨淡经营的事业——民生实业公司》，民生公司1943年9月印，第12页。

③ 郑洪泉、黄立人主编：《中华民国战时首都档案文献》第5卷《战时金融》，重庆出版社2008年版，第291页。

④ 《四川的经济和地质》，《新世界》第73期，1935年7月1日，第3页。

⑤ 中国人民银行上海市分行金融研究所编：《金城银行史料》，上海人民出版社1983年版，第434页。

前周奉读惠书，敬悉一切。民生债约已签，本应待手续完备始能交款，惟顷接［卢］作孚来函，以收买捷江各轮，曾短期借入一部，并由中国等行预交债款一部，而短期借入者须本月底还，诚恐月底手续难齐。拟商我行亦为预交，并拟托我行代商中南预交。弟觉此事既经确定，手续一层早晚不过数日关系，可否请兄酌予通融。至我行四十（万元），除汉行原有廿五［万元］转帐外，其新增之十五（万元），去腊在沪与兄商定原为沪汉两行酌分，现在是否仍照原议或由津行分认五万，均听尊定，赐示为幸。

6月20日　蒋介石在成都召见邓锡侯、刘湘等川军将领①。

6月21日　财政部任命关玉吉代理四川财政特派员②。

6月26日　上海《新生》周刊因为日本抗议被迫停刊。

6月29日　民生公司在上海开始领用公司债款③。资料载④：

历年收购轮船得化零为整，业务上虽有显著之成绩，但深感船舶船龄过旧，设备低劣，不足以应环境需要，更不能于长江水位高度不一时期保持密切的配合，妨碍运输至巨，故于24年（1935年）发行公司债后，即着手整理旧船，或改造或拆毁之，并新建大小轮船十四只，计为本元康宪勤俭来苏熙运德视听律等，总计吨数达7500余吨，约于25年（1936年）先后加入航行。

6月30日（一）国民政府公布1935年四川善后公债条例十一条，规定公债额7000万元，7月1日起发行⑤。（二）卢作孚为北碚发生爆炸案致函熊明甫等，谓⑥：

顷李肇基兄到申，谓前月廿日北碚曾发现掷炸弹事，如果有之，

---

① 朱汇森主编：《中华民国史事纪要（初稿）》（1935年1—6月），台北“国史馆”1987年版，第624页。

② 周开庆编著：《民国川事纪要》（1911—1936），台北四川文献研究社1974年版，第590页。

③ 民生实业公司十一周年纪念刊编辑委员会编：《民生实业公司十一周年纪念刊》，中华书局1937年版，第216页。

④ 佚名：《民生简史》（上），《民生实业公司简讯》第1036期，1950年7月21日第3版。

⑤ 周开庆编著：《民国川事纪要》（1911—1936），台北四川文献研究社1974年版，第592页。

⑥ 《卢作孚致熊明甫函》（1935年6月30日），重庆档案馆藏。

何等严重！何以竟无一信告及？峡中情形，望常示知。事业责任太大，望明甫先生常与诸兄及两弟共策进行。预防隐患，如稍轻心，崩败堪虞，不惟毁坏数年来之经营，直是毁坏中华民国之一线生机。尤以勤、英两弟兴趣精神集中，帮助诸兄及训练两队。训练警察为最要紧，惟查察之。

6月　卢作孚拟改组峡防局为嘉陵江三峡乡村建设实验区计划大纲呈四川省政府秘书长邓汉祥转军事委员会委员长行营秘书长杨永泰、四川省政府主席刘湘，获得批准[①]。

7月1日　蒋介石在四川大学发表讲演。

7月5日　军事委员会委员长行营参谋团令川军核实缩编[②]，由此开始实施整军计划，并规定7月15日为最后期限。

前……桃源之胜，艰苦经营，悉出伟抱，颇多与敝乡张啬公相似之处，弥深钦服。《张季子九录》为先生一生经济事业道德文章之总汇，堪供尊处参考，用特奉赠一部，计六函，还祈惠存。贵公司办理得人得法，尤所景仰。兹值十之忱，又张季直先生传记二册，烦为分送北衡、璧成二先生为荷。文驾莅沪有便，再图良晤。

7月6日　卢作孚为差运欠费事致电蒋介石请予解决，谓[③]：

今年一月以来，公司应差轮船最多时到十一只，尤以宜渝一段为公司主要航线，一二三月几于全部应差，四五六复时增时减，对于客货运输失去信用，营业大坏，收入锐减，尤以应差故，领江不敷，临时增加，驾驶未熟，事变遂多。前此十年未沉一轮，今半年间乃沉三轮，损坏修理更所常有，种种损失不可量计。租金积欠、燃料垫累除先后已领款项外，迄至六月底止，尚欠廿余万。半月前电请交通司速予结算，在结算前至少先发十万以救眉急。派员候领，迄无消息，此

① 《嘉陵江三峡乡村建设实验区署第一周年大事记》，《北碚月刊》第1卷第9、10期，1937年6月1日，第157页。

② 朱汇森主编：《中华民国史事纪要（初稿）》（1935年1—6月），台北"国史馆"1990年版，第23页。

③ 《卢作孚致蒋介石电》（1935年7月6日），台北"国史馆"藏。

乃上海立须交付之款。金融奇窘，活动太难，一失信用，立呈破产。万不得已伏乞钧座查明，盼赐电军政部速将欠款全数赐发，即使万分困难，亦望本月十号以前先发十万以上俾渡难关，不私沾感。

7月7日　杨森为介绍亲友入民生公司致函卢作孚，谓[①]：

别来转战二三千里，虽曾迭挫凶锋，而渠魁迄今犹未成擒。师次宝兴，本可一鼓出击，进攻懋功，惟以山高路险，粮秣全无，本地既不出产，而购运常在数百里乃至千里之外，始知古人谓以数石致一石之语不我欺也。犹幸委座处处优遇，待森极厚，境遇虽困，精神确快，可为故人告耳。敝戚赖君质，工于簿记，心地光明，曾供职银行，刻欲效劳于座右。森素知吾兄进退各职员多系以考试为准，则今特越常规而荐举者，固为情谊所不能却，亦知其必不为不舞之鹤，能试之以事则感幸无暨。

7月9日　（一）蒋介石为民生公司差运费事致电军政部次长曹浩森，谓[②]：

密。顷接民生公司经理卢作孚鱼电（六日）称，公司轮船在一二三月几于全部应差，四五六月亦时增时减，迄于六月底止租金、燃料尚欠廿余万。现上海立待交付之款甚多，一失信用立呈破产，恳饬军政部欠款全部赐发等语，希查明欠数，即予先拨发拾万元俾资维持为盼。

（二）以创办《新生》周刊宣传抗日获罪的杜重远在江苏高等法院出庭受审，被判刑一年零两个月，并不准上诉，之后被关进位于上海漕河泾的模范监狱。

7月10日　民生公司上海分公司经理张澍霖等人到监狱看望了杜重远。

7月11日　卢作孚在上海《国讯》发表《如何应付当前严重的问题》一文，文章对中国社会关系的复杂有深刻的分析，并提出了解决问

① 黄立人主编：《卢作孚书信集》，四川人民出版社2003年版，第444页。

② 《蒋介石致军政部电》（1935年7月9日），台北“国史馆”藏。

题的方法。该文指出①：

> 我们要绝对的相信，要中国人真能应付当前的问题，要中国人能有训练，必得从我自己做起。我有三个口号：
>
> 一、每一个人的知识，至少要有世界这样大。意思就是说：这一个世界里一群人，在做什么活动，我要认识明白，然后我们才知道，在今天这时候，我们应该作什么活动。
>
> 二、每一个人的问题，至少要有中华民国这样大。不管我今天做什么事，脑筋里有一问题，这问题之大，是中华民国这样大。我们要弄清楚，整个的中华民国，有些什么问题。哪些问题，哪里是需要我们帮助的。
>
> 三、我的工作，只要有当前的工作这样大。假定当会计，我的工作，有会计这样大。意思就是我应该从工作所做的地方想法帮助中华民国。
>
> 到了今天，中华民国，在这样严重时期，许多问题不能解决。尤其严重的问题，悬在我们的面前，不能解决。我们要从精神上接受，从我们的工作接受，不求自己的成功，要求社会的成功。要拿小的社会，在那更大的社会成功，对那更大的社会有更多的帮助，然后才能解决今天悬着的种种问题，才能解决悬着的两个最严重时期的最艰难困苦的环境，造成最伟大的中华民国。这是最后的盼望。

7月13日　（一）四川省政府由重庆迁至成都，本日开始正式办公②。（二）蒋介石令刘湘转令各军，由原额三分之二支领军饷，共计128.8万元。杨森未编就，按照原额支，但也包括在其中。刘湘军费减少26.22万元。编遣费140万元，由刘湘转发各军③。（三）卢作孚由成都乘飞机返重庆④。

---

① 卢作孚：《如何应付当前严重的问题》，《国讯》第101、102期，1935年7月11日、8月1日。

② 周开庆：《民国刘甫澄先生湘年谱》，台北商务印书馆1981年版，第129页

③ 朱汇森主编：《中华民国史事纪要（初稿）》（1935年7—10月），台北“国史馆”1990年版，第119页。

④ 《民生实业公司简讯》第295号，1935年7月15日，无页码。

7 月 15 日　（一）川军裁兵期限届满，军事机关缩小或结束[①]，史称“川军第一次整编”。

（二）军事委员会委员长行营驻川财政监理处成立，财政部四川省财政特派员关吉玉任处长，刘航琛任副处长。该机构职责为监督四川省税收，执行预算，整理财政[②]。

7 月 16 日　卢作孚为赖某欲入民生公司事复函杨森，谓[③]：

> 奉示敬悉。最近到省闻誓师剿匪，迭获委员长奖誉，佩极。所荐赖君业经接谈，苦于公司用人向取考试方式，碍于规定，未便通融，滋怅。

7 月 17 日　杜重远致函卢作孚，谓[④]：

> 近年以来新闻杂志，中央设有检查机关，一字之微，非经检查不得登录，所以防民者，至周且密。今外交发生，中央理应挺身而出，是以昭信于民众。今不自责而勒令停刊，亦云重矣。又复提起公诉，一意承迎外人意旨。初审弟未到，所代理者声明既经检查，无何责任。于是，市府与中央党部大事狼狈，南京派重员三名与弟磋商，令弟将责任承揽，彼方以处罚金了事。孰意弟已出庭，将责任承揽矣，彼又云罚金不可，须处两月以上拘役。第二次出庭，遂判以一年零两个月徒刑。当局对民众既无丝毫保障，而又屡次出以欺骗手段。为之民者，几何而不作汉奸？当弟出庭之前夜，所有友朋均劝弟不可出庭。□□□□□□□□□□□□□□□□□□负我，我勿负人。且此事外交关系极重，设因弟不出庭，发生意外波折，弟诚中华之罪人矣。不料事果出人意料之表，市府与党部竟肯下此毒策。判辞既下，群众大哗。当日在庭旁听者约二百余人，青年学子多痛哭流涕，呼号叫嚣，法庭威严，一扫无余，甚至法警亦且走且骂，骂：“徒为个人禄位判了这样重的罪名，混蛋法官！岂有此理！”云云。弟由此事得到许多

① 朱汇森主编：《中华民国史事纪要（初稿）》（1935 年 7—10 月），台北“国史馆”1990 年版，第 111 页。

② 周开庆编著：《民国川事纪要》（1911—1936），台北四川文献研究社 1974 年版，第 594—595 页。

③ 黄立人主编：《卢作孚书信集》，四川人民出版社 2003 年版，第 444 页。

④ 同上书，第 447—448 页。

经验，中国人心仍未尽死！而各方之来狱看弟者，户眼为穿。在弟个人，所得过于所失，精神极为安慰。所最痛心者，国家大事操于若辈之手，将何以处此风雨危舟欤！弟入狱第二日，澍霖兄携贵公司两位同仁，与聚兴诚张经理到狱看弟，慰问至深，并代述吾〈此处残缺〉待弟亦极优厚，除行动上稍感不自由外，其它一如往昔。公权兄送弟书籍多种，此后拟作一读书计划。景镇陶局与九江瓷厂，弟拟一概摆脱，适江西吴厂长来沪，伊极端反对。伊主张局事暂委一代理局长，厂事将决之于股东会。然弟系一罪人，不能不作退步想也。现每日来狱看弟者仍甚多，孔、宋、李、杜、张诸公或亲来慰问，或遣人送礼，弟何德能而蒙人之眷顾如此，惟有丰修厥德，以求将来不负诸公与民众之所望耳。

7月18日　川省主席刘湘飞抵重庆，结束由于裁减军费后应缩小的各个军事机关。

7月21日　卢作孚接到杜重远夫人侯御之请求设法营救杜重远的来信，致函杨永泰询问是否有委屈营救的方法，信中称赞“重远诚有心人”，并附上侯御之的原函。卢作孚在函中写道①：

顷函，既竟适得杜君重远夫人侯女士御之来函，嘱为设法营救重远。深知事涉外交，大感困难，亦不应以此琐事渎诸委座。即上海判案之法官，亦何尝不心爱重远？而事难转圜，实为国家处境关系。前此在蓉侍时曾提及此案，先生亦深为重远惜，谓不宜以此等刊物自见。重远诚有心人，比年奔走国事，既竭全力，究未知国家需要乃在从现代的人群生活造起新的风气，言论在反面易遭愆尤，在正面却少效力。丁此国难严重，尤不应徒责强邻，而应痛责自己，促使自己国家有办法，乃为解决国难的唯一途径。重远应天翼主席之邀到江西组瓷业公司，并任瓷业管理，正其努力之机，不幸为言论所挂误，致碍事业不能进行，至少有一年又两个月之停顿。未知先生可为想得一委曲营救之办法否？侯女士原函呈上。机要万忙，以此渎闻，至感不妥。敬乞便中裁示，感逾身领矣。

① 黄立人主编：《卢作孚书信集》，四川人民出版社2003年版，第451—452页。

7月22日　杨成质就收购捷江有关交涉经过及结果复函卢作孚，谓[①]：

昨日抵申，奉读手示，嘱赴南京换替应武，当将申务略为清理后，即遵示办理不误。少生与捷江债务问题谈判已渐有眉目，垫款与押款汇众分两部解决。现垫款部分除扣除六千五百元作捷江向买办要求之赔偿外（即历年货物损坏等悬案），余均承认完全照付。前本公司在渝代交付之二万五千元，即作付还垫款之一部份，惟押款汇众，须今日午后四钟半开董事会解决。少生颇以发生变化为虑。盖据彼之律师称，其垫款性质因属于船上之各种开支，尚有优先权，押款则反似无之。成质今日曾访道门铁及巴克，道极不满意少生，因在宜昌所发生之困难，显为少生所主使，且三日前少生曾允电宜将堆栈备件移交民生，但迄未照办，足见彼无诚意。宜昌问题若不由少生负责解决，押款付还问题决谈不到当面商定。双方今日再电宜，将各物照交，我亦已电肇基接洽接收矣。巴克表示不甚肯定，惟云此种押款，应与普通债权有别，允在董事会议席上说明情形，以冀得美满解决。结果如何，当俟会议后始知。此次王毅灵先生携眷由汉搭"权"轮赴京，途次对公司事业多所讨论。彼对招商问题之认识，以为做上层工作不甚相宜，恐激起较大之反感，盖"阿拉"帮势立甚大，且眼光狭隘，诊域观念颇深，恐易由招商之竞争问题误会为刘鸿生之斗争问题，进而误会为整个的"阿拉"帮面子问题。彼意刘鸿生所争者不过面子而已，绝非确对招商有何爱护之意，似宜让其独占面子，我只求抓住里子即得矣。同时再由旁面托社会有声望之人晓以利害，责以大义，于事当较有济。对于长沙开航，彼亦认为非常必要。盖以明年粤汉路一通，川省对华南进出货品恐将改道，故宜此时预作准备。大川通扩大组织若需金城入股，彼似亦无异议，惟主张侧重推销川产，统销统运，可集资到一百万元，而实际现金只要三十万元，已足周转。盖托售货主即可以其货品入股也，货价盈亏由货主自行担负。惟集中陈列，集中推销力量，减少竞争，减轻营业费用，故可料定赞助者必多。毅灵先生对总理健康问题甚为关注，务盼善自珍摄。

---

① 黄立人主编：《卢作孚书信集》，四川人民出版社2003年版，第584—585页。

［按］说明：《卢作孚书信集》中所注该信的年份为1937年，误。

7月24日　民生公司以29万余元，接收中国西部科学院经营的北碚三峡染织工厂，并派彭瑞成兼任该厂厂长①。

7月31日　卢作孚写信给杜重远夫人侯御之，对于杜重远由于宣传抗日获罪的冤狱表示深切的慰问和同情，谓②：

> 读卒手书，沉痛之情，不能自己。当得重远被判徒刑消息之顷，即电上海探示真相，旋得复电，并见诸报端，知重远确已入狱，万恨未能在申相助。曾迭托请澎霖，面为慰问。十日前飞成都，晤杨畅卿先生时，复与商营救办法，未有结果。兹复将尊笺转去，请其白于蒋公，设法营救，如复书到，再以报闻。窃以重远此番遭遇，在国家言，固益显示对外无力，今后非竭全国人之力，实不能在现代世界生存。在重远个人之人格精神，尤将使社会有更深切之认识也。日前上海报载，法庭旁听之诸青年群起责难法官，即可证明人心非死，同情重远之深。重远达者，知必不戚久于中也。尤望先生有以自慰。一周之内，或将到申，当趋于访重远也。冗中不尽欲云。

7月　卢作孚拟定《嘉陵江三峡乡村建设实验区组织规程》二十三条，并与黄子裳等人拟定收支预算书呈四川省政府审核，后获得批准③。

8月1日　鉴于三峡染织厂经营困难，卢作孚决定将其改由民生公司接办。本日民生公司正式接办北碚三峡染织厂，派公司会计处经理彭瑞成任该厂厂长④。设总管理处总揽全厂事务，由民生公司总公司会计处经理彭瑞成任总管理处经理⑤，后由于彭瑞成事务繁多，改由王莱山担任总管理处经理。

8月3日　王又庸致函卢作孚⑥：

---

① 民生实业公司十一周年纪念刊编辑委员会编：《民生实业公司十一周年纪念刊》，中华书局1937年版，第216—217页。

② 黄立人主编：《卢作孚书信集》，四川人民出版社2003年版，第456—457页。

③ 《嘉陵江三峡乡村建设实验区署第一周年大事记》，《北碚月刊》第1卷第9、10期，1937年6月1日，第157页。

④ 《民生实业公司简讯》第305号，1935年8月7日，无页码。

⑤ 民生实业公司十一周年纪念刊编辑委员会编：《民生实业公司十一周年纪念刊》，中华书局1937年版，第142页。

⑥ 黄立人主编：《卢作孚书信集》，四川人民出版社2003年版，第457页。

顷临时决定明晨偕李磊夫兄飞蓉，仓遽不及诣别，至为歉悚。大约十日内外返渝，即东下作漫游，万一从者先弟出川，务希将预约之介绍信及国策材料，交北衡兄转交下为祷。

8月4日　峨嵋军官训练团开办，刘湘任副团长①。

8月5日　民生公司第一次公司债持券人代表委员会派驻民生公司总稽核张佑贤，搭民彝轮入川，本日抵达重庆，并赴民生公司总公司②。

8月6日　（一）卢作孚复函王又庸，谓③：

前此台从飞蓉，适弟回峡。八月三日赐书，归来始得奉读。谨为函介十名良友，皆极能思想、极能工作者，吾兄晤谈后，自有可供国策参考之处。陈立夫、梁漱溟诸先生皆为兄所熟知，未另备函。途中观感所及，并盼随时笺告。

（二）国民政府行政院会议决定由任鸿隽接任四川大学校长④。

8月7日　民生公司总公司在四处之外，成立经济研究室⑤。

8月8日　民生公司举行主干人会议，决定从本年开始把公司创立纪念日改在10月10日双十节进行并通知公司各部分执行⑥。

8月9日　（一）卢作孚为差运费事函电杨永泰，谓⑦：

奉五日示已转函杜重远夫人，劝其忍耐以待矣。敝公司各轮应差燃料纯系垫款，其在交通司者，迄今已七阅月，尚未结算，只因宜昌燃料最为复杂，好坏真伪易混难辨。敝公司系购自四川云阳之固陵号煤，到宜昌加上运费，杂徵上于轮船，其成本且达每吨二十三元，坏煤则或每吨十八元者，价虽稍低，烧量则特别大，故以好煤为最经

① 周开庆：《民国刘甫澄先生湘年谱》，台北商务印书馆1981年版，第133页。

② 民生实业公司十一周年纪念刊编辑委员会编：《民生实业公司十一周年纪念刊》，中华书局1937年版，第216页。

③ 黄立人主编：《卢作孚书信集》，四川人民出版社2003年版，第457页。

④ 周开庆编著：《民国川事纪要》（1911—1936），台北四川文献研究社1974年版，第597页。

⑤ 民生实业公司十一周年纪念刊编辑委员会编：《民生实业公司十一周年纪念刊》，中华书局1937年版，第213页。

⑥ 同上书，第217页。

⑦ 《卢作孚致杨永泰电》（1935年8月9日），台北“国史馆”藏。

济。顷接驻京领款人员电，谓军政部未明此中真相，电请行营采买委员会调查，以弟所知，采买委员会业经撤销，深虑因此搁置，迁延时日。拟请先生查明，如有此项电到，即请电宜昌速为调查或覆电为之说明，俾垫累之款，得早归结，感激万分。敬祝健康！

（二）民生公司召集渝峡相关事业团体，成立渝峡各事业经济调整委员会，本日举行第一次常会，决定此后每月举行一次①。

8月17日　黄炎培访卢作孚于民生公司上海分公司②。

8月20日　卢作孚在上海访黄炎培③。

8月21日　杨永泰为民生公司差轮煤价事致函卢作孚，谓④：

贵公司请发差轮煤价一案，前接何部长来电，当以“宜昌固陵煤价经参谋团于本年四月初间调查函复，军需署每吨不过二十元，因供给需要关系，早晚时价有一二元出入，函该公司定为廿三元，当无此例价，应以差轮管理取煤价十八元，至多不得超过廿元为准则”等语录，由参谋团承□电复矣。

8月25日　黄炎培借上海市地方协会邀请广西温翘生、卢作孚等午餐⑤，温翘生邀请卢作孚到广西参观考察⑥。

［按］温翘生为李宗仁、白崇禧桂系军政集团的高级幕僚。

8月31日　（一）民生公司以三万元收购并接收二十一军兵船嵯峨轮，改名为民由轮，不久将其拆毁⑦。至此，民生公司在整理川江航业

---

① 民生实业公司十一周年纪念刊编辑委员会编：《民生实业公司十一周年纪念刊》，中华书局1937年版，第215页。

② 中国社会科学院近代史研究所整理：《黄炎培日记》第5卷，华文出版社2008年版，第79页。

③ 同上书，第79页。

④ 《杨永泰致卢作孚电》（1935年8月21日），台北“国史馆”藏。

⑤ 中国社会科学院近代史研究所整理：《黄炎培日记》第5卷，华文出版社2008年版，第80页。

⑥ 卢作孚：《广西之行》，《新世界》第80、81期合刊，1935年11月1日，第74页。

⑦ 民生实业公司十一周年纪念刊编辑委员会编：《民生实业公司十一周年纪念刊》，中华书局1937年版，第88页。

中，合并十一艘轮船，并成为长江上游最大的轮船公司。资料载①：

> （民生公司本年）继续接收重庆上游轮船共十一艘之多，其最值纪念者为美商捷江公司七艘之收买。当民生、捷江洽商之初，本意全部收购，以同业竞相争购关系，僵持不下，捷江优秀之宜丰、宜平、其平三轮竟归太古捷足先登，民生嗣亦商妥购入宜安、宜昌、其春及驳船四只、铁囤船一只。此时民生公司共有大小轮船四十只，共一万五千五百余吨，成为宜昌以上最大之轮船公司矣。

（二）国民政府发表关玉吉为四川财政特派员②。（三）卢作孚致函峡防局诸同人，谓③：

> 近因事忙，未及通信。谨将必要陈说者列下：（一）民众教育之奖励，如最多额之现金二百元，应于普及之日，作全体之比较，不宜分期为之。分期之小奖仍宜有。（二）关于中队长问题，前函拟以代荣调北川，天朗兼一中队。顷中国银行祝仰辰介绍其弟祝华封，人甚好而有志趣，已决约到峡。昨函办法即请暂缓调，将来以祝任二中队长或其它。（三）民生公司此刻已将长江上下游航业布置完备，半月内可回川，亟切欲归来，一观峡中焕发之精神。外间各界皆于峡中希望甚殷。所需之幻灯，议价已妥，约需银壹仟贰佰元。民生公司需款亦急，已为科学院垫三千以上（为取仪器），无法再垫，请速筹银壹仟贰佰元，商请北衡处长及公司好友帮助放运到申。（四）望竭力为民生公司募股款，此有利之事业，又已布置安全，且为四川增光荣。望竭力从峡中及各方劝募，至迟在阳历十月内收款，期于十月底募足壹佰万。上海有数万希望也。（五）打谷运动如何，未得消息，至念。

9月8日　军事委员会委员长行营参谋团运输处处长林湘就蒋介石租用民生公司轮船事致电杨永泰，电文如下④：

---

① 《民生公司在长江》，《新世界》1945年11月号，1945年11月15日，第8页。

② 周开庆编著：《民国川事纪要》（1911—1936），台北四川文献研究社1974年版，第599页。

③ 《卢作孚致熊明甫等函》（1935年8月31日），重庆档案馆藏。

④ 《林湘致杨永泰电》（1935年9月8日），台北“国史馆”藏。

> 大示奉悉，民权、永丰两轮系奉委座指定租用，且汉方雇用甚急。……尚祈转达卢作孚兄为祷，专此奉覆。并颂勋祺！

［按］经过此次协商，招商局与民生公司的联运合同与1934年6月订立的合同相比，更加完善①。

9月10日 （一）杨永泰为蒋介石租用民生公司轮船事致电卢作孚，谓②：

> 顷接运输处林处长函称，民权、永丰两轮系奉委座指定租用，且汉方雇用甚急，永丰业于微日在宜起租，鱼日驶汉。民权在汉洽妥不日即可起租交用。但此次权丰两轮租用乃临时性质，一俟该团输送完毕，即须解租等语。相应转达，即请查照为荷。

（二）毛泽东率领红一、三军团离开川西北经毛尔盖地区北上陇南③。

9月18日 贺国光致电杨永泰：运输处已电汉口行营，租用民生公司民主轮代替民权轮，谓④：

> 手示敬悉，此次租用民权、永丰两轮系奉委座东未行章德电指定。卢作孚谓已商妥。汉行营免租民权一节，尚未奉到此项文电。惟据运输处报告，民权轮恐不能如期到汉，已电汉分处租用民主轮代替，并设法免租民权等情，即转知卢作孚君为祷。专此奉覆能够颂勋祺。

9月23日 此前国民政府任命任鸿隽为四川大学校长，本日任鸿隽所拟经费240万元的改建四川大学校舍计划得蒋介石批准⑤。

9月25日 新任四川大学校长任鸿隽为聘任中国西部科学院王希成博士为四川大学生物学系生理学教授事致函卢作孚，谓⑥：

---

① 张后铨主编：《招商局史：近代部分》，中国社会科学出版社2007年版，第373页。

② 《杨永泰致卢作孚电》（1935年9月10日），台北“国史馆”藏。

③ 中共中央党史研究室第一研究部编：《红军长征史》，中央党史出版社2006年版，第206—207页。

④ 《贺国光致杨永泰电》（1935年9月18日），台北“国史馆”藏。

⑤ 周开庆编著：《民国川事纪要》（1911—1936），台北四川文献研究社1974年版，第602页。

⑥ 黄立人主编：《卢作孚书信集》，四川人民出版社2003年版，第334页。

前得复电，知弟等行李已承贵公司代为运渝，不胜感荷。兹有恳者。敝校生物学系尚缺动物生理学教授一人，前拟聘之卢于道先生，现知不能来，以不能不别谋补救之法。兹悉贵处西部科学院王希成先生能担任此项功课，拟向贵院暂借王先生一年。除由钱菊农先生直接与王先生函商外，特托转达。赐乞伏念此间学课重要，允许王先生来此一年，不胜感荷。再，此间理、农两院，将在外间购置大批仪器，运输上颇感困难，拟托贵公司代为帮助转运，即在上海购定物品时，交由贵公司交直航入川之轮船运渝，到渝后再由贵公司设法运蓉。如此，不唯可靠，且时间上亦较捷速。事关川省大学教育，想贵公司必乐为赞助也。如何之处，统希裁复为祷。余不一一。

［按］此函在《卢作孚书信集》中标注时间为1934年，误。因为函中内容系为四川大学聘请动物生理学教授，而任鸿隽于1935年8月初由南京国民政府行政院发表为四川大学校长，月底到校视事①，决不可能在近一年就为四川大学聘任教授。

9月28—29日　薛绍铭《黔滇川旅行记》记其在嘉陵江三峡游览两日的情况颇为详细，谓②：

峡区风景优美，矿产丰富，过去原为土匪出没之区。民国十六年时，卢作孚等组织峡防局，着手剿匪，匪患肃清后，建设事业逐步进行。迄今未数年，土匪渊薮之峡区，竟成为川东之工业区、游览地了。

峡区之建设事业，可分为文化、经济两部。文化方面，有中国西部科学院、兼善学校、公共图书馆、博物馆、民众教育办事处、感化院、地方医院、嘉陵江日报社，以及公园、体育场等。经济事业方面，有农村银行、煤矿公司、水电厂、染织厂、火柴厂、桐林公司、垦场等。此外尚有一北川铁路公司，惟历史均短促，一切仅可谓始具雏形。

峡防局为峡区负责治安之机关，亦即各事业之推动领导机关。该局设在北碚，卢作孚任局长。惟其经常住局办公之时间甚少，一切事

① 王东杰：《国家与学术的地方互动》，生活·读书·新知三联书店第2005年版，第156—160页。

② 薛绍铭：《黔滇川旅行记》，重庆出版社1986年版，第137—141页。

务多由其弟卢尔勤负责。该局辖有少年义勇队一队，特务队三队，手枪队一队。少年义勇队为训练一般失学少年半读书、半服务社会性质。特务队系警察性质。手枪队则系用之于剿匪。

访卢尔勤君于峡防局，谈约数十分钟，话多关于峡区事业之经过情形。后卢君因事忙，乃派书记邓君导之参观。出峡防局先至三峡染织厂。该厂原为峡防局工务股，初为兵工，后改隶于中国西部科学院，有男女工人二百余，出品有各种呢布、毛巾、花毯等，销于合川、重庆、成都等处。

出三峡染织厂，北行数十步至中国西部科学院。该院院长亦卢作孚兼任，现暂由生物研究所主任王希成负责，王君浙人，颇忠厚，见后谈颇洽，承其领导参观内部。参观后，王君工作似颇忙迫，乃告辞，约于明日再谈。

中国西部科学院成立于民国十九年，系卢作孚一手创办，其经费亦卢君一手募集，计自成立以来，已用去之经费为二十四万余元。该院设有生物研究所、地质研究所、理化研究所、农林研究所，附属事业有公共图书馆、博物馆、动物园、兼善学校、三峡染织厂等。各部行政上虽为一系统，但地址相距颇远。各部所占多为西式楼房一幢，每幢洋楼多系建于嘉陵江西岸小山头上，风景优美，空气新鲜。

出西部科学院，辞邓君，返旅邸进餐。饭后一人出游。先在北碚镇内游览一周。镇内街道水泥筑成，虽不宽大，但均整齐清洁。出街南首，至公共体育场，场在嘉陵江岸，火焰山山下，面积颇广。时值午餐后，场内集人颇多，有在游戏，有在踢球。场西有兼善学校学生餐室，学生多人正在聚餐，学生均布衣，清洁朴素。由体育场向西即为平民公园，园址在火焰山上，山上树林密茂，拾石阶而上，右为兼善学校，为四层洋楼一幢。左为博物馆、动物园。动物园规模颇大，内有豹、马熊、马鸡、狗熊等奇禽怪兽。

二十九日早饭后，复至中国西部科学院，访王希成君。王君昨虽有一度晤谈，但因时间短促，彼此均未得畅叙为憾。王君为柏林大学生物学博士，近受聘为四川大学教授，惟王君因感于卢作孚先生之知遇，虽此处待遇较低，亦不愿遽而他去。王君人颇虚心下问，关于各省社会民生，尤为留心。正谈话间，忽闻小轮鸣笛声，知由重庆开合川之小轮已到，本日尚拟搭船至温泉，乃匆促向王君告别，急趋旅馆取行李，谁知刚行至码头，小轮已离囤船呜呜而开走了。

同时误船者有民生公司电汽工程师刘充君。刘君亦系赴温泉者，二人乃于囤船上用电话通知峡防局，请派巡船一只，送往温泉。少许船来，系一二人划之小木舟，于细雨蒙蒙中逆水而上。舟小水急，行颇费力。约一时余抵温泉码头。下船登岸，于竹林密茂中拾石阶而上，约百步即为温泉公园。

温泉公园在温塘峡中嘉陵江西岸，东西高山夹峙，南北一带江水。其地址原为一旧寺，周围竹民密茂，中则花木扶疏，东方式之古庙，配以西洋式之小楼，林外屋旁，泉水哗哗，风景既美，布置尤佳。

公园内有数帆楼、好花楼等寄宿舍，及嘉陵江餐店。不过房价饭价，似乎有点敲竹杠性质，普通房价每日是大洋一元，被褥费和小账尚不在外。饭则一汤一菜普通大洋五毛。原来来温泉公园游玩的人，大概都是四川人说的大老官，多出几个钱大约都不在乎，可是普通游客，不能不嫌其价有点稍昂了。

在公园进餐和休息后，即在园内散步一周，后来觉得天气还早，乃作缙云寺游。

……

缙云寺设有汉藏教理院，现在学僧六十余人，每日除诵经外，尚授藏文一小时。该院教务主任满智和尚曾留学拉萨十余年，其赴拉萨时，年仅十八岁，一人自负行囊，徒步经康入藏，途中历时八年余，亦可谓异僧焉。

四时许，由缙云寺返，时细雨蒙蒙，路较来时尤泞滑，返抵温泉，两脚染满了黄泥。

晚间同刘充君至温泉澡塘浴。塘分三种，浣尘浴室每人一间，收费两角。涌泉池及千顷波游泳池，每位收费一角。我们先至千顷波游泳池浴，池系露天，大约亩许，水深及颈，既清澈，且温暖。少浴天忽雨，乃转涌泉池。涌泉池上有玻璃覆顶，泉水系由池西涌出，泉大如升。全池热烟弥漫，硫磺气味满扑入鼻。如身患疮疴，则经此一浴，实胜搽十次膏药呢！

9 月 29 日　民生机器厂奉令补办公司登记手续①。

---

① 民生实业公司十一周年纪念刊编辑委员会编：《民生实业公司十一周年纪念刊》，中华书局 1937 年版，第 217 页。

9月　卢作孚因事一度乘飞机赴天津等地①。

［按］卢作孚深感正在营运的包括并入捷江公司船舶在内的公司各轮船龄过旧，设备低劣，从本年秋季起即开始谋划“建造新轮以适应新的需要，前后共计二十一只”②。

秋　江苏常州企业家刘国钧偕刘丕基、金维镛乘飞机到成都，拟找卢作孚联系，商研在四川创办纱厂事宜。由于卢作孚不在，刘国钧在成都、重庆略事调查访问后，取道长江水路经汉口东返常州，途经汉口时，与已经停工半年的汉口震寰纱厂商定合作，震寰纱厂改名为“大成纺织染股份有限公司第四厂”，总资本定为60万元，大成占60%，震寰占40%，刘丕基任厂长，改进管理，使大成第四厂成为汉口有名的纱厂之一③。三峡织布工厂和大成纱厂后来合作成立大明染织厂的远因，就肇端于此。

10月2日　卢作孚约同张澍霖、徐兆瑞等人以及从四川出游的民生公司董事长郑东琴、刘属九等作广西之游，由温翘生陪同，本日张澍霖、徐兆瑞等人先行乘船出发④。

10月3日　国民政府决定成立军事委员会委员长重庆行营，驻川参谋团改隶行营，特派顾祝同为重庆行营主任，贺国光为参谋长，杨永泰为秘书长⑤。

10月4—10日　4日，卢作孚乘飞机离开上海赴广西考察。一行人在广州停留了两天，参观了广东省政府经营的糖厂、水泥厂、棉毛丝麻等纺织厂，凭吊了黄花岗七十二烈士墓，会晤了李宗仁。之后，卢作孚一行在梧州住了半天，参观了桐油检验所、广西大学等地方。在乘船到梧州的途中，卢作孚与人谈到了他的“以战止战”的战争论⑥：

> 我们在到梧州的船上有段争论，有两位朋友主张非战论，我是一个主张方法论的，遂向两个朋友谈：“战诚应非，但应如何非法？于是引了杀以止杀的意义，止戈为武的意义，而提出一扩大战争论。所谓扩大战争者，第一要有扩大战争的准备，有不可侮的战争的实力，

---

① 卢作孚：《广西之行》，《新世界》第80、81期合刊，1935年11月1日，第75页。

② 卢作孚：《一桩惨淡经营的事业——民生实业公司》，民生公司1943年9月印，第11、17页。

③ 李文瑞主编：《刘国钧文集·传记卷》，南京师范大学出版社2001年版，第38页。

④ 卢作孚：《广西之行》，《新世界》第80、81期合刊，1935年11月1日，第74—75页。

⑤ 周开庆：《民国刘甫澄先生湘年谱》，台北商务印书馆1981年版，第135页。

⑥ 卢作孚：《广西之行》，《新世界》第80、81期合刊，1935年11月1日，第75页。

而使人不敢侮，乃能避免战争。第二要扩大战争的范围到制止世界的任何战争，不仅为各个国家自己的生存，世界乃无敢发动战争者。第三要将经济、文化、政治一切运动划成战线，一切活动战争化，时时要求突破世界的纪录，以推进世界的文明，以替代野蛮的战争。”

此后，卢作孚一行人动身前往南宁。

10月6日　蒋介石在成都行辕对四川各高级将领作了《四川治乱国家兴亡之关键》的讲话。其中说[①]：

现在要救亡复兴，常以稳定四川统一长江以巩固国本为第一要着！大家要晓得：今后的外患，一定日益严重，在大战爆发以前，华北一定多事，甚至要树立伪政府都不一定。但是我们可以自信：只要四川能够安定，长江果能统一，腹地能够建设起来，国家一定不会灭亡，而且一定可以复兴！日本人无论在东北四省或者将来再在华北弄什么伪组织都不相干！都不足以致我们的死命。我们今后不必因为在华北或长江下游出什么乱子了，就以为不得了，其实没有什么！只要我们四川能够稳定，国家必可复兴！

10月8日　国民政府发表四川省政府局部改组命令：刘湘仍任省主席，卢作孚被任命为四川省政府委员、建设厅厅长[②]。卢作孚由于此时主要专注于民生公司的发展事宜，所以力辞该项任命。

10月10日　蒋介石发表《国民经济建设运动之意义及其实施》[③]，发起国民经济建设运动。

10月11日　（一）《新世界》刊载卢作孚《十周年纪念日》一文，勉励公司同人继续保持和发扬民生公司的精神。谓[④]：

公司从开发起人会议到今天，整整十年了！这十年当中，诚然促

① 秦孝仪主编：《先总统蒋公思想言论总集》卷13，中国国民党中央委员会党史委员会1984年，第479—480页。

② 周开庆编著：《民国川事纪要》（1911—1936），台北四川文献研究社1974年版，第604页；周开庆：《民国刘甫澄先生湘年谱》，台北商务印书馆1981年，第134页。

③ 秦孝仪主编：《中华民国重要史料初编——对日抗战时期》，中国国民党中央委员会党史委员会1981年版，第98页。

④ 卢作孚：《十周年纪念日》，《新世界》80、81合刊，1935年10月11日。

成了事业的进展，亦经过了无限的险阻艰难。一群努力的朋友，无时不在惊风骇浪中挣扎前进、悬心吊胆，绝未容有瞬息之苟安。此是痛苦，却亦是快乐。太安详的中国人，在风雨飘摇的国家中，诚应过着这样极度紧张的生活，回头仍自多所慰藉；却一想到未来，又怵然于那无限险阻艰难之不断地到来。这不应得逃避，却应得负担。不但公司中间的好友应当如此，凡中国人都应当如此。

人所见着的公司，仿佛有其成功的方面，为所直接或间接经营的事业。我却认为这是傥［未］来的局面。我所见着的却还在这些事业的背面，在撑持这些事业的险阻艰难者，为了事业忘却了自己，为了增加事业的财富，忍受自己的困苦。如果整个公司的人有这一种精神，可以建设一桩强固的事业，如果整个民族有这一种精神，更可建设一个强固的国家了。

（二）卢作孚一行到达南宁，参观了新建成的省政府，并到武鸣参观考察。卢作孚参观了民团干部训练大队及其学生经营的乡村活动，参观了两个乡村，并与南宁区民团指挥、行政监督梁浩川畅谈。从参观和谈话中卢作孚了解到①：

他们不但教学生以军事的学科和术科，尤其是教学生垦荒、种树、养猪、养鸡、布置花园、开辟道路，凡在乡村应有的一切活动都在大队里学过做过，使每个人明白回到乡村去应做些什么事，应怎样做事。

10月12日　卢作孚在广西南宁市参观，并应白崇禧、黄绍竑之约，在国民党广西省党部对国民党党政军等公务人员一千余人作《社会的动力》为题目的演讲，演讲约两个小时，系统地阐述了卢作孚的社会动力的观点。谓②：

我们每个人的行动的原动力，不是为自己，而是为社会。那么，推动社会的原动力更是在社会了。我们现在要推动社会，一定要找出这个社会的原动力；否则，只有了机器，而无发动力，仍旧是无

① 卢作孚：《广西之行》，《新世界》第80、81期合刊，1935年11月1日，第75—76页。
② 卢作孚：《社会的动力》，《宇宙旬刊》第3卷第7期，1935年10月15日，第13—18页。

用的。

……从中国看来，所谓社会，还待解释。现在所谓社会，从世界一直到一个国家、一省甚至到一种事业，都可以称之谓社会。然而社会生活的核心，是“集团生活”，这种集团生活，才是社会发动力的社会。……我们就感觉得以家庭为中心的集团生活，现在是不能再用以维持生活了。我们必须打破这以家庭为中心的集团生活，扩大为以国家、以民族为中心的集团生活，然后中国才有办法。否则，虽然我们也可以学外人筑铁路、办轮船、开工厂，但旧日集团生活不改变，仍旧是无用的。比如我们今天开一个工厂，工厂本身是一个集团生活；可是在现在的情形之下，办工厂是人所欢迎的，但工厂的集团生活，却不为人所欢迎。某一人开了一个工厂，那一厂的管理、监督等职位，都是他的子侄、亲戚、朋友，仍旧不离开以家庭为中心的集团生活。所以近年来有许多工厂、公司失败了，而工厂、公司的经理并没有失败，就是这个原因。

……

目前我们要想中国有办法，我们一方面要打破原来的集团生活的依赖关系（即个人对家庭的依赖关系），创造新集团生活的依赖关系（即个人对国家的依赖关系）；打破原来不合理的比赛标准，悬起新集团的比赛标准。这样就可以创造伟大的社会动力，以推动社会的发展。

目前的广西，新的依赖关系已在创造着，新的比赛标准也悬了起来；如这一区与那一区比赛谁的民团训练得好？谁的基础学校设得多？各县也是这样在进行比赛。我们今后更要做到凡是现代社会上所需要的活动，都列入比赛的节目中；同时我们更要将标准提高到与世界各国比赛，我们要做世界运动场上的一个选手，要将世界最高的纪录打破。只有这样——只有在世界运动会上，才可以把中国人的国家集团生活形成，然后中国才有办法。

由于座位不足，不少听众站立听讲。

10月13日　卢作孚在广西南宁市参观，并应白崇禧、黄绍竑之邀，对南宁市中等以上学校教职员和学生学生作《青年的出路》为题的演讲，谓[①]：

---

① 卢作孚：《青年的出路》，《宇宙旬刊》第3卷第8期，1935年10月25日，第28—31页。

青年人应该晓得我们自己没有出路，只有社会出路。在敝县教育界的朋友，常有这种错误的观念：就是我们在外面读书，得一纸大学毕业的文凭之后，就认为我有资格，该当校长了；而社会每年应以一两千元的薪金报酬我——不是为我办学校，而是因为我过去读书，有了大学毕业的资格。这种观念，真是大错特错！要知道社会培育你，你应该报酬社会，为什么反要社会报酬?！故我们应该明白：我们是为社会而读书，是为社会找出路，绝对不要为自己找出路。说到此，使我联想到广西的学生，幸运太好了——得这样好的环境，培养能力。培养什么能力？就地方上说，就是培养把广西一省弄好的能力；而广西怎样才得弄好，又已有了《广西建设纲领》。各位在学校，以这建设纲领为课程之一，大家想怎样才能从这课程中，把九十九县建设好？这就是在好的环境，培养自己为社会做事的能力。将来到一乡村，就把一乡村弄好；到一县就把一县弄好；到一省也把一省弄好；扩而大之，把中华民国也弄好了，那是很有把握的。这把握就是在青年人的手上。

故我常常想：中国前途的希望，只有在一般青年；然而青年在过去没有正确的目的，好似大家都为青年的本身而努力，这是很危险的。如今我们应该知道了，青年不是为谋自己的出路，而是替社会谋出路。如果每个青年都能够如此，中国在三五年后，就可变好，这是可以断言的。

所以各位要认清楚：我们得在这好的环境中，培养能力；社会盼望我们能力成功，去改变社会。而广西已有改变社会的办法，我们应当以这办法为课本，怎样去学会能力？等到改变社会的能力成功之后，将来走到哪个地方，就改变哪个地方；当前一县一省可以改变，整个中华民国，也就可以改变。这是每个人应该有这种自信力的。

当晚，应白崇禧挽留，卢作孚与其再度畅谈。

10月14—16日　14日，卢作孚乘飞机返回梧州、广州，与李宗仁进行了两次长谈。15日到香港游览各处。16日再次回到广州，并致函白崇禧对于在广西“渥遇太逾寻常”的接待表示感谢。函云[①]：

此次趋游贵省，苦于时间短促，未能从容侍承教益，尽睹伟大之

---

① 黄立人主编：《卢作孚书信集》，四川人民出版社2003年版，第463—464页。

设施，匆遽归去，怀怅曷胜！然已寻得中华民国希望所在，不独中情快慰，印象之深尤有使人永远不能遗忘者。相去日远，驰沂弥殷，将抒所怀，以念国人。只以渥遇太逾寻常，同游诸友万分不安，于飞机费之退回，最感惭恧。雅爱拳拳，未宜争执，但游历究为诸友常有之生活，此番扰累贵省已苦太多，如更以飞机费用累诸左右，则不但长滋内疚，尤不便再度趋游。因拟归到广州汇以完璧，顾不为翘生所许，徐刘诸君后至，复有叮咛。辗转筹维，觉未宜负贤者之期待，不得已又置之。顾念今后常有承教之机，意义或不止于游历，终望许其来去自如也。归抵上海后，拟以拙著《中国的建设问题与人的训练》两千册寄请斧削，并分赠贵省诸好友，亦庶几于心理建设小有贡献乎。贵省建设纲领及二十三年度施政计划、施政准则，均已在飞机上读过，至佩体大思精，规恢宏远，非深研政理而又体验事实者莫能为。拟归去有暇签注愚拙所见，以供裁择，亦庶几仰赞万一也。十四抵广州，复得与德邻总司令两度长谈，任民参谋长亦得把晤谈，至快。昨赴香港，驱车浏览各处。今晚复归到广州，乃未敢再扰德邻总司令及任民参谋长矣，留函拜别，明晨将乘飞机还沪，谨并报闻。

10月17日　卢作孚一行回到上海。

10月18日　江恒源、周孝怀、卢作孚、李公朴等访黄炎培[①]。

10月20日　（一）被任命为四川省建设厅长的卢作孚从上海到达南京，拜见南京政府当局有所请示，并向交通部交涉有关民生公司长江航运事宜[②]。（二）川军第一期整编基本结束，川军各部按照全国陆军统一编号。由于刘湘部由原来的一个二十一军，扩大为第二十一军、二十三军、四十四军等三个军以及若干直辖部队，引起四川其他各军的不满。对于整军的结果，蒋介石也大为不满，因此决定再次进行整编[③]。

10月下旬　卢作孚在南京与著名平民教育家晏阳初相识。对于这次会面，晏阳初十分在意，事后他说在南京遇到卢作孚先生，“他是四川的一个实业家，我们彼此相知已久，却从未会过面。这次在南京会面之后，一见如故。大家谈谈奋斗的经过，不禁引为同志。因为他在四川的努力，

---

① 中国社会科学院近代史研究所整理：《黄炎培日记》第5卷，华文出版社2008年版，第89页。

② 《卢作孚赴川期未定》，《申报》1935年10月21日第5版。

③ 匡珊吉、杨光彦主编：《四川军阀史》，四川人民出版社1991年版，第462页。

不仅是为四川而四川，目光也是注于全国，对于救亡图存的问题，非常注意的。他最近从广西回来，他认为广西的前途，很有希望。他也希望我们派人去帮他们的忙”①。这次见面虽为初次，但是两人相互有所了解则要早得多。晚年晏阳初追忆说：“我现在已记不清究竟哪一年与他始交。我们在定县的时候（1929—1936年），他已经对乡村改造发生兴趣，曾请一位姓何的朋友来参观我们的工作。”② 会面后，卢作孚和晏阳初相互引为知己。

［按］此前，晏阳初于10月10日在江苏无锡参加第三届全国乡村工作讨论会，会后参观了浙江县政建设实验县兰溪县的县政建设，然后到了南京。

10月22日　被任命为四川省建设厅长卢作孚定于本日谒见行政院长汪精卫，请示一切，24日乘轮船回川接事③。

11月1日　（一）军事委员会委员长重庆行营正式成立。除前述特派主管人员外，第一厅管军事，贺国光（兼）、刘倚仁任正、副厅长，第二厅管政法，杨永泰（兼，后改陈振先）、文群任正、副厅长，韩德勤、卢旭任办公厅正、副厅长，伯良任总务处长，熊仲韬任经理处长，陈恩普任军法处长，周永年任交通处长，林湘任运输处长，郭一矛任政训处长，关玉吉、刘航琛任财政监理处正副处长等④。同时，参谋团撤销。

（二）《新世界》刊载卢作孚《广西之行》一文，文中记述了广西之行的缘起、经过等，谓⑤：

> 这一次到上海，时间是八月中旬，有许多朋友争为我介绍一位广西朋友温翘生君，遂在几个机会中见着。他谈起曾读过我所著《中国的建设问题与人的训练》一本册子，极同情于我所主张：“人非自私自利的动物，而绝对地忠实于集团生活。中国人乃是有集团生活的，家庭是第一重，亲戚邻里朋友是第二重。此两重集团生活有了几千年根深蒂固的历史，成了今天改造中国大大的两重障壁。改造中

---

① 宋恩荣等编：《晏阳初全集》第1卷，湖南教育出版社1989年版，第391页。

② 宋恩荣等编：《晏阳初全集》第2卷，湖南教育出版社1992年版，第478页。

③ 《卢作孚将赴川接事》，《申报》1935年10月22日第5版。

④ 周开庆编著：《民国川事纪要》（1911—1936），台北四川文献研究社1974年版，第604、606页；邓汉祥：《四川省政府及重庆行营成立的经过》，《文史资料选辑》（全国）第33辑，文史资料出版社1980年版，第124—125页。

⑤ 卢作孚：《广西之行》，《新世界》第80、81合期，1935年11月1日。

国，必须打破此两重障壁；又必须训练人造起新的集团生活，乃能打破旧的集团生活。故训练人实为今日根本问题，而训练人在现社会的重重包围中，另外造成一个社会，尤为今日困难问题。这困难却又是必须用全力打破的。”

温君以非常诚恳的态度盼望我到广西一游，与广西当局谈谈，并对一般青年讲演。我觉得游览是一生最感兴趣的生活，尤其是到有办法的地方去寻找办法，是我们问题太多办法不够的人最愿意的活动。只对青年讲演，则胸中一无所有，殊决惶悚。且计算往来广东、广西，至少需时两周，而事业上问题之待解决者，天天都有。个人一切活动应在事业上，两周自由似不为事业所许。但温君恳切的精神太令人感动，屡来商促，不游乃更不为温君所许了。

（三）《新世界》刊载民生公司董事周孝怀《十年以来》一文，谓①：

民生公司从十四年十月十一日成立，到今年十月十日整个十年。细查公司营业之成绩，十年之中，股本由五万元加到一百一十七万余元，算加了二十六倍零；资产由七万余元，加到七百二十余万元，算加了一百倍零；职工由十四人加到二千七百余人，算加了九十六倍零；开支由二万余元，加到三百六十余万元，算加了一百八十倍零；轮船由一只，加到三十六只，还有动工未下水的六只，此外还有囤船十九只，驳船十二只；轮船之外，又有经营的民生机器厂、电灯厂、自来水厂、染织厂，又有向外投资的北川公司、天府公司、固陵煤号、公共汽车公司、消费社，又有代办部代办保泰水险、太平火险及启新洋灰公司、西门子公司、耀明桅灯厂的全川总经理。以十年的工夫，得如此的成绩，在欧美各国，或者是寻常事，在中国现在情况之下，一个极薄弱的公司，能在十年中间，得到这样成绩，实在是不容易，并且是极艰难困苦的。所以得到这样成绩的缘故，一不是公司本身的能力，全仗社会的同情扶助；二不是公司少数领袖的能力，全仗大多数职员职工的努力奋斗。所以得社会同情扶助的缘故，因为公司办事人不但不敢谋个人的私利，并且不专为股东谋一时的利益，时时处处都认定公司是为社会为群众谋利益的。只要对社会对群众有利益的事，公司办事人没有敢不用心去想。只要想到，没有敢不尽心尽力去做。

① 周孝怀：《十年以来》，《新世界》第80、81期合刊，1935年11月1日，第3—4页。

有时候就是赔钱，也无不去做的，因此得到社会的同情。知道民生公司不但不是几个办事人的公司，并且不是几百个股东的公司，乃是同社会有密切关系不可少的公司，所以大家扶助。公司有做不到的事，社会能原谅，能指导，能维持。今年公司募一百万的公（司）债，就是社会同情扶助的表现。没有社会扶助，十年之内，哪能得到这样的成绩？这是公司应当对社会永远感谢的。

说到公司职员职工，比起别的公司，薪工可以说是不多，工作可以说是不少。却是由上到下，由大到小，一般职员职工，没有一个不努力奋斗的，没有一个说事多钱少的。所以得到这种现象的缘故，因为公司为社会为群众谋利益的思想，不是少数办事人特别独有的理想，乃是全体职员职工共同了解的理想。并不是空空的一个标语，乃是时时处处要履行要实现的。大家知道公司是对社会对群众谋利益的，所以对社会对群众的事没有不一致尽心尽力去做。只求得社会的同情，不敢讨社会的厌恶。同时又知道公司的利害，就是社会的利害，得罪公司，就是得罪社会。所以公司的事，没有不一致尽心尽力去做。只求公司无时无事不向上，不准公司有一时有一事的向下，互相勉励，互相监督。因此十年之内，才能得到这样的成绩。这是公司应当对现在职员职工永远感谢的。

11 月 1—2 日　《大公报》刊载卢作孚《和谐运动的具体意见》一文。文中指出：在没有一种确定的方式将中央与地方的权限划分清楚以前，地方不愿多分权限给中央，中央亦不愿多分权限给地方。中央与地方随时有权限的争执以及冲突的可能。这种不可避免的冲突，乃成了统一的障碍。为消除障碍，助成和谐，卢作孚提出了 5 项办法：1. 国民全体的协助；2. 中央积极的指导与帮助；3. 国家必须有整个建国的计划；4. 从中央政府起，建设政治机构；5. 地方与中央必须时刻商洽。他强调①：

上列五项都是可以助成和谐的方法。方法应不止于五项，应待我们去搜求，尤其待我们去运用，去造起运动。每个人应多搜求奖励他人的好处，使社会全部弥漫了同情，发扬了好处。尤其需要明白，政治之设施与改善，最可靠的动力，不是法律与命令，而是造起运动，而是用宣传、联络、指导、帮助种种方法造起运动。无论中央有所希

① 卢作孚：《和谐运动的具体意见》，《大公报》1935 年 11 月 1 日第 3 版、1935 年 11 月 2 日第 4 版。

望于地方，或地方有所希望于中央都宜有造起运动的方法，鼓起人们的行动，有如疯狂似的沉醉在一种新的要求之中，乃可打破一切的僵局。今天是需要行动，不需要叹息，盼望至少从和谐运动上试验一度。如果全国有心人，在此危机存亡之时，都起来用力量和方法以作和谐运动，必有可靠的成功。

11月2日　刘湘由成都到邛崃坐镇，指挥对南下红军作战事宜[①]。

11月5日　白崇禧为赠书事致函卢作孚表示感谢[②]：

手教诵悉。叩蒙惠赠大著二千册，足征关爱，感谢何已！俟邮寄到部，当分送敝省各机关人员共沐教益也。

台旆何日旋蜀，此后尚希时惠好音加以指导为荷。

11月6日　民生公司轮船获得渝涪航线专营权，资料载[③]：

涪万间忠丰各县，均位江滨，但前并无轮船停泊装货搭客，因此上下客商，颇感交通不便。兹公司奉二十一军令，责成派船维持该段交通，并以渝涪专营以资挹注。公司现已派定民觉轮船，于本月六日开班，使与公司涪万间轮船相衔接矣。

11月7日　卢作孚于本日晨乘飞机由南京直航飞渝[④]。

11月上中旬　为辞谢四川省建设厅厅长的任命，卢作孚"回到四川，同着何北衡一道，面向刘（湘）主席辞谢，整整说了十六个钟头，不得要领，不得已勉强承担了"[⑤]。关于就任四川建设厅长一事，卢作孚后来还回忆说[⑥]：

前奉故刘主席电召，要本人出任川省建设厅长，当时我认为建设

① 周开庆编著：《民国川事纪要》（1911—1936），台北四川文献研究社1974年版，第606页。

② 黄立人主编：《卢作孚书信集》，四川人民出版社2003年版，第467页。

③ 《海事新闻·民觉论专航涪万》，《新世界》1935年11月第80、81期，第126页。

④ 《民生实业公司简讯》第345号，1935年11月8日，无页码。

⑤ 卢作孚：《一桩惨淡经营的事业——民生实业公司》，民生公司1943年9月印，第32页。

⑥ 罗中福、李萱华、唐文光、罗成献、龙世和编：《卢作孚文选》，西南师范大学出版社1989年版，第343—344页。

一区（北碚）对国家的贡献，比建设一省的效力来得更大。而建设一区所得的经验，若不加以培养，则比本人不主持建设川省对国家的损失来得更重。但终以固辞不获勉为担任，而事实上本人所贡献的，实在比致力于北碚的，要少得多！

11月11日　（一）晨，卢作孚在总公司讲演沪粤遍历见闻①。（二）李石曾介绍来华为法国中法工商银行调查中国实业投资状况的法国银行家梅莱给中国建设银公司及铁道部新任部长张公权，本日中国建设银公司与法国银行团签定修建成渝铁路初步合作合同②。

11月中下旬　川军与南下的红四方面军在百丈关激战，红四方面军失利退出③。

11月26日　卢作孚由成都乘飞机飞重庆④。

11月27日　（一）晚，卢作孚在重庆国货介绍所作《超个人成功的事业超赚钱主义的生意》的演讲，演讲中提出要将吃饭问题缩到最低限度，工作效率提到最高限度。谓⑤：

我们现在的生活，开支应尽量节省，生产应尽量加大。换言之，即“大胆生产，小心享用”。不能生产的，就不应消费，尽量的把我们日用的开支数目节省起来，用到生产事业上去。

我们作事有两重目的：第一是自己尽量地帮助事业；第二是要求事业尽量帮助社会。我们到了何处，便好到何处。我们在坏社会里去逞能干，使社会弄到愈坏，意义安在？能够把坏的社会变作好的社会，岂不是更能干吗？社会上只有我们作的事业比其它的人所作的事业作得更好，才是值得令人羡慕的。

邹韬奋先生到了欧洲，别人把他认作日本人，对他很恭敬，很客气。经他声明是中国人后，那刚才恭敬他对他很客气的人，态度立刻变傲慢了。这是甚么缘故？就是中国人不会做好一切公共事业，不会

---

① 《民生实业公司简讯》第346号，1935年11月11日，无页码。

② 宓汝成编：《中华民国铁路史资料》，社会科学文献出版社2002年版，第790页。

③ 匡珊吉、杨光彦主编：《四川军阀史》，四川人民出版社1991年版，第327页。

④ 《民生实业公司简讯》第353号，1935年11月27日，无页码。

⑤ 卢作孚：《超个人成功的事业，超赚钱主义的生意》，《新世界》第85期，1936年1月1日，第4—8页。

弄好中华民国，只知道自私自利，所以别人瞧不起我们。我们现凡遇着一桩事业，就想把他干好，其意义也就是要给那些从来看不起中国人的人的一个证明——证明中国人也是能做的。只要我们肯下决心，把我们所做的事业都做好，世界上的人，还是很佩服我们的。

我们做生产事业的目的，不是纯为赚钱，更不是分赃式地把赚的钱完全分掉，乃是要将它运用到社会上去，扩大帮助社会的范围。所以我们的目的，往往是超赚钱的。我们直接得来的钱，便直接运用到社会上去，比拿钱到了自己家里，然后再运用到社会上去，简捷得多，经济得多。

末了，我还要作个总结：诸位在这里工作，每日自己应当问问，自己的工作是否有助于事业？事业希望我们凡在事业里工作的朋友，每天都应当自己问问：我的工作是否有助于事业？事业是否有助于社会？

（二）重庆大学校长胡庶华致函卢作孚，谓[①]：

临别之前日曾上一函，谅达记室。近闻执事对于建厅厅长一职就否尚未决定。窃以为就目前四川建设经费而论，固不足以发展长才，然为事择人，后者胜于前者万倍。弟固不忘情于四川者，甚愿将两地之大学校长均行辞卸（重庆大学设备未充，收效恐迟）专心致力于实业，但未有相当机会，殊为耿耿。尊处如有伟大计划，甚愿前来效力，并得就便经营蜀华公司以为民生公司之助。年来国内大学生毕业者出路极少，盖由于销纳之场未能增加，此弟之所以愿舍办教育而从事实业也。再陈胸臆，诸希亮察。

11 月　少年义勇队第三队成立并开始训练，队员 70 余人[②]。

12 月 1 日　卢作孚于本日由重庆乘飞机飞上海[③]。在上海期间，结识著名经济学者张肖梅，后来张肖梅致函卢作孚，谓[④]：

---

① 黄立人主编：《卢作孚书信集》，四川人民出版社 2003 年版，第 470 页。

② 李涛：《四川北碚的乡村建设事业》，《教育与民众》第 7 卷第 6 期，1936 年（无月日），第 1187 页。

③ 《民生实业公司简讯》第 355 号，1935 年 12 月 2 日，无页码。

④ 黄立人主编：《卢作孚书信集》，四川人民出版社 2003 年版，第 478 页。

> 月前莅临春申，因获数度畅谭，饱聆教益，更觉先生精神之伟大，任事之沉毅，目光之深远。敬佩之深，莫可言喻。

12月3日　卢作孚访黄炎培，并餐叙[①]。

12月5日　卢作争与四川财政厅长刘航琛由沪同机飞川[②]。

12月10日　晚，民生公司、川康银行、美丰银行、四川省银行、川江航务管理处、财政特派员公署等六团体联合在民生公司举行欢迎讲演会，欢迎南开大学校长张伯苓、四川大学校长任鸿隽、著名历史学者陈衡哲（任鸿隽夫人）讲演，听众500余人，讲演会由卢作孚任主席并发表欢迎词，谓[③]：

> 今天聚集了川康银行、美丰银行、省银行、川江航务管理处、财政特派员公署与民生公司等六个团体，欢迎张伯苓先生、任叔永先生、陈衡哲先生讲演。这三位先生，大家早已知道用不着怎样表扬。不过现在有几点很值得注意的事情，且扯他作一个简短的介绍：
>
> 第一个介绍的是张伯苓先生。张先生的一切都很伟大。现在的南开大学，就是张先生一手一脚创造出来的。原来的南开大学，并不像现在这样完备——那时是没有人，没有钱，而且没有校址。不知费了张先生若干心血，才有现在的成绩。由幼稚园而小学，而中学，一直到大学。这其间所经过的艰难困苦，是很值得我们注意的。我们晓得张先生这种伟大的精神，许多年来在华北作复兴民族的努力，于社会国家的帮助，实在很大。就是我们这个小小的事业在四川，都先后得到了不少的帮助。南开大学毕业的学生，在社会上的足迹，已经是布满了全国。目前的中国，许多人认为最有希望的要算是西南，所以张先生现在又把这种爱国的热诚和伟大的精神转移到西南来了，尤其是西南的四川来了。这不特是我们西南民众很庆幸的，更是我们整个国家所急切盼望的。
>
> 第二要介绍的是任叔永先生。我们平时听到外面的人往往批评四川人不好，然而在省外的四川人却几乎个个都很好，都能惹起省外人

① 中国社会科学院近代史研究所整理：《黄炎培日记》第5卷，华文出版社2008年版，第98页。

② 周开庆编著：《民国川事纪要》（1911—1936），台北四川文献研究社1974年版，第608页。

③ 《欢迎张陈任三先生讲演记略》，《新世界》第85期，1936年1月1日，第9页。

们的敬仰。如像现在在定县努力的晏阳初先生，在大公报社的胡政之先生，他们在外面的努力，很得一般人的钦佩和同情，替四川人争得光荣不少。任先生，就是替四川人争取光荣当中的一位。今天以前，任先生在全国教育界努力的成绩，颇为显著，对于中国文化方面的帮助更为不小。我们要晓得，目前中国的文化研究机关就只有一个中国科学社，任先生便是创办这文化机关当中的一员。今天任先生回四川来办川大，实在是我四川民众喜出望外的一件事。今后不但四川的大学教育有新的希望，听说任先生还要为中国最有希望的四川作各种调查和研究的工作。

第三要介绍的是陈衡哲先生，陈先生是研究哲学的大学问家。我们晓得，在目前中国的妇女界中，很难找出几位学者来，尤其是研究哲学的人。陈先生在学术上领导全国的女同胞，今后更要在四川来在学术上领导我们四川的女同胞，这更是我们四川女同胞的望外之幸了。

张伯苓在讲演对民生公司颇多称赞，他说①：

个人这是初到四川，在未到四川之前，已认识了不少的四川朋友，如胡政之、晏阳初等，他们都有很好的成绩。四川的学生也很用功，女生尤其努力，大有男子之风，这些都使我非常佩服。

四川是个很有希望的地方。在全国的省份中比较起来，四川算是最有希望的了。兼之在现在这种国情之下，四川的地位更觉重要，不但物产丰富，人民勤奋，而且很少排外的心理。这是一件最可乐观的事。

目前是中国外交最坏的一个时候，这是我们每个人都感觉到的。个人在三十四岁的时候，在北洋水师服务，那时对民族和国家很关切，眼见得外侮一天一天的加重。武官缩着头爱着自己的生命，文官尽量贪恋着金钱，不顾其它的一切。兵舰上的军官开头便赌，靠头便嫖，我看了非常的痛心。一提起民族国家的前途，便非常悲观。

近几年来，国家比从前进步多了，中央正埋头在苦干，军械也比从前进步得多。上月二十四号，我到杭州航空学校去参观，看见里面组织非常好，训练非常严格，这是一个很好的现象。人民组织的事

① 《欢迎张陈任三先生讲演记略》，《新世界》第85期，1936年1月1日，第9—12页。

业，也一天天好起来。就以民生公司来讲，一般办事的朋友都很努力。在上海我看到民生分公司的青年，工作很有精神，不但礼拜六也要办半天工，有暇还提倡高尚娱乐。若是每个事业都像民生公司这样发出光来，这里也发光，那里也发光，那么国家也就发出光来了。换言之，中国前途便有希望了。

任鸿隽在讲演中对民生公司的评价独具一格，他说[①]：

民生公司是办实业的，同时也是办教育的。这从公司各方面都可看出来，就如今晚能临时聚集如此多的人来听讲，也就可以证明。卢先生说："四川原来的教育欠佳，尤其是高等教育，试看凡从四川的大学毕业出来的学生到社会上做事，薪水都要比外边的少些。"我以为这因为四川的学生，一在中等学校毕业，都肯往省外去读书，不愿在省内读，因此可以减杀办学人的兴趣，办起来无精神。同时也就不易培养高尚能力的学生出来。如果学生能力提高，在社会上服务的价值也自然会高起来了。

［按］后来陈衡哲在记述这次到四川重庆和民生公司的印象时，指出民生公司是企业和教育结合的典型事例[②]：

我在重庆的感想，第一是许多机关真能现代化。如民生公司，便是办事与教育的合组机关的一个好例子。公司中的办事人员，在晚上都聚集在一个大礼堂里，不是听讲，便是自修。那次六团体（美丰、川康及省立三个银行、航务处、财政特派处，及民生公司）请张伯苓先生和我们两人去讲演，便是在那大礼堂里的。那礼堂里充满了学校的空气，聚在那里的六团体的职员们也使我们感到'同行'的意味。这真可说是做到了机关学校化的地步了。

12月上旬　重庆行营公路监理处整理四川公路，决定川黔公路成渝

---

① 《欢迎张陈任三先生讲演记略》，《新世界》第85期，1936年1月1日，第14—15页。

② （陈）衡哲：《川行琐记：一封给朋友们的公信》，《独立评论》第190号，1936年3月1日，第15页。

段于本月10日前率先兴工[①]。

12月12日　（一）卢作孚被正式任命为四川省建设厅厅长。（二）民生公司因总经理卢作孚请假，总经理职务由总务处经理宋师度代理，本日经公司董事会讨论通过[②]。

12月13日　（一）卢作孚乘飞机与四川大学校长任鸿隽、陈衡哲夫妇一道飞成都就职，民生公司总经理职务由总务处经理宋师度代理（1940年以后由魏文翰代理）[③]。（二）卢作孚致函郑东琴，谓[④]：

> 作孚因事请假三月，北川、天府两公司董事长一职，拟请费神赐予代理。作孚已另函通知两公司矣。专此奉托，敬乞查照。

（三）卢作孚致函北川、天府公司，谓[⑤]：

> 作孚因事请假三月，所有董事长职务商请郑董事东琴先生代理。除另函请托郑董事外，特此函请查照为荷。

12月14日　卢作孚到建设厅视事[⑥]，并发表四川省建设步骤的讲话。此后卢作孚对于推动四川建设，进行了不懈的努力，在此后的一年多时间里，积极筹建成渝铁路、设立农业研究机构等。林松柏回忆说[⑦]：

> 1935年，卢作孚先生接任建设厅长的时候，省府体制很不健全，既无建设资金，更缺乏具有真才实学专家学者。因此，他首先考虑的

---

① 《整理成渝路之实施情形》，《四川经济月报》第4卷第6期，1935年12月，第39页。

② 民生实业公司十一周年纪念刊编辑委员会编：《民生实业公司十一周年纪念刊》，中华书局1937年版，第214页。

③ 佚名：《民生简史》（上），《民生实业公司简讯》第1036期，1950年7月21日第3版；《民生实业公司简讯》第361号，1935年12月16日，无页码；《民生实业公司简讯》第366号，1935年12月27日，无页码。

④ 黄立人主编：《卢作孚书信集》，四川人民出版社2003年版，第473—474页。

⑤ 同上书，第474页。

⑥ 佚名：《民生简史》（上），《民生实业公司简讯》第1036期，1950年7月21日第3版；《民生实业公司简讯》第361号，1935年12月16日，无页码；《民生实业公司简讯》第366号，1935年12月27日，无页码。

⑦ 周永林、凌耀伦主编：《卢作孚追思录》，重庆出版社2001年版，第102—104页。

就是延揽人才和筹措资金这两桩大事。他奔走于重庆、南京、上海各地。不少专家学者，在他的精神感召下，舍去优越的条件，愿为四川的新建设作一点贡献，应聘来厅工作。其中最著名者有日尔曼人、丹麦籍测量专家守尔慈，畜牧专家陈绍迥，水稻专家赵联芳，小麦专家杨允奎、蚕丝专家尹良莹，糖业专家沈镇南等等。

卢作孚延揽人才的工作也不是没有阻力的。比如委聘陈绍迥等人时，签呈上写明薪资分别为400元和500元，省府秘书处的秘书为之大哗，拒绝判行，认为管点水，养点猪牛羊，就要拿这样的高额薪金，乃前所未见，简直是乱搞！后经卢氏直接叫电话与省府秘书长邓鸣阶加以解释，才得到批准。另外，对专家们来川的眷属，也事先由公家准备宿舍，以及应用的全部家具。这些措施，也同样遭到非议。

……

卢先生对专家、学者，采取各方访求礼聘的方法，是“请进来”；对基层骨干技术人员，则采取公开登报招聘的办法，是“考进来”，并加以培训。他曾命令制订《技术人员登记表》，分发各地专署，广求贤才，饬各县汇表报厅，尽量使用本省佚散在各地的专业人才，使所学专业对口，材为我用。此后，又陆续办了水利技术训练班、度量衡检定训练班、棉作试验场训练班、稻麦改进技术和家畜保育技术训练班等。其中不少的人，成为以后四川建设事业的技术骨干。

［按］担任建设厅长后，由于政务繁杂，对于公司事务很难顾及周全，后来卢作孚回忆说①：

在做建设厅长时我和实际工作脱体，公共生活不参加，公司也不来了，有事找经副理解决就算了。

12月16日　（一）《新世界》刊载卢作孚《新世界三年来的检讨》一文。文章回顾了《新世界》创刊三年来所取得的成绩，并将该刊发表的一些有代表性的文章以及内容分别作了介绍，最后写道：“从新世界上的讲演、讨论、报告、描写、批评，看出了公司的理想，亦看出了公司许多朋友的活动，从那许多活动上证明了理想是会变成事实的。这样有价值

① 《卢作孚检讨》（1952年2月6日），交通部长江航务管理局档案中心藏。

的讲演、讨论、报告、描写、批评举来太多。”[①]（二）张群就任国民政府外交部长。

12 月 17 日　民生公司第一次公司债稽核张佑贤（鉴）致函金城银行总经理周作民，报告卢作孚动态及民生公司经营状况。谓[②]：

前两函均系邮寄北平，谅邀核阅。兹再将各事奉报如左：一、卢作孚先生对于建设厅长一职，原拟谦辞，旋经省府恳切挽留，情面难却，已允暂行就任，但民生事务，仍由卢先生随时回渝主持。二、民生公司营业本年甚为发达，纯益超过百万元，鉴已商请公司当局多提特别公积金，以防将来万一事变，颇蒙赞同。公司能收如是成绩，其原因如下：（一）得我行赞助致成功一百万元之公司债，添购多数船只，运送力量增大。（二）川江运费本已不低，又因本年上货特多，水脚大涨。（三）驾驶人员全用华人，内部亦管理严密，故各项费用均能节省开支。（四）船上业务人员不用买办制，而用经理制，故所有收入均能涓滴归公。三、公司现有轮船已不敷分配，又添购及改造新船八只，共需洋八十五万元。此外，正在计划中者有数只。此等新船竣工后，公司所有大小船只，已在五十只以上。四、重庆汇划制度多年均为商场所诟，现已于本年月十六日起一律取消。凡银钱业所出票据，均限于到期日之次日午前兑现。五、四川万县出产桐油甚巨，本年出口数量达四十万担左右，值洋两千余万元，凡在万县经营桐油业者，无不利市三倍。通成公司如能在万县设立办事处，经营桐油出口贸易，或尚能收相当效果。专肃奉报，敬颂勋安！张鉴谨启。

12 月 20 日　民生公司常务董事胡筠庄、张肖梅分别为延聘宋子文为民生公司董事长和策划四川经济调查办法等重大事项致函卢作孚。胡筠庄函谓[③]：

昨接函后，即见子文先生，将兄及各川友之诚意转达。谓任董事不成问题，董事长一席，嘱弟请兄不选为妥。弟未详其何故不就，因

---

① 卢作孚：《新世界三年来的检讨》，《新世界》第 83、84 期合刊，1935 年 12 月 16 日，第 12—16 页。

② 《张鉴致周作民函》（1935 年 12 月 17 日），上海市档案馆藏。

③ 黄立人主编：《卢作孚书信集》，四川人民出版社 2003 年版，第 478 页。

此甚为扫兴。昨电谅已达鉴。竹君兄接洽如何？弟因俗事猬集，不克分身飞渝，尚祈匀罪。任之先生尚未到沪。吾兄何日来申，尚祈早日通知，以便在沪等候。

张肖梅函谓[1]：

月前棨临春申，因获数度畅谭，饱聆教益，更觉先生精神之伟大，任事之沈毅，目光之深远。敬佩之深，莫可言喻！从此川省建设，定必与日俱进。梅虽学识谫陋，深愿从旁效劳，相助一臂以竭愚忱。前奉大函，得荷以协助调查相嘱，易胜荣幸！至祈毫不犹豫，随时函示，自当竭尽棉薄，用慰雅望。再者，前曾面嘱物色专门人才，久经留意访求，现得朱天祜君一位。朱君在比利时学习农矿，颇有专长，且极砥砺刻苦，奋发有为。以梅及禹九兄眼光观之，实为不可多得之青年。昨经介绍与澍霖兄一度晤谈，而澍霖兄亦颇为嘉许。朱君久慕大名，深以得供驱策为幸。倘蒙加以垂青，必能展其所长，努力服务，以报提携之德。先生如果有意汲引，乞即赐示，俾得转致朱君，克日赴渝就教。如何之处，尚祈卓裁。公余有暇，并恳时赐箴言，藉开茅塞，无任企感。谨此奉达。

12月22日　经卢作孚介绍到北碚考察乡村建设的李涛在重庆千厮门码头等船时，“找到一个穿土布长袍的农夫”，与之有以下一段关于北碚的问答[2]：

到那（哪）里去？
北碚。
坐那（哪）只船？
民生公司民法轮。
几时开船？
原定每早六时，只因现在水浅，天又短，黑漆漆的怕出危险，同时旅客们也懒得起早赶船，因此就往往迟延到七时，或七时半。
公司为什么不改订时间？免得早来的等候！

---

① 黄立人主编：《卢作孚书信集》，四川人民出版社2003年版，第478—479页。

② 李涛：《四川北碚的乡村建设事业》，《教育与民众》第7卷第6期，第1177—1178页。

人们的习惯已经养成，你改到八点，他还是八点半才来。

船上待你们好么？

好！无论总理，职工，茶房，一样的和和气气。多带了行李，他另外给你存放，下船时还帮忙送到岸上，不要分文。

北碚有些什么？

多啦！啥子（川语）团务局、特务队、农村银行、地方医院、民众学堂、博物馆，图书馆、温泉公园、西部科学院、北川铁路、天府煤矿等。

对你们有什么好途处？

好处多哩！从团务局把土匪打跑，我们才得安居乐业，以往逃难出去的，也都慢慢儿搬回来了。病人到地方医院治疗花不上几文钱；穷人们也可到农村银行借钱做点小生意；读不起书的上民众夜校，不花钱有书看；动物园有许多奇奇怪怪的鸟兽；博物陈列馆的东西我们都高兴看；只是西部学院不能轻易进去，进去也看不懂是干什么的。

是谁创办的呢？

啊！你还不知道吗？卢作孚先生呀！（同时伸出他那粗而黑的大拇指暗示给我看。）

冬　民生公司与上海江南制造所定立建造民运、民视、民听诸轮船合同，开始建造新轮船①。资料载②：

重庆上、下游轮船，至二十四年冬，十之八九皆已归并于民生公司。民生公司除拆毁不堪使用之旧船，改造小有缺点之旧船外，乃转向建造新船一途迈进。民生公司过去建造新轮甚少，除早期之民生、民用两小轮外，自民十八至民二十四年七个年度之中，仅建造二百八十余吨之民享一轮，其余公司所有之三十七艘，皆系收购自重庆上下游各小轮船公司者。而自二十四年冬起，至二十六年抗战时止，不到两个整年，公司即向上海江南厂、合兴厂、中华厂订造大小轮船二十一只之多，其中十四艘，共计七千五百余吨，均在战事爆发前造成上驶，另七艘则随船厂陷于敌手。民生公司为实现大量新船建造计划，曾于二十四年举办公司债一次。

---

① 上海社会科学院经济研究所：《江南造船厂厂史》，江苏人民出版社1983年版，第396页。

② 《民生公司在长江》，《新世界》1945年11月号，1945年11月15日，第8页。

12月23—25日　李涛在北碚参观游览整三天，对北碚各项事业有较为全面深入的了解，留下了深刻的印象，并在此后发表《四川北碚的乡村建设事业》一文，对北碚峡防局、中国西部科学院、平民公园、温泉公园等管理机关、各项建设事业和市政设都有详细的记述和介绍。关于峡防局的财政状况及政务气象，文中记述说①：

> 该局经费收入：船捐补助费年约七万元，各方面事业补助费年约一万元，而每年支出经常费九万元，临时费二万四千元，以故截至廿三年止，负债四万三千元。至于（机关）生活方面：各部每日有事务会议，逢五（初五、十五、二十五）有财务会议，星期一有民众教育会议，星期五有军事会议，星期六有全体职员会议，每周北碚各事业机关开主任联席会议一次，每月各事业机关举行联合周会一次，每年召开峡区团务会议一次。其附设事业有峡随地方医院，峡区民众教育办事处，峡区感化院，峡区乡村电话交换处，现有三十门总机一部，峡区各场及重庆、合川等地已任可通话。
>
> 碰巧那天我们所参加的是各事业机关联合周会，到各地机关职员、官兵凡四百余人，除三五老年及女职员外，都着黄色军装，持枪端坐，一副严肃果勇的气象，充满了会场。卢（子英）大队长坚请我们报告考察的经过和感想。随后听他们各部各股分头报告，都很简捷扼要，而事业之进展，大有日新月异状况。

关于北温泉公园，文中记述道②：

> 甘（民生公司襄理甘南引）、卢（北碚峡防团务局督练长）两先生邀去温泉公园沐浴，仍回囤船处，改驾一叶扁舟，逆流北上，过嘉陵江三峡，两岸奇石峻拔，水势湍急，时现旋涡，不慎即可陷入。约十余里而达，登岸径奔温泉浴室，那时日已西没，电灯明亮，照耀到碧清的泉水，透览及底，温度适宜，比之昆阴宜良，康定二道桥，南京汤山之温泉实胜数倍。
>
> ……
>
> （温泉公园）计由开办至今用款约六万余元。自身生产得之于房

---

① 李涛：《四川北碚的乡村建设事业》，《教育与民众》第7卷第6期，第1186页。

② 同上书，第1184—1185页。

费、浴费及花木杂项进益。近两年间每年进款约七八千元，而设备用途则常超过进款。其已有设备关于游浴者有浴室、浴塘、游泳池；关于食宿：有数帆楼、花好楼、益寿楼、农庄、盘室、琴庐、嘉陵饭店；关于游览：有听泉亭、飞来阁、菱亭、待船亭、竹林深处、乳花洞、唱晚亭；原来所有的有宋代造像十余尊、铁瓦殿、大佛殿、接引殿、塔院、明清间碑刻浮雕；关于健康，有网球场、篮球场。其正筹备实现者有大泗水池、水电厂、疗养院、音乐室、图书室、大礼堂等。其将来计划运用三峡风景，使嘉陵江三峡成一大公园。运用水上交通使三峡间有定时往来之蒸汽船，以便行人。运用陆路交通由温泉建马路以达青木关，连接成渝马路。再由来凤驿建造马路以通江津之白沙，贯通嘉陵、扬子两江。

文中也记平民公园说①：

北碚平民公园——园址在火焰山，紧靠着体育场，穿进一个精制的小屏，登上绿竹掩护的水泥路，环顾四野，确有一种说不出的舒畅，心想什么年代能把全中国几十万的乡村都改进成这样子？火焰山旧有东岳庙一所，每年夏阴三月十二是该庙无常会期，信男善女有远自数百里外来献香者。寺中道人于每届会后，皆有数石白米，十余头猪，及百余双鞋的收入，过此则人迹鲜至。民十九年毁去寺中偶像，改设博物馆，由峡局派兵建筑山上道路，乃渐有游人。初名火焰山公园，后改名平民公园。组织：由北碚市民熊明甫等组织董事会，监督公园行政。园内之博物馆及动物园由科学院附设，花卉园务亦由科学院农场代办。每年经费百零六元。已经营者有露台、爱湖、松林、梅岭各项布置，并有园艺陈列室一间，陈列各国公园照片。花木培植有草本花八十余种，木本花约七千余株。其中奇特者为喜马拉雅松、扁茎竹、各色月季花、叶草、羽衣甘蓝及地阳菊等。尚有慈寿阁、之字路，修得都很精致。

就这次参观和考察的观感，文章写道②：

① 李涛：《四川北碚的乡村建设事业》，《教育与民众》第7卷第6期，第1183页。

② 同上书，第1191—1192页。

他们的系统是把文化事业、治安事业、经济事业划在一条并行线上，而实际上据我们看来的结果，在经济事业里，除去农村银行直属于峡防局外，多不与北碚乡村事业发生直接关系。换句话说：在经济方面的各种事业，另是一个系统，而那些公司制造厂里，都肯拿出他们的盈余之一部来帮助北碚事业的建设，其有益于北碚自不在小处，因此吾认为这样的列表较为妥当些。此外还有几个观感，写在下面：

（1）组织似有（待）研究　这是我们首先感觉到的：第一是在文化事业、治安事业、经济事业三部之上，缺乏一个最高统制机关。请看前面的系统上，峡防局、科学院、铁路公司等好像各自为政，不相联系，以往因此三部皆以卢先生一人主持，故进行不发生什么困难，将来能否免去以人为转移的流弊，到（倒）值得注意。第二是未能依事业之性质，确定隶于某部分，如文化事业之民众教育办事处、公共体育场及嘉陵江日报社，似乎不应归属于峡防局；三峡染织公司，似乎不愿归西部科学院；这都是值得研究的。

（2）乡村建设成分少，建设乡村成分多　乡村建设与建设乡村不同之点，曾有多人讨论过，我以为按自动与被动成分的多寡而定也就够了。自动成分多的，当然是乡村建设；被动成分多，则为建设乡村。在前面卢先生曾有这么一句话："……是要想将嘉陵江三峡布置成功一个……"，这一句话我们可以知道北碚最初的理想，并不是乡村建设了！无论如何，我们相信乡村建设事业绝不是布置二字可以成功的。再举一个小例来比喻，北碚街市上确确实实整洁有序，无论水泥制成的路上，三合土制成的路上，石子碾平的路上，都是水刷一般的清净。两旁相距不远的地方，设木制痰箱一个，里面存着消毒的石灰，指使民众吐痰入箱，而民众们在监督之下，确能把痰吐在箱的附近，自然不尽落在痰箱里，这是乡村工作，而且是很好的乡村工作，但这工作的成效，是由峡防局士兵及第一特务队每日派遣多人打扫，督促成功的。实际老百姓的房间里，仍多污秽随地吐痰。这是可说街道上讲卫生了，老百姓还很少讲卫生。再如，花六万余元建筑一所温泉公园，常年经费一千九百余元的动物园，千余元的平民公园，是否为北碚大众而设？是否为北碚大众之需要？像这许许多多都可说是建设乡村，把个北碚建设成花团锦簇，外表上非常好看，但是它的内囊里却蕴藏着许多急待解决的问题，那些问题的探讨，分析明了，彻底解决，才是乡村建设。我们很希望北碚的事业能够由建设乡村走进乡村建设的路上去。

（3）人的训练与旅行生活　在北碚使我们兴奋而受感动的，要算那已训练、正训练的服务员和青年义勇队了！他们那副忠实的做事、诚恳的待人的精神，无论在民众学校、公共体育场、图书馆、地方医院、轮船上，处处可表现出。这当然是训练人的人都有专门技术和引导得法；而他们于训练期间，特别加入旅行生活，确是训练成功的一个要素。因为旅行生活，不但可以健强体魄、认识社会、扩大眼光，并且可以增加修养，练达应对，遇事能有主观认识与了解，不至空谈理论。何况他们深入蛮荒之地，历尽千百艰险，养成刻苦奋斗百折不挠之卓绝意志呢？这非但是他们的成功，也可说是中国人才训练的新纪元。

此外，关于西部科学院各种办法与计划，我们都感觉很好。总之，北碚全部的乡村建设，我们虽粗粗地看了一下，实在觉得兴奋而钦佩。他们干的精神，尤其是值得效法的。国事虽然到如此地步，可是“事在人为”！我们看了北碚的乡村建设事业以后，更可深信无疑了。国人们，不要消极，不要悲观，大家努力干吧！

12月24日　晚6时，民生公司邀请来川考察的文学家章依萍、无锡永泰丝厂负责人周敬衡、永泰丝厂训练主任杨世芳等讲演①。

12月27日　（一）晨，卢作孚于成都致电吴鼎昌，就邀请张嘉铸（禹九）入川、特为其请假两个月等事宜进行协商。（二）卢作孚乘飞机由成都飞重庆②。回到重庆后，卢作孚又致电宋子文，请派张肖梅入川两个月，协助策划经济调查。（三）卢作孚自重庆致电张嘉铸、张肖梅，通报了上述情况，力邀其到川协助经济调查等，谓③：

禹九、肖梅先生：迭奉示，乃迭误航空信期，乃未及分复，至怅。今晨已由蓉发电达铨先生，请准禹九兄假两月；由渝电子文先生，请派肖梅先生入川两月相助，亟盼一月初命驾飞川。一、彻底解决华通、上海信托合并问题。二、策划经济调查办法。此番经济调查，拟特别侧重矿产、农产、工业制造及进出口贷状况。弟本似一月下旬出川，一月初先生可以莅此，则决留一切问题商决之后出行。究

① 《欢迎章周杨范四先生讲演记略》，《新世界》第86期，1936年1月16日，第3页。

② 《民生实业公司简讯》第366号，1935年12月27日，无页码。

③ 黄立人主编：《卢作孚书信集》，四川人民出版社2003年版，第481—482页。

应如何着手调查，则实待先生有所策划。诚如禹九兄言，四川出口货与未来金融组织有密切之关系，调查工作亦实未来事业之一种预备也。

（四）四川省政府主席刘湘自本日起离邛崃到成都办公[①]。（五）铁道部长张嘉璈为修筑成渝铁路事宜致函卢作孚[②]。

12月30日　（一）卢作孚为修建成渝铁路复函张嘉璈并在同函中就邀请张嘉铸、张肖梅到四川协助经济调查等事宜协商并通告进行情形，谓[③]：

廿七日敬悉，成渝铁路得先生主持，必有完成之望。前此介于行营，今后应由部统筹全局，视经济实力所及以定缓急先后，如为成渝路而需四川准备相当基金，请示及，当与航琛商之也。四川未来之生产计划必须根据于四川之经济调查，请商达铨先生派禹九入川，子文先生或翰章先生派肖梅入川，需时两月即可确定计划，确定人员，开始调查。想两月往还不致遗误上海事务，结果如何，盼示及。至感。已另函达铨、子文两先生矣。

［按］后来张禹九、张肖梅入川，很快确定了经济调查的计划，并展开工作。调查工作最突出的成就是张肖梅主编的包括《四川经济资料》（中国国民经济研究1939年1月出版）、《贵州经济》（中国国民经济研究1939年1月出版）、《云南经济》（中国国民经济研究所1942年6月出版）为主的西南经济资料丛书，在抗战爆发后相继出版，为抗战时期的西南经济建设提供了重要的科学依据和参考资料。另翰章应为著名银行家宋汉章。

（二）张嘉璈为修建成渝铁路事宜再次致函卢作孚，通告进行初步办法。张在《中国铁道建设》中载[④]：

---

① 周开庆编著：《民国川事纪要》（1911—1936），台北四川文献研究社1974年版，第610页。

② 张嘉璈：《中国铁道建设》，转自宓汝成编《中华民国铁路史资料》，社会科学文献出版社2002年版，第790页。

③ 黄立人主编：《卢作孚书信集》，四川人民出版社2003年版，第483页。

④ 宓汝成编：《中华民国铁路史资料》，社会科学文献出版社2002年版，第790页。

（民国）二十四年12月30日函卢厅长作孚，告以拟照浙赣办法，由部省合作，各发公债二千五百万，以五千万公债照八折作押，可得四千万元，请其与省府商办。

12月　（一）为便利四川交通和运输开发四川基本重工业所需大量机器，民生公司开始与上海江南造船厂、合兴造船厂、瑞瑢造船厂、老公茂船厂等协议建造民本、民元两艘豪华巨轮[①]，由此民生公司开始进入较大规模的造船时期[②]。（二）民生公司聘请冯思和为国术教授，指导民生公司总公司职工练习国术，从本月开始，以四个月为期，每周一、三、五从早上6点半到7点半练习1小时[③]。（三）南京国民政府任命刘湘为四川省政府主席兼川康绥靖主任，筹备改组四川省政府。

本年　（一）卢作孚的母亲年满六十，北碚民众捐款在平民公园修建了一座亭阁为其祝寿，并请川籍著名书法家赵熙提写了“慈寿阁”的匾额。卢作孚闻知后要求有关方面摘下了匾额。后国民政府主席林森到北碚游览，另写“清凉亭”三字，被作成匾额。陶行知到北碚之初曾在“清凉亭”暂住[④]。（二）民生公司在本年极其富有生气，资料载[⑤]：

民34年（1935年）2月收买永丰（意籍）改为民风，6月收买捷江公司（美商）宜安、宜昌、其封、其太、泄滩、宜兴、宜江7轮。宜安、宜昌、其封改为民政、民彝、民铎。其太改为民泰，泄滩改为民兴，宜兴改为民勤，宜江改为民聚。收买平常小轮改为民庆。又收买二十一军嵯峨兵船。4月收买永游（意籍），又收买彝江改为民和。同年6月第一次公司债100万元募足，接办北碚三峡染织工厂等。12月12日总经理发表省建设厅长后请假，总经理一职由总务处经理宋师度代理。是年实收股本为124万元。在此时期收购轮船，一方固在集中船舶整个经营，一方尤在集中人才通力合作，与外商竞争。就公司收买若干外商轮船而论，即可知当时在军阀割据时期中，

① 《民本轮之鸟瞰》，《新世界》第102期，1936年10月1日，第13页。

② 民生实业公司十一周年纪念刊编辑委员会编：《民生实业公司十一周年纪念刊》，中华书局1937年版，第88页。

③ 同上书，第219页。

④ 卢国纪：《我的父亲卢作孚》，四川人民出版社2003年版，第211页。

⑤ 佚名：《民生简史》（上），《民生实业公司简讯》第1036期，1950年7月21日第3版。

在政府毫无保护政策下，本公司因独自新型经营之发展，不但已与外商相抗衡，且从而粉碎其组织，于国家内河航行权之争回，自问不无努力。因人力、物力、才力之集中，加以经营之积极，此一时期为本公司成立以来最有生气、最富意义之一段，职工增为2836人。

（三）黄云龙被天府煤矿公司聘为经理[①]。

① 民生实业公司十一周年纪念刊编辑委员会编：《民生实业公司十一周年纪念刊》，中华书局1937年版，第163页。

1936年（民国二十五年）43岁

1月1日 （一）卢作孚主持召开中国西部科学院本年第一次行政会议，解决西山坪农场有关试验以及气象研究所有关问题①。（二）上海《申报》刊载卢作孚《我们对于国家的责任》一文，文章提出我们的责任不是救亡，而是要我们每一个人都要负起责任，把国家经营成为一个现代化的国家。他提出三个口号：我们的知识要有世界那样大，我们的问题要有国家那样大，我们的工作只须要当前正在做着的那样大。谓②：

> 中国应得经营成功一个现代的国家，或比现代的国家更好，责任不只在当局身上，不应只责备当局。如果我们每一个人都只知道替自己个人打主意，替自己家庭打主意，替自己有关系的亲戚邻里朋友打主意，为甚么偏偏责备当局去替国家打主意？一个社会里面的人的行动，总是相互影响的，总是大体不会隔得太远的。当局只能提倡替国家打主意，提倡亦不一定需要当局，结果是需要办到整个国家里每一个人都替国家打主意，然后任何当局不得不替国家打主意，然后国家有人去经营，而且有整个国家的人去经营。我们须知道我们心目中没有中国，没有要求将中国经营好，倒让压迫我们的国家的举国上下心目中都有了中国，而且都想经营中国去适应他们的需要。我们更须知道中国经营好，是中国人绝对需要的，不仅是对国家负责任，在这国际局面很纷乱，经济文化关系很密切的世界上，也是对世界负责任。
>
> 在现代这一个世界上，要将国家经营好，要每一个人都能够将国家好，要悬出三个口号：
>
> 第一，我们的知识要有世界那样大。我们要在整个世界上找出好的国家和好的方法来。须知道落后的国家最幸福，如果真正努力的

---

① 《科学院第一次行政会议录》，重庆档案馆藏。

② 卢作孚：《我们对于国家的责任》，《申报》1936年1月1日第6版。

话，直可超越了先进的一切国家。因为我们取得的方法乃至于一切工具都是他们最后发明的，最后发明的，就是最有效的。凡他们失败的经过，我们都不再去经过；凡他们不忍废弃的东西，我们都不再去使用。我们必须取得这最后的机会，即是必须寻找出一切世界上失败的经过和最后的发明，所以我们的知识必须有世界那样大。

第二，我们的问题要有中华民国那样大。今天以前我们把自己个人或自己家庭放在一切的前面，不管他们［在］任何地方都在替自己家庭打算。今天以后，我们应把国家放在一切的前面，在任何地方都得替国家打算。不管我们是在政治上、在教育事业上，在经济事业上，其努力都是在整个国家的要求上，都是要造起整个国家的运动，要使影响及于整个的国家。

第三，我们的工作却只须当前正在做着的那样大。许多人都有误解，以为我们要作国家的事，才可以帮助国家。其实每一个人不管是农夫，或是工人，不管是医生，还是教师，只要是在中华民国里，都是中华民国的事，只要真正努力，便也从自己地位上帮助了国家，而且在职业以外还很可以去作许多造起影响国家的事。只要我们从中华民国去找出问题，从世界上去找出解决问题的可靠办法，便尽有我们解决问题的机会。

申报之要求进步非常显著。日刊之外，现在更要发行周刊。我们相信他们的要求是随着整个世界进步，促成中华民国进步，促成每一个人在自己所在的地位上进步。我们相信他们必能够随时介绍世界的知识，提出中华民国的问题，促起每一个人从自己所在的地位努力设法帮助中华民国解决问题去。

（三）民生公司南京业务由聚兴诚银行南京分行代办改为由永利制碱公司代办①。

（四）民生公司在总公司内设立固陵煤号，在云阳固陵沱设管理处，在宜昌、巫山、奉节、万县均设分处，专责采购优质煤焦，运供公司各轮使用②。

---

① 民生实业公司十一周年纪念刊编辑委员会编：《民生实业公司十一周年纪念刊》，中华书局1937年版，第219页。

② 同上。

（五）四川省建设厅将附属工业试验所由重庆迁到成都[①]。

1月3日 （一）卢作孚为中国西部科学院测候所事致函竺可桢[②]：

现值政府整理全川气象测候所之际，敝院测候所拟呈请省政府建设厅照二等测候所标准每月补助经常费五百元，俾利进行。惟敝院经费困难，现有设备尚未合二等测候所规定标准，所有应须添置各项仪器，拟恳先生维扶，贵所拨用各项于一年内付款，倘蒙俞予，不胜感激。该项仪器之使用，是否须派员前往贵所学习，乞先生迅予复示，俾便遵照办理为荷。

（二）卢作孚为修建成渝铁路等事由重庆乘飞机飞成都[③]。

1月4日 《竺可桢日记》载："作函与卢作孚为四川增设六个测候所事"[④]。

1月6日 （一）张嘉璈接到卢作孚复函，得知此前自己所提修筑成渝铁路筹款办法原则已得到四川省政府主席刘湘的同意[⑤]。（二）民生机器厂成立职工消费合作社[⑥]。

1月9日 《竺可桢日记》载："接（中国）西部科学院函"[⑦]。同日，竺可桢为中国西部科学院欲借用仪器，定期还款等事致函卢作孚，谓[⑧]：

顷辱惠教，悉北碚测候所将改为二等，甚慰甚慰。嘱借用仪器，定期还款一节，以本院规定，此项借用办法仅限于三等仪器。至二等仪器价格较贵，即短期归款亦难周转。格于成例，未敢应命，谨希原察。

---

① 周开庆编著：《民国川事纪要》（1911—1936），台北四川文献研究社1974年版，第611页。

② 黄立人主编：《卢作孚书信集》，四川人民出版社2003年版，第486页。

③ 《民生实业公司简讯》第369号，1936年1月3日，无页码。

④ 竺可桢：《竺可桢全集》第6卷，上海科技教育出版社2005年版，第4页。

⑤ 宓汝成编：《中华民国铁路史资料》，社会科学文献出版社2002年版，第790页。

⑥ 民生实业公司十一周年纪念刊编辑委员会编：《民生实业公司十一周年纪念刊》，中华书局1937年版，第232页。

⑦ 竺可桢：《竺可桢全集》第6卷，上海科技教育出版社2005年版，第7页。

⑧ 竺可桢：《竺可桢全集》第2卷，上海科技教育出版社2004年版，第286页。

1月14日 《竺可桢日记》载：接卢作孚等函①。

1月15日 （一）卢作孚应四川大学校长任鸿隽之邀，一同前往成都南郊查看适宜建设四川大学新基址的地块，以便承购与兴工建筑②。（二）张嘉璈收到四川省财政厅长刘航琛有关修建成渝铁路筹款办法函，张嘉璈《中国铁道建设》载③：

> （1936年）1月15日得财政厅刘厅长航琛函：决定由四川省田赋中划出三四百万元为公债基金。自此即积极进行与法代表开始谈判，一面详细估计应需材料约值二千三百二十二万四千元。计机车车辆约值五百万元，钢轨等约值一千四百三十七万元，为运输材料自沪至渝须添造船只，需国外材料二百万元，输入材料在国内输送至工地运费约一百八十五万四千元。至国内用款约需二千零七十八万元。计土方需一千一百万元，以兵工补助，可减为五百万元；地价约需二百万元，半数付现，半数延付，约一百万元；国内枕木购价一百六十八万元，石渣及其它材料价八百七十六万八千元，国内造船工价二百万元，洋灰价款八十万，枕木运费一百五十万元；两共四千四百万元。

1月21日 为成渝铁路修筑事宜，卢作孚奉派随带四川省建设厅职员汤九新到南京、上海接洽相关工作。本日卢作孚由成都乘飞机返重庆④。

1月22日 《竺可桢日记》载：接卢作孚等函⑤。

1月27日 白崇禧致函卢作孚，谓⑥：

> 前承赐予根本国策，并蒙先生转达对时局意见，极佩荩筹，尚乞不遗在远，随时赐教为幸。

---

① 竺可桢：《竺可桢全集》第6卷，上海科技教育出版社2005年版，第9页。

② 周开庆编著：《民国川事纪要》（1911—1936），台北四川文献研究社1974年版，第612页。

③ 宓汝成编：《中华民国铁路史资料》，社会科学文献出版社2002年版，第790页。

④ 《民生实业公司简讯》第376号，1936年1月22日，无页码；《建设厅长卢作孚赴京沪渝接洽铁路事宜报销旅杂费签呈》（1936年4月9日），《四川档案史料》1984年第4期。

⑤ 竺可桢：《竺可桢全集》第6卷，上海科技教育出版社2005年版，第13页。

⑥ 黄立人主编：《卢作孚书信集》，四川人民出版社2003年版，第496页。

1 月 28 日 （一）卢作孚由重庆飞南京[①]。此次到南京和上海的重要目的之一是就修建成渝铁路与有关方面接洽。为此，卢作孚拟订了预算和路线图样。迎接黄炎培到四川游览，也是此行目的任务之一。（二）上海各界救国联合会正式成立，推选沈钧儒、章乃器、李公朴、陶行知、邹韬奋、王造时、史良等组成执行委员会，统一领导上海市的抗日救亡运动[②]。

1 月 29 日 （一）翁文灏在南京见卢作孚等[③]。（二）黄炎培乘民生公司民贵轮离上海赴四川考察，卢作孚特意从南京赶到上海，并率领民生公司上海分公司有关人员赶到民贵轮，以示欢迎黄炎培入川。《黄炎培日记》载[④]：

> 夜，上“民贵”船。江问老，内子纠思，陆廷镇夫人，顾珍麒女士同行。送者家人，职社同事，地方协会同人，充塞一大屋，黄齐生君创议临别赠言，于是庄谐杂出。吾说：“长江旅行不是黄河旅行，应以江先生为主体，吾不能为主体。”江说：“现尚在黄浦江，应都是主体。”或云：“黄江都有着落了，浦未有着落。”适潘仰尧夫人浦姓，方在座，有人指着说：“浦太太该是主体。”皆大笑。罗又玄君自陕晋燕旅行归，当众报告，语皆精警。未毕，而民生总理卢作孚君偕其职员多人至，加入剧谈。末高唱《义勇军进行曲》而散。

当晚，民贵轮开出吴淞口，沿长江西上。黄炎培在《蜀道》中记述道[⑤]：

> 原来民贵轮就是民生公司四十三艘之一，到处发现有利于客人的设备或文告，我把下边若干条文写出来做个代表：
>
> 一、船上备有救急药品，客人需要时，可告知茶房取用。
>
> 二、船上沐浴及所有娱乐器具，均不取费。

---

① 《民生实业公司简讯》第 376 号，1936 年 1 月 22 日，无页码。

② 中国人民救国会纪念文集编辑组编：《爱国主义的丰碑——中国人民救国会纪念文集》，群言出版社 2002 年版，第 539 页。

③ 李学通、刘萍、翁心钧整理：《翁文灏日记》，中华书局 2010 年版，第 12 页。

④ 中国社会科学院近代史研究所整理：《黄炎培日记》第 4 卷，华文出版社 2008 年版，第 113 页。

⑤ 黄炎培：《蜀道·蜀游百日记》，上海开明书店 1936 年版，第 4—7 页。

三、船上备有图书报章，可按借阅手续取阅。

四、船上洗衣剪发雇有专员，所费亦廉。

五、船上一切铺位均不取费，旅客购票上船，茶房即立刻安置铺位。

六、客人如有不明了事件可询问茶房或事务人员，必尽情相告。

七、客人信件电报，可交船上代送邮电局寄发。

八、客人汇款或收款不便时，均可托账房代办。

九、客人到码头转车转船时，如情形不熟或怕麻烦，可请船上帮助。

十、客人上下码头搬运行李，雇用车船力夫等，如有困难事，可通知账房或茶房帮助。

十一、客人到渝（重庆），如需约人到码头，请告知账房航函寄渝。船到唐家沱（近重庆处）时，公司一得电话，立即转知被约之人到码头等候。

读者诸君！如果读了一遍上边的条文，大概可以知道民生公司的待遇客人了。我常常感叹：上到管理不良的轮船，或是火车，或是旅馆，乃至进这等商店或银行交易，或是进这等医院里医病，一种冷酷的面孔，有时还给你几句声色俱厉的话语，简直当你是个“敌人”，是个“罪犯”。民生公司也并没有了不得的好处，不过我所见还当客人是个“客”，是个“人”罢了。

1月 （一）改组峡防团务局为实验区署的计划正式拟定，初步确定实验的目标是：1. 实验乡村建设方法；2. 培养乡村建设人才；3. 造起乡村建设影响。暂定实验区所辖区域有5个乡镇：巴县属北碚乡、江北县属文星镇、江北县属二岩镇、江北县属黄葛镇、璧山县属澄江镇①。（二）民生公司总公司成立医疗组，免费为职工及职工家属诊病，简单医药费均由公司承担②。

2月初 四川省府第五十七次会议决议，准予设立嘉陵江三峡乡村建

① 黄子裳：《嘉陵江三峡乡村建设实验区成立经过》，《工作月刊》第1卷第1期，1936年9月1日，第7—8页。

② 民生实业公司十一周年纪念刊编辑委员会编：《民生实业公司十一周年纪念刊》，中华书局1937年版，第232页。

设实验区，隶属于第三区专员公署①。

2月4日　国民政府行政院会议通过刘鸿生辞去招商局总经理职务请求，并委蔡增基为总经理，谭伯英、劳勉为副经理。

2月5日　经过招标，民生公司与江南造船厂签定合同，开始动工建造民本、民元两轮②。

2月9日　黄炎培在汉口乘民生公司民风轮向重庆进发。在船上黄炎培阅读了《马克思传》三本，《列宁传》一本③。

2月12日　民生公司上海分公司全体职员加入上海中华职业教育社及中国人事管理学会为永久会员，以研究职业教育的途径和人事管理的方法④。

2月13日　卢作孚从上海乘飞机经汉口飞重庆⑤。卢作孚这一次在上海、南京的主要工作，是以四川省建设厅长身份为修筑成渝铁路发行公债等事，与国民政府有关部门及金融机构协商、沟通，并取得了满意结果。稍后《申报》报道说⑥：

> 四川省建设厅长卢作孚氏，此次为筹筑成渝铁路、拟发公债5000万元，特来京沪，向当局及各金融机关接洽。闻结果甚为圆满。日前公假，以本埠四川商店，为川人所开，专售四川珍品银耳及四川特产，特往该店南京路总店参观，该店经理李勋甫君，原为卢氏旧友，当由李君殷勤招待，卢氏对该店历年努力，推销四川土产，极为嘉勉，李君逊谢不遑，彼此欢谈甚久始去。

2月16日　卢作孚为振兴四川丝业，在重庆丝业公会召集重庆全体丝商谈话，宣布建设厅振兴丝业计划，计划筹建一个大规模的丝业公司，独揽全川丝业。为达此一目的，首先统一铁机厂家，木机厂家仍可自由营

① 《四川省政府训令》，《工作月刊》第1卷第1期，1936年9月1日，第53页。

② 《民本轮之鸟瞰》，《新世界》第102期，1936年10月1日，第14页。

③ 黄炎培：《八十年来——黄炎培自述》，文史出版社1982年版，第141—142页。

④ 民生实业公司十一周年纪念刊编辑委员会编：《民生实业公司十一周年纪念刊》，中华书局1937年版，第229—229页。

⑤ 《民生实业公司简讯》第385号，1936年2月14日，无页码。

⑥ 《卢作孚嘉勉四川商店》，《申报》1936年2月16日第18版。

业。《嘉陵江日报》载[①]：

> 现吾川仅有九个厂家合组之新华公司一所，建设厅长卢作孚氏就任后，即具彻底改革之决心，最近鉴于去年我国出口贸易，丝产竟占第二位，是吾川丝业之提倡，实刻不容缓之工作。昨午后2时，卢氏召集本市全体丝商在陕西街丝业公会谈话，并宣布建设厅振兴丝业之计划。卢氏主张吾川丝业当照英美各国托辣（拉）斯之组织，筹设一大规模之丝业公司，独揽全川丝业。初步计划，先由统一铁机厂家着手，木机厂商仍暂准其自由营业。前各丝商，对于新公司有投资优先权，旧有厂家机器、用具，由新公司估价收买。过去丝厂旧有纠纷。由建厅在拟定新公司章程内，规定在一定期内提办结束。现有公司之资产，即作投资新公司之用。短期内即由四川全省丝商代表拟定资本数额及营业生产计划，跟即举行创立会，建设厅派员参加。新公司开始生产时，将过去之黄茧改为白茧。卢氏在沪时，闻即购大批新种子。最近即搭民贵轮运渝云。

后来集资20万元成立了四川生丝公司，又把由11家铁机厂合组但已倒闭的大华公司并入。四川丝业公司成立后，四川省政府赋予该公司独家制造改良蚕种、独家收购改良蚕茧之权，公司则负有无偿赠送农民改良蚕种与遵照官价收尽所产改良蚕茧之义务[②]。关于免费赠送改良蚕种的工作，后来卢作孚追述说[③]：

> 本人在四川建设厅任内，免费散发优良蚕种于民间，有的（蚕农）吓得把桑树砍了，恐怕抽税，有的领取蚕种，所具姓名，都是假的。后来知道不要分文，真是为他们设法的，一到秋季，都争先恐后来登记。

---

① 《统制全川丝业计划短期将有大规模新公司出现——建设厅长卢作孚昨召集丝商谈话》，《嘉陵江日报》1936年2月27日第3版。

② 《四川丝业公司成立经过》（1941年4月），北碚图书馆藏，第2页。

③ 卢作孚：《改良木船的四大意义》，《抗战与交通》第27、28期合刊，1939年10月16日。

2月17日　卢作孚结束前后为期27日的京沪之行，乘飞机转赴成都[①]。

2月18日　南京国民政府铁道部与中国建设银公司订立修筑成渝铁路借款草约，《张公权先生年谱初稿》载[②]：

> 先生笔记云："由铁道部与中国建设银公司，同时由建设银公司与法国银团代表梅莱分别订立草约。包括：（甲）成立'川黔铁路公司'：(1) 招集股本以代借款；(2) 股本总额二千万元，商股占五成五，官股占四成五；(3) 先筑自成都至重庆之干线并经营沿线有关实业；(4) 设理事会、理事二十一人（铁道及财政两部与四川省政府指派代表八人，余由商股选举）；(5) 股息年息七厘，商股股息在建筑期间及开始营业后五年内由铁道部保息；(6) 建筑期间及开始营业与五年内，还本付息均由铁道部担保。"

2月19日　晚5时，黄炎培乘轮船抵达重庆。民生公司经理宋师度派职员中华职校毕业的施怡民、许洪全，民生公司职员徐世铨，川江航务管理处处长何北衡、副处长何静源派职员督察长向超宗，四川省主席兼"剿匪"总司令、善后督办刘湘、行营参谋长袁彬（丞武）、警备司令李根固（翰丞）、重庆市长张必果、巴县县长戴华琳（贡阶）派副官邱铭高（仰山）到船迎接黄炎培[③]。

2月20日　（一）下午4时30分，黄炎培乘飞机到成都，卢作孚以及刘湘、邓汉祥的交际科长周植闾（茂理，孝怀世兄）等到机场欢迎[④]。（二）《竺可桢日记》载：接卢作孚等函[⑤]。

2月22日　（一）黄炎培在成都访卢作孚[⑥]。（二）民生公司总经理室秘书徐世铨为租房、卢国纪、卢国纶学习生活等事电函在成都的卢作

---

① 《民生实业公司简讯》第386号，1936年2月17日，无页码；《建设厅长卢作孚赴京沪渝接洽铁路事宜报销旅杂费签呈》（1936年4月9日），《四川档案史料》1984年第4期。

② 宓汝成编：《中华民国铁路史资料》，社会科学文献出版社2002年版，第791页。

③ 中国社会科学院近代史研究所整理：《黄炎培日记》第5卷，华文出版社2008年版，第123页。

④ 同上书，第124页。

⑤ 竺可桢：《竺可桢全集》第6卷，上海科技教育出版社2005年版，第27页。

⑥ 中国社会科学院近代史研究所整理：《黄炎培日记》第5卷，华文出版社2008年版，第124页。

孚，内容有："国纪在校因演新剧，衣服穿少，受寒生病，前日学校派校工送回家中调治，现已渐愈，下星期一可进校。"信中还有"请总（经）理派人为国纶在'成都华兴街悦来茶园巷底老阿魏丸局'买阿魏丸二两，托人便中带渝。"①

2月23日　卢作孚为卢国纪等事复电徐世铨，其中有："盼促国纪病愈即入学校，不可逗留家中，致于学业有所贻误。"信中并表示"阿魏丸二两容买后寄渝"②。

2月23日　卢作孚陪同黄炎培考察四川灌县、青城山③。

2月25日　（一）翁文灏函卢作孚，托在四川购桐子、菜子④。（二）四川省政府委任唐瑞五为嘉陵江三峡乡村建设实验区区长，卢子英为副区长⑤。（三）晚，卢作孚与邓汉祥、王又庸等请黄炎培在四川省政府秘书处餐叙⑥。

2月26日　12时半，黄炎培应邀到四川省民政厅长王又庸家午餐，并与王又庸、卢作孚、邓汉祥、杨绰庵等长谈⑦。

2月28日　（一）应王又庸邀请，黄炎培到成都北门内文殊院用晚餐，与王又庸、邓汉祥、卢作孚、杨绰庵、鲜特生等继续长谈⑧。（二）铁道部与中国建设银公司，同时中国建设银公司与法国银团代表签定关于修建川黔铁路草约。张嘉璈著《中国铁道建设》载⑨：

> 梅莱君曾告，照现在法政府对于材料信用贷款之规则，材料借款可附带现款二成五，即每千元材料借款可附带现金借款二百五十元，以备支付运费、关税等项之需。而按照成渝路本息基金情形，首五年

---

① 黄立人主编：《卢作孚书信集》，四川人民出版社2003年版，第500页。

② 同上书，第501页。

③ 中国社会科学院近代史研究所整理：《黄炎培日记》第4卷，华文出版社2008年版，第124页。

④ 李学通、刘萍、翁心钧整理：《翁文灏日记》，中华书局2010年版，第22页。

⑤ 《嘉陵江三峡乡村建设实验区署第一周年大事记》，《北碚月刊》第1卷第9、10期合刊，1937年6月1日，第157页。

⑥ 中国社会科学院近代史研究所整理：《黄炎培日记》第4卷，华文出版社2008年版，第126页。

⑦ 同上书，第127页。

⑧ 同上书，第128页。

⑨ 宓汝成编：《中华民国铁路史资料》，社会科学文献出版社2002年版，第791页。

间路款收入，除去开支后还本付息约共亏七八百万元。此项短绌之数，须预为准备，不如将借款总额增为五千一百万元。因向法代表磋商现金借款增至九百八十五万元，材料借款为二千三百二十二万元。一面与建设银公司商量现金借款一千七百九十三万元。银公司方面主张发起组织川黔铁路公司，招集股本，以代借款。股本总额定为二千万元；内银公司担任招募商股一千一百万元，由铁道部与四川省政府各半担任。余额股本九百万元，参照浙赣路南玉、玉萍段借款成例；川黔公司等于浙赣铁路公司，法银团等于奥脱·华尔夫，由建设银公司出面与之订约，等于浙赣铁路［的］奥脱·华尔夫借款由中国银行出面与之订约；其不同之处为浙赣路国内用款系向中国银团借款，此则由建设银公司承募川黔铁路公司股款，及由法银团担任一部分现款。照此方式，于民国二十五年二月十八日由铁道部与建设银公司，同时由建设银公司与法银团代表梅莱君，分别订立草约。

2月　（一）为改进四川糖业，卢作孚特别与华侨创设的上海建源糖业公司数度接洽，由建源公司赠送爪哇甘蔗种120包。这些爪哇甘蔗种于本月运回四川，其中60包由四川建设厅与四川大学在内江合组试验场，特约农民试种，另外60包由内江糖业公会领取，分给糖户试种。四川建设厅还与建源公司订立了合同，拟用五年时间组建五家糖厂，资金一千万元，建源公司占51%，四川建设厅占49%，后来由于糖业公会另订办法，卢作孚建设糖厂的计划未能完全实现，但改良蔗种进展顺利①。资料载②：

查省府建厅为发展川糖，增进国际贸易地位，和建源公司订立合同，资金决定一千万元，建源占百分之五十一，省府百分之四十九，第一期资金二百万元，先办第一厂，出糖年计完吨，五年完成五个厂。因内奖糖商之呼吁，在糖业公司内召集全县名流，筹商挽救糖户失业办法，决议：（一）以内江糖户同人股本，代替建源百分之五十一股，（二）政府任四十九股，保护内江生产事业，成立机器制糖

① 《改进内江糖业之回顾与前瞻》，《四川经济月刊》第6卷第6期《四川经济》，1936年12日，第40—41页；《建厅设立甘蔗试验场》，《四川经济月刊》第5卷第6期《四川经济》，1936年6日，第10页。

② 《改进内江糖业之回顾与前瞻》，《四川经济月刊》第6卷第6期《四川经济》，1936年12日，第41页。

厂，（三）糖业同人，完全接受政府之管理办法，监督同人之合作组织，（四）聘请糖业专家，赴外国购机。

（二）四川省政府、四川省第三区行政督察专员公署颁布训令，设置嘉陵江三峡乡村建设实验区，改组峡防局为区署。

3月1日 （一）《新世界》刊载卢作孚《公司当前的最大问题》一文，向公司董事会建议增加股本并加募公司债①：

民生公司当前的最大问题是增加股本。因现在资产太大了，股本就太不够。资产到了七百余万，股本才得一百二十万，除靠历年提存的消磨保险公积等款撑持外，即靠借款撑持。这是太不妥当的事。借款终有限度，且须归还，只可利以通融缓急，不可利以作事业的基石。最可靠的撑持者还是股东自己，还是由股东自己增加股本或转相劝募股本。

或许有人会批评，公司股本既仅仅一百二十万，公司资产便根本不应增加到七百万。这个疑问却有很简单的解答。公司资产最多的部分是航业，航业中资产最多的部分是轮船，如果说轮船不应得增加，则请问业务处和船务处的朋友，轮船增加到现在，并未到有剩余的时候，不得已还在填补不足，由去年下半年到最近，还有订造或修改。再则公司事业的重心如永远在航业上，则永远不安全，必须有岸上事业。必须有岸上的生产事业，必须有与交通事业夹辅的生产事业。欲进一步经营生产事业，至少使与航业平衡，则亦即需要增加大量的资金，此大量的资金，须相当时间之后乃有利益，更不可仰赖借款，只可仰赖股本。

四川统一了，安定了，应得大规模开发，此已成为举国人瞩望的事情，公司应得担当一部分的责任，因此在航业上既有相当基础之后，更应得进一步经营生产事业，庶几于四川未来之开发问题上有些微帮助。

董事会已提出议案，盼望加股本为二百五十万。此议案不但盼望通过，尤其盼望于最短期间即完全募足。省内的财力如果不足，即宜募诸省外，要必达到足数，因为股本收足二百五十万，不但股本可以增加一百三十万，同时或尚可加募一百五十万公司债，使成长期债

① 卢作孚：《公司当前的最大问题》，《新世界》第89期，1936年3月1日，第1—2页。

款，分年付还。总共在事业上，可得二百八十万资金的帮助，不但解决了目前事业前进的困难，也同样解决了事业上未来的需要。成功失败之机，全在于此。盼望股东大会之中之俄顷，能把握住成功之机，一致主张加到二百五十万股本，并募足二百五十万股本。此案成立之后，不但股东应努力加股募股，职工亦应共同努力入股募股。此次数额募足之后，数年之内，绝不需要再加股本，而一切肆应可以裕如了。

［按］公司股本本年实收160万元[①]。

（二）晚，卢作孚在成都邀请黄炎培观看川剧[②]。（三）《独立评论》刊载北京大学教授陈衡哲《川行琐记》一文。记述其1935年12月从汉口乘坐民生公司的民权轮到宜昌转重庆，其中写道："我们坐在里面，都感到一种自尊的舒适。"[③]（四）铁道部长张嘉璈为筹建成渝铁路事，曾向行政院建议筹设川黔铁路公司。经拟具章程草案，行政院定期开会审查[④]。

3月2日　（一）卢作孚为梅兰芳、程砚秋到四川演出事致函宜昌分公司经理李肇基，谓[⑤]：

四川金融界欢迎梅兰芳、程砚秋入蜀献艺，顷经函电商定，梅定一月后来川，程最近来川，均将搭乘本公司轮船到渝。届时请兄照料，并致欢迎之意为感。又四川罗专员时若，将由京迎眷入蜀，如到宜有所接洽，请兄酌予优待为盼。

（二）卢作孚在惠宇阅览室主持召开中国西部科学院行政会议，议决用中国西部科学院董事同人名义致函重庆著名银行家康心如，希望由他"鼎力斡旋"，帮助解决中国西部科学院经费捐助问题[⑥]。

---

① 民生实业公司编：《民生实业公司概况》，1937年刊，第3页。

② 黄炎培：《蜀道·蜀游百日记》，上海开明书店1936年版，第77页。

③ （陈）衡哲：《川行琐记》，《独立评论》第190号，1936年3月1日，第15页。

④ 周开庆编著：《民国川事纪要》（1911—1936），台北四川文献研究社1974年版，第615—616页。

⑤ 黄立人主编：《卢作孚书信集》，四川人民出版社2003年版，第501—502页。

⑥ 《科学院行政会议录》，重庆档案馆藏。

3月7日　黄炎培在成都访卢作孚①。

3月10日　晏阳初到成都，卢作孚邀请黄炎培、晏阳初等晚餐②。

3月11日　（一）邓汉祥、卢作孚、王又庸、李伯玉、费东明（保安处长）、甘绩镛（前民政长）邀黄炎培等晚餐，省政府为晏阳初接风③。（二）南开大学经济研究所组织四川经济调查团，赴川省各地，与四川大学及川省建设厅合作，实地考察并调查经济情形，为政府及企业界经营实业参考。该团由研究所鲍觉民、叶谦吉、谷源田及南开校友张锡羊等四人组成。鲍觉民任调查主任，叶谦吉任农业研究员，谷源田任工业研究员，张锡羊任干事。预计八个月作调查，四个月编纂出版。调查大纲分地理概况、土地人口、农业制度、林牧垦殖、矿产出品、工业生产、商业贸易、金融情形、交通状况、地方财政、都市商埠等项④。

3月12日　晚夜邓汉祥、卢作孚与黄炎培等听晏阳初报告工作状况⑤。

3月13日　（一）卢作孚陪同金城银行汉口分行经理戴自牧由成都到达重庆，一路上两人商谈了金城银行在渝开业计划以及人事安排，卢作孚主张人事以张佑贤负责办理为宜⑥。（二）黄炎培乘飞机到重庆，由民生公司隆重接待。

3月15日　（一）民生公司在总公司召开第十一届常年股东大会，董事长郑东琴报告1935年公司赢余40余万元，会议讨论通过增加股额为250万元、增提10万元职工住宅建筑、改选董监等案。选举结果，郑东琴、何北衡、连雅各、黄炎培、康心如、周孝怀、魏文翰、李佐成、耿布诚、潘昌猷、宋子文、杜重远、胡筠庄、唐棣之、杜月笙、刘航琛、张嘉璈十七人当选为董事，赵资生、任望南、周纯钦、王渭青、蒋祥麟、甘典

① 中国社会科学院近代史研究所整理：《黄炎培日记》第5卷，华文出版社2008年版，第132页。

② 同上书，第135页。

③ 同上书，第136页。

④ 周开庆编著：《民国川事纪要》（1911—1936），台北四川文献研究社1974年版，第616页。

⑤ 中国社会科学院近代史研究所整理：《黄炎培日记》第5卷，华文出版社2008年版，第137页。

⑥ 中国人民银行上海市分行金融研究所编：《金城银行史料》，上海人民出版社1983年版，第253页。

夔、左德范、王毅灵八人为监察[1]。其中康心如兄弟、潘昌猷是卢作孚在四川工商金融界的友人。赵资生是四川“五老七贤”之一。宋子文、张嘉璈、黄炎培、杜月笙都是以上海为中心的江浙企业界中具有重要影响的人物。

（二）施运昶到重庆，经过黄炎培介绍，与卢作孚进行了交谈。（三）下午5时半，民生公司举行游艺会，请黄炎培演说《四川的民生》。当晚，民生公司、天府煤矿公司、北川铁路公司就民生公司总公司举行招待餐会[2]。

3月16日　卢作孚拟定统制川丝五原则[3]。

3月17日　四川建设厅为改良棉产，在产棉区设立试验场[4]。这是近代以来在四川有计划地推广棉业生产的开始。

3月18日　晨6时半，卢作孚偕黄炎培等从千斯门乘民生公司小轮赴北碚参观并指导各项工作。午后1时半轮船抵达北碚。此次同行者有卢作孚、魏文翰、宋师度、杨成质、李肇基、李龙章、陈觉生、陈国光、郑璧成、童少生、张挽澜、李若兰、雷辑辉、汤九新、朱树屏、曾峻康等共十七人[5]。当晚到温泉公园并沐浴。

3月19日　（一）卢作孚在北碚惠宇阅览室主持召开中国西部科学院第七次行政会议，决议各研究所承担四川建设厅森林调查、虫害防治、矿业调查等项工作[6]。（二）黄炎培一早乘小轮船到北碚参观。参观完之后，黄炎培应邀在北碚演讲《今后之北碚》：成功要点，在教养卫并施，领袖耐劳耐苦，大公无私得同事信仰，实际造福得民众信仰，功成名立得政府信仰。今后（A）人人负起责任来；（B）人人以领袖卢先生之心为心，以其行为行。（1）拥护第二领袖；（2）推诚服从；（3）注重基本建设；

---

① 《民生实业公司简讯》第386号，1936年2月17日，无页码；民生实业公司十一周年纪念刊编辑委员会编：《民生实业公司十一周年纪念刊》，中华书局1937年版，第219—220页。

② 中国社会科学院近代史研究所整理：《黄炎培日记》第5卷，华文出版社2008年版，第138页。

③ 《大事日记》，《四川经济月刊》第5卷第4期《四川经济》，1936年4月，第14页。

④ 同上。

⑤ 中国社会科学院近代史研究所整理：《黄炎培日记》第5卷，华文出版社2008年版，第139页。

⑥ 《科学院第七次行政会议录》（1936年3月19日），重庆档案馆藏。

(4) 注意国家大局。演讲会由兼善中学校长张博和主持[1]。

3月20日　晨，卢作孚回重庆，黄炎培全日在数帆楼草余日章先生言行略，留一天，第二次返重庆[2]。参观北碚给黄炎培留下深刻印象，后来他在《蜀道·蜀游百日记》中专门写下一段《卢作孚的奋斗史》，赞扬卢作孚在北碚的建设成就[3]：

> 历史是活动的。有许多“人”，昨天是无名小卒，今天便是鼎鼎名流。“地”何尝不是这样呢？诸君从普通地图上找北碚两字，怕找遍四川全省还找不到。可见这小小地方，还没有资格接受地图编辑专家的注意呀！可是到了现在，北碚两字名满天下，几乎说到四川，别的地名很少知道，就知道有北碚。与其说因地灵而人杰，还不如说因人杰而地灵吧。原来北碚是嘉陵江上游巴县、江北、璧山、合川四县交界地点，在八、九年前，满地是土匪，劫物掳人，变做家常便饭，简直是一片土匪世界。现今大名鼎鼎公认为建设健将（的）卢作孚先生，原来是教育界一分子。先是在川南道道尹公署当教育科科长，后任成都通俗教育馆馆长。他是合川县人，在土匪满地的家乡，当然是看不过去。也难得现当四川省主席的刘甫澄先生（湘），在那时早认识他有特殊能力，便委任他当四县联合的北碚峡防局局长。卢先生不慌不忙，施展他的全身本领，联合他的同志，第一步训练民团，第二步搜剿土匪，土匪肃清，客匪便走不进去，不上几个月，把杀人放火的匪巢变成安居乐业的福地。据当地人讲，有几次与匪苦斗，卢先生还冒着不少的危险哩！从此地方老百姓感戴这位卢局长到五体投地。卢先生却毫不矜夸，毫不骄傲，联合他的同志，还是刻苦奋斗，不断地训练民团，感化土匪。他们的口号是化匪为民，寓工于兵。匪受感化复业为良民者不少。团丁呢，做筑路淘滩等工作，把地方所有文化、教育、经济、卫生各项事业，不上几年建设得应有尽有，有小学，有中学，有报社，有图书馆，有博物馆，有公共体育场，有平民公园，有地方医院，有民众会场，有农村银行，有科学院，名中国西部科学院，其中有

---

① 中国社会科学院近代史研究所整理：《黄炎培日记》第5卷，华文出版社2008年版，第140页。

② 同上书，第141页。

③ 黄炎培：《蜀道·蜀游百日记》，上海开明书店1936年版，第114—119页。

地质研究所，有生物研究所，有理化研究所，有农林研究所。卢先生还是不矜夸，不骄傲，联合他的同志，不断地刻苦奋斗。他早着眼到嘉陵江的航业，扩大到长江上游，由上游而下游，到如今民生实业公司有轮船四十多条，附设机器厂、电灯自来水厂、染织工厂、消费合作社。他如北川铁路公司、天府煤矿公司，都投资合作，卢先生奋斗越努力，事业越发展，信誉越增加，去年政府便请他去当建设厅长，而他还是不矜夸，不骄傲，在不断地刻苦奋斗中。把他精神分析起来，他是耐苦耐劳的，是大公无私的，是谦和周到的，是明决爽快的，是虚心求前进的，是富于理想而又勇于实行的。试述一件事，民生公司，卢先生是总经理，员工共有六千多人，他们每年分红的方法，把六千多人分做五级，不问职位高低，薪水大小，但按他劳逸和功过，列入某级，如系第一级，应得花红若干，总经理这样，水手仆役也是这样。所以去年卢先生分红得四十九元几角，列入第一级的水手仆役每人所得也是四十九元几角。这样实行平等，怕民生以外，还不容易找第二个公司吧！他们大家认清楚，他们的出汗，是为着这一条整个的长江求出路，为着这一群整个的中华民族求出路，决不是为总经理，也不单是为股东，更说不到为他自己。有的人，情愿牺牲了大薪水，来民生公司做事，拿小薪水，简直觉得：如为个人谋发财，不配来当民生公司职工。更几乎使股东觉得：如为个人谋发财，不配来当民生公司股东。我没得话说了。在若干年前，卢先生来上海要我写一副对联，我提笔就写，一联是论语的成句："有朋自远方来，不亦乐乎！"一联是孟子的成句："君子创业垂统，为可继也。"这回到四川，在北碚，在民生公司，吾还是说：卢作孚先生而能培养出第二卢作孚，公司而各个人员负起责任，愿做卢作孚，将来事业进步无限度的。如果让卢先生单独奋斗，还不能不替前途担忧。因为吾是江苏人，老实说，这样花团锦簇、盛极一时的局面，我在江苏很早见过的。吾说这几句"忧盛危明"的话，或者比没头没脑的恭维，还有多少益处吧！

3月22日　卢作孚偕黄炎培、魏文翰、汤九新、朱树屏、康心如、刘竹君（景山）、邓益光及成渝铁路投资者代表两法人乘汽车离开重庆经内江赴成都。上午9时出发，途中黄炎培向卢作孚谈了自己关于改造新四川的意见[①]。

3月23日　卢作孚乘汽车赴成都，黄炎培偕魏文翰等到自流井参观考察。

3月24日　（一）民生公司招考茶房，录用42人，送请嘉陵江三峡乡村建设实验区署请代为训练，训练期限三个月[②]。（二）川黔铁路公司成立后，即由中国建设银公司代表本身并代表该公司商股股东，与铁道部订立投资成渝铁路合同，并由银公司与法国银团正式订立借款合同[③]。

3月27日　（一）晨6时，黄炎培到成都四川省建设厅，晤卢作孚[④]。（二）川黔铁路公司章程公布，成渝铁路即包括其中，为此卢作孚“奔走京川”。同时由于成渝铁路修筑在即，为解决铁路材料运输问题，民生公司加速建造轮船，计有民康、民丰、民苏、民运、民熙、民元、民本、民训、民兴、民庶、民众以及铁驳、拖头若干[⑤]。

3月28日　黄炎培偕黄方刚访卢作孚商定行期。之后黄炎培又与卢作孚、魏文翰一道访邓汉祥，晤四川公路局长魏军藩（子铣）。黄炎培返回后，开始草拟改造新四川的管见大纲[⑥]。

3月29日　上午10时左右，卢作孚、魏文翰、邓汉祥、汤九新等访黄炎培，黄炎培详细说明了自己关于改造新四川的意见内容，之后共午餐。餐毕续说，下午3时半始散[⑦]。

3月30日　在卢作孚陪同下，黄炎培拜会刘湘并畅谈四川有关重要问题[⑧]。

3月　为改善蚕农育蚕栽桑技术，四川建设厅设立蚕桑改良场。

4月1日　嘉陵江三峡乡村建设实验区署在北碚正式成立，唐瑞五、

---

① 中国社会科学院近代史研究所整理：《黄炎培日记》第5卷，华文出版社2008年版，第142页。

② 民生实业公司十一周年纪念刊编辑委员会编：《民生实业公司十一周年纪念刊》，中华书局1937年版，第228页。

③ 宓汝成编：《中华民国铁路史资料》，社会科学文献出版社2002年版，第791—792页。

④ 中国社会科学院近代史研究所整理：《黄炎培日记》第5卷，华文出版社2008年版，第142页。

⑤ 楷：《速筑成渝铁路》，《四川经济月刊》第5卷第4期《青年论坛》，1936年4月，第14页；《大事日记》，《四川经济月刊》第5卷第6期，1936年6月，第11页。

⑥ 中国社会科学院近代史研究所整理：《黄炎培日记》第5卷，华文出版社2008年版，第144—145页。

⑦ 同上书，第145页。

⑧ 同上。

卢子英就任正副区长。

［按］管辖区域比峡防局大为缩小，包括五个乡镇，即巴县的北碚乡，江北县的文星镇、黄桷镇、二岩镇，璧山县的澄江镇，人口65648人（另有万人左右的矿工等流动人口未计入），其中北碚镇约5000多人①。峡区“境内山多田少，水田仅占二万石左右，土田占七千石，余均山地。山多童秃，无甚大之森林，农产物出产不丰，单以古物而论，年产仅足供全区四月之用，不敷之粮食，大多由上游县份供给，但山藏煤铁石灰甚丰，是以人民多赖搬运矿产为生焉。”② 实验区经费由四川省政府月拨5000元，各方事业补助月500元左右，年约66000元。支出方面区署薪工月占1640元，治安费2160元，建设事业费1300元，临时费用480元③。实验区署的权责与一般县区略有不同，如该区署的权责只局限于普通的民政、保安及教育建设，没有司法与财政权。峡区的司法和税收仍归原属各县负责④。在治安方面，经卢作孚呈请四川省政府并经省府转呈军事委员会委员长行营，使该区署获准可以照军事委员会委员长行营1935年8月公布的“剿匪”期内处理盗匪案件暂行办法及鄂赣两省各特别政治局成例，对于区内盗匪享有自行处理判决之特权⑤。此外，此前设立的机构名称也有所改变，如民众教育办事处改名为民众教育委员会等⑥。

4月3日　张嘉璈谈：成渝路测量约两月可毕，俟测量完竣，与川省商定路线即兴工。该路修筑需费5000余万，整个工程约须两年半可完成⑦。

4月6日　（一）在乐山、蛾眉县考察的黄炎培为峨边事致电卢作孚⑧。（二）南开大学经济调查员四人抵达重庆⑨。

---

① 黄子裳、刘选青：《嘉陵江三峡乡村十年来之经济建设》，《北碚月刊》第1卷第5期（1937年），第2页。

② 叶静涵：《嘉陵江三峡乡村建设实验区概况》，《四川月报》第12卷第2期（1938年），第3页。

③ 庄泽宣：《陇蜀之游》，中华书局1937年版，第152页。

④ 叶静涵：《嘉陵江三峡乡村建设实验区概况》，《四川月报》第12卷第2期（1938年），第2页。

⑤ 《国民政府军事委员会指令治宽字第3293号》（1937年2月2日），四川省档案馆藏。

⑥ 黄子裳、刘选青：《嘉陵江三峡乡村十年来之经济建设》，《北碚月刊》第1卷第5期，1937年1月1日，第4页。

⑦ 周开庆编著：《民国川事纪要》（1911—1936），台北四川文献研究社1974年版，第619页。

⑧ 中国社会科学院近代史研究所整理：《黄炎培日记》第5卷，华文出版社2008年版，第149页。

⑨ 周开庆编著：《民国川事纪要》（1911—1936），台北四川文献研究社1974年版，第619页。

4月7日　四川省建设厅设立四川省府技士训练班，卢作孚兼班长。

4月8日　（一）卢作孚主持验收都江堰大修工程，以及开堰典礼。（二）4月8日　黄炎培到川康银行与卢作孚、魏文翰长谈[①]。

4月9日　黄炎培在成都草改造新四川管见。卢作孚、魏文翰、何北衡、范崇实来访黄炎培[②]。

4月10日　黄炎培在成都尽日草《改造新四川管见》，当晚脱稿，之后卢作孚等来访并阅。在这份写给四川省政府主席刘湘、四川省政府各部门长官以及国民政府行政院长蒋介石的建议《改造新四川管见》中，黄炎培提出：四川将成为后方重要区域，四川问题将成为全国核心问题，需要加以改造；从事改造的两大前提条件是四川省与南京中央政府建立紧密联系，并将四川省门户完全打开；至于改造事项，千头万绪，而以减轻民众负担和发展生产事业为两大中心问题[③]。晚7时，卢作孚、黄炎培到南教场（川大理学院隔壁）国民军训会晚餐，并畅谈。原定黄炎培次日晨赴重庆，坐船东归，因悉蒋介石将来川，拟留此一谈。卢作孚等主张黄炎培暂留，因此黄炎培决定暂缓行期[④]。

4月11日　黄炎培与何北衡、卢作孚、魏文翰、朱树屏等到成都小馆吃饭。之后，卢作孚、何北衡陪同黄炎培访邓汉祥并长谈[⑤]。

4月12日　当晚，卢作孚、黄炎培谈四川省政局[⑥]。

4月13日　（一）民生公司宜昌分公司经理李肇基为蒋介石乘民生公司民主轮于晨8时从宜昌开出入川事，致电卢作孚，电文谓[⑦]：

> 前日此间专署接奉行辕密令，因委座定元日入川，嘱预备一切，当商弟。“主”此次（十一日渝下）到宜候差，备作专送委座之用。弟于当晚密电万县转知“主”轮，嘱力求整洁。昨午后四时，委座飞到，午后五时三十分，“主”轮亦到。弟当派专人赴轮帮助整理，

---

① 中国社会科学院近代史研究所整理：《黄炎培日记》第5卷，华文出版社2008年版，第151页。

② 同上书，第152页。

③ 黄炎培：《蜀道·改造新四川管见》，上海开明书店1936年版，第28页。

④ 中国社会科学院近代史研究所整理：《黄炎培日记》第5卷，华文出版社2008年版，第152页。

⑤ 同上。

⑥ 同上书，第153页。

⑦ 黄立人主编：《卢作孚书信集》，四川人民出版社2003年版，第504页。

对清洁用具及各级职工服装均详细察视，务求表现公司精神。即厕所、浴室、厨房等处，均一一检察周到。虽“主”轮驾驶部船员服装稍缺，幸“权”轮适在此间，乃商周船主暂借应用。船员均发佩临时标记，以资识别□□□。又将船主室让出，作委座下榻之所，行辕在船安置临时无线电机。因委座原定昨晚上轮，行辕曾转告公司，务于八时以前将货卸毕、煤上妥，船上整理完善。时间之迫促可以想见。经公司栈房、轮方一起努力，加紧工作，仅逾限半小时，竟将“主”轮下货全部卸出，当时只装入少数重要上货而已。届时委座又以感冒服药，沐浴后须稍事睡眠，改于本晨上船，弟又亲往行辕，商得运处陈主任及此间夏师长，设法装配压仓货，使航行平稳。得许可后，又急饬栈房加紧赶装，结果装载上货五百余件，上煤四十余吨，于昨夜十二时各事均告妥当。本晨八时“主”轮已由宜开上矣。特将经过大概情形函请鉴察。

（二）民生公司开始第一期船员教育，以扫除文盲，提高知识，参加船员281人，到8月22日结束[①]。

［按］民生公司为提高船员知识与技能，创办船员教育，由民生公司总务处人事股教育组策划推动，由各轮船、驳船经、管理以及会计、理货人员和学识较高的船员担任义务教师。船员教育分两步，第一步消除文盲，第二步提高船员知识与技能，规定以三个月为一学期。

（三）民生公司根据经理会议决议，本日成立训练委员会，并举行第一次会议，由此开始大规模的船员教育。民生公司资料载[②]：

本公司之船员教育：

(1) 公司为提高船员之知识与技能起见，故创办船员教育，由总务处人事股教育组策划推动，选聘轮囤驳船经管理及会计理货人员与程度较高之船员为义务教师，负责教授。

(2) 船员教育分两步工作：第一步消除文盲，第二步提高船员之知识与技能。每三个月为一学期，每月有小考一次，期终有大考

① 杨大烈：《二十六年之人事报告》，《新世界》第12卷第3期，1938年4月1日，第53页；民生实业公司十一周年纪念刊编辑委员会编：《民生实业公司十一周年纪念刊》，中华书局1937年版，第229页。

② 民生实业公司编：《民生实业公司概况》，1937年刊，第14—15页。

一次。

(3) 船员教育自25年4月13日开始推动，至8月25日第一学期即告结束，先后费时凡四阅月。读书船只计有民约、民法、民用、民信、民福、民生、民有、民治、民望、民立、民苏、民康等十三只轮船暨1、3、4、5、7、8、长寿、涪陵、合江等九只囤船。受教育学院共281人，其中不识一字者98人，仅识几字者184人，共去文具用费125元。

(4) 第二期自25年9月10日开始推动，读书船只除申埠拖驳及新造船只（宪、联等轮）未办理外，其余各轮囤驳船均已推动，共计61处。受教学员984人，其中不识一字者268人，仅识几字者278人，除在申修理各轮外，其余各轮均已先后结束，共去文具用费688元。

(5) 船员教育组最大的使命是：铲除职工文盲，提高职工知识，帮助政府推动职工教育。

(6) 船员教育组最大的希望是：从努力工余读书，做到事业的成就；从提高个人的知识，做到提高国际的地位。

4月14日　在卢作孚、邓汉祥陪同下，黄炎培再访刘湘并畅谈①。当晚，卢作孚在四川省建设厅办公接待一位名叫刘令璧的来访者。刘令璧后来记述道②：

(四月) 十四日晚，赴卢作孚先生之约，在建厅晤见。卢君坐大办公厅，内设十余座，设备均简。惟各有小座钟一只。埋首努力，状至兴奋。卢君批阅公事，会客时并不间断，且甚至速。与杭州普天求批八字无疑。卢君与各职员均光头，三峡布中山装，不用秘书，重要稿件均自拟。职员均青年，办事敏捷，外人誉为“航空队”，一见信然。承赐二函，介绍见自流井运使及重庆大学秘书杨公庶，并嘱返渝后与杨君多谈，因彼为四川研究食盐之唯一人材。

4月17日　下午，蒋介石乘飞机场达到成都，黄炎培等到机场参加

---

① 中国社会科学院近代史研究所整理：《黄炎培日记》第5卷，华文出版社2008年版，第153页。

② 刘令璧：《到四川去》，《旅行杂志》第10卷第11号，1936年11月1日，第35页。

欢迎。

4月18日　在卢作孚陪同下，黄炎培应邀于清晨出发参加中央陆军军官学校成都分校开学典礼，兼任校长的蒋介石发表了演说。当晚黄炎培在成都观看番人舞①。

4月19日　午后，黄炎培到成都娘娘庙街59号卢作孚寓所访卢作孚。晚，黄炎培到川康银行与卢作孚、魏文翰长谈②。

4月20日　卢作孚在北碚主持中国西部科学院行政会议，解决有关问题③。

4月22日　8时半，黄炎培到成都北校场再见蒋介石，约到南京再邀详谈。之后黄炎培又赴飞机场，送蒋介石赴云南④。

4月23日　9时，黄炎培到卢作孚寓所访卢作孚，话别⑤。

4月24日　晨，卢作孚到黄炎培处送行⑥。

4月26日　四川建设厅在卢作孚主持下设立甘蔗试验场⑦。资料载⑧：

> 建设厅以吾川内江蔗糖，素称富饶，惟土人墨守成法，不知改进，甘蔗种尤日渐劣窳。卢厅长特与上海华侨组织建源蔗糖公司，数度接洽，荷其慨赠爪哇甘蔗种约近百石（爪哇蔗种之佳为世界第一），政府顷已与四川大学合组试验场于内江，特约农家试种，其特约种蔗规则如次：（一）特约种之蔗农，须完全接受建设厅甘蔗试验场之甘蔗栽培指导，不得有故违情事，致碍进行；（二）特约种蔗之蔗农，所费人工及肥料等项，概归自理，甘蔗试验场，不负任何责任；（三）甘蔗种后，如发生病虫害，或其他困难情形，蔗农应从速报告甘蔗试验场，请为设法处理，不得自行处置；（四）特约种蔗之

---

① 中国社会科学院近代史研究所整理：《黄炎培日记》第5卷，华文出版社2008年版，第154页。

② 同上书，第155页。

③ 《科学院行政会议录》，重庆档案馆藏。

④ 中国社会科学院近代史研究所整理：《黄炎培日记》第5卷，华文出版社2008年版，第156页。

⑤ 同上书，第157页。

⑥ 同上。

⑦ 《大事日记》，《四川经济月刊》第5卷第5期，1936年5月，第19页。

⑧ 《建厅设立甘蔗试验场》，《四川经济月刊》第5卷第6期《四川经济》，1936年6月，第10页。

甘蔗收获，期遵照甘蔗试验场之公布日期收获，不得过早或过迟，以致损失糖分；（五）特约种蔗所收获之甘蔗，全归蔗农，但甘蔗试验场，认为有收购之必要时，可照市场价收买，蔗农不得拒绝或私卖与别方：（六）特约甘蔗之蔗农，如不遵照本规则，甘蔗试验场得向其追偿所领蔗种原价及运输各费，并予以处分：（七）本规则自公布之日实施。

4月27日　卢作孚、刘航琛等人赴四川大邑面见刘湘，商讨财政问题[①]。

4月29日　（一）在徐世铨陪同下，黄炎培访卢作孚夫人并见其子女。民生公司邀请黄炎培午餐，同席有何北衡、周季悔等。民生公司及川江航务处、周勖成等联合邀请黄炎培演说，黄炎培于是演讲《离开四川时的感想》。在演讲中黄炎培说[②]：

前天曾同卢作孚先生商谈：今年的夏天，开一只船到上海，船上满载着青年，有组织，有训练，又有教师教导，到沿江各埠参观。在美国，去年有这样一支船，名日“海上大学”。我盼民生公司今年夏天，也有这样一只船，名曰“江上大学”，从四川开出，将我们的眼光，从中国的西部看到东部，乃至放大到全世界。这都要我们自己努力，不要将命运委托于天。

（二）卢作孚自成都乘飞机飞重庆[③]，并与周聘庚、胡春藻、杨公庶、黄次咸、黄云龙等送黄炎培登上民康轮[④]。

4月29日　民康轮从重庆开出；5月9日，黄炎培回到上海。

4月30日　卢作孚为峡区司法权问题致函邓汉祥，谓[⑤]：

近来峡区一带匪风四起，实验区署能捕匪犯而无处决之权，将有

---

① 《大事日记》，《四川经济月刊》第5卷第5期，1936年5月，第19页。

② 黄炎培：《离开四川时的感想》，《新世界》第93期，1936年5月1日，第11页。

③ 《民生实业公司简讯》第417号，1936年4月29日，无页码。

④ 中国社会科学院近代史研究所整理：《黄炎培日记》第5卷，华文出版社2008年版，第15页。

⑤ 《四川省政府秘书处档案》，四川省档案馆藏。

日炽一日势。当地民众闻捕匪犯，即恳求就地处决，区署处此至感困难。务请吾兄斟酌，令该区署处理匪犯有判决之权，照委员长行营二十四年八月所公布之处理盗匪暂行办法执行。如省府不能解决此问题，可否提具意见，转请行营解决。此已由第三区专员公署请示省府矣。如何？示及，至感。

4月（一）《四川经济月刊》刊载《建厅拟定廿五年度施政原则》，谓①：

省府建厅顷依据第七十一次省务会议议决案，预行提出该厅25年度（1936年）施政原则如次：甲、调查　一、工商调查，二、农业调查，三、森林调查，四、地质矿产调查。乙、测量　一、关于矿业之测量，测量已开矿业及未开之重要矿业。二、关于水利之测量，测量都江堰及其灌溉区域各支流。三、关于水力发电之测量，测量乌江流域、嘉陵江流域、长寿清渊洞、岷江流域、青衣江流域、大渡河流域。就以上诸流域，分设三区水支站。四、关于气候之测量，就重要各地设立二、三等测候所，立四等测候所。丙、试验与管理　一、关于工业的，建筑工业试验所专用房屋，并充实其各县工厂之设备。二、关于农业的，充实省农事试验总场，使为管理全省各特产农场之行政机关。子、于遂宁设立棉作试验场，丑、于内江设立甘蔗试验场，寅、于重庆设立园艺试验场，卯、与川大农学院合作，设立稻作试验场。三、关于森林的，就省农事试验总场之土地，改作林木苗圃，推广造林于成都周围之荒地，由总场直接管理之。另于重庆附设同样苗圃。四、关于蚕丝业的，设立蚕丝业管理局，其下设：子、育种场，丑、指导所，担任技术指导、合作指导、调查。五、关于桐油贸易的，设立桐油贸易管理局，其下设：子、炼油厂，丑、榨油厂，寅、指导所，担任技术指导、合作指导、调查。六、关于畜牧的，设立家畜保育所，其下设：子、种猪场、丑、种羊场，寅、家畜诊疗所，卯、血清制造室，辰、成都、五通桥、自流井、隆昌、重庆五地之防疫实验区。丁、工程　一、都江堰水利工程，二、重庆码头工程。戊、宣传　一、设立成都两个重要博物馆，二、设立国货陈列馆，三、减数公共会堂。

① 《建厅拟定廿五年度施政原则》，《四川经济月刊》第5卷第4期，1936年5月，第8页。

［按］四川建设厅在卢作孚的主持下在成都设立四川省稻麦试验场，该试验场在 11 月扩大为四川省稻麦改进所，并由卢作孚亲自聘任留学美国获得博士学位，时任四川大学农学院教授的杨允奎兼任稻麦改进所所长。此后四川省建设厅在卢作孚的主持下，又相继设立了四川省家畜保养所、四川省第一林场、四川省峨眉林业试验场、四川省棉作物试验场、四川省蚕丝改良场、四川省农林植物病虫害防治所、四川省园艺试验场，连同此前设立的四川省甘蔗试验场和四川省稻麦试验场，共设立 9 个农事研究机构，一时间，重视采用农业科技以改进四川农林牧各业，蔚然成风。

（二）卢作孚为严格管理四川生丝，用四川建设厅名义成立蚕丝业管理局，以魏文翰为局长。卢作孚与魏文翰在成都详细商讨了丝业有关问题之后，派魏文翰赴渝选择航务处为办公地点。

（三）北川铁路公司与天府煤矿公司联合办公，以黄云龙任两公司经理，唐瑞五为两公司工程师①。

（四）原峡区图书馆由中国西部科学院图书馆改隶嘉陵江三峡乡村建设实验区署，称北碚民众图书馆。

（五）成渝铁路贷款事发生变化。资料载②：

> 梅莱君回抵巴黎……日期约为民国二十五年四月二十六日。梅莱君签成渝铁路借款草约时，对于政府担保还本付息办法，声明尚嫌不尽确实，将来尚须重行讨论；及回国后，巴黎方面以其交涉结果，不能尽合银团之意，改委久在非洲殖民地充当法国投资铁路总工程师之法郎索。

5 月 1 日　（一）卢作孚于本日自重庆乘飞机飞武汉转南京③。

［按］在武汉，卢作孚会晤了中央工业试验所所长顾毓瑔，并商讨了在四川设立造纸厂等事宜④。旋为四川建设公债一事飞上海和南京，当日到达南京。在南京，卢作孚会晤了铁道部长张嘉璈，有所商陈。在南京期间，卢作孚与刘航琛就四川建设公债等事宜谒见了蒋介石。稍后张群在 5

---

① 民生实业公司十一周年纪念刊编辑委员会编：《民生实业公司十一周年纪念刊》，中华书局 1937 年版，第 163—164 页。

② 宓汝成编：《中华民国铁路史资料》，社会科学文献出版社 2002 年版，第 792 页。

③ 《民生实业公司简讯》第 418 号，1936 年 5 月 1 日，无页码。

④ 黄立人主编：《卢作孚书信集》，四川人民出版社 2003 年版，第 522 页。

月 27 日给卢作孚的信中提到此事时说："承悉兄已与航琛诸兄晋谒介公，并已将收支预算商讨就绪，深以为慰"①。在南京期间，就设立四川省设计委员会和四川建设等项问题，卢作孚还与晏阳初进行了畅谈②。后晏阳初受聘为该委员会主任委员。

（二）民生公司将民生消费社改组，筹组物产部，同时由民生职工认股，筹组民生有限责任消费合作社③。

5 月 4 日　四川省政府秘书长邓汉祥复 4 月 30 日卢作孚函，谓④：

> 昨奉手书，备悉一是。近来峡区一带匪风日炽，自应从严惩办，用靖地方，惟一区署无审判盗匪之权。查峡区实验区署组织规程，亦未定有此项权责，若照先行之处理盗匪案件暂行办法处办匪犯，殊与法理不合，省府未便照准。且俟第三区专员公署呈文到时，再行酌办。此复。敬颂公绥。

5 月 6 日　卢作孚乘飞机从南京抵达上海。

5 月 7 日　卢作孚上午到民生公司上海分公司处理业务，随后到上海高昌庙江南造船厂，查看民生公司在这里订造的民元、民本两新式江轮工程进展情况。下午四点半，卢作孚前往上海中国建设银公司，访晤宋子良，谈商成渝铁路建筑投资事宜。报道称卢作孚准备日内返川⑤。

［按］后有报道称，中国建设银公司总经理宋子良对于卢作孚拟订的成渝铁路建筑预算和路线图样和建设原则表示赞同接受，并派员到重庆继续商洽详细办法。经过洽商，中国建设银公司决定投资 4800 万元，建筑成渝铁路⑥。又有资料载⑦：

> 借款合同大纲拟定，成渝铁路建筑经费，曾由川建设厅长卢作孚，拟具预算及路线图样，向铁道部长请示，当经过核准，预定为国

---

① 黄立人主编：《卢作孚书信集》，四川人民出版社 2003 年版，第 521 页。

② 同上书，第 519 页。

③ 民生实业公司十一周年纪念刊编辑委员会编：《民生实业公司十一周年纪念刊》，中华书局 1937 年版，第 219 页。

④ 《四川省政府秘书处档案》，四川省档案馆藏。

⑤ 《卢作孚昨由京来沪》，《申报》1936 年 5 月 8 日第 12 版。

⑥ 《中国建设银公司投资建筑成渝铁路》，《申报》1936 年 5 月 4 日第 10 版。

⑦ 《一月来之路政》，《四川经济月刊》第 5 卷第 6 期《四川经济》，1936 年 6 月，第 39 页。

币四千八百万元。卢氏前曾一度来沪，与中国建设银公司总经理宋子良商洽投资，宋氏对原则表示接受，并派员赴渝继续商洽详细办法。兹悉建设银公司已决定投资四千八百万元，建筑成渝铁路借款合同草案，业经拟定大纲，将以川省四月一日发行之善后建设公债及铁道部三期公债之一部，以及成渝路筑成后之收入，作为抵押担保。卢厅长拟定日内由京转沪，继续与宋氏洽商云。

5月8日　（一）《嘉陵江日报》载上海8日消息：卢作孚连日在沪分访银行界要人，商讨投资川省问题，结果圆满①。（二）民生公司民生消费社改组为物产部，直辖于总公司，任命王莱山为经理。该部业务主要有代理厂家销售、代办公私购货及运输、货物购销等业务②。民生公司资料载③：

本公司物产部：（1）营业宗旨：服务社会，调剂工商，开发产业。（2）营业要目：甲、介绍内地物产出口。乙、代办工商进货业务。丙、运销文化建设用品。丁、经理国内各厂出品。戊、代办国内必需外货。己、承办押汇、报关、保险。（3）服务特点：办事敏捷，手续简便，交货迅速，取费低廉。

（三）蚕丝管理局长魏文翰约见重庆丝业领袖，拟定整理川丝计划书。该计划书拟定之后，由魏文翰呈卢作孚核定。资料载④：

建设厅长卢作孚氏为严格管理四川蚕丝起见，特呈准省府设一蚕丝管理局，局长已定新任省府顾问魏文翰担任。魏氏在蓉对于丝业问题与卢氏商讨甚详，魏氏以管理地址仍设在重庆为适当，一面与重庆丝业领袖接洽，对于四川丝业生产近况，垂询甚详。丝业公会特开会欢迎，魏氏对各代表答谢后，略谓："卢厅长与刘厅长对丝业均异常

---

① 《沪银界商讨投资川省卢作孚在沪接洽甚圆满》，《嘉陵江日报》1936年5月12日第2版。

② 民生实业公司十一周年纪念刊编辑委员会编：《民生实业公司十一周年纪念刊》，中华书局1937年版，第150—153页。

③ 民生实业公司编：《民生实业公司概况》，1937年刊，第9页。

④ 《省府改进丝业之措施》，《四川经济月刊》第5卷第6期《四川经济》，1936年6月，第10页。

注意，而最近改良蚕茧即将上市，则目前急待解决之问题，有下列数端：（一）怎样设法收买本年全部或大部改良茧子与旧茧子，（二）怎样安定茧子市场，（三）在收买日入样使生产蚕农接受改良茧子。上列数问题，对于四川丝业前途及农村经济有莫大之关系，希望提供意见云。”现魏氏根据所得材料，拟定一整理川丝计划书，寄呈省府及卢厅长核定后，即可遵照计划实行。

5月9日　（一）卢作孚访翁文灏，谈拟发四川建设公债事[①]。（二）四川省政府主席刘湘为北碚审判盗匪权事呈文军事委员会委员长行营，谓[②]：

案据四川省第三区行政督察专员沈鹏肴代电称，窃职署前奉钧府二十五年云云，俾便遵循。等情。据此，查前该区一带地方，素称匪薮，抢劫频仍，行旅裹足，自经江巴璧合特组峡防团务局成立后，局长卢作孚热心毅力，惨淡经营，防范盗匪，尤为认真，卒使崔符敛迹，人民得保公安。嗣因川政统一，该局应行改组，拟请划定巴县属之北碚乡，江北县属之文星镇、黄葛镇、二岩镇，璧山县属之澄江镇等五镇乡，设置嘉陵江三峡乡村建设实验区，改该局为区署，并拟具组织规程，呈请核示前来。当经本府提交省务会议议决，准予设置，直隶该管专员公署，与各县政府同一待遇。所具规程，亦经修正核定，委唐瑞五为区长，卢子英为副区长，已于本年一月分别令饬遵照在案。自改组以来，该区署建设事项，固已积极进行，惟处理盗匪事件，因未规定，未便越权，以致匪风复炽，闾里咸感不安。若责成原管辖各县政府，均以地处偏远，实有鞭长莫及之势，自非权宜变通予该区署以特权，难收指臂效率，而保公共安宁，拟恳钧行营俯念该区情形特殊，对于处理盗匪事件，特准依照□颁《剿匪期内处理盗匪案件暂行办法》妥慎办理，用靖地方。其它普通民刑诉讼，仍由原管辖各处政府审理，以明权限，是否有当，理合具文呈请钧行营俯赐查核，指令祗遵。谨呈国民政府军事委员长行营。

---

① 李学通、刘萍、翁心钧整理：《翁文灏日记》，中华书局2010年版，第43页。

② 《刘湘呈军事委员会长行营文》，四川省档案馆藏。

5月11日　卢作孚为峡区盗匪审判权问题致函四川省政府秘书长邓汉祥[①]：

> 顷由成都转来示敬悉。北碚实验区署审判盗匪问题，弟已商得元靖参谋长同意。如第三区有文到省府时，即请转于行营，并加封交元靖参谋长，并请为附函说明弟曾与面商办法为感。

5月12日　（一）川黔铁路开始测勘。（二）民生公司成立公司十一周年纪念刊编辑委员会。

5月13日　（一）四川省政府秘书长邓汉祥为峡区司法权问题复函卢作孚，谓[②]：

> 顷奉手示，备悉种切。查实验区署审判盗匪一事，省府昨据第三区沈专员代电请示前来，当即转呈委员长行营，历叙该区颠末暨区署特殊情形，切实声明恳予特权，准照剿匪期内处理盗匪案件暂行办法妥慎办理，用靖地方。想可照准，俟奉指令，再行达知。此复。

（二）民生公司民强轮晨7时在万县上游双鱼子触礁沉没，公司公布溺毙茶房1名[③]。

5月14日　翁文灏与卢作孚晤谈，谈四川大学建筑费，认为建筑地点在城外为宜[④]。刘航琛已允以川省银行长期票，建筑地点在城外为宜[⑤]。

5月16日　（一）四川建设厅开始实施改良蚕种管理。（二）张嘉铸（禹九）就中国植物油料厂在四川设厂事致函卢作孚，谓[⑥]：

> 星期日晚弟须晋京，关于油厂事，特先函商，聊当面谈。一、该厂进行，应先从四川入手，次及湖南；盖产业集中组织方在萌芽，在我兄主持之下，定能卓著成效，标榜各省；且中原油池，业经租赁。

---

① 《四川省政府秘书处档案》，四川省档案馆藏。

② 黄立人主编：《卢作孚书信集》，四川人民出版社2003年版，第507—508页

③ 周开庆编著：《民国川事纪要》（1911—1936），台北四川文献研究社1974年版，第626页。

④ 李学通：《翁文灏年谱》，山东教育出版社2005年版，第113页。

⑤ 李学通、刘萍、翁心钧整理：《翁文灏日记》，中华书局2010年版，第44页。

⑥ 黄立人主编：《卢作孚书信集》，四川人民出版社2003年版，第515—516页。

二、刘瑚兄约于六月中离宁入川。目前已电请江西温湘兴君即日来沪，磋商一切。温君前曾在桂主办桐油炼厂，现已离去，尚有经验。三、此次组织意义至广，盖由中央领导主持、各产桐省建厅加入合作，而各该省商人更入股参加，殆为“中国统一”之产业集团。四、惟该项组织草创伊始，事务繁冗。以是各省内一切进行事宜，必须由各建厅开始筹办。五、各地油商对于此次计划难免发生疑虑，或意存抗议。知识鄙塞，只图自利，固为唯一原由；但政府方面，加以解释开导，实为不可缺少之步骤。六、四川方面炼油设备，重庆殆无可言，万县只有华商聚兴诚一家、洋商施美一家。华商方面，理应先求了解，俾免贻笑洋商。七、事实上对于现有油厂，第一步终以租赁为目的；第二步考虑以油池作股；第三步方可研讨收买。综言之：租赁、作股、收买，均为物质上之合作，而吾人所期望者，尤在精神上之合作，共谋事业本身之改进。八、万县油商公会前曾正式向弟陈说，拟由该会催费作为基金，筹设银行，并乞实部予以其它援助，藉谋金融之调剂，而树炼贮设备之基础。此次组织，恰合彼等期望，该商谅必欢迎。闻我兄不日返渝，恐弟不克面谈。故建议我兄返川时先在万县略事勾留，先行着手，藉创规模。

5月17日　5月9日回到上海的黄炎培，本日到上海新亚饭店访卢作孚，随后二人同往访商务印书馆的张元济及周孝怀。中午，民生公司上海分公司招餐于小花园，同席有卢作孚、黄炎培、周孝怀、刘航琛、陈方（芷町）、胡为苠（川康经理）、王君伯（廿一军上海无线电台管理）、谢霖甫、杨成质、郑璧成、刘秉彝（美丰银行上海经理）、汤九新、张澍霖、周孝怀之子周隆瞻、席文光等。当晚，黄炎培邀刘航琛、卢作孚、周孝怀、郑璧成、张澍霖、杨成质、汤九新、吴蕴初、卢又玄、刘侠任等会餐于功德林①。

5月19日　《嘉陵江日报》载：建设厅长卢作孚自接任以来，关于四川出口生产物品极谋统制管理，其目的在改良生产方法，提高国际信用。最近为使米粮能大量出口，正计划管理全川米产②。

---

① 中国社会科学院近代史研究所整理：《黄炎培日记》第5卷，华文出版社2008年版，第167页。

② 《建厅谋加多出口量计划管理全川米粮》，《嘉陵江日报》1936年5月19日第3版。

5月20日　翁文灏访卢作孚、梅月涵[①]。

5月23日　下午2时，民生公司民元轮在江南造船所船坞行下水礼，黄炎培代表民生公司致词[②]。晚上，黄炎培在上海中华基督教青年会演讲四川之过去与未来。

5月24日　四川省财政厅长刘航琛、四川省财政特派员关吉玉本日从南京到上海。

5月25日　（一）刘航琛一行于12时到中央银行谒见财政部长孔祥熙，报告四川省财政情况。下午4时，前往交通银行访晤该行总经理唐寿民，商讨上海银行界投资四川、开发四川实业等问题。（二）卢作孚作为四川省政府委员兼建设厅长，本日晨从南京乘火车到上海，稍事休息后就到民生公司上海分公司处理业务。报道称：卢作孚此次到上海的目的，在于分别会晤上海银行界人士，洽商筹组银团入川投资问题[③]。（三）蔡元培为介绍留学海外毕业技术人员致函卢作孚[④]：

> 谭君定纷，留学英美，得电工无线电硕士及工程学位，最近返国，思欲出其所学以为世用。谨为介绍于台端，想贵厅规画宏富，正需要技术人才，谭君堪以备选。还希量予甄录，俾有发展，不胜感荷。

5月26日　（一）嘉陵江三峡乡村建设实验区署乡村设计委员会聘何北衡为主席，卢作孚为副主席[⑤]。（二）晏阳初致函卢作孚，谓[⑥]：

> 京中畅叙，快慰无任。近想已安返蓉城矣。川省设计委员会组织条例及预算草案，顷已径寄鸣阶秘书长核阅提交省府会议，仍望吾兄说明一切，是所至幸。按预算全额七万余元，主要项目为常住专家之薪金，及临时邀请各门专家之往返旅费。诚以吾川目下要务端在罗致

---

① 李学通、刘萍、翁心钧整理：《翁文灏日记》，中华书局2010年版，第47页。

② 中国社会科学院近代史研究所整理：《黄炎培日记》第5卷，华文出版社2008年版，第169页。

③ 《四川财建两厅长刘卢来沪任务》，《申报》1936年5月26日第10版。

④ 黄立人主编：《卢作孚书信集》，四川人民出版社2003年版，第518—519页。

⑤ 《嘉陵江三峡乡村建设区署第一周年大事记》，《北碚月刊》第1卷第9、10期合刊，1937年6月1日，第157页。

⑥ 黄立人主编：《卢作孚书信集》，四川人民出版社2003年版，第519—520页。

良才，弟以绵薄谬承各方邀助，本无余力更可及川，顾念吾兄及当道属望之殷，梓桑所在，义不容辞，故愿先藉设计委员会之机构，为吾川物色若干专门人才，以为此后积极建设之准备。计现已商定者，有霍俪白、傅葆深、常得仁三兄；正接洽中者，有现尚供职中央卫生署之张维博士。霍君政治经验丰富，品学湛深，最近任河北县政建设研究院秘书长及定县实验县长，亦曾掌教川大，故对川情颇谂，拟商其就设委会主任秘书一职。傅君亦吾川人，对于农业及教育具有高深之造诣及实地经验，堪为教育专门委员会之常委。常君已为兄所素悉，以其声誉播闻，各方争聘恐后，拟约其为农业专门委员会之常委，兼主持棉业试验场事宜。以上三君皆与敝会有多年深切之关系，以会务多忙之今日，本难割爱。弟曾喻以大义，鼓示川中建设之无限前途，果得相偕入川，同舟共济，则诚吾川之幸也。张君为当今有数之卫生专家，现在设法邀致，希望亦能允洽。各人详细履历书容后开具奉览。以上各节，皆弟月来所萦回筹策，尚未敢宣露者，叨在知己，谨布衷忱，诸维察照，先为斡旋一切，曷胜感幸。

5月27日　（一）《嘉陵江日报》载：民生公司为装运成渝铁路材料而建造的大批轮船已经完成多艘，有民康、民来、民苏、民运、民熙、民本、民元等①。（二）重庆行营贺国光复函卢作孚："承示前运输处结欠民生公司差费一节，现在结算清楚即请军政部照发。"②（三）民生公司成立人事管理委员会③。

5月28日　金城银行在重庆设立储蓄办事处，金城银行驻民生实业公司总稽核张佑贤兼任办事处主任，卢作孚对于该办事处的设立和业务的开展有很大帮助④。

5月29日　何应钦就建造宜渝间装运军用载重汽车轮船一事致函卢作孚，谓⑤：

---

① 《民生公司建造大批轮船》，《嘉陵江日报》1936年5月27日第3版。

② 《四川省政府秘书处档案》，四川省档案馆藏。

③ 民生实业公司十一周年纪念刊编辑委员会编：《民生实业公司十一周年纪念刊》，中华书局1937年版，第221页。

④ 中国人民银行上海市分行金融研究所编：《金城银行史料》，上海人民出版社1983年版，第685、690页；郑洪泉、黄立人主编：《中华民国战时首都档案文献》第5卷《战时金融》，重庆出版社2008年版，第291页。

⑤ 黄立人主编：《卢作孚书信集》，四川人民出版社2003年版，第522页。

宜渝间军用载重汽车之装运，在过去甚感困难，为谋军运便利计，经商请刘（湘）主席转请我兄设法筹建军用载重汽车运船，或先设计装运是项汽车之舱位以应需要。兹承函询该项车辆尺度等，查军用载重汽车以现有车辆论，全长为二六四寸（英寸），宽八六寸（英寸），高八四寸（英寸），重四吨，是项运船以同时能装载重汽车十五六辆为最合乎军事之要求，以适能容载一个汽车分队之车辆也。此事除已饬本部军务、交通两司核办外，敬以奉复。

5月30日　《嘉陵江日报》载：卢作孚、刘航琛、关吉玉等人，为四川财政以及建设问题，奔走京汉一带。卢作孚已经在南京呈准行政院长蒋介石，发行四川建设公债2000万[①]。

5月31日—6月1日　全国各界救国联合会在上海召开成立大会宣告成立，会上通过《全国各界救国联合会成立大会宣言》及《抗日救国初步政治纲领》等重要文件，选举宋庆龄、何香凝、马相伯、沈钧儒、邹韬奋等40余人为执行委员；宋庆龄、何香凝、马相伯、沈钧儒、章乃器、陶行知、李公朴、史良、沙千里、王造时、孙晓村、曹孟君、何伟、张申府、刘清扬15人为常务委员[②]。

春夏之交　川北开始出现严重旱情。

5月　《四川经济月报》刊载《速筑成渝铁路》一文，其中谓[③]：

成渝铁路其性质在先本系省有，转由四川省政府与中央会同筹划，兴工建筑，经费四千五百万元左右，即由中央发行成渝铁路建设公债五千万元拨充。以路基及营业收入为担保基金（一说中央、省府各任半数），但其后经建设厅长卢作孚氏奔走京川，往来接洽之结果，且知川湘铁路改道经贵州之说亦定，于是入川铁路，更名为川黔。三月廿四日行政院制定公布之川黔铁路公司章程，将成渝铁路包含于川黔干线之内，不过最先兴筑而已。铁路之建筑经营仿浙赣路之例，采行公司制，公司资本定额为国币二千万元，分为二十万股，每股一百万元，先招半数，铁道部及四川省政府为提倡起见，各任二万

---

① 《川省将发建设公债》，《嘉陵江日报》1936年5月30日第3版。

② 中国人民救国会纪念文集编辑组编：《爱国主义的丰碑——中国人民救国会纪念文集》，群言出版社2002年版，第540页。

③ 楷：《速筑成渝铁路》，《四川经济月报》第5卷第5期，1936年5月，第13页。

二千五百股，其余五万五千股，由中国建设银公司另行募集。故成渝铁路性质，一变而为公营。公司设理事会十九人，由政府指派七人（铁部代表三人，财部代表一人，川省府代表三人），总经理为当然理事，其余十一人，则在其他股东中互选。又建筑铁路，区区二千万元资本，自感不足。该章程又规定公司为筹划建筑资金或整理公司债务，经铁道部之特许，得酌发公司债，故将来筑路所需之款，当大部取给于债款收入。自此章程公布以后，成渝铁路规模，大体决定。铁道部新路建委会工程处长邓益光，率队来川，勘测路线，建设银公司协理刘景山，以投资代表资格，飞川视察，表示决可赞助。顷铁道部复派测量八队入川，分段测量，第八区四十余人，并已抵渝，即赴成都开始工作，其余七队约于五月中旬即可到川，拟以四个月时间，全部测量完竣，招标土石工程，开始建筑铁路全线工程，限两年内完成云云。

6月1日　《新世界》载蒋介石乘民主轮入川，在船4天。对民主轮印象颇佳①。

6月1日　（一）由于蒋介石利用胡汉民去世企图分裂两广地方实力派，广东地方实力派人物陈济棠先发制人，通电呼吁抗日，实则反蒋，得到桂系李宗仁、白崇禧等响应，成立军事委员会和抗日救国军，即向湖南进军，与蒋介石集团的大战一触即发，史称“两广事变”。（二）卢作孚为上海中华造船厂事致函范旭东，谓②：

中华机器厂大概系以盛聘如任总经理，杨俊生任总工程师。俊生骤隶人下，稍感精神上之不安。弟曾约谈一度，劝其不问地位，要此事业之解决。一面系为已成事业，不忍睹其失败，一面仍系为俊生好友于造船技术有独到处，虽然地位隶于总经理下，仍系一群良友，并无阶级区分。技术上由彼负完全责任，盛君有见解仍提与参考，工厂由彼指挥，彼对盛君负责。但盛君业务上如购料、包工及接收工程之议价，彼不须参预，只何种材料、何种工作与雇主磋商工程方式，彼须参加。议定之价，彼须明了。如此划分职权，俊生已甚谅解。想与盛君磋商亦必可得其同意。如何？尚乞吾兄更与作民先生商决之。弟

① 崇本：《蒋委员长乘本轮入川记》，《新世界》第95期，1936年6月1日。第25—26页。

② 《卢作孚致范旭东函》（1936年6月1日），上海市档案馆藏。

> 今晚入京，四日回川，未及候作民先生晤谈，怅极！并请转达为感！

（三）晚，卢作孚在上海胡筠庄家招餐，邀请李石曾、宋子文、黄炎培等参加①。

6月2日　铁道部派邓益光、陈祖贻分别为成渝铁路工程局正副局长兼正副总工程师，二人当日在南京就职②。

6月4日　在各项事务得到圆满解决后，卢作孚自南京乘飞机抵武汉，谒晤湖北省主席杨永泰③。

6月8日　（一）成渝铁路工程局在重庆租屋开始办公④。（二）为北碚审判盗匪事，国民政府军事委员会委员长行营以委员长蒋介石名义向四川省政府发出指令，谓⑤：

> 令四川省政府主席刘湘。本年五月九日呈一件：为嘉陵江三峡乡村建设实验区署情形特殊，拟请予以处理盗匪案件特权，乞核示由。呈悉。据称嘉陵江三峡乡村建设实验区署曾经省务会议议决，准予设置，直隶该管专员公署，与各县府同一待遇等情。查该区署组织规程未据呈报，无案可稽，所请将处理盗匪案件予该区署以特权一节，须即将组织规程呈送到营，再行核夺。此令。

（三）由于与外资船厂竞争激烈，由杨俊生创办和经营的上海中华造船厂从1935年起由于资金不足而陷于困境。民生公司与金城银行合资接办该厂，改组为中华机器造船有限公司，资本二十五万元，其中民生公司投资十二万元，金城银行投资十二万五千元，范旭东投资五千元，推举周作民为董事长，卢作孚为常务董事，范旭东为董事，杨俊生仍以常务董事名义兼任总经理⑥。

6月12日　卢作孚由武汉乘飞机抵重庆，在重庆期间，曾与行营财

---

① 中国社会科学院近代史研究所整理：《黄炎培日记》第5卷，华文出版社2008年版，第171页。

② 《成渝铁路工程局启用关防公函》（1936年7月27日），《四川档案史料》1984年第4期。

③ 《卢作孚由京转汉即将飞川》，《嘉陵江日报》1936年6月8日第3版。

④ 《成渝铁路工程局启用关防公函》（1936年7月27日），《四川档案史料》1984年第4期。

⑤ 黄立人主编：《卢作孚书信集》，四川人民出版社2003年版，第511页。

⑥ 中国人民银行上海市分行金融研究所编：《金城银行史料》，上海人民出版社1983年版，第441页。

政监理处处长关吉玉有所商谈①。

6月14日　（一）卢作孚乘飞机抵成都，向刘湘汇报本次赴京经过详情②。（二）黄炎培到民生公司上海分公司与郑璧成、张澍霖、杨成质谈时局③。

6月15日　（一）卢作孚在民生公司轮船经理会议上作了《会议为促进事业的唯一方法》的讲话。讲话中卢作孚提出民生公司的会议应该增多，因为会议为促进事业的唯一方法，会议的次数愈多，才愈可以解决事业的问题。谓④：

> 人们都说民生公司的会议过多，我认为民生公司的会议尤应加多。以本年论，本公司的会议增加两次：（一）各部经理会议；（二）此次的各轮经理会议。开会非公司所特有，乃为世界各事业应用以促进事业之唯一方法。
>
> 民生公司有三个口号：（一）知识要有世界的大；（二）问题要有中华民国的大；（三）工作要有每天内所负责任的大。
>
> 我们须有智识，智识的由来，是要到世界上去找。须知各种动物，都能利用它自己的东西。例如马能利用它的蹄子，鸟能利用羽毛，虎猫能利用爪牙。人能更进一步，不但用自己本身的东西，还能利用身体以外的东西。从前利用石器。后来由石器进化利用铜器，为铜器时代。再后来利用铁器，为铁器时代。人并能使用牛马以代劳，还能享用猪、鸡作食品，故人类是超乎其它动物智识以上的。
>
> 人所以异于其它动物的原因，就是人能说话。可是，其它动物也好像会说话。例如狗能发出一种悲伤的叫声，人就能晓得。然而人能利用说话，谈出一切的经验和方法，其它动物则没有此种能力。后来，人又发明了文字来记载以往的经验和事迹，能使后代的人都知道以往的一切事实，此为人类进化的一点。人类在未有文字以前，进化是很慢的。近几千年来因为有了文字，所以进化是非常的快。以前，

---

① 《卢作孚返渝飞蓉下月将再飞京》，《嘉陵江日报》1936年6月15日第3版。

② 《卢作孚返渝飞蓉下月将再飞京》，《嘉陵江日报》1936年6月15日第3版。

③ 中国社会科学院近代史研究所整理：《黄炎培日记》第5卷，华文出版社2008年版，第175页。

④ 卢作孚：《会议为促进事业的唯一方法》，《新世界》第96期，1936年6月16日，第5—7页。

是有口能说，有笔能写，但在现在的世界是不够了。以前是用手工制造一切器物，现在是不够了。现在的世界的智识是有方法的，这种方法就是科学方法。例如今天的各轮经理会议，就是科学方法，所有每个经理的提案，可以整理出来成一件东西，然后用来推动事业的进行。假如要造一只船，事先计算要好多长、好多宽、好多马力。造成以后下了水，果然与所计划相合，这就是科学方法。用科学方法造船，乃是一种技术。把它利用到社会上去，就是科学管理。例如某大工厂职工有数千人之多，可是厂长坐在室中，就可晓得工作出产量的多寡，工作的效率是如何，这就是用科学方法的管理。

现在的民族智识跑得非常的快，例如能造飞机、大炮种种。故在今日的世界，应从速利用科学的方法去计划、制造、管理。决不应该抱着以往的一切便满足。

我们应当随着事业往前进，要跑到世界智识的前头。日本人作得到的，我们中国人也要作到；欧美人作得到的，我们中国人也能作得到。再说，公司中的朋友们，应当负起此重大的问题与责任来，努力发展事业。要知道，这不是为公司，这纯粹是为国家负起责任。希望公司同人，要把眼光放大，要把问题看成中华民国的那样大，才能解决重大的问题。那就是说，会议的次数愈多，才愈可以解决事业的问题。

回转来，此次公司的会议，有一最后的要求：第一，每人应晓得自己的任务，每个船上经理要负起业务上的责任。例如驾驶部有甚么问题？客人的招待如何？货物的管理如何？人员的训练如何？这些，每个经理应负起任务来。并且有五个条件，就是：要看清楚、作清楚、想清楚、听清楚、问清楚。例如船靠岸之前，一切事务与对象看清楚与做清楚了吗？是否听清楚、想清楚了吗？若在船上睡觉，或看与职务没有关系的书籍，那决没有看清楚、想清楚、听清楚的可能。其次是要问：每天必须问大车的轮机部有无问题，问大副驾驶上有何问题。一切都应当把方法研究精当，才能推动全船事务，使得安全。至于事的产生方面：第一，要到世界上去找方法，就是求智识，所以必须参考西洋的航业书籍。第二，是必然的。假若船不叫它打烂，它就不会打烂。此为必然的，不是偶然的。

（二）嘉陵江三峡乡村建设实验区所派第三期少年义勇队毕业队员 20

多人组成的社会调查组完成北碚户口调查，计全区人口 65284 人，男 35460 人，女 29824 人，12477 户[①]。（三）郑璧成自上海乘飞机回到重庆[②]。

6月16日　民生公司召开轮船经理会议，以谋加强船上、岸上联系，推进业务[③]。

6月22日　卢作孚偕各轮经理会议赴会人员赴北碚嘉陵江三峡乡村建设实验区各相关事业、调查各项事业情况，并参加夏节盛会[④]。

6月23日　民生公司召开轮船经理会议闭会[⑤]。

6月25日　卢作孚自重庆乘飞机到成都[⑥]。

6月27日　在四川省建设厅农技士训练班毕业会议上，卢作孚作了《四川建设施政纲领》的讲话，对受训农技士提出了“一方面要使人了解，一方面要埋头苦干”的要求。讲话中着重讲述了建设厅的四项施政纲领，涉及矿产、森林、工商、农业调查，水利、农田、荒地测量，农业、蚕桑、家畜试验，科学化管理等。谓[⑦]：

个人到建设厅以后，感觉得四川要做的事太多，然而在此百废待举之时，恐怕一事无成，终归失败，所以照目前四川的建设情形看来，只将想做的事情，分为下列四项述之如次：

一、调查

四川全省建设事业，在调查方面，分为四种调查：

（一）矿产调查

由川西绕川南到川东一部分，由本厅直接派人调查，一部分则由重庆大学、西部科学院共同担任，刻正在进行调查中。

---

① 庄泽宣：《陇蜀之游》，中华书局 1937 年版，第 152 页。

② 中国社会科学院近代史研究所整理：《黄炎培日记》第 5 卷，华文出版社 2008 年版，第 175 页。

③ 民生实业公司十一周年纪念刊编辑委员会编：《民生实业公司十一周年纪念刊》，中华书局 1937 年版，第 220 页。

④ 《民生实业公司简讯》第 440 号，1936 年 6 月 22 日，无页码；民生实业公司十一周年纪念刊编辑委员会编：《民生实业公司十一周年纪念刊》，中华书局 1937 年版，第 220 页。

⑤ 民生实业公司十一周年纪念刊编辑委员会编：《民生实业公司十一周年纪念刊》，中华书局 1937 年版，第 220 页。

⑥ 《民生实业公司简讯》第 445 号，1936 年 6 月 26 日，无页码。

⑦ 凌耀伦、熊甫编：《卢作孚文集》，北京大学出版社 1999 年版，第 419—423 页。

（二）森林调查

有岷江，青衣江，大渡河三流域之森林，本厅已先后派人调查，完竣其事者，有二流域，所得结果，森林颇多。此外，如涪江流域、渠江流域之森林情形，亦拟即派森业专门人员前往调查。

（三）工商调查

关于工商调查，已经商请张肖梅先生觅人在重庆方面，作全川进出口货调查。

（四）农业调查

四川的农业调查，希望各位担任，然而农业的范围极广，欲做全部调查，实在不易，故建设厅认定，第一步工作，就是农产品分布情形的调查，一方面是生产的分布情形，一方面是运销的分布情形，得到一个比较切近的数字，当然要作一个很实际的调查才可能。我们知道，欲求得个正确数字，固然不易，只须求得一个比较近于正确的数字，那总比没有数字的统计好多了。说到农业调查，很不容易，不但调查的人员没有训练，而且根本找不到有农业调查技术或知识的调查员，如建设厅得到各县填报来的调查表，巴中的猪，其数目有二百九十万，渠县的猪，则为五千，巴中猪的产量，至少等于全川二分之一，渠县的产量，则不如比较大的一乡场之多，这样悬殊的数目字决不可靠，决不能凭各县用想象的方法去调查，因此，我们今后的调查，除去比较专门的，如森林、矿产、工商之外，对于农业，要有方法的，普遍的举行调查，只有委托各县的农业专门人才——各县专门学过农业的技士，就全川各县的技士言，各县府已经请委的，只有七十余人，就中学农业的只有四十几个，政府有鉴于此欲求四川农业之发展，故决定要把全川一百四十八个县的农业技士补充起来，因此，才开办技训班，一部分是调训各县现任技士，一部分是招收学农的人才，准备在训练之后，分派到各县去分别担任农业调查工作，农业的指导工作，关于农产品的调查统计工作，就是农业调查当中基本的一个工作。

二、测量

我们要知道，测量工作对于农业前途的发展，有很大的关系。譬如农田测量，有关系于土地之整理与经营，荒地测量，有关系于荒山之开辟与利用；水利测量，有关系于水源与水力之利用；欲使这些问题得以解决，成为科学化，这是政府方面认为重要的第二个准备工作。如航空测量，期以最短期间完成全川整个测量实为当今之急务。

在建设厅目前的测量工作，水利方面，分为两队，一队正在灌县测量，一队正在安县、绵竹一带测量。森林方面，已在天回镇测量完成作为明年的造林区域。总之，测量关系地尽其力之利用极大，这是个人准备做四川建设之第二重大工作。

三、试验

在过去的四川，每县有农业试验场，实际是没有试验，完全是有名无实的，个人到建设厅以后，遂通令完全停止。我们要晓得，试验工作，不但各县不能做，即省政府亦不易担任。在四川的人力、财力困难情形之下，关于今后的试验，大都商同中央各机关合作或就近商同川大合作。第一，稻麦试验，是同川大合作，本年已经开始试验工作。第二，甘蔗试验场，设于内江，已经在准备中，并将约留美的几位专家，明年回川来同川大共同工作，彼时，一定可以充实内容。第三，棉作试验，在遂宁一带，已设立三个指导所，是同中央棉业改造所及定县的几位朋友合作的。第四，园艺试验，准备在成、渝两点，设立两个小规模之园艺试验场，关于这类的事业设立之地点，与其推广区域，极有关系，如棉作试验，以涪江流域为推广区；同农业有关的蚕桑改良场，则以顺庆为中心，川北以三台、南部、阆中、盐亭，川东以江北、巴县、璧山、合川等地为其发展与推广区域。再其次，关于家畜保育所方面，除防疫工作外，首先改良的从猪起，因为猪鬃为四川出口之大宗，此为第一步。第二步是耕牛的改良，水牛，在生时使役很大，如死后，则其皮肉都不值钱；黄牛，其种不强，其在生时，用处较小，而在死后，用处极大，因其皮肉皆贵，所以耕牛之在四川有改良之必要。再如羊、鸡，亦有渐次改良的计划。如鸡蛋之在四川，无地无之，每年产量极丰，中国鸡蛋出口价值，最多一年在六千万元以上，据此可知家畜试验工作，实为重大。这些事情，现在虽然是省办，以后是要普遍推广到全川各县的，希望各位要注意这一类的工作。

四、管理

中国是落后国，受世界列强，尤其是日本的欺压，吃亏不小，然而今日之中国，要如何迎头赶上，使我最落后的国家，可以马上走到最进步国家的前面去？就物质上说，过去不经济的，不合科学的，通通不用，而用最进步的东西，如像英国的棉业，为最先进发达之国家，因近来日本突飞猛进，发展至为神速，大有取得世界棉业第一位之形势。我们要知道，凡物质在自由竞争之下，其牺牲极大，进步也很慢，如纺车用手，有人发明用机器时，前者即被后者打倒，由此类推，大机器纺纱厂打倒了小机器纺纱厂，其进步之过程中，真是不知要牺牲了许多聪明才智和人力物力，才进步了目前科学的物质世界。如其管理得法，一直可以走到大机器厂去，其有利益于吾人，当不可以语言形容了。如四川蚕丝管理局之设立，就是试验管理的一种办法。以后要蚕与桑之得以调剂，缫丝得以合法，价格得以安定，均有赖于管理之科学化。个人看了丝业的七年成本会计，每担丝制造费变化很少，而蚕茧的变化却很大，结果是蚕丝业皆形成极不安定状态。如果蚕丝业管理合法，使桑价、茧价皆相当安定与缫丝业相适应，更从运销上注意国内外之丝业趋势，以稳定丝价，这是管理第一件事。其次，就是等级之检定，以提高品质，使其纯洁，自然可望日益恢复世界市场之优越地位，当然不至于再失败了。因此之故，则我国木车、铁车，乃至丝业界一切劳心劳力的人，都不再失败，要如此，才算是尽了管理之能事。

7月3日　（一）卢作孚乘飞机由成都飞重庆①。（二）卢作孚为向国民政府最高当局提出解决内忧外患的建议《如何应付当前之国难与敌人》致函杨永泰，谓②：

前班航邮寄上两稿，其间《如何应付当前之国难与敌人》一稿，封函者误以为经缮正之件置入，中多改窜，殊有未恭，当经电达左右，请予缓呈委座。兹谨将缮正者寄上，仍请先生裁酌。措辞遣意，皆嫌直拙，然皆抒自悃诚，当否则盼指示，感激无似，敬祝健康。

所附《如何应付当前之国难与敌人》中写道：

应付日本，不外两途。一持外交，一持国防。在日本方挟武力以胁我。我如只用外交方法应付，纵令非常巧妙，亦只能办到退让。纵能缓和其要求，然而不能谢绝其要求，除非持有国防实力，或至少有实力在外交之背后。或至少在外交绝望之日，有实力以继其后。

而一顾日本之武力，日本亦在其中。其物质设备其技术训练，绝

① 《民生实业公司简讯》第445号，1936年7月3日，无页码。

② 《卢作孚致杨永泰函》（1936年7月3日），台北“国史馆”藏。

非中国今日所可与之周旋者。历史上已有屡次战争之失败，今日则距离愈远，胜败之数愈明。然犹可曰再经若干年竭力之准备，必可以跂及敌人。顾我在准备时，人尤竭全力在准备。就物质建设已有之基础言，就国家富力言，就政府之预算言，吾继今以往之准备速率亦复远在人下，则去今愈远，亦相差愈远，乃愈无可以抗争之希望。如我之行动常在日本干涉之下，则未来之准备尤绝无希望。

如自身力有未逮而希望欧美诸强之助力，则目前外交上尚无肯为我援助者，遑论战争发生之后。将来国际局势变更，欧美诸强或尚有可以过问远东问题之日。但日本之激进，则正未肯待到诸强可以干涉日本即必要求中国之全部在日本掌握中。

与日本抗争既无希望于现在，复不可期诸将来。而日本之不断的要求提出其最后之苛酷必有绝非我可以接受者，纵在不能与彼抗争之形势下亦不能不为任何时间可以抗争之准备；虽困难亦只有超此困难，虽危险亦只有冒此危险也。

我之国防实力所最不若人者，为物质设备与各个的或集团的技术训练。若动员人数，则我现役军队二百余万，已几及日本总动员之半数。再补充此半数亦非甚困难之问题，不至更困难于日本。战斗之牺牲精神则蓄积累年之国民对日情感及二十余年内战之牺牲，训练亦当不让于日本。对日抗争之要求不在即获得最后之胜利，而在支持甚长之时间，此非绝对不能达到之条件。顾有必须解决之前提须以全国力图之者。

最重要必须全国一致，不仅全国之军队、政治上之各派别一致，尤须全国人民与政府一致。亦不仅全国人民一致拥护政府而已，必须中央与地方，公家与私人任何作为皆系联成一气以树国防之基础也。

第一，中央积极整顿海陆空军，亦指导各省为征兵训练及民间所组织之有关动员之准备，此则以政府为中心，人民立于协助之地位。

第二，矿山工厂农场火车轮船，凡有关国防之经营，由中央地方及人民之自由组织分工合作总动员为之，尤应以人民为主力。既避免敌人之注意，复易推动一切国防有关之经营，如一切由政府为之，或政府与人民间显然有重轻，则既碍民间之努力，政府财力亦有所未逮，徒使敌人非常注意。

第三，科学研究机关亦宜由中央与地方，公立与私立分工合作为之。

政府之要求只在完成国防之实力，只在指导各方面分工经营国防所需要之事业而不问其经营者为谁。例如工业则指导甲办机械厂，乙办化学工厂。甲办制造动力机之机械厂，乙办制造工作机之机器厂。或甲办硫酸厂，乙办硝酸厂。如同业则甲改良此一航线之航运，乙改良彼一航线之航运，要使相辅相成，不使相争，则财力物力人力皆有最经济、最实用之效用。反之则两败俱伤。就国家总体言，实有无限之损失，为今日穷困落后之国家所万万不容有者也。

吾人所要求之全国一致，绝不宜徒托空言，空言绝无补于实际，必须从各种实际活动上造成强烈之风气，鼓舞聪明才智之士竭其聪明才智于国家要求之活动上，尤其是国防要求之活动上。凡合国家要求之活动即为中央之所奖励，地方之所奖励，一切公众之所奖励，则为此种要求、此种奖励而竭力乃至于以身殉者，必比比皆是。

不仅国防之急遽准备需要全国一致，需要人民与政府一致，即国际关系所可为外交之协助者，亦须人民与政府一致。为应华北有事，东南沿海之被封锁，则须多辟与欧美列强间之交通路线，无论航路、铁路、汽车路以至航空路线，无论在西北或西南，均需政府与人民通力合作，在中日万一不幸发生战争以前，即须急遽完成与其它列强间最低需要之交通路线，不但在战争时藉此交通路线取得其它列强之物质供给，尤当于战争前藉此交通路线增进其它列强之密切关系。

第一亟须增进列强间之经济关系。竭困穷之国民财力无法建设以追踪列强之强，故国家无论自产业方面言，自交通方面言，凡可以为国防基础者，莫不需大量资金。此大量资金必须运用自国外。不仅政府须有此运用，尤不仅中央须有此运用。在合法及不失主权之条件下，必须全国人民有此运用。无论何方面之事业，无论事业之大小，皆当有此运用。多有介绍资金之组织，多有可以担保之事业，政府则立于指导监督之地位，予外资以保障，加强外资之信用，合人民之全力，运用外资必为广大，既增进国际关系之密切，而比较的散在民间亦可减少敌人之注视，此在建筑国防基础上及外交策略上皆值得竭力图之者也。

第二亟须增进列强间之文化关系。自政府以至人民竭力提倡个人或团体之往来考察游历，发起国际间各种文化团体之组织，提倡学术研究之相互提携，相互欢迎学者讲演，或任学校之教授，举国人对外有一致之态度，在竭全中国之人力提高全中国之文化，以追踪先进各国，求于世界文化多所贡献，多所帮助，且以几千年好尚和平之民族，进与列强相携，增进国际和平之局，此中国人努力之职志，全为和平非为战斗。此义不仅应求列强认识，尤应求敌人认识，不仅与列强间增加往还之密切，即与敌人亦当增加往还之密切，求生存于敌人监视之下，不得不有此十分悲壮之行动。一方面刻苦努力于国防基础上之经营，一方面仍以极亲切之态度，极可信之行动，感动列强乃至于感动敌国之人民，必须有此国民外交，以为政府外交之援助，由增加经济文化之关系，以减少国际之冲突，庶几得一拼命准备之时间，自然此时间亦至不可期且太有限也。

仅此关系，尤有未足。必须进一步与二三较可靠之列强为更深切之结合，至少期其可为武器供给及技术训练之帮助，尤其到不幸的事变发生之日，必须取得此种帮助，乃能作战。列强纵能助我，亦只能到此程度，至于列强之干涉，或竟加入战局，则国际局面变更以后之事，非今日所可期也。

应付当前困难之根本策略，仍在国民总动员之运动。平时则总动员为国民军事训练之各种活动，从保安组织，从学校或工厂，从都市或农村，从体育运动或卫生运动，从民众教育或民众娱乐，从合作组织或职业指导，从有系统之青年团体竭力提倡集团生活，寓以军事训练，输入现代的关于国防、交通、产业、文化必具之常识，引起其努力追踪现代的物质建设与社会组织尤其是引起对于群的兴趣，对于国家的热烈情感。因此政府所采方式，必须指导多而干涉少，奖励多而防止少。盖当前最大之困难问题不应太苦。最高领袖而应促起全国人共同担负共同行动，如能予全国人以指导，使行动在轨道上，在国家之要求上，则固无须乎防阻也。

战时尤须全国国民与政府一致，地方与中央一致，乃能造成不可叛之大义，乃能造成前线官员战死之决心。东北之损失，最严重不在土地而在人民，不在东北之损失而在国内人心之摇动。盖多数之人民不问政权谁属，无聊之读书人求为官吏以自活者又可供人豢养。日本不可怕，可怕乃此等国民心理也。其极可以减少平时奋发有为及战时决斗之勇气，可以产生无穷之汉奸。如不幸而战事发生，或竟有熟视无救或且利用敌国以倒政敌者。此唯有运用全国人民对国家之热烈情感即决心以克服之。

既认清今日应付国难在从根本上培植国民与政府一致之行动，则在积极方面必须运用在社会上一切有希望之人才，不仅运用官吏。在消极方面，不须有敌视敌人之态度，此态度一直当保存到不幸战争发生之前一小时为止，不问公开讲演或私人谈辩论文或标语，皆止于完成本国为一现代国家以与列强相携。在未收回失地以前，不谈收复失地，在未攘外以前，不谈攘外，乃至于一二宵小与敌人勾结者，亦只以情感与理智的感动包围之，不激使走极端也。

怵目于国难之日迫，有不能自已于言者。所见国内外大势未能澄澈，论列未必当于大体，然心爱国家及站在国难前线上之最高领袖，偶有所得，不应默如。有从容时间可达二三小时，愿更面竭陈述之。

7月5日　（一）为协商成渝铁路兴工事宜，卢作孚从成都飞重庆，与成渝路工程局负责人接洽相关事宜①。（二）民生公司成立膳务委员会②。

7月8日　卢作孚为其子卢国维乘民生公司轮船赴上海报考高中一事致函民生公司代总经理宋师度③：

卢国维十一日乘民贵，或十二日乘民权，由渝赴申投考学校，应买之船票，请嘱世铨照买之后，通知会计处拨弟账为感。

7月9日　（一）卢作孚从成都乘飞机经西安飞上海④，当日抵达上海。（二）黄炎培到新亚饭店与卢作孚长谈⑤。（三）此后到南京商准财政部发行第一期四川建设公债3000万元，预定9月1日发行，作为办理四川交通建设和生产建设事业的费用⑥。

7月13日　“两广事变”发生后，蒋介石采用军事压力和重金收买的软硬兼施办法，使粤方空军48架飞机于7月4日投蒋及粤军将领余汉谋通电拥护南京。本日，国民党在南京召开的五届二中全会二次会议，作出调整粤桂两省军事、政治以及撤销国民党执行部及政务委员会等决议案，免去陈济棠本兼各职。不久，陈济棠离粤，“两广事变”平息。

7月15日　（一）沈钧儒、章乃器、陶行知、邹韬奋等发表《团结御

① 《卢作孚飞渝洽商成渝铁路工程》，《申报》1936年7月6日第8版。

② 民生实业公司十一周年纪念刊编辑委员会编：《民生实业公司十一周年纪念刊》，中华书局1937年版，第221页。

③ 卢国纪：《我的父亲卢作孚》，四川人民出版社2003年版，第324页。

④ 《民生实业公司简讯》第448号，1936年7月10日，无页码。

⑤ 中国社会科学院近代史研究所整理：《黄炎培日记》第5卷，华文出版社2008年版，第182页。

⑥ 《川建设公债第一期为三千万》，《嘉陵江日报》1936年7月29日第3版。

侮的几个基本条件与最低要求》一文，提出建立抗日救亡联合战线的一系列主张[①]。（二）民生公司成立保险委员会[②]。

7月16日　卢作孚就民生公司诸事务从上海致函宋师度，谓[③]：

> 示敬悉。一、上海购料组需人孔殷，是否即派何晏平来沪，请速决。二、各船购买物品，公司无审核标准，只凭审核人任意审核，问题太多，应即妥当规定之。三、黄次咸月薪从本年一月一日起，每月支一百元，请即通知总务处。四、傅德辉所有月薪账应全拨四川水泥公司，不得已乃让利。五、前函只盼各埠谢却聚兴诚托带物品，其竟及于装运货件，系发信错误。请即与业〔务〕处说明，盖聚行对民生已有不合作之准备，民生正不必彻底为之帮助也。六、公司招考粗识文字、身体健强、能忍苦耐劳之木船船夫为水手，至妥当。七、杨介超救助金照给五百元，其余悬欠以去今明年红酬及储蓄抵补，甚妥当。追念死者，在每年纪念日便中举行为妥当，请确定一方式即得矣。八、渝万码头由公司与当地政府合作建造，前此在渝与北衡、航琛共同商妥，应请催促解决，趁营业税收税时机商洽较为妥当也。九、市府地点请商诸业务人员似无甚价值也。十、电力厂公司不能加股。十一、帮助救济委员会运米入川，已决调“光耀”航行两次，但宜渝转口船不敷，请即向行营交涉减少兵差船，或以兵差船带运。十二、从吾深感每日时间不够，盼减去训练班任务，请即为之减去可也。十三、公司人员调遣不与有关各处联络，各处皆深以为苦。顷上海又提出此问题，亟须提起总公司各处注意也。十四、上海分公司不能照料诸青年行动，近有少数青年工余行动似成问题，贺尚宗君请即设法暂调渝。十五、弟廿九日飞宜搭轮回渝，约八月二日可到。十六、据江梦生言，彼因母病请假回京，今在申因母病就医不便续假，拟请暂调申分公司。是否可行，全由总公司决定，仍盼示及。

［按］《卢作孚书信集》中该函时间标注为1937年7月16日，显然系错误。因为卢作孚在函中有回渝等计划，与其1937年出国的安排正相

① 周天度、孙彩霞编：《救国会史料集》，中央编译出版社2006年版，第121—129页。

② 民生实业公司十一周年纪念刊编辑委员会编：《民生实业公司十一周年纪念刊》，中华书局1937年版，第221页。

③ 黄立人主编：《卢作孚书信集》，四川人民出版社2003年版，第582—583页。

抵触，而与1936年同一时期的行程正相符合。又民生实业公司与聚兴诚银行皆重庆著名民营资本经济事业，原本合作关系是不错的。到此时相互竟然不能合作，实在是令人惋惜的事情。

7月17日 卢作孚为杜重远案致信国民政府外交部长张群请其帮助设法，信中说[①]：

> 重远来函道谢意，并为言最高法院因重远提起上诉，已准将地方法院原判撤销，但如无新判，则原判刑期满时即欲释放亦无从遵循，为之适以害之，应非最高法院之初意。拟请先生更与商一办法，感谢不仅重远个人已也。

7月19日 （一）刘湘请南京国民政府发行四川建设公债4500万元，派卢作孚到南京磋商，拟本年先发3000万元，1937年发行1500万元[②]。（二）晚，黄炎培设宴招待卢作孚、王又庸、陈步澄、方液仙、潘觉林等[③]。

7月20日 成渝铁路工程局局长邓益光到成都就任视事[④]。

7月21日 卢作孚任国民经济建设委员会四川分会筹备委员[⑤]。

7月23日 卢作孚为中华职业教育社在成都召开第十六届年会经费事以四川建设厅长与四川省教育厅长蒋志澄联名致函中华职业教育社，谓[⑥]：

> 奉函敬悉贵社在蓉举行第十六届社员大会，会址现正积极布署。省府补助银叁千圆，应先汇银壹千伍佰元到沪，已由省府于本日兑奉。其余之款即留待贵社到蓉时开支。至所派专家江问渔诸先生准备

① 卢国纪：《我的父亲卢作孚》，四川人民出版社2003年版，第159页。

② 周开庆编著：《民国川事纪要》（1911—1936），台北四川文献研究社1974年版，第632—633页。

③ 中国社会科学院近代史研究所整理：《黄炎培日记》第5卷，华文出版社2008年版，第185页。

④ 周开庆编著：《民国川事纪要》（1911—1936），台北四川文献研究社1974年版，第633页。

⑤ 《经济大事日记》（1936年7月21—8月20日），《四川经济月报》第6卷第3期，1936年9月，第1页。

⑥ 《上海中华职业教育社志》编纂委员会：《上海中华职业教育社志》，上海古籍出版社2007年版，第95页。

先行莅临，无任企盼，到时当竭忱奉迓也。专此布复，即希惠查。

7月24日　经四川省主席刘湘省主席指定：卢作孚、邓汉祥、刘航琛、稽祖祜、甘绩镛为国民经济建设运动委员会四川分会筹备委员，卢作孚任主任委员，分会会长由刘主席自兼，总分支会章程已发各县市遵照执行①。

7月25日　《嘉陵江日报》载：南京政府已经批准发行四川省建设公债3000万元，以田赋作抵押，此项公债除建筑成渝铁路之外，并用于创建资中糖厂、夹江纸厂等项生产建设事业。卢作孚正在上海以该项公债向金融界抵借现款②。

7月26日　卢作孚为建筑成渝铁路，到南京会晤铁道部长张嘉璈请示相关事宜③。

7月27日　卢作孚由南京赴上海，向银行界接洽抵押川建设公债借款问题④。

7月28日　卢作孚、杨成质、张澍霖、汤九新与黄炎培在上海功德林聚餐并畅谈⑤。

7月29日　（一）卢作孚乘飞机由上海飞宜昌⑥，在上海时曾经会晤张嘉铸等人。（二）民生公司在北碚招考水手，录用十二人，送请嘉陵江三峡乡村建设实验区署，帮同训练⑦。

7月30日　卢作孚由宜昌乘民铎轮返川。

7月　民生公司民宁轮由泸州首航邓井关，开辟了沱江航线。

8月1日　第二批赴川参加中华职业教育社第十六届会员大会暨第十四届职业教育讨论会的有关人员，从上海乘民生公司民权轮驶往重庆。其

---

① 周开庆编著：《民国川事纪要》（1911—1936），台北四川文献研究社1974年版，第633页；《经济大事日记》（1936年7月21—8月20日），《四川经济月报》第6卷第3期，1936年9月，第1页。

② 《川建设公债以田赋作抵押》，《嘉陵江日报》1936年7月25日第3版。

③ 周开庆编著：《民国川事纪要》（1911—1936），台北四川文献研究社1974年版，第635页。

④ 同上。

⑤ 中国社会科学院近代史研究所整理：《黄炎培日记》第5卷，华文出版社2008年版，第187页。

⑥ 《民生实业公司简讯》第458号，1936年8月3日，无页码。

⑦ 民生实业公司十一周年纪念刊编辑委员会编：《民生实业公司十一周年纪念刊》，中华书局1937年版，第227—228页。

中有一名叫逸庐生的社员对民生公司轮船上的优质服务印象深刻，在其后来的有关记述中，称赞“卢作孚爱客如家人”，谓[①]：

> 话说在下于民国廿五年七月三十一日的中午，在杭州接到上海中华职业教育社的长途电话，说是第二批赴川出席年会的同人，决定当晚上民生公司的民权轮，次早开行，溯江西上。在下连忙收拾行李，搭了末班火车直达南站，径登民权。说到民生公司，大家都知道是四川的一位卢作孚先生创办的，不到几年功夫，这家公司居然在上江一带称起霸来。第二天开船以后，在下不免到各处参观一番。船虽不大，却也整洁。当日雨过天晴，江上清风徐来，虽说天气不十分炎热，到底还在伏天，午饭过后，不免效法宰予，梦见周公。一觉醒来，叫茶房打水洗澡。民权船上各级舱位里都有浴室，在下跨进浴室一看，墙上挂了一块牌子，上面写道：
>
> 旅客注意
>
> 1. 浴盆上有H字的是热水龙头，有C字的是冷水龙头。
>
> 2. 旅客自己放水时，请先放冷水，以免被热水烫伤。
>
> 3. 放水不宜过热，因过热容易使脑血管充血，有晕倒之危险，能洗冷水浴最好。
>
> 4. 水放足时，请将龙头旋紧，以免空耗水量。
>
> 5. 洗澡时先洗头，次洗上半身，后洗下半身。
>
> 6. 水和帕子都不宜入目，以防传染眼疾。
>
> 7. 沐浴后需擦皮肤，以免伤风。
>
> 8. 多洗澡的益处，可使汗腺不闭塞，并能使皮肤易于吸收氧气。
>
> 9. 饭后三十分钟内不宜洗澡；因血液要到胃里助消化。若洗澡则血液分散于皮肤各部，妨碍消化作用，有害健康。
>
> 哈哈，原来洗澡还有这样一番大道理！

8月2日　卢作孚乘民铎轮抵达重庆[②]。

8月3日　黄炎培从上海致电并寄航信致卢作孚：“入川作罢”。同时

---

① 逸庐生：《游踪随录》，《旅行杂志》第11卷第1号，1937年1月1日，第4—5页。

② 《民生实业公司简讯》第458号，1936年8月3日，无页码。

黄炎培在日记中载[①]：

黄子荣来，为运动当选国民大会代表，劝其不必如此，人格要紧。他说：墨索里尼、希特拉都从此下手。吾说：甚祝君为希、墨，但祝君为吾国需要的希、墨，吾国需要的希、墨，如何像卢作孚、彭禹廷真为地方造福，因此大获民众信仰，不由运动来也。

8月6日　（一）黄炎培在上海得四川教育厅长蒋志澄、建设厅长卢作孚电，促入川，黄炎培复电谢却[②]。（二）卢作孚为在四川办理纱厂事致函周作民，谓[③]：

四川棉花产量日增，改良亦已著有成绩，纺织事业，即可着手办理，并可与农村联络，管理大量投资。拟请先生促成内外合作，即刻进行。特嘱公司同事彭君瑞成于趋省毅灵之后，晋谒先生。又大中华厂需要之钢料，宜趁欧洲尚未奇涨以前，大批准备。闻俊生已有函达先生，乞早裁择，函嘱办理。详由瑞成面陈。敬祝健康。

8月7—15日　为准备10月份成渝铁路开工，卢作孚、刘航琛在重庆向金融界商借现款115万元，以建设公债180万以及成渝铁路股票100万为担保[④]。

8月10日　黄炎培因不能出席在成都举行的中华职业教育社第十六届会员大会，致函卢作孚寄所作《为中华职业教育社年会敬告四川各界》一文[⑤]。

8月11日　卢作孚为创办中国植物油料厂事复函张嘉铸，谓[⑥]：

---

① 中国社会科学院近代史研究所整理：《黄炎培日记》第5卷，华文出版社2008年版，第189页。

② 同上书，第190页。

③ 上海市档案馆藏。

④ 《建厅商渝金融界铁路借款成功》，《嘉陵江日报》1936年8月18日第3版。

⑤ 中国社会科学院近代史研究所整理：《黄炎培日记》第5卷，华文出版社2008年版，第191页；《上海中华职业教育社志》编纂委员会：《上海中华职业教育社志》，上海古籍出版社2007年版，第93—94页。

⑥ 黄立人主编：《卢作孚书信集》，四川人民出版社2003年版，第533页。

一、重庆厂址尚未及觅，容即函温君选择。二、杨粲三不肯在创立会前加入，且误以为植物油料厂系弟鼓动起来对付彼之事业者。前此兄似有意约吴受彤参加工作，如何？盼示。三、开创立会，弟不能出席，即请吾兄代表。四、前此过万时，不过与油商问谈而止。出口油商当然反对，进口油商则甚欢迎，过载帮则欲利用机会保持自己利益，谈不出结果也。一般怀疑只好用事实来解释。五、周仲眉君已签委为建厅工商股长矣。

8月15日 卢作孚向重庆金融界商借铁路贷款正式签约[①]。资料载[②]：

建厅因成渝铁路开工在即，需用一部分现款，特向此间金融界商借115万元，以成渝铁路股票及25年度建设公债180万元作抵，规定利息一分五厘，三个月内比期交款，经过金融界全体同意并书立合同，正式签字。该借款分担办法如下：金城、中国、农民三行各认十五万元，渝银行界认五十六万元，钱帮认六万元，其余由川盐、美丰、聚兴诚各认二万五，川康认五千。

8月16日 （一）卢作孚到民生公司了解情况。《民生公司简讯》载[③]：

总经理近一二月以来，为修筑成渝铁路，奔走于沪蓉间，无暇莅公司指导一切，适昨日（16日）因飞机临时故障，未飞蓉。晚7时接见七、八两月新来公司同人，并作个别之谈话。于工作方面，垂询殷殷，九时始散。

（二）中华职业教育社第十六届年会暨第十四届职业教育讨论会在成都四川大学大礼堂至公堂举行，156人出席，旁听者近千人，四川省教育厅厅长蒋志澄、建设厅长卢作孚、重庆大学校长胡春藻（庶华）、浙江大

---

① 《经济大事日记》（1936年7月21—8月20日），《四川经济月报》第6卷第3期，1936年9月，第10页。

② 《成渝铁路借款成功》，《四川经济月报》第6卷第3期《四川经济》，1936年9月，第14页。

③ 《民生实业公司简讯》第464号，1936年8月17日，无页码。

学教授庄泽宣、中华职业教育社办事部主任江恒源为主席团主席[①]。会议选择在成都举行的理由有三个：1. 四川为古代文化中心之一；2. 四川为天府之国；3. 四川省政府改组，力求建教改进，非常欢迎到四川开会[②]。

8月17日　（一）卢作孚于晨8时出席民生公司朝会，并作了《我们的一切都要有计划和预算》的讲话，谓[③]：

生产有两个东西可以使它进步：一个是技术，一个是管理。技术要有控制机器的能力，要有控制物质设备的能力；管理就是管理一群人的行动，管理一群人在整个秩序范围之内行动。旁的国家，现在已经有达到二百五十万吨的轮船公司了，而民生公司的轮船吨位，才不过两万吨上下；旁的国家的船，现在已有走遍世界的了，而民生公司的船，才仅仅走到中国的长江。这差别的原因，就是人家有技术、有管理，而我们没有。学得技术和管理的方法很多，尤其是有现代物质的设备，和在大的人群当中，进步更为迅速。但是我们回头看看民生公司的情况，是不是有了大的进步咧？民生公司从开办起，一直到现在止，轮船由一只增加到四十几只，人员由几个人增加到三千几百人，差不多有四十几倍的进步，然而我们的技术和管理的进展，是不是也有了四十几倍？没有！像这样畸形的发展，那是危险的，可怕的！假定我们都有了技术和管理的能力了，我敢于相信，事业一定是成功的。

今天以前，大家只有一个不可脱离的家庭——事业可以解散，而家庭则不可以解散，于是每一个人都忠实于家庭，为家庭努力。今天以后，我们要建设一个不可脱离的事业，要我们依赖事业，要事业依赖我们。我们要努力于民生公司，有如努力自己的家庭一样！要忠实于民生公司，有如忠实自己的家庭一样！扩大起来说，我们努力于国家，忠实于国家，也如努力于家庭，忠实于家庭一样！要我们依赖国家，也要国家依赖我们！这样，我们才有进步，才能与旁的国家比赛。假定我们对于事业，让他失败下来，那大家还是只好走回老

---

① 《上海中华职业教育社志》编纂委员会：《上海中华职业教育社志》，上海古籍出版社2007年版，第92页。

② 庄泽宣：《陇蜀之游》，中华书局1937年版，第159页。

③ 卢作孚：《我们的一切都要有计划和预算》，《新世界》第100期，1936年9月1日，第14、16页。

家去！

我们把民生公司关系之大，说得太多了。现在要求大家做到两点：一是计划，二是预算。我们凡做一桩事情，从开头到终了，事前都应当计划得很清楚，如像会计处有会计处的计划，总公司有总公司的计划，全公司有全公司的计划，同时，个人也有个人的计划。例如郑经理这次到上海去，他就要有计划办哪些事情，如何办？需要多少时间。每一个计划，我们都是使它达到一个段落，比方，民生公司是三十年的计划，那末我们就要逐渐去实现它，完成它。每一局部的计划，要在整个事业之下；每一个人的计划，要在人群的当中。至于预算，今后凡涉及数目字的，都要有预算。如像郑经理这次到上海去。那末对于开支就要有预算，每天要用多少钱，总共要用多少钱，都应该预算清楚。

今天以后，我们要办到：没有预算，不准开支；没有计划，不准行动。凡超出预算的开支，要经总经理解决；原来无预算的，要经董事会解决。我们要这样，才能够控制技术，把握管理，推动事业。

（二）民生公司成立驾驶研究委员会①。

（三）民生公司招考水手，录用22人，送请嘉陵江三峡乡村建设实验区署，帮同训练②。

8月18日　上午，在中华职业教育社第十六届年会暨第十四届职业教育讨论会大会上，卢作孚演讲《职业训练之经过》。下午，会议闭幕③。

8月19日　民生公司成立船舶机器研究委员会④。

8月21日　成渝铁路借款协约签订⑤。

8月24日　（一）卢作孚因考察惠渠以及黄河水利工程，乘飞机飞抵西安⑥。（二）成都各界群众举行游行，在游行过程中，群众包围大川饭

---

① 民生实业公司十一周年纪念刊编辑委员会编：《民生实业公司十一周年纪念刊》，中华书局1937年版，第221页。

② 同上书，第228页。

③ 《上海中华职业教育社志》编纂委员会：《上海中华职业教育社志》，上海古籍出版社2007年版，第92页。

④ 民生实业公司十一周年纪念刊编辑委员会编：《民生实业公司十一周年纪念刊》，中华书局1937年版，第221页。

⑤ 《一月间经济大事分类日记》，《四川经济月报》第6卷第4期，1936年10月，第5页。

⑥ 《卢作孚前由晋飞省》，《嘉陵江日报》1936年8月27日第3版。

店，打死日人两名，打伤两名[①]，史称“成都事件”或“蓉案”。

［按］此前，日本政府于6月向南京国民政府提出在成都设领事馆的要求，并任命原驻华使馆中国情报部长岩井英一为领事。消息传出，遭到强烈反对，四川省内外人民反对尤其强烈。8月17日岩井英一乘日轮长阳丸抵达重庆。随后其先遣人员前往成都。20日，日本先遣人员一行四人入住成都大川饭店。至此酿成事端。

8月25日　（一）卢作孚乘飞机自西安飞返成都[②]。（二）为时四个月的民生公司第一学期船员教育结束，参加读书的轮船有12只、囤船有9只，接受教育的船员有281人[③]。

8月26日　卢作孚偕吴晋航、魏文翰视察遂宁各项事业[④]。

8月27日　卢作孚前奉四川省主席刘湘之命赴南京，向外交部报告蓉案经过，并赴上海接洽四川省建设公债发行事宜，本日由成都乘飞机抵汉口[⑤]。

8月28日　（一）四川省建设厅商借115万元借款，到28日也全数交齐[⑥]。（二）南京国民政府立法院讨论四川建设公债一事，卢作孚于晨7时由汉口乘飞机飞南京[⑦]。（三）卢作孚为成都事件谒国民政府外交部长张群，《大公报》载[⑧]：

> 关于成都暴动波及日人事，中日两方均派员前往调查真相，外部派往彻查之专员杨开甲、科长邵毓麟二十八日晨八时由京乘中航机飞川，俟实地调查完毕即返京将暴动真相呈部核办，驻华日使馆派赴成都调查之松村三等秘书闻亦于二十八日晨由沪乘机飞往。川建设厅长卢作孚亦于二十八日晨由川到京，除接洽发行川建设及换偿旧债公债外，并乘便于二十八日上午十时许谒张外长面陈成都暴动经过详情，闻卢俟在京事毕即返川。外部驻川康特派员吴泽湘于暴动后即奉部令

① 周开庆编著：《民国川事纪要》（1911—1936），台北四川文献研究社1974年版，第637—638页。

② 《卢作孚前由晋飞省》，《嘉陵江日报》1936年8月27日第3版。

③ 杨大烈：《二十六年之人事报告》，《新世界》第12卷第3期，1938年4月1日，第53页。

④ 《卢作孚前由晋飞省》，《嘉陵江日报》1936年8月27日第3版。

⑤ 《民生实业公司简讯》第469号，1936年8月28日，无页码。

⑥ 同上。

⑦ 同上。

⑧ 任学亮辑：《从九一八到七七事变》，广西师范大学出版社2009年版，第208页。

由重庆赴成都调查，近时有电呈部，报告连日办理此事之经过。至已死之日人渡边、深川二名之身后事务，亦正由成都地方当局会同由重庆来成都之驻重庆日领馆馆员等妥为办理，受伤之日人二名经医治后已日就痊可，不日即可出院。

（四）卢作孚为成都事件还访翁文灏讲述经过，《翁文灏日记》载[①]：

卢作孚来言，日人四人于廿三、廿四日下午肇事。日人一名在大川饭店被打死，余二人被警察救出，又一人为警察长范鉴［崇］实救活，但其中一人又为人民抢出打死。川省府怪军训人员办事不当，刘湘有函交彼带来。彼拟请邱甲往粤，但不携□□。

8月31日　国民政府公布1936年《四川省建设及换偿旧债公债条例》11条，规定四川省政府为办理交通、生产建设事业及换偿旧债，发行公债3000万元，以2000万元供建设事业之用，以1000万元换偿旧债，定9月1日发行[②]。

9月1日　（一）四川建设公债正式发行。（二）卢作孚自南京抵达上海，黄炎培到民生公司上海分公司访卢作孚[③]。为解决民生公司上海分公司职工宿舍问题，卢作孚在上海期间，决定在上海市中心区购地建房，旋即购地8亩余[④]。

9月2日　清早，黄炎培欲为卢作孚送行，因故未成行。托人请卢作孚航带所著《蜀道》，分送刘湘、刘航琛、邓汉祥、四川省建设厅等处[⑤]。

9月3日　四川省建设厅为改进棉业生产，在合川、绵阳、泸县设试验场[⑥]。

---

① 李学通、刘萍、翁心钧整理：《翁文灏日记》，中华书局2010年版，第72页。

② 周开庆编著：《民国川事纪要》（1911—1936），台北四川文献研究社1974年版，第639页。

③ 中国社会科学院近代史研究所整理：《黄炎培日记》第5卷，华文出版社2008年版，第197页。

④ 《民生实业公司简讯》第473号，1936年9月8日，无页码；《民生实业公司简讯》第474号，1936年9月10日，无页码。

⑤ 中国社会科学院近代史研究所整理：《黄炎培日记》第5卷，华文出版社2008年版，第198页。

⑥ 《一月间经济大事分类日记》，《四川经济月报》第6卷第4期，1936年10月，第4页。

9月5日 （一）卢作孚乘飞机直飞成都。资料载[①]：

> 卢总经理在京公毕，本日直飞成都，公司魏董事文翰，宋经理师度，彭经理瑞成，童经理少生等，均往广阳坝机场会商公司事务云。

（二）到成都后，卢作孚当即谒见刘湘报告在京沪情形[②]。

9月6日 四川省建设厅在资中、内江创设蔗种试验场，改进两县糖业。同时四川蚕丝管理局在江北、巴县、璧山三县设立五处蚕丝指导所[③]。

9月7日 四川建设厅长卢作孚等人在成都四川省政府礼堂补行四川省政府委员兼各厅厅长就职宣誓仪式[④]。

9月8日 卢作孚上午乘飞机由成都飞重庆。

9月10日 （一）民生公司在上海购妥地皮八亩余，正在设计如何修筑房舍[⑤]。（二）民生公司举办第二期船员教育，参加学习者968人，民生公司船员教育由此达到极盛[⑥]。

9月11日 四川建设厅此前开始筹备建立糖厂、丝厂、电厂、植物油厂，约需800余万元。为解决资金问题，卢作孚在重庆与此间金融界领袖晤谈，以建债向重庆金融界抵借300万元，其余议定拟由上海金融界投资，以建设公债为担保品。但是由于建债活动区域限于四川，不易吸引省外投资，经卢作孚与四川财政厅厅长刘航琛电话细商后，决定商请南京财政当局，准将建债改为国债，通行全国，并向上海金融界商议抵现问题。于是卢作孚决定乘飞机赴上海，先与上海金融界接洽[⑦]。资料又载："卢

---

① 《民生实业公司简讯》第472号，1936年9月5日，无页码。

② 《卢作孚昨日飞抵蓉》，《申报》1936年9月5日第11版；《民生实业公司简讯》第472号，1936年9月5日，无页码。

③ 《一月间经济大事分类日记》，《四川经济月报》第6卷第4期，1936年10月，第4页。

④ 周开庆：《民国刘甫澄先生湘年谱》，台北商务印书馆1981年版，第141页

⑤ 《民生实业公司简讯》第473号，1936年9月8日，无页码；《民生实业公司简讯》第474号，1936年9月10日，无页码。

⑥ 杨大烈：《二十六年之人事报告》，《新世界》第12卷第3期，1938年4月1日，第53—54页；陈觉生：《本公司大事纪略》，民生实业公司十一周年纪念刊编辑委员会编《民生实业公司十一周年纪念刊》，中华书局1937年版，第229—230页。

⑦ 《向省外商洽抵借建债卢作孚前由渝飞沪》，《嘉陵江日报》1936年9月14日第3版；《卢作孚魏文翰同飞京请当局改建债为国债》，《嘉陵江日报》1936年9月15日第3版。

作孚飞京，商请财政当局将川建设公债改为国债，以利省外投资。”①

9月12日　卢作孚偕四川建设厅驻渝办事处处长魏文翰本日由重庆飞上海，晚上6时抵达上海。下机后随即偕同欢迎人员视察民生公司民本新轮②。

9月14日　黄炎培亲到民本轮参观。

9月15日　设备先进、建造费高达26.5万银元（合法币70万元）的民本轮停泊于上海民生码头（即上海南市11号码头），全船遍悬万国旗，准备首航重庆。船上各经管理人员皆为民生公司从各方面精心挑选出来的精英担任，如船长为重庆巴县籍38岁的周海清，经理为重庆巴县籍45岁的谢萨生，轮机长为宁波籍58岁的徐嘉棠，大领江兼代船长为四川云阳籍38岁的冉崇高和49岁的冉裕源。本日下午1时，卢作孚率领民生公司船舶科主任郑璧成、民生公司上海分公司经理张澍霖、民生公司上海分公司全体职员，在民本轮上招待来宾。到船参观、祝贺的来宾有包括著名闻人大亨杜月笙、虞洽卿、王晓籁等在内的上海工商各界人物千余人③。《申报》在报道中称，民生公司已成为川江航业之惟一大公司。民本轮加入营运，使民生公司的营运条件得到大幅度改善。卢作孚说④：

过去一只最大的轮船装货最多不过四百余吨，而新造最大的二只姊妹轮船可装货到六百余吨。过去一只最大轮船可容一百余人。而这二只姊妹轮船可容二百余人。过去的三等舱容纳了所有三等舱的客人，而这二只姊妹轮船划分了若干间三等舱。每间容纳十六个人，夏天可使空气自然对流，冬天却又易于保温，二三等舱一样各有男女各别的自来水冲洗的厕所及浴间，过去扬子江的轮船，尤其中国轮船，很少有起重机，而这两只轮船的起重机都到达十五吨。过去一只轮船没有很大的货舱，更没有很大的舱口，而这两只姊妹轮船最大的舱口长到四十余呎（英尺，下同，引者注）。最大的货舱长到八十余呎，舱面有放置卡车十辆以上的余地，舱底有铁道可以放置机车和车辆，船底有铁板两层，如果不幸触礁，破坏一层，还有一层。船上有一切救水险和救火险的设备，以查（察）觉并应付水火意外的问题，这

① 《一月间经济大事分类日记》，《四川经济月报》第6卷第4期，1936年10月，第2页。

② 《民生实业公司简讯》第477号，1936年9月17日，无页码。

③ 《民生公司昨日招待参观民本轮今开处女航》，《申报》1936年9月15日第11版。

④ 卢作孚：《一桩惨淡经营的事业——民生实业公司》，民生公司1943年印，第14—15页。

两艘姊妹轮船的改善，确立了以后一切轮船改善的标准。为了适应中国旅客生活水准的需要，凡新造的船二三等舱的设备，都一样加以改良；为了适应内地开发取给机器材料的需要，凡一四〇呎长以上的新船都装有五吨以上的起重机。成渝铁路决定建筑了，公司新轮运货的装置便都研究适应路料运输的需要。为求航行安全，平时易于联络，变时易于援救，凡上海重庆间的轮船均装有无线电台。这些设备，本来是为了提高平时航行的效率，改善平时航运的服务，而其最大之效果，在对外战争开始以后，更显露出来了。

9 月 16 日　民本轮由上海起航，前往重庆①。

9 月 22 日　四川蚕桑改良场试育秋种成功，当年可制出秋种一万张②。

9 月 23 日　9 时半，黄炎培到新亚饭店访卢作孚③。

9 月 24 日　国民政府军事委员会委员长行营就四川省政府呈送的《嘉陵江三峡乡村建设实验区署组织规程》以及实验区署审判盗匪权责等事作出核示并向四川省政府发出指令：暂准峡防团务局改组设置嘉陵江三峡乡村建设实验区署，并予该区署以处理盗匪事件特权，以区长唐瑞五兼行营军法官，区署内需设承审员一名（须专习法律并富有经验者）襄办审判事宜④。

9 月 25 日　10 时，黄炎培到上海四行，向杜月笙、钱新之、卢作孚谈南京之行闻见⑤。

9 月 26 日　（一）《民生实业公司简讯》载卢作孚在上海近况，谓⑥：

---

① 《民本的盛况》，《新世界》第 102 期，1936 年 10 月 1 日，第 17 页；《民本抵渝参观志盛》，《新世界》第 102 期，1936 年 10 月 1 日，第 28 页。甘南引：《介绍民本巨轮之巨头》，《新世界》第 102 期，1936 年 10 月 1 日，第 59—61 页。

② 《一月经济大事分类日志》，《四川经济月刊》第 6 卷第 5 期《四川经济》，1936 年 11 月，第 5 页。

③ 中国社会科学院近代史研究所整理：《黄炎培日记》第 5 卷，华文出版社 2008 年版，第 204 页。

④ 《四川省政府秘书处档案》，四川省档案馆藏。

⑤ 中国社会科学院近代史研究所整理：《黄炎培日记》第 5 卷，华文出版社 2008 年版，第 205 页。

⑥ 《民生实业公司简讯》第 481 号，1936 年 9 月 26 日，无页码。

卢总经理近在申分公司除为四川建设问题忙碌外，暇则邀申分公司职员作个别谈话，对申分公司工作情形，垂询甚详。

（二）下午5时，杜月笙、钱新之、王晓籁、卢作孚、李公朴、邹秉文、林康侯、穆藕初、秦子敢、王造时、杨卫玉、黄炎培等会商时局。穆藕初做报告，推举杜月笙、钱新之、王晓籁向上海市长请示，召集各界开会[①]。（三）民本轮于午后驶抵重庆[②]。

9月27日　民元轮在上海江南造船厂造好后，于本日晚停泊码头[③]。由上海江南造船厂建造的民生公司民本、民元两艘新轮船建成先后下水加入航行，两轮“一切设计设备，尽善尽美，树立以后渝申轮船标准”[④]。资料载[⑤]：

（民生公司新造轮船）约于25年（1936年）先后加入航行，并规定班期，自此长江各埠无日不有民生之轮船开行也。同年成立物产部，投资大中华船厂、水泥公司及华通公司等。是年额定股本为250万元，实际收160万元，职工增为3844人。因船只进出长江下段，与当地政治首要不能不发生关系，宋子文等均系此年加入股本。

9月28日　午后1时起，民生公司欢迎上海军政商学各界人士参观民元轮，来宾千余人，《民生实业公司简讯》载[⑥]：

民元轮于27日晚泊码头，28日午后1时起，欢迎上海军政商学各界人士参观，计到有宋子文、杜月笙、黄任之、胡筠庄、魏文翰各董事暨蔡基增、虞洽卿、袁履登等及各报社、各团体来宾约千余人，情况至为热烈。及晚总经理在船宴请各界名流。至晚9时许，宾主始尽欢而散。

---

① 中国社会科学院近代史研究所整理：《黄炎培日记》第5卷，华文出版社2008年版，第205页。

② 《民本轮盛况》，《新世界》第102期，1936年10月1日，第17页；甘南引：《介绍民本巨轮之巨头》，《新世界》第102期，1936年10月1日，第59—61页。

③ 《民生实业公司简讯》第483号，1936年10月3日，无页码。

④ 《民生公司在长江》，《新世界》1945年11月号，1945年11月15日，第9页。

⑤ 佚名：《民生简史》（上），《民生实业公司简讯》第1036期，1950年7月21日第3版。

⑥ 《民生实业公司简讯》第483号，1936年10月3日，无页码。

9月29日　（一）《嘉陵江日报》载成都9月29日消息：卢作孚、刘航琛两厅长“近为建债抵借现款问题，仆仆于京沪道上，向有关院部及沪上金融界接洽，据闻结果甚为圆满”①。（二）《民生实业公司简讯》载卢作孚在上海近况，谓②：

> 申分公司前在上海市中心区政治东路购地数亩，近正计划建筑职工宿舍一所，业经总经理决定采用钱昌淦工程师所设计之图样建筑，现在招标中。……
>
> 申分公司新租宁波路180号办事地点，内部整修将全部竣工，门面式样正绘图中。

9月　嘉陵江三峡乡村建设实验区署开始发行《工作月刊》，每期千份，到第5期改为《北碚月刊》③。

10月1日　《嘉陵江日报》载上海消息：卢作孚因建设公债抵现问题在南京等候谒蒋④。

10月2日　（一）国民政府特派蒋介石、张学良分别兼任西北“剿匪”正副总司令，并由张学良代总司令职务⑤。（二）四川省设计委员会举行成立大会，宣告正式成立。卢作孚为该委员会委员之一。资料载⑥：

> 省府设计委员会于十月二日午后二时在省府大礼堂开成立大会，宣告正式成立。届时到有全体委员、军、党、政、学、绅、耆、名流及省府各厅、处、科长约百余人，由邓鸣阶主席。邓氏首说明该会创设动机及筹备经过，继由晏阳初氏演说，其余各党政军人员亦有重要演说，四时散会。设计委员会成立后，由晏氏拟就三项中心工作：

---

① 《卢作孚今由京飞蓉》，《嘉陵江日报》1936年10月2日第4版。

② 《民生实业公司简讯》第482号，1936年9月29日，无页码。

③ 黄子裳、刘选青：《嘉陵江三峡乡村十年来之经济建设》，《北碚月刊》第1卷第5期，1937年1月1日，第9页。

④ 《卢作孚在京请示改今飞川》，《嘉陵江日报》1936年10月5日第4版。

⑤ 张友坤等：《张学良年谱》，社会科学文献出版社2009年版，第610—611页。

⑥ 《川设计委员会成立》，《四川经济月刊》第6卷第5期《四川经济》，1936年11月，第98页。

(一) 设计委员会与各厅处，今后应切实合作，互相研究，否则设计自设计，行政自行政，各不相谋，何能收改革推进之效果。

(二) 今后应设法征求省内外各种专门人才，在经济技巧之下，协助政府达到建设新四川的目的。

(三) 今后设计委员会应从调查统计入手。

10月3日　(一) 民生公司在总公司业务处之下设宣传股，内分宣传、广告、摄影3组[①]。(二) 翁文灏电蒋介石，陈述对日应付方针：应保持中央政府独立自存之地，此后整军经武及经济建设，仍有自卫御外之完全自由，不受外力干涉，并注意欧美外交及速作军事防御布置。翁文灏日记并载[②]：

卢作孚亦电蒋，请坚持。

10月4日　民生机器厂成立职工福利会[③]。

10月6日　四川省政府设计委员会正式成立后，以新都县为平民教育实验区。

10月8日　上午8时，黄炎培在上海访卢作孚[④]。

10月10日　(一) 晨4时许，上海分公司庆祝民生公司十一周年纪念会在大川通礼堂举行，魏文翰担任纪念会主席。民生公司董事杜重远作了讲演，他说："作孚先生是能想方法，和实地苦干的人，是我朋友中最钦佩的一个人。……希望中国有几百个作孚先生，我们人人都成为作孚先生。" 卢作孚在致辞中谓[⑤]：

我们替国家想办法，为国家干事，一定要有一个着手之点。我们每人的立足地，无论是什么地方，都是机会。不要问社会有没有造

---

① 民生实业公司十一周年纪念刊编辑委员会编：《民生实业公司十一周年纪念刊》，中华书局1937年版，第219页。

② 李学通、刘萍、翁心钧整理：《翁文灏日记》，中华书局2010年版，第80页。

③ 民生实业公司十一周年纪念刊编辑委员会编：《民生实业公司十一周年纪念刊》，中华书局1937年版，第232页。

④ 中国社会科学院近代史研究所整理：《黄炎培日记》第5卷，华文出版社2008年版，第208页。

⑤ 《上海分公司开会纪录》，《新世界》第103、104期合刊，1936年11月1日，第44—47页。

成，不要问自己有没有力量和办法，只要自己有决心。从前在中国或四川，至少在合川，没有这样一个造成的社会，我们下了决心，才产生了现在民生公司这样一个社会。本公司有许多人，在未进公司之前，想象公司是怎样的一个理想的社会，是怎样一个完美的社会。然而进了公司以后，觉得公司的种种情形，和其它一般社会差不多，没有什么特殊的地方。本来我们这些船员，这一些人数，在中国算不得什么。我们一定另有一种好处，就是有大的决心，能继续不断的创造。

我们现在发生了两个极大的问题，就是技术和管理的问题。我们的技术不够，我们的管理能力和前十年还是一样。然而这个社会是一天一天的大了，这是很大的问题。我们的技术和管理，将使人不信了。别人不信不妨，只要自己能赶快增加我们的技术和管理的能力。我们不要自满，要自己虚心，自己知道自己的能力不够。要一方面学，一方面做，以便增加我们的技能。我们每个人都应留心着这两点——设法提高我们的技术和管理能力。

还有一点，我们有许多同事，时常出去考察，但结果没有什么报告，这就是表现事前没有计划和预算。以后我们每一个部分，都应该有一个计划和预算，方才能把事情做得清清楚楚。做一件事，先要很清楚，很细密的想，并且能写出来。我们一定要有计划有预算，才能解决我们技术和管理能力的不够，方能增加我们的力量。

最后我们应认清我们做的意义。我们把事业做成功就是我们的报酬，不一定顾到自己和家里的吃饭、享用问题。因为这问题很小，饭可以少吃一些，享用也可以少享用一些，事业的成功，才算是我们的报酬。希望大家都明白这个意义。

（二）民生实业公司十一周年纪念会印行卢作孚著小册子《一桩事业的几个要求》。卢作孚在文中指出：民生公司决心做国家进入现代的前驱，即须身先一般同胞荷戈负矢，趋赴前线。尤其是领导人员要身先士卒，抛开生活问题，用强力将一般苟偷风气转变到事业和社会上来。文章最后说[①]：

我们创造公司，也正是要扩大我们的生活依赖关系。每一个人都

① 卢作孚：《一桩事业的几个要求》，重庆新民印书馆1936年10月10日印。

依赖着这一个事业，凡所需要的生活费用，住宅、医药、娱乐、教育都由事业供给，一直到老；而每一个人的努力，亦一直到老为着这桩事业。这个依赖的局面必须造成。这个目的，纯在造成一个社会，而非为着个人。任何时间不要忘却：我们努力，不是为了工钱与赢余，而是超工钱与赢余的！

第一是我们要助成国家跑到现代前面去；第二是要握着现代的武器——技术与管理；第三是要造成现代的社会生活依赖关系。我们要用全力达到这三个非常明了的要求，特在本公司十一周年纪念会中再郑重地将这要求提起！

(三)《大公报》(国庆纪念特刊) 刊载卢作孚《如何加速国家的进步》一文，强调中央计划在国防、交通、文化、产业四个现代化建设中的重要作用。谓[①]：

我们尤其相信最落后的民族最幸福。一旦他们有了觉悟，他们的进步应比任何先进国家更迅速。因为他们省却了先进国家许多困难、许多失败的过程；先进各国的各种物质设备：矿山、工厂、农场、火车、轮船、飞机等[②]，好容易才进步到了今天的程度，落后的民族却一脚便踏到了这地步。就采用机器说罢，便一直用到1936年最新发明的了，或许还凭着这基础发明更新的。国防、交通、文化、产业，几大经营，先进的国家不一定全根据着整个的计划。尤其是产业之进化是凭藉着自由竞争，有少数的侥幸的成功，却有多数的残酷的失败。每有一个进步的阶段，即有一个少数毁灭多数的阶段。落后的国家则可确立整个计划，就生产言：依据着整个计划生产，消灭了同业的竞争，将供给与需要完全打成一片。缫好多丝，养好多蚕，制好多种，栽好多桑，完全在整个计划下经营，自然其间只有成功，没有失败。不但产业本身如此，举凡交通、文化、国防，莫不在整个计划下经营，自然会获得比任何先进的国家更经济的成功，亦自获得比他们更迅速的进步。

中华民国需要进步，尤其需要在整个计划下进步。整个计划必须决定于政府。尤其必须决定于中央政府。但计划之产生以至计划之推

① 卢作孚：《如何加速国家的进步》，《大公报》1936年10月10日。

② “等”字原文为省略号。

行必须中央与地方，政府与人民，甲机关与乙机关，甲事业与乙事业，整个分工合作，使每一个机关或每桩事业，各有明了的使命，各有到达的前途，各有安定的领域，各拼命地趋赴，而又相互联络，相互适应，以完成国家整个的要求，乃能促使国家有比今天以前更快的进步，有比先进国家更快的进步。到了国家危急存亡的时候，谁都想好，谁都想于国家有所帮助。但不知自己应做甚么，应怎样做。急切需要集合各种专门人才，为整个国家定出计划来，让人在整个计划下划出努力的范围，选出终身的任务。不但是为国家安排了事，尤其是安排了人，使每个人都于推进国家建设有努力之处。奖励着人迅速为国家行动，不使有所徘徊瞻顾。

国际局势非常复杂，难于应付，不能从外交上确立出一种政策来，外交政策只能依附于国家根本政策上。故就国家对外言，亦须先行确立国家的根本政策，确立整个的经营计划，使我们的产业发达了，进一步与国家做有条约的经济交换；使我们的交通发达了，进一步与各个国家做有条约的交通往还；使我们的文化提高了，进一步与各个国家做有办法的相互贡献；使我们的国防巩固了，进一步与各个国家确立维持和平的条件；然后外交政策不空虚，任何国家皆可合作，且可造成国际间安定的新局面。

10月11日　黄炎培访卢作孚、杜重远于上海国际饭店，并见到刚从欧洲回国的陕西人士王炳南。

10月12日　（一）代理民生公司南京业务的永利制碱公司自身业务繁忙，民生公司于本日起在南京成立办事处，处理相关业务①。（二）民生公司南京办事处租用津浦路下关澄平码头，以停泊公司船只②。（三）黄炎培等在上海功德林聚餐，庆祝杜重远出狱。

10月14日　中午，蔡仁抱在上海新雅饭店设宴招待张幼山、黄炎培、卢作孚、郎静山等③。

---

① 民生实业公司十一周年纪念刊编辑委员会编：《民生实业公司十一周年纪念刊》，中华书局1937年版，第219页。

② 万迪鹤、颜鹤年、薛冶欧：《抗战以来本公司的货运与客运》，《新世界》第13卷第2、3、4期合刊，1938年10月31日，第37页。

③ 中国社会科学院近代史研究所整理：《黄炎培日记》第5卷，华文出版社2008年版，第210页。

10月15日　黄炎培在上海访卢作孚[1]。

10月16日　（一）晏阳初就四川省设计委员会事致函卢作孚，谓[2]：

此次卒未克在蓉晤教，怅惘良深。设计委员会原待文从归来方行成立典礼，迨后弟复候贺直至八日，因湘中事未克再延，遂离蓉省，然驺从未获早返之衷情，固为弟所深契。甚盼尊事在沪已得大好之景气也。颂甚。祷甚。兄返蓉后对于设委会成立经过及最近进行状况知之甚谂，毋待弟之赘述。此次设委之发轫确引起诸方面之兴奋，军政党学各□□□动员起来，合成一条战线，各尽所能，同舟共济，纵设委会本身今年无甚成获可觇，而此种总联合总发动之新气象磅礴弥漫，实足为新四川建设之原动力，是固非吾兄及当道诸公之精诚硕画，莫克臻此。本年度工作先以调查统计为主，省府及常委同人正在积极协力推行。吾兄既一手鼓铸于先，必为掖进促成于后，调查团之组织及推动，尤非赖鼎力作赓续不断之后盾不可。（卢作孚批：当尽全力相助，并盼与建厅调查分工合作）弟亦仍在各处物色调查专门人才，望能□□□□与入川相助为盼。此次筑山兄感于川局之重要与吾兄之奋励精神，竟能于无可分身之中，允至吾川襄助一切，此实超出弟所欣望之外。仍盼尊处径电敦促，庶期克日成行，则吾乡之幸也。（卢作孚批：曾在沪与筑山晤谈，促其入川）弟将先至衡山计划实验县建设诸务，以后即赴北方主持华北农村建设协进会议，约于月底入京谒晤当局及有关系各方面，具陈最近川局之进展及设委成立经过各情，以得各方之了解与赞助。（卢作孚批：向中央当局陈述川政之日上轨道，及设委会成立经过，实感需要）西望乡山，时赐嘉音，俾慰遐系。

（二）黄炎培访魏文翰谈川局。

10月17日　国民经济建设运动总会以会长蒋介石名义发出训令，训令云：

案据卢作孚所拟《国民经济建设运动一般原则摘要》，对于我国

[1] 中国社会科学院近代史研究所整理：《黄炎培日记》第5卷，华文出版社2008年版，第210页。

[2] 黄立人主编：《卢作孚书信集》，四川人民出版社2003年版，第540—541页。

目前生产、分配及交换三方面之应兴应办事宜，分条列举，殊可参考，合行抄发原件，令仰知照。此令。

该训令附录卢作孚拟《国民经济建设之一般原则》，全文如下①：

一、生产

Ⅰ. 计划

1. 国家整个生产计划大纲由中央确定之。

2. 每一省之生产计划由省提出，中央审察［查］之；每一县之生产计划由县提出，省审察［查］之。

3. 私人经营之生产事业，在县计划内者，由县审察［查］之；在省计划内者，由省审察［查］之；在国家计划内者，由中央审察［查］之。

4. 一切公私经营之事业，皆须奖励其在县计划内，或省计划内，或国家计划内。

Ⅱ. 资本

1. 由国家或地方经营者，必须确定每年资本支出之预算收入，不足则确定其基金募债为之。国内或就地募债，不足则向国外募债为之，或就外商商得材料垫款办法。

2. 私人经营代为审察［查］其计划，如正确可靠，促成银行为之代募资金，或贷予资金，或于不抵触国家法律及条约范围内，助其商借外资，或助其商得材料垫款办法。

Ⅲ. 工作技术及管理方法

1. 国家或地方为生产事业培育技术及管理人才，或为之觅得培育之机会。

2. 国家或地方举行技术及管理人才之调查及登记。

3. 国家或地方为介绍需要之技术及管理人才。

4. 国家或地方以专门人才指导其工作技术或管理方法。

Ⅳ. 工具及原料

1. 国家或地方为之调查或试验。

2. 国家或地方为之选择或介绍。

3. 国家或地方为之代买。

① 《抄发国民经济建设之一般原则》，贵州省档案馆藏。

Ⅴ. 成品及销场

1. 国家或地方为之审察［查］成品。

2. 国家或地方为之调查销场。

3. 国家或地方为之介绍宣传或分配销场。

4. 国家或地方为之推销。

Ⅵ. 生产量与需求量

1. 为之统计生产量与需要量。

2. 生产量不足时则奖励生产，有余时则限制生产。

Ⅶ. 发明

1. 给予个人或事业以研究及发明之机会。

2. 给予研究机关以设备费及经常费之补助，给予个人以设备费或生活费之补助。

3. 给予发明人以报酬而不以专利限制其制造或使用。

Ⅷ. 管理方法

1. 采用竞赛制度——促使地方间比赛，各事业间比赛，一事业间之各部门比赛，工人与工人间、各人或组成集团比赛。

2. 采用教育方法——教以工作需要之特殊技能及知识、现代国民需要之普通技能及知识，并使有游历、运动、练习音乐及其它种种娱乐事项之机会。

3. 采用会议方法——予工作人员以建议的机会，如情形良好或竟予以决议的机会。

4. 促成生产合作——从购买原料上，从购买工具上，从销售成品上，力谋合作组织。

二、分配

Ⅰ. 工资

1. 使能供生活之最低需要。

2. 依年功加俸制逐渐提高。

Ⅱ. 赢利

1. 逐渐提高劳作方面之红酬。

2. 逐渐降低资本方面之红利。

Ⅲ. 待遇劳作之各种物质设备

1. 公共住宅及住宅中电、火、水等设备。

2. 公共饭堂之设备。

3. 公共医院之设备。

4. 公共娱乐（花园、运动场、游艺室、电影院、戏院）等之设备。

5. 公共图书馆之设备。

6. 子女教育之补助费及学校教育之设备。

Ⅳ. 劳作之取缔

1. 为定劳动时间之最大限度。

2. 妇女生产前后不能工作为定休息期间之最小限度。

3. 取缔工作危地带并为安全及卫生定最低需要之设备。

Ⅴ. 救济

1. 疾病时之救济。

2. 残废及衰老之救济。

3. 失业之救济。

Ⅵ. 财产使每人有职业，生活倚赖其职业。在不能有职业时，则倚赖社会。于是逐渐降低财产之倚赖关系。

1. 以累进率征收有关财产之所得税，并将税率逐渐提高。

2. 以累进率征收遗产税，并将税率逐渐提高。

3. 奖励遗产捐与国家或地方或某种公共事业。

三、交换

Ⅰ. 买卖机关

1. 调查生产区域及消费区域，为调整其供给与需要之关系。

2. 为防操纵，限制价格与赢利。

3. 取缔附加在商品上之糜费，以公布或介绍之方法替代竞尚奢侈之广告，研究保护商品之方法，废除竞尚奢侈之装璜。

Ⅱ. 运输关系

1. 在水上扶助发展本国之航业，为各轮船公司妥为分配航线，并为定出逐步改良之计划，责令遵照改良。

2. 在陆上建筑铁路，由人口繁密、物产丰富地带到最近之海口或最近之河流。不能建筑铁路之地方，乃助以能够载重之汽车路。

3. 在空间多辟航空路线，并加密航行次数，使能担任紧迫需要之轻件运输。

Ⅲ. 金融机关

1. 保障金融事业之信用。

2. 奖励金融事业作产业开发之必要投资。

3. 促成金融事业投资之分工及合作。

4. 消灭国内汇价，稳定国外汇价。

5. 提倡信用合作。

Ⅳ. 消费

1. 提倡节约生活。

2. 提倡购用国货。

3. 提倡消费合作。

10月19日　卢作孚在上海、南京接洽建设公债抵现事宜，本日办理完毕乘飞机飞抵重庆[①]。离上海时黄炎培来送，并托卢作孚带致黄方刚信[②]。

10月22日　四川水泥公司成立，民生实业股份有限公司投资四万元[③]，卢作孚、刘航琛等当选为董事[④]。

10月23日　（一）卢作孚出席总公司朝会并作了《我们要明了自身的工作》的讲话。他强调对工作要有兴趣，要讲究工作方法并清楚工作内容，并要有分工[⑤]。讲话谓[⑥]：

> 我们要晓得，每一个人的工作是要有兴趣的。而兴趣点的集中，又是在问题上面的。没有问题，就没有兴趣；没有兴趣，就觉得无聊。假定我们的兴趣能够集中在工作的上面，我们就会感觉工作是快乐的，不是痛苦的。而且是任何力量都不能引诱他的。下象棋、围棋，为什么会有那么多的人围起来看？那就是因为对象棋、围棋已经有了兴趣的缘故。然则，我们办事的问题，是超过许多倍于象棋、围棋的，为什么还不会引起我们的兴趣呢？这，只怪我们还没有走进工作的兴趣中去。
>
> 今天以后，我们盼望每一个工作的朋友，都要有办事的方法，和明了自身工作的内容。例如，我是管理营业的或燃料的，那末我对于

---

① 《卢作孚十九日飞返川》，《嘉陵江日报》1936年10月22日第3版。

② 中国社会科学院近代史研究所整理：《黄炎培日记》第5卷，华文出版社2008年版，第211页。

③ 《民生实业股份有限公司第一次公司债持券人代表委员会致金城银行函》（1937年4月26日），上海档案馆金城银行档案。

④ 《一月间经济大事分类日》，《四川经济月刊》第6卷第6期，1936年12日，第3页。

⑤ 《民生实业公司简讯》第492号，1936年10月24日，无页码。

⑥ 卢作孚：《我们要明了自身的工作》，北碚图书馆藏。

营业和燃料，就要彻底的懂得，绝不办那种糊糊涂涂的事。以一张表来说，在我填写那张表格的时候，首先，我就要懂得那表格的内容，而且，即连主任经襄理，也要懂得那表格的内容。否则，我们每天办些糊里糊涂的事，精神上是很够痛苦的，痛苦得比和尚念经还厉害！因为和尚念经，他还有个期望，期望将来可以成佛菩萨。而我们办事，自己如果不晓得办来做什么，岂不是比和尚念经还苦吗？其次，在表格上填写的数字，我们要看是否与事实印证过，隔事实好远。假定我们的数字与事实不符——事实自事实，数字自数字，请问我们办些与事实不符的事来做甚么!？本公司万不可使办空事的人太多了，免再喊人不够用。总公司增加到一百人、两百人、三百人等[①]，全公司水上岸上增加到一千人、两千人、三千六百多人，还是在喊人不够用！人增多了不说，而且还养成一般做假事的习惯！像这样糊里糊涂办事的人，我想，恐怕有十之七八！这样怎能够感觉到工作有兴趣咧!？对工作没有兴趣，于是就把精神移到工作以外的事情上去了！

我这几天回来，有许多人都来找我解决问题，我非常欢喜。但是我对于好多问题，却不明了。问题既不明了，我当然不能解决。例如，一个船长拿一张单子来要我核，一个大副也拿一张单子来要我核，我不但对于单子上开的东西弄不清楚，而且就连某船长、某大副的名字，有时我也弄不清楚，这样我怎么能够核？岂不是等于一个病了的人，要到菩萨面前问卦一样的滑稽吗？但是，向菩萨问卦，他都还要一对卦才行——要凭他的阴卦或阳卦才可以定病人的吉凶，而我手里，却一样东西都没有，叫我怎么能够解决你那桩事情呢？要解决一桩事情，自己就要懂得那桩事情的内容，然后进行起来才容易而不至于错误。例如这次上海同太古交涉一件事情，首先我们作一度谈话，仅仅说明要交涉的范围和交涉时需要的材料后，于是双方就各自把材料搜集起来，及到交涉的时候，便很顺利的解决下去了。所以说，我们每办一事，都要懂得内容，并要有材料以供我们的参考。又例如用煤，现在我们只用天府、炭坝的煤，那末我们对于天府和炭坝的煤价和煤质，都要懂得。

这还不够。而且，就是太古、怡和、聚福等[②]公司所用的煤价和煤质，也要设法弄清楚，即是要把自身所办的同类的事要设法弄清

---

① “等”字原文为省略号。

② “等”字原文为省略号。

楚。无论是四川的、中国的、世界的，也无论是听得的或看见的。如果一个练习生能有这种精神去学习，去努力，我想，三五年之后，他便要成功一个专家。所可惜者，只是我们自己不愿成功专家罢了！假定一个人，他是办理保险的，那末，他对于水险、火险等[①]各种险的条例和情形，都要一一的懂得。水险，又有海洋的、长江的、川江的，各种情况，我们也要明了。同时，民生公司是保的哪几个条件，我们更应该切实的弄清楚。万一船舶发生危险，我们就可以知道哪个责任是该你负，哪个责任是该我负，再不像今天以前船舶发生了危险，还要另外去找专家来帮忙了。前几天我同魏文翰先生谈起关于保险人才的训练问题，他说，只要能够交几个聪明点的人与他，三个月的功夫就可成功。但是，如果不求甚解的话，我想，恐怕三年也不会成功吧，我想。

再说另一方面，如果我们不是管理燃料或保险的，那末，我们对于燃料和保险的问题，就不能凭自己的想象去解决它，而定要有专家去解决。因为这样，我们办起事来，才能走上正当的轨道上去。要想工作有正当的轨道，这里有一前提，就是分工要分得很清楚。如果永远的不把工作分得清楚，那末事情就会永远的忙乱。事情一忙乱，于是乎就会感觉人不够用，东在抓人，西在抓人，时而把甲找来帮忙，时而把乙找来帮忙，时而把丙找来帮忙，时而把丁也找来帮忙。结果，甲、乙、丙、丁都一齐找来帮忙来了。但是，事情呢，忙乱依然忙乱，并无裨益。例如轮船每次到了码头，我们就会感觉忙乱，异常之忙乱。何以会忙乱呢？就是忙乱的人，只在轮船到码头那一时才觉得有事情，才觉得处处都是问题！而轮船开出后或轮船未到前，大家是不会感觉有问题的，所以轮船刚到码头那一刻，我们就要忙乱起来了。如果我们在轮船开出后，或轮船未到前，就把所有的问题先行解决了，等到轮船到码头的时候，我们还忙什么？自然就不忙了。今天以后，民生公司要进化到这种程度，事业才会有大的发展。能够这样努力的人，不论他是老年人、青年人，我们都应当尽量的给他一个机会，让他到某一个学校去学习，增长他们的知识和经验。

最后，总括起来说：我们办事要分工，每人要明了自身工作和同类事情的内容，要在工作中去发现问题，要由不懂得而懂得，由外行而内行，由普通而专门。

---

① “等”字原文为省略号。

（二）民生公司成立编审委员会[1]。

10 月 25 日　卢作孚从重庆乘轮船于 25 日上午 11 时抵达北碚，在实验区署稍事休息后，当即召集各部主管人员谈话，了解情况，并有所训示[2]。

10 月 26 日　卢作孚出席嘉陵江三峡实验区署周会，并作《实验区当前应努力的工作》的演讲，谓[3]：

> 我以为目前人们急切需要帮助的事情，应该有三点：
>
> 第一，治安：峡区周围的匪，近来这样地猖獗，尤其是今年是旱灾，秋收不好，使得大多数农人生活成了严重的问题，更是逼人为匪的重要原因，盼望很快的把保甲整理清楚，赶快地把壮丁训练起来，保持眼前这治安的局面，更设法帮助到周围，最低限度，务使外匪不易侵入，土匪不能起来。
>
> 第二，救荒：昨天问实验区农作的收益，据说谷子好的收了四成，包谷约收三成，往年的粮食不够，还可以用钱向别处购买，今年到处都遭同样的灾患，同样都感觉粮食缺乏！各方面都感觉这问题非常的严重，实验区署的建设股，应该赶紧想法举行调查，不过这种调查，比户口调查较为繁难，如要要求实在的情形，仅仅交由“联保办公处”去办理，是难得可靠的，因为决定救济办法，不是凭自己的想象亦不是凭随便的视察，而是要明白绝对正确的数目和饥荒的程度。例如：目前缺粮的人有若干，今年冬季缺粮的人有若干，明年春季缺粮的人又有若干……这样得出一个明确的数目之后，才能决定对何种人，应该用何种方法救济，这工作，应该是整个实验区署的人都动员，竭尽全力，帮助到六万五千多个民众身上去，不仅实验区署人员的工作要如此，各镇乡、各保甲的学校，也要以这六万五千多人的生活问题为教材，使整个实验区的人，都为这个问题想办法，“教”、“学”、“做”三方面都联成一气，共同来解决这个严重的问题。
>
> 第三，保健：实验区的保健工作，好在有了地方医院和民众体育

---

① 民生实业公司十一周年纪念刊编辑委员会编：《民生实业公司十一周年纪念刊》，中华书局 1937 年版，第 221 页。

② 《卢作孚昨日来碚》，《嘉陵江日报》1936 年 10 月 26 日第 3 版。

③ 卢作孚：《实验区当前应努力的工作》，《工作月刊》第 1 卷第 3 期，1936 年 11 月 1 日，第 33 页。

场两个机关去推进它，听说快要做到各乡镇、各保甲里面去了，这是很需要的事，盼望今后逐渐减少人民的疾病和死亡，增进乡民体魄的健康，但这不仅是医院和体育场的责任，各方面都负有同样的责任的。

我们既然要帮助这六万五千多人解决这几点急切需要解决的问题，专凭自己的办法还不够，要赶紧向国内外作实际乡村运动的征求办法才妥当，一方面还要赶紧调查，找出人民需要帮助之点。实验区署的工作人员，今后的读书和预备的能力，要切实与工作联成一气，各个事业机关要切取联络和衷共济。人，不要专门坐在办公室里弄笔墨，尽量减少办公室的人数，每个人要多到社会去活动。更盼望做事不在乎专门求花样翻新，事事要顾到人民生活的利益，工作不要太琐碎，大家都要把刚才说的几桩成整的事业，当做目前努力的中心工作！

周会后卢作孚搭轮返重庆。

10月27日　全国新生活运动书记长阎宝航应民生公司之邀，于本日下午6—7时在民生公司大礼堂讲演《新生活运动是救亡图存的要素》，谓①：

兄弟到民生公司来，对于新生活运动，实在没有讲话的必要，因为贵公司在没有提倡新生活运动以前，差不多就在实行新生活了。这儿的两个标语（在礼堂左右两侧的标语）：“民生公司的精神，就是新生活运动！”“民生公司的事业，就是国民经济建设运动！”我看，民生公司的事业，也是新生活运动。因为新生活运动是要生产化、艺术化、军事化的。民生公司是生产事业，可以说是合乎新生活条件的。什么是艺术化和军事化呢？艺术化就是“整齐清洁，简朴勤劳”八个字。军事化就是“迅速，切实”。兄弟这次到北碚参观，使我脑中所印象的，都非常良好。因为北碚方面实行新生活运动，可说是最努力不过了。至于贵公司方面，听说有半数以上的朋友都受过军事训练，而且对于工作，又是着着实实的在做。

---

① 阎宝航：《新生活运动是救亡图存的要素》，《新世界》第105期，1936年11月16日，第20—23页。

10月28日　四川建设厅在成都召开的建设行政会议开幕，并举行第一次大会①。

10月29日　四川建设厅建设行政会议举行第一次会议，由各科分别报告年度计划以及预算②。

10月30日　四川建设厅建设行政会议休会一天③。

10月31日　四川建设厅建设行政会议开第二次大会，卢作孚召集各机关负责人详细询问情况④。

10月　巴县女子职业学校新修校舍成，旧址以8000元转让给北碚峡区医院。于是峡区医院由天上宫迁入新址⑤，以左力梁为医院院长。

11月1日　（一）四川建设厅建设行政会议继续开第二次会，卢作孚提出应讨论办理7件事：1. 调查；2. 试验；3. 联络；4. 训练；5. 推广及指导；6. 合作及民间实效；7. 经费收支及预决算⑥。（二）《工作月刊》刊发卢作孚《中国应该怎样办》一文。卢作孚指出：一般已经成熟了的国家是已经污染了的纸，我们却是在一张白纸上去着丹青，她的美丽是可完全如我们的意，只看我们怎样画法。卢作孚描绘的中国未来图景如下⑦：

一幅是中国的未来

就国防言

空军：有若干队可任国际战斗的飞机。海军：有若干队在东南沿海可任自卫的舰队。陆军：有举国皆兵的征兵制。有完整的现代武器和编配，有战车队和化学战备。

就产业言

有充足的粮食和燃料。有可以自给的钢铁，和其它有色金属的矿产。有各种农产和矿产的原料。有机器耕种的农场。有各种重工业和轻工业的工厂。有各种调节货物的商业机关，有调节金融的银行。有

---

① 《建设会议》，《四川经济月刊》第6卷第5期《四川经济》，1936年11月，第84页。

② 同上。

③ 同上。

④ 同上。

⑤ 黄子裳、刘选青：《嘉陵江三峡乡村十年来之经济建设》，《北碚月刊》第1卷第5期，1937年1月1日，第6页。

⑥ 《建设会议》，《四川经济月刊》第6卷第5期《四川经济》，1936年11月，第84页。

⑦ 卢作孚：《中国应该怎么办》，《工作月刊》第1卷第3期，1936年11月1日，第4—5页。

若干万千瓦的电力供给，有若干万马力的动力供给。

就交通言

有若干里铁路，若干部车头和列车。有若干万里汽车路，若干万部汽车。有若干万里电线，若干无线电台和播音台。有若干万吨轮船，若干远洋航线。

就文化言

有若干小学校，足容纳全国学龄儿童。有若干中学校，足培养社会需要的青年。有若干大学校，应各种专门人才之需要。有若干研究机关，应各种专门科学的试验、发现和发明的需要。有若干图书馆，若干运动场，若干公园，若干电影院，若干戏院，应一切公共活动的需要。

就一般人民言

有知识。有职业。有勤俭的美德。有健康的体魄。有相勉为善的风气。有忠效人群乃至于国家的热忱，决心和勇气。无不良的嗜好。无疾病。无贫穷。无犯罪的行为。

就整个社会言

在整个计划上进展。在整个组织上分工合作。造成整个社会的财富依赖——减轻个人的财富依赖。造成整个社会生活的相互依赖——减轻家庭和亲戚邻里朋友的相互依赖。增加公共用的设备，例如图书馆，运动场、公园等①，减少个人享用设备。

（二）民生公司上海分公司加入上海市民健康保险会。

11月2—3日　四川建设厅建设行政会议继续开第二次会议，审查各项报告及各项提案，并自由交换意见。

11月4日　四川建设厅建设行政会议开第三次大会，由各机关提出新拟计划或提案，开始研究讨论，并由卢作孚分别指示，继经全体议决今后进行方案②。

11月5日　四川建设厅建设行政会议经过继续商讨后，于中午闭会③。

① “等”字原文为省略号。

② 《建设会议》，《四川经济月刊》第6卷第5期《四川经济》，1936年11月，第84页。

③ 同上。

11 月 11 日　四川省建设厅召开粮食行政会议[①]，卢作孚为主席，布置在四川省建设粮食仓库网事宜。资料载[②]：

建厅应全国农本局之委托，筹组本省农仓网，昨（11 日）召开粮食行政会议，计出席汤允夫、卢作孚、嵇祖佑、凤德纯、常德仁、颜伯华、何乃仁、李贤堃、杨允奎、黄达夫、冯杞庆等十一人，由卢作孚主席，议决五要案：

（一）组织粮食调整委员会，推何乃仁、汤允夫起草组织大纲，限下星期三交稿，星期四开会讨论，再提交省务会议讨论通过施行。

（二）调查管理旧有仓库业和仓库业登记，公仓登记其性质，私仓登记其出量，对公仓尽量作改建农村新型式仓库之用。

（三）筹组本省新式农村仓库网，凡各地农仓应有积储粮食之规定，凡有积谷之地，积谷应交当地农仓，农仓库分为高初中三级。

（四）设仓分级地区，高级拟设成渝两地，中级拟设绵阳等十处，初级设各中级农仓之关键地点。

（五）办理各级农仓，以合于农本局直接经营之条件为原则。

11 月 14 日　晚，卢作孚因公偕经济委员会棉种改良所副所长冯泽芳乘飞机飞抵重庆。民生公司与航务管理处、川康银行、聚兴诚银行、美丰银行合组的修德俱乐部举行第二十八次游艺会，请冯泽芳演讲《近年中国棉花改良状况》[③]。

11 月 16 日　中国建设银公司与法国银团代表草签借款修路合约。资料载[④]：

川黔铁路公司为建筑成渝铁路，向法国银团借款 3450 万元，本月 16 日经中国建设银公司代表该公司与法国银团代表之中法工商业银行在沪签订合同，顷据宋子文氏发表借款情形如下：该项借款，为

① 《两月间经济大事分类日志》，《四川经济月刊》第 7 卷第 1、2 期合刊，1937 年 2 月，第 4 页。

② 《建厅召开粮食行政讨论会》，《四川经济月刊》第 7 卷第 1、2 期合刊，1937 年 2 月，第 48 页。

③ 《民生实业公司简讯》第 502 号，1936 年 11 月 17 日第 1 版。

④ 《一月来之成渝铁路》，《四川经济月刊》第 7 卷第 1、2 期合刊，1937 年 2 月，第 53—54 页。

建筑成渝铁路之用，路长523公里，预计两年半完成，建筑费共约5450万元，其中2000万元由川黔铁路公司担任，3450万元为法银行团承借之款，内中2750万元，系属材料价值及运费，兹余700万元为现款。此项借款，分15年还清，由铁道部无条件担保，川黔铁路公司业于本年3月间成立，资本为2000万元，内中1100万元系中国建设银公司承募之商股，450万元由铁道部筹拨，其余450万元由四川省政府筹拨。至于此次借款性质，与以前铁路借款迥然不同。

11月18日　(一) 卢作孚出席总公司朝会并讲话勉励同人：对于事务的管理和方法的改善，须先彻底明了内容，尤应多做调查，专心研究，方能避免临时忙乱的弊端①。(二) 民生公司通函各部分，以后对外文件，除对海关有时必须用英文者外，其余一律限用中文②。

11月21日　国民政府行政院就修建成渝铁路相关借款谈判及签定正式合同令发四川省政府，谓③：

"为令饬事。案准中央政治委员会25年11月19日密函开：'查筹建成渝铁路一案，前据行政院函送川黔铁路特许股份有限公司组织章程及铁道部四川省政府组织川黔铁路公司合约、铁道部中国建设银公司投资成渝铁路合同各草案，业经本会第十次会议决议准予备案，并函由政府饬知在案。兹据行政院函称，据铁道部部长张嘉璈提议，拟与中法工商银行及中国建设银公司订立正式合同，并将以前该部与中国建设银公司所订草合同废弃，抄送原提案及中英文合同草案请鉴核等由。复经本会第二十六次会议决议准予备案，相应抄附原提案及合同草案，函达查照饬知'等由。准此，自应照办。除函复外，合行令仰该院分别转饬知照。此令。"

等因奉此。除函达全国经济委员会及分令财政、实业、铁道三部外，合行抄发原提案及合同草案，令仰该省政府知照。此令。

计抄发原提案及中文合同草案各一份（略）。

---

① 《民生实业公司简讯》第503号，1936年11月19日第1版。

② 民生实业公司十一周年纪念刊编辑委员会编：《民生实业公司十一周年纪念刊》，中华书局1937年版，第226页。

③ 宓汝成编：《中华民国铁路史资料》，社会科学文献出版社2002年版，第794页。

11 月 22 日　卢作孚抵达上海，与黄炎培、杜重远三人在功德林餐叙①。

11 月 23 日　凌晨 2 点半，南京国民政府逮捕沈钧儒、邹韬奋、章乃器、李公朴、王造时、沙千里、史良七位救国会领导人，移送苏州监狱羁押②。史称“七君子事件”。

11 月 26 日　（一）民生公司第一期水手训练班学员举行毕业典礼，到会全体学员 70 余人③。（二）铁道部长张公权（嘉璈）就成渝铁路征地最高以每亩 30 元为限度，超出部分由四川省政府弥补事致电四川省政府主席刘湘，电报内容如下④：

> 成都。刘主席甫澄我兄勋鉴：密。成渝铁路征收土地一案，顷据卢厅长面述，地价原定每亩给价二十元，事实上不无困难。惟此项地价，已于该路借款合同内明白规定，且经院会通过，如变更太大，不易得各方谅解。兹勉遵贵省府意，拟将该路用地每亩改为最高三十元。现在湘黔路及浙赣南段均照此规定限度办理，并已征得湘赣两省府同意。事同一律，贵省人民当无异议。但如遇繁盛地点，收用土地有给较高地价之必要时，其超出三十元以外之地价务请贵省政府设法弥补。即希查照，电复为荷。弟张嘉璈。寝。

11 月 29 日　下午，卢作孚在上海访周孝怀，先后到周家加入谈话的有甘典夔、张斯可、刘航琛、黄炎培等⑤。

11 月 30 日　四川省民政厅长稽祖佑关于铁道部部定地价太低将激成众怒致函省府秘书长邓汉祥，谓⑥：

---

① 中国社会科学院近代史研究所整理：《黄炎培日记》第 5 卷，华文出版社 2008 年 9 月，第 211 页。

② 中国人民救国会纪念文集编辑组编：《爱国主义的丰碑——中国人民救国会纪念文集》，群言出版社 2002 年版，第 546 页。

③ 《民生实业公司简讯》第 507 号，1936 年 11 月 28 日第 1 版。

④ 《铁道部长张嘉璈关于超出最高地价由省府弥补致刘湘电》（1936 年 11 月 26 日），《四川档案史料》1984 年第 4 期。

⑤ 中国社会科学院近代史研究所整理：《黄炎培日记》第 5 卷，华文出版社 2008 年版，第 224 页。

⑥ 《民政厅长稽祖佑关于部定地价太低将激成众怒致省府秘书长邓汉祥函》（1936 年 11 月 30 日），《四川档案史料》1984 年第 4 期。

成渝铁路征收土地，前奉手书交下简章细则，当已签具意见，会同建厅会议，已将会议情形及厅会所提意见函请卓裁，谅蒙省览。兹奉主座发下铁道部代电，征收土地价值增为每亩三十元，如繁盛地点较高之价，由省府弥补等语，殊为诧异！查成渝铁路经过地方山原肥瘠诚不一致，但平均计算其价值总在百元左右，如只给三十元，必致酿生枝节，清季川汉路之已事可为殷鉴。若三十元以外均须省府负担，姑以五万亩之田一百元价计算，亦须三百五十万元以上，省府安得有如许闲款。其势必增加一部分人民之负担，使公司商人独得厚利。于情于理，岂得谓平。况在人民方面必援土地法第三百七十三条"征收土地应补之地价由需用土地人负担之"之规定，一致反对，省府恐亦难于压抑。故在省府国府之立场，均不应持此态度。鄙见目前办法如下：1. 禁止公司滥用地面。（先询建厅该公司究需若干田亩，上述五万亩系建厅盛科长所说。）2. 调查沿线田亩价值，以契为凭。（先询建厅前电调查地价已得复电否）3. 超出三十元以外之地价仍应由公司负担，如无现金则填给股票息折。4. 三十元以外之地价如必须省府负担，省府能否筹得尚属疑问，即可筹得，其款系公款，仍应由公司填给股票息折。5. 以上办法应请国府备案。以上敝厅意见如此，特为函达，即希查酌，转陈主席核复。兹事体重大，似宜审慎周详，不可因少数人之利益激成众怒。一孔之见，并乞照察。

11月　民生公司与上海市政府公用局合资修建的沪南仓库完工，并开始租用靠近该仓库的沪南第11、12号码头（也称民生码头）停泊公司轮船。资料载①：

本公司以后起之故，殊难插足其（上海码头）间。当时停泊办法，必待我轮吉申时先停留吴淞口，俟得到申分公司临时通知应泊何码头后，方能入港停泊。今日向甲租借，明日向乙租借，辗转商洽，殊感困难。嗣经同人多方努力，洽妥上海市政府公用局，订约合建沪南仓库，并订明自仓库完成日起，即以靠近该库之沪南第十一号、第十二号码头，作我轮船泊岸地点。自租定此码头后，我轮吉申始不再停留吴淞口外等候临时通知。……其码头租金，即以靠轮次数多寡计算。因该地系公用局码头，尚须停泊他轮也。

---

① 余千山：《二十六年之码头仓栈》，《新世界》第12卷第3期，1938年4月1日，第30页。

同时，沪南仓库的建成还使民生公司在上海的仓栈状况得到改善，资料载①：

A. 老栈——本公司原同上海千元公司租有第一、第二、第三号老栈囤存进出口货件。

B. 新栈——自本公司轮船通航上海以来，承运客货，逐年发展，进步颇速。原租千元老栈，栈位不大，不足囤存我轮运进出口货件。爰与上海市公用局订立合约，垫款半数，在沪南第十一及第十二号码头上建筑五层大仓库一所，即由我囤存货件。自此仓库建成后，吾吉申轮船泊此，吾承运货件亦囤此，在运输上之便利，迥非昔比矣。

12月3日　（一）卢作孚致函四川省政府秘书长邓汉祥，表示不同意部定地价，谓②：

鸣阶秘书长仁兄勋鉴：承昨奉鸣阶秘书长转示述庚厅长手书大函，对成渝铁路征收土地事，提示办法五项，仁心卓识，至佩无已！查铁道部代电：征收土地价格，增为每亩三十元，如繁盛地点，较高之价，由省府设法弥补。等语。此项办法，不特为吾述庚兄所否认，作孚之意，自亦未敢苟同。建厅前已令饬该路路线经过各县度量衡检定员，合同县府征收局及铁路工程局测量队所派人员，将各该县田地种类暨每亩实在价格，分别选查明确，克日列表具报，一面征集各省建筑铁路购地给价材料，以资参考。俟地价调查完竣，当由民财建三厅，及地政委员会议定办法后，再行签呈主座核复备案。现在尚未有任何具体决定也。除分函述庚厅长外，专此奉复，祗颂勋祺。

（二）卢作孚在成都四川省广播电台作了《建设的两个目的和方法》的广播讲演，谓③：

今天要报告各位的，是建设的两个目的和两个方法。建设的目

---

① 余千山：《二十六年之码头仓栈》，《新世界》第12卷第3期，1938年4月1日，第30页。

② 《建设厅长卢作孚不同意部定地价致邓汉祥函》（1936年12月3日），《四川档案史料》1984年第4期。

③ 卢作孚：《建设的两个目的和方法》，《广播月刊》第1期，1937年1月，第23—24页。

的，一个应是在作国防的准备，一个应是为提高人民的生计。每一个目的，都是非常伟大的。每一种建设，都是这样伟大的。建设是要解决问题，不是陈设，不是陈设起来供观赏的。因此不管是任何属于建设的事业，都是不大容易的事业，一个地方决不需要一个农事试验场，或一个民生工厂，而是需要一个农事试验场，去解决农业问题，一个民生工厂去解决工业问题。请问以前许多地方，都有农场，曾经有一个农场解决农业问题没有。许多地方，都有工厂，曾经有一个工厂解决工业问题没有。一桩事业，办起来似乎容易，办到能够解决问题，便不太容易，要能够解决问题，要达到建设的伟大目的，便不得不问方法了，在方法未明白以前，无宁不建设，免到失败之后，丧失建设的信用。建设有两个，亦需要两个方法。第一是技术。是要有能够解决问题的技术，例如家畜品种改良，需要有改良的技术，期于改良到何种程度，家畜防疫，便要有防疫的技术，期于防疫到何种程度，技术是应有把握的，其把握是可以数目字列出来，方程式算出来的。第二是管理，管理是包含有指导，考察，比较，奖惩，种种方法在当中的，如果只有技术，只能个人做成功一件事务，必须再有管理方法，乃能教一群人做成功一桩事业，这得举一个例，我们的蚕桑事业，是要有栽桑的技术，有制种的技术，有养蚕的技术，才能将蚕养得很好，但是，要办到一般人都有栽桑养蚕的技术，我们便不得不有供给桑苗的机关，供给蚕种的机关，指导栽桑和养蚕的人员，划定指导的区域，联络栽桑与养蚕的关系，联络养蚕与缫丝的关系，办到栽好多桑，养好多蚕，缫好多丝，相互适应，桑叶价、茧价，相当确定，然后各方面的经济，都有安定的利益，如果不然，蚕种坏了，蚕子大堆大堆死了，桑叶不够了，蚕子大堆大堆丢了，有时桑叶价钱，陡落陡涨，农工两方，均受莫大的影响，这些便都需要管理的方法，很盼望大家在认识建设事业以前，先认识建设的方法，先认识技术与管理，在建设任何事业以前，先解决技术与管理，建设厅是要这样责备自己，亦盼望各督察专员，各县长，留意到这里，不要问有没有建设，先要问有没有技术，能不能管理。

12月4日　上午8—9点钟，到四川考察的复旦大学校长李登辉应邀到民生公司朝会讲演，宋师度主持。

12月7日　由中国建设银公司与法国中法工商银行正式签定合同，由法国中法工商银行组织银行团提供3450万元（可以英镑、法郎、马克、美元中任何一种货币单位计算），并供给国外材料，用于修筑成渝铁路。张嘉璈说[1]：

自七月初起经二十余次之讨论，至十二月七日，始签订正式合同。

其大要如左：

（一）债额　材料借款二千七百五十万元；内包括材料由沪至渝运费现款六百万元，另现金借款七百万元。故法银团实付现款为一千三百万元，由川黔公司出给期票利息七厘，较草约加给一厘。

（二）债款保障　铁道部对于川黔公司出给法银团之期票，予以全部无条件担保，于每张期票上签字，并交第三期铁道建设公债一千万元，为期票与商股利息之共同担保，准其自由处置。如有不足时，政府另筹的款补足之。此项担保以本息偿清为止。非如草约只规定担保五年，惟将指定正太列入为此项公债本利担保之规定取消。依照完成沪杭甬借款合同，设立借款基金保管委员会，审查公司财政及基金收付情形，并得建议改善路政。法银团得向川黔公司推荐工程总稽查一员、会计稽查一员，参预工程查账事宜，以合同满期为止。

（三）借款期限　为十五年。初二年半中付利，此后平均还本，分十二年半偿清。按照法国出口信用担保章程，借款期限至长不得超过十二年半，以此项借款并非一批支用，系分期付款，故银团方面可统折为十二年半。

（四）报酬　银团经理债款费用1%，即三千四百五十万元之1%计三十四万五千元。为取消银团包工起见，要求径予以包工利益一成，计七十万元。以上两项，由第一期借款收入内扣付。成渝路营业开始后初六年间，每年于收入中给予六万元。此后五年间，每年给予九万元，计八十一万元，系仿照以前旧路借款成例。银团应年得经理费。此款须于营业后每六个月付款一次，不能即时取现，故给予利息，按周息二厘计算，加给五万元。材料购料手续费，银公司得五厘，分给银团三十六万元。以上各项应付清银团服务之酬报共计二百二十六万五千元。故本借款约合九三折发行，尚较之以往借款折扣为低。

（五）钦渝合同关系　法银团以对于中法实业银行所订之钦渝合

[1] 宓汝成编：《中华民国铁路史资料》，社会科学文献出版社2002年版，第792—793页。

同必须顾到，请求由中法工商银行代表中法实业银行，函部请求与中国建设银公司合作投资兴筑钦渝铁路，取此方式顾全钦渝合同。部方以此次成立之成渝铁路合同与钦渝合同并无抵触，当允予同意。

（六）贵阳昆明路线优先权　对于钦渝路线，按照目前国家需要，以自重庆至贵阳，自贵阳至昆明之路线为重要。且湘黔路线已决定进行，则渝贵、贵昆同时建筑，湘、黔、川、滇四省可呵成一气。渝筑（即贵阳）、筑昆两线，若均由法银团投资，未免又形成势力范围之故态。故将渝筑线保留自办，以贵阳昆明线之优先权许与中国建设银公司，再由银公司与法银团交换文件。

在上述条件之下，签订以下各项合同：

（一）担保合同，由铁道部与中法工商银行及中国建设银公司签订，规定铁道部担保债款本息责任。

（二）投资合同，由川黔公司与中法工商银行及建设银公司签订，规定法银团与银公司投资数目，所需材料种类数目，在法国购料办法，法方现金部分借款数目，包工分包办法，银团推荐之工务、总稽查、会计稽查之职权；法银团所得利益支付办法。

（三）经营合同，由川黔公司与中法工商银行签订。规定出给期票及期票偿付本息办法，基金在存放办法，与委任建设银公司为银团受托人办法，及受托人之义务。

（四）合作合同，由中法工商银行与建设银公司签订。规定双方共同投资建筑成渝路之合作关系，及银公司应得之报酬。

（五）合作总合同，由中法工商银行与建设银公司签订，规定双方合作普通原则。

其余在合同内不能详尽者，统于交换函件中叙述之。铁路借款合同之复杂，可谓以此为最；实以不能发行铁路公债以前，无法向国外商借现金。今法银团于材料借款之外，能搭借现金若干，此例若能打开，则可逐渐开辟国外现金借款之途径。况法国停止中国投资已十余年，欧战以来，法国号称富庶，为中国开发计，亟应诱其投资，故不惜委曲求全。无如法商对于国外投资素乏经验，并有多数分利之分子参加其间，如中法工商银行及中法基金教育委员会，故利益惟恐其不敷支配。惟为奖励投资起见，利益不妨稍稍牺牲，只求筑路与管理之权操之自我。同时，合同内仿照浙赣铁路借款成例，由中国建设银公司为受托人，设我将来因本息愆期而实行管理路产，亦只能由受托人之建设银公司代为执行，以预防外力之侵入。盖于主权之丧失及势力范围之形成，不可不防微杜渐也。

合同签订后，法方即组织一中国企业出口公司，资本八百万法郎，内2/3乃由银团担任……1/3乃为厂家团体，名日欧洲企业银团……内法国厂家六家，德国厂家一家。

与此同时民生公司也就相关器材运输问题与中国建设银公司也签定了相关合同①：

民生实业股份有限公司委托中国建设银公司借款合同

立合同人：中国建设银公司、民生实业股份有限公司（以下简称甲乙方）。缘乙方因承运川黔铁路特许股份有限公司（以下简称铁路公司）所购建筑成渝铁路应需材料拟建造拖驳船两套，计每套拖头一只，驳子四只，及宜昌码头设备，一敷应用，特委托甲方代筹建造现金及外国材料，而甲方亦愿接受乙方之委托。因由双方同意，订立本借款合同之条款如左：

第一条　本合同之借款总额定为国币壹百陆拾万元，分作现金壹百万元（以下简称现金借款），外国料价陆拾万元（以下简称外料借款）。

第二条　现金借款由甲方代为筹借，付给乙方。自给付日起计算，由乙方担负每月一分利息。

第三条　现金借款之本息由乙方自签定本合同收到借款之日起算，三年内分六期清偿，每期定为六个月。但第一期底仅由乙方自备现金给付到期利息。自第二期起，每六个月还本付息一次。其还本付息表另载于本合同内。

第四条　外料借款由甲方用乙方名义代商铁路公司，在该公司订购外国材料项下，以外国材料拨借乙方。

第五条　乙方建造拖驳船时，其价额及承造厂家由乙方预经甲方及铁路公司同意招标决定之，各承造厂家应先垫料建造，再于相当期内指定与所垫材料价值相当而种类务必相同之外国材料，由铁路公司按照成渝铁路购料办法购给乙方，再由乙方偿还各承造厂家。

乙方与各承造厂家订立契约时，须规定偿还各厂家所垫之材料概在外国市场标购，所有选定料价，乙方应代厂方予以接受，厂方不得

① 《民生实业股份有限公司委托中国建设银公司借款合同》，上海档案馆藏。

异议。

本条第一项所载《成渝铁路购料办法》之合同，除本合同有关各方已各存一份外，应由甲方制备缮本一份签字证明，交给乙方备考。

第六条　外料借款由乙方担付周年八厘利息，自铁路公司依照本合同第五条之规定给付外国材料价之日计算。

第七条　外料借款之全额由乙方于签定本合同后购料之日起算，七年内依照本合同第三条之规定，分十四期清偿。其还本付息表另载于本合同内。

第八条　乙方为保全甲方及（或）铁路公司并现金借款及外料借款各债券人之利益起见，特提供下列担保品。

甲、由本合同借款所建造之一切拖驳船（包括船壳、机器、发电机，并其它一切附件及设备品）。

乙、乙方在宜昌所建新码头（包括仓库、堆栈及其一切从物附件及设备品并其土地租用权及其它物权，但以本借款所设施者为限）。

丙、除前两项担保品外，乙方并承诺提供下列还本付息准备基金：

1. 川黔铁路应付乙方（由中法工商银行交付）承运上列成渝铁路材之运费减除由甲乙丙方协定拖驳船行船费之余额。

2. 乙方包运完成成渝铁路之材料后，或在无须运输该项材料之其它时期内前项拖驳船所得之一切营业收入。

3. 凡乙方因使用本合同所载拖驳船与成渝铁路联运收入之运费。

第九条　现金借款对于上述担保品及还本付息准备基金皆有有限受偿权。

第十条　乙方为贯彻前条所规定之担保品及基金起见，特委托甲方为信托人并愿以民法第五百三十四条之权利授予甲方复愿遵守下列办法：

甲、本合同第八条（丙）项第1款所载运费自本合同订立之日起，最初三年期内，计约国币贰百肆拾万元应由乙方于签订本合同日见将其运费债权转移于甲方，并同时用书面通知中法工商银行，依照运输合同之规定如数缴存甲方。但甲方对于提存之准备基金须给付乙方在保管期内之存息。按年息四厘计算。

乙、本合同第八条（丙）项第1款所载拖驳船在承运成渝铁路全部材料期内所需用从宽计算，约计国币捌拾万元，应由甲方自开始收管本条（甲）项规定之运费之日起，于三个月内由该项运费中拨付乙方国币捌万元，俾资拖驳船承运上述材料行船开支之用，但甲方须先存足三个月还本付息之上述准备基金后，如有余额，无论超过或不足国币捌万元，均由甲方将余额全部给予乙方，如该三个月期满尚未收足该期准备基金额数全部时，由乙方以现金补足之。

丙、乙方在本合同期内所有拖驳船其它营业之进款，亦应缴存甲方，由甲方依照前两项之规定保管处理。

丁、如前三项准备基金在任何债款本息到期时有不敷应付情事，甲方得于乙方应收以上联运费内按期直接扣还债权人或向乙方要求另缴现金以资清偿。但乙方怠于清偿或故意不清偿时，甲方得自行将本合同第八条规定之担保品之全部或一部分拍卖、变卖或转让，或为其它处分，所有一切费用，概由乙方负责。

戊、如本合同第八条所载担保品及准备基金不敷清偿全部债权及因执行担保或信托事务所支出之费用时，乙方应照甲方所备之清单如数付给甲方，不得推诿。

第十一条　本合同所规定之担保品及准备基金，应由乙方依照甲方之意旨自行保险，并指定甲方为受益人。如乙方怠于投保时，甲方得以信托人之名义，代为保险，其费用概由乙方承担。

第十二条　乙方特郑重保证本合同内之一切担保品及准备基金，从未设定任何质权、抵押权或其它优先受偿权，并无任何瑕疵，复保证在本合同期内，对于该担保品及基金亦决不设定任何质权、抵押权或其它优先受偿权或使任何瑕疵发生。

第十三条　本借款全部只得用于建造本合同所载用途之需，不得改作他项用途。

第十四条　如甲方因任何事由要求乙方将本合同所载权利或担保品依法为登记时，乙方自愿立即依法登记，并愿负担一切登记费用。

第十五条　如乙方非因不可抗之情事，怠于履行本合同之任何条款时，则乙方应履行之一切债务或义务概视为到期，应即由乙方全部履行或由甲方依照本合同第十条（丁）项但书之规定及信托人之职权代为履行。

第十六条　甲方对于信托事务除有诈欺、背信情事外，对于乙方或任何债权人或利害关系人，不负任何赔偿责任。

第十七条　乙方委托甲方为信托人，应给付甲方百分之一之酬劳费。

第十八条　本合同对于双方及铁路公司及中法工商银行之继承人、受让人或法定代理人有同一效力。

第十九条　本合同经双方签字并经铁路公司及中法工商银行之法定代理人在其末页同意副署时，始发生效力。

第二十条　本合同应译成英文，附于本合同后以备有关西人之参考，但不得影响或拘束中文原文之意义。

第二十一条　本合同一式四份，一份留存铁路公司，一份留存中法工商银行，其余两份由甲乙两方各执一份。

立合同人　中国建设银公司

民生实业股份有限公司

同意副署人　川黔铁路特许股份有限公司

中法工商银行

［按］到 1938 年 7 月，法国该银行团已经先后垫付材料款及运费 2640 多万法郎及 250 万元法币①。

12 月 11 日　民生公司南京办事处迁入下关江滨路 237 号新址办公。

12 月 12 日　西安事变爆发，张学良、杨虎城提出对时局宣言，提出“改组政府，容纳各党各派共同负责救国”、“停止一切内战”等八项主张。

12 月 14 日　（一）刘湘发表通电，提出巩固中枢，抗敌救国，弥息内争，营救蒋介石等四项主张。（二）民生公司上海分公司的张澍霖、杨成质、郑璧成等访黄炎培，共谈时局②。

12 月 17 日　（一）中共领导人周恩来应张学良之邀请到西安，协助解决西安事变。（二）民生公司上海分公司张澍霖访黄炎培。

12 月 18 日　民生公司总公司朝会报告项目，在原有新闻、工作、读书三种报告基础上，自本日起新增加经济情报项目，于每周一、周日朝会报告③。

---

① 周开庆编著：《民国川事纪要》（1911—1936），台北四川文献研究社 1974 年版，第 694 页。

② 中国社会科学院近代史研究所整理：《黄炎培日记》第 5 卷，华文出版社 2008 年版，第 228 页。

③ 民生实业公司十一周年纪念刊编辑委员会编：《民生实业公司十一周年纪念刊》，中华书局 1937 年版，第 221 页。

12月20日　民生公司汉口办事处迁入江汉路87号新址办公[①]。

12月21日　民生公司会计规程修改完毕，定于1937年开始施行新会计规程。

12月22日　宋子文在西安与周恩来、张学良、杨虎城谈判中提议组织过渡政府，以孔祥熙为行政院长，卢作孚为实业部长[②]。

12月24日　民生公司总公司召集到渝各轮第一次短航会议，此后每日开会1次[③]。

12月25日　（一）在张学良陪同下，蒋介石回到南京，西安事变和平解决。（二）黄炎培、杜月笙访杜重远。

12月30日　卢作孚从成都乘机飞重庆[④]。

12月31日　卢作孚原拟本日应曾养甫电邀偕刘航琛乘机飞上海，参加川黔铁路公司董事会议[⑤]，筹商修筑成渝铁路和收购沿线民地事宜，因公事推迟了赴沪日期[⑥]。

12月　卢作孚被聘为重庆南渝中学董事。

[按] 南渝中学是天津南开中学的分校，1936年2月开始筹备。卢作孚得知张伯苓正在筹办该校，曾经向张伯苓表示愿意把自己在北碚的地亩和文化事业，拨交张伯苓作为建校基础[⑦]。后有关筹备人员在重庆沙坪坝选购了总面积800多亩的两块地皮，5月中旬开始破土动工，8月底完成教室大楼、礼堂、宿舍、食堂、教职员住宅等工程。9月10日南渝中学举行开学典礼。12月张伯苓到重庆，成立校董会，聘请吴鼎昌、吴受彤、卢作孚、康心如、胡子昂、胡仲实等为董事，吴鼎昌、吴受彤为正、副董事长。1938年南渝中学改为重庆南开中学。

本年　（一）民生公司在沙市设立办事处，并迅速成为沙市最大，业

---

① 民生实业公司十一周年纪念刊编辑委员会编：《民生实业公司十一周年纪念刊》，中华书局1937年版，第228页。

② 中共中央文献编辑委员会编：《周恩来选集》上卷，人民出版社1981年版，第71页。

③ 民生实业公司十一周年纪念刊编辑委员会编：《民生实业公司十一周年纪念刊》，中华书局1937年版，第221页。

④ 《卢作孚定明飞沪应曾养甫电邀商建铁路事宜》，《嘉陵江日报》1937年1月1日第3版。

⑤ 《两月间经济大事分类日志》，《四川经济月刊》第7卷第1、2期合刊，1937年2月，第8页。

⑥ 《卢作孚定明飞沪应曾养甫电邀商建铁路事宜》，《嘉陵江日报》1937年1月1日第3版。

⑦ 胡光麃：《波逐六十年》，台北文海出版社1974年版，第76页。

务最兴盛的轮船运输机构[①]。（二）本年民生公司在并购方面，收购一艘小轮船常平轮，改为民庆轮[②]。郑璧成曾经谈到收购轮船一事说[③]：

> 溯本公司之收并轮船也，一方固在集中船舶整个经营，一方尤重在集中人材，通力合作，其嘤嘤求友之情，无时或敢有懈，以此之故，先后并入轮船大小凡数十只，其间除光耀略有误会，发生争执，旋即和解外，其它一切均极和谐。盖人有困难，罔不尽情设法也。其大端可得而言者，如议价多寡，从未勉强，每有旧船售价同于新造之时，更有议定价后，又从而增加之事，尊重朋友逾于恒情，偶或小有未周，则至今尚引为遗憾者也。

（三）民生公司继续建造新轮并改造旧轮，轮船总数达到46只，马力达到41252匹，总吨数达到20249吨[④]。郑璧成稍后一点说[⑤]：

> 就长江上游而论，去年（1936年）本公司所造船舶有突破纪录之点，其大端可得而言者，川江至快之船，速力十五浬，民本则为十六·一六七浬，至长之船为二一五呎，元、本两轮则为二二〇呎；他如元、本七〇呎长之夹底舱，载鲜货之冷藏舱，勤、俭、宪载运钢轨之长舱等，皆前此所未有。

（四）民生公司还投资四川水泥公司以及华通公司。

（五）公司额定股本为250万元，实收160万元，职工增加为3844人。

（六）民生公司进入长江下游，与当时南京国民政府的重要人物发生

---

① 蒋百衡：《民生公司沙市办事处的回顾》，《湖北文史资料》（总第20辑），1987年，第125页。

② 民生实业公司十一周年纪念刊编辑委员会编：《民生实业公司十一周年纪念刊》，中华书局1937年版，第88页。

③ 同上。

④ 王仲涵：《二十五年轮船增减》，《新世界》第10卷第5、6期合刊，1937年4月1日，第6—7页。

⑤ 民生实业公司十一周年纪念刊编辑委员会编：《民生实业公司十一周年纪念刊》，中华书局1937年版，第89页。

了一些联系，宋子文等人加入若干股本[1]。

（七）卢作孚对南京国民政府的国营招商局保持着高度的警惕，他告诫民生公司上海分公司经理张澍霖："招商局野心大，应慎重对之"，并确立了"促成民营合作以对招商"的应对办法[2]。

---

① 佚名:《民生简史》(上),《民生实业公司简讯》第 1036 期，1950 年 7 月 21 日第 3 版。

② 《卢作孚致张澍霖函》，转自凌耀伦主编《民生公司史》，人民交通出版社 1990 年版，第 382 页。

卢作孚年谱长编

下

The Chronicle of Lu Zuofu

张守广　著

中国社会科学出版社

1937年（民国二十六年）44岁

1月1日　《新世界》刊载卢作孚《中国的未来是在我们手上的》一文，再次指出中国的未来就如在一张白纸上作画，只看我们怎样画法，只要我们努力，未来是无限美好的。谓[①]：

> 中国应该怎样办？中国人应该怎样办？这是当前必须解决的问题，不容迟疑，亦不容模糊的。中国的未来，完全产生在中国人手上！中国人要他造成甚么，他便成功一个甚么。只要定了办法，下了决心，持以毅力，贯彻下去，是绝对有把握不会错误的。最可靠的是人事，只要我们肯把握住人事，前途是非常光明的，不会辜负我们。周围也都是我们的协力，不会辜负我们的。我们摆一个比现在世界更好的国家给予人看，哪一个瞧不起我们的朋友都会另眼相看了。
>
> 大家须知道，世界上许多所谓好的国家，并不是先定了整个好的计划，然后依着那个计划经营好了的，都是同着周围的进化，而逐渐进化。那所谓好，是由东补一块，西补一块的凑成，不是应着社会福利的需要成功的，而是应着自由主义的商业进展的需要成功的。他们的商业，几乎是一切的前驱，科学之表现在物质上，国力之伸张到海外，关税之壁垒森严，社会的组织之不断的扩大，几乎无一不是为了商业进展的需要。而今他们的商业，已进展到日暮途穷了，不断地由竞争而增加商品生产，为已穷竭的或且降低的世界的市场和人们买卖力所推阻，很严重的过剩生产，很严重的事业问题，许多互相传染与生俱来不可治疗的痼疾，而今到了不可治疗的时候了。
>
> 我们国家的未来，却可以依了理想画成。一般已经成熟了的国家，是已经濡染了的纸，我们却是在一张白纸上去着丹青。因此她的美丽是完全如我们的意，比世界任何国家，值得努力。而这一幅美丽

① 卢作孚：《中国的未来是在我们手上的》，《新世界》第108期，1937年1月1日。

的图画，是完全操在我们的手上，只看我们怎样画法了。

1月2日　（一）蒋介石自浙江奉化致电四川省主席刘湘，望刘湘能协助南京政府。（二）卢作孚偕刘航琛乘飞机抵南京出席会议。

1月5日　卢作孚乘机由南京抵上海访晤银行界要人，洽商入川投资事宜[①]。

1月7日　（一）卢作孚由上海乘飞机飞武汉[②]。（二）重庆水位退到1呎3吋，宜昌退到零度。卢作孚曾经说[③]：

> （川江）突然遭遇到数十年来绝未曾有的江水奇落，落到零下两呎余，而且有三个月又二十天都在零以下，向来江水落到零以上数寸，中外公司轮船均需停航，民生公司如也一样停航了，不但扬子江上游三个月以上断绝了交通，民生公司亦将三个月以上断绝了收入，这是何等可怕的问题！

［按］自1936年秋冬以来，四川地区长时间干旱不雨，到本年年初，川江水位低落创历史记录。在水位极为低落的情况下，从长江中下游上驶的中外轮船全部停泊宜昌。这时，民生公司的轮船如果停航，就意味着川江交通断绝。而此时正值旧历年关，宜昌、万县、重庆三处旅客货物急需转运。资料载[④]：

> 宜昌水位降至零上四吋时，航行川江的中外轮船均先后停驶泊宜，似乎在那里开轮船展览大会。这时（民生）公司航行渝宜线上的主、康、铎三轮，亦先后驶宜。川省的冬干（旱）达数十县之多，证明川江水位决非短期可以复原。此时正逢旧历年节将临，俗呼“比期”，轮船停航，交通一断，川江上游诸埠，立刻可以因此演出种种的惨况。

---

① 《卢作孚五日抵沪》，《嘉陵江日报》1937年1月8日第3版。

② 同上。

③ 卢作孚：《一桩惨淡经营的事业——民生实业公司》，民生公司1943年9月印，第11—12页。

④ 余成宗：《成功三段航行的因素》，《新世界》第11卷第3、4期，1937年9月1日，第7页。

1月11日　卢作孚从武汉乘飞机赴南京，临行前召集民生公司汉口分公司全体人员了解情况，对于解决汉煤奇荒、专船驶汉、职务分配等皆有详尽指示。《简讯》载[①]：

卢总经理十一日乘巨型机飞京，临行前召集公司全体人员个别垂询一切情况，殷殷下问，备极恳切。关于汉公司重大问题，如汉煤奇荒，如专船驶汉，如职务分配等等，皆曾有详尽之指示，以资遵循。末由总经理训示，以汉公司处长江之中心，交通辐辏，为公司各轮联络中枢，责任非常重大，务望与各部分亲切联络相互谅勉，事业而后有济。语发乎中，诚形乎外，在座人员，皆深为感动云。

[按] 同日又乘飞机从南京飞回重庆[②]。

1月13日　为保证川江航运通畅和民生公司的收入不致完全断绝，卢作孚竭民生公司岸上船上人员之力，研究宜渝间分段航行办法，并委派民生公司业务处经理童少生乘飞机飞抵宜昌，与担负三段航行驾驶部分重责的周海清等研究并主持实施三段航行详细办法[③]。同时一面集中技术卓越、经验丰富的船长和引水人员，包括民本船长周海清、民贵船长莫家玉到达庙河新滩主持驾驶事宜；一面集中精细的理货人员在庙河、新滩办理理货事宜，集中强干的水手长、水手副长以及水手，在新滩办理绞滩事宜，并调派旅客服务员到新滩办理旅客服务事宜[④]。

1月14日　民生公司在宜渝间“三段航行”的枢纽庙河成立办事处，该办事处有职员、护航兵60余人，由民元轮经理谢萨生主持，由此宣布长江宜渝间航线开始施行“三段航行”。资料载[⑤]：

由于去年（1936年）秋冬两季干旱不雨，到了本年度开始，水

① 《民生实业公司简讯》第527号，1937年1月11日第1版。

② 《两月间经济大事分类日志》，《四川经济月刊》第7卷第1、2期合刊，1937年2月，第8页。

③ 沈建工：《航运业专家童少生》，《四川文史资料辑粹》第3卷，四川人民出版社1996年版，第665页；王天循：《本公司之三段航行》，《新世界》第11卷第3、4期合刊，1937年9月1日，第11页。

④ 王天循：《本公司之三段航行》，《新世界》第11卷第3、4期合刊，1937年9月1日，第11页。

⑤ 同上书，第10页。

位更是逐渐下落，以至造成空前的记录……一月七日重庆的水位退到一呎三吋，异常则退至零度。到我们宣布三段航行的时候，重庆的水位已退到五吋，宜昌则退到零下一吋。后来最低的水呎，重庆是零下二呎四吋，宜昌是零下二呎七吋，若与去年（1936 年）重庆最低水位时的零上四吋，宜昌的零上一吋比较，则知今年枯水的程度，是如何的惊人了。

……

这时，正是夏历年关将届的季节，各业货物以交通阻滞，来源堪虞，将有供不应求之势，都同时自动加价，市场异常不安。加以川灾为虐，四川民食救济会在芜湖等处所购救济灾民的食米，亦无法运输，并且在宜昌、万县、重庆三处被阻的旅客，数目亦在二千以上……（民生公司）便毅然决然地于一月十四日宣布宜渝间的“三段航运”办法了。

［按］关于“三段航行”，就是把宜昌与重庆间的航线分做三段行船：第一段由宜昌到庙河或新滩，第二段由庙河或新滩到万县，第三段由万县到重庆。之所以这样划分，是因为宜昌到庙河之间的崆岭，河道很窄，非用小船不能行走；庙河到万县险滩甚多，非用马力强大之船不能行走；万县到重庆一段，河水甚浅，非用吃水甚浅的轮船不能行走。所以分做三段，用三种不同的船来衔接航行。关于船只分配，资料载①：

船的分配如次：

1. 宜昌至庙河。因须经过崆岭，所以只能派 120 呎以下的船，调民福、民治、民安、民裕、民选五轮行驶。

2. 庙河致万县一段，因须经过新滩、兴隆滩诸滩，所以要派速力较大的 150 呎左右长船，才能上下滩险，调民主、民康、民铎三轮行驶。

3. 万县至重庆，因著名之浅滩甚多，所以只能配备 135 呎以下，并且吃水较浅的船，调民来、民苏、民熙、民运、民意、民享六轮行驶，民来、民苏、民熙三轮，因速力较大，亦偶抽调行驶庙河至宜昌一段。

---

① 王天循：《本公司之三段航行》，《新世界》第 11 卷第 3、4 期合刊，1937 年 9 月 1 日，第 13 页。

1月16日　卢作孚为成渝铁路开工事乘飞机由成都赴上海[①]。

1月17日　由于飞机到汉口不能再飞，卢作孚在武汉就宜渝间“三段航行”相关事宜致函民生公司代总经理宋师度，谓[②]：

一、宜渝段领江奖惩办法，待寄到上海研究后，再谋发给双薪之妥善办法。

二、宜渝三段行驶必须给予奖励，但应于三段行驶结束时斟酌日期之长短决定。宜依原薪为比例给予奖励，不宜只给成绩优异者——如有成绩优异者，应另有奖金办法——此种例外劳苦，全般人员皆经参预，故应全般奖励。自开航以至停航，各轮起止时间须计算明白。

三、宜申船在宜渝三段开行以前应暂停，在三段开行以后，每周可以由申开出两只，可以贵、俗、族、泰、政、联六轮行驶。

四、汉公司伙食十三元仍感不敷，应为加足十五元。

五、文有恒车夫膳费不便开新例，但汉口应由公司置备公用包车一部，或确定营业人员每月之车费若干，以资津贴。

六、领江每日三杯茶问题，如无前例，可不准行，但汉宜领江之要挟，须谋根本救济办法，办到由公司为领江请执照或船主即可揭关，无须领江。

旋飞南京、上海，办理与成渝铁路开工有关事宜。

1月20日　江西省主席熊式辉于本日晨抵上海，约卢作孚、杜重远、张嘉璈、王又庸、张君劢等八人当晚到沧州旅馆餐叙，谈经济建设问题[③]。

1月21日　（一）卢作孚在上海就三段航行事宜电函宋师度，谓[④]：

一、如新滩有办法，仍乃三段行驶，只要安全，即盼渡过此种难关。至加水脚一层，似可放弃，只商转口费（新滩及万县）由客担负，货保险由客自理。请速商决，联络宜、万执行。

二、公司今日政策须使船足担任货运，水脚仅有赢余，乃免为社

① 《卢作孚定昨由蓉飞沪》，《嘉陵江日报》1937年1月17日第3版。

② 黄立人主编：《卢作孚书信集》，四川人民出版社2003年版，第550页。

③ 熊式辉著，洪朝辉编校：《海桑集：熊式辉回忆录》，香港明镜出版社2008年版，第199页。

④ 黄立人主编：《卢作孚书信集》，四川人民出版社2003年版，第552页。

会所责备，亦免刺激各方订船，因此，将由申向同业提议降低水脚。请便与少生、若兰言之。

（二）在上海期间，卢作孚还就民生公司的管理问题与郑璧成等交换了意见，稍后卢作孚在民生公司总公司朝会述及他与服务员刘儒的谈话说①：

在上海同郑经理、杨襄理商量了一个问题，就是工作管理问题。谈到工作管理，就要谈到人的技术问题，写字，管理图书，以及我们日常所做的各种事情，都是一种技术。要是技术不好，事业是无法推动的。有了好的技术，同时还要有好的管理，尤其是工商业，而管理的方式，又不是机关式、学校式和商店式的管理。因为机关式的管理，是用“核”，什么事情，都以图章来解决的。学校式的管理也不行，例如学生的行为，好多的管理人是无法管理的。至于商店式的管理，还是一样地不行。有掌柜“恒起”的时候，大家就肃然，掌柜走了的时候，大家就哗然。

（三）民生公司在新滩设立办事处，撤销庙河办事处②。

1月24日　翁文灏在南京何廉宅宴请熊式辉、吴鼎昌、张嘉璈、卢作孚等，讨论经济事业组织问题③。

1月28日　军政部兵工署程润泽为争取民生公司运送兵工器材运输遵例折价事致函上海兵工厂，谓④：

上海兵工厂保管处胡主任天一兄勋鉴：公秘皓电敬悉。兹探悉民生公司与成渝铁路所订运输价格，不论冬夏季，均照普通运费一律六折计算。至本处运件，大概为机器、钢铁、砖砂等类，每件重量超过一吨者极少，拟请援成渝铁路办法，向民生公司交涉为荷。

① 卢作孚：《如何帮助旅客与提高工作技术》，《新世界》第10卷第3、4期合刊，1937年3月1日。

② 《一月间经济大事分类日志》，《四川经济月刊》第7卷第3期合刊，1937年3月，第3页。

③ 李学通、刘萍、翁心钧整理：《翁文灏日记》，中华书局2010年版，第111页。

④ 《程致上海兵工厂保管处胡天一函》（1937年1月28日），重庆档案馆藏。

1 月下旬　卢作孚自南京乘民生公司民本轮到汉口。卢作孚在船上与服务员刘儒、账房于君九就轮船上的服务事项、伙食问题进行了交谈，听取了他们的意见，并提出了相应的要求。稍后卢作孚在民生公司总公司朝会述及他与服务员刘儒的谈话说①：

和刘儒所谈的，是关于旅客服务员，在船上应该做些什么？应该帮助客人一些什么？

一个客人到了船上，我们应该帮助的，第一是有关生活的问题——即是衣食住行的帮助。衣，客人是自备的，不说了。食，民本轮的设备和招待都很好，但是伙食却平常。如果一个客人批评伙食不好，两个客人批评伙食不好，三个客人也批评伙食不好，那我们就应该十分注意了。上海有个法国人开一个馆子，名叫“马萨尔”，生意非常好，中国人、外国人都很多。生意好的原因，就是主人照料得当。凡厨房出菜的时候，老板必定站在通道上去监视，好的菜，拿出去，不好的菜，不拿出去。因此，客人都很满意。后来，这位老板的脚杆断了一只，然而他还是那样站在通道上监视出菜。可见人家事业的成功，是不无原因的了。其次，行，在路上，我们的船只，自然要使它走得快，走得安全。同时，举凡客人一行所经，都要使他得着我们的帮助。如像：第一，客人上船，往往找不着住的地方，也找不着究竟该问哪一个人。也许，官舱的客人，要问到统舱的茶房，统舱的客人，要问到官舱的茶房的。今后，我们应当在客人到了码头的时候，便得有人去帮助一切。第二，客人上船以后，一定需要很多帮助的事项的，如像安床铺，摆日历和告诉客人哪里是解便的地方，哪里是吃饭的地方，哪些地方去得，哪些地方去不得，船是什么时间开头等②，举凡与客人有关的事情，我们都要尽量的告诉和帮助他。第三，假定客人赶的官舱，或房舱，若是同舱的客人是一道的，不说了，若不是一道的，我们便要一一的问明白，一面作为我们的登记，一面就介绍客人与客人，使他们相互认识，相互谈话，在中途不致感受寂寞或无聊的痛苦。第四，船开动以后，例如我们船上有图书，有

① 卢作孚：《如何帮助旅客与提高工作技术》，《新世界》第 10 卷第 3、4 期合刊，1937 年 3 月 1 日。

② “等”字原文为省略号。

医药，有娱乐器具，有理发室，有沐浴室，有洗衣室等①等，便要一一的完全告诉客人，使他们感觉船上和岸上是一样的舒适。第五，船上应有消费合作社的组织。关于消费社出售的东西，我们或由书面的，或由茶房口头上的介绍给客人，使客人购买东西，有如岸上一样的方便，并比岸上购买还价廉。

这还不够。第二还要更进一步的帮助。例如船由上海开头，假定经过吴淞是早晨八点钟，那么我们就要介绍吴淞了。一·二八的战况和照片，每一舱位都陈设起来，使客人看了，对于当时的战况，得一个深刻的印象。又假定午后二三点钟，船过南通，那么我们又要开始介绍南通了。哪里是狼山，哪里是军山，哪里是箭山，都要简切明了的介绍给客人。又假定船是第二天早晨过南京，那么我们在事前，就以最准确的时间，告诉客人，船在什么时候可以到达南京，在南京要停靠几个钟头。同时，要问明客人上岸不？如果要上岸，第一，我们要小心照料着行李；第二，要问上岸的客人雇汽车不？如果要雇汽车，我们就打电话给南京办事处代雇；第三，告诉客人上岸后，要算准时间回船，免得差前错后，耽误行程。又假定船要到汉口了，我们事前便通知客人，船在什么时间可以到达汉口。同时更要知道有多少人上岸，有多少人不上岸，上岸的客人，有些什么事情须得帮助。例如某一个客人要雇汽车，某一个客人要叫家里的人来接，我们都在事前弄清楚，等到船到了码头，便可以很从容的，有条理的帮助客人了。

这些要帮助的事项，以后在我们的码头上将无线电收报机安好后，便可以办理起来的。

航空公司对于帮助客人的办法，早就实行起来了。记得有一次我们由上海坐飞机到天津，有丁在君先生在一道。起初，我们以为是坐大飞机，可以很快的到达天津，所以都没有吃饭。殊不知到了飞机场后，才知道是小飞机。小飞机飞的比较慢，所以在中途大家的肚子都饿得不得了，于是才同飞机师商量，请他打个电［报］到海州，请海州买点心由汽车带到青岛来，等到我们在青岛停落的时候，果然，得着东西吃了。航空公司对于旅客的帮助，尚且如此，然则，我们对于旅客的种种帮助，可不可以办得到呢？办得到的，只要我们自己肯办。关于帮助客人的事项，大概就像这一些。

---

① “等”字原文为省略号。

在轮船上的书籍，都是由总公司巡回，这是不够的。我们应当问一问客人，问问客人究竟喜欢看哪一类的书最多，哪一类的书最少，然后根据这个事实，建议公司［添置］才行。例如各种周刊、画报，以及很简单的杂志，有趣味的册子，大致都是一般客人比较高兴的读物。因此，各种刊物，可以由上海分公司以及各轮介绍，不必都由总公司直接供给。能识字的客人，可以看看文字，不识字的客人，可以看看图画，万万不要成了“照例”。你尽管有若干箱子的书，但没有人看；你尽管有若干种的药品，但没有人知道。这就失去了我们帮助客人的意义了。

我们的轮船设备，应与航行大西洋的轮船设备一样，因为由上海到重庆，是与航行大西洋的途程差不多的。我们的轮船设备，有许多人以为现在就够了，其实这是不够的。因为我们已有了的设备，而别的轮船，亦争相进步的有了。要是我们以为设备够了的话，那是要失败下去的。

关于与账房于君九谈话的内容，卢作孚说①：

与于君九所谈的，是关于轮船上伙食的问题。轮船上的伙食，好的是例外，不好的是一般。于是乎便应该研究管理的方法了。管理方法，可以分成三点。

（一）管理厨房。第一登记。包伙食的老板，和做锅上的，刀上的，煮饭的，打杂的，都要登记。第二考查。登记好了，便要考查。考查他行不行，有没有手艺，忠实不，勤快不。第三去取。考查清楚了，如果是有手艺的，勤快的，忠实的，我们便录用；反之，开销。录用了的厨房，我们就应当以公司的厨房待遇而待遇。

（二）管理账项。有的船伙食很好，客人都满意，同时厨房也赚了钱。有的船伙食不好，客人不满意，但厨房却说折了本（某厨房说他折了八百几）。这不是厨房真的折了本，实在是厨房狡猾，不肯说实话。因为某船客人向来就很多，论说是不会折本的，为什么又会说折了本呢？一面固然是厨房老板的狡猾，而一面又是我们船上的负责人不懂。何以会不懂呢？就是不管理。凡不管理的事，我们都诿之

① 卢作孚：《如何帮助旅客与提高工作技术》，《新世界》第10卷第3、4期合刊，1937年3月1日。

曰“不懂”！每个轮船的伙食，听说总公司已有了新的规定，要由伙食老板存钱在账房那里，这是很需要的事情。因为你买米、买肉、买菜的钱，都是由账房给你开支，自然，你赚钱折本，船上便可知道了。账房管理伙食账，起初是管他的大账，渐次就要管理他的细账，同时，不仅止于管理他的账，而且还要管理他的钱。管理的好方法，总公司应当由此船介绍到彼船去。

（三）管理食料分配。这也是非常要紧的，例如一个统舱要开多少席，要用多少肉，最低限度不能少到若干，都要有精确的计划和规定。这样一来，伙食即坏，也坏得有限了。

此外，岸上应帮助船上购买食品，使船上降低购价，不得因临时的仓卒，而上人家的当。船上该买多少伙食上的东西，应由船上管理伙食的人，通知岸上代买，这样，厨房便不敢有舞弊或剥削客人而优待船员的情形了。

我促起上海、汉口和船上办理这桩事情，不知他们办不办得起来。民生公司是取消包办制的，为甚么包办伙食一项不该取消？平时一两角钱的开支，都非常注意，为甚么一年几十万的开支，却不注意呢？

1月30日　宋师度致函卢作孚就有关情况进行说明[①]。

［按］此前卢作孚一度回到重庆民生公司，并就一系列问题给予代总经理宋师度以严厉批评，宋师度深感委屈。

2月3日　卢作孚出席民生公司朝会并作了题目为《如何帮助旅客与提高工作技术》的讲话。讲话内容主要关于旅客服务员工作、关于轮船上伙食问题、关于工作管理问题等[②]。卢作孚提出应充实工作人员本身的技术以求工作的进展，并特别强调工商业的管理与机关式、学校式、商店式的管理都不同，要有新的方法。讲话中尤其强调了管理的重要性，谓[③]：

工商业的管理，是要有新的方法的。而新方法的取得，是偏重于

① 黄立人主编：《卢作孚书信集》，四川人民出版社2003年版，第553—556页。

② 《民生实业公司简讯》第53号，1937年2月4日第1版。

③ 卢作孚：《如何帮助旅客与提高工作技术》，《新世界》第10卷第3、4期合刊，1937年3月1日，第5—9页。

考查上。不过考查的事项，用不着关系到国家那么大，只要于公司有关的事项就行了。如像会计、统计、人事、管理等①，都值得找人去考察，去学习的。去学习、考察的人，自然一面要对于那件工作有相当的熟悉，同时，还要有相当学识和兴趣才行。至于学的方式，又有两种：一是进学校，由公司保送到专门学校去研究；一是进事业机关，由公司派送到全国对于某一种事业有专长特著的机关中去学习。我们一面要找成熟的人帮助，同时，一面我们自身也要尽力的去学。要这样，我们的技术，才能一天天的提高，而事业的推动，工作的管理，也才比较迅速、容易。关于培植公司人才的计划我已托上海杨襄理着手草拟大纲了。将来拟好寄与总公司赖彦于先生审核后，我们就可以实行起来的。

我们不要以为只是自己在进化，其实，别的人也在进化着的。如像由上海到宁波的新江天轮船，船上的一切设备，完全都有，而且比我们的还好。以收音机一项来说，哪一级舱位的声浪该高，哪一级舱位的声浪该低，哪些时间该放，哪些时间该关，都有一定的。房舱和官舱亦很清洁，每一房间我都一一的去看过，铺被什物，干净已极。茶房对于客人，都非常殷勤周到，每一级舱位，有一个招待员，而招待员又很有礼貌，说话也非常漂亮。又例如永康轮亦是在进化着的，它也设有收音机，茶房对待客人也很殷勤，也有整齐的制服。这些情形，如果我们不明了，还只以为自己是进化，这是非常危险的。要知我们的进化，是跳跃的不是继续的，有时进步一会，有时却又停顿了。这样，我们事业的进展，是很有限的。请大家要注意这一点。

2月9日　四川省建设厅组织成立矿产调查委员会②。

2月10日　卢作孚乘专车离成都③。

2月11日　卢作孚乘专车抵达重庆④。

2月12日　（一）四川省立棉作试验场举办农业展览，资料载⑤：

---

① “等”字原文为省略号。

② 《两月间经济大事分类日志》，《四川经济月刊》第7卷第1、2期合刊，1937年2月，第9页。

③ 《卢作孚日前由合川来碚对各机关有所指示》，《嘉陵江日报》1937年3月17日第3版。

④ 同上。

⑤ 《省立棉作试验场举办农业展览》，《四川经济月刊》第7卷第3期（四川经济），1937年3月，第83页。

近年以来，“提倡农业，复兴农村”之呼声甚炽，尤以建设厅主办下之各种特产农事机构，尤努力于试验与推广，遂宁省立棉作试验场即由此而产生，在去岁成立以来，期间虽未期年，利及棉农，亦非浅鲜。最近该场为鼓励棉农，除致力于棉业生产外，更颇顾及各棉产副业之提倡，故特开一农产展览会，由该场指导下之遂宁县棘子坝棉业推广实验区、三蓬中石板滩植棉指导所、射洪太和场植棉指导所、柳树镇植棉指导所、荣县区域试验场、简阳区域试验场、南部区域试验场等处，负责采集优良棉花及普通农艺、园艺作物与家畜家禽，并函请川中各县代为征集，原定于新历元旦开会，嗣因时间短促，乃展期至2月12至13日（即正月初二、初三）两日举行，闻陈列各类棉制用品，最重要者如关于国防上之炸弹、无烟火药、汽油以及日常生活所用之布匹、杂货、鱼烛、肥皂、棉油、人造油、留声片油等，其他有关各类农作蔬菜种子，靡不搜罗殆尽，亦可云开吾川之先声矣。

（二）卢作孚赴合川料理有关事务①。

2月13日　卢作孚由合川赴北碚巡视各事业机关，当晚召集各机关主干人员在民众图书馆开茶话会，垂询各部分工作②。

2月14日　卢作孚参观了蚕桑改良场以及家禽保育所江巴实验区后，乘民生公司民宁轮回重庆③。

2月17日　卢作孚自重庆赴成都④。

2月24日　受蒋介石委托，时任国民党中央执行委员、江西省主席的熊式辉就能否到南京主持国民政府经济行政一事致函卢作孚询问，谓⑤：

二月五日手书敬悉，舟车千里，贤劳可知。经济方案月初由汪先生召集翁、何、吴、张、彭学沛、曾孟明诸先生共同参照拟订，三中全会已提出其纲领通过。日昨介公询弟，此时兄能否来京主持其事，并有何人可以参加。当答以办法确定后，料应可来，至何人可以参

---

① 《卢作孚日前由合川来碚对各机关有所指示》，《嘉陵江日报》1937年3月17日第3版。

② 雪西：《峡区要闻汇志》，《北碚月刊》第1卷第8期，1937年4月1日，第89页。

③ 同上。

④ 《一月间经济大事分类日志》，《四川经济月刊》第7卷第3期合刊，1937年3月，第3页。

⑤ 黄立人主编：《卢作孚书信集》，四川人民出版社2003年版，第561—562页。

加，宜俟兄到来再商。所提之案内容大抵不差，全文兄当得见不赘。介公健康未全恢复，一二个月内恐不宜太劳，以弟观察，目下不致有何大作为，只能做到初步准备程度。兄能早来固甚佳也。江西一省方案现亦已拟有草案，因尚未妥善，不欲即以奉闻。月内返南昌，拟约数友重加研讨，原则理论其易言也，精审具体之方法为难耳。经济原为整个，牵连太多，一省为之计划，东抵西触，在在可虑，拟且从发展生产上着意，未知高明亦以为然否？余容续谈。

［按］翁即翁文灏，何即何廉，吴即吴鼎昌，张即张嘉璈。

2月25日　魏文翰辞职，四川省建设厅蚕丝管理局撤销①。

2月26日　（一）四川省政府县政人员训练所副所长王又庸为国民政府经济行政事宜致函卢作孚，谓②：

日前致鸣阶兄一书，略陈三中全会之结果，想已阅及。顷闻熊主席言，蒋委员长极盼吾兄速即摆脱四川职务，来京主持经济建设事宜，并屡嘱熊主席以此意转达吾兄。但熊主席始终尊重吾兄前述意见，谓须由中央征求刘甫公之同意，然后可见诸命令。最后闻委座将先与傅真吾兄作初步之接洽，惟顷以电话询四川办事处，始知真吾业已回川，不知其昨行曾否与委座见面耳。

熊公已于今日回赣，并嘱弟数日后亦需往赣商量一切，赐书请寄南昌四纬路四十二号。余容续布。

（二）国民政府外交部长张群辞职。

3月1日　四川省建设厅主办的《建设周讯》创刊，创刊号上刊载了卢作孚写的创刊词，谓③：

《建设周讯》之使命，即在以简捷之方法，传布建设消息，集中建设工作之情报而整理之，公布于全体建设工作之人员，复使一切人员及其一切工作放在大众之前，万目监视之下。欲于其间发现建设行政上及事业上无数问题，发现解决问题之办法，以供工作人员之参

---

① 《一月间经济大事分类日志》，《四川经济月刊》第7卷第4期，1937年4月，第2页。

② 黄立人主编：《卢作孚书信集》，四川人民出版社2003年版，第562页。

③ 卢作孚：《〈建设周讯〉发刊词》，《建设周讯》创刊号，1937年3月1日，第1—2页。

考；发现若干试验与错误，以供工作人员之省查；发现每一时间，每一区域或每一事业工作之进度，供各区域互相间各事业相互间工作成绩之比较。不仅使全体建设工作人员明了，并以提供凡希望四川迅速建设之各界人士共同明了。促起各界人士加以批判，并加以督责，使工作人员之勤能者无所埋没而有所鼓励，偷惰者无所逃藏而有所愧恧。由是发生推动建设之伟大效力，此即《建设周讯》所负之重大使命。如何乃能完成此种使命，则周讯同人所需急切寻求之办法，或更有甚于一般建设工作之人员。建设工作，在四川已系创造之工作，非原有环境中之事物，今之《建设周讯》，抑又系建设工作中创造之工作，愈非原有环境中之事物，其为困难当为何如乎？

《建设周讯》，传达建设消息之利器也。但必须有建设工作，乃有建设消息。其所记录皆事实，皆工作人员所供给，皆工作人员活跃之实际情景。纵常及于建设之根本意义及其理论上之根据，然绝非凌空提出，亦自若干事实若干活动上发现之。

为要求工作记录有办法，即必须工作有办法，必须工作事前有计划，事后有整理，中间有若干段落可以划分，内容有若干部门可以分析。工作人员在工作上遭遇之困难及痛苦，获得之同情及协助，其进步超越他人或竟落他人后，皆必有描写或记录。凡此材料，皆为《建设周讯》所需要；皆须向各建设工作人员征求；皆须由各建设人员供给；皆须研讨其整理或分析，记录或描写之方式。

3月2日　竺可桢日记载①：

（南京。午后）余赴行政院晤咏霓（翁文灏——引者注），据谓四川省府情形确极不佳，卢作孚承刘湘之命，向法国借款造成渝路，及卢签字后，刘不承认。谓刘只允其接洽，未允其签字，因此卢遂辞职云云。

3月5日　成渝铁路重庆火车站开工兴建②。

3月7日　卢作孚、晏阳初、陈筑山等参观四川省中和场成华实验

① 竺可桢著：《竺可桢全集》第6卷，上海科技教育出版社2005年版，第259页。

② 《一月间经济大事分类日志》，《四川经济月刊》第7卷第4期，1937年4月，第4页。

区，并和农民作个别谈话①。

［按］四川省中和场成华实验区是卢作孚任四川省建设厅厅长后，所属家畜保育建立的成华、荣隆、犍乐、江巴等四个实验区之一，主要进行家畜防病治病及育种实验②。

3月9日　国民政府行政院通过川黔铁路股份有限公司章程及理事、监察人名单，章程四十五条，理事十九人，其中卢作孚任官股理事和常务理事，曾养甫为理事长兼总经理，监察三人③。随后，川黔铁路公司正式成立，资料载④：

> 国内金融界投资建筑川黔铁路，经铁道部核准，组设川黔铁路特许股份有限公司，股本2000万元，已招收半数。内铁道部及四川省政府，各投资225万元，依法成立公司，并设总办事处于上海，其成渝线定下月一日开始兴建。
>
> 公司设理事十九人，除总理为当然理事外，内商股理事十一人，于创立会中选定汪楞伯、胡笔江、叶琢堂、李石曾、周作民、徐新六、宋子文、宋子安、刘竹君、徐子青、蒋逵、杨介眉等担任。官股理事七人，由铁道部指派张公权、邓益光、曾养甫三人，四川省政府指派刘航琛、卢作孚、甘绩镛三人，财政部一人，尚未派定。监察三人，商股选定吴蕴斋、官股由铁道部指派杜振远，四川省政府指派邓汉祥。理事会议已举行两次，经推选曾养甫、李石曾、安子文、卢作孚、刘竹君五人为常务理事，互推曾氏兼任总经理。

3月10日　蒋介石电令重庆行营参谋长贺国光暂代行营主任职务。

3月11日　（一）社会上关于川局有颇多流言，为此重庆行营及四川省政府当局采取措施力图予以平息。刘湘本日派卢作孚乘飞机到重庆，晋见贺国光，转达刘湘拥护南京国民政府的态度。同时，贺国光派韩德勤等乘飞机到成都，向刘湘说明情况。（二）民生公司派民勤轮船长冉崇高、民熙轮船长江世信等组织渝万河床考察团，从重庆出发，考察重庆到万县

---

① 《卢作孚等昨参观成华实验区》，《嘉陵江日报》1937年3月11日第3版。

② 卢作孚：《一年来的四川建设》，《中国建设》第15卷第3期，1937年3月。

③ 周开庆编著：《民国川事纪要》（1937—1950），台北四川文献月刊社1972年版，第3—4页。

④ 《川黔铁路公司在沪创立》，《四川经济月刊》第7卷第3期（四川经济），1937年3月，第99页。

一段航道的浅漕、暗礁情况[①]。

3月15日 民生公司举办第三学期船员教育活动。资料载[②]:

> (船员教育)第三期起于(1937年)3月15日,当时以江水枯落异常,渝宜航线几乎不能通航,故各轮船教推动,先后相差甚远。本学期船教在9月底始告结束,历时5月余。一部分船只船员因已受船教训练,能认识普通文字,遂未再办。计本期船教推动部分四十三处。

3月18—19日 18日刘湘派卢作孚与四川省政府秘书长邓汉祥为代表,偕同重庆行营代主任贺国光到南京。19日一行人谒见蒋介石,邓汉祥详细报告刘湘拥护南京国民政府态度及四川军政情况,并请示促进四川"军队国家化、政治统一化"的办法。经过卢作孚、贺国光与军政部部长何应钦等商谈,并经过蒋介石同意,达成改善四川军事政治六项办法[③]。

3月21日 (一)成渝铁路正式开工修筑,预定两年半完工,后因为抗战爆发中断。(二)四川旅京同乡会本日开会欢迎邓汉祥、卢作孚,并陈述对川事建议。邓、卢当场表示接受,并表示将促使政府主席刘湘实行[④]。

3月24日 重庆行营代主任贺国光在南京发表谈话,谓刘湘代表邓汉祥、卢作孚来京任务,在于从大局上从根本上研究中央与地方精诚团结办法,即促进军队国家化、政治统一化,使整个国家军政机构缜密灵活[⑤]。

3月25日 蒋介石在南京将改善四川军事政治六项办法交邓汉祥、卢作孚转刘湘[⑥]。之后卢作孚由南京乘飞机飞成都。经过重庆时,卢作孚发表书面谈话,说明此行经过详情。谓[⑦]:

---

① 王天循:《本公司之三段航行》,《新世界》第11卷第3、4期合刊,1937年9月1日,第13页。

② 民生实业公司编:《民生实业股份有限公司概况》,1938年刊,第15页。

③ 周开庆:《卢作孚传记》,台北川康渝文物馆1987年,第60页;周开庆编著:《民国川事纪要》(1937—1950),台北四川文献月刊社1972年版,第4页。

④ 周开庆编著:《民国川事纪要》(1937—1950),台北四川文献月刊社1972年版,第4页。

⑤ 同上书,第4—5页。

⑥ 台北"国史馆"藏。

⑦ 周开庆:《民国刘甫澄先生湘年谱》,台北商务印书馆1981年版,第149页。

> 此次奉刘（湘）主席令，同贺（国光）参谋长及邓（汉祥）秘书长赴京，晋谒蒋委员长，报告四川现状，及刘主席在中央领导之下，准备努力经营四川之意见。蒋委员长甚为欣慰，殷切垂询四川旱灾情况、建设情况及刘主席健康情况甚详。谓四川在中国各省中，地位甚重要，故甚盼刘主席以全力经营四川，翊赞中央，完成国家整个力量。

卢作孚抵达成都后，向刘湘说明了改善四川军事政治六项办法，刘湘表示接受。刘湘并致电蒋介石（由邓汉祥转呈）。蒋介石档案中有相关记载如下[①]：

> （蒋）批阅复成都刘主席湘宥电。刘来电由其秘书（长）邓鸣阶转呈，曰湘仰隶帡幪，备荷殊遇，……迩来派鸣阶、作孚入京恭谒代陈下情。迭得鸣阶电告，并由作孚回川转示钧意。钧座明并日月，体谅有加，务全备至，敬聆之下，感激涕零。

［按］宥即26日，盖预定于次日发出，故称宥电。

3月28日　江苏省立教育学院主办的《教育与民众》刊载张季鸾在陕西阜区民众教育馆的讲演辞，其中说：[②]

> 四川北碚，这个地方是我亲身走过的。北碚的乡村运动，是卢作孚先生领导的。北碚的乡村运动，原来并未揭明或有意想干乡村运动的，他完全是由发展经济的民生实业公司的努力而开出来的乡村运动。这个公司的意义是表现在三个运动上面建筑着的：第一个是整个的生产运动，第二个是集团的生活运动，第三个是帮助的社会运动。北碚乡村运动其所有今日的好成绩者，又都是在‘奋斗’两个字得来的。如民生轮船，在长江上游和英美轮船，整整地竞争了多年，到今算是得着最后的胜利了，这是很不容易的！他们工作的目的，不只是在乡村教育方面，如何去改善或推进这乡村的教育事业；也不只是在乡村救济方面，如何去救济乡村里的穷困或灾变；他们认为中华民

---

① 《蒋介石批阅刘湘文电》（1937年），台北“国史馆”藏。

② 张季鸾：《现阶段的中国乡村运动》，《教育与民众》1937年3月28日第8卷第7期，第1057—1058页。

国根本的要求是要赶快将这一个国家现代化起来。所以他们的要求是要赶快把这一个国家现代化起来。现代化是由物质建设和社会组织形成的，而这又要从交通、产业、文化、国防四个运动上开手的。卢先生这套办法，我是最赞成的，我相信他将来更会有惊人的事业表现出来。

3月29日　蒋介石再次致电刘湘，就邓汉祥、卢作孚偕贺国光到南京的意义表示肯定①。

3月　《中国建设》第15卷第3期刊载卢作孚《一年来的四川建设》一文。文章总结了四川建设厅一年来的主要工作，如创办稻麦试验场、棉作试验场、蚕桑改良场、家畜保育所、甘蔗试验场等。谓②：

四川省政府在廿四年底，即廿四年度上半期之末，以很短时间的筹备，急切创立了左列几个生产事业机关：

一、稻麦试验场

二、棉作试验场

三、蚕桑改良场

四、家畜保育所

五、甘蔗试验场

此数机关者，皆于筹备时间内，即已开始工作。如稻之第一期品种比较试验，购入脱字及孝感棉种二百担，购入改良蚕种发给川东、北两区蚕农，购入省外、国外优良种猪，运入爪哇甘蔗种等，皆在机关成立之前。又同时提挈新旧丝商，组成了一个四川生丝贸易公司。

又于廿四年度终，因全国稻麦改进所所以长赵连方先生，来川考察稻麦之鼓励，并得该所技术及经费之最大协助，扩充稻麦试验场，改组为四川稻麦改进所，由全国稻麦改进所、四川大学、省政府三方面合作组织之。约于同时间，又会同实业部倡议，由川、鄂、湘、赣、浙五省及实业部共同创办了一个植物油料厂，以桐油之生产，贸易等之统整，为第一期之主要业务。至于已经确立了生产方式之组织，已经着手调查准备，而尚未实现，但即将实现者，为机器制糖厂。

---

① 台北“国史馆”藏。

② 卢作孚：《一年来的四川建设》，《中国建设》第15卷第3期，1937年3月，第16—20页。

又与铁道部及省外金融资本之合作，组织了川黔铁路公司，以建筑成渝铁路为第一路线。兹廿五年终矣，试将廿四年度下半期及廿五年度上半期，就以上所举之事项，从其各方面之成绩与表现，而一检讨其意义。

四川省政府廿五年度施政纲要，已经公布。其中于建设行政之兴举事项，说明颇详。本文范围，不涉及之，本文使命，乃专在检讨其已经表现者而揭橥其意义。

第一，四川几种重要产业之现状

（一）四川省粮食生产之总价格，据最低估计，亦年值四万万元。而粮食之产量，则仅在相当丰收之状况下，足敷全省之消费。稍遇荒歉，即须恃外省接济。一面在荒歉损失上价格数字的表现：歉收一成，则损失四千万元，而本省历年荒歉，廿五年报灾县份在八十以上，其数字之大，岂仅为经济上可惊的损失，亦政治上之最重的难题也。

（二）四川棉花只年产四五十万担，进口棉纱及匹头，年值三千万乃至五千万元，即此一端，已相当于全省之入超总价值，乃至超过之。

（三）蚕丝与桐油早为四川之重要出口物产，乃五年来日趋衰落，不及五年前出口额十分之一。在输出贸易上，损失收入年约二千万元。虽此并未足使入超数字特别增大，但乃为输入货额之相对的减退所致。正反映全省消费之没落，生产之衰竭，将渡入不能生产、不能消费之绝境耳。

（四）四川农家家畜，虽居副产地位，但一方为农作之主要动力，一方猪鬃、猪肠、牛羊皮等，亦为全省第二位出口物产，年值约一千余万元。分布最普遍之牛与猪只，就八个县之抽样调查结果，粗略估计之，全省当有牛一百二十万头，猪约八百万只，以牛一头值四十元，猪一只值十五元计之，其总价格约为一万六千余万元。而牛与猪之病疫死亡率，乃为百分之二十至三十，则财富之损失，遂年在三千万元以上。

第二，各事业机关已表现之成绩及其推进之方式

（一）稻麦改进所　在粮食生产方面，一成收获之丰歉，表现着四千万元之收益与损失，稻麦改进所之使命，即在保护并增进此收益数字与减少此损失数字。故除稻麦外，即玉蜀黍、甘薯、马铃薯，亦为研究、试验、推广之必要工作。因此三种作物，亦为省内一部分之

主要粮食。其工作方针从“检定品种”与“纯系育种”两方面分头并进。前者包括选种推广，为期效之速，后者企图根本改良品种以事推广，为期效之宏。以品种言，本省原有品种，至为复杂，一穗之稻有少之一百粒，多至二百粒者。若能利用检定品种及选种之较简而易行之方法，使尽以优良之稻种先事推广，已不难达到增收十分之一之期望。廿五年春季，该所前身之试验场，曾作水稻品种比较及各种试验于成都外东四川大学农学院附近，占地约五十亩。秋收时，曾作全省各县之水稻单穗征集，秋收后，曾作麦之品种比较及各式试验。据失盗方面之结果，已知用好的品种以代替劣的品种之决可增加产量，当无疑问。惟较好种子之数量，需何时始能供给全省需要之一问题，尚须努力耳。同时亦知生产在量的方面之未尽其效，非尽为品种问题。其与土壤、肥料及灌溉等亦有关系。土壤之改良与培壅，皆需资本，灌溉之得宜，又赖水利。故正面的求之于生产技术之方法，而侧面的又尤赖农村金融组织与水利设施之协助。故稻麦改进所与四川农村合作委员会，合作金库，农业仓库及水利局等机关，已取密切之联络，使各方协同推进，一贯的解决粮食之生产、储备、运销各级问题，亦即更完备的有助于产量增加问题之解决也。

稻麦改进所将于廿六年春季，即种植期间，完成合川、泸县、绵阳之川东、川南、川北三个试验分场之组织。同时在三区更完成合作指导，初级或中级农仓之组织，并侧重其水利设施指导。暂以此三区为推广中心点，各个发射其效果于各个中心之周围，由近及远，推及全部。每有优良品种之推广，农家不仅得到种子，更得利用新的金融组织，以作合理的施肥、工具改进及灌溉之需要。更得利用新的农业仓库之储押业务，使农村之金融组织，更增其活动的作用。

（二）棉作试验场　该场于筹备期间，已购入美国种脱字棉二百担，本国种孝感棉十担，设场自育及特约农家推广于遂宁、射洪、三台三县。其结果无论脱字棉或孝感棉，均较本省土种及退化之小样花与或多或少之量的增加，尤以每亩脱字棉种之收获量，计皮花四十至五十斤，较每亩土种之产量，增收约十斤以上。中央棉产改进所副所长冯泽芳先生秋间来川考察棉产，曾发表对本省棉产改进之意见：四川之适宜于棉的推广，在天候、土壤、技术各方面，似已无甚问题，惟腹区之耕地，将有若干地亩，以为棉作之使用，而不致影响粮食之生产，则甚可注意耳。本省原来产棉地区，有简阳、仁寿与遂宁、射洪一带，前者可容纳之于沱江流域，皆采土种，为纯粹之中棉区，后者可容纳之于涪江流域，自清末周孝怀氏输入美棉，即今俗称之小洋花，甚普遍，可称为美棉区。此两地之棉田，似均已达耕地分配之饱和度，则扩增棉产区，果为今日甚费考虑之问题也。棉作试验场除以第一期试验及推广工作，因棉种输达种地之时，已后于土棉之播种，且美棉本较中棉生长时间为长，尚须作美棉种早播早熟之继续试验外，并于秋间实验早熟之冬季作物，使提早春收，以与提早种棉之季节相适应。更从事涪江、沱江流域耕地之经济调查，以为扩充棉田之参考。至于推广于农民，则与稻麦改进所之程度同。

（三）蚕桑改良场，生丝贸易公司，蚕丝业管理局　蚕丝业管理局成立时间与生丝贸易公司约同，以其职务在调整蚕丝，自蚕桑以至输出之各级关系，多偏重行政管理方面。故未来各生产技术机关并列于前文。兹为说明蚕桑改良场之成就，遂必连同生丝公司与该局叙述之。

蚕桑改良场——廿六年春季，曾发放改良蚕种五万三千张，于川北之西充、南充、盐亭三县，川东之江北、巴县、璧山三县。其结果，茧之丝量增加，使每担丝之缫折，为一千零七十五斤茧，而土茧则需一千六百斤茧。蚕之死亡率，由从前百分之二三十，减至百分之十以下。缫折之减低，使丝商之成本减少，蚕死亡率之减低，使农民之收益增加，尤可称者，为秋蚕试育之成功，曾发放蚕种八千张于川东南北三区，其成绩皆不让于春蚕，更以死亡率常在百分之六十左右之嘉定，秋蚕在指导下饲育，其死亡率亦仅百分之十左右。

生丝公司与管理局——缫丝及运销方面之改进，使每担丝之缫丝费，从过去二百五十元、一百八十元减至一百二十元。改良场、丝公司、管理局，在更密切地联络进展之下，使川丝每担成本，迅速降至每担五百元以下，今已有相当把握，而同时农业有更优于前之效益。管理局之使命，正在使蚕丝事业农工商三方面，得相当的发展，各为相助的而非垄断与把持的也。

至于推进方式，除蚕桑在农村方面，亦与稻麦改进内所之推广程度相同外，在工商方面，更由省政府加投五十万建设公债之股份于生丝公司，增加一百万元之股东，以增厚其经营之能力。

（四）家畜保育所　已成立成华、荣隆、犍乐、江巴等四个实验区，于疫病方面，重在防止。夏秋间犍为牛炭疽之实验防治，已有相当之效用。畜牧方面，则选种育种推广之工作，颇需时日。兹选种工作尚在进行中，一时尚不能加以何种批评。

（五）甘蔗试验场　春季因建源公司赠送本省爪哇移植蔗种四种，急遽租地试验，为时已较晚于本省种蔗时间，爪哇种之生成期则甚长，故本届试验，未有满意之结果。但就生成状态言，则确较土蔗良好。除糖分之分析正在进行，尚未得比较之报告外，二十六年更拟作早播早熟种之试验。

（六）植物油料厂　因为联合五省组织之故，其间需时甚多，现在渝万两地之分厂，正设备中，故尚未有事实，以资检讨。

至于交通方面，除成渝铁路之兴筑，已只为工程进行问题，其余组织问题皆已解决外。公路之成就，亦有相当成绩，即川陕之完成与通车，及川湘、川鄂两路是大体完成是也。惟二十五年施政纲要，载在上半期之预定计划。因本省水旱特重之故，已须移诸下半年实施，则本年度公路计划，恐只能完成二分之一而已。

综上观之，可以看出今天建设行政之趋势：

（一）二十五年建设行政之事业，偏重在农业方面，因为原有的大产业都属农业。

（二）农业方面之事业，偏重在数量最大，价格最大，关系最大之几种物产。

（三）生产方式之组织，重在调整农工商各阶级利益之相对的发展，此可于生丝贸易公司之组织、章程第三十条之规定见之——红利以下列百分率分配：

一、特别公债　百分之十五

二、股东红利　百分之三十

三、农业分配　百分之廿五

四、职工酬劳　百分之三十

但股东所得之利息，以该年度重庆市场长期放款最高利率为限度，其超过额作为本公司扩充蚕桑改良之资金。

（四）认定生产事业与生产技术最有关系，改进一种产业，必先有此种产业之生产技术的组织。

此外，对于工商业、矿产等。则多致力于基本工作如资源、生产、运销等之调查。有此等材料之后，始能有所参考，有所设计。其事均载于施政纲要中。关于建设方面，建设厅已有单行小册子之刊印，可供留心本省经济建设现况者之一部分参考也。

4月1日　（一）卢作孚电邀国民经济建设委员会四川分会在重庆的

委员康心之、杨粲三、潘昌猷等7人即日赴成都参加该会成立大会[①]。

（二）《新世界》刊载卢作孚《公司当前亟待解决的问题》一文，谓[②]：

> 公司为继续前进之事业，自成立以来，历十一年，保持此精神。从资产负债额可以证明，从轮船只数及吨数可以证明，从一切数目字皆可证明其前进也。一方所以应社会之需要，一方亦为谋事业之安定，其应前进，毫无疑义，只人力与财力，必须与之相适应耳。
>
> 必须以两种方法，解决财力问题：第一，财力必须集中于主要之事业；第二，必须大量增加资本，且必须于今日见诸事实。
>
> 又必须以两种方法，解决人力问题：第一，从各方征求技术与管理之长才；第二，现在领导事业诸君子，必须训练所领导之人群，同时亦锻炼自己。要求事业前进，技术与管理之才能，亦必须与之俱进。
>
> 此种精神，公司同人，固已有之。于二十六年春，江水异常枯落时，航行无复办法，卒以三段航行解决之，足以证明。
>
> 但为期望工作人员，集中全副精神于事业，必须为工作人员及其家属生活之需要，作种种准备，使其生活安定，因此有各地住宅区之筹设。从宜昌、重庆工作人员集中之地起，逐渐及于其它各地，必须于事业稍稍有利时，拨款建筑，且完成之。

（三）民生公司本日出版的《新世界》为迎接第十二届股东大会出股东大会专号，由于右任题写刊头，该期中还在《民生实业公司概况》的宣传文字中明确刊载公司宗旨为“辅助社会，便利人群，开发产业”[③]。

（四）民生公司与京浦铁路局续签租借该局所辖下关澄平码头合约，租期三年[④]。

4月2日　国民经济建设委员会四川分会在成都举行筹备会，刘湘为会长，卢作孚担任总干事，会员140余人。会议决定该会近期任务重在宣

---

① 《川经建分会定明举行成立典礼》，《嘉陵江日报》1937年4月2日第3版。

② 卢作孚：《本公司当前亟待解决的问题》，《新世界》第10卷第5、6期合刊，1937年4月1日，第1页。

③ 《民生实业公司概况》，《新世界》第10卷第5、6期合刊，1937年4月1日，第7—8页之间的宣传插页。另，次一期《新世界》也有同样内容。

④ 余千山：《二十六年之码头仓栈》，《新世界》第12卷第3期，1938年4月1日，第33页。

传，以期全省民众认识国民经济建设运动“在救亡图存过程中之重要”①。

4月3日　国民经济建设委员会四川分会在成都暑袜街永兴巷交通部广播电台大播音室举行成立典礼，分会会长刘湘致开会词，卢作孚在会上报告了成立经过，吴鼎昌代表南京国民政府致训词②。

4月4日　卢作孚陪同实业部长、国民经济建设运动委员会委员吴鼎昌等人赴四川灌县参观都江堰水利工程③。

4月5日　（一）吴鼎昌等人在卢作孚陪同下到建设厅家畜保育所参观考察并召集技师谈话、进餐④。（二）重庆行营代主任贺国光从南京飞抵成都，发表书面谈话，说明到南京报告军事政治情形及请训经过。他说⑤：

> 国光此次偕同邓秘书长鸣阶、卢厅长作孚，赴京报告数月来军事与政治经过并行请训，承委员长召见，垂询甚详，当经一一陈述，深荷谅解并加训勉。旋由何部长因谋中央与地方之进一步精诚团结，及军事与政治改善，提出六项办法，因此卢厅长先行返蓉，详加解说，即得刘主席电覆，表示接受；并另电委员长，由光携往杭州面陈。电文大意：谓卢厅长面详委座德意，感戴不已，所有何部长提出六项办法，概行遵办等语。委座阅后，甚感满意，当即覆电嘉勉。查此六项办法，乃根本方案，今后当可次第施行，中央与地方自能打成一片，努力复兴中华民族工作，国家幸甚，地方幸甚。再四川旱灾奇重，曾向津［京］沪汉各界代为呼吁，现中央及京沪汉各界正谋赈济办法，以救哀鸿。

4月6日　（一）晨，卢作孚由成都乘飞机飞重庆参加民生公司第十二届股东大会。资料载⑥：

> 本公司第十二届股东大会，定今日开会，各界人士异常注目，卢

---

① 《川经建分会日前成立》，《嘉陵江日报》1937年4月5日第3版。

② 《川经建会成立卢作孚报告筹备经过》，《嘉陵江日报》1937年4月6日第3版。

③ 《吴部长鼎昌在蓉军校讲演并赴灌参观水利》，《嘉陵江日报》1937年4月7日第3版。

④ 《吴鼎昌在省府扩大纪念周讲演知识、团结》，《嘉陵江日报》1937年4月8日第3版。

⑤ 周开庆编著：《民国川事纪要》（1937—1950），台北四川文献月刊社1972年版，第5页。

⑥ 《民生实业公司简讯》第559号，1937年4月6日第1版。

总经理，连日在省主持国民经济建设运动川分会工作甚忙，颇难抽身。惟以本届股东大会关系本公司前途发展甚大，定今晨由蓉飞渝。各地股东已纷纷来渝，胡常务董事筠庄，代表京沪各地之董监，宋子文、黄任之、杜月笙、杜重远等日前已飞抵此间。其余在渝各董监事今日皆亲临出席。

（二）大会中午12时举行，董事长郑东琴报告公司资产已经超过一千余万元，实收股本仅160余万元。大会议决公司股本增加为350万元（新增190万元），大会还选举了公司新一届监事，部分调整了董事①，并通过了新的《民生实业股份有限公司章程》。资料载②：

民生公司股东大会，业于4月6日12时在该公司大礼堂举行，到股东及家属一千余人。总经理卢作孚氏，亦于是晨由蓉飞渝赶至参加，本外埠各重要董、监事，皆亲随出席，济济一堂，极一时之盛。首由郑董事长东琴报告开会理由，略谓公司资产至去年底截止，已达980余万元（本年度已超过1000万元），然收足股本，仅160余万元。亟应从速增加股本，以资适应事业之要求等语。旋由监察赵资生报告帐目，经监察人察核无讹及盈余分配后，即讨论增加股本案、改变每股金额案、修该公司章程案、25年盈余分配案。讨论结果，为便于入股起见，每股由五百元改为一百元，并同时以股金25年红息及各股东之热忱投资，遂由160万元股本，增为350万元。该公司一日之进步，乃超过11年来之成绩。盖过去11年之结果，仅收足股本160万元，而一日讨论，遂收足350万元。该公司努力造事业不可动摇之基础，深得社会之同情及股东信赖，于兹可见，并闻该公司此次既募足股本后，短时期内决不再招募股本。末即照章改选监察。经选出李佐成、石荣廷、任望南、左德范、王谓若、蒋祥麟、周纯钦、赵资生、甘典夔、王毅灵等。董事长仍为郑东琴，董事则仍为宋子文、胡筠庄、魏文翰、周孝怀、刘航琛、张公权、杜月笙、黄任之、康心如、唐棣之、何北衡、杜重远、潘昌猷、连雅各、耿布诚等（照章本年不改选董事）。惟李佐成董事，因事辞职，改选周作民（上海金

① 《民生实业公司简讯》第559号，1937年4月6日第1版。

② 《民生公司开股东大会》，《四川经济月刊》第7卷第5、6期合刊，1937年5、6月，第112页；《民生实业公司简讯》第560号，1937年4月8日第1版。

城银行总经理）继任。旋即摄影散会，午后并演民元、民本下水电影，尤博观众对事业之深刻认识。同时于来宾热烈鼓掌中，举行第三期船员毕业典礼。该公司对扫除职工文盲、提高文化水平之苦心，由昭然若揭。此次该公司股东会结果圆满，今后发展之速，预料更十百倍于过去，而民营航业之抬头，民族资本之繁荣将以此为出发点矣。

4月7日　民生公司与金城银行拟合资在北碚东阳镇上坝建设一个大型纺纱厂即嘉陵纱厂（正式名称为嘉陵纺织公司），为此本日卢作孚电召三峡染织工厂主持人谢止冰赴渝，以便借公司股东大会之便，筹商纺纱厂进行事宜①。计划嘉陵纱厂投资150万元，其中金城银行75万元，民生公司375000元，美丰银行和兴业银公司合计375000元②。

4月9日　（一）《嘉陵江日报》刊载卢作孚书面讲话，就国民经济建设委员会与四川省合作推动四川经济建设的相关计划加以说明。讲话谓③：

吴部长达铨，为国民经济建设运动委员会委员，于前月三十一日飞蓉，先后与刘主席甫澄亲切商谈两度，结果甚为圆满。关于今后经济建设事业，确定以商股为中心，商人力量不足，辅之以地方力量，地方力量不足，辅之以中央力量。据此原则商定：（一）于各县次第设立县合作金库，先选定二十县，每县定为资金十万，由农本局与省金库各任一半，（二）以成都及重庆为中心，建设仓库网，成都、重庆两仓库由省县设置，农本局协助资金，（三）四川采木公司大部分资金，由四川商人与省府担任，其余由实、铁两部及川黔公司担任，技术及管理，并由实、铁两部予以辅导，（四）各种特产之农贷，如无银行担任者，促成农本局担任，使能以极短时间发展各种特产，运销省外及国外，（五）促成中央农场农事试验所所长谢家生入川一游，以谋四川各县农场之进展，（六）助成四川组织国货公司，由中国国货联合营业公司扶助之，四川担任三分之二资金，联合营业投入三分之一，以谋各地土产之运销，（七）中央将组织一国际贸易公

---

① 《卢作孚电召谢止冰赴渝商纺纱厂事》，《嘉陵江日报》1937年4月8日第3版。

② 中国人民银行上海市分行金融研究所编：《金城银行史料》，上海人民出版社1983年版，第741页。

③ 《卢作孚发表书面讲话》，《嘉陵江日报》1937年4月9日第3版。

司，专营国际贸易，促成四川组织一出口贸易公司，以与国际贸易公司及中国植物油料厂联合，此外尚在各种中央与地方间达成一致之建设方案多项，未及备录云。

据此原则，双方商定四川经济建设七条办法。

（二）民生公司轮船民裕轮在崆岭遇险。（三）卢作孚为主持灌县水利工程开水典礼等要公，乘飞机从重庆到成都[①]。

4月10日　（一）《嘉陵江日报》载文披露卢作孚等于3月份到南京“解释川谣”事，谓[②]：

委员长行营贺国光，月前偕省府邓秘书长鸣阶，卢厅长作孚，赴京谒蒋委员长报告川政一切情形，并解释川谣。结果圆满，于4月5日飞返回渝。贺氏原拟跟即飞蓉，与刘主席磋商川省今后一切军政情形。因贺氏返渝后公文累积，亟待处理，于日前特派行营参议戴经尘氏，代表贺氏来蓉，与刘主席商要公。戴氏已于日前抵蓉，下榻东胜街沙利文饭店。闻今（九）日午后4钟，绥靖公署各处长及高级人员，特在荣乐园为戴氏洗尘云。

（二）四川省主席刘湘召集省府、绥署各机关首脑及主要人员60余人开会，筹商四川经济建设计划，卢作孚参加了会议[③]。

4月11日　（一）民生公司民主轮在崆岭触礁。（二）卢作孚赴四川灌县主持水利会议。

4月12日　卢作孚主持都江堰开水礼[④]。

4月14日　卢作孚与四川第十一区专员鲜英赴川北考察稻麦改进事宜[⑤]。

4月15日　卢作孚抵南充考察嘉陵江流域丝业，当晚各机关公宴，席间卢作孚对川北蚕业以及其他建设事业有所指示[⑥]。

---

① 《卢作孚前日飞蓉，转灌主持开水典礼》，《嘉陵江日报》1937年4月11日第3版。

② 《刘主席十日召商建设整个计划》，《嘉陵江日报》1937年4月12日第3版。

③ 《推行川省建设省刘亲草建设概要》，《嘉陵江日报》1937年4月13日第3版。

④ 《都江堰前行开水礼建厅前往主持蓉各界亦往参加》，《嘉陵江日报》1937年4月14日第3版。

⑤ 《卢作孚前赴川北考察稻麦改进事宜》，《嘉陵江日报》1937年4月17日第3版。

⑥ 《卢作孚抵南充考察嘉陵江丝业》，《嘉陵江日报》1937年4月19日第3版。

4月16日　卢作孚在南充召集机关团体举行公开讲演①。

4月17日　卢作孚自南充返回成都②。

4月18日　民生公司总公司、永安纺织厂、太平洋保险公司、美丰银行、金城银行、利昌字号、中国建设银公司等七家企业机构合组的军训班训练结束，本日早晨8点钟在重庆珊瑚坝飞机场举行开学典礼③。

4月25日　由于川江水涨，民生公司"三段航行"结束④。在"三段航行"期间，民生公司损伤了两艘轮船，亏折10万余元，但是创造了川江、峡江枯水航行的奇迹。后来卢作孚总结"三段航行"的成功时说⑤：

> 这一伟大的事迹，一位船长周海清的帮助是很大的，他利用了这最枯水位，领导了一群驾驶人员细细探察沿江航道和一切险滩，遂使一般航运的安全也大大的进步了。

4月　经过卢作孚的筹划，在成都青羊宫隆重举办了四川省物产展览会。

5月1日　中国茶叶股份有限公司在实业部开创立会宣布成立，资本总额200万元，先收100万元，以寿景伟为总经理，10月11日总公司办事处在上海开始营业，不久迁汉口。卢作孚曾经任该公司财政部官股董事（常务董事）⑥。

5月2—19日　民生公司在上海合兴船厂订造的民勤、民俭两轮先后驶抵重庆。这两艘轮船均采用德国奔驰主机，双机功率达800马力，航速相当快，当时有"飞民勤，跑民俭"之说。资料载⑦：

---

① 《卢作孚抵南充考察嘉陵江丝业》，《嘉陵江日报》1937年4月19日第3版。

② 同上。

③ 《民生实业公司简讯》第565号，1937年4月12日第1版。

④ 王天循：《本公司之三段航行》，《新世界》第11卷第3、4期合刊，1937年9月1日，第35页。

⑤ 卢作孚：《一桩惨淡经营的事业——民生实业公司》，民生公司1943年印，第12页。

⑥ 袁润芳摘编：《抗战初期国民政府经济部"官商合办事业"概况》，《民国档案》1988年第2期，第78页。

⑦ 《民生公司新轮民俭号吉渝》，《四川经济月刊》第8卷第1期（四川经济），1937年7月，第54页。

民生公司于去岁（1936年）五月在上海合兴造船厂订造之民勤、民俭两轮，勤轮已于五月二日初次吉渝，该姊妹号民俭轮，因较迟完工，于19日午后5钟始由沪处女航吉渝，该公司职工事先闻讯，齐往码头欢迎。该轮驶抵七囤船后，欢迎者登轮参观。该船身长14呎宽22呎，舱身86呎，载重200吨，吃水前后平均7呎，柴油引擎两部，马达1020匹，起重吊杆2枝，重10吨，机器系自德孔士洋行订购。该机器运动情况颇佳，船身无零动倾斜现象。闻该两轮设备及建筑费共在60万以上，枯水行驶渝宜航线，洪水行驶渝嘉航线，较沪嘉过去大船无出其右者。

5月13日　卢作孚为迎接京滇周览团来川，特由成都乘飞机飞抵重庆①。

5月14日　午后5时京滇周览团抵达重庆，卢作孚率民生公司宋师度、童少生、赖彦于等60余人在重庆银行公会迎接该团成员②。

[按] 京滇周览团又称京滇公路周览团，是1937年4月初南京经贵州到云南的五省公路建成通车后，国民政府指令由行政院秘书长褚民谊为团长组织了的170多人的大型考察团，视察全线通车情况，团员中有国民党元老吴稚晖、蒋介石机要秘书陈布雷等。

5月20日　四川省政府主席刘湘于下午3时在成都川康绥靖公署接见包括中央日报社记者聂世章、中华日报赵孟如等在内的京滇周览团四位团员，并发表谈话，分析有关四川谣言的起因及处理办法，谓③：

本人拥护中央，历史具在。始终不渝。前年本人晋京谒蒋后，中央与地方关系，向极融洽。近来市井谣言，甚嚣尘上，事前本无所闻。殆愈传愈盛，后始发现其间确有未全协调之处。推考事实，似对川省事务或因判断及处置之方法，不能尽同，遂致意见不能一致。例如川省民众负担过重，京沪人士，每以裁军为当务之急，观点非常正确；但裁军方法则费踯躅。吾人负实际责任者，务作合理处理，不能为无计划之编裁。省政府刻正拟订计划，拟于三年内移兵垦边，当不能谓对裁军无诚意也。此其一例。至最近谣言之原

① 《民生实业公司简讯》第576号，1937年5月15日第1版。

② 同上。

③ 周开庆编著：《民国川事纪要》（1937—1950），台北四川文献月刊社1972年版，第8—9页。

因，系因邓秘书长前入京，关于军事方面，曾商定具体方案数项，平时即应遵行；前又奉委座电令，当即遵照下令实行。外间不察真相，遂以为部队移动，妄谓川省有军事行动。查中央所望于四川甚大，个人所望更切。前此吴部长来川，曾向谈及川省不安定，外间银行何敢向四川投资。安定之道，唯一原则，军政方面从通达二字着手。甚望中央地方打成一片，按照规定，分别负责，通力合作，顷已派刘厅长航琛晋京请示。

5月23日　蒋介石手令重庆行营，对于在川南京政府方面人员严加约束，谓[①]：

中央人员在川，气焰万丈，令人难堪；种种不法行为，殊堪痛恨！嗣后责成贺主任全权负责处理，无论为官为兵，为文为武，凡有不法者，一体先行拿办，然后具报。

5月29日　卢作孚为稳定四川政局事函电蒋介石，谓[②]：

晏君阳初回川，并促成陈君筑山入川，正为助成甫澄主席在中央领导下有整个建设计划。前此晋谒钧座，曾两次陈述及之，亟欲两君得谒钧座面陈一切，苦无机会。阳初最近回川，适值川局谣起，深以谣言，诚无事实。但若形成危机，则甚易为不屑者所乘。饥荒遍地，不堪问题再起。甫澄主席复早愿钧座亲切指示办法，在钧座领导下努力。先后表示，至为诚恳。因此商促阳初、筑山携取甫澄主席依据中央所属望草拟之具体意见，飞京晋谒钧座，请示办法。伏望钧座嘉纳，视甫澄主席为翊赞钧座勋业左右骨干之一，则中央所属望于川省未来者，皆可圆满实现，其影响固不止一省，感动将及于全国人，国际间亦当发生惊异也。

6月4日　下午3时，应乡村建设学院之邀到四川考察的山东乡村建设研究院院长梁漱溟在民生公司作了《我的过去与山东工作的概况》的

① 周开庆编著：《民国川事纪要》（1937—1950），台北四川文献月刊社1972年版，第9页。

② 《卢作孚致蒋介石函电》（1937年5月29日），台北"国史馆"藏国民政府军事委员会侍从室档案。

讲演，谓[①]：

> 兄弟以前没有到过四川，这是第一次。兄弟对于四川向往甚久，但惜没有机会来观光，觉得很是歉然。地方事业，在早听说北碚办得很有成绩，后来又听说民生公司，是四川最有希望的实业团体。因此，北碚和民生公司的事业，都是我久慕而极愿参观的。

6月10日　（一）卢作孚正式请辞四川省建设厅厅长职[②]。（二）应蒋介石电召，卢作孚代表刘湘从成都乘飞机飞抵武汉，转庐山谒蒋，呈明建设新四川意见。抵武汉时，适逢武汉成立川灾救济会，卢作孚参加了成立大会并作了有关四川灾情的报告，随即转赴庐山谒蒋[③]。

6月11日　卢作孚自武汉赴庐山谒蒋[④]。

6月12日　卢作孚在九江候轮赴南京[⑤]。

6月13日　晨4时许，卢作孚从九江乘民生公司民风轮赴京沪。资料载[⑥]：

> （民）风轮12日吉汉，汉分公司转来卢总经理电话，谓在九江候搭风轮赴京。13日晨4时许，风轮抵九江河心，抛锚10余分钟，卢总经理偕李主任应武乘木划来轮，当视察全船各部。后召集事务、驾驶、轮机3部主干人，垂询各部事务极为详尽，并勉嘱同人：处世接物，应抱受气、吃亏两大种主义。晚8钟风抵南京，即离船乘车赴沪。

6月17日　卢作孚计划于16日自上海乘飞机抵达武汉，因天雨改17日飞返重庆[⑦]。

---

① 梁漱溟：《我的过去与山东工作的概况》，《新世界》第10卷第11期，1937年6月16日，第4—6页。

② 《川省建厅移人》，《四川经济月刊》第8卷第2期，1937年8月，第31页。

③ 《卢作孚飞汉转庐谒蒋》，《嘉陵江日报》1937年6月12日第2版；《民生实业公司简讯》第592号，1937年6月24日第1版。

④ 同上。

⑤ 《民生实业公司简讯》第592号，1937年6月24日第1版。

⑥ 同上。

⑦ 《卢作孚前飞返渝　谒蒋结果极为圆满》，《嘉陵江日报》1937年6月19日第2版。

6月18日　卢作孚、何北衡自重庆同机飞成都，下机后即谒刘湘陈述庐山、京沪之行的经过详情①。同时，卢作孚也为身在成都的梁漱溟带回了蒋介石邀请其参加庐山谈话会的请帖。梁漱溟说②：

> 我在川时，卢作孚、陈筑山两先生适从庐山回川。他们给我讲，政府当局为大局问题将约集在野人士，同到庐山，彼此商讨。给我的一份请帖，由作孚转来，切嘱于7月初到庐山去。

6月21日　（一）卢作孚就出国考察事致函蒋介石，谓③：

> （一）职秉承钧谕，出国考察经济建设方案，归国后助同咏霓、立夫、淬廉、端六诸先生筹备经济建设机关，顷已白于甫澄主席，遵派何君北衡趋附牯岭晋谒钧座，请予训示。祗尚盼职有协助四川建设机会，曾于介绍北衡函中陈明，请先发表北衡为省府委员，代理建厅任务。职意为责任专一，并兼顾甫澄主席留助诚意计，或请于职考察期间暂留省委一职，建厅则即以北衡继任。究宜如何处理，全遵钧座裁定。（二）职拟于七月初间办理交代，十日左右出川，二十日左右出国。前此面陈拟约三数友人同行，系为准备分工合作，注意考察各种专门问题。拟约上海银行管理局长邹君秉文留意农业问题，江西瓷业管理局长杜君重远留意工业问题，中国植物油料厂总经理张君禹九（张嘉璈之弟）留意国际贸易问题，清华教授李君景汉留意调查统计问题，王君又庸留意工作人员训练问题。此数君者除邹君秉文须尚得上海银行同意外，余均可以成行。他日归国或可在经济建设机关中担任一种工作，共同努力。可否就中择派同行，其未尝晋谒钧座者可否约谈一度。伏维裁夺。（三）杨君端六在牯岭时已与晤谈，当随时与取出国时间之联络。（四）年来各省从事乡村教育、乡村建设者颇不乏人，可否令晏君阳初等商联络调整之办法，使在中央整个政策之下从事乡村运动，以为推行教育、推行建设之助，伏维裁夺。（五）川

① 《卢作孚前飞返渝　谒蒋结果极为圆满》，《嘉陵江日报》1937年6月19日第2版；《卢作孚返蓉报告谒蒋经过》，《嘉陵江日报》1937年6月21日第2版。

② 梁漱溟：《我生有涯愿无尽——梁漱溟自述文录》，中国人民大学出版社2004年版，第114页。

③ 《卢作孚致蒋介石函电》（1937年6月21日），台北“国史馆”藏。

中一切问题全可以钧座属望之精诚解决。此次整军方案，甫澄主席奉到最后手谕慰勉有加，立刻决定全部遵照钧旨办理，此可证明正面办法最有效力。拟请电促敬之部长提前入川，不留犹豫时间，致为揣摩窥伺者乘，致又增加疑问，幸甚。（六）魏君文翰曾在美国研究海商法，归来任上海律师十年，各轮船公司曾争聘为法律顾问，头脑清晰，有效命于国家之志趣，于钧座尤致钦崇之意，祇尚须在事业机关增加经营管理之经验，前此在京晋谒时，曾面陈概略，近闻有介绍到中央供职者。此君如得同事或出国同游，以职短于外国语文，实可为外国语文翻译之助。如蒙赐见，当电嘱其晋谒。余托北衡面达一切，不复赘陈。

（二）刘湘致电蒋介石，请求保留卢作孚本兼各职，谓[①]：

卢厅长回川传知温谕，益仰兄曲垂爱护之至意。职追随钧座今十余年，虽行能无似而于爱戴国家、敦忠领袖之诚始终一贯，尚堪自信。顾以信义未孚，谣言蜂起，烁金销骨，欲办无从。若非钧座体察素心，何足以间执众口。兹于整军方案以筱省秘电沥陈微悃，计蒙睿鉴，俟敬之部长莅川，当竭诚商承负责办理。又据作孚称钧意拟调该厅长到中央服务。职于作孚本相须甚殷，惟念渠能供职首都则效劳范围较大，于中央地方两有裨益，但求钧座仍予保留本兼各职。而另以何北衡为省府委员，即由职令派代理建设厅长，庶作孚既供驱策，而四川建设亦无废事。北衡识裕才优，头脑清晰，对于建设素有研究，特令趋庐晋谒，崇辕伏乞赐予召见。如蒙鉴赏即请俯徇微意，赐予发表，是深感盼。专此祇请崇安，伏候训示。

（三）中国木业股份有限公司在香港开会成立，资本 200 万元，先收半数，本部 10 万元，铁道部、四川省政府各 10 万元，商股 70 万元，董事长胡筠庄，总经理何北衡，卢作孚等列名商股监察，康心如等列名商股董事[②]。

---

① 《刘湘致蒋介石函》（1937 年 6 月 21 日），台北“国史馆”藏。

② 中国第二历史档案馆编：《中华民国史档案资料汇编》第 5 辑第 2 编财政经济（7），江苏古籍出版社 1997 年版，第 30—31 页。

6月22日　（一）刘湘派代表何北衡携函赴庐山谒蒋[①]，何北衡同时携有卢作孚致蒋函。（二）卢作孚为刘湘代表何北衡谒见事致电蒋介石，谓[②]：

> 已陈由刘主席派何北衡君养日（22日）飞汉，漾日（23日）趋牯晋谒。

6月23日　（一）何北衡到达庐山谒蒋，蒋介石同意卢作孚辞去四川建设厅长职务，仍保留四川省政府委员，同意何北衡继任建设厅长，不兼委员。（二）军政部长何应钦发表谈话，表示已将川康整军方案详加修正，并由军政部于本月22日正式电达川康绥靖公署主任刘湘[③]。

6月24日　蒋介石行营追查江西公路局此前向行营所领8架开山机下落，交通部龚学燧报告已奉令拨运四川公路局运用等。为此，卢作孚致电蒋介石说明该项机械情形[④]。

6月26日　蒋介石就出国经欧洲到苏联访问事宜电示卢作孚（寝电），谓[⑤]：

> 何君来庐接手书，欣悉赴俄考察交涉，以苏俄法党关系，近日尚无答复，惟已欢迎咏霓兄前往，待霓到俄后当有确息。兄等取道，仍需由欧转俄为妥，且不必多带人，免人注目。刻定兄与杨端六、李宜之、章元善三君。兄如随带译员，则魏君同去亦可。兄不辞川委亦可。建设厅委何君接办，或何代理均可。请兄与甫澄主席洽商决定。又阳初兄办理各省乡村教育与建设运动之联络调整事，中甚赞成，请先拟订方案与办法寄阅为盼。

6月27日　（一）蒋介石为卢作孚等赴苏联考察致电翁文灏，谓[⑥]：

---

① 周开庆编著：《民国川事纪要》（1937—1950），台北四川文献月刊社1972年版，第12页。

② 《卢作孚致蒋介石电》（1937年6月22日），台北“国史馆”藏。

③ 周开庆编著：《民国川事纪要》（1937—1950），台北四川文献月刊社1972年版，第12页。

④ 《卢作孚等致蒋介石电》（1937年6月24日），台北“国史馆”藏。

⑤ 《蒋介石致卢作孚函》（1937年6月26日），台北“国史馆”藏。

⑥ 《蒋介石致翁文灏电》（1937年6月28日），台北“国史馆”藏。

谅兄已到俄，现拟派杨端六、卢作孚、李宜之、章元善、伍廷飏等约十人自下月底起程来俄，考察经济建设，其政府之意如何，盼详复。

（二）重庆行营代主任贺国光就川康整军问题发表谈话[①]。

6月28日　（一）翁文灏收到蒋介石俭（27日）机牯电：拟派杨端六、卢作孚、李宜之、章元善、伍廷飏等十人自下月起程，至俄考察经济建设[②]。（二）蒋介石致电重庆行营，发表川康军事整理委员会人选[③]。

6月29日　（一）卢作孚从成都致电在庐山的蒋介石。函电内容为[④]：

寝（26日）机牯电敬悉，职□□辞去建设厅长职务，已陈由主席电达。出国考察，遵与杨、李、章三君同行。译员正函商魏君。调整乡村建设办法，已分函阳初、漱溟、筑山诸君草拟，于七月中旬谈话会[⑤]期间携呈。

（二）从成都赶到重庆参加整军会议的刘湘，就四川省人事问题致电蒋介石，同意有关卢作孚、何北衡等的安排[⑥]。卢作孚与刘湘的建议，不久得到蒋介石同意，并经行政院会议通过后正式公布。（三）国民政府军事委员会颁布川康军事整理委员会组织大纲。

6月30日　国民政府命令发表军政部长何应钦为川康军事整理委员会主任委员，顾祝同、刘湘为副主任委员，贺国光以下21人为委员[⑦]。

6月　民生公司奉令开始秘密从南京装运政府公物到汉口，到本年10月，计从南京运输2千吨公物到汉[⑧]。

---

① 周开庆编著：《民国川事纪要》（1937—1950），台北四川文献月刊社1972年版，第12页。

② 李学通、刘萍、翁心钧整理：《翁文灏日记》，中华书局2010年版，第148页。

③ 周开庆编著：《民国川事纪要》（1937—1950），台北四川文献月刊社1972年版，第12页。

④ 《卢作孚致蒋介石电》（1937年6月30日），台北“国史馆”藏。

⑤ 即庐山谈话会。

⑥ 《刘湘致蒋介石电》（1937年6月29日），台北“国史馆”藏。

⑦ 朱汇森主编：《中华民国史事纪要（初稿）》（1937年7—12月），台北“国史馆”1987年版，第2页。

⑧ 王献章：《抗战以来本公司运输公物概况》，《新世界》第12卷第3期（第十三届股东大会专号），1938年4月1日，第86—87页。

7月1日　（一）四川各军将领欢迎何应钦、顾祝同入川，主持整军事宜。川康绥靖主任刘湘专门发表拥护中央所订川康整军方案之意见①。（二）新民报股份有限公司在南京成立，国民党中央通讯社社长萧同兹为董事长，常务董事有彭革陈、梁寒操、王漱芳，董事方治、卢作孚、李泮香、张廷休、陈德铭、邓季惺、罗承烈、赵纯继，总经理为陈铭德，经理为邓季惺，总主笔为罗承烈，总编辑为赵纯继等。后来陈德铭、邓季惺回忆说：当时民生公司在《新民报》并没有投资，"德铭邀卢参加董事会，主要是借重他当时在国内的声望"②。

7月2日　（一）蒋介石为卢作孚组团经欧洲到苏联考察事致翁文灏冬（2日）电：派杨端六、卢作孚、伍廷飏、李宜之、章元善、支秉渊、沈德彝、王承黼等10人来苏，月底起身③。

（二）卢作孚视察北碚各事业机关并召开临时主干会议，各主干人报告了各机关三个月来的工作情况，讨论约三个小时，当日卢作孚返回重庆④。

7月3日　（一）卢作孚自重庆发一电给庐山蒋介石侍从室，表示何北衡已经回到重庆，并商定交代手续，自己将到庐山面见蒋。

（二）卢作孚从重庆乘飞机抵武汉⑤，并召集民生公司在武汉有关人员开会。

（三）何应钦在南京发表谈话说明川康整军方案原则：1. 川康军队以军（或独立师旅）为单位，直隶于中央，由军事委员会委员长直接指挥。2. 川康整军数量、编制等原则要领。3. 经费、军服等由中央发给。4. 人事由军事委员会掌管。5. 军事训练由军事委员会训练总监部掌管。6. 政训由委员长行营政训处掌管。7. 航空防空由中央统筹办理。8. 军需工业和兵器制造由中央统一办理。9. 卫生由军医署统一办理。10. 缩编保安武装。11. 重新核定川康绥靖公署及所属机关经费等⑥。之后，何应钦到庐

---

① 朱汇森主编：《中华民国史事纪要（初稿）》（1937年7—12月），台北"国史馆"1987年版，第2页。

② 陈德铭、邓季惺：《〈新民报〉二十年》，《文史资料选辑》第63辑（合订本第22卷），中国文史出版社2000年版，第97页。

③ 李学通、刘萍、翁心钧整理：《翁文灏日记》，中华书局2010年版，第149页。

④ 《建设厅长卢作孚昨来峡当日返渝定今飞汉》，《嘉陵江日报》1937年7月2日第3版。

⑤ 同上。

⑥ 朱汇森主编：《中华民国史事纪要（初稿）》（1937年7—12月），台北"国史馆"1987年版，第10页。

山，5日下山。其间两度谒蒋，请示川康整军事宜，蒋介石“指示颇详”①。

（四）铁道部长、民生公司董事张嘉璈（公权）偕随员乘民生公司民联轮由南京赴九江，途中在该轮经理刘志先的引导下，视察了民联轮客舱以及驾驶、轮机两部②。

7月4日　（一）张嘉璈一行离民联轮前题词褒扬民生公司及卢作孚。资料载③：

> 国民政府铁道部长兼本公司董事张公权先生，本月（7月）3日偕其帮办高大经先生，及高级随员四人，搭民联轮由南京赴九江。途次，欲参观联轮各部，当由刘代经理志先导引，先看各级舱位，次及驾驶、轮机两部。张部长对各部组织情形、工作概况，及人士管理，垂询甚详，均由刘代经理一一置答。参观毕，表示印象极佳，对于各舱设备之新颖，船员服务之整洁，以及茶饭法之周到，均有极良好之批评。临行时候，又题词褒扬卢总经理能埋头苦干，造就人才，并以自强不息等语，勖勉同人，意至恳切。刘代经理亦以七绝二首，敬谨答谢。特分录于后：
>
> 张部长题词：民生公司，以作孚先生之埋头苦干，以身作则，不特于长江航业已足与外轮抗衡，而于培植后进，尤不遗余力，用是人才辈出，刘君志先其一焉。深望公司同人，勿以此自满，因以自强不息四字，为同人勉。民国廿六年七月四日张公权题于民联赴庐舟次

（二）为抵抗日本侵略，训练军官，6月开始蒋介石开始筹备庐山训练团，自兼团长，陈诚任教育长。计划分三期训练14000名党政军警以及新生活运动干部。本日庐山暑期训练团第一期训练开始④。（三）晚，卢作孚由汉口抵达庐山⑤。

7月5日　（一）卢作孚到庐山于午间面见蒋介石，陈述辞四川建设

① 朱汇森主编：《中华民国史事纪要（初稿）》（1937年7—12月），台北“国史馆”1987年版，第25页。

② 《民生实业公司简讯》第599号，1937年7月10日第1版。

③ 同上。

④ 朱汇森主编：《中华民国史事纪要（初稿）》（1937年7—12月），台北“国史馆”1987年，第13页。

⑤ 《卢谒蒋面辞建设厅长职保举何北衡继任》，《嘉陵江日报》1937年7月8日第1版。

厅厅长一职原因并推荐何北衡继任，旋得南京政府行政院通过[①]。

（二）蒋介石召集的庐山谈话会举行第一次谈话会，蒋未及到会，由汪精卫主持，卢作孚为正式代表应邀出席谈话会。《萧铮回忆录》中有《庐山谈话会关于经济谈话参加人员名单》，计有彭学沛（交通部）、何廉（行政院）、王世颖（中政会经济专门委员会）、伍廷飏（湖北建设厅）、吴尚鹰（立法院）、周诒春（实业部）、徐恩曾（中央执行委员会）、秦汾（全国经济委员会）、马寅初（立法院）、陈长蘅（立法院）、曾仲鸣（中政会）、杨端六（军事委员会）、钱昌照（资源委员会）、卢作孚（四川建设厅）、骆美奂（中政会经济专门委员会）、卫挺生（立法院）、谭熙鸿（实业部林垦署）、萧纯锦（江西省政府）、萧铮（中政会土地专门委员会）、龚学遂（江西省政府）[②]。

（三）何应钦携顾祝同抵达重庆，整理川康军事。当晚在重庆接见四川省政府主席刘湘及各整军委员，商讨整军方案实施办法和步骤。会后就军队编制、经费、人事、教育等整军具体问题发表谈话，说明要旨。何应钦表示[③]：

> 余与顾主任祝同奉命来川，会同刘主任（湘）及川康各将领办理川康整军事宜。关于整军问题，整军方案前已由中央决定，电达刘主任和川康各将领，刘主任和各将领都已有电复中央，一致表示接受。本人此次来渝，不过会商整军方案实施之办法及步骤。

（四）刘湘到达重庆参加整军会议。

7月6日　（一）国民政府行政院第三百二十次会议在庐山举行，通过何北衡代理四川省建设厅长等决议。（二）川康军事整理委员会在军事委员会委员长重庆行营大礼堂开始举行川康整军会议，会议由军政部长何应钦主持，他报告川康整军接洽经过以及卢作孚代表刘湘到南京洽办使整军工作圆满达成的经过情形。其中说到[④]：

---

① 《卢谒蒋面辞建设厅长职保举何北衡继任》，《嘉陵江日报》1937年7月8日第1版；《川省建厅移人》，《四川经济月刊》第8卷第2期，1937年8月，第31页。

② 萧铮：《萧铮回忆录：土地改革五十年》，台北中国地政研究所1980年版，第182页。

③ 朱汇森主编：《中华民国史事纪要（初稿）》（1937年7—12月），台北“国史馆”1987年版，第25页。

④ 同上书，第28—29页。

以川、康军队的数量来讲，曾经呈报中央有案的，共为八个军，辖二十六个师，九个独立旅，总计步兵团一百七十一团。若以团为基准来比较，竟有日本全国军队数量的二倍之多。以四川省来养这样庞大的军队，自无怪乎质量之难于充实。故川、康军队之必须整理，已为川、康将领一致的要求，而其动机实始于本年三月二十日左右，刘主席派邓秘书长和卢厅长代表到京，晋谒蒋委员长的时候，彼时行营贺代主任也在南京，大家见面之后，谈到国家统一的问题，谈到充实国防力量的问题，更谈到全国各地方的军队国军化的问题，因而感觉到川康军队有急需提前整理之必要。当时便由本人拟定几点意见，请邓秘书长等转达刘主任，藉供参考。几点意见中，最重要的一点乃是认为四川乃国防唯一的根据地，希望今后中央与地方精诚团结，打成一片，以树复兴民族的基础，最好作到川康军国军化。刘主任对于本人贡献的意见，非常虚怀采纳，随后根据这点意见，一再往返商讨，并呈经蒋委员长核定，最后才有川康整军方案的正式决定。此方案系由军政部于六月二十二日电达刘主任，接着又电各军长，刘主任当于六月二十五日电复委员长表示敬谨接受，各军长亦先后电复一致表示拥护，刘主任与各位军长公忠为国的精神，使人深深的敬佩。

（三）刘湘在整军会议上发言，重申接受整军原则后，提出两点意见：一是整军需要有一个适当的切实办法，二是今后编余官兵的安插问题[1]。

7月7日　（一）“七七事变”爆发。民生公司史料载[2]：

自去岁（1937年）卢沟桥事变爆发后，华南形势，突呈紧张。本公司各轮船当时大部分配于京沪京汉各线，准备于必要时供政府调遣之用。

（二）卢作孚返川正式辞去四川省建设厅厅长职务并办理移交[3]。

---

① 朱汇森主编：《中华民国史事纪要（初稿）》（1937年7—12月），台北“国史馆”1987年版，第30页。

② 刘明超：《八一三后本公司之运输》，《新世界》第13卷第2、3、4期合刊，1938年10月31日，第36页。

③ 《川省建厅移人》，《四川经济月刊》第8卷第2期，1937年8月，第31页。

7月8日　川康军事整理委员会在重庆召开第二次大会，由何应钦主持。同日蒋介石接到冀察政务委员会委员长兼第二十九路军军长宋哲元报告卢沟桥事变情形，一面电令宋固守待援，一面命令在重庆主持川康整军会议的军政部长何应钦“即刻返京，准备应变”[①]。因此，在川康整军委员会第二次大会散会前，何应钦“宣布日军在卢沟桥挑衅经过，并谓中日大战殆已不可避免。词毕，全体参加人员愤慨异常，四十一军军长孙震当场请缨，愿率所部出川，参加对日抗战”[②]。

7月9日　（一）因卢沟桥事变爆发，军政部长何应钦奉令返京应变，因此川康军事整理委员会于本日提前闭会。在四天会期中，通过各军及独立师整编案、军费支配案、人事处理案、川康整军实施步骤及日期案等实施整军四大方案[③]。（二）卢作孚就整军问题与乡村建设问题自重庆致函蒋介石，谓[④]：

> 归来已谒甫澄主席，为陈钧座于此次整军及未来四川妥善经营瞩望之殷。甫澄主席万分感激，决遵钧旨彻底实行，谓与敬之部长默三主任已商得具体办法矣，此差可告慰于钧座者。过汉时得遇晏君阳初同行飞渝，与陈君筑山共同商谈一度，乡村运动联系办法已由筑山草就，只因全国乡村建设学会理事会七月底开会于南京，阳初、筑山所约参与庐山谈话会期间复系自八月四日起。故拟俟南京开会，列席人员共将草拟办法斟酌一度之后，再于八月四日携赴庐山请示钧座。职因川中事务亟待结束，拟七月十五日飞京约同杨端六、章元善诸君，共趋牯岭。

7月10日　（一）川康整军顺利完成[⑤]。由于此次整军的成功，大批川军得以在抗战爆发后迅速出征，国民政府也能够顺利西迁重庆，使四川成为抗日基地，卢作孚直接间接起到了重要的作用。（二）下午何应钦从重庆飞返南京。川康整军原则均已商定，整军实施步骤交副主任委员顾祝

---

① 朱汇森主编：《中华民国史事纪要（初稿）》（1937年7—12月），台北“国史馆”1987年版，第67页。

② 同上书，第75页。

③ 同上书，第79页。

④ 《卢作孚致蒋介石电》（1937年7月9日），台北“国史馆”藏。

⑤ 周开庆：《卢作孚传记》，台北川康渝文物馆1987年，第60—61页。

同、刘湘会同各整军委员负责办理。（三）蒋介石密电卢作孚：欧洲考察“杜重远可同行，经费当由政府发给，不必另筹”[①]。（四）刘湘致电蒋介石请缨抗日，并通电全国一致抗日[②]。

7月11日　卢作孚率领民生公司总公司各部门负责人以及各轮经理共60余人到北碚温泉公园开会，并在三峡乡村建设实验区开座谈会。关于此次到北碚，《嘉陵江日报》载[③]：

> 卢作孚氏昨日率领民生公司经理、管理六七十人，来峡参观，于午后一时许抵碚。此间各事业机关主管人，前往江干欢迎，各经管理当赴温泉，只卢氏一人上岸，于农村银行暂憩。午后在实验区署办公室，召集各机关主管人员开谈话会，对本区各事业前途之计划，指导甚详。尤其对于生产建设，开发经济来源，有精密之指示。当晚下榻温泉公园。闻卢氏定于十五日飞沪，即出国考察，至少须五月时间，始能返国。故对民生公司各经、管理，亦有详细之谈话云。

当晚在温泉公园对民生公司经、管理人员的谈话，后以《由整理膳务谈到今天的工商业管理方法》为题刊于《新世界》[④]。

7月14日　（一）卢作孚出席民生公司总公司朝会并就管理工作、做事方法、公司组织等提出要求。《新世界》载[⑤]：

> 卢总经理讲词约分三点：（一）每人应弄清自己职务。如管理船员的人虽然坐在办公室，但是各轮船员状况，也须设法彻底明了。在十点钟的时候，民元的水手在做什么？民本轮的舵工，在十一点钟的时候应该何人当班等[⑥]。这些，我们都要了如指掌，然后才能管理和控制住我们的工作。一桩事业，在规模小的时候，一切都容易管理完

---

① 黄立人主编：《卢作孚书信集》，四川人民出版社2003年版，第580页。

② 朱汇森主编：《中华民国史事纪要（初稿）》（1937年7—12月），台北“国史馆”1987年版，第81页。

③ 《卢作孚昨日来峡对各事业指导甚详》，《嘉陵江日报》1937年7月12日第3版。

④ 卢作孚：《由整理膳务谈到今天的工商业管理方法》，《新世界》第11卷第1期，1937年7月16日，第11—15页。

⑤ 《卢总经理在总公司朝会席上训示三点》，《新世界》第11卷第1期，1937年7月16日，第52—53页。

⑥ “等”字原文为省略号。

善，但是规模一大了，往往就会弄得一塌糊涂。这原因是由于我们没有把管理的方法弄清楚。(二) 每人要寻找作事的方法。作事方法的取得，是要参考已有的办法，不要凭我们的聪明才智，另外发明一些不适用的新办法。如果每一个人各有各的办法，结果等于没有办法，也就不是办法了。例如要开辟湖南航线，我们就必须要先派人到湖南去调查，然后才根据调查的事实，确定我们的办法。不合事实的办法，我们想他做什么？(三) 健全公司组织。为健全公司组织，在总经理之下，决增设秘书、设计、稽核三室。秘书室管理全公司一切对内对外的文书，如果将一切文书全经过秘书看过，就不会再有甲处与乙处对于一件事情而有两样不同的办法；设计室管理全公司应兴应改事项之设计，今后凡作一事，必须要有计划，无计划不准行动；稽核室稽核各部事前事后账项，并督查一切，今后凡开支，必须要有预算，无预算不准开支。不过三室之设立，重在联系四处的工作，并不是由四处变成七处，那就失去三室的作用了。

(二) 邓汉祥就“七七事变”后川省主席刘湘的态度及四川省政府与南京国民政府的关系复电卢作孚，谓①：

民生公司卢作孚兄并转航琛、佩恒、北衡诸兄钧鉴：生密。顷甫公上委座一电文，曰：“蒸 (10 日) 渝电计达掌记。此次日人对我挑衅，处心积虑，已非一日，和平果已绝望，除全民抗战外，别无自存之道。日前在整委会聆悉何部长报告国防准备，仰见钧座苦心谋国，洞见几先袍泽，同人极深兴奋。此次敌方借故侵犯，目光似非局部，钧座统筹全局，尚祈早决大计。川省虽僻处西陲，两年来经钧座精诚启导，民族大义深洽人心，当兹国家生命争最后呼吸之际，无不敌气〔忾〕同仇。湘虽行能无似，爱国之心尚不后人，国家急难相需，岂容稍有诿避？苟蒙驱遣，捐糜奚辞。至若整军方案，原为充实国力，为抗敌御侮之计，步骤办法既经决定，尤应积极进行，早竟全功，请释廑念为幸。专电奉闻，伏祈睿鉴。职刘湘叩。元 (13 日)。省秘。印”等语，特达。

7 月 15 日　卢作孚自重庆乘飞机前往南京、上海，准备出国考察，

① 黄立人主编：《卢作孚书信集》，四川人民出版社 2003 年版，第 581 页。

预定考察时间为五个月左右。

7 月 16 日　蒋介石邀集全国知名学者于本日上午在庐山举行谈话会，讨论中日局势，共策御侮大计，到会宾客 157 人[①]。

7 月 17 日　蒋介石在庐山第二次共同谈话会上提出《对卢沟桥事件之严正表示》的声明，说明中国政府对解决卢沟桥事件的不屈立场，并宣布解决卢案四项立场。

7 月 18 日　庐山训练团第一期训练结束[②]。

7 月 19 日　鉴于日本政府决定扩大战争，并增兵华北。蒋介石本日公开发表 17 日《对卢沟桥事件之严正表示》声明。

7 月 20 日　（一）庐山谈话会举行教育组谈话后结束，蒋介石于谈话会后返南京。（二）何北衡正式代理四川省建设厅长职[③]。

7 月 21 日　卢作孚的母亲李氏在北碚卢志林家突发脑溢血。

7 月 22 日　（一）卢作孚出国考察日期确定为 8 月 10 日。南京行政院政务处长、资源委员会代秘书长何廉致远在苏联的翁文灏养（22 日）电：卢作孚等 8 月 10 日乘意大利轮船动身赴欧洲，9 月 12 日至 Genoa，即转德赴俄国[④]。（二）国民政府在南京成立了由军政部部长何应钦主持的国家总动员设计委员会，主要工作为粮食统制、资源统制、交通统制、民众之组织与训练、各地卫生机关及人员材料之统制、金融财政之筹划[⑤]。

7 月 24 日　卢作孚抵达上海。

7 月 25 日　卢作孚的母亲李氏于下午 5 时在北碚卢府病逝，当晚卢作孚闻耗[⑥]。

7 月 26 日　卢作孚由上海乘飞机返川回北碚治丧，返抵北碚卢府已是晚上 10 时。加之华北风云紧急，遂决定暂不出国[⑦]。为此卢作孚函电

---

① 朱汇森主编：《中华民国史事纪要（初稿）》（1937 年 7—12 月），台北“国史馆”1987 年版，第 124 页。

② 秦孝仪主编：《中华民国重要史料初编——对日抗战时期》第一编《绪编》（3），台北中国国民党中央委员会党史委员会 1981 年版，第 151 页。

③ 《川省建厅移人》，《四川经济月刊》第 8 卷第 2 期，1937 年 8 月，第 31 页。

④ 李学通、刘萍、翁心钧整理：《翁文灏日记》，中华书局 2010 年版，第 156 页。

⑤ 中国第二历史档案馆编：《中华民国史档案资料汇编》第 5 辑第 2 编《财政经济》（6），江苏古籍出版社 1997 年版，第 385 页。

⑥ 《峡区要闻汇志》，《北碚月刊》第 2 卷第 1—6 期合刊，1938 年 3 月 15 日，第 143 页。

⑦ 《卢作孚氏暂止放洋昨乘机返川治丧》，《嘉陵江日报》1937 年 7 月 27 日第 3 版。

南京行政院政务处长、资源委员会代秘书长何廉，谓[①]：

弟敬（24日）到沪，有（25日）晚接电，家慈病竟不起，奔救未得，疚心曷极！寝（26日）飞渝，即星奔回里，治理丧葬。国家亦方有事，出国时间迫促或不及参加，拟请转陈院长可否特准缓行。

［按］院长即行政院长蒋介石。

7月27日　卢作孚兄弟安葬卢老夫人李氏于距北碚10里的雨台山，参加送葬者千余人[②]。卢老夫人逝世后，黄炎培、周作民、陈光甫、宋子文、邓汉祥、吴蕴斋、刘湘、杨森、甘绩镛等人纷纷致电吊唁。《嘉陵江日报》载[③]：

卢氏以华北风云紧急，故仪式特别从简，业于昨日（27日）安葬。闻国内金融界、教育界、实业界卢氏知友纷纷致电吊唁，除深表哀痛外，并资慰藉。记者赴卢宇治丧办事处顺抄哀电三道，特录于次：

宋子文唁电：民生公司卢作孚兄礼鉴，惊悉令堂弃养，曷胜怆悼，务祈吾兄勿过哀毁，勉襄大事，特电奉唁。

黄炎培唁电：重庆卢作孚先生，惊悉太夫人弃养，不胜悼怛，惟冀为国节哀。

陈光甫、杨介眉、邹秉文唁电：重庆李其猷兄，转卢作孚先生礼鉴，惊悉令堂仙逝，至深震悼，谨电驰唁，尚祈节哀。

7月29日　卢作孚兄弟于本日晚在北碚西山路卢府为卢老夫人李氏举行家祭[④]。卢作孚等所撰《讣》文载于《嘉陵江日报》[⑤]：

不肖魁铨等，侍奉无状，痛遭显妣卢母李太夫人，恸于中华民国廿六年七月五日（即废历六月十八日）午后五时，因恙告终于巴县

① 黄立人主编：《卢作孚书信集》，四川人民出版社2003年版，第589页。

② 《峡区要闻汇志》，《北碚月刊》第2卷第1—6期合刊，1938年3月15日，第144页。

③ 《卢太夫人逝世后国内名人纷电吊唁》，《嘉陵江日报》1937年7月29日第3版。

④ 《峡区要闻汇志》，《北碚月刊》第2卷第1—6期合刊，1938年3月15日，第144页。

⑤ 《讣》，《嘉陵江日报》1937年7月29日第3版。

北碚寓所内寝，距生于前清同治十三年甲戌正月初二日午时（1874年2月18日），享年六十有四岁。不肖魁铨、魁甲、魁杰亲侍在侧，不肖魁先因公在申，魁群因公在渝，闻电匍匐奔丧回籍，先后亲视含殓，即日遵礼成服，业于国历七月二十七日未刻发靷，随即抚柩登山，按厝于巴县北碚乡鱼台山之阳。兹定于七月廿九日夜家祭，三十日（即废历六月二十三日）在北碚兼善大礼堂展奠。……

闻孤哀子　魁铨（志林）　魁先（作孚）　魁甲（尔勤）　魁群（子英）　魁杰　魁秀

齐衰服孙　国维　国纪　国纶　国纲

孙女　国懿　国仪　泣稽

7月30日　卢作孚兄弟在北碚兼善大礼堂举行卢老夫人李氏展祭仪式。

8月1日　北碚举办苞谷展览会，卢作孚临场指导并慨然允为发奖。《嘉陵江日报》载[①]：

本市包谷展览会于昨日（1日）午前10钟在联保办公处召开，由公安队维持秩序，实验区署建股派人指导，将征来包各种类，依次陈列。每个包谷均用标签标识，中分名称、性质、包涩、优点、出产地、出产人、评语，得奖等第，备考等项，届时参观民众，极为踊跃。自开会时至午后3钟闭会时止，俱未减闹热气象。卢作孚厅长亦亲临指导，并慨然自认给奖，以资鼓励。

三区专员公署特也派农林实验学校学生来碚参观，资料载[②]：

北碚市包谷展览会本日在联保办公处举行，计参加展览者115户，三区专员公署特派农林实验学校学生来碚参观并带来奖旗四面，卢作孚厅长亦亲临指导。

8月7日　卢作孚与四川省主席刘湘、省政府秘书长邓汉祥、财政厅长刘航琛、省政府委员甘绩镛等乘飞机由成都经重庆抵达南京，参加南京

① 《本市包谷展览会昨已召开应征农家一一五户》，《嘉陵江日报》1937年8月2日第3版。

② 《峡区要闻闻汇志》，《北碚月刊》第2卷第1—6期合刊，1938年3月15日，第144页。

国民政府召集的国防会议。刘湘到南京后发表谈话，决以川康人力财力，贡献国家①。卢作孚到南京后，借住在南京莫干路11号范旭东的住宅，当时范旭东在天津。该住宅是一座花园小洋房，一楼一底，楼下是客厅、书房和厨房，楼上是几间卧室。在南京期间担任过卢作孚秘书的萧本仁后来回忆："卢先生白天出去办公，晚上才回莫干路，听取汇报，处理民生公司总公司的沿江分支机构发来的函电。信函由邮局寄送，电报由民生公司自设的电台发出。"卢作孚工作常要到深夜才能处理完毕，后来"川军出川抗战，刘湘到南京，卢先生在莫干路设宴招待，文化界的名人郭沫若、刚出狱的田汉和孙师毅、王平秋等，都受到卢先生的热情接待。除同国民党的军政要员互有往来外，与青年党李璜、民社党张君劢也常有来往"②。

［按］萧本仁，又名萧林，四川江津人，1936年进入民生公司，1937年8月起担任卢作孚的秘书，1939年在重庆秘密加入中国共产党，受中共中央南方局领导。

8月11日　（一）民生实业公司一艘装有重庆古青记商号出口猪鬃的轮船从重庆航抵上海后，卢作孚命令不等卸货就原船起锚返航。这艘船原定在上海卸货之后，装运棉纱回重庆③。对此，民生公司上海分公司经理张澍霖后来回忆说，他在1935年参加蒋介石召集的江南六省邮电会议时，在了解到该会实际上是秘密准备抗战后，乃与国民政府某高官秘密约定：一旦国民政府决定对日开战，由该官员事先拍电报给民生公司，以便有所准备。上海八一三事变前，此人果然给他拍了一封电报。电报只有一个字"定"，意为"抗战国策已定"。这时，民生公司民元轮刚在上海码头靠岸。他立即赶到码头，未经请示即决定不下客、不卸货，原船开回南京。当民元轮进入江阴以上几小时后，江阴航道即被封锁。"若稍加停顿，这条船便丢了。"④ 民元轮后来从南京又把这批货运回重庆，给古耕虞留下极为深刻的印象，感叹民生公司信息灵通，处事果断。（二）《王世杰日记》载：国民党中央政治委员会会议决定于战时置大元帅，代表国府主席行使统帅陆海空军之权，并设置国防最高会议，以中央常委、五院正副院长、行政院各部长、中央党部各部部长、中央政治委员会及行政院秘书

---

① 周开庆：《民国刘甫澄先生湘年谱》，台北商务印书馆1981年版，第159页；

② 周永林、凌耀伦主编：《卢作孚追思录》，重庆出版社2001年版，第91页。

③ 王慧章：《"猪鬃大王"古耕虞》，中国文史出版社1991年版，第39页。

④ 《访问张澍霖记录》（时间未详，大约1958年前后），交通部长航局档案中心藏。

长、训练总监部总监、军事参议院院长、全国经济委员会常委为委员，以军事委员会委员长为主席，中央政治委员会主席为副主席。在此最高会议之下，设国防参议会，以容纳党外分子（但前曾反对政府之人民阵线分子与共产党人，决定以参议会容纳之）①。

［按］另据《周佛海日记》："本日（陈）公博嘱为大本营第二部副部长，辞不愿就。渠为部长，如余就一名义，渠必多有便利也。"可见抗战初期设立大本营之议，始于此次会议。部长人选大体上已决定，副部长以下人员尚待遴选。

8月12日　（一）国民党中央常务委员会第五十二次会议在南京灵谷寺无梁殿召开，会议认为在没有对日宣战的情况下，不宜设置大本营②。会议决定自本日起认为全国已入战时状态，设国防最高委员会与党政联席会议，决定抗战大计，并决定以军事委员会为抗战最高统帅部，并依国民政府主席林森提议，推定蒋介石为海陆空军大元帅（总司令）③，程潜为参谋总长，白崇禧为副参谋总长，军事委员会下设秘书厅，张群为秘书长，陈布雷为副秘书长，设立军令、军政、财政、经济、宣传、组训6个部，分掌有关事宜，凡此均不公布④。中国战时机构的建立为行将爆发的全国性抗战作了初步的组织和战略准备，使中国在日本的大规模进攻面前能够比较从容地组织抗战力量、实施抗战方略⑤。

（二）上海工厂联合迁移委员会成立，以颜耀秋、胡厥文、支秉渊为正副主任，作为一个厂商组织，该机构在上海工厂迁移监督委员会指导和监督下组织迁厂工作。

（三）"八一三事变"爆发前，民生公司已拥有大小轮船46只（另租借3只），24000多吨（租用船只未计），铁驳、木筏、码头、囤船若干，以及机器厂、物产部等。这些设施，成为民生公司参加抗战初期内迁抢运和支援前线运输的基本物质力量。资料载⑥：

---

① 王世杰：《王世杰日记》第1册，台北"中央研究院"近代史研究所1990年版，第86页。

② 张宪文主编：《中国抗日战争史》，南京大学出版社2001年版，第263页。

③ 王世杰：《王世杰日记》第1册，台北"中央研究院"近代史研究所1990年版，第87页；熊式辉著，洪朝辉编校：《海桑集：熊式辉回忆录》，香港明镜出版社2008年版，第205页。

④ 王世杰：《王世杰日记》第1册，台北"中央研究院"近代史研究所1990年版，第87页；张宪文主编：《中国抗日战争史》，南京大学出版社2001年版，第263页。

⑤ 张宪文主编：《中国抗日战争史》，南京大学出版社2001年版，第263页。

⑥《民生公司在长江》，《新世界》1945年11月号，1945年11月15日，第9页。

截止二十七年抗战（爆发）为止，民生公司共有大小轮船四十六只，共为二万四千余吨，此外尚有铁驳十一只，木筏四十三只。甲级轮船航行于上海、宜昌间者，经常有五只，乙级轮船航行于上海、重庆间者经常有七只，航行于宜昌、重庆间者，有四只至八只。小轮航行于重庆上游者，经常在十只以上，航行于渝合、渝涪短航者经常为四只。其余则多半在轮换着修理中。为便利各埠客货上下起卸，重庆共有码头九处，万县一处，宜昌三处，沙市一处，汉口一处，上海二处，码头下又设有囤船、驳船，码头上又设有仓库设备，轮船修理有机器厂，物产代办有物产部，一切规模皆已粗具矣。

8月13日　（一）上海爆发"八一三事变"，全面抗战开始，刘湘在南京向蒋介石提出国民政府迁川的建议。（二）民生公司进入战时运输第一阶段①。资料载②：

民二十六年八月中日战争爆发，民生公司甲级船舶立即全体动员，以两个星期，下水运送四个师两个旅由四川至宜昌，上水首以镇江为接运地点，协助撤退上海、苏州、无锡、常州等地之工厂，在南京协助撤退政府人员、公物、学校师生、图书仪器，在芜湖协助撤退金陵兵工厂人员、器材。在汉口协助撤退政府人员、学校师生、航委会器材全部、兵工厂钢铁厂器材全部、民间工厂器材一部。在宜昌协助转运以上各地内运人员、器材。宜昌以下其他公司大小轮船甚多，民生公司仅助一臂之力，宜昌以上则以民生为主力矣。

［按］"八一三事变"之初，民生公司的甲级轮船主要集中在芜湖和镇江两个地方。卢作孚说：集中在芜湖的轮船主要是装运兵工器材，集中在镇江的轮船主要是装运上海迁厂器材、机料。③ 他还说："对日作战以后，江阴封锁了，上海割断了，公司的业务即十九被割断。一部分杞忧的人们认为国家对外的战争开始了，民生公司的生命就完结了；我的感觉，

① 刘明超：《八一三后本公司之运输》，《新世界》第13卷第2、3、4期合刊，1938年10月31日，第36页。

② 《民生公司在长江》，《新世界》1945年11月号，1945年11月15日，第9页。

③ 卢作孚：《我总是希望大家继续为国家为公司努力》，《新世界》第13卷第2、3、4期合刊，1938年10月31日，第12页。

却恰相反，认定：‘国家对外的战争开始了，民生公司的任务也就开始了。’那时自己正在南京帮助中央研究总动员计划草案的时候，告诉民生公司的人员：‘民生公司应该首先动员起来参加战争。’这个期望，公司实践了。四川需要赶运四个师，两个独立旅到前方，公司集中了所有的轮船，替他两个星期由重庆、万县赶运到宜昌。上海苏州无锡常州的工厂撤退，民生公司的轮船即以镇江为接运的起点，协助撤退。接着又从南京起，撤退政府的人员和公物，学校的师生、仪器和图书。从芜湖起撤退金陵兵工厂。”① 金陵兵工厂的器材共2000吨，经民生公司及时抢运到了重庆，这也是民生公司抢运兵工厂的开端。卢作孚不仅表现出了极大的爱国热情，而且以卓越的眼光，为维持战时运输作好进一步的准备。他说②：

> 民生公司在抗战中最艰巨的还不是运输，而是如何准备运输。在抗战开始时，民生公司有四十六只轮船，中有三十二只都是以柴油为燃料的；江阴封锁，柴油断绝了来源，第一大事即为搜求柴油。从香港广州，从扬子江沿岸，尽量购买，总共得了四千多吨，但是汉口宜昌撤退一役即用去两千多吨。民生公司四十六只轮船，战前一半以上在上海修理，五金材料完全取给于上海，一部分外国制造的机器，其配件主要取给于国外；战争开始后这些完全断绝了来源，而修理的重担，又须搁在自己的两肩；寻求五金材料和扩充民生机器厂，就算是第二大事了。从上海香港汉口等地尽量购买，得了五金器材两千余吨。

卢作孚还十分注意招聘技术工人，如冷作系从上海招致而来，木工系从湖南招致而来。民生公司总公司同人后来也说，战事初期，在卢作孚的直接督促下，民生公司以“自己的财力和信用，准备了长期抗战需要的材料和燃料；增加了船只；扩充了修理厂”③。购储数千吨燃料和五金材料，对于保证民生公司能在抗日战争期间长期支撑，起到了至关重要的作用。

---

① 卢作孚：《一桩惨淡经营的事业——民生实业公司》，民生公司1943年9月印，第18—21页。

② 同上书，第22页。

③ 《民生实业公司简讯》第838期，1946年3月4日第2版。

（三）卢作孚在上海为嘉陵纱厂等致函周作民，谓[①]：

> 今晨到此，准拟趋访，迭由电话询问，未知台从适到何处，急于归到南京，至以未能晤教为憾。公司到此时期，收入停止，亟盼有救济办法，纱机垫款亟盼拨还。又心如盼以股款作抵暂借款若干，亦盼予扶助，非特别困难时期，不应有此请求，尚乞曲察为荷。

8月14日　刘湘乘飞机从南京返回成都[②]。

8月16日　熊式辉日记载：蒋介石受命为海陆空军大元帅，旋即组织海陆空军大本营。陆海空军大本营的组织分为六部，熊式辉以江西省政府主席兼第五部部长，主管全国总动员事务，留京服务，卢作孚为副部长[③]。作为大本营第五部副部长，卢作孚参与了国民政府抗战总动员计划草案的制订。

8月18日　中国西部科学院接到卢作孚寄自上海的信函，信中说：在暴日到处挑衅扩大战争这样国家民族生死存亡的紧要关头，中国西部科学院各部，应更加努力工作，期于短期内对国家有所贡献。《嘉陵江日报》载[④]：

> 此间中国西部科学院昨接该院院长卢作孚氏由上海来函，以暴日无理侵占我国领土，到处挑衅，扩大战争，现我政府，决予长期抗战。在此国家民族生死紧要关头，本院各部即应努力迈进，期于短期内对政府有所贡献等语。当经该院代理院长张博和召集全体职员会议，对各部工作重加整饬，除寒暑期中仍照旧例，不得放假外，并规定星期日仍照常上班。每日办公时间，上午八点至十二点，下午一点半至六点云。

8月中旬　卢作孚、张澍霖、刘航琛在上海曾多次与负责厂矿内迁的林继庸商洽内迁厂矿入川设厂事宜[⑤]。

---

① 上海市档案馆藏。

② 周开庆：《民国刘甫澄先生湘年谱》，台北商务印书馆1981年版，第160页。

③ 熊式辉著，洪朝辉编校：《海桑集：熊式辉回忆录》，香港明镜出版社2008年版，第206页。

④ 《中国西部科学院加紧工作星期日照常办公》，《嘉陵江日报》1937年8月19日第3版。

⑤ 林继庸：《民营厂矿内迁纪略》，重庆新新出版社1942年版，第24页。

8月20日　大本营颁布第一号训令，正式开始运作。大本营大元帅统帅三军，设参谋总长、副总长各一人。参谋总长指挥大本营各部，其中第一部部长黄绍竑、第二部部长张群、第三部部长孔祥熙、第四部部长吴鼎昌、第五部部长陈公博、第六部部长陈立夫①。张群为秘书长。有资料载②：

> 军令机构，为国家最高统帅之作战军令所从出，在抗战以前为参谋本部，抗日军兴，设陆海空大本营第一部，末几，大本营撤销，第一部仍改隶军委会。

大本营本身存在的时间很短，但相关各部存在时间较长。

［按］大本营第一号训令所开各部部长人事，与实际情形相差甚远。

8月24日　为提高运输效率，国民政府交通部责成轮船招商局、三北轮埠公司、民生实业公司三家轮船公司在南京成立长江航业联合办事处，负责办理一切军运民运事宜，“凡是京中公用物品，抗战部队，军需用品，兵工厂的器材都交给这个联合办事处装运”③。长江航业联合办事处实际上是战时航业统制机构，由交通部科长伍极中任主任委员。长江航业联合办事处成立后，卢作孚即派民生公司上海分公司撤离人员许培泽在联办处办理搭客、货运以及登记等事项④，另一位从上海分公司撤退下来的人员萧本仁留在莫干路卢作孚身边做秘书工作。

8月27日　上海内河航业联合办事处提供内运轮驳，顺昌机器厂、上海机器厂、新民机器厂、合众五金厂等四家上海工厂，将机件分装二十一只木船，由各厂重要职员偕技工160余人，冒险用人力从上海苏州河日晖港运出，到苏州后改由招商局派恒吉轮船拖到镇江，再装长江轮船运往汉口，取得了试探性航行的成功⑤。此后招商局、民生、三北、

---

① 中国第二历史档案馆编：《抗日战争正面战场》，凤凰出版社2005年版，第34、39页。

② 中国人民抗日战争纪念馆、重庆市档案馆编：《迁都重庆的国民政府》，北京出版社1994年版，第25页。

③ 万迪鹤等：《抗战以来本公司的货运与客运》，《新世界》第13卷第2、3、4期合刊，1938年10月31日，第37页。

④ 许培泽：《记镇江办事处》，《新世界》第11卷第8期，1938年1月1日，第16页。

⑤ 林继庸：《民营厂矿内迁纪略》，《中华文史资料文库》第12卷，中国文史出版社1996年版，第946页；王洸：《战时航政与航政建设》，《经济建设季刊》第1卷第2期，1942年10月，第52页。

大达、大通等轮船公司通力合作，轮船员工在敌机狂炸之下，奋力抢运上海物资器材，使这条古老的江南内河航线成为上海厂矿内迁的主要通道。

9月1日　（一）川军抗日将士开始陆续出川。东路军出川运输由民生公司承担。十四个师分东西两路分别出发，开赴前线参加抗战。东部四个师和两个独立旅奉令于重庆和万县集结，东出夔门，其运送工作由民生公司承担并迅速完成了任务[①]。后来这一批川军参加了壮烈的南京保卫战，其中川军第二十三集团军二十一军一四五师师长饶国华率部在安徽东南广德阻击由浙江金山卫登陆向南京包抄的日军，经激战不支自杀，为国捐躯。二十三集团军在此后与日军多次战斗中，仍英勇作战，多次给予日军以重创。（二）民生公司在湖南长沙成立办事处，办理湘江货物运输[②]。由于当时长江下游水上运输完全断绝，内地和大后方所有货物的出入惟有依赖粤汉、广九两条铁路。于是招商局与粤汉铁路局接洽，利用长沙衡阳回空车辆，办理水陆联运。自汉口到长沙或渌口（株洲）、衡阳用水运，湘粤间由铁路运输，后来适应形势变化演变为著名的三段联运[③]。正是在这种情况下，民生公司开辟了以湘江为主干的湖南航线。这条航线，由宜昌或汉口经洞庭湖，沿湘水到达湖南省会长沙[④]。到同年11月22日由于湘江水枯才停航。1938年5月20日，民生公司与招商局再次联合举办货物分段联运。双方约定民生公司负责川江运输，所有两湖地区各埠通过水路运往四川各地的货物在起运地由招商局运到宜昌后交民生公司转运到川江各地；招商局负责长江中下游和湘江的运输，所有川江各地运往长江中下游和湘江各地的货物到宜昌后交由招商局转运到各自的目的地[⑤]。

9月1日　受卢作孚委派，许培泽、萧本仁于晚间赴镇江开办民生公司镇江临时办事处。由于萧本仁需要去常州、无锡接洽货运事务，当晚直接前往常州、无锡。这样实际上就由许培泽只身赴镇江开始筹办工作。该

---

① 周开庆：《卢作孚传记》，台北川康渝文物馆1987年版，第61页。

② 中国人民政治协商会议西南地区文史资料协作会议编：《抗战时期西南的交通》，云南人民出版社1992年版，第279页。

③ 《战时后方水上运输是怎样维持的》，《新世界》1944年5月号，1944年5月15日，第10—11页。

④ 韩商敏：《二十六年之轮船航行》，《新世界》第12卷第3期，1938年4月1日，第21页。

⑤ 民生公司档案业务第149卷，转自凌耀伦主编：《民生公司史》，人民交通出版社1990年版，第196页。

处成立后，借用招商局码头栈房为停泊处。卢作孚开设镇江临时办事处的目的在于以镇江作为苏州河、江南运河、京镇线到长江水上运输转运之间的枢纽，实际上，镇江临时办事处成为由南京政府、内迁工厂以及民生公司三方面联合组成的迁厂运输委员会会同商办配货、装载、转运等运输事项的一个办事机构，民生公司动员了民泰、民宪、民族、民勤各轮航行镇江与汉口之间。萧本仁到常州，拜会了著名企业家、常州大成染织厂厂长刘国钧，初步就该厂与北碚三峡织布厂合作交换了意见，并得到卢作孚的支持[①]。虽然后来由于各种原因该厂没有能够实现内迁，但是这次接触成为刘国钧与民生公司相关企业合作的一个序幕。

9 月 2 日　民生公司民泰轮首航镇江，此前民生公司轮船从未停泊过镇江码头，而此时镇江成为民生公司长江航线下游的起点和终点[②]。关于民生公司轮船开辟镇江业务，资料载[③]：

> 镇江平时除了面粉可以大批的出口而外，其它进出口的货物，并不甚多。我们（民生）公司的轮船，在八一三以前，上水、下水均未停靠泊过镇江。可是偏有这样出人意外的情事，当着上海展开血战，敌机狂炸京沪线的时候，整日感受着空袭威胁的镇江，却竟添上几只带有民生航徽的轮船。如果有人要问开航镇江的原因，答复是：
>
> 1. 那时上海、苏州、南通及其它各地大小的工厂，因为受了战事的影响，不能开工，均拟迁往内地，另谋出路。
>
> 2. 虽然长江宣告封锁了，但是一部分的货物，尚可由上海沿苏州河用小火轮拖运到镇江。
>
> 所以那时的镇江，真是货物云集，而且这些货物，都是有关国计民生的机器为最多，在敌机任意狂炸之下，待运更是非常迫切。
>
> 自去年（1937 年）九月二日泰轮初次驶抵镇江起，直到十一月二十日民聚轮迫于时势，最后一次离开镇江止，时间是两月又十九天。参加航行轮船，除泰、聚外，还有族、宪、权三只。

9 月 4 日　民生公司派上海分公司王德润、张宝麟到镇江办事处，王任办事处主任兼理接洽货运、签发提单、计算吨位等事务，张办理报关结

---

① 周永林、凌耀伦主编：《卢作孚追思录》，重庆出版社 2001 年版，第 92 页。

② 韩商敏：《二十六年之轮船航行》，《新世界》第 12 卷第 3 期，1938 年 4 月 1 日，第 22 页。

③ 同上。

关、打舱单等事务，许培泽任临时会计，兼理卖票、写信等事务。同时，借用招商局码头作公司轮船停泊之所①。“接运迁厂器材”是镇江办事处主要业务②。

9月5日 翁文灏从苏联回国经九龙乘船于本日上午11时抵达南京。下午翁文灏被任命为军委会第三部部长。蒋介石面告翁文灏：（一）对日抗战，必久战方能唤醒各国，共起相争，而得胜利；（二）长期抗战，必须坚守西部（平汉粤汉路之西），以备及时反攻，因之必须准备振作西部基地的生产力量。蒋介石命翁文灏实管资源委员会及军事委员会大本营第三部，专心工矿生产，不分公私，均应充分提高③。

9月5日 与中国西部科学院很早就建立了密切关系的中国科学社生物研究所决定迁入北碚，为此9月5日卢作孚致函民生公司代总经理宋师度请其协助：“中国科学社迁往北碚，在渝转运及与北碚联络转信转电诸事，盼嘱公司同人特予扶助。渝中各事业有须特取联络之处，并盼特接洽为感。”④

9月6日 翁文灏以军事委员会第三部部长身份到大本营秘书长张群宅商谈重要公务，到者有陈布雷（副秘书长）、熊式辉（第二部部长）、吴鼎昌（第四部部长）、陈公博（第五部部长）、陈立夫（第六部部长）。下午翁文灏与钱昌照、俞大维商第三部职员人选⑤。

［按］此处翁文灏日记载熊式辉为第二部部长、陈公博为第五部部长。曾经担任第二部副部长的周佛海说第二部部长为陈公博，而熊式辉在日记中称自己是第五部部长。孰对孰误，难以判断。另《王世杰日记》载：大本营暂不设置，军事委员会设八部：……作战、政略、后方、国民经济、宣传、国民指导……各部之部长如下：黄绍竑（作战）、朱绍良（管理）、俞飞鹏（后方勤务）、熊式辉（政略）、吴鼎昌（经济）、陈公博（宣传）、陈立夫（国民指导）、翁文灏（国防工业）、张群（秘书长）。

9月8日 国民政府军事委员会呈请国民政府准予备案，并经转陈中

① 余千山：《二十六年之码头仓栈》，《新世界》第12卷第3期，1938年4月1日，第32页。

② 《欢迎股东》，《新世界》第12卷第3期（第十三届股东大会专号），1938年4月1日，卷首页。

③ 李学通、刘萍、翁心钧整理：《翁文灏日记》，中华书局2010年版，第168页。

④ 黄立人主编：《卢作孚书信集》，四川人民出版社2003年版，第590—591页。

⑤ 李学通、刘萍、翁心钧整理：《翁文灏日记》，中华书局2010年版，第168页。

央政治委员会核准，在军事委员会之下，设立第一部（作战）、第二部（政略）、第三部（国防工业）、第四部（国防经济）、第五部（国际宣传）、第六部（民众训练），以及国家总动员设计委员会、后方勤务部（后改为后方勤务总司令部）、卫生勤务部等①。其中，第一部部长黄绍竑，副部长张定璠，第二部部长陈公博，副部长卢作孚（?）、周佛海，第三部部长翁文灏，第四部部长吴鼎昌，第五部部长熊式辉，副部长卢作孚、谷正刚、董显光，第六部部长陈立夫，副部长刘建群、张厉生②。

9月10日　民生公司派张连珍到镇江工作。由于上海、无锡、苏州、常州等处各工厂机器货物以及政府急需用品，皆依赖苏州河、江南运河一线交通，民生公司在镇江开设办事处，意义重大已经十分明显③。

9月13日　卢作孚就抗战开始后民生公司各项工作致函宋师度，其中再次提到："中国科学社已开始迁移，请告北碚科学院为酌让房屋并一切帮助。"④ 中国科学社生物研究所迁到北碚后，在卢子英全力帮助下解决了房屋问题。该所分动物、植物两部，分别由秉志、胡先骕主持，他们可以利用中国西部科学院的部分设备，研究工作偏重于学童健康以及桐、茶害虫等问题，1946年迁回南京。

9月15日　上午，卢作孚与周佛海、罗隆基、王造时、王又庸、梅思平等人在第二部，商讨第二部工作进行方案⑤。大概从此时起，卢作孚，甚至熊式辉均参与大本营第二部的事务。

9月16日　应民生公司之邀，张伯苓到总公司作了《胜利终必归我》的讲演⑥。

9月17日　（一）国民政府依中央常务委员会第五十一次会议的决议，训令军事委员会，由军事委员会委员长行使陆海空军最高统帅职权，并授权军事委员会对于党政具有统一指挥之权。随后，军事委员会相继设立军法总监部，以及农产、工矿、贸易三个调整委员会⑦。其中农产调整委员会主任委员为周作民，工矿调整委员会主任委员为翁文灏，贸易调整

---

① 钱端升等：《民国政制史》，上海人民出版社2008年版，第292页。

② 刘寿林、万仁元等编：《民国职官年表》，中华书局1995年版，第440页。引用时内容有所订正、补充和完善。

③ 许培泽：《记镇江办事处》，《新世界》第11卷第8期，1938年1月1日，第16—17页。

④ 黄立人主编：《卢作孚书信集》，四川人民出版社2003年版，第591页。

⑤ 周佛海著、蔡德金编注：《周佛海日记全编》，中国文联出版社2003年版，第71页。

⑥ 张伯苓：《胜利终必归我》，《新世界》第11卷第5期，1937年10月1日，第3—5页。

⑦ 钱端升等：《民国政制史》，上海人民出版社2008年版，第292页。

委员会主任委员为陈光甫，副主任委员为邹秉文[①]。当时贸易调整委员会的职责在于促进国营和民营贸易事业的发展，并给予资金及运输上的协助，所以其初期工作，偏重于疏通长江与粤汉线的货运以及协助汉口、重庆等地民间所存贮大量茶叶、桐油、生丝等货物的推销。（二）翁文灏与相关人员商讨工矿、农产、贸易调整委员会章程[②]。

9月18日　翁文灏与相关人员讨论调整委员会工作方法[③]。

9月18—19日　卢作孚为扩展湘江航运，由南京乘飞机抵武汉，转湖南长沙。《嘉陵江日报》载[④]：

> 《新蜀报》载：民生公司总经理卢作孚氏，今为推广湘江营业事，已于9月18日由京抵汉，翌日即搭车前往长沙，处理一切重大事务，并与粤汉铁路局商定联运合约事宜。

9月21日　卢作孚乘飞机抵重庆。《嘉陵江日报》载[⑤]：

> 《新蜀报》载：民生公司总经理卢作孚氏，因公乘机飞抵重庆，定飞蓉，明日由蓉直飞南京云。

9月23日　中央大学校长罗家伦收到中央大学“准迁重庆的部令”。到10月初“南京的东西大致迁移就绪”[⑥]。中央大学的西迁，“意外地获得民生公司总经理、爱国实业家卢作孚的鼎力相助，得到圆满解决。……民生公司这一举动，为保全中央大学作出重大的贡献，在中国高等教育发展史上留下重重一笔。”[⑦] 罗家伦把民生公司运送中央大学图书器材等物

---

① 杨开道：《中国战时对外贸易》，《经济建设季刊》，第2卷第1期，1943年7月，第87页。

② 李学通、刘萍、翁心钧整理：《翁文灏日记》，中华书局2010年版，第170页。

③ 同上书，第171页。

④ 《民生公司发展湘江航线卢赴湘商订联运合约》，《嘉陵江日报》1937年9月22日，第1版。

⑤ 《民生公司发展湘江航线卢赴湘商订联运合约》，《嘉陵江日报》1937年9月22日第1版；《卢作孚昨飞渝》，《嘉陵江日报》1937年9月22日第2版。

⑥ 罗家伦先生纪念文存编辑委员会编：《罗家伦先生文存》第1册，“国史馆”、中国国民党中央委员会党史委员会刊，1976年，第595页。

⑦ 王德滋主编：《南京大学百年史》，南京大学出版社2002年版，第193—194页。

的轮船，称为“罗哀宝筏”（Noah’Ark）即“诺亚方舟”。他说[①]：

> 当开始迁移的时候，我和民生公司总经理卢作孚先生商量，要他改造一条轮船的一层，为装牲畜入船之用。卢作孚本来在成都办了一个家畜保育所，对于改良畜种很为热心，却受到了四川所谓五老七贤这般人的攻击。要想改良畜种，当然要饲养牲畜与不同的饲料，于是乎这些读孔孟之书的老者、贤者，就引了“狗彘食人食而不知检”这类的话大肆攻击，所以卢作孚受了一肚子的委曲。现在听说我要把中央大学一大群的畜种运往四川，他大为高兴，除了与他愿望相孚，还可以给他洗刷“狗彘食人食而不知检”的污蔑的责备，所以他接受了我的要求，改装了川江轮的一层。我叫农学院把每一种畜种选一对上船起运，这条船拿基督教的圣经故事来作比喻，就是等于“罗哀宝筏”（Noah’s Ark），拿中国的诗句来说就是“鸡犬图书共一船”。

9月24日　卢作孚偕南开大学校长张伯苓乘飞机从重庆飞汉口后，因事回宜昌，在宜昌分公司经理李肇基陪同下参观李肇基在当地创办的四川中学并作了讲演。卢作孚的讲演分前后两部分，第一部分讲人才问题，第二部分讲学生读书问题。《新世界》载[②]：

> [卢先生讲者，前半段要点为] 中国人材应有三类：第一类是能从无钱无人无事之局面，创造成为有钱有人有事之局面；第二类是在有钱有人有事之局面里，能将此局面经营好；第三类是在有钱有人有事之局面里，本人能成功为一个好人。现在亟须培植的，是极其缺乏之第一类人材，始可不断的产生第二第三类人材，以增强我国家实力。[后半段要点为] 学生不宜在校死读书，应在读书时即多学作帮助社会之工作，将来在社会上服务时，始能帮助社会。

9月底　民生公司第三期船员教育结束，至此，原定船员教育计划完成。经过三个学期的船员教育，到本次活动结束时，原来不识字的船员，

---

① 罗久芳、罗久蓉编辑校注：《罗家伦先生文存补遗》，台北“中研院”近代史研究所2019年，第150页。

② 《卢总经理偕张校长在宜讲话》，《新世界》第11卷第6期，1937年11月1日，第51页。

已经能够认识普通文字，阅读简单报章，书写简单信件①。

9月　民生公司民泰、民宪、民族、民勤等轮自镇江装运公物、机器等1692.77吨到汉口②。

10月1日　《翁文灏日记》本日载："徐旭生来访。卢作孚"③。

［按］原文如此，关于卢作孚只有名字，应是关于卢作孚了解到或想到了什么比较重要的事情以备忘。徐旭生（1888—1976），名炳昶，以字行，河南省唐河县人，著名考古学家，曾任北京大学教务长、中央研究院院士。

10月2日　卢作孚拜访翁文灏，告以重庆四川水泥厂日产水泥900桶，不日又可建成电力厂，请予以借款支持④。

10月4日　上午，卢作孚在南京国民政府军事委员会第二部与周佛海、梅思平、王又庸、张伯勉（锐）等人商讨第二部职员任务分担等问题⑤。

10月14日　《嘉陵江日报》载四川省政府主席刘湘就成渝铁路测量费问题致电卢作孚事⑥：

> 省政府为积极兴修川滇铁路，今电卢作孚，就近向铁道部商洽测量费70万元问题。

10月15日　上午，卢作孚与熊式辉以将离开南京，嘱周佛海代军事委员会大本营第二部部务⑦。之后，卢作孚由南京乘飞机经汉口飞抵重庆、成都，代表南京国民政府与重庆行营、飞成都与刘湘陈商重要公务，

---

① 民生实业公司编：《民生实业股份有限公司概况》，1938年刊，第1页；杨大烈：《二十六年之人事报告》，《新世界》第12卷第3期，1938年4月1日，第54页。

② 王献章：《抗战以来本公司运输公物概况》，《新世界》第12卷第3期（第十三届股东大会专号），1938年4月1日，第86页。

③ 李学通、刘萍、翁心钧整理：《翁文灏日记》，中华书局2010年版，第173页。

④ 李学通：《翁文灏年谱》，山东教育出版社2005年版，第149页。

⑤ 周佛海著、蔡德金编注：《周佛海日记全编》，中国文联出版社2003年版，第78页。

⑥《刘表示决以全力促成川滇铁路》，《嘉陵江日报》1937年10月14日第2版。

⑦ 周佛海著、蔡德金编注：《周佛海日记全编》，中国文联出版社2003年版，第82页。

除催促川军出川外，对川军出川后行军路线、布防阵地等均有协商[①]。

10月19日 （一）《嘉陵江日报》载卢作孚近日行踪[②]：

> 渝讯：省府委员卢作孚，顷因要公需面谒刘主席陈商，日前由汉乘中航机中山号飞渝，当即驰赴行营有所报告。改乘北平号邮机飞蓉。在渝同行者，有第6区行政专员冷寅东。闻卢氏在蓉留两日，定明日飞汉云。

（二）交通部密令航政司组织长江航业联合办事处沪镇联运处，办事人员以及轮船由招商局、三北公司、民生公司公摊[③]。

10月22日 《嘉陵江日报》载卢作孚近日行踪[④]：

> 全国经济委员会卢作孚，日前由京乘机返川，过渝时曾谒行营贺（国光）主任有所报告，抵省后业已谒见川康绥靖主任刘湘，商洽某项重要公务，结果甚为圆满。除代表中央催促川军出川外，闻对将来川军出川后行军路线，及担任阵地等问题，均与刘主任有更进一步之协议，大约川军所属第1、2两纵队，必采取集体活动而独当一方面之战地全责云云。
>
> 又卢氏使命完成，已于前日返渝转汉回京云。

10月23日 （一）长江航业联合办事处举行第一次会议，伍极中、沈仲毅（招商局上海业务处主任委员）等参加，沈仲毅主持会议，议定船只数量、吨位公摊办法，筹备沪镇联运处，推定沪镇联运处镇江股、上海股负责人。民生公司王德润、张澍霖分别参加联运处镇江股、上海股的负责工作。会议还议定：联运处内河航路分南北两线，北线从上海经南通到镇江，后来此线未能发挥作用；南线从上海到镇江，内迁工作主要依靠

① 《卢作孚因要公飞蓉明日即飞汉》，《嘉陵江日报》1937年10月19日第2版；《川军出川及担任阵地卢刘有进一步之商洽》，《嘉陵江日报》1937年10月22日第2版；周佛海著、蔡德金编注：《周佛海日记全编》，中国文联出版社2003年版，第82页。

② 《卢作孚因要公飞蓉明日即飞汉》，《嘉陵江日报》1937年10月19日第2版；《川军出川及担任阵地卢刘有进一步之商洽》，《嘉陵江日报》1937年10月22日第2版；周佛海著、蔡德金编注：《周佛海日记全编》，中国文联出版社2003年版，第82页。

③ 《交通部密令》（1937年10月20日），重庆档案馆藏。

④ 《川军出川及担任阵地卢刘有进一步之商洽》，《嘉陵江日报》1937年10月22日第2版。

此线。《会议记录》载①：

决议事项

一、公摊办法

以各公司参加之船只数量及吨位为标准作200分计算，计招商80分，三北60分，民生、宁绍各15分，大达10分，尚余20分为加入其他公司摊派之预备。

二、公摊方法

甲、上海至镇江营业盈亏照公摊成分担任；

乙、镇江至汉口各埠货物依照轮班挨次装运，净水脚提百分之廿五作为承运轮船公司之开支，余七十五分归联运处拨成分摊；

丙、下水货由各公司径交联运处承运，依照联运水脚照付；

丁、栈租码头照旧仍归各公司自行付给；

戊、下水由镇至沪货物以船边交货为原则。

三、推定负责人

镇江为忻礼庠、翁奇斌、王德润，上海为曾广顷、杨管北、江毅甫、张澍霖、李志一、卢于旸。

四、规定航线

联运处内河航路分南北两线，北线自口岸至南通止，南线自镇江至上海。

五、规定船租

油漆、柴煤由本处供给，船只船员保险费由本处负担，修理费由本处垫付，于租金内扣除。每月小轮租金为500元至700元，民船以50吨为标准，每月租金470元。

六、规定水脚

甲、上海至镇江重量尺码每吨至多为15元；

乙、工厂迁移机件照8折计算；

丙、公用物为8折，军用品半价；

丁、镇、沪出口货物，每吨最高6元。

七、各股用人

上海15至20人（内招商9人，三北5人，民生、大达、宁绍各2人），镇江10至12人（内招商5人，三北、大达、民生各2人）。

---

①《长江航业联合办事处沪镇联运处第一次会议》（1937年10月23日），重庆档案馆藏。

八、镇江码头

镇江除招商外均无码头，拟呈请交通部将招商局接管之日清码头基地浮桥，暂拨联运处，由三北将其趸船移靠，除三北自身外，其他联运公司均得停靠，惟须照出租金，归联运处收入。

九、保护问题

呈请交通部转商军事委员会，发给免征及通行证，计小轮40张，民船200张。

随即，镇沪联运处既告成立。资料载①：

交通部训令组织镇沪联运处本处，经本处召集各委员及参加各公司会议，议决依事实上之需要，设上海镇江两联运处，以资便利并分内河航路为南北二线。于丹阳、无锡、苏州口岸、南通分设接洽处，为沿途照料、促进之需要，当场推定三北公司经理忻君礼庠、国营招商局镇江分局经理翁君奇斌，民生公司镇江办事处主任王君德润为镇江联运处委员。国营招商局业务课正副主任委员曾君广顷、江君毅甫，大达公司经理杨君管北，民生公司上海分公司经理张君澍霖，三北公司经理李君志一，宁绍公司经理卢君于旸为上海联运处委员，并经呈奉交通部核准在案。现在业务繁重，时不可失，部令主旨在便利上海工厂迁移、资源输入、国货出口，关系甚巨，所有镇江联运处应以忻礼庠君，上海联运处应以江毅甫君为召集人，相应检同简章及决议案函请查照。即日召集会议，筹备成立，根据组织简章及议事录妥为办理，仍随时将办事情形具报，以便核转为荷，此致委员。附办事简章、会议纪录（略）。

（二）在总公司设计长赖彦于主持下，民生公司总公司召开了有各处室负责人参加的转运西上客人服务工作及宣传办法会议，要求全体船员动员起来，表现服务精神，并指定了具体办法。大约自此时起，“承运政府公物”成为民生公司南京办事处乃至整个公司的最重要的业务②。

10月26日 刘湘被任命为第七战区司令长官，陈诚为副司令长官，

① 《长江航业联合办事处沪镇联运处第一次会议》（1937年10月23日），重庆档案馆藏。

② 《欢迎股东》，《新世界》第12卷第3期（第十三届股东大会专号），1938年4月1日，卷首页。

负责护卫南京。

10月　（一）民生公司派轮船自镇江装运公物、机器等2063吨到汉口[①]。（二）民生公司轮船自6月份开始到本月，自南京抢运公物约2000吨[②]。（二）民生公司总经理室增设设计、稽核、秘书三室。设计室为总经理室研究业务计划，由赖彦于任设计室主任。稽核室负责审核公司开支，由陈国玱任稽核室主任。秘书室负责各个部门的协调，由李邦典任主任秘书。

11月初　刘湘、刘航琛乘飞机飞抵南京，川军十二个师出川抗战，其中邓锡侯、孙震、李家钰部六个师奉命开赴山西作战，刘湘部唐式遵、潘文华六个师编为一个集团军，以唐式遵为总司令，潘文华为副总司令，奉命驰援京沪一线。刘航琛担任川军经理处长驻汉口，负责两个战场川军的军饷[③]。

11月4日　南京国民政府军事委员会第二部开会，卢作孚与周佛海均参加。《周佛海日记》记载[④]：

> 散会后，与卢作孚谈外交及政治、社会各种情形。此人头脑清析（晰），且肯研究，余远不如也。

11月5日　李公仆在南京卢作孚处午餐，餐后谈战区教育问题。《李公仆日记》载[⑤]：

> 饭后谈及战区教育问题，卢很赞成，惟注意课程的内容与教育人选两问题。他并表示国家所需要者非常具体，而多方工作者均偏于抽象、不切实际之筹划。

11月6日　国民党中央常务委员会第五十九次会议通过《非常时期党政军机构调整及人员疏散办法》，其有关军事委员会者有五：1. 中央党

① 王献章：《抗战以来本公司运输公物概况》，《新世界》第12卷第3期（第十三届股东大会专号），1938年4月1日，第86页。

② 同上。

③ 刘航琛：《戎幕半生》，沈云龙主编《近代中国史料丛刊》续编（489），台北文海出版社，第202页。

④ 周佛海著、蔡德金编注：《周佛海日记全编》，中国文联出版社2003年版，第89页。

⑤ 《李公仆日记》，《近代史资料》总第105号，中国社会科学出版社2003年版，第78页。

部的组织、宣传、训练三部暂归军事委员会指挥；2. 取消军事委员会大本营第二部，其执掌与总动员有关者，并入国家总动员设计委员会办理；3. 取消第五部，其执掌并入中央宣传部办理；4. 第六部以中央组织、训练两部并入；5. 军事委员会其大单位之机构调整办法由参谋总长拟定①。

11 月 8 日　长江航业联合办事处在上海航运俱乐部举行第二次会议，讨论并议决沪镇联运处正式成立，即日开始办公，以李志一为主任委员；北线航路须于一周内组织成立②。

11 月 10 日（一）上海南市失陷，民生公司上海分公司南市新栈守栈职工忍痛撤离货栈，到撤离时，货栈内存货已经出清 98%③。（二）卢作孚访翁文灏，谈联合运输处开始组织情形④。

11 月 12 日　（一）中国军队撤出上海。（二）淞沪抢运工作告一段落⑤。民生公司战时运输进入第二阶段，公司资料载⑥：

> 上海撤退后，我军集中力量，保卫首都。继以日寇轰炸日烈，京城形势，岌岌可危。政府重心，决定迁移渝汉。本公司轮船航行于重庆、南京间，加紧疏散人口工作。当时并指定元、本、权、风各轮直航京渝，以族、泰各轮专行京宜，分别赶运政府公物。至去年（1937 年）十一月廿三日我军放弃南京止，各轮所运政府公务人员、官佐、各界旅客共数万人，公物、商货由各轮转运至安全地带者，为数尤巨。此为本公司轮船担任后方运输之第二阶段。

《战时后方水上运输是怎样维持的》一文也载⑦：

> 当八一三沪战发生的时候，京沪间铁路公路都是输送军队军火，无

① 钱端升等：《民国政制史》，上海人民出版社 2008 年版，第 292 页。

② 《长江航业联合办事处沪镇联运处第二次会议纪录》（1937 年 11 月 8 日），重庆档案馆藏。

③ 余千山：《二十六年之码头仓栈》，《新世界》第 12 卷第 3 期，1938 年 4 月 1 日，第 31 页。

④ 李学通、刘萍、翁心钧整理：《翁文灏日记》，中华书局 2010 年版，第 183 页。

⑤ 《战时后方水上运输是怎样维持的》，《新世界》1944 年 5 月号，1944 年 5 月 15 日，第 10 页。

⑥ 刘明超：《八一三后本公司之运输》，《新世界》第 13 卷第 2、3、4 期合刊，1938 年 10 月 31 日，第 36 页。

⑦ 《战时后方水上运输是怎样维持的》，《新世界》1944 年 5 月号，1944 年 5 月 15 日，第 10 页。

暇兼顾商运，长江水道又因江阴阻塞不能通航。是时上海厂商意欲迁来内地的，多至五百余家，但皆以水陆交通阻断，无法迁移。于是招商局指派小轮，另辟蹊径，从上海日晖港经运河驶向镇江，再向长江上游转运。开航成功以后，就联合三北、民生、大达、大通等轮船公司，通力合作，抢运上海物资器材，轮船员工都在敌机狂炸之下，奋勇工作，一直到十一月十二日我军退出上海时，淞沪抢运工作，才告一段落。

（三）午后4时刘湘、卢作孚在南京谒蒋请示机宜。《嘉陵江日报》载[①]：

南京12日电：刘湘与卢作孚，12日午后4时谒蒋，请示机宜。并商建设计划。卢并与徐堪商川省预算问题。

11月13日　卢作孚与刘航琛一道访翁文灏[②]。

11月16日　国民政府主席林森乘永绥号舰从南京起航西上，后到宜昌改乘民生公司的民风轮继续西行。

11月18日　经卢作孚介绍，李公仆本日乘民生公司轮船民权号赴汉口[③]。

11月20日　（一）国民政府宣布移驻四川省重庆市办公，此时重庆人口约有47万人。北碚被划为迁建区，此后大批科研机构、大中学校、政府机关相继迁到北碚，使北碚迅速向文化区方向发展。（二）民生公司民聚轮迫于形势，最后一次离开镇江[④]。在两个多月的抢运中，该处抢运物资共计5418吨，资料载[⑤]：

镇江临时办事处，是由政府、工厂及本公司三方面联合组成的迁厂运输委员会，会同商办配货、装载、转运的各项事项，由公司动员

① 《刘卢谒蒋请示机宜》，《嘉陵江日报》1937年11月15日第2版。

② 李学通、刘萍、翁心钧整理：《翁文灏日记》，中华书局2010年版，第184页。

③ 《李公仆日记》，《近代史资料》总第105号，中国社会科学出版社2003年版，第87页。

④ 王献章：《抗战以来本公司运输公物概况》，《新世界》第12卷第3期，1938年4月1日，第86页。

⑤ 万迪鹤、颜鹤年、薛冶欧：《抗战以来本公司的货运与客运》，《新世界》第13卷第2、3、4期合刊，1938年10月31日，第37页。

民泰、民宪、民族、民勤各轮航行汉口。计去年（1937年）：九月份上运公物、机器1692.77吨，十月份运2063.00吨，十一月份上运1393.00吨。共计运输数字5148.77吨。为数虽然很小，但对于国家的军事和商业上不能不算是一种贡献。

11月22日　民生公司镇江办事处正式结束，人员后撤[①]。

11月23日　川江航务管理处、公路局、民生公司（郑璧成）、重庆市政府等方面人员在重庆市政府召开轮渡公司筹备会议，议定设立轮渡公司办法[②]：

a. 先行试办储海轮渡，以3月为试办期间；b. 以海棠溪义渡董事会与民生公司为承办主体；c. 管理办法由义渡与民生公司共同商定；d. 损益负担由双方照下列比例分配：一、营业损失由民生公司负担十分之四，义渡分担十分之六；二、营业利益时，由民生公司分担十分之六，义渡分担十分之四。

11月24日　刘湘胃溃疡病发作，经蒋介石核准，乘轮船赴汉口治疗，陈诚代行第七战区司令长官职责。

11月26日　国民政府主席林森乘民生公司民风轮，于本日到达重庆。

11月27日　刘湘抵达汉口，住进万国医院。之后交通部部长张嘉璈通过刘航琛转告刘湘：国民政府改组时将借用卢作孚出任交通部次长[③]。

11月29—30日　国民政府的文官、参军、主计各处人员乘民生公司的民政、民贵轮先后到达重庆。

11月30日　（一）国民政府开始在重庆办公[④]。（二）卢作孚访翁文灏，谈政府当局欠运川机件每吨运费在百元以下[⑤]。

11月　（一）军事委员会农产、工矿、贸易三个调整委员会之下设水

① 万迪鹤、颜鹤年、薛冶欧：《抗战以来本公司的货运与客运》，《新世界》第13卷第2、3、4期合刊，1938年10月31日，第37页。

② 《筹办本市轮渡公司会议纪录》（1937年11月23日），重庆档案馆藏。

③ 刘航琛：《戎幕半生》，沈云龙主编《近代中国史料丛刊》续编（489），台北文海出版社，第204页。

④ 周开庆编著：《卢作孚传记》，台北川康渝文物馆1987年版，第61页。

⑤ 李学通、刘萍、翁心钧整理：《翁文灏日记》，中华书局2010年版，第189页。

陆运输联合办事处①，卢作孚为办事处主任。（二）民生公司轮船本月从镇江抢运公物、机器等1393吨到汉口②。（三）中山文化教育馆本月从南京迁到北碚，孙科兼任董事长。

12月1日　民生公司派船务处经理郑璧成与上海大鑫钢铁厂代表余名钰在汉口签定合作协议，组织大鑫钢铁厂渝厂，股本定为50万元，双方各投资25万元③。大鑫钢铁厂是浙江镇海人、获美国加利福尼亚大学冶金硕士的余名钰，在上海创办的一家著名的钢铁厂，1934年9月开工，是战前全国规模最大的民营钢铁厂④，大鑫厂改组不久又奉令改名为渝鑫钢铁股份有限公司。合营后该厂运抵武汉的机件由民生公司分5批于12月初运往重庆，并在民生公司江北堆栈成立临时工厂。1938年4月在土湾勘定厂址，兴建厂屋。卢作孚曾经说：渝鑫“是迁川工厂开工最早的一个，主持的余铭玉（应为名钰）君是一位工业上的大胆者，他不但炼钢，他也冶炼与钢铁有关的原料如硅铁和锰钢，也制造和炼钢有关的材料，如火砖和碳精。他作人不肯作的事，为自己造轧钢机，同时也为其它钢铁厂造轧钢机”⑤。

12月6日　（一）民生公司南京办事处结束业务后撤，从抗战爆发到后撤，先后抢运物资6491吨到汉口，资料载⑥：

> （一）南京办事处的成立经过——南京为我国政治中枢，货运虽然有限，但客运尚属畅旺。南京办事处的成立，为民国廿五年十月十二日，租用津浦路下关澄平码头，停泊船只。在京沪线敌方进攻最猛烈时，首都的军运民运，极为忙碌。这时政府命令本公司、招商、三北三个公司，会同组织长江航业联合办事处，专办军民水运事宜，凡是京中公用物品、抗战部队、军需用品、兵工厂器材，都交给这个联合办事处装运。去年（1937年）十二月敌军逼近南京，南京办事处

① 钱端升等：《民国政制史》，上海人民出版社2008年版，第292页。

② 王献章：《抗战以来本公司运输公物概况》，《新世界》第12卷第3期，1938年4月1日，第86页。

③ 陈滋生：《本公司二十六年大事纪略》，《新世界》第12卷第3期，1938年4月1日，第82页。

④ 《余名钰的渝鑫钢铁厂》，《新世界》1944年9月号，1944年9月15日，第22页。

⑤ 卢作孚：《一桩惨淡经营的事业——民生实业公司》，民生公司1943年9月印，第29页。

⑥ 万迪鹤、颜鹤年、薛冶欧：《抗战以来本公司的货运与客运》，《新世界》第13卷第2、3、4期合刊，1938年10月31日，第37—38页。

于十二月六日遂暂告结束。

（二）运输数字

调民风、民康、民族、民宪、民泰等轮装运，于廿六年十月份运到汉口的公物用品计2957.00吨，十一月份运到汉口的公物军用品2877.00吨，搭载商货657.00吨，合计共装出各货6491.00吨。

［按］在抢运最繁忙的时候，该办事处所属澄平码头一度成为南京运输要埠，资料载①：

迄京沪间战事失利后，南京军民运输极为忙碌，本公司及招商、三北两公司，奉交通部令合组长江航业联合办事处。专办军民水运事宜。于是京中公务人员、公用物品、抗战部队、军需用品、兵工器材以及逃难民众行李，均交由我三公司轮船分别承运。我澄平码头遂成为首都要埠矣。

12月初　卢作孚到武汉指挥抢运工作。在武汉卢作孚住在金城银行汉口分行经理戴自牧住宅的楼上②。

12月7日　卢作孚访翁文灏③。

12月8日　（一）翁文灏向财政部次长徐堪谈卢作孚所提重庆水泥厂和电力厂的建设，其中重庆水泥厂需要投资90万元，电力厂需要250万元，希望财政部能够促成④。（二）民生公司与兵工署初步订立从汉口装运万吨机材到重庆的包运合同，每吨运价为52元。资料载⑤：

廿六年十一月京沪线战局变化，我军转移阵地，接着南京失守，武汉亦时受敌机威胁扰害，党政军机关的公物、工厂的器材，学校及文化机关的图书仪器，都要赶运入川。其中兵工厂器材1万多吨，急需装运。这时正是水枯的冬季，巨型长江船，因为吃水关系，不能畅

---

① 余千山：《二十六年之码头仓栈》，《新世界》第12卷第3期，1938年4月1日，第33页。

② 周永林、凌耀伦主编：《卢作孚追思录》，重庆出版社2001年版，第93页。

③ 李学通、刘萍、翁心钧整理：《翁文灏日记》，中华书局2010年版，第191页。

④ 李学通：《翁文灏年谱》，山东教育出版社2005年版，第152页。

⑤ 万迪鹤等：《抗战以来本公司的货运与客运》，《新世界》第13卷第2、3、4期合刊，1938年10月31日，第38页。

行汉宜，即本公司之民元、民本、民权、民风、民族、民泰也不能满载行驶，加以大部船只应差，于是供不应求，运输困难，自不待说。这时有兵工厂的器材待运，此种器材，为抗战唯一武器，关系甚大，必须迅速运至后方，继续工作。乃于去年十二月八日，政府与公司签订运输特约，汉渝运输，由公司整个担任，运价为每吨52元，并议定不加起重费，危险不照习惯双倍加价，大件也不量尺计费。按当时机器运价，计重量者为208元。论体积者为72.90元。普通货品每吨104元。用这作比例，仅仅达到普通货品运费的一半。

12月12日　军事委员会秘书厅会议，张群提出办公地点应在长沙，并提出草拟政府改组方案。最终由翁文灏与张群、陈立夫、张厉生、卢作孚、何廉、邵力子商定改组方案①。

12月13日　（一）南京失陷，此后日军在南京制造了骇人听闻的南京大屠杀，30万人惨遭杀戮。据当时记载②：

敌占南京后，纵兵放火劫掠屠杀奸淫，将我无辜民众及失去抵抗之徒手士兵，用绳索捆绑，每百人或数百人连结一团，用机关枪扫射，或用汽油焚烧，其军官率领士兵，到处放火，并借搜索为名，挨户侵入民家及机关内，将所有贵重物品及中国艺术品捆载而去，至于被强奸之妇女，更难计其数，并于强奸之后用刀割去妇女乳头，任其裸卧地上，婉转呼号，而兽兵则相顾以为乐，在一日之内，竟有将一个女人轮奸至三十七次者，被轮奸妇女之年龄有仅为十二岁者。

（二）民生公司进入战时运输第三阶段，公司资料载③：

南京失陷以后，我政府决心长期抗战，全国上下，一致奋勉，急起直追，华东及华中方面人力、物力渐次转移于西南。各省人士，各厂器材，渐次集中湘汉。本公司船只协助政府，负责运输，一方面由各省运

① 李学通、刘萍、翁心钧整理：《翁文灏日记》，中华书局2010年版，第193页。

② 何应钦：《八年抗战之经过》，沈云龙主编《近代中国史料丛刊》（787），台北文海出版社，第20页。

③ 刘明超：《八一三后本公司之运输》，《新世界》第13卷第2、3、4期合刊，1938年10月31日，第36页。

货至汉再转后方，发展生产事业，一方面运兵出川，转赴前方抗战。政府又以前方战事日益紧迫，而武汉在地势上又非死守之地，故自迁都重庆以后，即集中各方力量，积极建设西南，并决定全国各大工厂及生产事业机关，一律于短期内迁川办理。于是由汉口至宜，由宜至万至渝交通，倍加紧急。交通工具，大感缺乏。汉宜一段，尚有一部外籍轮船行驶，宜渝航线，则以川江水险，川轮过少，不敷分配。我公司秉承政府意旨，下游船只，几乎悉数调行宜渝，上游船但能勉强行驶下游者，亦尽量调行此线，藉增运输效率。自抗战以来，各轮装运出川官兵及壮丁，为数廿万以上，政府公务人员及旅客运川者不下十万。各地难童返川者二三千人，政府公物及各厂家器材先后由本公司轮船运川者约十万吨。此为本公司轮船加紧后方运输之第三时期。

（三）张群、翁文灏、何廉、张厉生、卢作孚在军事委员会秘书厅相商国民政府改组办法①。

12月14日　张群召集陈立夫、翁文灏、张厉生、何廉、卢作孚、邵力子，商研国民政府改组方案②。

12月15日　（一）四川建设厅长何北衡在重庆召开重庆市轮渡公司筹备会议，议决租借两艘民生公司小轮，首先办理储奇门至海棠溪段轮渡，1938年1月1日开渡③。（二）开始从汉口启运兵工署14000吨器材，当月即运出4646.64吨④。卢作孚说："南京兵工署迁动，有器材2000吨，我们以为很特别，经汉口又有14000吨。"⑤ 开始运14000吨时，民生公司的轮船集中于汉口。

12月17日　蒋介石在武汉召集会议，决定行政院迁往重庆，军委会迁往长沙⑥。

---

① 李学通、刘萍、翁心钧整理：《翁文灏日记》，中华书局2010年版，第193页。

② 同上书，第194页。

③ 《筹备组织重庆市轮渡公司会议决议录》（1937年12月15日），重庆档案馆藏。

④ 王德润：《抗战以来本公司汉埠运输公物概况》，《新世界》第12卷第3期（第十三届股东大会专号），1938年4月1日，第89页。

⑤ 卢作孚：《我总是希望大家为国家为公司努力》，《新世界》第13卷第2、3、4期合刊，1938年10月31日，第11—12页。

⑥ 李学通、刘萍、翁心钧整理：《翁文灏日记》，中华书局2010年版，第194页。

12 月 18 日　卢作孚在武汉小病，黄炎培就病榻相谈[①]。

12 月 19 日　周佛海在武汉访问卢作孚，并“谈时局”[②]。

12 月 20 日　军事委员会秘书长张群、交通部长俞飞鹏、行政院秘书长魏道明，召集中央各部委及民生公司、国营招商局举行会议，商讨中央政府机关迁渝运输计划，卢作孚参加。会议决定由卢作孚动员民生公司负责，在 10 天之内运出中央机关 600 名人员，辎重 1500 箱。民生公司相关资料载[③]：

> （国民）政府决定西迁之后，待运人员及辎重都非常之多。分批搭乘诸多不便，故特准备专船欢迎，筹备招待，联络各埠照料。为表示敬意起见，各轮各埠均加派职工服务。如权轮四五、四六两次上，均全搭财部人员。权轮四七上，全搭行政院各部人员。其它如航空委员会及各公务人员，均设法尽量搭乘，以期早日到达目的地，增加办事效率，充实抗战力量。

12 月 22 日　应卢作孚邀请，国民政府主席林森到北碚参观了中国西部科学院科学陈列馆和地质、理化、生物研究所。

12 月 25 日　民生公司开始自宜昌起运万吨兵工器材，到次年 3 月 9 日运完。资料载[④]：

> 廿六年十二月廿五日起，至廿七年三月九日止，运兵工署与迁建委员会器材一万吨，动员民苏、民政、民康、民熙、民福、民勤、民主、民治、民听、民俭、民安、民宪、民裕、民运、民贵、民风，共航行宜渝四十四次，计装 4453.21 吨。动员民主、民康、民苏、民熙、民治、民安、民福、民来、民政、民宪，共航行五十九次，装至万县者共 5854.89 吨。

---

① 中国社会科学院近代史研究所整理：《黄炎培日记》第 5 卷，华文出版社 2008 年版，第 235 页。

② 周佛海著、蔡德金编注：《周佛海日记全编》，中国文联出版社 2003 年版，第 103 页。

③ 罗竟孝：《抗战以来本公司汉埠疏散旅客概况》，《新世界》第 12 卷第 3 期，1938 年 4 月 1 日，第 93—94 页。

④ 万迪鹤等：《抗战以来本公司的货运与客运》，《新世界》第 13 卷第 2、3、4 期合刊，1938 年 10 月 31 日，第 39—40 页。

12月26日　翁文灏召集江汉工程局、军委会秘书厅会谈，根据运输各部待由汉入渝者约五千人以及三万一千余吨等情况，决定组织水道运输管理处，以卢作孚为主任①。民生公司相关资料载②：

> 南京失守后，公物及迁厂器材积汉待转者极夥，政府为求增进运输速率，分配载量适当起见，于十二月上旬在汉、宜、万三埠设立水道运输管理处，统筹运输支配事宜，其时本公司甫与兵工署签定装运万吨器材合同，工作进行，实赖其助。计十二月份运出机材四千六百余吨。

12月30日　兼任行政院长的蒋介石启动战时行政机构改组工作，以孔祥熙为行政院长，国防会议秘书长张群为副院长。

12月31日　（一）蒋介石约张嘉璈晤谈，嘱张任交通部长。张嘉璈“当即表示必须有国库补助，方能措手；并提拟以彭学沛任政务次长，卢作孚任常务次长”③。（二）卢作孚访翁文灏④。

12月　（一）民生公司在旅客运输上，除对于政府人员西迁给予特别便利外，对于兵工署工友运输、教育文化团体运输、难民运输等都给予特别关注。如在优待兵署工友方面，资料载⑤：

> 兵署所属各厂，迁川工作，数千工友均需早日前往制造抗战工具，不能不予给予特别便利。自十二月起各轮上行所有统舱，先留半数。而货舱有余位，则尽量搭乘。票费尤属优异，其最低者仅数元伙食费用而已。

在帮助文化团体内迁方面，民生公司资料载⑥：

---

① 李学通、刘萍、翁心钧整理：《翁文灏日记》，中华书局2010年版，第198页。

② 王献章：《抗战以来本公司运输公物概况》，《新世界》第12卷第3期（第十三届股东大会专号），1938年4月1日，第86—87页。

③ 姚崧龄：《张公权先生年谱初稿》上册，台北传记文学出版社1982年版，第192页。

④ 李学通、刘萍、翁心钧整理：《翁文灏日记》，中华书局2010年版，第199页。

⑤ 罗竞孝：《抗战以来本公司汉埠疏散旅客概况》，《新世界》第12卷第3期（第十三届股东大会专号），1938年4月1日，第94页。

⑥ 同上。

教职员、学生及其它文化团体购票，均有优待办法，并尽量设法安置。如过去中大、金陵、齐鲁、山东大学、江西助产校及现在武汉大学等，使其早日到达安全地段，静心读书，加紧训练，以建筑复兴民族基地。

（二）上海复旦大学和上海大夏大学组成的临时联合大学经江西庐山牯岭迁到重庆菜园坝复旦中学。

下半年　（一）民生公司自抗战爆发到年底，在军事相关运输中作用巨大。民生公司秘书室负责兵差的李邦典说[①]：

八一三抗战爆发，兄弟就由秘书而办兵差……这一次因为办兵差的结果，感觉到公司对国家的贡献，实在很伟大。即如子弹、汽油、兵工署机械等的运输，十之八九，是仗本公司的船。二十六年度公司的船运兵，共达十六万人，即此可见一斑。

（二）卢作孚设法尽量扩充民生机器厂。由于川江轮船数量激增，水道运输繁重，修造轮船方面的需求十分迫切，于是“民生机器厂，应时崛起，发展迅速，远出意料之外”[②]。首先是民生机器厂业务能力迅速扩大，能够胜任民生公司全部轮船的修理、旧船的整理和新船的建造，成为“后方最大的一个民间机械工厂，而且是唯一优良的锅炉制造工厂”[③]。其次是罗致了一大批技术人才和技工。许多有名的造船工程师、机械工程师，在战前不愿到四川工作，以修理为主的民生厂当然无法吸引国内造船和工程机械方面的人才。但是战事一起，江南造船厂、马尾造船厂、大沽造船厂、青岛海军工厂等著名船厂的所在地相继沦陷，部分有爱国心的造船界技师和技工，辗转来到内地，而业务扩大了的民生厂，自然成为他们献身抗战事业、施展才干的舞台。（二）随着厂矿内迁和内地企业的勃兴，本年度民生公司投资范围也得到了扩大，先后投资兴华保险公司6.5万元，投资聚兴诚银行2.5万元，投资四川水泥公司4万元，投资江西光大瓷业公司2千元，投资重庆兴业银行5万元，投资嘉陵纱厂25万元[④]。

---

① 《十三届股东大会欢迎会纪录》，《新世界》第12卷第4期，1938年4月30日，第30页。

② 王洸：《战时航政与航政建设》，《经济建设季刊》第1卷第2期，1942年10月，第62页。

③ 卢作孚：《一桩惨淡经营的事业——民生实业公司》，民生公司1943年9月印，第27页。

④ 陈滋生：《本公司二十六年大事纪略》，《新世界》第12卷第3期，1938年4月1日，第82页。

1938年（民国二十七年）45岁

1月1日　（一）国民政府实行改组以完成建立战时行政体制的工作，孔祥熙任行政院长兼财政部长，张群任副院长，原铁道部并入交通部，并以原铁道部部长张嘉璈为交通部长，卢作孚为交通部常务次长。（二）卢作孚在民生公司汉口分公司召开了有童少生、杨成质、陈国光等公司处室负责人和能够到会的轮船负责人计23人参加的特别会议，对于抢运公物、器材以及运送撤退人员等作了研究部署。（三）宜昌警备司令部设立川江客运联合办事处以统制川江客运分配与管理，旋即瓦解。民生公司资料载[①]：

> 掌握着宜昌航运安全和秩序问题的机关——宜昌警备司令部，为了维持这非常时期的建设和大量迅速转客入川的缘故，乃商同各事业机关，于本年（1938年）一月一日成立了“川江客运联合办事处”，实行统制分配管理的办法。
>
> 当时川江的船只，以军事差务上调配过多，客人搭船不易周转，而一般公务人员及团体，又以登记、分配候船，时间上感觉不便，遂致酿出扣船而走的情势。同时如太古、怡和的轮船，更以国籍立场借口，不照登记分配的一切办法。因此约半个月，该办事处遂告瓦解。

（四）重庆轮渡公司筹备处在川江航务管理处内正式成立，筹备主任由川江航务管理处处长何静源兼任。四川省建设厅为提倡起见，先拨款10万元为官股，另招商股参加。筹备处暂租用民生公司民约、民庆两轮，以轮船代替木船，本日起航行于重庆储奇门和海棠溪之间，在重庆交通史

---

① 《抗战以来本公司宜昌疏散旅客概况》，《新世界》第12卷第4期，1938年4月30日，第39页。

上，开了一个新纪元①。

1月初　卢作孚为帮助叶圣陶一家从宜昌搭乘轮船赴川等事致函李肇基，谓②：

示敬悉。除嘱汉处照兄所提办法雇请驳船外，余事容另函复。一、重远、韬奋来函，谓叶圣陶（绍钧）在宜候船，并有七十余岁之老母及眷属大小五人同行，急欲搭船到川，望兄特别帮助，使觅得舱位。叶君住中央饭店十四号，请介绍旅客服务人与伊接洽为感。二、中央研究院气象研究所吕蕴明最近由汉赴宜转川，请帮助搭轮为感。

1月4日　（一）民生公司合并广安轮船公司的广安、广吉两轮，分别改名为民仁轮、民爱轮③。（二）军事委员会成立水道运输管理处，负责政府机关、人员及公物运输，卢作孚以交通部常务次长兼任主任，军事委员会后勤部副部长黄振兴、江防司令郭忏兼任副主任。（三）由于在分段联运中招商局积欠民生公司运费久拖不还，民生公司汉口分公司致函宜昌分公司，打算对联运一事“借故婉拒”④。

1月5日　卢作孚迅速将军事委员会水道运输管理处组建完成，之后相继在宜昌、万县、重庆设立分处。

1月6日　（一）卢作孚以军事委员会水道运输管理处主任委员视事，开始以战时水陆运输事务最高主管指挥和部署内迁抢运。《嘉陵江日报》载⑤：

我政府为统制战时全国水道交通起见，特设立全国水道运输委员会，已决定卢作孚氏为该会主任委员，会址设在汉口。闻卢氏已于日前就职视事。又该委员会决在渝设办事处，由民生公司业务处经理童

---

① 杨及玄：《重庆轮渡公司的展望》，《西南实业通讯》第14卷第1、2期合刊，1946年8月30日，第11页。

② 黄立人主编：《卢作孚书信集》，四川人民出版社2003年版，第736—737页。

③ 陈滋生：《二十七年公司大事纪述》，《新世界》第14卷第4、5期合刊（第十四届股东大会专号），1939年3月20日，第6页。

④ 《民生公司汉口分公司致宜昌分公司》（1938年1月4日），张后铨主编：《招商局史：近代部分》，中国社会科学出版社2007年版，第435页。

⑤ 《水道运委会主任卢作孚兼任》，《嘉陵江日报》1938年1月10日第2版。

少生负责主持，不日即可正式成立开始工作云。

［按］该报道中说的全国水道运输委员会实际上应为军事委员会水道运输管理处。

（二）国民政府行政院会议正式通过任命卢作孚为交通部常务次长，《嘉陵江日报》载[①]：

6日行政院举行临时会议，经决议交通部常务次长王芃生另有任用，应免本职，任命卢作孚为交通部常务次长。经济、交通部组织法及行政院组织法第一条文并经修正通过。

［按］由于战时水上交通事务异常繁杂，卢作孚对民生公司的指导大为减少。后来反思任职交通部对民生公司的影响时，卢作孚说[②]：

一九三八年参加伪中央交通部，和公司业务有了隔离。

1月7日　马寅初应邀在民生公司作了《日本终必败亡》的讲演，听众达千人以上[③]。

1月10日　（一）国民政府军事委员会水道运输管理处在汉口正式成立，卢作孚任主任委员，负责指挥战时汉宜、汉渝间水运，举凡党政机关公物及迁厂器材等，均由该处统筹支配。水道运输管理处成立之后，即下令把宜昌以上分两段航行。管理处在重庆设立该会办事处，由民生公司业务处经理童少生主持[④]。于是纷乱的情形，开始逐渐转变为有秩序的运输。民生公司史料载[⑤]：

奉军事委员会水道运输管理处命令，将宜昌至万县，由万县至重

① 《卢作孚任交通部次长》，《嘉陵江日报》1938年1月9日第1版。

② 《卢作孚检讨》（1952年2月6日），交通部长江航务管理局档案中心藏。

③ 《马寅初博士在总公司讲演》，《新世界》第12卷第1期，1938年2月1日，第33页。

④ 王德润：《抗战以来本公司汉埠运输公物概况》，《新世界》第12卷第3期（第十三届股东大会专号），1938年4月1日，第89页；《水道运输会主任卢作孚兼任》，《嘉陵江日报》1938年1月10日第2版。

⑤ 许培泽：《抗战以来本公司万埠疏散旅客概况》，《新世界》第12卷第3期（第十三届股东大会专号），1938年4月1日，第96页。

庆，分两段航行，故万县转口，顿行忙碌。军委会水道运输管理处则亦在万设立转口办事处，专办理万渝间转运事宜。

［按］在此前后，为提高处理民生公司事务的效率，卢作孚还在汉口设立民生公司总经理室，总经理室的主要工作之一是指挥在香港购买柴油、钢材，以备战时之用。当时在香港担负采购的是韦焕章、在广州办理转运工作的是王世均，在汉口办理接转工作的是冷善昌，购买这批柴油、钢材的资金是向中、中、交、农四行借贷而来的[①]。

（二）《嘉陵江日报》载卢作孚近日行程[②]：

新任交通部常务次长卢作孚，（四川省）财政厅长刘航琛，前日由汉乘邮航机飞渝。闻刘在渝将有数日勾留，处理关于划分国、省税库事宜，然后赴蓉，并将与何北衡联袂飞昆明会晤新任交通部长张嘉璈等，商建筑川滇铁路进行事宜云。

1月11日　搭乘民生公司轮船抵达重庆后，叶圣陶致函友人叙述汉渝途中感受，谓[③]：

于离汉之前曾上一短简，报告即将动身，想承赐览。廿六日再访陆佩萱先生，蒙彼慨允，买统舱票例无铺位，而得住其船头部之餐室。餐室中共居三份人家，凡十七人。夜间睡于沙发上，餐桌下，地板上，略为不舒服一点；白天则比大菜间还好，大菜间决无此宽畅而有回旋余地也。船以廿七晨开行，行四日而抵宜昌。途中与那两份人家谈得极投契，宛如旧识，又有同载青年多人时来共话。到夜开留声机，合唱所习歌曲。真如最舒适之旅行，迥非逃难情况。到宜昌即宿旅馆，系雪舟兄托杨昔侯先生所预定。其它旅客到埠而无处投宿，在旅馆柜台前过夜者比比皆是。闻停顿在宜昌者多达三万人，而上水船少，且多供差，每开一艘不过载去一二百

---

① 周仁贵：《光辉业绩永留人间——为卢作孚先生诞辰一百周年而作》，见《风范长存》，1993年，第65—65页。

② 《卢作孚前飞渝，短期内偕何刘赴滇商建川滇铁路》，《嘉陵江日报》1938年1月10日第2版。

③ 叶圣陶：《叶圣陶集》第24卷，江苏教育出版社2004年版，第115页。

人，来去不相应，已成越聚越多之势。弟当初颇着急，停留在宜昌如何是好。但经陆先生之介绍，识民生公司宜昌经理李肇基先生。李本教育界中人，办学十余年，于开明所出书籍深为爱好，一谈之下，立刻允诺，谓四日五日内必有办法。及四日，李即招往购票，系统舱票，每张廿五元，有固定铺位。此似无足奇，而得之实大难。盖民主轮系运军械西上者，所载均兵工署员工，民生公司只有十八张票可以支配，而我们得其七，岂非大幸。普通旅客买票须在公司或警备司令部登记，顺次购买，法似甚善；但两处登记者俱有三四千人，而每天疏散者不足百人，故自以为已经登记而睡在旅馆中老等，至少要等一个月才有希望。此种情形或非公等所知，故详述之。若乘外国公司轮船，船票以外还须买铺位。冼翁即系乘外国轮船者，其铺位价廿五元，共认为便宜之至。但铺位在厨房之旁，风吹气熏，极为难受。后找得乘大菜间之熟人，在两榻之间睡地铺，犹与茶房以吃他们的大菜为交换条件，始不遭屏斥。大菜费又是二十元光景。故以非正式手续乘船，又花钱，又受气，实为两失。我们幸得民生之票，可谓福气极矣。民主轮以六日晨开行，行四日，于前日下午抵渝。途中看山确属至乐，但非文字所能描摹。同舟亦渐渐熟识，谈笑多欣。傅赓新夫人馈我们五茄皮酒与罐头食物，弟因得“把酒临江”。到时有舍甥刘仰之在码头招呼，种种便适，即暂寓其家。此次由汉到渝共享三百五十元，平均每人五十元，除了搭乘差轮不用花钱的人以外，我们是最便宜的了。

1月13日　卢作孚、刘航琛、关玉由汉口乘飞机抵渝。卢作孚此次返渝，主要为调整后方交通。《嘉陵江日报》载[①]：

新任交通部次长卢作孚，四川财政特派员兼营业税局长关吉玉、四川财政厅长刘航琛，均于昨日由汉乘飞机到渝……。又卢作孚氏此次返渝，系为调整后方交通，约勾留一周，即行返汉，对于交次新职，何日就职，须得返汉后始能决定。闻卢氏就任交次后，水道运输处事务，仍将兼理云。

1月14日　卢作孚在重庆出席民生公司总公司朝会并讲话，就军事

① 《卢作孚返渝调整后方交通》，《嘉陵江日报》1938年1月15日第2版。

委员会运输公物办法变更及民生公司责任有所陈述，谓[①]：

> 一月以前运输颇呈混乱现象，故军委会认为须有整个办法。经过几度会议，改为运输全由商营，废止扣船办法，于是对运输上发生了极大之效率。运输公物之轮船，本公司占百分之七十，所载吨数占百分之八十，故在运输上担负了最大责任，因之政府对民生公司之希望也很大。

1月15日　（一）卢作孚乘飞机由重庆飞抵汉口[②]。（二）军事委员会水道运输管理处宜昌转口办事处成立。该处成立后，与民生公司等商定了疏散货物和旅客的办法：货物如果不关重要而且不亟待短期运输的器材，则以木船代运；减低票价，实行座票[③]。

1月20日　（一）第七战区司令长官刘湘在武汉病逝，时年49岁。国民政府组织刘湘治丧委员会，以何应钦为主任委员，卢作孚为委员之一参加了治丧相关活动。（二）曾琦为滇缅公路等事从昆明致电卢作孚，谓[④]：

> 弟昨抵滇，访龙主席，晤谈极惬。关于交通问题，有二事奉商我兄：（一）滇缅公路，虽经龙主席督修，完成匪遥；但鉴于最近滇黔公路输送重兵器之困难，仍觉有急速建筑滇缅铁路之必要。闻此事英人并不反对；可否商诸公权部长，从速进行，为国家多辟一国防后路，以利长期抗战。（二）滇省缺乏大规模之无线电台；闻南京电台并未损失，可否移设昆明，以资保存而便利用？统祈酌覆。

1月21日　著名学者杨家骆为中国学典馆及在北碚开展学术研究工作，在内迁途中自宜昌写信给卢作孚，谓[⑤]：

---

① 《卢作孚总经理在总公司朝会谈话》，《新世界》第12卷第1期，1938年2月1日，第33页。

② 《卢作孚前日抵汉》，《嘉陵江日报》1938年1月17日第2版。

③ 《抗战以来本公司宜昌疏散旅客概况》，《新世界》第12卷第4期，1938年4月30日，第39页。

④ 沈云龙辑：《曾慕韩（琦）先生遗嘱》，沈云龙主编《近代中国史料丛刊》（674），台北文海出版社，第269页。

⑤ 黄立人主编：《卢作孚书信集》，四川人民出版社2003年版，第618—620页。

> 骆致力于现代制度史（政治、社会、经济等方面）之研究者颇久，此作即为其结论之一部分，因含有建议性质，故提出单行。所引书报及各机关公团之报告书，凡数百种，而于大着及尊营各事业之报告，援据尤繁。然骆纸上谈兵，以视先生之已见诸实施者，诚又不足道矣。此稿于今夏寄沪付印，未及成而战事作，顷已托沪友录副寄汉。他日寄到，当再呈请教正，并备采择也！民国二十年时，骆以私财十六万创辞典馆于南京，从事中国学术及史料之整理。七载以来，刊行拙著二十五种、一百五十册、三千数百万言，盖与《廿四史》同其量。战事既作，在北平、上海、南京、芜湖等地所藏之资料及印刷厂，或毁于炮火，或情况不明。尤以在平所藏报纸数百箱，在京所藏关系现代史料之杂志、公报、杂刊物五万余册，及拙著各书版片三万余块未能运出，最为可惜！现图于入川之后，在北碚觅一地点，使一部分工作得以恢复。前次敝馆同人西上，承予便利，谨谢！谨谢！兹拟仍请先生赐一介绍函，俾得持往北碚各机关要求参观，并接洽一切。设承俞允，尤为感幸！附呈拙著《四库大辞典》一部，以表悬悃，拜乞指正！骆所著书尚有二十四种、一百数十册，多关于现代史者，候运到再行补奉。甚冀他日能得一快谈机会，以罄区区之忱也！

［按］中国学典馆隶属于李石曾、吴稚晖等创办的世界学社。在卢作孚兄弟的帮助下，杨家骆很快把相关的学术研究用品搬到了北碚，后来他回忆说①：

> 骆以抗战避地入川，卢作孚、子英昆仲为接运“中国典学馆”之书籍百余箱至北碚。时子英方任“嘉陵江三峡乡村建设实验区”主任（民国三十年改为北碚管理局，仍由子英任局长）。作孚嘱骆于乡村建设多提意见。时学术机构多已迁川，而不得恢复工作之地址。骆建议子英，应尽力助之使来北碚，子英谬采骆言，于是在抗战中北碚遂有文化城之称。如中央研究院之气象、动物等研究所，经济部之地质调查所，农业实验所，教育部之编译馆、礼乐馆、中国教育全书编纂处，中山文化教育馆、管理中英庚款董事会新设之中国地理研究所，以及复旦大学，国民政府主计处统计局（此虽政府机构，实具学术性质），均先后设于北碚。

---

① 周开庆:《卢作孚传记》，台北川康渝文物馆1987年版，第54页。

1月22日　蒋介石下令撤销第七战区和川康绥靖公署，任命张群为四川省政府主席，遭到川康实力派坚决反对。蒋介石在汉口召集傅常、刘航琛、卢作孚商谈，表示川康绥靖公署可以保留，张群到成都就任省主席，其它人事一律不做变动，并要三人到成都传达。

［按］后经过不断协商，从前方调邓锡侯回川任川康绥靖公署主任，张群改任重庆行营主任，王缵绪代理四川省主席，邓汉祥仍任秘书长①。

1月24日　（一）日军飞机计24架首次空袭宜昌。②

（二）厂矿迁移监督委员会驻渝办事处林继庸从重庆向资源委员会正副秘书长翁文灏、钱昌照呈报办理工厂迁移工作第一号报告，其中第四项、第十二项关注到北碚设厂条件并提出拟在北碚设立工业区的初步计划。③

1月29日　（一）晨，在广西的黄炎培得江恒源廿八日电，立即嘱电告作孚，速运机械④。（二）国民政府行政院经济部长翁文灏在武汉与卢作孚谈四川经济建设问题⑤。（三）蒋介石致电邓汉祥，在张群未到职前，四川省主席由其暂代⑥。

1月30日　江苏无锡著名工业家薛明剑搭乘民生公司轮船从重庆抵达北碚。薛明剑后来追述⑦：

> 三十日，偕同乡等二十余人，搭民生公司轮船，溯嘉陵江而上，直达北碚，租定学园路四十号作久住计。是镇原为民生公司总经理卢作孚之家乡，由省府划为北碚实验区，办有中学校、体育场、图书馆（尚见藏有余之《工场管理法》及《工艺概要》、《无锡杂志》等）。

---

① 邓汉祥：《蒋介石派张群图川的经过》，《文史资料选辑》（全国）第5辑，中华书局1960年版，第75—76页。

② 郭廷以编著：《中华民国史事日志》第四册（1937—1949），“中研院”近代史研究所1985年，第8页。

③ 中国第二历史档案馆编：《国民政府抗战时期厂企内迁档案选辑》（下），重庆：重庆出版社2016年版，第1090页。

④ 中国社会科学院近代史研究所整理：《黄炎培日记》第5卷，华文出版社2008年版，第253页。

⑤ 知之整理：《翁文灏日记》（1938年），《近代史资料》第103号，中国社会科学出版社2002年版，第71页。

⑥ 周开庆编著：《民国川事纪要》（1937—1950），台北四川文献月刊社1972年版，第41页。

⑦ 薛明剑：《五五纪年》，见无锡市史志办公室编《薛明剑文集》，当代中国出版社2005年版，第62—63页。

物价殊廉，上等筵席只需一元二角，鸡蛋每元百枚，大红桔每三角可买一百枚，房东犹谓系欺下江人，应加十八枚，代为向卖桔者补还，余等几视为避秦胜地。胜利后，余立志须办乡镇自治者，亦因是而起。是时，北碚市容不整，店铺须逢一、四、七日始开门，谓之赶场，居民亦不多，与今后（抗战后期）都市化之北碚面貌，完全不可同日而语矣。

［按］“是镇原为民生公司总经理卢作孚之家乡”的说法，显然不确。

1月　（一）民生公司自汉口运出万吨兵工器材中的4779.57吨，运出水道运输管理处公物、器材1570吨及5337件[①]。同时随着徐州会战的展开，民生公司再次从四川输送大量兵员到前方。民生公司资料载[②]：

当着敌人进攻徐州的时候，我们的轮船正在尽力输送械弹、健儿，由四川到宜昌、到汉口，转运到前方；疏散由沦陷区域的上海、苏州、南京等地卸下来的机器、材料；运送由沦陷区域逃出来的难民、难童，前方运来的受伤将士以及政府机关的公务人员眷属，由汉口、宜昌到四川。那时，汉口、宜昌有好些商货需要轮船装运，要求找我们。运费呢，无论你要多少都照给，可是前方的械弹需要接济，前方的兵员需要补充，沦陷区拆下来的生产机械、材料及由前方运回来的伤兵、难民、公务人员，都迫切的需要疏散，这责任，我们毅然决然地负起来了，顾不了商货运输。

（二）南京中山文化教育馆、中国航空委员会所属油料研究所、中国工业试验所迁入北碚。

［按］由顾毓瑔任所长的中国工业试验所迁入重庆北碚，并在北碚建立新址大楼。后该所迁重庆市区，但是其化学分析室、酿造试验室、木材试验室（后迁乐山）、油脂试验室、纯粹化学药品试验室等则仍设北碚，并在北碚设立了油脂化学、药品制造、淀粉及酿造三个实验工厂。其中纯粹化学药品试验室所属的药品制造实验工厂设于北碚杜家街。

① 王德润：《抗战以来本公司汉埠运输公物概况》，《新世界》第12卷第3期，1938年4月1日，第89页。

② 李若兰：《二十七年的业务》，《新世界》第14卷第4、5期合刊，1939年3月20日，第9页。

2月1日　（一）卢作孚从武汉乘飞机抵重庆，在民生公司稍事休息后，即召集有关方面商讨提高枯水情况下运输效率事宜。《嘉陵江日报》载[①]：

> 交通部次长卢作孚氏，昨日由汉乘机来渝，下机后即返民生公司休息，当召集有关方面商讨运输事宜。据卢氏语记者，此来别无任务，在渝约有一二日勾留，亦无赴省之意。现因长江水枯，多数航轮不能上驶，运输更感困难，正积极设法增加运输效率，尤以宜汉段问题最多。至于由汉迁川各厂约30余家，多系小工业工厂，顷亦设法在短期内迁移到川云。

（二）卢作孚就内迁运输中公私货物承运、起卸设备购置、临时堆栈设置、职员分工负责等事宜致函负责民生公司宜昌、汉口分公司的李肇基，谓[②]：

> 一、各轮于装公物外，得搭包装商货百分之三十。公司以“主”、“康”、“勤”、“苏”、“熙”、“治”、“安”、“意”行驶宜万，每次有九百二十吨以上之载量，应搭包装商货二百七十六吨以上。今因负责独重，不应比照他公司有同样希望，故决以“主”、“康”、“勤”、“苏”、“熙”、“福”、“治”七轮，共约载量七百八十吨，载兵厂运费最低之公物；而以“意”、“安”两轮，仅约载量一百四十吨，载普通商货，此应有甚充足之理由。但因大成、中华、大鑫、中央各工厂，清华、中华各学校器材积宜太多，“意”、“安”两轮应大量装载此项工厂、学校器材，仅能少量搭装其它普通商货。此种吃亏独大之办法，应请商少生兄召集各轮船公司说明，以免不明内容者有所误解。二、为笨重机器起岸而拟增加之起卸设备，须速弄明所需木料数量尺寸及其完成之时间，同时电汉问明，今后尚有若干笨重机器运来，据以决定是否立刻购料赶工。设备如完成需要之时间太长，或笨重机器今后运宜者绝少，则似可无须设备，否则，立刻购料赶工完成。三、临时堆栈可囤货二千余件者几日可以完成？盼查示。如旬日内即可完成，盼立刻动工，限日完成，将必须加以保护之货件移入栈

---

① 《卢作孚抵渝设法改进运输》，《嘉陵江日报》1938年2月3日第2版。

② 黄立人主编：《卢作孚书信集》，四川人民出版社2003年版，第629—630页。

内。四、请排除一切困难，自即日起办到各轮当日到次晨拂晓开。已面嘱润生，空船不装煤，如舱底有货，则煤只装舱面，最多以三十吨为限。五、请兄千万将职员工作分定，有一问题即有专人负责解决。兄应照料联系全局，不应自当问题之冲。每晨必有甚紧张之会议，将重要各员工作加以整理，将当前问题限时解决，乃不致有延搁之病。六、各方函电务须依其要求立刻正确裁答，万不可阅后置之。裁复函电应有专人，其尚待办理之件，亦须先行答以交办情形，直到办完，再以所得结果告之。

2 月 3 日　林继庸在厂矿迁移监督委员会重庆办事处呈报给资源委员会正副秘书长翁文灏、钱昌照的第五号报告中，详细报告了他考察北碚工业环境的观感及计划和阻力。林继庸在该报告中附有图示和详细说明，认为北碚上坝后山有比较平坦的地方上千亩，“拟将纱厂分散建筑于此地，并留回空地，一以备将来展发，一则稍为分散以避空袭危险”。下坝除蚕丝改良场及嘉陵纱厂预定场地外，另有三四百亩可用，连带帅家场可得约七百亩，“深合建筑各种重工业工厂或纸厂之用。码头拟建于上坝与下坝之间，因北碚镇与大沱口之间有礁石伸出江面，当枯水时期不易行舟，若下坝无此困难也。”① 报告提到他甚至与刘航琛协商了北碚设立工业区的电力问题以及他关于市场和工业区涉及的若干打算。同时他也不误担忧地说②：

今日有某大学校长来云，以职所定之工业区地方，为彼所拟定之风景区，彼欲置农学院于此（需地三千亩），已电呈教育部行文地方政府征收，劝职放弃工业区计划，俾为国家多留一片风景区云。职答以鼙鼓声声，惟思将帅，未暇谈风雅，并劝彼放弃风景区计划，多注意国防工业。职拟即日赴成都，先解决此事，免为捷足者先得。

2 月 4 日　（一）卢作孚、傅常、刘航琛由重庆乘飞机抵成都，代表重庆国民政府与各方切实磋商，商讨刘湘病逝后川局善后办法。《嘉陵江

① 中国第二历史档案馆编：《国民政府抗战时期厂企内迁档案选辑》（下），重庆出版社 2016 年版，第 1095 页。

② 同上书，第 1096 页。

日报》载[1]：

绥靖参谋长傅常，昨偕同交次卢作孚、财厅长刘航琛，乘中航机北平号由渝飞蓉。傅、卢、刘此行使命系传达中枢德意，并与各方确实磋商对川局善后办法。午间特邀集贺副主任及军政首长，互相交换意见，为时甚久，深夜始散。

（二）复旦大学校长吴南轩为在北碚觅地建校事致电卢作孚，谓[2]：

近在北倍（碚）察勘永久校址，从天然及社会文化观点上认为东阳下坝最合理想，敝校深愿经营此地，为我公北倍（碚）建设计划之一助，观音、温泉两峡内，拟请保留为风景住宅文化区，工厂散设两峡以外，分区发展，相得益彰，谅蒙赞许，伫候电复。

（三）卫挺生也为北碚觅地建校事致电卢作孚，谓[3]：

顷偕复旦吴校长觅大学永久校址，选定东场镇上下坝，方庆已得国内第一佳地。今返渝，闻先一旦林君继庸已与先生商定，以该地作三十个工厂地址。工厂、大学均甚重要，并选其地，原属可喜。惟鄙见数十工厂万不可集中一处，战时则招敌轰炸，平时亦动酿工潮，似宜稍令疏散，俾获安全。北倍〔碚〕附近因先生昆季努力，目前已有三年成聚、五年成邑趋势。文化机关数月间来集者已六七所，诚宜广辟一区，俾充分发展，令优秀智识份子闻此相互观摩之余，努力为文物出产。若多数工厂逼水林立，则烟尘喧嚣之下，文化机关与智识份子必相率避去，似非两全之道。窃意莫若保留间〔观〕音、温泉二峡间纵横十余里之地，以为风景文化住宅区域，而以嘉陵全江其它地方供献国家作工业区。工厂所需之地，小者数亩，大者十数亩，江上不少此类平坝，如狮子口、水土沱、文信（星）场、毛背沱、夏溪口、澄江口、草街子等，共有面积远在东阳两坝之上，且有两坝之长者无其短，若利用之，则北倍〔碚〕实验区之工业与文化可并行

---

① 《傅卢刘抵省与各方交换意见》，《嘉陵江日报》1938年2月7日第2版。

② 黄立人主编：《卢作孚书信集》，四川人民出版社2003年版，第631页。

③ 同上书，第631—632页。

发展。吴南轩兄即来请教，敬请积极援助，北倍〔碚〕、中国两受其福。

2月5日　卢作孚在成都少城公园参加刘湘追悼会。

2月8日　卢作孚等在成都连日与四川省各方面势力协商四川善后事宜，达成若干意见。《嘉陵江日报》载[①]：

行营副主任贺国光，川康绥署参谋长傅常、交通部次长卢作孚、川财政厅长刘航琛等，日前因接洽川省军政善后事宜，先后飞蓉，已历数日，除传达中央德意外，对川省今后种种中心问题，均与在省军政首长邓汉祥秘书长、王陵基处长、钟体乾总参议诸人，有详密开诚之讨论。闻结果良好，已在善后步骤上，谋得较为妥帖之方案。

2月9日　卢作孚、刘航琛二人从成都乘机飞渝向顾祝同详陈协商善后事宜情形。《嘉陵江日报》载[②]：

贺主任国光、傅常参谋长、卢作孚次长、刘航琛厅长等为川局善后事，曾先后飞蓉，与省方军政当局洽商，已得相当结果，9日联袂飞渝，即谒顾主任详陈经过。惟此项问题，须谒蒋委员长报告后，始能作最后决定，刘、卢两氏，已于11日乘机飞汉口，携善后方案呈委员长请示云。

2月10日　（一）陈立夫为北碚发展方向问题致电卢作孚，不主张在北碚设立工业区，谓[③]：

复旦大学拟定东阳镇下坝为永久校址，闻资源委员会林继庸君拟借上下坝为各工厂厂基，冀便集中，以省电力。按北倍（碚）系风景文化住宅区，对江地带亦以建校为宜。厂屋集中，战时非宜，平时亦易生工潮，尚祈转商另行觅地为荷。

---

① 《川事善后实施即将次第展开》，《嘉陵江日报》1938年2月10日第2版。

② 《川局善后方案卢刘飞汉谒蒋请示》，《嘉陵江日报》1938年2月14日第2版。

③ 黄立人主编：《卢作孚书信集》，四川人民出版社2003年版，第632页。

2月11日　卢作孚与刘航琛乘飞机自重庆飞武汉，携善后方案呈蒋介石。

2月13日　（一）卢作孚应翁文灏之邀，共进晚餐，被邀者还有范锐（旭东）、侯德榜、张兹闿、李景璐、寿毅成等，谈经济建设以及互相合作等事①。

（二）林继庸从成都向资源委员会正副秘书长翁文灏、钱昌照呈报在川渝考察工业资源的第七号工作报告。其中说②：

> 前勘定北碚对河之东阳镇上坝、下坝等地段为工业区，复旦大学吴校长南轩坚欲圈下坝为校地，特由渝飞蓉办理此事。职遇之于何厅长宴会席上，与辩论达两小时之久，吴校长始放弃其主张。于是当建厅何厅长、财厅刘厅长及卢作孚先生等面前，确定北碚对河一带为工业区，并指定辟上坝一带平地为商埠。

该报告中还比较详细地报告了他与四川省建设厅厅长何北衡及该厅主任秘书彭勋武商定的相关具体办法。显然，林继庸对于在北碚上下坝设立工业区一事，大有志在必得之势。

2月14日　卢作孚为北碚迁建区发展方向问题致函经济部工矿调整处林继庸并附吴南轩、卫挺生、陈立夫三人函件，“嘱将北碚下坝让出校地一所，以为复旦大学永久校址”③。

2月15日　黄炎培下午到民生公司汉口分公司晤杨成质，谈运机事，晚访卢作孚④。

2月18日　（一）《嘉陵江日报》载有关卢作孚在武汉消息⑤：

> 四川财政厅长刘航琛，在汉公务完毕，定今日由汉飞渝，处理川

---

① 知之整理：《翁文灏日记》（1938年），《近代史资料》第103号，中国社会科学出版社2002年版，第74页。

② 中国第二历史档案馆编：《国民政府抗战时期厂企内迁档案选辑》（下），重庆出版社2016年版，第1098页。

③ 黄立人主编：《卢作孚书信集》，四川人民出版社2003年版，第634页。

④ 中国社会科学院近代史研究所整理：《黄炎培日记》第5卷，华文出版社2008年版，第261页。

⑤《蒋电重庆行营速办湘鄂联运，卢作孚留汉暂不返川》，《嘉陵江日报》1938年2月19日第2版。

财政事宜，卢作孚因办理汉渝水上交通事项，在汉尚有相当之勾留。

（二）范英士为内迁的复旦大夏联合大学校址事致函卢作孚，谓①：

十四日手谕奉悉，已遵命往晤林继庸先生。据云北碚东阳镇上下坝地方决建为工业区域，拟以二十工厂移设该处，并将设一大规模之发电厂。为便于供电计，各厂不能不事集中，实无余地再分作复大校址。顷复晤郑璧成兄，则谓复大校址已另觅定温泉上流三花石地方，想更无问题矣。

（三）林继庸为北碚迁建区发展方向问题复函卢作孚，谓②：

奉到十四日大示，内吴南轩、卫挺生、陈立夫诸先生原电，承嘱将北碚下坝让出校地一所，以为复旦大学永久校址。查吴、卫、陈诸先生来电时，尚未知南轩兄在蓉商议结果，今南轩兄已在蓉面答，愿放弃原有主张，且已在北碚温泉峡三花石地方妥觅复旦大学永久校址。此事似可作一结束。敬烦婉复卫、陈两先生为荷。附函奉返吴先生等原电三纸，敬祈察收为感。

2月19日　林继庸以厂矿迁移监督委员会重庆办事处报告名义呈报给资源委员会正副秘书长翁文灏、钱昌照的第八号报告中，专门就北碚工业区厂地问题报告如下③：

自职勘定北碚之上下坝一带为建厂及市场地区后，复旦大学吴校长南轩亦拟建校于该地。吴校长飞蓉以保存文化风景区为名，欲工业区让地，继以卫挺生先生及陈立夫部长先后致电于卢作孚先生陈说，北碚工业区划地建厂之改（议）几被推翻。幸职及期抵蓉，据理与辩，川省政府诸厅长均赞成北碚之上下坝一带为工业区，吴校长乃放弃主张。现在川省政府已下令当地官厅指定上坝、下坝一带为工业

① 黄立人主编：《卢作孚书信集》，四川人民出版社2003年版，第634页。

② 同上。

③ 中国第二历史档案馆编：《国民政府抗战时期厂企内迁档案选辑》（下），重庆出版社2016年版，第1099—1100页。

区，并令原在该地之北碚蚕种制造场准备让迁，复旦大学亦已另觅他地建校，故该地区已确定为建厂之用，各厂家咸为安慰，现正催促建厅及基泰工程司早日派员测量及设计。

2月22日　民生公司包运的万吨兵工器材余数全部运出武汉，大部分运到了宜昌。资料载①：

自二十六年十二月十五日起，至今年二月二十二日止，动员民风、民元、民族、民权、民本、民俗、民贵七只轮船，并租来鸿元、同茂十六号，天祥一二三号，兴记八号，招商四号，同茂一二号等驳，及津通拖头、楚义拖头、美成拖头，及本公司七号、五十七号、三号、十号、十一号驳，与民聚拖头，共计轮船洽七只，驳船十八只，拖头四只，航行宜汉间三十六次，汉万间一次，总计装运万吨器材10231.238吨。

2月25日　民生公司包运的万吨兵工器材宜昌以上运输开始。

2月25日　黄炎培访张群、张嘉璈、卢作孚，并畅谈②。

2月27日　内迁的私立复旦大夏联合大学举行第三次行政会议，决定不再联合而分别办理，大夏大学迁往贵州，复旦大学则选定北碚为校址，并呈报教育部备案，函达四川省政府以备查照③。

2月28日　（一）《新世界》刊载卢作孚《要解决当前的问题》一文，谓④：

盼望民生公司的朋友们：每个人管理几桩事，排列出来；有些什么问题，排列出来；怎样解决他，排列出来。一直到解决完，才算完成。这样，才使我们的努力有结果，或事情有效率。我们要求的就在此效率与结果。

---

① 万迪鹤、颜鹤年、薛冶欧：《抗战以来本公司的货运与客运》，《新世界》第13卷第2、3、4期合刊，1938年10月31日，第39页。

② 中国社会科学院近代史研究所整理：《黄炎培日记》第5卷，华文出版社2008年版，第265页。

③ 复旦大学档案馆编：《抗战时期复旦大学校史史料选编》，复旦大学出版社2008年版，第17—19页。

④ 卢作孚：《要解决当前的问题》，《新世界》第12卷第2期，1938年2月28日，第4—6页。

平日，对于重要的事抓住，不重要的排开。因为当前的多是严重问题，就像前方当战当守的问题，后方的补充问题，伤兵的医疗问题，兵的食粮问题等。再如前方的东西怎样能运到后方？后方的运输是严重问题。要解决这问题，全靠车和船。我们民生公司的朋友，在办公室里就解决了国家运输问题，这是怎样严重！因此要求本公司的朋友，从主任起，彻底检讨一下，是不是每个人的问题排清做清，一直做到完全解决了？假若平时能这样做，许多海损不至发生，许多纠纷不至引起，一切都没有问题了。

能够无事时胆小，有事时胆大，还不够，必须无事时有事，有事时无事。民生公司的忠心苦干的朋友们，都要培养出来做事绝对紧张。要想敌人此时是怎样的紧张，我们至少要超过他的紧张才行。

今日恳切盼望同事们自己造行动，去影响别人，要大家都跟着学。要这样，中国才有救。“不失败的民族，是不甘心失败的民族，是拼命的民族。”民生公司的朋友要这样的报效国家，这样的自负！我虽站在会计室，要能影响全公司，才是有意义的自负。试看地图，可怜那样小的地方，侵略了这样大的国家，什么原因？是人的成分不够呵！所以每个人都要清楚认识，解决当前的问题。问题是社会的，不是自己的。一个练习生也可以影响社会，才是有力量，才是当前需要的力量。前次说过，一个人不要自己成散沙，把自己行动创出系统来，才是锋利不可当的，才能把周围克服。盼望人人有这样魄力，向前走去。这不止是个人的盼望，也是事业的盼望，社会的盼望。

（二）日本占领当局宣布上海南市开市后，民生公司先后派申栈主任陈少亭、理货员程克峻、巡丁头目冯静山等，绕道前往上海新栈探视，并派陈永法等驻守该栈以保管残余货物。本日程克峻报告该栈存货及散失情形如下①：

原存九二八件（货物），失陷后初往探视，尚存猪鬃二一二箱（其余四三箱已被劫去）交仁记洋行提去。此外只存药材廿余件，青菇数十件，其它食粮、榨菜等件，均已被劫一空。

2月　（一）国民政府行政院与军事委员会商定调整军事委员会有关

① 余千山：《二十六年之码头仓栈》，《新世界》第12卷第3期，1938年4月1日，第32页。

行政之各附属机关与行政院性质相同的附属机关办法，呈奉国防最高会议核准：1. 农产、工矿两调整委员会与资源委员会改隶经济部；2. 原属财政部的粮食运销局并入经济部农本局；3. 贸易调整委员会及对外易货委员会等改隶财政部，同时贸易调整委员会改组为贸易委员会并改隶财政部，成为负责中国战时对外贸易的主要机构；4. 原属经济部的国际贸易局并于贸易调整委员会；5. 农产、工矿、贸易三调整委员会所设之运输联合办事处改隶交通部[①]。（二）民生公司向筹备中的大明染织公司投资11.5万元[②]。（三）民生公司承运的万吨兵工器材自汉口运出余数1551.50吨，抢运完毕，并开始抢运其他公物，运出水道运输管理处公物1574吨另加214件[③]。（四）聚集到汉口的轮船达200多艘。资料载[④]：

> 二十七年二月，汉口麕集轮船二百余艘，大半是由长江下游后撤。汉口紧急时候，汉口航政局便会同船舶运输司令部组织巡查队，督饬撤退。结果有208艘驶抵宜昌，66艘抵长沙，16艘达常德。以后由宜昌驶进川江的在150艘以上。

3月2日　卢作孚访翁文灏[⑤]。

3月3日　翁文灏请贝安澜、孙越崎、卢作孚等晚餐，谈天府煤矿事[⑥]。

［按］鉴于大批厂矿企业内迁，重庆人口激增，燃料供应将成为严重问题，卢作孚感到天府煤矿若要扩大生产，增加产量，必须整顿企业，更新设备，采用机械化生产。为此卢作孚在汉口商请经济部部长翁文灏觅一接近前线的大煤矿公司撤退到四川与天府煤矿公司彻底合作。翁文灏首先商请中兴公司入川考察，结果该公司认为天府煤矿无合作的价值而罢，卢

---

① 钱端升等：《民国政制史》，上海人民出版社2008年版，第293页。

② 陈滋生：《二十七年公司大事纪述》，《新世界》第14卷第4、5期合刊，1939年3月20日，第49页。

③ 王德润：《抗战以来本公司汉埠运输公物概况》，《新世界》第12卷第3期，1938年4月1日，第89页。王献章：《抗战以来本公司运输公物概况》，《新世界》第12卷第3期，1938年4月1日，第87页。

④ 《战时后方水上运输是怎样维持的》，《新世界》1944年5月号，1944年5月15日，第11页。

⑤ 李学通、刘萍、翁心钧整理：《翁文灏日记》，中华书局2010年版，第218页。

⑥ 同上书，第219页。

作孚仍坚请翁文灏觅人。正在这种情况下，中福煤矿公司总经理孙越崎与卢作孚于1938年3月初在汉口翁文灏寓所相遇。据孙越崎回忆，他和卢作孚见面时，卢作孚“谈起上海一带工厂和兵工厂等上运重庆建厂，川江轮船运输紧张，缺乏煤炭是个大问题”。孙越崎于是向卢作孚提出，中福煤矿机器材料及技术管理人员和技工都在汉口，如与天府合作，可解决这个问题。卢作孚“闻之大喜，立即同意合作，并允负责把中福机器设备优先运输入川”①。

3月4日　林继庸以厂矿迁移监督委员会名义从重庆呈报资源委员会正副秘书长翁文灏、钱昌照的第十一号报告中，就地价评议委员会和北碚设立工业区事报告说②：

> 关于厂址收买地价评议事宜经由四川省政府组织评价委员会，委托李宏锟（重庆市市长）、林继庸、罗国钧（巴县县长）、夏国斌（江北县县长）、王资军（重庆公安局长）、温少鹤（重庆市商会主席）、胡叔潜（后方建设咨询委员会委员）、范英士（建设厅驻渝办事处主任）、基泰工程师一人，共九人为委员，（本）月之五日即可开成立会议。
>
> 北碚工业区已由省政府委托大公职业学校代为测量，由省政府工程师、本会工程师及基泰工程司会同设计。本会现由职略拟计划，将由办事处汪主任泰经暂代出席会同设计。北碚工业区地段，由川省政府尽力收购而分售于厂家。此举可避免厂家直接与地主交涉之烦。

3月8日　卢作孚在武汉邀请黄炎培、梁漱溟在德明饭店晚餐，听梁漱溟报告与毛泽东谈话③。

3月9日　（一）民生公司包运的万吨兵工器材运输完毕。其中民苏等16只轮船，航行宜渝间航线44次，共计运到重庆4453.21吨；民主等10只轮船航行宜万间59次，计运抵万县5854.89吨④。卢作孚说：“从武

① 孙越崎：《孙越崎文选》，团结出版社1992年版，第28—29页。

② 中国第二历史档案馆编：《国民政府抗战时期厂企内迁档案选辑》（下），重庆出版社2016年版，第1103、1104页。

③ 中国社会科学院近代史研究所整理：《黄炎培日记》第5卷，华文出版社2008年版，第271页。

④ 万迪鹤等：《抗战以来本公司的货运与客运》，《新世界》第13卷第2、3、4期合刊，1938年10月31日，第39页。

汉起，撤退所有兵工厂及钢铁厂，第一期运一万二千吨，两个月完成了。"①（二）杜重远访黄炎培，两人有深入的谈话，邀邹韬奋、卢作孚、冷遹等于中午餐叙。黄炎培在日记中载②：

> 重远来深谈，偕问渔招餐。同席重远、韬奋、作孚、御秋、李西涛。谈大局，办报事，作孚谈重庆厂校事。

3月11日　为实地考察合作的可能性，孙越崎和福公司总代表贝安澜、原中福联合处李河煤矿矿长张莘夫、湘潭煤矿工程师布鲁西言克一行共四人本日专程从汉口到重庆。

3月12日　河南中福煤矿公司总经理孙越崎、工程师张莘夫，俄籍、英籍两工程师及经济部地质调查所技正金开英一行在当时天府煤矿公司经理黄云龙的陪同下，考察了天府煤矿三个大平洞的采煤情况。后来孙越崎回忆当时煤矿的情况："上山煤已采完，全靠采下山煤。采掘全用人工，煤从下山用人工背上来，用竹篓绳子背在肩上，两手两足都抓住铺在底板成'其'字形的梯子上，用竹篓一步一步地背上来。抽水也用人工，每人用一长约一丈的竹筒，打通竹节，一丈一个水池，一丈一个人，连续往上抽水，看了使人心酸。加以通风不良坑内很热，工人全是裸体，背煤工人背到平洞，再拖到洞口，一经风吹，易受感冒，死亡率很高。大平洞又弯曲不直。我看了这情况很伤脑筋，感到改造这一老矿井非易事。"同时，孙越崎也看到当时的天府煤矿有三个优势："即（一）有一条17公里长的20磅钢轨可运5吨重煤车的轻便铁路，从矿区直达嘉陵江边；（二）煤层较厚，可采的煤层有两层，一层厚2—3米，一层厚1.5米，储量丰富；（三）由嘉陵江下运重庆不到100公里，运输便利。"两相比较，"优缺点相比，优点较多"③。

3月13日　孙越崎一行考察北川铁路。

3月14日　孙越崎一行返渝④。孙越崎很快决定与天府合作，并初步

---

① 卢作孚：《一桩惨淡经营的事业——民生实业公司》，民生公司1943年印，第19页。

② 中国社会科学院近代史研究所整理：《黄炎培日记》第5卷，华文出版社2008年版，第271页。

③ 孙越崎：《孙越崎文选》，团结出版社1992年版，第29页。

④ 《中福煤矿公司总经理孙越崎今日来峡考察工矿业》，《嘉陵江日报》1938年3月12日第3版；《孙越崎昨来峡定今往北川铁路考察》，《嘉陵江日报》1938年3月13日第3版；《孙越崎今返渝》，《嘉陵江日报》1938年3月14日第3版。

做了规划，将总处、电厂和机修厂设在位置适中的后峰岩。随后他们又考察了四川南川县万盛场东林煤矿。

3月15日　林继庸就在川工作及开发四川资源向资源委员会正副秘书长翁文灏、钱昌照呈报意见，把划定北碚上下坝一带数千亩地段为迁川工厂工业区，列为在其川渝一个多月的工作的重要成绩。他还报告说[①]：

北碚工业区之基础殆可奠定，现在亟须确定进行办法者，厥为电动力之设备问题。如能早日成立一约二三百千瓦之小发电厂，以为在北碚各机器铁工厂开工之用，则可促各厂早日复工。数月后大发电厂成立后，再谋将小电厂迁往他处，以为开发他处工业之用。

3月16日　黄炎培访卢作孚。当晚黄炎培、卢作孚、江恒源共餐菜根香，谈民生公司。黄炎培日记载[②]：

夜，作孚、问渔共餐菜根香，谈民生公司事。谈将毕，得空袭警报。作孚经营民生实业公司，煞费苦心。自入官后，公司内容颇多松懈，为腐化的先兆。问渔积种种所见所闻、事实，今多为作孚倾倒言之，为公为私，不可无此一举。

3月17日　中国工业试验所所长顾毓瑔致函卢作孚，谓[③]：

久违尘教，弥切景企。敬维政棋迪吉，兴居多绥为颂无量。忆自先生荣膺新命以来，对于有关长期抗战之西北、西南交通路线，定必筹熟审精，着手计划。至友骆君美伦对于工程学研究颇具心得，旋复游学英国、美国，学习工程及陆军，回国后参加北伐，并曾充任铁道部专员，在京沪铁路机器厂工作；前年曾奉派前赴日本考察调查，最近中央派往西康任党务常务委员，特别致力于实业建设。过渝时出示其近著《西康、缅甸国际干道意见书》，捧诵再三，深觉所见颇多可

---

① 中国第二历史档案馆编：《国民政府抗战时期厂企内迁档案选辑》（下），重庆出版社2016年版，第1118页。

② 中国社会科学院近代史研究所整理：《黄炎培日记》第5卷，华文出版社2008年版，第274页。

③ 黄立人主编：《卢作孚书信集》，四川人民出版社2003年版，第646—647页。

供先生采纳之处。兹择要摘录于次：

查目前国际交通干道不外东南、西南及西北三线。西北线系指由俄经新疆而入陕甘之线，路线过长，运输不便。东南线系由香港经广九、粤汉，而入内地之线，此路目前已受敌军威胁。西南线系指由法属安南经桂入湘或迳入云南之线，此线虽较东南线为安全，但因：一、海南岛倘为敌占领，东京湾即被封锁。二、法国在远东军力甚薄，稍受威胁，必屈于敌而拒运军火。三、湘桂、滇越两路均有被敌切断之可能。以上三线皆可利用一时，而不可恃为永久抗战之根据，补救之道即宜另辟永久而安全之国际交通干道。此项干道之选择原则有三：一、地区必须绝对安全，为敌军所无法切断者。二、距欧陆路线最短，俾外洋接济迅捷易到者。三、费用经济为目前国力所能负担者。合乎以上原则之路线，厥有二途，除自缅甸之八莫东经腾冲、大理以至昆明一线，已由中央派员勘测建筑外，另一则由缅甸之密支那经片马、盐井、巴安以迄康定之线。骆君认为此线具备之优点为：一、绝对安全。既距敌军航空线甚远，复有高山阻隔，陆空绝不受威胁；海上则自印度洋之仰光入口，敌之海军亦无法控制。二、绝对便捷。欧洲接济之军器，果能由仰光入口，较之由海防入口可省海路二千八百哩之多。陆路则由仰光经密支那以达片马，全长略等于粤汉路，比海防至河口约长三分之二，比西北路线更有霄壤之别。三、绝对经济。自仰光至密支那已有铁路，密支那至片马英人亦已筑成公路，自片马至察隅英人曾加测量。自察隅至康定一段，赵尔丰督蜀时亦经勘察。查自片马北向至察隅一段，系沿金沙江南下，可利用平坦及并列之地形；自察隅东延盐井、巴安以迄康定，多在山背平坦之地，开工尚易，附近沙石、木材随地可取，筑路费用不至十分昂贵。倘能以兵工或民夫协做土方，则所费尤省。四、能作长期抗战之根据。此线不但不受敌海陆空军之威胁，同时西康附近资源丰富，煤铁金属皆可开冶。所缺乏者为粮食，而仰光适为世界之米市。在富源方面，据此可以资攻守。至于形势，则西康据（居）高临下，东控长江，北出陕晋，皆可赖此国际交通干道以控制之。至于开辟步骤以及所需材料与经费等等，详见骆君原送之意见书中。事关有利抗战之国防交通前途，故敢不惮辞费，函达左右，用资参考。另附该项意见书及干线草图各一份，尚希察收。并请不吝指正，是所感幸。专此。

3月20日　卢作孚为嘉陵纱厂等事致函周作民，谓[1]：

到港访问，知台从回沪，谨托澍霖兄归问起居并欢迎及此时间莅西南一游，商讨开拓计划。关于工厂之向西南移者，或无最后决心，至盼登高一呼，俾知归往。一切地方环境问题，弟等当从各方相助。嘉陵纱厂之纱机最短时间以内或无运川机会，已嘱澍霖趋商处置现有纱机及今后进行办法，并乞指示一切。重庆兴业银公司昨有电到汉，嘱转商左右，可否即缴股本或嘱由航琛暂时代缴，待台从到汉后再行处理，并乞便中示及。

3月21日　内迁的复旦大学在北碚开学，卢作孚被聘为校董[2]。

［按］复旦大学迁移北碚下坝后，陈望道先生鉴于下、夏同音，而夏坝较下坝为雅驯，并向学校提议更改地名，为校方采纳，下坝遂改为夏坝。之后，复旦大学在这里先后建成了登辉堂、相伯图书馆、大礼堂、教室、男女生宿舍、农场等。在院系设置方面，开始时有4院16系，后来又增设史地系、数理系、统计系、园艺系、农艺系、茶叶系以及两年制的统计专修科、银行专修科、农垦专修科、茶叶专修科，到1940年秋还设立了农学院，使复旦大学发展为5院22个系科。在该校任教的著名学者有陈望道、周谷城、顾颉刚、曹禺、洪深、马寅初、潘序伦、张志让、童弟周、吕振羽、邓广铭、吴觉农、卢于道、梁宗岱、卫挺生等，在北碚几年间共毕业学生近3000人。加上其他许多重要研究机构迁到北碚，使这里迅速成为抗战时期后方的重要文化区之一。根据卢子英记述：抗战时期，北碚被划为迁建区，先后内迁到这里的机关、学校、事业单位二百余，专家、学者、科技人员有近3000人[3]。李约瑟也在自己有关的记述中多次提到北碚的科学，如1943年，他在《自然》杂志上发表《重庆的科学》中就曾经记述到："无疑，此地最大的科学中心是在一个小镇上——北碚，它位于嘉陵江畔。这里有十八所科学和教育机构，他们大多数都有极大的重要性。"[4]

---

① 上海市档案馆藏。

② 复旦大学档案馆编：《抗战时期复旦大学校史史料选编》，复旦大学出版社2008年版，第31页。

③ 周永林、凌耀伦主编：《卢作孚追思录》，重庆出版社2001年版，第37页。

④ 李约瑟：《重庆的科学》，见《李约瑟游记》，贵州人民出版社1999年版，第96页。

3月下旬　孙越崎回到汉口后，再次与卢作孚洽商，提出需将北川铁路与天府煤矿合并，实行路矿合一，卢作孚当即表示同意，双方商讨时间不到10分钟，一言为定，不订协议，也未同双方董事商谈，初步商定了合作的具体办法：一方面天府、北川合并起来，以矿区和铁路作价加入，另一方面中福公司以机器材料作价加入，共同组织天府矿业股份有限公司，公司总资金为150万元，双方投资各半。新成立的组织定名为天府矿业股份有限公司，并向国民政府有关部门申请注册登记。孙越崎即任命张莘夫为天府煤矿矿长，令他即日率部西上，筹组建矿事宜。民生公司资料载①：

> 卢作孚任着（北川铁路公司和天府煤矿公司）两公司的董事长，时方在汉口，知道中央决将沿海的兵工厂和钢铁厂搬到后方，第一个困难的运输问题，应让民生实业公司来担当了。第二个问题即为复厂开工以后，大量需要燃料，非天府负责供应不可。于是商请经济部翁（文灏）部长觅一接近前线之煤矿公司撤退到四川，与天府彻底合作。翁部长先商中兴公司派人入川考察，但其结果认为天府煤矿无整理的价值而罢。卢董事长又坚请翁部长设法觅人，中福公司孙总经理越崎才被派入川视察。一周之后，孙总经理回到汉口，与卢董事长作了不到十分钟的商讨，合作办法即具体解决：一面天府、北川两公司合并起来，以矿区及铁路作价加入，一面中福公司以机器材料作价加入，重新组织天府矿业股份有限公司，使产运相互配合，有计划的增加煤产量，以应重庆及其附近的需要。由民生实业公司电调轮船两艘到汉口，一星期内即将中福公司的机器材料八百吨完全运到重庆，一月内新公司即组织成立，接收路矿，半年内即开始发电，三年内坑内外之工程即告完成，采煤即完全应用机械，天下事应是这样痛快的。

［按］孙越崎后来也回忆说：战时运输急如星火，武汉失陷后坐镇宜昌指挥川江运输的卢作孚克己从公，“未便行运中福公司的器材，我为此心急如焚，两次前往宜昌，面向作孚先生催运”②。

3月　（一）到本月底，民生公司承运的万吨兵工器材全部运抵重庆，

---

① 《天府矿业公司速写》，《新世界》1944年复刊号，1944年3月15日，第50—51页。

② 周永林、凌耀伦主编：《卢作孚追思录》，重庆出版社2001年版，第49—50页。

承装的各机关学校及工厂器材、物品总数6000吨中有5000吨已经运到重庆[①]。民生公司相关资料载[②]：

> 数月成绩，尚属不恶。但本公司因运输公物器材蒙受之损失，亦复不少。试举数端列后：
>
> 1. 公物水脚均未照商货价格计算，如去年（1937年）九月汉市价为每吨24.36元，公物仅收每吨11.55元。汉宜转渝市价为机器每吨208.00元，普通货件104.00元，公物仅收每吨60.00元，航行成本，有时不敷。
>
> 2. 公物机材中多有条件过苛者，如：A. 重件不加起重费，B. 大件不照体积吨计，C. 危险品不照惯例加倍计费，D. 提装过档费由公司负担等等。
>
> 3. 因运输公物，几将包装商货全部滞存宜昌，客号迭来责难，致使本公司以往获得之转运迅速信誉，不无影响。
>
> 4. 改分段转运以来，内港船几全部调运公物，渝叙、渝涪航线商货拥挤，无法装运，颇受客号责难，水脚收入，亦受影响。
>
> 是以本公司此次虽承运有如许巨额之公物，利益方面，实无足述。唯得藉是稍稍效力国家，略尽应有之天职，差堪自慰耳！

（二）民生公司从宜昌搬运到后方的公物，除万余吨兵工器材外，根据民生公司的资料还有[③]：

器材5449件	机件6409件又80吨
原料等17909件	五金2860件又60吨
火砖16150件	图书仪器1643件
文卷1124件	棉布838件
被服等650件	电料531件
纸头101件	棉子139件

① 王献章：《抗战以来本公司运输公物概况》，《新世界》第12卷第3期（第十三届股东大会专号），1938年4月1日，第87页。

② 同上。

③《抗战以来本公司宜昌运输公物概况》，《新世界》第12卷第4期，1938年4月30日，第38页。

机油 930 桶　　镍币 550 件

文具 270 件　　药品 230 件

其它公物 886 件

（三）抗战爆发到本月为止，民生公司疏散入川旅客共约四万人，其中公务员占 40%，技术人员占 30%，普通旅客 20%，学生员生等 10%①。

（四）民生公司投资事业有十二家，投资金额已经达到 898000 元，资料载②：

（1）嘉陵纱厂 250000 元，（2）北川铁路公司 188000 元，（3）中华造船厂 120000 元，（4）天府煤矿公司 100000 元，（5）兴华保险公司 65000 元，（6）兴业银行公司 50000 元，（7）华通公司 50000 元，（8）四川水泥公司 40000 元，（9）聚兴诚银行 25000 元，（10）（重庆）公共汽车公司 5200 元，（11）石燕煤矿公司 2800 元，（12）光大瓷业公司 2000 元。

4 月 1 日　民生公司主办的《新世界》出《第十三届股东大会专号》，介绍民生公司各方面情况，如公司轮船达到四十九只（其中自有四十六只，租赁三只），总吨位达到 18039. 88 吨，资本额达到 350 万元，资产达到 1210 余万元③。

4 月 3 日　民生公司并入扬子轮船公司的振益、恒新两轮，分别改名为民昌轮、民光轮④。

4 月初　民生公司向招商局提议汉渝间运输两公司采用分段运输方式，即民生公司将多数船只行驶宜渝段，招商局各轮负责宜汉线商货运输⑤。

4 月 7 日　（一）中国军队取得台儿庄战役胜利。

---

① 谢思洁：《抗战以来本公司下游疏散旅客概况》，《新世界》第 12 卷第 3 期，1938 年 4 月 1 日，第 92 页。

② 《本公司之投资事业》，《新世界》第 12 卷第 3 期，1938 年 4 月 1 日，第 95 页。

③ 《本公司历年股本之递增》、《二十六年轮船之增减》、《本公司历年资产之递增》，《新世界》第 12 卷第 3 期，1038 年 4 月 1 日。

④ 陈滋生：《二十七年公司大事纪述》，《新世界》第 14 卷第 4、5 期合刊（第十四届股东大会专号），1939 年 3 月 20 日，第 46 页。

⑤ 张后铨主编：《招商局史：近代部分》，中国社会科学出版社 2007 年版，第 435 页。

（二）《嘉陵江日报》载民生公司投入巨资建造新式大船坞[1]：

渝汛：自沪京沦陷后，长江上游各线轮船，多集中汉宜一带，惟有不少轮只，年久失修，相继停航，而规模巨大之上海江南造船厂船坞，亦陷于敌手，故国营各轮船均坐待损坏，无处修理。此间民生公司有鉴于此，特投资数十万元，在川省沿江某地，创建新式船坞一所，川江最大轮船如民元、民本均可入厂修理。现已开工三月，每日动员土木石工及机械工人，约一千以上，刻正昼夜赶工，预定本月十五日以前完成，将为长江中下游唯一巨大之船坞，对今后长江航运裨益不少，闻主此项工程者为前江南造船厂造船主任叶在馥。需时两年之艰巨工程，今竟计划在四个月内赶筑落成，实为抗战展开后中国航业史上最伟大之贡献云。

（三）长江航业合作讨论会第一次筹备会议在汉口三北公司举行，民生公司代表杨成质为临时主席，会议决定该组织暂设总处于汉口，在必要时于各埠设立分处[2]。

4 月 9 日　民生公司开始抢运原定由其他公司乘运的 4000 吨器材，到 5 月 7 日运完。资料载[3]：

宜段由大轮运上之货物器材，到宜昌后，均须分转，由上江小轮装运入川，两段行驶的轮只相较，载重量完全不同，所以滞宜等转物件，堆积如山。为了转运迅速计，由宜昌至重庆，分为宜万、万渝两段行驶，有时宜渝直驶。装载都受水运处的支配。自一万吨运完后，兵工署由其他公司轮只自汉运宜之器材约四千吨，也急待转运，仍照一万吨方法交公司转运，于是在四月九日开装，于五月七日运完。

4 月 11 日　长江航业联合办事处在汉口三北公司举行会议，讨论镇江联运处、上海联运处等结束事项[4]。

---

① 《民生公司投巨资建造新式大船坞》，《嘉陵江日报》1938 年 4 月 7 日第 2 版。

② 《长江航业合作讨论第一次筹备会议事录》（1938 年 4 月 7 日），重庆档案馆藏。

③ 万迪鹤等：《抗战以来本公司的货运与客运》，《新世界》第 13 卷第 2、3、4 期合刊，1938 年 10 月 31 日，第 39 页。

④ 《长江航业联合办事处会议结束事项纪录》（1938 年 4 月 11 日），重庆档案馆藏。

4月14日　卢作孚陪同杜重远从武汉乘飞机到重庆[①]。

4月15日　卢作孚呈蒋介石迁建委员会器材运输办法[②]：

迁建委员会器材运输办法

一、运输总量最低六万吨，最高八万吨。

二、用商运办法、实装吨数，按低廉运费，责成轮船公司负责承运，以提高运输效能。

三、全部华轮参加运输。

四、分汉宜、宜渝两段运输，因川江船只载重甚小，故必须集中行驶宜渝线，至汉宜线则以长江轮船及一部分海轮提往运输。

五、宜渝军品运输，以现有差轮同心、同德、民苏、民享四轮专运。如军品减少时，亦可加入帮助运输。如军品增多时，亦可加派轮船赶运。但于运出后，应立即恢复原状。

六、宜渝其它公物迁厂器材及商品之运输，以宜渝轮载量百分之三十为限。

七、运输价格之规定

甲、汉宜段　此时商品运价为每公吨廿五元，拟定为枯水（十一月一日起至四月卅日止）每公吨十五元（合商品运价百分之六十）。洪水（自五月一日至卅一日止）每公吨十二元五角（合商品运价百分之五十）。

乙、宜渝段　此时商品运价为每公吨一百六十元，拟定为枯水（同前）每公吨三十七元（合商品运价百分之二十三）。洪水（同前）每公吨三十元（合商品运价百分之十九）。

八、全部运费预算

如以六万吨计

汉宜段　六万吨（合在洪水期间运出）每吨十二元半，计七十五万元。

宜渝段　五万一千四百吨（洪水期间运出者）每公吨三十元计，一百五十四万二千元。八千吨（枯水期间运出者）每吨三十七元，计六十一万八千二百元。

宜渝段合计一百八十六万二百元。

---

① 《峡区要闻汇报》，《北碚月刊》第2卷第7—12期合刊，1938年12月1日。第142页。

② 《卢作孚呈蒋介石迁建委员会器材运输办法》（1938年4月15日），台北“国史馆”藏。

汉宜、宜渝共计运费二百六十一万二百元。

如以八万吨计

汉宜段　八万吨（合在洪水期间运出），每公吨十二元半，计一百万元。

宜渝段　五万一千四百吨（洪水期内运出者）每吨三十元计，一百五十四万二千元。

二万八千六百吨，每吨三十七元，计一百零五万八千二百元。

汉宜、宜渝共计运费三百六十万二百元。

九、宜渝段运轮自五月一日开始装运，在七个月内约可运六万吨。在十二个月内乃能运到八万吨，其计算方法如下：

甲、每月可来回驶三次者三只

民元四百五十吨，民本四百五十吨，民风四百吨，每月可运三千九百吨。

乙、每月可来回行使四次者计八只

民权四百吨，民贵三百吨，民俗三百吨，民勤一百五十吨，民俭一百五十吨，民政一百九十吨，协度一百六十吨，富华二百二十吨。

丙、每月可来回行使五次者计三只

民主一百九十吨，民康一百八十吨，民来一百六十吨，每月可运二千六百五十吨。

每月共计一万三千九百九十吨，七个月可运九万七千九百三十吨，减去修理之耽误百分计，则只能运八万八千一百三十七吨，再减去三成装其它公物、迁厂器材及商品，实际可运六万一千六百九十五吨。此外之两万吨，则于十二月一日起开始装运，因系在枯水及极枯水期内，根据今年枯水宜渝运输量，每月约四千吨推算，需五个月方可运完。

说明事项：

1. 如军运繁忙，偶然有船调供差运，则运量当减少。如军运比以上预算更紧缩，则运量尚可加多。

2. 如遇海损事件轮船损失则运量当减少。

3. 在平水及枯水时，尚有少数小轮船可供使用，但载量甚微，即以帮助公物迁厂器材及商货之运输，故未计算在内。

［按］对此计划中的第六项，侍从室建议宜渝段轮船运输中商品等项载运量提高到百分之四十。

4月17日　（一）卢作孚偕杜重远、何北衡、蔡承新到北碚参观并讲演，资料载[①]：

杜重远、何北衡、卢作孚、蔡承新四氏同时来碚，区属各事业机关欢迎，在大礼堂讲演。

（二）翁文灏日记载："起床见客。接见黄任之、钱新之、民生公司杨惟［成］质、郑璧成等五人（谈运钢铁厂器材七个月可运六万吨，勿拘为差轮，又请借百五十万元）。"[②]

4月18日　蒋介石就三民主义青年团组织章程事函示卢作孚，谓[③]：

去年在京所拟青年团组织规章，请即另缮一份寄汉为盼。

4月19日　午后4时，民生公司在总公司召开第十三届股东大会欢迎会[④]。

4月20日　上午10时民生公司在总公司举行第十三届股东大会，照章改选了董事、监事。董事长郑东琴报告：1937年公司收入9973874元，比1936年多150万元，决算盈余30万余元[⑤]。同时，公司股本已经收足350万元，各项准备及公积金也已经达到450多万元[⑥]。

4月21日　杜重远在民生公司作《由小问题讲到大问题》的讲演，讲演中说邹韬奋和卢作孚是其最敬佩的两位朋友，一位影响其思想，一位影响其事业。杜重远演讲结束后，卢作孚作了《这才是伟大的力量》的讲话，明确讲及自己对革命和改良的态度，强调改造社会要用改良的方

① 《峡区要闻汇报》，《北碚月刊》第2卷第7—12期合刊，1938年12月1日。第142页。

② 李学通、刘萍、翁心钧整理：《翁文灏日记》，中华书局2010年版，第232页。

③ 《蒋介石致卢作孚函》（1938年4月18日），台北"国史馆"藏。

④ 《十三届股东大会欢迎会纪录》，《新世界》第12卷第4期，1938年4月30日，第85—86页。

⑤ 《民生实业股份有限公司第十三届股东大会纪录》，重庆档案馆藏；《新民报》1938年4月20日。

⑥ 民生实业公司编：《民生实业股份有限公司概况》，1938年刊，第2页。

法："从现在进到未来，从小处做到大处，先从自己变起，再改变周围。"谓①：

> 有人认为社会的改变，是要先毁坏，后建设。如果国际允许中国，中国允许我们，就把现在毁坏，重新建设起来。但是，事实上很困难，所以只好采用改良社会的方法。改良也许阻力很大，但要设法去消灭它。
>
> 革命不是一时的冲动，说得好听，是要计划的继续努力。在民国十六年，个人在二十一军的一个研究班里上课，曾提过这问题：在革命高潮中，人人讲革命，请观察我，我是不讲的。三五年后，大家忘记了革命那一天，请来看我。后来，高唱革命的人，不但不曾把社会改革了，反被社会把他们改革了。他们会着我，都很诧异，发现我改变了。我说，大家应当问自己，那是你们自己变，不当来问我。这是课堂革命高潮时。
>
> 还有九一八事变，当马占山将军最后挣扎时，四川青年组织敢死队到前方，经过北碚时，见着正在工作的朋友，就以为国已危急了，哪有闲功夫还来建设乡村！后来，这些到外面救国的青年，不但没有把国救起，连自己吃饭也成了问题，在上海曾有几个来找我帮助找职业的。
>
> 凭着感情的刺激，无法产生有效的结果。若想改造社会，只有改造社会的行动。从当前个人所能接触的人起，只要能下决心，改革了自己，再改革一个人，让那个人有力量，再改革另一个人就够了。这就是力量。这力量，在相当时间，就能改造中国；在相当时间，就能改造世界。

4月23日　（一）经济部工矿调整处林继庸从广州向翁文灏报告接洽情况和计划，表示准备于25日到香港，与周作民协商嘉陵纱厂让地给内迁的豫丰纱厂有关事宜②。

---

① 杜重远：《由小问题讲到大问题》，《新世界》第12卷第4期，1938年4月30日，第5—6页；卢作孚：《这才是伟大的力量》，《新世界》第12卷第4期，1938年4月30日，第7—8页。

② 中国第二历史档案馆编：《中华民国史档案资料汇编》第5辑第2编《财政经济》（6），江苏古籍出版社1997年版，第433页。

（二）经济部职员李景潞就北碚工业区问题密电张兹闿、翁文灏[①]：

张副处长转呈部座钧鉴：密。养电已分别抄呈卢、何（卢即卢作孚，何即何北衡——引者注）。收购下坝，北衡已令建厅驻渝范主任积极进行。俟豫丰勘定在下坝设厂，即拟请由该厂派员会同办理，以促速成。查各厂不愿往北碚设厂，原因（1）该地距渝较远，交通不便，成本提高。（2）仅适合纱厂而平地不多，土工太昂。（3）中途香国寺地方海关设有卡局，进料运货须多纳附层税款。（4）重庆附近电价既已减低，输送便利，现裕华、申新、天原、顺昌等均已在渝附近购地，大鑫用电每度减至二分八厘收架［价］，即其先例。中福电机如能设于北碚江岸，则震寰炼轻油火砖窑及与纱厂有关之机器厂等，动力不在（成）问题。龙章电机公司似已无意借用，该厂可独立生存。职等除在渝勘测新厂地址外，并定漾陪同豫丰、中国诸人前往北碚实地察看，俾便定夺。宜昌木船经与有关人员商定每吨加给奖金七角，各厂滞宜重件亦可于最近三星期内先西运一批。均已电施才办理。职李景潞叩。漾。

4 月 24 日　《嘉陵江日报》载北川铁路公司在民生公司召开股东大会，同意该公司与天府公司合股后，再与中福公司合作办法，报道谓[②]：

北川铁路公司，前在民生公司开股东大会，对于该公司与天府公司合股后，再与河南中福煤矿公司合作办法，完全表示接受，并即席一致通过合作后，双方资本各为 80 万元，开采机器，一律由中福供给，仍照原约定名为北川路矿公司云。

4 月 27 日　重庆国民政府任命王缵绪代理四川省主席职。

4 月　（一）国民政府经济部所属的中央矿冶研究所在所长朱玉苍的带领下从湖南长沙迁入北碚童家溪，该所分为采矿、选矿、冶炼、化验等 4 组，主要从事采矿工程技术、调查资源矿产、选矿冶炼技术等方面的研究，后来在童家溪开办陵江炼铁厂等。（二）国民政府教育部收容战区来

---

① 中国第二历史档案馆编：《国民政府抗战时期厂企内迁档案选辑》（下），重庆出版社 2016 年版，第 1125—1126 页。

② 《嘉陵江日报》1938 年 4 月 24 日第 3 版

渝学生，在北碚设立四川中学师范部。

［按］9月改为国立二中师范部，后改为国立重庆师范学校。

（三）自抗战爆发到本月为止，经民生公司宜昌办事处先后抢运入川的机关（一些军政机关在工厂名义下）、团体、学校、工厂等，大致情形如下①：

> 兹将这次抗战以来九个月中我们先后所转入川的机关、团体、学校、工厂、难民（计六万四千余人）等分别列于后：
>
> （一）学校
>
> 1. 大夏、复旦联合大学　2. 四川临时大学　3. 大公全职业学校　4. 金陵大学　5. 贵州医学院　6. 中央工职校　7. 武汉大学　8. 航空器械学校　9. 中央陆军校　10. 国立戏剧学校　11. 中央警官学校
>
> （二）工厂
>
> 1. 金陵兵工厂　2. 巩县（兵）工厂　3. 白水桥工厂　4. 武昌被服厂　5. 武昌制呢厂　6. 上海机器厂　7. 南昌飞机厂　8. 大鑫厂　9. 京华印刷厂　10. 川一厂　11. 宜昌电报局　12. 中国无线电业公司　13. 永利公司　14. 全国度量衡局　15. 七战区司令部　16. 航会无线电厂　17. 扬州航空站　18. 卫生署　19. 国营金水农场　20. 国防最高会议　21. 宜昌航空站　22. 广播事业管理局　23. 船舶管理所　24. 差轮管理所　25. 中央棉业改进所　26. 导淮委员会　27. 扬子江水利会　28. 成渝铁路局
>
> （三）剧团
>
> 1. 上海影人剧社　2. 抗战剧团　3. 业余剧团
>
> （四）医院
>
> 1. 一五后方医院　2. 一二〇后方医院　3. 一三三后方医院　4. 八五后方医院　5. 重伤医院

5月1日　（一）天府煤矿公司、北川铁路公司与中福公司正式合并为天府矿业股份有限公司（也称天府路矿公司），资本共为220万元，其中北川铁路和旧天府煤矿共出资80万（其中民生公司投资288000元），

---

①《抗战以来本公司宜昌疏散旅客概况》，《新世界》第12卷第4期，1938年4月30日，第39—40页。

中福公司出资80万，向经济部借款60万，以新式机器开发煤矿[1]。原天府煤矿公司与北川铁路机构同时撤销，其资产全部并入新公司。中福联合处因在其他煤矿还有投资，故仍单独存在。在新组建的天府矿业公司中，卢作孚担任董事长，孙越崎担任总经理，原天府煤矿公司经理黄云龙担任协理。在新公司组织章程中明文规定：总经理秉承董事长之命，全权综理对内对外一切事宜[2]。（二）武汉情势日益紧张，国民政府与长江航业联合办事处相关的民生公司、招商局、三北公司等三家公司签定抢运汉口八万吨重要兵工器材的特约。这批器材自5月3日开始从汉口装运，资料载[3]：

> 今年（1938年）五月一日，政府与本公司、招商、三北三公司继续签定运输八万吨器材特约。这种器材，属于国防建设委员会的是五万吨，属于兵工署的是三万吨。由汉口运抵宜昌后，再运重庆，其中有一小部分运到万县为止。这种（器材）运费是宜昌至重庆，洪水期每吨三十元，枯水期每吨三十七元，汉口到宜昌洪水期每吨十二元五角，枯水期每吨十五元。宜昌至万县照宜昌至重庆运费九折。较之原来由汉口至重庆五十二元一吨，不分枯水、洪水，又减少了若干运费。这样，航行成本吃亏很大，但公司方面都深明大义，毅然允可，于五月三日由汉口开始装运，在装运这种器材中，稍有多余的力量，就竭力设法装运政府公物、工厂机器、学校图书仪器。如各部院的文卷，航空委员会的器材，中央、清华各大学书籍，大成、大鑫、中华、豫丰等工厂的机器，都是国家文化与建设上最可注意的。

5月3日　（一）卢作孚与张嘉璈同谒蒋介石，陈述沦陷区邮政局复业意见。蒋介石表示：如有积极作用，可以复业[4]。（二）民生公司开始与招商局、三北公司等从汉口装运兵工署八万吨器材。由于民生公司轮船适宜航行宜昌以上航线，因此八万吨器材的运输中，宜昌以下“民生公

---

① 《北川天府中福合资经营共资本二百廿万》，《嘉陵江日报》1938年5月1日第3版；天府煤矿公司编：《天府公司概况》，大东书局1944年版，第1—41页；陈滋生：《二十七年公司大事纪述》，《新世界》第14卷第4、5期合刊，1939年3月20日，第49页。

② 薛毅：《工矿泰斗孙越崎》，中国文史出版社1997年版，第80页。

③ 万迪鹤等：《抗战以来本公司的货运与客运》，《新世界》第13卷第2、3、4期合刊，1938年10月31日，第38—39页。

④ 姚崧龄：《张公权先生年谱初稿》上册，台北传记文学出版社1982年版，第201页。

司仅助一臂之力，宜昌以上则以民生为主力”[1]。

5 月 4 日　在沈仲毅主持下，长江航业联合办事处在汉口三北公司举行第二次会议纪录[2]。

5 月 11 日　（一）民生公司邀请中央大学校长罗家伦在总公司讲演，谓[3]：

在中国社会事业中，最使人钦佩者莫过于民生公司。贵公司创办人卢作孚先生在几年前到南京时，个人曾请其到中大讲演。卢先生当时笑语：“我怎么能在大学讲演，我仅仅是个被人称为小学博士的人!”我却介绍卢先生是个奇人。因能在国内独创一社会事业，能独自养成一种良好风气，是太不容易的事。民生公司初办时是几个人，现在为几千人。初办时为一件事，现所办者为许多件事，而事业犹在发展中。从以往的情形看来，我觉得民生公司是太有希望了。此次抗战，民生公司对国家的贡献是极大的。由是可知无论何种事业，均可贡献国家，只看各人的努力若何。此次陆地的交通工具如火车，于抗战关系也极大，在洛阳、开封、陇海路上的工作人员都非常尽责。至于粤汉路受敌机不断的轰炸，但那些工作人员，仍然不息的冒险修理，交通未致断绝。虽然已经被炸死到二万余人，他们并不畏惧。如上所述，水陆交通人员之精神，比之台儿庄的战士，一样的使人钦佩。所以，我认为救国不论前方与后方。

（二）民生公司开始从宜昌装运八万吨器材。资料载[4]：

自五月十一日起至九月十四日止，公司动员民元、民本、民族……，共装运八万吨器材，航行汉宜廿三次，共计装出至宜昌 1396.56 万吨。从去年（1937 年）八月份起，至今年九月十四日止，计装到宜昌的为政府文卷、物品等 6198.00 吨又二千余件。学校书籍、仪器等 1055.00 吨又千余箱。工厂机器 4678.00 吨，器材

---

① 《民生公司在长江》，《新世界》1945 年 11 月号，1945 年 11 月 15 日，第 10 页。

② 《长江航业联合办事处第二次会议纪录》（1938 年 5 月 4 日），重庆档案馆藏。

③ 《中大校长罗家伦在总公司讲演》，《新世界》第 12 卷第 5 期，1938 年 5 月 31 日，第 45 页。

④ 万迪鹤、颜鹤年、薛冶欧：《抗战以来本公司的货运与客运》，《新世界》第 13 卷第 2、3、4 期合刊，1938 年 10 月 31 日，第 39 页。

1600.00 吨，普通商品 2716.85 吨又 7156 件。以上各物总计 27866.648 吨又约 10156 件。

［按］在八万吨器材的汉宜运输中，民生公司的轮船航行宜汉间 23 次，共计装运 1396.56 吨器材到宜昌。由于民生公司承运数量不算大，加上当时公物、商货运价相差较大，一度引起舆论不少非议，卢作孚说[①]：

（运八万吨时，民生公司的轮船集中宜昌）我们的大部轮船行驶宜渝，不行宜汉，有人曾提出弹劾，同时中国最有力的《大公报》也批评民生公司的不当。但是，无暇顾及，我们仍然走宜昌。到了明年的今天，大家就可以看出伟大的成绩来了。到那时，大家可以在后方各地看见以前装运的破铜烂铁，都在机器间里动作起来，那才是唯一安慰我们的成绩。大家要把它认清楚。

（三）为有效组织运力抢运由宜昌起运装运的八万吨器材入川，卢作孚派童少生以重庆总公司业务经理兼宜昌分公司经理名义驻宜昌指挥，运输中分宜万、万渝两段进行，减少宜渝直驶，并增设转运站、增辟码头、增添起重设备、增加囤船和工人等办法增加运力。资料载[②]：

至五月十一日又开始装运由宜起运的八万吨器材……订造大型木驳十余只，租用陶馥记囤船一只，商借军政部廿四号驳一只，在重庆南岸新辟五龙码头，设临时堆栈，加租川江、招商、义华等五栈，加雇上海起重机工人卅余人，在重庆雇小工二百余人，由沙市雇小工一百余名，用以增进提囤装卸的效率……此八万吨器材为求迅速计，也采宜万、万渝两段运输的办法。

［按］因为由宜汉段大型轮船上运的货物器材运到宜昌后，均需分转川江小轮装运入川，所以当时滞留宜昌待运货物积压现象已经十分严重。

5 月 13 日　民生公司派民俭轮从汉口将在山东滕县壮烈殉国的川军

① 卢作孚：《我总是希望大家为国家为公司努力》，《新世界》第 13 卷第 2、3、4 期合刊，1938 年 10 月 31 日，第 12 页。

② 万迪鹤等：《抗战以来本公司的货运与客运》，《新世界》第 13 卷第 2、3、4 期合刊，1938 年 10 月 31 日，第 39—40 页。

二十二集团军一二五师师长王铭章烈士的灵柩西运回川[①]。

5 月 14 日　杜重远为筹组中国工业合作协会事从香港致函卢作孚，谓[②]：

> 别后安抵港埠。青年训练工作曾与胡愈之、潘汉年两兄商讨一次，彼等均认在此时期有积极参加之必要，胡兄尤注重兄之建设计划。该计划尚嫌简略，如能使内容丰富，逐步实施，俾训练青年时有所依归。胡兄在上海时曾与几位西洋人谈及一种生产合作计划，大体与兄之计划相类似。弟深愿将胡兄拉入，共同工作，因此君富于思想，对中国社会情形又甚熟悉，与一般徒托空言者不同，胡亦略有允意。彼去广州，一二日内归来，待再详谈一次，或促彼来汉一行，共同商讨之（胡兄已回港，明晚去汉，弟礼拜五六飞回）。前托为敝亲侯女士玉清、李女士如琚向北碚介绍工作一节，不识有无回信？侯、李两女士在北大时均成绩特别优良，毕业后，一位留校作助教，一位介绍到北平研究院作生物化学之研究，著有论文，颇得该科主任之信赖。自卢沟桥事变发生，各机关沦陷，两女士始来南方，受军事训练前后半年。受训机关并无工作之保障，顷闻报纸有中英庚款董事会有协助科学事业及工作人员办法广告一栏，内云各专门卒业学生工作确有成绩者，经妥人介绍，可予以相当工作，月薪由八十元至二百元。侯、李二女士对于此项资格均甚相合，请兄与弟作为介绍人。该女士等只求工作有意义，报酬多寡尚不计较。如北碚方面仍无消息，可否电催一次？如北碚不成功，可否依照该广告所要求格式，另缮一意见书，由弟与兄共同出名介绍。如中英庚款董事会有熟人时，能当面一谈，尤所切盼。

5 月 18 日　卢作孚于晚间访黄炎培，长谈[③]。

5 月 19 日　（一）中国军队放弃徐州后撤。（二）卢作孚辞去四川省政府委员职。

---

① 中国人民政治协商会议西南地区文史资料协作会议编：《抗战时期西南的交通》，云南人民出版社 1992 年版，第 294 页。

② 黄立人主编：《卢作孚书信集》，四川人民出版社 2003 年版，第 659—660 页。

③ 中国社会科学院近代史研究所整理：《黄炎培日记》第 5 卷，华文出版社 2008 年版，第 300 页。

5月20日 （一）长江航业联合办事处宜昌分处在宜昌大公路三北公司内正式成立，民生公司宜昌分公司经理李肇基任主任委员[①]。（二）招商局与民生公司达成长江中上游货物联运的具体办法（以汉渝段为重点），办法规定[②]：

> 凡有货物由汉口、九江、沙市、长沙、常德各埠运往万县或重庆、泸州、叙府、嘉定者，在起运地交由招商局轮船装运至宜昌后，随即转由民生公司轮船运往目的地。如由万县或重庆运至沙市、汉口、九江、长沙、常德等埠，则交民生公司轮船承运至宜昌后，当即转由招商局轮船运至目的地。

5月21日 五月下旬工矿调整处重庆办事处第四次（1938年5月21—31日）工作报告称，迁川工厂建厂地址，大多已经解决。报告中说[③]：

> 迁川各厂之急于寻觅建厂地址者，大多业经解决。惟申新纱厂拟购化龙桥地皮，因业主本人现不在渝，其代理人未能全权作主，故虽一再议价，终无结果。为求该厂早日解决厂地计，已饬另行觅地，并由本办事处介绍前经觅妥可供建厂之诸基地中，斟择购用。现经该厂进行者，除化龙桥外，尚有李子坝。惟鉴于豫丰纱厂业由军需署让给沙坪坝土湾地亩使用，则其议价中之董家溪地亩，即可转让申新。故若化龙桥及李子坝两地均购进不易时，申新亦同意购董家溪地使用也。

至此，经济部在北碚设立战时工业区的计划无疾而终。

5月22日 蒋介石为四川省保安处长事函示卢作孚，谓[④]：

---

① 《长江航运联合办事处宜昌分处主任委员李肇基报告》（1938年5月20日），重庆档案馆藏。

② 《国营招商局民生实业公司办理货物联运启事》（招商局长江业务管理处1938年5月20日拟），张后铨主编：《招商局史：近代部分》，中国社会科学出版社2007年版，第435页。

③ 中国第二历史档案馆编：《国民政府抗战时期厂企内迁档案选辑》（下），重庆出版社2016年版，第1136页。

④ 《蒋介石致卢作孚函》（1938年5月22日），台北“国史馆”藏。

四川保安处长事，方舟兄由治易主席处理，不必以此产生误会。凡事应该全局、大处着想也。

［按］方舟即王陵基，治易即王缵绪。

5月23日　民生公司载有王铭章灵柩的民俭轮抵达重庆。

5月24日　（一）晨，国民政府各院部会及各界代表到朝天门码头，由重庆［四川］行营主任贺国光至民俭轮举行启灵礼①。（二）由张群出面联络②，蒋介石作介绍人，卢作孚与翁文灏、张嘉璈等人在武昌加入中国国民党③。

［按］翁文灏日记4月19日载："填入党申请书送张群。蒋特介绍余及公权入党，为抗日计。"④可见蒋介石原本特别介绍翁、张加入国民党，由于张群的联络，终由蒋特别介绍翁、张、卢三人加入国民党以示笼络。翁文灏日记5月24日载："收到国民党党员证书，特字37254号及证明书各一份。"⑤说明三人最迟于此日加入中国国民党为正式党员。

5月25日　民生公司与招商局经过协商达成汉渝间货物分段运输分配比例，《招商局史》载⑥：

经双方商议，渝沙、万沙两航线的分配比例为：在渝沙线，渝宜段得80%，宜沙段得20%；在万沙线，万宜段得75%，宜沙段得25%。具体结算地点先后安排在汉口、宜昌等埠。

招商局与民生公司实行分段联运，对于加强抗战时期长江中上游特别是川江航线的运输能力，抢运各类战略物资与人员商货入川，发挥了重要作用。招商局与民生公司的分段联运，在武汉、宜昌相继失守后始告结束。

5月下旬　长江航业联合办事处宜昌办事处主任委员李肇基向长江航

---

① 中国人民政治协商会议西南地区文史资料协作会议编：《抗战时期西南的交通》，云南人民出版社1992年版，第294页。

② 卢国纪：《我的父亲卢作孚》，四川人民出版社2003年版，第235—236页。

③ 《翁文灏卢作孚正式加入国民党》，《新民报》1938年6月3日第2版。

④ 李学通、刘萍、翁心钧整理：《翁文灏日记》，中华书局2010年版，第232页。

⑤ 同上书，第240页。

⑥ 张后铨主编：《招商局史：近代部分》，中国社会科学出版社2007年版，第435页。

业联合办事处主任委员沈仲毅报告宜昌办事处组织情形。呈文载[①]：

> 窃查职处各股人员，业经5月23日第三次全委会决议，分别由各公司调用，计民生十四员，招商四员，三北八员及雇员李道平一员，共二十七员，业已分别令饬该员等，克日到处工作。至所调人员，均属义务职，仅由职处照章供给食宿，惟雇员一人给薪俸，除食，洋共四十元……谨呈主任委员沈附呈职员名册一份。

5月28日　（一）卢作孚为天府公司事访翁文灏相商[②]。（二）天府矿业股份有限公司在汉口江汉路民生公司召开创立会，公推卢作孚为大会主席，推选出了第一届董监事，会议确定了公司名称，用记名式投票公推卢作孚等九人为董事，唐建章等三人为监察。第一届董监事会议又一致推举卢作孚为公司董事长、孙越崎为总经理[③]。资料载[④]：

> 迨七七事变，抗战军兴，国都西迁，工厂内移。卢董事长作孚鉴于重庆燃料之需要激增，而煤矿事业非预筹整理，相为因应不为功。复因天府矿用机械配用之不足，对于通风、排水、搬运各项工作，均有待于补充和改造。时适河南焦作中福煤矿公司，在敌骑迫境之前，大批矿用器材，经员工之努力抢运到汉。卢董事长作孚乃于中福公司孙总经理越崎在汉协议，邀请中福与天府合作，并洽商天府、北川矿路两公司合并经营，以薪产运相济。该项协议，于27年5月成立，旧天府及北川两公司均以原有资产作为股本，中福公司亦以由河南焦作迁运入川之机器、材料为股本，合资450万元，改名天府矿业股份有限公司。举卢作孚为董事长，文化成、杜扶东、李云根、张艺耘、胡石青、秦慧伽、贝安澜、米力乾为董事，唐建章、张丽门、赵资生为监察人。孙越崎任总经理，黄云龙任协理，张莘夫任矿长，唐瑞五任工程师。28年秋张莘夫辞职，改由程宗阳继任矿长，谢毓忠任工

---

① 《为呈报职处职员名册备查并请鉴核该员等是否尚须由钧处加委伏乞指令祗遵由》（1938年），重庆档案馆藏。

② 知之整理：《翁文灏日记》（1938年），《近代史资料》第103号，中国社会科学出版社2002年版，第87页。

③ 《天府矿业股份有限公司创立会纪录》（1938年5月28日），重庆档案馆藏。

④ 天府矿业公司编：《天府煤矿概况》，大东书局1944年版，第5—6页。

程师。

5 月 29 日　卢作孚访黄炎培，为之介绍刘熙众[1]。

[按] 刘熙众，河北宁河人，曾为冯玉祥部属，1974 年去世。

5 月 30 日　卢作孚、黄炎培、刘熙众一道午餐，并长谈[2]。

5 月 30 日　民生公司开始运送出川参加武汉会战的川军二十九、三十集团军官兵，第一批运送任务到 6 月 8 日完成[3]。

6 月 2 日　复旦大学副校长吴南轩应复旦同学会邀请在该校同学会上作了《复旦在北碚》的报告，报告讲到复旦大学迁移到北碚重建的情形以及卢作孚与该校的关系[4]：

> 北碚母校现有学生五百余人，什九自江湾随去者，故江浙学生仍占多数，达二百人，女生占总数之五分之一，亦复不少。当地学生多方设法请求入学者踵相接，奈以校舍狭小，无法容纳，诚大憾事。否则学生人数当可超过千人。现全校师生，一律制服，即金老夫子通尹亦短衣短服，肩章符号。上下奋发，皆振作有为。僻处乡间，既无外骛，且际此非常，学子皆知来日仔肩之重，课余或作研究，或作调查，兴味浓厚，故成绩特佳。时仅三月，已集有全省之方志全份，为全国各校所仅有。全省之物产标本数百种，设商品陈列所陈之。新成立史地系，绘有西北各省地图多种，仅四川一省之图全套达二百余幅，精密详确，极有价值。母校复与当地合作，参加各项社会事业。例如，测量由土木系学生任之，民众教育由教育系学生任之，本地报纸本极简陋，自经新闻系接办，已焕然放一异彩。故与当地人士感情异常融洽，而得当地父老之助力亦殊多，尤以卢作孚先生最热心爱护，得迁北碚，卢先生之力居多，因即添聘卢先生及康心之、贺国光两先生为校董，聘书由董事长钱新之先生具名发出，三先生得书皆欣然接受，绝不推诿。

---

① 中国社会科学院近代史研究所整理：《黄炎培日记》第 5 卷，华文出版社 2008 年版，第 304 页。

② 同上。

③ 中国人民政治协商会议西南地区文史资料协作会议编：《抗战时期西南的交通》，云南人民出版社 1992 年版，第 294 页。

④ 《复旦在北碚——吴南轩副校长在复旦同学会上的报告》，《复旦同学会会刊》第 1 期（1938 年），第 2 页。

6月3日　何廉、王志莘就何廉在武汉特一区四维小街29号的家中设晚宴，招待卢汉（刚参加台儿庄战役）、蒋廷黻、卢作孚、彭浩徐、尹任先、霍亚民、潘铭新等①。

6月8日　民生公司开始运送川军二十九、三十集团军第二批出川参加武汉会战的官兵，到6月16日完成②。

6月9日　（一）正面战场中国军队炸开黄河花园口大堤，以迟滞日军的进攻，同时造成巨大人为灾害③。（二）黄炎培访民生公司张澍霖。中午，黄炎培、张澍霖、卢作孚、童少生等便餐叙谈④。

6月10日　三峡染织厂与内迁的汉口大成四厂、隆昌染织公司合作的大明染织厂举行成立会及第一次董监联席会议，推举卢作孚为董事长，聘刘国钧为总经理，查济民为厂长。

6月11日　（一）卢作孚就内迁运输问题致函重庆行营秘书长贺国光，谓⑤：

> 近因运输加紧，除兵署原定运川之八万吨外，又增三万吨运往四川。昨经开会议决，运量虽增多，运期必缩短，前此允许各轮百分之四十搭运迁厂器材与普通公物及商货均将停运，仍苦力有未逮。军政部召集会议，决定不惜以最高运费给予外轮，请其助运。此间已向怡和、太古两公司接洽，得其允装运非军用品之器材。查重庆聚福轮船公司所经营之福源、福同两轮，全为华资挂法旗之船，以中国人之财力而不能助中国抗战时之运输，该公司主持者应亦扪心不安。惟函请我公就渝召该公司经理李泽敷一谈，晓以大义，使以全力助国家运输。为保外旗关系，仍限于非军品之器材，但运费宜较普通稍减，〈此处残缺〉

① 中国社会科学院近代史研究所整理：《黄炎培日记》第5卷，华文出版社2008年版，第304页。

② 中国人民政治协商会议西南地区文史资料协作会议编：《抗战时期西南的交通》，云南人民出版社1992年版，第294页。

③ 郭汝瑰、黄玉章主编：《中国抗日战争正面战场作战记》，江苏人民出版社2005年版，第737页。

④ 中国社会科学院近代史研究所整理：《黄炎培日记》第5卷，华文出版社2008年版，第308页。

⑤ 黄立人主编：《卢作孚书信集》，四川人民出版社2003年版，第689—690页。

（二）卢作孚邀集黄炎培、王毅灵、刘熙众、杜重远、秦翰才、袁子修、李肇基等在武汉美的餐馆午餐[1]。

（三）在何淬廉宅，翁文灏与何及王志莘商议轻工业生产合作协会组织办法，并拟举宋子文、张嘉璈、卢作孚、缪云台、钱新之、徐新六、何廉、唐星海、王志莘、翁文灏为理事[2]。

［按］此处所筹议的轻工业生产合作协会，实即前文提到的中国工业合作协会。1938年8月5日于汉口正式成立中国全国工业合作协会，行政院长孔祥熙任理事长，刘广沛任秘书长，艾黎任首席技术顾问，王世杰、邵力子、张治中、杭立武、俞鸿钧、沈钧儒、黄炎培、林伯渠、董必武、邓颖超等为理事。

6月16日　民生公司开始运送川军二十九、三十集团军第三批出川参加武汉会战的官兵，到6月22日完成。此次从5月30日开始的运送任务，前后三批计运送79674名川军二十九、三十集团军官兵出川抗战。史料载[3]：

> 为了顺利完成此次军运任务，民生公司曾发电报通告各支前运输船舶："因差运紧急，务希望注意各轮到宜后即赶速卸装，办到按时开出，经过万县勿停留，尽量利用航时，办到定时到达宜、渝。"因运力不足，还征用了木船500艘。一部分正规军，由渝、涪运万后，再由"民贵"、"民俗"、"民主"、"民康"、"民勤"、"民俭"、"民苏"、"民熙"八轮接运出川。其中新兵壮丁，从渝出发，由"民元"、"民权"、"民本"、"民风"四轮直接运宜转赴前线。

［按］川军二十九、三十集团军出川后，先是参加了武汉会战，之后又参加了第一、二、三、四次长沙会战及长德会战、长衡会战等著名大战[4]。

6月21日　抗战爆发后民生公司一方面运送人员、抢运物资到后方，

---

① 中国社会科学院近代史研究所整理：《黄炎培日记》第5卷，华文出版社2008年版，第309页。

② 李学通、刘萍、翁心钧整理：《翁文灏日记》，中华书局2010年版，第245页。

③ 中国人民政治协商会议西南地区文史资料协作会议编：《抗战时期西南的交通》，云南人民出版社1992年版，第294页。

④ 四川省档案馆编：《四川抗战档案史料选编》，西南交通大学出版社2005年版，第200—206页。

运送将士出川抗战，一方面又运送大批前线的伤病员到后方。本日国民政府军政部长何应钦为运送伤兵到后方一事致函民生公司，谓[①]：

现战事逐渐展开，在汉宜公路沿线及长江沿岸作战部队逾10万人，此两线之伤兵，必以宜昌为唯一后送区域。雨季伤兵在短时内，有五千至一万人到达宜昌，设非在宜每日控制一千人的运力抢运，必难完成任务。

［按］民生公司立即进行了相关部署，及时运送伤员到后方。在运送过程中，伤兵们往往会有一些人情绪不稳定，在船上借故甚至无故寻衅闹事，民生公司特别发出通函要求各轮船容忍退让，要用和蔼的态度对待这些对国家民族有功的人员。

6月23日　沈镇南为拆迁华南新造、惠阳两糖厂事致函卢作孚，谓[②]：

前奉北衡厅长来示，言广州至汉口运费，每吨三十元，装卸工费约每吨二元。由汉运渝特别收费每吨九十元，并嘱注意战局与运输二事等语。关于商购新造或惠阳二糖厂事，目前已渐接近，一俟前途核减价额，当再函达。惟现下华南局势较前紧张，铁路运输有无问题，深以为虑。据粤方估计，新造机器在一千四百吨以上，惠阳机器在三千吨以上。粤汉铁路是否可以供给车辆，俾能迅速运汉转渝？非事先妥筹办法，殊不敢贸然进行。此次迁厂入川，以运输问题最为可虑，务请先生设法指拨车辆以备应用。如何之处，请即电示，以利进行。

6月24日　卢作孚为拆迁华南新造、惠阳两糖厂事复函沈镇南，谓[③]：

廿三日大函奉悉。承嘱为贵厂拨车装运制糖机器事，最近粤汉军运甚忙，拨车虑甚困难，宜稍待军事稳定后，再行购定制糖机器，如

① 凌耀伦主编：《民生公司史》，人民交通出版社1990年版，第330—333页。

② 黄立人主编：《卢作孚书信集》，四川人民出版社2003年版，第685—686页。

③ 同上书，第686页。

何？望更酌之为幸。

6 月　（一）民生公司在香港设立驻港办事处，收购燃料、五金材料[①]。曾任民生公司代总经理的魏文翰后来说[②]：

本公司必需之五金材料及油料，八一三以后，沪渝交通梗阻，曾由香港、广州运入长江，及在长江搜购七千吨以上，并存沪材料，设法运至香港，转海防内运。海防将资敌前，又设法抢运回香港，再转仰光内运。为加强抢运，并自备卡车数十辆，行驶滇缅路，费若干人力、财力，幸能将材料抢进。

（二）卢作孚为与资源委员会中福公司合作事致函康心如等，谓[③]：

北川、天府公司同仁因鉴于省外工厂迁渝，一时需煤量大，各煤厂必因此竞争开采，天府如不积极前进，则必因落伍而更亏折。北川亦必受天府之影响。但在此时，国外交通至感不便，机器、材料皆难购买，天府前进唯一办法，在与现在机器材料之煤厂合作。适中福公司有大批机器材料由焦作撤退到汉，将到四川寻求新矿，其总经理孙越崎尤为国内矿业中杰出之人才。所有技术方面，自专家以至工人可用〈此处残缺〉弟乃商之于经济部翁部长，以与北川、天府合作，得其所赞同，允投资七十五万，北川、天府亦共同投资七十五万，共成百五十万之资本。如此，则财力、物力、人力皆得极大之帮助，诚为不可失之机会也。故于北川、天府开股东会，提出天府、北川合并，再与中福合资一案，全体股东一致赞成。新公司成立后，仍定名为天府矿业公司，铁路则改为天府之专用铁路。近已分呈川建厅暨交通部，请予批准。在原呈上董监例须盖章，因吾兄远在成都、万县、绥定，已由弟代盖章。

7 月 1 日　军事委员会设立船舶运输司令部于汉口，由后方勤务部部

---

① 陈滋生：《二十七年公司大事纪述》，《新世界》第 14 卷第 4、5 期合刊，1939 年 3 月 20 日，第 45 页。

② 魏文翰：《民生实业公司在川江》，《中国航业》第 2 卷第 2 期，1942 年 2 月，第 17—18 页。

③ 黄立人主编：《卢作孚书信集》，四川人民出版社 2003 年版，第 690—691 页。

长俞飞鹏兼司令，统制军民水运[①]。

7月3日　民生公司并入合川轮船公司的合川轮，改名为民惠轮，行驶渝合线[②]。

7月6日　重庆市轮渡公司召开成立会，通过公司章程、选举何北衡为董事长，胡子昂等为监察人，聘任陈锦帆为经理[③]。

7月9日　三民主义青年团在武汉正式成立，团长由蒋介石兼任，书记长是陈诚，组织处处长康泽，训练处处长邓文仪，社会服务处处长卢作孚，经济处处长何廉，书记长办公室处长是刘建绪。各部门各处处长和书记长办公室处处长为三民主义青年团中央临时干事会的干事。[④] 卢作孚、何廉作为三民主义青年团中央干事和处长，都不拿三青团的薪水。何廉回忆说[⑤]：

> 卢作孚和我都是“局外人”。我们不是国民党党员，也不是三青团团员。其它处长都是国民党党员。一个在党的机构里担任行政职位的人，竟和党没有任何亲密的关系，实在是奇怪。也许入党要凭个人主动。
>
> 也许有人会问，为什么我们这些对国民党党务并不热心的人，会被邀担任党的机构的行政职务？这是因为国民党渴望吸收新的成员。我在学术界享有盛名，而卢作孚则是著名的开明工业家。事实上，康泽常要我们代表三青团到不同大学里的三青团支部会上讲话。
>
> 卢作孚和我只要有可能就常去参加三青团会议，但很少坐办公室，文牍工作由我们的助手去办，我们不能参加会议时就由他们代我们出席。陈诚没有告诉我经济处有哪些特殊任务，委员长也没有告诉我们各处处长要干些什么工作。我们也没有机会去问委员长，或在中央干事会提出这个问题……陈诚问，我们能不能办一个出版公司，一方面作为收入的来源，一方面达到宣传的目的。我说你不可能一举两得。我说我不是生意人，我们应该找卢作孚来共商通过这个问题。卢

---

① 姚崧龄：《张公权先生年谱初稿》上册，台北传记文学出版社1982年版，第204页。

② 陈滋生：《二十七年公司大事纪述》，《新世界》第14卷第4、5期合刊（第十四届股东大会专号），1939年3月20日，第46页。

③ 《重庆轮渡公司成立会会议录》（1938年7月6日），重庆档案馆藏。

④ 康泽：《康泽自述》，北京出版社2012年版，第85—86页。

⑤ 何廉：《何廉回忆录》，中国文史出版社1988年版，第201—203页。

作孚一来，立即大泼冷水，说我们不应干这个，我们在经济上没有成功的把握。建议遂就此作罢了。

[按] 此处关于卢作孚不是中国国民党党员的记述不确，但可反映当时国民党在组织上的松散状况。

7 月 10 日　竺可桢在汉口晤卢作孚，并托卢作孚购买火车票。竺可桢日记载[①]：

晤卢作孚，托购明日赴长沙卧铺，知科学社之七十八箱已抵宜昌，余心为之一慰。又谓湘桂铁路于本年十月可通桂林，明年可通至镇南关；川滇路南段将取东路即毕节线，北段取中路即高昌线，西路则金沙江线也。

7 月 11 日　民生公司邀请陈独秀在总公司朝会讲演，到会听众 500 余人。讲演内容有两点：1. 人类的进化分两种，一种是循序进化，一种是跳跃进化；2. 我国人民应该努力、觉悟，做中国的主人翁。现在要救中国就要讲求科学，这样才能建国，才能做中国的主人翁[②]。

7 月 13 日　民生公司并入新华公司的元通、南通、昭通、蜀通等四艘轮船，除蜀通轮外，分别改名为民朴轮、民胞轮、民范轮[③]。吴晋航记述云[④]：

叙府、泸县属于二十四军防区，驻叙府的清乡司令兼川南税捐总办刘文彩，是刘文辉的五哥，拥有蜀通、南通、昭通三只小轮船，行驶叙、泸、渝，实行垄断；由叙泸运出货物，价值高，运费贵，其它公司不能染指，民生也大受影响。卢作孚曾亲去叙府，面商刘文彩，企图在营业上得到比较公平合理的条件，好久不得要领。于是转赴成都，求助于刘文辉。卢作孚去的本意，只是要求不被歧视，不料竟得

① 竺可桢：《竺可桢全集》第 6 卷，上海科技教育出版社 2005 年版，第 460 页。

② 《陈独秀先生在总公司讲演》，《新世界》第 13 卷第 1 期，1938 年 7 月 31 日，第 39—40 页。

③ 陈滋生：《二十七年公司大事纪述》，《新世界》第 14 卷第 4、5 期合刊，1939 年 3 月 20 日，第 46 页。

④ 吴晋航：《民生公司概述》，《文史资料选辑》第 12 辑（合订版），中国文史出版社 2000 年版，第 91 页。

到意外收获。刘文辉甚不以刘文彩兼营航业为然，电令刘文彩将轮船无条件地合并于民生公司。记得我在成都有一天去刘文辉办公室，巧遇刘文辉正责备刘文彩。只听见刘文辉严厉地说："你们纵容底下的人办轮船，这事是那样简单能办好的吗？应该交给卢作孚，凑合一个朋友，办成一件事业。"……按照道理，刘文辉答应了，事情该好解决了，但并不然。刘文彩觉得有利可图，总是阳奉阴违，拖延应付，不肯合作。一直拖到二刘之战，刘文辉兵败退出叙、泸，这批轮船被刘湘部队俘获，才征得刘湘同意，作为刘文辉投资入股，并入民生公司而且也还不算全部，刘湘所部师长潘文华扣留一只，借口军用，作为私有。从这些事实，可以看出民生公司同四川的封建势力，进行了艰苦的斗争。

［按］各轮船东实际上是刘文彩，以刘文辉名义入股民生公司。吴晋航与刘文辉关系紧密，在对外事务中常以刘文辉私人代表出场，其记述有比较高的可靠性。卢作孚统一川江，对这些拥有军阀背景的轮船公司及轮船的合并，相对于普通华商轮船要困难得多，但最终仍被卢作孚合并，确能显示出卢作孚惊人的毅力与处理复杂事务的超凡能力。

7月14日　上午，卢作孚为调用周茂柏找翁文灏相商①。

7月16日　钢铁厂迁建委员会主任委员杨继曾主持谈话会，明确表示分段运输"并不见快捷"②，实际上表明其不赞成分段运输办法。

7月19日　黄炎培乘飞机自武汉抵重庆，民生公司杨成质等迎接。当晚民生公司邀黄炎培餐叙，郑东琴、宋师度、周仲宣、周荟柏等均到③。在餐叙中黄炎培就民生公司发展中应注意的问题，谈了自己的意见，谓④：

一个组织，顶困难的是被人家捧、大家赞的时候。若有一点不好，在无名的组织，人家还可原谅。在有名的组织，人家就要责难了。所谓盛名之下，其实难副。民生公司享此大名，必要有很好的事

---

① 李学通、刘萍、翁心钧整理：《翁文灏日记》，中华书局2010年版，第253页。

② 黄振亚：《长江大撤退》，湖北人民出版社2006年版，第109页。

③ 中国社会科学院近代史研究所整理：《黄炎培日记》第5卷，华文出版社2008年版，第325页。

④ 黄炎培：《我所希望于公司诸位者》，《新世界》第13卷第1期，1938年7月31日，第22页。

实，使名实相符。兄弟知道，自卢总经理以下，都非常努力，但不能不特别小心，因为如有一点不好的表现，升得高，跌得狠，信誉就一落千丈了。卢先生及各主干人、各同事，费许多心血，才有这样蓬蓬勃勃的民生公司，已经成了国家命脉。

7月22日　以王洸为主任委员的军事委员会中央党政机关迁运办事处在汉口成立。王洸在致长江航业联合办事处的公函中说[①]：

本处遵奉军事委员会命令业已组织成立，并经议定中央党政机关迁运办法十二项以为办理准则，所有汉宜段轮船舱位及开行日期，均以配定。关于宜渝段接运事宜，尤为重要，应请贵处宜昌分处李主任肇基负责办理。相应检同迁运办法暨各机关搭乘汉宜段轮船船名、船期表各两份，函请查照，即希转知遵照办理为荷。此致长江航业联合办事处。附送迁运办法及各机关搭乘汉宜段轮船船名、船期表各两份。

所附《中央党政机关迁运办法》如下：

一、关于在汉中央党政机关人员迁渝运输办法，分汉宜及宜渝两段输送。

二、汉口、宜昌间运输由中央党部、行政院、交通部代表及汉口招商局、民生公司经理各一人，合组一中央党政机关迁运办事处，负责办理，并指定交通部代表王洸为主任。办事处假汉口四明大楼交通部汉口航政局。

三、宜昌至重庆间运输由宜昌长江航业联合办事处李主任肇基（宜昌河边三北公司楼上）负责办理。

四、所有在汉中央党政机关应迁渝人员、工役、行李、公物之数量总数，应于7月22日前由军事委员会总办公厅核交中央党政机关迁运办事处，登记后不得临时增加。

五、中央党政机关迁运办事处就各机关登记之迁渝员工、行李、公物数量之多寡，配备运输船舶及船期后，通知各机关自行派遣代表备函，务于各该轮开航前两日，向轮船公司接洽，整批购票。一经购

① 《中央党政机关迁运办事处公函运字第7号》，重庆档案馆藏。

定，不得再行退还。

六、各机关于接得迁运办事处通知后，应备公函两份，填列迁渝员工人名、各级舱位数额及公物数量，以一份送经中央党政机关迁运办事处签证后，径向汉宜段轮船公司备款购买船票。另一份送由办事处转寄宜昌长江联合办事处会通宜渝段轮船公司，事先支配接运船舶及舱位。

七、宜昌长江航业联合办事处于接得迁运办事处公函后，应随即向宜渝段轮船公司接洽配备舱位，并将该处现已登记之川江船票展期至此次迁运完毕后，再赓续运输。

八、各机关乘轮票价，汉宜段国营照半价计算，民营照7折计算，宜渝段一律照7折计算。

九、各机关公物在汉起运时，应自行编号标记，于各轮船开行前一日径送各该轮船公司码头，由各该轮船公司派员按件接收，照每吨优待价12.5元计费，所有行李由各人随身携带并不另计运费，但每人所带行李不得超过两件。

十、各机关之家具一概不得随带运输。

十一、在宜昌关于人员、公物、行李之转船接运手续，由宜昌长江航业联合办事处预为配备，以船过船。在船手续未毕事以前，所有汉宜段原轮，暂泊宜地候轮接运。但原轮停泊至多以两天为限。

十二、船抵宜昌后，各机关应派代表一人径向宜昌长江航运联合办事处接洽船票及公物之转运事宜。

7月25日　李肇基主持长江航业联合办事处宜昌分处临时会议，卢作孚、童少生、李肇基、谢萨生等参加。卢作孚应邀讲话，分析了长江航业联合办事处工作迟缓的原因在于办事人员多为兼职、办事处与公司职责划分不清等，为此提出八点改进办法，谓①：

长联处情形，昨天曾向主干人员问询工作推进迟缓原因，并归纳其原因有二：（一）各股负责人员均系兼职，本身事务已极纷繁，自无余暇抽调时间兼顾兼职，则兼职职务，即成荒废，故碍工作之推进。此其一。（二）各公司与航联处职权未能划分清楚，办事未免混

① 《长江航业联合办事处宜昌分处临时会议》，重庆档案馆藏。

杂，致影响进行，亦为原因之一。现在为顺利推进今后工作起见，必须注意下列各项：

一、调派专人负各股责任，并将公司与长联处之职权确定。

二、港务股需扩大组织，应分南北两岸，设立囤船栈房驳船及雇佣力夫各项，需派专人负全责办理。

三、提装工作，在此地有分公司之各轮，由各该公司负责人办理。至于公司之各轮，该轮应委托其它公司代理。否则，责无专归。

四、水脚一项，应由交运人员先行付给，或交付一部分交付主管机关，则一切提卸费用，方不致发生无从垫付之困难。而宜处之代开支费用所垫付者，需取据寄总处，以便向该轮水脚项下扣还。

五、关于起卸之设备，应由长联处负全责办理，现宜已有工程师多人，需大家联络起来，共同确定一具体方式。

六、增加工作效率，最好设立一机关专负督促责任，此项组织，应以迁建会为重心，方足统筹统办，而增效率。

七、长联处应派专人在处与各机关及各处来洽商之人员接头，免致来人不知所措。

八、宜埠小火轮至为缺乏，个人返汉后当向有关方面洽租拖宜应用。

如上各项如能切实做到，则长联处之困难可不攻自破矣。

会议还修改了长江航业联合办事处组织章程和组织简章。

7月26日　民生公司在汉口并入一只拖头，改名为民力①。

7月28日　翁文灏拟《中国工业合作协会章程》送孔祥熙②。

7月30日　陈诚呈文蒋介石，“请手谕卢作孚指派专轮两艘。专航宜昌巴东之线，藉与已成公路保持联运”。谓③：

查鄂西居后方要地，为通川孔道，交通亟应维持。现时宜昌至巴东一段公路计划线，因山岭丛叠，施工困难，需费甚巨，非短期内所

① 陈滋生：《二十七年公司大事纪述》，《新世界》第14卷第4、5期合刊，1939年3月20日，第46页。

② 李学通、刘萍、翁心钧整理：《翁文灏日记》，中华书局2010年版，第257页。

③ 《陈诚呈蒋介石文电》（1938年7月30日），台北“国史馆”藏。

能修筑完成。因之此段交通，全恃长江航运，而普通航轮，不能行驶宜昌以上。现仅由民生公司派有浅水轮十三艘行驶宜昌、重庆间，但该轮等全部载重吨位，复经指定大部分供给军运，以致宜昌一埠，现在旅客、难民，麕集累万，各机关主要文卷、器物，亦堆存甚多，均无法转运。交通拥塞，损失堪虞。不获已，惟有仰钧座迅赐手谕卢次长作孚，即行指派专轮两艘，专航行于宜昌至巴东之线，藉与已成公路线保持联运，俾利交通，可否请示。

7月31日 《新世界》刊载赖彦于《民生公司的开会问题》，谓[①]：

（民生）公司行政的原则，是以会议的方式来参加意见，由总经理采纳来作决定的。可以说公司的行政制度是独裁与代议相兼。意见是大众的、分权的，决定是独裁的、集权的。二者的优点，兼而有之。因为公司办事要经过采纳意见的过程，所以随时就要开会。公司随时开会，就是在推进工作。

……公司的行政是采取分权制，分权的步骤，是由下而上的，由各部主干人会商决定，建议公司最高当局采纳执行。所以是由下级发轫，至上级完成。分工的步骤，是由上而下的，由高级会议或总经理决定分发各相关部分办理，所以是由上级发轫而至下级完成。但既有了分权的办法，分工的步骤，处理事件，尤应采多数的意识来作参考，以群策群力的会议来研究解决。因为凡离开多数人的意识来处置事件，鲜有不遭失败的。凡只以会议的形式而无充实的内容来解决繁杂的问题，未有不无缺陷的。十三年来公司事业得以蒸蒸日上，无日不在加速的进步当中，即是我们收获了群策群力的效果。

7月（一）自抗战爆发到本年7月，民生公司除差运入川人员不计外，共运送入川各类人员16万余人，其中公务员占50%，学生占5%，难童难民在内的普通乘客占45%。另外自本年1月到7月，民生公司运送

---

① 赖彦于：《民生公司的开会问题》，《新世界》第13卷第1期，1938年7月31日，第8—10页。

重庆行营出川将士116706人[①]。（二）民生公司向江合煤矿公司投资10万元[②]。

8月1日 （一）蒋介石电令卢作孚指派两艘轮船行驶巴东，疏运旅客、公物[③]。

（二）张群奉派任军事委员会委员长重庆行营主任[④]。

8月2日 国民政府正式免去张群四川省政府主席职。

8月3日 上午，卢作孚与邹秉文等由武汉乘飞机抵重庆，黄炎培等到飞机场迎接。中午，何北衡在重庆永年春设宴餐叙，请卢作孚、黄炎培、宋师度、彭瑞成（会计室经理）、李若兰、秦乃猷（皆业务处经理）、李邦典（秘书）等。晚上，卢作孚同在永年春招待黄炎培等[⑤]。

8月4日 （一）卢作孚与翁文灏、邹秉文、何北衡、范崇实、何廉等人商谈收购以及协助四川丝业公司等事[⑥]。（二）卢作孚在北碚实验区署门前浅草坪召集会议，对实验区工作包括地方医院、修建房屋、新村建设、生产建设、教育、报社等进行指导，参加会议者有郑璧成、张博和、李乐元、卢子英、罗中典、张慧生等[⑦]。

8月8日 卢作孚就派轮专航宜昌—巴东一线事复电蒋介石[⑧]：

> 奉东（1日）电，以宜昌旅客、难民麕集累万，各机关主要文卷器物，亦堆存甚多，饬指派专轮两艘，专航宜昌至巴东一线，庶几与已成公路线保持联运，并将办理情形具报等因。查职一周前为加速宜昌旅客及公物疏运，飞赴宜昌，商妥以一部分轮船缩短航线，改航万渝，已派员赴万，备足需要之囤驳、小工、栈房等事项，并经派轮开

① 万迪鹤等：《抗战以来本公司的货运与客运》，《新世界》第13卷第2、3、4期合刊，1938年10月31日，第42—43页。

② 陈滋生：《二十七年公司大事纪述》，《新世界》第14卷第4、5期合刊，1939年3月20日，第46页。

③ 《卢作孚致蒋介石电》（1938年8月8日），台北“国史馆”藏。

④ 周开庆：《民国川事纪要》（1937—1950），台北四川文献月刊社1972年版，第52页。

⑤ 中国社会科学院近代史研究所整理：《黄炎培日记》第5卷，华文出版社2008年9月，第1页。

⑥ 知之整理：《翁文灏日记》（1938年），《近代史资料》第103号，中国社会科学出版社2002年版，第98页。

⑦ 《卢作孚对嘉陵江三峡乡村建设实验区内工作指示要点》（1938年8月4日），重庆档案馆馆藏档案。

⑧ 《卢作孚致蒋介石电》（1938年8月8日），台北“国史馆”藏。

驶航万，原拟万宜一线准备就绪，再作奉巫准备。兹奉钧电，遵令电宜提前派员往巫山巴东准备囤驳、小工、栈房等事项，限期完成后，先派一轮航行，一俟准备就绪，当再电陈。

8月9日　应民生公司之邀，曾于本年1月份访问延安的梁漱溟在公司朝会讲演延安之行有关问题。他首先讲了中共对于抗战态度和国共合作问题，最后讲了他自己的看法①。

［按］梁漱溟在本年1月访问延安，并与毛泽东作了谈话。

8月21日　卢作孚复蒋介石询问宜昌抢运状况号（20日）电，并拟具《宜渝加速运输新计划》一份致电蒋介石请予核准。电文（即个电）谓②：

号电祗悉。查自五月中旬以来，迄今为止，约三个月，兵工器材，已运约两万吨，其它器材，已运一万余吨，计共运三万余吨。七月因江水大涨，各轮停航一周以上，复有五轮以上修理，故运量较少。现在积宜待运约四万余吨，但陆续到宜者尚应有二万余吨。故最大数量，尚有七万三千吨，必须集中轮船、木船之全力，乃能于十一月底运清。

（甲）关于轮船集中办法

（一）已商别动队康总队长将禁烟缉私之安华巡舰，改驶川江，借与船舶管理所担任管理军运，康总队长已同意。

（二）已请何部长派员商洽海军部，拨小炮艇一只，借与禁烟缉私队，担任缉私。同时已电安徽财政厅商借安徽省政府小巡舰一只，担任缉私，现均尚不得覆。

（三）已请何部长商令船舶管理所解租民生公司之民苏、民俭两差轮，至少先解租民苏，俾得加入整个运输计划。同时，职亦直接商请船舶管理所先解租民苏，或可得一决定。

（四）已商中中交农将所租民生公司之川江民主解租，加入运输，现民主已开行。

（乙）关于木船集中问题

---

① 《总公司请梁漱溟先生讲演》，《新世界》第13卷第2、3、4期合刊，1938年10月31日，第66页。

② 《卢作孚致蒋介石函电》（1938年8月21日），台北“国史馆”藏。

宜渝均已责成航政局人员开始登记，并为介绍于各机关，准备在一个月内集中三百只到四百只，自宜起运，期于九、十、十一，三个月内轮船赶运重件四万六千吨到渝万两地，民船赶运轻件二万七千吨到巫巴两地以后，再由万巫巴等处转运到渝。职前周飞宜视察状况，并与各交运机关驻宜人员交换意见后，谨拟有一加速运输计划，正拟晋谒面陈。兹奉前因，理合将计划书录呈报，恳予核准。分令各有关机关。抑尚有恳者，宜昌转运，若干倍于平昔，所有当地驳船、小工，均感不足，近自沪汉沙渝等地陆续调集小工八百名，并从各处增租增调增造驳船共达五十只，以上皆盼经常保持使用者，拟恳查明并令宜昌警备司令部、宜昌专员及各军运机关驻宜人员予以保护，俾得尽量工作，庶几巨量运输，可幸完成。职因事明日飞渝，一周返汉，不复面陈，谨以陈报。

附呈宜渝加速运输之新计划一份。

对此计划，侍从室林蔚拟定意见呈蒋，谓：

一、准照所拟计划，通饬各有关机关遵照施行，惟各项器材于十一月底运清，似嫌过迟。应再设法增加木船数目。

二、小工、驳船，令饬宜昌警备司令、专员保护。

对此意见，蒋介石批示：“如拟”。

8 月 24 日　卢作孚从汉口返回重庆后，本日出席总公司朝会并讲话，谓①：

自迁川联合工厂计划决定后，待运器材，总量八万吨，后加其它工厂三万吨，共十一万吨，承运者除富华、协庆外，公司占主要地位。自五月迄今，三个月中共运三万余吨，其余七万余吨，预计于十一月底运完。今后以二万吨交民船，以四万吨交各轮船公司。公司中当以最大努力，增加运输量三分之一，以完成所负使命。今后要办到各只轮船到宜昌或重庆时平均只停二天或一天。如此，则工作效率可大增加，则四万余吨，足可如期运完而尚有余力。当前运输问题，是

① 《卢作孚在总公司讲演》，《新世界》第 13 卷第 2、3、4 期合刊，1938 年 10 月 31 日，第 66 页。

民生公司与其它轮船公司共同的责任。抗战期中，必须把全部责任担负了，要想尽办法，用尽力量。在工作进行中，所发生的困难，要求出症结所在。设法解决，同各方面互谋帮助，能解除别人的麻烦，则自己麻烦，亦因而减少。

8月30日　卢作孚访翁文灏①。

8月　中国茶叶公司由汉口迁重庆。

9月3日　卢作孚为嘉陵纺织公司事致函金城银行戴自牧，谓②：

嘉陵纱厂前向丰田自动织机制作所定购之纱织机一万三千四百四十四锭，顷上海民生公司转来三井洋行原函一件，略谓因此次事变不能制造，除已交之排气开启纡子机一部外，其余全部正式解约，至交存之定洋计日币十万一千一百九十九元二角五分，因其国内汇兑管理，现在不能汇沪，仍存丰田，俟将来重新订约时，可将该款充作新约定洋云云。兹将原函抄上，敬祈察阅。除弟已电上海民生公司速商诚孚童润夫君应付外，希兄即电作民兄催诚孚处理为荷。

9月11日　（一）陈独秀应邀到民生公司作《人类进化程序及国人应有之努力》的讲演。（二）在此前后，周茂柏被聘任为民生机器厂厂长。除周茂柏之外，卢作孚还先后聘请了其它为数众多的造船专家，如叶在馥、王超等，使民生机器厂的技术力量迅速提高。有关资料载③：

民生厂工程人才之多可以说是极一时之盛：它有机械工程师，有电机工程师，而尤以造船工程师和轮机工程师之多，为民生厂的特色。民生厂的厂长周茂柏，自己便是一个有名的机械工程师，总工程师叶在馥，是江南造船所的台柱。在叶总工程师领导之下的技术室有工程师郭子桢、吴贻经、杨櫄三员大将。技术室里面的船舶设计课和轮机设计课，又有技术人员一二十人之多。主持实际的工务处是由兼

① 李学通、刘萍、翁心钧整理：《翁文灏日记》，中华书局2010年版，第264页。

② 中国人民银行上海市分行金融研究所编：《金城银行史料》，上海人民出版社1983年版，第742页。

③ 《后方最大的机器造船厂——民生机器厂》，《新世界》1944年5月号，1944年5月15日，第49页。

处长陈仿陶和兼造修总监王超领导的，里面有工程师刘学曾、陈鹤同、陈新民、吴匡、麦乃登、张孟炎、朱福数人，分别主持七个工场的实际工务，每个工场又有技术人员三五人不等。民生厂整个技术阵容是相当雄厚的。

……民生厂的厂长（周茂柏）是机械工程师，副厂长（陈仿陶）是电气工程师，总工程师（叶在馥）是造船专家，修造总监（王超）是轮机专家，实在是配合得再好不过了。

9月12日　民生公司为军品将运抵重庆致函军政部兵工署炮兵技术研究处驻重庆办事处①：

民元轮将于14日到埠（到埠时刻临时以电话通知）泊码头，装有贵处货物器材230吨，请备驳船，派员准时来船提取是荷，此致炮技处。

9月14日　（一）8万吨的运输任务已经自宜昌运出近三万吨，其中民生公司在宜昌重庆段抢运25220.187吨，在宜昌万县段抢运3347.325吨②。（二）自抗战爆发到本日为止，总计民生公司从各埠运抵重庆的货物器材计有：1. 兵工署器材38214.917吨；2. 公物6870吨又13000件；3. 迁厂器材7900吨；4. 商品3700吨又4700余件；5. 图书仪器等1800吨又1800余件，总计民生公司运到重庆各货为58484.917吨又19500余件③。

9月15日　（一）动员木船运输联席会议在交通部水陆运输联合办事处渝昆分处举行，参加者有军政部兵工署、交通部航政处、经济部工矿调整处、船舶总队第三大队、交通部水陆运输联合办事处渝昆分处、川江各木船帮，交通部水陆运输联合办事处渝昆分处陈国玱为会议主席，会议议定了木船合同条文，并决定动员500条木船参加抢运④。（二）抗战爆发至此，民生公司自宜昌抢运上运公物、器材等数量颇巨，

① 《民生公司致军政部兵工署炮兵技术研究处驻重庆办事处函》，重庆档案馆藏。

② 万迪鹤等：《抗战以来本公司的货运与客运》，《新世界》第13卷第2、3、4期合刊，1938年10月31日，第39—40页。

③ 同上书，第41页。

④ 《动员木船运输联席会议纪录》（1938年9月15日），重庆档案馆藏。

资料载[1]：

公物迁厂器材及学校仪器文件等，由去年八月份起至（1938年）九月半止，装出公物4570.00吨，又12000件。迁厂器材机器等7900.00余吨，工商品1700.00余吨，又3000件。学校书籍仪器等1600.00吨，又1000件，合计各货56881.462吨，又16000余件（含兵工器材部分——引者）。

（三）关于北碚工业区，工矿调整处重庆办事处在结束总报告中说[2]：

迁川工厂原拟于北碚建设一工业区，嗣以值此战时工厂不宜过于集中，且因此项计划宏大，实现需时，爰由本办事处就重庆附近四五十里电力可及之范围内，择其平坦而交通方便者，加以查勘，介绍各厂择购，以为建筑永久厂房之用。截至现在止，沿嘉陵江有香国寺、猫儿石及沙坪坝，沿长江有窍角沱，均为内迁工厂比较集中之区。如此既不过于分散而失有关工厂之联络，亦不过于密集，而受敌机空袭之威胁。在此五十余家迁川工厂中，其必须购地自建厂房者，大抵均已购妥或租定，多数且已开工建筑矣。

9月19日　金城银行戴自牧为民生公司与金城银行合办嘉陵纺织公司事致函金城银行总经理周作民[3]：

关于嘉陵厂事，迭经函陈，谅蒙鉴及，此事已办至于今，自以积极进行为宜，况为我行与西南握手之第一事业，无论有何困难，必须使其成就。现与此方洽谈，重新推进，亦颇有眉目，故任有何艰难，终必须办理成功。前后所陈各项办法，非甚难之事，兹附呈与［卢］作孚兄商谈后，作孚兄所整理之必要事项五条，奉乞赐阅，所拟似均

---

① 万迪鹤等：《抗战以来本公司的货运与客运》，《新世界》第13卷第2、3、4期合刊，1938年10月31日，第39—40页。

② 中国第二历史档案馆编：《国民政府抗战时期厂企内迁档案选辑》（下），重庆出版社2016年版，第1185页。

③ 中国人民银行上海市分行金融研究所编：《金城银行史料》，上海人民出版社1983年版，第742页。

可行，与前此分别奉陈者，并无出入。

9月26日　卢作孚到北碚，并于晚上7时在下方据会客室召集会议，对三峡实验区工作进行指导。参加会议者有张博和、卢子英、黄子裳、周宗璞等。[①]

9月27日　（一）童少生就军事委员会后勤部船舶运输司令部在宜昌举行会议及会议涉及问题致函卢作孚，谓[②]：

八［九］月廿四日，后勤部船舶运输司令部宜昌办事处召集：1. 边区主任公署；2. 警备部；3. 县政府；4. 警察局；5. 县党部；6. 专员公署；7. 船舶管理所；8. 兵工署；9. 迁建会；10. 航空站；11. 军政部被服厂；12. 招商；13. 三北；14. 民生；15. 长联处；16. 军医署，开会讨论如何加强宜渝运输量，由吴隅〔嵎〕（船舶运输副司令）主席，后勤部黄处长枕州辅之。吴副司令主张设一督运机关，以确定待运器材之重要性，以定装运之先后，并以兄所拟计划为根据，说明目前每月运量未达到规定数字，无专一机关督促实为一大原因。经兵署陈处长说明，运量不能达到原定数字，乃由于驳船、小工、小火轮不敷用及轮船修理扎水、天雨等不可抗力情形后，简略报告目前宜渝船只系如何分配，并表示凡指定专运兵署货之船均未放松，如须加装他货，皆须先得兵署同意，并对民生公司之努力表示满意。但吴副司令仍以要求实现兄所拟计划为辞，坚主设一督运机关，并提付表决。举手赞同者为当地各机关及被服厂、航空站，不赞同者为军医署、各轮公司、长联处、兵署及迁建会。军医署并说明不表示意见之理由，乃因今日会议系针对器材运输加以讨论，无关伤兵运输。结果以多数赞同通过，并以边署、兵署、长联处、民生、航站为主任委员。

弟当时恐吴对各轮公司不表赞同发生误会，当即声明轮［船］公司为商业机关，政府有任何组织加以监督皆愿遵从办理，故无所谓赞成或不赞成，并再述宜渝目前运输状况及船只分配情形。换言之，即督运机关成立后，兵署及航站现有各轮必不肯让出，督运机关亦无法奈何。

---

① 《卢次长返峡对本区工作指示之点》（1938年9月26日），重庆档案馆馆藏档案。

② 黄立人主编：《卢作孚书信集》，四川人民出版社2003年版，第710—711页。

随后即讨论组织小工，补充驳船、小火轮等问题。除组织小工问题决定由县府、警察局及专员公署共同商拟办法，限本月底定外，其余均无具体决定。吴副司令最后又提出川轮下水至少应以三分之一载量装煤来宜问题，经弟报告运煤来宜固为紧要，但目前下水船主要为装部队及械弹，食盐亦奉命尽量多装，并述及装煤提卸费时，有误运输，及渝中亦缺乏烧煤情形，故此案留作以后讨论。

对于该督运机关成立后，弟认为不致影响现行办法，只民贵、民俭两轮多装本公司油类及港料一层必有防［妨］碍，故奉上一电，计已得达。又黄处长枕洲实为吴副司令之灵魂，次日约弟谈话，并嘱民生拟具组织办法等。除面允尽量帮助但不能主动办理外，又再告以一切情形。至以后应如何应付？盼予指示，以俾遵循办理。

（二）民生公司在宜昌合并华胜轮，改名为民胜轮①。

9 月 29 日　民生公司合并重庆植丰公司的益丰、豫丰两轮，分别改名为民训轮、民模轮②。

9 月 30 日　金城银行戴自牧为民生公司与金城银行合办嘉陵纺织公司事致函金城银行总经理周作民，谓③：

嘉陵厂事，前经迭次函陈，计蒙赐察。（卢）作孚所拟数条办法，不知钧座意旨如何。前陈购买棉花运川之事，如武汉吃紧，则此事是否能办理如意，殊属问题，但如愈紧，则鄂、川花价相差益大，能办若干，得利可想，故在沙市棉花以自办为主，以嘉陵为副。但嘉陵之款是否应先购存美金一部，以防外汇再缩。窃察大势，倘如武汉有事，外汇必至再缩，可知为嘉陵计，先购一部美金，亦是一种办法。此层此间诸人有此意思，不知钧座以为如何？此函到后，务乞将所陈嘉陵各件，分别电示，以便进行。

9 月　（一）渝鑫钢铁厂正式开工。在大后方工业中，渝鑫钢铁厂以

---

① 陈滋生：《二十七年公司大事纪述》，《新世界》第 14 卷第 4、5 期合刊，1939 年 3 月 20 日，第 46 页。

② 同上。

③ 中国人民银行上海市分行金融研究所编：《金城银行史料》，上海人民出版社 1983 年版，第 742 页。

制造设备全、出品花色多、自己制造机器而享有很高的声誉[①]。（二）重庆轮渡公司筹备处举行董事会第一次会议，议决增加商股 10 万元，同时逐渐退还官股，使公司变为纯粹民营事业[②]。

10 月 1 日　重庆市轮渡公司正式成立，资本 20 万元，其中官股 5 万元，商股 15 万元，汪代玺任经理[③]。在此前后重庆轮渡公司开辟了朝弹线（1938 年 7 月）、望龙线（1938 年 8 月）、朝野线（1939 年 1 月）、南黄线（1939 年 5 月）、南灌线（1939 年 12 月）等五条轮渡航线开航，初步奠定了业务基础[④]。

10 月 1 日　陶行知在出国两年后回国，抵达武汉。

10 月 4 日　民生公司合并丽丰等 4 只轮船，丽丰改名为民楷轮[⑤]。

10 月 5 日　民生公司合并植丰轮，改名为民教轮；合并重庆永昌实业公司的永昌轮，改名为民礼轮[⑥]。

10 月 10 日　为简便庆祝活动起见，民生公司纪念日庆典改为 10 月 10 日举行。在民生公司宜昌分公司庆祝公司成立十三周年纪念会上，卢作孚作了《我总是希望大家继续为国家为公司努力》的讲话，谈到黄花岗七十二烈士、辛亥革命、三民主义、民生公司的历史等，并提出对公司同人的希望。谓[⑦]：

> 孙总理为什么要把国家变为民主政治？简单的说，就是要使政治进步。当时世界上民主国家标榜的三个政策——民有、民治、民享——转用在中国，民有就变为民族，因为中国不应被少数满族来管理，少数满族自不能代表中华民族。其次是民治，国家既为人民所有，管理国家的事情，自然是操之于人民。人民有管理国家的权利，

---

① 《余名钰的渝鑫钢铁厂》，《新世界》1944 年 9 月号，1944 年 9 月 15 日，第 21—22 页。

② 杨及玄：《重庆轮渡公司的展望》，《西南实业通讯》第 14 卷第 1、2 期合刊，1946 年 8 月 30 日，第 11 页。

③ 《重庆轮渡股份有限公司成立周年之经过》，重庆档案馆藏。

④ 杨及玄：《重庆轮渡公司的展望》，《西南实业通讯》第 14 卷第 1、2 期合刊，1946 年 8 月 30 日，第 11 页。

⑤ 陈滋生：《二十七年公司大事纪述》，《新世界》第 14 卷第 4、5 期合刊，1939 年 3 月 20 日，第 46 页。

⑥ 同上。

⑦ 卢作孚：《我总是希望大家为国家为公司努力》，《新世界》第 13 卷第 2、3、4 期合刊，1938 年 10 月 31 日，第 12 页。

所以叫做民权。再有的是民享。老百姓要吃饭，要求生存，要想法安定他们的生活，所以转用为民生。为了要实现上面三个政策，才决定了革命的方针。中国并不是少数满族所能管理的；况且因为传统的关系，无论贤不肖都不能由人民选择，这岂是法律所能容许？更因当时的法律，完全系出于少数人之手，自不能保全体的利益。因此种种，才决定改为民主。

后来民国成立，所有官吏，大多为腐败之徒。作的事情，并不能使人满意，当然不能使国家进步，以致当时中国有一个很好的进步机会，都把他放过了——这个机会，就是第一次世界大战。这就是由于那些官吏都是自私，只替自己想办法。另外还有要求其想办法的。有了这种障碍，就成了许许多多的小集团，这种集团就产生了以后若干的内战。最可恨的，就是这些官僚，占据政府机关，使人民无法管理。虽然有若干次的会议，而人民总是没有机会去表达他们的意思。

这几年始看见人民渐渐的在问政治。但是正因为这个缘故，就遭受了去年日本的侵略。一般人以为到了二十七年，还莫有把国家弄好，但竟忽略了这国家二十七年来仍是不断的在进步。只就老百姓的进步来讲：宣统年间的人，并不知道火车、飞机是什么。乡间的人，到了民国时代，还在问现在是宣统几年。以那时的川江来说，只是洪水天有二三条轮船。到了枯水期，一只也就没有了。一二八中日战争，中国只有飞机十二架。去年与日本开战以后，我们就有不断的飞机在敌人头上飞。现在的人民知道问政治，政府的事业也是不断的在前进，这不算是国家的进步吗？再拿我的家乡——合川——来讲：宣统年间的读书人，县中并找不出多少。到了现在，无论城市和乡村，都是遍设学校，读书人也就增加得很多了。可是国家的进步，总不如时间之快。辛亥革命，成都保路会发生事变，距今已是二十七年了。欧洲各国进化，谁个不是经过了几百年？谁个是短期成功的？但是也有例外。美洲进化，仅百余年，可是，她走了捷路，她把欧洲进化的方法搬去用了。日本进化仅六七十年，苏联仅二十一年，一切都超过人。德国在欧洲战后甚么也没有了，余剩的商船不到一万吨。你看，现在仅隔二十年，德国哪一年没有进步？世界的列强，谁个不去迁就她，再就本公司来说：去年南京兵工署迁动，有器材二千吨，我们以为是很特别；谁知去年终汉口又有一万四千吨，今年五月又有八万吨。因为各方都在进步，致进步的速度，竟为梦想所不及。现在前方战士，看起来虽在退却，其实仍是在进步。再看后方的各项事业，又哪一样不是在进步呢？

10 月 18 日　在卢作孚的特别介绍下，陶行知乘坐民生公司的轮船离开武汉赴重庆[①]。

10 月 20 日　孙越崎为把中福两公司留宜机器运出请派专轮致函卢作孚。[②]

10 月 21 日　（一）《张公权年谱初稿》载：10 月 21 日交通部人员从武汉撤退，卢作孚以常务次长率秘书数人乘火车离汉口赴长沙[③]。

（二）汉口船政局在宜昌成立绞滩委员会，在此后三个月中，先后建成七个绞滩站，这对于武汉失守后 1200 只木船参与抢运宜昌兵工器材，以及集中宜昌的长江中下游小马力轮船入川，起到了极为重要的作用。资料载[④]：

> 二十七年（1938 年）十月二十一日，绞滩管理委员会在宜昌成立，不意三日后，武汉即告失守……是时中下游轮船二百余艘，集泊宜昌。马力小的需要绞滩，方能驶入川江，抢运宜昌兵工器材的木船 1200 余艘，也必须绞滩方能完成任务。时势紧迫，亦复达于极点。汉口航政局便在这种局势下展开着一幕最紧张而有价值的奋斗，终于三个月内，先后成立了七个滩站，开始实施上绞船舶，此种结果，实在出乎意料。

10 月 22 日　晚，武汉新华日报社和八路军办事处除留下一部分人跟着周恩来继续坚持工作外，其余大部分人在李克农、潘梓年的带领下乘坐新升隆轮离开汉口，向重庆进发。开船前，又免费搭载难民妇孺 50 余人[⑤]。据萧林回忆[⑥]：

> （在武汉沦陷前夕）党组织找人向我讲，武汉《新华日报》先拿

---

① 朱泽甫编著：《陶行知年谱》，安徽教育出版社 1985 年版，第 378 页。

② 《孙越崎致卢作孚函》（1938 年 10 月 20 日），重庆档案馆馆藏档案。

③ 姚崧龄编著：《张公权先生年谱初稿》上册，台北传记文学出版社 1982 年版，第 209 页。

④ 《战时后方水上运输是怎样维持的》，《新世界》1944 年 5 月号，1944 年 5 月 15 日，第 12 页。

⑤ 郝启文：《沉痛的回忆》，《新华日报》1939 年 10 月 23 日第 4 版。

⑥ 周永林、凌耀伦主编：《卢作孚追思录》，重庆出版社 2001 年版，第 93 页。

出一部分印刷机器，运到重庆，以备将来武汉不能出报时，重庆可以继续出版。这事我向卢先生作了汇报，他同意由水陆运输管理委员会派一条专船装运机器。这个任务由新隆阶（应为新升隆——引者注）小火轮承担，除运机器外，还有10多名工作人员随船入川。

10月23日　午前，新升隆轮驶抵距离汉口二百多里的嘉鱼县燕子窝，决定分三组上岸疏散躲避空袭，晚上开船。由于燕子窝村子很小，喝水困难，下午三点钟左右，部分人员络绎返回船上喝水。轮船旋即遭到敌机机枪扫射并被敌机炸弹击中沉没，事后点检，中弹和溺水而死者二十五人①，其中八路军办事处九人。李克农、潘梓年等人因在岸上，幸免于难。许涤新在回忆录中说②：

在最后撤退以前的一周，以潘梓年同志为首的党报同志，同八路军驻武汉办事处的李克农、王炳南等同志，租了一只内河轮船“新升［隆］轮”，于十月二十二日晚间离开汉口，溯江向重庆进发。次日在嘉鱼县燕子窝遭到敌机的俯冲轰炸，“新升［隆］轮”在火焰中逐渐沉没！

10月25日　（一）武汉失陷，为时数月的武汉抢运最后结束。在武汉抢运中，民生公司的杨成质发挥了重要的作用，卢作孚说：“在汉口撤退最紧张的时候，杨成质君实当其冲。”③（二）宜昌成为物资、人员抢运的关键。民生公司资料载④：

武汉撤退以后，沙市、宜昌吃紧，而运存宜昌的兵工器材、各厂矿的机器原料，不仅堆满了下铁路坝、五龙上下溪，新辟的谭家河也堆满了。总算起来，大约七八万吨，非得加紧运输不可。那时江水快枯落了，除了外国轮船不能承运而外，能装运的轮船太少了！当时算

① 徐迈进：《依靠群众，克服困难》，见《新华日报的回忆》，四川人民出版社1979年版，第145页。

② 许涤新：《风狂霜峭录》，生活·读书·新知三联书店1989年版，第183页。

③ 卢作孚：《一桩惨淡经营的事业——民生实业公司》，民生公司1943年9月印，第33页。

④ 李若兰：《二十七年的业务》，《新世界》第14卷第4、5期合刊，1939年3月20日，第9页。

起来，非得在廿八年九十月，是不能运完的。后来，还是我们自己打主，把所有能够行驶宜渝间的轮船，全部集中宜昌，疏散那么多的器材。当时决定把那些器材运出宜昌危险区域以后再说，所以斟酌轮船的马力与乎船壳的构造，而分了宜昌到小青滩、小青滩到巴东、宜昌到巫山、宜昌到奉节、宜昌到万县各段。同时，几百职员，几千工友，集中宜昌，以全副精力对付这万难的抢运工作。那时敌机连日轰炸，我们白天仍照常工作，只是敌机来了的时候躲一躲。晚上反而是我们加倍努力的时候。这样，不到两个月，抢运了器材三四万吨，疏散了公务员、难民、难童、伤兵二三万。

（三）张嘉璈以交通部长身份命令民生实业公司调派轮船于宜昌、重庆间，分三段抢运入川人员和军品商货①。

（四）卢作孚在此前后从长沙乘飞机抵达宜昌，对于宜昌运力小与待运物资多之间的矛盾和运输混乱状况深感焦虑，他后来追述说②：

扬子江上游的运输能力究嫌太小，汉口陷落后，还有三万以上待运人员，九万吨以上待运的器材，在宜昌拥塞着。全中国的兵工工业，航空工业，重工业，轻工业的生命，完全交付在这里了。遍街皆是人员，遍地皆是器材，人心非常恐慌。因为争着抢运关系，情形尤其紊乱。我恰飞到宜昌，看着各轮船公司从大门起，直到每一个办公室止，都塞满了交涉的人们。所有各公司办理运输的职员，都用全力办理交涉，没有时间去办运输了。管理运输的机关，责骂轮船公司，争运器材的人员，复互相责骂。……

10月底　经与各方商议，卢作孚以交通部常务次长资格，确定了四十天运输计划。资料载③：

二十七年十月汉口沦陷时，宜昌尚有待运人员三万余人，待运器材九万余吨，各机关皆争先恐后，头绪纷纭，使轮船公司无从着手。

---

① 姚崧龄：《张公权先生年谱初稿》，台北传记文学出版社1982年版，第209页。

② 卢作孚：《一桩惨淡经营的事业——民生实业公司》，民生公司1943年9月印，第19—20页。

③ 《民生公司在长江》，《新世界》1945年11月号，1945年11月15日，第9页。

> 当时扬子江上游，尚有四十天左右中水位，可航行较大轮船。时卢作孚氏以交通部次长资格，来宜主持抢运计划，乃商同各方定订四十天紧急运输计划，请各机关按照所分配之吨位，尽先送运成套重要器材，次要器材与零件，则由木船运输，或待四十天以后另行设法内运。至于何机关器材由何轮装运，完全由交通部代表支配。因秩序恢复，效率提高。四十天内将三万余人全部运完，九万吨器材运出三分之二以上，两个月内宜昌器材全部运竣。参加此役之中国轮船共二十四只，其中二十二只为民生所有。

当时制订的办法包括全面开辟短航、调集木船协运等。该办法的特点就在于通过分段运输，加快抢运速度。资料载①：

> 二十七年十月二十五日，武汉我军退守，异常情势，岌岌可危。当时存积宜昌的兵工器材，差不多有十三万吨，必须赶速抢运。当时川江水位已经开始枯落，宜昌至重庆间轮船的总运量，每月不过六千吨……。交通当局有鉴于此，不得不变更办法，作分段运输。就是说从宜昌运出的东西，不直接运往重庆，就在秭归、巴东、巫山，或是奉节各地起卸，最远的不过到万县为止。这种办法可在较短时间内，运出较大数量的器材。同时又由汉口船政局，会同四川省船舶总队部，派员到四川各县，征集木船1200余艘，帮同抢运。

办法确定后，卢作孚召集聚集宜昌亟待抢运相关物资的机关、单位的负责人员开会，宣布约法三章：从现在起自己亲自掌握运输计划的分配，保证40天之内，运完全部滞留宜昌的器材，同时不允许到我这里嚷着要提前运输，否则挪后装运。约法三章宣布后，运输秩序迅速改善，一切都按照计划进行，而卢作孚则每晚都要到江边码头视察计划执行情况②。卢作孚自己也回忆道③：

---

① 《战时后方水上运输是怎样维持的》，《新世界》1944年5月号，1944年5月15日，第11页。

② 周仁贵：《光辉业绩永留人间——为卢作孚先生诞辰一百周年而作》，《风范长存》，1993年，第65—67页。

③ 卢作孚：《一桩惨淡经营的事业——民生实业公司》，民生公司1943年印，第20—21页。

（当时所定的办法是由各厂矿）各自选择主要器材，配合成套，先行起运，其余交由木船运输，或待四十天后，另订计划运输，如来不及，或竟准备抛弃。至于何轮装运何机关器材，由我帮助分配。各机关完全表示同意。于是开始执行，效能提高，不止加倍，四十天内，人员早已运完，器材运出三分之二。原来南北两岸各码头遍地堆满的器材，两个月后不知道到那（哪）里去了，两岸萧条，仅有若干零星废铁抛在地面了。

……

由于扬子江上游的滩险太多，只能白昼航行，于是尽量利用夜晚装卸，因为宜昌、重庆间上水至少需要四日，下水至少需要两日，于是尽量缩短航程，最不易装卸的，才运到重庆来，其次缩短一半运到万县，再其次缩短一半运到奉节巫山，甚至于巴东。一部分力量较大的轮船，除本身装运外还得拖带一只驳船尽量利用所有的力量和所有的时间，没有停顿一个日子，或枉费一个钟点。每晨宜昌总得开出五只、六只、七只轮船，下午总得有几只轮船回来，当着轮船刚要抵达码头的时候舱口盖子早已揭开，窗门早已拉开，起重机的长臂，早已举起，两岸的器材，早已装在驳船上，拖头已靠近驳船。轮船刚抛了锚，驳船即已被拖到轮船边，开始紧张地装货了。两岸照耀着下货的灯光，船上照耀着装货的灯光，彻夜映在江上。岸上每数人或数十人一队，抬着沉重的机器，不断的歌唱，拖头往来的汽笛，不断的鸣叫，轮船上起重机的牙齿不断的呼号，配合成了一支极其悲壮的交响曲，写出了中国人动员起来反抗敌人的力量。

10月　（一）抗战以来到此时，民生公司累计装运出川官兵和壮丁二十万人以上，入川公务人员和旅客不下十万人，各地返川难童二、三千人，政府公物及各厂家器材约十万吨①。（二）兼善中学成立附属事业总管理处，是兼善实业股份有限公司的前身②。

11月5日　民生公司收购四川省政府的长江兵舰，改名为民强轮③。

---

① 刘明超：《八一三后本公司之运输》，《新世界》第13卷第2、3、4期合刊，1938年10月31日，第36页。

② 重庆市档案馆编著：《重庆市档案馆指南》，中国档案出版社2010年版，第361页。

③ 陈滋生：《二十七年公司大事纪述》，《新世界》第14卷第4、5期合刊，1939年3月20日，第46页。

11月6日　战时儿童保育会宜昌运接站致函卢作孚，谓[①]：

> 兹因时局益紧，空袭频仍，本站滞留宜晶儿童尚有千余之多，早经蒋夫人向各方呼吁，请予协助。风闻军事当局以时局紧张，拟将船只加以统制之说，果属确实，则千余难童均将无从运关。素仰次长热心公益，拯救难黎极具热忱，用特函请次长查明，准予商饬航政当局，在每次船只上驶时，酌予加运难童若干名，俾千余难童得达安全区域，皆次长之赐也。

11月13日　（一）长沙大火。随后宜昌谣传长沙已经失守。（二）黄炎培在江恒源陪同下访张群行营，并谈大局，谈交通服务团计划。遇卢作孚来，黄炎培与卢作孚略谈，约后日续谈[②]。

11月13—14日　（一）卢作孚在重庆交通部汉口航政局主持征集木船运输会议[③]，会议决定到11月底分两期征集木船2000艘参加宜渝抢运以及木船运输管理办法。有关档案载[④]：

> 案准四川省船舶总队部船总第二二四号公函开“案查本月十三日在交通部汉口航政局举行征集木船运输会议，凡有关各机关均派代表出席，本部为应付目前紧迫状况，征集船舶迅速起见，提出加强四川省船舶总队部统制力量一案，经决议：（一）所有川省船舶无论盐船煤船以及各项船只，均归总队部统一征调。凡各军事机关需船由行营核定后，通知船舶总队部拨交。但盐船得于急需时尽先拨用。嗣后任何机关不得自行封扣。（二）前项办法由船舶总队部呈请委员长行营通令有各机关遵照等语，纪录在案，本部大概依第二项议定办法录案电请委员长行营核示。兹奉行营交四字第零一六一号经代电开筱代电，悉查所称各节，自属可行，除准分电外，响应函达贵署，希即查照为荷”等由，准此除繁荣内函外相应函达查照。此致重庆钢铁厂筹备处。军政部兵工署驻重庆办事处启。十二月五日。

---

① 黄立人主编：《卢作孚书信集》，四川人民出版社2003年版，第720—721页。

② 中国社会科学院近代史研究所整理：《黄炎培日记》第5卷，华文出版社2008年版，第43页。

③ 黄振亚：《长江大撤退》，湖北人民出版社2006年版，第320页。

④《四川省船舶总队部船总第244号公函》，重庆档案馆藏。

会后，卢作孚返宜昌。后来卢作孚追述说[①]：

（内迁器材物资）由京到汉以后，敌人侵入长江，航线已经缩短，江海各轮，有征充阻塞之用及未能驶至上游者，船只亦大为减少。至于各处铁路有全被敌占领或被敌切断者，关于运输方面，殊觉感受困难。此时尚有几条铁路和少数轮船，供其需要，但湘西常德以上，湘南衡阳以上，均不便通轮，全赖木船。宜昌至重庆虽通轮船，但装载量不大，而堆积宜昌亟待运输之重要器材数量甚巨，于是始想到利用木船装运，以补轮运所不及。在武汉撤退时，运湘器材，约有四五万吨，运川货物约十万吨，除轮船装运外，发动了大批木船，单以宜渝一段，所雇用之木船，计先后数约二千只，更得了木船很大的帮助。

（二）军事委员会后勤部长俞飞鹏致电卢作孚等，谓[②]：

滞宜军品为数尚多，现在局势紧张，非准备多数船只星速赶运难期清理。运川商货固关系民生，惟其重要性究远逊于各种军品，拟请经扶、作孚二兄大力主持，设法督饬疏运。凡属可以缓运商品，似宜令其暂行缓运，俾军品及早运出。是为至祷。仍请电复。

11 月 14 日　民生公司在宜昌并入汉口商人王方舟的协昌轮，改名为民协轮[③]。

11 月 15 日　黄炎培在江恒源陪同下赴民生公司，晤宋师度、杨成质，与卢作孚商谈交通服务团办法[④]。

11 月 17 日　宜昌五龙坝、民生堆栈一带以及下铁道坝招商局栈房等处，遭到日机疯狂轰炸[⑤]。

---

① 卢作孚：《改良木船的四大意义》，《抗战与交通》第 27、28 期合刊，1939 年 10 月 16 日。

② 黄立人主编：《卢作孚书信集》，四川人民出版社 2003 年版，第 725 页。

③ 陈滋生：《二十七年公司大事纪述》，《新世界》第 14 卷第 4、5 期合刊，1939 年 3 月 20 日，第 46 页。

④ 中国社会科学院近代史研究所整理：《黄炎培日记》第 5 卷，华文出版社 2008 年版，第 44 页。

⑤ 张朋园、林泉等整理：《林继庸先生访问纪录》，台北“中央研究院”近代史研究所 1984 年版，第 113 页。

11 月 18 日　（一）民生公司收购四川省政府巴渝兵舰，改名为民固轮[①]。（二）由于无法买到直航重庆的客票，前往重庆的著名作家胡风在宜昌购买了官舱船票后乘上了民生公司最大的、开往万县的客轮“民本”轮。胡风记述道[②]：

> 民生公司是以服务周到，没有一般轮船的积习而出名的。……一个穿白制服的年青服务员领我们到舱里。一看，里面床上铺着雪白的床单和枕头，小桌上放了茶壶茶杯，井井有条，非常整洁，的确和别处的官舱不同。……在这里只要不出房门，不走下去，就仍和太平年月的出门旅行差不多。

［按］他还记述 20 日轮船抵达万县时的情形说[③]：

> （20 日 6 时船到万县）进来了一个很年青的小服务员帮我捆行李。这时我正拿它没办法呢，因为我在铺盖里还得放上换洗衣服等杂物，很难捆好。而在他手里，用棉被将它们一包，用绳一捆，一个四四方方、有棱有角的铺盖卷就打好了。他们是经过训练的，学了一些本领。他很有礼貌地送我们下到划子上，还不肯收小费。我亲身体验到了民生轮船公司良好的服务态度和经营方针，如果不是战争，他一定能够击败外商的轮船公司。

后胡风等人又购买了活动统舱于 11 月 29 日赴重庆，轮船 12 月 2 日抵达。从胡风的记述中可以感受到民生公司战时运输中客运方面的紧张和周到的服务。

11 月 20 日　宜昌铁道坝招商局栈房等处，遭到日机疯狂轰炸，损失惨重。此时，人们以为宜昌必不能保[④]。

---

① 陈滋生：《二十七年公司大事纪述》，《新世界》第 14 卷第 4、5 期合刊，1939 年 3 月 20 日，第 46 页。

② 胡风：《回忆录》，《胡风全集》第 7 集，湖北人民出版社 1999 年版，第 409 页。

③ 同上书，第 413 页。

④ 张朋园、林泉等整理：《林继庸先生访问纪录》，台北“中央研究院”近代史研究所 1984 年，第 114 页。

11月22日　民生公司在重庆并入重庆商业银行的永亨轮，改名为民良轮[①]。

11月23日　（一）湘潭煤矿公司董事会举行第二次会议，议决组织嘉阳煤矿公司，公司资本100万元，湘潭公司占七成，民生公司、美堂公司合占3成[②]。（二）杜重远应邀在民生公司讲演《在建设中的新疆》。

［按］讲演中对盛世才在新疆吹嘘的所谓反帝、亲苏、民族平等、清廉、和平、建设等六大政策大加赞赏，并且称赞盛世才是“有思想有抱负有办法的一个领袖”[③]，表明杜重远此时尚没有看清盛世才伪善、阴险、凶恶的真面目。

11月29日　民生公司在宜昌并入益大轮船局的源丰轮，改名为民伟轮；在宜昌并入南京义泰拖轮局的义泰轮，改名为民济轮[④]。

11月下旬　著名的武汉裕华纱厂从本年2月开始准备内迁重庆，8月初开始起运重要设备，由于缺乏轮船，到宜昌后只得存栈待运，11月下旬两次遭受日军飞机轰炸，存栈原棉和机器损失惨重。裕华纱厂有关负责人一度找到聚福轮船公司协商运输，该公司有福源、福同两轮从事川江运输。为此，苏汰余“亲赴聚福公司，请其协助。孰知该公司不顾过去往来，完全拒绝。原因是装运机器设备，有一定运价，如运货机，则可乘危难紧急之际，信口高抬运价，大发其财”。协商毫无结果。之后，该公司与民生公司协商，双方决定采取互相投资方式合作，经过卢作孚同意，裕华纱厂投资民生公司30万元，民生公司投资裕华纱厂10万元，民生公司派轮船把该厂全部货物从宜昌先运到巴东、万县，然后转运重庆[⑤]。

11月30日　卢作孚致函刘经扶，谓[⑥]：

顷由船舶司令部转来俞部长一电，文曰：“船舶运输司令部庄副司令英之兄，并译陈刘主任经扶兄、卢次长作孚兄：武密。滞宜军品

---

① 陈滋生：《二十七年公司大事纪述》，《新世界》第14卷第4、5期合刊，1939年3月20日，第46页。

② 李学通：《翁文灏年谱》，山东教育出版社2005年版，第175页。

③ 杜重远：《在建设中的新疆》，《新世界》第13卷第5期，1938年11月30日，第3页。

④ 陈滋生：《二十七年公司大事纪述》，《新世界》第14卷第4、5期合刊，1939年3月20日，第46页。

⑤ 《裕大华纺织资本集团史料》编辑组：《裕大华纺织资本集团史料》，湖北人民出版社1984年版，第324—326页。

⑥ 黄立人主编：《卢作孚书信集》，四川人民出版社2003年版，第728—729页。

为数尚多，现在局势紧张，非准备多数船只星速赶运，难期清理。运川商货固关系民生，惟其重要性究远逊于各种军品，拟请经扶、作孚二兄大力主持，设法督饬疏运。凡属可以缓运商品，似宜令其缓运，俾军品及早运出，是为至祷。仍请电复。衡。俞飞鹏。寒。戌运。”等语。以弟所知，一般商品，轮船早经停运，在木船未统制以前，尚有由宜雇木船运出者。现经船舶司令部联络各机关统制所有可以入川之木船，即绝无复商品运川办法矣。计自十一月一日起至十二月十日止，全力赶运军品及与兵工、交通在关器材，轮船原预算可运一万四千吨者，因缩短航线，澈（彻）夜装卸，并利用一切轮船剩余时间，或竟可达二万四千吨。木船正在调查中，亦或可达万吨。拟即以此复电俞部长，未识可否？尚希裁示为荷。

11月　抢运宜昌器材需要大批木船，致使木船运价骤然由平常的每吨运费30元飙升为190元，担负长江航政的汉口船政局为平定运价，制定了宜渝木船上行下行运输规则以及各城市间运价，并公布实施，这是重庆国民政府航政官署“统制运价之先声”[①]。

12月1日　卢作孚召集会议，调整奉节以下航线运输。

12月6日　《民生实业公司简讯》载《我们报国的责任》一文，谈战时运输和公司的责任，谓[②]：

自抗战以来，有两条血脉，关系军事与政治，以及生产建设最为重要：一是粤汉铁路，一即是长江航路。有人比喻这两条路为中国之生命线，确实不错。目前纵然粤汉路不能畅通，已失直达海口之作用，而长江上游航运，则依旧进行，关系抗战前途，愈显重要。

12月8日　重庆各界举行追悼蒋百里大会，卢作孚致送吊蒋百里挽联云[③]：

砥柱中流，一片精诚安禹甸；
仪型后世，万方痛楚失良师。

---

① 王洸：《战时航政与航政建设》，《经济建设季刊》第1卷第2卷，1942年10月，第67页。

② 《民生实业公司简讯》第687号，1938年12月6日第1版。

③ 《民生实业公司简讯》第691号，1939年1月3日第1版。

12月10日　（一）史称“宜昌大撤退”的四十天宜昌抢运计划到期。后来卢作孚回忆起这次紧张但是组织得井然有序的抢运时说[①]：

我们会议时的预算是，从一九三八年十一月一日到十二月十日那四十天中，我们可能有运输能力一万四千吨，但是因为一切都上轨道，都有规律，都依照计划，就是中间最困难的几项都能够执行，就办到了那四十天中实际运的是二万六千吨。这里我只介绍三件事，大家可以了解几分为什么当时会达到这个成就，计划是怎样在执行。(一）我们决定，在每个轮船开到宜昌时，如仅仅装到二百几十吨一载的，就希望一晚上完成装出。如装到三百到五百吨一载的，两夜另一天完成装出。时间很紧迫，装的东西又都是重要的机器，或大件的，如飞机机身，很不好装。为了把握时间，我们的办法是，无论什么东西都在船到一点钟以前预备好，器材装到驳船上，再经过囤船上人员检查，如果他们已准备完成，轮船到时就装他们的东西。假定到一点钟他们还没有准备好，就是只差三十、五十、八十吨，也不装而装另外已经准备好的机关的东西。轮船如果到了宜昌，大家对每一分钟都把握得很紧，就办到了每一只轮船在未到宜昌前，货舱口已经揭开，起重吊杆已经举起，玻门窗口也已开启。驳船、拖轮也一切准备停当，只要一听到轮船汽笛声音，拖轮马上靠到驳船边上，等待轮船下尾，拖轮就带着驳船离岸。轮船一抛锚，拖轮已经靠在旁边，开始装货。真正作到了每一分点（钟）都没有牺牲。这完全是靠了群众一致的力量。看见岸上江边人的忙迫，人声、汽笛声、机器运转声交织成一片，真是令人感动。(二）宜昌到巫山航行时间限定是一天，有的船上水一天不够，就在下半夜离宜夜航一段时间，下水通常要不了一天，只需半天，就在中间担任工作。如每只铁驳子可装货八十至一百、一百五十吨，所有轮船由巫山下来时，就拖一个驳子上去，每天上水拖三、四个钟头，下水再一、二个钟头，把这半天走过，分三次或四次就带了一个驳子到巫山，这样一来下水的其余半天也决不浪费。而且除了船的本身载量以外，又增加了它所拖船的载量。(三）有次在一天中用五只船完成了四百吨以上的运输计划，那时民生公司自己有几百吨油需要运到巫山安全地带，但是不容许有多的时间。需要五只船配合行动。(1）“民主”。本身可以装油，同时可以

① 《1950年第二次业务会议报告》，第99—105页，重庆档案馆藏。

拖驳。(2)“生聚”。本身不能装油，但可以泵油，可以拖驳。(3)“民享”。本身可以装油，但不能泵油，而且一天不能由宜昌开到巫山。(4)现在的“生平”。须“生聚”拖到巫山。(5)“十一号驳子”。须“民主”拖到巫山。另外还有一个小驳子装有部分油，要泵到十一号驳子。于是在宜昌的民生公司同仁大伙商量办法，要“生聚”在宜昌把小驳油泵到十一号驳，同时拖十一号驳到三斗坪，要“民主”、“民享”由巫山开到三斗坪。到了三斗坪后，“生聚”马上泵油驳油到“民享”。“民主”自己泵油，留一部分油在十一号驳中。随即“民主”拖“十一号驳”，“生聚”拖“生平”，“民享”自己走。而且都不能有误，都要当天赶到巫山，因为“民主”油要泵到“十一号驳”，“生聚”还要帮“民享”泵油回“十一号驳”。这样一个极为复杂的计划，可是完全执行到了。

代总经理宋师度后来也曾回忆“宜昌大撤退”说①：

日寇将西进之始，宜昌沿河两岸，堆积如山之公私物资，数十厂之兵工器材无法上运，又值水枯船少，官民军商，惶恐万状，日向宜公司争攘叫嚣不已。卢总经理同公司主干朋友，立即赴宜坐镇，宣告停止争讼，只请提出要求。赖指挥之有力，与全体职工之努力，不数十日而遍布上下两岸无法运走之无量大件重件，均已不翼而飞。外人几疑何人有何魔术，不知全由公司同人，肯用脑力，从万无办法中也要想出办法，不惜劳力，担负不了也要担负终了。

[按] 这次宜昌撤退抢运在中国抗日战争史上有相当重要的意义，著名教育家晏阳初称其为“中国实业上的敦刻尔克”，是胜利的撤退，并被普遍认为是中国抗战史上的一个奇迹。在参与抢运的24只扬子江上游中国轮船当中，只有2只不是民生公司的轮船，可见民生公司在抢运中发挥的作用。在抢运中，民生公司有116人献出生命，有61人伤残，轮船被炸沉、炸伤者16艘（其中11艘无法打捞及修复）②。宜昌抢运期间，卢作孚鉴于宜昌还聚集着一批长江中下游避难而来的轮船，由于马力小、吃水深、体积大无法驶入川江，而一旦宜昌沦陷，后果严重。卢作孚乃召集

① 《1950年第二次业务会议报告》，第20—22页，重庆档案馆藏。

② 周永林、凌耀伦主编：《卢作孚追思录》，重庆出版社2001年版，第200页。

有关船东和相关负责人开会，协商将这些轮船按照船价半数付现、半数入股的方式，出售给民生公司，对于愿意随船进入民生公司的船员可以适当安排，不愿意者可以发给遣散费①。这样民生公司先后在宜昌及宜昌附近收购了无所依归的轮船 60 余艘，“准备将其锅炉机器及船壳，彻底加以配合及改善，使能勉强行驶于扬子江上段”。后来卢作孚发现这些船中能够经过改善而加以使用的不多，于是改变计划，“决计订造以煤为燃料的新船，先后共十五只，和油为燃料的浅水船二只，以期后方航运绝对健全”。这些新船和经过改造的旧船，最大的 2 只长 137 英尺，宽 25 英尺，吃水 7.5 英尺到 8 英尺；其次长 116 英尺，宽 19 英尺，吃水 6 英尺的 1 只；长 106 英尺，宽 18 英尺，吃水 6 英尺的 9 只；长 90 英尺，宽 15 英尺，吃水 5 英尺的 1 只；长 80 英尺，宽 15 英尺，吃水 5 英尺的 2 只；长 76 英尺，宽 14 英尺，吃水 2.5 英尺的 2 只，其中“有四只均为铁壳，有十二只的机器是重庆制造，锅炉是民生机器厂自己制造。中间不知感受材料和人工的若干困难”②。这些船只的成功建造和改造，从根本上保证了战时民生公司的正常运营。对此卢作孚 1943 年时说③：

> 现在一半的航线主要就靠这些新轮服务了，因为有这一些新船和购买而加整理的旧船，填补了扬子江上游各长短航线的需要，原来烧油的轮船，就可以停了大半，而只使用了吃水最浅的烧油的船，还节省了大半的油和必须自国外所取给的配件。至汉口宜昌撤退以后，剩下来的油和五金材料和配件，不但支持了这几年的使用，一直到今天，而且还支持了这几年的亏折，一直到今天。假若没有当年的若干油、五金材料和配件的准备，而完全靠今天的大量的高价的收购，来供给全部的使用，或且无法收购，则其亏折及其航行的困难更不堪言。

（二）民生公司在宜昌并入镜安轮船公司的镜安轮，改名为民镜轮④。

---

① 周仁贵：《光辉业绩永留人间——为卢作孚先生诞辰一百周年而作》，见《风范长存》，1993 年，第 67—68 页。

② 卢作孚：《一桩惨淡经营的事业——民生实业公司》，民生公司 1943 年 9 月印，第 19—24 页。

③ 同上书，第 23—24 页。

④ 陈滋生：《二十七年公司大事纪述》，《新世界》第 14 卷第 4、5 期合刊，1939 年 3 月 20 日，第 46 页。

12 月 13 日　民生公司在宜并入源顺轮[①]。

12 月 11 日　（一）卢作孚由宜昌到重庆，一度与武汉裕华纺织公司的苏汰余商议合作事宜。（二）卢作孚与兵工署商定的《第二期兵工器材运输计划》开始执行。

12 月 12 日　孔祥熙应邀到民生公司作《民生主义与建国关系》的讲演。

12 月 13 日　民生公司卢作孚、郑东琴、宋师度在留春幄招待黄炎培餐叙[②]。

12 月 14 日　张群在国府路大溪别墅九号设家宴，招待黄炎培、王晓籁、杜月笙、钱新之、卢作孚、张嘉璈、张肖梅、何北衡等。其间，黄炎培与作孚谈西昌考察事[③]。

12 月 15 日　何北衡、张嘉铸（禹九）请翁文灏、卢作孚等午餐[④]。

12 月 17 日　嘉阳炼矿公司召开创立会并组成董事会，以钱昌照、杨公兆、贝安澜、胡石青、刘燧、卢作孚、宋师度、康心如为董事。康新之等人为监察人[⑤]。

12 月 18 日　下午 5 时，黄炎培到民生公司，与晏阳初、李璜续谈。当晚卢作孚为主人，邀请各位在冠生园餐叙[⑥]。

12 月 19 日　黄炎培到民生公司，与晏阳初、李璜续谈，晏阳初述乡村建设学院计划[⑦]。

12 月 20 日　卢作孚在民生公司总公司主持召开民生机器厂改组筹备会议。

12 月中旬　复旦大学经济系主任卫挺生致函卢作孚，谓[⑧]：

---

① 陈滋生：《二十七年公司大事纪述》，《新世界》第 14 卷第 4、5 期合刊，1939 年 3 月 20 日，第 46 页。

② 中国社会科学院近代史研究所整理：《黄炎培日记》第 5 卷，华文出版社 2008 年版，第 54 页。

③ 同上书，第 55 页。

④ 知之整理：《翁文灏日记》（1938 年），《近代史资料》第 103 号，中国社会科学出版社 2002 年版，第 118 页。

⑤ 同上书，第 119 页。

⑥ 中国社会科学院近代史研究所整理：《黄炎培日记》第 5 卷，华文出版社 2008 年版，第 56 页。

⑦ 同上书，第 57 页。

⑧ 黄立人主编：《卢作孚书信集》，四川人民出版社 2003 年版，第 734 页。

汉皋晤教，快慰积念。惜匆匆别去，未得畅谈，仍觉遗憾。十二月一日晤教后，当即以电话谋与孔庸之接谈，其秘书谓其因感冒卧病未起床。午后逢高秉坊春如司长于途，弟当托其转达二语，并述种种理由：一、统一交通指挥，汉渝一段请卢作孚先生负责；二、速通川缅铁路，路线工程由缅甸与英合作。高司长允即为转达孔院长。弟至渝之次日访贺元靖国光主任，又请其将以上二事及另一事专陈蒋委员长，贺主任允即办，未知有否即办。顷晤宋师度先生，云中央已借重先生管理水道运输，至为可喜。弟十二月二日乘协庆轮，十二日直达渝。顷游合川三峡，拟卜居北碚温泉间。令弟子英先生已允代觅房屋矣。知念，敬以闻。专此。

12 月 21 日　（一）民生公司在宜昌并入永兴轮船公司的万昌轮，改名为民仰轮①。（二）卢作孚陪同晏阳初到北碚参观考察。

12 月 22 日　《嘉陵江日报》载卢作孚近日行程②：

乡建专家晏阳初及交通部次长卢作孚，于昨日午后 6 时许乘车来碚，当夜在实验区署，召各事业主干人谈话，对各方工作，殷殷垂询，并加指导。晏阳初氏对定县及衡山民教、乡建之方法运用，尤阐明颇详，晚 10 时许始散。两氏定今乘轮赴合川视察，明日再由合返渝云。

12 月 23 日　山东旅外同乡会战地服务团在重庆银行公会举行仪式，悼念上个月在抗战中殉国的民族英雄范筑先，卢作孚致送吊范筑先的挽联谓③：

具经文维武之才，功昭齐鲁；
为保国卫民而战，死重泰山。

12 月 25 日　民生公司在宜昌收购镇江永和轮船总局的润泰轮，改名

---

① 陈滋生：《二十七年公司大事纪述》，《新世界》第 14 卷第 4、5 期合刊，1939 年 3 月 20 日，第 46 页。

② 《晏阳初、卢作孚昨来峡》，《嘉陵江日报》1938 年 12 月 22 日第 2 版。

③ 《民生实业公司简讯》第 690 号《山东烈士之哀荣》，1938 年 12 月 27 日。

为民润轮[①]。

12月26日　孔祥熙派宋子良为西南运输处主任，管理从越南和缅甸运送的军用物资及材料。张嘉璈担心宋子良与西南公路局产生摩擦，特约宋子良与卢作孚商拟合作办法[②]。

12月29日　民生公司在宜昌收购华明轮船局的华明轮，改名为民瞻轮；在宜昌收购祥顺轮[③]。

12月31日　行政院院长孔祥熙为抗战时期办理军运有功人员颁奖事宜向国民政府主席林森提出具体名单，呈请鉴核。呈文内容如下[④]：

> 查卢作孚、钱宗泽、宋子良、陈延炯等四员，在抗战期间办理军运，着有劳绩。周寿臣、黄仁霖二员，对于慈善事业殊为努力，拟颁给采玉勋章，理合开列清单，呈请鉴核，特令颁给。谨呈国民政府主席林。
>
> 附清单一份。
>
> 行政院院长　孔祥熙
>
> 清单

姓名	拟授勋章
卢作孚	三等采玉勋章
钱宗泽	三等采玉勋章
宋子良	晋授三等采玉勋章
陈延炯	四等采玉勋章
周寿臣	三等采玉勋章
黄仁霖	五等采玉勋章

12月　民生公司投资嘉阳煤矿公司20万元，并向恒顺机器厂投资25万元[⑤]。

---

① 陈滋生：《二十七年公司大事纪述》，《新世界》第14卷第4、5期合刊，1939年3月20日，第46页。

② 姚崧龄：《张公权先生年谱初稿》，台北传记文学出版社1982年版，第213页。

③ 陈滋生：《二十七年公司大事纪述》，《新世界》第14卷第4、5期合刊，1939年3月20日，第46页。

④《孔祥熙呈林森文》（1938年12月31日），台北“国史馆”藏。

⑤ 陈滋生：《二十七年公司大事纪述》，《新世界》第14卷第4、5期合刊，1939年3月20日，第49页。

年底　卢作孚回到重庆。

本年　（一）早在上海“八一三”事变爆发前，国民党交通当局知局势严重，密电各航商将所有海轮尽速驶入长江，或采取其它方法躲避以免落入敌手。当时从长江下游后撤麇集在汉口的轮船数量甚多，约有200余艘，加上战前汉口拥有的450艘轮船（吨位42682吨），到1938年2月，汉口麇集的轮船达到645艘，143790吨。后来汉口紧急，汉口船政局会同军事运输机关督饬继续撤退，其中有208艘退到宜昌，66艘退到长沙，16艘退到常德，退到宜昌的208艘轮船中，有150艘后来驶进川江[①]。在民生公司方面，本年民生公司总计并入大小轮船29只，新造轮船4只，除拆毁者外，到年底，民生公司共新增船舶31只[②]，公司资产达到1820万元[③]。（二）中苏文化协会主办的中苏文化杂志社本年迁到北碚歇马镇白鹤林刘家院，该杂志社编委会主任为王昆仑，副主任为侯外庐、翦伯赞。正是在这里侯外庐、翦伯赞分别写成了《中国思想史》和《中国史纲》。

（三）在民生公司总公司秘书室负责兵差的李邦典在《二十七年的兵差》中载[④]：

> 兵差，是秘书室工作的一部分。秘书是拿笔杆的，武装同志是拿枪杆的，拿笔杆的遇见拿枪杆的，比较上要格外的亲切些。因为手上全有杆的关系。所以在二十七年，一年来的兵差，办的比较顺利。一方面固然是公司以内的朋友全体努力帮助，一方面也是各机关部队处处体贴原谅，才能有下列几个数目字，可以向读者诸君报告：
>
> （一）由重庆运出去
>
> 1. 部队人数309155人　2. 弹药4616吨　3. 差煤1041吨　4. 榨菜530吨　5. 辎重175吨

---

① 王洸：《战时航政与航政建设》，《经济建设季刊》第1卷第2卷，1942年10月，第50页。

② 陈滋生：《二十七年公司大事纪述》，《新世界》第14卷第4、5期合刊，1939年3月20日，第49页。

③ 民生实业公司编：《民生实业股份有限公司28年概况》，1940年刊，第2页。

④ 李邦典：《二十七年的兵差》，《新世界》第14卷第4、5期合刊，1939年3月20日，第11页。

（二）由宜昌运进来

1. 部队人数 10708 人　2. 弹药 1113 吨　3. 汽油 1847 吨又 1988 箱又 737 大桶　4. 器材 122 吨又 50 件　5. 辎重 487 吨又 50 件

以上两个表所记载的人数及器材的吨数，均系专指应差兵轮所在载的数量。从以上两个表，可以看出下水送出去的部队占了很大的数目——三十万，而上水送进来的是弹药、汽油、器材占一个很大的数目——约四千吨。

我们再看看轮船打差向政府所领的差费。因为民勤是长期差船，我们即以民勤为例。民勤一天的成本是 671.18 元，燃料在外。政府所发的差费每天是 325.5 元，燃料费另算。这样比较下来，打一天差，在成本上要赔 315.68 元。总计二十七年一年应差的轮船是二十三只，应差的次数是 404 次，宜渝段每次上水是 4 天，下水 2 天。假定这 404 次完全是下水差，则为 404 天。大小船平均假定依照民勤轮的例来说，民生公司在这 808 天的兵差当中，就要赔 255000 有零。这样大的一个数目，足可又添五只小轮，或者再组织一个小航业公司。有很多的同志，偶然的不谅解，还要责备民生公司是“唯利是图”。商业机关，谋利本来是原则，不谋利无以对股东。但是这篇账算完之后，仅从兵差一端，吾们就可以看到民生公司对于抗战的贡献。同时也就想到，民生公司如果没有十年巩固的基础，就这二十几万的赔垫，也足以影响民生公司的生存！谈到此处，应有一个特别的声明，兵差虽是秘书室的工作，兵差的成绩，却是公司上下职工全体努力的结果。笔者曾记得在二十七年的夏季正是酷暑的天气，从五月至十一月，这个半年当中，凡是从重庆下水的轮船，差不多全部应差，同时为顾虑船的开期，甲级大船顶多停两天，其余乙级以下的船，一定要今天到明天开出，多赶一天就可以从宜昌多抢进来一部分公物器材，下水也就可以提前多装一部分部队。当时轮船同岸上各部职工好像各人全知道他的工作之重要，昼夜从公，毫无怨怼。也是因为他们亲眼看见一批一批的出征战士，星夜开到前线去牺牲生命，要到前线去捍卫国家，那种壮烈耐苦的精神，让人崇敬，让人感动，所以民生公司的职工，纵或有时候挨几句骂，多跑几步路，多费一点口舌，少睡几夜觉，那简直觉得不算一回事了。

（四）民生公司资料载[①]：

总之，这一年（1938 年），我们没有在后方做生意，实实在在正如前线的将士一样，在同敌人拼命。

① 李若兰：《二十七年的业务》，《新世界》第 14 卷第 4、5 期合刊，1939 年 3 月 20 日，第 9 页。

1939年（民国二十八年）46岁

1月1日　（一）卢作孚和财政部次长徐堪应张嘉璈约请，商拟《水陆运输联合委员会章程》①。

［按］该章程于本月10日由行政会议通过。

（二）国民政府颁布政府主席令，表彰在抗战期间办理军运中贡献突出人员，卢作孚等获授三等采玉勋章②。（三）西康省政府正式成立。

1月2日　民生公司与自上海内迁的大鑫钢铁厂在合作过程中磕磕碰碰，工矿调整处副处长张兹闿向翁文灏报告，“化铁炉，民生于十二万元中出八万元，愿任董事长，大鑫不赞成”③。

1月10日　行政院第三百九十七次会议议决，设立以宋子良、卢作孚为正副主任委员的水陆联合运输委员会④。

1月14日　以宋子良、卢作孚为正副主任委员的水陆联合运输委员会正式成立。

1月15日　卢作孚出席公司朝会，感到报告的方式、内容不足以引起听众的兴趣，同时深深感到一桩事业不是投机和侥幸能够成功的，而是由人们通过努力创造的。民生公司自抗战爆发以来，船只从四十八艘增加到八十八艘，新增船只的经营管理至少需要千余人，非从训练中产生不可，因此决定从各方面事整顿。资料载⑤：

> （民生）公司的新生命，是从今年元旦日起，展开了一页新历史。职工的生活，职工的工作，职工的精神，与岁俱始，焕然更新，

---

① 姚崧龄：《张公权先生年谱初稿》，台北传记文学出版社1982年版，第214页。

② 台北“国史馆”档案；《元旦授勋》，《新华日报》1939年1月1日第2版。

③ 李学通、刘萍、翁心钧整理：《翁文灏日记》，中华书局2010年版，第298页。

④ 李学通：《翁文灏年谱》，山东教育出版社2005年版，第179页。

⑤ 彦于：《公司的新气象》，《新世界》第14卷第1期，1939年2月10日，第11—12页。

> 真使人回忆和比较起来，深刻地感觉着十分的不同。……因为抗战，我们的航线缩短。因为抗战，我们的国府移重庆。航线缩短，国府移渝的结果，才把手创公司事业的卢先生羁留在公司的大本营——总公司所在地的重庆，作较长时间的逗留，除去公余之暇，才能抽大部分时间，牺牲个人的寝和食的时间，来整理公司内部的工作，指导公司同仁活跃起来，开始写了民生公司新生命的第一页。过去两年来，卢先生时而在成都，时而在南京，大部分的时间在飞机上和旅行中。

1 月 18 日　中国职教社辅导委员会假座永年春举行会餐，到者有康心之、卢作孚、杨成质等，议设关于介绍成事者保证基金之组织[①]。

1 月 19 日　翁文灏日记载："晚宴 H. C. Maut（国联代表）、徐叔谟、宋子良、卢作孚、胡庆育、康时振、侯霱昌、秦汾。"同日记又载："贸委会与中信局同倚孔为靠山，惟利是争！"[②]

1 月 23 日　贸易委员会副主任委员邹秉文访翁文灏，谈拟请卢作孚代贸易委员会事[③]。大约此后不久，卢作孚即参与贸易委员会事务并受命代理贸易委员会主任委员[④]。

1 月　（一）与中国西部科学院有长期密切联系的中央研究院动植物研究所，从广西阳朔内迁到重庆北碚文星湾的西部科学院科学大楼——惠宇，由于西部科学院的支持和战时的需要，该所发展成为动物研究所和植物研究所，分别由王家辑和罗宗洛任所长，两个研究所一方面利用中国西部科学院的设备和标本进行了大量的研究工作，同时还进行了大量的标本采集和研究交流工作，直到抗战胜利为止。（二）由江苏省立医政学院和私立南通学院医科合并而成的国立江苏医学院辗转迁到北碚。（三）民生公司与相关公司和机构订立合约，开始渝蓉联运。资料载[⑤]：

> 1939 年 1 月，民生公司与华懋公司、空军兵站总监部，订立轮

---

① 中国社会科学院近代史研究所整理：《黄炎培日记》第 6 卷，华文出版社 2008 年版，第 69 页。

② 李学通、刘萍、翁心钧整理：《翁文灏日记》，中华书局 2010 年版，第 303 页。

③ 同上书，第 304 页。

④ 袁润芳摘编：《抗战初期国民政府经济部"官商合办事业"概况》（二），《民国档案》1988 年第 2 期，第 79 页。

⑤ 中国人民政治协商会议西南地区文史资料协作会议编：《抗战时期西南的交通》，云南人民出版社 1992 年版，第 287 页。

船与木船联运合同。空军兵站运往成都之物品，由渝运叙者，交民生公司轮船承运；叙至蓉，由华懋公司用木船或竹筏接运。渝至叙上水用轮船运输，只需4天，但木船由叙运蓉约需26天，虽然运时较长，但在抗战时期，在汽车运输困难紧张的情况下，仍不失为良策。

战时，由于交通紧张，许多单位的重件，在汽车无法承运时，多交民生公司办理轮木联运，由渝运蓉；1944年11月20日，军政部兵工署第50厂曾将一批军用器材交民生公司自渝运叙转蓉。“民联”轮运50厂器材由渝运叙转蓉，一次即达44.78吨。1944年9月，“民武”轮由渝运叙转蓉油桶及马丁铁40吨，由渝经叙嘉转蓉材料56.682吨。兵工署50厂成都分厂，有酒精一批由泸运蓉，亦交民生公司办理轮木联运。

战时开办重庆—叙府—嘉定—成都之间的轮船和木船的联营、联运业务，扩大营运范围，增加营业收入，实为支持抗战建设之又一良好方式。

2月5日　军政部兵工署为14000吨兵工器材运输事致第24兵工厂快邮代电谓：“第24兵工厂鉴查：民生公司承运器材14000吨一案，业已结算清楚，共计支付运费637778.67元。”①

2月6日　（一）卢作孚出席民生公司总公司朝会并作《怎样出席朝会工作报告》讲话，谓②：

一、为工作而报告。朝会是报告工作，有工作才有报告，没有工作，报告就没有根据。第一次报告是以往工作的检讨，报告后的工作，是准备下次。所以报告的准备，是在前月，不是在前夜晚。

二、报告要提出解决问题的方法。我们是工作者，不是观察者，发现问题，能针对着提出改善的方法，才是建设者应有的态度。朝会席上，不是提问题，是用什么方法解决问题。这许多单位的工作，事前都经过缜密的检讨，一定有许多方法，供给大家。所以朝会是方法荟集和交易的场所。社会是人与人间互相的影响，朝会就是造此运动。

---

① 《军政部兵工署致第24兵工厂快邮代电》，重庆档案馆藏。

② 卢作孚：《怎样出席朝会工作报告》，《新世界》第14卷第4、5期合刊，1939年3月10日，第56页。

三、实干，不发牢骚。一件事在无办法前容易动感情，找到办法，感情就平静，牢骚正是无办法的表示。作改善工作，一定引起埋怨，只看自己的方法能不能成功，埋怨来了，忍耐下去，成功后埋怨自然会消失。

四、多提数目字。凡有数目字可以提的，尽量提供，校正中国人怕数目字的旧习，但要注意数目字的正确。

此次对于遵守时间，亦曾提起大家注意云。

（二）访黄炎培，黄炎培将到访的濮精一（纯）介绍给卢作孚、温少鹤等人，兼为其友金九（白凡）作介[①]。（三）卢作孚访翁文灏，商谈贸易委员会与孔令侃关系等[②]。

2月10日 《新世界》刊载《谈谈公司朝会》一文，对民生公司朝会作了一个回顾，谓[③]：

总公司的朝会，自廿一年十月创始，迄今已踏上七个年头，中间因事实上的要求，曾迭有变更。例如会期由每朝开改为每逢一、三、五开，报告时间由没有限定而变为有限定，报告节目由单独工作报告而增加读书报告、时事报告以及人事介绍等。

每有一度改革，必有一番进步。自去年十月船务处办公室举行后，因地址狭隘，座次无定，开会精神，不免稍形松懈。公司最高主干人最近回公司出席朝会，认为朝会系各处室间工作相互联络与相互了解的最好机会，实有迅加整顿的必要，乃从各方面力为调整。自经此次调整后，各方面均有显著的进步。如原来经常到会人数仅一百二三十人，现在增加到将（近）三百人。原来无精打采的听众，现在变得心花怒放，兴趣盎然。盖朝会本身实即一饶有意义和富有朝气的会集，一经切实整顿，自然能名副其实。

朝会何以能有如此迅速而伟大的进步？约可找出两点最显然的原因：（一）报告人事前有充分的准备，对于报告内容及方式，并经最高主干人一番检讨，所以报告时候能够有条不紊，使听众感到异常的

---

① 中国社会科学院近代史研究所整理：《黄炎培日记》第6卷，华文出版社2008年版，第76页。

② 李学通、刘萍、翁心钧整理：《翁文灏日记》，中华书局2010年版，第308页。

③ 其：《谈谈公司的朝会》，《新世界》第14卷第1期，1939年2月10日，第9页。

满足。(二) 到会人数有良好的稽核方法，由各股主任报告本股到会人数，进步到由主席抽查一股至二股以上，以证明所报是否符合。因此可以杜绝人数的诓报。此种进步，显系最高主干人整理工作有强烈要求的成果。一件无办法的事，只要有决心，有强烈的要求，亦可将其整理就绪，使上轨道。

2月13日　卢国维、卢国纪兄弟乘长途公交汽车由成都返回重庆途中在四川资中遇车祸，所幸两人无恙。

月底　陶行知一家到北碚定居，在卢子英安排下，先住在北碚平民公园的清凉亭，一个多月后迁住北碚檀香山桥附近一个经过修整的土碉堡内。陶行知同时带来的一批战时难童，也由卢子英协助安排寄住在北碚民众教育馆内。

2月（一）三峡染织厂与常州大成纺纱厂、汉口隆昌染织公司合组的大明染织公司正式成立，资本40万元，董事长为卢作孚，刘国钧为经理，原大成厂工程师查济民（刘国钧婿）为厂长，常务董事原汉口大成四厂厂长刘丕基、原三峡厂经理王莱山担任[①]。新成立的大明染织公司实际上"完全交由大成纱厂的人经营，是后方最大的一个布厂"[②]。该厂后发展成大后方纺织染齐全的著名工厂。(二) 湖南省政府主席张治中改任军事委员会总政治部部长，兼三青团书记长，陈诚辞去上述两个职务，卢作孚与何廉也同时辞去在三青团所兼的职务[③]。

3月7日　北碚500多公教人员集会欢迎陶行知。从此陶行知寓居北碚七年。

3月15日　《良友画报》第140期刊载该画报社总编张沅恒《北碚之行》一文，谓[④]：

到重庆去的人，谁都想到北碚或南温泉去逛一次，连住在重庆的土著，也把这两处地方，作为介绍外来旅客的唯一游览地。

……

---

① 《大明染织厂——现代合营企业的一个试验》，《新世界》1944年6月号，1944年6月15日，第25页。

② 卢作孚：《一桩惨淡经营的事业——民生实业公司》，民生公司1943年印，第29页。

③ 何廉：《何廉回忆录》，中国文史出版社1988年版，第206页。

④ 张沅恒：《北碚之行》，《良友画报》第140期，1939年3月15日，第26页。

北碚是嘉陵江峡区中的一个小镇，离重庆约三十二哩。这个小镇在以前是并不引人注意的，直到这镇上出了一位出色的人物，就是现在民生实业公司总理卢作孚先生，才逐渐受人尊重。近十年来经他的一番苦心经营，相继的成立了三峡染织厂、中国西部科学院、兼善中学、博物院、公园、地方医院，又努力将离镇三哩的温泉区域，建成一所温泉公园。不到十年功夫，这一个默默无闻的小地方，便一跃而为大受游人歌颂的模范镇了。

3月17日　中午，卢作孚邀黄炎培于大溪别墅三号餐叙①。

3月24日　孔祥熙、张群、翁文灏等在孔宅晚餐，其间张群主张行政院各部会疏散地方在老鹰岩、北碚、永川之间②。此后，随着日本对重庆大轰炸的逐步实施，北碚成为当时国民政府机构的重要疏散地之一。

3月　中国乡村建设育才院筹备处及董事会在重庆成立，张群为董事长，董事有蒋梦麟、翁文灏、熊式辉、张治中、吴鼎昌、陈布雷、蒋廷黻、康心如、黄炎培、卢作孚、何北衡、梁漱溟、张伯苓、晏阳初等十九人。晏阳初任书记，卢作孚任会计，负责处理建校重大事宜③。

4月4日　重庆恒顺机器厂股份有限公司正式成立，卢作孚任董事长，总经理为周仲宣次子周茂柏。

4月7日　卢作孚会晤翁文灏，谓天府矿业公司中中福机件估价事，原开77万元，曾减少3万元，现款21万元，尚余机价53万元，盼再减数万元④。

4月13日　《翁文灏日记》载：中国兴业公司在筹组过程中曾拟由卢作孚担任总经理，由于孔祥熙系人员胡光麃等坚决反对而作罢⑤：

徐可亭面言：中国兴业公司，孔已允任董事长，孔令侃须任常董。令侃曾拟以卢作孚任总经理，胡光庶等闻之坚决拒绝，故拟以陈潜庵任总经理。国事如此，而若干人犹往往看不破！可叹也。

---

① 中国社会科学院近代史研究所整理：《黄炎培日记》第5卷，华文出版社2008年版，第90页。

② 李学通、刘萍、翁心钧整理：《翁文灏日记》，中华书局2010年版，第312页。

③ 中国乡村建设学院校史研究会等编：《中国乡村建设学院在北碚》，西南师范大学出版社1992年版，第138—139页。

④ 李学通、刘萍、翁心钧整理：《翁文灏日记》，中华书局2010年版，第325页。

⑤ 同上书，第327页。

［按］陈潜庵应为陈健庵（1890—1953），名陈行，字健庵，浙江诸暨人，时任中央银行常务理事兼副总裁。后中国兴业公司于本年7月10日举行创立会宣布成立，孔祥熙任董事长。7月19日中国兴业公司举行董、监事联席会议，根据孔祥熙提名，任命实业银行董事长傅汝霖（字沐波）为总经理，胡子昂为协理，胡光麃为总工程师①。

4月15日　民生公司轮船和员工基本情况为轮船114只，职工5202人。资料载②：

> 截止四月半止，全公司共计5202人，其分布状况，分为船上的与岸上的两类。目前本公司有轮船114只，囤船13只，铁驳15只，木驳140只，四种船上，共配备职工4035人。轮船分为四种：第一，一千吨以上的，最多为民元有116人，最少的如民风有99人。第二，五百吨以上未满一千吨的，最多的如民贵有97人，最少的如民熙有67人。第三，两百吨以上未满五百吨的，最多的如民运61人，最少的如民安51人。第四，未满二百吨的，此种轮船在公司占最多数，其人位分布，最多的如民选、民勤44人，最少的如民宁31人。除各轮外，各囤驳之分布则较少，最多的10余人，少的不足10人。至于岸上人位之分布，共计1167人。总公司占最多数，有职员481人，茶房连长工161人，共为624人。宜昌分公司91人，万县分公司61人，叙府18人，上海19人。此外香港、昆明、海防、北碚、涪陵、长寿、江津、泸县、奉节、巫山、巴东十一办事处，共计职工329人。

4月21日　黄炎培访卢作孚③。

4月　（一）有关当局开始统制轮船票价④，轮船票价统制政策直接导致了民生公司经济状况的恶化。（二）卢作孚以贸易委员会代主任委员身份与中国茶叶公司总经理寿景伟、贸易委员会副主任委员邹秉文商定并

---

① 李学通、刘萍、翁心钧整理：《翁文灏日记》，中华书局2010年版，第352—354页。

② 《海事新闻·本公司职工分布情形》，《新世界》第14卷第9期，1939年4月30日，第15页。

③ 中国社会科学院近代史研究所整理：《黄炎培日记》第5卷，华文出版社2008年版，第108页。

④ 王洸：《战时航政与航政建设》，《经济建设季刊》第1卷第2期，1942年10月，第68页。

呈行政院长孔祥熙批准，将中国茶叶公司资本扩大为 300 万元，除原有资本 106 万以外，由贸易委员会加入 194 万元为新股。后于 6 月 6 日决定扩充为 500 万元①。（三）民生公司第十四届常年股东大会，决定资本增加到 700 万元，并实收 700 万元②。

5 月 3—4 日　3 日日军出动数十架飞机大规模轰炸重庆，4 日日军又出动百余架飞机大规模轰炸重庆，史称“五三、五四大轰炸”。大轰炸对民生公司造成很大的影响，后来卢作孚说③：

> 就民生公司这桩事业说，在五三、五四轰炸后，我们精神上有很大的损失。敌机多次的轰炸，毁坏我们的物质很少，但是摧毁我们的精神却很大。

5 月 10 日　《新世界》刊载卢作孚《安全的最高要求》一文，指出对付空袭最好的办法是有可靠的防御准备，谓④：

> 重庆之必遭空袭，自抗战开始之日起，即可断定。自第一次遭受空袭起，即可证明。不应在狂炸之前，一切泰然，无所准备，不应在狂炸之后，一切恐惧，但图逃避。防御的准备而能坚强、周到，是避免危险最可靠的方法，逃避绝不是方法。敌机可以袭重庆，亦可以袭任何地方。无论你逃到任何地方，只要是人群之所归往，便可成敌机追逐的目标。
>
> 最可靠的方法是任何地方皆有可靠的防御准备，尤其是重庆。整个重庆的防御准备正由我们的政府规划部署中，我们一群工作人员工作的所在，则应由我们自己加上一重部署。我们要靠生命支持工作，我们为了支持工作自必保护生命。如果我们为了逃避敌机，而竟逃避了工作，实失掉了生命的意义，尤其是对敌示弱，而以此达到了敌机狂炸之所要求。敌机狂炸未必能危害及于我们的生命，但因我们不沉着，恰好扰乱了我们的工作。

---

① 中国第二历史档案馆编：《中华民国史档案资料汇编》第 5 辑第 2 编《财政经济》（7），江苏古籍出版社 1997 年版，第 35 页。

② 民生实业公司编：《民生实业股份有限公司 28 年概况》，1940 年刊，第 2 页。

③ 《十一月份国民月会卢先生演讲词》，重庆档案馆藏。

④ 卢作孚：《安全的最高要求》，《新世界》第 14 卷第 10 期，1939 年 5 月 10 日，第 1 页。

我们如果有了坚强的防御准备，不但我们的生命安全了，尤其是我们的工作安全了。我们可以在敌机侵袭到我们头上的前一分钟和后一分钟照常工作，使敌人惊诧我们是这样有办法地在狂炸之下安全地工作着，不受着他们扰乱的影响，则他们的狂炸无所施其技巧，无谓的行动自然会停止了。这是阻止敌机最有效的方法，逃避绝不是方法。

我们负着交通的责任应尽量输送壮丁和武器到前方，以阻止敌人的前进，应尽量疏散人民和器材到后方，以求大众和一切国际有关的事业的安全。所以我们不应求自己的安全，而应求工作的安全；不应求个人的苟安和苟全，而应求工作人员在工作中间共有的安全。

在重庆遭受狂炸前我们已着手防御准备了，但究竟准备不充分，以致有一人死亡，数人受伤，数十人的宿舍、数人的家属住宅被炸坏或焚毁，而有多少不幸的牺牲。在重庆遭受狂炸经过教训后，我们便应充分准备起来了。非工作人员应疏散到四乡，工作人员应分别集中在坚强的防御工事下。为了尚有万一的事变，一部分工作较少或年富力强的人员，更应分别参加防护工作，使有更周密的防护准备，以求工作人员全部安全，以证明我们是这样有办法的人群，是这样有气魄的国民，是这样有伟大的民族精神。使全国人民更兴奋起来，各国人民有更深厚的同情，敌人则愈益证明其侵略行动一无所成，我们的坚强抗战便可凭以获得最后的胜利。

5月17日　卢作孚手令民生公司各轮所驻职工家属限于日内迁移疏散到安全地带①。

6月3日　陈光甫复电邹秉文，未提卢作孚代贸易委员会主任事。《翁文灏日记》载②：

接见……邹秉文（陈光甫复电，请全力办贸委会事，不允兼任农林署长，对卢作孚事未提）。

6月7日　卢作孚在民生公司民联轮主持召开民生机器厂厂务管理委员会会议。

---

① 《公司消息》第10号，1939年5月18日，无页码。

② 李学通、刘萍、翁心钧整理：《翁文灏日记》，中华书局2010年版，第340页。

6月8日　翁文灏、卢作孚等到孔宅开会，讨论中国茶叶公司事。《翁文灏日记》载[①]：

孔宅开会，到者：孔、邹秉文、卓宣谋、庞松舟、盛苹臣、卢作孚、寿景伟、徐可亭及余。孔询茶叶出口（及对苏联易货）茶叶公司能否负责，款项可由财政担任。寿答愿负责办理。孔言，此后全交茶叶公司主持，贸委会遂反脱离矣。邹后电话谓，真出意外！

6月14日　邹秉文向翁文灏谈：孔祥熙已准派卢作孚为贸易委员会副主任委员[②]。

6月18日　卢作孚到恒顺机器厂参加该厂董监事联席会，并讨论修船问题[③]。

6月20日　（一）重庆恒顺机器厂股份有限公司在重庆南岸李家沱建造的新厂正式复工，注册资本100万元，资产约400万元，卢作孚任董事长[④]。董事有周仲宣、周荟柏、周苍柏、郑璧成等八人。由于总经理周茂柏兼任民生机器厂厂长，因此恒顺机械厂的日常事务由周仲宣三子周英柏以董事兼总稽核的名义负责。

［按］复工后，恒顺机器厂侧重轮船机器的制造与修理，业务发达[⑤]。抗日战争时期，该厂为民生公司制造了行驶川江主力“山”字号十艘新轮和“水”字号四艘新轮的蒸汽主机[⑥]。恒顺机器厂与民生机器厂、顺昌机器厂，是战时后方三大民营机器厂[⑦]。卢作孚曾经说[⑧]：

（在大后方的机器制造业中，恒顺机器厂是）仅次于民生机器厂的一个最大的机器厂。主要制造蒸汽引擎，吸水机，打风机，其数量各以十部计，曾帮助了政府和许多民间事业，也曾帮助了民生公司。

---

① 李学通、刘萍、翁心钧整理：《翁文灏日记》，中华书局2010年版，第342页。

② 同上书，第345页。

③ 《公司消息》第39号，1939年6月19日，无页码。

④ 《恒顺机器厂股份有限公司概况》，重庆档案馆藏。

⑤ 《计划与动向》，《西南实业通讯》第1卷第5期，1940年5月，第28页。

⑥ 周英柏、周兹柏：《周仲宣与周恒顺机器厂》，《中华文史资料文库》第12卷，中国文史出版社1996年版，第121—124页。

⑦ 《周恒顺五十年》，《新世界》1945年4月号，1945年4月15日，第17页。

⑧ 卢作孚：《一桩惨淡经营的事业——民生实业公司》，民生公司1943年印，第29页。

主持恒顺厂的周茂柏君也兼主持民生机器厂，他的头脑相当精明，对内对外都多办法，因此形成了后方机器业中的一个权威。

（二）卢作孚与翁文灏商谈贸易委员会与中国茶叶公司分工合作事，《翁文灏日记》载[①]：

> 卢作孚来商贸易委员会事，拟由中茶公司任生产及收购，不必增资，以一部分出口贸易归中信局，贸易会总管其事及担任易货，必要时请光甫来电。

6月28日　翁文灏与徐堪、卢作孚、彭浩徐等商谈中茶公司改组办法。

6月29日　翁文灏、卢作孚等到财政部与徐堪、邹秉文、彭学沛、寿景伟商谈贸易委员会与中茶公司合作办法[②]。

6月　民生公司以航线缩短、差运所得运费过低，造成巨额亏损为由第二次发行公司债，数额为700万元法币，主要由中国银行、交通银行、中央信托局、中国农民银行、金城银行、四川省银行、上海商业储蓄银行、聚兴诚银行、四川美丰银行、川盐银行等银行认购[③]，还债期限规定为十年，前两年只付利息，第3年起即1941年6月开始还本[④]。关于这次发行公司债的情况，童少生回忆说[⑤]：

> 一九三九，民生公司因资金周转困难，曾经打算增资为700万元。孔、宋财团闻风而至，都想用投资办法侵吞民生公司。孔祥熙以中央信托局名义，示意至少要加入50%—60%股份。宋子文亦派人示意，中国银行要投入60%股份。在这种情况下，卢作孚利用国民党各个集团的矛盾，对各方面势力采取均衡的策略……他首先请出政学系投资张群在孔祥熙面前游说，战时不宜直接插手民生公司，继又活

① 李学通、刘萍、翁心钧整理：《翁文灏日记》，中华书局2010年版，第347页。

② 同上书，第349页。

③ 《民生实业股份有限公司发行第二次公司债章程》（1941年2月27日），重庆档案馆藏。

④ 《民生实业股份有限公司发行第二次公司债经理契约》，重庆档案馆藏。

⑤ 童少生：《回忆民生轮船公司》，见周永林、凌耀伦主编《卢作孚追思录》，重庆出版社2001年版，第202页。

动陈立夫、陈果夫的干将钱新之出面扬言，民生公司是交通运输事业，中国银行投资不能独占，应有交通银行的份。这样形成政学系、孔、宋、陈在对民生公司投资问题上僵持局面。于是赶快撤销增股的打算，改以维持后方交通，加强运输力量等名义发行700万公司债。结果中国银行任募200万元，交通银行150万元，中央信托局100万元，金城银行100万元，农民银行50万元，四川省银行40万元，其它各私家银行共60万元。这样，一债多主，互相牵制，既避免了孔宋财团的吞并，又达到了增加资金的目的。

［按］卢国纪记述说：当时，孔祥熙以中央信托局名义向民生公司提出加入50%到60%的股份的要求，企图并吞民生公司。卢作孚通过张群转告孔祥熙，请他不要插手民生公司；这时，宋子文也通过中国银行向民生公司提出，加入60%的股份，卢作孚通过交通银行董事长钱新之转告宋子文，民生公司完全民营，官方不宜投资。为防止官僚资本的鲸吞，卢作孚撤销公司增股计划，改为向10余家银行分散发行公司债700万元。有效打破孔、宋控制民生公司的企图。此后，孔、宋又通过民生公司主任秘书张梁任，用暗地收购民生公司股票的方法进行控制。卢作孚得知后及时采取有效措施，再次打破了孔、宋的吞并图谋[①]。宗之琥、邓少琴等也有类似的记述[②]。

7月4日　（一）军政部兵工署俞大维就民生公司、三北公司、招商局等承运兵工器材运费调整事向第24兵工厂发出训令，谓[③]：

查前准民生、三北两公司及招商局等联名函，述此次承运兵工器材，所感实际困难情形六点，拟请自二十七年十二月十五日起，凡自宜昌直运之器材运费，照原价增加百分之五十，运至中途巴东、奉节、巫山、万县等地转口者，另给津贴百分之五十等由。经核改无论转口与否，以平均半数转口计，一律增加运费百分之七十五，即宜渝段运费洪水期间，每吨五十二元五角，枯水期间，每吨六十四元七角五分，并改由本年三月一日起实行。呈奉军政部六月二十四日会贞预

① 卢国纪：《我的父亲卢作孚》，四川人民出版社2003年版，第370—374页。

② 宗之琥：《我与民生公司》，上海文史资料选辑第48辑，上海人民出版社1984年版，第72页；邓少琴：《邓少琴西南民族史地论集》，巴蜀书社2001年版，第1076—1077页。

③ 《军政部兵工署长训令》（1939年7月4日），重庆档案馆藏。

渝字第四七零八号指令，准予照办。除分函民生、三北两公司及招商局及分令有关各厂处会一体知照外，合行令印执照。此令。中华民国二十八年七月肆日　署长俞大维

（二）中国西南实业协会四川分会在重庆正式成立。

［按］早在抗战爆发后不久，上海金融实业界著名人士周作民、钱新之、徐新六、吴蕴初、项康元等人就在上海发起成立中国西南实业协会，经长期筹备，并通过了章程，推举了一部分理事共十七人组成理事会，又请何北衡、程觉民等人驻渝推进四川会务。1939年1月15日四川分会召开第一届会员大会，成立理事会，以程觉民为总干事，朱伯涛为副总干事。7月1日有关人士请重庆金融实业各界领袖在经济部开会，决定正式成立四川分会。此时筹建中的中国西南实业协会发起组织的西南实业考察团潘仰尧等十余人抵达重庆，对成立四川分会之议表示赞成。于是，7月4日中国西南实业协会四川分会在重庆正式成立。该会公推张群为名誉理事长，翁文灏、张嘉璈为名誉理事，并推定理事三十人及常务理事四人，主持会务①。

7月7日　翁文灏主持召开中茶公司股东会，并提出辞去董事长请求，孔祥熙表示愿意出任董事长。

7月12日　卢作孚访翁文灏，劝翁任中茶公司董事长②。

7月14日　中茶公司在财政部举行改组后的第一次董事会会议，会议决议翁文灏仍任董事长，并推举寿景伟为总经理，翁文灏、钱天鹤（以上两人属经济部）、卢作孚、邹秉文、庞松舟、戴铭礼（以上四人属财政部）、骆华清（属中央信托局）等为常务董事③，这次会议并通过贸易委员会、中茶公司商订的办理茶叶办法大纲④。

7月20日　在卢作孚、卢子英兄弟帮助下，陶行知创办的育才学校在重庆北碚借北温泉小学开学，第一批到校学生四十多人，不久该校迁往合川、北碚交界的合川境内草街乡古圣寺，并正式定名为育才学校⑤。

---

①《本会纪略》，《西南实业通讯》创刊号，1940年1月，第42—43页。

② 李学通、刘萍、翁心钧整理：《翁文灏日记》，中华书局2010年版，第352页。

③ 中国第二历史档案馆编：《中华民国史档案资料汇编》第5辑第2编《财政经济》（7），江苏古籍出版社1997年版，第33页。

④ 李学通、刘萍、翁心钧整理：《翁文灏日记》，中华书局2010年版，第352页。

⑤ 四川省合川县地方志编纂委员会编纂：《合川县志》，四川人民出版社1996年版，第10页。

7月29日　卢作孚以桃赠黄炎培①。

7月31日　卢作孚在交通技术人员训练所对毕业学员讲话，讲到如何解决工作和生活中的困难、生活习惯与报酬等，谓②：

如何克服解决生活上及工作上之困难

吾人进入社会，处处会遇到困难。这种困难，必须设法解决。在所时，有困难可以请先生设法解决，但到了社会，一切必须自己设法解决。若不解决，学识就没有进步。所以我们真正学问之获得，即在工作之时。吾人进入了社会，亦即真正为吾人受训之时。譬之一人路途不熟，到了十字街头，究竟应向左或向右，在所时有先生可以指导，但对于路途终不会熟悉，非要自己一人走，到十字街头，究应向左向右，非经过一番深思不可。因为若经自己审慎选择，因而达到了目的地，这就是真正的学问。这种学问，永远不会忘记。所以诸位若遇困难，必须自己设法解决。困难至何程度，我们解决的能力就应当达到何种程度。万一所遇困难太大，自己无法解决，求助于他人，而他人也爱莫能助，我们绝不能稍有退缩，必须与同学研究，或请教于管理人员。若皆无办法，更可设法请教本所原教的先生，务必使我们生活上或工作上的困难，谋得圆满解决。这样，我们的学问天天进步，工作的能力，天天增加。任何困难，没有不能解决的了。

以规律生活工作成绩换取精神的报酬

本所订有种种的规章条例，我们无论在生活上、习惯上，只要切实遵守，便无越轨之虞。但一旦到了社会实际工作时，即失去了遵守的范畴。这时，自己必须要有一种保持的力量，但往往一般青年，生活习惯，缺乏纪律，吃饭可以随意上哪一家饭馆，规定八时开车，可以延到九时开车。这样，生活堕落，就绝无纪律之可言。所以诸位在学时代所养成之生活习惯，极端宝贵，一旦破坏，即为最大之失败。须知世界之进化，端赖于社会的一种压迫力量。我们非但自己应好，更须监察他人，每个人必须加上这种力量，庶能在现代社会中过着共同集团生活。所以现代的每个人都应有公共纪律，良好习惯，大家应

① 中国社会科学院近代史研究所整理：《黄炎培日记》第5卷，华文出版社2008年版，第161页。

② 卢作孚：《对训练所毕业同学临别赠言——七月三十一日在交通技术人员训练所演讲》（1939年7月31日），《抗战与交通》第27、28期，1939年10月16日，第478—479页。

做帮助众人者，监察众人者。我们绝不能随波逐流，同流合污。目前中国人民，就缺乏自己保持的力量，缺乏坚持果敢的精神。往往随着环境变迁。本所过着军事化的生活，能来所适应顺变。一进社会，若是狂嫖滥赌的环境，又很容易的陷入了黑暗的深渊了。这样，怎能办出好的事业呢？就是一时的幸运，能够得志，但是只能增加社会的罪恶。所以我们青年必须保持着纯洁的精神。这种精神，在我们生活习惯上，就能表现出来。所以精神寓之于学问，学问寓之于工作。人人都能自立，人人都能立人。这样，力量很大，不但能发展交通，亦能改造今日之中国！这时我们绝不能求待遇求地位，我们时时要发挥我们工作的精神，增加我们工作的力量，努力求得我们工作的成绩。社会绝不会辜负我们，“成绩即是报酬”，我们若能把重庆到北碚的一段客运办得好，博得大家的称赞，这就是至上无比的精神酬报！

组织毕业学生指导委员会的真正意义

本所对于毕业学生，特组织成立指导委员会。指导的意义，在于诸位将来事业上如何获得工作的方法，如何增加工作的力量。倘有认为这是帮助大家提高地位和待遇的机关，那就极端的错误了。

现在中国人的累赘，一是家庭，二是同乡，三是同学。倘若有同学舞弊，或狂嫖滥赌，而我们苟非不但不加监督，并且在经济上为之协助，那无异为虎添翼，助其作恶，直接、间接阻止中国之进步。我们要勉励同学，鼓励同学大家来拯救中国。

8月4日　卢作孚为嘉陵纱厂事复电金城银行戴自牧，谓[1]：

江（三日）电悉。纱厂已商（康）心如同意，嘉陵纱厂暂将十万美金及六十三万汇划，分别就申退交各投资事业自行保存，地皮及机器仍留作该厂地产，俟将来时局好转，再行开办，到不能开办时再处理剩余财产，正式解散，请商（周）作民先生。

8月7日　嘉陵纺织公司由于时局关系未能办成，正式决定结束。史料载[2]：

---

① 中国人民银行上海市分行金融研究所编：《金城银行史料》，上海人民出版社1983年版，第743页。

② 同上。

关于本公司筹备事宜，因时局影响，一切进行计划，均告停顿，所定机器，俱未能履约交货，收存资金，除预付机器定洋及购置地亩物料动用一部分外，其余款项，曾于［民国］二十七年［1938年］十月间由筹备委员会公推周作民先生全权处理。当经购存美金十万元，仍行交存于上海金城银行各在案，对于在川在沪设厂经营计划，亦经各股东详切商讨，仍以困难孔多，无从着手，致使资金凝滞，未免可惜。因此，关于本公司结束事宜及处理余存资金与已有资产问题，由戴自牧先生迭与卢作孚先生往返电商并征取有关各方意见，兹据卢作孚先生八月四日复电内开："自牧兄：江电悉。纱厂已商(康)心如同意，嘉陵纱厂暂将十万美金及六十三万汇划，分别就申退交各投资事：业自行保存，地皮及机器仍留作该厂资产，俟将来时局转好，再行开办，到不能开办时再处理剩余财产，正式解散，请商［周］作民先生，弟［卢］作孚，支［四日］"等语，经筹备主任委员周作民先生，征询在沪各股东意见，一致赞同支电所开办法，即行商决按照分别办理如次：

按查本公司所收股本金额为国币一百五十万元，由各股东分认缴足，除其收付款项另列详单外，余存款项，计为美金十万元、汇划六十七万五千五百二十六元九角六分，仍应按各股东缴付股款成分分别退还各股东自行保存，所有资产，如预定机器定洋及购置地亩物料，原由民生公司经办，仍应请其暂代保管，并编制财产目录分交各股东存执备查，一俟将来或重行开办或处理解散时，续商办理。

8月14、21日 《西南公路》刊载卢作孚在交通部精神总动员国民月会上的演讲《精神之改造》一文，提出交通部人员应改正醉生梦死的生活、养成奋发蓬勃的朝气、革除苟且偷生的习性、打破自私自利的企图、纠正分歧错杂的思想等，最后强调[①]：

国难当前，我人应以国家社会应做之事，作为我人之要求。交通部负有解决中国交通问题之责任，何者为我人之要求？整个国家之交通运输，通信之便利，为我人之要求，及我人之责任。如将此种责任心提出，则刚才所谓苟安偷生等习惯，自然消灭。而良好之精神，亦

---

① 卢作孚：《精神之改造》，《西南公路》第52期，1939年8月14日，第361页；第53期，1939年8月21日，第369—371页。

即于焉培养完成。

8月19日　卢作孚为西南麻纺厂公司等事访翁文灏[①]。

8月21日　经济部与四川省政府合资创办的西南麻纺厂公司举行成立会，何北衡为董事长，张兹闿、卢作孚、浦心雅等为常务董事。翁文灏日记载[②]：

> 西南麻织厂公司创立会。经济部投资六万元，何北衡为董事长，何不在时，卢作孚代，常董张兹闿、卢作孚、浦心雅及川省府指派一人。

8月29日　行政院开交通会议，张嘉璈提出西南运输处改组为公司、水陆联合运输处改为设计机关，改隶交通部，分别由其担任董事长和主任委员，被孔祥熙一一否决。《翁文灏日记》载[③]：

> 开交通会议：(一) 西南运输处实组公司，彼自任董事长，宋子良任总经理，归交通部管理。何应钦、宋子良皆不赞成，孔亦不许。(二) 行政院水陆运输联合委员会改为设计机关，隶于交通部，孔亦不许，仍隶行政院，但拟改以张公权为主任委员。

9月7日　卢作孚在渝鑫钢铁厂股份有限公司重庆土湾本厂主持召开该厂第十六次董监联席会议。

9月8日　(一) 职业互助保证协会理监保管联席会议，假座重庆交通银行举行，黄炎培被推为主席。到者有钱新之、浦心雅、康心之、吴晋航、谢秉之、黄伯度、卢作孚、社会局长代表贾亚尼等[④]。

9月19日　四川省政府改组，蒋介石兼任四川省政府主席，贺国光兼任省政府秘书长。

9月19日　中国西南实业协会在重庆召开成立大会，宣告成立，大

---

① 李学通、刘萍、翁心钧整理：《翁文灏日记》，中华书局2010年版，第362页。

② 同上书，第362—363页。

③ 同上书，第365页。

④ 中国社会科学院近代史研究所整理：《黄炎培日记》第5卷，华文出版社2008年版，第177页。

会推选出包括张群、钱新之、刘航琛、张澍霖、缪云台、何北衡、范旭东、吴蕴初、孙越崎、康心之、康心如、周作民、徐柏园等在内的理事三十五人，以及包括刘鸿生、卢作孚在内的监事十五人[①]。

9 月 21 日　中国西南实业协会理监事召开联席会议，推选出张群、钱新之、缪云台、周作民、康心之、范旭东等十一人为执行理事，刘鸿生、何廉、卢作孚等三人为常务监事，何北衡为总干事。[②] 该会以“集合工商农矿金融各业，发展川桂滇黔等省资源，增进国民经济”为宗旨。会务主要有五个方面：1. 关于西南各省之调查统计及研究事项，2. 关于西南各省实业经营之设计事项，3. 关于经营西南各省实业资金之筹集事项，4. 关于经营西南各省实业人员之训练及技术管理之策进事项，5. 承办西南各省关于事业方面之委托事项。中国西南实业协会是大后方影响最大的实业团体之一，由其主办的星五聚餐会经常邀请社会名流、实业界人士作专题演讲或讨论[③]。

9 月 24 日　交通部汉口航政局监造四川省第一批改良木船在北碚举行下水典礼，卢作孚出席并作了《改良木船的四大意义》的讲话。他指出：改良木船的下水表现了解决困难和总动员的精神、表现了建国运动的精神、表现了制造技术的进步、表现了政府对于老百姓的新态度。其中谓[④]：

当七七抗战之初，轮船、火车种种交通工具，应有尽有，尚未被敌破坏。全部铁路火车，每天至少要开到百列车以上，总其运输量至少要在万吨以下。以轮船论，大型江轮及海轮至少各有二十只以上，海轮每只可载重一二千吨至三四千吨，江轮每只可载重数百吨至一二千吨。故各处军民运输方面，虽觉频繁，尚可供应需要。由京到汉以后，敌人侵入长江，航线已经缩短，江海各轮，有征充阻塞之用及未能驶至上游者，船只亦大为减少。至于各处铁路有全被敌占领或被敌切断者，关于运输方面，殊觉感受困难。此时尚有几条铁路和少数轮船，供其需要，但湘西常德以上，湘南衡阳以上，均不便通轮，全赖

① 《中国西南实业协会》，《云南实业通讯》第 1 卷第 1 期，1940 年 1 月，第 5 页。

② 《本会纪略》，《西南实业通讯》创刊号，1940 年 1 月，第 41—42 页。

③ 《中国西南实业协会》，《云南实业通讯》第 1 卷第 1 期，1940 年 1 月，第 5 页。

④ 卢作孚：《改良木船的四大意义》，《抗战与交通》第 27、28 期合刊，1939 年 10 月 16 日，第 484—487 页。

木船。宜昌至重庆虽通轮船，但装载量不大，而堆积宜昌亟待运输之重要器材数量甚巨，于是始想到利用木船装运，以补轮运所不及。在武汉撤退时，运湘器材，约有四五万吨，运川货物约十万吨，除轮船装运外，发动了大批木船，单以宜渝一段，所雇用之木船，计先后数约二千只，更得了木船很大的帮助。

自汉口撤退后，铁路益少，航线益短，中央乃召集交通会议，决议设法增进水陆运输，除陆路利用驮运板车外，筹拨建设专款，贷与航商制造大量木船，由交通部汉口航政局负责监造四川木船事宜。本年春间开始筹备，调查、设计、购料及训练工人，中间经过种种困难，单是动员全川各地制造木船的工人数约二千余人，把他们集中起来，才有今日的成功。故此次新造木船下水试航，不仅表现在抗战期内解决运输困难的意义，并且可以表现总动员的精神。

9月28日　卢作孚邀翁文灏、张嘉铸晚餐，商桐油出口办法。《翁文灏日记》载①：

卢作孚邀晚餐，与张禹九等商桐油出口办法。卢提出原则：植物油厂特重工业，贸易委员会任运销收购，各地因地制宜。

9月　（一）日军进犯长沙，湘、桂两地兵工厂第一厂、第二厂以及第四十一厂共计3万多吨兵工器材、机件，撤退到宜昌，民生公司及时地组织运输，抢运到了后方。（二）民生公司运送川军三十六军、四十三军等部官兵、壮丁、补充团出川。资料载②：

1939年9月，民生公司运送出川的部队有川军三十六军、四十三军、壮丁十二、二十五大队以及十三个补充团，均于10月18日前抢运出川作战。担任运输的船舶为“民俗”、“民贵”、“民主”、“民康”、“民勤”、“民俭”、“民苏”、“民熙”、“民治”、“民权”、“民风”、“民元”、“民本”等十四艘船只。

① 李学通、刘萍、翁心钧整理：《翁文灏日记》，中华书局2010年版，第377页。

② 中国人民政治协商会议西南地区文史资料协作会议编：《抗战时期西南的交通》，云南人民出版社1992年版，第294—295页。

10月1日　军政部驻川南办事处与民生公司签定自宜宾运送器材合约，开辟水空联运。合约如下①：

立合约：军政部兵工署驻川南办事处、民生实业公司（以下简称甲乙方）。兹因甲方有大批器材须由宜宾运泸县及泸县运至重庆，委托乙方接转包运。经双方同意，商订合约条款如左：

第一条　甲方有大批材料须由宜宾运至泸县及泸县运至重庆，统归乙方派船装运，随到随运，不得停滞。

第二条　运费以每公吨净价计算，由宜宾下水运至泸县每公吨定为壹拾元，由泸县下运至重庆每公吨定为壹拾肆元，但由宜宾直达重庆者，仍照五月一日双方签定合同办理。关于运费，按每月十日及廿五日由甲方结付现款。

第三条　甲方器材如有由重庆上水运至泸县及泸县上水运至宜宾者，其运费照下水规定数目加倍结付，但由重庆上水直运宜宾者仍照五月一日双方签定合同之运价数目，加倍结付。

第四条　甲方材料在宜宾、泸县交运，与到渝接收，均船边收交。在宜宾、泸县如甲方需乙方代雇力夫、木驳，或代垫一切提卸搬驳等费用时，乙方得尽量协助所垫各费，每次由乙方按实充数目填单（单式照本处规定）交由甲方查实证明盖章后陆续结付归垫。

第五条　甲方材料在宜宾、泸县交与乙方承运时，应由甲乙两方在起运地点会同过磅填列清单，交与乙方，凭以出装。单交甲方，办理报关手续。装船后由各方会填运货单，即根据此项单据提货付费。如遇货件短少遗失，统归乙方负责赔偿。

第六条　其余条款未经载明本约者，概照五月一日双方签定之叙渝运输合同办理。

［按］该合约在11月份得到军政部兵工署署长俞大维签署通令执行，通令载②：

案据川南办事处呈称：“查关于本署由叙运泸及由泸运渝材料合约，经与民生公司接洽，商定草约6条。惟查泸县既建库房，材料之

① 《军政部驻川南办事处与民生公司运货合约》（1939年10月1日），重庆档案馆藏。

② 《军政部兵工署通令》（1939年11月），重庆档案馆藏。

囤转必多，故应规定由叙至泸，由泸至渝两段运价，而分段消耗，比之直接运达，所费为多，故较5月1日叙渝运价所订增多4元。其由重庆上水运至泸县或宜宾者，因航程费时更多，消耗更增，故照下水规定数目加倍付给。是否有当，理合抄同草约，具文呈请钧署鉴察核定，指令下处，以便遵照订立正式合约，一资信守，是为公便。”等情，并附合约二份到署。经核可行，除分别存转外，合行抄发该合约原文，令仰知照。此令。附抄发合约一份。

10月5日　卢作孚主持召开民生公司民生机器厂厂务会议。

10月7日　蒋介石以国民政府军事委员会委员长兼理四川省政府主席，本日到四川省政府视事①。贺国光以成都行营主任兼任四川省政府秘书长，代行四川省主席职权②。

10月29日　黄炎培致函卢作孚等③。

秋　兼善中学附属事业总管理处改组为兼善实业股份有限公司，总公司设于四川北碚公园路1号。公司额定股份总额10万元，每股100元。其中卢作孚、康心如、张博和各认150股（15000元），何北衡、郑璧成、彭瑞成、卢尔勤、黄云龙、卢子英各认100股（10000元），卢作孚任董事长。康心如、黄云龙、郑璧成、卢尔勤、何北衡、张博和任董事，彭瑞成、卢子英任监察。公司主要经营农场、机制面粉厂、机器碾米厂、营造、林场、木材、砖瓦、石灰、畜产、商品公寓、餐厅等业务④。总经理下设总务处、会计处、业务处、木料部、营造部、农场、公寓、煤厂、砖瓦厂等，并在有关各地设立分公司或办事处⑤。

11月1日　上午9时，卢作孚在民生公司国民月会上发表题目为《怎样唤起我们的精神》的讲演，谓⑥：

精神的基础，第一是物质，第二是技术，第三是组织，最后就是

① 青明：《先总统蒋公兼理川政经过》，《川康渝文物馆年刊》（1986年），第19页。

② 匡珊吉、杨光彦主编：《四川军阀史》，四川人民出版社1991年版，第560页。

③ 中国社会科学院近代史研究所整理：《黄炎培日记》第5卷，华文出版社2008年版，第197页。

④ 《兼善实业股份有限公司章程》、《兼善实业股份有限公司发起人姓名、经历、住址及认股数目》、《兼善实业股份有限公司发起人选任董事、监察人名单》，重庆档案馆藏。

⑤ 重庆市档案馆编著：《重庆市档案馆指南》，中国档案出版社2010年版，第361页。

⑥ 《十一月份国民月会卢先生演讲词》，重庆档案馆藏。

要有最高的理想去支配物质、技术和组织，然后可以经营好一桩事业，建设好一个国家。去支配物质、技术、组织，然后可以经营好一桩事业，建设好一个国家。

现在就民生公司这桩事业说，在五三、五四轰炸后，我们精神上有很大的损失。敌机多次的轰炸，毁坏我们的物质很少，但是摧毁我们的精神却很大。后来公司的主干人，每天开会讨论，如何解决安全的问题，如何恢复工作的秩序，直到今天才算勉强恢复秩序了。我们的安全保障，诚要有可靠的办法。敌机一来就跑，却不是办法。鲁敦道夫《全民战争》① 一书当中有一段说：战争第一需有足以抵御敌人火力的火力，第二需有足以抵御敌人火力的防御工事。我们抵御敌机的坚固工事是防空洞，是整个石层下面的防空洞，绝不是跑。在那《全民战争》一书里，决没有说到跑是抵御敌人的方法。我们绝不应该用跑来作抵御敌机的方法。任你跑到什么地方，其不安全仍与重庆城里一样。最初认为重庆城里危险，跑到化龙桥、小龙坎一带应较安全，后来轰炸却到化龙桥、小龙坎一带了。最初认为重庆危险，跑到泸县、叙府、嘉定一带安全，后来轰炸却到泸县、叙府、嘉定一带了。这可证明跑到任何地方都不安全，只有在坚固的防空洞下才安全。公司先后由专人负责指导开凿有五处防空洞，模范市场一处，千厮门一处，滩盘一处，施家河一处，老君洞一处，民生厂尚有更大的防空工厂，在重庆工作的朋友，才算得到了安全的保障。盼望大家恢复工作的秩序，尤其是恢复工作的精神，如像五三轰炸以前一样。今天以后，敌机绝不会再将吾们的精神轰炸掉了。我们白天办事和夜晚睡觉的地方，都有我们的防空洞，白天可以安心办事，夜晚可以安心睡觉了。有警报来，然后从容走到防空洞去，一切不用顾虑。在抗战期间，国家一切都是进步的，比我们的事业进步还快。过去重庆防空情报不够，因为整个防空的进步，现在在敌机到万县以前，到宜昌以前，乃至在汉口起飞时，我们就可得到情报了，已经有充裕的时间给我们走进防空洞。有这可靠的物质基础，应是我们精神上的最大安慰，应影响到我们工作上去。

---

① 鲁敦道夫又译鲁登道夫，德国元帅，1935 年出版《全民战争》（又译《全民族战争论》或《总体战》）。

11月4日 刘国钧自江苏为大明厂诸事函电卢作孚，谓[①]：

> 昨由贵公司转到手教，亲同晤对，快慰，快慰。弟身滞海隅，心驰巴蜀，大明厂事诸仗主持，感荷弥已。小婿济民皆蒙我公垂青，谬膺重寄。此子年事甚轻，深少历练，还祈我公时予训导，弟则求能勿陨越已万幸矣。至论薪给，止冰兄精诚为厂，尽力正同，数目比例正好仍旧，若200元与120元相去似觉过甚（提交董事会）。弟离渝已久，还乞我公裁夺为感。孤岛况味正感惶悚。后方事业，不知有可努力处否？

11月6日 卢作孚在交通部国民月会上发表《本部同人应有的理想和抱负》的讲话，指出同人应该努力、奋斗，为抗战尽自己的责任。谓[②]：

> 交通部同人，应该有整个的抱负。路、电、邮、航空各部门，时时刻刻要有进一步和退一步的计划和准备。军事失利以后，应该怎样？军事胜利以后，应该怎样？事先都要计划好，不仅是计划，而且要准备好。应当和军事、经济、政治各机关，时时刻刻取得密切的联络，以协助军事、经济、政治各方取得胜利。一切运输和通信的责任都要我们整个的负担下，即是来要求我们的。铁路、公路、航路、航空、电报、电话和邮政的，交通部都负担起来，即是要今天在座的同人负担起来。
>
> 我们应该问清整个国家各方面的需要，来准备交通方面必要的设施。这是每一个司厅处应有的责任，我们的工作不仅在应付公文，还要有自发的精神，来克尽我们对于抗战建国的伟大使命。我们要和军政部、军令部、后方勤务部、经济部等有关系的机关，切取联络，知道他们的布置和对交通的需要。我们要把周围的需要做起图表来，放在我们的案头，列出计划，去与周围商洽，去逐步设施，适应周围需要。我们要凭交通的力量，将整个国家的建设联系起来，配合起来。我们要凭本部的力量，将各种不同的交通工具建设起来，配合起来。

---

① 李文瑞主编：《刘国钧文集·函电及其它卷》，南京师范大学出版社2001年版，第31页。

② 卢作孚：《本部同人应有的理想和抱负》，《抗战与交通》第33期，1940年1月1日，第571—572页。

这才算是完成了对于交通的责任，对于国家的责任。假使我们能够这样积极的工作，我们对于工作也可以感到兴趣。每次公报的时候，各司处的报告，都是进步的消息，使我们增加信念，凡有了问题便会有办法，有了办法便会有行动，有了行动便会有结果。这是我们应该共有的理想和抱负，交通部是含建设性质的机关，要把公文的应付减到最低的限度；把计划和行动，提到最高的程度，才能看到更大的进步。不但我们应具这种精神，还要把这种精神普遍到各方面，推动到各个附属机关里去。

11 月 8 日　邹秉文访翁文灏，谈卢作孚不肯任贸易委员会代主任委员①。

11 月 17 日　何廉、卢作孚请翁文灏、陈锡山、甘典夔、赵连芳等晚餐②。

11 月 21 日　卢作孚主持召开民生机器厂厂务会议，议决用民生机器厂全部财产作抵押，由卢作孚负责呈请经济部工矿调整处转商四行借款 200 万元③。

11 月　卢作孚任战时社会事业人才调剂协会监事④。

12 月 1 日　（一）卢作孚应重庆《新民报》社之邀，在该社举行的国民月会上发表《新闻事业与社会运动》的演讲，谓⑤：

今天在座的都是新闻同业，我们就来谈谈新闻事业。新闻事业是创造社会运动的中心力量，它有宣传的武器，当某种新办法提出后，报纸就可以造成一种运动，使人对这新办法了解，对之发生浓厚的兴趣，同样还要使它成为一种实际的行动，这样实现出来的办法，才有效果。

新闻记者要采访政治消息，并要对于政治有彻底的了解，要和政治上的人物周旋，可以提供意见，采访经济、教育、文化、交通、生产建设等消息，亦都如此。举例来说，我从前做新闻记者的时候，当

---

① 李学通、刘萍、翁心钧整理：《翁文灏日记》，中华书局 2010 年版，第 393 页。

② 同上书，第 396 页。

③ 《民生厂厂务会议记录》，重庆档案馆藏。

④ 台北“国史馆”档案。

⑤ 卢作孚：《新闻事业与社会运动》，《新民报》1939 年 12 月 2 日第 2 版。

得到省参议会开会的消息，就设法与各县的省议员通讯，先提出关于各地的烟、匪、教育等情形，征询他们的意见，等他们到了成都，首先去拜访，问他们准备提出的问题是什么，讨论的事项有哪些，及知道了他们的态度主张之后，再和政治上的负责人征求意见，来决定报纸的主张，这样言论就比较正确、周到，可以得到社会上多数人的采纳，以前反对省议员加薪问题，就因为言论的包围而〔作〕罢！

又如以前开劝业会时，当省府决定后，我们即通函到各县，询问准备参加的出品种类，及特产品的制造过程，并可以提供意见，要他们如何陈列，提高他们的兴趣。这样的结果，不特可以得到许多消息，同时也得到了各地的物产知识。又如当省视学员出发之前，新闻记者应去前往交换意见，问他们视察的地方，留意的问题，请他们经常通信，以便提供许多实际教育问题的解决。所以我们要把什么人都视为我们的对象，把他们当作我们的新闻记者。新闻记者的任务，即在处处利用环境，创造环境，譬如国家需要什么，抗战中需要什么，新闻记者即有力量去创造起这种运动来适应它，使它成为这种事业的中心。

再就新闻事业本身说，如印刷就是个工场管理，广告发行就是个商店营业，编辑就是文化事业，报馆的图书也可以使它丰富完善，供各方之参考。如要报纸输送的便利，即可与交通机关如何切取联络，要用纸的方便，即可与纸厂合力经营。总之，新闻事业是随处可以影响社会的周围，换言之，即随处都可以创造事业，成为社会运动的中心，但中国有个坏的毛病，总以为主持者才是负责人，不是大家的事。

我们应当个个人都是中心，每一个人有每一个人的工作，那每一个人每一个工作即须变成一个事业的中心，这样，自能共同创造有力量的运动，希望《新民报》以小型报创造最大的力量，为社会上的中心力量。

（二）《中国青年》刊载卢作孚《怎样组织青年服务社》一文。文中提出：调查、考察、计划与联络等准备工作，是各地青年服务社成立之前特别应当注意的事情。卢作孚强调①：

---

① 卢作孚：《怎样组织青年服务社》，《中国青年》第1卷第5、6期合刊，1939年12月1日，第86—87页。

我们绝不由想象决定服务事项，而必须根据实际调查，确立服务计划；绝不将人们偶然需要帮助的事项作为我们主要的服务事项，而必须以大多数人最迫切的需要为对象。我们绝不坐在服务社等待周围的人们来寻求我们的帮助，而必须去寻求周围待我们帮助的人们，向他们宣传，运动他们接受我们的帮助。不仅使每一个接受我们帮助的人们得了好处，尤其需要解决社会公共的问题，使整个社会发生变动。我们不仅是自己为着接受我们帮助的人行动，并且要使接受我们帮助的人共同行动。我们绝不凭借自己的聪明来解决问题，而是要设法使一切服务工作求其技术化，同时联络专管机关或该项专门事业或该项专门人才，请其主持或请其协助进行。如此才能发挥我们服务的力量，使工作效果能显著到社会上，才能于直接服务社会以外，发生更深切的影响给予社会。

12月11日　卢作孚在国民政府交通部举行的总理纪念周会上作了《人人应明了交通设施之实况》的演讲，提出应该想方设法让社会了解交通部在交通上的种种设施以及具体数据。谓①：

本部对于交通上的种种设施，铁路、公路、电信、航空各方面的统计数目字，都应使大家知道，此外关于路线的变动，对于抗战的影响，亦应随时使人家明了注意，现时国际交通路线，大家也不大明了，美国大使为了要明了滇缅公路能否解决我们的战时交通问题，特地在这条路走了一趟，也是为要获取相当认识之故。总之，我们要取得各方面的同情，取得各方面的帮助，必须先使人家认识我们的实际情况，换言之，即交通建设的情况，我们不能怪人家不认识我们，只怪我们自己不介绍自己，不做宣传工作。

此次杨司长从桂林回来，据谓自南海失守以后，运输方面，已经有八十列车，从衡阳输送到前方。像这一类的交通运输情形，应该让人家知道，因为过去有人对湘桂铁路的建筑，有些批评，现在可以明了，此项大量运输，便是湘桂铁路所发挥的功能。诸如此类，我们能够使各方面多明了一点，即能获得各方面多一点的赞助。今后交通建设，经纬万端，我人应如何将工作实际情形，随时可能的普遍介绍于

---

① 卢作孚：《人人应明了交通设施之实况》，《抗战与交通》第39期，1940年5月1日，第742—743页

社会各阶层，以唤起他们的注意，以博取他们的同情，使进行上先能得到一个彼此呼应的联系作用，然后才能共同向多难兴邦的大道迈进。

12月16日　卢作孚、潘昌猷被国民政府增派为四川兴业银行筹备员[①]。

12月18日　卢作孚访翁文灏，商议天府通电及北碚借款事[②]。

12月19日　民生公司与交通部川滇公路管理处订立货物水陆联运合约，资料载[③]：

1938年8月，滇缅公路全线通车……为了使缅甸转口进来的战略物资及时运到重庆，又曾整修了长江上游港口泸州经贵州西北部，直达云南省沾益的公路。这条公路在泸州与长江上游的航运相衔接，形成一条水陆联运线，泸州就是这条水陆联运线的中心点。通过这条线，使抗战所需物资不断从国外运到后方。

先前通过滇越铁路，可将进口物资由越南海防、河内运抵昆明，再由昆明运泸州转船运抵重庆。为了开办川滇水陆联起运，民生公司在昆明设立办事处，并购了三十多辆汽车走昆泸线，除运进口物资，从昆明运泸县转交民生公司轮船运往重庆外，出口则运输桐油等物资出国。同时民生公司还派轮船航行渝泸，转运兵工器材及贸易委员会出口物资。日军侵占越南后，滇缅公路虽一度成为西南唯一国际通道。而泸昆间水陆联运仍是重要环节。

为了加强川滇水陆联运，便利进出口货物的运输，1939年12月19日，民生公司与交通部川滇公路管理处，订立了货物水陆联运合约，以泸县为转运点。川滇公路处，将货物由昆明运至泸县，民生公司即派轮船转运至重庆或宜宾，民生公司由重庆或宜宾将出口货物运泸县交川滇公路汽车运至昆明，再由通运公司转运出国至海防。

12月27日　卢作孚陪同翁文灏、钱新之、张兹闿、何北衡等到青草

① 《实业大事记》，《西南实业通讯》第1卷第2期，1940年2月1日，第51页。

② 李学通、刘萍、翁心钧整理：《翁文灏日记》，中华书局2010年版，第404页。

③ 中国人民政治协商会议西南地区文史资料协作会议编：《抗战时期西南的交通》，云南人民出版社1992年版，第288页。

坝，视察民生机器厂。《翁文灏日记》载[①]：

偕卢作孚、钱新之、汪代玺、张丽门、高泽厚、彭浩徐、何北衡等至青草坝，参观民生机器厂。厂长周茂柏导观，副厂长叶在馥有造船经验。该厂资本一百二十万元，现有资产值五百万元以上，自造载重小轮船（一百吨者）十二艘。民生公司现有轮船一百二十余条，共载重力为二万数千吨。戴自牧、李祖芬亦来参观。

年底　（一）钢铁厂迁建委员会器材运输完毕。资料载[②]：

甲、拆卸工作　汉阳铁厂原已停工十数年，机器炉座，大都陈旧腐坏，零件缺损尤多，就地修理复工，已非易事，拆卸原迁重建，多数专家，认为难能，且此厂建造之始，机料尽属舶来，安装假手外人，我国技术人材之参加此项建造工作者，现已不复存在。本会于组织成立后，特积极分约散在鄂、湘、滇、港各地之专家，参加此项艰巨工作，细心筹划，大胆施工。计自27年3月开始，迄10月21日武汉撤守前截止，在此期内，凡认为可以利用之重要器材，大致已拆卸蒇事。

乙、迁运工作　我国公私各运输机构，对于长江上游之大量运输，甚少经验，大件笨重器材之装卸设备，极感缺乏。本会迁运之初，值时局紧急，敌机狂炸，船只调用，困难尤多。旋定分段抢运之法，颇见功效，及武汉撤守，鄂西危急，多数重要器材，竟被阻拦于藕池封锁线以下，幸经多数得力员工，详加探查，冒死上行，卒将封锁线通过，安达宜昌。宜昌以上，又复分段转运，始渐达目的地。计自27年6月初开始迁运，于28年年底告竣，其概略如左：1. 运输吨位，由汉阳、汉口、谌家矶、大冶、岳州、监利、长沙、香港等处分途迁运之器材，都56800余吨，其中专属本会暨两矿应用者，占37200余吨（内计沿途因战争损失与空袭炸毁者约2000余吨），余则兵工署所属各厂处库及有关厂所委托代运者，几达20000吨。2. 运输工具。当时在汉、岳、宜、渝等处，由本会先后征雇自行指挥利用之运输工具，计有海轮11艘，江轮27艘，炮舰2艘，铁驳船4艘，

① 李学通、刘萍、翁心钧整理：《翁文灏日记》，中华书局2010年版，第406页。

② 《钢铁厂迁建委员会概略》，重庆档案馆藏。

拖轮17艘，木驳船218只，柏木船7000只，此外并陆续交由汉宜宜渝两段之商轮，附带运输。3. 转运地点。各项器材，由武汉西运，抵达宜昌后，即卸存转载运川，当因时局紧张，航运困难，沿途分囤三斗坪、庙河、巴东、巫山、奉节、万县、涪陵、九龙坡等处，经次第转运，始达大渡口厂地。

（二）民生公司自抗战初期开始的战时抢运大体完成。资料载①：

抗战以来，本公司航运，除普通商运之外，最多者厥为迁建及兵工器材。此项器材运率虽低，为量甚巨。除差运不计外，26年下半年起至28年中，每轮上水，多少均装载此类器材，其中或有一件即重十余吨至于二三十吨者。公司经多方设法，设置有起重机之囤船，使能起重至三十吨以外。复以时间紧迫，急需扫运入川，又作分段运输计划，按段、站起卸。28年初枯水季节到来时，滞留宜昌之器材已所剩无几。28年更努力逐段上运，终克于年底枯水季节之前，分别运毕。计所有器材，约有16万余吨。其中除其他航运公司承运5700余吨之外，余数概由本公司运入四川，其数约分举如下：

兵工器材	96000余吨
航委会器材	15000余吨
公物	27000余吨
迁厂器材	16000余吨
械弹	6870余吨
服装辎重	3780余吨

至于部队之输送，则27年曾达30万人以上，28年亦达88000余人。

（二）民生公司投资事业，增加到202万余元，资料载②：

本公司投资数额，截至28年底止，共计202万余元，较27年底投资数额170万余元，计增加30余万元。

① 民生实业公司编：《民生实业股份有限公司28年概况》，1940年刊，第8—9页。

② 同上书，第10页。

投资事业共达25个单位，范围及于工商两界，计为：钢铁机械业76万余元，造船业12万余元，煤矿业41万余元，铁道汽车业19万余元，棉织业22万余元，银行保险业9万余元，其他各业20余万元。

本年　民生公司资产增加到2805万元[①]，也是民生公司增加轮船最多的一年，其中新造轮船十七艘，购进海关船四艘，购进从长江下游上驶到宜昌却无力继续上驶川江的各类轮船六十多艘。这样民生公司的轮船总数达到一百三十七艘，吨位达到三万六千吨。其中二十多艘由于不适合川江行驶被拆毁，所以实际轮船有一百一十六艘，三万多吨位。1943年时卢作孚回忆说[②]：

民生公司为了战时的需要，增加轮船最多的时候，为民国二十八年（1939年），共有轮船一百十六只，三万零四百余吨。那时收购的旧轮达到了最高额，订造的新轮，则尚未完成，后来新轮先后完成十七只，陆续加入航行，并先后购得海关轮船四只，应共有一百三十七只，三万六千余吨。但事实上数目却降低了，现在轮船为九十八只，二万六千吨，其原因：一部分是扬子江中下游的小轮，不适于上游航行，拆卸了二十余只，一部分是扬子江上游主要的轮船，被毁了十五只。

此项任务大体完成以后，民生公司一方面开始大规模建造新轮和改造旧轮，一方面为配合重庆国民政府开发内河航运，派轮航行嘉陵江重庆南充航线，并获得了成功，惟枯水期不得不停航[③]。同时民生公司的附属事业如民生机器厂、恒顺机器厂等也发展到2200多人和3100多人，成为后方三家主要的机器厂之一。在北碚方面，本年2月经济部所属中央地质调查所在所长黄汲清（1940年夏以后所长为李春昱）的带领下从长沙经过重庆迁到北碚鱼塘湾，抗战期间主要进行了矿产调查、矿产统计、地址图摄制、土壤调查等活动，相关人员还编写了《北碚地质志》、《北碚土壤志》等。中国平民教育促进会迁到了北碚歇马场，教育部教材用书编纂

① 民生实业公司编：《民生实业股份有限公司28年概况》，1940年刊，第2页。

② 卢作孚：《一桩惨淡经营的事业——民生实业公司》，民生公司1943年9月印，第24页。

③ 王洸：《战时航政与航政建设》，《经济建设季刊》第1卷第2期，1942年10月，第54页。

委员会于本年春迁到北碚蔡锷路。当1942年国立编译馆迁到北碚后，教育部教材用书编纂委员会、中华教育全书编纂处均并入国立编译馆。4月江苏医学院迁到北碚牌坊湾，有200多学生。5月军政部陆军制药研究所迁入北碚温泉公园益寿楼。

1940年（民国二十九年）47岁

1月1日 （一）《新运导报》刊载卢作孚《新生活运动是一种什么运动》短文，文章说[①]：

新生活运动，是一种什么运动呢？可以说，新生活运动是一种生活变动的运动。中国几千年来，一盘散沙，毫无团结。因为中国以农为本，是一个农业国家，人事单纯，并不需要组织。现在要适应社会，复兴民族，应该由个人到集体。本来中国人算是最聪明的人类，但是两个相加在一处，便成了愚蠢。这就是说明中国人不能集体工作，有两个便有了摩擦，所以人愈多而力量愈弱，这是一般最显著的现象。我以为要实行新生活，首先要能集体生活，这一点最好大家一致倡导集体旅行和参观，以养成良好习惯，而成功一种集体运动的风气。我们知道丹麦的农业合作的运动，成效显著，而在出口上尤有巨量收获。他们的出口，以鸡蛋、牛乳、火腿、猪肉为大宗，他们精密的集体出产，来尽量达到迅速的地步，能做到伦敦的每一个人吃到丹麦的一星期内生产的新鲜鸡蛋，故能渐渐成为大规模的事业，所以今天需要由个人生活变到集体生活。

以固定农业为生活的人，思想一隅，不求进展，往往依赖遗产，或是依靠偶然的获得，生活有着，不生恐怖，便抱消极了，所以，过去生活不是积极而渐成惰废。现在要使民众生活积极，一方面在其本身的自觉，一方面还希望领导民众者，要有良好的方法，或利用替代的东西，如加紧工作，提倡训练，劳动服务等。正当的方式增多，而消极思想便可无形消除，一切力量自可增加，所以今天要由消极生活变到积极生活。

---

① 卢作孚：《新生活运动是一种什么运动》，《新运导报》第24期（总64期）1940年1月1日，第9—10页。

创造的人是不需要所谓享受二字的，在他创造环境中，便得到了愉快的成分。过去有人拿兽类来比喻说，第一代的人是牛，只工作不享有。第二代的人是猪，专享有不工作。第三代的人是鸡，吃了还要抓乱掉，所以争夺紊乱，无有止境。如今要反转过来过合理的生活，就是要大家做牛，社会才有办法，民族才能复兴，所以今天需要由享有生活变到创造生活。

过去社会是表现得没有秩序，没有组织，故一切不能走上正常的轨道。举一个小事来证明，以前的每年植树节，每人植一颗树苗，竖一块某人手植的木牌子，结果东一棵，西一棵，无人培养与保护，徒浪费了时间和人力。以前我在某地曾集中了当地公共团体和各学校的人，举行了一次集体秩序植树，收到了意外的效果，可见得事在人为，没有办不成功的事情，所以今天需要由无秩序生活变到有秩序生活。

新生活运动是变动人类旧有生活的一种大的运动！在这划时代的优胜劣败状况之下，每一个国民都应该对国家担负起这种新生活的任务起来，中国才不会亡。

（二）《中国青年》刊载卢作孚一篇关于现代青年的文章，指出理想、技术、行动是青年必须具备的几个条件。他说理想是一套可以实现的计划，实现理想需要技术和管理，而理想、技术和管理必须体现在行动中。文章指出①：

每个青年必须具有的是行动。（一）必须有集团的行动。现代的进化是科学的进化，亦可以说是集团的进化，现代的国民几乎没有一种行动不是集团的。工作则参加大的事业，进大的工厂，大的办公室或大的会议厅，读书进大的学校或大的图书馆，运动参加大的运动会，音乐参加大的音乐会，纪念日则举行大的会集或大的游行，星期休息则集团旅行，吃饭在大的饭厅，住宿在大的宿舍。他们在人群中工作，在人群中讲学，在人群中游戏，在人群中饮食起居。他们表现了集团的兴趣，他们表现了集团活动的伟大的力量和伟大的成就。最大的集团是国家和民族，尤其是集中了他们的活动在最大的集团——国家和民族当中。中国人一向只有个人的活动，绝少集团的活动。虽

---

① 《中国青年》1940年第2卷第1期。

有应酬的往还，也是个人的往还，而非集团的活动。喜欢创造个人的天下，不喜欢参加公共的事业，因此障碍了一切公共事业的产生和发展，社会不容易建设好，国家更不容易建设好。这是我们急切须用行动去矫正的，须用集团的行动去矫正的。（二）须有秩序的行动。凡集团的行动都须有秩序的行动，上下火车，进出会场，须依先后。行路须缘左边，约会须守时间，在会集的场中说话须低声，这些固然都是应遵守的秩序。一桩事业若干人员共同工作，尤其须在一个系统下——一个组织下或一个计划下活动，时时刻刻须自己负起责任，与人取得联系。分工合作的秩序，比公众行动一致的秩序更要紧。一个现代国家是全靠整个国家的官吏与人民分工合作造成的。一切法律，就是国家规定的一切秩序。苏联五年计划，德国四年计划，就是他们规定的整个国家的建设秩序。中国需要的建设事业，千端百端，无有一端不需要建设秩序。不但集团行动需要秩序，就是个人行动亦需要秩序。……任何行动都须有秩序的安排，须做到没有"没有秩序的行动"。（三）行动还须有最高理想。任何行动不是为自己的，而是为公众的，为整个社会国家的。不是享受的，而是服务的，为公众服务的，为整个社会国家服务的。求学是求得服务的技术，求职业是求去取得服务的机会，皆是为社会国家求出路，而非为自己个人求出路。譬如担任教育，是应为国家培养需要的人才。担任农场工作，是为国家改良农作物增加农产。担任交通工作，是应为国家增辟运输或通讯路线，或增进其便利，是在自己地位上担任了整个国家建设工作之一，是助成了整个国家建设工作。纵然自己必须找钱吃饭，亦是为了工作，绝无找钱吃饭的关系，亦必须工作，绝非为了找钱吃饭而工作。

1月21日　上午九时，民生公司建兴轮在广阳坝撞沉四川合众轮船公司白木船义隆轮。《大公报》报道了撞船经过，谓①：

（中央社讯）昨晨九时，长江广阳坝对岸江面，发生两轮相撞惨剧，死难在二百人以上。兹据被难生还者及目睹肇祸经过者谈称：晨九时左右，民生公司建兴轮自渝下驶长寿，行经广阳坝对岸江面时，因内搭某校蓝球队一队，须在广阳坝下船，而该公司尚未在该处设置

① 《广阳坝对岸江面撞船惨剧，二百余人死难》，《大公报》1940年1月22日第3版。

屯［囤］船码头，亦从未在该处上下船客，临时改变航线，拟由渡船下客。时适有合众公司白木船上驶重庆之义隆号轮，行经当地，内载过量乘客三百余人。江水流势甚急，民生建兴轮顺流直下，转瞬间将义隆［轮］拦腰冲毁成前后两段。一时哀声四起，惨不忍闻。不三分钟义隆轮即全部沉没。民生轮搭客及职［船］员曾于当时设法援救，然以自相撞迄沉没时间短促，殊少成效。义隆轮搭客生还者仅船顶部一部分约五六十人，舱内无一脱难。职员中仅茶役头目一人幸免，余均葬身江心。七分钟后，江面即发现浮尸。

1月22日　卢作孚写信给民生机器厂厂长周茂柏，希望加快新船建造速度，谓[①]：

深知吾兄既竭全力以为厂谋，以为船谋；深知制造、修理材料、工人，两有困难，不应期望工作效能超过可能程度以上。但如何把握时间，似尚有可以商酌之处。例如新船二、三、四号，皆期于去年上半年完成者，据星期日问得概要，二、三号估计完工尚需四五个月以上，四号则更须七八个月以上。深虑即此估计亦难有靠。……因此不能不盼吾兄下大决心解决当前一切问题。无论工人求自何处，材料求自何处，费用多少，皆当立即罗致；既可提前完成新船，复可加强修理能力。

1月27日　黄炎培用快件致函卢作孚、魏文翰等[②]。

1月30日　黄炎培由魏文翰转致卢作孚长笺，劝辞交通次长职，并存稿[③]。

1月　民生公司与国民政府军政部兵工署订立军用品运输合约。资料载[④]：

① 卢国纪：《我的父亲卢作孚》，四川人民出版社2003年版，第261—262页。

② 中国社会科学院近代史研究所整理：《黄炎培日记》第5卷，华文出版社2008年版，第237页。

③ 同上书，第238页。

④ 中国人民政治协商会议西南地区文史资料协作会议编：《抗战时期西南的交通》，云南人民出版社1992年版，第289页。

1940年1月，民生公司与军政部兵工署订立了运输合约，军政部之军用品，由泸县或叙府运至重庆或重庆运至叙府，均由民生公司承运。从5月起，军政部船管所，要求运出械弹4000吨、航委会器材400吨、工矿处器材200吨。其中以2600吨交木船运输，以2000吨交轮船运输。民生公司派“民模”、“民教”、“民德”、“民康”等轮承运。

2月2日　吴淞商船学校内迁重庆后在一只4000吨的商船上复校，分设驾驶、造船、轮机三科。卢作孚在开学仪式上发表讲话，他说道①：

光绪年间，德人的瑞生轮第一次冒险进川，走到半途船就给撞破了。川江航行的成功，是中国人求得的！

2月9日　民生公司编辑的《公司消息》刊载民生公司会计处消息②：

卢先生夙于作育人材，帮助社会，素具极大热忱，除在公司方面，早经提商决定，以每年盈余一部分，捐助各文化团体外，其个人各项收入，亦多捐赠各文化团体，前日复条知会计处，从29年(1940年)1月份起，各方送卢先生舆马费及应得之红酬，悉数捐入北碚兼善中学云。

2月15日　卢作孚在交通部讲习班上作《一段错误的经历》讲话。讲话回顾了自己早年当教师和新闻记者的经历，经办川南教育以及通俗教育馆的经历，并表示他当时正在提倡的“一人一事主义”③：

我们中国对于努力于一种事业的人，因为他具有许多的经验，这种经验是宝贵的、丰富的、精彩的，能够裨益于社会国家，就应当对于此人加以保障，无论在积极方面，消极方面，［使］此努力于事的

① 《重庆日报》增刊，1983年1月2日。

② 《公司消息》第236号，1940年2月9日，无页码。

③ 卢作孚：《一段错误的经历》，《抗战与交通》第36、37期合刊，1940年4月1日，第705—708页。该文又见《西南公路》第99、100期，1940年7月8、15日。

人，不感受任何困难。国联议决案说：“1. 各国不要采取任何行动，以妨害中国的抗战；2. 要每一个国家考虑，如何积极的帮助中国抗战。”所以我们对于努力事业的人，也要仿照国联的议决案说，不要消极的妨害他使用其经验，并且要考虑设法积极的去帮助他、促成他。恶意的攻击（如你做得好，倒掉你），好意的攻击（如你做得好，再做一件），都不行，其错误是一样大。所以近年来，本人提出一种主义，就是“一人一事主义”。每一个人，无论在一个空间［或］在一个时间，集中心力专做一种事业。

2月17日　《大公报》就船舶碰撞纠纷处理委员会宣判民生公司建兴轮撞沉合众公司义隆轮发表社评《抗战与民命》，谓[①]：

民生公司建兴轮撞沉合众公司义隆轮一案，日前经船舶碰撞纠纷处理委员会宣判，百分之九十责任应由建兴轮担负，估价拍卖建兴轮，以其售价，充作义隆轮本身及乘客损害的赔偿，刑事部分交由法院处理云。关于本案的法律问题，我们不便多所发言，惟对于本案的政治影响，愿略陈所感。

中国现在是对巨强的暴日抗战。而我们有获得最后胜利的绝对信念；这信念建筑在哪里？就建筑在：一、地大；二、人多。尽管敌强我弱，而我们以大抗小，以众敌少，最后胜利就必然是我们的。这两年半来，我们的忠勇将士牺牲了多少？他们的牺牲，是绝对的光荣，有绝对的代价。这宝贵的牺牲，换得国家不亡，同胞不奴，最后必胜。这牺牲，是不可计量的崇高与伟大；我们的人力不许有浪费与糟蹋，必须使之贡献于这个崇高伟大的目标上。我们要认清人多是我们克敌制胜的主要条件之一，则我们绝不吝惜在前线上的光荣牺牲，而对于后方的民命则须加以万分的宝爱。我们要保持“人”的优势，前仆而不能后继；因此前方的牺牲越是英勇，对于后方的民命越要宝爱。根据这个观点，我们觉得义隆轮撞沉案是最可痛惜的一件事。

义隆轮被难的乘客，最初传有二百五十人之多，实际也近百人，这些人中有许多青年的学子及壮健的宪警等，都是国族的精英，抗战的力量，竟这样毫无意义而糊里糊涂的惨遭牺牲，这损失将怎样计算？义隆轮案是一显例，由此使人联带惕然于类似的民命牺牲，所以

①《抗战与民命》（社评），《大公报》1940年2月17日第2版。

我们为此特别呼吁保全后方民命的问题。

后方民命的浪费有多端，交通方面的不慎，占一个主要的成分。不仅河川，而公路上也常有发生覆车坠崖之事；故政府对后方水陆交通的保安与管理应该加以严重的注意。譬如川江，在抗战大后方，关系如何重大？由这次撞船案看来，简直是无政府状态。航行应该有一定路线，装客要有一定限制，这是最简单的水上秩序。这次建兴轮临时变更航线，下水线侵入上水线；飞鹅碛既没有民生公司的码头，怎能竟循一部分乘客之意擅自紊乱航线而图靠岸？据一月二十七日川江航务管理处致本报函所云，民生公司自备有护航武力；售票过多之事，该局［处］也难限制。这样，水上秩序，究竟是怎样维持？实在令人莫名其妙。据闻川江内常有轮船浪翻木船之事，货沉人溺，而轮船扬长而去。去年夏天，航行北碚重庆间的民生轮，在牛角沱以木划子下客，因人多船小之故，以致挤翻木划淹毙乘客多人。这两种事，前者是鱼吃虾式的强凌弱，后者是不负责任的草菅人命。在水窄流急的川江中，轮船开行速度要有限制，不能任其兴风鼓浪，鱼肉小船；不设码头之处，不能任其以小划子下客。这都是已见的弊害，交通当局应当知所补救。至于公路上的保全办法，也应该作周密的注意。

说到民生公司，它是有功于国家的。该公司无国家资助，纯以私人经营之力，逐渐拥有轮船数十只，尽力川江航运。此次抗战军兴，多少万吨物资由该公司运至后方，对抗战建国均有甚大贡献。但事业既大，组织遂弛，创业的精神难免失坠。我们不忘该公司之功，但也不愿曲掩其过；望该公司重振其创业的精神，兢兢业业的为国家社会服务。

2 月 23 日　民生公司又发生惨剧，民望轮触礁沉没。

2 月 25 日　《大公报》报道民望轮触礁沉没惨剧，谓[①]：

民生公司之民望轮，于前晨十时，在叙府下游三十里国公山江面失慎，触礁沉没。客货损伤详情，尚未详悉。按民望轮系民生公司丙等铁壳轮，船重 125.43 吨，载重 45.21 吨，容积量棉纱 240 件，法定载客量自 120 至 360 人。该轮于洪水期间航行内河及嘉陵江各段，

---

① 《民望轮触礁沉没》，《大公报》1940 年 2 月 25 日第 3 版。

枯水时始至长江上游。

2月26日　《新华日报》就民望轮触礁沉没发表社论，指出政府应当在组织和管理交通事业方面尽更大的力量，以改善战时后方交通中“水路沉船，陆路翻车”的现象①。

2月27日　卢作孚向张嘉璈谈到拟辞交通常务部长，被张嘉璈劝阻。张嘉璈在日记载②：

> 卢作孚次长以最近民生公司船只时有撞伤，由于本人无暇照管，且外间浮言其利用地位，偏护“民生”，因此希望摆脱次长之职。当劝其先将兼职辞去，同时以保护整个航业之责自任，则浮言自息。渠允考虑。

3月5日　《嘉陵江日报》载卢作孚捐出本年1月份在中国茶叶公司、贸易委员会舆马费300元，补助北碚兼善中学。报道谓③：

> 此间兼善中学，近已略具规模，而为本区及近邻诸县学子之所依归。初于经费极端困难中，该校幸得社会人士热烈扶助，校内师生共同努力，兴办事业，开源节流，屡经挫折，始达于兹。现该校已开设高中，继续扩充，以应社会之需求，并另拟新建永久校舍，以改善生活环境，增进教育效率。该校董事长卢作孚先生，特倾囊补助，将在茶叶公司一月份舆马费一百元、贸易委员会一月份舆马费二百元，全部捐与该校，以便扩充。其余尚有地方人士郑璧成君捐助三百元，蒋祥麟君捐助五百元，袁汉卿君捐助二百元，四川省银行捐助一千元。此等热心地方公共教育事业，慨然捐金补助之义举，殊可为人所风云。

3月16日　蒋介石颁发手令，颁布三项紧急处置办法，严令执行④：

---

① 《民望轮触礁沉没》（社论），《新华日报》1940年2月26日第1版。

② 姚崧龄：《张公权先生年谱初稿》，台北传记文学出版社1982年版，第246页。

③ 《卢作孚先生等捐金补助兼中》，《嘉陵江日报》，1940年3月5日第2版。

④ 重庆市档案馆、重庆市人民银行金融研究所编：《四联总处史料》（下），档案出版社1993年版，第231页。

连日以来，渝蓉各地米价飞涨，在一旬之间，由旧制衡量每石四十元激涨至每石六十余元，似此情形，显系有大户奸商，囤积居奇，藉端抬价。渝蓉两地如此，其它各县地方自必相同。政府日日宣言平抑物价，今乃并此民生日食最需要之米谷，亦复愈平愈高，将何以对人民？兹特颁定紧急处置办法三项，除分电四川，贵州两省府一体遵办，并电行政院负责督促外，希即分别遵办，并转所属主管人员一体恪遵，并将取缔实施办法，限本月二十日以前详报。

当天下午，蒋介石又紧急召见四联总处等有关方面，就粮食问题作出布置，命令立即停止执行丰收囤粮计划，并将已经收囤的粮食随时出售，以达平抑粮价的目的①：

凡囤积粮食操纵居奇者，应切实取缔，并严密查禁各银行经营或放款。至屯粮计划，除接近战区省份，应继续抢购，以免资敌外，其余后方各省，均应停止进行，以免米谷价格再涨。并应将已屯之粮食随时出售，以应需要。其它各种日用必需品之价格，亦应切实注意，设法平抑，严禁囤积居奇。四联总处应于每星期邀集有关机关主管人员详细商讨平定物价之有效方法，切实进行。

［按］从 3 月初开始，四川重庆、成都粮价开始快速上涨②，一旬之间，粮价由每石 40 元上涨到 60 多元，引起国民政府当局高度警觉。

3 月 17 日　上午四联总处遵照蒋介石前一日命令，召集四行代表开会，讨论各银行协助平定物价办法。

3 月 18 日　（一）四联总处根据蒋介石要求每周邀请各主管机关人员商讨粮食问题，决定由该处邀集经济部部长翁文灏、交通部次长卢作孚、财政部钱币司司长戴铭礼、财政部会计处会计长庞松舟、农本局总经理何廉、重庆市市长吴国桢以及四联总处平市处处长章元善暨四行代表等定期

---

① 重庆市档案馆、重庆市人民银行金融研究所编：《四联总处史料》（下），档案出版社 1993 年版，第 231 页。

② 公安部档案馆编注：《在蒋介石身边八年——侍从室高级幕僚唐纵日记》，群众出版社 1991 年版，第 123—124 页。

开会[①]。（二）下午，经济部召开粮食会议，四联总处等参加，经过讨论，以经济部为主，拟具十二条平定粮食及日用品价格办法，并商定由四联总处邀集经济部翁文灏、交通部卢作孚、农本局何廉、重庆市吴国桢等定期开会[②]。

3月19日　经济部、四联总处所拟十二条办法及四联总处就粮食问题定期开会办法由蒋介石批准实施[③]。该项措施实施后不仅未见成效，且使正常军粮采购遇到严重困难。

3月22日　唐纵日记载："最近云南担米涨至一百二十元，幸未出事。但福建则发生抢米风潮。四川本丰年，不应有此种顾虑，不幸于月内十四日下午七时，亦发生抢米之暴行。"[④]

3月23日　中国西南实业协会四川分会在重庆举行第二次年会，到会会员160余人，推定卢作孚等35人为理事，胡子昂等21人为监事[⑤]。

3月29日　（一）华西协和大学董事会在成都张群宅召开，出席董事有张嘉璈（董事长）、何北衡（副董事长）、张群、宗诚之（圣公会会督）、杨重熙（求精中学校长）、卢作孚、卓伟（O. Stockwell 美以美会布道士）、宋明道（J. W. Sparling 华西协会神学院院长）、杨少全（退休中学校长）、陆德礼（A. Lutley 圣公会布道士）、范琼英（华美女中校长）、张嘉铸（前中国银行重庆分行襄理）、罗伯敦（W. D. Roerston 副校务长）、卜莱丝（Miss Priest 会计）。选举张凌高为华西协和大学校长，毕启博士为名誉校长[⑥]。（二）四联总处全体理事会第二次会议通过《平定物价办法案》[⑦]。

3月底　北碚户口普查结束，统计全区人口19871余户，96824人。其中北碚镇6831户，35141人。文星镇3353户，15620人。黄桷镇4243

---

① 重庆市档案馆、重庆市人民银行金融研究所编：《四联总处史料》（下），档案出版社1993年版，第233页。

② 同上书，第232—233页。

③ 同上书，第233页。

④ 公安部档案馆编注：《在蒋介石身边八年——侍从室高级幕僚唐纵日记》，群众出版社1991年版，第123页。

⑤ 《本会纪略》，《西南实业通讯》第1卷第6期，1940年6月，第64页。

⑥ 姚崧龄：《张公权先生年谱初稿》（上册），台北传记文学出版社1982年版，第250页。

⑦ 重庆市档案馆、重庆市人民银行金融研究所编：《四联总处史料》（下），档案出版社1993年版，第234页。

户，20020 人。二岩镇 1068 户，5399 人。澄江镇 4376 户，20644 人[①]。

3 月　（一）民生公司与西南运输处订立水陆联运合约，资料载[②]：

> 1940 年 3 月，民生公司与西南运输处订立水陆联运合约。西南运输处有两大队汽车行驶川滇路，每队汽车为 170 辆，双方专运兵工署、航空委员会及贸易委员会之货物，进口为枪弹、炸药等，出口为外贸物资。

（二）经股东大会议决，重庆轮渡公司股本增加为 40 万元[③]。

4 月 2 日　民生公司在重庆召开第十五届常年股东大会，到会股东 600 余人，公推何北衡为大会主席。（一）董事长郑东琴报告 1939 年公司亏损达 43 万余元[④]：

> 28 年（1939 年）营业收入状况及亏折原因，应向股东报告：（一）照营业收支情形言，计货运收入为 9354301.38 元，客运为 3882265.62 元，特运为 1693893.81 元，栈租为 124200.09 元，租金为 168459.80 元，计共收入 15223120.70 元，营业成本及各种支出费用，计航业费用为 5784998.81 元，维持费用 4760641.55 元，经常费用为 4721655.93 元，特别费用 217451.52 元，以上共支出 15484747.81 元。营业收支相抵实亏损 261627.11 元。（二）……杂项收支相抵，亏 523525.31 元，连同营业亏折，航业部计亏折 785152.42 元，此外机器厂、物产部、电水厂、投资事业等，得纯益 346892.09 元，与前项亏损相抵，实共亏 438260.33 元，此本公司 28 年收支损益情形。详目具载于决算报告书中，可供参考。至其亏损原因，则以运输成本过高，支出激增，航线缩短，收入比减，详情见 28 年公司概况中，惟 29 年公司虽略有亏损，然对国家、民族实有至大贡献，足以自慰！

---

① 《本区户口普查统计完竣，全区共有一万九千余户九万六千八百余人》，《嘉陵江日报》1940 年 4 月 4 日第 3 版。

② 中国人民政治协商会议西南地区文史资料协作会议编：《抗战时期西南的交通》，云南人民出版社 1992 年版，第 289 页。

③ 杨及玄：《重庆轮渡公司的展望》，《西南实业通讯》第 14 卷第 1、2 期合刊，1946 年 8 月 30 日，第 11 页。

④ 《民生实业股份有限公司第十五届常年股东大会决议录》，第 1—2 页。

（二）会议决定发行公司债一千万元①，实募七百万元。资料载②：

去年（1940年）经大会议决，本公司募集公司债，至少1000万元一案，因公司股本只有700万元，受法令上之限制，仅募七百万元。业于（1941年）2月底由中国、交通等18家银行承募足额，年息9厘，分十年还清。第一、二年只付利息，从第三年起至第十年止，每年还本6.25%，利随本减，但得提前还本。

（三）会议通过股东康心如临时动议案，呈请政府提高运费并核定救济办法③：

公司28年之亏折，纯为抗战期中，供应政府运输公物，运送出征将士，接运伤兵难童，担负各项差运，报效国家，可谓尽力。但差费过低，以致亏折，长久如此，殊难为继。应请董事会根据本届股东大会意见，呈请政府维护公司命脉，提高运费并请政府核定救济办法，保息保亏，俾公司营业不替，得以长久效力国家。

[按] 关于康心如临时动议案，魏文翰代总经理在次年（1941年）的股东大会上说④：

差费太低问题，去年（1940年）经呈准军政部召集有关各方会议，照原价增加二倍，在当时尚觉公允，惟自九月份后物价狂涨，差费收入又感不敷。因增加后之差费，亦不过等于战前规定额之四倍，实赶不上任何物价所涨之倍数。……

去年（1940年）大会决议，请政府保息保亏，本公司虽然仍处亏损状态，但因政府帮助甚多，例如公司去年（1940年）建造新船十六艘，除已完成一艘命名民主行驶渝万外，尚待完成之十五艘，政府允贷款四百万元，俾得于今年提前完成，年息四厘，分五年还清。又公司正在设法补充各轮使用之各种油料，及五金材料，请求政府借

① 《实业大事记》，《西南实业通讯》第1卷第5期，1940年5月1日，第73页。

② 《民生实业股份有限公司第十六届常年股东大会决议录》，第6页。

③ 《民生实业股份有限公司第十五届常年股东大会决议录》，第2页。

④ 《民生实业股份有限公司第十六届常年股东大会决议录》，第5—6页。

款四百万元，亦允予以考虑，实在不便多所请求，故此案暂在保留中。

4月3日　下午3时，黄炎培到民生公司总公司董事会晤卢作孚、魏文翰、何北衡①。

4月6日　民生公司总务处经理兼代总经理宋师度因病向公司正式提出辞职。后宋师度在民生公司第二次业务会议上曾谈及其辞职原因，谓②：

民初卢先生到成都，曾被我们拖累，重重的受苦数年，个人之来公司，是报礼，是徇感情，也是事业值得赞助，直截了当的说，不过是拖累人者，人亦拖累之而已。既来何以又苦苦求去，自然我有我许多道理。第一正大理由，是要卢总经理归来，专心致力于公司事业。须知其归与不归，专与不专，其关系不可计量，我辞了许久而后放手，放手后，又屡次传闻要拉回逃兵。因此，卢总经理未复职以前，我不敢到公司一步，且迁居更远一点，过重庆，船过船，不敢上岸来公司，只在船上同卢先生聚谈到泸县。

4月8日　卢作孚为民生公司代总经理宋师度辞职后，公司代理总经理人选一事致函民生公司协理魏文翰，谓③：

作孚现在请假期中，所任本公司总经理职务，前系由总务处宋经理师度代理。惟宋经理因病，函请长假，业经允许，并已公函董事会。在宋经理辞职后，作孚请假期中，所有本公司总经理职务即请由魏协理文翰代理，请予备案见复。去后，兹准董事会十五董字第一号公函略开：总经理在请假期中，由协理代行职务，于本公司章程符合，应准备查，等由。特此函达，即希台端查照代理，公私交感。

① 中国社会科学院近代史研究所整理：《黄炎培日记》第5卷，华文出版社2008年版，第264页。

② 《1950年第二次业务会议报告》，第20—22页，重庆档案馆藏。

③ 黄立人主编：《卢作孚书信集》，四川人民出版社2003年版，第754页。

4月9日　民生公司《公司消息》刊载总协理室消息[①]：

> 总务处经理兼代总经理宋师度先生，因病叠请公司给予长假，解除本代各职务，以便调养。业经公司允许，并函请董事会备案，所有代总经理职务，自本月（4月）10日起，在总经理请假期中，即请协理魏文翰先生代理云。

［按］辞职后的宋师度举家迁到四川眉山静养。

4月20日　卢作孚作为天府公司董事长由重庆乘专车抵达北碚，出席在后峰岩召开的天府矿业公司股东大会[②]。

4月21日　天府矿业股份有限公司第一届第二次董事、监察人联席会议在北碚后峰岩举行，卢作孚出席并主持了会议，会议决定公司会计年度此后应改为每年1—12月[③]。

4月22日　黄炎培致函卢作孚，劝速辞交通次长[④]。

4月30日　四联总处视察员孔雪雄奉派到各地视察囤粮等情形，在3个多月的视察后，本日向总处提交的报告中，建议设立中央粮食管理局。谓[⑤]：

> 在机构方面，窃以为宜设中央粮食管理局，专责统筹计划全国粮食之调查统制事宜。各省分设省粮食管理处，秉承中央意旨，办理军糈民食之分配、购运、屯储等事。现有各地购粮委员会，似宜一律结束，另行组织中央及省粮食监理会，使有关各机关共同参加，庶粮食管理有经常专责之机关，而有关方面均参与其事，俾运用进行，得收灵活切实之效。目前各地购粮委员会及粮食管理处，责任概不专一，人员亦多系调用，要亦为进行迟缓，办理松懈之最大原因。且今后粮食之需要管理，当为要政之惟此事头绪纷繁，非有经常专管机关，何

---

① 《公司消息》第272号，1940年4月9日，无页码。

② 《昨天府公司开股东会》，《嘉陵江日报》1940年4月21日第3版。

③ 《天府矿业股份有限公司第一届第二次董事、监察人联席会议纪录》，重庆档案馆藏。

④ 中国社会科学院近代史研究所整理：《黄炎培日记》第5卷，华文出版社2008年版，第272页。

⑤ 重庆市档案馆、重庆市人民银行金融研究所编：《四联总处史料》（下），档案出版社1993年版，第236页。

能胜此重任。临时购粮组织，责任不专，而政府大量购屯之空气，反先行宣传，往往足以促起粮价之昂奋。去冬以来，粮价之步步飞涨，与造成畸形民食恐慌之现象，原因固甚多，然屯粮空气似亦不无影响。

5月1日　卢作孚撰《怎样使青年参加劳动服务》一文，提出宣传十分重要、组织不宜重复、工作必须切实三项要求。文中指出[①]：

> 五一劳动节是工人的日子，同时也是青年的日子，因为只有青年才能够劳动，而劳动的又多半都是青年。不过，以往的劳动节，我们所看到的和听到的那一片青年工人群众的呼声，不是增加工资，便是缩短工时，而社会舆论也在旁奖励着这种呼声的高涨，好像改良待遇是青年工人群众唯一的任务似的。我以为在抗战建国双管齐下的现阶段中国，不容许再有从个人主义出发的思想和行动。我们的生活要放低，工作却要加紧，我们唯一的目标是抗战建国。因此为了抗战，为了建国，我们应该鼓励青年踊跃地普遍地参加劳动服务，不特青年工人如此，就是任何青年都要如此。所以我说五一是工人的日子，同时也是青年的日子。劳动服务的意义，这里不打算加以解释。简单一句话：劳动习惯和服务精神，对于抗战建国是充分的需要。目前该商榷的，倒不是理论上的问题，而是方法上的问题。具体说来：就是如何使广大的青年群众有组织有计划地去进入劳动服务阵营的问题。

5月6日　卢作孚陪同翁文灏等游成都武侯祠、华西协和大学，在醉沤饭店午餐[②]。

5月7日　（一）在军事委员会委员长成都行辕，翁文灏、卢作孚、贺国光、陈布雷、徐堪、何廉等商议由何廉起草的《四川经济建设方案初稿》。《翁文灏日记》载："在行辕，与贺、陈、徐、何、卢商川省经建纲要。"[③]

（二）第一次全国生产会议在成都召开，经济部部长翁文灏、交通部

① 陈诚等：《革命青年的修养与努力》，青年出版社1940年版，第35—36页。

② 李学通、刘萍、翁心钧整理：《翁文灏日记》，中华书局2010年版，第457页。

③ 同上书，第458页。

次长卢作孚、农本局局长何廉等参加了会议，并就重大经济问题进行了商议①。

5月9日　翁文灏与卢作孚视察农业改进所，并参观四川大学新址②。

5月10日　卢作孚乘飞机返回重庆③。

5月12日　卢作孚由重庆返回北碚视察各项建设事业，他特别对北碚消费合作社提出六项办法。《嘉陵江日报》载④：

> 本市消费合作社，此次扩大征求社员以来，区内各事业机关及各界民众，前往应征者甚为踊跃。据该社负责人称，现新参加事业机关，已有三十余单位，民众有一百余人。昨日交通部次长卢作孚氏，由渝返碚，视察各项建设事业，对于本市消费合作社曾有详密指示：（一）今后消费社，须修建仓库，每年秋收后，即按各消费者之消费总量，收购食粮，储以备用，免由少数奸商操纵，任意抬高市价。苛索各消费者。（二）今后当与各金融机关及生产事业等，切取联络，对社内人力财力，均可多得帮助。（三）优待社员，提高红息。（四）业务力求简单，当以日常生必须需品为主，如米、油、盐、炭等。（五）实行社员购货分配，以不售于非社员为原则。（六）尽量增加股额云云。

5月13日　在成都张群宅，张群、翁文灏、陈布雷、徐堪、卢作孚、何廉等商谈川康经建会及公司组织事宜。

5月17日　中茶公司举行董事会议，通过改组办法，以潘宜之为董事长，庞松舟为副董事长。同时，公司划归贸易委员会（卢作孚为副主任委员）管辖⑤。

5月25日　四联总处秘书处根据该处第十次会议讨论情况，向国民政府最高当局建议改善粮食行政，设立粮食管理局⑥：

---

① 《翁部长等集蓉会商经济大计》，《嘉陵江日报》1940年5月9日第2版；《实业家消息》，《西南实业通讯》第1卷第6期，1940年6月1日，第61页。

② 李学通、刘萍、翁心钧整理：《翁文灏日记》，中华书局2010年版，第462页。

③ 《实业家消息》，《西南实业通讯》第1卷第6期，1940年6月1日，第61页。

④ 《交通部卢次长指示消费社六项进行办法》，《嘉陵江日报》1940年5月13日第3版。

⑤ 李学通：《翁文灏年谱》，山东教育出版社2005年版，第214—215页。

⑥ 重庆市档案馆、重庆市人民银行金融研究所编：《四联总处史料》（下），档案出版社1993年版，第239—240页。

粮食问题关系军需民生，影响至大。屯储调节，既为经常之要政，似必须有专管机关负责办理，庶可期其通盘规划，切实进行。况粮食管理头绪纷繁，决非如现在之临时机构所能胜任。关于粮食管理机构之组织，中央似应设置中央粮食管理局（或即由农本局办理），专责统筹计划全国粮食之储运调节事宜。各省区及各战区分设省及战区粮食管理处。省粮食管理处负调节民食之责，战区粮食管理处负运储军糈之责，共同秉承中央意旨。分别办理粮食之调查、购运、屯储、分配等事宜。省区以下，于粮食产销屯储中心之区设立粮食管理分处，在省区粮食管理处指挥之下，分别办理调查、购销、运输、仓储等事。现有各省区粮食管理处一律改组，均隶属于中央粮食管理局之下，以打对破过去粮食区域封锁之恶习，使粮食生产有无相通，供求平衡，非省县所得而私。现有各地购粮委员会，似宜一律结束，另行组织各级粮食监理会，负共同监督，协力管理之责，使有关各机关共参加，庶粮食管理有经常专责之机关，而有关方面均参与其事，俾运用进行得收灵活切实之效。

5月29日　（一）民生公司代总经理魏文翰发布公司通函，决定从8月1日起，公司营业区域划分为重庆区、叙府区、泸县区、万县区、宜昌区，实行分区管理制①。（二）黄炎培上午11时半乘四川合众公司长虹轮，下午5时抵泸州，其日记载②：

此长虹轮之整洁过于民生诸轮，不意民生堕落至此。

5月　中央研究院气象研究所内迁到重庆北碚金刚碑，该所分气候、高空、天气预报三部，在缙云山等地建立了气象观测点，开展气象观测，直到抗战胜利为止。竺可桢等著名科学家即为该所研究人员。

6月3日　卢作孚在交通部国民月会上作《准备节约生产以挽救当前危机》的讲演。讲演中提出③：

---

① 《民生实业公司通函第117号》，北碚图书馆藏。

② 中国社会科学院近代史研究所整理：《黄炎培日记》第5卷，华文出版社2008年版，第288页。

③ 卢作孚：《准备节约生产以挽救当前危机》，《抗战与交通》第46、47期合刊，1940年9月16日，第842—843页。

我国人努力的方法，可用固有的勤、俭两个字作标准，勤字是要做到什么时候都工作，只要有一部分人能如此，已经是了不得了，每人如此，一定会有办法，希望大家要把工作加强到最高点。其次是俭，是中国原有的节约，许多人的财富是从节约而来。假定大家都能加强工作的效率，以节约所得集中于生产事业，而且要很快的利用现代科学的方法，使用在物质方面，才能生产现代的东西。当前唯一可靠的办法，是现代化的生产，我们必须以勤、俭两字为基础，而集中力量于生产之途，才能应付当前的环境，才能生存于世界。

6月3—7日　3日翁文灏呈文蒋介石，请命运输统制局及交通部令民生公司速将约5000吨工业器材自宜昌抢运入川。7日民生公司派出民熙、民苏、民宪、民治、民安、民享等6艘货轮自宜昌抢运机件。同时翁文灏又电请陈诚予以协助，并电令宜昌电厂再拆运500吨发电设备①。

6月12日　宜昌失守。此后民生公司开辟重庆至巴东、三斗坪的航运专线，组织力量不仅把处于危险地带的近25000吨兵工器材从三斗坪等地抢运到后方安全地带，而且抢运了大批其它物资，运送了大批伤员和普通乘客。

7月1日　翁文灏到军事委员会见蒋介石时，蒋嘱翁注意粮食管理办法②。

7月1—3日　1—2日翁文灏与何廉就粮食管理办法进行了商谈，并在3日提出管理粮食办法呈蒋介石③。

[按] 由于四川重庆、成都米价已经从3月初的每市石法币40元，猛涨到了法币100元以上，加上其它种种因素，导致国民政府粮政机构第二次采购军米失败，直到进入7月，“应购的军米还不能集中”④。在这种情况下，粮食管理就成为“战时实行物资管制之第一要政”⑤。

7月2日　国民政府国防最高委员会委员长蒋介石命张群召集粮食问题会议，抑制粮价飞涨问题。

---

① 李学通：《翁文灏年谱》，山东教育出版社2005年版，第216页；李学通、刘萍、翁心钧整理：《翁文灏日记》，中华书局2010年版，第473页。

② 李学通：《翁文灏年谱》，山东教育出版社2005年版，第218页。

③ 同上。

④ 《粮食会议第二次会议记录》（1940年7月13日），四川省档案馆藏。

⑤ 谭熙鸿主编：《十年来之中国经济》，见沈云龙主编《近代中国史料丛刊续编》（85），台北文海出版社，第1115页。

7月3日　蒋介石就粮食等问题向四联总处秘书长徐堪发出代电，其中强调粮食问题的严重，谓[①]：

> 查近来物价高涨，尤以粮食燃料及日用必需品为甚，情势所演，实为后方社会最严重之问题。吾人必须以最大之决心，及不惜资金之牺牲，以求迅速确实之彻底调整。

7月11日　张群召集包括行政院、各战区购粮委员会、军事委员会、各战区囤粮监理委员会、经济部平价购销处、军政部军粮总局、农本局农产调整处、四川粮食管理委员会、四川购粮委员会、川康建设期成委员会各办事处等与粮食有关机关，在国防最高委员会秘书厅会议室召开粮食会议，会商粮食管理调节具体办法，卢作孚、黄炎培、俞飞鹏、林虎、吴国桢、何廉等参加了会议。7月11日下午四时粮食会议举行第一次会议，会议由张群主持。经卢作孚提议，公推黄炎培、何廉、卢作孚、嵇祖佑、胡次威、熊种韬六人起草组织粮食管理机构和粮食管理调节的具体办法，黄炎培为召集人。

7月12日　上午7时，粮食会议小组会在重庆生生花园农本局举行，到者何廉、卢作孚、嵇祖佑、胡次威、严宽（军粮总局代表），黄炎培为主席。到11时为止，六人小组起草了四个有关办法：（1）各级粮食管理机构组织要领；（2）救济目前军粮民食办法；（3）本年秋收后军粮民食统筹办法；（4）粮食管理局之筹备及其在四川购粮进行步骤[②]，交7月13日下午第二次会议讨论，会上又提出制定粮食市场管理办法的问题，张群还提出新成立的粮食管理机构应当采用军制[③]。

7月13日　粮食会议举行第二次会议讨论。

7月14日　（一）上午，粮食会议举行第三次会议，会议议定了各级粮食管理机构组织纲要、救济目前军粮民食办法、秋收后军粮民食统筹办法、粮食市场管理办法、粮食管理局之筹备及其在四川购粮之进行步骤等五项办法。其中各级粮食管理机构组织纲要规定全国粮食管理局直隶国防

---

① 重庆市档案馆、重庆市人民银行金融研究所编：《四联总处史料》（下），档案出版社1993年版，第240页。

② 中国社会科学院近代史研究所整理：《黄炎培日记》第5卷，华文出版社2008年版，第309页。

③ 《粮食会议第二次会议记录》（1940年7月13日），四川省档案馆藏。

最高委员会，原有中央各机关中购办军粮和管理民食的有关机构和人事、职权一律并入管理局，全国粮食管理局的职权为决定军粮民食的整个政策、办理粮食之购运及调节、取缔粮食之囤积居奇、筹备必需之资金等；救济目前军粮民食办法主要适应于四川，规定了已购军粮集中办法、鼓励商运办法、办理平粜办法等；本年秋收后军粮民食统筹办法规定粮食筹集采用征购和以实谷折征田赋两种办法等；粮食市场管理办法规定了加强粮食市场管理的各种办法；粮食管理局之筹备及其在四川购粮之进行步骤规定7月底以前为全国粮食管理局筹备时期、8月1日成立及应办事项、8月20日以前应办事项、9月10以前应办事项、10月底以前完成集中所购粮食等①。卢作孚后来说②：

> 七中全会开会时，粮食问题为主要讨论的问题，最高国防会议，还特召集了一个粮食会议，决定了几项管理原则。
>
> 第一，设立各级管理机构——中央成立全国粮食管理局，统筹全国粮食之产销储运调节其供求关系。各省成立省粮食管理局，管理全省及调剂各县之粮食。各县成立县粮食管理委员会，主任委员由县长兼任，副主任委员则由省派。此外还配合着新县制在乡镇设立粮食干事。各级组织完备后，不仅要积极的解决现有的粮食困难问题，并且还要积极的预作未来的根本准备，以便配合持久抗战，确立未来国家对于粮食管理的根本基础。
>
> 第二，为避免军队与民间纷扰起见，决定军粮应该统筹，至少要为前方作战部队全部统筹，并且决定每年在收获时期，将全年所需的军粮，一次办妥。
>
> 第三，管理粮食要从市场作起，然后再逐步推溯到生产地区，最后达到农村，将全部粮食动态掌握在粮食管理人员之手中。

（二）本日为星期天，卢作孚前往北碚③。

7月18日　黄炎培上书蒋介石，推荐粮食管理局人选④。

---

① 《粮食会议第三次会议记录》（1940年7月14日），四川省档案馆藏。

② 全国粮食管理局编印：《全国粮食会议报告》，1941年6月，重庆图书馆藏。

③ 李学通、刘萍、翁心钧整理：《翁文灏日记》，中华书局2010年，第490页。

④ 中国社会科学院近代史研究所整理：《黄炎培日记》第6卷，华文出版社2008年版，第312页。

7月21日　国民政府决定设立全国粮食管理局，翁文灏与张群谈粮食管理局人事问题，拟以卢作孚为局长，何廉、何北衡为副局长①。

7月24日　粮价仍继续猛涨，唐纵日记载②：

> 成都米价，涨至140元一石，现仍涨风未已（重庆涨至180余元）。城厢内外，陆续发生抢米风潮。查川省去岁丰收，说估计足敷全省五年之食品，入夏以来，各地米价，骎骎上涨，抢米之案，层见叠出。有人多疑共党鼓动，企图暴动，而不知军阀官僚地主资本家，故意囤积，致激民变。委座曾令省政府组织物价平准处，稳定价格。孰知评价之人，即系操纵之人，如何能制止风潮，消弭隐患？

7月26日　张群就成立全国粮食管理局及相关事宜致曾经担任重庆行营经理处长的熊伯韬，谓③：

> 伯韬仁兄大鉴：此次奉令召集粮食会议，通过各级粮食管理机构组织纲要及各项办法，均经呈奉委座核定。除将纲要办法及会议纪录另文呈送行政院办理外，查粮食管理局局长一职，经奉委座决定，以卢次长作孚担任并限期于8月1日组织成立。日期迫切，尤其该局组织应请兄与作孚次长从速商拟呈院核定，俾得如期成立。一切应办事项并请分饬赶办为荷。专此并颂勋祺！弟张群拜启7月26日

7月29日　（一）卢作孚访翁文灏，商请允许以卢郁文为粮食管理局主任秘书④。（二）民生公司以代总经理魏文翰名义发出《民生实业公司通函事字117号》，宣布自8月1日起，实行分区管理制度。《通函》载⑤：

> 查本公司业务，虽在抗战期中，亦有相当进展。晚近受航线缩短

---

① 李学通：《翁文灏年谱》，山东教育出版社2005年版，第220页。

② 公安部档案馆编注：《在蒋介石身边八年——侍从室高级幕僚唐纵日记》，群众出版社1991年版，第143—144页。

③ 《张群致熊伯韬函》（1940年7月26日），台北“国史馆”藏。

④ 李学通、刘萍、翁心钧整理：《翁文灏日记》，中华书局2010年版，第497页。

⑤ 《民生实业公司通函事字117号》，北碚图书馆藏。

影响，正计划多辟生路，以资维系。因之对于管理制度，不能不因时制宜，方足应付当前之事态，复可树立将来永久之规模。兹经决定：自8月1日起实行分区管理制度，就长江上游及嘉陵江下游之各事业单位，划分区域管理，以求指挥便利，应付灵活。至各厂及上海分公司，香港、海防、昆明、成都等办事处，仍直隶于总公司，不在分区管理之列，各轮驳亦均直隶于总公司，惟应受所停泊地方之区分部监督管理。兹将管理区域之划分，管理权责之确定，及文报之手续3项，分别条列于后。

甲、管理区域之划分

一、重庆区　由总公司兼本区之管理责任：其区域为长江流域自淞溉以下，忠县以上，嘉陵江流域自合川以下。所管理之事业单位如左：

1. 淞溉至重庆间各囤船（现有淞溉囤船、白洪囤船、江津囤船）。

2. 重庆各囤船及煤栈。

3. 洛碛至重庆各囤船（现有洛碛囤船、鱼嘴沱囤船）。

4. 长寿办事处及所隶属之囤船（长寿囤船及石家沱囤船）。

5. 涪陵办事处及所隶属、监督之囤船及煤栈（兰市囤船、珍溪囤船及荔枝园煤栈俱隶于涪陵办事处。酆都囤船及汤元石煤栈直隶总公司，由涪陵办事处监督考核）。

6. 合川办事处（合川电灯自来水厂直隶总公司）。

7. 北碚办事处及所隶属之各囤船（夏溪口囤船、温泉囤船、北碚囤船及白庙子囤船俱隶属于北碚办事处）。

8. 草街子、白庙子、狮坪、土沱各轮煤采办处。

9. 土沱及重庆间各囤船（现有土沱囤船、童家溪囤船、柏溪囤船、磁器口囤船、化龙桥囤船）。

二、叙府区　由本公司叙府分公司负本区之管理与监督、考核责任，其区域为嘉定以下，江安以上，所监督指挥之事业单位如左：

1. 嘉定办事处（嘉定办事处直隶总公司，由叙府分公司监督考核）。

2. 河口轮煤采办处（河口轮煤采办处，由叙府分公司监督考核）。

3. 叙府囤船及货栈、煤栈、油栈（以上各事业单位俱隶属于叙府分公司）。

三、泸县区　由本公司泸县分公司负本区之管理与监督考核责任，其区域为纳溪以下，合江以上，所监督管理之事业单位如左：

1. 纳溪煤栈（正筹建中）。

2. 泸县囤船及货栈、煤栈（以上各事业单位俱隶属于泸县分公司）。

3. 合江囤船及煤栈（合江囤船直隶总公司，由泸县分公司监督考核，煤栈隶属于泸县分公司）。

四、万县区　由本公司万县分公司负本区之管理与考核责任，其区域为忠县以下，巫山以上，所监督管理之事业单位如左：

1. 万县囤船及货栈、煤栈、油栈。

2. 忠县煤栈、武陵煤栈、小舟溪轮煤采办处、新津口轮煤采办处、固陵轮煤采办处、云阳煤栈、庆记煤号、奉节煤栈、巫山煤栈（以上各煤栈俱直隶总公司，由万县分公司监督考核）。

五、宜昌区　由本公司宜昌分公司负本区之管理与监督考核责任，其区域为巫山以下，沙市以上，所监督管理之事业单位如左：

1. 宜昌囤船及货栈、煤栈、油栈。

2. 沙市办事处（沙市办事处直隶总公司，由宜昌分公司监督考核）。

乙、管理权责之确定

一、各区分部对于该区域内之各事业单位分别负管理及监督考核之责任，其隶属于各该区分部之各事业单位，即受该管理区分部之直辖管理。其直隶于总公司之各事业单位，则受区分部之监督考核。

二、各区分部对于该区域内之各事业单位，应就向有规定及总公司临时委托之事项负责执行。如有意见，随时可建议于总公司采行，并对于该区内之各事业单位，在必要时，可发布文件，但须同时报总公司备查。

三、各区分部若遇该区各事业单位有时间性之紧急事件发生时，得权宜处理，事后报请总公司追认，但以不违反一般之规定为原则。又各事业单位之日常琐细事件，即由区分部负责处理，不宜报总公司。

四、各事业单位对于所在地之区分部，应随时切取联络，遇有重大事件，必须商承办理。

丙、文报之手续

一、各事业单位之隶属于区分部者，对总公司即不直接行文，一切事件俱由区分部转报。其受区分部监督考核之各事业单位，遇有重大及有关区分部之事件，除函报总公司外，并须分函所在地之区分部。

二、各事业单位对所在地区分部应行分报之事件，规定如左：

1. 人事事件：除经常事项送报总公司外，遇有特殊情形之事件，应分报所在地之区分部。

2. 财务事件：一切账项径报总公司，收支事项除报总公司外，应分报所在地之区分部。

3. 业务事件：所有关于营业各事项，除报总公司外，应分报所在地之区分部。

以上所列各项目，若有修改增减时，一经决定后，即另行函知。特此函达。即希查照办理。

7月30日　重庆国民政府行政院第四百七十五次会议决定设立全国粮食管理局，统筹全国粮食产销储运事务，协调供需关系，会议正式指定卢作孚为局长。

7月　（一）民生机器厂遭日机轰炸损失甚重，于是决定疏建分场。

［按］后来建成第一、二、三计三个分场，以及长达一英里的巨大防空洞工场[①]。

（二）著名会计学家潘序伦自上海来到重庆，被民生实业公司聘为顾问[②]。不久潘序伦将内迁的立信会计补习学校改组为立信会计专科学校，聘请卢作孚为副董事长[③]。

8月1日　（一）全国粮食管理局在重庆正式成立，内设行政管理处（处长张樑任）、业务管理处（处长翁之镛）、财务处（处长李嘉隆）及秘书室（主任秘书卢郁文）、研究室等[④]，卢作孚以交通部常务次长兼任局长，何廉、熊仲韬、何北衡三人担任副局长[⑤]。全国粮食管理局主要的

---

① 周茂柏：《抗战第六年之民生机器厂》，民生公司印，1942年8月，第1页；佚名：《民生机器厂概述》，民生公司1941年3月10日印，第4页。

② 潘序伦：《潘序伦文集》，立信会计出版社2008年版，第564页。

③ 罗银胜：《潘序伦传》，上海人民出版社2007年版，第72页。

④ 瞿韶华主编，程玉凰编纂：《中华民国史事纪要（初稿）》（1940年7—12月），台北“国史馆”1994年版，第155页。

⑤ 《实业家消息》，《西南实业通讯》第2卷第3期，1940年9月1日，第67页。

任务“乃在登记粮商，报告粮情，管理市场，调查囤积，平抑粮价等项”①。全国粮食管理局成立后，迅速公布《四川粮食购运处简章》、《全国粮食管理局粮食管理纲要》、《管理粮食治本治标办法》、《粮食管理紧急实施要项》等办法。何廉回忆说②：

> 粮食管理局没有其它工作，可以集中力量更好地处理粮食管理问题。首先卢作孚是一个很好的人，在四川省很有名望，通过他，我们可以得到四川士绅们的支持，我和卢作孚有正式的分工，但实际上卢作孚的主要责任是对外关系，尤其是和四川士绅打交道；由于我有粮食管理方面的经验，同时由于做粮食采购和分配工作的人多是来自农本局，我的责任更多的是经营管理。其次，政府拨给充分的预算资金使粮食管理局从农村采购粮食，大部分储存在农本局的仓库。第三，粮食管理局的一个任务是，要不断将米运到重庆以备分配。农本局原是一个半政府机构，没有政治权力同重庆需要粮食的各种机关单位打交道，而粮食管理局则是直接隶属行政院的政府组织，工作起来容易多了。

（二）民生公司与招商局奉交通部令开办川陕水陆联运，有关资料载③：

> 1940年8月1日，交通部令招商局与民生公司联合成立川陕水陆联运处办理川陕水陆联运，并造浅水拖轮航行。
>
> 川陕水陆联运路线是：重庆经合川至广元用水运，广元至宝鸡利用川陕公路车运，或由广元水运至阳平关，后经公路至烈金坝以达宝鸡；全线除阳平关以上陆路不计外，由重庆至阳平关计长达800余公里。民生公司主要担任重庆至合川水路运输。洪水期，民生公司还派轮船航行合川至南充线，惟至枯水，因水浅不能航行。该线运输之物资，上水：以出口钨沙、猪鬃、羊皮、茶叶及铁路机材、糖、盐及其

---

① 潘鸿声：《四川主要粮食之运销》（中国农民银行四川省农村调查委员会调查报告第5号），中农印刷所1941年印，第118页。

② 何廉：《何廉回忆录》，中国文史出版社1988年版，第188页。

③ 中国人民政治协商会议西南地区文史资料协作会议编：《抗战时期西南的交通》，云南人民出版社1992年版，第286页。

它公商货物为大宗；下水：以棉花、桐油、羊皮、煤、米为大宗，连同军品运输，每年平均运量约 3 至 10 万吨。

为了便利嘉陵江航行，民生公司还派船长薛志道，负责渝合线淘滩工作。组织力量对黑羊石、红沙碛、香盘石、菜家滩等，进行疏浚，单黑羊石疏浚碛漕即做 1400 余工，所用竹子在万斤以上。经过淘滩，使民生公司所负担之渝合航线畅通，更好地完成了川陕联运之任务。战时民生公司与招商局合办川陕水陆联运，对沟通陕甘川鄂及西北国际交通运输，作出了重要的贡献。

（三）中国地理研究所在北碚成立，由黄国璋任所长，隶属于中英文化基金董事会[①]。

［按］该所从 1939 年 12 月开始筹备，设有人文地理、自然地理、大地测量、海洋（1941 年迁离）四个组，主要工作是研究中国区域地理、大地测量方法以及内海水文、水产等，特别是注重实地考察，以四川和邻省为研究中心，组织川、鄂、陕、甘诸省考察 10 多次，1946 年迁南京，改由国民政府教育部主管。

8 月 3 日　蒋介石电令四联总处照发购粮款项、尽早购办军粮[②]：

粮食管理局业经决定成立，发表有案。前次筹议规定期限，须于八月开始购粮。务期适应时机，早获绸缪之效。闻去岁购储军粮，自中［正］十月间颁发手令后，而各承办机关拨款迟滞，收购迂缓，及至今年四月，已届青黄不接之时，方始着手收购，使巨室奸商，得以抢先囤积，操纵居奇，以致军民食贵，政府耗资，成为众怒之府。本届自当鉴戒前车，力谋迅速进行，以期贯彻统制粮食之主旨，凡中央及湘、赣、浙各省收购新谷，其已经指定之款项，务请饬令各金融机关，应按规定购粮之期，随时照发，以免延误为盼。

8 月 4 日　沙市、宜昌先后沦陷后，为打破难关，交通部积极办理川湘、川陕水陆联运，在重庆设立“川陕川湘水陆联运总管理处”。

---

① 周立三：《竺可桢与地理研究所》，《文史资料选辑》第 131 辑，中国文史出版社 1997 年版，第 220 页。

② 重庆市档案馆、重庆市人民银行金融研究所编：《四联总处史料》（下），档案出版社 1993 年版，第 244 页。

［按］联运具体办法是由招商局与民生公司投资两万元，民生公司代总经理魏文翰任联运总管理处副理事长，郑璧成、童少生为理事[①]。川湘水陆联运分作两路，一路由重庆经涪陵到龚滩，其间用水运，龚滩到龙潭，其间用驮运，龙潭经沅陵到常德用水运；一路由重庆经涪陵到彭水用水运，彭水经酉阳到龙潭或沅陵利用川湘公路车运，龙潭或沅陵到常德用水运，全程共计900余公里。川陕水陆联运的路线，是重庆经合川到广元用水运，广元到宝鸡利用川陕公路车运，或由广元水运到阳平关，然后经公路到烈金坝以达宝鸡，全线除阳平关以上陆运不计外，重庆到阳平关有800余公里。该联运路线全长2185公里，约等于战前京（南京）沪、津浦、平汉3条铁路的总和。从开办到1942年4月全部国营为止，承运总量约数千吨，积存待运货物约2千吨。川湘川陕联运办理得法，川湘联运尤其成效显著[②]，迅速成为“沟通西南西北之水陆路线，……对于后方军民运输，贡献殊多”[③]。

8月5日　全国粮食管理局拟具《全国粮食管理局组织规程》呈奉国民政府准予备案[④]。

8月6日　金城银行总经理周作民为嘉陵纱厂结束后收回原来订机定洋分还各股东事致函卢作孚[⑤]。

8月11日　蒋介石在黄山官邸召集临时粮食会议，翁文灏、张群、卢作孚、吴国桢、徐堪、何廉出席。翁文灏认为平抑物价问题极不容易，而蒋期待又极高，故颇感不易。何廉则于会后对翁表示，对政府彻底控制粮价办法，良心上实感痛苦！[⑥]

8月14日　（一）卢作孚访翁文灏，询问电力办法[⑦]。（二）后方各

① 《实业大事记》，《实业家消息》，《西南实业通讯》第2卷第3期，1940年9月1日，第65页。

② 薛光前：《我办理运输的实际体验》，《西南实业通讯》第8卷第4期，1943年10月31日，第13—14页；《战时后方水上运输是怎样维持的》，《新世界》1944年5月号，1944年5月15日，第11页；张后铨主编：《招商局史：近代部分》，中国社会科学出版社2007年版，第435—436页。

③ 《中华民国史档案资料汇编》第5辑第2编《财政经济》（10），江苏古籍出版社1997年版，第152页。

④ 《全国粮食管理局组织规程》，重庆档案馆藏。

⑤ 上海市档案馆藏。

⑥ 李学通：《翁文灏年谱》，山东教育出版社2005年版，第222页。

⑦ 李学通、刘萍、翁心钧整理：《翁文灏日记》，中华书局2010年版，第503页。

地物价猛涨，唐纵日记载[①]：

近来物价飞涨，人心浮动，咸谓非惩办囤积居奇者，不足以平抑市价。闻重庆囤户甚多，委座下令缉捕。缉捕后为孔祥熙所保释。闻者无不叹气！

8月18日　民生实业公司代总经理魏文翰等到交通部，向张嘉璈报告民生公司困难情形说[②]：

自宜昌陷落后，货运大减，每月收入减少一半，只有八九十万元，而支出月须一百八十万元，长期债务计八百余万元，股本计七百万元。现正建造浅水船十四艘，须付工价三百余万元。现需增加政府运输差费，及客票票价，一面招徕客货，以期收支适合。希望部方予以贷款，完成新船，同时发行公司债，整理旧有债务。

8月22日　民生公司总公司发布通函，撤销宜昌分公司，谓[③]：

本公司宜昌分公司，前因宜昌撤退，乃移巴东办公，现宜巴段转运工作告竣，已将宜昌分公司暂时撤销，原宜昌分公司驻巴办事处，则改为巴东办事处，并调升宜昌分公司驻沙办事处主任曾小藩为主任……暂改隶万县区，受万县区分公司之监督管理，特此通知。即希查照为盼。代总经理魏文翰　民29年8月22日

8月28日　卢作孚由成都返回重庆，临行前就粮食管理问题发表谈话，表示粮食管理办法即将公布。报道谓[④]：

全国粮食管理局长卢作孚，廿八日由蓉返渝，临行对粮食管理问题发表谈话略谓：关于食粮调查及管理办法，已与省府商得大要，日

---

① 公安部档案馆编注：《在蒋介石身边八年——侍从室高级幕僚唐纵日记》，群众出版社1991年版，第147页。

② 姚崧龄：《张公权先生年谱初稿》（上册），台北传记文学出版社1982年版，第263页。

③ 《民生实业公司通函人字45号》，北碚图书馆藏。

④ 《卢作孚谈话：粮食管理办法即公布》，《新华日报》1940年8月29日第2版。

内即可公布。调查在查明各县乡镇所有民间存粮及上年收获数量，管理重在各市场间之联络调查。所望舆论界促起各机关行政人员，负起全责执行，以管理粮食为目前第一重要之工作。促起有关机关团体及各界人士，一致予以协助，以加强执行力量，并促起对农村，凡有存粮，依照县府及粮食管理机关之指示，源源输入市场，以供军民需要。

9月1日　四川省粮食购运处在成都成立。

9月2日　（一）黄炎培访卢作孚。（二）粮价继续猛涨，唐纵日记载①：

闻近日米价，已卖到三十五元一斗（四十斤）。如此高价，民将何以为生？我乃签呈委座，下令查封各囤户，由政府定价收买，转售人民。

9月3日　（一）蒋介石以军事委员会委员长手令，要求加紧平抑粮价，手令说②：

近来四川省各地粮价高涨，军民交困，急应设法平抑以资补救。

（二）黄炎培到重庆村3号，与卢作孚餐叙，谈食粮管理事③。（三）国民政府派嵇祖佑为四川省政府粮食管理局局长，何乃仁为副局长④。

9月5日　蒋介石批转唐纵关于平定粮价的六项办法，唐纵日记载⑤：

---

① 公安部档案馆编注：《在蒋介石身边八年——侍从室高级幕僚唐纵日记》，群众出版社1991年版，第153页。

② 周天豹主编：《抗日战争时期国民政府财政经济战略措施研究》，西南财经大学出版社1988年版，第338页。

③ 中国社会科学院近代史研究所整理：《黄炎培日记》第7卷，华文出版社2008年版，第2页。

④ 瞿韶华主编，程玉凰编纂：《中华民国史事纪要（初稿）》（1940年7—12月），台北“国史馆”1994年版，第289页。

⑤ 公安部档案馆编注：《在蒋介石身边八年——侍从室高级幕僚唐纵日记》，群众出版社1991年版，第153—154页。

我上委座之签呈，奉批：抄交刘总司令、吴市长、卢总局长研究。我所签呈六项办法如下：一、令饬两调查统计局限期调查各地囤户；二、令当地军宪对于各地囤户仓库，一律查封，不许迁移或出售；三、饬粮食管理总局，用公价收买囤米，再统筹分配各地，仍以公价出售，其运输手续等费概由政府负担；四、严令各省政府于十月底调查各县今年产米数量，及各地需要米粮确数，详实具报；五、所有农户地主余米，一律由当地政府公定价格收买，缴解粮食管理局，统筹分配，其公定价格由中央公布；六、令社会部及调统局从速计划计口售粮实施办法，期于明年一月起实行。

9月6日　（一）国民政府明令定重庆为陪都，并在行政院之下设陪都建设计划委员会，以孔祥熙兼任主任委员，周钟岳、杨庶堪为副主任委员，吴国桢为秘书长，翁文灏、张嘉璈、卢作孚、刘纪文、魏道明、张维翰、潘文华、陈访先、康心如、刘峙等11人兼任委员，负责设计、规划陪都重庆的建设事宜[1]。（二）全国粮食管理局公布《管理四川省粮食办法》、《四川省粮食调查暂行办法》[2]，该办法把四川省分为重庆市、成都市、自贡市、犍为盐区、北川盐区和南部西充六个粮食供应区，组织人力、财力储运和调剂粮食供应。（三）孔祥熙在行政院召集粮食问题谈话会，孔祥熙、翁文灏、何廉、徐堪、何北衡、徐伯园、吴国桢、魏道明、蒋廷黻等出席，会议重点讨论了卢作孚所拟的《全国粮食管理局粮食管理纲要》。该纲要内容如下[3]：

《全国粮食管理局粮食管理纲要》

一、管理原则

1. 量的方面：使粮食之供给与需要相互适应。就时间言，使有余时为不足时之准备，丰年为歉年之准备，平时为战时之准备。就空间言，使有余的地方为不足的地方之准备，丰收地方为歉收地方之准备，农村为都市之准备，后方为前方之准备。

2. 价的方面：粮食价格应限于某种伸缩范围以内，其低应以生

---

① 傅润华、汤约生主编：《陪都工商年鉴》第一编，文信书局1945年版，第1编第4页。

② 《实业大事记》，《西南实业通讯》第2卷第4期，1940年10月1日，第65页。

③ 重庆市档案馆编：《抗战师时期国民政府经济法规》（下），档案出版社1992年版，第324—329页。

产成本为准，其高应在合理利润之下，勿使初收或丰收时过于跌落，歉收或青黄不接之时过于高涨，勿使有余的地方过于跌落，不足的地方过于高涨。其意义在刺激生产者勇于生产，而不使囤积者争先存储。

二、管理机构

1. 县设粮食管理委员会，以县长为主任委员，聘请有力士绅，并指派县府佐治人员为委员，附设于县府内，主办全县粮食管理事宜。其主要任务为：（一）统筹全县粮食之产储、运销。（二）调剂各镇乡间粮食之供给与需要。（三）管理全县之粮食仓库。（四）管理全县之粮食加工事业。（五）管理全县之粮食商人及其同业组织。（六）管理全县之积谷。（七）办理平粜。

2. 省设省粮食管理局（或就原有机构改组，加强其权力，充实其组织），主办全省粮食管理事宜。其主要任务为：（一）统筹全省粮食之产储运销。（二）调剂县与县间或县与市间粮食之供给与需要。（三）指挥监督各县管理粮食事宜。（四）管理省有粮食事宜。

3. 直辖市或市之粮食管理即由市政府负责。其关于粮食来源之疏通，得商请全国粮食管理局或省粮食管理局协助之，必要时得商请全国粮食管理局或省粮食管理局筹拨供给其粮食之一部分。

4. 全国粮食管理局主办全国粮食管理事宜。其主要任务为：（一）统筹全国粮食之产储运销。（二）调剂省与省间或省与直辖市间粮食之供给与需要。（三）指挥监督各省市直辖管理粮食事宜。（四）管理国有粮食事业。

三、管理事项

1. 调查关于粮食之产储运销各事项。除已有详细登记者外，均须加以调查，已有调查者必须加以复查。（一）量的调查：甲、生产区域及生产量。乙、储藏处所及储藏量。丙、转输道路及转输量。丁、消费市场及消费量。（二）价的调查：甲、市价。乙、生产成本及其与市价之比较。丙、一般物价变化及其与粮价变化之比较。

2. 登记：（一）无论自用或营业之仓库必须办理登记，其粮食进出及储存量必须按期报告。（二）加工事业必须办理登记，其加工数量必须按期报告。（三）米粮商人（包括囤户、贩运商、米店及经纪人）必须办理登记，其粮食买卖数量及市价必须按期报告。

3. 公库设置：（一）完成各级仓库网。甲、每保如感必要，即当建造保有公仓；如其经济力不足，由镇乡协助之。乙、镇乡应就粮食流入市场之需要，设置镇乡应有之公仓。如其经济力不足，由县协助之。丙、县应就有供给市场粮食关系之生产区域，及储运便利地方并其市场储备需要，设置县有公仓。如其经济力不足，由省协助之。丁、省应就更大的粮食产品储运便利地方及其集散市场，设置省有公仓。如其经济不足，由中央协助之。（二）公仓所储藏之粮食。甲、公有粮食必须存储于公仓内。乙、民间粮食：（1）奖励自由寄储。子、取更低廉之寄储费。丑、使得更安全之保障。寅、予以分别品级保存之便利。卯、予以更优惠之保险及押款待遇。（2）限定必须寄储，必要时限定有流入市场关系之民有粮食一部分必须储入公仓。但仍为原主所有，仍应予以安全保障、押款及保险之优惠待遇，并免收寄储费。

4. 粮食储备：（一）公有粮食之储备。甲、乡镇有积谷，储备在各保公仓及乡镇之公仓内。按地方出产多少，收获丰歉及人民负担能力大小，逐年征集，于秋收后举行之。（1）作青黄不接时之准备。（2）作歉收时之准备。（3）作上级管理机构征购时之准备。乙、县有积谷，储藏在县公仓或乡镇公仓内。（1）作青黄不按时之准备。（2）作歉收时之准备。（3）作城市需要之准备。（4）作上级管理机构征购时之准备。（5）作生产不足的乡镇之准备。丙、省有粮食，储藏在省公仓或县公仓内。（1）作青黄不按时之准备。（2）作歉收时之准备。（3）作较大的都市及工矿区域之准备。（4）作生产不足的地方之准备。（5）作上级管理机构征购时之准备。丁、国有粮食，储藏在国有公仓或省有公仓内。（1）作青黄不接时之准备。（2）作歉收时之准备。（3）作较大的都市及工矿区域之准备。（4）作不足的地区之准备。（5）作战时之准备。（二）公有粮食之管理：甲、粮食进出：（1）在收获时买入，在青黄不接时卖出。（2）在丰收时买入，在歉收时卖出。（3）在有余的地方买入，在不足的地方卖出。乙、粮食保管由各级公仓负责。丙、售价保管，除中央由四行保管外，省以下由县银行或省县合作金库保管。

5. 粮食动员：（一）国家有需要，可先动员中央储藏之粮食，如果不足再动员各省以下之粮食。（二）省有需要，可先动员省有粮食，如果不足再动员各县以下之粮食。（三）县有需要，可先动员县有积谷，如果不足再动员各镇乡之粮食。（四）动员公有粮食不足时，再动员民有粮食。（五）动员原则，按自给以外之剩余额，依累进率征购之。甲、选择充裕地方。乙、分配适当数量。丙、评定公平市价。

6. 市场管理：（一）调剂供需。甲、为消费市场指定粮食之区域，必要时并为限定最低供给量。乙、为粮食产区分配运销之市场，必要时并为分配运销量。（二）加强运销组织。甲、加强米粮商人同业公会之组织，使能协助米粮市场之管理。乙、加强米粮商人向供给市场采购之组织，必要时并为发给采购证。丙、加强米粮商人在消费市场配筹之组织，必要时并为（1）规定配售量。（2）规定购米者应有之限制及应守之秩序。丁、联络运输机关并调整运输道路之运输能力与米粮运输需要相互适应，必要时并规定办法征用民夫及舟车等工具，但仍给予应有之运费。（三）平价。甲、各地粮食价格由各该地管理机构随时召集有关机关及团体议定，悬牌公布。乙、为鼓励商运，使商人有相当利润，但不使有过分利润。丙、为防止粮价变动太剧，必须顾到各地间粮价之平衡。粮价低到某种限度以下时，公家应尽可能收买，高到某种限度以上时，公家应尽可能出售（或并限定民有粮食陆续出售）。丁、仿照旧时平粜办法设公卖处，用比市价更公道之价格计口售与贫者及收入较低之人民，使不受粮食高涨之压迫与恐慌。

财政部次长徐堪对此项粮食管理纲要颇不赞成，他说[①]：

近来市上粮食缺乏形成恐慌，对于民食方面影响极大。如何解除目前困难及达到粮食管理之目的，则政府现行之收购政策与调查登记办法两项似有查加检讨之必要。以言收购，如政府拟向江、巴两县收购，县长则放大收购数量，命保甲长派购，流弊百出。以言调查登记，我国平素对于各基层既无健全组织，下乡调查登记办理困难，且易滋扰民，且各地竞相收购，致粮价日涨，有谷之人更不愿将谷售出，故办理不善，非酿成大乱不可。

全国粮食管理局副局长何北衡则表示“操之过急之危险办法，绝对不能采用”，谓[②]：

---

① 重庆市档案馆、重庆市人民银行金融研究所编：《四联总处史料》（下），档案出版社1993年版，第261—262页。

② 同上书，第262页。

川省近来粮价高涨，其原因约有三种：（一）因粮价高涨对于田赋比照之下，反感税低粮高，农家有力存谷。（二）粮价日涨，屯货可赚厚利，不愿将谷售出。（三）过去农人常将谷售出变成现款贷放取利，现政府办理农贷取利低廉，与其变成现款不如留谷不卖。至征收实物谷以代税，而仓库无准备，事实上亦有困难。目前所谓屯积亦甚散漫，欲查富户大量屯积亦少见。以言管理，则非对产米县份详加调查登记不可，因明了产米区域情况后，方能组织米商同业公会，予以便利及保障，使其向生产者采购米粮，源源流入市场。现今军队阻关强购，亦为调节粮食重大妨害。救济办法首须对军粮有办法，所有驻川之军警宪之地点及人数，每月所需之米，应由军粮总局统筹供给，不得再有拦劫强购情事，速予严惩。委座对粮饷划分已决定实行，嗣后对军粮无问题。全国粮食管理局奉命成立不久，对于各方关于粮食问题之建议，自愿虚怀接纳，详加研究。如操之过急之危险办法，则绝对不能采行，盖恐因之酿成大乱。

同时，军事委员会更直接干预粮食管理。粮食市场和粮食管理异常混乱。《翁文灏日记》载①：

行政院，孔召人讨论粮食办法。徐可亭言，卢作孚所拟管理大纲必扰大乱。又见军委会所印布告。又闻将派青年一千二百人查巴、江二县粮食，举动操切，恐多失当，动摇人心。

孔祥熙在会上也感到大量采购军粮一事，“办理稍有不慎，流弊滋多”。谓②：

各位今天对此问题发表意见甚多，讨论亦甚详尽。前次全国粮食管理局欲在川省购谷一百万石，先由库拨五千万元。另军委会购办屯粮五百万石，先由库拨一万万元。当以关系复杂，办理稍有不慎，流弊滋多。（一）自政府宣称欲大量收购粮食后，刺激粮价日

① 李学通、刘萍、翁心钧整理：《翁文灏日记》，中华书局2010年版，第523页。

② 重庆市档案馆、重庆市人民银行金融研究所编：《四联总处史料》（下），档案出版社1993年版，第262—263页。

趋上涨，竞相购储。（二）各县摊购苛扰人民。（三）仓储设备不全，与其储藏不善，霉烂损耗，不如散存民间较为经济妥善。并拟具补充办法报经委座核示，正另由四联总处办理。目前救济办法：（一）政府收税实行征粮不收现款，使生产者将粮交出，调节需要。（二）各县原有之积谷应出仓改储新谷。（三）军米应由政府统一筹拨部队，不应直接强购。（四）向余粮最多之外省收购，运输费虽大，而粮价低廉，足以相抵。惟运输方法须详加计划。（五）政府应明白宣布对于粮食问题处理方针，以去人民疑虑。（六）严禁造谣，以免动摇人心，妨害政府管理。（七）对于存粮大户晓以大义，分头洽购。（八）当此川省对粮食人心不安定之际，目前应暂缓收购。

［按］如何管理粮食，当时国民政府高层出现了严重分歧。翁文灏、卢作孚深知问题的复杂与艰巨，主张稳步进行，蒋介石、徐堪等则主张大刀阔斧地进行。

（二）全国粮食管理局公布《四川省政府管理全省粮食暂行办法大纲》①。

《四川省政府管理全省粮食暂行办法大纲》②

一、管理机构

1. 省设粮食管理局，管理全省粮食事项。

2. 县市设粮食管理委员会，如县城为粮食之转运集散市场（如泸县合川等），则管理粮食来源，地方必须要与市场切取联络，管制其供需数量，力求其供需适合。

3. 县城以外，与周围县市供需有关最大粮食市场，如赵家渡、李庄，由省粮食管理局设置办事处，负责联络周围供需有关之市场，管制供需数量。

4. 县市以下各乡镇、公所经济文化股，增设干事一人，专办粮食管理事务。如与县或重要市场有供需关系之处得由县特设管理员加重其管制之职权。

---

① 瞿韶华主编，程玉凰编纂：《中华民国史事纪要（初稿）》（1940年7—12月），台北“国史馆”1994年版，第293页。

② 《四川省政府管理全省粮食暂行办法大纲》，重庆档案馆藏。

二、管理粮食市场

1. 严格实施登记制度　甲、登记粮食仓栈：非经登记准许给照之仓栈，不得经营粮食之寄储及储押业务；乙、登记粮食商号：非经登记准许给照之商号，不得经营粮食之运销业务；丙、登记粮食经纪：非经登记准许给照之经济，不得为粮食买卖之居间人；丁、登记粮食市场行栈：非经登记准许给照之市场行栈，不得做粮食集中交易或交割之场所与介绍，或公证之行为；戊、登记粮食加工行业：非经登记准许给照之碾坊，不得经营粮食加工业务；己、登记运输工具：联络交通管理机关，登记转运粮食有关之转运工具，于必要时得协助商调用之。

以上各项登记事务，乡镇由粮食管理员或专管粮食干事办理，县城市由县市粮食管理委员会办理，设有办事处之市场由办事处办理。

2. 严格实施情报制度（并举行必要之调查）　甲、担任情报之机关：（一）乡镇管理员或专管粮食干事，必须担任生产情报及市况情报；（二）县市粮食管理委员会必须担任县城市况情报并汇转各乡镇之生产情报及市况情报；（三）市粮食管理委员会及办事处必须担任该市场之市况情报。乙、担任情报之行业：（一）粮食仓栈必须按期报告粮食之进出数量；（二）粮食商号必须按期报告购销及转运粮食之数量；（三）粮食经纪必须按期报告其经手交易及交割之粮食数量；（四）粮食加工行业必须按期报告其碾米数量；（五）运输粮食者必须把起运、到达及经过必要地点，向粮食管理机构报告其运输数量。

3. 严格实施分配制度　甲、调查粮食供给之区域：（一）供给区域：(1) 就省言，查明可以供给粮食之各县；(2) 就县言，查明可以供给粮食之各乡镇；(3) 就乡镇言，查明可以供给粮食之个保；(4) 就保言，查明可以供给粮食之人家。（二）供给量：(1) 调查生产区域之人口与粮食生产量、消费量及剩余量；(2) 调查过去及现在粮食运销之市场及运销之数量；(3) 确定今后该生产区可以供给市场及数量。乙、调查粮食之消费区域：（一）消费区域：(1) 就全省言，（甲）、重庆、成都及自贡市；（乙）、重要工矿区域及人口特别多之城市；（丙）、特别荒歉或因特殊需要，粮食不足之地方。(2) 就全县言，（甲）、县城；（乙）、县属人口较多之场镇；（丙）、特别荒歉或因特殊需要，粮食不足之乡镇。（二）消费量：(1) 调查消费区域之人口与粮食之消费量；(2) 确定今后各来源可以供给之数量。丙、确定粮食供须之分配办法：（一）供给：为供给粮食之区域联络消费区域，而适当调整其供需数量，其粮食能供给两（个）消费市场之需要者，并为调整对于每一个市场之供给量；（二）消费：为消费市场之需要联络生产区域，而适当调整其供需数量。其需要两（个）生产区域以上供给粮食者，并为调整每区域供给粮食之数量。

4. 组织粮商　甲、每一市场所有与粮食业务有关之商人（仓栈、商号、经纪、市场、行栈、加工事业），均须各别及联合组织同业公会；乙、已经登记之粮食商人，均须加入同业公会；丙、有关粮食业务之同业公会，应依据粮食管理机关管理粮食章则，确定同业应行遵守之公约；丁、同业公会应就管理机关分配之粮食购销或加工数量，约集各有关粮商联合或分摊负责办理之；戊、有组织之粮商。应依照粮食管理机关分配之数额向供给地方采购粮食时，应先领采购证，在采购地方起运时，应先领取运输证。

5. 安定粮价　甲、调查粮食生产及运销成本；乙、调查过去及现在之粮价变化及各地之粮价差异；丙、调查各地生活必需品及其他农产品价格之变化；丁、各生产区域管理粮食机关在省粮食管理局指导、监督之下，随时参酌以上三种调查材料，并咨询农业推广所主任、农会商会主席、米粮业同业公会主席及其他有关人员之意见，订定当地之适宜粮价，逐日悬牌公布之；戊、各地运销市场粮食管理机关，在省粮食管理局指导、监督之下，依生产区域粮食为基准，加入运缴及合理利润，并咨询商会主席、米粮业同业公会主席及其他有关人员之意见，订定当地之适宜价格，悬牌公布之；已、省粮食管理局在省内各重要市场，应有相当数量之粮食储备。如市场粮食供给不足时，为防粮价奇涨，得由省粜出之。如市场粮食供给过剩时为防粮价奇落，得由省籴入之。县于其县境内，亦应实施同样办法。

三、力谋粮食之开源节流

1. 开源　由四川省农业改进所提出冬季食粮作物增产计划，严令各县切实推行。甲、加深冬季畜水田亩之畜水量，减少冬水田面积；乙、减少可以妨碍冬季粮食作物之烟叶耕地面积；丙、比较去年斟酌减少油菜耕地面积，以种冬季粮食作物。

2. 节流　甲、限制以粮食酿酒，限定酿酒量，并逐渐降低其限量；乙、禁止以粮食熬糖，在目前甘蔗糖过剩时，应完全禁止以粮食熬糖。

9月7日　蒋介石电示贺国光、卢作孚设法控制粮价并训练管理行政人员，谓[①]：

昨电谅达，再三研究，所定办法，恐无效果。因管理粮食若仅取缔囤积而不限期，则取缔必不生效。若仅定平价而不定价购销，则愈平愈高。又粮食必须先核准登记，决不许自由营业，方能收管理之实效。在此紧急生死关头，若不能除正统派自由贸易观念，则所谓管制者，必等于纸上谈兵，必误大事。盖粮（价）高多由心理造成，而主营业自由者，多以为粮价抬高则货源自畅，不知结果必为相反。因价愈高人心愈慌，藏匿愈多，而米源愈少。故如封锁能控制多粮之区，如限价不易大量收购。务望一本此义，修正办法。如兄等以为前定办法可通不必修正，则限期购销，与限定标准格二项，必须遵行。其次应速拟第二个准备办法，以备前法不通时即可随时颁布，不致中断。此即前面所说，不许自由购买者为法则也。训练人员，必须使之明了此义，准备实施也。关于管理行政经费，应管理与经营两项兼筹，并须作永久性之组织，不宜仅作临时打算，并须节省开支，以免浪费多而生效少之普遍弊端也。

9月10日　后方粮食及粮价问题十分复杂，唐纵日记载[②]：

晚上，雨农约晚饭，有宋希濂、郑介民、于平远等在座。……后谈及粮食问题，查禁囤户，事恐不能行得通。何北衡他们本身便是地主，便不主张查封。何北衡曾作如是表示，如果查封，会出乱子，且无效果，四川地主的米谷都存在佃户家中，调查既不可能，反而引起农民的恐慌，不如利用这般地方上的土豪，容易生效。雨农已为何北衡说服了，查封的事情，大致不会实行。我们的政策，依然放在资本家、地主、土豪劣绅基础上，米慌（荒）的基本原因，是无法解消的。

9月11日　（一）蒋介石以兼四川省主席名义发表由贺耀组、何浩若

---

① 《蒋介石电示贺国光、卢作孚》（1940年9月7日），台北“国史馆”藏。

② 公安部档案馆编注：《在蒋介石身边八年——侍从室高级幕僚唐纵日记》，群众出版社1991年版，第156页。

代为草拟[①]的《告川省民众书》（即《为实施粮食管理告川省同胞书》），表示政府对于四川省所发生的粮价飞涨现象不能坐视，必须“以最大决心对本省实施粮食管理”[②]。蒋介石认为四川粮价高涨，“并不是粮食有没有的问题，而是卖不卖的问题”[③]。

（二）翁文灏与何廉商定本月由经济部担任重庆市粮米供应，自10月1日起移交粮食管理局办理，并呈报蒋介石备案[④]。

9月12日　四联总处理事会第四十六次会议就蒋介石交核卢作孚所拟《全国粮食管理局粮食管理纲要》拟具审查意见[⑤]。

9月15日　全国粮食管理局在农本局召开四川省第三行政区粮食会议，参加会议的有重庆市长吴国桢以及经济部、中央调查统计局、军粮总局、军委会调查统计局、四川购粮委员会、国民党重庆市党部等单位的负责人或代表。卢作孚主持了会议，并首先说明了粮食调查办法、粮食管理办法、粮食征购办法等。然后讨论决定了本区粮食调查实施方案、本区各县尽快成立粮食管理委员会办法、本区今年上半年军粮集中办法及下半年53万石派购粮办理办法、本区粮食管制实施办法等[⑥]。

9月16日　蒋介石将有关方面草拟的《筹集抗战军粮计划》交四联总处研究，该计划拟以发行粮食证券办法解决军粮征集问题[⑦]。

9月17日　军事委员会后方勤务部部长俞飞鹏应蒋介石召见，就四川省军粮收购等问题提出意见。

9月18日　军事委员会后方勤务部部长俞飞鹏再次应召见蒋，被要求尽速拟定在川省采购军粮办法和意见等。在办法和意见拟定以后，当天下午俞飞鹏与卢作孚就军粮采购计划交换了意见并得到卢作孚同意，随

---

① 《贺耀组、何浩若拟呈粮食问题训词纲要及为实施粮食管理告川省民众书》，台北“国史馆”藏。

② 《抗日战争时期国民政府财政经济战略措施研究》，西南财经大学出版社1988年版，第338页。

③ 秦孝仪主编：《中华民国重要史料初编——对日抗战时期》第4编《经济建设》（3），中国国民党“中央委员会”党史委员会1988年版，第50页。

④ 李学通：《翁文灏年谱》，山东教育出版社2005年版，第225页。

⑤ 重庆市档案馆、重庆市人民银行金融研究所编：《四联总处史料》（下），档案出版社1993年版，第263页。

⑥ 《全国粮食管理局召开四川省第三行政区粮食会议纪录》（1940年9月15日），重庆档案馆藏。

⑦ 重庆市档案馆、重庆市人民银行金融研究所编：《四联总处史料》（下），档案出版社1993年版，第271、275—278页。

后，俞飞鹏将该项意见书呈报蒋介石，谓①：

窃职昨日奉召时，曾将川省最近粮食严重情形摘要面呈。奉谕速拟办法送核等因。今晨晋谒，复蒙垂询催办，自应遵照。经拟具对于收购川省军粮及调节民食之意见一份，本日下午并与卢局长作孚详细商讨，渠对职所提意见，均已同意，谨摘要分陈如下：

一、收购军粮办法

甲、先在川省购办军粮一百万包，以八十万包供给战区部队，以二十万包供给重庆军事机关及驻军之需。

乙、采用摊购方式，由全国粮食管理局会商省政府按照各县地亩册、积谷捐及完纳丁粮数目标准，核定摊购数目。每县定一折衷官价，分别收购，限十月内办齐。

丙、由省政府严饬各县执行，军政部派员守提，各级党部及军事机关协助督促。

丁、收购期限，至为急迫，所需资金，自应早日准备，现粮款与军饷同样重要。拟请钧座手令财政部及四行联合办事总处对全国粮食管理局应拨资金，务予提前照拨，以利收购。

以上系办法要点，是否可行，谨代拟电稿六件附呈，裁夺刊发。

二、调节民食办法

关于调节民食问题，全国粮食管理局所定管理粮食办法，甚为妥适，希望逐步进行，依照计划办到，民食当可解决。职并补充意见三项：

甲、取缔农民私自抬价、在家售米，必须将米送至市场交易，俾使米源通畅。

乙、各地市场原有售米商号，应令其一律照常营业，其地根本无商号者，可由公家筹备开设，以期调剂市面。

丙、在举办之初，不必急求米价如何低落，候米粮来源充裕，供求适合需要，则米价自然平跌。

三、明年购粮办法

拟将川省及各省丁粮一律改为现米完纳，山西省现已实行，民颇称便。如此层或有困难，则可斟酌情形，划分地区，指定某处应以现米完纳，某处准其缴纳银粮。至所定现粮即由全国粮食管理局分别定

---

① 《俞飞鹏就四川省军粮收购问题等呈蒋介石》（1940年9月18日），台北“国史馆”藏。

价收购，并将价款结算，随时交付省政府核收，似此办法，军粮既可解决，民食亦易调剂。

以上二、三两项办法，如蒙钧座采纳，拟请分饬主管机关定具体办法，并积极准备一切手续，俾利实施。奉谕前因，理合附呈。

其中附呈《对于收购川省军粮及调剂民食之意见》，对于四川省粮食生产、流通情况，有较为清晰的认识。如关于四川省粮食生产情况，该意见根据中央农业试验所报告估计，指出川省粮食生产在1938、1939年两年中均属于丰收，1940年也以有六七成左右收获。统计全省稻谷生产量，约为一万万市石左右。各种杂粮尚不在内。一般农民平日多食用杂粮，稻谷留备出售。因此川省粮食只有余裕，不致不足；关于四川省内粮食流通情况，意见书指出四川各地没有正式的粮食市场，也没有统一的粮食市场价格，需要粮食者大多直接向农家收购粮食；关于目前粮食流通情况，意见书指出：

从前中下农家因经济关系，新谷一经登场，多须立时出售。故秋收后市面即奏调剂之大效。年来行都及附近人口增加，生活程度日高，工农雇值较昔倍蓰。昔之贫民今则手中莫不各感宽裕，加以过去政府对川省农贷先后已在一万万元以上，利息甚低，争相请贷，因此农家有余粮者，更不肯轻于出售而居为奇货。

9月18日　黄炎培到全国粮食管理局晤卢作孚，先晤主任秘书卢郁文，约定同赴泸县粮食会议①。

9月中旬　全国粮食管理局公布实施《粮食管理紧急实施要项》。

《粮食管理紧急实施要项》②

一、省派督察长或督察员、调查督察员或调查技术员到县时，由县长商同党部召集各地方机关团体人员及乡镇长开会。(1) 宣读委员长告民众书，并说明其要义。(2) 说明粮食管理必要之理由及办

---

① 中国社会科学院近代史研究所整理：《黄炎培日记》第7卷，华文出版社2008年版，第6页。

② 重庆市档案馆编：《抗战师时期国民政府经济法规》（下），档案出版社1992年版，第332—334页。

法。(3) 说明粮食调查必要之理由及办法。(4) 说明粮食购运必要之理由及办法。

二、联络党团各部人员及乡镇士绅共同从事宣传工作。(1) 市集上向市民宣传。(2) 赶场日期向乡民宣传。(3) 到民家调查时向被调查者宣传。(4) 利用各种刊物及壁报宣传。

三、发动各乡镇保甲作粮食收获及储存之普遍调查，由省派之调查技术员或派人员加以复查。

四、前后方需要之军粮，统由四川省粮食购运处一次收购拨交军粮机关分别配发。今后驻军在重庆及川省各县市之队部即不得再以低价向市场购粮。

五、各县市粮食管理委员会及重要市场之办事处应即克期成立，开始管理辖境之粮食市场，并联络其他粮食供需有关之市场调整其供需关系，勿使任何地方感受粮食过剩或不足之恐慌。

六、各市场粮商暨其有关之仓库及加工事业，均应予以登记，并加强其同业组织，使能协助政府实施管理，并受政府委托负起购运配储藏及加工之责任。

七、各市场之粮食买卖，均应在原有或指定之市场行之，并应予以登记。其在粮市以外私行买卖者，应按照交易总价分别科买卖双方以罚金，但一场期买卖总量不到一市石者，得斟酌宽免之。前项私行买卖情事如在乡镇，应立即报请县管理委员会处理。

八、应查明每乡镇历来输出粮食概量及本届收获之粮食概量，酌定供给其他转输市场或消费市场之数量，并实施管制，使各乡镇之粮食逐渐集中，于生产集中市场以分布于其他转输市场或消费市场。

九、应查明粮食消费市场及转输市场历来向外购进粮食之数量及来源地方，并照前条规定之办法分别为之约定购进粮食之生产集中市场，并为约定购进数量。

十、各市场粮食商人有组织的往指定之市场采购粮食时，应发给粮食采购证。

十一、各市场官定粮价即加以修改，依照《四川省各县市粮食调剂及价格订定暂行办法》之规定随时订定价格，悬牌公布之。所有该市场粮食交易，均应严格遵照当地牌告价格成立。如有抬高抑低情事，一经查出，即照其交易总价分别科买卖双方以罚金。

十二、民间所有二十八年度旧存粮食，限本年十月十五日前全数出售；二十九年度除自用外有余新粮，必要时仍令分期出售。

十三、如一市场因存粮各户踊跃出售，超过该市场需要时，应由公家按照当时市价设法收买。其所需资金应电请省局核拨或洽商银行贷与之。

十四、在第四［十二］条规定之限期内，如各当地市场来粮无缺，存粮各户得斟酌陆续出售其应当出售之存粮；如市场来源不足，应由各该管县粮食管理委员会指示各乡镇管理员或干事查明，促使尚未依限出售各户赓即出售，其存储较多者，尤应指定尽先出售。

十五、如有不遵照前条出售者，其存粮应由县市粮食管理委员会查明或指示所属管理员或干事查明，照市价予以米价征用。如隐匿规避，查出予以全数没收，并得照价加倍处罚。

前项逾期不售及隐匿规避之存粮民户，如属粮食商人或购囤居奇者，尤应加倍处罚。

十六、凡有存粮逾期不售，隐匿规避或购囤居奇者，其当地保甲长应负检举责任，并准无论何人密告，一经该管县市粮食管理委员会查实，即以查出之存粮半数奖励检举之乡镇保甲长或密告人。但检举或密告不实者应反坐之。

十七、每届第六［十二］条之期限满后，各县粮食主管及有关人员应亲往各乡镇抽查原有存粮户口有无隐匿不依限出售之存粮，协同各该地乡镇保甲长分别具结呈报其所查结果。各县县长并应择要亲往复查，如有不实，应即分别呈报四川省政府及粮食管理局分别严予议处。

十八、凡存粮人户有倚势违抗，或粮食主管及协助办理之各级人员有串通舞弊情事者，一经查明属实，立予尽法惩办。

9月20日　何廉访翁文灏，言孔祥熙反对全国粮食管理局，故粮食局得款不易。局长卢作孚不愿结交孔，故办事甚为难①。

9月21日　（一）卢作孚所拟《四川省粮食管理局征购军民粮食暂行办法大纲》经陈布雷呈交蒋介石并获得批准实施，该大纲内容如下：

《四川省粮食管理局征购军民粮食暂行办法大纲》②

一、总则

1. 为供给军糈调节民食之需要，在各县征购粮食特订定本大纲。

---

① 李学通：《翁文灏年谱》，山东教育出版社2005年版，第226页。

② 《四川省粮食管理局征购军民粮食暂行办法大纲》，重庆档案馆藏。

2. 就向有谷米供给市场之各县，斟酌其供给能力分配征购数量（另表规定）。

3. 组织四川省粮食购运处为购运之主管机关，指定购运有关各县之县政府为承办机关。

4. 购运有关之各行政专员区设督察长一人，由本局派用，受四川省购运处之指挥、监督、察核，该区所辖有关购运各县办理粮食条查、征购、验收、保管、运输等事务。

5. 与购运有关各县设督察员一人，由本局派用，受四川省粮食购运处及该管区督察长之指挥、监督，办理验收、保管、运输等事务，并协助县府办理调查、征购等事务；

6. 应行征购之粮食，首为各县学产及其它公产所收租谷之一部分，次为积谷之可售陈储新者，再次为人民购囤之存粮，再次为农户之余粮。

7. 购粮价格由各该县督察员会同县长考察各乡镇真实市价，并分别觅取可靠证明，商承督察长分别确定。如该县粮价突有剧烈变化，应将变化原因报请督察长核转请示，一面电省购运处。

8. 购粮金以现款交易，无论其为公谷或人民承售之谷，如订定时立即指仓拨谷者，得预付价款八成，其尚待传集交割者，得预付价款二成，验收讫付清。

9. 购粮现款由省购处汇存或运存于购粮县份之国家银行、省银行、县金库或县银行，如无银行或金库之处，应交由县政府会同征收局负责保管，到购粮付价时，由县长及财政负责人（即未实施新县制以前之财务委员长）会同省派督察员共同签字动支，并加盖县印。

10. 购粮各区行政专员、各县县长及县属各级人员、各区督察长、各县督察员暨所属验收、保管、运输人员，凡是负责督促或办理购粮事务之责任者，由本局查核其成绩优劣，呈请四川省政府或全国粮食管理局分别奖惩之。甲、应予奖励者：子、购量如量或逾量，如限或提前办理完竣者。丑、办理妥善，与民无扰者。寅、经办事项手续清楚，无丝毫浪费者。卯、其他具有应奖励之成绩者。乙、应予惩罚者：子、利用购粮机会营私舞弊者。丑、挪移购粮款项以作别用者。寅、办理不力，不能如量如期完竣者。卯、办理不善有苛扰情事者。辰、经办事项手续不清者。巳、有其他应行惩罚之情事者。前项奖惩实施办法另订之。

二、关于征集事项

1. 督察员及调查技术员到达购粮县份，应即商同县长召集主管科县财政负责人、各区区长（或指导员）、农业推广所主任、农业技士、农会主席、商会主席、米粮业同业公会主席及明了全县粮食状况之士绅一二人，询明各乡镇粮食生产数量，集散情形，来去路线及当时主要市场之确实价格，并觅取有关参考材料，依据该县应购总额，商讨各乡镇应行分配之数量及办理完结之限期。

2. 商同县长召集乡镇长会议，前条列举人员均应出席。甲、召集乡镇长时，应令其先将该乡镇所有米粮市场最近场期之米粮价格及可靠证明携带到县，于会议前报告县长及督察员。乙、县长及督察员取齐前项报告后，于开会前即先据以分别酌定各乡镇粮食价格，由督察员商承该行政区督察员长决定之。如督察长不在县时，督察员应以最迅速有效方法请示（急电或电话）。丙、在开会时，应即宣布：（一）接济军糈及调剂民食之重要性。（二）此次普遍调查及今后实施管理粮食之办法。（三）为作军糈民食之准备，必须在该县征购粮食之总额，各乡镇应行分配之数量及依据市价决定之价格。丁、于宣布前列事项后应为详细说明：（一）此次调查程序及乡镇长、保甲长应负之调查责任。（二）征购程序及乡镇长、保甲长应负之征购责任。

3. 乡镇长于会议后，应立即回到该乡镇，依据县府所分配于该乡镇之应购数额，斟酌各保耕地面积、收成数量与应存数量，先作公允适当之分配，不得畏势徇情，致令平民有过分之担负，一面召集各保保长会议：甲、依照乡镇长会议事项逐一转向各保保长剀切说明。乙、将所拟各保应行摊购之数额及办理完结之限期向各保保长明白宣布。丙、分别与个保保长商酌交谷地点。如在转运较便之处，可以租得临时仓库，应即租仓专用，否则将谷暂寄存于可靠之原仓。其不可靠者即指定交存于临近其他可靠仓内，均应酌给租金。

4. 保长于会议后立即按照会议事项偕同调查人员及甲长着手调查，同时进行征购。甲、依据乡镇长所分配于该保长乡镇长之应购数额及逐户调查所得实况，公允适当分配于应有存谷之人家。乙、洽订购买量发给订购单并取回认售单与认售人约定交谷付价日期及地点（付价地点在县府或乡镇共所，由认售人自行择定）。丙、于该保调查及订购手续办理完竣后，立即将调查表、认售单及订购存根填注完善，核对无讹，汇交乡镇公所。前项单表之填注、核对及征购期间，应随时在乡镇公所联络督促一切，并指导专人办理，不得推诿。

5. 乡镇长在各保进行调查及征购期间，应随时在乡镇公所联络督促一切并指定专人助其办理。甲、发给调查表格、订购单、认售单，收回已填就之调查表及认售单，计算已购谷量及应在城或在乡交付之款额，由乡镇长随时以最迅速有效方法，报告县府，以便县府分别配发现款，除认售单存乡镇公所外，应将订购单存根及调查表汇送县府，用备核对及统计。乙、乡镇公所发款时应凭认售人所持之订购单与存在乡镇公所之认售单核对清楚，如系预付价款，应在订购单上批明预付成数及款额。如系付清价款，应凭粮食验收人员在订购单上签字，批明收讫字样核付，并批明付款总额及付讫字样，收回汇交县府，一面发还认售单，在县城领款者，于粮食收讫后，应将认售单缴换县府核付。

三、关于验收、保管事项

1. 验收所购之谷，其品质以干净纯洁，无灰沙杂质，每一市石108斤以上为合格，但为使当地人民彻底明了起见，得采用当地习用之旧量器而自行以新制量器换算之。

2. 所购之谷，如需要一部分收米时，其折收成数碛米以1石收米5斗为原则，熟米以谷1石收4.6升为原则。如因各种特殊情形有极小量之出入得由督察员与县长商酌变通之，仍须呈报查考。

3. 各乡镇订购之谷应由乡镇长督同保甲长就所选定暂时存放之仓库，逐一验收优劣，得由乡镇长觅雇能辩识稻谷之人员负验收之责，酌给费用。其费用多少由督察员与县长商定之。

4. 验收之谷，应由乡镇长负责保管，分别仓库加封，并派人监守，于将来集中时照原收数量及原收合于标准之品质负责交出。

四、关于集中运输事项

1. 在各县购得之谷，当由督察员商同县长就该县选择运输便利地点全数集中。

2. 运集地点需要之仓库，尽先利用公家所有者，其次利用民有仓库，再次利用公共庙宇或民有房屋。此项仓库应于开始验收前准备完善。

3. 运谷往集中地点，如须征雇民夫，以100市斤1华里计算运价，由督察员会同县长查明当地一般运价，酌定标准，再由督察员报请督察长核定（仍径电省购运处），一面由县长确定征雇民夫办法，转报备查。如须征雇水陆运输工具，应参酌当地习惯办理，或与交通管理机关商洽办法。

4. 各县运达集中地点之谷，应由购运处所派仓库人员负责验收，如再转运到其他市场及其他仓库，督察员仍应商同县长，照前条规定办法办理。

附则：1. 本办法大纲呈四川省政府暨全国粮食管理局核准施行。2. 根据本办法大纲分别拟订各项实施细则，呈准四川省政府分发各承办及有关机关人员遵照办理。

（二）为调查各地粮食现状以及本年粮食产量情况，本日起卢作孚与何北衡分头出发到四川视察，并研究管理粮食的办法①。因此，天未明，卢作孚乘坐的民贵轮就开行，前往泸县。同行有黄炎培、先智渊、缪成之、宋师度、卢国维等。卢作孚与黄炎培同舱，杂谈所得并深谈大局②。关于此次视察的行程，《新华日报》载③：

全国粮食管理局长卢作孚、副局长何北衡，为调查各地粮食线装，及半年粮食产销情形，定二十一日赴第二行政区，二十二日赴第七行政区，二十六日赴第六行政区视察，并于到达各专署时，召集各该区县长，举行粮食会议，研究管理粮食办法。

9月22日　蒋介石决定在四川实行田赋征实政策，唐纵日记载④：

委座（蒋介石）手令四川省政府，规定征收田赋以米谷为准，不再征收货币。

9月23日　本日卢作孚在泸县举行粮食会议。为此晨7时，先行举行处务会议。8时，正式举行泸县七区粮食会议，卢作孚为会议主席。黄炎培与八县县长泸袁守成、富顺甘蓂阶、隆昌李泽民、合江张懋彝（建设科长漆联奎代表）、叙永张大明、古蔺萧端重、古宋李才贵、纳

① 《实业家消息》，《西南实业通讯》第2卷第5期，1940年11月1日，第65页。

② 中国社会科学院近代史研究所整理：《黄炎培日记》第7卷，华文出版社2008年版，第8页。

③ 《卢作孚等调查川粮产》，《新华日报》1940年9月17日第2版。

④ 公安部档案馆编注：《在蒋介石身边八年——侍从室高级幕僚唐纵日记》，群众出版社1991年版，第159页。

溪江钟杰、泸县民谘会主席节琴鹤、商会主席汪肇修、财委会主任阴懋德、米业公会主席某购粮会代表杨仿陶等出席，全日报告、讨论，议定驻泸军队在统筹军米办法未行前，先定过渡办法，组设七区粮食临时调节委员会，推黄炎培为主任委员，并议定外县分担征购军米数量及价格标准[①]。

9月24日　晨7时，卢作孚、卢国维父子与黄炎培坐学兵团李忍陶总团长小汽车渡江，到川滇公路局，与专员罗世芬、泸赤段工程主任蔡世琛、叙永县长张大明等一道同赴赤水河。9时，从蓝田坝行，经过各站——纳溪、渠坝驿、大洲驿、上马场、江门、马岭、兴隆场、老君驿，至叙永时已下午1时半，行程109公里。就中国旅行社午餐。3点钟后继续赶路，经过各站——天宝山、甘沟、天台山、四合头、兴隆场、黑泥哨、摩尼、关脚、尖山子、东门青、赤水河，共107公里，晚8时始到。宿川滇工程处[②]。

9月25日　（一）《四川省粮食管理局购运粮食办法大纲》正式公布[③]。（二）晚7时顷，卢作孚、黄炎培一行回泸州，召诸同事商诸问题。夜12时，上民俗轮赴叙府[④]。

9月26日　天将明，卢作孚、黄炎培同乘船前往宜宾。下午5时顷，抵宜宾，卢作孚、黄炎培等上岸，欢迎者甚盛。到民生公司小憩，仍宿中国旅行社。8时谈话会，卢作孚、黄炎培听取专员及各县长报告[⑤]。

9月27日　（一）晨，冷寅东专员来。卢作孚、冷寅东与黄炎培商定，六区共任军米卅八万市石。9时到专署开会，八县县长出席，卢作孚宣布各项办法及分担数量及征购价格，黄炎培说明要点。晚5时抵泸州，专员张清源、县长袁守成招餐中央酒家[⑥]。（二）蒋介石指定张群、邓锡侯、刘文辉、潘文华、徐堪、卢作孚、何廉、陈筑山、刘贻燕、邓汉祥为

① 中国社会科学院近代史研究所整理：《黄炎培日记》第7卷，华文出版社2008年版，第8页。

② 同上书，第8—9页。

③ 《四川省粮食管理局购运粮食办法大纲》，《中央日报》1940年9月26、27日，成都版第3版。

④ 中国社会科学院近代史研究所整理：《黄炎培日记》第7卷，华文出版社2008年版，第9页。

⑤ 同上书，第10页。

⑥ 同上书，第10—11页。

川康经济建设委员会常务委员[1]。

9月28日　卢作孚与黄炎培等乘轮船回重庆，途中黄炎培与卢作孚谈几个机关风纪问题[2]。

9月29日　翁文灏接蒋介石手令，行政院经济作战部改名国防经济部，贸易委员会、全国粮食管理局、平价处、福生庄等皆移归接管[3]。

9月30日　卢作孚代电向蒋介石报告公价收买粮食困难情形，谓[4]：

> 奉电示强制平抑粮价办法，谨就研究公价收买粮食困难实际情形六点电请鉴核：
>
> 一、关于收购资金者。现民间余粮及囤户存粮究有若干，尚无精确之统计。惟如施行分配，就四川一省而论，须供给之食米约计前后方军粮须五百万市石。重庆、成都、自贡等市消费约须三百万市石。全省一百三十五县城，每县城人口平均以一万五千计，共二百零二万五千人，须消费五百万市石。再全省之乡又须消费一千万市石。以上综合计算，政府为办理粮食分配在四川一省即须购储二千三百万市石以上，此二千三百万市石之米价及运费，以最低每市石二十五元计，至少已在五万万元以上，且均须付现。以目前券料之缺乏，国库之支绌，政府即专办四川一省已属无法应付，此困难者一也。
>
> 二、关于堆储保管者。政府收购之粮食，未必全部为米，一部分或为谷，设一半由购谷碾成，则米谷总容量应在三千四百万市石以上。米谷三百七十市石约占空间一立方丈，设仓廒每间能储粮三百七十市石，政府为保管收购之粮食，即须准备仓廒十万间、仓库二万所。保管粮食端赖专门人才，此两万所之仓库人员，训练需时，此困难者二也。
>
> 三、关于粮食集中者。收购之粮食，由出售各户集中至堆储地点，在在均须力夫。设每一市石由一力夫挑运，所需时间以二日计，则川省三千四百万市石之米谷，即须六千八百万个人工。设不由政府长雇而由政府征工，每人征用十五天，则需征四百四十万人，此困难

① 周开庆编著：《民国川事纪要》（1937—1950），台北四川文献月刊社1972年版，第120页。

② 中国社会科学院近代史研究所整理：《黄炎培日记》第7卷，华文出版社2008年版，第11页。

③ 李学通：《翁文灏年谱》，山东教育出版社2005年版，第226页。

④ 《卢作孚致蒋介石代电》（1940年9月30日），台北“国史馆”藏。

者三也。

四、关于加工调制者。政府收购之米谷，有大部分须经加工。今农家余谷售于政府，政府即不易利用农家从事加工，以应政府所需，此困难者四也。

五、关于计口授粮者。民间食粮，本不止米谷一项，每与其它杂粮配合消费，设专就食米一项计口授粮，则食米势必不敷分配，此困难者五也。

六、关于管理机构者。如实行粮食专卖及计口授粮，则必设置与人民直接发生关系之基层机构。四川全省除都市及县城外，即以每乡场设一个计，即需五千个以上。每个基层机构之内部职员以十人计，即需五万人。设置此项基本机构之经费如何筹措，人员如何罗致，已成严重问题，且如此庞大组织，我国尚乏办理经验，设或管理不善，危险至大，此困难者六也。

综上所述，实行粮食专卖及计口授粮须运用最大之政治及经济力量，在我国现实环境下，几无法办理，偶一不慎，前方军粮及后方民食均有发生恐慌之可能，奉电前因，理合加具意见，据实呈复。

[按] 对此，10月6日贺耀组、陈布雷所写意见认为，第一点所谓五万万之款可以流出也可以流入，不应成为大问题；第二、六点所谓二万所仓廒五万人职员，利用原有仓廒和人员，则大可减少；第三、四两点，利用车船以及就近进行供销配置，不会发生重大问题。因此，二人不认可卢作孚所述困难情形，并在呈蒋介石处理意见中写道：

兹据卢局长所议，粮食统制大可不必。如卢局长对于全年食粮，另有有效妥善之办法，卢局长能负责解决，当别论。否则军以食为本，民以食为天，与其坐以待不可想象之危机，无宁统制以为预期所发生困难而逐次以求解决也。

蒋介石对该意见批示：

可如拟抄复卢局长，并责成务必照粮食统制方针切实筹办。

9月　（一）卢作孚倡议设立的兼善餐厅在北碚开业，聘请名厨，经营正宗川菜、面点，是当时北碚经营规模较大、技术力量雄厚的一家饭店。(二) 卢作孚辞去三青团干事会干事及社会服务处处长职。

10 月 6 日　侍从室第六组组长唐纵日记记载其对于卢作孚粮食管理办法的意见，谓[①]：

> 前此我签呈统制粮食办法六项，奉谕发交卢总局长研究。兹据卢作孚呈复，列举困难情形六点呈核。我根据其六点困难情形附签。根据卢总局长所议，粮食统制，大可不必。如卢总局长能负责为另有有效之办法，自当别论。否则，民以食为天，与其坐以待毙不可想象之危机，无宁统制以为预期所发生之困难而逐次以求解决也。签成，亲自送往陈主任核阅，陈主任亦同意。其时适芷町亦在座，谓作孚之法，并非自由买卖，其用意原无可厚非。
>
> 下午特往第四组调阅卢作孚报告。卢氏之办法，九月十九日呈上，委座并未批准。二十一日陈主任再呈请，始奉批照办。现在即采行此种办法，此种办法，系将重心置于乡镇保甲长身上，地方政治如此之坏，将来成绩如何，尚不可知，惟米价之继续上涨，则可断言也。

10 月 27 日　卢作孚在北碚兼善公寓主持召开了天府矿业公司第一届第三次董事监察人联席会议，孙越崎等出席会议。会议报告 1938 年该公司盈余 30 万元，1939 年该公司盈余 42 万元，并通过临时决议，确定总经理月薪 600 元，公费 400 元，董事长公费 100 元等[②]。

10 月 28 日　晏阳初任院长的私立中国乡村建设育才院（后在 1945 年 8 月改名为私立中国乡村建设学院）在北碚歇马场建成招生，设有乡村教育、社会学、农学、农田水利等 4 个系，培养乡村建设人才，瞿菊农、汪德亮、刘衡静、孙恩三、孙伏园等著名学者曾经在该校任教，卢作孚为该校会计董事。该校培养毕业学生先后达数百人，大部分在中国平民教育促进会的华西实验区工作。1950 年中国乡村建设学院改为川东教育学院，后并入西南师范学院。

10 月　(一) 卢作孚任国防委员会物价审查委员会委员[③]。(二) 民

---

① 公安部档案馆编注：《在蒋介石身边八年——侍从室高级幕僚唐纵日记》，群众出版社 1991 年版，第 164—165 页。

② 《天府矿业公司第一届第三次董事监察人联席会议》，重庆档案馆藏。

③ 台北“国史馆”档案。

生机器厂建造的第1号新船建成出厂，这也是大后方船厂建造的第一艘轮船，同时民生机器厂也已经是“后方最大造船厂”[①]。

11月1日　川康经济建设委员会在成都正式成立，蒋介石兼任委员长，张群、徐堪、卢作孚等10人任常务委员[②]。

11月5日　国民政府发布命令，任命张群为军事委员会委员长成都行营主任兼四川省政府主席。

11月9日　黄炎培到粮食管理局访卢作孚，谈食粮问题。《黄炎培日记》载[③]：

> 至粮食管理局，访卢作孚、翁序车，谈食粮问题。问悉从十一月起，前后方军士每人一律月给米二斗五升，从六元主食费下扣三元五角，则下士十一元之月饷，可实得七元五角及米二斗五升，较前优待多多矣。

11月10—12日　卢作孚在重庆主持召开重庆区粮食会议，会议议定解决军粮采购与民食问题的三项办法：1. 提前一个月完成军粮购运事项；2. 严禁各地封仓堵关；3. 川省民食由各生产区分别统筹供应[④]。

［按］卢作孚任全国粮食管理局局长后，尽管采取了一系列措施，由于当时“社会的情形和人民的习惯，以及行政机构的欠健全，各阶层组织未完备，因此无甚结果”[⑤]。结果全国粮食管理局的主要任务，演变为限期在粮价已经猛涨的四川筹办购运军粮。此后在到12月底的短短四个月内，卢作孚在四川102个县共征购军粮450万市石[⑥]。

11月11日　四联总处对于军粮采购问题拟具意见呈蒋介石，提出田

---

① 《民生实业公司民生机器厂》，四联总处秘书处编：《工商调查通讯》第14号，1942年1月9日。

② 青明：《先总统蒋公兼理川政经过》，《川康渝文物馆年刊》（1986年），第31页；周开庆编著：《卢作孚传记》，台北川康渝文物馆1987年版，第9页。

③ 中国社会科学院近代史研究所整理：《黄炎培日记》第7卷，华文出版社2008年版，第27页。

④ 《重庆区粮食会议于十一月十日在重庆举行三天》，《大公报》，1940年11月13日，重庆版第3版；《中央日报》1940年11月24日，成都版第4版。

⑤ 周开庆：《卢作孚传记》，台北川康渝文物馆1987年版，第68页。

⑥ 谭熙鸿主编：《十年来之中国经济》，沈云龙主编：《近代中国史料丛刊续编》（85），台北文海出版社，第1120页。

赋征实有三个方面优点，建议采用该办法[①]。

11月13日　行政院举行第四百九十次会议，通过四川省政府改组方案及国立大学粮米救济办法。卢作孚报告管理粮食办法，但对于四川粮价暴涨到每斗40余元这种比上一年同期上涨近15倍的情形，无立即有效的控制办法[②]。

11月15日　（一）国民政府颁布命令：军事委员会委员长成都行辕主任贺国光另有任用，应予免职；派张群为军事委员会委员长成都行辕主任；军事委员会委员长蒋中正呈辞兼理四川省政府主席职务，应予照准。所遗四川省政府主席职务，派张群兼理[③]。（二）行政院举行粮食会议。翁文灏认为，全国粮食管理局局长卢作孚无救急之计，而军方只知索军粮，大局极为可虑[④]。（三）军统局戴笠用书面报告形式向蒋介石报告派员参加全国粮食管理局会议情况以及相关意见。报告主要内容如下[⑤]：

十一月十一日，生派员参加全国粮食管理局召集之第三区及其附近各县长与各县粮食管理副主任委员等会议，综合所得情况及生等对此事之意见，奉陈如下：

一、最近粮价飞涨原因

（一）各县乡镇自行阻关，不使粮食流通，以征购军粮，地方下级官署唯恐难以应命，故着手封仓。

（二）中央各机关部队（如兵工署之各厂及军需署被服厂等）派员下乡大批囤购，因恐将来粮价再涨，甚至高价争购。

（三）因粮食局颁布紧急实施办法，派员下乡调查以后，而仍未实施管理办法，粮价曾一度下跌，而今仍继续上涨，且委座前为粮食告四川民众书，限定廿八年陈谷，如过十月十五日不出售一律充公，亦迄未查明处理，故粮户多期待粮价继续上涨，不肯出售，粮商且有囤积牟利之举。

（四）农村经济活跃，农家不必一时出售余量。

---

① 重庆市档案馆、重庆市人民银行金融研究所编：《四联总处史料》（下），档案出版社1993年版，第274页。

② 李学通：《翁文灏年谱》，山东教育出版社2005年版，第232页。

③ 青明：《先总统蒋公兼理川政经过》，《川康渝文物馆年刊》（1986年），第31页。

④ 李学通：《翁文灏年谱》，山东教育出版社2005年版，第232页。

⑤ 《戴笠报告派员参加全国粮食管理局召集之第三区各县长及粮管副主委会议情况及意见》（1940年11月15日），台北“国史馆”藏。

（五）各县奉令积谷，种类太多，例如征购军粮，办理积谷，捐献军粮，及学米（小学教师每人每月二斗五升）米津（乡镇工作人员如保甲长每人每月二斗五升）优待谷（出征眷属闻全省每年须九百二十万担）等，因此借名囤粮者甚多。

（六）各县驻军就地征购，甚有拦路购买，转卖牟利情事，以致粮商不敢上市。

二、粮食管理局在各县之粮食管理机构（县粮食管理委员会）自九月廿五日起，虽已分别陆续成立，惟组织太不健全，人员既不敷分配，而又碍于情面，大体上只做到征购军粮，而未能做到粮食管理，且征购军粮，采取摊派办法，亦极不公平，因地方大户有势有钱，仍不易使其将粮食输出也。

三、意见

目前唯一治标问题，为确立政府威信，贯彻政府法令。凡囤积居奇，或存粮不报，意存观望者，一经查明，即予严惩。除生已饬卫戍区各县检查所严密查报外，并应请政府悬赏，由民众举发，严行惩处。查上月钧座颁布之文告明白规定，十月十五日以后，凡二十八年以前之余粮，务须一律出售，全国粮管总局，亦已颁布紧急管理实施办法，但迄今徒然一纸空文，并未见诸实行，而日来粮价之高涨，已由每老斗十八元涨至三十九元矣，似此情形，断非局部管理所能平抑。生除与谷部长、徐副部长及赵龙文、张国焘诸同志，详细研讨日用必需品统制之办法，尤其是粮食统制部分，应速提呈具体意见，以供采纳外，生认为唯有彻底实施粮食管理，方能平抑粮价，安定人心，而为治本之办法也。谨呈校座生笠

11月16日　由于粮价高涨，蒋介石决定由全国粮食管理局保障重庆党政军公务员兵及其眷属食粮问题。唐纵日记载[①]：

现在米价飞涨，大斗（四十斤）曾卖到四十余元。食米问题，已由委座决定，饬由全国粮食管理局每日供给重庆市一千市石，作价每石六十元，分摊价发党政军公务员役及其眷属，决于十二月一日实施。

---

① 公安部档案馆编注：《在蒋介石身边八年——侍从室高级幕僚唐纵日记》，群众出版社1991年版，第175页。

11 月 18 日　张群正式就任军事委员会委员长成都行辕主任兼四川省政府主席，到四川省政府视事[①]。

11 月 22 日　卢作孚在重庆市临时参议会第三次会议上报告管理粮食问题，资料载[②]：

全国粮食管理局长卢作孚，应渝市临时参议会之邀请，昨晨出席该会特种审查委员会，报告粮食管理情况。词云：本人前此到各行政督察区开会及先后赴蓉，曾经过十二行政督察区卅余县。今年全川稻谷以第一行政督察区所辖都江堰灌溉区域收获最丰，第三行政督察区次之，其它各区以在扬子江流域者较好，扬子江南岸由较北岸丰收。渠江、嘉陵江流域以及涪江流域中段较差，沱江流域大半皆歉，但杂粮较稻谷收成为优。按四川省在前两年皆告丰收，一部分农村尚有余粮，最近小麦播种状况良好，农田冬水亦复盈足，明年收获，已有几分丰稔希望。粮食耕地面积亦复增多，如果调节得宜，则民食应无问题。乃近来都市米价高涨间有供不应求现象，实系心理上造成的恐慌，卖粮食者观望，买粮食者竞争，各地不明过去供需状况，对于米粮流通加以遏止，于是货不畅流，消费市场感到米源缺乏，致愈引起人心恐慌，辗转相应，问题乃益觉严重。推究其实，均属错误心理所演成。全国粮食管理局自成立以来，为期未久，地方各级机关，尚未配备完成，先用力于排除粮食问题所有一切人为的原因，积极管理，间有未能发挥效能之处，致未能立即将全局控制。现决于四川几大部分分别统筹供应，指定江津、永川等二十一县为供应渝市区域，藉以减轻少数县份供应之困难，使有较为充裕之米源。同时并为各县订有统筹办法，使各县市场，亦有米源。至渝市被阻于途之粮食，业已急电各县即日放行。

报告完毕之后，卢作孚又就参议员提询的若干问题给予了答复[③]。

11 月 23 日　蒋介石约见卢作孚、何北衡谈粮食管理问题[④]。

---

① 青明：《先总统蒋公兼理川政经过》，《川康渝文物馆年刊》（1986 年），第 19 页。

② 《川米近况：卢作孚在渝参会之报告》，《新华日报》1940 年 11 月 23 日第 2 版。

③ 《渝参议会第三次大会第五日，特种审委会开会，卢作孚氏报告粮食管理》，《新华日报》1940 年 11 月 23 日第 2 版。

④ 台北“国史馆”藏。

11月25日　行政院会议粮食办法，卢作孚提治本治标办法[①]。

《粮食管理治本治标办法》[②]

甲、治本办法

一、各县粮食管理委员会应速算明白现在起到明年八月底止市场需要（包括本县城镇及对其他应行接济之都市或工矿区域之需要）之最低粮额，向县中地亩较多之粮户及农户分别约定售出，仍为各户保留足以自给之相当粮额；收租愈多者应售出愈多，勿使富有保留过多，无力者负担过重。

（说明）约定售出之粮，其价由省核定之。

二、各粮户及农户之地亩，应由各县县政府会同征收局查出之，并限定日期责令完成呈报，再派员会同各乡镇长就地检讨一度，并调查其过去蓄积及今年收获大概数量。

（说明）查明各粮户之地亩，限一星期内办完。约定售量，在查明地亩后半个月内办完。

三、凡经规定各粮户按期售出之粮，应由各级管理机关为之配售于当地市民及其他市场有组织之商人运往其他市场。但在其他市场商人尚未组织完成以前，仍应助其登记，准其购运。凡各市场之商人尚未组织完成者，应由政府限期组织完成。

（说明）应为规定按月送粮之最后限期。

四、应行购买粮食之民户，应按月购买其量，以一个月以内之需要为限。其过去已购粮额超过一个月以上之需要者，应限期向该市场粮食管理机关陈报，在能自给期间不得再向市场购买。违者查出应于（予）没收。

（说明）此项限期，最大在公布十日内。

五、凡经规定限期出售之粮食逾期不售者，均应半价征购。其规避藏匿者，应于（予）没收或按应有粮价科以罚金。半价征购由四川省粮食购运处办理，就汇运到县军粮款内拨给价款。

六、凡购粮囤积超过自用范围或粮商囤积未售者，限期全部陈报出售；逾限不售，应于（予）没收或按应有粮价科以罚金。今后发

---

① 李学通、刘萍、翁心钧整理：《翁文灏日记》，中华书局2010年版，第567页。

② 重庆市档案馆编：《抗战时期国民政府经济法规》（下），档案出版社1992年版，第329—331页。

现有囤积情事，立予同样处分。

（说明）此项限期，最大在公布十日内。

七、凡反抗粮食管理者，以扰害治安论罪，并由军法机关按军法审判之。

八、各县粮户或囤户应行出售之粮食，应由限令各县及各乡镇于每月一日列榜公布之。如有漏列，应由乡镇保甲长负责检举，由县派人密查，并准人民密报。凡密报属实者，应按没收粮价半数给予奖金。

乙、治标办法

一、通令本年征购军粮之十三行政督察区一零二县，务照前此规定期限提前一个月将军粮集中完竣，与人民了清一切手续。即令军粮尚未完全集中，军粮以外之米粮亦应准许人民自由出售，不得借军粮为口实封闭民仓或限制米粮行动，致影响民食。如各乡镇保甲有此类情事，并应严密查禁。违者立予处分。各行政督察专员应赴各县督导进行。

（说明）行政督察专员到各县，应兼督导军粮之提前办完及粮食管理治标治本办法之全部执行。

二、通令各县，凡向有米粮输出之地方，严禁以任何口实变相阻米输出。省颁采购证办法在各地采购准备尚未完成以前，各县粮管会及所属乡镇公所对于无证购买米之商人仍应积极助其登记，准其购运，祇（并）与运往之市场管理机关密取联络，免被蒙蔽。不得凭借管理名义阻碍米运。违者应予处分。

三、通令各县于电到三日内，查出三百市石租谷以上之粮户，个别劝令售出一部分，即由县管会为支配销售于市场，或令售与需要米粮之机关团体，或由川省粮食购运处直接收购运济市场。其价款即在汇到各县之军粮款内拨垫。前项粮户姓名及售出粮额应列表报省备查。

（说明）系在治本办法派定售出总量以前，即先令三百市石以上之粮户先售出一部分，此须于文到十日内即办理完竣，并将每户售出量列表呈报。

四、通令各县，所有公学谷，除以明令指定用途，保留必需之最低数量外，余应陆续售卖之。

（说明）公学谷除必须保留一部分外，应于文到一周内，按市场之需要卖出一部分，或即电请四川粮食购运处核定，由汇县军粮款项内垫款定价购买一部分，以作接济市场之准备。

五、通令各县，凡发给抗战军人家属优待谷，一律自十二月一日起改为发给现款。此项现款由省府确定原则，令县筹集之。

（说明）十二月一日以后原发优待谷之积谷，即可照公学谷办法卖出一部分。

11月　（一）卢作孚任陪都建设计划委员会委员[①]。（二）民族文化学院在云南大理创办，下设经子学、史学、哲学、社会科学等四个系，张君劢任院长，陈布雷任董事长，卢作孚、张嘉璈、朱家骅、周宗岳、张群、周煌甫、张道藩等[②]。

12月3日　蒋介石手令卢作孚等谓[③]：

刘总司令、卢局长作孚、张主席：分派各区县之宪兵，如各乡镇干事缺乏，则可先令暂代也。中正　十二月三日

12月6日　蒋介石将行政院所拟《田赋酌征实物提案》交国防最高委员会核定[④]。

12月9日　行政院指令全国粮食管理局所拟《各县供应重庆市及疏建区粮食办法实施纲要》准予备案。

12月10日　（一）蒋介石手令卢作孚等谓[⑤]：

何总长、张主席、卢总局长：出征家属优待之谷，准由粮食管理局购买，给发代金可也。中正　十二月十日

（二）某矿业公司在北碚兼善公寓大礼堂举行创立会，卢作孚等9人当选为该公司董事[⑥]。

---

① 台北“国史馆”藏。

② 陈布雷：《陈布雷回忆录》，东方出版社2009年版，第217页；郑大华：《张君劢传》，中华书局1997年版，第329页。

③ 《蒋介石手令》（1940年12月3日），台北“国史馆”藏。

④ 中国第二历史档案馆编：《中华民国史档案资料汇编》第5辑第2编《财政经济》（2），江苏古籍出版社1997年版，第175页。

⑤ 《蒋介石手令》（1940年12月10日），台北“国史馆”藏。

⑥ 《XX矿业公司昨开成立会》，《嘉陵江日报》1940年12月11日第2版。

12月13日　交通部召开加强川湘、川陕水陆联运会议，决定将国营招商局与民生公司合办的川湘、川陕水陆联运总管理处，改组为交通部特许官商合办川湘、川陕水陆联运公司。公司资本100万元，交通部驿运总管理处认股50万元，招商局、民生公司各认25万元。川湘、川陕两段分设川湘联运总段及嘉陵江运输总段，分别办理川湘及川陕间运输业务[①]。

12月20日　卢作孚以全国粮食管理局局长身份在军事委员会党部演讲粮食问题[②]。

本年冬　南京中央国立体育师范专科学校辗转迁到北碚金刚碑。

12月23日　前成都市长杨全宇于本年9月份任职期间，伙同大川银行重庆分行经理欧元书、合川万福臻粮行经理李佐臣，盗用福民面粉厂名义，购囤小麦数百石。案发后，经军法审判，杨全宇被判死刑，于本日执行。欧元书、李佐臣各被判处徒刑[③]。

12月28日　（一）全国粮食管理局提前一个月完成军粮购运任务，共筹办军粮450万市石。本日卢作孚在成都主持召开全国囤粮监理委员会会议[④]，对川省办理军粮成绩表示满意。

（二）下午到次日，中国国货联合营业公司西南办事处主任寿景伟、经济部商业司司长兼平价购销处处长章元善、中国国货联合营业公司副总经理王性尧、平价购销处及农本局办理棉布粮食平价人员等10人先后被军统特务拘讯，史称“平价大案”。

12月29日　翁文灏得到消息后，向蒋介石极言章元善等人持身廉洁，可以力保。“平价大案”严重影响经济部相关部门日常工作，29日晚，翁文灏电话通知在成都的卢作孚速返重庆主持工作。当晚，卢作孚返回重庆。

12月30日　晚6时半，经济部长翁文灏、次长秦汾面见行政院长孔祥熙，呈请辞去经济部正、副部长职务。卢作孚、何廉也于同日决定分别辞去全国粮食管理局局长、农本局总经理职务。

12月31日　翁文灏、卢作孚联名上书蒋介石，请令负责查办者迅即

---

① 中国人民政治协商会议西南地区文史资料协作会议编：《抗战时期西南的交通》，云南人民出版社1992年版，第284—285页。

② 《实业家消息》，《西南实业通讯》第3卷第1期，1941年1月，第63页。

③ 《官吏囤积者应死！杨全宇昨晨伏法》，《新华日报》1940年12月24日第2版。

④ 《实业家消息》，《西南实业通讯》第3卷第1期，1941年1月，第63页。

查明实情，有罪者治罪，无罪者释放，以便正常工作①。

12 月　全国粮食管理局与国民政府军政部订定《四川省各县市驻军拨粮暂行办法》。

本年底　（一）财政部转发了《蒋委员长核定管理粮食、物价工作最重要之方针》和蒋介石改定的《管理民生必须粮、物价格之根本办法之实施纲领》两个文件，限期实行。由于军粮购运任务艰巨，日夜操劳，年末卢作孚出现了脉搏间歇跳动的征兆，健康状况日益不佳。（二）自抗战爆发以来开始的大规模物资抢运最终结束，总计自 1937 年 8 月到 1940 年年底，民生公司共计抢运兵工器材及公物 20 余万吨。相对于招商局自 1937 年 8 月到 1939 年底抢运公物 8. 8 万吨、商货 19 万吨而言，民生公司在抢运物资的数量方面虽有不及，但是考虑到川江之险，完全可以说民生公司的努力及作用实际上超过了招商局②。同时民生公司自 1937 年南京撤退，1938 年汉口撤退，特别是 1940 年宜昌撤退以后，航线逐渐缩短，业务逐渐紧缩，加上物价逐渐上涨，而运费收入受到限制，因此“困难逐渐加重，不得已，才第一步请求国家银行借款了”③。

① 李学通：《翁文灏年谱》，山东教育出版社 2005 年版，第 235—236 页。

② 王洸：《战时航政与航政建设》，《经济建设季刊》第 1 卷第 2 期，1942 年 10 月，第 52 页。

③ 《民生实业公司简讯》第 838 期，1946 年 3 月 4 日第 2 版。

1941年（民国三十年）48岁

1月2日　（一）上午卢作孚与何廉一道到翁文灏宅拜访翁文灏，卢作孚向翁文灏表示①：

> 物价不宜骤平，必须信托主管，次第进行，中途偶有波折，不宜朝令夕改。现在求治太急，形势困难，故拟辞粮食局局长。

（二）下午军事委员会委员长成都行辕主任兼四川省政府主席张群，从成都到达重庆，向前来拜会的经济部部长翁文灏介绍说②：

> 卢作孚在蓉时言及政府处理物价近况，声泪俱下，极为慨息。

1月5日　翁文灏面见蒋介石，再表辞意，蒋坚持不允。

1月8日　卢作孚为了解川西和西康粮食情形，本日由重庆赴成都，转赴川康视察③。

1月12日　翁文灏在张嘉璈宅晚餐，与张群、卢作孚、何廉、何北衡等谈话④。

1月14日　卢作孚、何北衡、稽步庾、胡次威等在嘉陵宾馆招待黄炎培，并由黄炎培讲各国对于食粮问题处理办法⑤。

1月16日　卢作孚为奖励办理军粮等事项成绩优良者，开具名单呈

---

① 史丽克整理：《翁文灏日记》，《近代史资料》总第104号，中国社会科学出版社2002年版，第108页。

② 同上书，第109页。

③ 《卢次长视察川康粮食状况》，《嘉陵江日报》1941年1月10日第1版。

④ 李学通、刘萍、翁心钧整理：《翁文灏日记》，中华书局2010年版，第591页。

⑤ 中国社会科学院近代史研究所整理：《黄炎培日记》第7卷，华文出版社2008年版，第56页。

蒋介石[1]：

敬签呈者，窃职于二十九年一月二十一日起截至现在止参加四川省各区行政会议，检讨各县奉办粮食事项。除详细情形另案汇报外，谨先就征购军粮、捐献军粮及管理粮食三端，各县办理成绩撮要胪陈于后，拟恳钧座鉴核，于本日向第三、六、七、八、九各区出席人员训话时，赐予奖评，以资激励。

谨呈委员长蒋　职　卢作孚

（一）征购军粮

征购军粮办理最快者：

第一行政区：成都、崇宁、新都

第三行政区：江津、铜梁、璧山

第四行政区：青神

第五行政区：犍为、峨嵋

第六行政区：江安

第七行政区：泸县

第八行政区：南川

第九行政区：万县、忠县

第十一行政区：遂安

第十二行政区：盐宁

第十三行政区：广汉、绵阳

第十四行政区：彰明

第十五行政区：达县、宣汉、开江、万源

（二）捐献军粮

捐献军粮就行政区言，以第三区较多，共捐三万三千余石。就县言，涪陵较多，达两万石。但大足县小而捐达六千石，亦属难能可贵。

（三）管理粮食

管理粮食遵照钧座核颁之治本治标办法切实施行者，有广元、忠县、威远、江安、江津等五县。

1月21日　（一）经济会议举行第六次会议。徐堪在会上肆意批评何北衡主持的水利工作只是空言，不做实事，并声称交通部造木船领款不实

[1] 《卢作孚签呈文》（1941年1月16日），台北“国史馆”藏。

等。卢作孚略为何氏说明，张嘉璈则当场表示愤怒，翁文灏亦颇为不满，认为“徐堪贪污骄横极矣”[①]！（二）卢作孚、卢尔勤、卢子英、卢魁杰兄弟在北碚筹备成立嘉陵文化基金会，原拟命名为卢氏文化基金会，后经考虑改为嘉陵文化基金会，由卢尔勤、卢魁杰捐出其振华、振隆两煤矿全部资产，按照时价合40万元，作价20万元，交基金会经营，作为基金，并以陈布雷、孙越崎、郑璧成、彭瑞成、何北衡、康心如、卢尔勤、卢魁杰为董事[②]，卢作孚为董事长。本日卢作孚以该基金会董事长名义致函彭瑞成、郑璧成等，聘请该二人为董事并附寄聘书。其中致彭瑞成函谓[③]：

兹恭请吾兄为嘉陵文化基金会董事会董事，此后更望公司召开会议，即请吾兄代表文化基金会出席，如其因事不可出席，即乞就近请托代表出席亦可，用特□恳，尚希望垂察为祷！敬祝健康！附聘书乙份。

致函郑璧成谓[④]：

兹恭请吾兄为嘉陵文化基金会董事会董事，此后更望公司召开会议，即请吾兄代表文化基金会出席，如其因事不可出席，即乞就近请托代表出席亦可，用特□恳，尚希望垂察为祷！敬祝健康！附聘书乙份。

1月24日　卢子英为嘉陵文化基金董事会事致函卢作孚，谓[⑤]：

嘉陵文化基金董事会章程及备案呈稿与董事履历均已分别拟就。用特送请察核，并乞代将各董事履历查添清楚，一并寄碚，以便缮发为祷！

---

① 李学通、刘萍、翁心钧整理：《翁文灏日记》，中华书局2010年版，第596页。

② 《嘉陵文化基金董事会董事履历表》，重庆档案馆藏。

③ 《卢作孚致彭瑞成函》（1941年1月21日），重庆档案馆藏。

④ 同上。

⑤ 《卢子英致卢作孚函》（1941年1月24日），重庆档案馆藏。

1月27日 翁文灏收到行政院改组农本局训令，要求遴选候补人选①。

1月28日 翁文灏就农本局主持人问题与张嘉璈、卢作孚、何廉进行谈话②。

1月 （一）国民政府交通部投资参加川湘、川陕水陆联运，重庆的联运总办事处改名为“交通部特许川陕川湘水陆联运处理事会”，性质为官商合办，下设经理处，继续办理联运事宜③。

（二）交通部在重庆设立川江造船处，计划制造2160吨载重的木船。不久全国粮食管理局为运输军米需要，委托该造船处建造5400吨航行渠江、涪江的木船。王洸在《中国水运史》中说④：

> 川江造船处系于三十年一月在重庆成立，自设工厂，雇工制造，出品迅速，原定工款为一百零七万八千余元，计划制造木船二千一百六十吨。嗣因全国粮食管理局在渠江涪江，装运食米，需要大批木船，委托川江造船处代造渠江木船三八五O吨，涪江木船一五五O吨，是该处于原有造船计划之外，复增加此项新工作，任务特为繁重。当于二月杪，即派员司驰赴三汇，成立第一工场，三月中即开工制造，并在渠县江口等处，设立分场，分工赶造。涪江方面，则分在绵阳太和镇两处制造。该处除设立第一工场外，并接收昭化工场。改为第二工场，专造嘉陵江船只，并在宜宾设立第三工场，承造川黔驿运线木船，一面协助赶造涪江粮船，计自三十年三月间起至年底止，完成木船五八七艘，计六三一二吨。

2月4日 （一）为统筹全国粮食产销储运，调节供需关系，全国粮食管理局决定在重庆召开全国粮食会议，讨论军粮供应办法、各省民食管理办法、省际粮食调剂办法等。为此，卢作孚此前呈文行政院，谓⑤：

---

① 史丽克整理：《翁文灏日记》，《近代史资料》总第104号，中国社会科学出版社2002年版，第117页。

② 同上。

③ 薛光前：《我办理运输的实际体验》，《西南实业通讯》第8卷第4期，1943年10月31日，第13页。

④ 王洸：《中华水运史》，商务印书馆1982年版，第268页。

⑤ 全国粮食管理局编印：《全国粮食会议报告》，1941年6月。

本局为统筹全国军民粮食之产销储备，调节其供给关系起见，定于二月二十二日召集各省粮食管理局局长及尚未成立管理局各省之现有粮食主管机关负责人，在渝举行全国粮食会议，讨论：（一）今后军粮供应办法，（二）各省民食管理办法，（三）省际粮食调剂办法等问题。除分别函令各省准时派员出席外，并请中央有关各部局处派员参加，共策进行。兹谨具会议经费支付预算书，拟请核准，由国库拨付暂由本局业务资金项下垫支。是否有当，理合检同会议经费预算书，中央与地方出席机关名单，及各省粮食管理机关出席会议准备材料提要各一份，呈请鉴核示遵。

（二）卢作孚向各省粮食管理局发出召开粮食会议相关准备的电令，电文如下：

本局为统筹全国军民粮食之产销储备，调节其供给关系起见，定于二月廿二日在渝召开全国粮食会议，讨论问题，预定为：（一）今后军粮供应办法，（二）各省民食管理办法，（三）省际粮食调剂办法等问题。亟盼各省提出书面具体意见，同时准备以下具体材料：（甲）粮食产销状况　（1）本年稻谷小麦及杂粮之产量及收获成数，过剩或不足。（2）有余向系输往何处，现系输往何处，不足向由何处运济，现由何处运济。（3）本省粮食较大集散市场，及每市场全年集散量。（乙）军粮供应状况　（1）本年驻省中央部队人数，需要军粮总额，及供应办法。（2）本年地方保安团队，警察人数，及供应粮食办法。（3）军粮及其它公用粮食采购办法，分配地区及其数量。（丙）粮食管理机构　（1）省粮食管理机关之现行组织，（2）各县有无管理机构，其组织如何，已有机构者若干县，（3）乡镇有无管理人员，（4）各级管理机构之经费预算。（丁）粮食管理办法（1）生产量与消费量调剂办法。（2）生产区与消费区盈虚调剂办法。（3）米粮业商人管理及组织方法。（4）运输工具类别能力及其管理方法。（5）加工工具类型、能力及其管理方法。（6）粮价历月指数及其管理方法。（7）管理消费办法曾否实行计口授粮制。（8）平粜或评价米粮管理方法。（戊）粮款运用方式　（1）本年粮款来源及其总额，购粮总额及每市石之平均价。（2）购粮价款由省到县，由县到乡镇转发粮户之具体办法。（3）粮价成本计算方法。（己）仓储设备　（1）国有省有县有仓库类别数量容量及其地点。（2）仓储管理实施办法。(3) 包装材料来源及其制造。(庚) 积谷管理　(1) 本年征募积谷总额及往年余积粮。(2) 积谷保管方法及推陈储新办法。以上材料，共计七类二十七项，务希先期寄渝，以便汇办。合亟电仰遵照办理为要！

(三) 为筹备这次会议，下午2时全国粮食管理局在重庆求精中学举行第一次预备会议，参加者为中央有关各机关和重庆市政府有关负责人，卢作孚主持了会议。

2月8日　由卢作孚等全国粮食管理局正副局长署名，发给四川省粮食管理局训令，转发行政院关于省粮食管理局组织规程第八条以及重庆市粮食管理委员会组织规程第10条的修正条文[①]。

2月17日　下午2时全国粮食会议第二次预备会在重庆求精中学举行，出席会议的有财政部、经济会议秘书处、中央农业试验所、卫生署、内政部、后方勤务部、农林部、委员长侍从室、社会部、经济部、交通部、驿运总管理处、四行联合总处、中央调查统计局、合作事业管理局、重庆市粮食管理委员会、全国粮食管理局等十七个机关的代表。卢作孚主持了会议并首先报告了会议筹备情况，这次会议决定将参加全国粮食会议的十八个省区代表们的已经收到或此后收到的提案，分为粮食行政、粮食运济、粮食增产、有关粮食的各项制度问题等四组进行初步审查，并决定了大会的日程、议程等[②]。

2月20日　全国粮食会议在重庆召开，到会者有河南、浙江、安徽、广西、贵州、山西、湖北、甘肃、四川、西康、广东、陕西、湖南、江苏、福建、云南等十七个省的粮食管理负责人及中央各部会代表百余人，收到提案九十四件，分粮食行政、粮食运济、粮食增产、有关粮食制度问题等四组审查。20日上午会议开幕，卢作孚主持了会议，蒋介石、孔祥熙、何应钦、翁文灏先后致词。卢作孚致开幕词，谓[③]：

这次会议召集参加的，共有十九个单位，据报除了山东、河北两省因情形特殊不能出席外，来参加的共有十七个单位。截至昨晚止，已有十五个省的代表报到了。此外我们为了便于联络和共策进行起

---

① 《全国粮食管理局指令粮政（卅）字第213号》，四川省档案馆藏。

② 《全国粮食会议第二次预备会议纪录》（1941年2月17日），重庆档案馆藏。

③ 全国粮食管理局编印：《全国粮食会议报告》，1941年6月。

见，又邀请了中央各有关机关来参加。关于调整情报方面，请了中央调查统计局，军委会调查统计局。增加生产方面，请了农林部，中央农业实验所和经济部的水利司。管理商人方面，请了社会部。运销方面，请了交通部及合作事业管理局。军粮方面，请了军政部，后方勤务部，军粮总局及囤粮监理委员会。资金及税收方面，请了财政部和四联总处。积谷方面，请了内政部，此外还邀请了经济会议秘书处，卫生署，垦务总局和重庆市粮食管理委员会。一共十九个机关，现在都派有代表来参加会议。

这次大会，我们要集合各方面的意见，来共同解决粮食问题。管理方面，我们要从都市到产区各县，从县中较大市场到最小市场联络成管理之网，为使农村余粮上市，我们不仅要管理市场，还要管理农村，同时为了管理彻底起见，必须与其它各机关切实合作共同商讨办法。还有许多关于粮食制度的问题，例如是否公卖，是否计口授粮，都是需要我们缜密讨论的，此外还有若干实际问题，是要各位回到各省去商讨的。

总之，这次会议的使命，非常重大，要从生产联络起，管理的本身工作，要自消费市场，以至于农村是极其复杂的事体。同时我们的机构，更要健全，乃能发挥管理的效能。以上几点，希望在会议时，有详尽的讨论，得到圆满的结果。并且在会议后切实的推行。

会议除上述议程外，接着由农林部代表报告粮食增产计划、经济部代表报告军粮会议结果、十六个省的粮食管理局的代表作相关报告①。

2月21—22日　全国粮食管理局及参加全国粮食会议的代表白天审查相关报告，夜晚时间由全国粮食管理局与各省代表暨财政部、四联总处交换意见②。

2月24日　全国粮食会议讨论全部提案并分别作出决议，其重要者有③：

（一）行政组方面

1. 健全各县乡镇各级机构及人事：一切方案已于会议中提出决

① 全国粮食管理局编印：《全国粮食会议报告》，1941年6月。

② 同上。

③ 同上。

定，关于章则的修改，中央方面当速即办理，希望各省对于县以下之粮管机构力求健全，人员务须加以训练，使从事粮政的人员，对于粮食管理的一套技术，要彻底明了而力图推行有效。

2. 严格管理市场：管理市场不是每个市场单独管理，而是要造成整个的管理网。农村的粮食买卖在极小的市场，管理要从极小的市场做起，逐渐集中至大的市场，成为一个管理网。粮食买卖也许不能完全委托商人，有一部分要由公家来经营。公家经营的时候，要顾及下面两点：第一，地方的需要；第二，凭自己人力、运输和资金的能力。要知今日为求有效之管理起见，不能完全仰赖商人，须因时因地而制宜，也许必要时，自己要全部控制。不过，资金、人力要特别注意，就目前各省的情形以观，资金力量大半不够，但亦不能完全仰给于中央。经与财政部、四联总处商定：各省仍以自己负担为原则，实在无法时再请求中央补助，也许一时不能完全解决，但定可逐渐进步，得到部分的解决。

3. 控制粮食来源平定粮价：粮价的平定，一定要控制粮食来源。换句话说，控制粮价一定要先控制粮量。如能控制都市粮食来源，则都市的粮价定可加以控制。如能控制农村粮食来源，则全盘的粮价，一定皆可控制。全国各地粮价的平定，也许不能用同一的方法。将由全国粮食管理局根据过去中央和各省所施行的平定粮价的办法，重新厘定平定粮价的原则，分发各省，切实遵照施行。

4. 举办粮食有关之调查情报：以往各省对于调查情报，都缺乏基础，但为谋管理有效，一定要求调查情报。临时调查所提供的资料大半错误很多，如四川常提供某县粮食，差额甚多，类由耕地面积推算而得。我国耕地面积数字，除已办土地陈报者外，因田亩丈量之不同，而面积单位之有异，根本就不可靠。准此不可靠之耕地数字，再以最低之收获标准推算，故粮食相差甚多。至于消费则根据人口数字推算，我国一向人口数字不准，临时调查粮食附带调查人口所得数字正确与否，又堪怀疑，而且消费数量的估计，最大困难是消费表的决定，各地每将粮食消费的标准提至最高，因之，计算的结果，原来有余粮的地方，也会不够起来。今后管理粮食要求各省调查情报的工作须是经常的，无论其为市场或农村，皆须继续不断地调查情报，以作管理根据。同时，现代的计划，一定要根据数字，数字一定要根据调查而得，仅制订管理办法是不够的，一定要办理调查情报。现在四川已经实行电报粮情，与交通部商定，已有一个地方实行，希望各省注意及此，迅即举办，将各地的粮情用几个简单的数字电报本局。

5. 造起节约消费运动：节约消费的工作，一定要联络卫生机关和农林机关来办理，造成很大的运动。例如成都附近用水碾者多，在最近期间内也许要规定碾米只能碾某种成分的米，希望对节约消费加以注意。如某省产谷数万担，碾精米假设打八折，碾糙米打九折，就有百分之十的差异。如倡食糙米，也许节省百分之十的数量，就能解决了本省或某一市场所缺的米。又如酿酒，四川高粱耕地面积，达四百多万亩，有六至八百万担的高粱用以酿酒，若节省此六至八百万担的粮食或可解决了四川某一市场的粮食。所以节约消费这一点，也很重要。

6. 改良仓库并建设仓库网：仓库今后成为管理粮食的主要物质设备，务须设法使县、区、乡镇以及各市场皆有完善的仓库，旧有的仓库亦须予以改善。

以上系行政组决议的要案，虽仅有原则的规定，希望今后拟订更详细办法，付诸实施。

（二）运济组方面

1. 粮食调剂：粮食调剂有两个部门：

甲、省际粮食调剂由全国粮食管理局负责与各省联络：如广东得湖南、广西帮助，四川与西康、山西与河南等等皆须互相调剂，从此得获得更清楚之认识，此对粮食管理帮助不少，全国粮食管理局对此当更用力量。

乙、省内粮食调剂由各省粮食管理局负责统筹：每省消费与供给的地方，要用力量将有余与不足加以分配，庶几不致发生不均现象，因之，各省对于供给区和消费区要划分清楚，根据交通运输的情形加以分配。

以上关于粮食调剂，可以说是这次会议最大的收获。

2. 运输问题联络交通机关解决：谈到粮食调剂，一定牵涉到运输。今后粮食运输方面，也许利用原有交通道路工具，也许要陆续增加，也许要发动民力，利用政治力量来发动，以解决军粮民食的困难。

3. 资金问题：经决定原则，由各省自己先筹，不足时向地方银行商借，及战区经委会、四行洽拨，不足时再向四行洽商办法。不过，希望各省要提出详细办法，当可逐步解决困难。例如福建省政府财政有准备，拟发行公债，故在与财政部及四联总处商量时较易解决。

4. 军粮：第一，三十年度采购军粮的准备要在收获以前准备妥当，庶几才能统筹。第二，二十九年度军粮一定要办足额，依照现在各省最低需要办足，不过，也得事先要有准备。第三，二十八年度军粮要结束，凡我们经手的军粮，一定要做到量、钱、账、事四种同时结束。

（三）增产组方面

1. 增加粮食作物生产：如面积、单位、产量皆须顾及。

2. 实施农田水利工程：应切实注意与兴办。

今后务望各省与农林部及有关机关密切联络，尤其增产方面，农林部已有数字根据之计划，且经与各省代表交换意见，皆表赞同，希望切实办理。

（四）制度组方面

1. 公营及管理人民经营，由各省斟酌地方情形实施，昨曾经激烈讨论，今后不仅要注意公营，更须注意和管理所有的经营。

2. 由中央颁布整个管理方案，将由全国粮食管理局根据原来的管理法大纲，各省代表的报告和这次大会的决议案，加以订定。

3. 计工授粮，在必需的地方，得以斟酌实施。

4. 田赋改征实物，在实施省份，粮食主管机关应与财政厅切取联络，分工合作，切实实行。

5. 积谷问题由政府代收，或改交现金，或归入公仓等，由全国粮食管理局联合有关机关商定富有弹性之原则，再令各省施行。

6. 捐献军粮运动，各省粮管局应联络有关方面共同策动，因总裁倡导此运动，且期望甚殷。

虽然在以上所述的决议案中，因时间关系，不容许详加说明，但将来须根据要点，造成详细之计划和办法。

会议决定，“照国民党（五届）七中全会决议，确定全国粮食管理政策，加强各级管理机构，直接经营业务，以免商人垄断居奇而收统制调剂之效”①。会议还决定“实行计口授粮以改进粮食之分配”②。

2月25日　全国粮食会议经过六天会议闭幕，卢作孚致闭幕词，就

① 《全国粮食管理局指令粮政（卅）字第8420号》，四川省档案馆藏。

② 《全国粮食管理局指令粮政（卅）字第8177号》，四川省档案馆藏。

会议的成果进行了归纳，并就全国粮食管理局今后的工作提出了若干要点。谓[1]：

今后全国粮食管理局应做的工作：

1. 各省书面报告分类整理后供给各省彼此参考，各省如将来有重要工作，应互通情报，取得联络。

2. 除整理此次会议决议案外，尚应：

甲、依各个专案联合有关机关，制定各种法令。

乙、综合原有管理粮食办法、各省报告，与此次决议案，拟定管理粮食整个方案。

丙、提出重要决议案呈请行政院提前通令各省实施。

丁、编制全国粮食会议报告书。

2月26日　全国粮食会议结束后，本日后方勤务部屯粮监理委员会、全国粮食管理局等机关召集各省代表交换关于各省屯粮问题的意见，以期解决尚未解决的问题[2]。

2月　（一）民生公司因为正在建造的浅水轮船无力完成，以及船用五金油料缺乏，价格飞涨，急需订购并储备，共计需款800万元，请求重庆国民政府贷款救济，经行政院批准向四行如数照借[3]。（二）民生公司700万元公司债募集完成，资料载[4]：

去年（1940年）经大会议决，本公司募集公司债，至少1000万元一案，因公司股本只有700万元，受法令上之限制，仅募七百万元。业于（1941年）2月底由中国、交通等十八家银行承募足额，年息九厘，分十年还清。第一、二年只付利息，从第3年起至第十年止，每年还本6.25%，利随本减，但得提前还本。

3月1日　二届一次国民参政会在重庆召开，由于蒋介石制造了皖南事变，中共代表拒绝参加。

---

① 全国粮食管理局编印：《全国粮食会议报告》，1941年6月。

② 同上。

③ 王洸：《战时航政与航政建设》，《经济建设季刊》第1卷第2期，1942年10月，第58页。

④ 《民生实业股份有限公司第十六届常年股东大会决议录》，第6页。

3月3日　蒋介石召集孔祥熙、张群、吴国桢、卢作孚、贺耀组、吴闻天、郑达生商谈参政会报告处理物价办法，商定由翁文灏、卢作孚（粮食）、缪秋杰（盐）、穆藕初（日用品）、郑达生（煤炭）、吴闻天（平价购销）自列报告。

3月6日　张伯苓主持国民参政会，翁文灏报告了经济部处理物价工作概要，卢作孚报告粮食管理办法，缪秋杰报告盐的情况[①]。

3月10日　民生公司刊印《民生机器厂概述》小册子。

3月17日　重庆复兴、福新、福民、岁丰四大面粉厂根据全国粮食管理局和重庆粮食管理委员会要求合组四厂联合办事处以“协助政府平定麦价，借以减低成本而获平抑粉价实效”的训令，联合呈文全国粮食管理局和重庆粮食管理委员会，表示联合办事处已经筹组就绪并附呈《复兴、福新、福民、岁丰四厂联合办事处章程草案》备案[②]。

3月19日　中国民主政团同盟在重庆成立，黄炎培（代表职教派）、张君劢（代表民社党）、左舜生（代表青年党）、梁漱溟（代表乡建派）、章伯钧（代表农工民主党）为常务委员，黄炎培被推举为主席。

［按］后黄炎培辞主席职，由张澜继任。

3月22日　四川省政府收到全国粮食管理局快邮代电。代电要求通饬各县加强粮食管理工作并规定了相关实施要项[③]：

> （一）各县粮食管理委员会对于乡镇粮食干事，尚未训练设置者，应迅即考选合格人员开始训练分发任用，务须于四月廿日以前完全达到。各乡镇所有训练人数、学员姓名、分发地点，并应详细列表具报；（二）粮食商人尚未登记组织完成者，应迅即办理登记，已经登记之粮商，应即组织粮食业同业公会，同一市场之粮商向供给市场采购粮食，并应令其联合购运，免致竞争，联合购运为组织粮商最后必要之工作必须切实办到；（三）粮食买卖应集中在指定之市场举行，并按照各方需要状况予以配售；（四）粮食买卖尚未开始核议价格者，应按照买价加运缴及合理利润实行核议价格。以上三项应于四

---

① 史丽克整理：《翁文灏日记》，《近代史资料》总第104号，中国社会科学出版社2002年版，第126—127页。

② 《呈为组织复兴、福新、福民、岁丰四厂联合办事处备文录奉章程呈请钧会备案由》，重庆档案馆藏。

③ 《全国粮食管理局代电粮政（卅）字第3927号》，四川省档案馆藏。

月十日以前办理完成，并应将登记之粮商联合购运组织情形、配售情形及议价情形详细具报；（五）三百市石租谷以上之粮户尚未调查完毕者，应于四月十日以前调查完毕，立即赓续开始调查三百市石租谷以下之粮户，并应于四月底以前调查完毕，分别将调查结果具报；（六）各户余粮应迅即按照到秋收前市场需要之粮额向户约定出售，并将各户约定出售总量及每日分配量，详细列表具报。以上各项即请转饬各县遵照办理，并督饬各县长兼粮食管理委员会主任委员务须负责切实执行。

3月25日　全国粮食管理局局长卢作孚与副局长曹仲植赴四川内江，主持粮食局召集的平抑川省各县米价会议①。

3月28日　民生公司在重庆中华基督教青年会召开第十六届常年股东大会，公推卢作孚为大会主席。董事长郑东琴报告1940年公司亏损51.9万余元②。大会决定在公司特别准备及自提防险准备项下，各拨出一部分准备金抵消1940年亏折，并发放股息一分。大会选出新一届董监事，其中董事有宋子文、徐广迟、徐可亭、钱新之、康心如、胡筠庄、张嘉璈、宋师度、刘航琛、浦心雅、周作民、周孝怀、黄任之、潘昌猷、郑东琴、吴晋航、何北衡、杜月笙、李佐成、石荣庭、耿布诚等人，监事有苏汰余、甘典夔、唐棣之、任望南等人。

3月30日　卢作孚在天府重庆办事处主持召开了天府矿业公司第一届第四次董事监察人联席会议，会议报告1940年天府公司盈余38万元③。

3月　（一）战时经济会议正式设立，以行政院正副院长为正副主席，以经济、军政、交通、农林、社会等部部长，行政院秘书长，政务处处长，军事委员会参谋总长，副参谋总长，军令部部长，后方勤务部部长，委员长侍从室第一、二两处主任，全国粮食管理局局长，中央银行总裁副总裁，四行联合办事总处秘书长，经济部资源委员会主任委员、贸易委员会主任委员等为委员④。该组织后于1943年5月撤销，其职掌由新成立的国家总动员会议接管。（二）民生公司投资10万余元设立民生木工厂，专门从事木质囤驳轮船的修理业务，当年修造大小轮囤驳200余只，营业

① 《实业家消息》，《西南实业通讯》第3卷第5期，1941年5月，第69页。

② 《民生实业股份有限公司第十六届常年股东大会决议录》，第2页。

③ 《天府矿业公司第一届第四次董事监察人联席会议》，重庆档案馆藏。

④ 钱端升等：《民国政制史》，上海人民出版社2008年版，第228页。

额达 90 余万元，盈余 11 万余元[1]。

春　梁漱溟得到卢作孚、卢子英兄弟支持，把 1940 年 2 月创办于璧山县来凤驿的勉仁中学迁到北碚金刚碑。

4 月 2 日　国民党中央召开五届八中全会，会议通过《为适应战时需要，拟将各省田赋暂归中央接管，以便统筹而资整理》一案，该决议案不仅决定把从 1928 年起划归各省征收的田赋重新收归中央征收，同时决定实行田赋征实政策[2]。

4 月 3 日　卢作孚、张群等由重庆飞抵成都[3]。

4 月 10 日　熊式辉在日记中批评蒋用人不当，指出："机关重复，因人设立机关，言分层管理，实最不能分层负责，举卢作孚以全国粮食管理局名义办重庆市四川省粮食管理事为例。"[4]

4 月 15 日　熊式辉偕卢作孚、何北衡等游永川，到自流井[5]。

4 月 16—17 日　卢作孚抵达成都并出席四川省政府召集的粮食座谈会[6]。

4 月 25 日　由卢作孚等全国粮食管理局正副局长署名，发给四川省粮食管理局训令，转发行政院关于省粮食管理局组织规程和县粮食管理委员会组织规程修正条文，要求遵照办理[7]。

4 月　（一）《省粮食管理局组织规程》经过行政院修订公布实行，在 5 月 5 日由卢作孚等全国粮食管理局正副局长署名的有关指令中说，该规程系"本局根据全国粮食会议决议，经拟具修正草案，呈由行政院通令实施在案"[8]。（二）国民政府筹划将全国粮食管理局改组为粮食部，卢作孚数度婉拒张群转达蒋介石打算任其为部长的属意[9]。

［按］另据宗之琥回忆：卢作孚曾与他讲到，当国民政府决定把全国

---

① 《民生实业股份有限公司三十年度概况》，民生公司编印 1942 年，第 8 页。

② 荣孟源主编：《中国国民党历次代表大会及中央全会资料》（下册），光明日报出版社 1985 年版，第 688—690 页。

③ 《张群卢作孚飞蓉》，《嘉陵江日报》1941 年 5 月 4 日第 1 版。

④ 熊式辉著，洪朝辉编校：《海桑集：熊式辉回忆录》，香港明镜出版社 2008 年版，第 270 页。

⑤ 同上。

⑥ 《实业家消息》，《西南实业通讯》第 3 卷第 6 期，1941 年 6 月 1 日，第 63 页。

⑦ 《全国粮食管理局指令粮政（卅）字第 2017 号》，四川省档案馆藏。

⑧ 《全国粮食管理局指令粮政（卅）字第 7802 号》，四川省档案馆藏。

⑨ 侯坤宏编：《粮政史料》第 1 册，台北"国史馆"1988 年版，第 293—297 页，转引自简笙簧文，见凌耀伦、周永林编《卢作孚研究文集》，北京大学出版社 2000 年版，第 177 页。

粮食管理局改为粮食部时，要他当部长，他称病坚决不肯担任。因为当时征粮对象主要是四川，这个部长一定要选派四川人担任。为了脱身，他推荐了当时任财政部次长的徐堪担任粮食部部长①。

（三）天府矿业公司在重庆设立营运处②。

5月3日　（一）蒋介石就粮食管理问题颁发手令，谓③：

> 粮食管理办法应由“购办”、“贮藏”、“运输”、“销售”四方面同时研究筹划，希即分类拟具具体实施办法呈报为要。

（二）下午4时40分，著名航运实业家虞洽卿在人陪侍下到北碚参观游览，会晤中央银行北碚分行经理黄生禧，即被邀到中央银行休息，卢子英等到中央银行问候④。

5月初　卢作孚为重庆中华基督教青年会创会20周年题词⑤：

> 以热诚会务之精神，谋社会进步之均齐。事业所树，造福此都。廿载苦诣，辉生竹帛。扩而充之，锲而不舍。行见利溥，人群跻于大同。

5月4日　虞洽卿在黄生禧陪同下游览缙云山及温泉公园等处。当晚，复旦大学校长吴南轩、江苏医学院院长胡安定在北碚兼善餐厅设宴招待虞洽卿，卢作孚、卢子英作陪。晚宴后观看川剧，卢子英特为其点川剧名剧为其演出⑥。

5月7日　熊式辉宴徐堪、卢作孚两次长、端木杰副部长和严宽军粮管理处长，商定江西征购粮食办法十五条，五人签署，内明载本年征购200—250万石，每石定价37元，先由中央拨款5000万元，限明年1月底

---

① 宗之琥：《我与民生公司》，《上海文史资料选辑》第48辑，上海人民出版社1984年版，第77页。

② 天府矿业公司编：《天府煤矿概况》，大东书局1944年版，第6页。

③ 蒋介石五月三日机密甲字第4421号手令，台北“国史馆”藏。

④ 李孤帆：《川陕随轺记》，金普森主编《虞洽卿研究》附录，宁波出版社1997年版，第378页。

⑤ 重庆市中华基督教青年会编：《重庆市中华基督教青年会二十周年纪念册》（1941年）。

⑥ 李孤帆：《川陕随轺记》，金普森主编《虞洽卿研究》附录，宁波出版社1997年版，第378—379页。

以前购齐①。

5月10日 国民政府财政部设立整理田赋筹备委员会从事具体工作。

5月16日 蒋介石日记载：本日见刘峙、卢作孚，词色温和，为读吴康斋语录功效②。

［按］吴康斋为明代江西省崇仁县学者吴与弼（1391—1469）的号，黄宗羲《明儒学案》卷1《崇仁学案》中收录有《吴康斋先生语》，蒋所说“吴康斋语录”当即此一语录。此一语录中多为吴与弼自省心得，尤其强调克己与收敛工夫。如：“一日，以事暴怒，即止。数日事不顺，未免胸臆时生块垒。然此气禀之偏，学问之疵，顿无亦难，只得渐次消磨之。终日无疾言遽色，岂朝夕之功邪？勉之，无怠。”③

5月19日 （一）财政部次长徐堪找熊式辉谈粮食问题，坚托熊式辉为代辞粮食部部长，熊式辉以为此时宜力任劳任怨勉之，徐堪并托熊式辉与卢作孚商议两件事。《熊式辉回忆录》载④：

> 十九日徐堪来谈粮食问题，坚托余为代辞粮食部长，余以为此时宜力任劳任怨劝勉之，伊乃更言二事，托余与卢作争商之：（1）四川粮食交四川省府自办；（2）伊必俟视察湘桂后至七月一日始可接事。余念朋友私人请托不妨代谋，晚晤卢作孚为言之，作孚固亦不能为作决定之答复者，祇谅解之而已。

（二）当晚张嘉璈、卢作孚先后到熊式辉寓谈时局⑤。关于二人的评价，熊式辉记述道⑥：

> 张、卢二君皆创造事业之能手，其前办理银行及轮船，俱有优良成绩，所与讨论各端，亦皆实事求是，所谓不谈过高之理，不作空架之事，所谈结论，要皆为坐而言之即可起而行之者，惟此乃平时正常办法，与总裁所谓智囊团之运用一种高级幕僚性质略异其趣。

---

① 熊式辉著，洪朝辉编校：《海桑集：熊式辉回忆录》，香港明镜出版社2008年版，第275页。

② 台北“国史馆”藏。

③ 黄宗羲：《明儒学案》卷1，中华书局2008年版，第20页。

④ 熊式辉著，洪朝辉编校：《海桑集：熊式辉回忆录》，香港明镜出版社2008年版，第278页。

⑤ 同上。

⑥ 同上书，第279—280页。

5月20日　国民政府特任徐堪为粮食部部长[①]。

5月22日　蒋介石对经济会议秘书处呈拟的有关粮食管理研讨办法作出批示。经济会议秘书处呈拟的有关粮食管理研讨办法，谓[②]：

> 查现行粮食管理办法，虽乏正本清源之策，但就粮管局先后业经颁布之各种治标治本办法与其实施细则及违反粮食管理治罪条例而论，均系着重派售余粮、取缔囤积，在势不容更张，益增纠纷，且果能积极求其贯彻，则本年秋收前之粮食，亦可得一解决。目前所最急需者，厥为加强执行力量。四月二十八日卢局长呈奉核准之紧急措施办法，其中第四点："拟请由中央派员会同省府高级人员赴各县督导县政府、区署及乡镇、保甲人员厉行派售办法，并发动全县乡绅协助办理，功奖顽惩。"同时又"拟请由军事委员会中央党部三民主义青年团及教育部等机关派员赴川省协助"。此两项办法确有必要，亟应立付实施，尤其关于选派大员用适当方法督促川省府当局及该省军事长官，彻底推行法令一节，更为适应目前迫切需要之着。拟请钧座迅即遴选妥员派驻成都，其它有关辅助管理之必要办法，职当与主管机关妥商规划，配合施行。

对此，蒋介石批示：可照所拟各项，"切实进行"。

5月23日　为管制重庆市面粉生产销售并统筹小麦购储，卢作孚代表全国粮食管理局作为甲方，与作为乙方的复兴、福新、福民、岁丰四厂联合办事处在本日签定了《小麦面粉购销合约》、《购麦贷款合同》。《小麦面粉购销合约》共有14款，其中规定：甲方委托乙方收购小麦，乙方粉厂所需要的小麦可以由乙方随时在四川省内各县小麦市场分设庄号自行购足一个月以上的数量，不足时得商请甲方以成本价转让甲方所购小麦给乙方。乙方自订约日起，面粉每日最低产量不得少于3800袋，每月不得少于10万袋，并及时报告麦粉确数，全部面粉由甲方指定机关统购统销等[③]。《购麦贷款合同》共有10款，规定乙方可以向甲方借贷总额500万元以下的款项专门用于收购小麦，甲方可以从乙方统售于甲方的应收面粉

---

① 《国民政府公报》1941年5月21日。

② 《蒋介石机密甲字4459号手令》(1941年5月22日)，台北"国史馆"藏。

③ 《小麦面粉购销合约》(1941年5月23日)，重庆档案馆藏。

价款中扣除乙方应还本息等。[①] 该办法对于平抑重庆面粉价格起到了重要的作用。

5 月 23 日　上午 8 时，川康建设期成会第二届常务会员会第一次会议开始举行，参会者有张群、何北衡、甘典夔、张澜、黄炎培、尹仲锡、李璜等，全天粮食问题报告及讨论。24 日报告和讨论兵役问题、粮食问题、新县制问题、吏治问题等。

5 月 25 日　川康建设期成会第二届常务会员会继续开会，当天下午 3 时续会，为粮食问题川省诸人言论甚激烈，一时空气紧张。黄炎培日记载[②]：

> 事缘川绅士对粮管局卢作孚、何北衡所为多表不满，于治标，欲以尹仲锡主持之平粜委员会代之；于治本，中央所提田赋征收实物一节，不甚同意。缘其中不少大田主。情形极复杂。最后将草案由余就众意略予修正通过，会事遂毕。

5 月 24 日　（一）孔祥熙在重庆嘉陵宾馆召集谈话会。旋往南岸黄山蒋介石官邸开会，到会的有徐堪、俞飞鹏、贺耀组、卢作孚、吴国桢、陈方、顾翊群、沈宗瀚等，商定了战时免赋征粮办法，四川省内每赋一元作谷一市斗，预计可以收粮 900 万石[③]。（二）由卢作孚等全国粮食管理局正副局长署名，发给四川省粮食管理局的训令中，要求四川省粮食管理局迅速转饬所属各县粮食管理委员会，根据全国粮食管理局制订的《粮食消费节约实施要项》三条办理粮食管理事宜。[④] 全国粮食管理局制订的《粮食消费节约实施要项》三条主要内容即：禁止粮食酿酒制糖、提倡食用糙米粗面、限制以粮食饲养牲畜。

5 月　（一）卢作孚与张群等 20 人，被行政院指派为川康兴业公司筹备委员会委员[⑤]。创办川康兴业公司之议开始于 1940 年年底，原为组织川康经济建设委员会，拟由蒋介石为委员长，邓汉祥为秘书长，川康军政

---

① 《购麦贷款合同》（1941 年 5 月 23 日），重庆档案馆藏。

② 中国社会科学院近代史研究所整理：《黄炎培日记》第 7 卷，华文出版社 2008 年版，第 107 页。

③ 李学通、刘萍、翁心钧整理：《翁文灏日记》，中华书局 2010 年版，第 659 页。

④ 《全国粮食管理局指令粮政（卅）字第 9399 号》，四川省档案馆藏。

⑤ 台北“国史馆”档案；周开庆编著：《卢作孚传记》，台北川康渝文物馆 1987 年版，第 9 页。

界有声望者90余人为委员，并由张群实际主持。后几经变化，最后演变为川康兴业公司[①]。（二）张澍霖继任重庆轮渡公司经理，对于公司业务锐意经营，此后增开多条轮渡航线，并于1941年9月在部分轮渡航线开行夜航，极大地便利了市民[②]。

6月16日　第三次全国财政会议决定具体接收田赋办法六条和田赋征实原则三条。

6月17日　唐纵日记载[③]：

> 昨日委座在扩大纪念周声称，四川为中央之四川，非谁人之四川。……如果再有地主劣绅把持粮食，不遵中央命令，政府决不宽贷。

6月24日　卢作孚和东南联运处处长萧卫国应张嘉璈约请，共同商定将东南联运处现有百辆车辆交川湘水陆联运处运米[④]。

6月27日　为成立嘉陵文化基金会，卢作孚以该会董事长身份呈文国民党四川省党部直辖三峡实验区区党部并附呈《嘉陵文化基金董事会呈》、《嘉陵文化基金会董事会章程》、《嘉陵文化基金会设立理由书》、《嘉陵文化基金董事履历表》，请求准予设立，发给许可证[⑤]。其中《嘉陵文化基金会设立理由书》说明了设立嘉陵文化基金会的旨趣、业务及经费来源[⑥]：

> 一、旨趣
>
> 吾国过去忽视科学，以致文化落后，贫弱不振，外人乘机侵略，富强无由臻进，有识之士，咸抱隐忧。值此国难严重，百物凋敝之秋，对于文化建设，亟应认定目标，先树基础，俾期逐渐发展，获得

---

① 邓汉祥：《蒋介石派张群图川的经过》，《文史资料选辑》（全国）第5辑，中华书局1960年版，第79页。

② 杨及玄：《重庆轮渡公司的展望》，《西南实业通讯》第14卷第1、2期合刊，1946年8月30日，第12页。

③ 公安部档案馆编注：《在蒋介石身边八年——侍从室高级幕僚唐纵日记》，群众出版社1991年版，第214页。

④ 姚崧龄：《张公权先生年谱初稿》，台北传记文学出版社1982年版，第288页。

⑤ 卢作孚：《嘉陵文化基金董事会呈》（1941年6月27日），重庆档案馆藏。

⑥ 卢作孚：《嘉陵文化基金会理由书》，重庆档案馆藏。

成效，以裨益国家，福利人民，进而探讨研究，日新月新。求与欧美文化并驾齐驱。故本会之设立，为目前唯一急务也。

二、业务

本会以经营矿产及其它生产事业，所得利润作发展地方文化及奖励科学研究经费。

三、经费

本会以卢尔勤、卢魁杰两先生捐赠煤矿全部资产，照时价应值四十万元，权作国币贰拾万元作为基础，并经营其它矿产及生产事业，以所得盈利充作本会开支。

《嘉陵文化基金会章程》规定该会“以发展地方文化事业，及奖励科学研究、资助清贫学子与有志上进青年为宗旨”[①]。在给国民党直辖三峡试验区区党部《嘉陵文化基金董事会呈》中，卢作孚说[②]：

窃本会之创立，系得卢君尔勤及其弟卢君魁杰以其所有振华、振隆两煤矿公司全部资产照时价应值40万元，权作国币20万元，捐出由会经营，作为基金。丁此国难严重，百物凋敝之秋，对于文化建设亟应齐头并进，俾期于国家社会有所裨补。本会惟有认定目标，先树基础，以所得盈利，次第发展科学知识，改进文化，爰组织嘉陵文化基金董事会，公推卢作孚为董事长，主持会务。会址即设于北碚，理合拟具章程及董事履历表各一份，随文赍请钧部察核，准予设立，并填发许可证，以利进行，付乞示遵。谨呈四川省党部直辖三峡实验区区党部。计呈章程、理由书、董事履历表各一份。

基金会会址设北碚中国西部科学院惠宇。

6月底　截至本月底，民生公司全部资产达到64337016元[③]。

6月　军政部兵工署署长俞大维为军品运费问题以代电复函民生公司[④]：

---

① 《嘉陵文化基金董事会章程》，重庆档案馆藏。

② 《卢作孚关于嘉陵文化基金董事会的呈文》（1941年7月11日），重庆档案馆藏。

③ 交通银行设计处编：《交通银行后方生产事业贷款用途考察报告》，《民国档案》1991年第4期，1991年11月，第44页。

④ 《军政部代电》（1941年6月），重庆档案馆藏。

鉴查本署与民生公司新订坪渝段运价，业经于本年 3 月以渝造(卅) 甲字第 3336 号有代电饬知在案，兹复准该公司函开“迳启者，遵照航业协会议决案，因物价高涨，轮船成本激增，一般商货，坪(即宜昌西的三斗坪，引者注) 渝段运价照原价增加 25%，自本年度 6 月 1 日起实行。敝公司对于贵署各厂处运价，原系按照一般商货运价对折收费，自应仍照新价对折计算，即：一、坪渝每公吨 500 元净，二、坪万或万渝每公吨照坪渝 6 折即 300 元净，三、每转口一次，每吨加外缴 30 元。为优待贵署起见，特延至 6 月 15 日起（即 6 月 15 日起运之器材）实行，仍由贵属各厂处直接与敝公司洽装，于交运时付清运费，即烦查照，并请转知贵属各厂为荷”等由，并附航业公会所订立之商货运率表一份前来。查该公司所称各节，核与以往办法尚属实情，与以往照商货运价 5 折计算，亦尚符合，除函复坪渝段全程运价每吨 500 元应予照准，坪万及万渝应仍照以往办法，每吨各为 250 元，并自 6 月 16 日起增加计算，暨呈部备案外，合行电仰知照。

7 月 1 日　重庆国民政府粮食部正式成立，取代全国粮食管理局职权，卢作孚辞去全国粮食管理局局长一职。

7 月 11 日　卢作孚为成立嘉陵文化基金会事以该会董事长身份，拟具给四川省政府的呈文，请求四川省政府查核，准予备案设立。《嘉陵文化基金董事会呈》中说①：

窃本会之创立，系得卢君尔勤及其弟卢君魁杰以其所有振华、振隆两煤矿公司全部资产照时价应值 40 万元，权作国币 20 万元，捐出由会经营，作为基金。丁此国难严重，百物凋敝之秋，对于文化建设亟应齐头并进，俾期于国家社会有所裨补。本会惟有认定目标，先树基础，以所得盈利，次第发展科学知识，改进文化，爰组织嘉陵文化基金董事会，公推卢作孚为董事长，主持会务。会址即设于北碚，理合拟具章程及董事履历表各一份，随文赍请钧府察核，准予备案，以利进行，而维文化，是否有当，伏候核始祇遵！谨呈四川省政府兼理主席蒋。计呈嘉陵文化基金董事会章程及董事履历表各一份。

---

① 《卢作孚关于嘉陵文化基金董事会的呈文》(1941 年 7 月 11 日)，重庆档案馆藏。

7月23日　行政院根据财政部拟订的《战时各省田赋征收实物暂行通则》，公布实施田赋征实政策，各省成立田赋管理处，以此解决战时军粮和民食问题。

7—8月　川江轮船被敌轰炸者多达20余艘，重庆国民政府决定，其中凡属差轮准由军事机关拨款补助，非供差的轮船可由四行贷款作为捞修费用。民生公司获得补助金950万元，贷款一千万元①。

8月19日　川康兴业公司筹备委员会第一次会议在重庆中国农民银行举行，张群、黄季陆、胡子昂、徐堪、顾翊群（行政院副院长孔祥熙的代表）等出席了会议，张群为会议主席，张群、顾翊群、徐堪作了相关讲话。卢作孚也是该筹委会成员，但是由于身体原因请假，没有出席会议②。

8月22日　民俗轮在三斗坪卸下军粮，装满伤兵返回重庆的途中，在巫山青石洞遭7架日机轰炸沉没，死伤船员79人，罹难伤兵160多人，乘客20人。③

8月　（一）卢作孚因为患脉搏间歇症和肺膜破裂④，被迫回家疗养。后来由于病情加重，民生公司在歌乐山借了一所金城银行的房子，卢作孚在此疗养半年。

[按] 卢作孚原本就体质较弱，大概从20世纪40年代初起，身体更是每况愈下，尤其是肺病，对工作的影响很大。

（二）民生公司民俗轮在前往三斗坪运送军粮返回的航程中，在巴东被日军炸沉，死难船员70人。

9月10日　民生公司与中、中、交、农四行签约，向四行借款400万元添购油料，借期2年；另借款400万元添建船只，借期4年⑤。

9月　交通部特许川陕川湘水陆联运处理事会改组，去掉特许两字并撤销经理处，分设川湘联运处和嘉陵江运输处，统归理事会管辖，仍为官

① 王洸：《战时航政与航政建设》，《经济建设季刊》第1卷第2期，1942年10月，第58页。

② 《川康兴业公司筹备委员会第一次会议纪录》，重庆档案馆藏。

③ 卢国纪：《我的父亲卢作孚》，人民出版社2014年版，第292页；凌耀伦著：《民生公司史》，交通出版社1990年版，第184页。

④ 孙恩三：《卢作孚和他的长江船队》，见周永林、凌耀伦主编《卢作孚追思录》，重庆出版社2001年版，第63页。

⑤ 交通银行设计处编：《交通银行后方生产事业贷款用途考察报告》，《民国档案》1991年第4期，1991年11月，第43页。

商合办性质。[①] 同月民生机器厂建造的第 4 号新船建成出厂，这是民生公司 10 艘新船建造计划中建成的第 2 艘轮船，此后到 1943 年春为止，其余 8 艘轮船也次第建成。

10 月 20 日　恒顺机器厂发展顺利，本日编印《恒顺机器厂股份有限公司概况》[②]。

12 月 8 日　日本偷袭珍珠港，太平洋战争爆发。

12 月 17 日　军政部就军品运费问题以代电复函民生公司，谓[③]：

> 鉴查本署与民生公司所订坪渝段运价，业经于本年 6 月以渝造（卅）甲子 6815 号啸代电饬知在案，并复准该公司函开“迳启者，遵照航业协会本年 11 月 20 日议决案，一般商货，均照随函附奉之新表增价（详附表）。自 12 月 1 日起实行。敝公司对于贵署各厂、处运价，原系按照一般商货（机器杂货）运价对折收费，自应照新价对折计算以表优待，即（一）坪渝每公吨 780 元净（照坪渝机器杂货每公吨 1560 元对折计算），（二）坪万或万渝每公吨 468 元净（照坪渝 6 折计算），仍由贵属各厂处直接与敝公司洽装，于交运时付清运费，即烦查照，并请转知贵属各厂为荷”等由，并附航业公会所订立之商货运率表一份前来。查该公司所称各节，核与以往办法尚属符合，除函复坪渝段全程运价每吨 780 元应予照准，坪万及万渝应仍照以往办法照坪渝全程折半计算，每吨 390 元。并自 12 月 16 日起实行，暨呈部备案外，合行电仰知照。

12 月 30 日　民生公司开辟长江上游宜宾至屏山金沙江段航线[④]。

12 月　北碚至北温泉公路修竣通车，全长 7 公里，耗资 20 万元[⑤]。

本年　由于敌机大规模轰炸轮船，民生公司轮船损失严重，再次请求政府补助修复被炸的轮船[⑥]。

---

① 薛光前：《我办理运输的实际体验》，《西南实业通讯》第 8 卷第 4 期，1943 年 10 月 31 日，第 13 页。

② 《恒顺机器厂股份有限公司概况》（1941 年 10 月 20 日），重庆档案馆藏。

③ 《军政部代电》（1941 年 12 月 18 日），重庆档案馆藏。

④ 王洸：《战时航政与航政建设》，《经济建设季刊》第 1 卷第 2 期，1942 年 10 月，第 54 页。

⑤ 中国人民政治协商会议西南地区文史资料协作会议编：《抗战时期西南的交通》，云南人民出版社 1992 年版，第 225 页。

⑥ 《民生实业公司简讯》第 838 期，1946 年 3 月 4 日第 2 版。

1942 年（民国三十一年）49 岁

1 月 10 日　卢作孚在渝鑫钢铁厂股份有限公司重庆土湾本厂主持召开该厂第十八次董监联席会议。

1 月　卢作孚辞去贸易委员会副主任委员职①。

2 月 1 日　上午 9 时，卢作孚参与筹备的川康兴业公司，在重庆林森路军事委员会大礼堂举行创立大会，张群为大会主席，宣告成立。成立大会还公布了行政院派定的官股董、监事名单，选举了商股董、监事。董事长为代表官股的张群，卢作孚、顾翊群（中国农民银行）、秦汾（经济部）、黄季陆（成都四川省党部）、邓汉祥代表官股担任该公司常务董事。钱新之（交通银行）代表商股担任副董事长，刘航琛（川康平民商业银行）、戴自牧（金城银行）、潘昌猷（重庆银行）、何北衡代表商股为常务董事②。第一届董监同日在交通银行重庆分行举行了就职式③。

2 月 3 日　川康兴业公司第一届董监举行第一次联席会议，聘任邓汉祥为公司总经理，议决了公司章程和经营方针④。从 3 月份起，该公司业务正式开始，在 1942 年上半年中曾经为渝鑫钢铁厂垫款 200 万元代购机器，并与民生公司商定合作购储 1000 万元交通器材⑤。

2 月　民生公司新轮第 2 号（民捷）、第 3 号（民悦）建成下水加入航行，两轮皆由民生机器厂制造⑥。

3 月 1 日　（一）大明染织股份有限公司在北碚本厂召开股东常会，卢作孚出席会议并担任会议主席。会上董事会报告了近期公司业务概况，

---

① 台北“国史馆”档案。

② 《川康兴业股份有限公司创立大会纪录》（1942 年 2 月 1 日），重庆档案馆藏。

③ 《川康兴业公司第一届董监就职式纪录》（1942 年 2 月 1 日），重庆档案馆藏。

④ 《川康兴业公司第一届董监第一次联席会议纪录》（1942 年 2 月 3 日），重庆档案馆藏。

⑤ 《川康兴业公司业务报告（三十一年上半年）》，重庆档案馆藏。

⑥ 《民生实业股份有限公司三十一年度概况》，《民国档案》1993 年第 3 期，第 32 页。

决定了此后营业方针，并决定公司资本在此前由 40 万元增加到 100 万元的基础上，再增加 400 万元，合为 500 万元①。

（二）三峡乡村建设实验区署正式改组为北碚管理局，由卢子英任局长②。北碚管理局隶属于四川省政府，相当于当时的一个一等县，北碚作为一个行政单位自此开始。

3 月 20 日　卢作孚与张嘉璈、王国华等一道商谈驿运方针③。

3 月 29 日　卢作孚在北碚缙岗新村天府矿业公司主持召开该公司第一届第五次董事、监察人联席会议，会议报告公司 1941 年盈余 97 万元④。

3 月 29 日　卢作孚在渝鑫钢铁厂股份有限公司重庆小龙坎土湾本厂主持召开该厂第十九次董监联席会议。

4 月 8 日　民生公司在重庆青年会召开第十七届常年股东大会，卢作孚被推举为大会主席。董事长郑东琴报告 1941 年公司总收入为 63688216 元，总支出为 64946863.23 元，品迭亏损 1258647.23 元⑤。卢作孚也发表讲话，讲至公司艰困，为国牺牲，公司员工宁受薄薪，轻生命，为国冒险服务处，不禁痛哭。参加大会的黄炎培在日记中记载感想道⑥：

（一）公司亏本，对不起股东，为抗战而亏本，公司对得起国家（董事长说），即是股东对得起国家。

（二）差轮津贴比战前仅大十二倍，轮船损失大多属于差轮（主席说），公司对得起国家，亦即股东对得起国家。

（三）生活费比战前大数十倍，客票比战前仅大十倍（主席说），公司对得起民众，亦即股东对得起民众。

（四）生活费比战前大数十倍，人员开支比战前仅大八倍（主席说），员工对得起公司，对得起股东。

（五）全体员工、全体股东听了这些话，对过去，大家该得到安慰，对今后，大家只有特别努力。

（六）没有国家，那哪有公司，中华复兴的一日，即我公司复兴

---

① 《大明染织股份有限公司股东常会决议录》（1942 年 3 月 1 日），重庆档案馆藏。

② 《北碚管理局奉令正式成立卢局长昨就职视事》，《嘉陵江日报》1942 年 3 月 2 日第 2 版。

③ 姚崧龄：《张公权先生年谱初稿》，台北传记文学出版社 1982 年版，第 313 页。

④ 《天府矿业公司第一届第五次董事监察人联席会议》，重庆档案馆藏。

⑤ 《民生实业股份有限公司第十七届常年股东大会决议录》，第 2 页，重庆档案馆藏。

⑥ 中国社会科学院近代史研究所整理：《黄炎培日记》第 7 卷，华文出版社 2008 年版，第 250—251 页。

的一天。全体员工、全体股东定要把国家复兴起来，同时把公司复兴起来。

大会讨论决定从特别准备项下，拨出70万元作为年度股息。同时重点讨论了《授权董事会向政府请求扩大股本，提高折旧标准并按物价指数增加差费及货客运价以保障公司生存案》，通过以下决议[1]：

甲、今后差轮一切开支，请由政府完全担任，不再用租费办法，以减少亏损。公司请求改善差轮运输事项，应以此条列为第一。

乙、客货运价，应请主管当局按照政府公布之物价指数按月为之增减，废止每间数月又请求增加一次之办法，以免互感烦扰。

丙、本案完全授权董事会办理，但如感觉须借重某一股东帮助之时，可分别请求股东予以有力帮助。

4月10日　卢作孚主持召开民生公司民生机器厂修造船舶会议，议决9只新船建造工程案等。

4月11日　黄炎培致函民生公司郑东琴、卢作孚，附对股东会感想[2]。

4月23日　民生公司在总公司召开第十七届第一次董监联席会议，郑东琴主持会议。卢作孚出席会议并建议[3]：

关于公司损耗情形与补救办法中有向政府请求扶助事项，请推举与政府有关系之董监率领公司主干人同赴政府，向蒋孔两院长及以下有关各长官恳切请求。

会议接受了卢作孚的建议，决定先准备完善的资料，然后召集会议分派有关董事承担该项工作。

4月29日　川康兴业公司举行第七次常务董事会议，卢作孚、邓汉祥、钱新之、戴自牧等人出席了会议，钱新之为大会主席，会议讨论通过

---

① 《民生实业股份有限公司第十七届常年股东大会决议录》，第4页，重庆档案馆藏。

② 中国社会科学院近代史研究所整理：《黄炎培日记》第7卷，华文出版社2008年版，第252页。

③ 《第十七届第一次董监联席会议纪录》，重庆档案馆藏。

了公司各项事务和业务[①]。

5 月 31 日　（一）卢作孚主持召开天府矿业股份有限公司第二届股东常会。（二）民生公司与中中交农四行签约，向四行借款 1 千万元修理船只，借期 2 年[②]。（三）到复旦大学讲演的郭沫若应卢子英之邀计划游览华蓥山，本日晚"在红崖嘴卢作孚先生的别墅里宿了一夜"[③]。之后，郭沫若因故改变行程，改赴合川游览钓鱼城，并写下《钓鱼城访古》一文。

6 月 1 日　全部国营的川湘川陕水陆联运总管理处正式成立，由薛光前负责，接收改组川湘联运处和嘉陵江运输处，退还招商局和民生公司的 2 万元股本[④]。改为全部国营后联运线承运的货物，"大半均系军公物资，商货则为数甚微，其上运物资，经签定合约，长期交运者，计有资委会之矿品机料等，宝天铁路及西北公路局之交通器材，川北盐务管理局之济陕官盐。下运者为花纱布管制局及豫丰纱厂之机棉，资委会、液委会等机关之油料，廿一军、卅一兵工厂之木枪托等项，余者仅为少数公商杂项货物"[⑤]。

［按］到薛光前 1943 年 5 月因病辞职为止，该联运线共承运物资 43500 吨，其中运达目的地的有 37100 吨，仍在途中的有 6400 吨。期间除短距离运输量不计外，每月重庆衡阳间直达运量上行下行物资共 900 吨，重庆广元间上行下行物资共计 1000 吨。

6 月 18 日　翁文灏在资源委员会与张嘉璈、卢作孚等商洽铁路铜料供应办法[⑥]。

6 月 25 日　民生公司在总公司召开第十七届第二次常务董事会议，钱新之等人出席了会议，卢作孚列席会议。面对公司的各种经营困难，卢作孚提出四项建议并得到会议采纳通过。他说[⑦]：

---

① 《川康兴业特种股份有限公司第七次常务董事会议纪录》，重庆档案馆藏。

② 交通银行设计处编：《交通银行后方生产事业贷款用途考察报告》，《民国档案》1991 年第 4 期，1991 年 11 月，第 43 页。

③ 郭沫若：《郭沫若全集·历史编》第 3 卷，人民出版社 1984 年版，第 353 页。

④ 薛光前：《我办理运输的实际体验》，《西南实业通讯》第 8 卷第 4 期，1943 年 10 月 31 日，第 13—14 页。

⑤ 中国第二历史档案馆编：《中华民国史档案资料汇编》第 5 辑第 2 编《财政经济》（10），江苏古籍出版社 1997 年版，第 404 页。

⑥ 李学通：《翁文灏年谱》，山东教育出版社 2005 年版，第 280 页。

⑦ 《第十七届第二次常务董事会决议纪录》，重庆档案馆藏。

查本公司收入甚微，支出颇巨，而新造及修复船只所需钢料狂涨不已，且修建竣工之船，复以资金周转不灵，设备未完，不能开航，致蒙重大损失。为解决上述各项困难问题计，兹拟具办法四项以谋补救：一、力求收支平衡，二、将短期债变为长期债，三、变卖破旧船只将所得价款用以建造新船，四、被炸打捞之船只，请政府给予修复费。是否可行，敬请常董诸公表决。

6月底　民生公司全部资产达到137328720元，比前一年同期增加73001704元①。

8月　民生公司经常航行船舶达到47艘，“实开该公司抗战以来之新纪录”。同时由于客运、货运、差运各项运费得到调整，民生公司本月航业部营业收入达到1200万元②。

8—12月　民生公司民生机器厂新建106尺木壳新船10艘中完成6艘，其中8—11月先后分别每月完成1艘，即第10号（乐山）、秀山、名山、屏山，12月完成彭山、眉山，“自此浅水轮船加入航行后对客货之运输帮助殊大，尤以枯水季节，大船不能航行之时，此六轮之功用更形显著”。其余4艘，预计1943年3月完成2只，5月完成1只，9月完成1只③。王洸在《中国水运史》中说④：

民生公司是航业后起之秀，它的突飞猛进，凌驾其它各轮船公司而上。尤其在抗战军兴以后，发展更快，其原因约有几项：（1）民生公司主要的业务本来在川江，国府西迁，川江运输繁要，几倍于往昔，民生公司以保有多数内河轮船，适应急切环境的需要，业务进展，自非其它公司所能及。（2）民生公司轮船，在抗战初期，未被征用，而在沪轮船，亦在江阴封锁以前，驶入长江，产业保全，毫无损失。（3）长江中下游轮船，自京沪武汉撤退，均感流亡之苦，民生公司得以廉价收买，增加它的运输力量。（4）陪都人才荟萃，民

① 交通银行设计处编：《交通银行后方生产事业贷款用途考察报告》，《民国档案》1991年第4期，1991年11月，第44页。

② 同上。

③ 《民生实业股份有限公司三十一年度概况》，《民国档案》1993年第3期，1993年8月，第32页。

④ 王洸：《中华水运史》，台北商务印书馆1982年版，第275—276页。

生公司大事罗致，内外管理亦多改善。以上各项，时势人谋兼而有之，所以民生公司股本，在三十年间业已增至七百万元，计有轮船七十一艘，合二一〇〇〇总吨，比较战前，增加真是不少。经营的航线，以重庆为起点，长航有渝巴东、渝万县、渝泸县、渝宜宾、渝乐山等线，短航有渝涪陵、渝长寿、渝唐家沱、渝寸滩、渝江津、渝白沙、江津白沙、泸县宜宾、渝童家溪、渝合川、宜宾屏山、合川南充等线。就营业区域来讲，通达川江、长江、岷江、嘉陵江、金沙江，范围很广，实开川省航业界的新纪元。民国三十一年，又有山字号九艘浅水轮船落成，船名乐山（一七八总吨）、屏山（一七八总吨）、秀山（一七八总吨）、彭山（二二〇总吨）、巫山（一七八总吨）、壁山（一七八总吨）、梁山（一八三总吨）、营山（二三二总吨），眉山（二二九总吨），先后参加营运，运输力量更大，业务愈益扩展，始终执川江航业的牛耳。

8 月 19 日　川康兴业公司举行第十七次常务董事会议，卢作孚、邓汉祥、钱新之、戴自牧、何北衡等人出席了会议，钱新之为大会主席，总经理邓汉祥报告了与四川省政府合作兴办农业供应公司、机械厂、水泥厂等各项事业的正式名称、董事长、经理人员或筹备人员组成等，并获得通过，其中农业供应公司改为川康农业公司，经理由刘伯重担任；川康机器厂由钱新之、邓汉祥、胡子昂为筹备委员①。

9 月 20 日　翁文灏与卢作孚晤谈，认为政府应改良财政支配办法，停止不必要的开支②。

9 月 24 日　北碚嘉陵江三峡地区，抗战以来聚集了人数众多的专家学者。《嘉陵江日报》载③：

> 本区专家，当局正在办理统计中。据确息全局专家，至少在两千以上。除陪都、成都两地外，此地荟萃人才最多。当局曾奉省令筹组建设委员会，以促进地方建设。闻并将召开筹备会，一俟奉令正式成立，即将请由省府延聘专家担任建设委员，以扶持地方一切建设事业云。

---

① 《川康兴业特种股份有限公司第十七次常务董事会议纪录》，重庆档案藏。

② 李学通：《翁文灏年谱》，山东教育出版社 2005 年版，第 288 页。

③ 《峡区人才荟萃，专家在两千以上》，《嘉陵江日报》1942 年 9 月 24 日第 2 版。

9月 （一）卢作孚担任中华职教社都江职业学校和北碚北泉图书馆董事[①]。（二）民生机器厂建造新船进展顺利，民生机器厂厂长周茂柏撰写《民生机器厂建造第七号至第十六号新船经过概要》载[②]：

抗战以来，本厂为本公司建造之新船，为数共计十有六艘，在初设计建造时，以无确定名称，统以号数相呼，即所谓一号至十六号新船是也。其中第一号船及第四号船为同型姊妹船，于29年10月及30年9月先后出厂，即今行驶渝叙、渝万等航线之民文、民武两轮。第二号及第三号船亦为同型姊妹船，于30年冬及31年春先后出厂，即今行驶渝合、渝津等航线之民捷、民悦两轮。第五号船于30年5月出厂，即今行驶渝合等航线之民同轮。第六号船为本厂工作船，并可作拖船使用，亦于最近完成试水。以上均系完全成功之船，此外，第七号至第十六号新船共10艘，全为同型姊妹船，开始设计于28年冬，正式兴工于29年春，历时2年有余。现已开始次第落成，其中最先完工之一艘为第10号新船，定名为乐山，已正式加入航线行驶。其次为第8号新船，定名为屏山，亦已全部完工。其余预计每月完成一艘，至32年春季，全部当可告竣。

七号至十六号新船当初设计时，颇费苦心。（一）在船壳方面，因鉴于后方钢铁材料之日趋缺乏，故决定改用木壳，……以此新船所采用者，则为四川本地之木料……（二）在机器锅炉方面，过去多向国外购置，如一号民文、四号民武两轮，前者系利用鸿江轮机器，锅炉则向英国固敏厂订购。后者则系利用民强原有机器锅炉，经本厂加以修改添配改装而成。至建造二号民捷、三号民悦时，则不变旧观，机器系委托恒顺厂所制，锅炉则由本厂自造。考高压水管锅炉，过去国内尚未能自制，良以此类锅炉水压试验，每平方吋须达425磅，工作技术稍差，即不易达到。……当27年杪决定建造时，由沪招募特殊锅炉工人9名至渝，只旅费一项，已达5000元。以彼时物价而论，所费颇属不赀，足证本厂对此项工程重视之一斑。故自二、三两号船机器锅炉成功后，遂决定继续将七号至十六号10艘新船之机器，仍委托恒顺机器厂代制，锅炉仍由本厂自建。恒顺机器厂至今

① 台北“国史馆”档案。

② 周茂柏：《民生机器厂建造第七号至第十六号新船经过概要》（1942年9月），重庆档案馆藏。

40余年，为国内有数之机器制造厂，其出品之准确精良，已驰誉遐迩。……至本厂自制之锅炉，以有招募特殊技工于先，复经监督工作人员之多方研究，故制造均能达到工程规格。觇诸第十号乐山轮及第八号屏山轮完成试航获得圆满之结果，即可知此项机器、锅炉之制造，殆已达成功之境。……

七号至十六号新船先后设计监造负责人一览

总工程师　周茂柏　陈仿陶

副总工程师　叶在馥

工程师　麦乃登　郭子桢　吴贻经　陈鹤桐

副工程师　李利耀　贾承平　刘幼煊　梁益智

秋　著名财会专家潘序伦创办的立信会计专科学校迁渝后再迁到北碚中山路[①]。

［按］立信会计专科学校于1945年秋附设高级会计职业科和函授部，1946年迁返上海。

10月1日　大明染织股份有限公司在北碚本厂召开股东会，卢作孚出席会议并担任会议主席。会上董事会报告了公司新增400万元股款已经收足和认购股款的经过情况，会议还根据资本额变动的情况，讨论并修改了公司章程，选举了新的公司董事和监察人，卢作孚等九人为董事，彭瑞成等两人为监察人[②]。

10月2日　翁文灏与卢作孚等商谈西北建设计划[③]。

10月3日　卢作孚在重庆主持召开民生公司民生机器厂厂务会议。

10月4日　交通部240名参加国民党中央训练团第二十一期党政训练班的受训人员受训期满，为此交通部在本日晚特别聚餐招待。卢作孚作为交通部次长发表训话，谓[④]：

今日环境之艰难，远过于战争之初期：物价之高涨，材料之缺乏，人事管理之困难，均为吾人严重之威胁，而吾人之收入，又不能

① 符礼方：《立信会计专科学校在北碚》，《南浦新声》第2卷第1期，1945年，第25页。

② 《大明染织股份有限公司股东会决议录》（1942年10月1日），重庆档案馆藏。

③ 李学通：《翁文灏年谱》，山东教育出版社2005年版，第288页。

④ 卢作孚：《困难正为吾人毅力之试金石》，《抗战与交通》第95期，1942年11月16日，第1555—1556页。

随物价而增高，如电政邮政，每月亏空甚多，故自部座以至各司处同仁，无时无刻不为所有人员之待遇着想。当然吾人不能解决整个困难，不满意自所难免，但必须将困难支持，国家之危急存亡，系此关头，今日之困难，非三五年前所能比拟，但困难正为吾人毅力之试金石，吾人必须鼓起勇气，竭尽所有之力量，克服此困难。吾人困难之克服，即为交通事业困难之克服；国家之存亡，未来国家地位之提高，均在吾人肩上。吾人须忍耐现在之痛苦，取得将来无穷之希望，以今日所有之基础与机会，作一番稳定与预备之工作，以待军事转变，恢复时期之发展，此为部座平日谆谆之训嘱，愿与同仁共勉，并望在离渝之前，尽量与各司处交换意见，以研究各方面交通困难克服及稳定之道。

10月10日　重庆私立北泉图书馆在北碚缙云山麓的北泉公园正式开馆。

［按］该馆从本年1月起经过9个月的筹备工作建成，卢作孚、杨家骆、邓少琴为常务董事，邓少琴为理事长，杨家骆兼任馆长[①]。藏有书刊计7027种，51250卷，14563册，另有古器风物2000多件，美术作品1000多件。馆章规定宗旨七项，包括搜集整理关于西南史地资料，成立专藏以为设立西南史地研究所之准备；搜集整理川人著作及有关西南的著作，成立专藏，编辑四川先哲遗著及西南掌故丛编；搜集整理关于中国宗教史资料成立专藏，以为成立中国宗教研究所的准备，等等。到1944年4月，藏书等已经大为丰富，其中书籍有15503种48375册，期刊1458种6700册，日报42种，特藏稿本27种502册，板片17种1528面，拓片2310种3052张，古物4361种7040件，成为一个藏品相当丰富的图书馆。

10月13日　民生公司与交通银行签约，向交通银行借款一千万元添购五金物料，借期两年。至此民生公司共向中、中、交、农四行借贷四笔款项，共计金额2800万元。交通银行报告认为：民生公司还债能力甚强，“对于债款系全力用于扩充船舶，储备物料，以臻固公司基础，作为战时战后整个控制航业之准备”[②]。

10月14日　卢作孚领衔具文北碚管理局卢子英请转呈四川省政府教

① 《私立北泉图书馆缘起》，重庆档案馆藏。

② 交通银行设计处编：《交通银行后方生产事业贷款用途考察报告》，《民国档案》1991年第4期，1991年11月，第43、46页。

育厅为北泉图书馆办理备案。呈文谓[①]：

呈为呈请转呈备案仰乞核准事：窃考北泉公园，位于缙云山脉横渡嘉陵江流之断港中，水木明瑟，冠绝川东，游履时至，不自今始。缙云山传为黄帝合乐之所，路史轩辕有子曰缙云氏，或为得名之由。惟书简脱阙，文献有难征之叹。嘉陵江乃巴子之故宇，汉族尝沿入奠于斯土者，此则近世治史者及考古家僦共认，几为定谳者也。经此断山成峡，削石为峰。刘宋伽蓝渐起，遗塑尚存。唐宋石刻，犹多可考。赵宋并敕赐寺额，颜曰崇胜。理学大师周濂溪先生过此，曾序刻彭应求诗置诸寺堂。至元温塘之名乃见著于正史。旧刹接引、大雄两殿，为明代遗筑。观音殿成于清同治间，虽岁月不远，然全宇以铁民石柱构成，工程伟巨，在今日即数百万金亦不能办矣。民国十六年五月作孚利其有温泉以筹办公园，事委之少琴。经营十有五载，乃有今日。自抗战幕启，其地密迩陪都，行在冠盖，休沐时至。四方学者，亦咸以此为其藏身休游之所。一岁之中，过客无虑十数万众。顾园丁之旨，原不以此为一游览区域，遂谓不负江山之胜，且拟恢弘其在历史上及地理上之特征，举办教育文化事业，使于川东文化，成一中心区域，则北泉一泓所沾溉于斯世者，将益广且大矣。适家骆自南都陷敌，于民国二十七年春以史纂阁所藏《国史通纂》、《民国史稿》及《中国学术百科全书》、《中国图书大辞典》稿本卡片资料八十余箱，捆载西来，修撰于园中，遂共议就北泉原设图书室，扩充为私立北泉图书馆，以为北泉次第举办各文化事业之准备。先是民国二十七年秋，公园已设立有私立北泉小学，经呈准官厅备案。兹乃复出其历年购藏之图书万数千册，古器风物二千余件，美术品千余帧，以奠本馆之础石。计自本年一月延聘董事，经九月之筹备，并互推家骆兼任馆长，乃得于今岁双十节开馆，以倡导学术之研究，辅助社会教育之推行。理合检同备案应呈事项册及馆章各一件，具文申请查核，转呈本省教育厅报部备案，伏乞俯准，实为公便！谨呈北碚管理局卢（子英）。

私立北泉图书馆董事会常务董事　卢作孚　邓少琴

常务董事兼馆长　杨家骆

---

① 卢作孚等：《设立北泉图书馆呈请转呈文》（1942年10月14日），重庆档案馆藏。

《私立北泉图书馆馆章》中关于该馆宗旨规定有七项[①]：

本馆宗旨如次：一、搜集整理关于西南史地资料成立专藏，以为设立西南史地研究所之准备；二、搜集整理川人著作及有关川省之著作并调查其存版，成立专藏，编刊为四川先哲遗著及四川掌故丛编；三、搜集整理关于中国宗教史资料成立专藏，以为设立中国宗教史研究所之准备；四、搜集整理关于中医研究资料成立专藏，以为设立中国医药研究所之准备；五、搜集一般参考书报及中西书籍以供北泉居民及游客之阅览，以提供学术研究风气，而辅助社会教育之推行；六、搜集整理各项博物、美术品成立陈列室，以为析设博物、水族、金石、音乐、美术等馆之准备；七、附设图书、博物、美术品流通服务处以予学者及文化学术机关以便利。

10月23—25日　西南联合大学著名教授潘光旦到重庆参加完全国社会行政工作会议后，专程到北碚畅游和访友，留下《北碚纪游杂诗》10首。兹录其中四首如下[②]：

三载渝州四驻鞭，北泉未到总怏然。江头此日驰驱疾，山水前因文字缘。

金刚碑下穿三峡，猪石滩头争一门。不信瞿塘堆更险，萍踪过此已惊魂。

剧盗聚时三不管，名园成后一齐来。十年理乱犹翻掌，莫怪人称卢氏才。

（原按：北泉介巴、壁山、合川等四邑间，旧为盗薮，有四不管之称，合川卢作孚氏昆仲锐意经营之，始有今日，为时仅十五年耳。）

铁瓦寺成博古区，谱来掌故积锱铢。但看王贾先型在，便识愚公实不愚。

10月　《经济建设季刊》第1卷第2期刊载王洸《战时航政与航政建设》一文，文章说：民生公司抗战以前的发展“突飞猛进，有凌驾其它

① 《私立北泉图书馆馆章》，重庆档案馆藏。

② 潘乃穆、潘乃和编：《潘光旦文集》第11卷，北京大学出版社2000年版，第24—26页。

轮船公司而上之势。尤其抗战军兴以后，挺进更速”。文章分析民生公司在战时迅速发展的原因有四个方面：1. 民生公司的业务本在内河航运的川江，轮船多数为内河轮船，与其它轮船公司相比更能适应后方环境的需要；2. 民生公司轮船在抗战初期未被征用，在上海的轮船也于江阴封锁以前驶回长江，损失较少；3. 民生公司廉价收购自长江中下游撤退的轮船，增加其运输能力；4. 民生公司大事罗致陪都人才，内外管理也得到改善。总之[①]：

> 时势人谋，兼而有之。故该公司股本，业已增至七百余万元。现有轮船八十七艘，合二万一千余吨，比较战前增加不少。经营之航线，以重庆为起点，长航有渝巴东、渝万县、渝泸县、渝宜宾、渝乐山等线，短航有渝涪陵、渝长寿、渝唐家沱、渝寸滩、渝江津、渝白沙、江津白沙、泸县宜宾、渝童家溪、渝合川、宜宾屏山等线。就营业流域言，遍达川江、长江、岷江、嘉陵江、金沙江，范围之广，开川省航业界之新纪元。

11 月 1 日　卢作孚回北碚考察各项事业进展情况，并与各事业负责人个别谈话，指示改进办法。《嘉陵江日报》载[②]：

> 卢次长作孚，昨除引导徐次长等参观，并由卢局长（子英）陪同参观管理局所属各事业。卢氏对于各事业等工作概况垂询甚详，并与各事业负责人个别谈话，指示对该事业改进方针云。

11 月 20 日　川康兴业公司举行第五次董监联系会议，卢作孚、邓汉祥、钱新之、黄季陆、吴晋航、刘航琛、潘昌猷、何北衡、康心如、孙越崎等 23 人出席了会议，张群为大会主席，会议讨论议决了投资 300 万元与四川省政府合组四川农业公司案、投资 1000 万元与四川省政府合组四川机械公司案等有关各项公司事务。

11 月 24 日，何北衡夫妇在其家求精中学 97 号设宴招待黄炎培夫妇

---

① 王洸：《战时航政与航政建设》，《经济建设季刊》第 1 卷第 2 期，1942 年 10 月，第 54、55 页。

② 《卢次长参观局属各事业并指示改进方针》，《嘉陵江日报》1942 年 11 月 2 日第 2 版。

等，卢作孚到场。《黄炎培日记》载[①]：

> 夜。何北衡夫妇招餐其家求精中学97号，岳军、公权、光甫、禹九、啸梅、魏某（金大理学院院长）夫妇、作孚等，对余夫妇表示欢贺。

11月25日　川康兴业公司举行第二十一次常务董事会议，卢作孚、邓汉祥、钱新之、潘昌猷、何北衡等人出席了会议，钱新之为大会主席，会议讨论议决了有关各项公司事务。根据卢作孚提议，会议决定动用川康兴业公司与民生公司合作购料款项购买曲江制糖厂出售的大批器材，设立糖厂，剩余器材供应民生公司及其它方面的需要[②]。

12月7日　卢作孚在重庆主持召开民生公司民生机器厂厂务会议。

12月15日　卢作孚呈请辞交通部次长职，未获批准[③]。

12月30日　川康兴业公司举行第二十三次常务董事会议，卢作孚、邓汉祥、钱新之、戴自牧、秦汾等人出席了会议，钱新之为大会主席，总经理邓汉祥向会议报告了四川机械公司和四川农业公司的组建情况，其中四川机械公司原拟由钱新之担任董事长，但由于钱事务太多，改由卢作孚担任董事长。会议还讨论议决了其它有关各项公司事务[④]。

12月底　截至1942年年底，民生公司运输“兵工器材约17万吨，壮丁部队约200万人，军品辎重约26万吨，其它工商物资，尚未计入”[⑤]。而同一时期，国营轮船招商局，从1937年8月13日到1939年年底，承运军队50万人，军用品19万8000吨，公物8万8000吨，商货19万2000吨，旅客难民36万人。[⑥] 值得注意的是，宜昌撤退时，集中在宜昌的招商局轮船得到民生公司帮助借调一批领江，公司并自己雇佣了一批，使得宜昌的招商局10所艘轮船得以撤退到重庆保养。同时，还将三

---

① 中国社会科学院近代史研究所整理：《黄炎培日记》第8卷，华文出版社2008年版，第37页。

② 《川康兴业特种股份有限公司第二十一次常务董事会议会议纪录》，重庆档案馆藏。

③ 姚崧龄：《张公权先生年谱初稿》，台北传记文学出版社1982年，第333页。但《嘉陵江日报》1942年12月17日第1版《交通部曾部长到部视事》报道“已获批准”。

④ 《川康兴业特种股份有限公司第二十三次常务董事会议会议纪录》（1942年12月20日），重庆档案馆藏。

⑤ 龚学遂：《中国战时交通史》，商务印书馆1947年版，230页。

⑥ 同上书，229页。

北、大达等轮船公司以及海军、海关等滞留在宜昌的较大船舶和舰艇引航驶入川江，数达百艘以上[①]。

［按］魏文翰在《民生实业公司与川江航运》中提供的抢运数据，与龚学遂书中的上述数据完全相同[②]。可见数字很大，但是可信的。另据邓少琴记述，抗战后期，招商局不仅高价从民生公司挖走大副施祖传等，招商局主持人徐学禹甚至扬言："要吃掉民生公司卢作孚"[③]。

本年　（一）谢家声任所长的中央农业实验所迁到北碚黑龙江路76号，第二年在北碚天生桥购地414亩，辟为天生桥试验场。

［按］该所在北碚期间，在改良农作物的品种以及栽培方法、防治病虫害等方面都取得相当成绩。该研究所还与原来的西部科学院农林研究所部分人员一道，合办中央桐油实验场，培养了许多农业技术人才。此外中央农业实验场还办有湄潭茶场、药剂制造厂、农报社，开展农艺、园艺、蚕桑、农业经济等方面的研究，培育优良农业品种，推广农业技术，取得很大的成绩。1944年6月22日，访华的美国副总统华莱士曾经到该农业实验场参观访问。1946年中央农业实验所迁回南京，天生桥所址改为研究所直属农事研究场。

（二）上半年民生公司航业部平均每月收入537万余元，比前一年同期约增一倍以上[④]。

（三）到年底，民生公司共有大小轮船84艘，拖轮7艘，共计91艘；此外尚有铁驳21艘，木驳119艘，以吨位计，共26278吨；职工达到6687人，公司股本700万元，资产增加到18580万元，其中公司储存各项物料总值已达2700余万元，复协助民生机器厂购储物料价值达2600余万元。本年公司共计收入146594022元，支出155083165元，收支相抵，共计亏折8489143元[⑤]。

（四）就卢作孚个人而言，所患脉搏间歇症等病痊愈。国民政府中

---

① 王世均：《孔宋官僚资本是怎样阴谋吞并民生公司的》，《文史资料选辑》第49辑（合订本），中国文史出版社2000年版，第162页。

② 魏文翰：《民生实业公司与川江航运》，《交通建设》第1卷第12期，第18页。

③ 邓少琴：《邓少琴西南民族史地论集》，成都巴蜀书社2001年版，第1077页。

④ 《三十一年上期民生公司动态报告》，《民国档案》1991年第4期，1991年11月，第39页。

⑤ 《民生实业股份有限公司动态报告》，《民国档案》1991年第4期，1991年11月，第46—47页；《民生实业股份有限公司三十一年度概况》，《民国档案》1993年第3期，1993年8月，第29、32页。

央机关科长以上人员调查报告中有两份关于卢作孚的报告，其一内容云[①]：

> 卢作孚 年四十八岁，四川合川县人，四川师范学校毕业，曾充小学教员、民生公司总经理、四川省建设厅长、全国粮食管理局局长，现任交通部常务次长。
>
> 人：短小精干，品性坚毅，工于谋划，善用人。其办法为经考验后继以实地训练，严加管束，并保障其生活，使能安心发挥所长。其特点其所主持之民生公司为国内有数之大企业，亦即卢氏之一杰作。与张岳军氏关系密切，并为张岳军氏与张公权氏间之沟通人。
>
> 事：处事勤劳切实，富有研究精神，年来不到部办公，亦无政绩，但对民生公司及川江航运仍时注意，盖彼之毕生事业基础即寄于是。

另一份内容云：

> 卢作孚 财政部贸易委员会副主任委员（前任），年四十八岁，四川合川县人，民生公司总经理，兼任四川建设厅长。
>
> 人：性情温和，精明干练，学识平常，品行尚佳，作事勇于负责，惟体力太弱，影响事业甚大。
>
> 事：该员系一才能兼全之事业家，创营民生公司颇著成绩，兼充交通部常务次长，办理交通工作甚有经验，对所任工作事无大小，躬亲检理，处事确实，工作努力，以致积劳成疾，患肺病甚剧，近已去职。

［按］两份报告，内容颇多错讹，如年龄如何也不是48岁，学历更无四川师范学校毕业之事，言卢作孚已离任交通部次长职务，也非事实。调查员工作敷衍塞责，马虎从事，可见一斑。惟两份调查中若干内容，当能反映当时政界对卢作孚的一般看法，在某些方面，尚有若干独到的内容可供参考。故录之以备研究者参考。

---

① 台北“国史馆”档案。

1943年（民国三十二年）50岁

1月4日　《嘉陵江日报》载《北碚管理局现况》一文，介绍北碚管理局民政、财政、文化、经济等各方面情形。其中民政方面：面积1800方里，耕地6892亩；人口16299户，87544人；与农林部、中国农民银行合作在朝阳镇19保办理扶植自耕农实验；防空洞118个，可容28154人等。在文化方面：迁建到该区的科学机关有20多个单位，学校包括复旦大学等在内的各种层次的教育事业单位等。经济方面：全区水稻、杂粮所产，仅足两个月之需；全区有大小煤矿30多个，大小石灰厂、砖瓦厂30多个；有纺织、造纸、面粉、化学等工业①。

年初　卢作孚到成都洽商四川机械公司筹备成立各项事务，结果决定将该公司资本额由原定2000万元增加为3000万元，增加的1000万元由经济部、交通银行和川康兴业公司各认250万元，其余250万元由川康各银行分认。同时决定了该公司董监人员名单，董事有卢作孚、邓汉祥、吴晋航、金锐新、石体元、萧筀生、程觉民、潘昌猷、熊哲帆、宁芷村、谢济生，以卢作孚为董事长。监察人为康心之、杨粲三、张丽门、税西恒、胡叔潜。

1月8日　四川机械公司公司举行成立会，同时举行董监联席会议，通过公司章程，并决定公司业务为电机及机械制造等②。在该公司，民生公司有30万元投资③。

1月13日　川康兴业公司举行第二十三次常务董事会议，卢作孚、邓汉祥、钱新之、戴自牧、何北衡等人出席了会议，钱新之为大会主席，

---

① 《北碚管理局概况》，《嘉陵江日报》1943年1月4日第4版。

② 《川康兴业特种股份有限公司第二十三次常务董事会议会议纪录》（1943年1月13日），重庆档案馆藏。

③ 中国第二历史档案馆编：《中华民国史档案史料汇编》第5辑第2编《财政经济》(6)，江苏古籍出版社1997年版，第246页。

常务董事卢作孚报告了到成都筹备成立四川机械公司的情况。会议还讨论通过了增加对四川机械公司投资250万元，合计投资总额为1250万元的投资案等[①]。

1月15日　卢作孚出席西南实业协会主办的星五聚餐会，并讲演《三十二年度生产计划》，谓[②]：

> 今日限价中种种技术问题，已有管理当局负其责任，而吾人欲解决限价问题，最积极有效者，即为解决物品需要问题。今日之生产事业，原料销场均有困难。物价不断增高，最大之威胁为：赚钱不够者固为折本，所赚之钱不能使购买力存在亦为折本。物价之增加，已不仅作等差级数之增加，而为等比级数之增加，计算物价指数亦不能选定某一日为基准，而须以每前一日为基准。故愈久已愈可畏，生产事业亦愈感困难。同时，交通不便，资金原料不敷，销场不宽等等问题，未必因限价即能解决。但如吾人真能配合，则不但限价可以有效解决，各种问题均应有效解决。关于此点，本人已有若干意见提供政治当局，余以为配合二字，政府与民间同样适用，今日愿就民间配合一点为实业界同人言之。
>
> 财政、金融及交通等等整个社会配合，生产问题方能解决。今日舍财政、金融而仅言及生产与交通之配合。生产与交通之配合极为重要。三四月前，余与燃料管理处郑处长讨论燃料之需要，当时一月所需不过五万吨，需要若是增加，而供给并未按比例配合增加，于是乃有最近燃料之恐慌。所谓配合，不仅今日需要今日配合，更需要今日配合明日之需要，任何事情，皆需要与政府取得联络，不能专责政府；同时任何部分，一方面解决本身问题，一方面须使本身与周围配合，设法解决全盘问题。如吾人可根据本月之用煤量以估计下月之用煤量，重庆用煤之增加，不由于人口之增加而由于工厂之增加，故如工厂与燃料管理处取得联系，使其明了最近之用煤增加情形，生产方面有此估计为据，自可谋增加产量。且工厂不断增加，故未开工前即须预算吾人之需要，与燃料机关取得联系，燃料机关可资以筹划下月

---

① 《川康兴业特种股份有限公司第二十三次常务董事会议会议纪录》（1943年1月13日），重庆档案馆藏。

② 卢作孚：《三十二年度生产计划》，《西南实业通讯》第7卷第2期，1943年2月28日，第31页。

之分配与供应。一方面又需要预计矿厂生产若干，运出若干，燃料机关将需要与供应作一配合，即可知差额若干，加以补救。

在煤之产量，冬季多而夏季少，故冬季如何为夏季储备稳定量，亦须有准备，加以详细研究，某矿可以增加若干，某线运量可以增加，于是乃将煤之生产量需要若干，设备若干，运输工具若干，作一统盘之配备，则煤之供应价格自可稳定。近年来粮价稳定，即赖粮米供应之稳定。近数月来钢铁价值最为稳定，即以钢铁根本滞销之故。故任何物品之生产，须视需要为转移。又如去年棉花生产未确定前，棉价相当平稳，待生产量一旦确定，不够供应需要，棉价立涨。虽棉花减产有种种原因，为余所尚不知者，但如纱厂希望纱价稳定，必须棉价稳定，即必须与棉花生产相配合。各纱厂联合尚不能解决此问题时，则仍需与政治机关联合，或关系农林部，或关系省政府，均需设法配合，并须立即配合，否则下半年困难即将莅临。故为本身着想计，并须为整个着想，为纱厂着想之外，尚须为整个后方所需要之棉花着想，计算各省之产量；如感觉不敷，即须增产，而增产又须于未种植前决定。增产方法，政治力量以外，更需要经济力量；即保证种棉花者每亩所得之利益必在水准之上，如产后无法销售，则由政府金融机构及商业机构负责购买。再棉花生产期较其它农产品时间长，为保证棉花生产，又需与金融机关相配合，使棉花生产能得更多更长之周转资金，此种种方面之息息相关，尤可表现配合之重要。

就周转资金论，目前实为最困难之时期，因赚钱不足原来购买力之存在，均为亏折现象，而致周转不灵。欲解决该项问题，必须与银行配合，赵先生仅言战后生产事业与银行之配合，吾人则希望目前即有详细之配合办法。今日资金配合问题，颇不易解决（限价以后，当无此问题），盖过去三五万之周转资金，在今日则需数百万，此数欲银行负担，亦极困难；商业银行周转资金既有困难，国家银行之周转亦非毫无限制，故吾人须于商业工业之配合求周转资金困难之减少。余常觉生产商品不能供给需要之时，商品之转移仅为所有者之转移，即成为静止之状态，囤积之现象乃生。如商品继续不断供给，则成为动的状态，由工厂至商人而消费者，源源而出，囤积者不打自倒，但求商品源源供给，必须有周转资金，余深望生产事业中各位能够联合与金融事业者作一研究，如何使生产者手中货物不断轮流抵押。现在货物抵押在取缔之列，实则在商人方面应予取缔，至于生产者则应予以原料准备量，如自甲地至乙地，运输需时若干，则转运时间内之周转，即应研究设法。

现在金融界周转资金不足，国家银行所负责任太大，不但负生产事业之责任，并须负商业银行之责任，但国家银行或商业银行尚有一途可增加其力量。赵先生希望吸收民间资金，所谓吸收民间资金，金融方面为吸收存款，生产事业即接受股份。以金融力量吸收存款论，在都市商业较为发达之地，资金均相当紧缩，亦可谓其力量未达普及于各乡村之程度。中国之邮政事业，自清末提倡以迄于今，穷乡僻壤，凡有信件，无不投递邮局者；如仿此再造一运动，配合金融力量，使每县每乡今日以前有邮局，今日以后有金融事业，今日以前有交信之服务，今日以后有存款支付之服务。银行过去提倡十年二十年之储蓄，战时不希望此种长时期之准备，今日存入，明日即可取出。存取既如此便利，数额必相当巨大。因凡有交易必有银钱，凡有银钱必经过银行；现在糖之营业一年即在十万万以上，仅占四川省农业中百分之一耳。故余深信金融服务如较周到，则存款必有相当之数量，虽因准备金较高而不能尽量利用，但准备金以外仍可利用，虽不能长期运用于生产事业，然可用于周转资金。

1月27日　（一）川康兴业公司举行第二十四次常务董事会议，卢作孚、邓汉祥、钱新之、戴自牧、何北衡等人出席了会议，钱新之为大会主席。会议讨论议决了有关各项公司事务，包括以低于每吨6500元政府限价的价格每吨5300元的价格收购民生公司物产部所存渝鑫钢铁厂所产25吨元铁一案[①]。（二）卢作孚、何北衡作为民生公司代表应张嘉璈约请与金城银行代表戴自牧、徐国懋以及中国农工银行代表齐青云、钱祖龄等讨论《中国企业联合公司章程》。[②]

［按］组织中国企业联合公司事由沈熙瑞、蔡承新等于本年1月19日向张嘉璈提出，两人认为战后兴办实业，应先联合企业界已有基础的朋友，组织企业联合公司。21日沈熙瑞与张嘉璈商定发起组织中国企业联合公司，并决定邀请民生实业公司、金城银行、中国工农银行、华侨银行、华义公司、南洋企业公司加入。

1月30日　卢作孚在渝鑫钢铁厂股份有限公司重庆土湾本厂主持召开该厂第二次临时股东大会。

---

① 《川康兴业特种股份有限公司第二十四次常务董事会议会议纪录》，重庆档案馆藏。

② 姚崧龄：《张公权先生年谱初稿》，台北传记文学出版社1982年版，第333—334页。

2月　经重庆轮渡公司议决，该公司与民生公司彻底合作，该公司原有股票1元作4元售于民生公司，其中官股5万元也由四川省政府核准，作价20万元售于民生公司。

[按] 经此作价转让之后，该公司原有资本40万元，实际上已经变为160万元。到本年10月，经临时股东大会议决，资本增值为320万元，另招新股180万元，合计为500万元①。

3月7日　中国科学社在北碚兼善礼堂召开二十三届年会第一次筹备会议，卢作孚主持会议，会议议定了各项筹备工作②。

3月上旬　陶行知为育才学校举办国画预展茶会致函卢作孚，谓③：

> 日前奉访未晤，至怅。敝校近约名画家赐画百幅，于三月十六日三时预展，以期标卖，藉资补助。尚希介绍数友，驾临共观厥成。请柬列名者有张仲老、许静老、冯焕公，皆已允许，希望我公亦俯允列名，以资提倡。贵友通信处务望即予开示，以便缮发请柬。专此奉商，祗候示复。敬颂康健！

3月11日　午后，民生公司举行第十七届第三次董监联席会议。

3月中旬　陶行知为育才学校举办国画预展茶会，再次致函卢作孚表示感谢并邀请参加，谓④：

> 敝校举行育才之友国画预展，承蒙介绍贵友参加，高谊如云，至为感激。请柬已于今日依据尊示名单发出。本月十六日午后三时在青年会举行之预展茶会，务希光临，以期莅会诸友宏结善缘，嘉惠难童，各取所好，藉资纪念。

3月15日　黄炎培致函卢作孚⑤。

3月19日　（一）国民政府行政院同意民生公司发行公司债八千万

---

① 杨及玄：《重庆轮渡公司的展望》，《西南实业通讯》第14卷第1、2期合刊，1946年8月30日，第12页。

② 《中国科学社廿三届年会昨召开第一次筹备会》，《嘉陵江日报》1943年3月8日第3版。

③ 戴自俺主编：《陶行知全集》第8卷，四川教育出版社1991年版，第488页。

④ 同上书，第489页。

⑤ 中国社会科学院近代史研究所整理：《黄炎培日记》第8卷，华文出版社2008年版，第81页。

元，由各国家银行协助承销，作为修复轮船及清理债务之用。同时要求民生公司资本总额由7百万元增加到8千万元，允许缓征直接税①。

［按］这是民生公司第三次发行公司债。

（二）重庆防空司令贺耀组在何应钦主持的军事委员会各部院会厅会报上报告：日前寇机袭万县，所投者半系延期信管炸弹，有落地逾五六小时或十时以上爆炸者，万县死伤颇多，轮船沉没三搜，运输用之大木船，沉没十余。民生公司的民主轮，满载乘客下驶，闻警后停航，乘客均离轮，潜伏江岸附近。寇机将民主轮炸毁后，并以机枪扫射江岸乘客，死伤特重。② 宋师度后来曾回忆说③：

> 某船长一家数口，在万县被炸，到渝相见，握手痛哭，劝止后发出最悲壮语，最热烈语。他言道："家人虽死，我绝不灰心，活一天，为事业努力一天，莫得家庭，公司即是家庭，莫得骨肉，同事朋友，即是骨肉。"

3月29日—4月12日　三民主义青年团第一次全国代表大会在重庆召开，会期共有15天，蒋介石在开幕式和闭幕式上都讲了话。会议期间，卢作孚由蒋介石聘任为评议员④。

［按］本年稍后，三青团第一次全国代表大会调查报告中有关于卢作孚的材料，谓⑤：

> 卢作孚　四十九岁，四川合川人。
>
> 身材矮小，性冷静，有事业心，有才干，学职差，善活动，初营实业，后转入政界。社会经验宏富，资产颇丰，主管民生公司，有相当成绩。
>
> 曾任贸易委员会副主任、四川建设厅长、全国粮食管理局长、川康经建会常委等职，原任交通部常务次长，曾养甫继任部长后辞职，

---

① 中国第二历史档案馆编：《中华民国史档案资料汇编》第5辑第2编《财政经济》（10），江苏古籍出版社1997年版，第574页。

② 何成浚著、沈云龙校注：《何成浚将军战时日记》上册，传记文学出版社1986年版，第234页。

③ 《1950年第二次业务会议报告》，第20—22页，重庆档案馆馆藏。

④ 周开庆：《卢作孚传记》，台北川康渝文物馆1987年版，第9页。

⑤ 台北"国史馆"档案。

仍任民生实业公司总经理兼四川机械厂董事长、中茶公司、北温泉图书馆等董事，政院水陆联运委员会委员、青年团评议员。

未受高等教育，在刘甫澄部为小职员，以整顿三峡区治安及创办民生公司，逐渐知名。

3月30日　经过卢作孚长期努力，计划利用重庆北碚高坑岩水力进行发电的富源水力发电公司发起人会议，在重庆机房街12号举行，到会发起人有张丽门、邓汉祥、汤筱斋、戴自牧、卢作孚、李祖芬等人，卢作孚为会议主席。会议确定发起人为张丽门（经济部工矿调整处副处长）、薛子良（行政院全国水利委员会主任委员）、宋海涵（行政院全国水利委员会工程处处长）、钱新之（交通银行董事长）、汤筱斋（交通银行重庆分行经理）、顾季高（中国农民银行总经理）、税西恒（川康兴业公司技术室主任）、陈仿陶（民生机器厂厂长）、戴自牧（金城银行经理）、李祖芬（金城银行主任专员）、卢作孚（民生公司总经理）、孙越崎（天府煤矿公司总经理）、卢子英（北碚管理局局长）、邓汉祥（川康兴业公司总经理）、刘航琛（川盐银行总经理）、何北衡（四川水利局局长）等，资本总额确定为1500万元，其中川康兴业公司300万元，交通银行、中国农民银行、金城银行、经济部工矿调整处各200万元，全国水利委员会、北碚区和刘航琛各100万元，何北衡和邓锡侯合计100万元。会议还决定土木工程委托全国水利委员会、水力机委托龙溪河水力发电厂设计、发电机洽请工矿调整处供给、电线洽请中央电工器材厂供给①。

4月2日　卢作孚到夏溪口查看工作，提出把宝源煤矿公司堰河沿岸辟为运河公园。

4月13日　川康兴业公司举行第六次董监联席会议，卢作孚与张群、邓汉祥、宁芷村、范崇实、何北衡、钱新之、戴自牧、潘昌猷、吴晋航、刘攻芸、税西恒、刘航琛等25人出席了会议，张群为大会主席，公司总经理邓汉祥报告了1942年公司业务情况，宁芷村报告了1942年决算情况②。

4月16日　民生实业公司假重庆市青年会召开第十八届常年股东大会，股东推举卢作孚为大会主席。大会报告由于物价高涨等原因，去年公

① 《富源水力发电公司发起人会议纪录》，重庆档案馆藏。

② 《川康兴业特种股份有限公司第六次董监联席会议纪录》，重庆档案馆藏。

司亏损 281 万元。董事长郑东琴在报告中谓[①]：

> 本公司三十一年度总计航业部收入为 146594022.46 元，支出 155083165.82 元，品迭计损失 8489143.34 元，又电水厂损失 83037.84 元，两共损失 8572181.18 元。除以民生厂、物产部、木工厂三处盈共 5760703.97 元填补外，尚余损失 2811477.21 元，查本公司自二十八年以后，连年迭有亏损，尤以本年为甚。其原因实由于客、货、差运等费远不及一般物价指数而开支方面却以物价高涨无法控制，如修造船只之钢板，则较站前高涨千余倍。长此以往，实公司前途莫大危机，应请政府及社会人士多予帮助，庶使本公司得永久服务于国家社会也。

会议决定将公司股本增加为 8 千万元，并发行公司债 8 千万元，修改公司章程等。由于原担任监察的赵资生病故，会议还推举增补晏阳初为公司监察人[②]。由于资本额增加，之后民生公司“经具文呈请政府变更登记”[③]。

［按］民生公司第三次公司债的发行从 1942 年开始筹划，到被国民政府及董事会批准，历时约一年。由于物价猛涨，8000 万元已经不能发挥很大的作用，此第三次公司债的发行无形终止。

4 月 16 日　国民政府发出准予卢作孚辞交通部次长职的正式批件[④]。

4 月 17 日　卢作孚正式辞去交通部常务次长职，由潘宜之接任。

4 月 19 日　卢作孚在重庆民生公司物产部主持召开民生公司民生机器厂厂务会议。

4 月 24 日　川康兴业公司举行第七次董监联席会议，卢作孚与张群、邓汉祥、宁芷村、戴自牧、潘昌猷、吴晋航、税西恒等人出席了会议，张群为会议主席，会议讨论了 1943 年公司业务计划，讨论并原则通过了投资于由卢作孚发起的北碚高坑岩水电厂案[⑤]。

---

① 《民生实业股份有限公司第十九届常年股东大会决议录》，重庆档案馆藏。

② 《民生实业股份有限公司第十八届常年股东大会决议录》（1943 年 4 月 16 日），重庆市档案馆藏。

③ 《民生实业股份有限公司第十九届常年股东大会决议录》，重庆档案馆藏。

④ 台北“国史馆”档案。

⑤ 《川康兴业特种股份有限公司第七次董监联席会议纪录》，重庆档案馆藏。

4月26日　招商局总局在重庆恢复办公，以徐学禹为总经理[①]。

4月28日　（一）卢作孚在渝鑫钢铁厂股份有限公司重庆土湾本厂主持召开该厂第六届常年股东大会。（二）《嘉陵江日报》载北碚天府煤矿员工5000余人，日产煤焦千余吨[②]。

4月　由于通货膨胀的影响，重庆轮渡公司本月亏损达90万元，重庆市政府给予津贴50万元[③]。

5月1日　（一）大明染织股份有限公司在北碚本厂召开股东会，卢作孚出席会议并担任会议主席。会上卢作孚报告了上一年公司业务情况，经过讨论决定了本年业务方针。本次会议还决定新增资本500万元，合原有的500万元共为1000万元[④]。（二）富源水力发电公司发起人第二次会议在重庆机房街12号举行，与会的发起人有汤筱斋、戴自牧、何北衡、卢作孚、税西恒等人，卢作孚为会议主席。会议制定通过了公司章程草案、工程计划书以及预算，决定聘任李祖芬为公司筹备主任，5月20日举行公司创立会[⑤]。

5月10日　卢作孚与民生机器厂厂长兼恒顺机器厂经理周茂柏参观四川机械股份有限公司，卢作孚还召集该公司各主管人员，就公司资金运作、材料处理、业务方针、增加生产等问题进行谈话[⑥]。

5月12日　四川机械股份有限公司第一届常务董事第一次会议在该公司举行，卢作孚为会议主席。出席会议的有胡子昂、邓汉祥等，会议就公司资金运作、材料处理、业务方针、增加生产等问题进行讨论，商议了办法。

5月26日　川康兴业特种股份有限公司举行第二十七次常务董事会议，卢作孚、邓汉祥、钱新之、戴自牧、何北衡等人出席了会议，钱新之为大会主席。总经理邓汉祥报告了四川农业公司、四川机械公司、西康毛革公司等相关企业的情况。会议还讨论议决了有关各项公司事务[⑦]。

5月29日　卢作孚在民生机器厂主持召开该厂厂务会议。

---

① 张后铨主编：《招商局史：近代部分》，中国社会科学出版社2007年版，第442—443页。

② 《天府煤矿党训班开班》，《嘉陵江日报》1940年4月28日第3版。

③ 杨及玄：《重庆轮渡公司的展望》，《西南实业通讯》第14卷第1、2期合刊，1946年8月30日，第12页。

④ 《大明染织股份有限公司股东会决议录》（1943年5月1日），重庆档案馆藏。

⑤ 《富源水力发电公司发起人第二次会议纪录》，重庆档案馆藏。

⑥ 《卢董事长召集本公司各主管人员谈话纪录》（1943年5月10日），重庆档案馆藏。

⑦ 《川康兴业特种股份有限公司第二十七次常务董事会议会议纪录》，重庆档案馆藏。

5月31日　（一）卢作孚正式复任民生公司总经理。上午9时，民生公司总公司全体人员及在重庆各部分员工代表，齐集民生公司仓库大办公室。在魏文翰协理主持下，卢作孚致辞复职。在致辞中，卢作孚于简短的寒暄后直奔主题，就民生公司的经营状况加以检讨，指出到本月为止，公司债务已达一万万元，不足之开支，月前的办法是变卖公司资产，本月为挪用新增股款，挪用之数已达一千万元。对此严重局面"若不紧急救治，这一生命必有落气的一天"。为解决危机，卢作孚勉励大家：遇事要以身作则，实事求是，忍苦，耐劳，来改革风气，恢复民生以往的声誉。卢作孚宣布：为求权责分明，效率增加，将对总公司内部组织有所变更。设秘书、稽查二室，及总务、业务、船务、运务、供应、财务六处。部门虽加多，而人数则力求缩减。各处经理之外，另设处务经理及副经理，以帮助总协理并联络两处以上之事务。至于各处室负责人选，除已定者外，将次第发表。卢作孚勉励大家须在事上磨炼，不宜对工作感到厌烦。大家要养成只要工作，不问地位的精神。卢作孚还指示总公司今后整顿工作的六项办法：如按日送工作报告；各部负责人保持密切联络；会议准时，议决即实行；注意工作检讨，遇事须亲身动作；盼望每人的兴趣都发生在工作的效果上；严格奖惩制度，奖惩须求得当；最后卢作孚引用诸葛武侯《出师表》受命于危难之际，及鞠躬尽瘁死而后已数语，"谓决心牺牲在这事业上，直到鞠躬尽瘁，死而后已云云"。卢作孚的谈话持续50分钟①。

［按］自1935年年底参加政府工作，卢作孚于12月向民生公司董事会请假，公司总经理一职先后由宋师度和魏文翰代理约七年多。

（二）卢作孚于本日晚7时在重庆九尺坎天府公司办事处主持召开天府矿业公司第一届第六次董事、监察人联席会议，孙越崎及各董事等参加，大会报告1942年公司盈余214万元②。

6月2日　（一）川康兴业公司举行第8次董监联席会议，卢作孚与张群、邓汉祥、刘航琛、胡子昂、何北衡、钱新之、宁芷村、戴自牧、潘昌猷、吴晋航、黄季陆、税西恒等人出席了会议，张群为会议主席并发表了与公司经营方针密切相关的讲话③。（二）由于各种原因，原定5月20日召开的富源水电公司成立会，延至本日在重庆民权路金城银行召开，到

① 《民生实业公司简讯》第696期，1943年6月14日第1版。

② 《民生实业公司简讯》第705期，1943年8月16日第1版；《天府矿业公司第一届第六次董事监察人联席会议》，重庆档案馆藏。

③ 《川康兴业特种股份有限公司第八次董监联席会议纪录》，重庆档案馆藏。

会发起人有卢作孚、孙越崎、何北衡、刘航琛、钱新之、戴自牧、邓汉祥、宋海涵、汤筱斋、陈仿陶等人。大会公推卢作孚为主席，创立会的议程主要是通过公司章程，选举公司董监事，聘请公司经理，宣布公司正式成立。选举结果卢作孚、钱新之、张丽门、顾季高、税西恒、薛子良、邓汉祥、刘航琛、陈仿陶、戴自牧、孙越崎为董事，宋海涵、汤筱斋、李祖芬为监察人①。由此公司正式成立，该公司旨在开发北碚歇马场高坑岩水力发电事业。同日举行富源水力发电股份有限公司第一次董监联席会议，到会董监有宋海涵、汤筱斋、陈仿陶、戴自牧、李祖芬、卢作孚、孙越崎等人，卢作孚为会议主席。会议选举卢作孚、钱新之、张丽门、顾季高、戴自牧、邓汉祥、刘航琛7人为公司常务董事，选举交通银行董事长钱新之任公司董事长，选举何北衡为公司常驻监察②。

6月15日　大明染织股份有限公司在北碚本厂召开股东会，卢作孚出席会议并担任会议主席。会上董事会报告上次会议决定新增资本500万元已经由各股东认缴足额，并说明了经过情形。由于资本增加，会议还据此修订了公司章程③。

6月16日　川康兴业公司举行第二十八次常务董事会议，卢作孚、邓汉祥、钱新之、戴自牧、何北衡、潘昌猷等人出席了会议，钱新之为大会主席，会议讨论了公司各项业务情况及应对办法。由于民生公司拟增资为8000万元，并函请川康兴业公司投资，此次会议决定投资100万元于民生公司④。

6月23日　上午8时3刻，卢作孚陪同国民政府军事委员会副委员长冯玉祥到民生公司总公司作《怎样把日本人赶出中国去》的讲演。演讲结束后，邓华益代表职工献金1万元。之后卢作孚陪同冯玉祥参观民生机器厂⑤：

> 卢经理陪其参观大办公室一周后，即专轮前往民生厂。在青草坝登岸时，先参观河坝修建之船只工程。入厂后，径至机场参观。冯氏对于每一种机器效能，皆询问其详。适机厂为甘肃油矿局造成卧式锅

---

① 《富源水力发电股份有限公司创立会决议录》，重庆档案馆藏。

② 《富源水力发电股份有限公司第一次董监联席会议纪录》，重庆档案馆藏。

③ 《大明染织股份有限公司股东会决议录》（1943年5月1日），重庆档案馆藏。

④ 《川康兴业特种股份有限公司第二十八次常务董事会议会议纪录》，重庆档案馆藏。

⑤ 《民生实业公司简讯》第698期，1943年6月28日第1—2版。

炉两具，正陈列厂内，冯氏观之，以机厂有此技能，极为赞许。正午在厂午餐，餐后冯氏题赠周厂长一联。文为：“在清彭家珍，在民胡阿毛。”又赠民生厂一联，文为：“多条理而无官气，有操守而少大言。”午后二钟，仍由卢总经理、魏协理及周厂长陪其入城。

6月29日　黄炎培在刘航琛家设筵，为都江职校募经常费，得44.5万元，到者钱新之、杜月笙、邓汉祥、卢作孚、杨晓波、康心远、沈肃文、杨卫玉、席新斋、周季悔、宁芷村、胡文澜、潘纯暇、胡子昂[①]。

7月4日　卢作孚下午3时在重庆主持召开了天府矿业股份有限公司第三届股东常会，孙越崎等参加了会议，大会报告1942年该公司盈余为214万元[②]。

7月10日　筹备数月的中国企业联合公司改名为国民工业联合公司后，本日下午开创立会。选举卢作孚为董事长，戴自牧、齐云青、王振宇、刘国钧、徐济甫、吴健陶为常务董事，徐仲宣、沈熙瑞、沈铭盘、薛次莘、蔡承新、何淬廉、顾吉生、何北衡为董事，钱祖龄、徐国懋、孔士谔为监察[③]。

7月16日　基督教全国联合会节约献金救国运动总会会长冯玉祥为节约献金事致函卢作孚，谓[④]：

> 月前承约到贵公司参观，得以领教一切，实为荣幸！贵公司人材之多，事业之大，有功于抗战，均为其它公司所少有，敬佩万分！叨扰旬厨，饱得领和，真是齿挟［颊］留芬，谢谢！节约献金捐款一万元收到后已汇转委员长矣。先为国家谢谢您及诸位同仁！现在我向你介绍几段故事：日前与美国大使馆馆员傅先生谈，我问他对于国家有何供献？他说：“敝人曾听罗斯福总统广播说：‘希望大家每人以每月的收入供献十分之一于国家，与打击侵略定有极大的帮助，’所以在中国的美国公务员，均照此数供献了”。并说：“这并没有命令，也没有强迫，完全出于自觉自动的爱国所致，也就是响应罗斯福总统的广

① 中国社会科学院近代史研究所整理：《黄炎培日记》第8卷，华文出版社2008年版，第125页。

② 《天府矿股份有限公司第三届股东常会纪录》，重庆档案馆藏。

③ 姚崧龄：《张公权先生年谱初稿》，台北传记文学出版社1982年版，第340页。

④ 黄立人主编：《卢作孚书信集》，四川人民出版社2003年版，第799页。

播。”月前苏联发行公债一百二十万万，当天就卖了一百四十五万万，六七天的功夫，卖到二百零五万万。后来苏联的政府下令，到六月十三日不准再卖了，不然的话，数目卖的会更多哩！如今，在纸面上，我们算是取消不平等的条约了，但是真正的平等在哪里？我觉得必须他们怎样爱国家，我们也当怎样爱我们的国家，这样我们才能得到真的平等，您说是不是？二十六年，在九江的一位江苏老人，七十多岁，须发皆白，每天在码头上向行人叩头要钱，把要来的钱，再向银行里购买救国公债，天天如此。后来被一位给过他钱的银行员看出来，问起他的经过，他说："我有两个儿子在军队上，一个当官，一个当兵，家里还有十几口人，被日本鬼子杀完了，东西亦被抢光了。我来到九江，看见国家发行公债，我想我年岁老了，不能帮助国家，若能讨些钱来献给国家，也可以说是帮助国家一点，帮助抗战一点，也算是帮助我那两个儿子一点。我虽然吃的坏，穿的坏，只要这样做，我良心上能对住国家，对住创造中华民国的先烈，就是死在地下，也有脸面对住我的祖宗。”他又说："我老了，实在没有别的法子报效国家。"说到这里，就眼泪汪汪的低下头去。使站在柜台两边的七八位银行员谁都欲感动的流出泪来！作孚先生：您是一位最爱国也是最有作为的人。我很诚恳的祈求您把江苏老人这一段事情，宣传给一切朋友们知道。只要能每人每月节约三五元钱，一个月就不少了。我们的国库，每月支出是那样多，收入是那样少。我们一般自命是救国的人们，实在是忍不住，不能不起来大声疾呼。我希望您在工商界，在各同业公会，提倡提倡，鼓吹鼓吹，我确信定有良好结果。这里有印好的信，给您送上一百份，请您转给爱国的朋友们看看。问您好！问您朋友们好！

7月18—20日　18日中国科学社与新中国数学会、中国动物学会、中国植物学会、中国地理学会、中国气象学会等六大全国性学术团体，在北碚重庆师范礼堂举行联合年会开幕典礼，经济部部长翁文灏致开幕词，卢作孚作为筹委会主任委员出席了会议并报告了筹备工作情况。20日会议闭幕，会议“曾讨论国际科学合作及科学建国问题”①。会议期间同时举行科学展览会，参观人数多达3万人以上②。鉴于参观者众多，卢作孚建议在北

---

① 孙本文等编著：《中国战时学术》，正中书局1946年版，第169—170页。

② 《昨六学术团体联合年会开幕典礼》，《嘉陵江日报》1943年7月19日第3版；《六学术团体联合年会昨日宣告闭会》，《嘉陵江日报》1943年7月21日第3版。

碚成立一个科学陈列馆，得到各学术机构负责人的赞同，于是在1943年冬成立了一个有中央研究院动物研究所、植物研究所、气象研究所、经济部中央地质调查所、中央畜牧研究所、中国科学社生物研究所、中央工业试验所、中央农业实验所、国立江苏医学院、中国地理研究所、中国西部科学院等13个学术机构联合组织的筹备委员会，推举翁文灏为主任委员，卢作孚为副主任委员，开始了中国西部科学博物馆的筹建工作①。

7月28日　本日民生实业公司经理魏文翰请即将出国赴美考察的张嘉璈与美方商谈订造轮船计划②。

7月29日　川康兴业公司举行第二十九次常务董事会议，卢作孚、邓汉祥、钱新之、戴自牧等人出席了会议，钱新之为大会主席，常务董事兼总经理邓汉祥报告了赴西康雅安出席毛革公司董事会会议、该公司筹备成立情况以及本公司投资该公司的计划等情况。会议还讨论通过了追认向东林矿业公司垫款200万元购买器材案、投资北碚富源水力发电股份有限公司300万元案等③。

8月5日　民生公司召开第十八届董事会第三次常务会议，修正公司组织规程，决定总公司成立3室6处23科。

8月11日　富源水力发电股份有限公司召开第二次董监联席会议，鉴于物价上涨，原有股份不敷购机建厂之需，会议决定增加股份500万元，各股东按照原有比例认股，股本合为2000万元。

8月18日　卢作孚先后与翁文灏、张嘉璈晤谈。翁文灏认为工业联合公司章程规定的业务空泛，资金也不易招集，如果要与美方合作，且需参加的公司有社会地位。鉴于此，卢作孚向张嘉璈提出先事准备，俟张抵美视情况再行开始的建议④。

8月19日　应卢作孚邀请，张公权到民生公司参观并发表谈话。公司《简讯》载⑤：

> 张部长首叙渠与民生公司之关系。民国二十二年渠曾入川。当帮助民生公司在沪发行百万元之公司债，以应发展业务上资金之需要，

① 《记北碚科学博物馆》，《新世界》1945年8月号，1945年8月15日，第18页。

② 姚崧龄：《张公权先生年谱初稿》，台北传记文学出版社1982年版，第343页。

③ 《川康兴业特种股份有限公司第二十九次常务董事会议会议纪录》，重庆档案馆藏。

④ 姚崧龄：《张公权先生年谱初稿》，台北传记文学出版社1982年版，第345页。

⑤ 《张公权部长讲演提要》，《简讯》第708期，1943年9月6日。

旋即见公司不断在购买船只。及政府计划筑造成渝路时，为运输筑路材料，对公司造船尤属赞成。其后，卢先生亦参加交通部工作，于是与卢先生由朋友而同事，朝夕相处，常于卢先生处乐闻民生公司一切当前问题，并不时参加意见，以供研究。交通部视民生公司如交通部附属机关之一，政府与民间事业之融洽无间，实以此为嚆矢。

渠与卢先生相处日久，深刻认识卢先生实具有各美德，举其大者如下：一、热忱而克已。二、有旧学问而追求新智识。三、有事业心而到处助人，凡此相反之性格卢先生能调和之。就第一项言，卢先生对无论何事都具有无限热忱，处之热烈者每易流于放纵，卢先生则热忱者能克己，此至属不易之事，盖一事业之领导者，若不能克己，注重个人享受，则当此战时生活艰困时代，实无法以身作则，领导此庞大之事业也。就第二项言，卢先生不独对旧学问造诣极深，复对新知不断追求，用能引导事业不断改革进步。就第三项言，卢先生有事业心，专心致力于事业之发展，为社会贡献，为民众服务，同时有浑厚之性格，不私于本公司而到处助其它事业之发展，民生公司能有备具如此美德之领导者，事业日隆，固有所必然者也。

张部长继续追述渠改革中国银行之经过，谓渠于欧美回国后，决心改造中国银行，首先约集青年干部三十人，互以“高”、“洁”及“坚”三字相勉。“高”者，志趣高尚。“洁”者，思想行为纯洁。“坚”者，坚忍耐劳，并须尊重行中旧有人员，虚心学习待人接物之方，埋头苦干，并以星五聚餐方式，切磋知识，交换经验，惨淡经营。凡此五载，资深者提携新进，新进则帮助旧有人员，新旧人员既能融洽无间，用能奠定中国银行猛进宏展之基础，并收新陈代谢事业永进之效，此项改革之经验，愿贡献于民生公司，以供参考。

最后张部长复明确指出，民生公司因抗战关系，对政府作最大效力之表现，而声誉日隆，学业日进。战后欲求保持国内航业之领导地位，惟有不断力求办到航船之捷速、费廉及服务周到三端。战后航业竞争加剧，可能发生之问题甚多，然均不足为虑，堪虑者，厥为今日能否训练及准备足够将来担当发展业务所需之一切人才，及来日公司之内部机构与人才堪当领导战后航业发展之大任与否。关于此点，盼民生公司全体同仁切实注意及之。至战后业务发展所需之资财，可向国外筹借。关于筹借外资，可集合若干相关事业，相互联合作集体之信用保证，较易成功。

张部长讲演之结论为：渠乐观民生公司战后之发展无疆，惟谚语有云，天助自助者，盼全体同仁在具有美德之卢先生领导下不断努力求进步训练，并准备战后发展之一切人才，健全并充实内部组织，庶战后雄飞跃进，永执国内航业界之领导地位。

8月20日　张嘉璈邀约卢作孚讨论国民工业联合公司事宜，应邀约参加讨论的还有刘鸿生、吴蕴初、刘汉堃（刘国钧长子）、章剑慧、何廉[①]。

9月1日　国民工业联合公司召开发起人会议，推举吴蕴初、余名钰、卢作孚、何廉、王志莘、王振芳、章剑慧为业务筹备员，其余到会各人为筹备员，至此该公司认股额已有6000万元[②]。

9月2日　卢作孚到熊式辉处商询设计办法，并谈了苏联当时在计划工作方面的情况。熊式辉回忆录载[③]：

卢作孚来询设计作法，并述意见：一、划分部门：每部门必有数位专才负责。二、与执行机关密切联系：为对院务会议、四联总处会议、动员委员会等各部执行负责者。并考核各部设计（战时及战后）预算。三、苏联设计权威；十六人决定全国人民行动是其特点，其第一期注意力在调查，一切建设以经济为中心。四、当网络社会产业权威人士而共图之：当不虑其自利，盖现代管制方法有标准产量，成本会计可据（余处即托其调查权威人物姓名）。

9月初　卢作孚写成《民生实业公司》印成小册子[④]，不久又将其题目改为《一桩惨淡经营的事业——民生实业公司》。在这本小册子中卢作孚回顾了民生公司艰苦奋斗的历史，并提出战后航业发展设想[⑤]：

希望国家对于战后的航业，必有整个的筹备，必责成几个主要公司分担各主要航线的责任，而由政府妥为分配；何家公司主力用在远洋，何家公司主力用在扬子江，使各竭其全力发展其主要航线，相互

① 姚崧龄：《张公权先生年谱初稿》，台北传记文学出版社1982年版，第345页。

② 同上。

③ 熊式辉著，洪朝辉编校：《海桑集：熊式辉回忆录》，香港明镜出版社2008年版，第423页。

④ 《卢作孚致李祖芬函》（1943年9月9日）及卢作孚《民生实业公司》，重庆档案馆藏。

⑤ 卢作孚：《一桩惨淡经营的事业——民生实业公司》，民生公司1943年9月印，第30—31页。

间配合而不致相互间冲突，这是国家必定把握的大计。其余都是轮船公司自己的事。民生公司在国家整个航业筹划之下，也当然是主要负责的轮船公司之一，本着它战前的计划和现在的基础，扬子江上游仍应以绝对优势，保持航业上的长期和平，使不再发生惨（残）酷的斗争，扬子江中下段，它应该是几个主力中的一个主力，使足以与它的上游航业联系；沿海它也许视能力参加，以与扬子江联系，它不得不有几条互相救济的航线，使不致因为一条航线不景气，而受致命的打击。这是它自己努力的，也必荷蒙政府予以准许的。

9月7日　卢作孚出席民生公司总公司第七十六次周会并讲话，谓[①]：

今天讲的是本公司的业务管理，首先应提出的就是各室处的办事细则。现在公司组织规程已经公布，各室处下面的各课应办的事项已有规定，可算已做到第一步了。我们应随即进行第二步，就是拟办事细则。各课应将所属的各股应办的事项，详细规定。第三步应将每一事项的办理程序，由头到尾详细规定，列于卡片之上，使办事的人有所遵循，将来他人亦易于接办。

第二是工作检讨。每人的工作应当每天自己检讨，不要随办随丢。每天上办公室就得检查昨日的工作，计划今日的工作。每天对每人的工作应有检讨，每课对每股的功过应有检讨，每室处对每课的工作应有检讨，全公司检讨就是每星期五召开的联席会议。各室处内以课股为单位的检讨，可以随时个别进行，以各室处为单位的检讨，业已规定每星期三至星期五由各室处分别集体进行，副主任以上人员皆须参加，将讨论的结果以书面提到星期五的联席会议上来讨论，俾可获得各室处的联系。联席会议上的书面报告，每月由秘书室汇集起来，每月编为公司报告，送到董事会，让公司董监也能明了公司的工作状况，还要报告到有关机关去，例如航政局、交通部等。

第三，一切管理皆要依近代作战的方式，就是要有一个参谋本部来集中情报，分析情报，然后根据情报发布命令，方可迅赴事机。民生公司多年来已采用此种方式，惜尚不完整。我们知道一般人家都晓得每天要准备开门七件事，并须知道每件事的数目字。民生公司每天也有七件事，就是：

① 《专载·卢总经理讲话》，《民生实业公司简讯》第709号，1943年9月13日第4版。

1. 船舶的动态。我们第一件事就是要知道轮船所在的地位，与行动状况。我们系利用无线电，凡一百三十呎以上的船以及比较重要的分公司办事处，皆设有无线电台，每日报告轮船动态两次。没有电台的船与分公司，就利用岸上有线电报及长途电话来报告，船位报告不仅船务处应明了，有关各处亦应知道。

2. 是轮船修理情况。何时进厂，如何修理，何时出厂等，皆须有报告。

3. 是客的动态。各航线客的增减及其数目，总公司要随时知道，才好调配适当的船只以配合需要，使不致发生船小客多船大客少等情形。同时，各船航行一次实际载运的客人数目，和票费收入亦须汇表报告以资参考。

4. 货的动态。公司各码头待运货物的数目，每日皆有电报报告总公司，公司即可据以分配船只，以免船等货或货等船，或有船无货或有货无船等弊。同时各船航行一次实际载运的货物数目和运费收入亦须汇表报告，以资本参考。

5. 油的动态。买多少，用多少，存多少，如何分发，每小时烧多少等项，皆有报告。

6. 煤的动态。买进多少，发出多少，价格如何，以及装运存储等数量，各码头皆须有详细报告。

7. 钱的动态。任何经济事业都应当随时知道钱的动态，各部分虽不能每时报告，但至少应该五日一报，至总公司财务处一定要每日都要有报告。

以上七种情报，每天都要报告到总经理室，其它每天尚有水位报告、囤驳船动态报告等，每日，每五日，每半月，每月都要斟酌需要造具报告，均有专卷送达总经理室。卷内并有目录注明有无欠缺，公司即依据各种情报发布命令，指挥几十个码头，几十只囤船，百多只驳船，九十几只轮船。

此外我们对于表报文电，必须要由主管部门的负责人员办理，不能由他人代办，有些要有关部门会签的，即用电话或传阅方式或召集小组会议，便能迅速联络周到。对外发出表报的数目，或文电，说明任何事项必须绝对正确，不能单凭脑筋记忆或想象随便写出，必须要考查卷宗，或主管部门的正式记录。再，各种送核的文件最好交还原办人员看看，使其知道何处曾经修改，这是很有益处的事。办理文件必须针对来文要点申复，不可文不对题，随便议论。且必须言之有物，极有根据。例如最近替航业同业公会代作的一篇呈文，其中列有详细数字，内容无不有事实的根据。又如物产部因内江存纱被封，呈请总动员会议解封的一件呈文，也极细致精密，皆是我们应当效法的。我最近写了一本小册子名为《一桩惨淡经营的事业——民生实业公司》，因印刷困难，每课仅送到一两册，大家可以传观，可藉以知道这桩事业过去和现在是遭遇到何种困难，希望大家一致努力，渡过重重难关。

［按］大约在此重整民生公司精神和制度的过程中，民生公司早已有之的总公司主要处室联席会议制度，发展演变为针对性更强的“调船制度”。

9月8日　卢作孚为《一桩惨淡经营的事业——民生实业公司》小册子致函康心如，谓①：

此时民生实业公司正在万分困难险阻之途程中挣扎前进，其存其亡非所能知！一群努力人员决心以此事业报效国家，惟求“鞠躬尽瘁”，“尽其在已”已耳，他非所问。工作之余，草一小史，略述其艰苦经历，求关切者更鉴察焉。谨奉上一册，乞予指正为幸。

9月12日　卢作孚因事回北碚。

9月13日　卢作孚的长兄卢志林于本日晨在北碚病故，卢作孚主持了丧事②。

［按］卢志林生于1890，毕业于岷江政法专门学校，早年在成都等地从事新闻工作，曾担任《民苏日报》总编，1939年进入民生公司，曾担任民生公司北碚办事处主任。

9月22日　民生公司周会报告中讲到，公司现有船只98只，共计27290吨，正常航行者51只，修理中者12只，停泊者18只，拖头10只，待施救者3只，待修复者4只③。

9月29日　川康兴业公司举行第三十次常务董事会议，卢作孚、邓汉祥、钱新之、何北衡等人出席了会议，钱新之为大会主席。会议还讨论通过了包括对北碚富源水力发电公司增加100万元投资案等在内的各项公

① 黄立人主编：《卢作孚书信集》，四川人民出版社2003年版，第803页。

② 《民生实业公司简讯》第710期，1943年9月20日第2版。

③ 《民生实业公司简讯》第711期，1943年9月27日第2版。

司事务案①。

10月5日　《嘉陵江日报》载卢作孚在北碚所作《我们要“变”，要“不断地变”》的讲话记录，其中谓②：

我自己很惭愧，在这里只有八年的效力，而且八年当中只有一半的时间用在这里，实际不过四年。在座中大多有十年甚至整整廿年未离开过，而维系着继续不断的精神，远超过我。就如卢局长，从民国十六年一直工作到今天，也使我非常感动。不过我感觉得时间太容易混了，有许多工作的朋友那时尚是小孩，而现在已成三十几的壮年了。记得我在二十八岁的时候就已做了川南道教育科长，卅二岁创办成都通俗教育馆，卅四岁接长北碚峡防局。我在工作第五年以后，曾提出了一个口号，即要“以一年的努力打破过去五年的成绩”。如以今天世界进化的速度和我们当前迫切的要求，更可把这句口号改为：“以明年一年的努力，打破过去十六年的成就！”为甚么呢？就是因为时间太容易混了，希望大家要把时间看得重。举凡人的行动，地方的经营均要有显著的进化，而且是一次比一次加快，越来越快，不仅为亲身工作朋友的安慰，也是一群人共同的安慰。不仅提供各位本身最得意的欣赏，即对大家家庭或亲戚、邻里、朋友等有关的人们也可共同来欣赏。例如家母，就是很自然的愿意在北碚住家，愿意随时出来到各处看看，连死那天也是为了孙儿女刚从学校放暑假回来，特为引导到公园去看看而中风致病的，可见死也死在心爱的北碚。这个事上，证明原来社会的人欣赏我们所做的，远比我们在社会所说的那一套更亲切些。

10月10日　（一）民生公司成立十八周年纪念会于本日下午5时在朝天门总公司举行，卢作孚出席并讲话，他说③：

今当三庆——双十节，国府蒋主席就职，暨公司成立18周年纪念，意义重大。

本公司在这十八年经历当中，恰可分为三个阶段：第一是十四年至二十年，可称为试验时期。其时仅有轮船三只，航线两条。试验项

---

① 《川康兴业特种股份有限公司第三十次常务董事会议会议纪录》，重庆档案馆藏。

② 卢作孚：《我们要“变”，要“不断地变”》，《嘉陵江日报》1943年10月5日第4版。

③ 《民生实业公司简讯》第714期，1943年10月18日第2—3版。

目可分为航期、客运、货运三种。结果由无定期开航而有定期开航。但尚不能定期到达。又逐渐改善，而达到定期开航，定期到达。客运则不分舱级，乘客均得便利，如位置之均匀，饮食之供给，浴室之添设，安全设备之普遍，通风、通光等卫生事项，以及茶房之训练等，均有显著成效。货运则注意交货提货之手续简便。货品务使其质量均无损失，时期务求其迅速准确，以及公路、铁路等联络运输，均使客商有手续简便，到达迅速之感。第二是廿年至廿六年，可称为发展时期。航线、船只、吨数均大有增加。同时增添机械试验，协同开矿，造铁路，并协助纺织事业。第三是廿六年至卅二年，可称为撤退时期。由上海而镇江，而南京，而汉口，而沙市，而宜昌，而三斗坪，至最近的美人沱。船只损失甚多，但是敌人虽然一再毁坏，我们却一再建造，同时又接收其他船只。

……我们总不怕困难。民生公司全部历史就是困难两个字。我常说："困难来了，我就来了。"困难愈大，我们的力量愈大。有力量就没有困难，今后国家的困难，也许要一天一天的减少，但是事业的困难，却也许一天一天的加多加重。这就要看任职人员努力的力量了。

（二）《民生实业公司简讯》载《川江航业概况》一文载：川江现有轮船公司10余家，共计船舶173艘，34848吨，其中民生公司98艘（其中可以航行川江者94艘，不适宜航行川江者4艘），27237吨，其他公司70艘，7611吨①。

10月11日　卢作孚以民生公司总经理名义，公布实行民生公司人事委员会组织大纲及办事细则，调整公司组织，成立民生公司人事管理委员会②。修正后公布的《民生实业公司人事管理委员会组织大纲》如下③。

民生实业公司人事管理委员会组织大纲（1943年10月修正发布）

第一条　本公司为计议全公司人事管理之方案，并核议属于人事管理之事项，依照本公司组织规程第十四条之规定，设立人事管理委员会。

第二条　本委员会以本公司之主任秘书、主任稽核、总工程师及

---

① 《民生实业公司简讯》第713期，1943年10月10日第4版。

② 《民生实业股份有限公司通函》（第63号），重庆档案馆藏。

③ 《民生实业公司人事管理委员会组织大纲》（1943年10月修正发布），重庆档案馆藏。

各处暨物产部经理、人事课主任、护航大队大队长为委员组织之，并以总务处经理为主席委员。

第三条 关于本公司人事管理规章之制定及修改事项，由各主管室处部起草，开具提案单，连同全部草案，送秘书室会同总务处审查后，提由本会开会核议，再送由总经理核定，交会发还原提案室处部发布实行。

第四条 关于本公司人事之任免、调遣、升迁、给假、考绩、奖惩、救助，暨职工福利各事项，及其它关于人事管理之执行事项，由各主管室处部缮具提案单，并开列理由及办法，送总务处交由人事课审查后，加具处理意见，提由本会开会核议，再送由总经理核定，交会发送人事课执行。

第五条 前条之各事项，若有因急迫情形或特殊缘由，不及送会审议即须处理者，得由各室处部高级负责人员用书面说明，连同提案单送总务处，交由人事课审查，加具意见后，即送由总经理核定，发课办理，仍由课提会报告。

第六条 本会每周开例会一次，遇有特殊事故时，得开临时会议，俱由主席委员召集之。

第七条 本会开会时，如各委员因故不能出席时，得自行请托本室处部之高级人员代理出席，并须于事前通知主席委员。主席委员不能出席时，由主任秘书或主任稽核代理之。

第八条 本会开会时，凡各室处部课与讨论议案有关之职员，得由主席通知其列席。

第九条 本会办事细则另定之。

第十条 本组织大纲经总经理核定后实行，修改时亦同。

10月13日 国防最高会议决议在国民党中央委员会之下设立宪政实施协进会。

10月20日 宪政实施协进会名单公布，蒋介石为会长，黄炎培为三位召集人之一。

10月 印度到四川宜宾的印宜航空货运线正式开通①。

11月3日 卢作孚出席民生公司第八十四次周会并讲话，指出民生

---

① 胡政主编：《招商局与重庆 1943—1949 年档案史料汇编》，重庆出版社 2007 年版，第 274 页。

公司本年度损失船只多，加上航线缩短和重庆国民政府实行统制等原因，上半年公司航业亏损4500万元，最近月亏更达1200万元以上，公司经营上困难加大。但公司经过整顿，管理更加有成效[①]：

（一）今年航行的船只损失最大，计有民主、民康、民俭、民勤先后被炸。……其次是海损，如民典、民权、民文、民和、眉山等之重大损失……。要知道我们现在的收入，大半靠长航。长航只有渝叙、渝万、渝坪三线，三线中，渝坪最重要，即万县以下最重要。故万县以下停航，收入所受影响最大。再就长航轮船装载客货相比，还是货运收入多。货运运费上下水相比，又是上水多，下水少。事实上货运吨数是上水少，而下水多。往常上水货运是花纱布，吨数虽少，而容量并不少。最近乃因统制关系，容积也逐渐减小，而收入更形减少。再就运费说，下水运费例较上水为廉，而下水货物为米、盐，而米、盐运费又较其他货物运费为廉，因此收入几乎每水不敷船上开支。虽然一、七两月曾经两度调整票价，然而增加之数，不能与物价上涨比例平衡，总是相差很多。我们的开支，油、煤占四分之一，薪津占四分之一，修理占四分之一，其他占四分之一，终于收入不得平衡。故上半年航业共亏4500万元。最近每月竟在1200万元以上。以开支说，10月份大于9月份，10月份自下旬调整票价后，收入可增加三数百万元，但支出亦须增加，结果还是不敷。今年的亏损特别严重，第一因为过去有存余的低价油料、五金可以补添一部分损失，现在则不然，不得不按月补充，以资接济。现在补充的价值，均高于过去的若干倍。第二物价不断上涨，开支仍不断加大，所以向后去的困难，还是一天加重一天。

（二）在万分困难情况之下，有安慰大家的，就是事业有进步。先就秘书室说，第一是材料的整理很有条理，各种表报，可使我一览无余的明了全公司各部分的实况。第二是各处室中心工作的汇编，可以明了各处室所正努力的事项。其次是文书方面有进步。文稿的撰拟，文件的联络等，均逐渐走上轨道。稽核室成立未久，检查工作已开始推动，预算的严密审核，亦有新的进展。总工程师室，对于修船已提出好多重要建议。业务方面，短航客运及货运，改进很多，尤以渝合装货，渝涪班船装盐最为显著。运务处成立亦不久，现在做了两件大

① 《民生实业公司简讯》第718期，1943年11月15日第1版。

事，就是码头囤船的整顿，客人上下轮船秩序的整理，都有显著进步。……服务方面，如标准航运的研究，礁滩调查，过去出事原因调查与记录，各船个性考察与记录、行船章程等，均经积极准备，作为训练资料。船员——大副二副学习引水，及舵工训练与考试，均有显著成效。轮机科对于燃料之节省，颇用力量，且有效果。供应处成立亦未久，油之贮备，煤之运输与收支等手续改善，以及弊端之铲除，亦颇有成绩。五金材料之供给无缺，在现时也算难能可贵了。财务方面，五天报告之实行，调款方式之改进，为助颇多，使公司少向外借款应付开支，省去不少利息。半月收支预算之实施，使全部收支，皆能控制，尤有显著进步。总务方面，对于办事室之布置改善，最为显著。

［按］稍后有关银行征信调查关于民生公司1943年的报告说①：

公司航业部营业情形，自七七事变以后，即年有亏折，以卅二年度为甚。卅二年度全年营业总收入为五万万零二百九十八万元，平均每月收入四千一百万元左右。总支出为五万万五千二百四十三万余元，平均每月约四千九百四十余万元，平均每月收支差额为四百万元左右。卅二年度收支不平衡主要原因约有数端：一为货运减少，卅二年度货运远较往年为艰，盖因下游主要航段于五月间鄂西战局踏入紧张阶段后，货源曾告断绝，其后复以敌机随时侵袭，航运屡停，货运比率远较往年为低。二为应差频繁，差船吨位约占航行船总吨位百分之三十以上，而差费甚微不敷成本远甚。据称差费仅及营业总收入百分之八强。尤以应差船只常遭敌机炸沉，船只本身之损失，虽得政府津贴一部分修理费，惟因可航行之船只减少，航行力量，即受莫大影响，自不待言。如卅二年度被炸沉没之民勤、民俭及民主三船，皆公司得力之船只也。三为物价飞腾，航业主要燃料如煤、油二项，卅二年初嘉阳煤每吨为四百一十元，岁末涨至一千二百余元，几达三倍。如代柴油岁初每吨一万五千元，岁末涨至八万四千余元，约达五倍。四为公司各项开支俱按市价成本计算，自亦增加账面之亏损。如煤油五金等项，公司颇有准备，而进价亦有甚低者，用时按照市价计算，

① 中国第二历史档案馆编：《中华民国史档案资料汇编》第5辑第2编（10），江苏古籍出版社1997年版，第579—580页。

账面间支额，当增加甚多，其理至明。凡此诸因皆说明卅二年公司航业部收支不敷之实在情形。至卅二年度政府批准调整运价共二次，第一次六月一日起，渝坪线增加百分之五十，渝叙、渝涪、渝合、叙嘉各线增加百分之三十，其它短航线不变。第二次十月廿一日起各线一律增加百分之三十，据称调整后提高之百分率，仍在各项物价涨率之下。以上系民生公司卅二年度航业部营业概况。

11月11日　民安产物保险有限公司在重庆成立，资本1000万元，广大华行和民生实业公司各占半数，卢作孚为董事长，杨经才任经理，卢绪章任协理①，邓华益任监事。后来卢绪章回忆说②：

广大华行作为私营商业企业创建于1933年。后来业务逐步拓展，我们党认为这是在大后方里一个值得利用的机构，从1939年下半年起，广大华行在周恩来同志直接领导下，通过开展贸易业务，秘密为党筹集经费，掩护地下活动。广大华行的经营范围，也从西药、医疗器械扩大到化工、钢铁、五金、纸张等行业。1943年，我们还同原民生轮船公司总经理卢作孚先生合作，创办了民安保险公司，这进一步提高了广大华行的声誉。

11月15日　民生公司《简讯》刊载《新世界》准备复刊的消息③：

近因鉴于本公司在我国实业界之地位与同人之努力，物质生活感觉困乏，精神生活尤感觉困乏，亟应有以介绍现代技术及管理之实际知识与经验，以期对于我国经济建设有所贡献，使将来之新中国能迎头赶上战后世界之潮流，经卢总经理计划以后，决定最近恢复《新世界》月刊，其内容当注重以下各项实际问题：一、介绍新发现与新发明。二、介绍新的建设与改革。三、介绍新的运动。四、介绍现代战争所必需动员之人力与物力。五、介绍成功之事业与人物。六、介绍今人之嘉言懿行。兹闻业已聘请杨开道先生为总编辑，张主任秘

① 《重庆市金融市况调查》（1943年11月15日至21日），重庆档案馆藏。

② 卢绪章：《一个继承了传统美德的国际企业家》，宁波市政协文史委员会编《包玉刚与宁波开发开放》，中国文史出版社2008年版，第17页。

③ 《〈新世界〉即将复刊》，《民生实业公司简讯》第718号，1943年11月15日第4版。

书为经理，吕主任稽核负责印刷责任，童经理杨经理李经理刘副经理等分任译述与编辑，着手积极进行，不久当可与读者见面，极欢迎公司同人投稿。

11月23日　卢作孚在重庆民生公司物产部主持召开民生机器厂厂务会议。

11月27日　四川机械公司在川康兴业公司召开第四次董监联席会议，卢作孚为会议主席，胡子昂等人参加了会议。会议报告了公司资本、借款、设备、业务、人事等情况，并讨论解决了一系列公司发展中遇到的困难。

11月29日　（一）中午，黄炎培与钱新之、张志让邀集友好餐叙，发起宪政出版股份有限公司，到者有康心如、杜月笙、刘攻芸、王志莘、卢作孚、潘仰山、吴羹梅、章剑慧、章友江、王芸生、浦心雅、潘序伦、祝世康、薛明剑、杨卫玉等①。

［按］此前11月23日晚，黄炎培与张志让、杨卫玉三人始谈发起《宪政》月刊事宜。25日，黄炎培与张志让一起到钱新之处商出版《宪政》月刊问题，钱新之提出组织一宪政出版股份有限公司。

（二）卢作孚与熊式辉、何廉等人商谈航政。卢作孚说②：

> 战后中国航业需要船只，惟有取之日本，始可望无条件，美国自由船有多，但不合中国之用，一为吃水二十呎（英尺），中国无此多数深水港，容量一万吨，中国无此大量货物之吞吐码头，改装不可能，浚港太费时日，此外较优之船只，决无可［能］分与中国，且战后各国皆需船，彼亦不能不求较有利益，较有保障，较有关系之其它国家而货易之。因此所望于美国者，只有造船厂之机器与工人，但此亦不能望人赠与，必须以借款或投资方式始可与之洽商。此后投资，政治性质者必然减少，将转变而为经济性质，讲利益，讲保障，不然希望甚微。借款当较简单，若投资，则“优待股本”，不涉及管理权者，不必限制。“普通股本”于管理权有关者，似宜外资不多过内资，且各层级职员，必须用中国人，国际航线，限制自可减轻。航业管制航业，不若航政管理行业。国营不若民营、官商合办，虽有董

① 中国社会科学院近代史研究所整理：《黄炎培日记》第8卷，华文出版社2008年版，第185页。

② 熊式辉著，洪朝辉编校：《海桑集：熊式辉回忆录》，香港明镜出版社2008年版，第433页。

事会，仍必仰承官方意志，中国茶叶公司即其例证，在官办或官商合办事，未能做到企业化以前，绝对不宜主张官办或官商合办。

12月3日　汀渝水空联运水运部分小组会议第一次会议在重庆国营招商局招待所举行，民生公司派代表蔡金光出席[①]。关于民生公司参加中印间水空联运的情形，袁智在《烽火岁月中的民生公司》中说[②]：

> 太平洋战争爆发，日本封锁了东南亚各国沿海后，从1942年5月滇缅公路中断到1945年8月日本投降，我国物资的补充运输，几乎全靠空运。此时，中印空运，成为我国主要的国防运输线。
>
> 中印空运以印度汀江为起运点，终点为我国昆明、重庆等机场。1942年4月18日，中国航空公司试航成功，从6月份起接受美国和国民政府委托承运进口物资。初期仅有美国拨给的旧式飞机6架，飞汀江至昆明线，月运量100余吨。以后美国拨给的飞机逐渐增多，月运量增加到2400吨。因昆明至重庆运输不便，空运地点增辟宜宾、泸县机场，由印度运进货物至宜宾、泸县后，由水路交民生公司等轮船，转运至重庆。进口多为兵工、通讯和工业器材，出口回程多为钨砂、桐油、猪鬃等物资。中印空运线上担任大规模运输的，主要还是美国空运大队，担任空运的美军人员有3万多人。每月运量共达4万多吨；其运输之物资，大部分为供应驻华美军需用，并承运部分美国援华军用物资。民生公司派轮船从泸县和宜宾，担任了空运物资的接转任务，从事水空联运。

12月7日　富源水力发电股份有限公司第三次董监联席会议在交通银行重庆分行举行，到会董监有钱新之、汤筱斋、陈仿陶、卢作孚、税西恒、邓汉祥等人，钱新之为会议主席。由于2000万元股份仍远远不敷各项工程、材料费支出，会议决议向四联总处借款1000万元以资周转[③]。

12月9日　川康兴业特种股份有限公司在该公司召开第三十一次常

---

① 胡政主编：《招商局与重庆　1943—1949年档案史料汇编》，重庆出版社2007年版，第269页。

② 中国人民政治协商会议西南地区文史资料协作会议编：《抗战时期西南的交通》，云南人民出版社1992年版，第289—290页。

③ 《富源水力发电股份有限公司第二次董监联席会议纪录》，重庆档案馆藏。

务董事会议，卢作孚、钱新之、邓汉祥等出席了会议。

12月中旬　卢作孚条示民生公司主管部门整顿各轮西崽，条示如下[①]：

自十二月十七日起，一律停止派用（西崽），其已派用如有不法行为，及不按公司规定者，经人举发或经公司派人查出之后，即予停职处分，不另补充。

12月22日　陶行知为育才学校募捐事致函卢作孚请予帮忙，谓[②]：

久未晤教，不胜系念。敝校上期经先生等大力厚助，已能收支相抵，弟乃能免于奔波而专心于办学。不幸下半年物价迭次增长，迄今每月突破预算六万五千元，经济益感困难，精神反觉兴奋。《创造宣言》及四年来不能下笔之校歌，反于此时落笔而成，亦奇事也。现当年终结账，分配公益，先生交游至广，如大明、川盐、川康、美丰及其它事业主持人皆属至友，深望鼎力进言，各去一恳切之函，代为育才申请，则登高一呼，众心响应，倘得巨款厚助，收支再度平衡，弟乃能于办学之余，写文公诸同好，当更有意义也。

12月23日　川康兴业公司举行第三十二次常务董事会议，卢作孚、邓汉祥、钱新之、戴自牧、刘航琛等人出席了会议，钱新之为大会主席，常务董事兼总经理邓汉祥报告了公司各项业务情况，会议还讨论了公司各项事务[③]。

12月29日　为策冬防期间短航乘客安全，重庆卫戍司令部稽查处派员与民生公司磋商具体事宜该处派员随船抽查，卢作孚、郑璧成参加了磋商谈话[④]。

本年　与民生公司关系密切的民生机器厂本年发展到极盛时期，职工人数达到3100人，能够修造内河船舶和机床设备，成为后方技术力量雄厚和规模十分巨大的三家大型民营机器厂之一，加上恒顺机器厂，民生公司就拥有三家大型机器厂中的两家。在北碚方面，国立歌剧学校迁到北碚

① 《民生实业公司简讯》第724期，1943年12月27日，第3页。

② 戴自俺主编：《陶行知全集》第8卷，四川教育出版社1991年版，第581页。

③ 《川康兴业特种股份有限公司第三十二次常务董事会议会议纪录》，重庆档案馆藏。

④ 《重庆卫戍总部稽查处与民生实业公司磋商关于冬防期间稽查处派员随船抽查短航乘客用保安全谈话记录》（1943年12月29日），重庆档案馆藏。

中山路，到 1945 年国立戏剧专科学校也从江安县迁到北碚，与国立歌剧学校合并，曹禺、洪琛等曾在该校任教，1946 年迁回南京。顾颉刚任社长的中国史地图表编纂处也在本年迁到北碚，后于 1944 年改组为大中国图书局。本年北碚还成立了由汪东任馆长、顾毓琇任副馆长的国立礼乐馆，研究古礼乐，编辑出版《礼乐》杂志和《采风》杂志。

1944年（民国三十三年）51岁

1月1日　《宪政》月刊在重庆创刊，黄炎培为发行人，张志让为主编，编辑委员有褚辅成、杨卫玉、黄炎培、傅斯年、江恒源、王芸生等，发起人和赞助人有钱新之、康心如、杜月笙、陈时、卢作孚、刘攻芸、王志莘、潘仰山、吴羹梅、章剑慧、潘序伦、浦心雅、薛明剑、刘航琛等①。《宪政》月刊创刊后，每月举办一次宪政座谈会，为推动大后方地区的民主宪政运动发挥了十分重要的作用。

1月17日　在美国考察的张嘉璈托王志莘转告国内工业家，取消他离重庆前提倡的国民工业联合公司。他认为招致国外投资合作事宜，必须战争结束后才能进行，目前悬此空招牌不妥②。

1月　（一）卢作孚为应邀在中央训练团作业务讲演编写了演讲稿《工商管理》。卢作孚在讲稿中说③：

> 工商管理所采用的方法系科学的方法。科学有两种方法：就纵的言之，寻求事物的因果必然的关系；就横的言之，分析或排列事物，使彻底系统化。科学有两大类：一系自然科学，一系社会科学。自然科学应用到农业、矿业、工业及交通事业等的物质方面，技术方面；社会科学应用到一切事业，一切机关的社会方面，管理方面。实则管理亦系技术，如何配合一切事业之物质设备，并控驭其活动，如何训练每一工作人员，使有控驭物质活动的技术，亦皆管理范围以内之事也。

① 《本刊发起人》，《宪政月刊》第3期，1944年3月1日，封底。尚丁：《民主宪政运动的先锋战士张志让与〈宪政〉月刊》，《文史资料选辑》第85辑（合订本第29卷），中国文史出版社2000年版，第128—130页。

② 姚崧龄：《张公权先生年谱初稿》，台北传记文学出版社1982年版，第369—370页。

③ 卢作孚：《工商管理》，中央训练团1944年版，第1—2页。

工商管理的要求，在提高工商事业中全般活动的效率，在使工商事业中全般人力、物力配合的活动达到最高的效率，所谓最高效率，系要求以最少人力，最少物力，最快时间，换得最多结果，最好结果。任何事业，任何机关，皆应有此要求，此其精神为经济的。

工商管理的方法，即系建设秩序的方法，建设每一工作人员活动的秩序，建设一群工作人员相互配合的活动的秩序。秩序而以成文表现之，即系"法"。任何管理皆有必不可少的三事：（一）创造"法"，（二）执行"法"，（三）遵守"法"。此其精神为政治的。

工商管理方法的实施，特别重在工作人员的训练。训练所有工作人员使有秩序的配合的活动，使其活动有效率，有技术，且有管理的技术。事业实即学校，且为最实际的学校，此其精神为教育的。

社会科学主要运用在经济、政治、教育三方面，尤其综合地应用在工商管理方面。其基本建设为心理的。必须工作人员有事业上远大的志趣与工作上当前的兴趣，必须工作人员要求有秩序的活动，有效率的活动，乃能接受并运用管理的方法，使管理充分发挥其效用。

卢作孚最后指出[①]：

贤明的管理者不应处理纷乱的事物，陷自己入纷乱中，而应整理纷乱的事务，纳事务入秩序中，不应核定人如何活动，但应要求人如何活动。不应待人询问："事应如何办理"，而应问人："事正如何办理？"明了事的动态，乃能控制事的动态。不仅在消极方面防止弊端，尤应在积极方面建设秩序。严格的秩序之下，自然不容许发生弊端。管理问题的核心，全在建设秩序。在使每人行动有确定的秩序，全体行动有相互配合相互衔接的秩序，贤明的管理者即为此种秩序的建造者与执行者。如不能建造秩序或不能坚强执行既经建造的秩序，即非良好的管理者；即令其为人才，亦非良好的管理人才。

［按］卢作孚在经营民生公司的过程，逐渐形成了一套卓有成效的管理方法，并在社会上产生很大的影响，曾经与商务印书馆的王云五一道，

---

① 卢作孚：《工商管理》，中央训练团1944年版，第15页。

被赞誉为“中国科学管理专家”①。1938年3月底4月初，中国国民党在武汉召开临时全国代表大会，决定设立中央训练委员会，创办中央训练团，训练中高级党政军财经等方面人员。卢作孚曾被聘为中央训练委员会委员，中央训练团党政高级班主任教官②。1939年3月1日，第一期党政训练班在重庆南温泉开办，从第二期开始，迁到重庆浮图关。由于卢作孚在管理方面享有盛名，于是应邀作业务讲演。但查中央训练团相关记录，却未见任何卢作孚作过讲演的记载。

（二）天府矿业公司编印《天府煤矿概况》载抗战以来该矿若干情形③：

本矿营业，逐年随产运数量增加，27年以前，月销不过3000吨，现在月销30000余吨，约计增销10倍。

抗战初期，本矿销煤大部分供应民生轮船公司、北川盐厂、砖瓦石灰窑业及家庭炊爨之用。其时重庆工业甫具萌芽，用煤有限，本矿产运机构，尚在调整之时。供应数量，并不甚多，而推销上已觉费力。故除批售各厂以外，仍须在重庆小河两岸及市区以内，设栈零销，以维营业。厥后内迁，各种轻重工业相继成立，燃料需用，急剧增加，适于是时，本矿运输、工程二者，亦均渐次整饬，尚能与市销相应。本矿销数，在渝市用煤供应量全部内初仅为1/4，继增至1/3，近则达1/2。本矿销额，不啻一衡量陪都工业进展之尺度。……

本矿营业，29年以前，为自由营业时期，重庆市内及市外，均设有煤栈及营业所。迨29年经济部燃料管理处成立，本矿产煤，均按月报处分配用户，故将重庆煤栈及营业所分别撤销，集中白庙子1处，按照分配定量发煤，由各用户自行雇船提运。29年冬季，用户雇船提运一层，多感觉不便，尤以小量用户为甚，且中间有煤商从中搀杂沙土者。本矿乃着手自备船只，代各用户运煤到厂交货，并于30年4月在重庆组设营运处，俾便处理运销煤焦、交货收款等事项。30年夏，渝市空袭较多，所有客户用煤，几完全由本矿自备船只、保险代为装运。运量增加，复承政府贷予专款，补充船只，总计自

① 召川：《我所知道的卢作孚和民生公司》，《文史资料选辑》（全国）第74辑，文史资料出版社1981年版，第78页。

② 台北“国史馆”档案。

③ 天府矿业公司编印：《天府煤矿概况》，大东书局1944年版，第41—42页。

置、租用船只200余只。今冬渝市用煤，得以供应不匮者，船只充足，亦一因也。

（三）卢作孚作为民生公司的代表加入后方工业界五个著名的团体组织之一的中国全国工业协会为会员。

［按］中国全国工业协会是抗日战争时期，在后方通货膨胀日益严重，同时也是在抗日战争胜利在望的情况下，由后方工业家发起成立于1943年4月22日，著名化学工业家吴蕴初为理事长，著名工业企业家胡西园、潘仰山、周茂柏等任常务理事。

2月14日　卢作孚于下午3时在重庆新运总会忠义纪念堂主持召开了天府矿业公司临时股东大会，文化成等董事出席，总经理孙越崎列席会议。会议讨论通货膨胀下公司增资问题，决定呈请有关官署，把天府公司资本按照原来资本的8倍增为3600万元[①]。

2月22日　卢作孚为有关物价问题致函建议熊式辉，谓[②]：

物价问题布雷已以建议大要报告主席，嘱更拟一说明以为对外接洽之依据。谨录呈一份请赐参考，并乞指正。已另寄布雷、可亭矣。

3月6日　经济部成都工业考察团视察员李为宪在关于成都工业的考察报告中载，四川机器［械］公司由于是四川省三家省营企、事业单位合并而成，人事复杂，调整不易，“以致人事迄未健全，工作未大开展，该公司董事长卢作孚先生尚有特加整理以宏省营事业之必要”[③]。

3月15日　《新世界》复刊，由社会学家杨开道任主编。复刊词中说复刊后的《新世界》着重介绍：1. 与新发现和新发明相关的人物及其他；2. 新的建设以及管理制度、生产方法的改进；3. 农业改良、合作、公共卫生、工作竞赛等新的社会运动[④]。

3月28日　卢作孚在重庆九尺坎天府矿业公司主持召开了该公司第二届第二次董监联席会议，听取总经理孙越崎作1943年经营报告。孙越

① 《天府矿业公司临时股东大会纪录》（1944年2月14日），重庆档案馆藏。

② 《卢作孚有关物价问题致熊式辉函二封》，《卢作孚研究》2010年第4期。

③ 中国第二历史档案馆编：《中华民国史档案资料汇编》第5辑第2编《财政经济》（5），江苏古籍出版社1997年版，第246页。

④ 《新世界复刊词》，《新世界》复刊号，1944年3月15日，第1—2页。

崎在报告中说[①]：

> 本矿在去年度扩充铁路设备及增加产运量为工程上最大之成就，虽向四联总处借款案未成，但一切工程设施均能把握时间，按照预定计划进行，并无丝毫耽误。在销煤方面亦可显示本矿在渝市工业方面的供煤数量上地位之重要。至财务方面，去年情况亦非常良好，公司基础益臻巩固。

［按］1943 年产运销具体数字为：产 353862 吨，运 373795 吨，销 302009 吨，1943 年盈余 25298692. 46 元[②]。

4 月 7 日　为修纂北碚志，有关人士组成了修志委员会和修志馆，顾颉刚、杨家骆先后担任修志委员会主任委员，傅振伦为修志馆馆长。卢作孚、卢子英列名北碚志发起人之列。杨家骆起草了《创修北碚志缘起》[③]。

［按］1947 年 5 月形成 41 个分志初稿。1978 年杨家骆在台湾根据上述志稿编成《北碚九志》出版。

4 月 8 日　黄炎培到民生公司访卢作孚，详询民惠轮在小南海出事经过[④]。

4 月 10 日　民生公司在重庆召开第十九届常年股东大会，股东公推卢作孚为大会主席。董事长郑东琴报告 1943 年公司航业部亏损 6300 余万元，以附属事业如民生机器厂、物产部盈余填补，尚亏损 4900 余万元，再以承领政府补助的船只打捞、修复费，并划拨防险准备填补，品迭纯损 825 万余元[⑤]。大会通过董事会提案，决定增加董事、监察人名额，并修改公司章程。董事会提案称[⑥]：

---

① 《天府矿业公司第二届第二次董事监察人联席会议纪录》（1944 年 3 月 28 日），重庆档案馆藏。

② 《天府董事会报告事项》、《天府矿业公司第二届第二次董事监察人联席会议纪录》（1944 年 3 月 28 日），重庆档案馆藏。

③ 重庆市北碚区地方志编纂委员会编：《重庆市北碚区志》，科学技术出版社重庆分社 1989 年版，第 586—588 页。

④ 中国社会科学院近代史研究所整理：《黄炎培日记》第 8 卷，华文出版社 2008 年版，第 246 页。

⑤ 《民生实业股份有限公司第十九届常年股东大会决议录》，重庆档案馆藏。

⑥ 同上。

查本公司董事原为21人，常务董事原为7人，监察人原为11人，惟时公司资本额为国币7百万元。自前届股东常会议决增加资本额为国币8千万元，经具文呈请政府变更登记在案。股东既经增加，为应事实需要，董监及常董名额自应增加。兹拟将董事增为25人，常务董事增为9人，监察人增为12人。

会议选举郑东琴、黄炎培、潘昌猷、徐可亭、石荣廷、陈国梁、康心如、吴晋航、宋师度、张嘉璈、杜月笙、耿布诚、宋子文、胡筠庄、汤筱斋、钱新之、徐国懋、何北衡、周孝怀、刘航琛、霍亚民、浦心雅、李佐成、徐广迟、戴自牧等二十五人为新一届董事，推选晏阳初、邓锡侯、苏汰余等十二人为监察人。

4月12日　中午12时民生公司举行第十九届股东常会新选董监就职欢迎会，卢作孚为欢迎会主席，出席会议的有郑东琴、黄炎培、石荣廷、康心如、吴晋航、耿布诚、钱新之、何北衡、浦心雅、苏汰余等董事和监事以及民生公司总公司各处室、民生机器厂、物产部各主干人员。会议期间推举郑东琴、宋子文等九人为常务董事，常务董事又推举郑东琴为董事长，由此正式组成第十九届董事会[①]。午后1时民生公司第十九届董监就职会在民生公司总公司举行，郑东琴为会议主席，卢作孚列席了会议。会议根据董事长郑东琴的提议，决议续聘卢作孚为民生公司总经理[②]。

4月20日　中国航运意外保险公司在重庆曹家巷12号2楼成立开业，卢作孚担任董事长，董事有魏文翰、骆远东、虞顺慰、黄谨莹、张澍霖、钟贤道、王绍尧、沈执中、钟孟甫、童少生。监察为李肇基、孙益祥、姜涿如、虞顺懋、吴民先。邓华益担任总经理、童少生为协理。业务主要为旅客生命意外保险、人身保险、公司人身再保险等[③]。

4月30日　卢作孚长子、本月毕业于重庆中央大学的卢国维应统一征调参加抗日军事翻译工作，本日从重庆出发到昆明。

［按］1945年10月卢国维返回到重庆。卢国维先后在昆明美军作战参谋部、印度雷多驻印中国远征军新六军、昆明中国陆军总司令部任译员，负责翻译和空运联络工作。

---

① 《民生实业公司第十九届股东常会新选董监就职欢迎会纪录》，重庆档案馆藏。

② 《民生实业公司第十九届董监就职会议纪录》，重庆档案馆藏。

③ 《中国航运意外保险股份有限公司开业》，《中央日报》1944年4月17日第1版；国民政府令（1944年5月5日），台北“国史馆”档案。

5月5日　（一）卢作孚在重庆新运总会忠义堂主持召开了天府矿业公司第四届股东常会，大会报告公司资本仍为440万元，1943年盈余2529万元[①]。（二）国民政府以卢作孚“在抗日期间办理军运著有劳绩”，经行政院院长孔祥熙呈请，授予二等卿云勋章[②]。同时受奖的还有章士钊、竺可桢、严济慈、罗家伦、贝祖贻等人。

5月24日　卢作孚为物价问题建议等致函熊式辉，谓[③]：

> 物价高涨，迄今未已，势如累卵，危殆日亟，似须于目前措施以外更谋有效平定办法。谨以数月来与友人商讨所得粗略意见再加整理，录供左右参考。就弟所参加之事业无不感受物价严重之压迫，故建议之外尚有迫切祷望之情也。伏维裁择，有所主张，无任感幸。专此。祇颂勋绥！弟卢作孚五、廿四 附奉《如何有效的平定物价》

5月25日　民生实业公司第十九届董事会在总公司召开第二次常务董事会议，卢作孚列席了会议。这次会议对公司章程做了修订[④]。

5月　民生公司连年亏折，到本月负债额达到1.8亿多元。

［按］资料载：民生公司负债“大半都是商业银行的借款，长期的仅一个月，短期的则仅借三日到七日，以日拆计息，公司负责人，尤其是负财务责任的人，天天借债，天天还债。紧张得不像样！彼时更突然遭遇了重庆的银根奇紧，若干银行自保之不暇，只肯收债，不肯放债，致他那时非立刻宣布破产不可了！”困难加深的原因有五个方面：1. 受军运影响，正常运输秩序无法维持；2. 受待遇影响，船员工作热情逐渐消沉；3. 公司需要应付的问题太多，管理人员精力无法集中于主要业务；4. 一部分管理人员疲于奔命，精力难以为继；5. 轮船勉强航行，容易发生意外。经卢作孚极力争取，民生公司从国家银行借了一笔较低利率的款，又争取到一部分修复被炸轮船的补贴费，才暂时渡过了难关。此后由于物价不断上涨，支出逐日增加，民生公司仍然月月亏折，而且亏折数额愈来愈大。国民党政府的政策是不许调整票运价，而给予一定的事后补贴，但是这种

---

① 《天府矿业公司第四届股东常会纪录》（1943年5月5日），重庆档案馆藏。

② 台北“国史馆”档案。

③ 《卢作孚研究》2010年第4期。

④ 中国第二历史档案馆编：《中华民国史档案资料汇编》第5辑第2编（10），江苏古籍出版社1997年版，第575—578页。

事后补贴和部分补贴的政策，填补不了实际亏折数额，因此，民生公司的亏折一直延续到抗战胜利尚无好转的迹象[①]。

6月22日　（一）来华访问的美国副总统华莱士，在农林部部长沈鸿烈、副部长钱天鹤、中央农业实验所副所长沈宗瀚等陪同下，到北碚天生桥参观中国农业实验所[②]。（二）民生公司在总公司召开第十九届第一次董监联席会议，郑东琴、戴自牧、石荣廷、耿布诚、黄炎培、吴晋航、苏汰余等人出席，郑东琴为会议主席，卢作孚等人列席了会议。会议讨论了董事会各种报告和总公司各项专案报告等。黄炎培日记载：午后，民生公司董监事会，读《公司未来之危机与使命》文[③]。

6月27日　黄炎培为钢铁事致函讯卢作孚[④]。

6月28日　黄炎培致函讯卢作孚，询问张群近况[⑤]。

6月　（一）著名爱国将领、国民政府军事委员会副委员长冯玉祥在民生公司讲演中称赞："民生公司是救国公司。"[⑥]

（二）大后方著名记者徐盈在《新中华》上撰文介绍卢作孚，认为卢作孚是"一个很坦诚的人同时也是一个很难被了解的人"。文中写道[⑦]：

> 见过卢作孚的人，第一眼一定会有精明强干的印象，因为他那瘦小但有骨骼的身材，朴素如学生的服装，多表情的面孔上有两颗发光的眼珠子，在辛劳多皱的额下转动着，时常是有点寒光。
>
> 他的口号："个人为事业服务，事业为社会服务"；"个人的工作是超报酬的，事业的任务是超利益的"。
>
> 有人攻击他，当他听到了的时候便笑一笑，有时候还会说一句，"我知道的比这话还要多"。有人赞美他，当他听到了的时候也不过笑一笑，有时也许加一句，"那是某某人的努力"；他有时是热情的，

---

① 《民生实业公司简讯》第838期，1946年3月4日，第2—3页。

② 《美国副总统华莱士参观北碚本所》，《农报》第9卷第25—30期合刊（1944年），第337页。

③ 中国社会科学院近代史研究所整理：《黄炎培日记》第8卷，华文出版社2008年版，第280页。

④ 同上书，第282页。

⑤ 同上。

⑥ 《民生实业公司简讯》第698期，1943年6月28日。

⑦ 徐盈：《当代中国实业人物志·卢作孚》，《新中华》复刊号第2卷第6期，1944年6月，第108—109页。

但有的时候，却也非常冷酷；最奇怪的是他的清脆声音，有时候，从话里透出了温暖，有时候则透出来的是冷冰冰的毫无感情。

一个很坦诚的人同时也是一个很难被了解的人。

7月19日　卢作孚出席民生公司第一百二十一次周会并讲话，出席本次周会的人员有总公司各处、室、科和物产部职员272人以及驾驶人员训练班第一期学员66人。卢作孚讲话的中心内容是有关驾驶的管理问题，谓①：

现值驾驶人员训练班第一期行将结束之时，今天特将有关驾驶部分管理问题提出来讲讲。驾驶部分之问题，粗看纯系技术问题，其实大部分是管理问题。盖纵有优良技术，而乏完善管理，则必发生种种事端，而使优良技术等于无有。本公司各轮船驾驶、引水员之技术，近年来颇有进步，如民权（即昔年之万流船）一类大船，以前须任重庆水位十二呎始敢开行，现则六呎水亦可开行自如。技术方面，实在有进步，但是海损及行船纠纷仍属层出不穷。自去年五月至今年四月，一年之间，搁浅、擦撞、浪沉木船等海损事件，为数极多，甚至一船竟在一年之内，海损五次。考察海损原因，皆属绝对可以控制避免者。徒因驾驶疏忽而失事，足见此实为管理问题而非技术问题。以擦浅而论，何处有沙碛，何处有暗礁，本为一般领江所习知者，如再时时阅图、书、记录，小心航行，本不应发生擦浅事件，而竟时常发生，并在洪水时期，亦竟有船擦浅，此全因疏忽而非技术不够。又如轮船靠趸或两船相靠，徐徐驶靠，当不致撞伤趸船或已船。复次，如浪沉木船事件，轮船如遇木船，应于何时慢车相让，如计算精确，当不致发生浪沉事件。凡上所述，都是一些稍加注意，即可避免的事。故今后希望各驾引人员，除求技术上之进步外，尚须有管理上之周到。欲管理之周到，必须驾驶部分船长、大二副对于有关航行河床的各种图、书、记录，仔细阅读，并于轮船航行之时，按图、书、记录，检讨航行前途可能发生的各项问题，随时通知领江留意。领江舵工等，亦应将其实际经验，与船主、大二副随时商讨，并予以记录，以为后学者之重要凭藉。人类进化，贵在能累积前人之经验，而发挥光大之。一人一生之经验有限，千百人千百年之经验，终属大有可

① 《民生实业公司简讯》第754期，1944年7月24日，第1页。

观。吾人航行渝磁线，因只长三十里，航行极易明了，但若航行一千八百里之渝宜线，则沿途滩险之经验，必不容易获得。何则？盖渝宜线较渝磁线长六十倍，航线既长，滩险数目自多，航行次数少，枯洪水以及平水位之变化大。反之，后者航行线短，滩险数目少，故航道容易明了熟悉，假使某人对于某段航道之航行，极为熟悉，而不将其宝贵经验，记录贡献于社会，则其经验只止于其本人，实则至为可惜。亦为我国不能进步之一大原因。最早航行川江一艘轮船的船长蒲蓝田氏，于航行川江每次水时，均有详细之测绘与记录，著为专书，至今仍为川江航行之重要参考资料。英国人航行数年，即有精详研究，而我国人航行轮只既多，时间亦久，至今尚无一本有价值之记录，实属憾事。本年较往年海损行船纠纷以及入厂修理之船只，特别较往年及他公司为多，吾人起初甚为诧异，后始悉并非本年轮船出事较多，往年轮船出事较少，实因往年船务处记录简略，本年记录较为完备之故，此点即系一进步。过去我国人多以为曲突徙薪无功德，焦头烂额为上客，此种观念实大错误。近代人作事，尤其航业界作事，最看重平常工作成绩与努力程度，临时出事而努力弥补应付，并不足取，最当记功与奖励之人，系多年不出一事之人，平时谨慎用事之人，亦即曲突徙薪之人。临时而致焦头烂额者最不可取。希望各位本此原则努力云。

7月27日　民生实业公司董事会在公司董事会办公室召开第十九届第三次常务董事会议，卢作孚列席了会议。

7月31日　为国际通商会议推举代表出席一事，中华民国商会联合会筹备会致函卢作孚，谓①：

查国际通商会议推举代表出席一事，本会前经召集有关各方协同商定，台端被推举为代表候选人，相应函达查照，并请于八月二日午正十二时以前，开具详细履历一份，函送来会，以凭汇册呈核为荷。

7—10月　重庆轮渡公司因为亏折过巨，经呈奉行政院核准，从本月起每月由重庆国民政府补贴100万元。

［按］到10月行政院又将补贴增为每月400万元，该项补贴发到

① 黄立人主编：《卢作孚书信集》，四川人民出版社2003年版，第813页。

1945 年 3 月为止[①]。

8 月 2 日　卢作孚复函中华民国商会联合会筹备会，并随函附寄履历书一份[②]。

8 月初　中国出席国际通商会议代表人选最后确定为张嘉璈、陈光甫、范旭东、卢作孚、李铭、贝祖贻等 6 人，分别代表中国银行业、化工业、运输业、进出口业。随行的顾问确定为中国植物油厂总经理张嘉铸、新华银行总经理王志莘、云南蚕桑新村总经理葛运成和永利化学公司总工程师侯德榜、华侨商界巨子李国钦等 5 人[③]。

［按］此后，卢作孚立即行动了解与会议相关情况，并准备相关资料。为此，他专门委托已经在美国的中国代表和顾问，了解发起人以及其它国家的意向，可惜只得到“发起人不在，其它国家代表还未来”的一个回电。卢作孚又利用机会，分别拜会来华的美国战时生产局局长纳尔逊、美国驻华大使馆的相关人员以及相关人士，甚至与英国驻华使馆的人员晤谈，以了解情况[④]。

8 月 24 日　民生实业公司第十九届董事会在总公司召开第三次常务董事会议，卢作孚列席了会议。

8 月 26 日　黄炎培在上午访问董必武、林伯渠后，中午到临江路一号卢作孚家，共戴自牧三人聚餐，并长谈。[⑤]

8 月 30 日　（一）在约集卢作孚等出席国际通商会议代表顾问面谈，商定赴美各项办法后，国民政府行政院秘书长张厉生、经济部长翁文灏等于本日向蒋介石提出签呈文，呈请以上人员组成的代表团可携带随员孙恩三、解寿缙、童少生等三人，并请拨给美金六千元作为补助费，作为代表团在美国交际及雇佣人员的费用[⑥]。9 月 7 日得到蒋介石批准同意。后该项费用由财政部支给。

（二）中国全国工业协会在重庆欢宴中国出席国际通商会议代表，卢

① 杨及玄：《重庆轮渡公司的展望》，《西南实业通讯》第 14 卷第 1、2 期合刊，1946 年 8 月 30 日，第 12 页。

② 黄立人主编：《卢作孚书信集》，四川人民出版社 2003 年版，第 813—814 页。

③ 《国际通商会议及中国六代表》，《新世界》1944 年 10 月号，1944 年 10 月 15 日，第 1—11 页。

④ 《国际交往与中国建设》，《卢作孚文集》，北京大学出版社 1999 年版，第 571—572 页。

⑤ 中国社会科学院近代史研究所整理：《黄炎培日记》第 8 卷，华文出版社 2008 年版，第 305 页。

⑥ 台北“国史馆”档案。

作孚应邀出席交换意见①。

8月　（一）卢作孚在北碚写成《战后中国究应如何建设》一文，旋即分送张群等友人。文中指出：战后建设在政治方面要求独立自主和民主，经济方面要求工业化，文化方面要求教育普及，当以经济建设为中心，集中力量进行经济建设。采用计划经济的方法，使一切生产事业、交通事业、贸易事业、金融事业在国家预定的计划上发展，这是经济建设最进步的方法。中国未来要作经济建设，不能不采用计划经济。关于计划包含的范围，卢作孚认为②：

> 国家产业的全部是互相有关系的，所以需要全部互相配合，……如盼整个经济建设计划迅速完成，且比先进国家更迅速完成，则全部计划包含农林、牧畜、工矿、贸易、交通、金融及一切产业，集中所有人力、物力、财力在全部计划上经营，其范围必须包括四万万五千万人的活动在内，不仅包括政府直接经营的事业在内，亦不仅包括若干大的企业之由民间经营者在内，甚至于不仅包括大多数人民的经济活动在内，用以训练人民从事经济活动的教育事业，用以管理人民从事经济活动的政府机关，应通通（统统）包括在内。

（二）交通银行征信调查员马英云撰《民生实业公司动态调查报告》，讲述民生公司概况、组织和人事、业务动态、财务状况等颇详细③。关于民生公司概况，报告中写道：

> 迄今已拥有大小船舶八十八艘，全部资产账面值已达四万万五千万元以上。战时环境困难倍屣，如业务殊费周章，财务尤感据拮。惟大体言，该公司基础已根深蒂固，匪独目前为川江航业之巨擘，抑亦为战后我国航业之领导者，自可断言。

---

① 《欢宴出席国际通商会议代表并拟举行九案座谈会》，《工业通讯》第12期，1944年9月10日，第6页；傅润华、汤约生主编：《陪都工商年鉴》第12编《工商大事日记》，文信书局1945年12月初版，第36页。

② 卢作孚：《论中国战后建设》，《新世界》1946年2月号，1946年2月15日，第11页。

③ 中国第二历史档案馆编：《中华民国史档案资料汇编》第5辑第2编（10），江苏古籍出版社1997年版，第578—585页。

报告对于公司财务比较乐观：

（民生公司银行借款、四行贴放、政府补助、发行公司债、比期借款）各项运用金，以政府补助金为最巨，惟该项补助金，系赔偿应差船只沉没修理之用，非系公司之负债。公司现在之长期负债，为四联之七千万元，下年度起开始还本。短期负债为我行之二千万元，应于本年十一月结清，其它则数额不多。总之，借自四联之长期债七千万元，清还一月期以下之短期债后，公司财务症结，似已解除，即利息一项每月亦可减少三百万元之谱。

9月1日　《宪政月刊》第9期本日出版，刊载《民主与胜利献言》一文，卢作孚与黄炎培、张志让、杨卫玉、褚辅成、冷遹、江恒源、王云五、薛明剑、吴蕴初、潘仰山、胡西园、张肖梅、章乃器、潘序伦、吴羹梅、张澍霖、尹致中、向乃祺、刘伯昌、傅彬然、陈乃昌、王印佛、徐子为、张雪澄、贾观仁、黄敬武、祝公健、孙起孟、陈北鸥等均列名其中，全文如下①：

吾人痛心国难，怀匹夫有责之意，各就本位，惟力是视。兹者，抗战已入第八年，盟军节节告捷，敌国人心，均在动摇，物力亦日见枯竭，但暴日必将不顾一切，以求最后之一逞，我欲配合盟军，歼灭敌寇，争取全局胜利，自非齐一全民意志与力量，作最后之努力不可。我教育、文化、工商、金融，百业、各界，艰苦支撑，迄于今日，将如何抖擞精神，以迎新生命。况抗战胜利愈接近，千端万绪之战后问题，其需要解决愈迫切。将如何发挥民族潜在之生机，如何接受国际友邦之助力，出孑遗于水火，重整河山，使和平与完好之世界，凡此种种，尤须仰赖全国军民文武，以一致革新之精神，完成重大使命。今日者，全国可歌可泣可崇敬之事实，诚亦甚多，但时有与之相反的表现，试为次第观察，从前方以及后方，从上层以及基层，如军队与民众结合问题，交通秩序问题，政军风纪问题，兵役工役纠纷问题，可云随时随地而存在，政府未尝不谆劝守法，而玩法自若，且多出自官吏，而非人民。约法未尝不尊重人权，而无罪被拘，且久羁不释者，所在多有。都市且然，遑论乡村。其获揭发者，千百中一

① 黄炎培等：《民主与胜利献言》，《宪政月刊》第9期，1944年9月1日，第1—2页。

二尔。领袖淬厉精神，殷殷求治，且正倡导实施宪政，而获此反应，何也？则以社会舆论之不得畅发，以为政府助力故也，全国上下未尝厉行法治故也。法令不患密而患苛，赋税不患重而患扰，而尤以有权有势者，逍遥法外，使人咸叹不平。寇患深矣，而欲一新全民之精神，激起全民之意志，奋发全民之力量，恐不可得。处此千钧一发之时机，吾人心焉危之，愿就考虑所及，取其荦荦大端，认为必须急付实施者，胪陈如下：

一、民主为我中华早定的国体，宪政是国父手订军政训政以后主要的政纲，实施宪政为领袖涣汗大号之政策，必须竭尽可能尽速实行。一切设施，均须本此精神，充分发挥，使人民渴望的民主制度，及早实现，不惟其名，务求其实。藉以范围全国之人心，使轨外纠纷之举，不因抗战结束而发生。

二、中华民国训政时期约法，为正在施行有效中之根本大法，必须合全国上下，切实执行，以迄于宪法之公布。

三、约法规定人民应尽的义务，亦既实际的充分的履行，所有规定各项权利，如身体与财产之保护，言论出版集会结社之自由等，亦须予以实际的充分的享受与保障；无论为人权为人道，政府皆宜尽力执行，无迟疑之余地。

四、凡百法令，皆须使之切实生效，普通人民大都不敢违法，必须严厉告戒（诫）文武官员，一致守法，一切设施，厉行法制，有犯必惩。

五、切实开放言论，除图书事前审查，业已废止外，其它杂志日报凡受检查与限制，应以涉及军事秘密或反对抗战者为限，总须诱使昌言，以收舆论建议与监督之效。

六、兵役工役与一切赋税制度之订立与执行，皆须绝对公平；在税法上，尤须着重于民力之调节，藉以纠正社会贫富两极化之危险状态。

七、因民之利，为财务行政、经济行政不刊之原则，必须给产业界以一切解放，简化各项法令与手续，维护其一线生机，于积极辅助增进生产流通金融发展交通之中，使社会经济因之活动，政府财用因之取给。

八、学生在不妨碍学校纪律与普通法规之下，予以言论与行动之自由，使一变其畏祸拘谨，为活泼进取；一变其洁身自好，不谈政治，为明辨是非，倡扶正义，以身许国，养成新的学风。

九、行政机关，自中央以迄基层，一切政令，皆须绝对公开，与民更始。

以上为吾人公共之意见，认为非此不足以一新政象，激发人心，增进团结，以迎最后胜利。区区之诚，只知有国，不知其它，特因《宪政》、《国讯》两刊物公布社会，希望政府采纳施行，尤赖全国同胞，呼吁倡导，抗战建国前途，庶几有幸。

9月3日　卢作孚、周懋植、李文衡等重庆工商界人士筹组进出口协会[①]。

9月5日　张群就卢作孚《战后中国究应如何建设》一文致熊式辉函电，谓[②]：

卢作孚所写《战后中国究应如何建设》，内多精彩，但仍须研究之处亦不少。兹送上请兄酌量是否应呈总裁一阅。

9月8日　重庆工商界星五聚餐会，欢宴出席国际通商会议代表，表示欢迎美国投资中国民营工业[③]。

9月10日　（一）熊式辉就卢作孚《战后中国究应如何建设》提出拟办意见呈蒋介石，拟办意见内容如下[④]：

卢作孚先生所呈《战后中国究应如何建设》一文（由设计处转来），长凡二万余言，见解颇多可采。兹就其重要之点摘录（原件存处以备调阅）。渠并请求钧座赐一略宽余之时间召见，以期在出国前面陈经济建设之意见。今附陈，并乞批示。

（二）中国西部科学博物馆筹委会主任委员翁文灏和副主任委员卢作孚为中国西部科学博物馆开办费一事致函中中交农四行联合办事总处秘书长刘攻芸。信中说[⑤]：

---

① 傅润华、汤约生主编：《陪都工商年鉴》第12编《工商大事日记》，文信书局1945年版，第37页。

② 《蒋介石手令》（1940年12月3日），台北“国史馆”藏。

③ 傅润华、汤约生主编：《陪都工商年鉴》第12编《工商大事日记》，文信书局1945年版，第37页。

④ 《熊式辉呈蒋介石文》（1944年9月10日），台北“国史馆”藏。

⑤ 黄立人主编：《卢作孚书信集》，四川人民出版社2003年版，第814—815页。

国内各学术研究机关为推进科学教育、提倡科学研究起见，共同发起在北碚设立中国西部科学馆，利用中国西部科学院房屋作陈列地点。至陈列品则由各研究机关供给，并商由各工矿事业捐赠。经数月筹备，各事已有头绪，唯添建办公室及制造陈列柜与一部分标本模型，各项开办费共需五百余万元，除由行政府院补助一百万及各经济事业捐助一百万余元外，不敷甚巨。

兹由筹委会备函请求贵处核准由中、中、交、农四行共同捐助开办费一百万元，玉成其事。久仰吾兄提倡科学，赞助文化事业不遗余力，敬恳赐予扶持，如数核对为感。

（三）民生公司郑东琴、卢作孚请黄炎培等聚餐[①]。

9 月 19 日　民生公司聘伍极中等为秘书[②]。

9 月 22 日　民生公司在总公司召开第十九届第二次董监联席会议，卢作孚列席了会议，会议决定批准总公司建议改聘总公司处务经理郑璧成兼任总公司秘书室主任；决定批准总公司建议投资中国公估行 30 万元；决定批准总公司关于投资民安保险公司的建议，除已交 100 万元外，再追加 65 万元和应得 35 万元利息，合计为 200 万元；决定批准总公司建议，在卢作孚出席国际通商会议期间，总经理一职由公司常务董事戴自牧代理[③]。

9 月 25 日　（一）中国全国工业协会、中国战时生产促进会、中国西南实业协会、迁川工厂联合会、重庆市国货厂商联合会等五工业团体 60 余人，在重庆复兴路 15 号迁川大厦大礼堂举行国际通商会议美方建议九项提案座谈会，卢作孚应邀出席，听取有关方面和人士意见[④]。（二）《新华日报》刊载邹韬奋追悼会启事，定于 10 月 1 日在重庆道门口银社开会，追悼因患耳癌于 7 月 24 日病逝的进步报人邹韬奋。卢作孚与宋庆龄、黄炎培、潘序伦、潘梓年、胡绳、史良、于右任、林祖涵、钱永铭、陶行知、孙科、张澜、许德珩、戈宝权、王造时、冯玉祥、张君劢、郭沫若、

---

① 中国社会科学院近代史研究所整理：《黄炎培日记》第 8 卷，华文出版社 2008 年版，第 310 页。

② 《民生实业公司第十九届第二次董监联席会议纪录》，重庆档案馆藏。

③ 《民生实业公司董事会第十九届第二次董监联席会议纪录》，重庆档案馆藏。

④ 《国际通商会议美方建议九项提案座谈会记录》，《工业通讯》第 13 期，1944 年 10 月 10 日，第 7—10 页。

沈钧儒、柳亚子、马寅初、夏衍、张申府、李公朴、邵力子、李璜、王云五、杜月笙、陈布雷、章伯钧、沈雁冰、李根源、董必武、章乃器等72人列名追悼会发起人①。

9月30日 （一）蒋介石本日正午由北碚北温泉登轮船循嘉陵江回重庆，卢作孚陪同。在船中，卢作孚向蒋谈其赴美计划约两个小时。蒋介石“许其对经济与贸易之建议，颇有可采之处”②。下午约二时半，轮船抵达牛角沱，蒋介石上岸回官邸。这次旅途晤谈，应是蒋介石就《战后中国究应如何建设》一文所涉及的问题特别安排的一次晤谈。

（二）黄炎培代卢作孚作诗一首，以寿钱新之60岁生日，冠以长序。诗云③：

不图江海莽狼烟，小队慈航一发牵；百计补苴嗟逝水，廿年辛苦欲呼天。

老成谋画金垂诺，全局安危铁在肩；愧我心期空击楫，祝君眉寿似增川。

（三）《旅游杂志》刊载曾仰尧《北泉公园的风景与文化》一文，文中对北碚及北温泉公园称颂备至。关于北碚和北温泉的文化事业的记述，该文载④：

北碚是迁建区中最大的一个镇市，现有中央机关及文化学术机关二百几十个，尤其在文化学术方面，较有名望较有规模的，差不多都迁到北碚来了。国立重庆师范在北碚镇上，复旦大学在北碚镇对江的岸上，所以两校每日有校车往来渝碚之间。

……

现在北泉的文化事业，有下面的几个机构：1. 教育部中华教育电影制片厂；2. 国立社会教育学院电化教育专修科；3. 力行中学；

---

① 李烈钧：《李烈钧集》下册，中华书局1996年版，第865—866页。

② 《蒋介石事略稿本》，台北“国史馆”藏。

③ 中国社会科学院近代史研究所整理：《黄炎培日记》第8卷，华文出版社2008年版，第316页。

④ 曾仰尧：《北泉公园的风景与文化》，《旅游杂志》第18卷第9期，1944年9月30日，第12—15页。

4. 北泉小学；5. 北泉慈幼院；6. 汉藏教理院；7. 中国辞典馆；8. 世界百科全书编刊委员会；9. 北泉图书馆；10. 张石亲先生遗书编刊会；11. 北泉博物馆筹备处；12. 人文印刷所 13. 中华书局编辑所。

10月1日　北碚各单位包括上海复旦大学、中国西部科学院等在中国西部科学院为卢作孚出席国际通商会议举行欢送会，卢作孚出席并发表讲话，主要讲了国际通商会议的发起、议题，促进中外相互了解的必要性以及中国建设的前途。他在讲话中指出：中国需要工业化，“国家只须控制两个武器：第一是法律；第二是计划。两者都是维持秩序，法律从消极方面规定了人民行动的范围，计划更从积极方面规定了人民行动的方向和途程”。这样，中国的发展必定会比进步很快的苏联更迅速[①]。

10月3日　午后，中华职业教育社辅导委员会举行会议，在商谈会务的同时，以示对将出国的陈光甫、卢作孚、范旭东、张禹九、王志莘表达欢送之意[②]。

10月5日　早晨6时半卢作孚率同童少生、孙恩三从重庆乘中航专机启程赴会，中间在昆明做短暂停留后继续航行，当日抵达印度的加尔各答，同机还有出席国际通商会议代表陈光甫、范旭东，顾问王志莘、张嘉铸等人。资料载[③]：

> 卢总经理奉派出席国际通商会议，业于本月（10月）5日晨5时半钟搭乘中航专机飞印转美。公司高级主干人员40余人于是日晨5时起赶赴珊瑚坝机场送行，此次随同卢总经理赴美者，公司方面有童处务经理少生、孙顾问恩三，同机者尚有出席代表陈光甫、范旭东及顾问王志莘、张嘉铸先生等一行。

10月6日　民生公司协理魏文翰访晤在美考察的张嘉璈，报告自己考察情况。魏文翰此前受中国航业界委托到美国考察，参观了不少美国轮船公司和造船厂，并与这些企业单位负责人交换意见。魏文翰向张嘉璈谈了自己的主张，他认为中国政府应尽快设立航业公司，向美国多要轮船，

① 《卢作孚先生讲词》，《嘉陵江日报》1944年10月12—15日第4版。

② 中国社会科学院近代史研究所整理：《黄炎培日记》第8卷，华文出版社2008年版，第317页。

③ 《民生实业公司简讯》第765期，1944年10月9日第3版。

并将美国政府计划供给中国的自由轮收回自己管理，以便培养人才，其次应向美国要求供给修理及港埠设备①。

10月6—7日　卢作孚一行在加尔各答，参观了海港、轮船等②。

10月8日　卢作孚一行自加尔各答起飞，中间在新德里稍作停留后继续航行，当日抵达卡拉奇③。

10月9日　卢作孚在卡拉奇致电民生公司讲述行程，谓④：

> 别后昆明小停即继续飞仰光，飞行最高仅12000呎，无恶风，故毫无痛苦。只在渝昆间大地为云雾所隔，一切无所见耳！傍晚抵加城。在加停二日，曾参观海港及一自由式船。昨复续飞，中间曾停新德里，傍晚到卡拉齐（奇）。今在此休息一日，午前曾参观海港，系近年新建筑者，码头、仓库及起重设备，均极有计划。今晚或可由此起飞，三日或可到美。

10月10日　《嘉陵江日报》复刊⑤。

10月17日　卢作孚等中国代表抵达美国纽约，中国驻纽约总领事于俊吉及华侨10余人到机场欢迎。资料载⑥：

> 中国出席国际通商会议代表团一行，自渝乘美空运大队飞机来美，业于本日飞抵此间。该团代表3人及顾问4人将出席下月10日在此间开幕之国际通商会议。其他代表2人业已来此。中国驻纽约总领事于俊吉及其他华侨10余人莅机场欢迎。

10月25日　卢作孚在纽约参观一家船厂，资料载⑦：

> 10月25日在纽约看一家船厂，其机器设备只限于冷作方面，主

---

① 姚崧龄：《张公权先生年谱初稿》，台北传记文学出版社1982年版，第409—410页。

② 《民生实业公司简讯》第765期，1944年10月9日第3版；《民生实业公司简讯》第766期，1944年10月16日第2版；《民生实业公司简讯》第767期，1944年10月23日，第2页。

③ 《民生实业公司简讯》第767期，1944年10月23日，第2页。

④ 同上。

⑤ 《复刊词》，《嘉陵江日报》1944年10月10日第4版。

⑥ 《民生实业公司简讯》第767期，1944年10月23日，第2页。

⑦ 《民生实业公司简讯》第776期，1944年12月25日第3版。

要乃为电焊工作与运输设备：如地下铁道，天上吊车，及活动起重机。并函嘱研究民生厂仓库集中及运输改善办法。

10月27日　卢作孚一行抵达美国首都华盛顿[①]。

11月10日　国际通商会议在纽约召开，52个国家的代表出席，卢作孚出席了大会[②]。

11月17日　（一）国际通商会议闭幕，卢作孚代表中国就航业问题提出三项主张并获得大会通过。资料载[③]：

国际通商会议已于11月17日完毕，卢总经理代表我国在航业上提出之主要三事：（一）由国际以物资及技术协助恢复战前毁坏之沿海及内河航运，并协助其发展（原则通过）；（二）由各盟国代表建议各国政府于和会提出限制日、德今后航业活动及轮船建造（通过）；（三）消除国际上客货运输之各种障碍（通过）。

［按］卢作孚的顾问兼译员孙恩三后来在民生公司总公司周会上也说[④]：

卢总经理所参加者，为交通运输及工业原料两组，航业结论则是卢先生所提。中国沿海及远洋航业，卢先生皆有主张：战后中国必须替代日本远东航业地位，以安辑世界，维持远东海上交通。今日商业看法与军事看法不能分开，为未来世界安全计，中国确有代替日本远东航业地位之必要。

（二）广大华行与民生实业公司合作筹办的民孚企业公司在重庆广大华行总行内成立，卢作孚任董事长，卢绪章任总经理[⑤]。

11月26日　随卢作孚出席国际通商会议赴美国的童少生致函民生公

---

① 《民生实业公司简讯》第776期，1944年12月25日第3版。

② 《民生实业公司简讯》第772期，1944年11月27日第3版。

③ 《民生实业公司简讯》第776期，1944年12月25日第3版。

④ 《民生实业公司简讯》第798期，1945年5月28日第1—2版。

⑤ 李征：《卢绪章传》，中国商务出版社2004年版，第114页。

司李邦典、杨成质两位经理，述卢作孚在美加近况[①]：

> 来美月余，尚无成绩可言。大会已毕，特向你（们）报告我们的近况。卢先生健康颇有进步，体重虽没有显著增加，但气色很丰富，不像在渝之枯瘦，而且颇能适应环境。西服整齐，打领结的技术只有晏（阳初）先生二次的指导，他已在一般水准之上。此次开会，中国代表团成绩甚佳，但他确是里面的台柱，代表出席两个小组会议，一是原料与粮食，一是交通与运输。他的意思显然占极重要的地位，占两组小组会议程中一半左右。孙先生文学式的流利英语，转达他高深的议论，获得会场中赞扬。现会议已完，结果大体圆满，惜国内战场失利，华人光荣减去不少。现正准备其他任务，下星期二再赴华盛顿，约10日返纽约，进医院检查身体，割痔疮，大约需一月时间（手术及休养均在内）。如纽约无重要接洽事件，即开始旅行，大约是经南部到西岸，小住二三星期，即赴英国考察，计算时日，当在下年二月中旬也。

［按］关于赴英国一事，当时重庆《新商业》杂志刊载孔祥光《民生公司素描》一文载，卢作孚确有到英国考察航运的计划[②]：

> 此次卢作孚氏代表中国航业界，出席在美举行的世界通商会议，并拟考察英国航运业。英国是世界海洋航业的权威，卢氏预备在美国购买商船数万吨，回国时，他一定会替民生公司带回一套新的事物与技术，他会使民生公司成为一个真正现代的航业公司，以负起反攻及复员时运输，改善航运及发展航运的重任。

12月9日　卢作孚起草电稿，促国内各界电美国总统呼吁增加对华援助。张嘉璈来访[③]。

12月15日　卢作孚往晤张嘉璈，送致交通建设部分资料[④]。

12月17日　中国文化与实业界领袖张伯苓、胡适、蒋梦麟、钱永铭

① 《民生实业公司简讯》第780期，1945年1月22日第3—4版。

② 孔祥光：《民生公司素描》，《新商业》第1卷第1期，1944年11月，第51页。

③ 姚崧龄：《张公权先生年谱初稿》，台北传记文学出版社1982年版，第424页。

④ 同上。

（新之）、林语堂、吴蕴初、卢作孚等 21 人发表联合宣言，促同盟国要注意中国战局，加强对华援助①。谓②：

兹因日本在中国战场特加压力，同人等认为有请求同盟各国，尤其美国人民，对此严重局势深切注意之必要。目前受日敌威胁之地域，为全国教育与实业之所集中。抗战初期，万千之教授学生，千百之工厂与数十万之技工，历千辛万苦，自沿海深入内地，至今尚为世人所记忆。然此种与国家进步有重大关系之教育、实业，今正在遭受威胁。当英国受德人之威胁与苏联陷于极度危险之时，美国之适时与充分之援助，卒使局势转移。中国于盟邦决尽先打倒希特勒之际，独当亚洲战场之冲，中国以其重大之牺牲与长期之困苦，对于欧洲之胜利显有贡献。今者亚洲战场之紧急状态较欧洲更大。同人等吁请我盟邦人士注意于盟方战略有修正之必要，而对中国战场益加重视。设任日本为所欲为，则大陆战场将为日人所控制，结果将使战争延长若干年，美英诸国与其它盟邦之青年牺牲将必更大。中国人民在战场为忠实之盟友，在平时亦将为有力之盟友。目前局势严重，极盼联合国人民，尤其美国人民，督促其领袖，立取有效之军事行动，在中国战场上打击敌人，不稍延误，幸甚。

张伯苓、胡适、卢作孚、于斌、范锐、黄炎培、王云五、林语堂、胡霖、蒋梦麟、莫德惠、宋汉章、吴贻芳、李国钦、周鯁生、晏阳初、江庸、康心如、吴蕴初、钱端升、钱永铭同叩。

12 月 21 日　民孚企业公司改组人事，由陶胜伯任董事长，卢绪章仍任总经理③。

12 月 25 日　（一）经过一年多的筹备，中国西部科学博物馆建成开馆，假北碚中国西部科学院惠宇举行开馆典礼，典礼由经济部长翁文灏主持，到会科学界人士三百余人，北碚管理局局长卢子英致谢词。资料载④：

---

① 姚崧龄：《张公权先生年谱初稿》，台北传记文学出版社 1982 年版，第 425 页。

② 《卢总经理与实业文化银行界人士联名发表宣言》，《民生实业公司简讯》第 776 号，1944 年 12 月 25 日第 1 版。

③ 李征：《卢绪章传》，中国商务出版社 2004 年版，第 115 页。

④ 《民生实业公司简讯》第 777 期，1945 年 1 月 1 日第 4 版。

> 中国西部科学博物馆开馆典礼，暨中国科学社30周年北碚纪念会联合大会，于本月（12月）25日上午10时假北碚西部科学院举行，到科学界人士300余人。翁部长文灏主席致词，述及卢作孚先生与北碚之关系，并祝此馆前程远大。继由中国科学社社长任鸿隽致词，任氏报告社务后，通过该社成立30周年纪念宣言。旋由西部科学博物馆筹备委员会李乐元报告筹备经过，中央研究院朱院长家骅代表致词，农林部盛部长（世才）代表赵连芳，贺市长代表杨绰庵，复旦大学校长章益相继讲演。北碚管理局局长卢子英致谢词。翁文灏领导举行开馆礼，全体到会者鱼贯入馆参观。该馆于31年10月开始筹备，由行政院、经济部、农林部、四川省政府、北碚管理局拨给开办费，各金融团体及卢作孚先生皆捐巨款，各研究机关、各学校、各工矿事业捐送标准模型。筹备迄今，用费共达760余万元。该馆陈列室共计24间，计分工矿、农林、生物、地质、医药卫生及气象地理等6馆，自本月26日起，长期开放，欢迎参观，并设讲座，由馆方供给标准模型、图表，各级学校均可利用授课。

在布置方式上，各陈列室（馆）轮流变换改进，把有关各类标本、模型、图表以及文字说明合理配合，力求生动，使参观者易于获得清楚的概念和明确的知识。如工矿馆中的工业陈列室由中央工业试验所布置，陈列钢铁、煤焦、机械、动力、棉纺织、造纸、皮革、油脂、面粉、酸碱盐、液体燃料、电水、橡胶、陶瓷、石棉、药品等工业的相关图表、样品、模型等，以说明工业原料的成分、制造程序、产品种类等；地理馆以地理模型为主，地图和照片为次，其中的中国地形浮雕，先由曾世英等人编绘中国地形作为底图，再由著名地质学家黄汲清教授指导中央地质调查所设计、制作，到1945年12月终于制作完成中国第一件地形浮雕制品；地质馆中的脊椎动物化石陈列室陈列了许氏禄丰龙、北京猿人、重庆白垩纪鳖化石等三种模型，其中许氏禄丰龙、北京猿人是中国考古界震惊世界的两大发现；农林馆分农业、林业、水利、畜牧与兽医四部分，其中水利部分的陈列包括水力发电、桥墩试验、蓄水堰、汲水机的模型以及四川省各河流航道的整理及其他农田水利有关图表，并有一座大禹浮雕，以纪念治水的始祖。后来到1946年10月1日名称改为北碚科学博物馆。

（二）国民政府社会部北碚儿童福利实验区成立儿童福利所。本日举行开幕典礼，社会部儿童福利司司长谢征孚亲往主持①。有关报道载②：

> 儿童福利所在国内为首创，所内设有自然室、社会室、美术室，供儿童学习研究之用，由所方派专人经常指导儿童学艺活动。此外并有诊疗室、理发、沐浴诸种设施，为儿童服务。附设儿童剧场一所，将由儿童组织剧团主持演出。

本年　抗战爆发后，民生公司下游航线缩短，收入受到极大影响，于是发展短线航运，增加客运，使客运数从 1937 年的 52 万人，增加到本年的 500 万人。不过由于客运票价受到严格限制，客运收入仍不及货运收入③。在北碚方面，本年由于豫湘桂战役中桂林失陷，中央研究院内迁到桂林的物理、心理两个研究所迁到重庆北碚杜家街，其中物理研究所还在北碚筹建了北碚地磁观测台。

---

① 瞿韶华主编，王正华编纂：《中华民国史实纪要（初稿）》（1944. 10—12），台北“国史馆”1994 年版，第 862 页。

② 《中央日报》（重庆版）1944 年 12 月 26 日第 3 版。

③ 《民生公司在长江》，《新世界》1945 年 11 月号，1945 年 11 月 15 日第 11 版。

1945年（民国三十四年）52岁

1月11日　第九战区副司令长官杨森应邀到民生公司总公司演讲，资料载①：

> 将军首先详述其与卢总经理认识之经过，当时即认卢总经理为不可多得之人才。共事以后，尤觉心手相应，嗣后不论任何建设事业，均必与卢总经理共图。并以当时新川南之事业建设，卢总经理出力最多。以后随时合作，永为事业上之契友。旋卢总经理认川江航业为建设之首要，遂即创办民生公司，历经艰苦奋斗，卒得造成现在之事业，博得社会之好评，渠衷心亦至为快慰。

1月15日　卢作孚发起创办的高坑岩水电厂建成发电，该水电厂位于巴县歇马场龙凤溪尽头高坑岩。

1月底　卢作孚从美国到加拿大考察②。这次考察对此后民生公司在加拿大造船具有重要意义。

［按］卢作孚此次考察加拿大几乎没有留下相关记载。但是从其他人的记载可以看出在第二次世界大战时期，加拿大的工业获得了很大的发展。如1946年1月12日在上海举行的工业界座谈会上，曾经担任经济部统计处统计长、刚从国外考察归来的吴半农就说："加拿大是一个很值得佩服的国家，他们只有1100万人口，但战争以来他们的工业已突飞猛进。他们的造船、军需等工业发展得很快，其它工业的进步亦大。1100万的人口，远不能容纳这膨大的生产力，于是他们不得不在国外找市场。"③ 对于卢作孚何以后来要在加拿大造船，这无疑是重要参考资料。

---

① 《民生实业公司简讯》第779期，1945年1月15日第1版。

② 《民生实业公司简讯》第786期，1945年3月5日第1版。

③ 《中国工业界的企望》，《经济周报》第2卷第5期，1946年1月31日，第12页。

1月　（一）卢作孚从美国写信给民生公司，指出民生机器厂工作效率需要提高，为此必须解决运输问题、材料库配置问题、工场配置问题，尤其要解决江边工场的配置问题，并提出了具体解决办法。资料载[1]：

卢总经理一月间自华盛顿来函云：民生厂工作效率须提高，必须解决运输问题、材料库配置问题、工场配置问题，尤其江边工场配置问题。冬季应以轻便轨铺于江边，绕经一切停船码头，直达厂下。再用绞车上下，使运输迅速而省人工，更不致因待人工而停运输。零料库废去后，应有材料配备室，有秩序的排列已经计划定的材料，以便取用。缺者立购。江边工场必须相当集中，待修轮船，依次停靠，应多加囤船，并多加跳板，使任何船上人员，可以直接上岸上船，不须绕越若干工作船只或等待划子，每三数只船必须有督工人员监督工作，并为联络周围解决困难。此大半在目前即可解决者，请商福海兄办理。

（二）卢作孚应邀出席纽约南开校友会在纽约中国大厦（China House）举行的讲演会作讲演。资料载[2]：

卢总经理去岁代表中国工商航业各界出席美国召集之世界通商会议，见解精湛，议论精辟，深获美方人士之好评，演讲参观，至为忙碌。上月（1月）间纽约之南开校友会，特于该市中国大厦（China House）举行讲演会，敦请卢总经理主讲，著名化工实业家范旭东同时出席。是日除该市南开校友会全体出席外，中美人士赴会听讲者至为拥挤云。

2月初　卢作孚从加拿大抵达华盛顿，略事休息后开始到各处参观公私企业，参观重点地区在美国西岸和南部。大约在此期间，卢作孚参观了匹兹堡的美国钢铁公司船厂，由于当时有人建议将该船厂迁到中国，所以该公司总经理吴尔夫氏曾召集若干技术专家和管理干部，与卢作孚共同研究迁厂的可行性，结论是迁往中国绝对不可行，因为中国没有与之相适应

① 《民生实业公司简讯》第786期，1945年3月5日第2版。

② 《民生实业公司简讯》第782期，1945年2月5日第1版。

的专业化、标准化的工厂制度[①]。

2月17日　卢作孚、范旭东、薛次莘访晤正在纽约的张嘉璈，交换对大局的意见[②]。

2月18日　上午9时，卢作孚一行自纽约赴美国重工业城市底特律。

2月19日　卢作孚一行参观底特律湖上轮船公司及克力斯勒汽车制造公司。

2月20日　上午，卢作孚一行参观底特律福特汽车公司，下午5时赴芝加哥。

2月21日　卢作孚一行住芝加哥拍莫大旅社，参观芝加哥美国运输公司。

2月22日　卢作孚一行住芝加哥拍莫大旅社，参观万国农具公司。

2月23日　卢作孚一行住芝加哥拍莫大旅社，参观美国钢铁公司。

2月24日　卢作孚一行住芝加哥拍莫大旅社，参观芝加哥大学、芝加哥博物馆。孙恩三后来说[③]：

> 芝加哥及米苏里州　此次曾随卢总经理到芝加哥先后三天，参观几家工厂，合众钢厂规模最大，并到芝加哥之西米苏里州，看了两个工厂，中有榨油厂一个规模亦大，再西靠西岸曾参观一个农家。
>
> 两个人耕种3500英亩　此农家弟兄两人，各有雇工一人，耕地各3500英亩，约合各21000多市亩。家中设备应有尽有，庄主太太家里一切自操，未用仆婢。其法系全部土地，每年只耕一半，其余一半即让之休息，以增地力，而减用肥料。再则除住屋附近种菜自给外，全种小麦，使工作单纯。三则工作全部使用机械，从耕、锄、播种、收获、脱麦进仓，全用机械，故其效率最高。其家中有若干工作机器颇似工场，盖农业机械皆自己修理也。

（二）陈方就稳定物价问题的必要措施呈文蒋介石，并附卢作孚意见书《以国际物资解决物价问题》，谓[④]：

---

① 《民生实业公司简讯》第788期，1945年3月19日第1版；《卢作孚谈美国工业特质》，《新世界》1945年8月号，1945年8月15日，第23页。

② 姚崧龄：《张公权先生年谱初稿》，台北传记文学出版社1982年版，第433页。

③ 《民生实业公司简讯》第798期，1945年5月28日第2版。

④ 卢作孚：《以国际物资解决物价问题》（1945年2月），台北"国史馆"藏。

中国抗战七年以来，所艰难支持者，不仅军事问题，尤其经济问题。军事方面，除在初期相当撤退以外，对敌若干次战争，几无一不获胜利。最近以空军加强，且愈加强作战实力。惟有经济问题，则日难一日。自从长江封锁，粤汉截断，安南、缅甸先后被敌占领，海外物资日益窘蹙，终绝来路，物价之与海外供应有关者，逐次飞腾，盖极显著。国内生产惟赖农田收获，年岁偶差，或交通人工偶生障碍，物价即受刺激，辄复腾涌，有起无落。每年加一、二倍或二、三倍，其积累至可惊。盖物价涨落，源于物资赢绌，不可不自有效的控制物资，以有效的控制物价也。

其次为战时财政之困难。支出不能不因作战而增加，收入不能不因若干重要地区及交通路线之失陷而减少，不能不自增加货币之发行额以谋填补财政之差额。货币之量愈大，其值愈低，乃为不可逃避之原则。如保持原货币之单位，则印刷之成本愈高，制造运输，皆日困难；如变更单位，则物价之腾贵愈甚。故不可不自弥补财政之收入以停止或约束货币之增加发行，以提高货币地位而使物价自然稳定或竟自然降低也。

目前欲有效的解决此两问题，惟有请求吾盟邦英美予以更有效的助力。除助以大量空军与陆军有关之机械装备外，更助以相当物资。目前中印间空军及陆军有关之军品运输月或达万吨以上，为将凭借中国基地以由空中进攻日本，为将保持中国陆军阵地或自必要据点反攻日军，因而必需（须）加强战备，因而军品接济必需（须）大增，将排挤使无运输余地。军事第一，任何军事以外之物资，不应与军品竞争，于此而提请兼运物资，似为不识时务之问题。

但目前中国经济问题，实与军事问题同等重要，且经济状况实比军事状况更为危急。政府实不能支持物价更高之庞大预算。公务人员、军官、士兵及一切月薪生活者，实不能支持物价更高之生活困难。主要生产事业实不能支持物价更高之资金周转。其困难积累，有如累卵，有最后崩溃之点接近或竟达到此点，将有不可想象之危险。盟国既以全力助吾取得军事之胜利，即当全力助吾解决作战内在的困难，不让作战后方发生任何可能的危险。此所需之援助为物资，为有限之物资，远不如军品之重之大，更不如军品之日益增加。军品之日益增加，必需（须）以日益增加之运量解决之，如能在日益增加之总运量上兼谋解决甚少之军品以外之物资，以此甚少量之物资，解决中国比军事更为困难之经济问题，消灭潜伏在军事后方最大之危机，必为吾盟邦所乐为。增加运量，尤其中印间空中运量诚为极困难之问题，但在物资设备上及技术上尚为可以设法解决之问题。就中国目前极感缺乏之物资言，及不能弥补之财政收入言，有绝不易自己设法解决者。如由盟邦予以协助，由租借法案或借款中让与少量物资，再由中印间增加空运总量以运入中国，以此物资，平抑市场之物价，以其收入，弥补财政上之收入，则一举而解决两问题。从此主要物资，不感缺乏，且控制在政府手上，货币不再大量增加，物价当有把握可以平抑，其偶有昂贵者，但非一般军民生活所必需，绝不致影响及于一般社会经济状况也。

最重要之物资为衣与食，应尽国内现有农田之全力解决食的问题，在目前国际运输困难状况之下，吾人绝不能以多少食粮的供给仰赖于国际。但如以全力自谋解决食的问题之后，即不能同时解决衣的问题。纵勉力解决一部分，绝不能解决全部分。故一部分衣的供给须仰赖于国际。

战前中国年产棉花一千万担以上，供给四万万人的需要。目前仅产棉花二百万担，供给战时后方二万万人的需要。战前中国有四百万纺纱锭子，供给四万万人的需要。目前仅有二十余万纺纱锭子，供给后方二万万人的需要。军用棉花即需八十万担，仅余一百二十万担供给民间需要。此八十万担中三分之二须纺纱织布，尽后方全部纱机不能供给其需要。虽亦可大部分退步到手工纺纱，但手工纺纱需要更多的人力。战时一部分壮丁征任兵役，一部分女工须填补农田工作，不易较战前大量增加纺纱织布工作。

最大之困难仍为棉产。后方每亩地仅产棉二十余斤或三十余斤，后方缺少棉约三百万担，如欲尽量由农田生产，则需地千万亩。此千万亩可生产小麦约二千万担，可影响五六百万人以上之食粮。故为全力解决战时后方食的问题，绝不能兼顾衣的问题。但两者同为军民生活所必需，不可任令其一——衣的问题有如今日之缺乏与困难。盖中国究尚未脱离农业国家的生活，过去商业市场上之主要商业，仍为粮食与布匹，尤其为两者之交换。苟市场无相当布匹，即不能换得相当需要的粮食，遂使仰赖购粮食以资生活者，增加生活上之极大困窘。布匹不足，则布匹价涨，无布匹交换粮食。粮食不足，则粮食价涨，颇可造成循环之影响。故在目前之中国，布匹即等于粮食，中国之缺乏布匹即有等于英国之缺乏粮食，一样必需（须）仰赖国际接济。但布匹究不如粮食为量之大。中印空运虽较其它任何国际运输为困难，但如运输少量之布匹，究非不能解决之困难也。

中国政府已用征实方法控制大量粮食在自己手上。目前此项征实额已相当达到人民负担力所能胜任之程度，且已解决军粮之需要，但究不能完全解决市场之需要，亦不能完全仰赖征实以解决市场之需要。最可靠之填补方法，惟以布匹调换粮食，使一部分尚有被征以后剩余之粮食即以调换布匹。布匹不能完全自给，即必需（须）一部分来自国际。

中印间之空运，不但因空军及陆军军品之需要，运量必需（须）增加。最近消息，巨型运输机将加入中印间飞行。事实上，亦必可能的增大其运量。假如目前可能的达到月运万吨以上，来月可达三数万吨以上，以其中三千吨运输布匹及其它必要之物资，应非太困难的问题。即以布匹为推算之例，三千吨布应有六十万匹，全年应有七百二十万匹，可以完全解决军队之需要而有余。如此艰难之运输，选运之布匹，当系品质优良而染色者。如以售于民间，另自国内供给军用布匹。又姑推算于民间，平均每十人分配布一匹，则全年七百二十万匹，可供给七千二百万人之需要。每匹平均售卖五千元，全年可得收入三百六十万万元。不但布价大平，政府缺少的收入亦可弥补大半。如以布匹换得粮食，更以粮食平价售出，则基本物价全可稳定。其他如食盐、燃料，凡人民生活所必需者，均可随此转移。故此为救济目前物价上涨最可靠的办法。最要在使盟国明了吾最大之困难与未来可能的危险，对此可靠的办法，肯作有效的助力。

就世界棉业言，世界四大产区美国、印度、埃及及中国，吾与盟国英、美即有其中三大产区。世界两大销场，欧洲及亚洲，目前已沦陷大半，故盟国棉花生产应感过剩。以此推断，请求盟国供给纱布，不应困难。每年七百二十万匹布，不过值三数千万美金，过去所得英美资金之助力，远超过于此，故再请求英美以数千万美金价值之物资借用，应属可能。困难只在运输，只在中印间之空中运输。而此少量物资加入空运，在空运总量中仅占最小之地位，要求对敌战争之胜利，必需（须）克服中印间空运之困难，必可包含少量经济上必需之物资，一并克服其困难。如就军用被服之需要者言，则布匹亦主要之军品，故亦应盼盟国列入军运计划，使得一并解决也。

布匹以外，药品为军民健康所必需，且为价值更高之物资。曾问卫生署金署长军民全般所需之药物，据言日约需五吨，月约需一百五十吨。每吨购价需一万美金以上，如此从英美借款购得运到国内平价售卖，每吨以法币三百万元计，不到战前百倍，但月可收入四万五千万，全年即可收入五十四万万。既可增进国民健康，复可弥补政府收入。运量极为细微，仅为每月三千吨物资运量二十分之一，如可给定每月三千吨物资运量，包含药物在内，亦不致影响大量布匹之供应，且可比全运布匹增加政府之总收入，似应同时考虑及之。

布匹药物以外，机器及交通工具之零件，国内不能自制者，亦可择其必要，自英美采购输入，以增加生产及交通之效能，以增加国内物资之供应，同时亦可增加政府之收入，似亦可一并考虑及之。

但就美国军部方面观察，则直接作战所需之军品更感急切，极难了解中国之需要布匹及其它军民生活所不可少之物资，与作战军品同样急切。故应动员舆论，以促起英美之了解，一方促起英美在华人士之了解，一方联络驻在英美之宣传人员，促起英美政府之了解。同时动员外交以促起英美政府之考虑，先作非正式研讨，然后作正式谈判，请其尽一切可能加强空运，同时解决作战军品及绝不可少之主要物资之供应问题，期于军品外，月运三千吨物资，包含布匹及其它必要物资。事诚困难，但为不可免避之困难，且万分迫切，不可不全力图之，且立刻图之也。

[按] 陈方为军事委员会委员长侍从室第二处（处长陈布雷）第四组组长，为蒋介石重要幕僚之一。

2月25日　下午，卢作孚一行乘火车赴美国西部城市斯波坎。

2月27日　卢作孚一行住斯波坎黛分朴大旅社，参观斯波坎哥里水力发电厂的哥里堰。

2月28日　下午10时，卢作孚一行乘火车赴西雅图。

3月1日　卢作孚一行住西雅图奥林皮克大旅社，参观西雅图福特公司及造船业。

3月2日　上午，卢作孚一行自西雅图乘汽车赴波特兰，下午参观福特公司。

3月3日　卢作孚一行住波特兰本生大旅社，参观凯沙船坞。

3月4日　上午，卢作孚一行在波特兰参观，下午5时20分，赴旧金山。

3月5日　卢作孚一行住旧金山圣佛兰斯大旅社，参观旧金山福特公司。

3月6日　卢作孚一行住旧金山，参观凯沙船坞。

3月7日　卢作孚一行于上午参观大来轮船公司、扑门奈特水泥厂、扑门奈特制镁厂。

3月8日　卢作孚一行参观德士古炼油厂。下午9时乘夜车赴洛杉矶。

3月9日　卢作孚一行住洛杉矶保特美尔大旅社，参观洛杉矶凯沙钢铁厂。

3月10日　卢作孚一行参观蒲脱公司、好莱坞。晚乘夜车赴约奥莲。随卢作孚参观的孙恩三后来说[①]：

> 卢先生平时只有做事，莫有消遣，此次在美居然也尝以参观工厂故，步入世界闻名之好莱坞，且因友人介绍曾就坐于一影星之沙龙，享饮香槟，此香槟殊与平常并无特种味道。美国国土并不如吾人所想像，尽皆美好，亦有沙漠如中国西北然。三日行程皆不见水。

3月11日　卢作孚一行在约奥莲游览。

3月12日　（一）卢作孚一行在约奥莲游览。（二）《民生实业公司简讯》刊载卢作孚自美来函以及根据该函制订的相关办法，谓[②]：

> 公司当局顷接卢总经理自美来函略云：本公司为作将来推进业务之准备，应即在现有职员中，选派适当人员赴美实习管理。兹为办理选派事宜便利起见，特由主管部门订立本公司选派职员赴美实习办法，即日发布实行。

《民生实业公司选派职员赴美实习办法》如下[③]：

> 一、本公司为推进业务发展，航运，就公司现有职员中分期选派合格人员前赴美国实习；
>
> 二、实习职员每次选派五人至十人，由总务处就公司各部分办事员以上之人员，甄选应派名额之二倍，再由总经理选择决定之；
>
> 三、实习职员之甄选，须合于下列各项：

---

① 《民生实业公司简讯》第798期，1945年5月28日第2版。

② 《民生实业公司简讯》第787期，1945年3月12日第1版。

③ 《民生实业公司选派职员赴美实习办法》（1945年3月订定发布），重庆档案馆藏。

1. 国内外大学或专科学校毕业，有确实证件者，或在本公司服务年久，业务经验丰富，经总经理特选者；

2. 体格健全，经检查合格者；

3. 服务期中无过失者；

4. 具备以上资格人员应具有英文根底，以能直接会话及写读为标准。

四、实习职员在美国所实习之事项及实习地点，由本公司事先指定之；

五、实习职员在实习期内，须按月将实习情况及心得函报公司，实习期满后，应编具体报告书缴送公司。若遇公司有委托事件，应按时办理并函报；

六、实习职员行前之治装费及往返旅费，在美国之生活、实习等费，俱由公司供给，其各项数目，由公司另行按时酌定之；

七、实习职员出国期间，其在公司应得之薪津仍按月照发，并照常享受公司应得之福利及晋级、加薪等待遇；

八、实习职员在美国不得兼任其他事务或代其他事业办理委托事件，或写寄报告等事。

3月13日　卢作孚一行在约奥莲，参观经营造船的赫金斯实业公司①。

3月14日　卢作孚一行在约奥莲，上午参观内河水运公司，下午参观纺织厂，乘夜车赴克坦努格②。

3月15日　卢作孚一行参观克坦努格燃烧机器制造公司③。

3月16—18日　卢作孚一行参观田纳西流域事业管理局，18日乘夜车赴美国机械制造中心之一的辛辛那提④。

3月19日　卢作孚一行参观辛辛那提一家机器厂⑤，卢作孚发现这家工厂"只制造铣床、车床等两种工作机，……乃以之质询陪同参观的厂主。厂主告以本厂虽只出此二种工作机，而其它厂则有专作其它工作机

① 《民生实业公司简讯》第788期，1945年3月19日第1版。

② 同上。

③ 同上。

④ 同上。

⑤ 《民生实业公司简讯》第798期，1945年5月28日第1—2版。

者。厂主又告以全城只有一个翻砂厂，均由其承包”[1]。童少生后来回忆说[2]：

> 1944年，国民党政府派了一些社会名流，如张公权、陈光甫、范旭东、卢作孚等出席国际通商会议，我也作为卢作孚的秘书随同前往。我们的目的，就是要借此机会和美国资本联系，以发展民生公司。我们首先去拜访了原来认识的纳尔逊和居里，想寻找门路，他们态度都很冷淡，毫无结果。后来又向美国进出口银行提出要求，对方也对民生公司不感兴趣。于是卢作孚只好以参观考察为名，在美国全国各地跑了一圈。途中也曾经向一些企业试探，别人也都没有理睬，所以回到纽约时，仍然两手空空。

［按］据宗之琥记述：“在（加拿大）造船期间，民生公司还选派了不少技术人员前往加拿大，一面监造，一面学习，培养了一批人才。这些船从加拿大开回来时，不少轮机长和轮机员都是民生公司自己的。”[3]

3月下旬到4月初　卢作孚一行人在3月下旬回到纽约，并参观了福特公司总厂。孙恩三说[4]：

> 回纽约参观福特工厂，其本厂之大不知大到如何程度，占地总有好几百英亩。工厂所需钢铁材料，皆自运矿砂在厂中冶炼。其本厂运矿砂船只总吨比民生公司还大。厂中废纸甚多，工人饭食皆用纸盒，工厂有专人收拾废纸，工厂内部有相当规模之造纸厂，悉以此项废纸为原料。该厂规模虽大到如此，亦非完全独立，外面尚有供给福特零件之工厂四千家之多。

［按］在纽约期间，卢作孚遇到了担任过民生机器厂厂长，此时为资源委员会中央机器厂厂长、刚从加拿大到纽约的周茂柏。经过周茂柏介绍，卢作孚认识了加拿大政府驻华盛顿商务代表兼美国善后救济总署顾问

---

① 《卢作孚谈美国工业特质》，《新世界》1945年8月号，1945年8月15日，第23页。

② 周永林、凌耀伦主编：《卢作孚追思录》，重庆出版社2001年版，第208页。

③ 宗之琥：《我与民生公司》，《上海文史资料选辑》第48辑，上海人民出版社1984年版，第80页。

④ 《民生实业公司简讯》第798期，1945年5月28日第2版。

的皮尔士（R. E. Peers），皮尔士表示愿意帮助卢作孚在加拿大实现借款造船的计划①。这样卢作孚放弃了在美订造新船的计划，偕同童少生、孙恩三等人访问加拿大，拜会了加拿大政要，并先后参观了蒙特利尔、多伦多等地的造船厂，并经过加拿大驻华大使欧德伦将军的推荐与皮尔士的有力推荐与撮合，卢作孚与加拿大台维斯公司和圣劳伦斯公司初步达成建造总造价 1275 万加元的大中型客船多艘的造船协议②。向加拿大银行借款造船，是抗战胜利前夕卢作孚扩展民生公司的一个重大决策，影响此后的民生公司至巨。

4 月 6 日　卢作孚往晤张嘉璈，卢作孚表示："加拿大造船信用借款，已作最后决定，俟宋子文来美正式许可，即可签订合同。美国进出口银行亦有同样表示；即美加两方面，均需政府担保。由亨利·凯撒愿与民生公司合办一船坞，不日可签合同。"③

4 月 7 日　宋子文以首席代表身份，率领中国代表团，乘飞机自重庆出发赴美国，参加联合国制宪大会。

4 月 10 日　卢作孚与亨利·凯撒签订合办船坞合同，各出资 50 万美元，并相机合营航业。卢作孚还特邀张嘉璈参观签字④。

4 月 12 日　卢作孚即将返国，与张嘉璈相约午餐并长谈⑤。

4 月 13 日　宋子文一行抵达华盛顿，下旬到旧金山参加联合国制宪大会⑥。在华盛顿期间，卢作孚拜会了宋子文，请宋代表国民政府为民生公司加拿大借款造船计划提供担保。

4 月 14 日　张君劢约胡适、陈光甫、晏阳初、卢作孚、李铭、李光前、王志莘等人为社会科学研究院发起人，宣告正式成立⑦。社会科学研究院计划在中国成立总院，在美国成立分院。

［按］此前，抵美的张君劢计划创办民主政治研究所，并请张嘉璈帮助美国方面财力支持。为此，4 月 2 日、9 日张嘉璈特地两次到美国洛克

---

① 童少生：《回忆民生轮船公司》，见周永林、凌耀伦主编《卢作孚追思录》，重庆出版社 2001 年，第 209 页；王世均：《民生公司向加拿大借款造船的经过》，见周永林、凌耀伦主编《卢作孚追思录》，重庆出版社 2001 年版，第 277 页。

② 卢国纪：《我的父亲卢作孚》，四川人民出版社 2003 年版，第 366 页。

③ 姚崧龄：《张公权先生年谱初稿》，台北传记文学出版社 1982 年版，第 453 页。

④ 同上。

⑤ 同上书，第 454 页。

⑥ 吴景平：《宋子文政治生涯编年》，福建人民出版社 1998 年版，第 457—458 页。

⑦ 姚崧龄：《张公权先生年谱初稿》，台北传记文学出版社 1982 年版，第 454 页。

菲勒基金会，拜会其政治社会系主任威理芝（Joseph Willits）等人。承告："经对张君劢计划加以研究，颇有宣传政治意味，不易得到捐款。"①

4月16日　《民生实业公司简讯》载《本公司投资事业一览》一文，介绍公司投资事业状况，内容如下②：

（投资）事业单位22个，投资金额1600余万（元）

事业名	资本总额（元）	投资总额（元）
天府矿业公司	4500000	1225000
恒顺机器厂	5000000	2500000
川康兴业公司	70000000	1638400
嘉阳煤矿公司	2000000	333000
华懋公司	4000000	216000
大华营业公司	6000000	100000
四川水泥公司	2000000	66600
全济煤矿公司	2400000	52800
中国国货公司	2000000	10000
渝鑫钢铁厂	10000000	3960000
江和煤矿公司	5500300	1000000
东林煤矿公司	12000000	16000
华银煤矿公司	3076000	200000
恒益煤矿公司	600000	50000
民安保险公司	5000000	1000000
兴华保险公司	1000000	56000
大明染织厂	10000000	4112500
裕华纺织公司	12000000	100000
西南麻织厂	1000000	60000
聚兴诚银行	10000000	75000
天成面粉公司	3000000	5000
利昌商行	517000	20000

4月17日　卢作孚访晤张嘉璈，表示已经见到行政院代院长宋子文，

① 姚崧龄：《张公权先生年谱初稿》，台北传记文学出版社1982年版，第542—453页。

② 《民生实业公司简讯》第792期，1945年4月16日第2—3版。

宋对于民生公司向加拿大借款造船，表示须交垫款15%。至于请政府援助问题，宋表示须加以研究，并须得到时任国民政府主席的蒋介石的核准，方可办理[①]。实际上宋子文不愿意民生公司借款成功。

4月24日 （一）在美国的张嘉璈托卢作孚向蒋介石转陈数事。张嘉璈日记载[②]：

> 作孚兄今日下午四时飞返重庆。在其行前，托其转陈委员长数事：(1) 余将于回国前，赴英一行，已与英国实业界约定，未便中止，致生误会。(2) 和会方面，君劢与幼椿兄已决定力求一致，彼二人已与董必武谈过，务使彼此一致，以示中国是政治统一之国家。(3) 如时间许可，拟再返美稍留，以杜鲁门就任后，各部首长将有更动，似应与新当局略有周旋。(4) 由众议员周以德 Walter Jodd 方面得到消息，雅尔答（塔）会议中，罗斯福总统与史大林讨论波兰问题，史大林曾云是否美苏再将一战，致罗总统不能不让步。及罗总统返美后，史大林又违反罗总统让步之决定。罗总统大受刺激，亦其致病原因之一。同时史大林表示满洲、朝鲜新政权须为与苏联亲善之政权。此种态度，咸使美当局惴惴不安，对苏联唯有采取强硬政策。以我看来，中国务须速图自力更生，以增美国对我国之热诚。换言之，使美国认我国为真正友人，并非彼之累赘。如此最后当可得到更大之援助。

（二）卢作孚于下午4时乘飞机返国。卢作孚此次赴美前后7个月时间，途中耗时1个月，留美6个月，期间前一段时间准备会议，中间1个半月参观游览，最后1个月接洽整理[③]。

4月 《亚洲与美洲》第44卷（1945年）4月号载卢作孚《中国中心的伟大基地——四川》一文，其中谓[④]：

> 四川及其邻近地区对于中国的民族生命来说，不仅在抗日战争中

---

① 姚崧龄：《张公权先生年谱初稿》，台北传记文学出版社1982年版，第454—455页。

② 同上书，第456页。

③ 《民生实业公司简讯》第798期，1945年5月28日第1版。

④ 卢作孚：《中国中心的伟大基地——四川》，《美国与亚洲》第44卷（1945年）4月号。该文由卢晓蓉提供。

重要，而且在战后的重建中也重要。作为大后方最重要省份的四川，有五千万人口。它已输送了300万新兵入伍。它的盐产量已由每年六百万担增加到一千万担。它供给了全国大部分的煤和百分之九十的抗战时期最重要的汽油代用品酒精。更重要的是，四川还为国家提供了一个十分理想的战时首都重庆。在那里，城市所在的山岭上，开凿了许多防空洞，这就使政府的日常工作在敌人狂轰滥炸的那几年里，只受到较小的干扰。现在，这个城市的周围已有许多兵工厂和其它工业企业，有的建在地下，有的分布在郊区。四川的那些为美国的空中堡垒及其它飞机使用而修建的许多空军基地的建设，是抗日战争的史诗之一。可以毫不夸张地说，一夜之间就征集了四十万人。他们除了双手外，几乎什么也没有，赤手空拳地劳动，三个月内即建成了那些机场。而在1944年，四川的无穷无尽的人力，主要靠人背，将六千二百万蒲式耳稻米从数不清的僻远农村运到河道上和公路上，供应大后方的需要。

5月1日　卢作孚应邀参加交通部纪念周，讲演游美观感①。

5月初　卢作孚为加拿大借款造船相关的借款担保和所需200万美元官价外汇一事具呈国民政府主席蒋介石、国民政府交通部及战时生产局，详陈了借款造船办法并请求国民政府提供担保。不久交通部部长俞飞鹏和战时生产局局长翁文灏面告卢作孚，谓②：

呈请担保加拿大借款造船案，经行政院院务会议讨论，院长指示，以本公司对抗战颇有供（贡）献，应予扶持，所需外汇二百万美金，照法定汇率折合法币约四千万元，宜由政府加股，以免一般援例。

卢作孚表示，民生公司与加拿大方面商议贷款的时候，曾经申明无官股，照此办法，不仅有官股，而且官股很大，惹起外人怀疑，可能不利进行。民生公司决定自筹200万美金，自行解决资金问题③。

---

① 《民生实业公司简讯》第799期，1945年6月4日第2版。

② 《民生实业公司董事会第二十届第一次常务董事会议纪录》，重庆档案馆藏。

③ 吴晋航：《民生公司概述》，《文史资料选辑》第12辑，中国文史出版社2000年版，第97页。

5月5日　中国国民党第六次全国代表大会在重庆召开。

5月6日　《嘉陵江日报》载北碚大明染织厂消息[①]：

> 该厂每月出布，为乌纱布、乌纱斜纹布及白布等，可由300匹到500匹，月计万匹以上。现经有二百部以上电机织着，……该厂建筑增多，工人达一千余人。

5月14日　卢作孚在中国西部科学院作了有关参加国际通商会议的报告。

5月21日　中国国民党第六次全国代表大会举行第二十次大会及闭幕礼。

[按] 熊式辉回忆录中记述，他曾就国民党中央委员候选人向蒋介石推荐卢作孚等16名人选。会议期间的5月19日，熊式辉阅览候选人名单中发现自己所提举于蒋的16人中，孙越崎、梁栋、何廉、刘攻芸、魏道明、翁文灏、张嘉璈、卢作孚、张国焘、王次甫、曹浩森等11人概被圈及[②]。大会选举结果，熊式辉所提11名候选人内，何廉、王次甫、梁栋、卢作孚落选[③]。但据有关资料，卢作孚自始至终未出席此次大会，也非大会代表[④]。

5月23日　卢作孚赴美、加时的顾问孙恩三在民生公司第一百六十二次周会上演讲游美观感，其中讲到[⑤]：

> 卢先生此次亦有所接洽，但现在决定到何种程度不得而知。卢先生自己并无成就，因为他已莫有自己。我感觉：人真有大人物小人物之分，卢先生确比我们大一些，我们确自觉比他小一些，这并不是说因为他是总经理。孟子所谓从其大者为大人，从其小者为小人。卢先生精神气魄确比平常人大些，故其在美颇为彼邦人士所惊异，到处受人欢迎，预料今后必能为民生展开一新纪元，使一个国家的公司，变

---

① 《大明厂月出布万匹》，《嘉陵江日报》1945年5月6日第4版。

② 熊式辉著，洪朝辉编校：《海桑集：熊式辉回忆录》，香港明镜出版社2008年版，第469页。

③ 同上书，第470页。

④ 荣孟源主编：《中国国民党历次代表大会及中央全会资料》（下），光明日报出版社1985年版，第981—995页。

⑤ 《民生实业公司简讯》第798期，1945年5月28日第2版。

为世界知名的公司。

5月27日　卢作孚之子卢国维与陈训方在重庆中华基督教青年会举行结婚仪式，黄炎培为证婚人[①]。

6月1日　国民政府特任宋子文为行政院院长，翁文灏为副院长。

6月7日　（一）就北碚中国西部科学博物馆筹委会结束工作另成立董事会一事，经济部部长兼中国西部科学博物馆筹委会主任委员翁文灏致函卢作孚，谓[②]：

> 北碚新设之科学陈列馆，赖兄倡导，收罗布置，具有成规。弟承惠参加筹备，实少贡献，至为愧怍。目前基础已立，筹备委员会似已可结束，另设董事会筹集资金，以期经常进行，俾可继续发展，蔚为华西科学之中心。各项工作自宜仍在鼎识领导之中妥为进行也。

（二）《顾颉刚日记》载卢作孚、卢子英兄弟聘任其为北碚修志委员会主任委员[③]：

> 卢作孚弟兄以抗战将结束，北碚文化机关将各迁回原地，诚恐北碚志不易成书，聘予为主任委员，欲于两年内成之，每月经费约十四万元，予以其为社会事业，不涉政潮，允之。

6月8日　民生公司于下午2时在总公司召开第十九届第三次董监联席会议，董事长郑东琴主持会议，卢作孚列席了会议[④]。下午，民生公司举行董事会，卢作孚报告游美七个月所得[⑤]。

6月11日　卢作孚在重庆杨沧白纪念堂主持召开了天府矿业股份有限公司第五届股东常会，在致辞中卢作孚说[⑥]：

---

① 中国社会科学院近代史研究所整理：《黄炎培日记》第9卷，华文出版社2008年版，第43页。

② 黄立人主编：《卢作孚书信集》，四川人民出版社2003年版，第816—817页。

③ 顾颉刚：《顾颉刚日记》卷5，中华书局2011年版，第478页。

④ 《民生实业公司在第十九届第三次董监联席会议纪录》，重庆档案馆藏。

⑤ 中国社会科学院近代史研究所整理：《黄炎培日记》第9卷，华文出版社2008年版，第47页。

⑥ 《天府矿业股份有限公司第五届股东常会纪录》（1945年6月11日），重庆档案馆藏。

（民国）33年度为本公司最困难之一年，因去年工业不景气，在夏季一度销煤甚疲，不得不实行减产。同时一方面因在限价政策之下，煤价限价很低，一方面一般物价高涨甚速，故在去年4月至8月之间，各煤矿普遍的遭遇极大困难。至9月以后始稍见好转。公司至年底总结算，尚有相当盈余，可称满意。

6月12日　民生公司在重庆沧白堂召开第二十届常年股东大会，众股东公推卢作孚为大会主席。董事长郑东琴报告1944年公司营业情况，谓①：

本公司第二十届股东常会，本应早日召开，惟前经董、监联席会议决议，须俟卢总经理自美国归来有确期后，始行决定开会日期，故迟至今日乃开会。本公司自抗战发生以后，即在艰难困苦中挣扎，尤以近年艰苦为甚。政府对于航业之管制施行最早，且甚严厉，货运费年余以来均未调整，补贴之数实不能补偿亏折，致公司收支相差悬殊，周转至感困难。加之过去所准备之燃料、物料，现已逐渐用罄，不但无法填补，且此后无存料以资补充。经常开支，将愈增巨。前途困难，更不知伊于胡底。本公司对于抗战牺牲之大，社会共知，所幸胜利在望，过去坚信，永不能没。未来之希望，亦正未可限量。

1944年公司亏损1462万余元②。会上卢作孚作了公司1944年业务报告。会议还选举邓锡侯、晏阳初、范旭东、苏汰余、任望南等11人为公司监察人。

6月18日　卢作孚为加拿大借款造船请求政府担保一事再次呈文国民政府主席蒋介石以及交通部、战时生产局，“陈明所需现金外汇，原拟照政府规定结汇办法，请就自筹，而不足之部分准予购足，但法定汇率太低，政府标准，或有困难。故拟援照加拿大借款办法，请政府贷予外汇，仍分期由公司归还外汇，并认利息。如仍不便核准，公司当向商业银行或其它事业筹借所需百分之十五之现金外汇，只请政府担保百分之八十五长期借款。”③

① 《民生实业股份有限公司第二十届常年股东大会决议纪录》，第2页，重庆档案馆藏。

② 同上书，第3页。

③ 《民生实业公司董事会第二十届第一次常务董事会议纪录》，重庆档案馆藏。

6月20日　（一）军事委员会委员长侍从室为民生公司加拿大借款造船事致电卢作孚，谓[①]：

呈悉，该公司向加拿大借款造船，其长期价款之项，准由政府为其担保，已电行政院、财政部办理矣。

（二）卢作孚为聘任杨森、张群、朱家骅等为中国西部科学博物馆第一届理事等致函杨森、张群等人。在致杨森函中谓[②]：

中国西部科学院于民国廿二年蒙慨捐巨款，建筑惠宇大楼，工作赖以顺利进行。抗战军兴以后，国府西迁，国内公私学术研究机关多迁设北碚，其借用惠宇房屋及中国西部科学院之仪器图书设备以继续其工作者，前后达二十余单位。卅二年冬，中国西部科学院联络中央研究院动植物研究所、中央地质调查所、中央工业试验所、中国科学社生物研究所等，共同发起在北碚筹设中国西部科学博物馆，利用惠宇大楼作陈列处所，内分工矿、农林、生物、地质、医药卫生及气象地理等六馆，各馆室陈列品除由各机关供给之外，并向各工矿事业征集。承各方捐助开办经费，筹备经年，于去年十二月廿五日开馆，次日起长期开放，公开展览。计辟陈列室二十八间，陈列各种标本模型13503号，内容尚属丰富，各方观感亦佳。兹经筹备委员会于本月十日开会决议，当公推吾兄及翁咏霓、张岳军、朱骝先、吴达铨、张嘉璈、任叔永、钱新之、范旭东、孙越崎、吴晋航、何北衡诸先生与弟等十三人为中国西部科学博物馆第一届理事，并公推咏霓先生为理事长，组织理事会，负责主持本馆进行。素念吾兄提倡科学、赞助文化事业不遗余力，此馆之能成立，尤感捐赐之惠，想荷协助，如承慨允，事业前途实深利赖。

在致张群函中，卢作孚叙述了中国西部科学博物馆筹备、开馆、陈列、理事会组成的基本情况，并写道：该馆在筹备成立的过程中，“关于开办费，承各方捐助，并曾蒙鼎助，由四川省政府拨助巨款，感荷实

① 《民生实业公司董事会第二十届第一次常务董事会纪录》，重庆档案馆藏。

② 黄立人主编：《卢作孚书信集》，四川人民出版社2003年版，第811页。

深"①。

［按］后来包括朱家骅、杨森等都回函对卢作孚信中所述中国西部科学博物馆规划表示赞同和支持。上引两函在《卢作孚书信集》所注时间均误记为1944年6月。

6月27日　黄炎培致函卢作孚，嘱赠杜重远夫人款，请交沈钧儒(衡山)②。

（三）美国杂志 Asia and America's 6月号刊载中国乡村建设学院社会系主任孙恩三撰《卢作孚和他的长江船队》一文，介绍卢作孚的生平和事业。文中引用张群的话，说卢作孚是"一个没有受过学校教育的学者，一个没有现代个人享受要求的现代企业家，一个没有钱的大亨"③。

7月1日—5日　黄炎培、褚辅成、冷遹、左舜生、傅斯年、章伯钧等六位参政员离重庆到延安参观访问，往返共5天。其间，黄炎培与毛泽东有数次长谈，黄炎培谈到中国历史上"兴浡亡忽"的周期律问题，毛泽东回答中国共产党已经找到了让人民监督政府，用实行民主来跳出周期律这样一个办法。

7月4日　大明染织股份有限公司在重庆中华路该公司办事处召开股东会，卢作孚出席会议并担任会议主席。会上董事会报告了1944年公司业务情况和财务情况。本次会议还决定新增资本4000万元，合原有的资本1000万元，共为5000万元，于7月20日交足④。

7月16日　财政部代电回复卢作孚，称转奉国民政府主席蒋介石代电，自应遵办，并已函外交部通知加拿大政府⑤。

7月21日　大明染织股份有限公司在重庆中华路该公司办事处召开股东会，卢作孚出席会议并担任会议主席。会上听取了该公司经理关于1944年公司业务情况的报告和卢作孚关于5000万元新股已经足额认购的经过情况，并讨论修改了公司章程，选举了新一届公司董事和监察人。卢作孚等11人当选董事，彭瑞成等2人为监察人⑥。

7月26日　民生公司董事会在重庆民生大楼召开第二十届第一次董

① 黄立人主编：《卢作孚书信集》，四川人民出版社2003年版，第812页。

② 中国社会科学院近代史研究所整理：《黄炎培日记》第9卷，华文出版社2008年版，第54页。

③ 周永林、凌耀伦主编：《卢作孚追思录》，重庆出版社2001年版，第64页。

④ 《大明染织股份有限公司股东会决议录》（1945年7月4日），重庆档案馆藏。

⑤ 《民生实业公司董事会第二十届第一次常务董事会议纪录》，重庆档案馆藏。

⑥ 《大明染织股份有限公司股东会决议录》（1943年5月1日），重庆档案馆藏。

监联席会议，会议由钱新之主持，卢作孚列席了会议。会议通过决议批准民生公司拟向《新民报》新增投资 19 万 5 千元、拟向四川机械公司新增投资 500 万元（以该公司应付运费拨付）、拟向民安保险公司新增投资 86 万 6 千元以及新增民生公司印刷社资金 400 万元等议案①。

7 月 31 日　本日行政院会议关于民生公司加拿大借款造船担保问题作出三项决议："（一）百分之十五现款所需外汇可由政府结汇。（二）百分之八十五长期借款亦可由政府担保，但该项船只应归政府所有，由政府租给该公司使用。（三）详细办法由交通部拟定呈院核办。"该决议 8 月 7 日通过战时生产局局长翁文灏转知民生公司。此后交通部奉命拟定的 12 条《民生公司向加拿大借款造船由政府担保办法》更进一步规定：该项长期贷款由政府担保，所需 15% 的现款外汇由民生公司自行筹措，所造成的轮船作为第一抵押品全部抵押于政府，在借款未还清以前，民生公司"对于该项船舶不能设定任何权利或转移"。8 月 14 日，日本无条件投降，国民政府需要利用民生公司的运输力量进行复员运输，蒋介石于是再次指示行政院从速办理民生公司加拿大借款担保事宜，宋子文约见卢作孚作出三点表示："加拿大借款可立即进行洽商；政府可准予担保；所造轮船全部抵押于政府。"1945 年 10 月著名企业家范旭东在重庆病逝，去世前对于国民政府迟迟不予他在美期间向美国进出口银行商定的 1600 万美元贷款以担保一事异常郁闷，社会上纷传范是因此而气死的，而卢作孚也快要气死了。11 月 20 日，行政院秘书长蒋梦麟致函民生公司，正式通知接奉行政院院长谕令，民生公司向加拿大政府借款 1500 万加币造船请求政府担保一案，"准予办理"②。但是实际上，仍被搁置在一边。

7 月　民生公司增资为法币 8000 万元，分 80 万股，每股 100 元，改组后重行登记，获得经济部新字第 814 号执照，业务分航业、机器（民生机器厂）、水电（合川电灯自来水厂）、物产（物产部）、投资（恒顺机器厂等）5 大类③。

8 月 4 日　黄炎培致函卢作孚④。

8 月 9 日　重庆开始传言日本无条件投降。

---

① 《民生实业公司董事会第二十届第一次董监联席会议纪录》，重庆档案馆藏。

② 凌耀伦主编：《民生公司史》，人民交通出版社 1990 年版，第 330—333 页。

③ 《民生实业股份有限公司》（上海征信所调查报告，1946 年 9 月 27 日），上海档案馆藏。

④ 中国社会科学院近代史研究所整理：《黄炎培日记》第 9 卷，华文出版社 2008 年版，第 64 页。

8月10日 （一）黄炎培《延安归来》在重庆国讯出版社出版后，分送重庆各方面人士。（二）晚8时，日本投降的消息在重庆社会上传播，远近欢呼。

8月14日 日本接受波茨坦公告无条件向同盟国投降。

8月15日 （一）侵华日军宣布向中国政府投降，中国抗日战争以胜利结束。（二）在整个抗日战争时期，民生公司运送出川抗战的部队和壮丁共达270多万人，武器弹药30多万吨[①]。同时民生公司在战时尽管有发展，但困难很大。资料载[②]：

> 民生公司除与汉阳周恒顺合作，在重庆李家沱设立恒顺机器厂协助民生机器厂办理轮船修理外，又与武昌大成纺织公司合作，合组大明纺织厂于北碚三峡染织厂原址，与河南焦作中福公司合作，合组北碚白庙子天府煤矿公司，及与上海大鑫钢铁厂合作，合组渝鑫钢铁厂于土湾，聊尽战时地主之谊。此后又陆续参加若干其他事业，如重庆轮渡公司、民安保险公司、航运意外保险公司、江合煤矿公司、嘉阳煤矿公司、富源水力发电公司，前后共计四十余单位，民生实业公司始成为真正实业公司，而非单纯航运公司矣。
>
> 民生过去订造轮船，以及大船岁修、特修，均依赖上海各造船厂，重庆民生机器厂之任务为紧急修理与小船修理，巨大工程仅二十三年万流改造民权一次尝试而已。战时上海船厂沦陷，若干敌机伤沉大船均需就地打捞，拖渝修理，故民生机器厂在二十六七八年间乃加紧扩充，使能负起公司全部修造责任。公司原有油轮颇多，战时柴油来源断绝，无法行驶，乃决计在渝自造煤船，先后共计十七艘，又渝合线浅水油轮二艘。因战时钢板不易搜购，仅有二艘新船为钢壳，其余十七艘则就地取材，后方出品三角铁做筋，四川本地木材作壳，也还经久耐用。锅炉是民生机器厂自造的，轮机有一部分为恒顺机器厂代造，后方自造锅炉、轮机，实以民生公司为第一次。为支付上项新船造价，民生公司又于民三十年发行第二次公司债七百万元，均已由各银行认购。
>
> 民生初期航运虽以渝合、渝涪两航线起始，业务亦以客运为主要

---

① 《民生实业公司简讯》第885期，1945年11月5日，转自凌耀伦主编《民生公司史》，人民交通出版社1990年版，第176页。

② 《民生公司在长江》，《新世界》1945年11月号，1945年11月，第10页。

收入，而自民二十年归并重庆上游各轮船公司以后，上游货运业务渐占重要地位，民国二十一年以后又参加渝宜航线，开发渝申、宜申航线，下游货运乃成为公司主要收入。战后下游航线缩短，收入不振，公司乃着手发展短航，增加客运，故公司客运人数，由二十六年之五十二万人，增至三十三年之五百万人，其中短航旅客几占百分之九十五。惟因票价又低，故客运收入仍较货运为略小，而短航客运收入则仅为全体客运收入百分之七十九。战时后方一切物资价格均极高涨，航运需用之五金材料与燃料尤甚，而票价因受政府限制，经常只及器材指数十分之一，七年川江局蹰之困苦可想而知矣。

（三）面对即将展开的复员运输，民生公司能行驶长江下游的运输力量显得十分有限，资料载①：

截止日本投降，长江开放时为止，民生公司计有三千吨以上下游大轮一艘，一千吨以上渝申大轮三艘，五百吨以下渝宜或渝申轮船十艘，尚有五百吨以下枯水可航行渝宜轮船数艘，朝野上下水路出川工具，大半在于是矣。

（四）《新世界》刊载《卢作孚谈美国工业特质》一文，记述卢作孚在西南实业协会主办的星五聚餐会上演说的主要内容。关于美国工业，报道说②：

卢氏认为美工业最大特质，即为专业化，而中国当前趋势，则正与之相反，一个公司要办许多业务，一个个人也要兼许多职办许多事。近年企业公司之类的全国性公司组织，更如雨后春笋，不知道有多少，即民生公司本身亦有同样缺点。卢氏认为普通企业公司，如果不设法专业，是不能使他成功而进步的。他早就有这种感想，早就不敢提倡这种普通企业公司，而在美国各地参观了以后，更证实了他的见解，加强了他的信心。本文便是他在美国观察的一般，和他自己解释的各点极可供工商界人士的玩味，一个纳尔逊（曾任美国战时生产局局长）专家使团的钢铁专家，在美国碰到了。他对中国最不了

① 《民生公司在长江》，《新世界》1945年11月号，1945年11月15日，第11页。

② 《卢作孚谈美国工业特质》，《新世界》1945年5月号，1945年5月15日。

解的就是中国后方机器厂，为什么大家都有模样厂，有设计室，翻砂厂，敢制造一切机器，能制造一切机器？……

卢氏说明美国人之所以能如此分工合作，最重要的是有确切可靠的工业标准。任何厂家的出品，都要遵守同一的标准，都能达到同一的标准，所以各不同厂家所制造的不同配件，可以配合得不差一点，相同配件可以互相替换使用。大家都知道分工的好处，专精的好处，而如果各厂不遵守同一工业标准，则是无法分工，当然也无法合作的。美国是一个极端讲究经济自由、技术自由的国家，不假手于政府法令，政治压力，而能使全国如此标准化，如此整齐划一，真是值得我们工业界效法的。……

卢氏最后认为美国人显然已有一种公共承认之共同作事原则办法，并且大家都在忠实地履行，忠实地遵守。不像我们中国一样，每一个首长都有他自己的一套特别办法，特殊作风，所以一换首长，一切办法也要改变。一个机关里面的工作人员，也没有共同信守遵行的工作办法，就有一点不大完全的办法，也大家视同官样文章，而不十分忠实地去实行。在这些地方，也可以看出美国实在是一个法治国家，不特国家大事如此，工厂管理也是如此；不特有成文法，也有不成文法，大家都行之若素，习以为常，不必监视，不督促，而人人自然奉行。

关于中国战后建设，报道说①：

中国战后最大的需要是专业化，是树立现代管理制度。一个公司只办一种业务，一个人只担任一种职务，事不常常变更办法，人不常常变更职务。这样才能培养人才，建树事业，使人成器，使事成行。同时应以事为主，而不应以人为主，使事与事配合，而不要使人与人配合，使其一件事与周围事件互相配合，互相联系形成一新的经济体系，新的工业程序。

（五）《新世界》刊载《记北碚科学博物馆》，该文回顾了北碚的发展史，谓②：

---

① 《卢作孚谈美国工业特质》，《新世界》1945 年 5 月号，1945 年 5 月 15 日，第 23—25 页。

② 《记北碚科学博物馆》，《新世界》1945 年 8 月号，1945 年 8 月，第 18 页。

北碚地扼嘉陵江小三峡的中峡口，地势险要，在今日它除雄伟秀丽的景色为纷至沓来的游人所神往外，已是一座充满活力的文化科学名镇。但是逆推二十年，（它）还是盗匪出没的蛮荒险地。今日的北碚如何由蛮荒险恶中建设，这里面包含一个奇迹，创造这奇迹的是卢作孚先生。民国十四年，当他开辟嘉陵江航线，第一只汽船由重庆浩浩荡荡的贯穿三道险峡驶达合川，峡区的匪患使他感到忧虑，盛炽的匪氛使旅运通道不平静……。民国十六年，他建议组织峡防局，并自任局长，编练团丁，芟除匪患。他将局址设于北碚以控制全区，一面以北碚为起点，重建新峡区。

卢作孚与北碚不可分……，他拓宽北碚市街，充实卫生设备，以改善环境，遍设学校以发展地方教育、文化，创设工厂，提倡兵工政策以发展峡区物产，又于北温泉开公园以美化天然形势。鉴于科学在近世的重要，复在北碚设立西部科学院，介绍近代物质文明，研究川康天然资源。二十年来卢氏已是被誉为国内具有权威的航业巨擘，同时他也是一位最进步的建设家。峡区之所以能逐渐走上近代化，北碚之能建成，实具有一段辛酸与艰难历程。直到现在卢氏仍然时时往返北碚去看看由他亲手所缔造而茁长的这个新世界，每次去他似乎都能感到一点温暖与安慰，卢氏已与北碚在精神上融为一体。

……抗战后，卢作孚先生欢迎平津、京沪各地学术研究机关、团体迁川，来北碚继续研究工作。如中央工业实验所、清华大学无线电研究所、中国科学院生物研究所、中央地质调查所、气象研究所、动植物研究所、中农实验所、轻油厂、汽油厂等当时均受其惠。现在聚集在北碚的学校、各学术机关已不下一百个单位。北碚，已如狂风一般，卷起一股文化热潮，飞扬着蓬勃与活跃，在中国科学、学术界占有了权威的地位。

8月21日　黄炎培与杨卫玉访问胡厥文，共同开始筹组工商业者的政党组织①。

8月22日　卢作孚在致民生公司董事会的公函中写道②：

---

① 中国社会科学院近代史研究所整理：《黄炎培日记》第9卷，华文出版社2008年版，第71页。

② 《卢作孚致民生公司董事会公函》（1945年8月22日），转自凌耀伦主编《民生公司史》，人民交通出版社1990年版，第330页。

此项（加拿大）借款，实出于加政府各部一致之热忱，可以为航业前途辟出长期借款之大路。

8月23日　民生公司董事会在重庆总公司召开第二十届第一次常务董事会议，会议由郑东琴主持，卢作孚列席了会议。此次董事会批准民生公司总公司致第二十届董事会第一次会议公函。总公司公函说明借款经过情形和内容：

去年（1944年）卢总经理赴美出席国际通商会议时，曾有加拿大厂商到纽约，商讨愿为本公司造船，并愿请示其政府给予贷款，之后卢总经理即去加首都，与加政府人员一度商讨结果，对所需船款只须中国政府保证，可贷与85%。当时民生公司和卢作孚与加方商谈的造船具体计划和借款还本付息的内容是：（一）造船计划：造宜渝船及拖头共12只，每只长167英尺，价值加币625000元以内，共计加币7500000元以内；造申宜及申渝船6只，每只长280英尺，价值加币1250000元以内，共计价值加币7500000元以内。造船两项总价值不超过加币15000000元，其中15%交付现金，85%为长期借款，总数在加币12750000元以内。（二）还本付息期限：自交船第3年起开始还本，分10年还清。（三）利息：利息最高不得超过四厘半，待正式立约时确定。（四）政府担保：由民生公司出具期票，由加拿大政府为民生公司向船厂保证到期付款，使其期票能转售于银行，先由中国政府致文加拿大政府，为民生公司保证到期付款。在造船需要的一年期间，民生公司需要交付15%即加币1712500元（合2000000美元）①。

本次会议还讨论了宋子文辞去常务董事的函请，决定来年召开股东常会时再作办理此事②。

8月27日　民生公司董事周孝怀从上海发电报给卢作孚和民生公司董事会，询问公司轮船何时可以开赴上海，9月10日民生公司收到该电。这是抗战以来中断八年后周孝怀与卢作孚和民生公司的首次联系③。

---

① 《民生实业公司董事会第二十届第一次常务董事会议纪录》，重庆档案馆藏。

② 同上。

③ 同上。

8月28日　下午，黄炎培等到胡厥文家，就组织工商业者政党问题进行第二次商谈[①]。

8月31日　中午，黄炎培访卢作孚于临江路34号民生宿舍，谈：1. 中华职校；2. 组织[②]。

［按］组织指黄炎培正在积极参与筹备的民主建国会。

8月　卢作孚邀请宗之琥到石板街民生公司招待所吃饭，正式提出希望他到民生公司工作。

9月1日　民生公司总公司函知董事会，聘任张澍霖为上海分公司经理。

9月2日　民生公司派定的宜昌分公司经理率领职员6人乘民来轮抵达宜昌，恢复该埠业务并在宜昌设立修理厂。此后民生公司又派员赴沙市、汉口、南京、上海恢复业务，民生公司战后复员的工作由此开始。这时后方急待东下的人员约有200万人到300万人，民生公司每月能够下运的人员约为5000到1万人左右。资料载[③]：

> 三十四年八月十三日日本接受同盟国无条件投降后，长江下游航运乃突然转变为最重要工作，民生公司随即派定宜昌分公司经理，于九月二日率领六人，乘民来至宜昌恢复该埠工作，并在宜设修理厂，以后沙市、汉口、南京、上海各机构亦随即派员前往，恢复工作。当时民生公司船只应差至宜者，有民本、民权、民贵、民彝、民康、民来、民熙、民万、民和、民政等十轮之多……，民熙又应差驶京，于二十一日到达，为上游开来之第一艘轮船。民熙（原文如此——引者）随后亦于二十三日到京，故战后复员第一步工作，民生公司船只几均在第一线服务。

9月7日　（一）中午，卢作孚设家宴请黄炎培、范旭东等，黄炎培日记载："谈组织事，颇有结果。"[④]（二）周孝怀从上海再次致电卢作孚

① 中国社会科学院近代史研究所整理：《黄炎培日记》第9卷，华文出版社2008年版，第74页。

② 同上书，第75页。

③ 《民生公司在长江》，《新世界》1945年11月号，1945年11月15日，第11页。

④ 中国社会科学院近代史研究所整理：《黄炎培日记》第9卷，华文出版社2008年版，第77页。

和民生公司董事会，电文说[1]：

> 昨日航寄长函，傍晚（杨）成质到，得作兄璧兄惠书，不胜惭愧。顷电台已通，特将长函摘要奉达。弟求同申公司共苦，故而勉任其难，且不得不表面改组，现在所苦既除，衰老极当退休，九月十五日以后，申公司事仍由龙芝、文达负责，弟即不复过问矣。改组虽以对日本，人事亦极有斟酌。龙芝二次被捕，备受威胁，不吐一实，保全公司至多，故权任为经理；三小儿植曾，乃惟一负责应付外毁之人，所受耻愤尤多，故权任为总稽核；公司纲纪，赖文克立为一整顿，故权任为副理；弟既负保管售机款项之责，故权任方仰山为会计主任。以上人事是否适当，上海经理之人，亦盼留龙芝数月，俾尽忠公司者知所劝勉，云云。成质到，始知申公司已定（张）澍霖为经理，作兄之求才，澍霖之念旧，不特区区钦佩无极，龙芝亦极庆幸，决盼澍霖早来，在其未到之前，盼由尊处任龙芝为申副经理，暂代经理，俟澍霖到后，充其刚正之气以总揽全局，龙芝竭其精密之思，以处理内部，实申公司之幸，可否盼复。又如有便人来申，请带点金堂烟叶。

9月12日　卢作孚在家招待教育局局长任觉五、社会局局长龙文治、黄炎培、杨卫玉、许昌龄等午餐，商将白沙沱中华职业教育社校地及一切设备让给市教育局，由局就市中拨给相当房屋，供职教社办工商补习教育。是为初步商谈[2]。

9月13日　民生公司董事会收到周孝怀电后，董事会和董事长郑东琴分别致电周孝怀表示慰问。

9月21日　民生公司民熙轮抵达南京，该轮为抗战胜利后从上游开来的第一艘轮船[3]。

9月27日　民生公司董事会在重庆总公司召开第二十届第二次常务董事会议，卢作孚列席了会议。会议讨论了下游复员的各处分公司组织及人事安排等，决定恢复申汉两处分公司及南京、沙市两个办事处。宜昌分

---

① 《民生实业公司董事会第二十届第二次常务董事会议纪录》，重庆档案馆藏。

② 中国社会科学院近代史研究所整理：《黄炎培日记》第9卷，华文出版社2008年版，第78页。

③ 《民生公司在长江》，《新世界》1945年11月号，1945年11月15日，第11页。

公司由三斗坪迁回宜昌，撤销巴东、云阳两个办事处，并规定申汉两处分公司为第一等分公司，实行分科办公，宜万两处分公司为第二等分公司，泸叙两处分公司为第三等分公司，二、三等分公司实行联合办公。张澍霖、杨成质、袁子修分别被任命为申、汉、宜分公司经理，张寂生、任于君分别被任命为沙市、南京办事处主任①。

9月　（一）卢作孚与卢子英筹资6000万元法币，并邀请上海基泰工程公司重庆分公司设计，开始在北碚建造民众会堂。（二）重庆轮渡公司总经理张澍霖去职，总经理一职由向超宗继任。此时轮渡公司亏折累累，为减少亏损，向超宗在公司中厉行紧缩政策。在收入方面，除提请提高票价外，还取消原来公司各线轮渡票由四川旅行社代售的方法，收回售票权以解决伪票问题，另外尽量减少无票乘客。由于公司所订无票乘客补票加倍办法执行困难，收票人员屡遭殴辱。在支出方面，由于恶性通货膨胀愈演愈烈，到本月重庆轮渡公司员工薪津额最高者竟达361519元，最低者也有69594元，与1938年12月时相较，薪津额最高者增加7859倍，薪津额最低者增加11599倍。公司为减少开支，减缓员工薪津增长幅度，酿成工潮，部分员工包围并搜查了轮渡公司总经理住宅②。

10月4日　黄炎培于上午访张嘉璈，谈东北等问题后，中午到民生与卢作孚谈话并午餐③。

10月10日　国民政府对抗战有功文武官员颁授胜利勋章，卢作孚为胜利勋章受奖者之一。《嘉陵江日报》载④：

> 本报创办人兼首任主编卢作孚先生，抗战以还，致力后方交通建设，不遗余力，曾一度出任交通部次长之职，今胜利获得，卢先生亦于国庆日荣获国府颁赠之胜利勋章云。

10月14日　卢作孚出席并主持在重庆召开的天府矿业股份有限公司第三届第一次董监联席会议，孙越崎、黄云龙、程宗阳、黄志煊等列席会

---

① 《民生实业公司董事会第二十届第二次常务董事会议纪录》，重庆档案馆藏。

② 杨及玄：《重庆轮渡公司的展望》，《西南实业通讯》第14卷第1、2期合刊，1946年8月30日，第12—13页。

③ 中国社会科学院近代史研究所整理：《黄炎培日记》第9卷，华文出版社2008年版，第90页。

④ 周开庆：《卢作孚传记》，川康渝文物馆1987年版，第9—10页。

议。会议讨论了天府公司与嘉阳煤矿、全济煤矿合并事宜。3个公司都有原中福公司的投资，各公司总经理都是孙越崎，由于3家公司联系密切，实际上早就联合在一处办公。抗战胜利后，由于孙越崎奉命前往东北接收敌伪工矿企业，遂有合并改组之议。会议议决了3家公司合并的6条原则，规定新公司名称为天府煤矿股份有限公司，总公司设在重庆。会上卢作孚作为主席和孙越崎作为总经理分别致词、报告。卢作孚致词说①：

> 今天开会主要事项为商讨本公司与嘉阳、全济二公司合并事宜，天府、嘉阳、全济过去在孙总经理一人支持之下，密切联系合作，对于各公司业务发展帮助至大，以孙总经理另有任务，行将离川，为以后三公司继续密切联系、加强组织并谋业务发展之便利起见，实有合组为一个公司之必要。此事前曾征询三公司各主持人之意见，无不赞同，现在三公司合并时机已告成熟，特此召集本公司董、监会议，正式商讨关于三公司合并计划，请孙总经理报告。

孙越崎接着报告说：

> 天府、嘉阳、全济三公司均有中福投资，过去因由本人兼任各公司总经理，彼此联系密切，总公司即联合一处办公，对于各公司业务之发展，确有种种便利。嗣后此种密切联系工作，实有继续加强之必要。本人近奉命前赴东北另有任务，各公司嗣后应由人的联系进而为一个组织，合并成一个公司，对于以后业务上、组织上更可增种种密切联系与便利。

10月16日　卢作孚、戴自牧、李肇基等人，乘民生公司民联轮东下，直驶上海，视察并指导沿江各埠分公司及办事处业务。除卢作孚等人外，该轮乘客全部是国民政府派遣到各收复区的接收人员，尤其以接收东北以及台湾人员为多②。

10月19日　经重庆市社会、公用两局调解，重庆轮渡公司劳资双方

---

① 《天府矿业股份有限公司第三届第一次董事监察人联席会议纪录》（1945年10月14日），重庆档案馆藏。

② 《民生实业公司简讯》第819期，1945年10月21日第1版；《民生实业公司简讯》第818期，1945年10月15日第1版。

达成如下协议：1. 以9月份薪津总额为底数，依照本市工人生活费指数，按月调整；2. 轮渡公司在1946年上期创办员工子弟学校一所；3. 9月份员工借支金额，分5个月扣还，工潮由此平息①。

10月21日　（一）重庆各界举行追悼范旭东大会，远在上海的卢作孚委托郑东琴前往吊唁并致送挽联，挽联云②：

塘沽既成，犍乐又成，不朽清辉光史乘；
为建国惜，为人群惜，岂仅私痛哭先生。

（二）下午，黄炎培赴范旭东追悼会，其日记中载③：

悼化学工业成功者范旭东锐：君来应为一大事，听到铙歌死亦安；留与后生好模范，立身报国不须官。余交先生二十年，自同席参政会，得数数共朝夕，暴日投降之夕，先生购《生命新观》一册以赠，谓有深意。某日午，卢作孚君招餐，先生舍其所陪餐之客，而来陪我，纵谈时事，忧乐交并，见于词色。不一月，先生下世矣。

10月22日　薛明剑效法卢作孚的北碚试验，呈准江苏政府在江苏无锡设立自治实验乡，并担任乡长。薛明剑记述道④：

十月二十二日，鉴于北碚乡村建设之都市化，自动请求，省方许可，就家乡玉祁、礼社、蓉南、魏叙、凤皐二镇三乡，设立自治实验乡。余自兼乡长，聘族兄子瑜为副，提倡教育、实业、水利并进，并以祖遗田地五十余亩，商得三、四两弟同意，一并捐赠乡公所，作为中学校部分基金。

［按］由薛明剑撰写的《无锡县自治实验乡工作计划书》就设立实验

① 杨及玄：《重庆轮渡公司的展望》，《西南实业通讯》第14卷第1、2期合刊，1946年8月30日，第13页。

② 《民生实业公司简讯》第820号《范监察旭东之哀荣》，1945年10月29日第2版。

③ 中国社会科学院近代史研究所整理：《黄炎培日记》第9卷，华文出版社2008年版，第89页。

④ 无锡市史志办公室编：《薛明剑文集》，当代中国出版社2005年版，第88页。

乡的必要性、区域范围、从事事业、组织规程、经费开支、推行计划等作了具体的说明和规定。谓[①]：

一、设立自治实验乡之需要

我国民众素极散漫，工业凋零，生产落后，更兼长期抗战，一切建设破坏殆尽，物资缺乏，人心颓丧。现在抗战已达最后胜利之目的，建设当趋突飞猛进之途径。值此复员期间，亟应组织规律化的民众，重建科学化的农业，实施理想教育，增加精良生产，恢复正常交通，发展固有商业。上项工作，须经选地实验专员专责办理，然后采其成法，择优推行各地。是则实验乡之设置，实为战后建设之前锋，未可忽视之也。

二、实验乡之位置、经界及名称

自治实验乡择勘地点于江苏省无锡县属前洲区（旧青城市）下扇“八一”、“八二”、“八三”、“八四”、“八五”五图地方，即礼社镇、玉祁镇、凤阜乡、齐魏乡（原文如此——引者注）、蓉南乡五乡镇之所在地，西、北两部与武进县接壤，东北部毗连澄邑十七圩，东、南俱属锡境。兹先将上述五图范围为实验区基层，逐渐推行于芙蓉圩武进之部，定名“无锡县自治实验乡”。

三、自治实验乡进行事业

综言之，为管、教、养、卫四类。兹分类提纲述之如下：

（一）自治：训练乡民，行使直接之“四权”与了解“五权”之运用，以达到具有高度自治之能力。

（二）保甲：严密保甲组织，服役公务，调息私争。

（三）教育：普及国民教育，推广义务教育，实施专科教育。

（四）文化：刊印日报，黏贴画报、壁报等，以宣传中华民族美德，传播科学知识。

（五）生产：复兴工商业，改良农产品，发展蚕丝生产，指导渔牧副业。

（六）经济：安定及调剂农村金融，设立乡银行，举办生产贷款。

（七）合作：组织合作社，以调剂产销物资及居民消费。

（八）卫生：办理乡医院及推进助诊给药、施行清洁乡村等

---

① 无锡市史志办公室编：《薛明剑文集续编》，凤凰出版社 2007 年版，第 747—748 页。

运动。

（九）警卫：建立自卫组织，防止盗匪侵扰。

（十）交通：开辟乡道，接通县道，疏浚河流，便利交通，兼及水利事宜。

从中可以看到，晚清以来的自治事业如接力般不断向前推进的脚步。

10月23日　国营招商局总局正式迁上海办公①。

10月25日　民生公司本日下午举行董事会，黄炎培参加，其日记中载：阅加拿大借款造船之经过记录，卅四年上半年亏五万万元（略不足）。讯卢作孚、周季悔，为与岳军商孝怀回蜀事②。

10月　（一）民生公司实行额外津贴，但是工资仍然远远低于国营的轮船招商局，引起船员和职工的不满，怠工、罢工情况开始不断出现。民生机器厂工人秘密成立工人民主工作队，领导工人要求增加工资。（二）民生公司复员运输能力与实际需要之间矛盾突显，资料载③：

因后方急待东下人员过多，总数当在二三百万人以上……自十月至十一月，民生公司只能开出甲乙级船只三十余次，下运乘客约一万余人。十二月起枯水季节到临，交通部船舶调配委员会受命统筹东下船只调配事宜，渝宜段调有乙级船十七艘航行，其中十四艘为民生船舶，估计全月可下运乘客一万余人。宜汉段调有甲乙级船只十艘，其中六艘为民生船舶，估计全月亦可下运万余人。以后运量可能增加二三倍，而以后方待运人、物之多，即水陆空三面进行，恐亦需时一年以上，始能将使命完成。

11月7日　民生公司邀黄炎培对全体职员演讲《怎样做一个抗战以后新的国民》。内容有：一、要做民主政治下的一分子，义、权，守法，尽责。二、要做广大群众中的一分子，离群、适应，改善。三、要做新世

① 张后铨主编：《招商局史：近代部分》，中国社会科学出版社2007年版，第450—451页。

② 中国社会科学院近代史研究所整理：《黄炎培日记》第9卷，华文出版社2008年版，第90页。

③ 《民生公司在长江》，《新世界》1945年11月号，1945年11月15日，第11页。

界的一分子，科学，科学方法，对内团结，对外合作①。

11 月 10 日　天府矿业公司、嘉阳煤矿、全济煤矿合并改组成立的天府煤矿股份有限公司召开第一届第一次董监事联席会议，推举卢作孚为公司董事长，何北衡、康心之、孙越崎、秦慧枷为常务董事，聘孙越崎为总经理，黄云龙为协理②。

11 月 12 日　卢作孚在民生公司业务训练班作了为时 2 个小时的讲话，历举任峡防局局长时各种训练中极有意义的活动，说明团体生活最重要的条件是有计划、有组织、有秩序，勖勉学员尊重秩序。公司《简讯》载③：

> 上周星期一（十一月十二日）适值总理诞辰例假，卢总经理作孚抽时间亲临本公司业务训练班训话。讲话时间达两小时，为卢总经理返国后第一次较长之讲话。总经理历举以前担任峡防局局长时多次训练中种种极有意义之生活与活动，以证实团体生活有计划有组织有秩序为兴趣之最要条件，勖勉各学员尊重秩序组织学习体验。次论现代世界有两个宝贝东西，一个是自然科学的发展，一个是社会科学的发展。把自然科学运用起来，诸如机械工程、土木工程、化学工业等，就是技术。换言之，凡运用科学方法，加之于一种物质上，而使其有更好的结果，以供给人们享用的就是技术。至于把社会科学应用起来使两人以上的人群能够很好的共同工作，则为管理。真正运用技术的只是实验室中少数人，往后则仅须如法制造的一样做去，全属管理问题，诸位将来在公司担任的工作也都只要（是）学习管理，并运用管理方面。极有兴趣之例，皆总经理经历及在美国所见，最后略述民生公司在战前及战后之工作任务，勖勉各学员努力刻苦学习，成为工商管理专家云。

11 月 13 日　（一）卢作孚将北碚管理局民众图书馆、中国西部科学院图书馆、民生公司图书馆合并，成立北碚图书馆，由晏阳初任理事长，

---

① 中国社会科学院近代史研究所整理：《黄炎培日记》第 9 卷，华文出版社 2008 年版，第 94 页。

② 《天府煤矿股份有限公司第一届第一次董事暨监事联席会议议决事项》（1945 年 11 月 10 日）重庆档案馆藏。

③ 《民生实业公司简讯》第 823 期，1945 年 11 月 19 日第 1 版。

卢作孚等 15 人为理事，张从吾任馆长。晏阳初出国期间，由卢作孚代理理事长。（二）民生公司聘陈国光为总公司业务处副经理，聘李志一为上海分公司顾问，聘张乔啬为民生机器厂总工程师兼供应处副经理，聘罗成佩为民生厂财务课课长①。

11 月 14 日　（一）国民政府善后救济总署署长蒋廷黼与联合国善后救济总署（简称联总）驻华办事处处长凯石在重庆订立联合国善后救济协定，内容包括联总向中国提供善后救济物资及服务中方无需以外汇偿付、所提供物资中方应在 6 个月内提出具体要求等 10 条②。卢作孚为扩充北碚地方医院各项设备，当即与国民政府善后救济总署有关负责人商妥，拨给北碚地方医院一百张病床及配套医疗器械和药品。北碚管理局局长卢子英迅速派人到存放物资的昆明，并于 1946 年春领取该器械药品，装满两辆卡车，运回北碚，使北碚地方医院设备条件大为改善③。（二）峡区三才生煤矿公司运输工人罢工，《嘉陵江日报》载④：

> 北碚三才生煤矿公司矿厂运输工人，前于 10 月 24 日至 27 日，曾因工资问题罢工三天，近复于 14 日起，再次罢工。

（三）民生公司聘朱天秉为民生厂副厂长⑤。

11 月 15 日　（一）黄炎培在卢作孚处午餐，谈：1. 民生业务；2. 上海现况；3. 大局前途（定 19 日中午约云五、政之共餐）；4. 职校问题⑥。（二）卢作孚与国民政府行政院院长宋子文商定了复员运输相关办法。（三）民生公司聘翁德勋为顾问⑦。

11 月 16 日　卢作孚致函军政部有关人员，沟通相关情况。

11 月 19 日　本日晨黄炎培与胡厥文深谈民主建国会前途，上午又在中华职业教育社报告民主建国会创办的意义。中午黄炎培到卢作孚处，与

---

① 《民生实业公司董事会第二十届第三次常务董事会议纪录》，重庆档案馆藏。

② 张宪文、方庆秋、黄美真主编：《中华民国史大辞典》，江苏古籍出版社 2001 年版，第 1716 页。

③ 李爵如：《抗战胜利后卢作孚为北碚办的两件好事》，《北碚文史资料》第 6 辑，第 35 页。

④ 《三才生煤矿工人罢工》，《嘉陵江日报》1945 年 11 月 23 日第 4 版。

⑤ 《民生实业公司董事会第二十届第三次常务董事会议纪录》，重庆档案馆藏。

⑥ 中国社会科学院近代史研究所整理：《黄炎培日记》第 9 卷，华文出版社 2008 年版，第 97 页。

⑦ 《民生实业公司董事会第二十届第三次常务董事会议纪录》，重庆档案馆藏。

王云五、胡政之、卢作孚研究国共问题①。

11 月 20 日　国民政府允为民生公司借款提供担保。

11 月 22 日　民生公司董事会在重庆总公司召开第二十届第三次常务董事会议，会议由郑东琴主持，卢作孚列席了会议。会议听取了总公司业务处经理童少生、运务处经理王德润、供应处专员萧瑞珍、财务处经理李邦典、人事处副经理刘子周代表各部门所作的业务报告，及总公司有关人事专案等报告。民生公司总公司随即发出公函公开：调派总务处经理李肇基任汉口分公司经理，聘公司顾问何乃仁兼任总务处经理，调总公司船务处经理杨成质驻上海分公司，忠县办事处主任朱树屏调上海分公司。批准总公司拟定向中国乡村建设学院捐款 150 万作为该院基金，向北碚科学博物馆捐款 300 万元作为该院基金的公函议案②。

11 月 24 日　黄炎培为民主建国会事与多人接洽商谈，本日到卢作孚处午餐，并谈民主建国会相关问题③。

11 月 27 日　黄炎培致函卢作孚④。

11 月　交通部改组招商局理事会，原聘理事一律改聘，另聘刘鸿生、卢作孚、高廷梓、韦以黻、余仕荣、林旭如、徐学禹为理事，任命刘鸿生为理事长⑤。

12 月 1 日　重庆国民政府为筹划还都南京事宜，由交通部在重庆成立全国船舶调配委员会，统一调配全国船舶，办理运输。国营招商局理事长刘鸿生任该委员会主任委员，卢作孚和国民政府军政部联勤总部参谋长郗恩绥任副主任委员，招商局总经理徐学禹任秘书长⑥。在抗战胜利后的 4 个月中，民生公司从事复员运输 187 航次，1946 年上半年运输了 102 次，先后共运输国民党政府军、公物资 9. 2 万吨，人员和军队 20 多万人次⑦。至此卢作孚在主持重庆方面运输事宜的同时，开始筹划向长江下

---

① 中国社会科学院近代史研究所整理：《黄炎培日记》第 9 卷，华文出版社 2008 年版，第 98 页。

② 《民生实业公司董事会第二十届第三次常务董事会议纪录》，重庆档案馆藏。

③ 中国社会科学院近代史研究所整理：《黄炎培日记》第 9 卷，华文出版社 2008 年版，第 101 页。

④ 同上书，第 102 页。

⑤ 张后铨主编：《招商局史：近代部分》，中国社会科学出版社 2007 年版，第 451—452 页。

⑥ 同上书，第 510 页。

⑦ 周永林等主编：《卢作孚追思录》，重庆出版社 2001 年版，第 205 页。

游、沿海以及南洋方面拓展业务[1]。

12月12日　卢作孚出席民生公司朝会并作了《怎样提高工作兴趣》的讲话，讲话阐明了工作兴趣对于工作效率的重要性，并对提高工作效率提出了3项办法。公司《简讯》载[2]：

> 上周三（12月12日）总公司周会，卢总经理亲自出席训话，讲题为《怎样提高工作兴趣》，剀切阐明工作兴趣对于工作效率之重要性，并对提高工作兴趣，指示三项办法。即（一）要虚心检讨自己有无好的技能。（二）有无解决技能之办法。（三）有无解决技能之能力。最后并勖勉全体应努力加强工作秩序与建设，再在工作方面不断求进步与学习，语重心长，听众莫不感奋云。

12月13日　卢作孚在家午餐招待黄炎培，谈工潮，谈职校[3]。

12月16日　民主建国会在重庆西南实业大厦召开成立大会，宣告成立。

12月19日　为中国西部科学博物馆征集1944年嘉阳煤矿参加工矿展览会而制作的该煤矿全套模型一事，卢作孚致函天府煤矿公司代总经理黄志煊。该函说[4]：

> 北碚科学博物馆系由国内各学术机关所共同发起筹设，于去年十二月廿五日开馆。内分工矿、农林、生物、地质、医药卫生及气象地理等六馆。工矿馆之矿业部门，系由天府煤矿特制全套模型送馆陈列，包括地质、地形、矿峒及机电各项模型。月前弟曾面商越崎、祝颐二兄，请将天府模型加以改善扩充，俾可增加观众之兴趣。去岁嘉阳煤矿曾制有全套模型送交工矿展览会展览，该会结束后，各项展品移交渝市府接收保管。拟请兄协助，由嘉阳煤矿派员洽商，将该模型由矿方取回，转送北碚科学博物馆陈列，或请重行设计，另制全套，当可较前益为精进也。如何，并盼示及为感。

---

① 周开庆：《卢作孚传记》，台北川康渝文物馆1987年版，第10页。

② 《民生实业公司简讯》第827期，1945年12月17日第1版。

③ 中国社会科学院近代史研究所整理：《黄炎培日记》第9卷，华文出版社2008年版，第107页。

④ 黄立人主编：《卢作孚书信集》，四川人民出版社2003年版，第818—819页。

12 月 23 日　卢作孚乘飞机抵达南京，主持船舶重新调配事宜，在南京停留 3 天[①]。

12 月 27 日　下午 4 时，卢作孚乘飞机自南京返回重庆[②]。

12 月 28 日　黄志煊在查清了情况后回复卢作孚说[③]：

顷奉大函，敬悉。北碚科学博物馆承索嘉阳煤矿曾制有全套模型，现查该项模型并未移交渝市府保管，仍存天府公司九尺坎宿舍中，惟以曾经拆卸搬运，不免稍有损坏，必须整理后始堪供陈列。已电嘉阳矿厂速派原设计制造职员，带同模型蓝图及附表来渝修理装配，一俟竣工，即送至北碚科学博物馆。

12 月 29 日　民生公司在总公司召开第二十届第四次常务董事会议，会议由郑东琴主持，卢作孚列席了会议并在会上报告了公司向加拿大借款造船有关事项进行的情况。他说[④]：

本公司向加政府借款造船，关于呈请政府担保事，已于上月底奉交通部代电，转知行政院饬遵之政府担保办法。其条文如下：(一) 民生公司向加拿大政府造船借款百分之八十五长期借款，准由政府担保。其余百分之十五现款所需外汇，应由该公司自行筹供。(二) 购得之船舶，应全部抵押于政府，作为第一抵押品。(三) 造船借款合同，由民生公司与加拿大政府径行洽订。(四) 还款办法，依照民生公司与加拿大政府所定合同，从第三年起，按月提存本年应还之本息，缴存政府指定之国家银行。(五) 各该项船舶营业收入，不足偿还该年应还之本息时，应在其它航业收入项下按月提足。(六) 民生公司如不能还款，而由政府偿还时，作为第一抵押品之船只，应照抵押品惯例，改由政府处置，俾清债务。(七) 民生公司在借款未还清以前，对于该项船舶，不能设定任何权利或转移。(八) 该项船舶经营之账目，应由政府指定存款之国家银行派稽查随时查核之。(九) 该项船舶修理费用，由民生公司负担。(十) 该项

---

① 《民生实业公司简讯》第 829 期，1945 年 12 月 31 日第 1 版。

② 同上。

③ 黄立人主编：《卢作孚书信集》，四川人民出版社 2003 年版，第 819 页。

④ 《民生实业公司董事会第二十届第四次常务董事会议纪录》，重庆档案馆藏。

船舶在平时应保平安险，战时应保兵险及意外险。（十一）政府如有运输上之需要，该项船舶应优先供应政府使用。（十二）本办法经行政院核准后实行。至于赴加订船，及赴美与凯塞尔商订合创造船厂，与在美加之一般业务活动，俱须请由董事会分别签发授权书，俾便进行。公司同行之人，为童经理少生、李总工程师允成、张经理澍霖、张工程师文治等，行期在明年二月中。

会上议决并通过了已经准备好的董事会《委任权状》，授予卢作孚全权代表公司处理借款相关事项。《委任权状》载①：

为发给委任权状事，民生实业股份有限公司依中华民国法律设立而在继续营业中，其总公司设于中国四川重庆，兹由董事会董事长郑东琴遵照民国34年12月29日（即1945年12月29日）董事会之决议案（该案英文译本由董事会秘书签证随附本委任权状之后为其一部分），以本委任状委任本公司总经理卢作孚为正式合法代表，有权在中国或外国为公司并以公司名义，以及为公司附属事业，及代替与代表附属事业，从事接洽、允诺、租赁、包船、购买、收纳，接受船舶、机器设备及其附件，或为公司及其附属事业之利益，与个人、商号或公司往还，俾得经商，觅致经纪人，或设立新公司，而其条件契约悉依渠意者，以及从事接洽、允诺、购买接受、收纳、出售、交付、抵押、典质，以及以任何方法、形式处置货物，从事诉讼，以及其他财产、特权、权利之保有或诉讼事项……

赋予该合法代表，全权处理与实行一切事务之契约有关或因契约而必需、必要、便利与权宜者，无论其为何种用意与目的，而为本公司及其附属事业在有全权代表在场当时所有应为或能为者，兹特以本委任权状证明该合法代表或其代表人员，得依法办理前述各项事宜。

① 《民生实业股份有限公司与加拿大帝国银行、透浪多银行、自治领银行签订借款合同》，广州省档案馆藏。

1946年（民国三十五年）53岁

1月1日　由天府公司与嘉阳煤矿、全济煤矿合并而成的天府煤矿股份有限公司正式成立，总公司设在重庆，资本总额2440万元，卢作孚为董事长，卢作孚、何北衡、刘航琛、孙越崎等15人为董事，宁芷村等5人为监察人，孙越崎为总经理①。

1月7日　天府煤矿公司开始办理接收三才生煤矿公司工作，接收范围包括矿厂、铁路、办事处等。《嘉陵江日报》载②：

> 天府煤矿公司接受三才生公司工作，业于7日开始，接受范围为矿厂、戴黄铁路及黄桷树办事处。……

1月10日　政治协商会议在重庆召开。

1月13日　黄炎培访卢作孚，商张澜、范朴斋赴沪后食宿问题③。

1月15日　下午3时富源水力发电股份有限公司第五次董监联席会议在交通银行重庆分行举行，卢作孚出席了会议，大会主席钱新之报告了公司各项工程事项进展情况，并说明了公司增股3000万元的情况，由于原定重庆电力公司认购的增资股50万元没有交款，该项股款由民生公司认购33万元、交通银行认购17万元④。接着下午5时，又召开了公司第一次股东会议，报告前一年公司盈余422万元，讨论了分配问题，并改选了董监，结果卢作孚、张叔毅、李叔明、张丽门、薛子良、刘航琛、胡子

---

① 《嘉阳煤矿、天府煤矿、全济煤矿公司联合股东大会程序》，重庆档案馆藏。

② 《三才生接交工作已于日前开始办理》，《嘉陵江日报》1946年1月10日第4版。

③ 中国社会科学院近代史研究所整理：《黄炎培日记》第9卷，华文出版社2008年版，第118页。

④ 《富源水力发电股份有限公司第五次董监联席会议纪录》（1946年1月15日），重庆档案馆藏。

昂、罗家选、戴自牧、熊明甫、卢子英为董事，宋海涵、何北衡、丁荣灿、庄叔豪、王恩荣为监察人①。

1 月 18 日　为定造新船再赴加拿大相关事宜，卢作孚致函交通部部长俞飞鹏，谓②：

作孚此次出国荷蒙核转，已由宋院长签请主席核准，令文现已到外交部，随行人员有徐国懋、李允成、张文治、童少生、张澍霖。原呈作孚系用大部顾问名义，徐国懋、李允成、张文治系用专家名义，童少生系用秘书名义，张澍霖系用翻译名义，皆作为作孚随员。在国外须用官员护照乃感便利，顷商外交部主管人员，彼盼由大部再去一函，声明作孚系被派考察航业，徐国懋、李允成、张文治、童少生、张澍霖均系作孚随员，外交部即可照填官员护照。谨此函陈，敬乞裁可，无任感幸。

1 月 20 日　应卢作孚邀约，梁漱溟、黄炎培、卢作孚三人本日中午且餐且谈即将召开的旧政治协商会议施政纲领问题③。

1 月 26 日　国民党方面对黄炎培忌恨渐深，本日发生特务搜查黄炎培住宅事件。

1 月 30 日　上午 8 时民生公司新年度首次周会在重庆朝天门举行，卢作孚出席并讲话。他告诫公司同仁要明是非、重方法，负起责任。公司《简讯》载④：

本年度首次周会于上月（1 月）三十日上八时正在朝天门举行，卢总经理亲临训话，指示两点：第一是明是非。凡是觉得不合理的事情，马上从良心上加以反省，负起责任，痛痛快快的改正。第二重方法，有条不紊，闲暇时希望多读书，多研究，日新月异，力求进步。语多剀切，同人深为感动。

---

① 《富源水力发电股份有限公司第一次股东会纪录》（1946 年 1 月 15 日），重庆档案馆藏。

② 黄立人主编：《卢作孚书信集》，四川人民出版社 2003 年版，第 821 页。

③ 中国社会科学院近代史研究所整理：《黄炎培日记》第 9 卷，华文出版社 2008 年版，第 120 页。

④ 《民生实业公司简讯》第 834 期，1946 年 2 月 4 日第 1 版。

2月8日　无锡实业家薛明剑在无锡仿照北碚办法设立实验区，并向北碚商求有关资料。《嘉陵江日报》载[①]：

> 江苏无锡籍参政员薛明剑氏暨该县若干留渝人士，鉴于北碚管理局十余年来所进行地方建设实验工作成效斐然，乃决定仿照北碚实验之各项进行方式，于无锡南门外薛氏故居筹设实验区，并决定以生产事业为中心，薛参政员于战胜后即返锡，刻已向管理局索取各项资料云。

2月12日　富源水力发电股份有限公司第二届第一次董监联席会议在重庆民生公司招待所举行，卢作孚参加了会议。会议选举卢作孚、胡子昂等7人为常务董事，选举戴自牧为董事长，会议还决定增设小坑岩电厂[②]。

2月18日　卢作孚乘飞机飞上海，同行者有民生公司经理何乃仁、副经理顾久宽[③]，此行任务在于调处民生公司上海船员全体请长假问题。

2月18—19日　薛明剑到北碚办理留碚无锡籍同乡返里事宜，并向在碚无锡同乡报告仿照北碚实验办法重建故乡计划。《嘉陵江日报》载[④]：

> 参政员薛明剑及工业家刘佐汉二人，经前日由渝搭车来碚，办理留碚无锡籍同乡返里事宜。薛氏为无锡旅渝同乡会主席，胜利后即偕刘佐汉返苏接收京沪一带敌伪工业，公毕后于上月返渝。此间无锡同乡于昨日假兼善公寓欢宴薛刘二氏，并商讨返乡及重建故乡等事宜。闻仿照北碚管理局所主持之地方实验制度，在会中曾作精密之计划。薛刘二氏于昨日下午搭车返渝云。

2月19日　卢作孚在上海调处船员全体请长假问题失败。

2月26日　卢作孚以到上海调处船员全体请长假问题失败等因，向

---

① 《参政员薛明剑在故乡仿照北碚设实验区》，《嘉陵江日报》1946年2月8日第4版。

② 《富源水力发电公司第二届董监第一次联席会议纪录》（1946年2月12日），重庆档案馆藏。

③ 《民生实业公司简讯》第838期，1946年3月4日第1版。

④ 《参政员薛明剑来碚》，《嘉陵江日报》1946年2月20日第4版。

民生公司提请辞去总经理职务，请公司另择贤能接替[①]。辞呈谓[②]：

作孚自民国三十一年回到公司以来，奉职无状，日益增加公司之困难。因为收入不敷支出，连年亏折，同人受尽生活之穷苦，股东甚至无股息可分，若干孤儿寡母、文化事业，战前赖年终分息以为支撑者，今皆断绝生计或经费之来源，轮船则逐年减少，债累则逐年增加。初以为抗战胜利之后，营业可以自由，收入可以调整，股本可以扩充，政府顾念战时之努力，可以给予若干助力，职工生活可以由此稍舒，战时损失可以多少弥补，股东可以多少分红，今皆大谬不然，不但困苦如故，且愈加严重。最近因上海物价激涨，他公司调整船员待遇，本公司在万分无法中，亦正依据调整，但仍不为现在上海之船员所谅，屡经洽商，尚无结果。同时修理及燃料费用，亦复骤增，而各种收入，无相应之调整，实绝无法应付此收支相差太巨之困难。此外所感环境之牵掣，日甚一日，险象环呈，将使事业陷于绝境。此皆由于作孚应付无能，实应引咎辞去总经理职务，务请大会另拣贤能接替。最近作孚累夜失眠，精神亦难支持，自二十七日起，无法再照常办公，并请大会先指定人员料理日常事务。实为公司前途之幸。

在向公司提出辞呈的同时，卢作孚向国民政府行政院、交通部提出改善企业经营环境的若干原则及办法。《简讯》载[③]：

卢总经理为本公司面临重大之困难，已竭尽一切应付之力，终无济于事，除向董事会坚决辞去总经理职务外，并不忍坐视此已有二十年历史、在抗战期中曾于国家有所贡献之事业，竟崩溃于此复员之际，特向行政院、交通部陈述磋商船员待遇经过及燃料、修理、五金费用激增情形，立予参照过去亏损及物价变动情形，调整3月份票运费，并定今后依照物价指数按月调整票运费之原则。

2月27日　民生公司董事会在总公司召开的第二十届第五次常务董

---

① 《民生实业公司简讯》第838期，1946年3月4日第1版；《民生实业公司第二十届第六次常务董事会议纪录》，重庆档案馆藏。

② 《民生实业公司第二十届第五次常务董事会议纪录》，重庆档案馆藏。

③ 《民生实业公司简讯》第838期，1946年3月4日第1版。

事会议，决定一面恳切慰留卢作孚，请其照常办公，一面再由公司董事会分别吁请国民政府和民意机关予以救助，以减轻公司困难。民生公司董事会发给卢作孚慰留公函，谓[①]：

> 台端二月十六日函，为应付困难，引咎辞职，请另拣贤能接替，并因精神难支，自二十七日起，无法再照常办公，请先指定人员料理日常事务等因。本会特于是日午后，召开本届第五次常务董事会议，出席各常董佥以本公司在抗战期间，对于国家社会，报效实多，关系极大，纵所损失一时无法弥补，而其功绩决不容如此埋没。目前困难虽益加重，但若共谋解决，究不至陷于绝境。至于上海部分船员之不体谅，多方劝解，必有感悟之时。环境之牵掣，虽日甚一日，然大局逐渐开朗，事业处境，亦将随之改变。台端艰苦卓绝，久为众股东之所信赖，各职工之所尊崇，凡属上开各事项，尤赖大力推动，方易收成果，使事业渡过难关，臻于发皇光大。当经一致决议，"慰留并请照常任职。一面再由本会分别签请政府及民意机关，予以救助，以减轻公司困难"等语，纪录在卷，相应函复，即希鉴察，照常办公，并盼善自珍卫为幸。

2月底　卢作孚除向民生公司董事会提出辞职外，还向国民政府行政院呈文，要求调整3月份票运费，并要求明定今后依照物价指数按月调整票运费原则[②]。

2月　（一）全国船舶调配委员会迁往上海，重庆改为分会，由卢作孚主持，宗之琥负责日常工作。重庆分会所调度的主要是民生公司的船舶，因此调度组的正副组长、运务组的副组长，都是民生公司派来的。（二）民生公司的太湖轮首航青岛。

［按］同年秋民生公司在青岛设立办事处，1948年6月19日成立民生公司青岛分公司，1948年12月青岛分公司结束[③]。

3月1日　（一）卢作孚再次致函民生公司董事会提出辞去总经理职务[④]。（二）民生公司董事会为公司收支不敷，面临崩溃，分呈国民政府、

---

① 《民生实业公司第二十届第五次常务董事会议纪录》，重庆档案馆藏。

② 《民生实业公司简讯》第838期，1946年3月4日第1版。

③ 凌耀伦主编：《民生公司史》，人民交通出版社1990年版，第345页。

④ 《民生实业公司第二十届第六次常务董事会议纪录》，重庆档案馆藏。

行政院、交通部、军政部、国民参政会，恳请补贴[①]。

3月2日 民生公司各处室负责人联名向国民政府发出《与死挣扎急待救济的民生公司》的“最后的呼吁”，呼吁政府救济。呼吁中说[②]：

迄至目前，民生公司更面临了较33年5月尤为严重的问题。它的支出不能与之俱增的情形，以今年为最甚。当上海工潮纷起，招商局船员要求按物价指数调整待遇，招商局不得已而按物价指数调整了。民生公司立刻援例调整，但不为它在上海的船员所同意。它现有10只以上的主要轮船在上海，船员相率请假，经上海分公司婉劝无效，总公司派员前往说明亦无效。最后总经理亲往面为恳切说明，并就招商局江轮范围作更大之调整，迄于归来之日仍未获得协议。船员生活诚有甚大之困难，尤其在上海物价剧变的市场中。但原系亏折的事业，更加重薪工的开支，更感无法支持了。总计今年一月份收入八万万余元，照已允调整的数字，仅薪津膳一项的开支，已近五万万元，余下来的还不够煤、油两项的开支，其余的各项必要支出，更分文无着了。而最可惊人的支付是修理费，还不要问在重庆、宜昌、汉口等处修理的和将要修理的轮船。单是现在上海修理的10只轮船，在三个月内就得付出十几万万元，须从一月份起按月摊付。因此它在一月份的亏折已逾三万万元，二月份必将亏折之数，远不止此，以后更难逆料了。如何能够容许它继续存在呢？

它的任务全在国家，但不幸它是一个私人企业，尽管私人没有什么好处，自抗战以来股东没有红利，甚至没有股息，董事监察和经理人员没有红酬。就在战前，股东分红亦不过等于市场很低的利息；而即此少数红利，多数股东亦未领去，仍被劝转为股份并再加股份。职工分红，向为上下一律，董事监察和经理人员绝未特殊提酬。除二三银行股份外，没有任何大股东。董事监察一部分代表事业，另一部分代表一群朋友，没有一个是代表自己资本的。自创办以迄于今的总经理，亦至今是一个穷汉，没有置得任何私产，商场没有他任何私人的生意，银行没有他私人的任何存款或往来。他现在就是为了亏折得太厉害，没有方法可为弥补，环境的困难太大，没有方法可以克服，被

---

① 《民生实业公司第二十届第六次常务董事会议纪录》，重庆档案馆藏。

② 《民生实业公司简讯》第838期，1946年3月4日第3版。

迫得辞职了。如果终于无法挽留，让他离开了这个事业之后，便立刻显示出他只是一个净人。这正可代表了这个事业，对国家社会服务的一种牺牲精神。民生公司这样的一个私人事业，实在是牺牲了一群私人，尤其在抗战八年中，一方面牺牲了股东，另一方面牺牲了职工！但它对于国家，又确是有过不小的帮助，不仅它本身，乃至它投资有关的事业，如像天府的煤，渝鑫的钢，恒顺的机器，大明纺织染厂的布，都是对于国家战时有帮助的，尤其是天府，大大地帮助了战时的首都，战时的工业和交通！

但它却在国家战胜以后的今天，面临生机立断的最后关头！每月要亏折到数万万元，绝对无法自救。迫得它不能不最后哀鸣，不得不向政府呼号求援助了！它的成本如职工薪津、燃料、五金、器材、修理费和一切必要的开支，受上海、南京、汉口的物价激涨而增加。但它的收入：差费、运费、票费仍不能比例的增加。它没有要求合法利润，只希望最低需要的收支平衡！它所最感困难的问题是主要的收入在重庆，而主要的支出乃在物价奇涨的上海。偏在此时许多轮船必须到上海去修理，若干器材也须从上海去购置。修理抗战八年来创巨痛深的轮船，每只动逾万万的费用，这绝不是它自身的能力所能胜任的。它真被迫得不能不向政府呼吁了。如果政府不体恤它，不援救它，它将立刻全部陷于崩溃！虽然一桩私人企业的失败不足惜，但它究竟曾于国家多少有过帮助，而且现在仍有帮助。它是为了帮助国家而走到今天这样绝境的。万望政府在它尚有最后一息的今天，给予可以起死回生的援救；对它的巨大亏折数额，及巨大修理费用，予以补贴；对它的差运票费收入，确定适应开支适应物价指数调整的原则，不再一成不变的数额。假如没有如此彻底的救济，它立刻无法支付薪工、膳费、燃料、修理各费及其它各项开支，只有立刻全部崩溃了。

同人等非为自身工作于民生公司之故而呼吁，实为爱护此一国家需要的民营企业而呼吁。此一事业缔造不易，在国家抗战中已有一段光荣历史，原已为我政府及社会各方面所顾惜。我政府当局必不忍听其崩溃于国家正准备开始建设之顷，必予援救，并加扶持，以劝未来从事民营企业者之努力。

同人等故敢作此最后的呼吁，惟我政府当局及社会人士共鉴察之！

3月3日 《国民公报》报道民生实业公司困难严重。报道说：[①]

民生实业公司自抗战发生后，即以整个运输能量的十之八九专为政府服务。二十九年宜昌撤退后，业务逐渐紧缩，同时物价上涨，运费收入受限制，而各项支出则无法限制，从而困难重重，曾第一步请求国家银行借款。三十年敌机实行大规模轰炸，该公司轮船损失过半，乃不得不第二步请求政府补助，但为数甚微，连年亏折，职工和股东均未得任何利益。至三十三年五月乃临最险关头，负债达18000余万元，政府虽采贴补政策，乃无法填补其实际亏折数字。战事结束后，复员开始，而该公司主要轮船十分之七以上应差，有时竟全部应差，而免于应差之轮船，亦十九载运公物及公务人员，对政府之贡献不可谓小。目前国家可整个接收敌伪轮船，大批购买轮船，若干新发起公司，新集资力亦可购买或订造新船，而该公司反而一筹莫展，本身既无力增添新船，亦无力恢复旧有轮船，本年一月份亏折已逾3万万元。以后更难逆料，政府如不加援救，势将陷于全部崩溃，此一国家需要之民营企业建造不易，在国家抗战中亦有光荣历史，谅当局不忍听其崩溃于国家正开始建设之时，必能予以援助与扶植也。

3月4日 民生公司董事会用公函形式复函卢作孚，请查照2月26日董事会公函，照常任职[②]。

3月初 卢作孚以民生公司总经理身份呈文行政院、交通部，要求调整票运费[③]，在呈请行政院的报告中说[④]：

按物价调整票运价一节，实为根本救济商公司以后生存之唯一办法。因鉴于以往请求调整皆在物价大涨之时，自请求以迄核准，恒需相当时日，其间因物价上涨所生之差异，累积而成无法弥补之差额损失。

---

① 郑洪泉、黄立人主编：《中华民国战时首都档案文献》第4卷《战时工业》，重庆出版社2008年，第194—195页。

② 《民生实业公司第二十届第六次常务董事会议纪录》，重庆档案馆藏。

③ 《总经理呈行政院 要求调整票运费》，《民生实业公司简讯》第838号，1946年3月4日第1版。

④ 凌耀伦主编：《民生公司史》，人民交通出版社1990年版，第388页。

3月6日　（一）卢作孚以民生公司总经理名义呈文行政院院长宋子文，陈述民生公司由于抗战八年船只过度使用，致使在修船只增多、川江水枯运输能力下降、小船员要求提高待遇、物价高涨等原因，要求政府允许按月照物价指数调整客货运费和差运费[①]。（二）民生公司聘供应处副经理陶建中代理合川电水厂厂长，并兼任合川办事处主任[②]。

3月7日　（一）富源水力发电股份有限公司第二届第二次董监联席会议于本日上午在重庆临江路民生公司招待所举行，卢作孚代戴自牧主持了会议，会议讨论了增建小坑岩电厂工程费用以及增加职工工资等问题[③]。（二）嘉阳煤矿股份有限公司于上午9时在重庆九尺坎总公司召开第八次董事、监察人联席会议。董事长翁文灏、董事卢作孚、康心如等出席了会议[④]。（三）全济煤矿股份有限公司第四届董事、监察人联席会议在重庆青年会举行，卢作孚作为董事参加了会议[⑤]。

3月9日　民生公司与金城银行达成协议，决定由金城银行借与相当于100万美元的法币，联合成立民生公司海航部，业务独立但由民生公司代理。后来为便于业务的进行，正式定名为太平洋轮船公司，双方各出资50万美元，民生公司的50万由金城银行借与，由民生公司经营管理，童少生兼任经理，该公司拥有在美国购买的黄海、南海、渤海3艘海轮，[⑥]开辟了上海到青岛、天津营口的北洋航线和上海到基隆、福州、汕头、广州、香港的南洋航线。

3月22日　民生公司为海员待遇等事呈文行政院、交通部、社会部对政府主张提高工资表示反对，呈文说[⑦]：

> 公司于国家八年抗战中艰苦服务，兹又竭其疲惫垂绝之力，服务国家复员之繁重工作。当此生死关头，不要求合法利润，乃至不要求股息。不顾及生产工具之折旧提存，仅求收支勉可相敷，以尽其奄奄一息之力量于国家社会。乃复遭遇不断之牵掣，必使其服务之最后精

---

① 凌耀伦主编：《民生公司史》，人民交通出版社1990年版，第376页。

② 《民生实业公司第二十届第六次常务董事会议纪录》，重庆档案馆藏。

③ 《富源水力发电股份有限公司第二届第二次董监联席会议纪录》，重庆档案馆藏。

④ 《嘉阳煤矿股份有限公司第八次董事、监察人联席会议纪录》，重庆档案馆藏。

⑤ 《全济煤矿股份有限公司第四届董事、监察人联席会议纪录》，重庆档案馆藏。

⑥ 民生公司与金城银行重庆区管辖行《立借款合约》（1946年3月9日）、《金城银行、民生公司合组航海业务暂行办法》及《航海船舶代办办法》，重庆档案馆藏。

⑦ 凌耀伦主编：《民生公司史》，人民交通出版社1990年版，第389页。

力，为意外工潮所消耗，终亦将于最短时期，被迫歇业。

3月28日 （一）《嘉陵江日报》刊发卢作孚《何为物价问题？何为解决方法？》一文。文中说：物价问题有两端，一端是货物，一端是货币，物价是两者之间的关系，把握住货物和货币，乃能把握住其间的关系。因此，要解决物价问题，首先要解决货物来源问题，尤其是人们生活必需品粮食、燃料、衣服、房屋、交通工具的来源问题。至于货币问题，关键在于开源节流。文章指出[①]：

> 所要求于解决货币问题的，是限制法币的发行额。法币之急剧增加发行，是为了政府收入不敷支出，需要增加发行来填补；如欲限定其发行额，必须增加政府收入，减少政府支出。办到政府收支完全平衡，如有不敷，亦用旁的方法来填补。如何增加政府收入，减少政府支出？谨将个人意见提供如后：
>
> 第一，赋税问题，免纳田赋一年，是政府收入上一个最大的打击。沦陷区各省已经实施，后方各省亦已颁布明令，无法再作根本的变更。但为补救政府一部分的收入，仍可变更其执行的方法。一年田赋的总额，照明令全免，但宜分摊于三年或五年，每年减少1/3或1/5，不必全用征实的方法，尤其没有征收机构的地方，可以粮额为标准，改照粮价，征收法币。其特别糜烂或灾苦的县区，乃可一次完全免纳。分摊年限长短，亦可斟酌各省情形确定，要使人民能力勉可负担。同时亦使人民了解政府需要的收入，横竖是人民负担，不分摊在赋税上，亦分摊在法币的贬值上。田赋为政府最大的收入，如竟全免，则在另外没有收入来填补的时候，即不免从增加法币的发行来填补。田赋之外，应鼓励进出口贸易活跃起来，增加关税；鼓励盐运活跃起来，增加盐税；鼓励工厂开工增加统税；鼓励内地商业恢复，增加营业税。须知一个国家的经济活动，全靠老百姓，老百姓有经济活动的机会，乃有纳税的机会。故最聪明的方法在指导帮助老百姓，解决其环境上的种种困难，使在经济活动上活动起来，纳税能力和纳税机会增加起来。万不可集中兴趣于自己经营几桩经济事业，而一切不管老百姓的，致老百姓无生产机会，纳税机会，只有游资，用以投机。政府无正当收入，只有拼命发行法币。造成提高物价的事实，如

① 卢作孚：《何为物价问题？何为解决方法？》，《嘉陵江日报》1946年3月28日。

何能解决物价问题呢？

第二，以目前物价之高，利用政府掌握的外汇这一部分，从国外洽购适量的物资，使如上面解决货物来源中所列举，人民生活所必需的粮食、燃料、棉花和建筑材料等，运济国内的需要，并以换回大量的法币。既解决了货物问题，又解决了货币问题，对于稳定物价帮助必巨。此刻欧亚各国救济者甚多，主要生产的南北美国家亦感物资不敷分配，尚未完全撤销统制，洽购人民生活必要的物资还是困难的事，但不是不可解决的事。只要能够洽购物资若干，即可运济市场需要若干，即可增加政府收入若干，惟其是各国政府尚未撤销统制，政府洽办远较民间为易。自然，凡可由人民购办的，仍应尽量鼓励人民购办，期能增加各种来源。

第三，是售卖政府所接收的敌伪产业，尤其是工厂，应让民间承买经营。我们知道政府已经注意到售卖一部分敌伪产业，以其所得价款，弥补一部分政府收入了。但似乎没有多大成效，其原因尚待考察。但有甚为明白的事实，纱厂，乃至于较大的染厂，织厂，交中纺公司；与丝有关的厂，交中丝公司；与重工业有关的厂，交资委会。各方面都不需要的厂，乃卖于人民。人民是否需要，和那些需要特殊技术的工业，愿意购买的人们，有无购买的能力，又是问题了。接收的产业最大的，最能卖得大量价款的，无疑的便是纺厂。如果全部卖出，政府或可收入价款一千万万以上；如果全部由政府经营，反需支出周转资金一千万万以上。这样减少收入，增加支出，正是有害于国家财政的。或许以为经营纱厂，可以所获盈利，弥补政府收入，但必须利用物价上涨，乃有较大的盈利。试以民国二十六年的物价水准为例，假定二百万纺纱锭子，全年产纱一百万件，售价约二万万余元。那时物价稳定，每件纱或仅盈利数元，全年不过获利数百万元。如由政府经营，希望获得加倍盈利，即必须物价倍增，就算因此获利二万万余元，而那年政府支出为九万万，如果物价倍增，政府即加支出九万万，这种入不抵出的政策，绝对是失败的政策！政府应要求物价稳定，不应要求棉纱涨价，取得利润；应卖与民间愿买的厂，并鼓励能够开工的厂，优先买厂，不应只卖政府选择剩余的厂。

第四是整编军队，既经确定方案，当必立刻付诸实行，以减少军费的支出和军粮的购入。士兵应尽量遣还乡里，并回到本业。军官之原无专业者可以遣还的，应给予建设需要之技术训练。此种训练应由建设机关主办，并应聘请外国专家担任。期有丰富设备和实习机会，使确实获得技术，并改良其生活习惯。

以上只是几个荦荦大端，凡在此刻可以增加政府收入，减少政府支出的事项，都得调查、计划，而且实施，乃能使政府收支逐渐平衡，不再仰赖法币的增加发行，乃能解决物价问题当中的货币问题。

货币整理，亦是必须解决的问题。华中、华北的伪币，政府业已确定逐渐收回，并限期停止使用的办法。但仅靠银行逐期收回，人民有拖延习惯的，常常延到最后，不肯持往调取法币，而急于贬值抛出，调取货物，因而影响及于物价。应稍宽停止使用之限，而联络税收机关、邮电机关，以及其它易于接收伪钞之事业，尽量接收伪钞，汇交银行，使能自然缩短收回期间。

（二）民生实业公司举行董事会第二十届第六次常务董事会议，公司董事长郑东琴主持会议。董事会报告慰留总经理卢作孚继续任职等案①。

4月8日　为授予卢作孚全权到加拿大办理借款合同事，民生公司董事长郑东琴在董事会秘书刘子周证明和陪同下亲赴美国驻中国重庆大使馆当加拿大副总领事Robt. B. M之面，在由刘子周翻译成英文的公司授权书上签字、盖章②。

4月9日　为签订借款协议、订购船只，卢作孚于再次远赴加拿大之前，于本日中午12时召集民生公司总公司经理副经理襄理以上人员，在公司总办公处便餐并开会，他在讲话中要求公司各高级职员③：

1. 严守办公时间。公司一部分同仁工作相当辛苦，常常超越办公时间几个钟头以上。但是有一部分同仁，却恰恰相反。希望此后严守办公时间，并将工作紧张起来。

2. 检讨各部门工作。各处室要检讨各课的工作，各课要检讨各股各组的工作，各股各组要检讨各个人的工作。使每一部门，每一个人的工作，都紧张起来，严肃起来！不必要的人员，立即抽调加以训练。训练的范围，有文书、会计、统计、物料管理。第一批抽调的人

① 《民生实业公司董事会第二十届第六次常务董事会议纪录》，重庆档案馆藏。

② 《民生实业股份有限公司与加拿大帝国银行、透浪多银行、自治领银行签订借款合同》，广东省档案馆藏。

③ 《总经理赴加拿大解决造船问题》，《民生实业公司简讯》第844号，1946年4月15日第1版。

训练完毕，再换调第二批、第三批……，一直全部人员训练完毕为止。这些技术的训练，每一个都是必要的，希望大家都有很浓厚的兴趣。

3. 相互联络。此次出国，正在公司空前未有的危险时刻，切望各处室遇事联络，相互帮助解决。尤其郑主任秘书璧成，与何经理乃仁，对内要联络，对外要多接头。财务上的困难，望李经理邦典多跑，不仅在重庆是不断地要研究清楚，船要跑得好，人要安排好，而且不要出事。业务上的困难，要望邓经理华益多帮助解决。此外，一部分重心在上海，杨经理成质一个人在那里，相当辛苦，李经理邦典，何经理乃仁如果有机会公出上海的话，亦望从旁加以帮助。

4月10日　晨6时3刻，卢作孚从重庆乘飞机起程经印度赴加拿大，同行者有民生公司总公司部门经理童少生、上海分公司经理张澍霖、总工程师李允成、副总工程师张文治等人，资料载①：

卢总经理于4月10日晨由渝飞印转英赴美往加订购船只，同行有童经理少生、张经理澍霖、李总工程师允成、张副总工程师文治等。计本公司到机场欢送者有郑董事长东琴、郑主秘书璧成、何经理乃仁、李经理邦典等10余人。公司以外尚有青年会、金城银行、富源公司等团体代表多人，情形颇为热烈，6时3刻起飞，即日抵加尔格（各）达（答），13日再由加续飞。

卢作孚行前又向总公司高级职员指示2项办法，资料载②：

兹因公司支出激增，收入有限，财务日趋艰困。卢总经理出国前，曾召集总公司高级职员指示办法2项：（一）凡公司职工非因最特殊事件停止借支；（二）停止私人委托各地公司垫款购买物品，其有生活必需品确因在某地价廉时，可集资以现金委托消费合作社代办，上列两项规定从5月16日起实行。又凡各分部4月以前职工有客户暂记欠款时，应在每月薪津总额内扣还三分之一，陆续扣清为止。再凡总分公司各部相互委托购买物品及划拨款项，非因最特殊事

① 《民生实业公司简讯》第844期，《总经理赴加拿大解决造船问题》1946年4月15日第1版。

② 《民生实业公司简讯》第848期，1946年5月13日第2版。

件时，应凭总公司财务处核准通知后，始得代办代付。

4月17日　《国民公报》报道复员运输中，民生公司负担沉重①。

复员运输大成问题，民生公司负荷奇重（1946年4月17日）

（本报专访）最近还都正式开始，这几天来各机关学校都在积极忙着筹备成行，但目前的交通情形实在不敢使人相信在短期内能够顺利完成。目前渝京之间，除了川陕、西南的两公路和有限的空运以外，主要还是靠川江水陆的航运，这责任无疑的大部份又套在民生公司的头上。记者因之去访问，但据该公司的负责人谈："目前民生公司开行渝宜间的复员船，总数不过十一只，而其中几只还是被拉着当差船的，实际包括公教在内的民运复员船只有八、九只，每只每月来回跑三次，每月不过运走四、五万人，若靠这样的川江航运，整个迁都的完成，将不知要到哪年哪月。自从最近开始还都，各机关到民生公司登记包船的已有34起，普通登记的有11000人，因之政府最近去交涉200个国大代表赴京的位子都不可能。而这些船还只是到宜昌，宜昌到汉口根本还很少船开行，原因是汉口到宜昌回程的旅客少，谁都不愿单程来开行。因此目前在宜昌候船东下的不下数千人。"川江的运输为什么达到这样的困难？民生公司的回答是："天然的困难是江水没有上涨，不能开大船，这两天的水位就是在零尺下三寸，其次是用煤的缺乏，渝汉间航行的用煤，完全要从重庆向下带。"那么这些问题能否改善？回答云：本月底在上海修理的船可能有10只陆续出来参加复员航行，但是要自购黑市煤价上海五十万一吨，汉口南京也需二、三十万一吨的情况下，仍是一个很大的问题，而对这一些困难的问题，民生公司的感觉是在官营资本压制下的民航业的今天，要想担负这样一个艰巨的复员运输工作，实在是心有余而力不足。而在另一方面政府又不自己来航行。敌人投降后，接收敌船有2300艘之多，没有一只分配民生公司。政府自己航行的不过710艘，拨交招商局的就有230只。但事实上招商局并没有负起这个责任来，与民生公司形成了一个显著的对比。招商局的船大、船多、用人少，民生公司船小、船少、用人多，而又不能使用官价煤，有了这些

① 郑洪泉、黄立人主编：《中华民国战时首都档案文献》第1卷《国府迁都·明定陪都·胜利还都》，重庆出版社2008年版，第145页。

对比的困难，自然就不能按理想的去航行。目前的民生公司完全靠借债来支持，四月份预借后方勤务部四万万，四联总处六万万，中央信托局数万万，这样的借债来支持，实在不能算办法，目前每月收入是十六、七亿，支出需二十二亿，每月相差五、六亿，因此民生公司曾向政府呈请不航行，但为目前的需要政府不批准，结果给了一点补助费，这不能解决根本的问题，政府必须要有一个整个航业的政策，保障民航业的生存，否则谁也不能生存，目前川江航业更有一个很大的危机，是新兴民航业雨后春笋一样的成立，到目前为止，已有20家的民航公司向政府登记，这些民航业如果一齐来竞争，势必整个都倒台！

4月29日　交通银行委托联合征信所作关于民生公司调查报告，结论是①：

民生公司成立有廿年之历史，其规模及资产，逐年均在膨胀中，实为主持人苦心经营之成绩。在股东方面，历年分红甚少，间有微言。战前公司船只，管理完善，接待周到，久为社会所称誉，公司亦因此而压倒川江各航业。惟抗战以来，因船只增多，及供不应求关系，设备、管理及接待等已大不如前。又以组织庞大，员工众多，人事与工作亦不免染有一般社会之恶习。卢氏亦注意延揽干练人才，以增加公司新血液，惟旧势力甚大，少壮派欲言革新，亦殊不易。公司有目前之基础，此时修理旧船，增加新船，亦不遗余力，一俟航运恢复自由，再辅以其它部门之发展，在我国民营航业中，自有其重要地位。重要问题，仍在管理与工作效率，目前之周转困难，以该公司对外关系之多，不难克服也。

4月30日　卢作孚从印度加尔各答乘飞机飞英国②。

5月2日　卢作孚乘飞机抵达英国伦敦③。

5月11日　卢作孚从英国乘飞机赴加拿大。资料载④：

---

① 《民生实业公司调查报告》（1946年4月29日），第21—22页，重庆档案馆藏。

② 《民生实业公司简讯》第848期，1946年5月13日第1版。

③ 同上。

④ 《民生实业公司简讯》第849期，1946年5月20日第1版。

卢总经理等一行5人，于本月（5月）11日自英乘机赴加拿大，翌日（12日）飞抵加拿大东部之蒙特利尔城，13日至渥太华。因要公急于处理，于16日赴纽约。闻所接洽事项甚为圆满云。

5月12日　卢作孚乘飞机抵达加拿大东部城市蒙特利尔[①]。

5月13日　卢作孚抵达渥太华[②]。

5月14日　民生公司自抗战胜利以来，承担繁重的复员任务。《嘉陵江日报》载[③]：

抗战时期，民生公司所有渝宜乙级轮与渝申甲级轮，其被敌机炸沉炸伤与应差失事者均需及早修复，以备战争结束时运输军队、公务员及内迁义民之用。因物价高涨关系，此项修理费异常巨大。因此公司只剩川江航运业务，断难担负此种巨大兵灾损失。经政府津贴及金融界贷款协助结果，除民元、民风、民俗、民彝、民泰、民俭等无法捞救外，最大海轮民众（2800吨）已能驶申大修，民联已经接长改装机器，民权轻伤早已修好。截止日本投降，长江开放时为止，民生公司计有三千吨以上下游大轮一艘，一千吨以上渝申大轮三艘，下游大轮一艘，五百吨以上渝宜或渝申轮船十艘，尚有五百吨以下枯水可航行渝宜轮船数艘，朝野上下水路出川工具大半在于是矣。35年8月14日日本接受同盟国无条件投降后，长江下游航运乃突然转变为最重要工作。民生公司随即决定宜昌分公司经理，于9月2日率领职员6人，乘民来至宜昌恢复该埠工作，并在宜设修理厂，以后沙市、汉口、南京、上海各机构亦随即派员前往，恢复工作。当时民生公司船只应差至宜者，有民本、民权、民贵、民彝、民康、民来、民熙、民万、民和、民政等10轮之多，民政不幸沉没于柳林碛。旋民熙被征调到汉探测航道，民来、民本、民万、民和亦被征差到汉。因航道尚未探测，致民本、民和在汉不幸搁浅。幸不久即得施救脱险。民熙又应差驶京，于21日到达，为上游开来之第一艘轮船。民熙随亦于23日到京。故战后复员第一部工作，民生公司船只几均在第一线服务。因后方急待东下人员极多，总数当在二三百万人以上。川江航运

① 《民生实业公司简讯》第850期，1946年5月27日第1版。

② 同上。

③ 《复员期间之民生公司》，《嘉陵江日报》1946年5月14日第2版。

在枯水季节以前，因沿江有障碍物，及河道有变更，故航行较缓，且不敢夜航，致速率不如以前。又各地常有扣船事件，使船只航行日数为之大减。故自10月至11月间。民生公司只能开出甲乙级船只30余次，下运乘客约一万余人。12月起枯水季节到临，交通部船舶调配委员会受命统筹东下船只调配事宜。渝宜段调有乙级船17艘航行，其中14艘为民生船舶，估计全月可下运乘客一万余人。宜汉段调有甲乙级船只10艘，其中多数为（民生）公司的轮船，估计每月亦可下运万余人。以后数量可能增加二三倍，而以后方待运人、物之多，即水陆空三面进行，恐亦需时一年以上，始能将使命完成。故民生公司复员服务工作，恐需继续至35年枯水时为止也。

5月16日 卢作孚因要公急于处理，自加拿大赴美国纽约[①]。

5月18日 （一）国民政府任命卢作孚为中国出席第二十八届国际劳工大会雇主方代表。资料载[②]：

国民政府18日令：一、派李平衡为出席第二十八届国际劳工大会中华民国国民政府第一代表，包华国为出席第二十八届国际劳工大会中华民国国民政府第二代表，谢嘉、张永懋、金长河为国民政府代表顾问，张德琇为国民政府代表秘书。此令。二、派卢作孚为出席第二十八届国际劳工大会中华民国雇主方面代表，魏文翰为雇主方面代表顾问，张宗植为雇主方面代表秘书。此令。三、派王雅伦、陈树为出席第二十八届国际劳工大会中华民国劳工方面代表，郑锡恩为劳工方面代表顾问，杨树培为劳工方面代表秘书。

（二）民生公司代表李邦典、杨成质与粮食部签署承运川粮草约[③]。

民生、招商、三北承运粮食部川粮合约草案

(1946年5月18日)

一、自本年5月15日起3个月内，每月由渝运汉口、南京米粮

① 《民生实业公司简讯》第850期，1946年5月27日第1版。

② 同上。

③ 胡政主编：《招商局与重庆 1943—1949年档案史料汇编》，重庆出版社2007年版，第572—573页。

10000吨，汉、京各半。渝宜段，由民生公司就所有下行船只全装粮食，并视水尺可能载量载足；宜汉京段，由招商、三北负责如期如量运到京、汉，如有人力不能控制之情事发生，致耽误日期，应报粮食部备查。

二、运价仍照民生公司及招商局在上海提出之数目给付，但如因负担粮食运输而亏折过巨时，得由粮食部会同交通部呈请行政院补贴之。

三、军运分配，由粮食部洽商军事运输机关决定，如有粮船被军事机关占用时，粮运得比例减少。

四、宜昌燃料供应如有困难，得请由政府予以协助，其办法另行商订之。

五、民生公司在渝船边收货宜昌船边交货，由招商及三北公司负责提驳过档，下运所有过档费用，由招商、三北垫付，取据向粮食部结算归垫。

六、大船规定在渝、宜到后各停泊1天，汉、京3天，小船在渝、宜到后次日即开装卸，必须配合，以免耽误船期。

七、米粮以麻袋装好、合同封舱，由部派员押运，不再交磅，如原装不动，不负米质责任。

八、米粮运输保险，由部自行办理。

九、船到码头立即由部派员提卸。如提粮不及，得由公司代为提存驳船，所有提驳上栈费用由粮食部核付。

十、渝宜段所有其它公司、川江轮船指定参加运粮者，应由粮食部函请交通部令饬受民生公司指挥。

十一、轮船到埠无粮装载及卸载，时期超过规定时，得由粮食部酌给延期费，其数目按照吨位大小规定之。

十二、京汉之堆栈、仓库，由粮食部自行准备。必要时如需另洽囤船停卸时，得由部协助洽办。

十三、米粮运费，渝京每吨照198000元八折计算，为158400元，另加回空费99000元，共为257400元；渝汉每吨156000元八折计算，为124800元，另加回空费78000元，共为202800元，其中渝宜段运费按114000元八折计91200元，加回空费57000元，共为148200元。如以后交通部所定运价有增减时，本合约运费亦比例增减。

十四、宜昌过档时，粮食部应派员监同点验封仓及包装，并于提交招商、三北轮舱后再加封舱。

十五、自京至汉或自汉至宜及自宜至渝，如有货运，应按所装吨数收回空费，照数扣除。

十六、另具船舶配派表，作为本合约之附件。

十七、本合约自草约订定后立即有效。

粮食部代表　汪 □

招商局代表　施焕昌

三北公司代表　曹仁泽

民生公司代表　李邦典　杨成质

中华民国三十五年五月十八日

5月20日　重庆轮船同业在民生公司会议室举行第一次运粮会议，民生公司代表李若兰、蔡金光、王光藻出席，李若兰为会议主席。会议经过及决定如下①：

甲、主席报告奉令运粮经过。

乙、决议事项：

一、运粮原则各公司同意，并推定民生公司统筹分配运粮事宜。

二、运粮之先须解决各项：（一）请政府转饬各机关协助运粮事宜；（二）请政府派船在宜转粮；（三）请粮食部派大员驻渝、宜、汉负责办理运粮事宜；（四）因全部运粮而发生纠纷，究请何机关解决，请政府决定。

三、检讨各公司轮船每月运量（下列数字均以吨计）

民生：权400、贵250、联350、彝350（以上4轮每月行3次计），宪180、康150、来150、熙120、勤150（以上5轮每月行4次计），共可运7050吨。招商：江和400、江庆130、江康70，均以每月行3次计，可运1800吨。强华：华源350（每月行3次计）、华同180（每月行4次计），共可运1770吨。其它：永康160、协兴120（均每月行3次计），共可运840吨。以上各轮每月共可运11460吨。

四、检讨各轮开运日期

民生：贵5月31日、联5月26日、彝5月24日、宪5月26日、

① 胡政主编：《招商局与重庆　1943—1949年档案史料汇编》，重庆出版社2007年版，第564—565页。

来5月27日、熙5月26日。其余权、康、苏、万均在修理，文、武现水位不能走，俭轮已无。

招商：江和、江庆、江康均须6月份始能开运，计和行3次，庆、康各行2次。

强华：华同5月可行1次，6月可行3次；华源待回渝开运，约6月可行2次。

其它：协兴5月可行1次，6月可行3次；永康6月可行3次，国庆不能再来渝。

五、燃料问题

民生每月在宜需煤860吨；强华每月在宜需煤370吨，在巫需煤60吨；协兴、永康每月在宜需煤300吨。以上需煤，均须请政府设法在宜储备，以应各公司之需要。

六、运量分配

（一）照交［通］部令，五与一之比例分配粮、弹运量。（二）公物暂不配运。

七、各轮担任运粮时期，载客须减少，照航政局旧定额办理。

八、以后各公司定每日午前9时，在民生会议室商讨一切。

5月22日　国民政府交通部、粮食部等召开第二次川粮东运会议，交通部部长俞大维、粮食部部长徐堪、后勤部副部长端木杰、船舶调配委员会刘鸿生、招商局总经理徐学禹、民生公司代表杨成质、李邦典等出席会议。会议报告及议决事项如下①：

一、报告事项

徐部长报告：甲、本部于本月18日与民生、招商、三北公司所订承运川粮合约草案，关于运资一项，遵照宋院长核定，系按货运之八折之七扣计算，与今次合约所订原则不合，应请讨论决定。乙、关于接运及装卸，应使衔接紧凑，总以不耽误时间及尽量减少损耗为原则。合约载明应运之米粮10000吨，亦务使如期如量运足。丙、关于军运分配之比例，燃料补给之协助，应请计划并讨论决定。

二、决定事项

① 胡政主编：《招商局与重庆　1943—1949年档案史料汇编》，重庆出版社2007年版，第566—567页。

甲、粮运之监护至为重要，拟由后方勤务部转呈军事委员会，以委员长命令通饬渝、宜、汉各地军事机关，部队对于运粮合约内规定之运粮船只，一概不得封扣装运军品，或部队如有违反严予惩处。

乙、请军事委员会、交通、粮食两部，指定渝、宜、汉3处负责人员负责督运并监护川粮东运，并制止封扣船只及其它阻挠粮运情事。

丙、运粮合约草案合约第十三条所载运价，与宋院长核定照货运八折之七扣计算原则不合，唯现在渝宜段轮船全部运粮，不售客票，不运商货，公司收入更形减少，请仍照合约草案第十三条之规定给付。

丁、运粮船只所需燃料用煤，计民权、民联、民贵、民彝、民万、华源等大轮6艘，以每月往返3次约计需煤675吨，江庆、江康、江和、永康、协兴、长征、民宪、民康、华同、国庆等小轮10艘，以每月往返3次约计需煤2250吨，两共2925吨，请规定由政府每月官价拨售2000吨，由招商局负责运至宜昌，其余925吨，应仍由民生公司在宜昌妥筹购备。

戊、运粮船只必须载足保险水尺，如不载足或私载人货，应严重惩罚。宜昌接运，由招商局以铁驳在宜担载，随到随驳下运。

己、另有登陆艇5艘，专驶宜渝线，上行载运军品，下行全数运粮，每月往返4次，每次可运1200吨。但此项运量，概不包括在合约所订运量之内。

以上决定事项，应即载明在合约内，并将运粮合约草案修正重行签订。

5月23日　重庆轮船同业在民生公司举行运粮会议，民生公司代表李若兰、蔡金光、高伯琛、王光藻参加，李若兰为会议主席。会议议决如下事项①：

一、成立渝宜轮船运粮联合办事处

（一）仿照去年接转美军空运物资例，由各公司合组一机构，以利办事而增效率，该机构定名为渝宜轮船运粮联合办事处，处址设朝

① 胡政主编：《招商局与重庆　1943—1949年档案史料汇编》，重庆出版社2007年版，第565—566页。

天门民生公司内。（二）通过渝宜轮船运粮联合办事处组织简章草案，并报京交、粮两部备查。(三）推定民生李若兰为联合办事处主任，招商局李荪芳、强华魏超然为副主任。

二、检讨运量及装粮手续

(一）每日上午 9 时由各公司派负责人，在办事处商讨一切；(二）各公司轮只现时行踪及勤、熙、宪、来被迫由宜下驶，影响预计运量情形，即电京转报交、粮两部设法改善；（三）各轮由渝开出前 2 日，由处将配运数量通知各该轮公司及储局总仓库；开出后，并立将实装数电京转报粮部备查。

会议所拟《渝宜轮船运粮联合办事处简章》如下。

渝宜轮船运粮联合办事处简章①

(1946 年 5 月 23 日订)

第一条　本处遵照政府运粮旨意，由在渝行驶川江轮船之招商、民生、强华、永兴、协大、大达等 1 局 5 公司共同组织之。

第二条　本处系临时组织，以将粮食部在川粮食运毕，即行解组。

第三条　本处经费，由共同组织之局暨公司按照各运粮吨数，平均担负。

第四条　本处暂假民生公司为办公处。

第五条　本处设主任 1 人，综理处务；设副主任 2 人，协助主任处理处务。

第六条　本处主任以下设总务、调配 2 组，组设组长 1 人，总务组下设文书、会计 2 股，调配组下设船务、港务 2 股，股设办事员若干人。

第七条　总务组管理文书、会计 2 股，各股职掌如下：

一、文书股

(一）关于文书之撰拟、收发、缮校事项；

(二）关于印章之典守及档案保管事项；

(三）其它有关文书之事项。

---

① 胡政主编：《招商局与重庆　1943—1949 年档案史料汇编》，重庆出版社 2007 年版，第 570—571 页。

二、会计股

（一）关于各项开支审核、支付事项；

（二）关于经费出入账目、表册之编整事项；

（三）其它有关事项。

第八条 调配组管理船务、港务两股，各股职掌如下：

一、船务股

（一）关于运粮轮船之调遣事项；

（二）关于运粮轮船之检查事项；

（三）关于运粮轮船报关、结关事项；

（四）关于配粮通知、洽运事项；

（五）其它有关事项。

二、港务股

（一）关于食粮之配装事项；

（二）关于食粮之起卸、囤放事项；

（三）关于食粮收交事项；

（四）其它有关事项。

第九条 各组之办事细则另订之。

第十条 本简章经各局、公司通过后实行，并呈报粮食部、交通部备案。

［按］该办事处不久扩大为渝宜轮船运输联合办事处，受重庆党政军联合办事处指挥。重庆党政军联合办事处撤销后，受重庆行辕节制①。

5月 （一）《民生公司简讯》报道：上海轮船业公会会员大会，选举卢作孚、钱永铭、杜月笙、徐学禹、刘鸿生为理事②。（二）卢国维进入民生实业公司任技术员，其长女卢晓蓉在重庆红岩村出生。

6月3日 卢作孚主持在纽约成立了民生公司纽约办事处，以童少生为办事处主任，后改杨成质为主任，负责采购船舶所需钢材、配件、油料等。

6月6日 卢作孚在西雅图参加了有40个国家代表与会的国际航海大会。

---

① 胡政主编：《招商局与重庆 1943—1949年档案史料汇编》，重庆出版社2007年版，第386页。

② 《民生实业公司简讯》第847期，1946年5月6日第1、3版。

6月16日　中国西部地方病调查所在北碚召开成立大会，卢作孚被推举为理事。

6月20日　卢作孚从美国旧金山乘飞机返国，应付民生公司面临的困难局面。由于国内严重的通货膨胀、物价暴涨，而国民政府相关部门严重拖欠民生公司差运费，致使民生公司无法应付各种开支，面临瘫痪的危险。卢作孚回国后，其在国外的随行人员继续在美国、加拿大就借款和约问题进行相关工作。

6月28日　卢作孚经日本于本日到达上海。之后采取措施，尤其是通过向国民政府联合勤务总司令部预借差运费的办法暂时渡过了困难。

6月29日　全国船舶调配委员会重庆分会为撤销机构，业务转交渝宜轮船运输联合办事处事向招商局重庆分公司发出代电，谓[①]：

国营招商局重庆分局鉴：案奉交通部俞部长航务京巳俭电开："查该会限6月底撤销，业务移由党政军联合办事处接办各节，前经电饬遵办在案。兹准重庆朱主任巳养电，略以该处现无适当人员可资接办，请暂予保留等由。并为兼筹并顾起见，现已另饬由招商局及民生等川江轮船公司合组之渝宜轮船运粮联合办事处负责妥办，并着改称为渝宜轮船运输联合办事处，约集有关各公司参加，由招商局召集。至关复员人员、公物之分配，仍请重庆党政军联合办事处继续指导监督。除分电外，合亟电仰，速向该办事处洽商遵办为要。"等因，奉此，自应遵办，除分行外，相应电请查照为荷！全国船舶调配委员会重庆分会。

6月30日　孙越崎为辞去天府公司总经理职致函卢作孚，谓[②]：

越崎七月一日就资委会副主任委员职，天府公司总经理一职，前已曾请董事会准予辞职，以黄志煊兄继任其事。嗣经董事会议决，暂仍由越崎担任，由黄志煊代理。现越崎既就任资委会事，未便再任天府总经理，特电辞职，自七月一日起不再负责，薪津亦自七月一日起停止。谨电奉达。

---

① 胡政主编：《招商局与重庆　1943—1949年档案史料汇编》，重庆出版社2007年版，第571页。

② 黄立人主编：《卢作孚书信集》，四川人民出版社2003年版，第824页。

［按］1946年5月18日行政院第七百四十七次会议决议改组资源委员会，将其从经济部划出而直隶行政院，升级为与经济部同级的经济行政机构，资源委员会主任委员由简任改为特任，由钱昌照为主任委员，孙越崎为副主任委员。后来正是在孙越崎出色的组织领导下，资源委员会于1949年成功地举行了国民政府中唯一的部级起义，为新中国的经济建设保留了一支可观的科研及管理力量①。

6月　卢作孚被聘为南京国民政府经济部经济计划委员会委员。

7月6日　中午12时，卢作孚、罗隆基午餐，卢作孚谈了对国事的感想，谓：有暂时和平，使工商实业抬头，而后进行社会改革。社会改革为必要，但赞成采英劳工党改进方式，且须有详细研究计划。又认为工业发展与私人资本发展应分开，私人领导工业若不靠企业发财，而后企业有前途，社会改革有前途②。

7月7日　卢作孚在周孝怀家设宴邀请黄炎培、张君劢、李璜等，畅谈时局③。

7月10日　国民政府交通部、粮食部在南京交通部召开第三次川粮东运会议，粮食部部长徐堪、政务次长端木杰、交通部政务次长谭伯羽、民生公司总经理卢作孚等与会。会议上徐堪报告了运输情况，并就如何加强宜渝段运量，以期达到月运20000吨粮食，商讨决定了相应办法④：

报告事项：徐部长报告，希望宜渝段运粮每月达20000吨，过去两月只运6000余吨，实不足以应需要。

议决事项：

一、如何加强渝宜段运量，以期达到月运20000吨之数量。

议决：1. 检讨7月份各公司轮船行驶川江之运量，计如附表，可运6000吨；2. 由招商局借给民生公司驳船2只，用以卸存民生公司在宜之汽油，再由民生将此项卸出驳船，连同其它驳船3只，交由生众、民权、民贵、民联4轮拖带，参加运粮，7月份可增运量1200

① 参见郑友揆等《旧中国的资源委员会：史实与评价》，上海社会科学院出版社1991年版，第158、347页。

② 章诒和：《这样事和谁细讲》，台北时代文化出版公司2009年版，第162页。

③ 中国社会科学院近代史研究所整理：《黄炎培日记》第9卷，华文出版社2008年版，第174页。

④ 胡政主编：《招商局与重庆　1943—1949年档案史料汇编》，重庆出版社2007年版，第567—568页。

吨；3. 15 艘登陆艇以 10 艘计算，每艘载 350 吨，每月行驶 3 次，每月可增运量 10500 吨；4. 8 月份加入民本、民万、江和，可增运量约 3000 吨；5. 酌派船只行驶叙、渝、万等地，将其它各埠米粮运至万县转宜，如此估计，希望每月能达到 20000 吨运量。但此系全部运量，事实上能否做到使其它运输停运、专为粮运，仍属问题，因复员运输亦需船舶。

二、关于拨交民生公司之 5 艘登陆艇，是否包括在上述 15 艘之内，及登陆艇如何管理，及登陆艇加入川江行驶后，对于民生公司业务、人事之影响各项问题。

议决：由徐部长、谭次长会同请示宋院长。

7 月 11—15 日　李公朴、闻一多在昆明先后被暗杀。

7 月 13 日　川粮东运宜昌接转联合办事处在民生公司会议厅举行川粮东运会议，民生公司代表王化行、邓思青、马昭哲、任柏泉等参加，王化行为主席。会议讨论并议决川粮东运问题①。

7 月 15 日　《旅游杂志》刊载黄大受《北碚·温泉之胜》，除盛赞北温泉之外，还从各方面介绍了当时北碚的状况。对于了解此时的北碚，颇有价值。其中《闲话北碚》一节写道②：

北碚因为地势平坦，水陆交通便利，而且北碚的建设，是有计划的，整齐清洁，街道成井字型，经纬交错，有大都市的风味，并且有余地可供市区发展。在民国初年，这里常是土匪出没，极不安宁，其后经地方人士竭力正整顿，卢作孚先生的经营，日见兴盛。民国卅年，省政特划璧山、巴县、合川、江北四县地区，设立北碚管理局，地位比于县等，实际上设县的条件，笔者以为中国每一个县治所在地，至少应以此为标准。若每个县城都能够有北碚这样的规模，中国的政治、经济、社会、教育四项，必定大有进步了！

现在北碚管理局的治所，设在北碚，管辖有十几个乡，一切组织，均同于乡。局内分科，分室，都和县政府相同，可以说除了名称

---

① 胡政主编：《招商局与重庆　1943—1949 年档案史料汇编》，重庆出版社 2007 年版，第 568—570 页。

② 黄大受：《北碚·温泉之胜》，《旅游杂志》第 20 卷第 7 期，1946 年 7 月 15 日，第 32—33 页。

和县不同以外，已经完全和县一样了！

北碚市区，的确是一个现代化的小型都市，虽无摩天大楼，却也有许许多多的两三层楼房。市区的规划，始自民国十六年，现在继续地在开展着，一条条的马路，像十字似的交错着，马路是用三合土或砂土做成的，整齐而清洁。两旁有人行道，中间的车道不宽，只有两丈左右，好在北碚市内很少有汽车经过，因为市区太小，用不着汽车。

所以每条马路，只有人步行，人都在路中行走，自然无拥挤的麻烦。天下雨时，也无泥浆，更无汽车的喧嚣。初从喧嚣纷乱的重庆来到北碚，马上会给你以清净安宁的感觉。她有重庆的长处，但无重庆的缺点。

市区南段有一个北碚公园，里面布置得很是清幽。园中有一个土山，叫火焰山，上面有清凉亭，民众教育馆和青年团部，都在那儿。山上可鸟瞰全市，了如指掌。公园内有很多动物，供人观览，如老虎、豹、狗熊、狐狸、猴子等等，设备到［倒］还不错。

公园旁边，有一个大的公共体育场，可容几千观众，临［邻］旁一个公共会堂，可演戏放电影，不过设备不佳。北碚各学校公开演戏，都是在这里举行。

电灯也和重庆一样的不亮，昏昏欲睡。市面在晚上九点钟，便没有了。家家户户闭门，这真是一个小城市的风味。

吃东西在小店里都还公道，有些大店到［倒］不一定好。旅馆小的比较便宜，大的如兼善公寓，设备很好，可是要贵一半。电灯不亮，要用清油灯帮助。

7月23日　卢作孚为敦促国民政府厘定战后航业政策函电行政院院长宋子文，谓[①]：

近经调查，招商暨民营各公司旧有及新购轮船已逾七十万吨，经交部完成登记手续者亦已逾六十一万吨。在华北各港口货运尚未畅通，大连、朝鲜、日本各港口尚未自由通航以前，轮船将有过剩之虞，万望提前召集航商，确定航业政策，加强民营公司组织，划分航线，并列计各线目前及最近将来恰合需要之轮船及不能容纳之吨量，

① 黄立人主编：《卢作孚书信集》，四川人民出版社2003年版，第824—825页。

俾航商明了全部状况，勿再盲目购船，致愈增加未来困难。乞速裁择为幸。

7月26日　（一）民生公司召开第二十一届股东大会，卢作孚被推举为大会主席。董事长郑东琴就公司情况报告说[①]：

本公司第二十一届股东常会，前经董监联席会议决议，须俟卢总经理自美返国后召开，故迟至今日始行开会。查本公司三十四年度业务仍在亏折中，航业部亏损达140828万余元，虽有其他部门盈余及政府所给补贴费与修船补助费之填补，纯损尚有2215万余元。迨至今年，亏损情形更形加巨，一因政府之复员及军公运输，较战时尤为紧迫，而所给运费远不敷成本甚巨。本公司船舶几全部供上项使用，故所受损失最大。二因政府对于运费及客票费继续维持限价。虽今年三月曾调整票运费一次，而系按照去年请求时之物价，今年物价仍不断高涨，故收入与成本悬殊。三因本公司船舶在战时过度使用，胜利后不能不彻底修理，而修理费一项，本年一至六月份已达六十亿。有上三种原因，故本年一至六月份亏损竟达四十七亿元以上，半年亏折到如此程度，此后更不知伊于胡底。本月初，乃在渝召开董监联席会议，继又在沪就留住上海各董监召开会议一次，经决议应向政府作紧急呼吁，若无相当结果，则只有停业以待处理。现正由公司呼吁救济中，尚望各位股东共同一致向政府作有力之请求，使民营航业得有自谋生存之道，本公司或可渡过难关，转危为安。

卢作孚就1945年公司业务艰难概况、回国后向国民政府呼吁救济的经过以及赴加拿大借款造船情形作了报告。鉴于公司上半年亏损就高达50亿元法币，宋师度等7人提议，如果每月亏损仍有增无已，“授权董事会，可以随时斟酌情形，宣告本公司停业；再召开临时股东会，商议结束事项”[②]。该提案经过修正后通过。本次会议还选举了董事和监察人，郑东琴、钱新之、徐广达、戴自牧、何北衡、宋师度、胡筠庄、耿布诚、宋子安、吴晋航、康心如、杜月笙、周孝怀、周作民、晏阳初、黄炎培、张

① 《民生实业股份有限公司第二十一届股东常会决议录》（1946年7月26日），重庆市档案馆藏。

② 《民生实业股份有限公司第二十一届股东常会决议录》（1946年7月26日），重庆市档案馆藏。

嘉璈、石荣廷、徐可亭、霍亚民、刘航琛、徐国懋、潘昌猷、汤筱斋、浦心雅等25人为新一届董事，推选何廉、邓锡侯、苏汰余、李佐成等12人为监察人[①]。

（二）天府矿业公司在重庆举行股东大会，大会报告上一年公司赢余2700余万[②]。

7月29日　《嘉陵江日报》刊载卢作孚今日谈话，表示民生公司借款成功。报道载[③]：

> 民生实业公司总经理卢作孚氏顷语记者：该公司与加拿大1500万美元之借款协定，业经谈判成功，俟国内谈判顺利解决，即可出国签字。该项贷款可供造船15000吨之用。

8月3日　卢作孚鉴于复旦大学复员后川籍学生有可能面临失学的遭遇，决定在北碚筹设相辉学院，并为此致函北碚的复旦大学校长章益。

8月5日　《嘉陵江日报》载：大明染织厂产量大幅下降。[④]

8月6日　（一）章益为筹设相辉学院致函于右任、邵力子、李登辉、钱新之、吴南轩，谓[⑤]：

> 热心教育之川省名流卢作孚先生及我校一部分川籍校友，鉴于抗战胜利后，旅川各大学纷纷迁回原址，万千无力负笈东下之川籍学生势将由此蒙受失学之厄。爰经征得我方同意，就我夏坝原址创办一私立相辉学院。藉广栽植而示崇敬并纪念我马、李两位先生，并使我校辛苦经营之校地、校舍得为适当及最善之利用。作孚先生等更殷盼院座、师座、先生出任名誉董事长、校董，俾一切遵循有自。素仰院座、师座、先生对于教育事业维植不遗余力，敢请俯允担任，无任企祷。

---

① 《民生实业股份有限公司第二十一届股东常会决议录》，重庆档案馆藏。

② 《天府矿业公司在渝举行股东大会盈余二千七百余万》，《嘉陵江日报》1946年7月27日第4版。

③ 《民生公司借款成功》，《嘉陵江日报》1946年7月29日第4版。

④ 《大明工厂产量较前减少，月出布三千匹左右》，《嘉陵江日报》1946年8月5日第4版。

⑤ 复旦大学档案馆编：《抗战时期复旦大学校史史料选编》，复旦大学出版社2008年版，第186—187页。

（二）章益为筹设相辉学院事复函卢作孚，谓[①]：

展诵八月三日琅函，敬悉一是。筹设相辉学院一事，已与朱部长面谈，结果圆满。兹特奉告如下：（一）创办相辉学院以便利川省青年升学，朱部长在原则上甚表赞同，但请先办农学院，工商科系暂缓。（二）为顾念事实需要，招生可以提前办理，惟立案手续请依法迅速进行。（三）校地产权之转移，应依中央规定办理。（四）于、邵、李、钱、吴诸先生处已转致尊意，约任校董矣。

8月8日　（一）卢作孚作为常务理事出席上海轮船商业同业公会第四次理监事联席会议。（二）黄炎培致函卢作孚[②]。

8月10日　卢作孚以私立相辉学院筹备主任名义致电南京教育部，谓[③]：

查自国府还都以来，原随政府迁渝各学校，均已先后迁返原址。以致陪都及四川原有大学顿感不敷，而莘莘学子多感升学无所遂，致本期重庆及四川两大学招生投考者均逾万人以上。以有限之学校何能容纳此众多之学子。远道而来此者多因升学失所而流落，且有因时久旅费耗尽而典质衣物，其状至为可怜，其志实堪嘉许。如不设法予以救济，对于社会秩序实不无相当影响。况彼等青年，意识尚未坚定，甚易受人诱惑而误入歧途。且四川人口众多，每期升学人数逐渐增加，似此现象值此建国时期，于国家实属重大损失，似有立予救济之必要。作孚因鉴及此，乃邀集社会贤达于右任、邵力子、钱新之、李登辉、于井塘、吴南轩、刘航琛、康心如、何北衡、康心之、杨成质、刘国钧、何乃仁、章友三等发起组织相辉学院。内设文史、英文、经济、会计、银行及农艺五系，以期救济一部分升学无条件之青年，并已筹足基金两亿元，从事筹备一切。兹以时间迫促，除正式立

---

① 复旦大学档案馆编：《抗战时期复旦大学校史史料选编》，复旦大学出版社2008年版，第187页。

② 中国社会科学院近代史研究所整理：《黄炎培日记》第9卷，华文出版社2008年版，第184页。

③ 复旦大学档案馆编：《抗战时期复旦大学校史史料选编》，复旦大学出版社2008年版，第188—189页。

案手续另文呈请鉴核外，拟恳准予借用国立复旦大学北碚黄桷树旧址先行招生，并恳借调东北大学代理校长许逢熙先生为校长。是否有当，理合电呈，敬企迅予示遵。

8月30日　民生公司民众轮从上海首航台北基隆，开辟了上海至基隆的航线。同年12月民生公司在台北设立办事处，后于1947年7月该办事处迁往基隆并改组为分公司，先后辟有基隆—天津、基隆—海口、基隆—汕头、基隆—厦门各航线[①]。

8月　梁漱溟把勉仁中学迁到北碚温泉松林坡，改为勉仁国学专科学校。

9月初　宗之琥应卢作孚之邀进入民生公司任总公司顾问。在民生公司，他看到民生公司每日的调船会议和围绕调船会议的一些生产活动保持着朝气蓬勃的优点，同时也看到上层人员有些显得暮气沉沉。宗之琥记述道[②]：

为什么会发生这种情况，我后来曾和卢作孚交换过意见，他认为主要是由于抗日战争开始后，他有一段时间离开了民生公司，没有把自己的精力集中于民生公司所致。

9月9日　为签定加拿大借款正式和约，卢作孚由上海乘菲律宾航空公司的飞机到美国旧金山，经纽约转加拿大。这是卢作孚为造船第三次出国到加拿大。

9月10日　邓锡侯代理四川省政府主席职。

9月中旬　蒋介石下令让民生公司拨两艘民联型轮船应差，民生公司认为招商局是国营企业，应该先拿出全部船只应差，然后再由民营航运企业负担差运，只交出民彝轮应差。民生公司最终在巨大的压力下仍交出两艘轮船应差，招商局也将两艘登陆艇交给国民政府后勤部差用。《招商局史》载[③]：

---

① 凌耀伦主编：《民生公司史》，人民交通出版社1990年版，第343页。

② 宗之琥：《我与民生公司》，《上海文史资料选辑》第48辑，上海人民出版社1984年版，第73页。

③ 张后铨主编：《招商局史：近代部分》，中国社会科学出版社2007年版，第510页。

随着官僚资本的急剧膨胀，招商局同民营航运企业、特别是同民生实业公司的矛盾冲突发展到了前所未有的激烈程度。招商局采取各种手段，排挤和打击民生公司，力图遏止民生公司向长江中下游发展。招商局把它在川江上的L S. M. 登陆艇（包括“华202”、“华206”等）、码头、趸船租给以徐堪为后台的强华公司，后来又委托强华公司代理招商局在川江的业务，利用强华与民生公司竞争，削弱民生公司的力量。招商局利用自己的特殊地位，总揽长江下游与沿海向长江上游的转口运输，迫使民生公司开往上海应差的船只放空返回。当时招商局承运大批台糖，也没有给民生公司分配运输任务。招商局还经常利用雄厚的经济实力，同民生公司跌价竞争，当民生公司被迫将运费降低到八五折时，它又以打八折来争夺货主。此外，招商局还以较高的待遇，从民生公司挖走了一部分船长、大副、轮机长等高级船员，给民生公司造成缺乏技术人员的困难。

当招商局阻止民生公司向长江下游发展的企图失败之后，它又在民营航运业中散布：“只许民生参加长江航运，不许进入沿海。”为了保住自己在沿海航线的势力范围，招商局竭力控制航业公会，拉拢其它民营航运业司，用种种手段来削弱民生公司的势力和影响。为了掌握民生公司实力和营运情况，招商局重庆分局还秘密派人对该公司进行实地调查并密报总局。

9月27日　上海联合征信所《民生实业股份有限公司》调查报告，对民生公司作出最新动态考察，谓①：

该公司业务范围分航业、机器事业、水电工业、物产及投资五大类，现分述如下：

1. 航业：现有轮船九十艘，行驶路线上游有渝泸线、渝叙线、渝嘉线、叙屏线。下游有渝宜线、渝申线、宜汉线、宜申线。短航线有渝涪线、渝长线、渝沙线、渝合线、渝碚线、渝唐线、渝寸线、渝磁线、渝鸡线。新辟航线有申台线等。九十艘中经常航行者约五十艘，其余四十艘备修理时替代之用。

2. 机器事业：在重庆江北青草坝有机器制造厂一所，专造轮船机器及各种机械。

---

① 《民生实业股份有限公司》（1946年9月27日联合征信所调查报告），上海档案馆藏。

3. 物产：在重庆设有物产部，经营国内外各种物产运销业务。

4. 投资：投资有关交通、经济、生产等事业，如四川天府煤矿、渝鑫钢铁厂、重庆公共汽车公司、北川铁路公司、四川水泥公司、上海中华造船厂、上海民安保险公司等三十余家。

5. 水电工业：合川县办有电灯自来水厂。

该调查报告只载民生公司上海分公司财务情况说：

上海分公司部分，自七月一日至九月廿日止，货运收入1273175217元，客运收入89372135元，港务收入29225300.70元。负债方面，向中中交农四行长期借款有1080000000元，短期借款有4690000000元。费用方面，自七月一日至九月廿日共耗煤斤费148616625元，修理费用计2223316930元。

10月5日　北碚相辉学院正式开学，以相辉为校名，含纪念复旦大学的两位校长马相伯和李登辉之意。校长由原复旦大学训导长许逢熙担任，文史、经济、英文、会计、银行及农艺五系主任，分别由张默生（老庄专家）、刘觉民（重庆中央日报社长）、周考成、梅一略、刘国士担任①。

10月17日　民生机器厂发生国民政府内政部第二警察总队警察到厂区巡逻，开枪打死工人栾春生并打伤两名工人的严重事件，引起民生厂工人罢工，震惊重庆。

10月30—31日　卢作孚在蒙特利尔与加拿大帝国银行、透浪多（即多伦多）银行、自治领银行等3家银行正式签订信用借款协议，由三家银行向民生实业公司提供信用借款加拿大法定货币1275万元，使用截止日期为1951年6月1日。合约内容如下②：

本合约于1946年10月30日由下列双方签订：民生实业股份有限公司，为依照中华民国法律组织，而在继续营业之公司，其总公司设在中国重庆（嗣后简称“公司”），为本合约之甲方。

① 《重庆北碚相辉学院》，《读书通讯》第126期，1947年2月10日，第24页。

② 《民生实业股份有限公司与加拿大帝国银行、透浪多银行、自治领银行签订借款合同》，广州省档案馆藏。

加拿大帝国银行、透浪多银行及自治领银行为加拿大特许银行中之三家，其总行各设于透浪多城、翁大利俄城（嗣后简称“银行”），为本合约之乙方。

公司系在中国经营，自有轮船、矿场、电气、工业及其他事业，并经营之。公司为业务关系即将购买加拿大制造之货物，并需要加拿大人服务，准备制服各该货物之成本及服务之费用，要求银行借款，其最高总额，以加拿大法定货币1275万元为限。

银行承允依照本合约随后所列之条款如数贷放，惟须俟奉到中华民国及加拿大政府之保证后方得为之。各该保证系依照《输出信用保险法案》（加拿大法案1744—45第39章及修正案）之规定，分别于此约附件（A）及（B）中，予以具体列明，以为公司确实履行合约义务，与确实偿还所述借款之依据。

1946年10月31日

兹经双方同意签定合约如下：

第一条　银行将为公司开立信用透支账户，其累计总额以不超过加拿大法定货币1275万元为限，由公司络续使用，直到1951年6月1日并包括该日为止。各款支用方法说明如下：

（a）由公司提出书面要求，同时或先行备具加拿大财政部长或其正式委派之代表或代理人（嗣后统括简称为“部长”）之核准书，经由加拿大帝国银行（嗣后简称“帝国银行”）代表上述三家银行，随时依照本合约第一条（c）之规定，发出“不可撤销之信用状”，给予公司书面要求及财部核准书中所指定之输出商，其有效期限，不得超过1951年6月1日，而其支额不得使累计总额超过上述限额。各该信用状中所列举之付款，必须由指定之输出商，开具汇票并同时备具下列证明文件：（1）财政部长特派之人员或机关（嗣后简称“政府核准代理人”）所签字之证明书，载明该笔款项，系依前述法案之规定，用以支付向加拿大输出商购买该国制造之货物所需之成本，或支付加拿大人服务之费用，及（2）其他证明文件或单据，经公司要求，发给信用状之书面中提及或财政部核准书中提及者。

除第一条（a）说述者外，兹经了解与同意，设若在帝国银行发给信用状以前，财政部长于其核准书内，或其他致帝国银行之书面要求中，列明公司必须将有关之合约中所有公司之一切权利、名义及利益以移转或抵押形式，交与帝国银行，以为发给信用状之条件与附加保证时，公司必须照办，并以各该合约之正式或复本一份，交给帝国银行。

（b）帝国银行应依照各该信用状支付输出商所开汇票之款项，开立透支账户，当透支已达或超过60万元时，公司经帝国银行之要求，应开出期票三纸，每张20万元，抬头分别开明交由各该三银行各执一张。该项期票，由1951年6月30日开始，分10年平均摊还，分别于开出期票之日起，按年利3厘（百分之三）计息，由民生实业股份有限公司每年分4期于3月、6月、9月及12月之最后一日照付，惟公司亦得按第三条之规定，先期支付按期摊还之本金。

嗣后每当透支账户除已交之期票抵补者外，其余款已达或超过60万元时，公司经帝国银行之要求，即经开交同样期票三纸，总额60万元，并计利息，一如前述，分别交与各该银行，以迄1951年6月1日，或在较早期间，已将1275万元借款提前支用净尽，则公司经帝国银行之要求，须开出同样形式之最后期票三纸，分别给予各该银行，每纸开明透支余额之三分之一，并计利息。设若所述透支账户在已交期票后之6个月中，其余款超过30万元而尚未达到或超过60万元，则帝国银行得于该6个月终了之日，要求公司开交同样形式之期票三纸，其合计数额为5万元之倍数，而尽可能近于所已透支之数额并计利息，分别交与各该银行。

在开具（b）所述之期票以前，所已透支之款项，其使用之一段期间，亦须依照前述利率，按季付息，于公司在银行开设之活期账户中出账。

（c）当信用状尚未发至1275万元时，公司随时得以书面并附具即期期票，连同财政部长之核准书，要求帝国银行开立特别信用账户，每户以1万元或万元之倍数为额，一如核准书内所列明者。公司即可对该账户签发支票或支付单，又银行照付，惟该项支票或支付单必须先行附具由政府核准代理人签字之证明书，其条件或效用一如（a）内所述者。

当此即期期票之累计总额，已达或超过30万元时，公司经由帝国银行之要求，应开具三张期票（译者案：此系指远期期票而言），每张10万元，分别开明各该银行抬头，交由各该银行收执。同时换回同额之即期期票。该项交由银行收执之期票，应依第一条（b）相同之条件，按同样方法，分期摊还，并计同额利息。嗣后得随时如此办理之。惟设于1951年6月1日或该日以前，或在较早期间，该项信用借款1275万元已支用净尽，则公司经由帝国银行之要求，应按同样条件，开具最后期票三纸，交与帝国银行。每纸票额，为未经换回之即期期票总额之三分之一。

在开具（c）所述之期票以前，此项特别账户所已支用之款项，其使用之一段期间，并须依照前述利息以年利3厘（百分之三）按票付息，于公司在银行开设之活期账户中支出。

第二条　公司应于本合约依照第十条之规定生效后30日以内，向此三家银行开设活期存款账户，以自己之款项存入，其数额每家不得少于55万元。各该银行对于公司向该账户签发之支票或支付单，同时或先行具备有财政部长之核准书者，照数付款，惟其累计总额不得超过存入之数额。公司得随时要求各该银行将该项活期存款转移为定期存款，由银行发给定期存款收据交由公司收执。该项定期存款收据不得抵押与转让，以年利半厘（百分之一或二分之一），按每期30日或30日之倍数，计算利息。该项利息须俟公司将该项定期存款收据交入银行时方予结算，而即转存于活期存款账户中。同时该项定期存款之本金，亦即复行转为活期存款，嗣后仍得随时依照本合约第二条之规定，转为定期存款。

第三条　依照第一条（b）（c）二节之规定，分期摊还之借款，公司有权先行于到期前一年之6月30日或12月21日，由公司任择一日清偿之。除上述情形外，各该银行亦得于利期之日以前，随时接受分期摊还之款项，惟接受与否听银行之便。

第四条　按照第一条（a）之规定，依据每一信用状而开发之每一汇票，经由帝国银行支付后，帝国银行应得手续费为其付款百分之八分之一（1/8×1/100）。此项应由公司于汇票支付后，立即照付。亦可由公司在该银行开设之活期存款中出账。

第五条　公司同意对于银行借支之款项系用以支付向输出商购买加拿大制造货物之成本，与加拿大人服务之费用，悉依前述法案之规定，而不作其他用途。银行对于依据信用状而发之汇票，以及公司所用之支票与支付单支付款项时，完全以第一条（a）与（c）规定之证明书为凭，即认为所付款项，系作为向输出商购买加拿大制造之货物，或加拿大人服务之费用，符合前述法案之规定，且此项证明书，应为确定之证件。

第六条　公司应依约确定履行其一切义务，偿还银行依据所发之信用状支付或待开各汇票之款项及其垫付之款项，以及公司依约所开期票之利息。

第七条　银行对于下列人员二人共同签名代表公司为任何要求、指示，或抵押合约或货物，申请发给信用状，出具期票、支票或支付单时，得即凭以照办。其姓名如下：童少生、张澍霖、杨成质、李邦典、王世钧。或任何一人，或多人，由卢作孚先生代表公司签名，以书面指派者。或任何一人或多人之签名，经财政部长批准，而认为系通过正式委派代表公司者。

第八条　公司对于各该银行之一切要求或通知，应按下列地址投寄：

魁北克省蒙特利亚市加拿大帝国银行经理

魁北克省蒙特利亚市自治领银行经理

魁北克省蒙特利亚市透浪多银行经理

或该银行之其他职员或办事处经各该银行以书面通知公司者。

各该银行对公司之一切要求或通知，应投寄魁北克省蒙特利亚市果捷丁西路420号或其他地址公司以书面通知银行者，上述对于公司之要求或通知，以平常邮件贴足邮票按上列地址寄出以后，即应认为业已妥当递达。

第九条　本合约认为系成立于加拿大之翁大利俄省，将来发生任何有关合约之问题，或因合约而引起之任何事故时，应依照该省法律解释并由公司提请该省法庭处断之。

第十条　本合约须俟帝国银行奉到中华民国政府保证书及加拿大政府之保证书（其形式分别如附件［A］及［B］）后方生效力。关于加拿大政府之保证书必须由国务院令正式授权而其方式系经银行认为满意者。该项院定之签证抄本应送交一份与帝国银行，银行一经受到该抄本，即须正式通知财政部长与公司声明业已收到。

第十一条　本合约有副本数本同时执行，每本皆为原本，各副本合并之成为合约一件。

兹为证明起见，合约各本皆经各该银行正式委派之高级职员亲自加盖印章，公司方面则由总经理卢作孚先生依据授权书亲自签字盖章。该授权书之摄影抄本及公司董事会决议此事之决议案英译本，兹随附本合约之后，作为附件（C），签字之年月日，即为本合约开端所列之年月日。

签字者　卢作孚（签字）
其私人律师（签字）
加拿大帝国银行总经理 R. S. Waldis（签字）
透浪多银行副总经理 J. N. Corson（签字）
自治领银行 R. Rol（签字 No. 19208）
见证人 Tien Pao Sheng 民生实业股份有限公司方面
R. M.（签字）帝国银行方面
H. J. L.（签字）透浪多银行方面
D. H. H.（签字）自治领银行方面
1946 年 10 月 30 日

［按］上述文件中的见证人 Tien Pao Sheng 为渥太华中华民国大使馆首席秘书。

10 月 31 日　民生公司的民众轮从基隆开赴天津，开始了民生公司对于北洋航线的经营①。

11 月 12 日　加拿大政府批准为三家银行作了担保②，在本日由加拿大国务院助理书记官赫尔签署的加拿大国务院第 4690 公函载③：

民生实业股份有限公司依照合约之借款及其票据，中华民国政府业已予以保证。兹由该国驻加拿大大使要求加拿大政府对于中华民国政府之保证再予以保证，加拿大政府若有损失，皆由中华民国政府偿还。民生实业股份有限公司与各该银行签订之条款，已列明于合约之中。兹要求加拿大政府予以保证，故附上该合约之正式抄本，随附有中华民国政府出具给各该银行之保证书式样，及拟请加拿大政府出具之保证书式样。财政部长与贸易部长之报告，认为此项保证是以便利与发展中加两国间之贸易，且截至本日止，依《输出信用保险法案》第 2 章第 22（a）第 1 款之规定，仍在担保之款项，若加入此项保证额 1275 万元，其累计数额尚未超过 2 万万元。

故国务院总理经财政部长及贸易部长之建议（并经外交部长之

① 凌耀伦主编：《民生公司史》，人民交通出版社 1990 年版，第 344 页。

② 《民生实业股份有限公司与加拿大帝国银行、透浪多银行、自治领银行签订借款合同》，广州省档案馆藏。

③ 同上。

同意），依照《输出信用保险法案》修正案之规定，兹特授权财政部长代表加拿大政府允其所请，依照前述条款，给予保证，以其累计总额不超过加拿大法定货币1275万元为限。

这样，全部借款手续正式完成。

［按］手续完成后，卢作孚在加拿大的魁北克设立民生公司办事处，与加拿大两家造船公司——圣劳伦斯公司和台维斯公司洽商造船合同。1275万元借款如今可建造9艘轮船，遂决定建造“门”字号长江客轮。合同规定其中6艘中型客轮于1947年夏秋交货，3艘大型客轮在1948年夏季交货。关于民生公司在加拿大借款建造9艘轮船一事，后来成为世界船王的董浩云在1953年曾经评论说：①

民营轮船公司在购置船舶方面，亦有迹近浪费国家财力者，最显著的为民生实业公司建造川江新船大小9艘，其价值连同配件共达美金一千五百万元，该项价款，其八成系由政府代该公司担保向加拿大贷借。大型如“玉门”、“虎门”等，每艘达美金二百五十万元，装货量仅约一千吨，小型如“祁门”、“龙门”等，每艘竟达美金一百余万元，载重量仅约三百吨。以上数字，其由国外驶返之回航费用等尚不在内。以如此高价建造仅供内河客运船舶，显不经济。在技术上试用铝质作甲板上之装舣设备，事属尝试，据闻后来发现并不耐久，亦极不合宜。撇开民生公司立场，就整个国家战后重建水上运输程序，与夫充实海外运输力量、争取外汇，以及海上国防需要言，均殊非得计。此或当时国人对远洋航业认识不足，我尝感到可惜，倘使那时卢作孚先生听从我的劝告，以同样代价建造一万吨级如蓝烟囱世界班［般］速率18浬之远洋海轮，则效果必大改观。

11月　卢作孚带领一批人员到美国参观造船厂，决定在新造轮船上采用价格较廉的美制柴油机。卢作孚还采纳童少生的建议，以两三百万美元的代价，购买了美国军用剩余物资大型登陆艇4艘（宁远、怀远、定远、绥远）、中型登陆艇4艘（后命名为乌江、资江、赣江、渠江）、大型油轮1艘（太湖）、小型油轮2艘（1号、2号油艇）、半成品驳船16只（301—316驳）和加拿大扫雷艇3只（后命名为生灵、生

① 金董建平、郑会欣编著：《董浩云的世界》，生活·读书·新知三联书店2007年版，第62页。

民、生黎）等[1]。在美国还为太平洋轮船公司购买了3艘远洋旧货轮(后来命名为黄海、东海、南海)。总计在美国、加拿大购置船舶20多艘，吨位近三万吨，使民生公司船舶总吨位达到空前的高峰。由于这些船舶花费了民生公司的所有储蓄，而且需要昂贵的改造费用，也给公司带来了难以清偿的债务负担[2]。

12月16日　民生公司成立广州办事处，该办事处后来于1948年11月20日改为民生公司广州分公司。

12月17日　民生公司成立基隆、香港、天津办事处。

12月　民生公司分别在广州设立广州办事处，在天津设立天津办事处。

本年　为了配合发展内河和海洋航业的夙愿，从1946年起到1949年止的四年中民生公司先后在25个企事业中进行了投资，累计金额128多亿元，约合战前币值30万元。但是由于战后经济形势全局的根本转变，民生公司的投资事业陷入了日益严重的窘境。民生公司相关企业民生机器厂厂长兼总工程师周茂柏担任资源委员会所属中央造船厂厂长，从民生机器厂和恒顺机器厂带走了一批技术人员。接着应周仲宣、周兹柏要求并经多次协商，恒顺机器厂股份有限公司实行分家，民生公司与周家采用实物平分办法，无论厂房、机器设备、工具、器材、半成品、成品、家具等一律平分为甲乙两组，再抽签决定其归属。分家后，民生公司调回派驻恒顺厂的人员，并将分得的机器设备一部分投资于上海中华造船厂，一部分迁到宜昌另建新厂，而恒顺机器厂则迁回汉阳旧址，民生公司控制的重庆恒顺机器厂宣告结束。民生公司相关的渝鑫钢铁厂大部分人员迁回上海，北碚的大明染织厂以民生股本两倍的款项收购了民生公司在该厂的股份。天府煤矿总经理孙越崎就任东北接收敌伪厂矿特派员，带走该煤矿一批技术人员，而且该煤矿与嘉阳、全济煤矿合并改组为天府煤矿股份有限公司，民生公司的股份下降。与民生公司密切相关的民生机器厂中内迁的高中级技术人员和技术工人，也纷纷先后复员回乡，使该厂的技术力量也大大削弱。民生公司投资的其他企业同样生产萎缩，亏损严重，使卢作孚大为苦恼[3]。

---

① 沈建工：《航运业专家童少生》，《四川文史资料辑粹》第3卷，四川人民出版社1996年版，第668页；宗之琥：《我与民生公司》，《中华文史资料文库》第13卷，中国文史出版社1996年版，第637页

② 凌耀伦主编：《民生公司史》，人民交通出版社1990年版，第338页。

③ 同上书，第370—371页。

1947 年（民国三十六年）54 岁

1 月初　四川省参议会讨论议决成渝铁路修筑办法，有关报道称[①]：

川省参议会大会中讨论有关成渝铁路诸问题时，议决：（一）公司名称定为“成渝铁路公司”，由省府商同交通部改组川黔铁路公司而成。（二）成渝铁路之性质，为官商合办，其原有中国建设银公司之股款项，设法归还，收回路政。（三）为使成渝路提早完成，径筹二百六十亿元，其筹集方式用股票行之，以各县市局为一单位。权益之大小，视股金之多少定之。其权益之享受，为出款人民所共有。（四）股款筹募标准，暂定为田赋占 60%，成渝两地工商业占 20%。铁道线县市之工商业占 10%，全省营业税 10%，由省府商同重庆市政府订定之。（五）由省府令各县市局，会同各县市局会议会商推选股权代表办法，每县市局推选代表一人。（六）省府定期召集各县市局股权代表，开股东大会，选举董监事，成立成渝铁路公司。（七）目前所需之款，由省府向中央先行借贷，将来筹募归还。（八）川滇［?］铁路股款，从速清理收回，依投资成渝铁路资金之一部，以便发展其支线。

1 月　（一）民生公司与金城银行合资开设的太平洋轮船公司正式营业，该公司资本额美金 80 万元，合法币 8 亿元，民生公司和金城银行投资各半，购有海轮 3 艘，其中黄海轮航行申津线，渤海轮航行申穗线，南海轮不定线航行营口、青岛等处[②]。（二）国民政府交通部授予卢作孚一

---

① 宓汝成编：《中华民国铁路史资料》，社会科学文献出版社 2002 年版，第 840 页。

② 中国人民银行上海市分行金融研究室编：《金城银行史料》，上海人民出版社 1983 年版，第 848 页。

等一级奖章[①]。

2月7日　晏阳初为中国平民教育促进会事致函卢作孚，谓[②]：

前接璧成兄转下驻川粮秣处杨处长为该处奉命结束，回水沟91号房屋交还原主请转知接收之致兄函一件。当即派员商洽接收，惟其中问题甚多，致屡次接头均无法进行。兹将内中情形摘要奉达如下：(一) 前粮秣处职员多人，仍留后在内；(二) 该房屋内现存有第四补给区接管之前粮秣处档案数百箱及其它闲杂人等居住在内，全部房屋均为占据，几经交涉，迄无结果；(三) 粮秣处亦曾派员数次催促本会接收，惟因以上困难，事实难以进行。其催促用意在本会于名义上接受后，该处自10月份以后所欠之电、自来水、电话等费，即由本会负责偿付。本会以房屋尚未授管，此项费用实无担负之义务，当婉言拒绝。乃该处于1月29日夜间，忽来武装人员向本会驻渝办事处事务员杨印宝，逼迫出具接收收据，致此事目前陷入僵局，在该处未能全部腾出交还前，本会虽甚需该房，但无法再识□，特出奉复，并希转达杨谷九先生，至为感荷！

3月10日　民生公司为运输兵工器材到重庆致函招商局重庆分局，谓[③]：

接准本月5日渝业字第0391号大函诵悉。关于贵宜局交敝公司各轮运渝兵署材料，除民苏、民宪两轮系由宜直运渝外，余如民武、民治、民康等轮均系先运巴东或万县后再转运来渝。除已遵嘱于船到渝前尽先通知贵局备提外，特函奉复，即请查照为荷。此致国营招商局重庆分局　民生实业股份有限公司

3月18日　延安《解放日报》载关于民生公司消息称：由于国民政府拉差等原因，民生公司在1946年损失60亿元[④]：

---

① 周开庆：《卢作孚传记》，台北川康渝文物馆1987年版，第10页。

② 宋恩荣编：《晏阳初全集》第3卷，湖南教育出版社1992年版，第708—709页

③ 胡政主编：《招商局与重庆　1943—1949年档案史料汇编》，重庆出版社2007年版，第523页。

④《拉差无底境，民生轮船公司损失六十余亿元》，《解放日报》1947年3月18日第1版。

在蒋介石去年大打内战中，民生公司船只应差运兵运粮，运费与成本相较，损失达六十三亿余元，被拉差船只经常达四十四艘，占行驶船只五分之一至四分之一。如以应差次数计算，平均每天即有十艘船应差。去年度该公司负债总额共达一百卅伍亿元。该公司只有两个前途，一是倒闭，一是苟延残喘，后者可能性较大，但苟延结果仍是要倒下去。

3月20日　为事业发展需要整肃风纪，民生公司发出通函。通函说①：

查本公司服务社会已20年，其间协助工商，便利人群之往迹，完成后方水上运输任务，曾有不少可歌可泣之事实。此灿烂辉煌之历史，皆为我全体职工奋历万千艰辛所造成。方今建国伊始，未来任务将益繁重，不仅应保持已往精神，更应淬历（砺）奋进、以餍各方之殷望，尤当整肃风纪，使事业日益发皇。往者船员中有极少数分子，曾发生见利忘义之行动，如夹带黄鱼，私设铺位，贩运私货及违禁物品，与乎聚众赌博等项，时日推移，竟及于多人。辗转传播，寖假成风，几置事业于不顾。长此以往，其后果何堪设想。

3月24日　民生公司主任秘书郑璧成为民生公司各种重要事项致函即将归国的卢作孚，信中列举民生公司迫切需要建树良好风气消灭一切弊端、亟应解决公司收支的严重不平衡、处理政府实施经济紧急措施情况下的职工待遇、海洋航业恶性竞争、民生公司股本升值、本年召开股东大会等问题②：

许久未通信，以为驾将返国也。现阶段重要问题特分列如次：一、事业迫切需要，仍在建树良好风气，消灭一切弊端。返国后如一时不出国，请将此事列入应行办理之重要事务中。盖积非成是，积重难返，颇碍事业进行也。二、收支不能平衡，即今年洪水旺月收支亦不能平衡，此为当前最大问题。一、二月亏七十余亿，洪水季平均每月亦至少差三十亿以上。现四月份预算办出，不敷四十九亿余。目前

① 凌耀伦主编：《民生公司史》，人民交通出版社1990年版，第397页。

② 黄立人主编：《卢作孚书信集》，四川人民出版社2003年版，第831—832页。

应行办理之事：1. 召开业务会议。川江区已经开过会，全部业务会在申抑渝开？请即酌定。现在飞机已复航，无论渝申皆方便也。2. 加价问题。渝上游及短航近已调整，长江未准加，此刻似乎不易请准，因政府对经济紧急措施方开始也。3. 贴补问题。因不能加价，政府愿即贴补重庆各同业一、二月份之损失，已提出本日又由华益用公会名义电催交部。闻政府拟以百亿补贴，招商占 40%，民营占 60%，其标准如何不得知。又闻川江不管制自由营业，果耳，亦欠公平，盖川江许多航线皆不易再加也。如采用贴补，应请政府一视同仁，并照损失全部贴补。4. 差船问题。川江因公司有历史关系，负担最大，即宜昌以下，近来公司差船亦多，枯水主要船“来”、“苏”、“勤”、“熙”长差，宜昌以下，“彝”、“和”长差，其余小船及临时租差者随时皆有，租费又低，收入与支出约为一与四之比。公司亏折期中尚须借贷，以贴差船之损失，政府刻薄寡恩，莫此为甚。应请减少差船，增加差费。三、职工待遇问题：1. 政府经济紧急措施冻结生活指数后，规定以后薪资不再增加，上海一部分船员近(日)书面请求增加，公司当然不能接受。惟其函内谓他公司已有黑市办法，此必系谣惑作用，但各公司必有同样情形，请联络成功一致之态度。2. 旬日前川江引管会允引水公会之请，将渝宜向临时送船引水费六百余万加一倍，赵冠先已转向全国引管会请示矣。如此费增加成功，其余引水费亦必援例，政府新公布之办法打破，其它必蜂起，将不胜其扰。已商由华益兄用公会名义反对，本日再电京反对。请促麟伯兄接洽交部及引管总会，对加引水费一倍不予批准。3. 香港办事处待遇欲援川康银行例，照法币数改支港币，诸友皆觉其太高，请与少生兄商一合理数字。四、海洋航业竞放水脚，已如民生公司初期之川江情况。联营办法即川江从前之大打官，历史告诉并非成功之办法，最大问题即在今后大家皆不必努力也。目前固不宜反对，但须与政府及同业商讨第二步之办法。五、最高国防会议议决工矿股本皆须升值，民生自难例外，非谓以后之纳税问题，今年股东会似必提出，以慰股东之望也。申各经济事业如何升法，请与研究决定。六、本年股东大会定期何日开会，请即函示。

为此卢作孚曾致函民生公司重庆总公司调查处理。

3 月 27 日　卢作孚从美国回到上海，旋即发电报请宗之琥到上海，表示民生公司要发展沿海业务，上海是中心，要他到上海协助工作。宗之琥当即表示同意[①]。此前卢作孚家人已经于2月把家迁到了南京。

4月1日 谭伯英在美国就在美国购买海轮驶回等不少重要问题致函卢作孚。

4月初 民生公司召开董事会，决定把公司业务重点从长江上游转移到中下游和沿海。

4月14日 民生公司发出通函指出[②]：

所谓谨严风纪者，至今已荡然无存。言念及此，不寒而栗。

4月18日 《西南实业通讯》刊载卢作孚《游美观感》一文，谓[③]：

余素主张工业专门化，因业专则精，易于达到消费者之廉价物美的愿望，西人之工业进步与发达皆由此得来，故工业应严格分工，而且应当本着两个先决条件即：一切希望应当放置于最好的地方，一切准备应当放置于最坏的地方，如此举办工业，是不难求其效果的。

余对西南经济，较为乐观，如四川出口货物，只要能运出四川就能获得利润，本人此次回国即欲把民生公司的船舶，调到重庆万县两个集散市场来，协助四川的出口货而间接的促进中国的对外贸易，但所感困难者是只有出口货而无进口货，从下游溯上的回空费开支甚大，如果能得到其它公司（如招商局等）的合作，每月即可望能得两万余吨至三万吨的输出，而回空时能载回西南的工业原料与机器，更进而能利用东南各地的物资帮助西南的出口，则不但可以增加后方人民的购买力，同时亦可以望能稳定后方的物价，则新西南的国民经济基础，可望由此奠定矣。

工业需要专门化，同时在这农业国度里，工业更需要为农村打算和设想，人民无购买力，成品无消费市场，工业的生存，当然即受到严重的打击。我国纱厂向美国订购纺纱锭两年尚未得其消息，向英订

① 宗之琥：《我与民生公司》，《上海文史资料选辑》第48辑，上海人民出版社1984年版，第74页。

② 民生公司档案，船第1188卷，转自凌耀伦主编《民生公司史》，人民交通出版社1990年版，第397页。

③ 卢作孚：《游美观感》，《西南实业通讯》第15卷第4、5、6期合刊，1947年4月18日，第38—39页。

制，要在一九五〇年才能交货，但目前中国汽车机器配件厂，已能制造纱锭，不但成品精美，且出货时间只需八个月，可谓达到生产技术的最高效率，再如民生工厂之制造引擎，是很成功的。

目前川康黔诸省急需棉纱的自足自给，设能自造纱锭，自造机器，因成本低，则制成品当然能物美价廉，若能大量增产，农村副业可藉此昌盛，广大人民即能满足其消费愿望，当前的棉纱问题可得一解决途径了。

余再三呼吁工业到农村去，目前工业之失败，皆由于忽略农村问题所致，一般人都只注重到都市的繁荣，并忘却了物资最好市场的农村，如钢铁之外流数量甚大，却不流入农村，这是错误的。因为你如果制造碾米机，打谷机，榨油机一类东西当然需用钢铁，且能进而制造改良活用之农具如锄、犁等钢铁之需用量将必甚大。

五金向为入口事业，而将来恐为出口事业了。因渝市铁价低廉，产品可以增加，余曾询渝鑫钢铁厂，何以不将产品改良为农人之锄、犁之最锋锐便利之农具，以减少人力、畜力之负担与时间。数年前余曾历自流井、荣县，见最善利用公路之板车马车等，若我们能将此等车子研究改良，使阻力减少速度加大，则加强运输矣。大竹等县，粮价特别低廉，即因运输不便，产物不能外销，如是即不足以调剂物资，平抑物价。

余觉后方之工业界应与政府密切合作，积极改良生产以应农村需要，并促进农业的大量生产。目前应速办者为：(1)发展水利灌溉工程：十年以来四川省府已造成灌溉约有二千亩以上，大多为引渠灌溉，若能普遍扩张，造成专门灌溉人才，西南的粮食可大量出口了。(2)遍设小规模的肥料厂，农村除猪牛人粪之外，鲜少有肥料工厂之制造肥料，川糖产量不及台糖，即因缺乏肥料之故。(3)应广设粮食仓库，因无设备较好之仓库，每年粮食损失不知若干。

本人由美归来，乘飞机越过纽约城，见道路纵横，环绕该城，配合高楼大厦，而感其建筑之伟大，但今年返江南时，亦见河川密布，林木青翠，江南风景尤较美国为优，因此感美国之TVA灌溉工程繁荣之美国西部，而中国之RVA应当积极兴建，以救济中国农村，繁荣国民经济啊！

最后希望在政府领导下，各业通力合作开发农村，奠定吾国国民经济基础，此为余游美一年来之感想。

4月17—23日　4月17日国民党第六届中常会第六十五次会议推举张群为行政院院长，4月23日张群就任行政院院长。在组阁过程中，张群曾考虑让卢作孚出任交通部部长，打电话给卢作孚，被卢作孚婉言谢绝。当晚闲谈，宗之琥曾经向卢作孚询问谢绝出任交通部部长的原因，卢作孚说，如果担任了政府职务，就不能兼顾民生公司了①。

［按］2000年卢国维在香港接受“国史馆”简笙簧先生历史访谈时说：张群做行政院院长时，曾邀卢作孚担任粮食部部长或财政部政务次长代理部务，卢作孚没有答应②。此说与宗之琥的说法显有不同。

4月29日　民生公司为自1945年10月迄今应差损失竟然高达109多亿元呈文行政院、交通部、联合后方勤务总司令部，表示：“商公司以一民营事业，如此巨款损失，断难负荷。”③

4月　国营招商局业务处关于川粮直运汉口，不在宜昌中转致函民生公司上海分公司，谓④：

> 查本局前为便于合作承运川粮起见，曾电请粮食部川粮运输以汉口为接转枢纽，凡各公司由川省起运之粮米均请直运汉口，不再在宜昌接转，以免耗时费事。兹接粮食部储运处沈处长来函，已经与贵公司卢总经理面谈，承表示今年川粮下运，民生决负担至汉口责任等语。除分电敝渝、宜、汉等局、处知照外，相应奉达，至希惠予转请贵渝、宜公司台洽，将川粮直运汉口，勿再在宜中转。并盼见复为荷。此致民生实业公司上海分公司

5月6日　在民生公司上海分公司，卢作孚与黄炎培一起晚餐并谈时局⑤。

5月6日　上海吴淞商船专科学校校长周均时以卢作孚为航业界先进

---

① 宗之琥：《我与民生公司》，《上海文史资料选辑》第48辑，上海人民出版社1984年版，第77页。

② 简笙簧访问、卢晓蓉记录：《有关卢作孚先生访谈纪录》，《国史馆馆刊》复刊第43期，2007年12月，第203页。

③ 转自凌耀伦主编《民生公司史》，人民交通出版社1990年10月，第373页。

④ 胡政主编：《招商局与重庆　1943—1949年档案史料汇编》，重庆出版社2007年版，第595页。

⑤ 中国社会科学院近代史研究所整理：《黄炎培日记》第9卷，华文出版社2008年版，第278页。

致函卢作孚，邀请卢作孚在本月12日或19日下午到该校为学生训话。

5月12日　卢作孚以“现正抱恙，不克如愿。一俟病愈，当再趋承教益”复函周均时[①]。

5月14日　邓锡侯被正式任命为四川省政府主席。

5月27日　民生公司重庆总公司负责人郑璧成为重庆总公司方面的种种问题致函卢作孚，谓[②]：

作孚兄道席：一、别后清恙情况，常能得闻，必须静养乃能康复。切望顾及事业未来，尽力为将来着眼。如兄速朽，则事业亦朽矣！故此时以恢复健康为最重要之事。好在诸友皆能勉力照料事业，虽一时进度迟缓，兄一经康复后，一番精神，一番事业，有长时期之进展，其效自宏矣。今日一切事务，非不得已时，不欲扰兄，盖以此也。二、兄行后，瑞成亦病，近住中央医院，初传说甚为严重，昨到院与医生研究，脏腑毫无问题，只须好好调养即康复矣。供应处事，弟无形代其照料，除煤问题稍觉严重，正设法应付外，余均顺利无问题。三、兄行后，弟亦打了两个“摆子”，发高热到百零几度，出汗如水洗，幸旋即痊愈。事业乏人故，虽病，亦卧公司问事。弟自觉学佛以来，对公司事业，较前更有贡献，公司同事之能学佛者，品德亦有增进，盖真能学佛者，思想行为常在六度中。所谓学佛即学六度：对于个人权利，听其自然，决不勉强追求，有者更以助人（即施波罗密）；对杀盗淫妄，作恶败行，乃至一切虚伪怯弱，骄慢韬曲，趋避敷衍等等，皆力纠正（即戒波罗密）；对于当作之事，尽力以赴，不许苟安（即精进波罗密）；对于自己，一切名利恭敬，五欲享受，尽量缩减，而于处众，尽力让人，不计恩怨（即忍波罗密）：不为五欲名利恭敬所颠倒，日安住于所缘之美善理想中而不动摇（定波罗密）；现金刚像作狮子吼（般若波罗密）。释迦佛二十二年说大般若经即此六度，一部金刚经亦说此六度。一般人认学佛为消极，为迷信，乃皮象观察，未了真义。且古今来士大夫学佛者不少，不能与邪教旁门一例看待也，望兄勿误解，更望以后有机缘能一尝试，相信必得甚大之慰安。弟近年，尤其最近数日，于家庭、社会极不易处之事（例如蕴玉爱钱，月月把薪水在她名下用完还在吵闹，且言语粗恶，

---

① 黄立人主编：《卢作孚书信集》，四川人民出版社2003年版，第833页。

② 同上书，第834—836页。

异常难听），皆运用佛理，泰然处之，即此已属受用不小也。四、公司增值事，昨已有函电。因时间太匆忙，仲贤赶算不及，仅将轮船一项算出，计一百卅亿以上（照时值尚不止此）。民生厂、电水厂、宜机厂、囤驳船及房地产、对外投资等等，约计应在百亿以上。吾兄出国所买所造各船舶，虽有负债，但资产超过负债无疑。三项合计增百亿已嫌不足，东翁及诸友交换意见，均主增为百亿也（名为八十亿增值，其余二十亿增资，其实此二十亿亦公司设法）。五、民生厂问题，文早送社会局，各方面亦亲接头，皆乐意帮助。上周行辕开会，人数不齐，刘寿老又系代萧参谋长之代职，不愿太负责任，是日无结果。弟侦知消息，当往会刘寿老，恳切说明必须及早办理之理由，刘初意待六月二日以后（一般传说，六月二日共党发动全国性之学潮工潮也）。后为之一一解说，已允本周会议提出。股东会后，当商同乃仁兄尽力办理此事也。六、民生厂裁减机构，职员先减三十人，已经办妥，调训人员均已发表，现到北碚报到者已五、六十人，退休者亦约十人。今日乃仁兄回渝，今后有人专力推动，弟再助之，必易办理也。七、做生意事亦已开始，所虑者京沪人力不足。闻香港榨甚有利，且可得港纸换外汇，望申公司注意推动。如有一人驻广州兼管香港做进出口，且可揽粤汉路联运货，必有收获，只人一时不易想得耳。联勤部有一批油桶，甚为有利，弟商邱默雷售与公司，渠甚乐助，价格商定已报京，只待批准矣。最近曾函麟伯请其设法，如成功，亦有相当利益也。只各方面（公司内外）包围，欲分利者甚多，应付上稍感麻烦耳。八、最近装货运货，发生不少问题，另有一正式报告附上，请兄英断。昨交乃仁兄阅，渠亦力主去人。学佛恩怨同等，弟于任何一人，无不容之心。盖好人有坏处，坏人有好处，世间无绝对之好坏也。不过为纠正一时风气计，古今来忍痛牺牲少数人以救多数人之事常有。至于业务，下层人员已经更换，卢康庆不明利害，为情所屈，情当可原，现已调申。应留应去，请酌定后，告申公司。九、江合外汇，本欲速与化成兄面商，以无暇往北泉，约定股东会在渝商量。结果另闻。十、轮渡公司负债五六亿，现在每月损失达一亿以上，内外甚为腐败，再拖几个月，不但资产完了，怕股东还不易干上坎。此项事业，几全为公司财产，似以早结束为宜。昨超宗请公司承兑两亿，弟未允外，老老实实告以：（一）事业内容，公司一向不明；（二）事业前途暗淡。但料衡兄今日到后，或将商请东翁解决，亦意中事也（该事业不成器情形已详告东翁）。又闻超宗欲卖船几只偿债，直同个人事业，所谓董事、股东，皆受鼻子大压着口之苦矣。不知兄方便函衡兄结束此事业否？如困难，忍痛放弃亦可。

5月28日　民生公司在重庆临江路沧白纪念堂召开第二十二届常年股东大会，卢作孚由于健康原因在上海调养，未能出席大会。股东公推何北衡为大会主席。董事长郑东琴报告公司营业及总经理卢作孚情况说[①]：

本公司在抗战以前，每年均有盈余。自抗战开始以后，每年均在亏损状况中。我全体股东和职工，俱能共体时艰，忍苦度日。只冀胜利以后，即可恢复战前状态。熟料每况愈下——35年度之亏损较34年度更多。本年（1947年）1至5月份之亏损数字，已较35年度全年为巨。亏损原因皆由于复员以后，国内战争未平，各地工商凋敝，客货运输俱感萧条。加之管制綦多，客票运价不能随生活指数比照增加，而开支则须随物价不断激增。政府年来虽仍实行补贴，但其数微少有限，不能弥补巨大之亏损数字。卢总经理处此万分困难之环境中，犹竭力为事业将来之开拓计，向加拿大政府借款订造船只，数次飞渡重洋，致疲劳过度，最近健康遭受影响，在沪调养。今天开会，各股东热烈参加，殊为感慰！惟本公司营业亏折情形，尚望各位股东体谅，并从各方面加以援助，俾能渡过难关。

大会报告公司1946年亏损2826.1751万元[②]，讨论并通过了董事会关于应设法筹款填补公司纯损的提案，讨论并通过民生公司调整资本额案，用资产增殖及招募新股办法，将资本总额增加为100亿元（等于原资本额125倍）。在此100亿元中，83.2亿元系遵照国民政府国防最高会议相关规定重估资产增殖部分，16.8亿元为由股东认缴现金新募股份额。张博和等10位董事提议依照往年成例从防险准备项中拨借800万元发付1946年度股息案，也获得通过[③]。

5月29日　何北衡主持召开改组后的天府煤矿股份有限公司第一届

---

① 《民生实业股份有限公司第二十二届常年股东大会决议录》（1947年5月28日），重庆档案馆藏。

② 《民生实业股份有限公司民国三十五年第二十一届决算书》，重庆档案馆藏。

③ 《民生实业股份有限公司第二十二届常年股东大会决议录》（1947年5月28日），重庆档案馆藏。

股东大会，大会报告1946年公司盈余8198万元[1]。公司总经理报告1946年业务情况说：全年度3矿煤总产量611792吨，总运量533468吨，总销量512089吨，其中天府煤矿全年产煤470067吨，运煤402783吨，销煤392230吨[2]。

5月　（一）卢国维被派偕同十余位工程技术和轮机人员赴美国、加拿大考察、实习并监造船机和新船。（二）卢国纪为乘民本、民贵两轮所见致函卢作孚，谓[3]：

> “民本”此次上水人太多，在宜昌以下，有时船倾斜到十度以上，非常危险。孩等以有小孩之故，住的管事室，管事室在机舱之上，厨房左侧，住在屋中，正如在蒸笼里，闷热非常。小妹受热生病，因此，到宜昌时，孩等即转上“民贵”，搭“民贵”抵渝。
>
> 此次孩就途中所见，可以告诉爸爸的有几点：第一，是大船上实施的管事制度，将特等舱的招待乘客事宜，全部交付与管事负责。管事所任用的人，既非由公司任用，亦未经过训练，对于乘客常有不礼貌之举。尤其特等舱乘客，常有外人来坐，招待周到与否，直接影响公司名声。而且因为管事所任用的茶房自行独立，自难免有以大餐间作为出卖铺位的情事。公司应该加以注意。
>
> 第二，在“民本”船上过南京、汉口时，检查人员上船，均见特舱茶房以衣服包大量金钱贿赂。公司是否应着人（秘密的）追查，是走私贿赂抑有旁的原因？
>
> 第三，“民贵”由万县开出，至高家镇时为下午六时。高家镇距丰都为六十里路，航行最多只需两小时，而“贵”轮不再前进，即在高家镇对岩一小乡丁溪抛锚，借口走不拢丰都。抛锚后，船上大小人员，除事务长外，均陆续上岸，岸上无他物，只是一个烟、酒、赌的地方。船到不久，只赌博一项，即达六七起之多，闻其输赢达数万以上。如此以私人欲望影响行船航期，致“贵”轮第二天只能宿禾洞（又一个烟、酒、赌中心），第三天上午方到重庆。而“民泰”轮当“民贵”在丁溪抛锚后半小时过丁溪，继续上行至丰都。第二天当“贵”轮到木洞时，“民泰”已到渝；第三天早上，当“民贵”

---

① 《天府煤矿股份有限公司第一届股东大会纪录》（1947年5月29日），重庆档案馆藏。

② 《天府煤矿股份有限公司三十五年度总经理业务报告》（1947年月29日），重庆档案馆藏。

③ 黄立人主编：《卢作孚书信集》，四川人民出版社2003年版，第837—838页。

上行至广阳坝时，“民泰”又已满载货物下行了，而“民贵”却白白的耽误了一天，这种责任，是否须查查，以免以后发生同样情事，于公司损失太大了。

第四，在“民本”上所见，特等舱每有应卖而未卖，却留让公司高级人员之家人住用。此等人或有购活统票者，或有未购票者。公司亦应加以制止，否则损失就不小，而且情理上也说不过去。

从上这几件事，都是孩在途中所见，告诉爸爸作为参考。孩或有不太了解之处，可能观察有错，也是免不了的。

（三）卢作孚为上述各事致函民生公司总公司郑璧成等，谓[①]：

璧成、乃仁、德埙吾兄：顷据乘客报告，前此搭“本”赴宜，由宜转“贵”赴渝，就其沿途所见可供兄等采择加以改善者：一、大船特舱客人招待事宜系由西厨管事负责，而管事所用之茶房既非公司派用，亦未经过训练，对待客人常有不礼貌之举，影响公司名誉甚大。且有以特餐铺位私行高价出卖者；有应卖而未卖之特舱留作高级船员家属住用或有购活统票者，或有竟未购票者。此种办法如不加以有效管理，损失之大，何堪设想。二、“民本”过南京、汉口时，检查人员上船，均见特舱茶房以衣服包裹大量金钱贿赂。请派员密查，究系走私贿赂，抑为其它原因。三、“民贵”由万县开出，至高家镇时为下午六时。高家镇距丰都六十里，航行最多只需两小时，而“贵”轮借口不能到达丰都，遂在高家镇对岸丁溪抛锚。抛锚后，大小船员除事务长外均陆续上岸，围而赌者，一时竟达六七起之多。闻其输赢，在数万以上。如此以私人欲望影响航期，致“贵”轮第二天只能宿木洞，第三天方到重庆。而民泰轮当“民贵”在丁溪抛锚后半小时过丁溪，继续上行至丰都；第二天，当“贵”轮到木洞时，“民泰”已到渝；第三天早上，当“民贵”上行至广阳坝时，“民泰”又已满载下行矣。“民贵”迟缓原因，务请彻查见告。

6 月 7 日　民生公司董事胡筠庄不满民生公司上海分公司经理张澍霖，自美国致函卢作孚要求辞去公司董事职[②]：

① 黄立人主编：《卢作孚书信集》，四川人民出版社 2003 年版，第 838—839 页。

② 同上书，第 841 页。

别后未接音问，念念。今日奉五月廿五日手示，乃令郎由罗省寄来，敬悉吾兄返国后即感不适，未知何种病症？望示知。公馆马路产业事请置之可也。公司经济情形困难乃意料之中，且国家无办法则万事皆空，兄应看透一点。且公司人才缺少，深为悲观，如张澍霖辈决难成事。前渠谎言，谓未曾收到弟致兄在罗省一电，弟与电局交涉，查出渠有收到证据，令美人察出吾国人之不诚实，令弟难堪。再此次四工程师来美，事前并未电请弟相助，而反令渠等直接托弟料理一切。如弟不在金山，渠等初次出国，且无到纽约川资，如暂时流落，则失吾国人面子。办事如此可任分公司经理，其它可知也。弟十余年来，对民生关系，如拉友人入股及个人投资，皆固与兄友谊关系及对航业有兴味之故。今发觉职员中有此种人格，弟不愿再受刺激，请即向董会提出代弟辞董事名义为盼。望兄此后亦取人生哲学之途，因急亦无济于事，惟求良心无愧而已。

［按］此后不久，童少生接替张澍霖任民生公司上海分公司经理，宗之琥以总公司顾问名义协助童少生工作①。

6月中旬 （一）民生公司、招商局等与国民政府粮食部签署承运川粮合约，合约如下②。

民生公司、招商局、强华公司承运川粮合约

粮食部为委托民生公司、招商局、强华公司办理川粮运输事宜，经议定互惠条款如下：

一、民生公司、招商局、强华公司自本年6月15日起至11月15日止，每月运粮15000吨，共计75000吨，分在汉口及南京拨交。若最初两个月吨位不足时，每月亦不得低于12000吨，该两月少运之吨量，则由以次各月份补运之。到期后，运量不足，得延15日。

二、每月米粮运量之分配，民生公司负责80070，其余20%由招商、强华共同承运之。

三、米粮运费，渝京每吨照338000元八折计算，为270400元，

---

① 宗之琥：《我与民生公司》，《上海文史资料选辑》第48辑，上海人民出版社1984年版，第74页。

② 胡政主编：《招商局与重庆 1943—1949年档案史料汇编》，重庆出版社2007年版，第590—591页。

另加回空费40%，计135200元，共为405600元；渝汉每吨270500元八折计算，为216400元，另加回空费40%，计108200元，共为324600元；万汉每吨167000元八折计算，为133600元，另加回空费40%，计66800元，共为200400元；万京每吨234500元八折计算，为187600元，另加回空费40%，计93800元，共为281400元；叙渝段每吨166500元八折计算，为133200元，另加回空费40070，计66600元，共为199800元；沪汉段或渝万段每吨111000元八折计算，为88800元，另加回空费40%，计44400元，共为133200元。

四、若交通部通令调整货运价时，本合约运价亦随之增减。又承运公司如因负担粮食运输而致亏折过巨时，得由粮食部会同交通部呈请行政院补贴之。

五、运费由各承运公司在京每月分别结算1次，签约时由粮食部预借15000吨之运费，其数额按渝京段2/3、渝汉段1/3计算，以次各月照上月实际运粮量运费，逐月预先借付。

六、米粮以麻袋装好交船后封舱，由粮食部派员押运，不再交磅。如原装不动，承运公司不负米质责任。在宜昌转船时亦同。

七、米粮运输保险由粮食部自行办理，凡轮船行转口过驳各风险属于保险范围者，承运公司概不负责。

八、运粮船只各机关、部队不得封扣、征收及留难，由粮食部呈行政院通知遵行。

九、运粮船到埠前3日，由承运公司以当面通知当地运粮机关准备配载，运粮机关于接到通知后至迟应于轮船结关前1日，派员与该公司洽妥载量。

十、如粮食部每月交运量不足15000吨，则不足之数应在总运量75000吨内减除之。

十一、本合约所规定之运量，如有违反八、九两条情事及因轮船发生故障或洪水陡涨、风雹骤发及非人力所能控制之意外事件，所减少之运量应予扣除。

十二、米粮交运时在船边收货，运到时在船边交货，其装卸时间经规定为300吨以下者各12小时，301吨至600吨者各18小时，601吨至1200吨者各30小时，无论假期，不分昼夜照常装卸。如因装卸延期，影响该轮预订运量，得在当月承运量中减除之。

十三、米粮在宜昌转船，所有提驳、过档费用由各公司垫付后，取据向粮食部结算归还。

十四、船到码头立即由粮食部派员提卸。如提卸不及，由承运公司会同押运员代提存驳船，承运公司不负质量之责任，所有提驳、上栈费用取据后由粮食部结付。

十五、京、汉之堆栈、仓库、驳船由粮食部自行准备，如需另洽囤驳卸存时，由粮食部自行办理之。

十六、南京回渝船只所需燃料，由粮食部咨经济部及资源委员会每月按官价在京酌予拨售燃料。

十七、本合约签订后，请粮食部抄送经济部、资源委员会、审计部备查。

十八、本合约一式4份，签订后粮食部、民生公司、招商局、强华公司各执1份存查。

粮食部　谷正伦
民生公司　卢作孚
招商局　徐学禹
强华公司　王士夔
中华民国三十六年

（二）卢作孚乘轮船回重庆处理公司事务。

6月23日　加拿大 R. G. Peers（皮尔士）致函卢作孚[1]：

中国政府驻加物资供应处依据加政府“出口贷款”法，代台湾电力公司向加政府申请贷款，弟为此事已奔走六阅月矣。台湾电力公司总经理刘振裕君（译音 Mr. Tsiw—yu liu）抵此多日，已正式向加政府提出申请贷款加币一千二百万元，作为扩充复兴该电厂之用。弟曾明告刘君，加政府对国外贷款，审查颇为严格，除对该电力公司实际需要之资金外，其它概不通融。而该公司之复兴计划，须以增加供给各工厂用电为原则，尤以制铝工业为主。据刘总经理估计，台湾电力公司扩充配购机器材料等费用，至少需加币二百九十万元，现弟等根据上述估计，将申请贷款总额由一千二百万元减至二百九十万元。弟个人认为此数亦超过实际需要也。此事弟等已与财部代表会谈数次，兹接该部通知此贷款案目前不能通过。主要原因如下：一、在过去十一个月内，加拿大政府并未贷款与任何国家。二、加政府在美存

① 黄立人主编：《卢作孚书信集》，四川人民出版社2003年版，第842—843页。

款已动用颇多，如不加限制，势将于一九四八年四月将全部外汇用完。三、中国局势之混乱。财部同时表示对上述计划颇为关切，并深信资委会必能将该电力公司整顿管理，以冀良好成绩。C. D. Howe 先生以限制国外贷款系加政府当前政策，似无法通融也。目下美、加二国政府正在洽商增加加国美汇办法。此两国间贸易额相当庞大，占今日世界各国国际贸易中之首位。由是观之，美国必将以种种方式对加拿大政府作经济上之援助。土耳其与希腊二国向美借款成功后，可能获准拨用在加拿大采购各种货料，惟进出口银行有明文规定，凡该行贷款，均须在美国境内动用。若中美借款成功，美国亦必准许中国政府将该款任意在加动用，藉以增加美加二国间贸易。兹弟设法先使铝业公司贷款若干与台湾电力公司，以定购该厂急需之变压器材，使台省已有之制铝工业电流不致中断也。

6月24日　卢作孚乘轮船抵达重庆，处理完有关事务后立即返回上海。

6月30日　《申报》刊载彭德汉《陪都北温泉之夏》一文，其中谓[①]：

北温泉是陪都郊区胜景之一，是有名的四大温泉中景致最美丽的。三年前，达官贵人和富商巨贾。几乎都到这儿避暑，在北泉公园上那一栋栋修筑得美丽的洋楼，就是昔日的遗迹。

6月　民生公司在上海设立总经理办公室。卢作孚一度打算把总公司迁到上海，但遭到部分“元老”们的反对，最后只得采取折中办法，即总公司仍设重庆，总务处、供应处、运务处撤销，业务并入相关处室，日常工作由公司主任秘书郑璧成主持；另在上海成立总经理办公处，由童少生主持日常工作，公司总经理卢作孚主要在上海处理公司业务。上海的总经理办公处设有秘书、供应、人事、工务、财务、行业六组，公司顾问何乃仁代秘书组组长并兼任人事组组长，处务经理李若兰兼任财务组组长并代理供应组组长，处务经理童少生兼任船务组组长并负责办公处日常工

① 彭德汉：《陪都北温泉之夏》，申报1947年6月30日，第9版。

作[①]。卢作孚则往返两地。

7月1日　《新闻天地》刊载陈野林的文章《卢作孚不用女职员》，文章载[②]：

> （民生公司）对职员待遇颇佳，在工作上非常民主，如不满意直接上司，可以具签呈到上层或总经理室报告，谁是谁非，赏罚清明。从不轻易开除职员，就是茶房开除，也要经过公司会议，否则除非自己离开，不会因人事关系被赶出来。

7月2日　卢作孚出席上海召开的中华民国轮船商业同业公会全国联合会成立大会预备会议，被推举为主席团成员。

7月3日　中华民国轮船商业同业公会全国联合会在上海召开成立大会宣告成立，卢作孚当选为理事。

7月5日　江合煤矿股份有限公司在重庆江北狮子口成立，以开采煤矿为主要业务，资本额1000万元，选举卢作孚为董事长。

7月15日　（一）《兼善友讯》刊载施白南的《北碚解》，对于北碚的发展及卢作孚先生的关键作用有独到的记述和阐释[③]：

> 的确，北碚是由人杰而地灵。在抗战前，不但是普通的地图上，找不到这两个字，就是丁文江著的足够详细的中国新舆图二十三年版，也没有提到过它。自民国十六年起，它才渐渐有了名。二十七年后，被日本轰炸了三次，它就随着炸弹的爆炸，而扬名四海了。在胜利前，北碚的人口由五万人增到十六万，公私机关因抗战而迁居北碚者，有一百二十个单位。北碚是为抗战服了务的。就目前说，北碚的市容很像青岛，有宽敞清洁的街道，层次红黄的楼宇，有图书馆、博物馆，有托儿所、幼儿园、小学、中学、大学、研究院，有公园、体育场、电影院、戏院、大旅馆，有医院、警察局、邮政局、电话、自来水，有银行、布厂、丝厂、煤厂，有由此通向青木关转渝蓉的汽车，上通合川、下达重庆的轮船。论文化，论治安，论交通，论游

---

① 宗之琥：《我与民生公司》，《上海文史资料选辑》第48辑，上海人民出版社1984年版，第74页；凌耀伦主编：《民生公司史》，人民交通出版社1990年版，第340—341页。

② 陈野林：《卢作孚不用女职员》，《新闻天地》第25期，1947年7月1日，第25页。

③ 施白南：《北碚解》，《兼善友讯》第22期，1947年7月15日，第11—13页。

憩，论经济等各方面的建设，都已经有了不得了的成就，在现在的中国，能够找到这样的一个地方，太不容易了。

北碚在过去，本是一个土匪啸聚、道路梗阻、满地萑苻的地方，就地势来讲，北碚位于合川重庆两大城市之间，而嘉陵江对岸，又有通大路的古镇——黄桷树、水土沱二大场，背后有平坝阡陌的歇马场，而如此一个地窄土瘦，又非交通要道的山间小地，不该有今日的繁荣呀！但是人定能胜天！

知道北碚的人，都知道卢作孚先生。北碚的发展史，正如卢先生的个人奋斗史。卢先生是个大仁大勇，克勤至慎的人。他常用这些话励人励己："对人以诚，对事以忠"；"大胆的生产，小心的享用"；"一件事业的成功，常是钱少的问题，而一桩事业的落败，是钱太多了"；"一件工作是在不断发生问题中长大了，是在不找问题中后退了"。他为中国西部科学院西山坪农场题词有："举锄将大地开拓，提兵向自然进攻。"由这些话，可以知道他处事对人的态度。他没有上过中学和大学，当然，学校教育，教的是平庸的人。英才是来创造的，教人的，那种分年分科的呆板教育，对他是没有用的。他生过痔疮，害过肺病。他开过切桃片的小铺，他曾为苦苦自修，每日晚饭只吃两个小烧饼。但是他自己教育了自己，影响了千万个人，改变了地图，立功、立德、立言、立行都做到了。因为他创办了民生公司，建设了北碚，有人说：北碚与定县、邹平被认为是三个乡建工作的发祥地，非偶然也。事实俱在，这些话，不算是过分的恭维吧！

民国十六年春卢先生接任峡防团务局（即以前的嘉陵江三峡乡村建设实验区，现在的北碚管理局）。他访求同道，训练干部，从此北碚就逐渐长大了。为除暴安良，他杀过人；为破除迷信，他驮过火焰山庙里的神，投进了嘉陵江，而换来的是民众热烈的爱戴。非大仁大勇者，何能至此。他把一所草鞋店，办成一所职工近千人的三峡布厂，由士兵捕苍蝇、捉老鼠、施种牛痘，而办到严格设备完善的地方医院，由三五人的学习动植物标本的采集，而办成了一个已具规模的中国西部科学院，又进而形成了一座闻名全国的博物馆，由小组的读书讨论，而建立了藏书数万卷的北碚图书馆，把一处处坎坷不平的地面，作成了能容数万人的公共体育场，曲折难行的山丘上，建立了游人如织的平民公园，在昔日匪人藏肉票的乳花洞所在地，辟成了巴蜀游览胜地的北温泉，把一座三间茅屋的学校，扩充成了一所师生八百的兼善中学，把一座用作民众会场的破旧小庙，变成了一座富丽堂皇能容一千人的民众大会堂。真不容易啊！在白纸上划黑道，或者画龙后去点睛，都好做，而将这杂乱黑道洗去后，再去画完美的图书，的确是一件难事。您想，纸是很容易洗破，很不容易洗干净。洗过的纸，就非普通画家所能用，事倍功半或竟徒劳无功都是可能的事。而卢先生为了争取时间，一面在洗，一面在画，真是难上加难。但是他成功了，把北碚人民的生活水准，提高了若干倍，把一个荆棘不堪的地方，改成了一个可住可憩的园地了，北碚是由幽谷迁到了乔木，这样奠定了北碚今后事业的基础。不是克勤至慎者，何能至此！

卢先生任人而信人，内举不避亲，外举不避疑，对部属如朋友，如同志，对事业的成就，不自许，不私有，人生以服务社会为志趣，算他做到了，所以他最能博得外方人士的同情，最能激动内部人员的工作责任与兴趣。“这是你的事业”这样一句话，是卢先生对部属，对同仁常用的。因此凡是在北碚跟他作过事的人，都是卖尽气力而不言苦。“北碚是个回水沱”，这是曾经离开了北碚而又转来的人们说的话。真的，得此一池澄清水，不愿贫饵为渔人。在北碚各事业工作的人，很少是为了名高禄厚而来的。

北碚是建设起来了，北碚随着卢先生的苦心毅力而出名了，北碚各部分的工作，亦跟了各部主管人而努力，在向上生长着。这是一件值得大书特书的事业，我们有为她宣传的义务。因此我这篇北碚解的文章，在说明北碚之所以成为现在的原因。

（二）国民政府行政院致电四川省政府，洽商成渝铁路收归国有以利修筑事宜，谓①：

三十六年2月6日建秘字第一〇二三号暨附件均悉。案经交据交通部拟具办法两项：（一）四川省政府既未能依照原议拨付增股之国内工款半数，惟有由中央尽量拨款修筑完成。至战前川省府及中国建设银公司投资股本，拟俟成渝线完工通车后，再行详细清算。（二）四川省政府及中国建设银公司战前投资股款，现时即由中央拨款偿还，将成渝路完全归国有。请择一施行。等情前来。除以“成渝铁路为西南交通动脉，应早日完成，即由国家建筑，照预定计划积极进行。四川省政府及中国建设银公司战前投资股款，由该部与财政

① 宓汝成编：《中华民国铁路史资料》，社会科学文献出版社2002年版，第840—841页。

部洽商办法，另案呈核”等语指复并分行外，特抄发交通部致本院秘书处原函，电仰知照。

抄发交通部原函一件

案准贵处本年3月1日服四字第一〇四〇二号交议案件通知单，以四川省政府转送省参议院对于本省应负担成渝铁路工款二百六十亿元集资办法案审查意见请核示一案，奉谕交交通部核复。通知过部，并抄发原呈检附原件全份。

查成渝铁路为西南交通枢纽，民国二十五年由前铁道部四川省政府及中国建设银公司合组川黔铁路特许股份有限公司，开始筹筑。原定股本国币二千万元，计官股九百万元，铁道部及四川省政府各占半数，即各四百五十万元；商股一千一百万元，由中国建设银公司向十九家银行募集。并由前铁道部会同川黔公司暨中国建设银公司之协助，与法国银行团商订合同，由法方供给成渝线全部筑路器材，并借垫一部分现款，共合当时币值国币三千四百五十万元。该路于二十五年开始筹备后，因地价问题延至二十六年二月动工。计实收股款，铁道部及四川省政府各四百五十万元，中国建设银公司七百四十万元，总共一千六百四十万元。法银团实际垫付料款约计三一〇六六九〇五法郎及五九五〇〇〇美元。抗战军兴，长江航运阻断，法国银行团亦未能履行合同源源供应筑路器材，惟仍集中全力将渝内段艰难工程完成大半，三十一年以后，料款告竭，路工中辍。

抗战胜利以后，政府鉴于成渝路对复兴建设之重要，首先筹划复工。当由本部与四川省政府及中国建设银公司三方面代表在京会谈，建议下列各原则：（一）继续川黔铁路公司组线；（二）复工材料约共需美金一千六百余万元，拟向法方交涉继续供应；（三）按二十五年5月物价估计，完成成渝线尚需国内工款五百二十亿元，因商股资力不足，未能继续投资，改由交通部（继承前铁道部业务）及四川省政府负担各半，作为增股；（四）原官股商股按照物价变迁情形，详细估计升值；（五）中国建设银公司放弃经理权；（六）材料运输洽由民生公司特价担任；（七）全线工程定两年完成。三十五年度，部、省协定各拨三千亿元。本部业于是年10月如数拨产，该路乃获于11月正式复工。四川省政府部分则迄未拨到。本年度，本部建设费项下奉准列有成渝铁路建筑费国币三百九十亿元，兹正按月分期拨付，迄目前止本年度共已拨一百七十亿元，因之该路工程得以继续推进。四川省政府方面，本年度仍迄未拨到任何经费。在现时地方财政支绌之时，固自有其困难之处，但明年度工程进行当益紧张，而物价波动势犹未已，需款必较本年尤巨，川省府恐将更难筹拨。

查成渝铁路为西南交通动脉，关系国计民生甚巨，亟应集中力量早日修筑完成。除外料供应本部正与法国银行团商订新合同并将合同草案另案呈院核示外，国内工款亦宜及早筹划。兹谨拟具方案两种如下：（甲）四川省政府既未能依照原议拨付增股之国内工款半数，惟有由中央尽量拨款修筑完成。至战前川省府及中国建设银公司投资股本，拟俟成渝线完工通车后，再行详细清拨款修筑完成。至战前川省府及中国建设银公司投资股本，拟俟成渝线完工通车后，再行详细清算。（乙）四川省政府及中国建设银公司战前投资股款，现时即由中央拨款偿还，将成渝路完全收归国有。以上两项办法，拟请院示择一施行。如何之处，相应函复。敬请查照转陈鉴核示遵为荷。

7月23日　R. G. Peers（皮尔士）致函卢作孚，谓①：

前闻尊体违和，殊深系念。敬维吉人天相，早占勿药。公务纷劳，诸宜珍摄，盖贵国之社会民族复兴运动目下正在激荡之中，阁下工作之艰巨，势将与日俱增也。关于铝业公司计划在台湾发展事，尚盼阁下代向贵国政府当局陈述必要，努力疏通。铝业公司曾于本年五月二十日、六月二日先后向贵国资源委员会书面建议，并要求准许该公司在台湾投资加币四百万元，以发展熔铝工业。该项书面建议已经转呈南京，惟迄无消息。据资委会驻纽约办事处负责人宣称，发展上述熔铝工业，估计至少需费七百万元，弟悉铝业公司定能考虑将其所计划投资之数由四百万增至五百万元。又□□台湾□□□拟向加拿大申请贷款事，加政府当局前曾表示似不可能，惟经弟居间说项，拟定一折中办法，即铝业公司亦须负担该贷款之一部分后，加政府已允再予考虑，是以目前希望极大。该借款若能成功，则将以美金付结，全数由一加拿大某大保险公司、铝业公司与加政府三组织分别负担。今者，弟拟提请资委会翁文灏委员长注意，对于铝业公司建议发展台湾熔铝工业一事，务须从速决定，俾可立即开始进行，否则必坐失时机矣。盖目前加拿大有意于国外投资者，鉴于中国时局混乱，战气四布，皆裹足不前也。时至今日铝业公司犹未接奉资委会复示，深以为

① 黄立人主编：《卢作孚书信集》，四川人民出版社2003年版，第844—845页。

虑。弟已将详情面告 E. D. Howe 先生，盖彼与加政府当局联络颇密，而在商界中亦极负声望也。此事务须速办，不可延误，尚盼阁下能就近与南京当局商讨作一决定后，迅予赐复为盼。

7月25日　此前不久民生公司发起人之一彭瑞成病逝，为其抚恤金和家属救助费等事，卢作孚与民生公司常务董事戴自牧致函公司董事会，谓①：

查故处务经理彭君瑞成为本公司发起人之一，综其献身公司以来，即与公司共忧患，竭尽心力，效忠事业。苟有利于公司，不避任何艰辛，不辞任何劳怨，历二十年如一日，其匡助事业之功绩，既迥异寻常。公司哀矜之典，似应超乎向例。况其公而忘私，始终固穷，一旦溘逝，其家顿失依赖。方今德配在室，子正修学，尤应优予抚恤，以安生者而妥幽灵。除前已由公司发治丧费三千万元外，拟请从优一次发给抚恤金三千万元，另在一年以内分期发给遗族救助费四千万元。是否有当，相应函请查照议复为荷。

7月　（一）民生公司民众轮首航广州。（二）民生公司天津办事处改组为天津分公司。

8月16日　民生公司重庆方面主要负责人之一翁德勋为民生公司理货人员状况致函卢作孚。信中说：公司现在共需要理货人员551人，而实际只有480人，应付当前各埠工作，情形十分紧张，加上公司扩大规模，需要另外更增加理货人员47人。不仅如此，而且与上海各轮船公司比较，"深感我公司理货人员素质太差，较之三北、招商俱有逊色"。对此他表示已经拟具若干措施加以解决，"以期办到公司每一理货人员，对理货技术均能达到水准，否则，积弱愈深，整顿亦愈困难"②。

8月　（一）北碚管理局所属卫生院正式改组为北碚医院。（二）中华平民教育社在巴璧实验区的基础上设立华西实验区，北碚被划入该实验区。

9月1日　民生公司与太平洋轮船公司签署海轮联营实施办法。办法规定在上海设立海轮联运总处，在两公司沿海各地原有机构为分处，并规

---

① 黄立人主编：《卢作孚书信集》，四川人民出版社2003年版，第846页。

② 同上书，第849—850页。

定了详尽的财务制度。联运事业的开展，为民生公司的经营状况带来了一定的转机[1]。加上此前从国外购买美英剩余物资中的旧舰艇也在到达后陆续得到改造，投入营运，民生公司的沿海业务获得蓬勃发展。

9月12日　张博和为接收重庆中央工业试验所相关房地产等事宜致函卢作孚，信中并就健康、民生公司和北碚等事宽慰卢作孚，谓[2]：

顷闻尊体尚未康复，此间至好均甚关切，弟尤无时不在深刻怀念中。务请吾兄在京稍作休息后返碚，作一较长时间之静养。公司之事累兄甚矣，值此多事之日，一波未平，一波又起，皆与公司有深重影响。吾兄急亦无益，阻亦少效，不如暂息仔肩，与此间各好友朝夕相处，藉以恢复精神。俟健康复原之后，再领导此间政治、经济、文化，使之有永久生命。至于地方政治与理想相隔尚远，回忆十余年前之朝气，令人有隔世之感！皆待吾兄精神充足之后，予以再生之机也。北碚事业乃挽救中国之唯一方向，吾人实应引为己任。弟以为公司之得失尚其次也。

9月14日　侯德榜致函卢作孚，谓[3]：

弟自本年四月回国后，奔走川、沽、京、沪各地，并近曾赴日本一趟。十一日甫自日本归来，今晚又须赴京，拟在锺广小作逗留，即返沪准备赴美。在未赴美前，恐须再度北行。仆仆风尘，尚幸顽体粗安，差堪告慰。微闻尊体违和，未知复员否？深愧未能躬视，弟曾电询兄处，适兄彼时不在沪，未能晤面。四川隆昌拟办硫酸锺厂一节，前次报章上屡有揭橥，想兄当已见及。该厂设计，拟嘱由永利代其负责，自应尽力以赴。所需外汇借款，永利亦可助其完成。惟国内用款，为数亦可观，除农民银行可负责筹措一部分外，其余盼由川省各银行多多凑足，始可实现。此事为川省造福，想川省各银行当乐于赞助也。何时有便，拟约兄详谈。

卢作孚批：“当为转商。但虑商业银行难集此巨数，尚需加省款。”

---

① 凌耀伦主编：《民生公司史》，人民交通出版社1990年版，第346页。

② 黄立人主编：《卢作孚书信集》，四川人民出版社2003年版，第855页。

③ 同上书，第856页。

9 月 20 日　卢作孚午后访黄炎培并长谈[①]。

秋　具有公共会堂兼影剧场双重功能的北碚民众会堂建成，是北碚大型文化设施，周孝怀题写了“民众会堂”四字标识。

10 月 23 日　民生实业公司董事会在重庆民生大楼召开第二十二届第三次常务董事会议，卢作孚列席了会议并报告了在加拿大订造船只情况、公司最近业务情况以及拟将原投资大明纺织染公司股本让售给新中国实业公司的缘由，经常董会讨论决定，除保留全额股份千分之五外，其余股份的让售问题授权卢作孚全权处理[②]。

10 月 24 日，富源水电公司第二届第三次董监联席会议在重庆召开，戴自牧、胡子昂、卢子英、张叔毅、熊明甫、何北衡等出席了会议，卢作孚代戴自牧为大会主席，会议报告了公司经营等方面的情况[③]。

10 月 25 日　R. G. Peers（皮尔士）致函卢作孚，谓[④]：

> 兹有消息一则，谅先生必感兴趣。鄙人于上星期六在纽约与王世杰博士会晤，并陪往飞机场，亲视其离美返国。鄙人与王部长谈话中，王部长对于先生在加拿大造船程序表示大感兴趣，并向鄙人言，伊过去曾为先生之至友，在与先生之友谊上及中国国家利益上着想，极盼在加拿大所造船只早日完成任务。杨成质先生对于此间造船程序极为关怀，因本年内究有几只可交，颇成疑问。船厂方面对交船数字不作任何担保，但在杨成质先生坚持之下，鄙人希望并相信，杨君可收到二只。杨君及其同事在此间所处理之各项问题，先生亦必明了一切。今年加拿大全部工业所遭之困难，几成为一不可管制之严重问题，尤关于罗致造船所需之各部门器材交货困难，不能例外。先生对工作之大量精力，及先生对工作作长时间不懈之守视，鄙人常表惊叹不已，但鄙人可保证，先生不在此间，杨先生及其同人亦具同样之作风，在其履行职务下，实足代表先生。民生公司与加拿大政府之关系，经先生之造成，仍继续在善美程度中。关于建造驳船之计划，吾人已得到消息，加政府财务部将对此事表示赞成，但必先明悉此项驳

① 中国社会科学院近代史研究所整理：《黄炎培日记》第 10 卷，华文出版社 2008 年版，第 7 页。

② 《民生实业公司董事会第二十二届第三次常务董事会议纪录》，重庆档案馆藏。

③ 《富源水力发电股份有限公司第二届第三次董监联席会议纪录》，重庆档案馆藏。

④ 黄立人主编：《卢作孚书信集》，四川人民出版社 2003 年版，第 858—860 页。

船究向何家订造。鄙人主张此事宜从速决定，因加政府财务部虽表赞同，然加美间之美元局势已成危险。加拿大每月亏空美元数字已达七千万元，此点不可忽视。换言之，即财务部在此种情形之下，有取消援助英国或其它异国之一切计划之可能。若马歇尔之计划在美国国会通过，则加拿大可能在该计划中以购买加物资而获得益处，美元可因此流入加拿大中。关于此事，美国会已召集特别会议。同时加拿大议院亦可能召集特别会议，以试拟对目下美元危机之挽救办法。此点请先生留意，并请先生将借款所余之数，尽量从速运用，方为妥当。鄙人最近曾代中国空军向加政府购得哈维兰战斗机二百五十架。此项飞机皆全备零件、枪、弹。其中一百五十架系全新出品，于战事终止时方完成出厂，并未用过。此项交易，无庸鄙人赘述，在原则上，即中国中、加借款协定下获得五百万元价值之物资是也（实际上该项飞机物资原价估八千五百万元）。加政府对此项交易之交换条件，须中国空军在加拿大花用美元五百万，以作修理、训练地上机场人员、飞行员、运费及保险之用。此项交易之方式，中加两方皆互受其惠，鄙人意见，认为此乃任何交易之基本真实原则也。近闻先生康健已大见进步，不胜欣喜！惟不知何日得再睹先生风采？亟望聚首为快。

10 月 31 日　民生公司为催还差运欠款函电联合勤务司令部运输署，函电称，自本年 6 月到 10 月底，运输署已经积欠民生公司差费、租费、补贴费、交运附搭费等项费用 60 多亿元。“目前为临枯水期近，洪水轮船亟待陆续驶申修理，需款急如星火，谨再电恳鉴察，俯赐借支陆拾亿元汇申，以济急困，不胜感祷，待命之至。”①

10 月　卢作孚在宗之琥陪同下到沿海南北各地视察，他每到一处必先叫当地公司的负责人汇报情况，然后一道到港区实地考察，不厌其详地了解情况，随时提出一些问题，回来后再对当地公司负责人做出具体指示。在北平，卢作孚参观了西郊一个农业科研单位，在天津参观了兴建中的天津新港。卢作孚在考察中还要拜会当地军政最高负责人，在北京拜会了战区长官傅作义，在青岛拜会了青岛市长李先良，在广州会晤了省政府主席宋子文派来的建设厅厅长谢文龙。后又到台湾基隆、台南屏东，再经汕头到香港、广州。在广州住了五六天后回上海。经过这次考察，卢作孚

① 民生公司档案，财务第 728 卷，转自凌耀伦主编《民生公司史》，人民交通出版社 1990 年版，第 373 页。

作出了两项重大决定。其一是调整了沿海航运发展的方针，由原来以北线为主改为以南线为主。为此决定：1. 将基隆办事处改为分公司，由王化行负责筹备；2. 在福州成立办事处，调戚文谟任主任；3. 在汕头设立办事处，由谢敏道任主任，广州、香港待定。其二是决定成立民生公司上海分公司，该分公司除办理本身业务外，并统一领导沿海各分公司、办事处[①]。

11 月 1 日　晚卢作孚乘车返回北碚[②]。

11 月 2 日　（一）晨，卢作孚召集北碚各机关事业单位主干人员在兼善餐厅聚会，对北碚建设工作提出了努力的方向和一系列改进意见，实际上为建设新北碚设计了一个完整的方案。《嘉陵江日报》载[③]：

本报创始人卢作孚氏，前（1 日）晚专车莅碚，昨晨卢子英局长约集北碚各事业主干人员陪卢氏在兼善餐厅早点，席间卢氏垂询此间近事后，对北碚建设工作，做恳切之指示，兹记其要点如后：

一、新北碚的轮廓画

我们对于北碚市区的建设，应有一整个的理想，如今后的住宅区、文化区、工业区……如何发展，如何布置等，均应有具体的设计，并一一在地图上表［标］明出来，使每一个北碚的人都知道而且都努力来完成这理想。

住宅区　北碚住宅区，有三个发展的区域：一是沿中山路两侧延伸直到儿童福利实验区后面一带，一是原有的新村，一是由大明厂到檀香山桥。将来到北泉的公路，或要新辟。这三个区域内的地权问题，用两个方式来解决：一是依法征购，一是评定现价——以后地价有变动，可按照米价指数来调整，每月公布地价一次。住宅区内应限定时间，建筑指定样式的房舍，公家专聘有建筑师，作若干种备选择之房屋图样，建筑预算以至于一切材料、人工……等皆可为之介绍、帮助，使建筑者得到无比的便利，此种公共服务，也就是其真正民主的训练。此外，还有几件应注意的事。第一是道路建筑：干道要简单，小道不妨多。第二是下水道和公厕，也是住宅区极为重要的建

① 宗之琥：《我与民生公司》，《上海文史资料选辑》第 48 辑，上海人民出版社 1984 年版，第 76—79 页。

② 《卢作孚氏回碚指示北碚的建设》，《嘉陵江日报》1947 年 11 月 3 日第 2 版。

③ 同上。

筑。以上两项的建设费用，应该由住户负担。第三是住宅建筑要由建筑师设计，其周围庭院的布置则请园艺家设计。现在北碚已有的住宅，亦应重新调整地积、点缀风景。

文化区　每个文化事业，都应有一优美之环境，北碚未来的小学，第一个是摆在现在的北碚图书馆和朝阳镇公所一带，占有北碚第一风景线，再理想也没有了。第二个是儿童福利实验区附近。第三个就大明小学扩充。中等学校，如碚师、女师附中、立信……等向李庄方面发展。与兼善中学联系起来。北碚图书馆新建于火焰山顶，动物园从现址内迁。目前的科学博物馆，则改作研究部，新建博物馆于自来水厂与地质调查所一带（水厂另图新发展）。至北碚管理局，应改作北碚惟一旅馆所在地。可在市中心觅一地作局址。

工业区　现在市区之工厂，尽可能移出。以离市区或向沿江两岸交通便利之处发展为原则。

二、今后应努力三桩事

吸引人居住北碚　因为，北碚有设备完善的医院和学校，有内容丰富的博物馆和图书馆，有环境优美的公园，有良好的社会秩序，这些都是最适于住居的条件，和训练儿童的好场所。前几天何乃仁兄建议：以后民生公司的股东会，都到北碚去举行。这可有几千人到北碚来消费，其它如有关的事业，天府公司等举行会议亦都会在北碚举行了，以后任何方面集会，都可以吸引到北碚来举行。不但如此，今后凡有国际访华的团体，未入国门，北碚就得去函欢迎，一以繁荣地方，一以取得世界的帮助。

发展动力建设　发展动力，以供应若干工厂，有了工业的生产，地方经济乃有基础。

提倡果树园艺　北碚是一个发展果树的最好区域，目前即以广柑为主，陈叔静经营果树最有成绩，如广柑虽然要花到每个三千元的成本（果品每枚三百，包装运销每枚二千七百元）运销上海，亦有厚利。民生公司现有冷藏设备，最为方便，最近即将运冻肉三吨销沪，希望北碚注意繁殖广柑优良品种，采取分散生产，集中运销方式。将来全区皆是美丽的果树，不仅充实了人民的经济，而且也增加了区内的风景。

为此，北碚各事业，应该联合起来，对以上的工作循序努力。每月有一次检讨，有条不紊地再努力廿年，保证局面全变。假如作得好，不仅在中国有地位，就在世界上也有地位。在美国，在加拿大，我看过许多乡村和城市，其经济，其发展，亦不见有若何秩序。如果北碚能繁荣，万事皆有办法。今天北碚这群人，有许多是廿年以上的工作经历，这是何等难得的事。大家如能一切忍耐、努力，北碚必然有新的希望的。

三、应改进的几项工作

民众会堂尽量利用　民众会堂应是我们教育市民和学生的良好场所，必须天天利用。凡入场的人即须训练其严守秩序（鱼贯而入，依次就座，鱼贯而出，依次离位）、清洁、静肃。此即是最好的教育。因为中国人每以最好的物质环境，而应用得不好，未能发生享受的效果。

科学院要引人入胜　一般的博物馆、图书馆，等于古庙，让人来求神烧香，我们博物馆不应有如此作风，应引人入胜。要为周围的学校服务，编排课程，准备教材（高、中、低级者），不仅帮助区内，甚至吸引渝合的学校来碚讲学。这样才是活的博物馆。如此次在渝运来的陈列品，就应作各种宣传或用展览方式，使北碚的民众来参观。

各事业要分工合作　北碚的事业，是一个整体，有的性质相近的工作，应该归作一个机构管理。如北碚的公园、动物园以及市街的园艺布置，统交由科学院经营，希望未来的北碚，遍地是公园。

北碚是可爱的地方　北碚可爱的地方太多，以出产言，西瓜、香蕉，在偶尔外宾宴会的招待上，亦增加过川人的骄傲。其它如棕垫、水竹席，如果改进制成品，将来是可以出口的。须知：老百姓自然经济的发展，是不可忽视的。再以文化言，上次我参观儿童福利实验区和北碚图书馆阅览室，使我十分感动，因为他们的活动，对地方的帮助是伟大的。

最后，卢氏笑谓：我对北碚事业之关切，超过我对民生公司经营的兴趣。

（二）下午3时，卢作孚到北碚天生桥参观中央农业实验所北碚农事试验场和一个合作农场，之后又参观了北碚朝阳镇第三中心校，4时乘车返重庆。《嘉陵江日报》载[①]：

---

① 《卢作孚回碚指示北碚的建设》，《嘉陵江日报》1947年11月3日第2版；《卢作孚下乡参观农场学校》，《嘉陵江日报》1947年11月3日第2版。

> 卢作孚先生对北碚的地方建设和农村经济的发展情形十分关心，在回碚短短的一日中，昨日下午又在百忙中抽出时间到天生桥去参观中央农业实验所北碚农事试验场和办理得很有成绩的十九保合作农场。下午3点钟，卢作孚先生坐他的小汽车到天生桥去，同行的有北碚管理局长卢子英、民生公司经理何乃仁和农推所主任陈显钦。先到中农所北碚农事试验场，李场长陪同参观水稻品种标本和桐油陈列室，详细询问中农所34号水稻及南瑞苕生产及推广情形，和中农所农事试验场设在西山坪的桐油场的生产情形，并且希望前任场长贾伟良先生计划设立在北碚的榨桐油厂早日实现。最后卢先生取了一包南瑞苕去亲自尝试和宣扬。离开中农所后，他们又到双柏树梅花山朝阳镇第三中心校，由袁校长俊成陪同参观。卢作孚先生对学校情形垂询颇详，他希望学校常让学生到天府煤矿等事业去旅行参观，增学识见闻。随后召见合作养猪场经理袁正和先生，袁先生是北碚首先种植中农34号水稻和南瑞苕的农民，对合作农场的业务非常热心。卢作孚先生希望袁先生常向北碚区的农民宣扬、演讲，推行良种繁殖。4时正，卢先生偕何经理乃仁乘原车回重庆去了。

11月4日　《嘉陵江日报》载：日前卢作孚与合川县私立瑞山中学校长皮秋帆谈教育问题，对学校的课程提出一系列的要求和希望。报道载[①]：

> 日前卢作孚氏与合川私立瑞山中学校长皮秋帆谈及教育问题，卢氏希望学校的课程：第一，课程相互间要发生关系，第二，课程与时代要发生关系，第三，课程与行动要发生联系。此外每一课程须使学生对它有概念，并发展其概念，启发其联想作用，最好一切工作都要和教育配合起来，应该做的事和应该建设的事也即是应该教育的，要造成良好的教育环境。教师的活动应使学生自主、自觉、自动。如此教育才会收到最大的效果。

该报还同时报道：卢作孚现正在上海、南京等地尽量采购约克郡洋猪的杂交种猪，计划用轮船运送回川，帮助北碚农民发展农村副业[②]。

---

① 《卢作孚谈教育效果可资教育者参考》，《嘉陵江日报》1947年11月4日第2版。

② 《卢作孚愿助农民发展农村副业》，《嘉陵江日报》1947年11月4日第2版。

11月8日　卢子英就请设法在上海、南京等地搜购约克郡公猪、北碚管理局计划组织主干人员赴台湾以及江浙沪等地考察事致函卢作孚[①]。

11月10日　卢子英就包括与中国农业银行关系等北碚有关事务致函卢作孚，谓[②]：

> 北碚民众近年得农民银行之厚惠甚多，卅一年有自耕农示范区之创办，卅四年又有农行与农林部、农业推广委员会、中央农业实验所与管理局合组之“北碚农村经济建设实验区”举办各种农贷，对于增进农村经济、改善农民生活卓著成效。因中央去年划定四川模范省，四川指定以第三行政区为模范区，省府又将北碚作为乡建实验区，以成人教育为手段，达到乡村教育之目的，各方配合打成一片，以期事半功倍，完成理想的实验。现农行在陈果夫先生、李叔明先生领导之下，励精图治，正欲为国家有所大作大为，故此间父老，咸望该行一本过去扶持北碚，与其一贯为国家而实验之精神，为农行总行就全国选择一处或数处作为农行本身之实验区，如认为北碚尤合于实验区条件，亟望其办一农行的农贷与土地金融之实验区，不但企求对国家制度技术上有所贡献，即对国际关系上亦起相当之作用。北碚实验区目前对于农民举办南瑞苕、约克郡杂交猪之推广，农业仓库之建筑，各保农业合作社之组织（做到变相的合作农场），目前之气氛与动向，一般关切社会问题者多誉为现时我国农村有数之地方，谅为陈先生与李先生所洞悉，并望陈先生与李先生能再派专人莅碚视察，最后再决定之。但兹事之决策务恳由上而下（上发命令），计划之拟定或可由下而上。此事拟请兄在京就近婉商陈先生、李先生，如认为农行实验区可以在北碚举办，即请由农民总行通知渝分行转知碚行办事处，会同拟出计划呈核，然后施行。又过去农林部对北碚早有油桐实验区之设，研究过桐种五百余种，播植桐苗四万余株。去年本局农民所栽全区油桐卅万窝，蔚然成为全国农村第一油桐实验区域，将来全用合作方式之经营。油桐专家贾伟良博士等拟于北碚筹设榨油厂，闻农行过去对中国植物油料厂均曾投有大量资金，对北碚之榨油厂亦望农行大量投资，此油桐实验区之榨油厂亦可以作为实验榨油厂，其投资之意义更远在植物油厂之上。该厂会计独立，全由农行主管，甚至

---

① 黄立人主编：《卢作孚书信集》，四川人民出版社2003年版，第861页。

② 同上书，第863—864页。

全权主持，北碚农民亦皆乐从事上述两事。切盼吾兄婉商陈先生、李先生，倘能邀请农部左部长暨现任中农所沈所长宗瀚先生等，一并与陈先生辈会商尤妙（可否特别请一次客，俾便从容商议）。盖沈先生来函称正拟在北碚加强人力、财力，作大规模之实验也。如商量有成，其手续如何，亦希商明。结果如何，尚祈复示为幸。

11月15日　富源水电公司第二届股东大会在重庆召开，张叔毅、戴自牧、胡子昂、卢子英、熊明甫、何北衡等出席了会议，卢作孚被公推为大会主席并说，公司专为供给北碚区用电而设立，发电以来情形良好，惟因修造小坑岩电厂工程负债甚巨，目前公司十分艰难。会议讨论了公司重估固定资产，并依法增值增资等问题。①

11月15日　晚卢作孚与熊式辉谈：我们对民盟不争取，而驱之使附“匪”为失策，政府中各党派分子人数并非不够，特运用不够，即所发挥作用，尤为不够，熊约卢作孚研究办法，容俟张嘉璈来共谈②。

11月17日　卢作孚与张嘉璈等访熊式辉，卢作孚表示：内阁单易一二人无益，万一一个能人上台，而政会、经会、立院等消极不理，积极阻碍，则财政经济之僵局仍不易打开③。

11月19日　晚徐堪召餐，到张群、熊式辉、卢作孚、张禹九、张肖梅等，谈财政金融事④。

11月28日　卢作孚偕中央农业改进所中农所副主任吴显清、美籍顾问戴维生等乘飞机飞抵重庆，准备参观重庆及附近经济事业，并赴川西考察农业经济。《嘉陵江日报》载⑤：

民生公司总经理卢作孚氏，偕中农所吴副所主任及美专家戴维生等人，于昨（28）日飞抵重庆，住南国大厦。今（29）日开始参观，其参观程序如下：第一日上午参观渝鑫、中国兴业两炼钢厂，顺昌机器厂。第二日（30日）上午参观水泥厂仓库，下午看防空洞，晚宿

① 《富源水力发电股份有限公司第二届股东大会纪录》，重庆档案馆藏。

② 熊式辉著，洪朝辉编校：《海桑集：熊式辉回忆录》，香港明镜出版社2008年版，第650页。

③ 同上。

④ 同上书，第651页。

⑤ 《卢作孚氏昨日飞返渝》，《嘉陵江日报》1947年11月30日第2版；《卢作孚由渝返碚　美专家喜气洋洋》，《嘉陵江日报》1947年12月2日第2版。

北碚温泉。第三日（12月1日）上午参观中农所、博物馆，下午参观自耕农示范园、广柑园、桐油厂。第四日（12月2日）上午北碚到内江，参观糖厂，晚宿内江。第五日（12月3日）上午自内江到成都，休息并购物，住励志社。第六日（12月4日）上午参观农改所、华西、川大农学院及仓库。第七日（12月5日）上午赴灌县参观水利。第八日（12月6日）访问成都附近农家，并游览、购物。第九日（12月7日）上午自成都出发，经遂宁回重庆，其行程二日或三日到渝后决定。回渝后如有余暇，参观牛奶场。……

又卢氏同行诸人，除中央农业改进所农具系美籍顾问戴维生外，尚有史东、马考莱、韩珊等。中农所副主任吴显清与卢氏川西之行，目的在将川西一带土地，采用机器开垦，并将利用行总历年积存钢铁制造各种新式农具，改进农业。

12月1日　卢作孚乘车返碚，偕戴维生等视察北碚农业。《嘉陵江日报》载①：

昨天上午10点钟……中农所农具系主任吴留青先生陪同美籍顾问戴维生、史东、马考莱、韩珊先生等，到川西考察农具改良问题，为应卢作孚先生邀请，先来北碚参观。卢先生从重庆专车赶来作主人，兹有中农所北碚试验场代理场长叶孝怡陪同参观该场的稻作、油桐和园艺陈列室。

11时由管理局农推所主任陈显钦引导，到达梅花山合作农场，数百农民聚集第三中心校前欢迎，情形热烈。戴氏对此盛情，连声称谢，与保长袁正和、冯时斋及第三中心校校长袁俊成一一握手后，并为欢迎群众拍照。卢作孚氏对农民生活极其关心，当即对今后中农34号小麦、南瑞苕、杂交猪等生产情形垂询颇详，随即参观第三中心校。正逢下课，小朋友们竖起大拇指连呼“顶好”。卢作孚对学校情形颇多指示。袁校长当即呈明困难情形，卢氏对体育场、礼堂设备等都答应设法帮助解决。……

卢作孚对于合作农场的业务情况，油桐和广柑树的推广都极其关心，一一询问，颇为详尽。

最后参观模范农家李治泉家，谷仓、犁、耙、水车等皆一一试

① 《卢作孚由渝返碚　美专家喜气洋洋》，《嘉陵江日报》1947年12月2日第2版。

看。储藏室内两堆红苕，一堆是南瑞苕，一堆是普通红苕……参观粉作坊后，又到农□室……，看了猪圈里的杂交猪……

李治泉……但他主要的收入不是耕田，他经营好多副业：碾米、做粉和养猪，米糖和粉渣都是养猪的好饲料。他一年要卖好几十头猪。由于副业能够适当的经营利用，他自佃农变成自耕农，而且能够生活得很好，孩子们也能进学校念书了。

12月25日　《新民报》的邓季惺致函卢作孚，谓[①]：

今晨离京，十二时抵武昌机场，因天气恶劣，宿于此。明日当可抵渝。此行自仍望有光荣结果，方不负吾师及岳公与兆民、惟果诸兄之热忱支持。至于当选后有效无效问题，留待以后再说。

国大代表选举结果，有六、七百人非中央指定而当选者，现已组会活动。既云普选，则民意不可侮，恐难如中央少数人之如意算盘，期其全部就范。将来立委选举结果，当仍有此种现象。严格说来，国务会议所通过之补充办法（即党员非经政党提名则当选无效），实在是以命令变更法律（前此公布之"国大"、"立委"选举罢免法均无此规定），且发生"违宪"问题（宪法中对于人民享有选举权与被选举权，除法有明定者外，是无任何限制的）。以二十余人组成之国务会议，即将二千人民代表通过之宪法变更，国人是绝对不会承认的。生今日之计，仍在从优做票。党内束缚，暂时不管。拟恳先生速函北衡兄，发动各县社会科长及川内建设事业机构帮忙，必可得相当数字之选票。如何？祈酌定。

年底　成渝铁路工程已经完成39%[②]。

本年　民生公司所属民生机器厂的状况进一步恶化，为此大量裁减工人，经过裁减，仅剩工人800人左右，民生公司的附属事业进一步衰落。为加强管理，民生公司在沿海各地重要码头天津、青岛、福州、汕头、广州、香港设立办事处或分公司，并拟在台北设立分公司。同时民生公司经营上的困难更加突出：1. 大笔贷款需要还本付息；2. 船舶配件、油料依赖美国，尤其是所购军用船舶在美国已经不再生产，获得配件极为不易。

① 黄立人主编：《卢作孚书信集》，四川人民出版社2003年版，第872页。

② 金士宣、徐文述著：《中国铁路发展史》，中国铁道出版社2000年版，第408页。

1948年（民国三十七年）55岁

1月9日 《嘉陵江日报》载最近卢作孚由加拿大购回一批优良的浅草坪种子，民生公司已经将其中五磅赠送给北碚平民公园，这些种子可以种植100亩地面。《嘉陵江日报》载[①]：

> 最近卢作孚氏由加拿大购回浅草坪种子一批，这是一种最优良的浅草坪种。民生公司已经赠送了五磅给此间北碚公园。这重量五磅的种子，可以种植一百亩宽大的地面。北碚公园当局为了促进实现北碚公园化的理想，愿意将上项种子捐赠及市区的各事业机关、法团或学校，愿意种植的可迳向北碚公园负责人接洽。

1月13日 （一）民生公司为请求预支差运费致函国民政府军事委员会重庆行辕，谓[②]：

> 此次紧急军运，公司为配合军事行动，经将川江船只全部交差，幸已完成任务，唯所得全部租费，较之各该轮营业收入，损失甚大，且非短期所能结领。以前巨额积欠之借款，尚未清偿，遇有损失更无法应付。为勉维目前员工薪膳航行费用与日常之开支起见，拟即向联勤总部预借运费五十亿元。即以先后差租抵扣结还，素蒙钧辕维护航运，体恤商艰，伏乞赐予证明，俾济开支而解倒悬。无任企祷待命之至。

（二）《申报》载中国省市博物馆计有十三所，中国西部博物馆为其

---

① 《卢作孚自加拿大购回一批浅草坪种子》，《嘉陵江日报》1948年1月9日第2版。

② 民生公司档案，财务（五），转自凌耀伦主编《民生公司史》，人民交通出版社1990年版，第374页。

中之一，报道谓[①]：

> 我国博物馆机构，据教部统计，除国立故宫博物院，国立中央博物院筹备处，北平古物陈列所，及沈阳博物院外，各省市公私立博物馆计下列十三所：浙江省立西湖博物馆（杭州）、四川博物馆（成都）、中国西部博物馆（重庆）、私立希成博物馆（成都）、济南广智院（济南）、河北省立天津博物馆（天津）、河南省博物馆（开封）、陕西省历史博物馆（西安）、上海市立博物馆、私立天津广智馆、华西博物馆（成都）、台湾省博物馆（台北），及青岛市立博物馆。

1月27日　刘斐、汤恩伯、卢作孚等在上海访熊式辉谈时局。熊式辉回忆录载[②]：

> 廿七日刘斐、汤恩伯、卢作孚等来谈时局，汤云：时局如此，应问：（一）日敌遗械及美国租借之军器物资如许，我所练成之军队何在？（二）曩以为杂牌必须淘汰之部队，何以现任剿匪俱能战能守？（三）二十余年所培成之将才在哪里？作孚云：军队之所以不能战，一因编制上就已将原来历史性故为摧毁；二因在配属上又故为拆散，羼杂而错乱之；三因在补充上不顾地籍。相与喟叹，余曰半由气数。

1月　民生公司上海区公司正式成立，经理为童少生，副经理为杨成质、宗之琥、吴之信，下设船务、业务、财务、供应四部和人事、总务两科[③]。

年初　鉴于营口航运业务已经全部停顿，民生公司轮船不再航行营口，这是民生公司在沿海北线撤退的第一个港口。之后，相继撤退了青岛分公司和天津分公司[④]。

2月9日　民生公司与上海中华造船厂签订建造巫峡、巴峡、夔峡等

---

① 《省市博物馆，全国计十三所》，《申报》1948年1月13日，第6版。

② 熊式辉著，洪朝辉编校：《海桑集：熊式辉回忆录》，香港明镜出版社2008年版，第661页。

③ 宗之琥：《我与民生公司》，《上海文史资料选辑》第48辑，上海人民出版社1984年版，第79页。

④ 同上书，第81页。

三艘浅水拖轮合同，后由于公司经济困难，工作中断[①]。

3月6日　康心如、吴晋航为出国办理证件事致函卢作孚，谓[②]：

> 承抄示咏霓先生来缄，以弟等出国最好用川省府或建厅名义。惟经考虑，以为仍以商人身份在国外更易与各方取得联系，携带翻译人员亦可不受限制。以此，弟心如拟以宝丰公司董事长名义、弟晋航拟以四川畜产公司董事长名义申请，因两公司皆经营出口业，或较易获得许可。弟等及随行翻译人员照片、证件等，仍拟寄陈吾兄代向外交、经济两部洽办护照。如何之处，即请裁示为感。

3月7日　《申报》载《全国性职妇团体，国代当选人名单》。其中，卢作孚在列，与潘仰山、蓝文彬等同为工商团体西区当选人[③]。

3月14日　应胡子昂之请，卢作孚为其子、在永定军舰服役的胡甫耀返家省亲请假事致函海军司令桂永清。

［按］桂永清于3月22日回函卢作孚："一届暑期，当令该舰给假返里省亲。"[④]

3月22—26日　22日卢作孚由上海赴台湾考察公司业务以及基隆、高雄等地的港口设施，当天晚上台湾省财政厅厅长严家淦设宴款待，并为他安排了参观计划。此后卢作孚参观了台北、台南的造船厂和其他工厂等。26日卢作孚由台南飞抵广州，参观黄埔港。这一次台湾之游使卢作孚对台湾的小学教育留下了深刻的印象[⑤]：

> 很惊异台湾的小学教育很普及，每一个小学校都有相当大的校舍、运动场，都有相当的图书、标本及仪器，可以说都很合标准。每校学生，少则四五百人，多到二千余人，有远到八九里路来读书的。……台湾若干地方小学生人数，则要占其全人口的12%—15%，占全部学龄儿童的80%—85%。

---

① 《民生实业公司董事会第二十四届第三次董事会议纪录》附件9，重庆档案馆藏。

② 黄立人主编：《卢作孚书信集》，四川人民出版社2003年版，第889页。

③ 《全国性职妇团体，国代当选人名单》，《申报》1948年3月7日，第1版。

④ 黄立人主编：《卢作孚书信集》，四川人民出版社2003年版，第889页。

⑤ 卢作孚：《如何彻底改革教育》，《嘉陵江日报》1948年2月22日第2版。

3 月 29 日—5 月 1 日　第一届行宪国民大会在南京召开，卢作孚是此届国民大会中工矿团体西区的代表①。大会选举蒋介石为“总统”，同时选举了“立法院”立法委员，云南省著名无党派企业家缪云台作为西南区川滇黔三省工业界的代表当选为立法委员。

［按］后来缪云台回忆说②：

> 那时四川方面的卢作孚、刘航琛、胡光鹿等人，推举我任西南区川滇黔三省工业界的立法委员，并于事前征求我的意见。我考虑这样可能对（云南）人民企业公司有利，对人民企业公司的前途更有保障，于是就同意了他们的意见。

4 月 11 日　黄炎培晤卢作孚③。

4 月 13 日　天府煤矿股份有限公司第三次股东常会在重庆市沧白路沧白纪念堂举行，审查去年的决算和业务、财务，董事长卢作孚主持了会议。会议听取了总经理黄志煊、监察人卢尔勤等人的报告，通过了 1948 年会计报告和盈余分配案，并选举了新一届监察人，张峻、唐建章、周见三、卢尔勤、赵百福等五人当选④。

4 月 18 日　北碚有三个师范学校的毕业生，要出发联合实习，并以北碚全部 76 所小学校为实习区域，本日北碚管理局在北碚民众会堂为其举办联合欢送会。卢作孚在欢送会上作了《如何彻底改革教育》的演讲，强调在实际生活中取得经验是最有效的学习，认为学习环境可以经过布置而得到改善，学生应该以将来所从事的职业性工作为读书的出发点。他说⑤：

> 我们应让所有的小孩都入学，但仍像过去那样读书，则完全不可以！我们国家之所以弄到今天全无办法，情势非常可怕，就是因为这种读书人太多了！在农村，本来可在田里种庄稼的小孩，读了书就不

---

① 台北“国史馆”档案。

② 缪云台：《缪云台回忆录》，中国文史出版社 1991 年版，第 169—170 页。

③ 中国社会科学院近代史研究所整理：《黄炎培日记》第 10 卷，华文出版社 2008 年版，第 49 页。

④ 《天府煤矿股份有限公司第三届股东常会纪录》（1949 年 4 月 13 日），重庆档案馆藏。

⑤ 卢作孚：《如何彻底改革教育》，《嘉陵江日报》1948 年 4 月 22 日。

能种庄稼了，往哪里去？到都市，到政府机关去。此外便无事可做了。在都市，商店里的小孩，本可做生意的，读了书也不能守商店了，往哪里去？往更大的都市，还是往政府机关去。在工厂，工人的小孩，读了书，还是不得当工人了，往哪里去？如无更多的银行、公司，还是到政府机关去。目前我国每年中学毕业的学生以十万计，大学毕业的也以万计，读书人年年加多，政府机关的人也年年加多。如果一国人口，全读了书，岂不全是公务人员，会没有一个老百姓了？

4月19日　民生公司在重庆民生大楼召开第二十二届第四次董监联席会议，卢作孚列席了会议并作总经理室业务报告。会议通过了总公司在青岛、汕头设立分公司的专案报告等[①]。

4月20日　民生公司在重庆沧白路沧白纪念堂召开第二十三届常年股东大会，到会股东1025人，代表全部1813名股东，公推卢作孚为大会主席。董事长郑东琴报告1947年本公司营业小有盈余（盈余66亿5371万余元）[②]。大会讨论并通过修改公司章程、董事会组织规程、董事会议事规则、1947年决算等案。新修订的《民生实业股份有限公司董事会组织规程》如下。

民生实业股份有限公司董事会组织规程（1948年4月订定）

第一章　总则

第一条　民生实业股份有限公司董事会，依公司法第一百九十二条之规定组织之。

第二条　本公司董事会办公处，设于本公司总公司内。

第三条　本公司董事会设董事长一人，常务董事八人，董事十六人，依本公司章程第十八条及第二十条之规定选任之。

第四条　本公司董事会设秘书一人，由董事长聘任之。设办事员一人至三人，由董事长派任，或就本公司职员中指派兼任之。

第五条　本公司董事会执行股东会之决议，并依本公司章程第二十一条之规定，行使其职权。

第六条　本公司董事会之费用，由本公司负担之。

第二章　常务董事会议

① 《民生实业公司董事会第二十二届第四次董监联席会议纪录》，重庆档案馆藏。

② 《民生实业股份有限公司第二十三届常年股东大会决议录》，第2页，重庆档案馆藏。

第七条 本公司董事会，每月由董事长召集常务董事会议一次。开会时，以董事长为主席。

第八条 常务董事会议讨论本公司应兴应革事项，其决议交总公司执行。

第九条 本公司之重要设施，与权利之取得或丧失，及临时之巨额开支，应经常务董事会议之决议或追认。

第十条 常务董事会议开会时，本公司各部门负责人员列席作业务报告，并答覆询问。

第十一条 常务董事会议，有常务董事总额二分之一以上之出席，即得开议。

第三章 董事会议

第十二条 本公司之常务董事及董事，每三个月举行董事会议一次，由董事长召集之。开会时，以董事长为主席。召集董事会议之月，得不召集常务董事会议。

第十三条 召集董事会议时，应由董事会函请全体监察人出席查核帐表。

第十四条 董事会议审核本公司业务进行事项，查核本公司帐表。若在不召集常务董事会议之月，并得决议第八条及第九条规定之事项。

第十五条 董事会议开会时，由董事会秘书将最近三个月内常务董事会议之决议案，及本公司业务情况汇列报告。

第十六条 董事会议开会时，本公司各部门负责人员列席作业务报告，并答覆询问。

第十七条 董事会议，有常务董事及董事总额二分之一以上之出席，即得开议。

第四章 附则

第十八条 本公司董事会之议事规则另定之。

第十九条 本规程经本公司董事会议通过后实行。修改时亦同。

大会选举了新的公司董事和监察人，组成公司第二十四届董事会。新一届董事中有中国银行代表赵雨圃、霍亚民，交通银行代表张叔毅、汤筱斋及宋子安、刘航琛、徐可亭等①。

① 《民生实业股份有限公司第二十三届常年股东大会决议录》，第8—9页，重庆档案馆藏。

4月21日　卢作孚在重庆沧白路沧白纪念堂主持召开天府煤矿股份有限公司第二届股东常会，卢作孚向大会报告公司资产经奉批准增值为36.6亿元，1947年盈余30.3793亿元。《天府煤矿股份有限公司总经理三十六年度业务报告》载[①]：

本年度财务情形以物价波动有如狂澜，每月支出膨胀甚巨，无法与预算吻合，所幸收入之款虽不如支出增加之大，尚差可敷用度，但每月收入之数仅足当月之用周转。若遇稍巨之支出，即感周转不灵，故设备之补充，材料之填购，以及临时巨款之支出无不仰赖政府贷款济急。如天府厂新添电机，四联总处贷给卅亿。又如职工年终奖金幸得中、交两行买汇贴现之挹注，年来经努力推销，尽量节省，四联贷款虽只归还数亿元，而存煤则较35年约多1万6千吨。同时各种存料价值增大，因此尚有卅余亿之盈余。

由于按照公司章程，本次会议应该改选董事和监察人，根据卢作孚的提议，本此会议议决董监人选不变。董事仍然是卢作孚、何北衡、孙越崎、康心之、康心如、刘航琛等15人，监察人仍然是卢尔勤、周见三等5人[②]。会后卢作孚“因要事即赴上海”[③]。

4月22日　民生公司钱岳乔代表民生公司与粮食部等签订承运川粮合约，合约如下。

国营招商局、民生公司承运川粮合约[④]

粮食部为委托招商局及民生公司办理川粮运输事宜，经议定互惠条款如下：

一、自三十七年五月一日起至三十七年十一月三十日止，民生公司每月运粮7500吨（内包括庆华、协大、永兴3公司1000吨），招商局每月运粮5100吨（包括强华公司在内），共计88200吨，分在汉

---

① 《天府煤矿股份有限公司总经理三十六年度业务报告》，重庆档案馆藏。

② 《天府煤矿股份有限公司第二届股东常会纪录》（1948年4月21日），重庆档案馆藏。

③ 《民生实业公司欢迎第二十三届当选董事及监察人就职会纪录》，重庆档案馆藏。

④ 胡政主编：《招商局与重庆　1943—1949年档案史料汇编》，重庆出版社2007年版，第614—615页。

口、南京及上海拨交。若该月少运之吨量，则由次月补运之，到期后运量不足得延长 15 日。

二、米粮运费按 4 月 1 日起调整价，渝汉每吨照 710 万元八折计算为 568 万元，另加回空费四成，计 284 万元，共 852 万元；渝京每吨 882 万元八折计算为 705.6 万元，另加回空费四成，计 352.8 万元，共 1058.4 万元；渝沪每吨 944 万元八折计算为 755.2 万元，另加回空费四成，计 377.6 万元，共 1132.8 万元；万汉每吨 498 万元八折计算为 398.4 万元，另加回空费四成，计 199.2 万元，共 597.6 万元；万京每吨 670 万元八折计算为 546 万元，另加回空费四成，计 273 万元，共 819 万元；万沪每吨 732 万元八折计算为 585.6 万元，另加回空费四成 292.8 万元，共 878.4 万元。

三、若交通部通令调整货运价时，依合约运价亦随之增减。又承运商如因负担粮食运输而致亏折过巨时，得由粮食部会同交通部呈请行政院补贴之。

四、运费由各承运公司在京每月分别结算 1 次。签约时由粮食部预借 12600 吨之运费，其数额按渝京段 2/3、渝汉段 1/3 计算，以次各月照上月实际运粮量运费，逐月预先借付。

五、米粮以麻袋装好交船后封舱，由粮食部派员押运，不再交磅。如原装不动，承运公司不负米质责任。在宜昌转船时亦同。

六、米粮运输保险由粮食部自行办理，凡轮船行转口过驳各风险属于保险范围者，承运公司概不负责。

七、运粮船只各机关部队不得封扣、征收及留难，由粮食部呈行政院通知遵行。

八、运粮船到埠前 3 日，由承运公司以当面通知当地运粮机关准备载运。于接通知后至迟应于轮船结关前 1 日，派员与该公司洽妥载量。

九、如粮食部每月交运量不足 12600 吨，则不足之数应在总运量 88200 吨内减除之。

十、依合约所规定之运量如有违反七、八两条情事，及因轮船发生故障或洪水陡涨、风雹骤发及非人力所能控制之意外事件，所减少之运量应予扣除。

十一、米粮交运时在船边收货，运到时在船边交货。其装卸时间，经规定为 300 吨以下者，各 12 小时；301 吨至 600 吨者，各 18 小时；601 吨至 1200 吨者，各 30 小时。无论假期、不分昼夜照常装卸，但阴雨时间得除外。如因延期影响该轮预计运量，得在当月承运量中减除之。

十二、米粮在宜昌转船工作由承运公司负责，所有提驳过档费用由各公司垫付后，取据向粮食部结算归还。粮食部应指派人员驻宜考核之。

十三、船到码头立即由粮食部派员提卸。如提卸不及，由承运公司会同押运员代提存驳船，承运公司不负质量之责任。所有提驳上栈费用取据后由粮食部结付。

十四、京、汉之堆栈、仓库、驳船，由粮食部自行准备。如需另洽囤驳卸存时，由粮食部自行办理之。

十五、南京回渝船只所需燃料，由粮食部咨经济部每月按官价在京酌予拨售燃料。

十六、本合约签订后，请粮食部电请重庆行辕协助执行，并抄送经济部、审计部备查。

十七、本合约一式3份，签订后，粮食部、民生公司、招商局各执1份存查。

粮食部　陈良　彭熙同　沈国瑾
国营招商局　施复昌
民生实业公司　钱岳乔
中华民国三十七年四月二十二日

4月24日—5月17日　4月24日民生公司的南海轮首航日本，民生公司的远洋航运由此开始，5月17日南海轮返回香港。

4月　王陵基被任命为四川省主席，杨森任重庆市市长。

5月1—4日　《嘉陵江日报》连载《传习教育在北碚》一文，对北碚的发展以及传习教育在北碚的开展有系统的记述。文章载[①]：

它（北碚）是全国行政区域中，仅有的一个管理局。它有235134亩的面积，96668的人口，略少于一般县份。它共分八个乡镇，嘉陵江横贯东西，把八个乡镇分成南北各四。江南有朝阳、澄江二镇，龙凤、金刚两乡。江北有黄桷一镇，二岩、白庙、文星三乡。若从北碚地图上看去，宛如一匹很不完整的梧桐叶。嘉陵江是它的叶

① 沙江：《传习教育在北碚》，《嘉陵江日报》1948年5月1日第2版。

茎，几条小河，便是它的叶脉。北碚在地理上，和四川一般没有多少不同。除煤炭的生产，嘉陵江的交通，和北温泉的风景，天然给地方经济添了一点帮助以外，其余简直没有什么特殊之处。但是在政治上，却有其他地方比不了的长处。

它的政治：首先应该提到的就是政治当局的稳定，管理局当局，自从民国十六年莅任以来，从没有因上级政治当局的变动，影响过他的去留，再加上他志在做事而不在做官的苦干精神，领导着和他有同样作风的局内外各级干部人员，共同在一个大计划下努力，举凡市政的改进，社会的安定，政令的贯彻，经济、文化、交通的建设，都是管理局和地方人士，切切实实一点一滴完成的。大家都知道北碚地方的可爱，却不是偶然的。

它的教育：北碚因为有足够的国立、省立、私立的大学、专科、中学、师范学校，所以管理局没有设立中等以上的学校。单就小学说，它有中心小学16所，保校51所，私立小学8所，幼稚园4所，平均每个学区有小学1所，全境学龄儿童9100人，已入学的7863人，所余1237人的失学儿童，今年可以扫数入学。我们再从北碚管理局36年度全局教育经费766578788，约占全局行政经费百分之四十来看，就可以知道对教育的重视。他们知道北碚的民众教育做得不够，在去年的暑期，特别邀请中华平民教育促进会华西实验区，在北碚设立办事处，协助办理成人教育。

……

按北碚八个乡镇共分73个学区，开办了448个传习处，共有男生5622人，女生5624人，男女共计11246人，平均每学区有6个传习所，每个传习所有学生25人。

又按北碚总人口96668人，其中15岁至45岁之失学男女成人共22644人，除已入学的11236人外，尚有失学成人11408人，连尚未入学的超龄儿童1487人计算在内，今年内可以使他们扫数入学。单就扫盲工作讲，今年年底，可以十足完成。

5月4日　渝鑫钢铁股份有限公司在上海大名路民生公司召开第二十六次董监联席会议，余名钰、戴自牧等出席会议，卢作孚主持了会议，会议决定了调整重庆渝鑫总厂人事等事项①。

---

① 《渝鑫钢铁股份有限公司第二十六次董监联席会议记录》，重庆档案馆藏。

5 月 12 日　卢作孚自上海回到重庆。

5 月 13 日　下午 2 时，卢作孚在重庆民生大楼主持召开欢迎民生公司第二十三届当选董事及监察人就职会，下午 2 时半，民生公司董事会召开第二十三届临时董事会议，推举郑东琴、宋师度、钱新之、何北衡、晏阳初、戴自牧、宋子安、胡筠庄、赵雨圃等 9 人为民生公司第二十三届常务董事，郑东琴为第二十三届董事会董事长，卢作孚列席了会议并被续聘为公司总经理①。

5 月 19 日　国民政府向担任国营招商局"前任董事长"的卢作孚颁发胜利勋章证书②。该证书后经国营招商局转卢作孚。

［按］查相关资料，未见卢作孚担任国营招商局董事长的资料，卢作孚只做过招商局常务董事。

5 月 19 日　张群担任校董的上海私立中华工商专科学校校长沈嗣庄为募捐事致函卢作孚，张群本人也为此致函卢作孚，函中称：该校"预计修建大礼堂一所，需费五十亿方能举办"。卢作孚立即决定捐助该校三亿元并把该捐款交交通银行钱新之转交该校③。

5 月 19 日　卢作孚从上海乘飞机再赴加拿大谈判。

［按］由于加拿大两家船厂以亏累不堪为由，向民生公司提出了新船建造需要加价 30%的无理要求，并声称如果不满足其要求就宣布破产倒闭，卢作孚为此事于本日从上海乘飞机再赴加拿大谈判。

5 月　民生公司成立汕头办事处。

6 月 5 日　为适应公司各处分公司纷纷设立后加强管理的需要，民生公司决定扩大上海分公司为上海区公司，对总公司负责，直接领导天津、青岛、基隆分公司以及汕头、福州、广州、香港等办事处，童少生任经理，宗之琥、吴鳞白为区公司副经理。上海区公司下设船务、业务、财务、供应四部，区公司经理童少生兼任船务部经理，宗之琥兼任业务部经理，总公司财务处负责人李邦典兼任财务部经理，吴鳞白兼任供应部经理。同时保留原来上海分公司各科④。

6 月　翁文灏出任国民政府行政院院长，组成行宪内阁。

7 月　在沿海北线逐步撤退的同时，从本年三、四月开始，民生公司

① 《民生实业公司董事会第二十三届临时董事会议纪录》，重庆档案馆藏。

② 《徐学禹复国民政府文官处公函》（1948 年 5 月 24 日），台北"国史馆"藏。

③ 黄立人主编：《卢作孚书信集》，四川人民出版社 2003 年版，第 875、896 页。

④ 凌耀伦主编：《民生公司史》，人民交通出版社 1990 年版，第 342 页。

开始加快向沿海南线的发展。本月，民生公司广州分公司正式成立，由宗之琥任经理，同时香港办事处也改归广州分公司领导。加拿大造新轮祁门、石门、龙门、剑门先后加入广州至香港运营[①]。

8月19日　国民政府宣布改革币值，发行金圆券，大肆搜刮民财三亿七千多万美元，到11月11日宣布币制改革失败。

8月30日　（一）卢作孚乘飞机经日本东京回到上海。

［按］在赴加拿大几个月的谈判期间，卢作孚偕同童少生、王世均以及加籍顾问皮尔士等人，奔忙于渥太华、蒙特利尔、魁北克之间，收集资料，日夜辛劳。有一次在渥太华的住处打电话时，心脏病复发，又出现脉搏间歇。谈判结果，民生公司同意负担津贴补助费三分之一，加拿大政府承担三分之一，加造船商自己承担三分之一[②]。加拿大造船谈判，至此才最后完成。

（二）在经过东京时，卢作孚顺道对日本农村进行了简短的考察。在随后谈到这次考察时他说[③]：

> 日本的乡村，同中国的乡村，并没有两样，屋子建筑极简单，几根小树条，钉上一些薄木版，十之九是草房。屋里，吃饭的时候，推出一张小桌，有的连小桌也没有，干脆就围坐在地上。晚上……就席地而睡。可以说生活较之我国农民，还更简单一些，不过有一点不同，政府帮助他们：第一，是电力的普遍，几十匹马力、几百以至几千匹马力的发电设备，随处都是，农民可充分用电，因之，小工业也应运而生；第二，五万多公里的铁路，把交通弄得极其方便；第三，灌溉便利。这使他们解决了生活问题，因之也就解决了教育问题了。

［按］卢作孚于不久后在北碚谈到教育的时候，再次谈到他对日本的印象，指出识字是人人用得着的知识[④]：

---

① 宗之琥：《我与民生公司》，《上海文史资料选辑》第48辑，上海人民出版社1984年版，第82页。

② 王世均：《民生公司向加拿大借款造船的经过》，《文史资料选辑》（全国）第33辑，文史资料出版社1980年版，第294页。

③ 《记卢作孚先生谈话》，《北碚日报》1948年9月28日。

④ 同上。

日本，处处用字来告诉人，处处用得着识字的知识。你如果识字，到其它地方也方便，作甚么事也方便。假如不识字，那便会处处碰壁，走投无路。识字是他们的生活，自然便人人识字了。加拿大，你要开汽车，不熟悉路线不要紧，反正有详细的图，保你不会有丝毫的错误。假如开到市区，图穷了。然而，不久的是各种各样的指标，指标上有详细的路线、详细的说明，一看便知。大西洋中，一只可以用帆，可以用机器的船，有风张帆，无风便用机器。船主一具罗盘，一具风向仪，便安全的直抵海岸。这一只异乎寻常的船，当他还未到达的之后，几乎人人都知道了。因为每本杂志，每张报纸，都有详细的记载。从它的构造，它的制作的程序，下水的时期，甚么时候启椗，船上载多少人，都有详细的记载。有详细的照片，详细的图样，在地下铁道的车厢里，几乎人人都在忙着翻书，翻报纸，实际上都在看这样的消息。所以船未到，每个人已非常的明白了。这些是教育的实例，也是生活的风尚。

8月　梁漱溟把北碚勉仁国学专科学校改为勉仁文学院，分设历史、文学、哲学三个系，学校董事会由梁漱溟、卢作孚、晏阳初、张群组成。院长熊东明，副院长陈亚三，教授中有陈亚三、邓永龄、罗庸、吴宓、李源澄、孙伏园等著名学者[①]。

9月25日　卢作孚于傍晚返回北碚。

9月26日　上午8时卢作孚出席社会部儿童福利实验区举办的欢迎茶话会，会上该实验区主任章牧夫在致辞中说卢作孚有科学的头脑、坚强的意志、勤俭的习惯等美德，并赞扬卢作孚“从小事做起”的态度。卢作孚随后发表谈话，说自己一向本着“从小事做起”的信念做事，小事比较容易做好[②]，茶话会于10点多种结束。11时北碚管理局以及各事业机关主管人员40余人在兼善礼堂举行欢迎座谈会，会上卢作孚着重谈了对于北碚教育、市政、产业发展的看法，《北碚日报》载[③]：

卢氏首询及教育，对民教尤殷殷数询，在揭示教育不离生活原则

① 《私立勉仁文学院概况》，《北碚日报》1949年11月4日。

② 《儿福区昨茶会欢迎卢作孚氏》，《北碚日报》1948年9月27日第2版。

③ 《北碚管理局各事业举行座谈会检讨有关教建事项卢作孚氏莅会指示甚详》，《北碚日报》1948年9月27日第2版。

之下，即历举日本、汕头、加拿大各种实例，认为北碚今后民教，应从手工业，如棕器、竹器、篾器等谋发展。继对于建设中之合作农场，稻种改良，油桐推广，合作中之机、织合作，市政中之分区建设指示甚详。卢氏以为将来之住宅区可于医院马路完工之后，向龙凤桥方面发展，檀香山桥沿北温马路至气象所一带亦为极佳之住宅区。学校集中一区，有公共之体育场，公共之图书馆，公共之实验室，在设备上可少耗费用，多得实益。最后于翻阅目前传习处所用之农民千字课后，对今后之民众教材，亦有所建议，谓应由目前逐渐扩大，以目前正进行之各项建设，计划及工作作为教材，亲切踏实。先由北碚及其周围，再及本国，再及世界，举凡生活有关之农、工、矿、冶以及交通产业必须知识，均应列入，必要时可分编数册，依次施教。至午后一时，座谈会始告结束。

10月1日　招商局正式改组为招商局轮船股份有限公司，刘鸿生为董事长，徐学禹为总经理[①]。

10月15日　受招商局提高工资待遇的影响，民生公司海员人心浮动日益加剧，为此本日民生公司发出通函谓[②]：

查本公司轮机员工因受外公司（指招商局）提高待遇之引诱，竟有向分部自请长假，或在各埠短假他就，甚至有不假离职者。兹值公司新船人员储备尚感不足之际，对以上情形若不采取有效控制，前途实难想象。

10月18日　卢作孚偕加拿大驻华大使戴维士参观北碚图书馆。

10月30日　晚8时，卢作孚在上海爱棠路142号设宴招待黄炎培、张嘉璈、钱新之等[③]。

10月　民生公司广州办事处改为广州分公司。

11月17日　为中国农村复兴委员会可能在重庆或北碚设立分会，卢

① 张后铨主编：《招商局史：近代部分》，中国社会科学出版社2007年版，第504页。

② 民生公司档案，船机162816号，转自凌耀伦主编《民生公司史》，人民交通出版社1990年版，第384页。

③ 中国社会科学院近代史研究所整理：《黄炎培日记》第10卷，华文出版社2008年版，第146页。

作孚致函卢子英设法寻找房屋，并与该会主任委员蒋梦麟取得联络，表示欢迎到北碚设立分会等。

［按］不久卢作孚又函告卢子英通过该会争取美援以推动北碚的各项建设事业。

11月17日　卢作孚与张嘉璈、张君劢、何廉、熊式辉等谈时事。《熊式辉回忆录》载[①]：

> 与张嘉璈、张君劢、何廉、卢作孚等谈时事。作孚言今日挽救危局诚不易，若对内能（一）于南、中、北三方面将领完全信任，付以大权。（二）于各省地方政府亦付予方面权。（三）将行政院改成责任内阁，似比万机握于一人更有力量，对外美方不信任中央，即许其直接支持各部队及地方以救急，一面求增空运力量，如此或可渐图转变。

11月　（一）四川华银矿业股份有限公司在四川合川县三汇乡成立，资本金元三万元，经营煤矿开采等业务，卢作孚被选为该公司董事长。（二）民生公司从加拿大驶回的新船玉门、虎门、雁门加入香港至澳门间营运[②]。

12月4日　上午，张治中、卢作孚访熊式辉谈时局。《熊式辉回忆录》载[③]：

> 四日张治中、卢作孚来共谈时局。卢君分析欧洲情形甚清晰，曰美方努力于防止苏联势力之更伸张，又曰中国现下战固难，和亦难。张君主和，力言中共无力全吞中国，苏联亦不欲其如此刺激美国，必将以联合政府作缓冲，犹美苏今日虚与委蛇局面。
>
> 卢云：历史上苏不曾有做过缓冲事实，若要走中间路线，当世界伸手与苏合作时，苏应早有与世界相苟安之机会，即不然，英国所行乃社会主义，苏当引以为友，此且不为，谁复能作苏联缓冲之友？东欧诸国先后一一皆俯首帖耳于苏联指挥之下，成为红色之政府，法、希、意三

---

① 熊式辉著，洪朝辉编校：《海桑集：熊式辉回忆录》，香港明镜出版社2008年版，第671页。

② 宗之琥：《我与民生公司》，《上海文史资料选辑》第48辑，上海人民出版社1984年版，第82页。

③ 熊式辉著，洪朝辉编校：《海桑集：熊式辉回忆录》，香港明镜出版社2008年版，第676—677页。

国先为联合政府，令皆将共产踢出，成为白色之政府，粉红色政府决不能独出现及存在于中国者，且中共领导之人，即欲走中间路线，恐亦不能控制其自己的组织。又曰张君所谓朱毛皆曾受过中国文化之熏陶，决不能以纯共产党之毫无理性视之云云，实则不然，当中共未叛国以前，其在京渝活动份子，无一言行不同于我人，如爱同乡、讲学谊、重旧交等，不能谓其如此，即忘却了其主义，抛弃了其组织。

余曰：现下情势不是主和不主和问题，是能和不能和的问题，军事上要能守，造成一种敌我两方皆不得不和之势，始可言和，否则我和人不和，徒然泄己气而张敌焰，若能和成而真正可以脚踏两边船还算不错，恐怕到头一边船都踏不上，而陷入深渊。

下午赴吴铁城家与张群、张治中、卢作孚等复会谈。张群先言孙组阁受命经过，次及与党一致办法，须张治中参加，邵力子、陈立夫亦参加，言蒋公曾云：孙谓张治中、邵力子为进步份子（张治中极力谢绝）。作孚言：除人事外，孙曾否谈及事的作法？（张群曰曾力请其述所主张但亦未具体言及）。吴铁城言：究竟蒋公任孙是何意义？余曰：张群有条件不能照办，胡适不干，急不及择耳。铁城复曰是否为迁粤之需要？余书：孙组阁首应摸清美国真正态度。张治中云：首应撤免宋，召回孔，法办小孔，以振人心，且须有可为号召办法，以号召人才入阁。本晚吴铁城、张群将赴沪与孙谈组阁事。

12月5日　熊式辉访张治中，遇卢作孚与张治中二人正在谈国际局势。《熊式辉回忆录》载①：

访张治中，遇卢作孚在谈国际局势。作孚结论：言和须有可和环境，与能和准备，否则终将被消灭，且共党领导人即使有采取并存，造成平衡力量以防制苏联以己为傀儡之心，未必能为苏联所容忍。迄今总统未有召谈，余乃决定本晚返沪，收拾书物离开京寓，殊觉凄然。到下关登车，站内混杂已不堪矣。

12月初　卢作孚在上海先后与民生公司主干人员宗之琥、何乃仁、杨成质等分析国内外形势，商议公司方针。决定：沿海运输改以香港为中心，向东南亚方面谋发展；适宜航行川江的轮船开往川江，以重庆为中心

① 熊式辉著，洪朝辉编校：《海桑集：熊式辉回忆录》，香港明镜出版社2008年版，第677页。

运营；其它船舶仍以上海为中心，在长江下游航行；原来从总公司调沿海的川籍职工根据意愿可调回总公司；卢作孚与何乃仁、宗之琥还研究了卢作孚今后的行止问题，认为卢作孚以暂时常驻香港为宜。如果留在上海或重庆，有被国民党胁迫甚至劫持去台湾的危险，不利于保存船舶。如果常驻香港，平时可来往于上海、重庆，比较安全①。

12 月 14 日　为借拨差运费事，卢作孚致电相关军政机关署长赵君粟，谓②：

弟因事业万分困难，昨赴沪，今飞渝，迄无解决办法，彷徨不知所为。在机场晤岳乔，知差运费承慨允借拨，万分感激。闻贵署航运经费亦感不敷，望从全部水陆空运费统筹，毕竟水运在全部经费中只占少数，公司又只在水运中占少数。因长江军运太多，公司断绝收入，惟一仰望贵署解救，千万乞予设法借给 1000 万，于巧［18 日］前汇出，俾能度此危机关头。感祷无似。

［按］岳乔即钱岳乔，为民生公司业务处副经理。

12 月 15 日　卢作孚为向中央银行借款 600 万金元以承运资源委员会电机到重庆事，致函南京中央银行总裁俞鸿钧及刘攻芸、国民政府主计部主计长徐堪、在南京的川康银行董事长刘航琛、资源委员会委员长孙越崎以及在南京的重庆市市长杨森等人请求帮助，后来相关问题得到解决。同日卢作孚为向粮食部等处借款事、为向国民政府有关当局催还差费以及民生公司经营上的若干问题致函民生公司上海区公司的杨成质等人提出或协商办法。

12 月 16 日　卢作孚为夔门新轮管理上的一些问题以及其他一些公司经营上的事宜致函公司上海方面的负责人杨成质，谓③：

盼对夔门妥加研究，船应多试水，机器应多转动。每次动后，机器状况与人员操纵情况均应加以检讨，要于安全、经济两方均作从容准备。如因此延误，致长江有梗，即开广州，不必强勉入川。

① 宗之琥：《我与民生公司》，《上海文史资料选辑》第 48 辑，上海人民出版社 1984 年版，第 84 页。

② 黄立人主编：《卢作孚书信集》，四川人民出版社 2003 年版，第 912 页。

③ 同上书，第 918 页。

12月17日　晚卢作孚返回北碚。

12月18日　上午，卢作孚在北碚与中农所、管理局建设科及农推所、嘉陵江水道工程处等有关单位，探讨稻麦、油桐、南瑞苕、杂交猪的繁殖与推广等农业问题，以及塘堰建设、引渠、高地灌溉等水利问题。下午在张博和、卢子英的陪同下，又视察了北碚医院和机织合作社，并同大明厂厂长朱已训、机织社经理舒承谟等商讨了兼善中学的有关问题。《北碚日报》载[①]：

北碚事业创始人卢作孚氏，对北碚建设事业之进展，异常关怀，每次抵渝，即百忙亦必来碚视察。兹悉：卢氏已于前晚来碚，昨日午前，检讨农业问题。其内容为稻麦、桐油、南瑞苕、杂交猪之繁殖与推广。参加者有中农所、管理局建设科及农推所各有关单位。又对水利、塘堰建设、引渠、高地灌溉等亦曾检讨，并约有嘉陵江水道工程处程志处长参加，午后由张博和校长、卢子英局长陪同视察北碚医院及检讨机织合作社，约同大明厂朱已训厂长、机织社经理舒承谟等商讨了兼善中学有关事项云。

12月23日　卢作孚为公司管理上的一系列问题致函汉口李肇基、上海杨成质等各地负责人，谓[②]：

近在疏散期间，发现若干服务不周招致损失事项。"民俗"舱底入水，浸湿行李，戴亮吉书籍字画损失甚巨，钱经理衣物亦遭损失；"龙江"船顶下陷，又湿若干行李，钱经理衣物又遭损失；"怒江"带有外交部陈英竞司长衣箱，内有若干衣物被盗；"民联"李顾问永懋地毯不知去向。凡此皆足证明公司管理发生问题。如此庞大事业不能彻底管理，小至衣物，大至轮船，无一安全，深夜思维，不寒而栗！病根全在事业办事官僚化，上层只能签字，下层不知如何办事，每埠不能管理在港轮船，船员不知如何料理船上事务，人与人不知如何办理交代，遇事无人经心，直到交代与第二人为止，故随时可发生问题。不接触遂不知其严重性，万望兄等彻底加以检讨，期能改善万一！事业无有比管理更为重要之问题，如何相互联络，改善管理，使

---

① 《卢作孚氏抵碚对农业及合作事业均有探讨》，《北碚日报》1948年12月19日第4版。

② 黄立人主编：《卢作孚书信集》，四川人民出版社2003年版，第921—922页。

其有效，为吾辈当前主要使命，千万立加注意，并示办法为幸。

12月　民生公司天津分公司停业[①]。

本年底　卢作孚在香港通过古耕虞和中共驻香港的代表许涤新等进行了晤谈。

---

① 凌耀伦主编：《民生公司史》，人民交通出版社1990年版，第344页。

1949年　56岁

1月3日　渝鑫钢铁股份有限公司召开临时董事会议。

1月5日　（一）卢子英遵照卢作孚的要求，将合川县植桐计划、北碚管理局合作农场合作加工业务申请美援计划，以及北碚卫生建设计划航寄南京，其中卫生建设计划书所列预算为金圆券491万余元。

［按］为北碚水利工程、北碚畜牧发展计划、北碚教育建设、合川县植桐计划以及北碚管理局合作农场合作加工业务申请美援计划等事宜，卢子英多次致函卢作孚。

（二）北泉图书馆并入北碚图书馆，藏书达到24万余册。

1月6日　卢子英致函卢作孚，谓[①]：

> 北碚水利详细工程来不及办好，兹先送呈中国农复会北碚两大水利概说，约计需工程费用27万6千美元，其它小型水利工程，全境需完成水塘、水库、给水工程、发电等，需美金30万元。

1月7日　卢子英致函卢作孚，谓[②]：

> 遵嘱拟具畜牧发展计划，特寄奉北碚繁殖推广杂交猪计划、繁殖推广耕牛及乳牛计划各一份，请速转致农复会为祷。

1月8日　轮运军粮抢运会议在重庆民生公司四楼会议室举行，民生公司派代表参加。会议决议：1、运费，除民生、招商、强华已与粮食部径行订约，由京付给外，其余各公司准在重庆付给。2、按绥署规定，每船吨位最低应装40%军粮，其运价照交通部航政局规定第一类运价付费，

---

① 黄立人主编：《卢作孚书信集》，四川人民出版社2003年版，第927页。

② 同上书，第925—926页。

并给30%回空费外，其余所装之粮，照交通部航政局规定第四类货价付费，不给回空费，唯应尽量装80%军粮，以利抢运①。

1月初　卢作孚开始将民生公司的绥远、宁远、怀远、定远和代理太平洋公司的渤海、黄海、太湖、南海等海轮以及民本、民俗等大型江轮，陆续集中香港②。

[按] 绥远、宁远、怀远、定远等轮系抗战胜利后在美国购买的剩余物资大型登陆艇并经在美国改造之后开回和命名的海轮。鉴于公司经营管理人员不熟悉南洋航运业务情况，绥远等各轮在开始时托香港中国轮船公司出租，收取租金③。

1月6日　徐堪为民生公司加拿大贷款造船还本付息事致函卢作孚，谓④：

> 作孚总经理吾兄勋鉴：三十七年十二月廿一日来电敬悉。中加贷款本年底应付本息一百余万加元，已由国库署电请中央银行以加币偿付。知关注念，用特函达，尚希便中转知Peers君为荷。

1月15日　为农复会北碚实验区有关计划，卢作孚分别发出函电给晏阳初和卢子英。致晏阳初函电谓⑤：

> 农复会实验计划已电英弟，一切与平教会合作。但盼草拟实验区计划时顾到事实，与北碚有关问题商诸北碚。弟月底前回渝，甚盼与兄面商一切，兄行止如何，盼示弟。

致卢子英函电谓⑥：

> 北碚与农复会有关问题，须力求与平教会合作，不可发生争执。

---

① 胡政主编：《招商局与重庆　1943—1949年档案史料汇编》，重庆出版社2007年版，第629页。

② 谢敏道：《民生公司在南洋的活动》，《文史资料选辑》第136辑（合订本第46卷），中国文史出版社2000年版，第37页。

③ 同上书，第38页。

④ 黄立人主编：《卢作孚书信集》，四川人民出版社2003年版，第824页。

⑤ 同上书，第929页。

⑥ 同上。

已另电阳初草拟三区计划时，与北碚有关者须尊重北碚意见。到沪当商梦麟兼顾北碚。水利计划所列美金太巨，希望目前所需金元另列数字，并说明日期，以便根据查美金结汇市价算出美金。

1月21日　蒋介石宣布下野，悄然离开南京，李宗仁代理南京国民政府“总统”职务。孙科、何应钦、阎锡山先后任行政院院长。

1月22日　民生公司经香港中国轮船公司出租给丹麦籍亚洲公司的绥远轮从香港开出，后于29日驶抵泰国曼谷。此后，民生公司的宁远、怀远、定远等轮船也先后出租给丹麦籍亚洲公司、华商捷华船务公司、华商五福轮船公司，每次租期三个月到半年，由民生公司代表谢敏道经手议定条件。四轮出租后，主要业务是运送泰国大米到新加坡。由于代理太平洋公司的渤海、黄海、太湖、南海等海轮不适合曼谷与新加坡之间的航行，只能看机会以单放形式租与相关公司，承揽运货业务①。

1月24日　晚，卢作孚与熊式辉同访即将到重庆担任重庆绥靖公署主任的张群。《熊式辉回忆录》载②：

晚与卢作孚同访张群，盖彼即将赴川，询其此行能否将西南做成一个中兴基地，彼言将往与四副主任、四主席共商办法，而自己无何把握。作孚以为用游说方式为不智，余亦认为筑室道谋甚为危险，大家观望必然同归于尽，刘备据巴蜀犹可三分天下，此时要在四川将领有死里求生之决心。作孚云：言战应有周到之准备，言和应为最大牺牲，否则犹豫于两可两不可之间，只有坐误。余殊觉悲观，以为张群虽负有腹心之寄，能否大刀阔斧以开辟此一新气运，恐亦成事在天，未可为过高之估计。

1月　卢作孚与民生公司主干人员商定：从美国返回香港的童少生以上海分公司经理原职回上海负责业务，宗之琥到上海给予协助；香港办事处改为分公司，由原上海区公司副经理杨成质任经理；广州分公司经理由

① 谢敏道：《民生公司在南洋的活动》，《文史资料选辑》第136辑（合订本第46卷），中国文史出版社2000年版，第39—40页。

② 熊式辉著，洪朝辉编校：《海桑集：熊式辉回忆录》，香港明镜出版社2008年版，第687页。

姚庆三担任；开辟南洋航线[1]。

2月2日　（一）民生实业公司董事会在重庆民生大楼召开第二十三届第一次临时董事会，出席会议的董监有戴自牧、何北衡、康心如、郑东琴、赵雨圃、张叔毅、蒋祥麟等，郑东琴为会议主席，卢作孚列席了会议并报告了最近公司业务困难情况及在万难中的救济办法[2]。（二）民生公司发出通函，要求公司各部门以后尽可能紧缩开支以舒缓公司收入急剧减少的财政压力。

2月3日　为准备民生公司董事会第二十三届第四次董事会议和即将举行的股东常会，卢作孚作了大量的工作。在他的催促下，总公司秘书刘子周于2月3日乘车到聚集民生公司56户股东的成都，先后分别访问了能够找到住处且在成都的48人[3]。

2月5日　国民政府行政院宣布迁往广州。

2月6日　卢作孚为北碚科学博物馆改造募捐一事致函康心如，谓[4]：

> 北碚科学博物馆近因部分改造工作，负债急需清偿，不得已募捐，请贵行酌捐数万金，曾托（张）斯可代洽，兹并嘱李馆长乐元趋承一切，承助。

2月26日　卢作孚在上海会晤国民党西南军政长官公署长官张群，就经济建设问题交换意见。当日卢作孚乘飞机返重庆。在重庆期间，卢作孚曾经就农复会送北碚一批药物的交运、从香港转运北碚医院器材等事宜致函杨成质、宗之琥等人催促[5]。

2月27日　卢作孚乘车返回北碚，面晤北碚管理局各科室及所辖各机关主管人员、各团体负责人，详细询问了北碚近来建设、教育、合作等事业的进展情形。《北碚日报》载[6]：

> 北碚建设事业创始人卢作孚氏，日前自沪乘中航机来渝后。复于

① 宗之琥：《我与民生公司》，《上海文史资料选辑》第48辑，上海人民出版社1984年版，第84页。

② 《民生实业公司董事会第二十三届第一次临时董事会议纪录》，重庆档案馆藏。

③ 《民生实业公司董事会第二十三届第四次董事会议纪录》，重庆档案馆藏。

④ 黄立人主编：《卢作孚书信集》，四川人民出版社2003年版，第930页。

⑤ 同上书，第931页。

⑥ 《卢作孚氏本日莅碚　对建教事业询问极详》，《北碚日报》1949年2月28日第4版。

> 昨日乘专车返碚，当与此间管理局各科室及所辖各机关首长、各团体负责人面晤后，对北碚近来各建设、教育、合作等事业进展情形，询问甚详。

2月 （一）张群正式被任命为国民党西南军政长官公署长官。（二）卢作孚决定：童少生任民生公司副总经理，对内总揽公司工作，对外代表公司，同时兼上海区公司经理；调上海区公司业务部副经理韩时俊为基隆分公司经理，原经理王化行调回上海；调原天津分公司经理周寰轩为广州分公司经理，月底卢作孚回重庆召开临时董事会通过了上述决定[①]。

3月1日 （一）民生实业公司董事会在重庆民生大楼召开第二十三届第七次常务董事会议，《民生实业公司董事会第二十三届第七次常务董事会议纪录》载[②]：

> 郑董事长提议：兹经卢总经理提请延聘副总经理一人，以襄助总经理行使职务。查与本公司章程相合，究应延聘何人充任，即请公决。

经过讨论决定聘请童少生为公司副总经理。（二）中国社会经济研究会在北京假欧美同学会举办成立大会，卢作孚为该会会员，缺席被推举为监事候选人。[③] 中国社会经济研究会由钱昌照倡议发起，卢作孚的好友孙越崎为筹备人之一。该会还创办《新路》周刊，力图为中国找一条新路。

[按]《新路》于同年5月15日出版，12月18日被查封。

3月7日 潘汉年托黄炎培致意卢作孚，拟前往谈民生事[④]。

3月8日 黄炎培为潘汉年所托事致函卢作孚，托人交杨卫玉转[⑤]。

3月14日 为准备民生公司董事会第二十三届第四次董事会议和即将举行的股东常会，刘子周与公司常董何北衡等人在成都召集当地股东举

---

① 宗之琥：《我与民生公司》，《上海文史资料选辑》第48辑，上海人民出版社1984年版，第84页。

② 《民生实业公司董事会第二十三届第七次常务董事会议纪录》，重庆档案馆藏。

③ 许纪霖等：《近代中国知识分子的公共交往》，上海人民出版社2008年版，第495页。

④ 中国社会科学院近代史研究所整理：《黄炎培日记》第10卷，华文出版社2008年版，第195页。

⑤ 同上。

行座谈会，报告公司情况，征求对于公司的意见和建议。

3月15日　晚，刘子周与公司常董何北衡又约集成都股东代表四人在何北衡宅商讨民生公司董事会及股东会重要问题。结果达成圆满结论：即在“爱护公司，支持卢总经理，信任全体职工，及在不伤公司元气下，股东须得相当安慰数点”①。

3月16日　民生公司正式把抗战胜利后恢复设立的香港办事处扩充为香港分公司，直属总公司领导，由上海区公司副经理杨成质兼任经理②，对外称香港民生实业股份有限公司。

［按］成立香港分公司的目的在于开辟和经营东南亚航线。在此前后根据卢作孚要求，宗之琥回到香港，与民生公司汕头办事处主任谢敏道同往泰国曼谷、新加坡考察，决定开辟香港—曼谷—新加坡—香港三角航线，选定了曼谷、新加坡的代理行，并决定在曼谷成立办事处。在此期间，民生公司在加拿大订购的第一批轮船荆门、夔门经香港到达上海。加拿大所造其余第二批轮船祁门、石门，第三批轮船龙门、剑门，第四批轮船玉门、虎门、雁门先后到达香港时，大陆已经大部分解放，暂时未再开赴上海。

3月18日　《申报》根据17日南京消息报道：酝酿筹组中的何应钦内阁正在邀约相关阁员人选，其中交通部部长人选已经邀请卢作孚出任，国防部部长由何应钦自兼任，财政部部长由徐堪留任，吴贻芳任教育部部长，章士钊为司法行政部部长等，但卢作孚未接受该项邀请，吴贻芳拒绝出任教育部部长、章士钊拒绝出任司法行政部部长③。

3月19日　刘子周返回重庆向卢作孚汇报在成都接洽商议情形④。

3月26日　国民政府工商部部长刘航琛代电复函卢作孚，谓⑤：

> 民生实业公司广州分公司转重庆卢作孚兄：赢利事业资本折算金元变更登记办法之补充办法草案，已不适合目前需要，现正就原办法研议改订中，谨复。

---

① 《民生实业公司董事会第二十三届第四次董事会议纪录》，重庆档案馆藏。

② 同上。

③ 《政院组织法或将覆议　新阁组成可能有待　卢作孚长交通何自兼国防徐堪蝉联》，《申报》1949年3月18日第1版。

④ 《民生实业公司董事会第二十三届第四次董事会议纪录》，重庆档案馆藏。

⑤ 同上。

3月28日　广东绥靖公署主任余汉谋为民生公司穗港线轮船遭讹诈等事致广州警备司令部第一清剿区司令部海军第四军区司令部代电，命令派巡艇查剿，维持省港航道安全。代电载①：

一、据民生实业股份有限公司穗秘字第78号函："查商公司经营长江及沿海轮船业务垂三十年，自去岁中枢南迁，百粤骤成施政中心。商公司鉴于省港交通重要，当拨新自加拿大进口之祁门、石门两轮，自本年一月杪起，每日对开省港，为该线悬挂本国国旗之仅有班轮，所有班轮所有南迁政要以及商民往返咸称便利。商公司自审对于华南航权之维护，工商交通之促进，不无微劳。讵近月以来迭接署名珠江人民自卫团指挥员华龙之嚇诈信多封，勒索港币万元之巨，商公司经将原函转本市警察局警探处吁请保护有案。顷据石门轮船长周有彤报称：'石门第二十六次水穗港，载客230人，货250件，水呎前408，后900，于3月21日20：00时候离穗，20：45时抵南石头检疫后继续行驶，于21：00时在沥滘水道标志浮筒上端，船头左船舷遭遇猛烈炸声，经立即停车检视，并饬护航人员严密戒备。经各舱量潮检查，未发现漏水，乃于21：15分继续驶港，途中亦未发生其他事故。及后再详细检查FR83—FR87处，水线附近铁板凹进约2吋，附近船壳油漆略有被碎片擦伤，夹层夹板以上略有渗漏，12小时内约漏水5加仑。兹将经过情形函报，希予查照为荷。'等语前来。窃查广州为省会所在，军警林立，该匪竟敢对重要交通线施以破坏，是属愍不畏法。商公司于此时局艰危之际，仍当勉维航行，但鉴于航行危险，必须妥为预防，特此具呈钧座，祈迅采有效制止办法，妥予保护，俾此后不至发生同样治安事件为幸。"

二、希第一清剿区派遣团队驻守，海军第四军区司令部派遣巡艇协同查剿，以维省港航道之安全。

三、本件抄副本送民生实业股份有限公司广州分公司。

主任　余汉谋

4月6日　民生公司为预借差运款项致电国民党政府联合后方勤务总

① 《余汉谋致广州警备司令部第一清剿区司令部海军第四军区司令部代电》（1949年3月28日），广东省档案馆藏。

司令部，电文谓[①]：

> 四月份以来，商公司担负之差运如前繁忙，而自四月一日起，一般货运价又提增二倍，连底三倍，四月份差运价按此调整运价，照三月份负担之差运数量计算，当在75亿元以上，近因军事关系，长江航运中断，商运收入绝望，全赖差运费维此生存，敬恳钧部恤航商艰困，对于商公司四月份差运费照过去办法，赐先借发75万元，俾维一线生机而使继续效命。

4月7日　卢作孚在为《民生实业股份有限公司民国三十七年第廿三届决算报告书》写的《弁言》中，对于民生公司抗战胜利以后的困难与发展作了详细的回顾和说明，谓[②]：

> 本公司在过去抗战期间。经过一切艰难困苦，幸而凭抗战以前之基础，抗战开始时之准备，同仁之坚苦支持，政府及社会人士之协力扶助，得勉强维系到胜利之日。职工待遇太低，无以慰职工；股东赢利毫无，无以慰股东。方冀胜利之后，秩序恢复，建设开始，商业逐渐繁荣，航运逐渐展开。不谓胜利之后，公司最艰巨之工作为负责复员，复员未完成而战争又起。抗战时期由通货膨胀而物价波动，由物价波动而工商业萧条。胜利以后工商业未及恢复，通货膨胀乃更加速，物价波动乃更加剧，工商业乃更萧索。战前公司之收入大部在上海，主要靠上货，上货主要靠棉纱棉布。战时重庆、成都、合川、广元等地纱厂林立，产纱略可自给，无需申汉上运供给。其它工厂亦多移到重庆、长寿、叙、泸等地，若干杂货亦少由申汉供给。盖以内地物价太低，因而购买力亦低，同样货物来自申汉者其价往往低于申汉。因此占长江航运主要收入之上货仅占轮船运量百分之四十三十甚至于更低，公司一切支付主要乃赖下货之收入，此乃使公司境地足够困难矣。
>
> 抗战胜利后他公司迫于船员罢工要求，大规模调整船员待遇，影响不能不到本公司，致使本公司支出随员工待遇调整以增加，收入则

---

① 民生公司档案，转自凌耀伦主编《民生公司史》，人民交通出版社1990年版，第374页。

② 卢作孚：《民生实业股份有限公司民国三十七年第廿三届决算报告书·弁言》，1949年民生公司印。

为政府额定运费所限制。在民国三十五年春间，仅员工待遇一项，已逾公司全部支出百分之五十，已等于当时全部实际收入。在复员初期尚可仰赖政府部分补贴，以资应付。但复员未及终了，补贴即行停止，收支遂绝对无法平衡。此为公司最大之危机，非任何临时补苴方法可以根本克服者也。

在战时增加之轮船，除在战时为国家服役被敌机炸沉未能救起及修复者六艘外，经抗战八年之继续使用，不能不大加整理，其无法整理者不能不逐渐拆毁。为应付战时短航之需要，曾接收长江撤退之轮船，先后达九十二只，订造最适于短航需要之新船，先后达十八只。但战后短航业务骤感萧条，一部分战时需要之轮船，或以木壳关系，或以单车独舵马力太小关系，亦不能不逐渐拆毁或出售，计先后拆毁者达四十四只，出售者三十七只。复员后第一枯水季节，川江下运量每月仅达两千余吨，即可证明残余运力太微，以其收入仅能维持全公司一半以上之支出，即可想见其为何等困难及危险之问题也。

事业赢利非可以侥幸获致，部署之程序首在树立稳健与安全之基础，次则发展到进退裕如之地步，使有较为永久可靠之赢利可图。公司欲增加收入，维持开支，最可靠之方法在增加轮船，增加运量，因此不能不取得环境之助力，谋必要轮船之订购。

公司因战时轮船炸沉，战后轮船拆毁，人员遂大感过剩。但为社会问题所限，不能大规模予以裁减。战前人员开支占支出百分之二十以下，战后决不容许其占总支出百分之五十以上，惟一减轻人员支出方法，在增加轮船，以安插过剩人员。

公司最大成就为加拿大政府热心担保向加商业银行借币一千二百七十五万元，另由公司付现二百二十五万元，在加造船。经我国政府考虑后，准为第一担保人，加政府为第二担保人。原计划造川江枯水船六只、洪水船三只、拖头三只、铁驳四十只。其后因造船成本超过预算，加产钢料不够出口，仅在加造轮船大小九只，拖头驳子不能不在国内定造，且减少驳子数量。所需材料一部分由加款购买，一部分由美购买，拖头之锅炉及部分副机，利用战时公司从英信用借款中购得者，引擎及另一部分副机由民生厂制造，以此凑成全部造船计划。但在加造船，决定于两年以前，深知完成需时，在未完成以前，公司营业能力太感不足，不能不谋更急剧之补救。

二十五年秋江南厂有旧机炉欲建川江轮船两只，照最低成本售出，并商得交通银行同意，可以垫款，特别征求本公司意见，如本公司不订购，他公司即接受。因此决定建造民铎、民泰，用于川江枯水。公司战前购有英兵舰，其机炉全存在，由中华厂协助，廉价建造川江洪水轮船一只，堪补战时被敌机炸沉之民俗。在上海低价购拖头一只，其本身兼可装货。在加拿大购拖头三只，其价皆低，其修改费及送船回国费用则皆取自加借款。在美国购战时剩余之浅水海轮五只，价皆极廉，皆所以救川江长江枯水季节运量大减之困难。川江长江一入枯季，运量大减，因而公司收入大减，不能不仰赖一部分不受枯季影响之海轮收入，及可以利用枯季之江轮收入，以资挹注。

长江货运亟须铁驳周转，各港亟须囤船备用，适有美国战时囤驳材料，为价极廉，复由公司轮船开回，可以自行带回，因此购驳船料十六只，囤船料十一只，自行装配完成，以供利用。在上海购有冷藏铁驳三只、货驳一只，南京则有囤船一只。

凡此资金之来源，一部分系处理与航业发展无关之财产，一部分系国内外友好事业之借款，另一部分系运用公司原有按年所提公积金及其它准备之款。

此外政府曾于民国三十五年为赶运米粮，拨与公司登陆艇五只，其后准以抵偿公司在抗战时期为服役炸沉而未救起之轮船。去年救济总署结束时，复准公司分期付款，售予登陆艇三只，此款至今尚未付清。

凡此增加之轮船囤驳，自民国三十五年迄于去年先后加入航行或使用，以为平衡收支之助。如无以上轮船之填补，则公司之经常营业能力不足，收支不能平衡，绝不能苟延至今日。事业以存在与保持信用为第一。其安全之准备，不仅为经常收支确能平衡计，并应为新船全部完成后还本付息计，从加拿大借债造船之日起，即须按季付息，截至今日付息已达七年（原文如此，引者注）。在民国三十九年六月底前，必须偿清加拿大以外零星债款，从民国四十年六月起即须按年偿加拿大债。付息乃经常开支之款，还债须取自折旧及其它准备金，即此两项已在支出上占甚大之地位。此为国际信用政府担保所关，不能不妥为筹计。幸有过去三年来之部署，以全部轮船活动之收入，在平时商业状况下，包括还本付息在内之开支，自可勉强应付，年终亦可维持战前应有之股息。但不幸去秋以来，八一九政府颁布新经济方案，运费未及事前调整，收入绝对遵照限制，支出事实上不能完全限制。国内战争日益扩大，由北洋航线推至长江航线，公司业务日益缩减，早虑长江可能中断（写此报告之顷已事实上中断矣）。届时公司维持经常开支，甚至于维持职工生活费用，且无办法，因此不能不影响去年结算及此日分配，太无以对吾受苦十年之股东。自民国二十八年以来即未分配股、红息，在对日战争完结之后，复遇国内战争，经济市场日趋紊乱，远甚于抗战期间。迄于今日仍无合理之股、红息可供分配。半由同人办理不善，半亦由环境之太困难。公司在复员后，因收支不能平衡，曾屡濒破产之危境，幸赖同仁之努力，政府及社会人士之扶救，均幸一一克服，未贻吾股东之忧。今幸本身基础渐臻健全，如果国家迅速恢复和平，每年当有稳定之收入，足够应对各种必要之开支，而且稍有赢余，以为股东保持稳定之利息，此则同仁愿黾勉以求趋赴，亦盼吾爱护事业不遗余力之股东予以督策，使无辜负。后效或终可期，顾仍仰赖战争早日结束，秩序早恢复也。

4月10日　到加拿大监造新船的卢国维随造好的“玉门”轮抵达香港，月底卢国维夫人陈训方也辞掉美国密执安大学实验医院的工作回到香港[①]。

4月11日　民生实业公司董事会在重庆民生大楼召开第二十三届第四次董事会议，卢作孚列席了会议并作了总经理室报告。公司股东周孝怀通过其代表人白坚甫提交《革新去腐案》并在大会讨论，《革新去腐案》载[②]：

作孚今早飞渝，颇闻川股东会提议卖数船以分股东者，我亦同意。特当航业恐怖时，未必得买主耳。愚意卖船不如分船，及一切产业估定价值，由股东选择组织相当股权，分取相当财产，分取之后，可自行管理，亦可委托公司代管。或谓此则公司不将分裂而缩小乎？是则未知公司前半之所以有精神，乃以小轮船公司多，不得不竞争，故不敢不有精神。今之腐化，即由垄断而骄而懈。股东即不分产，亦当划长江上下游，及海运为三部，一切独立互为比赛，或可救腐败于万一也。缩小即以救庞大之弊，同一作孚，战前精神能贯注及于茶房水手，今则不能及中级职员者，则庞大之为害，作孚虽拼命亦无法照顾也。股东即不分产，机构亦当缩小，分为三部之比赛，一则比较收

---

① 卢国维：《回忆父亲卢作孚在香港的生活片断和回京前后》，《武汉文史资料》总第11辑，1983年2月，第126—127页。

② 《民生实业公司董事会第二十三届第四次董事会议纪录》，重庆档案馆藏。

入孰多，二则比较支出孰少，三则比较孰精神，孰腐化。现在庞大同化中几入鲍鱼肆，人不觉其臭矣。股东不提分产，我辈即不必提分产，惟革新去腐，则不可不于本会提出，勿待八路之来，强我革新也。当革之事革之须人，唯在常董监察中推举数人，分任监督。对内（上下隔膜乃至仇恨）对外（遇客货之疏慢）一切当革之事，帮助总经理而勿牵制之，作孚乃有志革新之人，惜其力有不及。不必别增名义，多用人员也。

经过会议讨论，周孝怀等人的提案不交即将举行的股东常会讨论，而送总公司加具意见后回复。

4 月 12 日　民生公司在重庆召开第二十四届股东常会，时股东人数 2083 人，到会股东 1356 人，公推卢作孚为大会主席。董事长郑东琴报告公司在 1948 年度营业“仍稍有盈余，但为数甚微”[①]。大会并报告公司 1948 年纯利润为金圆 2978176.4 元[②]。在大会上，卢作孚作了长篇报告，谓[③]：

今天股东会，自己应该先把这一年来本公司的情况向各位股东报告。自前年冬季到去年春季，这一段枯水季节，公司业务情况较以往枯水季节为好，以往是头年冬季到次年春季为公司业务最困难之时期。抗战胜利复员后，一二年间，公司在冬季，每月收入只够开支之一半，从头年十二月起，至次年之一二三四各月，俱在此困难情况下。复员后一年，虽尚有政府部分补贴，以资部分弥补，但仍靠大量借债，始能勉强度过。前年政府补贴取消后，冬季损失，全赖借债弥补，此项债款，只有希望在洪水季节填补，但因损失在先，虽在法币数字上得以填补，但实值上，所填补之款远不及损失时之实值，结果仍系损失。

为解救枯水损失，只有增加轮船营业能力。在去年枯水季，收入已渐近开支。原望洪水收入稍多，年终稍有盈余，能保持股东红利，庶克稍补股东历年之损失。但去年却遭遇两大困难：

去年本公司一部分业务，如粮运与差运，费率太低，往往不能按

---

① 《民生实业股份有限公司第二十四届常年股东大会决议录》，第 1—10 页，重庆档案馆藏。

② 同上书，第 10 页。

③ 同上书，第 1—10 页。

月收清，必须俟每月月底结算后然后完全结付。而物价变动太大，币值贬低复剧，因此公司竟在洪水期间遭受损失。

八一九前，票运费系每月调整两次，每次调整之数，均须由轮船业公会呈奉交通部核准后，始能实行。八一九经改方案公布前，原已呈请调整运费百分之六十，适逢经改方案公布，实行限价，呈请调整遂遭搁置，当月遂少调整百分之六十，运费收入致短少百分之六十。九月以后，市场又复发生黑市，本公司一部分五金材料修理及其它开支不能避免黑市。运价既已限制，且成本早差百分之六十，限价政策延至去年十月底，各轮船公司无不困难万分，民生公司自亦不能例外。此去年公司遭受之一大困难也。

复次，去年因军事接近长江后，商货大为减少。在战前，本公司主要业务全靠运上货，收入中百分之六十靠上海上货运费。上货之主要者为棉纱、棉布、纸烟及运川之各项建设器材。胜利之后，情况大变：在内地，纱厂设立已有基础，又因农村购买力降低，故上海之棉纱棉布上运额已大为降低；纸烟亦因川省已有纸烟厂，纵有由沪上运者，数亦极少；至于建设性之材料，则因外国购买困难，除政府所有之少数建设材料外，一般之材料绝少。上货既濒断绝，全赖下货维持，但自战事愈迫近长江，货运几完全断绝。公司自去年十二月起，支出几全靠举债及预借运费，忍苦撑持。本公司设非早有安排布置，仍如两年前一入枯水，即系损失，盖以目前长江断航已二十余天，收入中断，恐已不能自存。故在去年，公司基础虽渐健全，仍无法增加股东应得之利益。

鉴于本公司长江业务遭受枯水季之种种困难，若专靠长江航运，绝难长久维持。为补救计，只有发展海洋业务，以减轻长江枯水季节之压迫；虽沿海船只冬季亦有困难之处，但终较川江为好。

为增加沿海轮船，复员后第二年，在美国购大型 L. S. T. 型登陆艇四只，修改为商船；又购旧海轮一只，其价皆廉。此五只船参加沿海航行后，在冬季足以补贴长江损失之一部分。

胜利后，政府委托本公司以 L. S. M. 型登陆艇试航川江成功，政府遂拨五只登陆艇交公司改修营业，于两年前参加航行。此五只中型登陆艇，政府原本定价出售，因本公司在抗战期中，担任差运及装运政府之危险物品而沉没之川江船只甚多，本公司叠请政府要求赔偿。嗣经交通部审核确定，以此五只登陆艇抵作赔偿。复另在美国购买四只中型登陆艇，其价甚廉，但修改及驶回费用仍巨。

是时感觉川江枯水船只尚有不足，适江南厂欲以旧锅炉建造川江船两只，并经洽请交通银行垫款，遂由本公司购买，定名民铎、民泰。

在战前，本公司原购有英兵舰拆下之机器锅炉，拟用以造大型船一只。胜利后，将此机器锅炉清还，交由中华造船厂以之建造民俗轮一艘，填补战时被炸沉没之民俗轮。

除上述各船外，在国外购有扫雷艇三只，其改修及送船来华费用，经洽可在加拿大借款内开支。同时购买英国扫雷艇一只，均改修为拖头。同时又在美国购买运油艇两只，购价亦皆甚廉。

凡此国外购买之轮船，全系在战后廉价机会中购得；国内所造轮船，则又得助于借款；此等机会，现已不复再有矣。

此外，另一比较重要之加拿大借款造船计划，因国内外洽商费时，历两年始行签约。计订造中型船六只，大型船三只，现已陆续开回。最先完成之荆门夔门两轮，在军事危险及营业情况艰难期中，溯江而上，开到重庆。另两只石门祁门，现行港穗线。最后到之两只龙门剑门，一行香港江门线，一行香港澳门线。凡此皆暂时办法，一俟和平实现，长江畅通，仍将行长江。至于三只大型船，虎门已到，暂泊香港；玉门本月半后可到；雁门七月中可到。三船所行航线，现正在研讨中。

同时又利用英信贷款材料内之三副机器及锅炉，由中华造船厂承造船壳，民生厂建造一部分引擎及副机运沪，新建拖头三只。英信贷款材料全照官价结汇，所有其它建造材料，或由加借款购，或由公司供给，只付中华厂之工资。如不受国内战事影响，现亦已完成。

加拿大造船借款总额为加币一千五百万元，内有自行筹付之二百二十五万元。此项自筹之款，一部分系于极低价时购买教会外汇，一部分系国家银行及商业银行之帮助贷予。同时折旧不堪使用之船只，并收回大明恒顺两厂之投资款，以补不足之外汇。

从民国二十八年到三十八年，这十年中均因时局影响，太对不起各位股东。原希望抗战胜利后，业务展开，能多为股东谋得利益，然复因战事蔓延，物价飞涨较抗战时更快，本公司情况较抗战时更困难。抗战八年，公司旧有轮船，没有照例年年岁修，因之损坏甚大，几至不能使用。胜利后，仍勉强设法加以修理，但寿命究已短促，不能不设法填补新轮，以立公司稳固之基础，此亦胜利后不能不克服之问题也。

抗战时期，本公司员工待遇较战前甚低，高级者所得不及战前百分之十，低级者不及百分之三。当时员工生活极感困难，股东未得利益，职工亦备历艰苦。胜利后，因受环境影响，不能不调整员工待遇。在内地，本公司员工待遇或较其它机构事业为高，但在京沪及沿海各埠，物价指数俱较实际生活费用为低，故员工生活亦并不优裕。调整待遇系全般性者，故不能不及于全部员工；同时船岸员工常有相互调遣者，故亦不能不及于岸上。但岸上待遇较船上须打折扣，内地与京沪复有梯形折扣，现时员工得薪，受本票损失，已不易维持其一家之生活。

自然，本公司到此情况，也未尝不由于自己办理不善，今后自当在管理方法各项工作上力求进步，以图更大之成就。不过民生公司各种必要之管理方法，在其它事业中，容或有不易见者。即如每日之调船会议，有关人员均按时参加，依次检讨船舶之动向，油煤之供应，修理之准备，客货运之装卸等等问题，行之有年，收甚大之效果。惟恐思虑未周，见闻不到之处，希望各位股东尽量以所发现之问题，多多指教，以资今后之改善，必尽量使计划周详，管理改善，服务周到，以增加公司收入，能够为各股东谋利益。盼各位股东随时予以监督及指导！

4月13日　（一）卢作孚以董事长身份在重庆沧白路沧白纪念堂主持召开天府煤矿股份有限公司第三届股东大会，监察人卢尔勤报告经监察人查核会计报告无误，公司总经理黄志煊报告公司业务情形，公司协理黄云龙报告其向四联总处商洽贷款，并向物资局及中福公司购得500K. W新电机各一部，“已于上年内陆续运回矿厂，今后矿厂电力充裕，两三年内当无若何困难”。大会报告1948年该公司盈余金元49万元。卢作孚在会上讲话表示①：

据黄总经理协理报告，在37年度天（府）矿发生火灾，嘉矿发生严重水灾后，产运销量仍能维持并又增加500K. W新电机一部及100K. W、80K. W旧电机各一部，且尚有盈余分配，俱见公司职工之努力，亦堪告慰于各股东。

① 《天府煤矿股份有限公司第三届股东大会纪录》（1949年4月13日），重庆档案馆藏。

（二）民生公司股东常会主席卢作孚致函董事会，函告当日当选的 12 名公司监察人名单①。

4 月 20 日　夜中国人民解放军发动京沪杭战役。

4 月 23 日　人民解放军解放南京。

4 月 28 日　民生公司董事会在重庆民生大楼召开第二十四届第一次常务董事会议，卢作孚列席了会议并作了总经理室工作报告②。

5 月 7 日　下午 5 时左右，卢作孚带着长孙女卢晓蓉与晏阳初、原北京大学校长蒋梦麟等人一起，由重庆乘飞机抵广州，卢国维夫妇等在此迎接。

5 月 13 日　民生公司香港分公司改为香港民生实业有限公司，在香港注册立案，经营航运及其它业务。

5 月中旬　（一）卢作孚由广州到香港。

［按］正在筹组新一届行政院人事安排的阎锡山，极力想拉身在广州的卢作孚入阁任交通部部长，被卢作孚谢绝。为避免纠缠，卢作孚提前于 5 月中旬离开广州赴香港，客居中国旅行社经营的新宁招待所。从此时开始到 1950 年 6 月，卢作孚一方面为营救在台、滞港轮船，以及指导民生公司香港分公司的经营，在香港作了大量艰苦细致的工作；另一方面为处理公司的内地业务，几次往来内地与香港之间。而此时的香港各种势力纵横交错，情况极为复杂，卢作孚在台湾的许多好友和在香港的好友晏阳初劝其到台湾任职或到美国暂避，卢作孚则坚持要留在香港妥善处理好公司冒极大的风险从加拿大购买的新轮。在港期间，卢作孚经常去码头了解民生公司轮船的服务质量，上船询问伙食及文娱活动的情况。一次卢作孚去英商黄埔船厂查看坞修船只，厂里一位中国工程师对他说："你们的船最好少来这里修理，这些外国人开账太高，赚钱太过分了。"卢作孚表示感谢，并迅速召集船员商量办法，大家建议成立自修工程队，并以石门、雁门、民众三轮为主，几乎把维修工程全部包了下来。卢作孚对此进行表扬，并建议分公司给予了工程队全体成员和其他船员物质奖励③。

（二）国民党军队自上海撤退时，强迫民生公司民本、渠江、怒江、龙江等四艘轮船运送其溃军开到定海。卢作孚在香港指示王化行前往定海

---

① 《民生实业公司董事会第二十四届第一次常务董事会议纪录》，重庆档案馆藏。

② 同上。

③ 卢国维：《回忆父亲卢作孚在香港的生活片断和回京前后》，《武汉文史资料》总第 11 辑，1983 年 2 月，第 127—133 页。

营救。

［按］中国人民解放军兵临上海城下，国民党军队汤恩伯部被迫撤退。国民党军队撤退时强迫民生公司民本、渠江、怒江、龙江等四艘轮船运送其溃军到定海。卢作孚指示王化行前往定海，营救包括先期到达定海的民俗轮在内的五艘轮船，后来这五艘轮船均被救回。

5 月 27 日　人民解放军解放上海。

［按］在上海解放的前几天，卢作孚在上海召开会议，对于民生公司长江各埠业务作了安排。李肇基后来说："在江南解放前，卢总经理对于长江流域各埠我公司业务等即有一安排，故申汉解放后，各埠劳资合作方面，情况都比较好。"①

6 月初　（一）民生公司的民权轮自上海开出驶往武汉，这是上海解放后开出的第一艘客货轮。（二）卢作孚派何乃仁从香港到上海，了解上海解放后的情况，并商量民生公司下一步安排。何乃仁到上海后，与童少生、宗之琥等一起拜见上海市财委会副主任许涤新等，汇报了上海、香港民生公司的情况。许涤新表示希望卢作孚先生早日回来②。

6 月 4 日　民生公司为差运费被拖欠等严重问题导致公司"薪膳开支均感无款支应"的严重局面，致函国民党政府西南长官公署、四川田赋粮食管理处储运处、联勤部储运处重庆接运组以及财政部田粮署等机关，要求支付拖欠运费并预借部分运费③。

6 月 9 日　卢作孚会晤国民党西南军政长官张群，就本年四川农地减租问题交换意见。

6 月 13 日　阎锡山在广州就任行政院院长兼国防部部长④。

6 月 25 日　黄炎培在上海访周孝怀，在病榻前略谈民生公司事⑤。

6 月 28 日　卢作孚为谋解决重庆电力问题致函国民政府经济部部长刘航琛。

6 月　为妥善处理定远、绥远两只登陆艇，民生公司在香港成立东方

---

① 《民生实业公司董事会第二十四届第一次董监座谈会纪录》，重庆档案馆藏。

② 宗之琥：《我与民生公司》，《上海文史资料选辑》第 48 辑，上海人民出版社 1984 年版，第 89 页。

③ 民生公司档案，业务 114 卷，转自凌耀伦主编《民生公司史》，人民交通出版社 1990 年版，第 375 页。

④ 阎锡山：《阎锡山日记》，九州出版社 2011 年版，第 231 页。

⑤ 中国社会科学院近代史研究所整理：《黄炎培日记》第 10 卷，华文出版社 2008 年版，第 247 页。

运输公司，向巴拿马政府注册，悬挂巴拿马国旗[①]。

7 月 2 日　民生公司童少生、何乃仁、李肇基在本日晨访黄炎培[②]。

7 月初　卢作孚曾经由香港飞返重庆。

7 月中旬　卢作孚飞返香港。

7 月 18 日　民生公司木工厂全部结束，工人全部遣散，所有职员分别调到总公司各部分工作[③]。

7 月底　宗之琥、何乃仁、李邦典到天津和北京，在北京看望了张澜、黄炎培等。两人都表示欢迎卢作孚早日回来，黄炎培还转达周恩来关于欢迎卢作孚早日从香港回到国内的相关指示[④]。

7 月 30 日　卢作孚乘飞机从广州返回重庆。

8 月 1 日　民生公司召集航岸职工千余人假座重庆道门口银行公会开会，卢作孚到会发表谈话，《简讯》载[⑤]：

> 总经理开始说：这样大的会集，公司好久就停止了，以前是每周一次，把全公司的一切情形来互相交换，可听取各方的报告，现在因为此会停了很久，也许公司近来各部情形，大家相互减少了解。今天特借此机会，来向大家报告。总经理续谓：十二年来国家经过两次大战，在两次战争中，航业界遭受莫大困难，尤其在此次战争中，本公司遭受困难更大。民国二十六年上海战事发生，江阴封锁，当时还可由镇江运各厂、各机关材料到上游，后镇江及南京，芜湖相继失陷后，但由汉口可与内地通航，抢运大量内运物资，当时还可一面向鄂西运粮，一面向上游运货，故二十六年至二十九年均在忙碌的运输，至宜昌失掉以后，三斗坪还有相当运量，如由四川下运接济鄂西、湘西之盐、粮，由华南经津市到三斗坪运川之货物，均相当大量。当时民生公司全部可航行之船均在活动，不仅民生公司，其它轮船公司之船舶亦在活动。战火继续，物价高涨，各轮船公司船只集中川江，航

---

① 《民生公司港区船只挂旗主要办法》，重庆档案馆藏。

② 中国社会科学院近代史研究所整理：《黄炎培日记》第 10 卷，华文出版社 2008 年版，第 249 页。

③ 《民生实业公司董事会第二十四届第四次常务董事会议纪录》，重庆档案馆藏。

④ 宗之琥：《我与民生公司》，《上海文史资料选辑》第 48 辑，上海人民出版社 1984 年版，第 90 页。

⑤ 《总经理向职工谈话，望大家明了公司情形，并努力撑持当前困难》，《简讯》1009 期，1949 年 8 月 1 日。

业界困难有增无已，全赖全体同仁忍耐痛苦。回忆卅二年春我回到公司任职时，曾向大家报告，当时物价较战前高涨六十余倍，我们职工待遇较前涨七倍到八倍，与物价相较约八分之一。三十三年以政府开始补贴，直至日本战败后之第二年六月底止。但在今年从一月份起，长江虽未断航，而运输数量已极少，二月至三月断航二十几天，四月整个长江切断，川江运输亦同时减少，直至目前停泊川江船只数十艘，而行驶者仅十余艘。拿沿海运输来说，业务亦极不佳，北洋航线断航以后，船只均集中南洋，仅有单方面的运输，南下有货，北上空回，同时南方各港口码头原仅能容纳数艘船只，今驶往船只增多，停泊等候卸货，延误时日甚久。同时船只半任军差，再除轮船停修一二艘外，民生七只海船能经常驶营业者仅一二艘。至于穗港航线乃系短航，加拿大新船行驶，有如渝涪、渝合一样，穗市码头租费亦贵，□□□□□□，故穗港收入仅能维持支出，一切靠收旧账，好容易收得一笔款，必须汇往救济重庆、香港、台湾。前在加拿大造船借款必须付息，故须汇济国外。目前公司困难，不堪言状。总经理继谓：目前物价高涨，公司为体念职工生活艰难，七月份曾略有津贴，特别顾及低级职工，薪级愈少故所加愈多。董事长、总经理及各部经理亦皆依靠公司□薪生活，仍一样吃苦。港穗同仁待遇仍然较高，然该地生活昂贵，也许家在内地的人要好一点，如家在华南与内地同仁苦况一样。我们今天再看周围其它事业，如水泥厂关门，渝鑫厂及许多银行仅能维持伙食，尤以公教人员、官兵生活比民生同仁更苦，目睹艰难，望大家共同努力支持，不要像大家庭，一切都堆在当家的人身上。更希望各个船员，各个职工，都能多多提供意见，提供在业务上增加收入的意见。如果公司收入能增加一点，大家的生活也就好一点，只要各位意见办法是好的，公司一定接受。不过大家要了解，现在的困难是事实，今天主要收入全靠短航，长航和沿海收入太少，大家要了解全部的问题，不明了的，可向主管方面询问，明了的人要尽量向不明了的人解释，务使每个职工对公司情形都弄得清楚。收入不够，待遇自然不够，但是物质食粮不够，可多多增加精神食粮，把困难撑持下去。今天大家不要浪费时间，只要有点时间就来多多学习。例如今天物价上涨，总有他上涨的原因，哪些是人为的，哪些是天然的，如果找出原因向当局贡献意见，也许可把人为的困难减少。我希望大家不但对公司提供意见，也能向社会提供意见，因为社会有困难，要民生公司单独不发生困难决办不到。最后，希望从八月下半月起，恢复我们以前周会的集会。

8 月中旬　宗之琥等由天津乘太古轮船抵达香港，向卢作孚详细汇报了上海解放后的亲身经历以及在北京和张澜、黄炎培的谈话等。卢作孚表示愿意回到国内，考虑到台湾还有民众、民本、民俗等三艘民生公司的轮船，而且加拿大借款仍由国民党政府担保等因素，决定仍暂留香港，而由李邦典回重庆总公司相机处理川江轮船事务，并派原基隆分公司经理王化行去台湾，力争三艘轮船能被放行香港。卢作孚还指示广州分公司经理周寰轩在广州临解放前把该处轮船全部开到香港以便北行，派宗之琥去曼谷，调南洋航行的海船集中香港，相机北归①。

8 月 23 日　卢作孚再次飞返重庆处理重庆民生公司事务。

8 月 24 日　蒋介石率领蒋经国、黄少谷、陶希圣、谷正刚、俞济时等人从广州飞到重庆，企图把西南作为大陆的最后反共堡垒。

8 月 25 日　民生公司董事会在重庆民生大楼召开第二十四届第四次常务董事会议，出席会议的常务董事实际上只有郑东琴一个人，其余常务董事何北衡、宋师度、戴自牧、钱新之、宋子安、赵雨圃俱由他人代为参加，卢作孚列席了会议并作了总经理室工作报告②。

8 月 27 日　卢作孚主持召开北碚医院理事会会议③，之后返回香港。

8 月 28 日　身在重庆北碚的梁漱溟日记载："写周太玄转表老一信，托作孚带港；嗣闻作孚已走。"④

8 月　（一）民生公司港穗、港澳航线先后开通。（二）中国人民解放军西南服务团研究室编《四川人物志》中附录的《四川财团的首脑人物及其事业》中，有《卢作孚与民生公司》，对卢作孚作了尽管简要、系统但并不完全准确的介绍⑤：

卢作孚与民生公司

---

① 宗之琥：《我与民生公司》，《上海文史资料选辑》第 48 辑，上海人民出版社 1984 年版，第 90 页。

② 《民生实业公司董事会第二十四届第四次常务董事会议纪录》，重庆档案馆藏。

③ 《北碚医院理事会记录》（1949 年 8 月 27 日），重庆档案馆藏。

④ 中国文化书院学术委员会编：《梁漱溟全集》第 8 卷，山东人民出版社 2005 年版，第 424 页。

⑤ 中国人民解放军西南服务团研究室编：《四川人物志》附录《四川财团的首脑人物及其事业》，中国人民解放军西南服务团研究室 1949 年版。

民生公司为卢作孚创办，他曾利用此事业获取官厅位置，转而利用官厅位置，帮助事业发展。

卢作孚为四川合川人，现年五十七岁，他是私塾读书出身，合川的瑞山书院毕业，以后自修科学和英文。后来当过中学教员，教过书。在四川诚报任过主笔，五四时参加过少年中国学会，在杨森的防区泸县当过永宁示范区督学，在刘湘的防区任通俗教育馆。民十三年，在教育馆时，他即发愿要办合渝小轮，并办电灯厂。后来收到八千元股本，即定了一个民生轮七十吨，卢作孚自借了二百元川资到上海去取船，十五年七月民生轮抵川，试航合川重庆。

北碚土匪甚多，卢氏家族为当地地主，组织北碚峡防局，卢作孚任局长（后改为三峡设治局及北碚管理局，由卢子英代局长）。民十八年加渝涪线，卢氏因打土匪的功绩，被刘湘赏识。民十八年任川江航务局长，一年后卢氏辞职，重整民生公司。民二十四年又被任为四川省建设厅长，任职一年半。

民生公司在战前之能打下基础，第一因其管理制度，一洗洋场旧习，如船长包办一船人事、事务包办制度、物品包办制等，而建立比较科学的管理。第二，他是凭藉伪政府职务，方便民生公司，扩大影响。同时开始吞并各公司，民二十年并了七个公司，接收十一只轮船。民二十一年合并五个轮船公司（内有英籍一），接收了七只船。民二十二年合并了十五个轮船公司，购了一只美孚轮、太古轮。民二十四年接收美国籍捷江公司轮船五只。五年中共吞并十五个轮船公司，接收四十二只船。在吞并中，许多公司（尤其光耀）不无不满。民生公司之所以能收买中外籍轮，是因为四川连年内战，扣轮派差，层出不穷，而卢氏有川中军阀刘湘之支持，故敢放胆进行。外商及下游船商对川江又不敢问津。四川小型轮船公司，或因势小无法向官厅交涉。或由个别小军阀创办，管理不合理，同时又易为内战形势所牵动，因此吞并运动十分顺利（刘湘要卢任川江航务局长，卢首先要求明令各军队兵差必须给煤给费，军人搭船要购票，舱面装兵，舱下允许装货。民十九年出川考察，便"决心收并各小公司"）。第三，卢氏把握着自由竞争中以大吃小造成独占的原理，拼命造船，民二十四年冬起造船，二十五年造了十四艘。上海造船纪录列为第一。第四，独占资本贵在有康采因式的支柱，卢氏普遍发展机器等事业，造成犄角之势，可以减轻成本，相得益彰。

民生公司之船业以客运为主，其航线计有渝合、渝碚、渝万、渝邓、渝叙、渝嘉、渝宜、渝申等。民二十八年共有船一三七只，三万六千吨。民生公司成为川江上游唯一的航运公司了。

民生公司在战时曾协助中国长江下游国民党的撤退工作，三十二年底止，抢运了六十多万吨物资，他们自称“中国敦克尔刻”。战时民生公司损失不小，三十三年民生公司只有九十八只船，二万六千多吨。卢作孚为了确保民生公司的地位，抗战后任伪交通部次长达五年，中间又兼任过四川粮食储运局长一年，直至三十二年，他才辞职。

民生公司的康采因

民生公司的康采因包括有下列各厂：

（1）民生机器厂：十七年举办，专事修船及改装，设于江北青草坝，有车床四十三部，刨床八部，铣床三部，钻床一部。曾建造民权轮，修改民选、民有轮，此外，投资上海大中华造船厂。二十五年与范旭东、周作民创办，先事修船。战时则与汉阳周恒顺机器厂合作，在重庆李家沱设立恒顺机器厂，为民生公司修船，并与上海大鑫钢铁厂合组渝鑫钢铁厂。民生机器厂可自造锅炉。恒顺机器厂战时可以自造轮船。

（2）合川电灯自来水厂：民十五年创办，实用电量八十基罗瓦特。合川是民生发祥之地，后来因向外发展，反而不被重视了。

（3）三峡染织厂：卢作孚任峡防团务局长时代，提倡兵工政策，购布机回川，又民生公司拨十万元基金，二十二年开办。每年出货二十万元，全为棉织品。战时与武昌大成纺织公司合并，合组大明纺织厂于北碚三峡染织厂旧址，规模甚大，为后方最大布厂。

战前民生公司之投资事业，民二十五年底止为五十八万元。计为北川铁路、天府煤矿公司、四川水泥公司、华通物产公司、中华机器厂。北川铁路公司，资本六十万元，民生占十八万，铁路自白庙子至大田坎，长三十三华里，为文星镇输煤局所设，天府煤矿在江北西山，二十年六月成立公司，二十五年每月出煤四千石左右，半年为六万吨。

战时天府煤矿与河南焦作中福公司（即翁文灏、孙越崎等）合作，重组天府煤矿公司，后成为后方首屈一指的大矿。此外投资合江煤矿、嘉阳煤矿、富源水力发电公司、重庆轮渡公司，并自办航运意外保险公司、民安物产保险公司（卢任董事长，资本一千万）。民生公司的物产部则专事贸易。共有四十余单位。民生公司已成为康采因的组织了。

抗战后期的民生公司

民生公司在战时，固然因卢作孚作官，伪中央政府另眼相看，但基本上伪中央仍然要吞并地方性资本。民卅三年钢板涨到战前千倍，柴油三百倍，煤一百六十倍，然而航业的运价，因为装蒋军和伪政府物资关系，压得甚低，另一方面燃料的统制，民生只能得三千吨平价煤，另四千吨求诸黑市。抗战胜利以后，民生公司并没有逃掉这种征用，八九十只船，有百分之六十是扣去办军差，运军差运费只及平常的五分之一。因此连年亏折。二十八年欠四十万，二十九年五十一万，卅一年欠二百八十万，卅三年欠一亿八千万，卅五年半年又欠了五十亿。胜利后，伪政府只给了三十亿元的贷款。至于日伪轮船，完全被招商局独吞了。民生毫无分润之可能。

卢作孚认定了战后美帝国主义可能独占中国，因此三十三年国际通商会议，他力争出席，赴美交涉借款。由于政学系的努力，他向加拿大借了一千五百万美元，定购了三万五千吨船只。目前民生公司就靠这点资本以支持消耗。

卢作孚是一个精明的人，面孔瘦削，精神清癯。他是一个"土包子"起家，实际上对技术和资本，毫无准备，因此二十年来，爬得很苦。正因此，卢氏要利用官厅职务，不论伪中央或地方，让他作官他总是答应，想从中便利事业的发展。因此，有人说他的事业是做官做得来的。正因为他先与刘湘、刘航琛、何北衡发生密切关系，后与伪中央合作，为蒋、孔、徐堪、张嘉璈服役，战后他的关系，几乎完全靠拢了政学系。

9月2日　重庆发生大火，民生公司损失巨大：四大仓库和三大趸船全部被焚毁，物产部和各种库存物资也被烧光，公司船务处襄理谢萨生、港务科主任周质彬等49名职工死难，受伤11人，职工家属罹难者48家，共计77人[①]。

9月5日　卢作孚从香港乘飞机返回重庆，处理民生公司遭受火灾的善后事宜。

9月7日　在缙云山上闭关习静的梁漱溟在日记中记载："以下山日

---

① 《民生实业公司董事会第二十四届第二次董事会议纪录》，重庆档案馆藏；卢国纪：《我的父亲卢作孚》，四川人民出版社2003年版，第414页。

期函告子英，并转托致作孚一信。”[1]

9月11日　梁漱溟日记载：“早课后应约下山晤作孚，托带各信，并托带书于顾、周。”[2]

9月21日　（一）民生公司董事会在重庆民生大楼召开第二十四届第二次董事会议，郑东琴、耿布诚、康心如、蒋祥麟、晏阳初、石荣廷等出席了会议，另有周孝怀、宋师度、钱新之、胡筠庄、赵雨圃、张叔毅等派代表参会。卢作孚列席会议并作了总经理室工作的报告。会议批准了民生公司总公司关于重庆九二火灾中职工受灾情形及救助、补贴办法[3]。（二）民生公司召开火灾受难职工追悼大会，卢作孚致送挽联并致悼词。

9月22日　卢作孚离开重庆飞香港。

9月　本月起卢国维被调到民生公司香港分公司担任技术工作。

10月1日　中华人民共和国在北京宣告成立。

10月中旬　宗之琥从曼谷飞香港，向卢作孚汇报工作后返回上海。临行前卢作孚再三叮嘱，要宗向人民政府说明，他一定会回去的决心以及暂时不能回去的苦衷，并要宗代为了解一下，如果国民党政府撤销对加拿大贷款的担保，人民政府能否担保[4]。

10月5日　卢作孚从香港乘飞机回到重庆，此后在一个多月中召开多次会议，集中力量解决民生公司遇到的困难。

10月13日　国民政府行政院各部由广州迁重庆。

10月15日　阎锡山由台北飞抵重庆，宣布国民政府行政院在重庆办公[5]。

10月18日　陪都重庆各界举行所谓欢迎“政府”迁渝大会，阎锡山等出席[6]。

10月25日　黄炎培致函兼任董监事的各公司辞董事职，其中包括民

---

① 中国文化书院学术委员会编：《梁漱溟全集》第8卷，山东人民出版社2005年版，第425页。

② 同上书，第426页。

③ 《民生实业公司董事会第二十四届第二次董事会议纪录》，重庆档案馆藏。

④ 宗之琥：《我与民生公司》，《上海文史资料选辑》第48辑，上海人民出版社1984年版，第91页。

⑤ 阎锡山：《阎锡山日记》，九州出版社2011年版，第244页。

⑥ 同上。

生公司董事职[①]。

10月27日　民生实业公司董事会在重庆民生大楼召开第二十四届第五次常务董事会议，出席会议的常务董事实际上只有郑东琴一个人，其余常务董事何北衡、宋师度、戴自牧、钱新之、赵雨圃俱由他人代为参加，郑东琴主持了会议，卢作孚列席了会议并作总经理室工作报告[②]。

10月下旬　宗之琥从香港转道天津到北京，与何乃仁一道将卢作孚的情况和希望向黄炎培和交通部有关领导张文昂、于眉等作了汇报[③]。

10月　绥远轮由民生公司投资经营的巴拿马东方公司向巴拿马政府登记，悬挂巴拿马国旗，行使南洋航线，包括香港到新加坡或泰国曼谷、三麻、林达等地[④]。

11月初　中国人民解放军发动西南战役。

11月7日　民生实业公司何乃仁、宗之琥在上海访黄炎培，述公司近况[⑤]。

11月14日　蒋介石从台湾飞抵重庆[⑥]，妄图阻止人民解放军入川。

11月15日　人民解放军解放贵州省城贵阳。

11月中旬　鉴于国民党退出前的重庆充满恐怖气氛，卢作孚把夫人蒙淑仪和两个孙儿送到北碚，安置在中国西部科学院的临时住处。

11月19日　卢作孚自重庆飞赴香港。

［按］返港后，卢作孚住在新宁招待所，与同时期客居香港的老友何北衡、王毅灵、吴晋航、胡子昂等常相晤访。其间卢作孚与中共驻港代表张铁生也有多次晤谈。宗之琥离港北归前，卢作孚又叮嘱他转告人民政府自己一定回国，同时希望政府能为加拿大借款提供担保[⑦]。

---

① 中国社会科学院近代史研究所整理：《黄炎培日记》第10卷，华文出版社2008年版，第294页。

② 《民生实业公司董事会第二十四届第五次常务董事会议纪录》，重庆档案馆藏。

③ 宗之琥：《我与民生公司》，《上海文史资料选辑》第48辑，上海人民出版社1984年版，第91页。

④ 《民生实业公司董事会第二十四届第三次董事会议纪录》附录7，重庆档案馆藏。

⑤ 中国社会科学院近代史研究所整理：《黄炎培日记》第10卷，华文出版社2008年版，第299页。

⑥ 阎锡山：《阎锡山日记》，九州出版社2011年版，第245页。

⑦ 卢国维：《回忆父亲卢作孚在香港的生活片断和回京前后》，《武汉文史资料》总第11辑，1983年版，第131页；宗之琥：《我与民生公司》，《中华文史资料文库》第13卷，中国文史出版社1996年版，第645页。

11 月 24 日　民生实业公司按照常规召开第六次常务董事会议，但由于此时重庆已临近解放，时局异常紧张，所以到会常务董事代表出席者只有 3 人，未能超过常董名额半数，会议无法举行，出现了民生公司史上仅见一次的“流会”[①]。

11 月 28 日　国民政府行政院由重庆迁往成都[②]。

11 月 30 日　（一）凌晨蒋介石、张群从重庆飞往成都。（二）重庆解放。（三）身在香港的卢作孚成为国共双方都在争取的对象。据后来担任四川省人大常委会主任的何郝炬回忆[③]：

> 在南下进军四川之前，段君毅（二野后勤部长）同志对我讲，我们一起去重庆，我去搞交通，你去搞航运，那里有个民生公司，很重要，你去那里工作。当时我很担心，说干不了，卢作孚是大人物，我怎么能去？到重庆后，我担任了西南航务局局长，就是为到民生公司工作做准备的。卢作孚当时不在重庆，住在香港。国共双方的代表都在做卢的工作，台湾方面曾派行政院长俞鸿钧、外交部长叶公超到港，挽留他去台湾。

（四）在此前后，卢作孚与重庆民生公司董事会和管理层就如何对待香港民生公司轮船事宜发生严重的意见分歧。童少生说[④]：

> （在重庆解放前，他）望卢先生于重庆解放后即行北上。因为民生公司是合于国家经济资本主义的事业，必须与中央政府接触，取得联系，事业才易于推动，以求进展。卢先生得到何乃仁经理转达重庆带去的意见后，原定于二月半离港，俟因招商轮船起义，而招商所有在香港的船只遂被封锁，于是卢先生对是否即行北上遂生出考虑。再以泊港行停轮只的修理和维持港埠船上岸上所有职工的薪膳需款孔急，经济上随时发生顶大困难，须卢先生亲自料理，加以当地债务种种关系，故卢先生不能遽行离港。

---

① 《民生实业公司董事会第二十四届第三次董事会议纪录》，重庆档案馆藏。

② 阎锡山：《阎锡山日记》，九州出版社 2011 年版，第 246 页。

③ 何郝炬口述，黄友良录音、整理：《我与卢作孚先生》，《当代史资料》2001 年第 3 期，第 12 页。

④ 《民生实业公司董事会第二十四届第一次董监座谈会纪录》，重庆档案馆藏。

12月2日　（一）中央人民政府任命刘伯承为西南军政委员会主席，邓小平、贺龙为副主席，陈锡联、曹荻秋为重庆市人民政府正、副市长。（二）民生公司董事会致函总公司，在总经理卢作孚、副总经理童少生未到重庆以前，总公司对内对外一切事务，请暂由总公司秘书室主任秘书郑璧成全权代行[1]。（三）北碚解放，市民热烈欢迎人民解放军入城。第三野战军政治部在为进军大西南作准备而编写的《四川概况》中，有关于北碚的相关记述[2]：

北碚特点

一、北碚除了是一重要的煤矿区和有许多大小中学学徒，因而在经济上和文化教育上有它的重要性外，在行政作风和农村政策上，因与平教会的社会改良主义相结合，也有些与别的县份不同的特点。

二、这里原是一块不毛之地，自卢作孚创办民生公司、天府煤矿，为了保护其安全，在民国十四、五年的时候，才在此开始立峡防局，以剿灭土匪。后来改组为三峡实验区。抗战后才设管理局。所以这里伪政权是直接为了保护工业的发展而建立起来的，它也尽到了这个任务。

在开始的时候，它也曾经遭本地土豪恶霸的反对，阻碍伪政权的建立和工业的发展，但被卢把他们打下去了（当然不是消灭）。所以现在这里没有其它县份那样多的土豪恶霸。虽然也有个别有力的土豪性的袍哥头子和一些小土豪，但却没有别的县份那样横行，他们对此地的当权者是畏惧的，当权者也不姑容。

卢子英执政于此已有二十多年的历史，这也是与四川任何一县都不同的地方（别的县长顶多五年就换），政权干部都是卢一手训练和提拔起来的，他们对卢相当忠实，对他偶像观念很强，所以使政令比较能够贯彻，贪污情形也比较少，他们发展个人的财产方法，主要的是经营商业。

他们近几年替国民党征兵，主要的是向各厂矿募捐（实际上是摊派），再以此款收买所谓“志愿兵”。

建设方面，除了促进工业发展以外，就是专为资产阶级的享受或

---

① 《民生实业公司董事会第二十四届第三次董事会议纪录》，重庆档案馆藏。

② 第三野战军政治部编印：《四川概况》，第三野战军政治部1949年，第25—27页，四川省档案馆藏。

装潢门面。专供国民党官僚和帝国主义参观的代表建设，如修公园，建市政剧院、图书馆等。这些工程的建筑，多是征用民工，所以一方面自然取得了上层阶级的好评和赞扬，另方面基本群众以自己的血汗修建，受尽了痛苦与压迫。

三、四七年北碚划为平教会的实验区，又添了些改良主义的措施，这一套与卢子英的胃口正相吻合，所以在此处做得特别起劲。

他们在土地政策方面的措施，是想以改良主义的道路，逐渐达到耕者有其田。具体办法是通过农民银行或平教会，直接以低利贷款给无地或少地农民，购置土地，即所谓扶植自耕农。政府以法令规定，地主出卖土地时其佃户有优先购买权，这时佃户有钱则自己出钱购买，如无力购买者，则通过农业合作社向平教会贷款购买。其次是二五减租，地主不答应向政府控告，他们才会要地主执行。

做得比较有“成绩”的是农业生产和供销合作社，合作社除了供给农民工业品和收购农产品外，还指导改进农业生产技术和发展农村副业，如贷款给农民购买耕牛，供给或指导改良种子、肥料，或改进工作方法等。

解放后对它这些政策，我们须以慎重的态度处理，应揭穿其改良主义的施小惠以欺骗与缓和农民斗争的本质。

四、教育方面，普及民众教育是一个特点，每个乡除小学以外，专设一民众教育主任，负民教责任。行政上仍属管理局，薪金是由平教会拨给。民教主任下，每保设若干传习处，教师是聘请地方文化水平较高的人来义务教学，招收失业民众，每晚读书约两小时。其内容除了上文化课（内多反动教材）以外，还教应用文及农业生产知识。一般的说，也有“成绩”。

五、这些政策的实施，政策的决定和领导是平教会，行政上仍属于伪管理局，就是说平教会的社会改良主义政策，是与北碚政权相结合，通过他来执行，而平教会指派少数干部去指导。

在此稍后，北碚管理局编撰了《北碚概况报告书》，对卢作孚兄弟自1927年以来在北碚的经营作了一个初步的总结。该报告书前言部分写道[①]：

① 《北碚概况报告书》，北碚图书馆藏。

一、意义

北碚的经营是由卢作孚氏根据其《建设中国的困难及其必循的道路》一文的理论，想以此为现代集团生活的第二个试验（第一个试验为成都通俗教育馆，第三个试验为民生实业公司），在这穷僻的山间水间点缀着几桩现代的文化事业和经济事业，描摹出一幅现代物质建设和社会组织的轮廓画，更进而布置成功一个生产的、科学的、美丽的社会理想，让人们勾引起一个现代中国的憧憬来，以推进国家现代化的经营。

二、地势

北碚位于重庆、合川之中点，东傍嘉陵江，西接成渝公路。华蓥山自北而来分成三大支脉夹贯本境，横断大江形成小三峡。境内丘陵起伏，地土贫瘠，民风朴素，出产以煤矿为大宗。

三、沿革

在民国十六年以前的北碚不仅是生产落后，教育落后，一切社会生活落后，而且土匪如麻，十室九空。自卢作孚氏以孑然一身接长峡防局后，始以社会运动的精神把这非常污秽残破混乱的局面逐渐改变过来，一切社会建设事业才粗具规模。

民国二十四年国民党中央统一四川，峡防团务局不能继续存在，为避免原有事业之中辍，乃于二十五年春改组为嘉陵江三峡乡村建设实验区署，以继续推进这乡村的现代化运动。当时仅有教、建的任务，没有司法、赋税的权责。抗战期中，以北碚密迩陪都，社会秩序良好，全国各学术研究机关几集中迁建于此，住碚专家学者三千余人，颇极一时之盛，故有文化区之称。

地方因系文化区、风景区之故，至民国三十一年春，特由前省府呈准行政院改组为管理局，照一等县设置，组织和权责与一般县政府相同，但以不久胜利复员，继以国民党残余势力的挣扎统治，北碚虽仍在艰苦地支持，但已感力不从心，有负社会深切之期望。

（三）民生公司董事会致函通知总公司，在卢总经理和童副总经理未到重庆以前，总公司一切对内对外事务由总公司处务经理郑璧成全权代理。

12 月 3 日　中国人民解放军重庆市军管会成立（张际春任主任），并开始对国民政府时期的政权机构和官僚资本主义企事业单位、文化教育单位进行全面接管。

12月8日　国民政府行政院由成都迁台北①。

12月11日　重庆市人民政府正式成立，陈锡联任市长，曹荻秋任副市长。

12月14日　民生公司驻京代表何乃仁在北京访黄炎培②。何乃仁当时的主要任务是联系民生公司轮船北归问题③。

12月27日　成都解放。

12月30日　民生公司董事会致函公司副总经理童少生谓：在卢总经理未返回重庆复职以前，请代理总经理职务④。

12月31日　《民生公司股东名册》载公司股本总额为旧法币100亿元整，分为80万股，每股旧法币12500元整，股东2138户。其中与卢作孚夫妇、子女、兄弟相关股份情况如下⑤：

姓名	现在住址	股数（股）
卢志林	北碚新村蔡锷路	700
卢尔勤	北碚实验区署	260
卢作孚	本公司	1000
蒙淑仪	化龙桥红岩村5号卢公馆	1000
卢国纶	化龙桥红岩村5号卢公馆	200
卢国仪	化龙桥红岩村5号卢公馆	200
卢国懿	化龙桥红岩村5号卢公馆	200
卢国纪	化龙桥红岩村5号卢公馆	200
卢国维	化龙桥红岩村5号卢公馆	200
陈训方	化龙桥红岩村5号卢公馆	200
真记	化龙桥红岩村5号卢公馆	157
李兴记	化龙桥红岩村5号卢公馆	200
秋记	化龙桥红岩村5号卢公馆	200

① 阎锡山：《阎锡山日记》，九州出版社2011年版，第247页。

② 中国社会科学院近代史研究所整理：《黄炎培日记》第10卷，华文出版社2008年版，第310页。

③ 宗之琥：《我与民生公司》，《上海文史资料选辑》第48辑，上海人民出版社1984年版，第92页。

④ 《民生实业公司董事会第二十四届第三次董事会议纪录》，重庆档案馆藏。

⑤ 《民生实业公司股东名册》（1949年12月31日），广东省档案馆藏。

续表

姓名	现在住址	股数（股）
春记	化龙桥红岩村 5 号卢公馆	200
福记	化龙桥红岩村 5 号卢公馆	20

本年　国内大规模战争蔓延到长江流域，致使长江航线断航，给民生公司营运造成致命的沉重打击，全年货运量不及 1945 年的水平，只有 1948 年的 28%①。民生公司经营陷入极度的困境之中，只能在十分有限的范围内依靠差运苟延残喘。

① 凌耀伦主编：《民生公司史》，人民交通出版社 1990 年版，第 368 页。

1950年　57岁

1月初　民生公司召开本年第一次业务会议，卢作孚在香港没能出席会议。

［按］此时公司有96艘轮船，吨位比较大的18艘在香港，留在长江的78艘轮船中，部分因为缺乏油料不能行驶，部分必需修理也不能行驶，可以行驶者有13艘计，12000多吨位[①]。

1月7日　卢作孚自香港致函晏阳初，谓[②]：

> 十二月十六日示及昨电敬悉，分覆如次。(1) 五万银元（原存聚兴诚者）折为十五万港币，已由民生照汇渝，陆续交学院查济民。云银元十五万，据济民言只有银元四万五千，单在成质处，成质所答相同。另有十万，系渝大明厂与孙廉泉直接往来，非香港所知，更非成质所知。存单在成质处。云四万五千银元，正电洽设法汇渝中，得结果后再以报闻，请释念。(2) ECA五万美金，弄出极大不接头之错误。兄在台洽妥ECA交还民生垫款美金五万，兄未将经过告知成质，其后ECA有人来问成质，成质乃茫然不知。昨宗瀚为弟言，弟乃告以平教会款项往来系重庆民生公司，非香港民生公司。但事成过去，有无方法补救，尚待商于重庆。(3) 重庆解放后，学校工作状况不详。但就菊农来电除问款外未提其它困难，似尚可顺利进行。为求学校及工作同人之安全，一切信件均盼可以公开。目前邮信可通，转信尚无困难。(4)[③] 杨民革学校问题，知甚困难，但为交情所苦，不得不累兄助之。不择好学校，但望得学校准许。国仪仍等待签证中，

---

① 《1950年第二次业务会议报告》，第14页，重庆档案馆藏。

② Rare Book & Manuscript Library, Colunbia University, Collection of International Institute of Rural Reconstruction, box19, folder "Lu, Tso—fu".

③ 此处和以下序号原为（3）、（4），显然不通顺，改为（4）、（5）。

想只有日期问题。(5) 民生公司申渝间已复航，轮船已大半活动，收支或亦可以相抵。最后困难在香港，香港停船十三只，航行仅五只，以在台湾海空军封锁下，实无可以航行之新线。原有航行之五只中，仅江船两只航港澳，海船两只驶南洋，另有海船一只则经常应差，所有全部收入尚不敷开支之一半。正另谋补救办法，但尚未有把握。(6) 如每月港有二三万美金尚可设法为学院汇渝，但除大明尚有银元五万正洽汇外，港无存款。兄可否由国外陆续调来？匆祝健康

弟作孚　一、七

此外有请吾兄注意者，台湾绝非可凭藉以与大陆作战之基地，最后结束似只有时间问题。其利害，兄在港时，弟已迭加分析。美政府最近确定不卷入之态度，亦系证明。但美政府仍予台湾以无济于事之经济援助，使海岛与大陆相持之时间加长，即使台湾对大陆之空袭及封锁加长，此于中共军事无大损害，徒增人民痛苦，徒增人民对于军费及兵员之负担，徒促中共更多仰赖苏联之军事援助，于国民党之最后命运全无补救，徒使中国人民更痛恨美国，徒失美国人在国际之威信。此种利害得失，万望兄向诸好剖析明白。如美国欲得全中国人之好感，最好设法结束台湾残余无望之争。此为弟个人对兄个人提供之意见也，裁酌之。

1月初　民生公司总公司处务经理郑璧成“因不得已之原因，保存战犯杨森衣物，致遭拘押”①。

1月13日　民生公司总公司函报：总公司处务经理郑璧成请辞秘书室主任兼职已获准，另请汉口分公司经理李肇基担任②。

1月19日　怀远轮在由新加坡开往曼谷途中货舱失火，原因为在新加坡装货时，搬运工人将烟头落入舱内所引起③。

1月20日　(一) 民生公司总公司函报：总公司人事室主任一职，因处务经理何乃仁公出期间无法兼任，另请李肇基兼代；总公司处务经理李若兰照料船务处、业务处之外，并请主持总公司调船会议；请李肇基以秘

① 《民生实业公司董事会第二十四届第一次董监座谈会纪录》，重庆档案馆藏。

② 《民生实业公司董事会第二十四届第三次董事会议纪录》，重庆档案馆藏。

③ 谢敏道：《民生公司在南洋的活动》，《文史资料选辑》第136辑（合订本第46卷），中国文史出版社2000年版，第43页。

书室主任秘书兼任物产部经理[①]。（二）晏阳初自美国就中华平民教育促进会等事致函滞留香港的卢作孚，谓：

> 一月七号示敬悉。（一）平教会与大明接洽之款，总数为硬币贰拾万元整（系润民、廉泉与大明接洽者），除一笔伍万元及肆万伍千元外，尚余存拾万伍千元在大明（香港）。此款或者润民、廉泉要同大明接头。（二）ECA 伍万元（是璧山染料货款），是去年十一月十号就应该付清的，此款恐非弟和菊农直接通信是弄不清楚的。总之此款是农民拿出来的款，交与平会买染料的，我们非要 ECA 付清不可。弟在此正接头此事。（三）杨民革事，弟曾函兄，教她将表填好从速寄来，至要。
>
> 极密（阅后附火）
>
> （一）兄关于台湾意见，完全同意，而同时此间朝野有眼光者亦皆有同样看法。（兹附 New Republic 漫画，一见可知美人态度。）弟当遵照吾兄提供之意见，向各方作进一步的剖析。（二）弟正在此和美朝野商洽继续在大陆做纯粹为老百姓服务的工作，此时（尤其是因最近北平事件）大多数的美人是愤慨万分，反对在中共区域做任何工作，少数冷静而具有远大眼光者极赞成弟之主张（如美国之平教董事会诸好）。但是他们问了弟不能答复的一个问题，就是如因我辈努力说服了美国朝野及参众两院，问弟能否保证中共的合作态度？此点关系甚巨，切望兄用您那智慧而有效的技术，去弄个明白并从速见示。美国此时亦正在寻一条出路，赛珍珠告弟我来得恰好，正是需要吾人给他们指路的关头，可惜您不在此。但您在那，我在这也有好处，恐怕到了画龙点睛的时候，您有飞来的必要。弟此时的人缘不坏。（三）歇马场、北碚、璧山工作和同人实际状况究竟怎样？弟离川后迄今杳无消息，此心日夜难安。望兄用点时间打听个明白，并速函告，则不胜感激之至。（四）因中共占据四川，一切援助 SCA 立即停止。这是第二次在农村复兴案中国会规规定的，从去年十一月起一文不发。弟正为吾人川中工作另筹募款项，但亦难矣哉！Write soon please.

（二）中华平民教育促进会代理干事长、中国乡村建设学院副院长瞿

---

① 《民生实业公司董事会第二十四届第三次董事会议纪录》，重庆档案馆藏。

菊农从北碚致函卢作孚介绍该会近况，谓[①]：

> 前电报告聚行汇渝款港纸一三九一四二元已收到，想邀鉴及，余款拟求尊处暂为存放银行，俟此间需要，再行电达汇渝。费神感荷。此间学院已开课，学生精神尚好，实验区工作大体与政府配合进行，农业生产在川东行署指定任务下工作，机织合作及整染厂等与贸易部配合进行，北碚工作亦酌量推进，至会中本身基础，前请孙伏园、黎学纯两兄赴京报告接洽。中共主张团结，并可协助整顿会务。弟或须赴北京一行，俟京有函电来再定行期。就国内情况，初兄以早回为是，此一般所主张。平会数十年来以服务为主，此时更宜积极学习，努力服务也，想初兄当亦考虑及此，不待弟之函告矣。

1月21日　为施救民和、生黎两轮，建造巫峡等载货拖轮，并复航申渝线，民生公司以民主轮作抵押向上海交通银行借用折实储蓄单位10万分以资周转[②]。

1月31日　卢作孚就美国对华政策、北碚情况等问题致旅美的晏阳初两函，其一谓[③]：

> 密笺敬悉。请告美国可靠友人，未来成败决不在原子弹或氢气弹，而在西方国家尤其美国对于落后国家有无真正了解。殖民地政策当然失败，第二次世界大战及目前状况均可证明。门户开放政策只着眼在商业（着重号为原有）往来，亦必失败。欲落后国家人民能自起来，绝无其事；必须先进国家真能全力帮助落后民族，比帮助西欧恢复需要力量更大，使能迅速提高文化及生活水准，乃能使落后民族不生变化。对今后中国仍当寄与极大同情，予以帮助，使能和平建设，勿激起日趋恶劣的情感，日趋强烈的武装准备，走向极端，乃系可靠的办法。速设法引起新的舆论。不但为中国之幸。

---

① Rare Book & Manuscript Library, Colunbia University, Collection of International Institute of Rural Reconstruction, box19, folder“Lu, Tso—fu”.

② 《民生实业公司董事会第二十四届第三次董事会议纪录》及附件7，重庆档案馆藏。

③ Rare Book & Manuscript Library, Colunbia University, Collection of International Institute of Rural Reconstruction, box19, folder“Lu, Tso—fu”.

其二谓[1]：

> 廿一日示敬悉。杨民革应填之表已交与本人照填径寄吾兄。获子英来函，北碚管理局及一切事业已全交代，实验区则尚照常工作。详情无消息。曾派林文裕回渝，问瞿菊农可否派一人到港，处理平教会与大明往来款，并函告兄以工作及经费状况。ECA款五万，如在美洽无结果，台湾必难照付。

1月　香港民生公司考虑到国内外环境，决定公司海轮改挂巴拿马国旗。当时中国籍轮船改悬巴拿马国旗者颇多，只要按照登记吨位每吨付1美元即可注册立案。这样，经向香港巴拿马领事馆商洽后，香港民生公司各海轮相继改名易帜。绥远改名凯达、怀远改名必达、黄海改名美达，三轮或出租或托人代理，往来于曼谷、新加坡、香港之间[2]。

2月4日　晏阳初为平教会在美国募集款项、农业复兴委员会在台湾恢复工作、卢国仪赴美留学申请奖学金等事自美国致函卢作孚，谓[3]：

> （一）昨日接到华府SCA电话，说有两笔款他们可承认照付：一笔是染料的伍万元（美金），他们可付叁万元；一笔是平会的行政费及同人薪津的拾捌万伍千元，他们可付柒万元，共拾万元。昨天立即予兄一电，说明此款并请兄以平会董事会计身份代收此拾万元，请妥为放存（附原电）。至于今后用度，弟尚需与菊农、廉泉诸弟商洽，并须获得此间平会委员会的同意，方能动用。此间募款难于上天，平会若不善于运用（此款），前途不堪设想。（二）此次为进行这两笔款，煞伤脑子。SCA因中共占了四川，无论如何从去年十一月份起一文不发。弟叠次奔走于华府各方，最后与Hoffman大闹一场，妥协，其结果是补发吾会些许经费，勉强撑支短时间。美国务院这些浅见官僚真气死人！（三）农复会工作已决须续，但仅于台湾，这样干

---

① Rare Book & Manuscript Library, Colunbia University, Collection of International Institute of Rural Reconstruction, box19, folder "Lu, Tso—fu".

② 谢敏道：《民生公司在南洋的活动》，《文史资料选辑》第136辑（合订本第46卷），中国文史出版社2000年版，第44页。

③ Rare Book & Manuscript Library, Colunbia University, Collection of International Institute of Rural Reconstruction, box19, folder "Lu, Tso—fu".

去意义甚少。弟正在努力影响有关方面，此种为人民服务的工作不应因政见不同而中止于大陆。全国空气是反共的，吾人要达成任务，是要洒心血的，而且要洒得多！总之天下无便易路，事在人为！（四）国仪奖金事，弟昨日接到国维函，立即拍电，谓奖金为两年，想已收到，盼她能早来，凡弟能为力的，绝对为力。杨民革事亦遵照兄意在同各校接洽。兄航业事如何？国内一切究如何？盼示。

2月6日　民生公司民勤轮于本月2日自宜昌附近转运人民解放军第二野战军的汽油到重庆，本日晨6时在由鄂都上行到蚕背梁时发生爆炸沉没，生还10人，死亡121人①。

2月9日　筹备中的西南军政委员会财政经济委员会就民生公司事呈文向中央财委请示②。

西南财委关于民生公司问题的请示（1950年2月9日）

（一）该公司船只共计七一八三四．三五吨，现在香港经营者共计三五四七五．九五吨，其中航行者四艘，计一〇七六二．三五吨，停泊者十三艘，计二四七一三．六〇吨，另平远一艘计三三二六．六四吨，为国民党军掳去，现在香港之船上员工一〇六九人，岸上员工三一人，每月收支不敷甚巨，请政府每月结汇港币二十六万元，以维持该分公司及船员最低生活。

（二）该公司在四五年先后得加拿大及前反动政府担保向加银行借款造船，现在积欠利息、保险费等为数甚巨，再此项借款自五一年起将开始还本，此项经过已由该公司在上海解放后向华东呈报。

2月13日　晏阳初收到卢作孚1月31日的信后，本日致信卢作孚，希望帮助了解在大陆是否仍能继续从事农村建设工作，谓③：

一月卅一号之密函各点与弟在此间所谈者不谋而合。近来朝野友

① 《民生实业公司董事会第二十四届第三次董事会议纪录》及附录7，重庆档案馆藏。

② 中国社会科学院、中央档案馆编：《中华人民共和国经济档案资料选编·交通通讯卷》，中国物资出版社1996年版，第848—849页。

③ 转自徐秀丽《回归前夕的卢作孚先生》，见王兆成主编《历史学家茶座》第5辑，山东人民出版社2006年版，第132页。

好于弟之主张（即在中国内地继续农建工作）有同情者，有反对者（反对协助中共），但事在人为，只要不灰心，不头［投］降，成功不是完全无望的。但是弟有一重要问题（前函虽曾提过，但兄未答），就是：如因我辈努力，结果得到此间的拥护，中共是否欢迎，是否同意吾人在大陆继续工作，此点万望我兄拨冗打听个明白，否则费了一番心血，把这边说服而那边又成问题。请见复，愈快愈好，愈确愈佳。

2 月 15 日　中央财委电告筹备中的西南财委对民生实业公司现在不予贷款①。

中财委关于民生轮船公司问题复西南财委电（1950 年 2 月 15 日）

（一）兹将我们所悉民生轮船公司情况介绍如下：

该公司全资总股八十万股，其中有中国交通两银行杨森、张群等资本占 23.6%，加上北四行（大陆、盐业、中南、金城）资本共占 40%，其余 60% 为私股。现在主办人为卢作孚，本人还在香港，故虽经该公司在沪经理提出愿意公私合营，仍未决定。

该公司大部船只在香港澳门，公司曾向加拿大借款数百万美元，据悉现已有一些船只被加收回。

（二）我们认为：

1. 西南财委可参照上述情况继续搜集有关材料，为考虑今后公私合营之准备。

2. 此问题华东于眉了解较多，已电请他提出意见。

3. 现在不予贷款，你们可向该公司说明政府财政困难。

2 月 19 日　重庆私立宝元通公司总公司以及该公司西南区的四个分公司正式转为国营，之后该公司设在上海、南京等地的贸易机构也转变为国营百货公司。

---

① 中国社会科学院、中央档案馆编：《中华人民共和国经济档案资料选编 · 交通通讯卷》，中国物资出版社 1996 年版，第 848 页。

2月20日 晏阳初与在香港的卢作孚通电话后又致函卢作孚，谓[①]：

适才同兄说电话，极愉快。但恐话中不清不详，故兹补充几点。(一) 染款事。廉泉与璧山合作，整染厂原定在香港购买伍万美金的染料，因需外汇，平教会商请农复买外汇。俟后决定在农复会十一月份应付平会之款项下扣出伍万美金（贰万美金由平会出，农复原定补助整染厂贰万元，其余叁万元由璧山合作总社直接付还平教会）。成都农复会亦同意此办法，乃电告香港SCA付平会香港代表杨成质君伍万美金。不幸此电文字不清，香港SCA拒绝付成质。于是就拖好几个星期。因此，染料当然不能买，俟后虽经弟当面说清楚，又有台北全农复会委员会电港SCA照付伍万美金，但港SCA仍拒不付，它的理由是因得到华府SCA命（因中共占了四川），不许付任何款。因此种种（1）染料未买，（2）平会十一月份应收到之伍万美金也不允付还，当时成了一个悬案。此次弟到华府数次，最后和Hoffman本人当面解释，乃得到他们以下的妥协办法，并由华府SCA早已电命台北农复会照办：(一) SCA承认立即付平教会叁万元美金，补还璧山合作总社。请注意：究竟弟走以后璧山合作社是否付平会等款叁万元之美金，弟不得其详。如已付，平会当然应付还合作社，但如根本就未付过此款，当然应由平会收。因此款是平会十一月份应收之款，就收到此叁万元，平会仍损失贰万元，因去年十一月份为计划在港买染料，由JCRR扣了伍万美金故也。至密请注意：今天为对付SCA起见，就是璧山合作社未付平会叁万元，也得要说付过。否则SCA不允付。因为弟在华府同Hoffman的说话是，你们对机关或可以随便，但对老百姓，你们SCA非守信用不可。因此对平会垫出的伍万元，SCA只承认付还与老百姓有关的叁万元。因此，兄同港SCA谈话时，只说合作社的叁万元平教会应付还。(二) 其它柒万元是为平会做遣散、同仁薪金及行政费等。(一)(二) 都是Hoffman同意而有命令给台JCRR的。这两笔款（一）（二）请兄负责代平会收款，以后再报账可也。至于究竟我们要怎样运用，须同菊农、廉泉商量。此间目前捐款，困难万分，吾人应善用此款维持今后的工作。同时再为将来打算。一切心照。

① Rare Book & Manuscript Library, Colunbia University, Collection of International Institute of Rural Reconstruction, box19, folder "Lu, Tso—fu".

2月　1、2月民生公司亏空170亿元，举步维艰，发放职工工资已经极为困难，经卢作孚同意，民生公司副总经理童少生2月中旬离开上海回重庆召开业务会议，到万县得知郑璧成被拘押①。这样童少生回重庆后就停留了比较长的时间。

3月10日　民生公司驻加拿大代表王世均在加拿大与加拿大有关银行签订了关于在港7只门字新轮的抵押合同，合同规定抵押对象为在港7艘门字新轮，抵押期限到中华人民共和国与加拿大政府互相承认时为止。由于当时轮船航行香港—澳门航线仍必须经过国民党海军监视的海面，乘客不安全感严重，为减少此种威胁合约还规定由中国民生实业公司投资组织加拿大民生实业公司，将7艘新轮名义上让与该公司，并改挂加拿大国旗。

[按] 后来卢作孚又嘱咐王世均向加拿大政府商妥补充办法：在加政府承认人民政府，与人民政府承认继续担保以前，国内航线如可恢复航行，中国民生倘已向人民政府办理抵押登记，即可随时赎回一部分船只，改回中国国籍②。4月上述轮船开始改挂加拿大国旗。

3月13日　中央人民政府财政经济委员会主任陈云为民生公司要求贷款事致函交通部长章伯钧，谓③：

> 政务院转来民生公司要求贷款问题，原则上同意。由人民银行总行贷款，交通部担保，具体条件，由银行、交通部与民生公司三方面会商，请代转告该公司何乃仁先生为荷！此致敬礼！

[按] 章伯钧于15日收到陈云批示后在该公函上签字："阅即办"。

3月15日　阎锡山卸任"行政院"院长职务④。

3月18日　民生公司特约请在重庆和合川的董事、监察人或他们的代表，在重庆民生大楼召开第二十四届第一次董监座谈会，郑东琴、耿布诚、石荣廷等出席，郑东琴主持，童少生等人列席了会议。郑东琴首先解释了举行座谈会的缘由⑤：

---

① 《民生实业公司董事会第二十四届第一次董监座谈会纪录》，重庆档案馆藏。

② 《民生公司港区船只挂旗主要办法》，重庆档案馆藏。

③ 《陈云致章伯钧函》（1950年3月13日），《卢作孚研究》2009年第2期。

④ 阎锡山：《阎锡山日记》，九州出版社2011年版，第268页。

⑤ 《民生实业公司董事会第二十四届第一次董监座谈会纪录》，重庆档案馆藏。

本会在过去，每月召开常务董事会议一次，每三个月召开董事会议，是月即不开常董会。从去年（1949年）11月起，因时局演变，是月24日召集之本届（第二十四届董事会）第六次常务董事会议即行流会。12月重庆解放后，因本届中国、交通两行之常董发生问题，董监中也有发生问题及远离者，于是能出席之常董及董监，很难达到总额过半之人数，遂致常董会及董事会无法召开，希望政府能将应派出席者早日派定，即可正式召开会议。在不得已中，今天特约请在渝及合川之各董监暨各董监请托之代表开座谈会。

副总经理童少生在发言中说：

去年（1949年）3月间，自己返渝参加业务会议，谬承董事会聘充副总经理，因为帮助卢先生，只得勉强承乏。受任之后，全国解放事业即大开展，回到上海，长江业务即逐渐发生困难。南京先解放，上海于5月27日全部解放，武汉则先于16日即解放。上海解放前几天，卢先生曾召开会议，我自愿留申在解放后撑持公司局面，卢先生旋即离申。当上海解放之初，我们便决定业务方案，要迎头赶上之前事业，首先将当时能够知道的公司资产等项详细呈报华东区，并将被迫凿沉的一些工具加紧救起，使之恢复生产。这件事，很得华东当局的嘉奖。同时江宁、九江两埠的业务亦予以恢复，上海区公司并照顾其员工及业务上的一切开支。

当重庆于去年（1949年）12月30日解放前，自己与李肇基经理都同样主张，望卢先生于重庆解放后即行北上，因为民生公司是合于国家经济资本主义的事业，必须与中央政府接触，取得联系，事业才易于推动，以求进展。卢先生得到何乃仁经理转达重庆带去的意见后，原定于2月半离港，嗣因招商轮船起义，而招商所有在香港的船只遂被封锁，于是卢先生对是否即行北上遂生出考虑。再以泊港行停轮只的修理和维持港埠船上、岸上所有职工的薪膳需款孔急，经济上随时发生顶大困难，须卢先生亲自料理，加以当地债务种种关系，故卢先生不能遽行离港。

我同肇基经理俱系在先解放区住过，不约而同地拟返渝一次。经卢先生应允，并嘱在渝召开业务会议。2月中离申，抵万县乃听说璧成被拘捕事，即知返渝一时不易赴沪，本来是为开业务会议返回重庆，不料遇此特殊情形，遂不能不久留。返渝之后，首先解决总公司及宜昌以上各埠及轮囤职工的去年（1949年）12月份薪资，和去年双薪补办办法。上海区公司前系依据招商划为一致，故渝不能不照上海算法以发12月分薪和双薪。继因各埠折实单位牌价不一致，曾拟定民生折实以作各埠计算标准，而职工会同仁主张要照上海牌价，现在重庆牌价特高，该会已决议照重庆牌价。

本公司历年是枯水时期亏折，早前曾靠金城贷款帮助，后来在抗战期间，赖国家银行周转。本年1、2两月差到170亿，当然大不得了。每天应付员工薪资已感精疲力竭，但一切债务、煤款、修理费、购料费又非偿付不可。至于劳资问题，原知在初解放时，劳方难免不有偏差，我们一方面检讨资方缺点，一方面抱说服原则，希望双方走上正轨。两方都要学习，不久之后，劳资双方总有调协之日。

郑主任秘书因不得已之原因，保存战犯杨森衣物，致遭拘押。我初抵渝时曾作营救，但人民政府新作风不说人情，当时即知彼将有较长之学习时间。据闻现在只要彼登报悔过，或可了结。政府为此事，对公司最初不免不了解。现在已有两月多的接触，政府对于我们已逐渐明了。

在目前情况下，公司关于财务业务上的重大事件，没有地方请示，只有向郑董事长请示，无形中将董事长责任加重，但董事会议已经两个月未开会，所以许多重大问题还有待解决。希望政府速将中交两行及刘航琛、徐可亭等人应该（被）接管的股本，共派出董、监人补充从前应该撤销的董监名额，董事会即可健全改组。但我曾问过邓小平政委，彼云政府一时尚不准备派出董、监代表。

公司最近曾具报政府，将全体股东名册及认股数开列明白，约计官僚资本占20%几，民族资本占40%余，待审定者占30%余。由连同股东之来源及公司最初之组合一并缮陈请政府速为核定。至于本年1、2两月之亏折现象，亦将呈请救济。希望：（一）合理调整运价。（二）全面照顾。（三）除20亿贷款及贷米320石外，再行贷款。政府希望公司自力更生，我们已实行节约，准备减薪减膳。关于减薪办法，公司拟仿照去年招商局亏损时减薪标准，实行减薪。

还有今年股东常会的筹备，宜积极进行，关键在政府将董监代表早日派出。本公司总公司既在重庆，将来中央亦可委托西南军政委员会办理此事。如果股东会不及时召开，将来如有股东依法请召开临时股东会，则公司将感麻烦。

公司秘书室主任秘书李肇基在会上说：

在江南解放前，卢总经理对于长江流域各埠我公司业务等，即预有一安排，故申汉解放后，各埠劳资合作方面，情况都比较好。各埠虽然曾犯错误，但凭劳资双方调协，及政府当局的调解，困难都已解决。重庆解放后，总公司发生的事端，虽亦与各埠相类，但解决即不容易。因为解决较迟，职工所受的剥削较多，加之劳资双方意见不调协，即代表资方者意见亦未见一致，故困难有外在的，亦有内在的。资方代表事实上亦系劳方，现在只有一共同要求，即必须弄清政府的政策及本公司的情况与历史，正确地把握政策，做到劳资调协。3月份收入预计不及开支二分之一，政府贷款不经常可靠，惟盼劳资双方互相了解，实行精简节约，增加生产，方能渡过此难关。

船务处经理翁德勋报告公司轮船情形说：

公司现共有轮船95艘，总吨72939吨。其中油船45艘，总吨47438.22吨。煤船40艘，总吨25501.45吨。95艘中，现行的船仅24艘，总吨30437.84吨，停船则占61艘，总吨43501.83吨。计行船总吨仅占全部总吨41.7%，停船则占58.3%。在香港区者共18艘，总吨为38802.59吨，在国内者共77只，总吨为34137.01吨。计在香港区者占全部总吨53.2%，在国内者占46.8%。

公司董事耿布诚在会上说：

外间有些股东误会，以为我们董、监都与劳方合为一气，妨碍股东权益，所以这（么）久都还不召开股东会。这种误会，似宜设法加以解释。

最后董事长郑东琴作总结发言，并归纳座谈会意见如下：

一、公司对政府要接近，今后要自力更生；二、公司内部以往意志不一，今后要更加团结；三、劳资双方切莫对立，遇事宜协商；四、公司的主干人员应该先团结起来，对职工劝导，勿成对立，大家同心协力，共渡难关；五、今年的股东常会定要召开，希望公司各部门早作准备（财处速作去年的决算书），以后再开次座谈会即定期，并先电商作孚；六、请政府速将代表中国、交通两行及许多官僚资本的董监派定，以便召开会议。

3月21日　（一）重庆私营四川畜产公司转为国营畜产公司。（二）为支付加拿大借款1949年12月应付利息和本年3月应付利息，民生公司向北京中国银行借款100万港币清偿上述两项应付利息款项①。

3月22日　（一）卢作孚自香港致两函给晏阳初，其一谓②：

先后□到两示，以事忙未即覆，迁延至今，至怅。兹分复如下：(1) 璧山北碚巴县实验区（或第三区实验区），廉泉菊农两次来函，均谓工作仍照常进行，子英两次来函，亦谓实验区工作仍在进行中，廉泉且曾约子英往助。林文裕曾回渝，据归言，菊农面告，为适应环境，或将改组，如何改组则未悉。(2) ECA三万元染料款已取得，最初全存聚兴诚银行，顷移存香港民生，在未汇渝前照市生息，汇渝期待兄斟酌，亦视ECA或菊农之要求如何。照ECA港人员态度，似关切此款是否汇渝，曾以此问成质，虑彼待此款汇渝乃肯交其它应交之款，万不得已当允其分期汇渝，每月一期，每期一万元，仍盼兄有所指示。(3) 大明北碚应交之款，港无从查明，正函问菊农，尚不得覆，港应交港币十三万元，系银元四万五千所折合者，本周内可交清，拟暂存港生息。(4) 原存聚兴诚十五万港币由民生汇渝交付，适渝民生枯水季节收入不敷，致仅交少数，其余尚待筹交，顷已由港运往内地材料一批，嘱陆续售出，即陆续交付，并照交付时汇率折合。好在四月以后即入洪水季节，兼有材料可以售出，必可接济学院用途。(5) 最近及今后汇款全交聚兴诚电汇，其在渝交款甚为迅速。(6) 如实验区仅经名义上之改组，政府只参加工作人员，一切尚可进行，国外款亦可收用，似即可证明国际如有协助，人民政府必可接受，国际协助最好透过联合国或由学术团体担负，似无法在目前状况下再用美援名义。近与菊农往返电文抄附于后。

---

① 《民生实业股份有限公司公函》（1950年10月23日卢作孚签发）、《民生实业公司董事会第二十四届第三次董事会议纪录》，重庆档案馆藏。

② Rare Book & Manuscript Library, Colunbia University, Collection of International Institute of Rural Reconstruction, box19, folder "Lu, Tso—fu".

其二谓：

无关事业之报告。(1) 子英已交代北碚管理局，所有北碚事业亦经完全捐献与政府，子英现在渝，渝市府邀任建设局副局长，似不能辞却。(2) 国仪尚在港等待康乃尔大学入学准许证，是否可得准许，何时可得准许，尚不可知，吾兄可托友代为探讨否？彼仅有留学费用二千元，将来仍盼有学校或学术团体奖学金机会，乃能完成学业，否则仅能留美一年，似无必要也。(3) 弟为事业安全，尚滞留在港，屡电渝辞职，未得同意，尚须待封锁问题解除后乃能决定行止。北衡原拟赴国外游历，以护照签证未得，至今留港，或终回到内地。(4) 港有若干技术人员及建设性质之人才不肯即回内地，如果国际有领导地位者了解世界问题绝非备战可以解决，并了解对于落后国家有效之帮助为建设，为教导其人民共同起来建设，迅速提高其生活及文化水准，则滞在国外不肯即回国内之人才或尚有用于国外之机会，请兄更研究之。

(二) 张澜为民生公司借款事并为介绍公司代表何乃仁前往商谈致函交通部长章伯钧，谓[①]：

民生公司人事室经理何乃仁，系受该公司卢总理（作孚）指派，代表来京办理向政府请求帮助事，特为证明，并介绍趋谒，请赐接见为荷。

3月23日　黄炎培为民生公司借款事并证明何乃仁确为民生公司代表致函章伯钧，谓[②]：

何乃仁君确系民生实业公司卢总经理作孚所派之代表，向政府请求贷款，似可由何君代表该公司签字，特出证明。

3月24日　年初民生公司陷入极大困境，既无钱付清1949年12月到期的加拿大欠款，更无力付清1950年3月应付加拿大借款其余本息。本

① 《张澜致章伯钧函》(1950年3月22日)，《卢作孚研究》2009年第2期。

② 《黄炎培致章伯钧函》(1950年3月23日)，《卢作孚研究》2009年第2期。

日卢作孚通过民生公司派驻北京的代表何乃仁向周恩来汇报民生公司情况时，提出公私合营的问题。中共中央对此非常重视也相当慎重。后来刘惠农回忆说①：

> 据我所知，卢先生早于1950年3月24日，即通过何乃仁先生直接向周恩来汇报民生公司情况，提出了公私合营愿望。一个私营企业，为什么在1950年春天就主动提出要求公私合营呢？卢先生是一个精明的企业家，长期以来，在民生公司形成了一套企业管理的方法(其中有许多好的经验是值得我们借鉴和学习的)，但它作为资本主义私人企业又不可避免的存在着腐朽的一面。它是在半殖民地、半封建社会中生存和发展起来的，当旧的国民经济轨道被摧毁之后，其经济病态就更集中暴露出来了。突出的问题是经营不善，生产效率低、机构臃肿庞大，事故频发，负债累累。据不完全统计，1950年至1952年，共发生事故255次，平均每三天一次。解放后18个月就亏损1300多万元，平均每天约亏1400元。内外债务高达800多万元，平均每天增债9000元，以至工资都无法支出。中央政府虽借款给以扶持，但杯水车薪，难以使它从根本上摆脱困境。
>
> 卢先生提出公私合营的请求涉及到一项重大国策。如何将资本主义企业引导到社会主义道路，马克思、列宁曾设想过赎买政策，但没有实现。毛泽东同志根据我国国情，特别是对民族资产阶级的两面性作了科学的分析。在七届二中全会上提出了对民族资产阶级实行利用和改造的原则，并提出了国家资本主义的概念。但如何具体进行，当时没有提出。民生公司请求公私合营，事实上就涉及到党通过何种形式对资本主义工商业实行社会主义改造的重大国策。中共中央对此十分重视，经党中央、毛泽东同志决定，同意接受作孚先生的请求，并指示我们一定要慎重，稳妥地做好这件事关大局的工作，创造一个好的典型，为全国实行公私合营提供榜样和经验。

[按] 此后，何乃仁根据周恩来指示，两次到香港安排卢作孚赴北京事宜。

3月27日 （一）晏阳初从美国致信身在香港的卢作孚，着重谈到从

---

① 刘惠农：《难忘的历程》，武汉出版社1992年版，第68—69页。

农村建设入手，逐步改善中美关系的意见，谓[1]：

（川中情形，以及吾人工作实况，新权态度，切望兄拨冗见告，至要。）（一）SCA 付款事承兄帮忙，菊弟有电来，谓首批 MYM 25000 已收妥，至感。（二）昨日已接到纽约大学正式通知，杨民革可入该校肄业，入学书已另航寄。（三）适才和 Thomas Wan（?）电话，知兄有意要弟任 Canada 民生董事，只要与兄事业有助，弟无不接受的。（四）兄派林文裕赴川考查，结果如何？（子英廉泉任何事?）北碚璧山实验区学院及其它究如何，新政权对此种工作态度、政策究如何，吾人是否仍应继续苦撑？弟初，Mar. 27，50

弟对于美国、中共的希望，试简述如左，请兄教正：（一）在灾民、饥民、病民、死民遍国的今日，中共只靠一个在经济上自顾不暇的苏联，怎么得了?!（二）我认为中国的大灾大难是我们救国救民的良机，在今日救死不及的时候，中美间不是谈政治、谈主义的时候，今天只应谈救灾、谈建设（我所谓："即救即建"的口号）。鄙见是由农村建设入手（比较单纯，双方容易合作，因已有先例）；（中美）双方在农建、"即救即建"的工作上有了合作的（态度、情绪、机构和人物）良好基础，然后第二步就可进行工业的合作；有了农建、工建良好合作的基础，中美双方政治的，甚至主义方面的协调不是绝对无望的（我辈如能为中共多拉一个强大的友国如美国，那么中共做附庸的可能就可减少多了，独立的中国可能性也就可加强了）。（三）弟所提供的这点愚见（但是暂时只能粗只［枝］大叶），您看中共可能有什么看法，什么态度？未得到比较可靠的答复前，我在此无法进行。（四）如兄认为弟提的路线（由"即救即建"的乡建入手，而后工业，而后政治的合作）中共可以商量的话，我可进一步的同至好（陶格罗斯[2]、前天曾与谈）商谈具体办法（陶极赞同弟之路线），如有必要，他可 secretly by authorized by the President as representative[3] 到中国进行合作商谈。兹事体大，万望我兄百忙中抽出时间为此事用精力洒热血，缜密的敏速的进行，给弟一个具体答

---

① 转自徐秀丽《回归前夕的卢作孚先生》，见王兆成主编《历史学家茶座》第5辑，山东人民出版社 2006 年版，第 133 页。此函原件注明"极密"。

② 美国最高法院法官道格拉斯。

③ 意为被总统秘密委派为代表。

复。事关吾民族前途，谅兄必应我所求。陶兄要我代为致意。阅后付火，至要！

（二）民生公司总公司函报：调公司顾问高功懋兼任民生机器厂厂长①。

3月30日　晏阳初致函卢作孚，谓②：

三月廿二号手示奉到。兄在那百忙的苦撑生涯下给我写那样周详的两封信，真使弟感激万分。（一）SCA之两笔款（三万和七万美金）弟望能运用来维持院和区工作。（在目前美国反共空气下，为中国捐款是难于上青天！）七万元之款菊农有电来，谓首批二万五已收到。至于三万元（染料）之款之汇渝办法，可遵照兄之意见（及菊农之请求）分期汇渝。如渝方一时不需款，可暂存港民生亦妥，总之请兄斟酌港渝间情形作主可也。（二）为国仪办入学准许证，不算困难（因她成绩优良），（杨民革或许证已办妥），现在康乃尔是请其研究院奖学金的问题；如仅办准许证，早就办好了。弟的计划是先办准许证，提前来美，然后再请奖学金不迟，否则耽延时间过久，VISA更难。国仪的成绩书（正书只一份）现在康乃尔大学不便去要（因还有得奖学金的希望），但为争取时间，最好是请兄速函金大当局寄一份，航快寄来，以便在另一大学办入学证，同时仍可等待康乃尔的消息。（弟为此已有英文信致兄，谅已收到）国仪读书，兄只备来美旅费，以后读书用费，弟绝对负责去办，祈释念。（三）关于兄所提技术人才问题以及国际协助问题，弟于三日前（廿七号）上兄函内虽提供有关此两问题之意见，如弟所提有可能性的话，这两问题，都可有办法。但弟意见究能否实行，望兄拨冗赐教，至要至感。

3月　（一）四川成渝铁路开工兴建，后来于1952年7月建成通车。（二）四川著名“猪鬃大王”古耕虞的四川畜产公司与国营中国猪鬃公司签订协议实行合并，正式变为国营③。（三）滞留香港的刘国钧拜访卢作

---

① 《民生实业公司董事会第二十四届第三次董事会议纪录》，重庆档案馆藏。

② Rare Book & Manuscript Library, Conlunbia University, Collection of International Institute of Rural Reconstruction, box19, folder “Lu, Tso—fu”.

③ 王慧章：《猪鬃大王——古耕虞》，中国文史出版社1991年版，第120页。

孚，巧遇从内地到港的何北衡。几位老朋友相聚香港，真有万语千言。何北衡很自然谈到他在北京见到周恩来总理的情况，并带来周恩来总理口信："欢迎在香港的朋友回去办实业！"何北衡还为他们带来了《新民主主义论》[①]。

4月5日　卢作孚致晏阳初，谓[②]：

> 敝公司纽约办事处为便于处理新近成立之加拿大民生公司事项起见，即将迁往 Montreal 办公，今后关于国内与该处之函电联络，拟请由平教会纽约办事处代转，谅邀惠允也。

4月12日　民生公司副总经理童少生以总经理卢作孚名义致函董事会，说明向华东区让售钢料事。《民生实业公司公函》载[③]：

> 申处价让与华东区财政经济委员会航运处钢板、角铁、铆钉等材料，先后共计两批，详情已于去年（1949年）12月28日以供物渝字第496号函报在案。计第一批价款427500000.00元，由申处留用。第二批价款计美金129308.42元，曾与华东区国外贸易总公司订立合同，将半数美金64654.21元汇港交我港分公司作为开支之用（已于去年12月1日汇往纽约转港照收），其余半数计64654.21元，准我作为输入任何准许进口物资所需外汇之用。现申处正与港处联络，陆续办理申请物资进口手续，用以抵付该半数外汇，一俟抵付完毕，再行奉报。

4月14日　卢作孚致两函给晏阳初，一函主要谈事务性问题，谓[④]：

> 三月尾两示均悉。1. ECA第二期款已交来，并已由聚兴诚银行汇交菊农，已电嘱菊农回电须说明收到数额及第三期款需汇日期，此

---

① 施宪章：《爱国老人刘国钧》，《文史资料选辑》总第149辑，第171页。

② Rare Book & Manuscript Library, Colunbia University, Collection of International Institute of Rural Reconstruction, box19, folder "Lu, Tso—fu".

③ 《民生实业公司董事会第二十四届第二次董事会议纪录》及附录15《民生实业公司公函》，重庆档案馆藏。

④ Rare Book & Manuscript Library, Colunbia University, Collection of International Institute of Rural Reconstruction, box19, folder "Lu, Tso—fu".

为 ECA 所要求也。2. 染料款美金三万及中国染厂（即大明厂）交来港币十三万，除已由川丝公司汇渝美金二千外，余暂存港，待 ECA 第三期结束款汇后，问明菊农需要时间再汇。3. 三个月前曾由民生汇菊农美金二万五千，近得菊农函，已陆续按牌价收得（在人民政府管制之下无复黑市）。4. 学院已派孙伏园入京商立案办法。此外无新消息。

另一函为卢国仪留学美国事，谓[①]：

国仪就学得鼎助，据函，康乃尔已准其自费入学，至感幸。国懿有函来，谓有同学 E. C. HO 很踏实稳重负责任，为教授所称许，可能订婚。但国懿欲于订婚之前明了其家庭情形，弟正托人调查，复函请其就近商承吾兄，为考察其本人，兄如时间容许，请为考察，并考虑之。

4 月中旬　卢作孚召集民生公司高级职员，拟定了将滞留于香港、台湾等地的公司轮船驶回上海和广州的行动方案，并与有关方面取得联络进行了周密安排，即民生公司滞港轮船以开往日本或南朝鲜为名，开始每隔六七天开出一艘，绕过台湾海峡，脱离危险区域后，驶向上海[②]。

4 月 17 日　民生公司总公司函报：调民生机器厂前厂长陶建中到总公司秘书室，以副经理名义主管供应事务，并协助照料物产部工作[③]。

4 月 19 日　卢作孚致函晏阳初简要回复 3 月 27 日来信提出的问题，谓[④]：

密笺悉。兄先后所提意见，在目前国际局势之下能否洽得结果，不可知。弟在港亦无从接洽。亚洲问题诚不可听任战祸蔓延，诚当全

---

① Rare Book & Manuscript Library, Colunbia University, Collection of International Institute of Rural Reconstruction, box19, folder “Lu, Tso—fu”.

② 李天元：《卢作孚率民生公司船队归来纪实》，《四川文史资料集粹》第 3 卷，四川人民出版社 1996 年版，第 640 页；宗之琥：《我与民生公司》，《上海文史资料选辑》第 48 辑，上海人民出版社 1984 年版，第 93 页。

③ 《民生实业公司董事会第二十四届第三次董事会议纪录》，重庆档案馆藏。

④ 徐秀丽：《回归前夕的卢作孚先生》，见王兆成主编《历史学家茶座》第 5 辑，山东人民出版社 2006 年版，第 133—134 页。

> 力阻止战争发展，但基本拯救之道，仍在建设与社会改造，尤在农村建设与改造。中国如可在军事上告一段落，必能开始致全力于建设，必感觉需要国际之协助，届时必较易洽谈。目前或尚有困难，可否先试致力于国外若干建设性质及技术上之人才，促其回国，不愿尚可短期用于国外，请兄再与陶先生商之。如弟有机会建议于新政府，仍当建议也。

4月22日　以胡子昂为召集人的重庆市工商联筹委会成立。6月15日西南局在重庆浮图关举行了成渝铁路开工典礼。

4月　（一）周恩来总理答应设法为民生实业公司偿付到期债务及为加拿大贷款担保。卢作孚召集香港民生公司高级职员拟定轮船北归的行动方案。（二）到本月，民生公司在川江枯水季节新增负债200多亿元，“公司简直有不能维持的趋势”①。政府在购油、购煤、借款、归还加拿大借款利息等方面给予大力帮助，各种款项达到一百数十亿元，公司得以暂时渡过难关。

[按] 2、3月民生公司公司由于各种原因亏损达150多亿元，导致购买燃料而无款支付，天府公司受到拖累而本身发生困难，停止供应民生公司轮煤。公司员工工资被拖欠一个多月，各地分公司不断出现劳资纠纷。同时公司认购了胜利折实公债合72亿元，加上应交各种税款28亿元，开支巨大。

（三）民生公司在加拿大订造的虎门等7艘轮船通过加拿大民生实业公司向加拿大政府登记悬挂加拿大国旗。资料载②：

> 虎门、玉门、雁门、石门、祁门、龙门、剑门等7轮，均于1950年4月由中国民生实业公司投资组织之加拿大民生实业公司，向加拿大政府登记，悬挂加拿大国旗。照加拿大政府之规定，各轮高级驾驶、轮机人员须全用加拿大或英国籍人员，但此案定为特案。除报务员一人用港籍人外，全用原有中国船员。一俟沿海情势许可，即可开回国内，改悬中国国旗。惟以上各轮在加建造时，与加拿大银行有借款关系，在改悬中国国旗、撤销加拿大国旗时，必须办理抵押登记手续。此项抵押登记到加拿大政府承认中华人民共和国并由中华人

---

① 《1950年第二次业务会议报告》，第15页，重庆档案馆藏。

② 《民生实业公司董事会第二十四届第三次董事会议纪录》附件11，重庆档案馆藏。

民共和国政府承认继续担保清偿债务时即行撤销。

5月1日　由于无业务可办，民生公司汕头办事处本日撤销[①]。

5月4日　民生公司总公司函报：纽约办事处兼副经理胡汉明已于4月30日自请长假去职[②]。

5月5日　民生公司总公司函报：调上海区公司业务部副经理王化行为宜昌分公司经理[③]。

5月8日　卢作孚致函北碚平教会瞿菊农，谓[④]：

函悉，三期款尚未收得，须凭兄电洽收，请来电告急需，免交款人推延。

5月9日　卢作孚将北碚相关情况转告晏阳初，谓[⑤]：

兹转上菊农兄最近来函，并抄上复菊农电函。即祈察阅。第三期款待菊农电到，即往洽收。

5月11日　晏阳初致两函给卢作孚，其一谓[⑥]：

（一）我兄重视经济及农村建设方式来补助东亚民族，弟十二分同意。弟在纽约、华府、支加哥等地之有力朋友亦同意此种看法。下月初陶兄在华府要为我举行一个（非正式的）重要谈话会（不公布的）在他家里，大概各界有力分子通在被邀之列。弟要给他们讲，“建设强于枪炮，服务高于宣传”。但我能把握的问题是：假使我能说服他们朝野接受如农建的办法，我要知道（美国朋友也要问）中共可否可以合作，可以接受？吾兄是否可以用点功夫，给弟一个切实的答复，愈速愈佳，愈确愈佳，至要。（二）但如您认为中共无接受

① 《民生实业公司董事会第二十四届第四次董事会议纪录》，重庆档案馆藏。

② 《民生实业公司董事会第二十四届第三次董事会议纪录》，重庆档案馆藏。

③ 同上。

④ Rare Book & Manuscript Library，Colunbia University，Collection of International Institute of Rural Reconstruction，box19，folder“Lu，Tso—fu”.

⑤ Ibid.

⑥ Ibid.

之可能，那弟又何苦呢？此事关于中国前途，世界前途，切望吾兄特别注意及之。

另一函谓①：

此次代表兄赴加拿大，一切顺利，曾拜看财政部诸公及外交部朋友，他们对于民生（尤其对兄）非常尊重爱护，真难得也。Clark说："希望此种彼此的好感和信用能继续不断下去，并望卢先生能解决他的各种困难。"我说：If any one can do it，Mr. Lu can do it。Mackay为人相当诚恳，对于民生极为爱护，人亦能干。Thomas Wang在公司同人中亦算一把好手，不可多得。

5月15日　卢作孚致函晏阳初，开列代收平教会款项详细账目，谈及女儿卢国仪赴美签证困难，"已将一切证撤回，中止美国之行矣"。谓②：

（一）数日前奉一函，内有致菊农函，为谨慎起见，托友带到内地付邮转去，因此或须迟数日乃能到达。最好兄写信时即加注意，非必要事不提，究系两个世界，容易引起误会，为学院增加困难也。（二）此间经手平教会款，经查明帐目，函复菊农，抄上一份，请兄查阅。前此弟凭记忆函兄，不如此详明也。结束款第三期已洽取，明日或又明日即可汇出。（三）菊农有一函附上。（四）国仪签证终感困难，已将一切证撤回，中止美国之行矣。

5月25日　民生公司平远轮被国民党军队扣留并强行开出上海，下落不明③。

5月31日　军管会北碚分会通知，聘请卢作孚等25人组成北碚文化事业管理委员会。

---

① Rare Book & Manuscript Library，Columbia University，Collection of International Institute of Rural Reconstruction，box19，folder "Lu，Tso—fu".

② Ibid.

③《民生实业公司董事会第二十四届第三次董事会议纪录》及附录7，重庆档案馆藏。

5月　（一）民生公司滞港的海船定远、绥远就近作价交给华南海军使用[①]。（二）上海中国标准铅笔厂公私合营。（三）天府公司煤矿正式改组为公私合营企业，公开讨论企业存在的问题。资料载[②]：

解放前天府煤矿公司和其它民族工商业一样，在蒋匪帮长期反动统治下，遭受着残酷的压榨和束缚，严重地阻碍了生产力。加以伪币不断贬值，市场混乱，更扼杀生产的发展，所以当时公司的情况是恶劣的，危机重重。解放后，由于人民政府正确的领导，号召恢复与发展生产，进行企业改革。职工政治觉悟提高，发现本企业由旧社会带来的病态和弱点，百孔千疮，如机构、制度以及经营方式和生产方法种种的不合理，实已不能适应新社会的需要，乃积极争取在政府领导下，实行企业改革。经过五〇年四月的扩大业务会议，聚职工代表于一堂，公开讨论企业存在的一切问题。一九五〇年五月西南工业部煤管局成立，加强了领导，并经西南财经委员会同意，确定本公司为公私合营企业，派定公股代表参加本公司董监会，一面推动本公司业务，一面准备改革工作。

6月7日　民生公司怀远轮在船长黎明和率领下本日自香港开出，并于12日驶抵上海[③]。

6月9日　民生公司宁远轮在船长汤镇瀛率领下本日自香港开出，并于15日驶抵上海[④]。

6月10日　（一）香港民生实业公司与青岛合兴公司签定宁远轮让售和约。关于宁远、怀远两轮让售始末，资料载[⑤]：

（一）理由：以华东区有特殊需要，曾派代表吴荻舟、苏世德在港向卢总经理接洽购买宁远、怀远两轮，公司因政府关系及解救香港

---

① 宗之琥：《我与民生公司》，《上海文史资料选辑》第48辑，上海人民出版社1984年版，第93页。

② 孔勋：《公私合营天府煤矿公司三年来业务情况报告》，1952年9月，第1页，重庆档案馆馆藏。

③ 《民生实业公司董事会第二十四届第三次董事会议纪录》及附录14《请追认让售宁远、怀远两轮案》，重庆档案馆馆藏。

④ 同上。

⑤ 同上。

财政困难，只得勉为允诺让售。

（二）船价：宁远、怀远每艘售价为港币69万元，共计港币138万元。

（三）让售经过：1950年6月10日，在港与代表青岛合兴公司的苏世德签订让售合约。怀远于6月7日离港，6月12日到沪。宁远于6月9日离港，6月15日到沪后，即洽海军方面接收。该部于6月20日每轮先派兵14人接管后，迄至8月9、10日始分别接收竣事。两轮于海军接收后，复于9月14日移转招商局接管。

（二）由何乃仁等陪同，卢作孚经过深圳乘火车到达北京[①]。本日，梁漱溟日记载："（晚）六时应毛主席宴，座有李四光、华罗庚、梁思成、张难先、卢作孚及（林）宰平先生等各位。晚会演剧。"[②]（三）在北京期间，卢作孚先后应邀参加了毛泽东为工商界人士和西南民主人士举行的便宴。周恩来总理和陈云副总理也多次约见卢作孚，就有关问题交换意见。朱德曾经在中南海宴请卢作孚。吴玉章、张澜等也热烈欢迎卢作孚归来。黄炎培、孙越崎等老朋友更是与卢作孚多次晤谈[③]。据何郝炬回忆[④]：

卢作孚回国抵京后，主动提出民生公司与国家合营要求。其中的原因，我认为有两点：一是民生公司长期有与政界密切合作的历史……。二是民生公司国内业务受到内战影响，陷入极大困境，到1948年，民生公司已弄到"外无以偿外债，内无以供开销"，全靠借债、抵押度日的境地。1950年9月16日，西南局就救济失业工人工作向中央报告，重庆、川东、川南、川北、川西和西康约有失业工人14万人，不少行业生产萎缩，停工歇业。民生公司虽未停业，但在经营上困难也很多，如不能获得政府援手，势必难办。

---

① 宗之琥：《我与民生公司》，《上海文史资料选辑》第48辑，上海人民出版社1984年版，第93页。

② 梁漱溟：《日记》，中国文化书院学术委员会编：《梁漱溟全集》第8卷，山东人民出版社2005年版，第432页。

③ 卢国维：《回忆父亲卢作孚在香港的生活片断和回京前后》，《武汉文史资料》总第11辑，1983年版，第136页；周永林、凌耀伦主编：《卢作孚追思录》，重庆出版社2001年版，第52页。

④ 何郝炬口述，黄友良录音、整理：《我与卢作孚先生》，《当代史资料》2001年第3期，第13页。

6月13日 （一）卢作孚到中央人民政府交通部接洽商谈公私合营问题。交通部的报告载[①]：

卢作孚自港来京后，即于六月十三日来我部，提出组织民生公司公私合营问题，经交换意见结果，互推代表进行座谈研究，当时决定我方参加座谈之代表为四名，民生公司四名，并邀请中财委私营企业局二位同志与交通银行洒副经理等参加。

卢作孚提出的公私合营与中国共产党实行的公私合营并不完全相同。刘惠农后来回忆说[②]：

卢先生是希望政府作为公股，投资民生公司以使之渡过难关。公股代表只是参加董事会，并不直接参加公司的行政工作。我们党同意公私合营的目的，就是要将民生公司这艘资本主义企业的轮船引入社会主义航道。因此公方代表不仅参加董事会，而且要起领导作用，彻底改革民生公司。在多次协商中，我们本着团结的精神，在原则上不迁就，同时也照顾资方的利益，采纳他们的合理意见和要求，使他们十分愉快地与我们合作，并接受领导。

（二）民生公司民象轮本日自香港开出，并于同月18日驶抵上海。

6月14日 梁漱溟日记载："早访卢作孚、周太玄谈话均重要。"[③]

6月14—23日 全国政协第一届第二次会议在北京开幕，卢作孚以特邀代表身份出席。由于滞港北归轮船尚未全部抵沪等原因，应卢作孚本人请求他参加会议一事未作公开报道[④]。

6月15日 成渝铁路动工修建。

6月18日 （一）民众轮在船长万竞吾率领下离开香港经台湾海峡于

① 中国社会科学院、中央档案馆编：《中华人民共和国经济档案资料选编·交通通讯卷》，中国物资出版社1996年版，第849页。

② 周永林等主编：《卢作孚追思录》，重庆出版社2001年版，第325—326页。

③ 中国文化书院学术委员会编：《梁漱溟全集》第8卷，山东人民出版社2005年版，第433页。

④ 《中国人民政协全国委员会首届二次会议昨揭幕》，《新华日报》1950年6月15日第1版；卢国维：《回忆父亲卢作孚在香港的生活片断和回京前后》，《武汉文史资料》总第11辑，1983年版，第136页。

本日驶抵上海。(二) 就公私合营问题，民生公司代表与中央政府代表举行第一次座谈。

6月21日　(一) 就公私合营问题，民生公司代表与中央政府代表举行第二次座谈。(二) 民生公司太湖轮自香港开上海，途中在离香港20海里处被蒋介石海军扣留，情况不明①。

6月22日　从香港开出的太湖轮遭到国民党方面劫持，开往高雄。到1951年上半年，先后有18艘轮船从境外回到祖国怀抱。只有平远和太湖两轮未能救出②。

6月23日　就公私合营问题，民生公司代表与中央政府代表举行第三次座谈。

6月27日　就公私合营问题，民生公司代表与中央政府代表举行第四次座谈。

6月28日　由中央人民政府委员会批准的西南军政委员会全体名单正式发表，刘伯承任主席，贺龙、邓小平、熊克武、龙云、刘文辉、王维舟任副主席，委员有宋任穷、胡耀邦、曹荻秋、艾思奇、胡子昂、李根源、潘文华、邓锡侯、卢汉、鲜英等85人 (后增加2人)，邓小平兼任西南财经委主任③。卢作孚为西南军政委员会委员之一④。

6月　为偿还加拿大借款到期加币95270.43元 (合美元86500元) 利息，民生公司向北京中国银行第二次借款港币516000元汇美国转加拿大偿付⑤。

7月1日　民生公司进行了一次财产总清点，进入了为期两年的实行公私合营的过渡阶段。

7月6日　中央人民政府增选胡子昂为重庆市副市长。

7月8日　(一) 就公私合营问题，民生公司代表与中央政府代表举行第五次座谈。(二) 民生公司与中央人民政府交通部代表就民生实业公司公私合营问题在北京举行会议。资料载⑥：

---

① 《民生实业公司董事会第二十四届第三次董事会议纪录》及附录7，重庆档案馆藏。

② 李天元：《卢作孚率民生公司船队归来纪实》，《四川文史资料集粹》第3卷，四川人民出版社1996年版，第642—642页；宗之琥：《我与民生公司》，《上海文史资料选辑》第48辑，上海人民出版社1984年版，第93页。

③ 四川省档案馆编：《西南军政委员会纪实》，四川省档案馆2001年刊，第49页。

④ 何郝炬口述，黄友良录音、整理：《我与卢作孚先生》，《当代史资料》2001年第3期，第13页。

⑤ 《民生实业股份有限公司公函》(1950年10月23日卢作孚签发)，重庆档案馆藏。

⑥ 《民生实业公司董事会第二十四届第三次董事会议纪录》，重庆档案馆藏。

中央人民政府交通部于本年（1950年）7月8日在北京召开会议，交通部出席人为张文昂局长、于眉副局长、王寄一副局长、周启新处长、董永生副处长、吴绍树参事及欧阳平参事7人，本公司（民生公司）出席人为卢作孚总经理、何乃仁经理、李肇基经理、李邦典经理、吴麟伯经理、刘秋平主任6人。通过本公司（民生实业公司）公私合营过渡办法草案。

草案规定人民政府派出7名代表参加公司常务董事会，常务董事会负责清理股权及资产，清理债务，精简机构，节约开支，配合政府计划，执行航运价格，调整劳资关系等[①]。《民生实业公司公私合营过渡办法草案》后来经过政务院和中央财经委员会核定，改成了《民生实业公司公私合营协议书》。

7月12日 恢复华南航线，民生公司向北京中国银行总管理处借款50万元港币以资周转[②]。

7月13日 政务院财政经济委员会所属交通部长章伯钧、副部长李运昌、季方报告与民生公司商谈公私合营经过及结果[③]。

章伯钧、李运昌、季方：与民生公司商谈公私合营经过情形报告（1950年7月13日）

（一）商谈经过：

卢作孚自港来京后，即于六月十三日来我部，提出组织民生公司公私合营问题，经交换意见结果，互推代表进行座谈研究，当时决定我方参加座谈之代表为四名，民生公司四名，并邀请中财委私营企业局二位同志与交通银行洒副经理等参加，历经五次座谈（六月十八日，廿一日，廿三日，廿七日，七月八日）及数次个别交换意见，现座谈已告一结束，在会上曾经广泛的交换意见及互相争论，最后双方意见已趋一致，共认为在民生公司组织正式公私合营前，必须经过一个过渡时期的筹备工作，在此期间必须有一过渡时期的组织形式，并确定其应进行之工作内容，以便着手准备组织正式公私合营公司，

① 周永林等主编：《卢作孚追思录》，重庆出版社2001年版，第325页。

② 《民生实业公司董事会第二十四届第三次董事会议纪录》，重庆档案馆藏。

③ 中国社会科学院、中央档案馆编：《中华人民共和国经济档案资料选编·交通通讯卷》，中国物资出版社1996年版，第849—851页。

为此共同草拟“民生实业公司公私合营过渡办法”草案，作为该公司今后过渡时期的遵循方针。

（二）商谈的中心——如何筹组正式公私合营公司。

甲、在正式组织公私合营前，必须首先进行下列各项工作：

1. 在正式组织公私合营公司之前，必须确定公股之股额与股权，目前此项公股股权，很难正式确定，如按照民生公司的报告公股额只占22.2%弱，根据我们在各方面收集来的材料则（1）可以没收或接收的官僚资本与战犯之股额为27.9%强，（2）尚待研究之官僚军阀股额为22.7%强，（3）尚未查明或化名股额为5.7%弱。根据以上情况，民生公司的股份，是极其复杂的，必须经过慎密清查，才能正确确定公股所占额。为此政府必须首先派员参加该公司之实际工作，便于清查该项工作。

2. 民生公司在实际上已存在公私合营的内容，由于股东未清查关系，尚不能正式成立，但对其遵行人民政府政策法令与改善其经营方针，在目前则应有其一定的改造要求，使其配合国营航业完成航运任务，而该公司目前所存在之机构庞大，冗员众多（公司顾问就有八十名之多，其余挂名不称职的人员更多），严重浪费（员工薪膳即占总支出的34%，占总收入63%，其它开支浪费更大），及经营不善，旧制度未加改革，对配合执行人民政府之航运计划与运价政策亦不积极（如川江运粮宜昌之船不愿运粮，即空船放回汉口）等等不合理现象，甚为严重，人民政府为保护该公司之公私利益，为谋不让其继续发展，亦亟需派遣代表协助其进行改造。

3. 民生公司的资产是很庞大的，而且很分散（香港、重庆、汉口、上海及其它各地均有，除轮船业资产外，尚包括发电厂等实业单位），故须彻底清查，以明公司之确实资产，便于确定股份之股金额（因民生目前之股额尚为一百亿法币，而实际已遭货币贬价与变迁，其额已不足再资公司之股本标准，必须重新确定股份之股金）。此项工作目前亦急不待缓，否则，可能会遭受意外之流弊端与损害。

4. 民生目前负债包袱很大，仅加币即达一千三百万元，而且三月即要偿付期息与本金，而公司对偿债办法，目前只单纯依靠政府贷款之消极态度，而未能积极的从开展公司业务，精简节约等办法，求得部分解决，对这种态度，必须加以改变。

乙、根据上述情况，为便于上述各项工作之进行，确定在此过渡时期必须组织临时性之组织，使公股（政府）代表得以顺利参加该公司之领导工作。

1. 由卢作孚负责召开原有私股董事会，公股得派遣代表参加该会，公股之董事名额，暂按照该公司提出，未经核定股额（即原伪公股董事额）派遣七名代表参加，该公司之全体董事，大部在港很难召开，但根据原该公司之规章，只要有半数董事出席即可召开，现在公股已有七名，私股再有六名参加即可成为合法性（原公司董事共廿六名）准备在此会上重新推选董事长与常务董事。

2. 组织临时常董会，经过该会讨论与议决筹组正式公私合营之准备工作，及其上述各项工作之具体计划，并经常监督其执行。

3. 公股得委派该公司之副总理经理及其它工作人员参加该公司之具体工作。

以上过渡时期的临时性组织，待公私合营正式组成时，即行重新改组。

7月19日　为建造巴峡、夔峡两艘载货拖轮，民生公司以民主、生灵、生辉3轮作抵押，向中国银行上海分行借用人民币22.68亿元以资周转①。

7月21日　民生公司纽约办事处本日撤销，改在加拿大满城设立办事处②。

7月下旬　卢作孚到上海安排滞留香港的民生公司轮船回沪事宜。在上海期间，卢作孚于7月24日对公司主干人员讲了话，表示同各方面接触之后，信心增加了。他说③：

回到上海来同各方面接谈以后，在个人来说对于公司经营的信心是大大的增加了。民主轮的偏差经过检讨以后，船员一致的保证在下次水到上海的时候，即是说再经过十多天以后，保证把一切搞好。工会的代表提出了很多可贵的意见，这就证明我们的劳资关系是正常的，我们的职工是有办法，也有决心克服困难搞好生产的。我希望、我也相信今天在座的各位等一等也提出很多可贵的意见来，因为各位都是负了一部分责任的主干人员。

---

① 《民生实业公司董事会第二十四届第三次董事会议纪录》及附件7，重庆档案馆藏。

② 《民生实业公司董事会第二十四届第四次董事会议纪录》，重庆档案馆藏。

③ 凌耀伦、熊甫编：《卢作孚文集》，北京大学出版社1999年版，第648—652页。

就民生公司当时的任务，他明确提出：

在收入方面：

1. 争取货源：不仅顾及自己，也要顾及同业。所以民生揽货要与招商共同进行，要为大家揽货，凡大宗货物，都照各公司的轮船吨位、比例分装，彼此照顾。

2. 加强服务：为争取货源、为争取客运，就必须加强服务，把客与货所感受的困难，都当作我们自己的困难。我们不仅要研究改善揽货、装货的技术，还要进一步研究货本身由产地到装船的运输和成本，还要研究货的销场，并且协助货主来解决这些问题，也惟有这样的服务，才能基本上解决我们公司货源的问题。

3. 研究方法：例如装卸要有计划装卸，特殊货物要有办法，例如装运钢锭，登陆艇有没有开前门的，又没有吊杆怎么办？经过很多人的研究，于是就知道没有前门的可以开后门，这个问题就算有办法了。凡事多同人商量，就有办法，就必须事前有准备、有计划，有了计划，就要同各部、各地妥取联络，照着计划同时进行。

在支出方面：

1. 修理问题：船上要随时检查，一有小的问题就立即修理，不要等着由小变大，坏到不能用了才进厂去修，一修就是几个月，所以船员应该随时注意保养，随时自己修理。岁修进坞只修船底及其它平时不能修理的部分，这样，修理的时间就可能减少多了。此次工会代表说，船上应该做些什么事，公司没有规定，没有人知道要做些什么？所以我们各部分应该规定明白，船只进厂，船上人员应有工作计划，就从荆门起，驾驶部分从船长起，应该做些什么事，轮机部自轮机长起，应该做些什么事，都应规定明白，照计划进行。

2. 减少事变：一切事变，船上均应尽量避免，装载不可逾重，一切以安全为第一。船的航行，第一是安全，第二是安全，第三还是安全。

3. 配件问题：目前有许多配件不仅是贵重，且是买不着。香港对于登陆艇的许多配件，已经不准出口了，所以我们一定要设法解决。重庆有一家工厂正在计划制造轮船配件，不特对行业有了帮助，对于工厂的出品，也有了销路。

4. 减少各部分的人员，每人必须有工作，多余的人参加其它更有价值的工作，如工程队，如成本会计等。

5. 节省物料、燃料，这是多方面的，如修理机器，注意保养等。

我们公司要有办法，就必须从改善管理、减低成本着手。我希望大家多提意见，下一次来能够得到更多的意见。

7月27日 西南军政委员会在重庆举行第一次全体会议，宣告正式成立，刘伯承任主席，贺龙、邓小平、熊克武、龙云、刘文辉、王维舟任副主席，委员有宋任穷、胡耀邦、曹荻秋、艾思奇、胡子昂、李根源、潘文华、邓锡侯、卢汉、鲜英等76人到会①。

7月31日 民生公司怒江轮由香港驶抵广州②。

7月 定远轮由民生公司投资创办的巴拿马东方公司向巴拿马政府登记，悬挂巴拿马国旗，航行南洋航线，如香港到新加坡、香港到泰国曼谷等地③。

7—8月 公私合营天府煤矿公司开始号召裁工减产，职工自动转业还乡者2000余人。资料载④：

(1) 解放初期各矿以对销场的估计不足，盲目增产，加以三月份全国财经统一，物价稳定，市场虚假的购买力消失，及蒋匪帮溃退时大肆破坏工厂的结果，暂时影响工业生产，形成煤焦滞销、供求失调，使本公司资金周转困难，致拖欠职工工资常达二、三月之久，影响职工生活。材料枯竭，拓展工程不能进行，甚为严重。

(2) 人民政府为了扶助公司，在五月份曾由贸易部收购统煤一万四千吨，下运万县，暂时解决了困难。在八月份裁人减产，号召职工转业还乡，又贷给公司二十三亿款项，作资遣费用。此外收购照顾，采取各种办法帮助，维持了公司现状。

(3) 四月份公司召开扩大业务会议，全体职工明确地认识到公司的病根所在，增进了团结，一致提出了争取改革的要求，所以在七月份开始号召裁工减产时，职工自动转业还乡者即达二千余人之多，已足见工人阶级大公无私，爱护企业的伟大怀抱，也使我们体会到只

① 四川省档案馆编：《西南军政委员会纪实》，四川省档案馆2001年刊，第60页。

② 《民生实业公司董事会第二十四届第三次董事会议纪录》附录7，重庆档案馆藏。

③ 同上。

④ 孔勋：《公私合营天府煤矿公司三年来业务情况报告》，1952年9月，第5页，重庆档案馆藏。

要能诚恳公开企业的真相，在工会的配合下，是可以解决任何困难的。

(4) 五〇年财务开支，由于煤焦滞销，经常周转不灵，常靠借债和政府收购煤斤来维持，在困难中渡过。

8月1日　为支付加拿大借款6月底应付利息，民生公司向北京中国银行总管理处借支港币51.6万元①。

8月8日　卢作孚致函晏阳初，谈及Douglas来华及自己准备9月赴美等事，谓②：

别久思仰。弟病数月，近渐愈，仍需相当时间调养，同时亦须应付事业上各种困难。兄在美一切接洽应甚顺利？学校教授学生被逮者已全释出，仲华、菊农均曾先后长谈，只以弟病之故，未能有若干协助。兹有Mr. Fred T. Douglas系由美委员会派到中国协助者，似不乐于在歇马场工作，谓曾与兄约定，歇马场工作四个月后移到京工作，事实上京更无何种工作。彼到京一日后复到沪，谓将离开平教会。弟嘱其必需函商吾兄，候得答复。彼同意，兹来函谓已函兄。彼往上海爱棠路一〇七弄卅九号民生宿舍，兄覆函可交该处或交上海公司少生兄转。此君究系何种原因来华？究系助会何种工作？究有何种长处？离会有无何种影响？均盼兄研究之。弟原拟九月赴美，兹以公司现状及弟身体观察，似不能如愿。兄何时回国？震东、新民现状如何？盼示。

8月9日　中央财政经济委员会就与民生公司卢作孚商谈公私合营办法的情况及协议内容通报西南、中南、华东财委，并报政务院总理周恩来③。

中财委关于与民生公司卢商谈公私合营办法之情况及协议内容

① 《民生实业公司董事会第二十四届第三次董事会议纪录》，重庆档案馆藏。

② Rare Book & Manuscript Library, Colunbia University, Collection of International Institute of Rural Reconstruction, box19, folder "Lu, Tso—fu".

③ 中国社会科学院、中央档案馆编：《中华人民共和国经济档案资料选编·交通通讯卷》，中国物资出版社1996年版，第851—852页。

(1950年8月9日)

民生公司总经理卢作孚来京商谈公私合营办法，已得初步协议，兹将情况及协议内容简报如下：

(1) 民生公司有江轮海轮95艘，共约72800吨，现有13艘约20000余吨在香港，余在国内，其中江轮9艘约15000吨，系日本投降后向加拿大订购，船价1275万加币，现每三月付息加币95000余元，明年起分十年还本。此外在香港负债港币300万元，黄金1000余两。向我政府贷款4次，计港币200元，人民币22亿元。

(2) 该公司有国家银行及战犯投资，按该公司报告占全部资本的22.2%，据我们所收集的材料则占27.9%，尚待研究之官僚阀投资占22.7%，尚未查明或化名股额为5.7%。因此在清查毕后，公股可能达到35%—40%。该公司要求政府接管公股，正式改为公私合营，以便继续要求政府贷款，保障货源，并协助裁员减薪，克服目前困难。

(3) 该公司之负债几与资产约略相等（因船价跌落，及解放前后长期亏损），营业收支国内勉强可以相抵，香港入不敷出。因此欠加本息，只能靠政府贷款来支付，公私合营对政府可以说是一个包袱。但目前事实上已经是公私合资经营的企业，且在长江航运中占重要地位，政府必须负责维持。不如参加管理，助其整理改组，争取自力更生，并担负国家一定的运输任务，较为有益。

(4) 基于以上情况，我们同意接管公股，参加管理，正式变为公私合营企业。在股权及资产清查未完成前，商定过渡办法，由卢作孚召开民生公司董事会（该董事会董事二十六人，其中公股董事四人，战犯董事三人），政府按原规定派董事七人参加，重新推选董事长及常务董事，组织临时常董会，负责清理资产、股权、债务，精简机构，节约开支，配合政府航运计划，执行运价政策，调整劳资关系，并完成组织正式公私合营机构之一切准备工作。

(5) 政府董事七人，拟请西南财委，交通银行，招商局，海员工会各派一人，余三人由交通部选派，此三人常驻公司，参加公司经理部门之工作。

8月10日　经中央人民政府政务院及中央财经委员会核定，中央人民政府交通部部长章伯钧在北京与民生公司总经理卢作孚签署《民生实业公司公私合营协议书》[①]。

《民生实业公司公私合营协议书》

民生实业公司创办于1925年，经历次发展，现已有江海轮船七万余吨及若干附属企业。在国民党反动统治时期，公司曾吸收了一部分官僚资本与豪门战犯的股金，如中国银行、交通银行、川康银行、四川省银行，及宋子文、宋子安、张群等之股金。

解放后，人民政府亟应接收官僚资本，参加公司管理，现经中央人民政府交通部与民生公司数次磋商，俱认按照该公司目前情况，即应改组公司组织，成为公私合营企业。但必须经过一个时期的筹备工作，以便在此期间，妥善解决民生公司目前存在的下列各项问题：

1. 清查官僚战犯股权。

2. 精简机构，节约开支。

3. 整顿业务。

4. 清查资产。

5. 筹措债款。

为使上项筹备工作顺利进行，中央人民政府交通部与民生公司双方共同协议，拟定《民生实业公司公私合营过渡办法》。并自即日起，民生公司应即按此过渡办法，逐步整理改组，在新的公私合营的民生公司组成时，此项过渡办法即行废止，另按新的公司章程执行。

兹将民生实业公司公私合营过渡办法附左：

民生实业公司公私合营过渡办法

一、民生实业公司（以下简称公司）公私合营之筹备及过渡期内之整理依本办法之规定。

二、过渡期内之组织：

1. 召开公司董事会，除原有私股董事外，由人民政府派公股代表参加。

2. 人民政府公股代表暂参照董事会原有之公股董事（四名）及战犯股权之董事（三名）名额定为七名，若实派不足七名时，仍具有等于七名董事之权益。

3. 董事会应成立常董会经常驻公司代表董事会执行职务。

4. 常董会之任务为监督下列诸项任务之执行。

① 《民生实业公司公私合营协议书》，重庆档案馆藏。

（甲）清理股权及资产。

（乙）清理债务。

（丙）精简机构及节约开支。

（丁）配合人民政府航运计划并执行运价政策。

（戊）调整劳资关系。

（己）按期向人民政府提具业务与财务之书面报表。

5. 人民政府委派之公股代表得参加公司经理部门之工作。

三、股权及资产负债之清理：

1. 在常董会下设清理小组，专司清理股权资产与债务，并得聘专家协助工作。

2. 公私全部股权（以重庆交通银行初步清查之报告为根据）由清理小组加以审查，在审查时，公司应随时提供有关股权转移之具体资料，常董会根据清理小组之报告，审定公股及私股之确数。

3. 资产之清理以公司七月一日总盘点之报告为根据，由清理小组加以审核，必要时得由该组派员会同复盘。

4. 资产之估价由公司提出方案，经常董会核定后，照盘点清楚之资产估算。

5. 债务之清理由公司提具国内外债务详表及证件，送请清理小组审核，重要之债务公司必须附具说明书。

6. 公司全部资产价值，减去负债价值，其余数即公司之净值，由常董会建议在净值中酌提若干作公积金，其余为公司股本总额，以公司全部股份除之，即是每一股份之实值。

四、机构及人事之整理：

1. 根据现有机构，与目前情况，本精简原则，进行必要的调整。

2. 编余人员得视业务之需要与本人之条件分别处理，其有技能者，另组各种工程队机动服务，或另派其它工作，俾提高船岸工作效率，其暂无适当工作者，除能转业者外，应设法助其参加人民政府举办之各种短期训练，或由公司协助训练，学习完毕后，视需要或回公司工作或帮助其转业。

五、财务之整理：

1. 实行经济核算，确立成本会计制度。

2. 严格执行预算决算制度，统一调拨资金，并分别资负收支损益收支列具表报，每周应有检讨。

3. 确定以开展业务，节约支出为偿付债务之办法，必要时得处理不必要之资产，增加股本或发行公司债等以偿还公司债务。

4. 在最近业务未好转以前，下列事项拟请人民政府酌情予以照顾：

（甲）加拿大借款利息每三月一次，每次计加币九万五千余元及一九五一年六月第一次还本，计加币一百二十七万五千元。在未能全部自筹时，请酌予贷借。

（乙）前向中国银行所借偿付加拿大借款利息计加币一百万元，及清理停泊香港船只费用港币五十万元，请酌予展期。

（丙）为运成渝铁路所建造五百吨铁驳四只至六只，每只工程费用约上海折实三十万单位，请从运费项下预借。

六、业务之整理：

1. 航运业务应与人民政府各种建设及物资调配计划密切配合，切实负责承运。

2. 执行人民政府运价政策。

3. 与国营航业配合，增加申渝直航船及各线定期班轮，并改善服务制度以增进业务。

4. 严格执行调船计划，轮船每次往来，航行计划及进出港期间，船岸工作配合计划，以增加运载效率。

5. 严格实行维持船壳机器健全办法，并定期自行检修以节省修理费用与时间。

6. 严格实行燃料、物料节约办法。

七、公司资产负债清理完毕及股权审核确定，经董事会通过，并呈请人民政府核准后，即召开股东大会，提出报告修改公司章程，改选董监事，正式成立公私合营之公司，是时本过渡办法，即行失效。

人民政府交通部部长　章伯钧

民生实业公司总经理　卢作孚

1950年8月10日

8月17日　晏阳初从美国致函卢作孚，谓①：

① 转自徐秀丽《回归前夕的卢作孚先生》，见王兆成主编《历史学家茶座》第5辑，山东人民出版社2006年版，第134—135页。

一、弟至好 Donglas (Justice of the U. S. Super Court) 到近东远东 (India, Pakistan&Persia 等国) 诸国考察，约于九月廿日可抵香港 (仅住一日)，如可能，亟盼兄能在港和他长谈。他的政治关系之重要，兄是深知的，如兄能为此特别返港一趟，是千值万值的。这对于中美以及美国和东亚今后的关系和影响是极大的。我已将兄在港之电报挂号给他，他在离开印度的前一日必给您电报。中美关系长此恶化下去，非我国家之福，非世界之福。对于中美关系的改善以及农、工、建设的合作，弟和各方友好无日不在积极努力中。天下无难事，天下无易事，只在吾辈如何努力耳！

二、国懿后天在纽约中国使馆结婚，弟已嘱平会驻美办事处帮同办理一切，弟今晚赶赴纽约（因群英养病，弟夫妇近日住在乡间，距纽约约十二个多钟头的铁路），代兄主持并照拂一切。婚礼举行后再当向兄报告。祈释念。

三、最近台北农复会同仁来电促弟赴台商谈农建计划，彼等既不能在大陆实施农建，而只限于台北一隅，弟认为没有去台的价值。同时弟颇思同兄一晤，因此前日电成质兄问何时返港，彼复恐在九月中旬左右，兄月内九月既不在港，更无弟赴台的必要。吾兄□□□否，望您抽暇见示一二。匆祝健康。

［按］晏群英，晏阳初的女儿；杨成质，时任民生公司香港分公司经理。

8月17日　民生公司民俗轮自香港开赴广州。

8月19日　中央人民政府政务院正式批准《民生实业公司公私合营协议书》①。

9月1日　民生公司渠江轮自香港驶抵广州②。

9月初　卢作孚乘火车离开北京到武汉，在武汉担任长江区航务局局长的刘惠农接待了他。刘惠农在后来的回忆中说③：

1950年秋，卢作孚先生从北京返渝，途经武汉，我热情接待了

① 中国社会科学院、中央档案馆编：《中华人民共和国经济档案资料选编·交通通讯卷》，中国物资出版社1996年版，第852页。

② 《民生实业公司董事会第二十四届第三次董事会议纪录》附录7，重庆档案馆藏。

③ 刘惠农：《难忘的历程》，武汉出版社1992年版，第67—68页。

他。卢先生原名卢思，是著名的爱国企业家，被毛泽东誉为我国不应该被人们忘记的四大企业家之一。他最初所追求的是教育救国，后来走上了实业救国的道路。在帝国主义、官僚资本主义的压迫下，惨淡经营，终将民生公司办成中国私营企业中一个颇有影响的经济实体，实在是件很不容易的事情。解放战争后期，他居住在香港，与党组织取得了联系，坚决拒绝去台湾。为迎接解放，他十分巧妙地和帝国主义、国民党作斗争，将在台湾和海外的18艘轮船驶回上海和广州，参加新中国的建设事业。这是卢作孚先生为新中国立下的头功。1950年6月，他应周恩来的邀请，参加了全国政协会议。我见到卢先生时，感到他情绪亢奋。他兴奋地对我说，十分感谢中国共产党和中央政府，正当民生公司债台高筑，发不出工资时，中央政府在财政十分吃紧的情况下，还贷款100万港元给民生公司，帮助渡过难关。他表示要在长江上大干一场，使民生起飞，为祖国航运事业作贡献。正是胸怀这个宏愿，他婉谢了中央请他留京，在中央交通部任领导职务的安排而返回重庆。

［按］当时长江全线共有大小船舶833艘，44000余载客位，38950余载货吨，马力46060匹。其中国营船只还不及民生公司的船吨位多①。卢作孚从武汉转乘夔门轮回重庆。在夔门轮上，他对船员们说：荆门轮、夔门轮是长江航运中的金牌，这个金牌不全靠船上的先进设备，而是靠安全、准点和良好的服务，“我们可要保住这个金牌啊！”

9月10日　（一）卢作孚乘夔门轮回到重庆。夔门轮抵达重庆时，西南军政委员会主席刘伯承特派重庆市副市长曹荻秋到朝天门码头迎接卢作孚。随后，邓小平接见了卢作孚。此后，为解决民生公司困难，卢作孚多次向西南军政委员会求助。据何郝炬回忆：“我曾经亲眼见卢作孚数次到西南军政委员会财委要求贷款，还为此找过小平同志。”②（二）卢作孚回到重庆当日，把《民生实业公司公私合营协议书》正本亲自送交民生公

① 周永林等主编：《卢作孚追思录》，重庆出版社2001年版，第323页。

② 何郝炬口述，黄友良录音、整理：《我与卢作孚先生》，《当代史资料》（四川省社会科学院主办）2001年第3期，第13页。此外，《中国资本主义工商业的社会主义改造·四川卷重庆分册》（中共党史出版社1993年版，第328页）也记载：中共中央西南局还曾明确指出：民生公司的事情，一定要争取卢作孚本人同意。

司董事会①。

9月14日 自香港驶抵广州的民生公司怀远轮、宁远轮，转移由招商局接管②。

9月16日 （一）民生公司在重庆民生大楼召开第二十四届第二次董监座谈会，郑东琴、康心如、戴自牧、吴晋航、耿布诚、石荣廷等出席，郑东琴主持，卢作孚、童少生等人列席了会议。此次座谈会除对卢作孚回公司表示欢迎之外，郑东琴特请卢作孚发表了简要讲话。卢作孚在讲话中说③：

我在香港时，曾接得重庆屡次电报催往北京与政府确立本公司公私关系。但是当时民生香港的一切尚未安排妥贴前，若骤然离开，定会发生绝大危险。第一当西南初解放时，本公司在港的船只吨位占全数的一半，亟待设法安排；其次是债务可能发生问题；再次是香港公司及在港船只的开支问题，都非有一定安排不可。在未离港前，每天都在忙于办此类事，幸而走前几天，一切已有头绪。

北京催要在六月十日以前到达。当我要启程时，香港人士议论纷纭，但已决计北上，虽经竭力控制离港的消息，结果还是未能，故离港后不久有太湖轮被台湾扣去之不幸事件。

到京后，前三周都在参加各种会议。后来与中央人民政府交通部商谈本公司公私合营事件时，我首先声明，此次民生到京之人为总经理及四位经理，凡是有所商讨，我们不能侵越董事会的权责。后来经协定公股董事由政府派出代表四人，以代原有之中国银行公股之赵雨圃、霍亚民，及交通银行之张叔毅、汤筱斋；又战犯股权由政府派出代表三人，以代原有之董事宋子安、刘航琛及徐可亭。

在京同中央人民政府交通部的代表协议之事项，大约可分为以下数端：

一、本公司自抗战以来，清理工作太缺乏，即如股东之住址变迁，至今有许多户的通讯处不能确知，正不断作调查工作。更重要的就是公股和私股股权的确定，究竟那（哪）些真算是公股，除最明

① 《民生实业公司董事会第二十四届第二次董监座谈会纪录》、《民生实业公司董事会第二十四届第三次董事会议纪录》，重庆档案馆藏。

② 《民生实业公司董事会第二十四届第三次董事会议纪录》附录7，重庆档案馆藏。

③ 《民生实业公司董事会第二十四届第二次董监座谈会纪录》，重庆档案馆藏。

确者外，必待详细清理审定。所以第一项事便是股权的清理。

二、本公司的资产，大部分为船舶，以前旧有之船及最近几年所造之船驳的价值都易算出，其它则为民生厂及岸上各项资产。公司本年七月已经有一次普遍的盘点，将来即可据以估算。至于如何估价，正由何乃仁经理在京请示交通部，俟公司将资产全部价值估定，即送请董事会审核。

三、负债的清理。本公司负债笔数并不多，除加拿大造船借款外，其余债务可分为两年至四年还清。偿债办法俟将债务清理后即可作决定。

四、精简机构。首先从总公司着手，如供应部门或另成处或属船处，稽核室须与财务处配合，俱须妥为筹划。至于总公司之改为总管理处，也是今后讨论机构时之一重要问题。

五、人事整理。在原则上希望今后人事问题处理得很简单。无工作者另派工作，如船厂之修理工程，办理成本会计，旅客服务，报关、联运等等，无不需人去进行。所以现刻无工作者，只要能学习，不久之后，都会有相当技能，能担当某项有需要的工作。还有驾驶轮机及报务人员，亦常须训练补充，因之将来从事人事整理时，每个职工都不能发生失业的顾虑。还有船员可组织工程队，随时机动往各船担任修理工作，如此自己修理使船不进厂，对于公司节省最多。至于各项有关人事的重要规章，自然都要另行加以修改或另行制定。

六、财务业务之整理。首先要货运发展，在业务上要与招商局配合，一月来遇事商洽，已有了良好结果。小公司亦应加以照顾，商业上着重有联系，近来办理同业间的各项联系已经得到效果。

以上六项原则，经在北京与政府人员商订本公司公私合营过渡办法，成立协议，现在将协议书照印分送。

最后关于劳资问题，今后总基于劳资两利的原则将生产搞好。本公司之劳资协商会议，俟工会正式成立后亦即正式进行。

还有奖励办法亦正在研究，俟订定后将送董事会审查。

（二）民生公司董事会函告卢作孚，请于9月18日以前销假办公①。

① 《民生实业公司董事会第二十四届第三次董事会议纪录》，重庆档案馆藏。

9月17日　中央财委决定派公股代表7人参加民生实业公司董事会①。

中财委关于选派公股代表七人参加民生实业今司董事会工作决定(1950年9月17日)

关于选派公股代表参加民生实业公司工作的决定，转发如下，你们有何意见，请告。

(一) 民生实业公司公私合营之协议，前已电告，现公股代表已决定为招商局于眉（中国人民轮船总公司经理），交通银行张平之(交行总经理)、西南财委郝炬（重庆航务局长)、海员工会一人（暂未确定人选)、中央人民政府交通部王寄一（航务总局副局长)、欧阳平（中央交通部参事）及张祥麟（航务总局秘书处副处长）七人，并指定于眉为首席代表，张平之、郝矩副职，负责掌握领导整个工作。并由于眉、郝炬、张平之、张祥林组成民生公司党的小组，以于眉、郝炬为正副小组长，由西南财委党组领导。

(二) 对民生公司积极整理改造为我们基本方针，公私合营为较好组织形式，合营对人民有利，任其自生自灭对国家是一损失。目前私人航业界正在观望合营之利弊，民生公司合营后之好坏，直接影响全国私航全体和许多私人资本家，因而必须做好。公股代表的任务根据合营过渡办法规定主要是清理资产、股权、债务。民生公司资产极其复杂，账目计算单位又不统一，在清理中须深入了解分析情况，具体清理其账本。其次则是精简机构，节约开支，帮助改善其业务经营，重点应放在改善经营、节约开支方面。这一工作必须有步骤有分别的进行，不可操之过急，一般应先整顿岸上，而后整顿船上，使工人不致波动过大，因而造成工人与公股代表对立。要先改革大家均认为不合理的部分，团结大多数，孤立极少数。特别在船上须团结机器工人，整顿中舱、茶房，目前可不必急于提出减薪，首先从调整着手，使沪、汉、渝实际薪金一致。对香港应慎重处理，多启发工人积极性，从节约努力生产想办法。

(三) 业务方面要多研究，我们参加的代表在董事会未开以前无职务名义，可组织高级人员学习，并共同研究业务，逐渐改善经营方

① 中国社会科学院、中央档案馆编:《中华人民共和国经济档案资料选编·交通通讯卷》，中国物资出版社1996年版，第845—847页。

法，提倡薄利多运，实行成本核算。并须接受中国人民轮船总公司在业务上之指导，配合航运的统一计划，统一运输，并主动随时向总公司反映情况。

（四）工作方面应坚决依靠工人、进步分子，团结大多数，特别是技术人员机器工人。对民生公司原有董事，应通过各种方式争取团结，遇事详加研究，不可轻易发言或轻率表示态度。劳资问题由工会与资方协商，公股代表可提出意见办法，经会议决定后执行，切实防止造成工人与公股代表对立，或工人斗争上层的偏向，以免造成损失。

（五）有关重要问题须请示中央批准决定后执行，有疑问者可暂不作结论，工作态度作风上注意虚心了解情况，团结大多数，并保持艰苦朴素作风，不急躁，不受馈，不轻易“开支票”。

9月18日　中央人民政府交通部部长章伯钧与副部长李运昌、季方发出公函给卢作孚等，正式任命于眉（原任中央交通部航务总局副总局长）、郝炬（原任中央交通部长江航务局重庆分局局长）、张平之（原任交通银行副总经理）、欧阳平（中央交通部参事）、张祥麟（原任中央交通部航务总局秘书处副出处长）、王寄一（原任中央交通部航务总局副总局长）等7人为民生公司董事会公股代表，于眉为首席代表，郝炬（即何郝炬）、张平之（交通银行代表）为副首席代表，其中郝炬以副首席代表兼首席代表，参加民生公司董事会，并直接参与公司的领导工作。《中央人民政府交通部公函》载①：

事由　为决定于眉、郝炬、张平之、欧阳平、张祥麟、王寄一及海员工会一人等七人为民生实业公司董事会公股代表，并以于眉为首席代表，张平之、郝炬为副，前往贵公司参加董事会，并协同公司负责推行过渡办法所规定之一切工作。敬希查照为荷。此致民生实业公司卢总经理。部长章伯钧，副部长李运昌、季方。

［按］后公股代表组成公股代表组，实际上进驻民生公司是何郝炬（代表西南军政委员会财政经济委员会，并代理首席代表）、张祥麟（代表中央人民政府交通部）、欧阳平（农工民主党）三位公股代表以及王寄

---

①《民生实业公司董事会第二十四届第三次董事会议纪录》，重庆档案馆藏。

一的代理代表傅家选（原任西南军政委员会交通部副部长）、张平之的代理代表江冬（原任交通银行重庆分行经理）、于眉的代理代表陶琦（原任招商局重庆分局经理），并由何郝炬主持[①]。公安部又从部队抽调干部到民生公司帮助恢复了护航大队，以保证航行的安全。据何郝炬回忆[②]：

> 交通部对派遣公股代表组的目的很明确，首先是清理股权，有无官僚资本；其次是清查民生公司内部敌特残余力量，公布清查结论。为合营做准备。不是去接管民生公司，不能插手公司事务。对此，小平同志有专门指示，是段君毅同志转告我的：到民生公司去，凡是卢作孚同意的事就可以干，卢作孚不同意的不能干。总之一句话，就是要尊重卢作孚。

9月21日　为支付加拿大银行借款9月底应付利息，除自筹五分之一外，其余五分之四向北京中国银行借款人民币20亿元，按照订约日牌价结汇港币[③]。

9月28日　民生公司举行欢迎公股代表莅渝谈话会，公股代表郝炬、欧阳平、廖映杰、陶琦、江冬，民生公司方面卢作孚、郑东琴、戴自牧、康心如、吴晋航、石荣廷、童少生等出席，郑东琴主持会议并致欢迎词。卢作孚在会上报告了行驶港澳及停泊香港各轮船情形，并提出逃台的国民党当局声明民生公司迁移台湾一事，请由董事会向加拿大政府发出正式声明，以避免停泊香港的加拿大造轮船出现问题。公股副代表兼首席代表郝炬在讲话中表示[④]：

> 一、加拿大所造船只设法保护无问题，惟对加政府发声明，若须请由驻渝应总领事签证，则因英国尚未正式与我国建立外交关系之故，此事宜先由何乃仁经理在京就近向交通部、外交部商洽，我们也要向西南当局商洽后再作决定；
>
> 二、董事会正式开会日期，须由我们与西南当局商妥，然后作决

---

① 《民生实业公司董事会公股代表一览表》，重庆档案馆藏。

② 何郝炬口述，黄友良录音、整理：《我与卢作孚先生》，《当代史资料》（四川省社会科学院主办）2001年第3期，第13页。

③ 《民生实业公司董事会第二十四届第三次董事会议纪录》，重庆档案馆藏。

④ 《民生实业公司欢迎公股代表莅渝谈话会纪录》，重庆档案馆藏。

定。还有我们派来的代表，是好几个单位来的，事前也不清楚，所以也需要共同商谈几次，再将公司各部门先作了解，才能正式开会。

这次若定期开会，算是西南解放后本公司董事会议第一次复会，宜郑重举行。

卢作孚当即表示："郝局长对重庆及全国航业情形很熟，希望多多指导我们，希望各位代表今后随时多多指导我们。"①

9月30日　中财委决定民生公司由西南财委领导郝炬负责②。

中财委：电告民生公司由西南财委领导郝炬负责（1950年9月30日）

接华东财委申有电称"民生公司公私合营与公股代表派遣问题，系于眉同志前在北京与中央交通部所商定的意见，为使民生公司能配合国家航运计划，及便于在国营公司领导下改进业务起见，这种决定是适当的，但民生公司总的领导机构在重庆，于眉同志不可能去重庆主持具体工作，望由西南财委加强领导，并责成郝炬同志负具体领导责任，可否请核示"。我们已电告华东财委同意此意见，并请你们今后加强对民生公司领导，由郝炬同志负具体领导之责。

9月　加拿大借款应还利息加币96802.11元，民生公司自筹人民币5亿元，向中国人民银行借款22亿元，在9月底通过中国银行结汇由港汇美国转加拿大偿付③。

10月1日　中央财委就今后民生公司工作方针及分工组织问题复电西南财委④。

中央财委关于民生公司今后工作方针及分工组织问题复西南财委电（1950年10月1日）

---

① 《民生实业公司欢迎公股代表莅渝谈话会纪录》，重庆档案馆藏。

② 中国社会科学院、中央档案馆编：《中华人民共和国经济档案资料选编·交通通讯卷》，中国物资出版社1996年版，第847页。

③ 《民生实业股份有限公司公函》（1950年10月23日卢作孚签发），重庆档案馆藏。

④ 中国社会科学院、中央档案馆编：《中华人民共和国经济档案资料选编·交通通讯卷》，中国物资出版社1996年版，第847页。

申艳电悉，完全同意你们意见：一、同意民生公司由西南财委领导。二、于眉不能出席时由郝炬负责，江冬、陶琦只作代表。三、海员工会所出代表已催速派。四、廖映休（杰）只是一工作人员并非代表。

10月12日 （一）为建造4个铁驳，民生公司以民象轮及4驳钢料作抵押向上海交通银行借款人民币53亿元，分6次用款[①]。（二）民生公司民本轮自香港开赴广州[②]。

10月中旬 民生公司向金城银行借了一幢位于民国路20号的房子供卢作孚一家居住。

10月14日 （一）民生公司董事长郑东琴到重庆英国总领事馆宣誓声明重庆及台湾民生公司真伪。这份提交给巴拿马政府及泰国政府并由英国驻重庆总领事Gillet芝莱德签字证明的声明如下[③]：

余郑东琴，中国四川重庆民生实业股份有限公司董事长，住中国四川重庆中正路180号。兹声明如次：一、余现任重庆民生实业公司董事会董事长，远自1930年起，余即已任斯职；二、所谓民生实业公司系依照中国法律组织之合法公司，其总公司在中国四川重庆中正路180号，如附于本声明后为现在中国政府所发给之本公司登记执照影印本即可证明；三、所谓民生实业公司，系在1925年创设，自创设之后，总公司常设在重庆，股东年会亦照章常在重庆开会；四、所谓民生实业公司有股东二千余户，其中90%以上现均住中国大陆；五、所谓民生实业公司有董事25人，其中有20人现住中国大陆；六、1946年4月8日，余以中国重庆民生实业公司董事长之地位代表董事会，授权民生实业公司总经理卢作孚先生代表民生实业公司与加拿大帝国银行、自治领银行及多伦多银行签订借款合同，用以建造所称民生公司扬子江航线使用船9艘；七、上面第6条所述加拿大借款合同，系于1946年10月30日由卢作孚先生代表中国四川重庆民生实业公司所签订，所称余任董事会董事长之民生实业公司，并依照

① 《民生实业公司董事会第二十四届第三次董事会议纪录》及附录7，重庆档案馆藏。

② 《民生实业公司董事会第二十四届第三次董事会议纪录》附录7，重庆档案馆藏。

③ 《民生实业公司董事会第二十四届第三次董事会议纪录》附录13《民生实业公司董事长郑东琴声明》（1950年10月14日），重庆档案馆藏。

该项合同条文，迄今按期照付该项借款之利息。民生实业公司董事长郑东琴1950年10月14日当余面宣誓于中国重庆英国总领事馆总领事Gillet芝莱德。

（二）民生公司董事长郑东琴与正副总经理卢作孚、童少生联合致函加拿大财政部部长和满城地方法院院长，指出最近有人在台湾组织的民生公司是一个伪公司。声明如下[①]：

我等本函签署人中国四川重庆民生实业公司董事会董事长郑东琴、所谓民生实业公司总经理卢作孚及所谓民生实业公司副总经理童少生，兹敬谨申明：近有不法之徒，假借我公司名义，藉口将中国四川重庆民生实业公司迁移台湾，我等已予以注意。本公司为真正民生实业公司，我等分别任董事会董事长、总经理、副总经理，特别与郑东琴先生代表中国四川重庆民生实业公司董事会，授权卢作孚先生代表公司于1946年所签订之加拿大借款合同有关连，今为避免该伪公司损害我真正民生实业公司权益计，郑东琴先生已当重庆英国总领事面前宣誓，立一声明，特为附寄该声明正副本一份。该声明揭出事实真象，并能藉以察知最近在台湾组织之该公司系一伪公司，其假借中国四川重庆民生实业公司名义所擅有之一切主张及行为，应属无效。为进一步证明我等所代表之公司为唯一合法之公司，我等愿请将本函上郑东琴、卢作孚之印鉴及签名，与现存案于加拿大财政部之我董事长授权书上及其他文件如上述所签加拿大借款合同上彼二人之印鉴及签名相较对。本函由我等盖印签名，并加盖我等所代表之本公司印信，请烦查照。顺颂公绥。

10月21日　卢作孚为人事机构调整案致函民生公司董事会，其所拟《人事机构调整案》载[②]：

人事机构调整案（提纲）

---

① 《民生实业公司董事会第二十四届第三次董事会议纪录》附录12《卢作孚等致加拿大财政部部长等声明函》（1950年10月14日），重庆档案馆藏。

② 《民生实业公司董事会第二十四届第三次董事会议纪录》及附录17《民生实业公司公函》，重庆档案馆藏。

人事调整：

1. 用有余补不足；2. 化无用为有用；3. 化无技术为有技术。为实现上述三原则，一、内部专业如以服务员、长工等转为船上轮机打杂，汽车司机转为船上加油；二、拟办理技工、水手、会计、统计等训练班；4. 确定人事考核办法：一、平时考勤；二、年度考勤。

机构调整：

1. 总公司调整：一、秘书室主管之物料、油料、煤务各课可能改属船务处，以一副经理主持其有关事务；二、为未来简化总公司为总管理处计，拟在船、业、财三处各添设一计划课或管理课，其人员于各该处内部抽调，除掌管计划事项外，并管理总分各部属于该处应管之全局事项。到必要时，即将该课划出，简化总公司为总管理处，而改重庆为一分公司。

2. 申公司调整：上海区公司拟仍简化为一分公司。

3. 各办事处调整：拟撤销目前尚不需要之办事处如汕头、福州等办事处及成都通讯处，简化涪陵、北碚等办事处。

确定学习及检讨办法案：1. 思想及业务学习；2. 工作检讨及实地视察。

10月23日　（一）民生实业公司董事会在重庆民生大楼召开第二十四届第三次董事会议，公股代表郝炬、欧阳平等和资方代表郑东琴、宋师度、耿布诚、康心如、吴晋航、石荣廷等出席。会议由郑东琴主持，卢作孚作为总经理列席会议并向会议作总经理室业务报告。此次会议讨论了一系列重要议案。首先讨论并通过了董事会提交的《中央人民政府交通部与本公司所订协议书应如何办理案》、《常务董事缺额如何补充案》、设立清理小组案等，决定将民生公司改组为公私合营企业，补充推举公股代表郝炬、张平之（江冬代）为董事会常务董事（即日就职），成立由欧阳平、康心如、江冬、卢作孚组成的清理小组，以欧阳平为召集人。会议还审查了公司相关业务专案报告。根据郑东琴提议，会议决定公司董事会每月召开一次（以前每三个月召开一次），常务董事会议每周或每两周召开一次（原来每月召开一次）①。

［按］滞留美国的常务董事晏阳初、监察何廉均通过香港分公司致电董事会，请卢作孚代表其出席，董事会以常董应请托董事代理，监察应请

---

① 《民生实业公司董事会第二十四届第三次董事会议纪录》，重庆档案馆藏。

托监察代理，且开会人数已足，所以卢作孚未能作为代理常董及监察代表出席，也未向晏、何二人电商另请代表。卢作孚向公司董事会提交《拟起草职工退休退职办法案》（草案），该案载①：

拟起草职工退休退职办法案（草案）

甲、拟规定退休退职职工年龄年资之限制如次：

一、职工年满60岁，服务年满20年以上者退休，但如事业需其继续工作，其本人体力尚能胜任并同意继续工作者，得延长其退休期间以5年为限；

二、技术职工于延长服务5年之后，如事业仍感需要，其本人体力亦能胜任并同意继续工作者，得再次斟酌较短之年限延长其服务期间；

三、职工年满60岁，服务年资不满20年者退职。但如事业必须其继续工作，其本人体力尚能胜任并经同意者得延长其退职期间，以5年为限，届满以达服务20年以上者，以退休论，不满20年者仍以退职论；

四、技术职工年满65岁，服务不满20年者，如公司必须其继续工作，其本人体力能胜任并经同意者得再逐次斟酌较短之年限，延长其退职期间，最后届满如服务已达20年以上者，照退休论。不满20年者，仍照退职论。

乙、拟规定给予退休退职金之办法如次：

一、退休金按照退休职工最后一个月之薪工数额（不包括膳费）以逐年递减法计算之；

二、服务满20年以上，不满25年者，第一年按月发给60%退休金，逐年递减5%，至30%为止，即不再减；

三、服务满25年以上，不满30年者，第一年按月发给70%退休金，逐年递减5%，至30%为止，即不再减；

四、服务满30年以上，第一年按月发给80%退休金，逐年递减5%，至30%为止，即不再减；

五、退职金按每服务一年发给一个月计算，不满一年者仍按一个月计算，共分6次发给。自退职之日起每满半年，发给一次。至发满

① 《民生实业公司董事会第二十四届第三次董事会议纪录》及附录18《民生实业公司公函》，重庆档案馆藏。

为止；

六、退休人员死亡时，除当月退休金仍照支给外，并依死亡时之退休金额标准一次发给 6 个月之抚恤费用。

丙、其他拟规定：

一、凡退休或退职之职工，自退休或退职之日起，所有公司规定职工其他福利事项一律停止；

二、凡曾经一次或二次以上离职之职工，其服务年资依其复职或最后一次复职之日起算，但由本公司调往相关事业服务调回公司者不受此限制。

（二）公司董事会进行局部改组，董事长为郑东琴（资方），常务董事有公股代表郝炬（公股副首席代表并代理首席代表）、张平之（公股副首席代表）和资方代表宋师度、钱新之（由康心如代）、戴自牧（由王恩东代）、何北衡（由耿布诚代）、晏阳初（美国）、胡筠庄（美国）。董事有公股代表于眉、欧阳平、张祥麟、王寄一、傅家选、江冬、陶琦和资方代表黄炎培（由郑东琴代）、周孝怀（由宋师度代）、康心如、耿布诚、吴晋航、石荣廷、潘昌猷（由石荣廷代）、周作民（由吴晋航代）、徐国懋（由叶纲宇代）、张肖梅（香港）、杜月笙（香港）①。

（三）卢作孚签发财字第 264 号民生公司公函，说明公司加拿大借款本息相关筹款、借款还债事宜。《公函》如下②：

为加借款 1949 年 12 月底及 3、6、9 月底应付利息之偿还经过并附三次借款和约，请呈核备案由：1949 年 12 月份应付加拿大借款利息加币 96410.97 元，除当时已付四分之一计 24102.74 元外，尚欠付四分之三，计应付 72308.23 元。1950 年 3 月份应付利息加币 94315.08 元，连同 1949 年 12 月欠数，共应付加币 166622.31 元，每美金 1 元等于加币 9075（原文如此——引者），共折合为美金 151106 元，于 1950 年 3 月受到北京中国银行第一次贷款一百万港币，得以偿付上项两次利息。

1950 年 6 月份应付息加币 95270.43 元，按加币 9075 折合为美金

① 《民生实业公司公股代表一览表》（1950 年 10 月）、《民生实业公司董事会第二十四届董事及监察人一览表》（1950 年 10 月），重庆档案馆藏。

② 《民生实业股份有限公司公函》（1950 年 10 月 23 日卢作孚签发），重庆档案馆藏。

86500元，此款系向中国银行第二次贷款港币516000元偿还，于6月底汇纽约转加。

1950年9月份应付息加币96208.11元（香港报章尚未到渝），除自筹五分之一约计人民币五亿余元外，其余五分之四系向人民银行贷人民币22亿元，于9月底向中国银行结港币汇，由港汇美转加偿付。以上三次向中国银行借款合同□□□□□□董事会。

附抄件3份（略）

10月24日　为紧缩机构，民生公司成都办事处本日撤销[①]。

10月28日　富源公司在重庆市企业局召开临时座谈会，但齐先为会议主席，黄云龙、徐崇林等人出席了会议。但齐先介绍了包括西南农学院在北碚成立以及若干企业扩充后对于电力需要增加的情形。徐崇林发言中提及重庆将安装两个五千千瓦的电机，装成后要把一千千瓦以下的电机移到市区以外。卢作孚发言说[②]：

开股东会愈早愈好，富源一定要发展，因为富源还可以维持并且客观上也有此需要。目前一般事业都在好转，但每一事业本身的限制很多，因此就要政府再大力扶助。富源的再投资不一定按原有比例，水作动力究竟是合算的，眼前要加一千K.V.A的，要开时就得全开，若是原有的四百K.V.A就能供应，我们就作增加。二百开起，一千的也开，要是用不完是不经济的，假设现在有六百K.V.A就可以供应，我们就作增二百的打算。将来重庆多出的一千，我们就可争取，同时这二百的装起来也比一千的快。小（高）坑岩二百廿五K.V.A的，希望企业局大力协助以后，各股东若是无力投资，可以多出力量。在政府领导下，问题是可以解决的。末了希望股东会早开。

10月　民生机器厂员工减少到999人[③]。

11月6日　民生公司召开本年第二次业务会议，总公司和各个分公司主干人员81人参加，董事会公股代表、重庆航务局代表、公司工会代表应邀请出席。会议主要讨论推行公私合营过渡办法、生产节约、克服枯

---

① 《民生实业公司董事会第二十四届第四次董事会议纪录》，重庆档案馆藏。

② 《富源公司临时股东座谈会记录》，重庆档案馆藏。

③ 《民生实业公司民生机器厂概况》（1950年10月），重庆档案馆藏。

水季节业务困难等重大问题。上午9时会议正式开幕，大会主席团经过推举由童少生、袁子修、李肇基、杨成质、王化行五人组成，公司副总经理童少生为大会执行主席并致开会词。卢作孚作为公司总经理在会上作了《如何推行公私合营过渡办法，如何克服枯水季节业务困难》的主题报告。卢作孚在报告中指出①：

自从长江完全解放以来，这是举行第二次业务会议。

今年一月恰在重庆解放后的第二个月，曾经举行过一次业务会议。个人很抱歉，远在香港，未能参加，未能有点滴的贡献。但从会议的记录和各处室执行决议案的报告，知道那一次会议的结果，不只当时有丰富的议题和解答的方案，而且在后来继续不断的执行，若干事项已有显着的成绩，这是大家可以自慰的。

从一月到现在，公司事业得各位同人和海员弟兄们的努力，得中央人民政府和各大行政区的照顾，在行政上的航务局，在财政上得人民银行和交通银行，在业务上得招商局的指导和帮助，克服了无数的困难，渡过了国家大革命后商业骤感萧条、缺乏上下货物的枯水季节，担任了一时最紧张的粮运，迄今尚待完成的复员运输和甚盼及时完成的钢胚运输。

可是历史上积累下来的问题还多着。轮船要忙着航行，同时也要忙着修理。运输紧张的时候，感觉轮船不够，但另一方面感觉有了下货，上货不够，有了上货，下货不够，甚至于一些时候上下货都不够。内外债务积累太多，还本付息是太大的担负。困难的枯水季节，收入不敷支出，即在洪水季节，亦只能以当时收入勉强应付当时支出，而转瞬又是枯水季节，又到最困难的时候。这不过略举问题数端，各位更有深切的感觉勿待一一举出。如无有效方法解决，即必日益增加其严重程度。

政府为了增加生产，繁荣经济，在财政统一、国库收支平衡、物价稳定之后，立刻调整工商业，调整公私关系和劳资关系。这是政府非常明确的政策，公司应立刻改善一切关系。同时公司原已有国家资本，照政协纲领的经济政策，应立即确立公司的公私关系。因此与交通部签订了公私合营的协议书。在协议书中规定了公私合营的过渡办法。在过渡办法中，规定了清理事项和整理事项。清理事项在确定公

① 《1950年第二次业务会议报告》，第17—20页，重庆档案馆藏。

股和私股的成分，确定资产和负债的实值和合乎实值的股本。整理事项在调整机构，使体系清楚。调整人事，使人人有适当的工作并有工作的技术。在改善业务经营，使一切有事前的安排，有计划、有预算，实施生产节约办法、经济核算制度。期于增进船舶效能，对国家确实能负起一部分水上运输责任，对本身做到枯水季节收支勉能平衡，洪水季节稍有赢余，能自负起偿还债务的责任。一方顾到职工的福利，另一方顾到股东应分的股息，以期劳资两利。

枝枝节节应付当前的问题，绝不是解决问题有效的办法。公私合营过渡办法是从基本上解决公司的问题，是有效的解决公司问题的办法。经过董事会一致决议，要积极地推行它。推行的责任，正在我们身上。这一次业务会议的主题，正是如何使公私合营过渡办法具体化。分析起来，要是：

(一) 确立生产计划实施办法，要使今后客货运输，轮船航行和修理、燃料和物料配备、港务配备，比今天以前更有计划。要使今后航运按季有计划，按月有计划，每轮每次航行有计划，每次进入港口亦有计划，同时即据以拟具明春枯水季节调配及其有关各种计划，一切作事前的安排，以减轻枯水季节的业务困难，亦即开始使生产计划实施办法具体化。计划不是具文，是要坚决执行的；不是臆造或一成不变的，是要依据事实确定，并根据事实修改的，但须竭尽全力避免修改，修改的原因如系由行动的不谨慎或不配合而发生，尤其应该避免。

(二) 确立预算规程，要使今后业务损益、财务收付，按季有计划，按月有计划，即有不可避免的临时开支，亦应有必依手续的临时预算。同时据以拟具今冬以迄明春的业务预算和财务预算，一切作事前的安排，以减轻枯水季节的业务困难，亦即开始使生产计划实施办法具体化。预算不是具文，是要坚决执行的；预算是根据计划编造出来的，可能随计划的修改而修改，但要竭尽可能避免修改。

(三) 确立会计规程和成本会计以为今后实施经济核算制度的依据。会计规程已经实施了若干年，但尚待改善，成本会计，自七月份开始试办，但尚未完全。希望经此次修改，据以作今后的结算，并从明年一月一日起全部的有效的实施，以会计的记录，掌握全部的收支损益，掌握全部的资产和负债。

(四) 确立生产节约办法和奖励办法，以期增进轮船航行安全，减少海损到最底限，增进轮船保养健全，减少修理到最低限；提高燃料的品质，节省燃料的消费；改善客运服务，以增进旅客的便利和舒服，以减少货物的损坏和误差，坚决执行航行计划和港务计划，船上岸上人员一切照预定计划配合行动，无时间上和事物（务）上的任何贻误。如此必能提高运输能力，逐步减轻赋予公司的运输任务。同时并能增加收入，减少支出，做到收支平衡，包含合理的保险和折旧，使有还本付息的余力，逐步减轻积累太大的债务。

（五）调整必要的机构及人事，使总公司、分公司、办事处，有由繁而简的相似组织，体系分明，纵的一串的工作，衔接更为密切，横的各别的工作划分更为清楚。公司需要的人员，有技术的甚感不足，无技术的却有多余之苦。特准备开技工班、木工班、会计统计班，以使无技术者有技术。今后必须减少间接生产的人，增加直接生产的人，不再有徒负名义或不劳而获或工作不够的人，原有顾问而系名誉职的，或少有舆马费的，亦正自请并办理结束中。

（六）确立学习和检讨的办法。加强思想学习、政治学习，以提高我们的政治觉悟；加强业务学习，以提高我们的工作能力，并培养我们在计划上配合行动。我们必须检讨每日的工作，每次航行计划和港务计划的实施，每月乃至每季调船及其有关各种计划的实施，在每次检讨中必须批评与自我批评，以期认识已有的成就或错误，并作未来调整计划的依据。

以上各种事项，全在推行公私合营过渡办法，全在使公私合营过渡办法具体化。并不是已经一切决定了，提出业务会议，正是盼望大家研究讨论加以改正，然后一方面送到董事会予以核定，另一方面送到工会，一部分问题经工会研究后，尚须经过劳资协商会议。未来的实施，不是公司行政可以单独担任的，必须仰赖海员弟兄们的努力，必须仰赖工会的号召，获得海员弟兄们一致的要求和决定，全体一致的起来热烈进行，才能发挥确实可靠的效力。生产节约运动本为重庆工会所倡导，其它各地工会且已全力推行，有相当成绩。生产计划本为上海工会所建议，且已见诸实施。此次所提各种办法，不过就业务上的需要加以具体整理，本与工会所悬目标是完全一致的。最近申汉渝工会委员会代表且有函致公股代表和我们，提出改进的事项，其建议精神是公司所接受的。希望业务会议之后，首先实施在即将到来的枯水季节，期能预算上收支的差额，减轻财务上不可能应付的困难。

公司必须改进，有董事会，有公股代表正确的领导，有工会恳切的盼望，如何改进，完全系在这一次业务会议上。相信各位必能竭尽全力给予最圆满的解答，不仅表现在未来的实施上，尤其是即将到来的枯水季节，即将是非常明显而且是完全成功的第一次考验。

下午继续开会，常务董事宋师度发表了长篇讲话。

11月7日　民生公司业务会议进行到第2天，袁子修为执行主席。上午由各小组学习公私合营协议书，讨论修改卢作孚为大会准备的总结报告，公股首席代表郝炬致指导词，下午由各小组分别讨论提案。

11月8日　民生公司业务会议进行到第3天，全天由4个小组分别讨论提案。

11月9日　民生公司业务会议全天由4个小组分别讨论。

11月10日　民生公司业务会议4个小组合并为2小组讨论。

11月11日　民生公司业务会议4个小组合并为3小组讨论。

11月12日　本日为星期日，民生公司业务会议休会，但讨论未完小组继续讨论。

11月13日　民生公司业务会议进行到第7天，李肇基为会议执行主席。上午进行大会报告，卢作孚宣读修正后的主题报告并获得大会一致通过。之后各小组报告议决案、民生公司所属各单位代表发言。其中香港代表杨成质在发言中着重介绍香港分公司的情形，他说①：

很惭愧，香港公司自成立以来，每月收支都不平衡，就是维持这一个收支不平衡的局面，也是依靠了船岸全体同人的力量，这可就两方面来说明。从消极方面说，因为公司的经济困难，薪水常常发不出，于是只好甚么时候有钱，就甚么时候发薪，有多少钱就发多少薪，但是海员弟兄们从未到公司质问过，或吵闹过。从本年7月份起，高级海员和职员又开始折扣发薪，每个高级同人的待遇，降低大约四分之一，这是在香港我们公司最难能可贵的事，因为我们船员的待遇，在香港那个环境中，原来已经比任何一家轮船公司都低，今天大家愿意再进一步的牺牲，是顾全事业的困难，积极地发挥自觉、自动、自我牺牲的精神。又去年全体同人的双薪至今还没有发，仅低级同人借了一半，这是其他公司所做不到的。又为了响应政府举募公债，大家决定把双薪来买。最近公司才把这笔钱挪出来把公债缴足额。在积极方面发挥的力量是减轻公司的困难，那就更大。第一，每

① 《1950年第二次业务会议报告》，第88—91页，重庆档案馆藏。

个船上的工作人员，不管他的工作性质如何，因鉴于公司的经济困难，都把精神贯注在业务的争取上，不顾个人的辛劳。例如我们的龙门轮，所开的班次为午后两点半由香港开澳门，半夜三点半由澳门开香港，船员们晚上很难得有充分的睡眠时间，是非常辛苦的，但是龙门船上的工作同人，从不提出掉［调］班的要求，虽然公司有人鉴于他们的偏劳，曾经建议和他船掉［调］换班次，而龙门本身却以掉［调］换船只，可能影响客人为理由，委婉地拒绝了这个建议。又例如龙门早晨七点钟到了香港，因为避免和另外九点钟开的一班船冲突关系，先后是要靠两个码头的，后来我们增加了一个码头，本来就需不着移码头了，可是龙门的船长雷治策仍然是主张要移，因为第二个码头地位较优，容易招致客人些，虽然多移一次码头要辛苦些，他们注意到业务的争取，不怕辛苦，这绝不是凭公司的要求或命令所能有效美满办到的。第二个要举的例子，就是我们工程队的组织，这个群众的力量更伟大了，最值得说明的是香港工程队，是海员弟兄们自己主动组织的，他们鉴于公司的困难和修理费的庞大，就向公司建议成立这个组织。自从成立以后，所有船上的工作，除必须进坞检查修理的工作外，大概都是工程队自己做，替公司所省的经费真不少。最值得介绍的，是他们的工作精神，所有工程完成的时间，常常比船厂或修理厂还要快，常常比预计的时间赶早完成，常常通夜赶工，牺牲星期，牺牲假期，就是平时收工，也比工厂的收工时间迟些。曾经有一次因为赶工关系，向外雇了三个工人帮助，在最初几天外雇的工人，一到普通下工的时间就下工了，可是我们工程队自己的人，还继续工作，结果他们也感动得放迟下工。另外还应该介绍一点，就是他们在报酬上绝无所求，工作上积极和努力，并非由公司方面的督促，最难得的最足发人深省之处在此。由于工程队的成就，使我感觉得我个人的藐小，使我切实地认识了群众智慧之不可及，和群众力量的伟大。因此，我们就可以晓得我在前面所说的，未来的三大任务的有效完成，非依赖大众不可。今天各项决议的办法，非但要海员弟兄们响应，还更需要和他们商量，更需要他们提出他们的办法来补充。

其次，这次会议中有同事提起过，说香港公司对整个公司是一个累赘，是一个包袱，这是确实的。个人站在香港公司的立场，是要抱歉的。香港公司的处境太困难了，由于当地政治环境，社会环境的特殊，我们每个人，从我起以至于船上同人，都受着威胁或利诱。从业务上来说，曾经一很长的时间，集中了十七只船，当时只数虽不及国内的多，但是吨量和价值都超过了国内的船，而在业务上多半都没有适当的出路。同时又必须经过工程浩大的整理，或修理，其结果对香港的负累，就不难想见了。就可能营业的船只来说，所遭遇同业剧烈竞争的困难也太大。在海洋经营上，我们船只因限于性能和其它的条件，与普通航业市场的衰落，很难有利可图，至于短航江船呢。又遇到资本雄厚的劲敌，用票价不断下跌来打击我们，最后跌到大船票价为一块钱，还要送个包子，我们可以想象这样够不够本。现在我们惟一制胜的条件，就是我们的船只优秀和服务较好。

我们在香港现有的船只，都是国内未来最需要的，拿现在荆门、夔门对客货所做到的信誉，和供不应求的情形来说，就可以证明。因此香港现在所做的保产护产的工作，虽然对国内公司是一个累赘，［但］它的重要性还是不可忽视的，这一点在那天郝首席代表指导讲话中，也已经强调过了，自然香港公司自身今后在业务上的努力，那更是迫切需要的。

最后还有一点值得报告的，就是香港各轮船公司的困难是普通的，从没有一个例外，不过民生公司是其最困难的一个，这个原因是由于我们个人的政治信念，和公司的政治立场的不同，旁的公司可以经营的航线，我们不能经营，旁的公司可以做的生意，我们不愿意做。举例来说吧，远的如去年11、12月，我们就把香港开台湾的航线停开了。更远的，如去年8、10月，我们曾经第一拒绝了宁远开往马尼剌［拉］装炸弹到台湾的业务，那是有优厚水脚可收入的。第二，中途解除了雁门轮出租与陈纳德的民航大队的租约，这也是一个月有一万余美金的收入的。最近有美海军托人来租玉门、雁门两只船，甚至加上虎门共三只，打算开到日本做办公使用，租期6个月，租金每月可做到美金2万余元，保险［证］回到香港交船，我们也没有接受，因此自然我们的经济，会比别人家困难，也正因为我们奉行政策的正确，也是感动我们船员愿意受苦的一个极大原因。

以上报告这些，目的不是在为香港公司同人作宣传，而是在作事实的扼要介绍，以求国内同人的了解，进而增加对香港公司这一个累赘的谅解。好在香港的财务严重性，已经逐渐减轻，目前一部分船只，已经开回国内，开支也设法减少了很多。就以工程队自修的效力而言，就可以使修理费的支出大大降低。在负债方面也已经由最高400余万元，减少为200余万元。至于业务也有较有希望的发展，就是同业已成立新的合作，从本月份起，正试验一种业务公摊的办法，一方面我们已在筹备开航广州、澳门的新航线，若果都能顺利的展开，将来每月可能做到 30 万至 40 万元的收入，除了旧的负债不计外，收支大体就可以接近平衡，因此我们香港这个包袱未来也就可以逐渐减轻最后做到解除了。

下午，在公股代表张祥麟、董事长郑东琴发言后，卢作孚致长篇闭会词，号召“把整个公司动员起来，执行这次大会的决议案”。他说[①]：

最后最重要的，就是今天主席团所提出的动员方案，我们要为了这次大会的决议案，一切都动员起来。怎样动员？临时动议中只是几项原则，具体办法尚要大家研讨。希望这次业务会议以后，劳资协商会议马上举行，最好希望是能够在最短期内。资方代表要衷心竭诚参加，同时也要商请工会召集全面的劳资协商。同时每一分部、总公司、分公司、办事处以至每只轮船，都要进行劳资协商，不能举行劳资协商的就开座谈会，总要同工会研究动员方案，把整个公司动员起来，执行这次大会的决议案。

11 月 23 日　民生公司董事会在重庆民生大楼召开第二十四届第四次董事会议，公股代表郝炬、欧阳平等和资方代表宋师度、耿布诚、郑东琴、吴晋航、石荣廷等出席，郑东琴主持，卢作孚、童少生等人列席了会议。董事会报告了最近公司股权清理情况以及各处分公司等大概情况，总公司作了业务报告。会议通过了关于《响应工会号召建立学习制度和办法案》、《成本会计制度案》、《生产计划实施办法案》、《生产节约办法案》等决议。并讨论了民生公司仍然滞留香港的 7 艘“门”字号新轮由于挂加拿大国旗按照香港有关规定需要雇佣英籍船员，故遭到香港英籍驾驶轮机协会抗议，拟改悬国旗。关于此事始末，资料载[②]：

本公司留于香港之加拿大造门字号新轮 7 只，均已改挂加拿大籍旗，关于船员并不更换，仍保留我原有人员，本已取得加政府特案照准。其中龙门、虎门、剑门、玉门 4 轮并已在港取照航行，未发生船员问题。惟石门、祁门、雁门 3 轮改旗后停泊香港，办完港照手续，

---

① 《1950 年第二次业务会议报告》，第 99—105 页，重庆档案馆藏。

② 《民生实业公司董事会第二十四届第四次董事会议纪录》，重庆档案馆藏。

英籍驾驶轮机协会认为加籍轮船不雇佣英加籍船员，而仍用中国籍船员，自属不合规定，提出抗议。香港政府遂未准石祁雁仍以中国船员航行。经电驻加代表王世均与加政府几番交涉，由加政府电加驻港专员迭洽港政府均无结果。加政府原拟考虑向伦敦英政府提出，据王代表最近电告，加政府对祁、雁船员问题，始终不肯向英政府交涉，至多能同意改回国籍。

11月24日　卢作孚为拟召开渝鑫钢铁厂董监联席会议一事致函余名钰等，谓①：

为了适应新时代之发展，我厂业务包括资产重估组织管理以及今后生产任务等问题均待研商，俾得确立革新计划。又我厂投资各方已多转变为公私合营性质，是我厂已有国家资本之血液在内，尤应慎重集议，期能配合政府政策。爰拟订于年度终了前十二月中旬召开董监联席会议，并进而筹开股东大会，此为我厂当前必然且重要之步骤，当为台端所洞察。请届时惠然莅临与议，共策进行。

12月24日　中共中央任命张霖之、曹荻秋、王维舟为中共重庆市委第一、第二、第三书记。

12月27日　富源水力发电公司在重庆小什字民生大楼召开临时股东会，卢作孚为大会主席。会议就公司运作情况、资产清理情况等作了说明②。

12月28日　（一）民生实业公司董事会在重庆民生大楼召开第二十四届第五次董事会议，公股代表郝炬、欧阳平等和资方代表宋师度、耿布诚、郑东琴、吴晋航、康心如等出席，会议由郑东琴主持，卢作孚列席会议。董事会在会议上报告了本公司港区轮船挂旗办法、战前公司职工储蓄存款偿还办法以及民生公司北碚办事处业务清淡决定在本年12月底撤销等。《民生公司港区船只挂旗主要办法》载③：

甲、加借款之7只新江轮

① 《卢作孚致余名钰等函》（1950年11月24日），重庆档案馆藏。

② 《富源水力发电公司临时股东会记录》，重庆档案馆藏。

③ 《民生实业公司董事会第二十四届第五次董事会议纪录》附件1，重庆档案馆藏。

查本公司为建造新轮对加借款加币1275万元，因业务不振，付息延期，加方根据借款合同，要求将新轮9艘办理抵押与借款银行，经双方商定办法如次：

一、现在国内之新轮（荆、夔门）两只不办抵押手续，仅办在港新轮（虎、玉、雁、剑、石、龙、祁门）7只之抵押手续；

二、将来加拿大政府承认中国人民政府后，人民政府要求取消此项抵押，仍照过去负担保责任时即应取消此项抵押登记，恢复未办抵押登记前一切情形；

三、因航行港澳线仍须通过国民党海军监视之海面，乘客对国际轮亦多存不放心之观念，为保全工具及保持业务收入计，乃由中国民生实业公司投资组织一加拿大民生实业公司，即将新轮名义上让与该新公司，改挂加旗，船员仍用原来中国船员，并由加公司与中国民生签订合约。将来中国民生有权随时付回加公司所交船价，赎回各轮（加公司所付船价实质上即系由本公司拨给加公司，再由加公司付给本公司之形式，价款为数极微，现在每船只付船价加币拾元）。

以上三项办法于本年（1950年）3月10日由本公司驻加代表王世均在加与加借款银行签订在港新轮7只之抵押合同在卷。嗣卢总经理又嘱驻加代表向加政府商妥如下之补充即在加政府承认人民政府与人民政府承认继续担保以前，国内航线如可恢复航行，中国民生倘已向人民政府办理抵押登记，即可随时赎回一部分船只改回中国国籍。

乙、定远、绥远两只登陆艇

为免台湾海军威胁不得不改外旗，又以巴拿马对国际手续最简且可不必任用巴籍船员，故决改挂巴旗。其办法系先设立一巴拿马注册公司，定名为COMPANIA TRANSPORTE ORIENTAL（译为东方运输公司），1949年6月成立于香港，另委托一巴拿马律师J. E. ICCUEEA为巴代表，向巴政府注册。公司董事为卢作孚及港公司职员。次将此两轮以简单之买卖方式转让于东方运输公司，定远改名CACAPIRENA，绥远改名CACORADA，向巴政府登记，即可挂该国旗，一切手续均由巴拿马驻港领事馆代为办理，改旗后所有船籍证书、船员手册等件，均由巴领事馆颁发。

（二）民生公司公、私方代表彭光伟、李海涛、郝炬、张祥麟、欧阳平、康心如、卢作孚、童少生等8人组成民生公司民主改革委员会。

1951 年　58 岁

1 月 1 日　民生公司根据公私合营办法的规定，对各单位财产进行统一清点复盘工作。

1 月 4 日　民生公司召开工程会议，卢作孚出席并与公股代表张文治一起主持了会议。会议就公司总工程师室的设置、人员构成、任务等作了具体规定①。

1 月 10 日　晏阳初为国懿结婚事致卢作孚，谓②：

> 不通音讯将近半年矣！国懿结婚，弟代表吾兄在简朴而隆重的空气下主婚，一切皆顺利地快乐地完成。尔俊笃实，是一个好青年，祈释念。国内一切尚希不吝赐教，至感。即祝健康。

1 月 11 日　民生公司董事会在重庆民生大楼召开第二十四届第九次常务董事会议，公股代表郝炬等和资方代表宋师度、郑东琴、戴自牧等出席，郑东琴主持，卢作孚列席会议。董事会报告中说③：

> 民生公司股东 2138 户计 80 万股，其性质可分为公股、私股及公私合营股三类，由股权审查委员会逐一审查，现已初步完成。计已确定其性质者占总额百分之八十强，尚有百分之二十弱的股权须请示决定，或研究决定，或尚待查明，始能确定其性质，正分别审理中。

---

① 《民生实业公司董事会第二十四届第六次董事会议纪录》附件 1《工程会议决议案》，重庆档案馆藏。

② Rare Book & Manuscript Library，Colunbia University，Collection of International Institute of Rural Reconstruction，box19，folder "Lu，Tso—fu".

③ 《民生实业公司董事会第二十四届第九次常务董事会议纪录》，重庆档案馆藏。

1 月 21 日　民生公司驻加拿大代表王世均自加拿大飞抵香港，并电告重庆总公司，加拿大政府拟研究在必要时收回留港加造 7 艘轮船等情况①。

1 月 24 日　民生实业公司董事会在重庆民生大楼召开第二十四届第六次董事会议，公股代表郝炬、欧阳平等和资方代表宋师度、耿布诚、郑东琴、吴晋航、戴自牧等出席，郑东琴主持，卢作孚列席了会议。董事会在会议上报告了加拿大政府拟收回民生公司滞留香港的 7 艘轮船，并报告民生公司投资重庆中国国货公司，已经清理结束，收回的股金人民币 70 万元，而投资重庆大中日报、重庆商务日报、中国内河航运公司、投资中国企业协合公司等股本或资金约 1670 万元人民币，由于停办等原因全部损失。会议还讨论并通过了总公司关于将公司自建价值 1500 万元的一幢房屋赠送给重庆市工商业联合会的议案②。

1 月 25—29 日　西南军政委员会在重庆召开第二次全体委员会议，出席委员 61 人，列席 109 人③，卢作孚作为委员之一出席了会议并作了发言。他说④：

> 我们听了邓副主席一九五一年工作任务的报告，张际春委员清匪反霸减租退押的工作报告和土改计划的报告，并听了各位委员和王副主席军事的、财经的、文教的、民族的、法院的、人民监察的工作报告，深深感觉到西南各方面的工作，在一九五〇年中，有非常迅速的进步，非常显著的伟大的成就。就进军西藏言，筑成了由四川深入西康最艰难险阻的公路，从基本上克服了进军西藏的困难，所以一举而解放了重要地区昌都。就剿匪清特言，彻底肃清了残敌最后留在西南的祸害土匪与特务，使西南广大地区完全成为一片干净土。从到处难通的交通道路，做到无往不通。就农村的清匪反霸减租退押的运动言，十一月才开始向全面发展，迄今不过两个月间，即已有广泛的基本的成就。就这几个例证，可以证明西南区在中央人民政府和毛主席的正确领导下，在军政委员会刘主席和各位副主席各委员的坚毅主持下，实获得各级干部的共同努力，各民族各民主团体的一致团结和广

① 《民生实业公司董事会第二十四届第六次董事会议纪录》，重庆档案馆藏。

② 同上。

③ 四川省档案馆编：《西南军政委员会纪实》，四川省档案馆 2001 年刊，第 102 页。

④ 《卢作孚委员在本会第二次全体委员会议上的发言》，四川省档案馆藏。

大人民的一致拥护，所以提出一个问题，必解决一个问题，发动一种运动，必完成一种运动。所以在这一年中，各方面的工作都有非常迅速的进步，非常显著的伟大的成就。

过去十余年中，西南人民受反动政府的毒害最重，尤其因为解放最后，一切毒害更集中在西南，现在一切都没有了。西南人民的生活已起了实质上的变动。过去农民在反动政府的驱使下，日夜恐怖着被拉为壮丁，一自解放以后，可以安心农作了。过去工人店员和教师靠固定工资或月薪为生的，日夜忧虑物价波动，现在物价完全稳定了。过去商人只图投机或囤积，现在恢复正常经营了。过去若干人只图不劳而获，靠财产剥削为生，现在都忙于求得工作机会了，过去若干人过着奢侈浮华的生活，现在变得俭朴了。过去在反动政府的压迫下，人民不能有自己的组织，现在农民已有普遍的农民协会，工人已有普遍的工会组织，工商业者有工商联的组织，妇女有妇联的组织，由于这些组织加强了团结，提高了政治觉悟，成功（为）了一切改革运动的动力。在农村中能够很快展开清匪反霸减租退押的运动，在城市中能够很快展开抗美援朝保家卫国的运动，全靠这些组织起了很大的作用。

我们相信有了一九五〇年工作的成就，即是替一九五一年筑好了基础，铺平了前进的道路。进步总是加速度的，一九五一年工作的速度，必比一九五〇年更为迅速。西藏必完全解放，我们的五星国旗，必插在世界高原的边沿上，或竟插在世界的最高峰上。不但从此完全解放了大陆，还要进一步集聚西南的人力物力，支持解放残敌最后盘踞的台湾，打破海口的封锁，解放数百艘数十万吨的中国轮船，让我们的中国轮船，让我们的五星国旗，飘扬在世界的海洋上面。不管美帝如何支持残敌，由抗美援朝的决定性胜利，即可断定解放台湾的必然胜利。

土地改革为中国有史以来革命的最大运动，为一九五一年我们的最大任务，我们必以全力趋赴。让农民拿出自己的劳力，耕耘自己的土地，增加每一亩地的产量，以提高他们的生活水平，并由他们的合作组织，解决他们共同需要的种子问题、畜力问题、农具问题、水利工程问题、产品运销和消费品供应问题。在土改完成以后，将见大量的农产品，包括工业原料和出口物资，涌到城市，将见农民大量增加购买力，大量需要布匹和一般日用品。

城市工商业应在政府和公营事业的领导下，赶快面向农村，有组织的有计划的向农村采购产品，是工业原料，送到工厂去，是出口物资，送到省外或国外去，供给农村以必要的消费品和生产工具。须知农民才是最广大的买主和卖主，农村才是最广大的市场。必须先有农村生产才有工业生产，须先有城乡交流才有内外交流，盼望我们工商业界赶快作一切准备，迎接土改完成以后即将到来的最大任务，工商业界应准备一切，为农民服务。我们办理航运的人，包括自己，应准备一切，为工商业服务，应担负起城乡交流和内外交流所需要的运输任务。

谨祝西南区一九五一年的工作任务完全胜利。

2月19日　在公股代表郝炬（即何郝炬，下同）主持下，民生公司资产负债清理小组在重庆民生大楼召开第四次会议，卢作孚由于在香港，由童少生代表出席。会议决定人民币5000万元以上的呆账需要先由资产负债清理小组审查并决定办法，5000万元以下者可由债券债务审查委员会先行处理[①]。

春　卢作孚在川南参加土地改革运动。期间卢国纶想放弃重庆大学学习，报考铁路局统计人员训练班，打电报并写信征求卢作孚的意见。卢国纶后来回忆："父亲回电很简单，'完全赞同'。"[②]

2月28日　民生公司民治轮由宜昌到重庆运送军工建设器材，在途中宜昌上游的小崆岭触礁沉没。

［按］据后来《新华日报》报道，事件为特务分子破坏所致[③]。

3月5日　卢作孚赴北京参加会议。

3月10日　郑璧成、陶建中被民生公司停薪。

［按］根据何郝炬回忆，以他为首的公代组入驻民生公司后，一开始的时候工作很顺利，"但由于多种因素，公代组与民生公司及卢作孚之间很快就出现了一些矛盾"[④]。这些矛盾主要有民生公司人事问题、公司业务问题等。就公司认识问题言，何郝炬当时根据民生公司工会的反映和要求，超越权限向卢作孚提出撤换民生公司总公司及分公司几位重要骨干人

---

① 《资产负债清理小组第四次会议纪录》，重庆档案馆藏。

② 《卢国纶的回忆》（未刊），2003年12月。

③ 《破坏"民铎"、"民恒"两轮案已破获》，《新华日报》1952年2月26日第1版。

④ 何郝炬口述，黄友良录音、整理：《我与卢作孚先生》，《当代史资料》（四川省社会科学院主办）2001年第3期，第13页。

员，使“卢作孚很为难，一直未表态”①。随后陶建中在镇压反革命运动中以反革命罪被处死，“此事对卢作孚刺激很大”②。

4月28日　身在北京的梁漱溟本日日记载：“入城遇卢作孚等四人。”③

4月　天府煤矿公司正式实行公私合营，董事会推聘孔勋任该公司总经理。资料载④：

> 一九五一年四月，经董事会推聘本人担任本公司总经理，参加了总公司及各矿先后的民主改革运动，在群众自觉的基础上，调整了机构，重新配备了人事，废除过去一些不合理的制度和传统习惯，改革了工资，大大地刷新了自己的阵容，增强了力量，使自己的企业有在政府扶持下走向恢复与发展生产的可能。由于有了这些步骤，企业的情况获得好转，经营日渐趋于正常化，生产逐步提高，工人与职员发挥了生产的积极性与创造性，降低了成本。自一九五一年四月总公司改革以后，立刻出现了显著的成绩，原先业务上存在的亏损情况，即起了基本的变化，所有改革前积欠下来的债务，现已大部清偿。

5月5日　（一）交通部派张文琦为民生公司公股代表驻汉口分公司开始办公。（二）梁漱溟日记载本日收到卢作孚等人的信函⑤。

5月8日　梁漱溟日记载：“收卢作孚信。”⑥

5月中旬　为民生公司公私合营事宜，卢作孚与李肇基等人到北京与交通部进行商谈，并就此前与公代组合作的工作关系问题作了汇报。

5月12日　梁漱溟日记载：“卢作孚、何北衡来。”⑦

---

① 何郝炬口述，黄友良录音、整理：《我与卢作孚先生》，《当代史资料》（四川省社会科学院主办）2001年第3期，第14页。

② 同上。

③ 中国文化书院学术委员会编：《梁漱溟全集》第8卷，山东人民出版社2005年版，第451页。

④ 孔勋：《公私合营天府煤矿公司三年来业务情况报告》，1952年9月，第1页，重庆档案馆藏。

⑤ 中国文化书院学术委员会编：《梁漱溟全集》第8卷，山东人民出版社2005年版，第451页。

⑥ 同上书，第452页。

⑦ 同上。

5 月 23 日　经政务院批准，北碚区划归川东区，川东行署移设北碚。

6 月初　何郝炬等民生公司公股代表奉命进京。在北京，何郝炬受到交通部领导严厉批评，中央统战部甚至通报批评何郝炬和民生公司公代组“专横跋扈”①。同时，此次公股代表进京与民生公司代表一道与交通部协商，决定了有关民生公司的一系列重大问题，如机构改组问题、加派公股代表问题、由公股代表实际领导问题等。关于机构改组问题，《在京会同公股代表向交通部请示解决的各项问题》载②：

> 经商妥将重庆总公司划分为总管理处及重庆分公司。总管理处管理全局的计划、预算、调度并考核、检查其实施状况，总结其经验。重庆分公司执行重庆区的实际工作，重庆包括干线自万县以上（除开万县）及内河短航的业务。总管理处组织分为运务、机务、财务三处，秘书、人事、计划、材料四室。重庆、汉口、上海三分公司分为秘书、人事、材料、运务、机务、财务六课，其他分公司及办事处则斟酌当地业务状况，缩小编制，已另案提请董事会核准后，具体实施。重庆、上海两地改组工作期于一两周内完成。

关于加派公股代表问题，《在京会同公股代表向交通部请示解决的各项问题》载③：

> 公股代表原系 7 名，去年（1950 年）交通部仅派定 6 名，其后董事出缺两名，监察出缺 1 名，均应由公股代表填补。经此次交通部确定由有关机构加派公股代表 4 名，现已就中南加派张文琦代表 1 人，常驻汉口，指导汉口分公司业务。

关于由公股代表实际领导问题，《在京会同公股代表向交通部请示解决的各项问题》载④：

---

① 何郝炬口述，黄友良录音、整理：《我与卢作孚先生》，《当代史资料》（四川省社会科学院主办）2001 年第 3 期，第 14 页。

② 《在京会同公股代表向交通部请示解决的各项问题》，重庆档案馆藏。

③ 同上。

④ 同上。

经恳切的请求，确定郝炬代理首席代表，欧阳平、张祥麟两代表领导实际工作，并速加派干部参加工作以加速公司内部的改革，期能负担起今后的运输任务，均得交通部同意。郝炬任副总经理，请由董事会聘任增加副总经理1人，于将来修改公司章程，提出股东大会追认。

6月中旬　卢作孚回到重庆。从北京回到重庆后，卢作孚一病数日。他利用住医院的时间，看了自己在北京三个多月时间里儿女们从香港、北碚、上海、成都等地写回的家信。从这些家信中，他了解到长子卢国维在香港的工作取得了若干成绩，了解到次子卢国纪由有关方面选派决定前往苏联学习的情况，了解到小儿子卢国纶在成都学习和工作的情形，等等，然后一个一个地回信。在给卢国纪的回信中卢作孚写道："得到你将去苏联学习的消息，深感欣慰。这是国家对你的信任，也是给你的鼓励。苏联的建设，是我们应该好好学习的。你的父亲在二十多年前，就学习了。现在尤其应当学习。盼你不辜负国家的希望。家如何安排？留在天府还是来重庆？盼告。何时动身亦盼告。"[①] 在给卢国纶的信中，卢作孚勉励儿子："学习的时候必须好好学习，工作的时候才能好好工作。如果需要任何学习有关的书籍，只要写信来，一定给你买寄。"他在信中还表示："有时候还盼你写信回家，告诉你学习和群众生活的情形。"[②]

［按］1951年4月份有关方面决定派遣卢国纪等三人作为西南地区煤炭系统的工程技术人员，到苏联学习一年时间。同年年底，由于苏联专家来到中国，上述计划取消。

6月21日　民生公司董事会在重庆民生大楼召开第二十四届第十次董事会，何北衡、宋师度、戴自牧、康心如、郝炬、张祥麟等出席，卢作孚、童少生等人列席了会议。会议决定改组公司机构，将重庆总公司改组为总管理处和重庆分公司，增加副总经理一人并聘任公股首席代表郝炬担任。公股代表张祥麟提议并经讨论通过，发表民生公司副总经理童少生兼任民生公司重庆分公司经理[③]。

7月18日　交通部电函卢作孚和民生公司公股首席代表郝炬，谓[④]：

---

① 卢国纪：《我的父亲卢作孚》，四川人民出版社2003年版，第436页。

② 同上书，第436—437页。

③ 《民生实业公司董事会第二十四届第十次董事会议纪录》，重庆档案馆藏。

④ 《民生实业公司董事会第二十四届第十二次董事会议纪录》，重庆档案馆藏。

决定由中南局调往你公司工作之郭涤生（原南阳专员）同志任公股代表并可在行政上代表总管理处领导广州香港民生工作。华南局调去之两个县委书记可任穗港民生副经理。另有区级干部三人请分配其适当工作。

7月21日　中央交通部本日复电，对民生公司拟向人民银行借款100亿元作为短期周转资金请求作出答复，谓[①]：

此次贷款及今后贷款，请径与重庆交通银行接洽，因中央人民银行处理此项问题，已交由地方负责人直接办理。此次贷款系借款还债，非增加债务性质，中交部原则同意。

7月30日　民生公司董事会在重庆民生大楼召开第二十四届第十一次董事会，戴自牧、周作民、宋师度、康心如、郑东琴、郝炬等出席；卢作孚、童少生等人列席了会议。董事会还报告7月21日交通部复电民生公司，原则同意借款100亿元给民生公司办理加拿大借款还债事宜。卢作孚提出的向本届职工代表大会报告纲要也获得一致通过[②]。

7月　重庆民生公司总公司正式改组为总管理处和重庆分公司。

8月3日　重庆市工商界企业改革协进会成立，负责协助推进私营企业的改革。

8月17日　梁漱溟乘飞机到重庆。

8月24日　民生公司董事会在重庆新华路民生大楼召开第二十四届第十二次董事会议，戴自牧、宋师度、耿布诚、郑东琴和公股代表郝炬、江东、欧阳平等出席，郑东琴主持，卢作孚列席了会议。董事会报告了加拿大借款应该还本付息的大概情况，总管理处经理宗之琥报告1951年上半年业务总结[③]。

8月28日　梁漱溟日记载："午饭于卢作孚处。"[④]

8月　（一）民生公司民宪、民夔两轮相继沉没。

---

① 《民生实业公司董事会第二十四届第十一次董事会议纪录》，重庆档案馆藏。

② 同上。

③ 《民生实业公司董事会第二十四届第十二次董事会议纪录》，重庆档案馆藏。

④ 中国文化书院学术委员会编：《梁漱溟全集》第8卷，山东人民出版社2005年版，第458页。

［按］据报纸后来报道，事件为特务分子破坏所致[①]。

（二）民生公司召开全面协商会议，卢作孚在会上提出“如何依靠群众搞好生产解除公司目前存在着严重困难的问题”。

9月4日　卢作孚赴北京参加会议，并同有关部门最后商定民生公司公私合营问题。

9月22日　民生公司总公司秘书室为把卢作孚建议作为船岸各学习小组学习文件致函上海分公司，谓[②]：

> 卢总经理在今年八月全面协商会议议席上提出《如何依靠群众搞好生产解除公司目前存在着严重困难的建议》，现已印成小册子。经卢总经理指示，分发渝、万、宜、汉、申各分公司，先与各当地工会提出协商后，分发船岸各学习小组作学习文件。兹与你处送上玖佰份，请查照为荷。此致上海分公司。（附玖佰份）

10月23日—11月1日　中国人民政治协商会议第一届全国委员会第三次会议举行，卢作孚与梁漱溟、税西恒等21人被特邀作为社会人士列席了会议[③]。会议期间卢作孚以民生实业公司董事长名义（实际上是总经理）与班禅额尔德尼、阿沛阿旺晋美、熊克武、刘文辉、卢汉、周素园、包尔汉、陶峙岳、邓华、梁漱溟等16人作为18名保留名额补选为人民政协第一届全国委员会委员，另外两名代表名额仍为台湾人士保留[④]。

10月　（一）到本月底，除太湖于返回上海航行途中被台湾舰艇劫持去台，渤海因船体太旧报废并在香港标卖外，民生公司滞港的虎门、玉门、雁门、石门、祁门、龙门、剑门、民本、民俗、民众、渠江、怒江、怀远、绥远、宁远、黄海和南海等17只轮船，全部安全驶回大陆境内[⑤]。（二）何郝炬调任西南建工局任副局长，离开了民生公司。交通部另派张文琦接任首席代表，不久张文琦也离开重庆回到武汉，交通部只得改以张

---

① 《破坏“民铎”、“民恒”两轮案已破获》，《新华日报》1952年2月26日第1版。

② 《民生公司总公司秘书室致上海分公司函》（1951年9月22日），蛇口招商局档案馆馆藏档案。

③ 《中国人民政治协商会议第一届全国委员会第三次会议开幕》，《人民日报》1951年10月24日第1、2版。

④ 《人民政协全国委员会第三次会议闭幕》、《人民政协第一届全国委员会委员补选名单》，《人民日报》1951年11月2日第1版。

⑤ 《王崇让、卢国维、蔚集思等人回忆》（卢晓蓉提供）。

祥麟暂时主持。民生公司公私合营的事陷入困境[1]。

11 月 1 日 重庆聚兴诚银行实行公私合营。

11 月 6—7 日 人民政府从四川泸县装运食米、棉花等大批物资卸装在民生公司重庆甲级 8 号囤船，7 日晨 5 时囤船沉没。

［按］据后来的报道，事件为特务分子破坏所致[2]。

11 月 12 日 西南财政经济委员会举行第三次全体委员会议，主任邓小平，副主任陈希云、段君毅及 24 位委员出席[3]。

11 月 24 日 中财委就民生公司实行民主改革发出通知[4]。

中财委关于民生公司的通知（1951 年 11 月 24 日）

民生公司现有船只共六万三千吨（被台湾扣去的五千吨除外），员工八千三百名（包括民生机器厂），机构分布华东、中南、西南三大行政区。公股占百分之二六。在长江航运中尤其上游起着重要作用。从一九五〇年九月我派公股代表到该公司以后，已部分地进行过民主改革，但由于该公司封建官僚制度根深蒂固，加以公股代表人数太少，以致形成该公司每月仍入不敷出，而目前负债已达七百五十亿元，到年底将达一千亿元，而该公司卢作孚经理等则根据其（一）政府需要此企业；（二）政府反正不能使工人工资不开销；以及（三）借款始能纳税等的分析，企图把包袱加到政府身上来，每月靠借债为生而不求改进，亦不向职工说明有何困难。毫无疑义，这样下去，政府的包袱将越背越重，而这样一个有前途的公私合营企业亦将得不到任何改善。为了掌握这一企业，必须帮助其改善企业管理，彻底进行民主改革，清洗反革命分子和封建把头，改革旧制度，建立新制度，反贪污反浪费，精简机构（目前估计多余一千余人），以达到组织与依靠职工，发扬工人积极性，求得收支平衡，走上经济核算的道路。为此特决定如下办法：

一、抽派一批得力干部参加民生公司的行政和工会工作，总管理

---

① 何郝炬口述，黄友良录音、整理：《我与卢作孚先生》，《当代史资料》（四川省社会科学院主办）2001 年第 3 期，第 14 页。

② 《破坏“民铎”、“民恒”两轮案已破获》，《新华日报》1952 年 2 月 26 日第 1 版。

③ 四川省档案馆编：《西南军政委员会纪实》，四川省档案馆 2001 年刊，第 146 页。

④ 中国社会科学院、中央档案馆编：《中华人民共和国经济档案资料选编·交通通讯卷》，中国物资出版社 1996 年版，第 855—856 页。

处和重庆分公司由西南财委负责抽派，汉口和宜昌分公司由中南财委负责抽派，上海分公司由华东财委负责抽派，工会已和海员总工会商量过，由他们负责抽派，以便有计划有步骤的进行彻底的民主改革，并帮助该公司处理多余的人员。

二、为使民主改革顺利开展和完成，以上海、汉口、重庆为重点，请各财委请示所在地党委，在所在地党委统一领导下，由交通、工会、劳动、公安等部门抽调一定干部研究情况协同动作。

三、在民主改革中，决不要提出工人减薪，应该降级使用的职员则可个别减低，但应向全体工人说明：目前公司是困难有亏空的，因而过去行政方面在表面上有求必应是一种不负责任的态度，是有害于生产的，教育工人了解：只有增加生产改善航务才能进一步改善待遇。

四、对卢作孚采取帮助态度，在改革工作中和他研究取得一致意见，推动他由他出面，进行改革工作。

五、在民生公司未实行彻底改革前，政府原则上不再予以贷款，直至彻底改革时为止；但当其改革过程中（确定已着手改革）确有困难时，可酌予帮助。为不使其钻空子，借款由西南财委负责统一办理。

六、为着使民生公司的民主改革工作能有统一的步调与政策，获得必需的结果，先请西南财委负责研究民生公司整个情况，提出方案请示西南局批准后报告中财委，以便转告中南华东参照进行。

12月3日　西南财委就民生实业公司民主改革方案向中央财委提出报告，报告如下①。

西南财委关于民生公司民主改革方案向中财委西南局的报告（1951年12月3日）

中财委：

关于民生公司民主改革问题，经和有关方面研究讨论后，决定下列各点：

（一）组织民生公司民主改革委员会，以卢为主，西南全总办事

① 中国社会科学院、中央档案馆编：《中华人民共和国经济档案资料选编·交通通讯卷》，中国物资出版社1996年版，第857—858页。

处秘书长彭光伟为副，并吸收资方工会若干人组成这一组织，主要完成民主改革中的统战工作任务，通过卢解决下级民主改革运动中的若干问题，在领导民主改革运动上，不是主要力量。

（二）成立重庆分公司民主改革委员会，以资方童少生为主，重庆市总工会秘书长张向宜为副，领导重庆分公司（职工六百七十人），民生机器厂（工人一千一百人）及归重庆管理之船只约五十条等三个方面的民主改革工作。

（三）建议汉口、上海两分公司亦设同样性质的组织，领导该两地所属之分公司办事处及船只工作，并与总处联系。

（四）调西南交通部秘书处长陈聚同志为重庆分公司副经理，以加强分公司工作。

（五）在中共重庆市委领导下，组成包括民生总管理处、分公司及机器厂等单位民主改革的党的领导小组，根据以上布置及能调动的干部分散，只能在三四个月内完成对总管理处重庆分公司及四川境内各支公司民生机器厂等单位的民主改革，至于轮船上的民主改革问题因船只分散，经常在行动中，如全部完成民主改革结合镇反至少须六个强的县委书记干部于六个月内分批完成，此项人力西南及重庆市已无法抽调，这六个骨干请中央抽派，任务完成后调回亦可，重庆市委书记以下及曹市长每人均分配一个工厂下厂工作，加强工厂民主改革，因各兵工厂问题甚严重，不得不以主力放在这方面，如中央不能派人，则轮船上民主改革只好推到明年下半年，但如岸上动手船上不动手，诚恐发生大量政治事故（最近两个月已破坏两条船，一条大船等于一个工厂），因此仍希望借调有群众工作经验的县委书记干部六名前来协助。裁减人员问题待卢返渝后由他提出方案再报。

12月8日　重庆市第二届第四次各界代表会议举行，重庆市市长曹荻秋作了《为开展爱国增产节约运动，反对贪污、反对浪费、反对官僚主义而斗争》的报告，会议号召全市人民协助政府检举揭发贪污、浪费和官僚主义的行为①。

12月20日　卢作孚从北京回到重庆。

［按］在京期间，周恩来总理转达中央意见，希望卢作孚担任交通部

---

① 中共重庆市委党史研究室编：《中国共产党重庆历史大事记》，重庆出版社2001年版。第14—19页。

负责工作，并已经安排好了卢作孚在北京的住处，卢作孚表示同意，同时提出再回重庆一趟①。

12月28日　（一）民生公司董事会第二十四届第十三次董事会议在民生大楼召开，卢作孚列席了会议。（二）民生公司成立由卢作孚为主的民主改革委员会，该委员会由有关上级代表、民生公司公股代表和民生公司主干人员组成。《民生公司总管理处民主改革委员会工作概要（草案）》，具体规定了该委员会的目标、原则②：

一、改革目标：总目标在发动群众力量，除去生产障碍，搞好生产工作，其具体事项为：

1. 肃清反革命分子（包括封建把头）。

2. 反贪污，反浪费，反官僚主义。

3. 废除不合理的旧制度，建立新制度，新的劳动纪律。

以上事项进行先后，由当地商承领导机关及团体决定之。

二、处理原则：由本会依据重庆已有的改革经验草拟今后一般的处理原则，其基本要点如左：

1. 反革命分子有关事项，就地请政府处理。

2. 贪污事项一般重在教育改造，由当地处理，专案或汇案报本会备案。但具有左列三种情形者，由当地提供意见，报由本会商定作重点处理：

（1）情节重大的。

（2）不肯自我坦白，全由他人检举的。

（3）事之发生或结束在解放以后期间的。

3. 浪费及官僚作风一般重在教育改造，由当地处理，专案或汇案上报本会备查。

12月4日　《重庆日报》刊载《民生实业公司民主改革工作极不彻底》，对民生公司提出公开批评。

12月　民生机器厂建成吨位达450吨、长50米、宽9.5米的我国第一艘浮船坞。

---

①　卢国纪：《我的父亲卢作孚》，四川人民出版社2003年版，第437页。

②　赵晓铃：《卢作孚的选择》，广东人民出版社2010年版，第232页。

本年 天府煤矿公司在进行民主改革的同时，经营依然困难重重。资料载[①]：

(1) 五〇年底各项亏本负债已达120亿，致五一年应偿还的债务，生产费用和相常庞大的基本建设开支多常靠贷款和超售煤焦价款来作周转，以致欠煤最多时曾达四万余吨，直到五二年三月份始陆续还清积欠，不再超售煤焦。

(2) 民主改革：天府总公司的民主改革是在五一年初开始，四月份始基本完成，天府矿厂的民主改革五月开始，十月基本上完成。嘉阳煤矿亦继续进行民主改革工作，从改革中调整了组织人事机构，镇压反革命，取消了封建把头等，这是整个公司由旧的企业转变为新企业的关键。改革以后，不仅是紧缩了开支，减少了浪费，而更大更重要的是鼓舞了职工的生产热情，无论在生产上或运输上都提高了效率，……本年四月民主改革以后产销比例均较前显著的上升，都增加到百分之二十三以上，而煤焦的生产增加率更为突出，达到百分之九十九以上，从这里就可以看出本公司民主改革所得的成果。

(3) 改革了船运机构，打垮了封建把头制，建立了以工人当家自己管船的制度，大大地提高运输效率，以同样多的船只，提高运量达百分十九以上。更重要的是根本上消灭了船户渗水、掺杂、盗卖煤斤等各种弊端，从此用户各厂不再因船户舞弊而遭受损失，减轻了负担。

(4) 在政府统一领导下，开展了三反运动，清除了历来所存在的弊端，减少公司额外损失。在三反运动期中，更普遍地提高广大职工的生产情绪，大部分职工均卷入运动的高潮中，我们的生产仍照常进行，不受影响。在业务上，仍照常坚持。相反地在三反运动开始以后，准时发放工资，基本上按期偿还债务，巩固了公司的信用。

---

① 孔勋：《公私合营天府煤矿公司三年来业务情况报告》，1952年9月，第7页，重庆档案馆藏。

1952年　59岁

1月6日　重庆市军事管制委员会和重庆市人民政府联合发布命令，宣布在重庆工商界开展“五反”运动[①]。“五反”运动开始后，民生公司一些高级职员在言行上明显与卢作孚划清界限。

1月9日　重庆市工商业联合会正式成立，胡子昂任主任委员。

1月26日　（一）中共中央发出关于首先在大中城市开展“五反”斗争的指示，要求“全国各大城市（包括各省城）在二月上旬均应进入‘五反’战斗”[②]。“五反”运动主要反对行贿、偷税漏税、盗窃国家资财、偷工减料、盗窃国家经济情报等。资料载：“自三五反运动起，银行不贷款，当铺不收当。”[③] 在此情况下，民生公司向国家银行借款1000亿元暂缓[④]。

1月28日　本日为正月初二，卢作孚乘飞机飞北京商量要事。

1月30日　卢作孚自北京返回重庆[⑤]。

2月5日　民生公司的民铎轮在重庆下游的丰都猪牙子航道触礁沉没。

2月6日　上午8时到12时，卢作孚在民生公司资方代理人小组会上作“五反”运动个人反省报告，对自己小学毕业以来的各种活动和思想作了简要而系统的回顾[⑥]：

---

① 重庆市档案馆等编：《中国资本主义工商业的社会主义改造·四川省重庆分册》，中共党史出版社1993年版，第460页。

② 中共中央文献研究室编：《建国以来毛泽东文选》第3册，中央文献出版社1989年版，第98页。

③ 顾颉刚：《顾颉刚日记》卷7，中华书局2011年版，第208页。

④ 童少生：《目前公司情况及今后改革的意见》，重庆档案馆藏。

⑤ 卢国纪：《我的父亲卢作孚》，四川人民出版社2003年版，第439页。

⑥ 欧阳平记录：《卢作孚检讨》，交通部长江航务管理局档案中心藏。

各位，我自问不是想当资本家来搞企业的。我是小资产阶级，读小学时对数学特别有兴趣，把中学的数学课程都学完了，家穷再读不起书，自己自修，学文学，写文章，向报馆投稿，做文章来谋生活，向人借了廿元前往上海谋出路，住在小客楼里饿过两三天，出来不能走路，过后想办教育，回到四川，全家十几个人正在没饮食中挣扎，和上海时报通讯勉强度日，后来在东翁处当统计员，又回到成都找几个办报的朋友，每月支十四元，正好是够家庭生活，家里吃的是泡豇豆和咸菜度日。

1920年元旦写了一篇《事业中心论》的文章，到现在看起来完全是小资产阶级的意识，当时不晓得走那（哪）条路来发挥自己的抱负。以川报为中心罢，以川报为中心的“事业中心论”。自己想找读书的机会和川报馆算帐，因为工作中从来没有用过川报的钱，剩了一百元薪水。

川南的教育变革，各种思想涌进了川南师范。那时朋友中有一位共产党员，后来才晓得我代了他两个月的国文课程，他回来特别到教室里看我授课，他说你是用什么方法来教学生的，学生的思想文字都不同了。我实在没有什么好办法，只是顺着学生的思想做引导，记得有一次学校出了一个国文题目“欧化文字为何不适合中国文学”。有一个学生开头就写了一句“我不是如此想法，不过学校要我作文我只好作出来”，……①这才是真正的文章。

透过杨子惠的关系办通俗教育馆，想在合川办试验市，北碚办试验村，这时候我的思想受罗素的影响很大，又感觉到办教育的人不可靠，你们一班人一下办教育，一下一个电报又去做官了。因此才发起筹办民生公司。

那时民生公司的职员的刻苦是不能想象的，我不作积聚资金的想法，完全以社会关系来运用资金，我穿得像叫花子一样，赤脚戴竹笠，走到朋友的家里，以为是乞丐进门，人家问我为什么这样子，我说我本来是这样子。

开始下游航行，我才被城市的习气侵蚀，在上海八仙桥青年会，最初感觉不安，慢慢就习以为常，后来又住新亚酒店，从三元一天的房间住到六元一天的大房间，人家还说卢作孚装穷、矫情。到了一九三六年公司买了一辆漂亮汽车显得豪华了。

---

① 此处省略号为文中原有。

在上海得到张公权、周作人（应为周作民之误）的帮助。到了1941年更进一步的腐化，病了进南岸医院，公司对我太照顾，半个月出院回家。商量公司事情，经常用请客方法，1938年参加伪中央交通部，和公司业务有了隔离。

我一生没有土地，没有私人投资，私人没有银行往来，没有回扣，没有收礼物，对公司有时有点欠支但立即扣还。

出国前公司送魏文翰五千美元，在国外又送他一千元，送给一个澳国人二百美元，在国外我们一班人初时是采取供给制的，我临走时才规定童少生支五百元，第二次调整为六百元，他们都搬到寓里住，他们的生活节省下来每个人还有剩余，我回国时买了一些孩子衣服和三部脚踏车。

我脱离群众是事实，可是接近我的几个小群众是没有脱离的。

我所经手的事绝不让人贪污，譬如在加拿大接洽造船事，那个外国人顾问，我绝对不让他晓得我们的计划，可是浪费是难免的。

公司送我两万股股票，支过几个月公费，这公费依法依理应该还给公司。

解放后尽管我当心学习，但生活习性不是一朝一夕可以改变过来的。

我从香港入广州住爱群酒店，有好些人同行，其中有的是私人关系，但吃饭是分不开的，是公私不分的错误。

到北京受政府招待，回到重庆我就恢复了旧时的生活方式。

在京应酬请客的事有好几次，请看戏，禹华台请客，这些举动认为是资产阶级的恶习。这次在北京两个月用了三百多万元，其中虽然有的是我私人的账目已付的，这总觉得浪费些。

我原有工作思想上是要走群众路线接近职工，更喜欢从实际工作中走的，我以前每星期回北碚，实际是在北碚开会料理北碚的事务，我在北碚的建设虽有成绩，但服务的对象是不明白的。

在做伪建设厅长时我和实际工作脱离，公共生活不参加，公司也不来了，有事找经副理解决就算了。

童少生、李邦典等向卢作孚提出意见，其中李邦典的意见尤其尖锐[①]：

① 民生公司：《关于卢作孚自杀的报告》，交通部长江航务管理局档案中心藏。

李邦典则（应为“在”之误——引者注）几次小组会上说：“前两次民主改革，群众照顾正副总经理，并不是没意见，群众意见说你卢作孚有贪污。”“三反中有某一银行提意见提死了两个人，因为这两个人有心脏病。我提出来是警告卢作孚，因为他也有心脏病。”“从前认为公司离开你就搞不好，现在离开你公司一样可以搞好。”

午后，卢作孚为民铎轮事到丰都查看航道情况，“一句话未讲”即返回。[①]

2月7日　卢作孚到西南军政委员会将自己的委员证章交还。[②]

2月8日　（一）民生公司民恒轮沉没。据当时报纸报道，民铎、民恒两轮沉没俱为特务破坏所致[③]。（二）上午民生公司召开以市工会联合会和公司工会为主力的“五反”坦白检举大会，有人在发言中言辞激烈，无中生有地攻击卢作孚。群众对张祥麟提了很多意见，会后张向卢作孚说：“群众对我的意见不少。”卢作孚说：“对我的意见比你大。”下午卢作孚到公司秘书科仔细交代了民铎轮的施救方法，随即返家。[④]（三）晚6时许，卢作孚回到重庆民国路20号租借金城银行房子暂居的家中，告诉家人说，想要睡觉，不要喊他。入卧室后，写下两张字条。其中一张大意为“公司家具交还公司，股票捐献国家，存款五千万是立信学校的，今后一切靠子女。”另一张内有“脱离群众，脱离实际，只求扩大，不求健全”等内容。同时，服下过量安眠药。8点多钟被家人发现，11时民生公司闻讯，11时40分卢作孚去世。[⑤]

［按］卢作孚去世的消息传到北京，毛泽东、周恩来等党和国家领导人深感惋惜。毛泽东曾说：“如果卢作孚先生还在，他所要担负的责任总比民生公司大得多啊！”[⑥]

2月9日　午后，民生公司召开董事会，任命童少生为代理总经理。会后发出卢作孚去世讣告电报，并于总管理处及重庆分公司发出正式

---

① 民生公司：《关于卢作孚自杀的报告》，交通部长江航务管理局档案中心藏。

② 同上。

③ 《破坏“民铎”、“民恒”两轮案已破获》，《新华日报》1952年2月26日第1版。

④ 民生公司：《关于卢作孚自杀的报告》，交通部长江航务管理局档案中心藏。

⑤ 同上。

⑥ 卢国纪：《我的父亲卢作孚》，四川人民出版社2003年版，第443页。

讣告。

2月10日　午后，民生公司召开课长以上行政干部会议，会上除渝公司副经理李邦典和公股代表欧阳平外，“其余均痛哭流涕，变成一个哭丧会。董事会决议拨了一千万元人民币作为卢之丧葬费”①。

2月12日　卢作孚的遗体被安葬在重庆南岸龙门浩。

---

① 民生公司：《关于卢作孚自杀的报告》，交通部长江航务管理局档案中心藏。

谱　　后

1952年2月13日，重庆《新华日报》用《卢作孚自杀》的标题和简略的文字报道了卢作孚去世的消息。

1952年2月14日，华东财委就民生公司问题及采取的相应步骤提出报告①。

华东财委关于民生情况与采取的步骤方法报告（1952年2月14日）

中财委二月十一日（财经丑102）与总理二月十一日（院五六号）电关于民生公司紧急处理问题，我们于接电后即请示华东局，经华东局研究，决定采取彻底改造与争取多数、打击少数的方针。准备用一个月至一个半月时间进行学习整理，学习内容以“三反”与民生改革相结合（以上方针已得富春同志同意），并组织民生公司临时工作委员会，指定由张灿明（全总华东办事处副主任）负总责，并以黄逸峰、邓寅冬、韩克辛、张奎乙（海军六舰队政治部主任）、顾元良（上海市委）、曹丹辉等六同志为委员。于昨日召开第一次会议。兹将我们所了解情况与所采取的步骤及方法报告如下：

（一）民生公司现在在沪财产情况：

（1）自有码头仓库一处，租用码头仓库两处。

（2）仓库存有机电类总值一百亿左右，材料总值一百十亿左右，另存中华造船厂废料、锅炉、角铁、钢板等约值十八亿元，此外尚有一些东西存放各处未估值，数目不大。

（3）原在沪及最近抵沪船只数量计：奉命停航者共十四艘，其船名为：乌江、资江、赣江、沱江、源江、湘江、涪江、民生、民和、民贤、民族、生民、生黎、生灵等。进坞修理者四艘，船名为泯

---

① 中国社会科学院、中央档案馆编：《中华人民共和国经济档案资料选编·交通通讯卷》，中国物资出版社1996年版，第858—859页。

江、民众、民权、民彝等。在途未到达（估计今日下午可到）者二艘，船名为生辉及一号油艇。破旧不用者二艘，船名为龙江及22号趸船。另有小燃轮与拖轮各一艘及铁驳七条。总共大小好坏计三十一艘。

(4) 民生上海分公司全部工作人员计三百七十八人，在沪全部船员计一千一百三十五人。

(二) 我们所采取的步骤与方法：

(1) 决定在沪人员与船员全部分别集中学习，计分四个部分进行：

(甲) 在沪岸上人员已开始“三反”学习，决定继续贯彻，由华东交通部黄部长负责。

(乙) 全体船员离船集中学习，分三部分进行。第一部分为船上高级职员，约有一百二十人左右，他们均系知识分子，由全总华办干校负责，另由上海工会及革大抽调干部具体负责。

(丙) 第二部分普通船员，约一千人左右，由上海市委党校负责责，另从海军司令部抽一百名我们自己培养的驾驶与轮机人员（均为党员）与上海市委抽调六十名党团员参加帮助学习，这一批人员在学习完成后即分配到二十条船上去工作，作为今后骨干。

(丁) 原有电台工作人员二十余人，全部由华东邮电局负责集中学习，并决定今后不再回船工作，在开船时另由邮电局抽调较好的电台工作人员接替。

以上人员学习经费均由民生公司负担。

1952年2月15日，黄炎培从周孝怀自上海的来信中得知卢作孚去世的消息。

1952年2月16日，黄炎培招民生公司驻京代表何乃仁到宅，询知卢作孚去世时的若干情况。

[按] 为卢作孚自杀事，黄炎培随后特到卧佛寺嘉祥里张澜家访晤张澜。此后相当长一段时间，黄炎培通过多种途径了解卢作孚去世的情况，并与周孝怀、何北衡、张澜、邓季惺等反复商量卢作孚后事料理问题。

1952年2月21日，在北京的梁漱溟从章伯钧处闻悉卢作孚自杀消息。梁漱溟日记载：“闻章伯钧谈卢作孚自杀，念之凄然。”①

① 中国文化书院学术委员会编：《梁漱溟全集》第8卷，山东人民出版社2005年版，第469页。

1952年2月23日，梁漱溟给卢子英写信，对卢作孚的去世表示悼念。

1952年2月28日，某人在全国政协一个学习大会上污蔑卢作孚为帝国主义服务，黄炎培在日记中斥其“颠倒黑白”。张澜在一些人攻击、污蔑卢作孚的情况下，专门给政务院总理周恩来写信为卢作孚辩白。

1952年2月，民生公司香港分公司业务结束，卢国维调回重庆总公司。

1952年3月14日，黄炎培在北京写出《卢作孚先生哀词》：[①]

> 乌呼作孚！君为一大事而死乎！君应是为一大事而生，君以一穷书生乎无寸金，乃大集有钱者之钱，以创“民生”。辛辛苦苦了卅年，长江几千里，内河几十道，平时载客载货，战时运械运兵。责在人先，利居人后！有罪归我！有功归人。奇难大诽集中于君之一身，君为何来？为的是国家，为的是人民。终得从黑暗中眼见光明，眼见全大陆的解放，眼见大中华的复兴，还运最后的奇谋，七大艨艟，完璧归赵，而不居功，而不求名。乌呼作孚！君其安眠吧！君实为此大事而生。作孚！作孚！我是君卅年之老友。我以爱君敬君之故，曾历访君早年事迹于北碚，于泸州，于少城。又曾多次为“民生”乘客，实地察君所经营之事物，所识拔所训练之人，识君之抱负，惊君之才，知君之心。乌呼作孚！今乃为词以哀君之生平。君其安眠吧！几十百年后，有欲之君者，其问诸水滨。

1952年3月15日，黄炎培将《卢作孚先生哀词》给张澜等人传阅后，分寄周孝怀和重庆民生公司，痛悼老友的去世。

1952年3月18日，黄炎培致电卢作孚家属表示吊唁。

1952年3月，卢作孚的老友孙越崎于经过重庆时，特意到民生公司吊唁[②]。

1952年5月1日，毛泽东于“五一”劳动节在天安门城楼上十分惋惜地对张澜说：“作孚先生是一位人才，真可惜啊！”[③]

1952年5月，民生公司的“三反”“五反”运动结束。《公私合营民

---

① 黄炎培：《卢作孚先生哀词》，交通部长江航务管理局档案中心藏。

② 周永林、凌耀伦主编：《卢作孚追思录》，重庆出版社2001年版，第52页。

③ 卢国纪：《我的父亲卢作孚》，四川人民出版社2003年版，第443页。

生轮船公司重庆分公司1952年工作总结》中总结如下[①]：

> 年度开始，正值公司民改及进入三反运动，当因内部反革命分子肆意进行破坏，运动即转入清反，及4月告一段落后，复又继续深入三反五反，至5月结束。由于清反与三反运动，故上半年度工作、生产均受影响。另一面是船员、职工通过运动，阶级觉悟提高，生产热情高涨，超额完成了成渝铁路的钢坯运输及分配的专业人员运输，这也就成了上半年的中心任务。一般言，工作几乎停顿，生产效率低落。

1952年6月10日，中央财委向中央提出投资1000亿元人民币到民生实业公司的建议[②]。

> 中财委党组关于民生公司的初步改革方针与计划的请示
>
> （1952年6月10日）
>
> 民生公司私股中小股占绝大多数，大股东最多股份不过一千至三千股（每股市价十五万元），因其负债多利息负担大，每月积欠甚大，私股方面迫切要求国家投资（即将贷款转为股金）。估计到民生公司是中国有名的民族企业，船只甚好，在长江航务上又属必需的企业，此刻我们投资一千亿元（其中大部是将贷款转为公股），于名于利对我都是好的。故我们同意交通部党组提出的方针计划并给以一千亿元的投资。
>
> 我们考虑结果，认为张文昂在刘惠农领导之下，可以任副经理。

1952年6月中旬，重庆工商界的“五反”运动基本结束。

1952年6月下旬，重庆市各机关的“三反”运动也基本结束。

1952年7月，公私合营天府煤矿公司所属天府、嘉阳、全济三矿改变名称，分别改称405矿、406矿、407矿。资料载[③]：

---

① 《公私合营民生轮船公司重庆分公司1952年工作总结》，重庆档案馆藏。

② 中国社会科学院、中央档案馆编：《中华人民共和国经济档案资料选编·交通通讯卷》，中国物资出版社1996年版，第859—960页。

③ 孔勋：《公私合营天府煤矿公司三年来业务情况报告》，1952年9月，第7页，重庆档案馆藏。

本年（1952年）七月，三矿职工为了生产上和工作上的便利，先后请求改变为西南工业部统一厂矿的名称，经本公司董事会同意，请准西南工业部，所有本公司原天府矿厂改四〇五矿，原嘉阳矿厂改称四〇六矿，原全济矿厂改称四〇七矿，其行政领导，仍旧不变。

1952年8月25日，童少生以民生公司代总经理身份在民生公司董监联席会议上作《目前公司情况及今后改革的意见》的报告，童少生在报告中说[①]：

（一）公司现有轮船96只，载重33610吨，铁驳40只，载重9443吨，共计43053吨。有码头、仓库、囤船等设备，船舶、港务设备均较优良，在组织机构上，现设总管理处，下设7个分公司，9个办事处，共计职工8000余人，其中船员占4000余人，岸上占2000余人，港务占1000余人，民生机器厂占1000余人，大部分都有10年以上的工龄。

（二）本公司虽有这样大的运输能力和优良的港务设备及宝贵的人力，理应办得很好，但因由于存在许多严重问题，以致解放两年多来，一贯是入不敷出，负债日增。从1950年1月至本年6月，计亏损约达1300亿元之巨，平均每天约1.4亿多元，国内债务共增加约800亿元，平均每天增加约9000万元。因此使本公司经济状况陷于非常严重的困难境地。如无我人民政府在各方面的大力扶持与多方照顾，和全体海员弟兄政治觉悟的提高，则本公司的严重程度将更难于想象。

（三）公司长期收支不平衡，负债日增的原因，主要是解放前所形成的，在经营管理上，人事制度上，组织机构上，都有许多极不合理的现象。解放后又未充分发动群众彻底加以改革。又加以反革命分子的严重破坏，以致新的经营管理制度，没有建立起来，现就其主要表现略述如下：1. 政治情况复杂。本公司是从四川封建军阀割据下，国民党长期反动统治下，发展起来的，一些骑在工人阶级头上的封建把头、特务、匪徒、反动党团分子，解放后仍混杂在企业中，大部分掌握公司业务要害，使工作不能贯彻，船只遭受可怕的破坏，政治事故层出不穷，1950年至1951年即发生海损255次，平均三天发生一

① 童少生：《目前公司情况及今后改革的意见》，重庆档案馆藏。

次，海损损失的打捞费即达77亿元，平均每天要损失410万元（其中也有责任事故）。又如1950年2月民勤轮的爆炸沉没，押运部队和海员死亡121人，国家财产损失44亿，造成解放以来长江最大的海损事件。由于反革命分子的猖狂破坏，使人民的交通工具及国家财产遭受不可估计的损失。公司航运事业陷于瘫痪，海员弟兄生命安全遭受极大威胁，生产热情无从发挥。经过今年2月间的清反运动，仅重庆区在清反运动中即清出反革命及反动封建落后组织110种，清出反革命分子和嫌疑分子共223人，占全部参加清反运动人数的9.24%。就是"三反"、"清反"运动中，特务仍猖狂的进行毒辣的破坏，如1952年2月5日至8日3天内，连续发生民铎沉没、民恒触礁的事件，并发现特务要放火焚毁民生大楼办公室，由于反革命分子的猖狂破坏，使人民的交通工具及国家财产遭受不可估计的损失，公司航运事业陷于瘫痪，海员弟兄生命安全遭受极大威胁，生产热情无从发挥。2. 机构臃肿、制度混乱。由于旧社会国民党的反动统治，造成通货膨胀，而一般企业投机倒把追逐暴利。本公司亦养成了在经营上的盲目发展观点，开支上浪费铺张，贪污成风。解放以后物价稳定以来，一切经营应该老老实实，按照共同纲领，在人民政府及国营企业领导下，依靠广大工人，团结职员，精打细算，才能搞好企业，但我们没有很好的认识这一点，保持旧观点和旧作风。因此造成经营方针与新社会进步的要求极为矛盾，同时在企业管理上造成放任自流与制度混乱现象。（1）在财务制度上无计划无核算，开支大，成本高。本公司系一规模较大的企业，至今各方面无成本核算，仅每月碰一下收入多少，差多少，差钱就到处想法借钱。虽也有预算，但也不彻底执行，形成具文，因此开支逐步增加。例如1951年上期和1950年同期比较，开支就增加了114亿，以致成本提高。（2）组织机构臃肿瘫痪，效率低，没有从业务需要出发，而是因人设事，盲目扩大。经撤销了办事处8处，占全数二分之一，而且至今还有一些地方须继续撤销。相反的，该设立的，该加强的部门，却没有作。如计划部门和经济核算部门，就应该加强，但却没有加强。去年（1951年）虽然进行了一次改组，设立总管理处，但因新的制度远没有产生，职责划分不明确，在某些问题上形成空有机构，而无实际工作，因此不能掌握全局，各分公司在业务上亦无所适从。各行其是。3. 在人事制度上，奖罚不明，人事分区不明确，定员定额也没有执行，工资制度混乱，因此工作效率低，人浮于事，阻碍生产。如低级工人说："上班拿钱，摇铃吃饭，不负责任，贪污升高官”，充分说明了人事制度的腐败。

官僚主义敷衍塞责，拟计划之制度，亦是少数人员，既行不通，又不检查，没有发挥广大海员弟兄的智慧。例如1950年7月起就开始要作成本计算，写了不少的办法，开了两次全公司会计业务人员会议，到会近百人，为时四五十天，但因没有结合具体业务，并吸收群众意见，直到现在也拿不出一条船的正确成本。在物料管理上，有些材料，此处存着不用，别处需要则又新购，因此大批材料被积压，甚至损坏。据去年初步清理，全公司呆滞的材料价值就达200余亿元之多，在船只检修上，不严密。如沅江轮停航待修月余，经详细检查，才知无大毛病。又如□利小轮估价才10201万元，修理一下即用22700万元，修出后用处也不大。

（四）由于以上几点主要的原因，形成公司内部贪污浪费极为严重，从高级到低级，由此到彼虚报浮领成风，三反中上海、汉口、重庆三地，查出解放以后有贪污行为者占总人数86%，尤以高级人员为甚。在浪费方面，仅就管理费、物料费和修理费三项而言，如能加以确切掌握和估计，全年可节省二三百亿元。

（五）本公司在这一系列的严重问题下，得能延续至今，与人民政府的爱护和无微不至的扶持是分不开的。仅从政府对本公司的贷款来说，在当时国家财经尚未根本好转时候，又在伟大的抗美援朝保家卫国的战争的情况下，抽去国家宝贵的资金，贷款给公司，尤见政府对公司的重视和爱护。从解放至今，贷给公司的长短期贷款总额约达1600亿元之多，除陆续偿还700余亿外，至今尚欠800余亿无力偿还。

（六）本公司虽在目前处于困难情形之下，但它的前途是非常光明而远大的，从公司历次改革运动中，就证明了这一点。公司在解放后，在共产党正确领导下，公股代表及工会发动了广大海员弟兄，展开了一系列的运动，如1950年反贪污裁冗员，1952年反贪污反浪费反不合理的两次改革运动，对本公司的贪污风气及严重的浪费以及上层臃肿的现象，作出了一系列的成绩，但我们没有主动的努力和重视，均未执行得彻底。通过今年的“三反”、“清反”运动，彻底暴露了公司过去一切丑恶的经营作风和缺点，为今后的改革，经营上的改善，打下了良好的基础。同时，通过这些运动，尤其是清反运动，群众发动起来了，海员弟兄的阶级觉悟和政治水平普遍提高，高度的发挥了工人阶级的积极性和创造性，在生产上涌现出川江航运上史无前例的光辉的新记录，为航运前途开拓了无限光明的道路。如在钢坯运输中，由于共产党的正确领导，在船务局及公股代表以及工会的发动下，海员弟兄在清反运动中阶级觉悟提高，发挥了无穷智慧，订立计划，相互挑战应战，开好生产和安全会议，在安全的原则下，克服了枯水船壳软弱不能拖驳、舱口窄狭及设备上的重重困难，创造了极其令人兴奋感动的光荣事迹。如：1. 降低了收班水呎，不少轮船打破了川江枯水历年收班的纪录，民宪轮以往水位一呎就要收班，今年宜昌水位倒退到零下5吋，仍继续航行。巴峡轮以往在宜昌水位4呎以上才能拖大驳，今年4月12日，在宜昌水位8吋，安全拖401驳行驶渝万，创造枯水拖大驳的纪录。2. 增加了载重。民运原仅能勉强装长钢坯5根，达到能装长坯17根。#/2驳子原不能装钢坯，达到能运长钢坯90根以上。乌江轮原下水载550吨，上水载汽油2400桶，7月14日渝汉载量达627吨，7月5日汉渝载汽油2700桶。3. 缩短了航程。长运过去拖驳行渝叙，上水走4天，下水2天，作到上水3天，下水2天。4. 增加了运输能力。由于船舶的调度，较前略有改进，在运输量上增加了运输能力，过去宜万渝线在2、3月最枯水位时，上运能力不到6000吨，今年2、3月份的上运量达约9000吨。

由于以上这些辉煌的成绩，就使2至4月应运长钢坯5221根的运输任务，提前于4月21日完成，并在4月底超额运输长钢坯1883根。这些具体的事实，大大教育了我们，工人阶级的伟大力量也说明了只有很好的在共产党领导之下，在国营经济领导之下，依靠工人阶级，团结职员，才能搞好我们的航运企业。

（七）本公司虽具有很大的运输能力，同时又得到各级人民政府对本公司深厚的爱护和扶持，以及经过历次运动，海员弟兄政治觉悟提高，发挥了工人阶级高度的生产积极性，但由［于］我们旧的腐败的经营方式和旧作风已根深蒂固，因此还没有扭转公司的危机。要扭转这个不好的局面，我们提出下面几点意见，请董事会加以研究审议。1. 本公司必须在国营经济领导下，依靠工人阶级，团结职员，集中全力经营航运事业，完成国家给予之运输任务。2. 贯彻“三反”、“清反”精神，深入发动群众，进行政治上、组织上、生产上的各种改革，展开增产节约运动，作到收支平衡，并进一步争取有点盈余。3. 必须增资清理债务。由于本公司负债严重，为了急谋补救，曾于去年（1951年）冬季请求中央交通部投资1000亿元，以偿付大部分债务，手续均已办妥，适逢全国展开“三反”、“五反”运动而暂缓。今年夏季再度请求投资1000亿，已蒙中央交通部批准，已将此款偿付所欠国家银行欠款857亿，国家机构37亿，私营银行22亿，私人及私营企业30亿元，及修理费等25亿元，共计偿还1031亿元。超出部分，后又由政府照顾，再向人民银行贷款96亿，已办妥借贷手续。关于请求政府投资1000亿元，请董事会加以追认。4. 加强领导。(1) 建议加强董事会，(2) 聘请总经理并增聘副总经理，(3) 除在公司内部提拔积极分子外，并请政府派干部参加公司工作；5. 请改组总管理处为总公司，为了在国营经济领导下配合长江航运计划，总公司拟迁往汉口。6. 为了集中精力经营航运，拟处理与本公司有关的附属事业和投资事业，以之偿付全部债务。以上建议，希望能够很快的全力推行，只有这样，公司的财经情况，才能作到收支平衡，并进一步作到有盈余。

1952年9月，（一）民生实业公司正式公私合营，刘惠农任总经理，张文昂、童少生、张文治任副总经理，周孝怀任董事长，李一清、张文琦、郑东琴、吴晋航为副董事长，总公司迁设汉口。毛泽东后来称赞：公私合营“要学习民生公司的榜样”①。（二）天府煤矿公司表现出无限光明的前途，同时总经理孔勋表示表示还要“继续努力，廓清企业中一切旧的影响与传统势力”②。

1953年8月12日，黄炎培偕邵力子访李烛尘，其间李烛尘提到毛泽东的一段话：我们用历史的眼光来批判，张之洞、张謇、范旭东、卢作孚于经济建设是有贡献的③。

1953年12月，在全国政协会议期间的一次餐会上，毛泽东谈到中国民族工业发展史，提出有四个人物不能忘记，他们是：搞重工业的张之洞，搞化学工业的范旭东，搞交通运输业的卢作孚和搞纺织工业的张謇④。

---

① 中共中央文献编译室编：《毛泽东文集》第6卷，人民出版社1999年版，第293页。

② 孔勋：《公私合营天府煤矿公司三年来业务情况报告》，1952年9月，第7页，重庆档案馆藏。

③ 中国社会科学院近代史研究所整理：《黄炎培日记》第12卷，华文出版社2012年版，第171页。

④ 赵津主编：《范旭东企业集团历史资料汇编——久大精盐公司专辑》，天津人民出版社2006年版，“前言”第1页。

1955 年 6 月，关于民生公司加拿大造船借款未偿清部分的借款本息，在公私合营历史背景下，中国中央政府决定负责偿还。[①]

1978 年 12 月，中共中央召开十一届三中全会。

1980 年 9 月 4 日，在卢作孚子女的不懈努力下，在邓小平、胡耀邦等人关怀下，在卢作孚故友的协助下，中共四川省委为卢作孚这位为中国经济近代化事业、为中国人民抗日战争作出不可磨灭贡献的杰出实业家重新作了结论[②]：

> 卢作孚先生是我国著名的民族工商业者，早年创办和经营的民生轮船公司，对发展民族工商业起过积极作用。解放后，他热爱祖国，拥护人民政府，拥护共产党的领导，曾从香港组织一些轮船回来参加祖国建设，对恢复和发展内河航运事业作出了有益的贡献，为人民作过许多好事，党和人民是不会忘记的。

1982 年，老友晏阳初在菲律宾国际乡村建设学院，以 89 岁高龄动情地写下《敬怀至友卢作孚兄》一文，文中写道[③]：

> 我一生奔走东西，相交者可谓不少。但惟有作孚兄是我最敬佩的至友。他是位完人，长处太多了，只能拣几点略述。
>
> 作孚有理想，有大志，他深知，要使中国富强，必须发展交通。长江是交通重道，需要轮船，所以他组织民生轮船公司，以应时代的需要。
>
> 他极富创造力，具有实现理想的才干和毅力。他组织公司的资本，是向朋友或外国借款。他自己并不想赚钱，忘我忘家，绝对无私。抗战时，他有一次病了。他的家人想买一只鸡给他吃，连这钱都没有。由此可见他人格的高尚。所以知道他的人，都敬佩他。
>
> 他生活非常简朴，常年穿着一套中山装，人长得很小，属于瘦有瘦劲一型。为了节省梳头的时间，他剃光头。张岳军先生有一次跟他开玩笑："你的跟班都比你穿得漂亮。"
>
> 他是个绝顶聪明的人。抗战期间，因为得跟美国人打交道，他跟

---

① 卢国纪、卢晓钟主编：《当代民生公司发展史》，长江出版社 2013 年版，第 228 页。

② 凌耀伦主编：《民生公司史》，人民交通出版社 1990 年版，第 416 页。

③ 周永林、凌耀伦主编：《卢作孚追思录》，重庆出版社 2001 年版，第 46 页。

我妻雅丽读英文，晚上有空时来读一点。半年之间，就能看英文报。那时，他大概五十岁左右，英语说得不算流利，但简单的可以应付。

我现在已记不清究竟哪一年与他始交。我们在定县的时候（一九二九年至一九三六年），他已经对乡村改造发生兴趣。曾请了一位何姓的朋友来参观我们的工作。一九四〇年，我们在四川巴县歇马场创立“中国乡村建设学院”，他是学院的会计董事。

有二、三件小事，我记得很清楚。四十年代，他到美国为他的公司借款，我那时也在美国为乡村学院捐款。我对他说：“作孚，外国人很注意衣冠。你这样不修边幅，恐怕会吃亏。”我带他去一家裁缝铺做西装；教他打领带。领带并不好打，一而再，再而三，他终于学会了。我又对他说：“阁下这个头，外国人看，会以为来了一个和尚。”听我的劝告，他留起了头发，很用心地学梳头。

作孚对人的观察很敏锐。他知道：对怎样的人应说怎样的话。他不说闲话，言必有物。用字精当，从容不迫，有条有理，就像他做事一样：很沉着，有组织，有思想。

他先回国后，中国乡村学院请他去讲演。他说：“人都以为，在美国很享福，你们的院长在美国募捐，住一个小店。有一次我去看他，他正在洗袜子。捐款是天下最苦的事，其苦一言难尽。”这话是别人后来告诉我的。

我常说：“生我者父母，知我者作孚。”

象作孚这样一位正人君子、爱国志士、了不起的实业家，国人应当敬重。然而，他的结局竟是如此悲惨。我为国家伤心，我为至友哀痛。

1983年，梁漱溟写下长文《怀念卢作孚先生》①：

卢作孚先生是最使我怀念的朋友。我得结交作孚先生约在抗日战争军兴之后（1937年），而慕名起敬则远在战前。我们相识后，彼此都太忙于各自所事，长谈不多，然而在精神上则彼此契合无间。

大约是民国七八年间（1918年或1919年），我去拜访住在天津的周孝怀（善培）老先生，就首次听他谈起作孚先生。……周老先生在向我谈起作孚先生时，对其人品称赞备至。在六七十年后的今

① 梁漱溟：《梁漱溟全集》第7卷，山东人民出版社2005年版，第525—527页。

天，周老谈起他时的情景我至今依然记得。周老将拇指一跷说道："论人品，可以算这个！"由此可见周老对作孚先生卓越不群的品德之称道。

可是我得与作孚先生见面相识，则在此之后将近二十年。那时因抗日战争爆发，我撤退到大后方的四川之后。当时作孚先生与我所从事的活动虽不同，但地点均多在重庆，因此交往较多。在彼此交往中，更感到作孚先生人品极高。我常对人说："此人再好不过！他心中完全没有自己，满腔里是为社会服务。这样的品格，这样的人，在社会上找不到。"作孚先生有过人的开创胆略，又有杰出的组织管理才能，这是人所共见。人们对他的了解多在此。但岂知作孚先生人品之高尚更是极难得的呀！

作孚先生是民生轮船公司的创办人和领导者。他在当时旧中国，内有军阀割据，外有帝国主义的压迫侵略的情况下，创办民族工业，迂回曲折，力抵于成，真可谓艰难创业，功在国家社会。毛泽东主席五十年代在谈到民族工业时说有四个人不应忘记：讲重工业，不能忘记张之洞；讲轻工业，不能忘记张謇；讲化学工业，不能忘记范旭东；讲交通运输业，不能忘记卢作孚。作孚先生受到这样的赞誉是当之而无愧的！

作孚先生还热心致力于地方和农村建设事业。重庆北碚就是他一手筹划和开创而发展起来的，作孚先生及其胞弟卢子英，从清除匪患，整顿治安入手，进而发展农业工业生产，建立北碚乡村建设实验区，终于将原是一个匪盗猖獗、人民生命财产无保障、工农业落后的地区，改造成后来的生产发展、文教事业发达、环境优美的重庆市郊的重要城镇和文化区，现在更成为国内闻名的旅游胜地。1941 年我将创办不久的勉仁中学迁至北碚，1946 年尾，我退出和谈、辞去民盟秘书长职务后，便在这景色宜人的北碚息影长达三年之久，静心从事著述；《中国文化要义》一书即写成于此时。1948 年我又与一班朋友创办勉仁文学院于北温泉，从事讲学活动，直到 1949 年底四川解放后来北京，才离开北碚。在上述我在北碚从事的种种活动中，自然都得到作孚先生以及子英先生的热心支持和帮助。

作孚先生是 1952 年故去的，距今已有三十余年！作孚先生与我是同年，都出生在甲午之战前一年，如果他今天仍健在，也当是九十高龄了！

作孚先生是个事业家、实干家，是个精神志虑超旷不凡的人！我们应当永远向他学习！

1987 年 9 月 25 日，梁漱溟写下《景仰故交卢作孚先生献词》①：

余结交作孚先生在抗日战争军兴之后，而慕名起敬则远在战前。忆我早年一次造谒周孝怀（善培）先生，曾闻周老赞誉作孚人品才能卓越不群，我既夙服膺周老，于老先辈之言固铭记在心而不忘也。我入川抵渝后，又幸得作孚令弟子英之协助建起勉仁中学于北碚。贤昆仲之为地方造福为人民服务者，固有目共睹、舆论共许，又不待我言之矣。民生轮船公司之创建暨抗战期间作孚先生所为种种奔走救济者，信乎劳苦功高，然而切莫误会他亦有个人英雄主义，相反地，作孚先生胸怀高旷，公而忘私，为而不有，庶几乎可比于古之贤哲焉。

1996 年，著名历史学家章开沅教授在谈到卢作孚最终结局的时候说②：

可惜这一代中国商人的精英分子，在 1949 年以后长期未能充分发挥其聪明才智。及至我们醒悟以后的改革开放，他们或者早已离开人间，或者迅即进入衰暮之年，人生的黄金时段一去不返。这不仅是他们个人或群体的重大损失，也是国家和社会的重大损失，只能说是时也，命也！但他们留下的业绩和风范都是永远值得后世尊重与传承的。

1998 年 7 月，著名经济学家在厉以宁在北京大学光华管理学院为即将出版的《卢作孚文集》作序，他在《序》中写道③：

多年以来，经济学界在经济发展的研究中，逐渐取得了大体上一致的看法，这就是：经济发展不仅要靠投资，靠技术，靠各种必须的物质资源，而且要靠一种精神，可以把这种精神称作创业精神或企业家精神。甚至可以认为创业精神比物质资产更加重要。

---

① 周永林、凌耀伦主编：《卢作孚追思录》，重庆出版社 2001 年版，第 47 页。

② 章开沅：《序〈东方商旅丛书〉》（1996 年），见唐力行《商人与文化的双重变奏》，华中理工大学出版社 1997 年版，“序”第Ⅵ页。

③ 凌耀伦、熊甫编：《卢作孚文集》，北京大学出版社 1999 年版，“序”第 3 页。

……

卢作孚先生正是这样一位有高度创业精神的企业家。

1999年3月中旬，《卢作孚文集》出版座谈会在人民大会堂四川厅举行，胡德平、王光英、经叔平等出席了座谈会。时任中共中央统战部副部长的胡德平作了《发扬和借鉴老一辈民族实业家的精神和经验》的讲话，对卢作孚给予了高度评价，讲话中说[①]：

他（卢作孚）从民族的近代化工业的角度，向世人说明，中国人并不自私自利，只看社会的影响如何。人不是为己的，人是为社会的。如果社会要求是对的，我们就要尊重它；如果社会要求是不对的，我们就要努力把它改造过来。

历史唯物主义认为人的本质是一切社会关系的总和。卢作孚先生这一独特智慧的思想与之并行不悖，方向相同，非常值得我国从事非公有制经济的人士和一切身处市场经济之中的人们的反复思索和再三回味。

时任全国政协副主席的经叔平在座谈会上作了《发扬卢作孚先生爱国、敬业、无私的崇高精神》的讲话，讲话中说[②]：

卢作孚先生是一位具有高度创业精神的企业家。他的创业精神根源于他对国家命运的关注和对国家经济落后问题的深刻认识。他的创业精神还来源于对国家和社会的责任感和改变落后面貌的强烈的愿望。他出身是贫苦的，靠刻苦自学，艰苦奋斗，不仅成为中国近代航运的巨子，还创办了煤矿、纺织等工矿企业，还兴办了科学院、图书馆、学校、公园在内的广泛的科学文化事业。其中的磨难与艰险，原工商业者都有切肤之感。

卢作孚先生还是一位企业文化建设的实践家。他重视人的因素，重视员工在企业中的地位和作用，主张用人唯贤。他重视员工培训和智力的开发，反对把员工看成“经济人”，提出人是“社会人”的观点，同时他也重视员工的工资、福利，并把它作为发挥员工的积极性

---

① 凌耀伦、周永林主编：《卢作孚研究文集》，北京大学出版社2000年版，第22页。

② 同上书，第24页。

的基本条件，在民生公司中加以实施，逐步形成了以爱国主义、群体的观念，服务于社会，艰苦奋斗办企业为主要思想内容的企业文化，增强了员工的认同感、荣誉感和责任感。“民生公司”和“民生精神”被认为是中国最早出现的企业文化建设卓有成效的典范。

1999 年 10 月，卢作孚与蒙淑仪的灵柩奉迁到重庆市北碚区北碚公园火焰山顶“作孚园”。该园于 1989 年 4 月建成，园中置有各种纪念卢作孚的碑、文、图，供人追思，并被确定为青少年爱国主义教育基地。

2020 年 7 月 21 日，习近平在企业家座谈会上的讲话中指出：“爱国是近代以来我国优秀企业家的光荣传统。从清末民初的张謇，到抗战时期的卢作孚、陈嘉庚，再到新中国成立后的荣毅仁、王光英，等等，都是爱国企业家的典范。”①

① 习近平：《在企业家座谈会上的讲话》（2020 年 7 月 21 日），人民出版社 2020 年版，第 6 页。

主要参考文献

一　档案文献资料

(一) 未刊档案资料

北碚管理局档案，重庆档案馆藏。

天府煤矿公司档案，重庆档案馆藏。

兼善实业公司档案，重庆档案馆藏。

渝鑫钢铁厂股份有限公司档案，重庆档案馆藏。

中国西部科学院档案，重庆档案馆藏。

民生实业股份有限公司档案，重庆档案馆藏。

民生机器厂档案，重庆档案馆藏。

金城银行档案，重庆档案馆藏。

聚兴诚银行档案，重庆档案馆藏。

重庆市轮渡公司档案，重庆档案馆藏。

川康平民商业银行档案，重庆档案馆藏。

大川实业股份有限公司档案，重庆档案馆藏。

重庆市粮政局档案，重庆档案馆藏。

立信会计师重庆事务所档案，重庆档案馆藏。

川康兴业特种股份有限公司档案，重庆档案馆藏。

交通银行重庆分行档案，重庆档案馆藏。

中国银行重庆分行档案，重庆档案馆藏。

和成银行档案，重庆档案馆藏。

川盐银行档案，重庆档案馆藏。

美丰商业银行档案，重庆档案馆藏。

川康兴业银行档案，重庆档案馆藏。

四川省政府秘书处档案，四川省档案馆藏。

四川省粮政局档案，四川省档案馆藏。

历史文件资料，四川省档案馆藏。

诚孚企业股份有限公司档案，上海市档案馆藏。

金城银行档案，上海市档案馆藏。

抄发国民经济建设之一般原则，贵州省档案馆藏。

《民生轮船公司历史资料汇编》，交通部长江航务管理局档案中心藏。

民生公司档案，交通部长江航务管理局档案中心藏。

交通银行档案，中国第二历史档案馆藏。

蒋中正档案，台北“国史馆”藏。

Rare Book & Manuscript Library，Colunbia University，Collection of International Institute of Rural Reconstruction，box19，folder“Lu，Tso—fu”.(卢作孚函件，美国哥伦比亚大学图书馆手稿图书馆藏)

（二）已刊档案资料

中国第二历史档案馆编：《中华民国史档案资料汇编》第5辑第2编财政经济，江苏古籍出版社1997年版。

中国人民抗日战争纪念馆、重庆市档案馆编：《迁都重庆的国民政府》，北京出版社1994年版。

重庆市档案馆编：《抗战师时期国民政府经济法规》，档案出版社1992年版。

中国第二历史档案馆编：《抗日战争正面战场》，凤凰出版社2005年版。

重庆市档案馆、重庆市人民银行金融研究所编：《四联总处史料》，档案出版社1993年版。

中国社会科学院、中央档案馆编：《中华人民共和国经济档案资料选编·交通通讯卷》，中国物资出版社1996年版。

复旦大学档案馆编：《抗战时期复旦大学校史史料选编》，复旦大学出版社2008年版。

四川省档案馆编：《四川抗战档案史料选编》，西南交通大学出版社2005年版。

四川省档案馆编：《四川保路运动档案选编》，四川人民出版社1981年版。

郑洪泉、黄立人主编：《中华民国战时首都档案文献》第5卷《战时金融》，重庆出版社2008年版。

二　报刊资料

（一）报纸

1.《中央日报》

2.《大公报》

3.《申报》

4.《新民报》

5.《嘉陵江日报》

6.《商务日报》

7.《新华日报》

8.《解放日报》

9.《人民日报》

（二）期刊

1.《少年中国》

2.《新世界》

3.《新中华》

4.《建设周讯》

5.《工业经济丛刊》

6.《西南实业通讯》

7.《经济建设季刊》

8.《中国青年》

9.《独立评论》

10.《人物杂志》

11.《四川经济月刊》

12.《民生公司简讯》

13.《工作周刊》

14.《北碚月刊》

15.《乡村建设季刊》

16.《新生周刊》

17.《教育月刊》

18.《四川经济月刊》

19.《中国建设》

20.《兼善友讯》
21.《天府中学校刊》
22.《社会调查与统计》
23.《抗战与交通》
24.《工商调查通讯》
25.《工商新闻》
26.《旅行杂志》
27.《民国档案》
28.《良友》
29.《国史馆馆刊》
30.《国史馆馆讯》

三　图书资料

1. 卢作孚：《中国的建设问题与人的训练》，生活书店 1935 年版。

2. 卢作孚：《一桩惨淡经营的事业——民生实业公司》，民生公司 1943 年印。

3. 卢作孚：《怎么样做事——为社会做事》，北碚峡防团务局 1929 年发行。

4. 卢作孚：《乡村建设》，江巴璧合四县峡防团务局 1935 年印。

5. 卢作孚：《东北游记》，川江航务管理处 1931 年 11 月 20 日印行。

6. 瑞山小学编：《瑞山小学概况一览》，瑞山小学 1934 年印。

7. 黄立人主编：《卢作孚书信集》，四川人民出版社 2003 年版。

8. 罗中福、李萱华等编：《卢作孚文选》，西南师范大学出版社 1989 年版。

9. 凌耀伦、熊甫编：《卢作孚集》，华中师范大学出版社 1991 年初版，2011 年再版。

10. 凌耀伦、熊甫编：《卢作孚文集》，北京大学出版社 2001 年版。

11. 凌耀伦、熊甫编：《卢作孚文集》（增订版），北京大学出版社 2012 年版。

12. 江巴璧合四县峡防团务局编：《两年来的峡防局》，江巴璧合四县峡防团务局 1929 年刊。

13. 天府煤矿公司编：《天府公司概况》，大东书局 1944 年版。

14. 傅润华、汤约生主编：《陪都工商年鉴》，文信书局 1945 年版。

15. 民生公司编：《民生实业股份有限公司民国二十年决算书》，民生公司印。

16. 成都市立通俗教育馆编：《成都市市立通俗教育馆周年报告》，1926 年。

17. 杨森：《九十忆往》，台北龙文出版社股份有限公司 1990 年版。

18. 周开庆编著：《卢作孚传记》，台北川康渝文物馆 1987 年版。

19. 周开庆编著：《民国川事纪要》（1937—1950），台北四川文献月刊社 1972 年版。

20. 周开庆编著：《民国川事纪要》（1911—1936），台北四川文献研究社 1974 年版。

21. 张允侯编：《五四时期的社团》，生活·读书·新知三联书店 1979 年版。

22. 周开庆：《民国刘甫澄先生湘年谱》，台北商务印书馆 1981 年版。

23. 陈诚著、何智霖编：《陈诚先生回忆录：抗日战争》（上下），台北“国史馆”2005 年版。

24. 谭熙鸿主编：《十年来之中国经济》，见沈云龙主编《近代中国史料丛刊》续编（85），台北文海出版社。

25. 南方局党史资料征集小组编：《南方局党史资料》，重庆出版社 1990 年版。

26. 沈云龙辑：《曾慕韩（琦）先生日记选》，见沈云龙主编《近代中国史料丛刊》（19），台北文海出版社。

27. 沈云龙：《现代政治人物述评》，见沈云龙主编《近代中国史料丛刊》（20），台北文海出版社。

28. 徐世昌：《欧战后之中国》，见沈云龙主编《近代中国史料丛刊》（28），台北文海出版社。

29. 黄郛：《欧战后之新世界》，见沈云龙主编《近代中国史料丛刊》（28），台北文海出版社。

30. 左舜生：《万竹楼随笔》，见沈云龙主编《近代中国史料丛刊》（49），台北文海出版社。

31. 左舜生：《近三十年见闻杂记》，见沈云龙主编《近代中国史料丛刊》（50），台北文海出版社。

32. 李璜：《江西纪游》，见沈云龙主编《近代中国史料丛刊》（79），台北文海出版社。

33. 左舜生等撰:《王光祈先生纪念册》,见沈云龙主编《近代中国史料丛刊》(118),台北文海出版社。

34. 沈云龙:《近代史事与人物》,见沈云龙主编《近代中国史料丛刊》(630),台北文海出版社。

35. 何成浚述:《八十自述》,见沈云龙主编《近代中国史料丛刊》(667),台北文海出版社。

36. 沈云龙辑:《曾慕韩(琦)先生遗著》,见沈云龙主编《近代中国史料丛刊》(674),台北文海出版社。

37. 吴鼎昌:《花溪闲笔正续集》,见沈云龙主编《近代中国史料丛刊》(678),台北文海出版社。

37. 吴鼎昌:《新经济政策》,见沈云龙主编《近代中国史料丛刊》(679),台北文海出版社。

39. 周善培:《辛亥四川事变之我》,见沈云龙主编《近代中国史料丛刊续编》(251),台北文海出版社。

40. 刘航琛:《戎幕半生》,见沈云龙主编《近代中国史料丛刊续编》(489),台北文海出版社。

41. 胡光麃:《波逐六十年》,见沈云龙主编《近代中国史料丛刊续编》(616),台北文海出版社。

42. 炎培辑:《清季各省与学史》,见沈云龙主编《近代中国史料丛刊续编》(651),台北文海出版社。

43. 胡骏:《补斋日记》,见沈云龙主编《近代中国史料丛刊三编》(71—76),台北文海出版社。

44. 胡骏著:《补斋诗文》,见沈云龙主编《近代中国史料丛刊三编》(77),台北文海出版社。

45. 广西省政府编辑室辑:《广西省施政纪录》,见沈云龙主编《近代中国史料丛刊三编》(743),台北文海出版社。

46. 杜重远:《狱中杂感》,生活书店1936年版。

47. 聂宝璋、朱荫贵编:《中国近代航运史资料》第二辑(1895—1927),中国社会科学出版社2002年版。

48. 胡兰畦:《胡兰畦回忆录》(1901—1936),四川人民出版社1985年版。

49. 恽代英:《恽代英文集》,人民出版社1984年版。

50. 何廉:《何廉回忆录》,中国文史出版社1988年版。

51. 缪云台:《缪云台回忆录》,中国文史出版社1991年版。

52. 胡风著：《胡风回忆录》，人民文学出版社 1993 年版。

53. 中国工程师学会编：《四川考察团报告》，中国工程师学会 1936 年版。

54. 宋恩荣等编：《晏阳初全集》，湖南教育出版社 1989—1992 年版。

55. 黄炎培：《蜀道·蜀游百日记》，上海开明书店 1936 年版。

56. 中国社会科学院近代史研究所整理：《黄炎培日记》，华文出版社 2008 年版。

57. 高平书等编注：《蔡元培书信集》，浙江教育出版社 2000 年版。

58. 戴自俺主编：《陶行知全集》，四川教育出版社 1991 年版。

59. 中国人民银行上海市分行金融研究所编：《金城银行史料》，上海人民出版社 1983 年版。

60. 梁漱溟：《我生有涯愿无尽——梁漱溟自述文录》，中国人民大学出版社 2004 年版。

61. 周佛海著、蔡德金编注：《周佛海日记全编》，中国文联出版社 2003 年版。

62. 李公朴：《李公朴日记》，《近代史资料》总第 105 号，中国社会科学出版社 2003 年版。

67. 史丽克整理：《翁文灏日记》，《近代史资料》总第 104 号，中国社会科学出版社 2002 年版。

68. 李学通：《翁文灏年谱》，山东教育出版社 2005 年版。

69. 熊式辉著，洪朝辉编校：《海桑集：熊式辉回忆录》，香港：明镜出版社 2008 年版。

70. 沈云龙辑：《曾慕韩（琦）先生遗嘱》，台北《近代中国史料丛刊》正编第 674 辑。

71. 徐盈：《当代中国实业人物志》，上海中华书局 1948 年版。

72. 《裕大华纺织资本集团史料》编辑组：《裕大华纺织资本集团史料》，湖北人民出版社 1984 年版。

73. 郑贤书等修、张森楷纂：《民国新修合川县志》，1922 年刊。

74. 林继庸：《民营厂矿内迁纪略》，新新出版社 1942 年版。

75. 世界佛学苑汉藏教理院编：《世界佛学苑汉藏教理院开学纪念特刊》，世界佛学苑汉藏教理院 1932 年 12 月刊。

76. 李约瑟等著：《李约瑟游记》，余廷明等译，贵州人民出版社 1999 年版。

77. 周永林、凌耀伦主编：《卢作孚追思录》，重庆出版社 2001 年版。

78. 凌耀伦主编：《民生公司史》，人民交通出版社 1990 年版。

79. 凌耀伦：《卢作孚与民生公司》，四川大学出版社 1987 年版。

80. 凌耀伦、周永林编：《卢作孚研究文集》，北京大学出版社 2000 年版。

81. 周勇主编：《重庆通史》，重庆出版社 2003 年版。

82. 卢国纪：《我的父亲卢作孚》，四川人民出版社 2003 年版。

83. 卢晓蓉：《水咬人》，上海教育出版社 2004 年版。

84. 中国革命博物馆整理：《吴虞日记》，四川人民出版社 1984 年版。

85. 张钧陶编著：《迎曦楼史料丛稿》，海天出版社 2002 年版。

86. 聂宝璋、朱荫贵编：《中国近代航运史资料》第 2 辑（1895—1927），中国社会科学出版社 2002 年版。

87. 陈真、姚洛合编：《中国近代工业史资料》第 1 辑，生活·读书·新知三联书店 1957 年版。

88. 陈真编：《中国近代工业史资料》第 3 辑，生活·读书·新知三联书店 1961 年版。

89. 政协重庆市委员会文史资料委员会编：《重庆工商史料》第 3 辑《重庆工商人物志》，重庆出版社 1984 年版。

90. 张宪文、方庆秋、黄美真主编：《中华民国史大辞典》，江苏古籍出版社 2001 年版。

91. 刘寿林、万仁元、王玉文、孔庆泰编：《民国职官年表》，中华书局 1995 年版。

92. 刘重来：《卢作孚与民国乡村建设研究》，人民出版社 2007 年版。

93. 杨光彦、刘重来主编：《卢作孚与中国现代化研究》，西南师范大学出版社 1995 年版。

94. 周凝华、田海蓝：《卢作孚与民生公司》，河南人民出版社 1998 年版。

95. 吴洪成、郭丽平等：《教育开发西南：卢作孚的事业与思想》，重庆出版社 2006 年版。

96. 何一民主编：《变革与发展：中国内陆城市成都现代化研究》，四川大学出版社 2002 年版。

97. 邓少琴：《近代川江航运简史》，重庆地方史资料组 1982 年编印。

98. 张瑾：《权力、冲突与变革》，重庆出版社 2003 年版。

99. 杨翠华：《中基会对科学的赞助》，台北“中央研究院”近代史研究所 1991 年刊，第 203 页。

100. 宁波市政协文史委员会编：《包玉刚与宁波开发开放》，中国文史出版社 2008 年版。

101. 金普森主编：《虞洽卿研究》，宁波出版社 1997 年版。

102. 中国社会科学院近代史研究所中华民国史研究室等编：《孙中山全集》，中华书局 2006 年版。

103. 茅家琦、徐梁伯、马振犊、严安林等：《中国国民党史》，鹭江出版社 2009 年版。

104. 张季直先生事业史编纂处编：《大生纺织公司年鉴》，江苏人民出版社 1998 年版。

105. 周秋光：《熊希龄传》，百花文艺出版社 2006 年版。

106. 宋原放主编：《中国出版史料》，湖北教育出版社 2004 年版。

107. 匡珊吉、杨光彦主编：《四川军阀史》，四川人民出版社 1991 年版。

108. 隗瀛涛、赵清主编：《四川辛亥革命史料》，四川人民出版社 1982 年版。

109. 全国政协文史资料研究委员会《文史资料选辑》编辑部编：《文史资料选辑》（合订本），中国文史出版社 2000 年版。

110. 全国政协文史资料研究委员会《文史资料选辑》编辑部编：《中华文史资料文库》，中国文史出版社 1996 年版。

111. 张人凤编著：《张菊生先生年谱》，台北商务印书馆 1995 年版。

112. 郭廷以：《近代中国史纲》，晓园出版社 1994 年版。

113. 四川师范学院《张澜文集》编辑组：《张澜文集》，四川教育出版社 1991 年版。

114. 周善培：《辛亥四川争路亲历记》，重庆人民出版社 1957 年版。

115. 四川省文史研究馆编：《四川军阀史料》第 1—5 辑，四川人民出版社 1981—1988 年版。

116. 张宝裕等主编：《杜重远》，新疆大学出版社 1987 年版。

117. 生活书店史稿编辑委员会编：《生活书店史稿》，生活 · 读书 · 新知三联书店 2007 年版。

118. 杜恂诚：《近代中国鉴证类中介企业研究——上海的注册会计师》，上海财经大学出版社 2008 年版。

119. 方汉奇等：《〈大公报〉百年史》，中国人民大学出版社 2004 年版。

120. 彭伟步：《〈星洲日报〉研究》，复旦大学出版社 2008 年版。

121. 中国人民救国会纪念文集编辑组编：《爱国主义的丰碑——中国人民救国会纪念文集》，群言出版社 2002 年版。

122. 周天度、孙彩霞编：《救国会史料集》，中央编译出版社 2006 年版。

123. 张德良、周毅主编：《东北军史》，辽宁大学出版社 1987 年版。

124. 李文瑞主编：《刘国钧文集·函电及其它卷》，南京师范大学出版社 2001 年版。

125. 无锡市史志办公室编：《薛明剑文集》，当代中国出版社 2005 年版。

126. 无锡市史志办公室编：《薛明剑文集续编》，凤凰出版社 2007 年版。

127. 许汉三编：《黄炎培年谱》，文史资料出版社 1985 年版。

128. 重庆市北碚区地方志编纂委员会编纂：《重庆市北碚区志》，科学技术出版社重庆分社 1989 年版。

129. 四川省合川县地方志编纂委员会编纂：《合川县志》，四川人民出版社 1996 年版。

130. 金董建平、郑会欣编著：《董浩云的世界》，生活·读书·新知三联书店 2007 年版。

131. 李良明：《恽代英思想研究》，人民出版社 2011 年版。

后　记

《卢作孚年谱长编》终于完成，从收集资料，整理比对，到斟酌用语，编写校对，累则累矣，但想到即将付梓刊行，又深感于心甚慰！自己当然有很多甘苦，同时更感到应该感谢为这部书的撰写与出版提供了重要帮助的各方面人士。没有这些帮助，这部书的完成和出版是无法想象的！

首先，要感谢中国社会科学出版社和全国哲学社会科学规划办公室。原本这部书稿的电子文档约有 70 来万字，当时觉得也还行。正好中国社会科学出版社的宫京蕾编辑来了一个电话，说社里正在报选题，于是我就把这个稿子的情况讲了一下。选题就这样报了上去，并且批了下来。我觉得，宫编辑在出版事业上是一个非常了不起的有心人。在此之前，我曾在中国社会科学出版社出版过一本关于宁波帮的书，在宁波的一次会上恰好与作为该书责任编辑的宫编辑相识。当时除了表示感谢之外，我还简单说了我的研究打算，其中包括这部年谱长编。这应该是此前一年多的事情了，没想到宫编辑居然还记着这个事。于是寄去书稿，还签了合同。随后，大概 2011 年春节前后，宫编辑说社里经过审查，决定把书稿推荐申报国家社科基金后期资助项目。正是由于中国社会科学出版社的大力推荐，本书稿于 2011 年 7 月获得国家社科基金后期资助项目立项。我要特别感谢中国社会科学出版社社长兼总编辑赵剑英教授对于本书在研究过程中和出版过程中给予的关心和帮助。我还要特别感谢本书的责任编辑宫京蕾女士，感谢她那认真负责的精神。别的且不说，这部电子文档 100 万字以上、堆在桌子上有很高一摞的的书稿，看着这一堆东西都累，何况作为责任编辑还要看好几遍。

其次，要感谢中国社会科学院近代史研究所原副所长虞和平教授欣然为本书写序。虞和平教授是宁波人，是研究中国早期现代化、研究中国早期现代企业家和工商社团的权威学者。我因为研究宁波帮的关系，开始与虞和平教授有所接触。大概是在 2009 年 10 月位于浙江镇海的宁波帮博物馆举办开馆典礼期间，我向虞和平教授说明自己正在进行有关卢作孚的研究，打算撰写《卢作孚年谱长编》等书，并提出希望书成后请虞教授写序的请求，虞教授当场答应，这就是本书虞序最初的缘起。这个5000多字的序言，严格说来是一篇关于卢作孚研究的最新成果，不仅从四个层面系统地阐述了卢作孚的现代化建设思想，考察分析了卢作孚的现代化建设实践模式，而且分析了卢作孚现代化建设思想和实践的时代因素等，极有创见和启发意义。本书能够以这样一篇高水平的研究成果作为序言，我作为编撰者感到莫大的荣幸。

再次，要感谢卢作孚先生的后人和重庆民生实业集团有限公司研究室的朋友。在我研究卢作孚和编写卢作孚先生年谱的过程中，卢国纪先生（重庆民生实业集团有限公司董事长）、卢国纶先生，曾就编写的有关具体事宜亲赴北碚，与我这个普通的研究者讨论、切磋，其虚怀若谷的态度和一丝不苟的精神使我难以忘怀。卢作孚先生的孙女卢晓蓉女士，长期以来给予我许多的帮助。为帮助搜集卢作孚的资料，卢晓蓉女士曾在2008年与我一道到台北"国史馆"、"中研院"近代史研究所查阅、抄录档案。后来又将辗转从美国哥伦比亚大学手稿与珍本图书馆搜集到的卢作孚与晏阳初的数十封珍贵书信寄赠给我，使相关史实得以逐渐清晰，为本书稿增色不少。卢晓蓉女士的弟弟卢铿先生，曾为我的研究提供了若干经费资助。民生实业集团有限公司研究室项锦熙主任（经理），平易近人，我在研究中时常得其帮助。特别是2012年7月，项主任冒着高温酷暑，陪我一道搭乘公司滚装船经宜昌到武汉，到交通部长江航务管理局档案中心查阅民生公司档案，解决了研究中的若干重大疑难问题。对于卢国纪先生、卢国纶先生、卢晓蓉女士、卢铿先生、项锦熙主任，我在此特别表示衷心的感谢！

最后，我还要特别感谢在卢作孚研究中给予我大力帮助和鼓励的西南大学历史文化学院的前辈和同仁。已经退休的老院长许增纮教授曾兼任西南大学卢作孚研究中心副主任，对于提携学界后进不遗余力。我曾将自己最初编写的卢作孚年谱稿送请许老师提意见，几天后许老师即把稿件还给我，并附有数页的校、改意见，我永远难忘。蓝勇教授、邹芙都教授也给我提供了宝贵的支持和帮助，我在此表示衷心的感谢！

张守广

2014年1月于重庆北碚